一切經音義三種校本合刊

（修訂第二版）

（一）

季羡林

徐時儀　校注

畢慧玉　耿銘　郎晶晶　王華權　徐長穎　許啓峰　助校

上海古籍出版社

圖書在版編目(CIP)數據

一切經音義三種校本合刊：修訂第二版 / 徐時儀校注. —上海：上海古籍出版社，2023.1(2024.5重印)
ISBN 978-7-5732-0515-5

Ⅰ.①一… Ⅱ.①徐… Ⅲ.①佛經—訓詁—中國 Ⅳ.①H131.6

中國版本圖書館CIP數據核字(2022)第215140号

一切經音義三種校本合刊(修訂第二版)

(全四册)

徐時儀　校注

上海古籍出版社出版發行

(上海市閔行區號景路159弄1-5號A座5F　郵政編碼201101)

(1) 網址：www.guji.com.cn

(2) E-mail：guji1@guji.com.cn

(3) 易文網網址：www.ewen.co

上海世紀嘉晉數字信息技術有限公司印刷

開本787×1092　1/16　印張181.25　插頁2　字數4,222,000

2023年1月第1版　2024年5月第3次印刷

印數：901—1200

ISBN 978-7-5732-0515-5

H·255　定價：880.00元

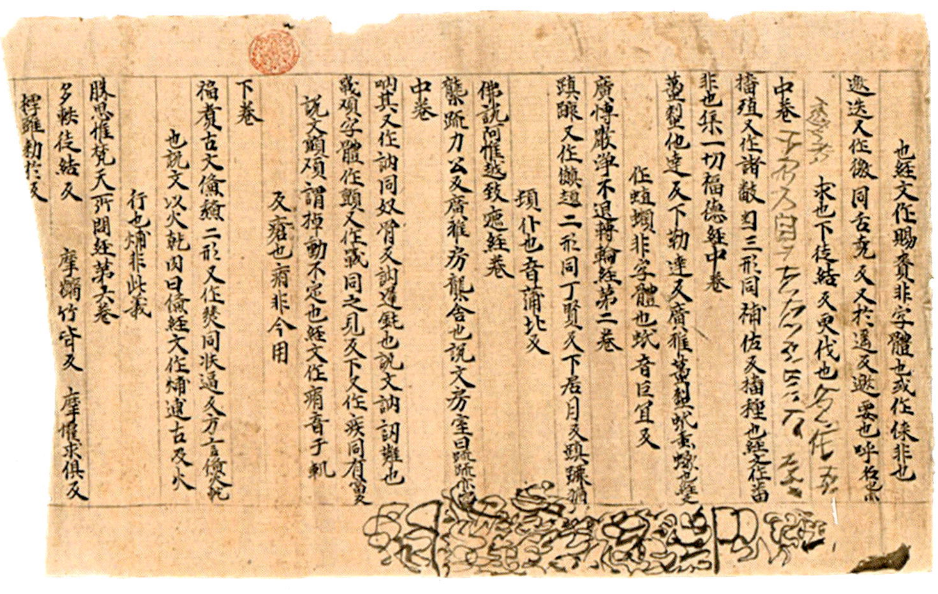

英藏 S3538 玄應《一切經音義》

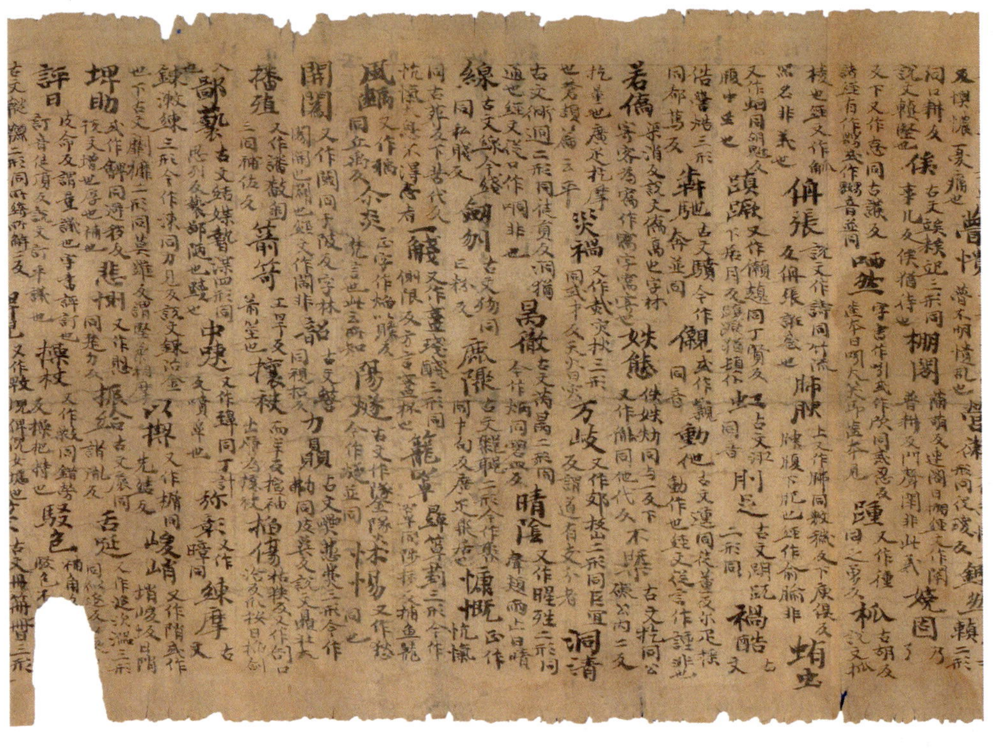

法藏 P2901 玄應《一切經音義》

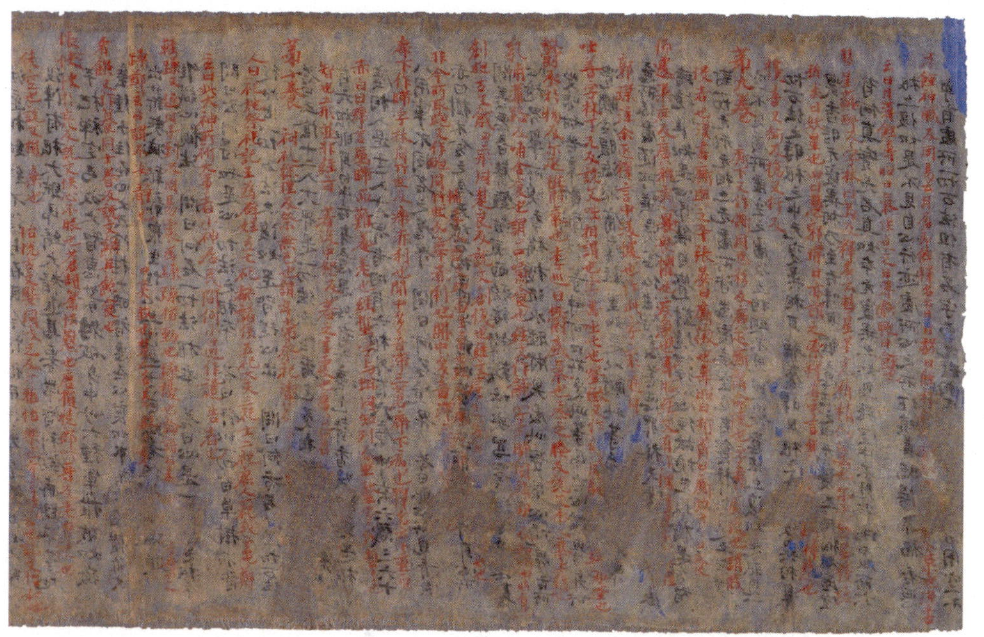

法藏 P3095背《一切經音義》

法藏 P3429（并3651號）《大佛頂如來密因修證了義諸菩薩萬行首楞嚴經音義》

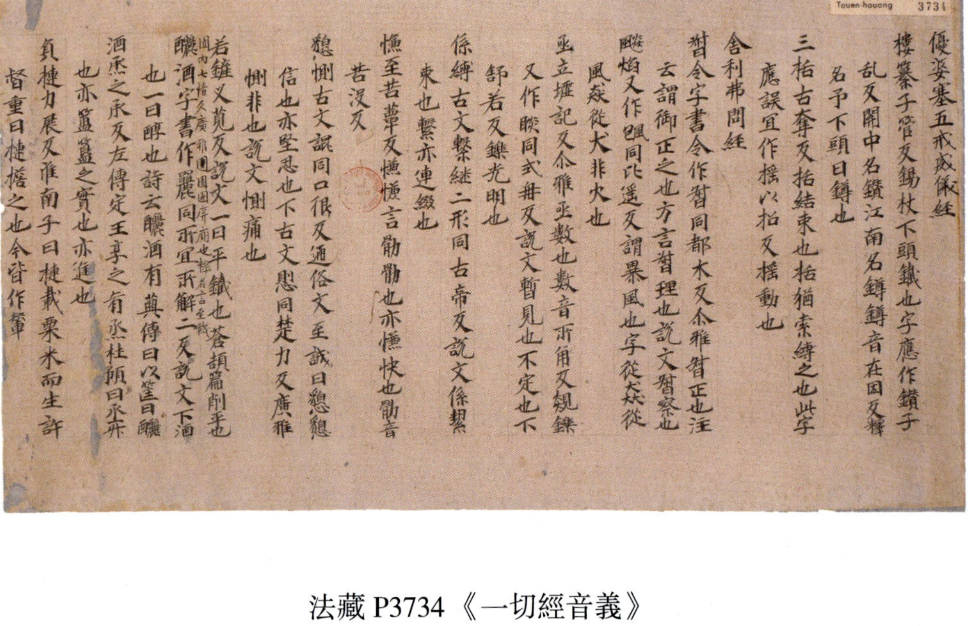

法藏 P3734《一切經音義》

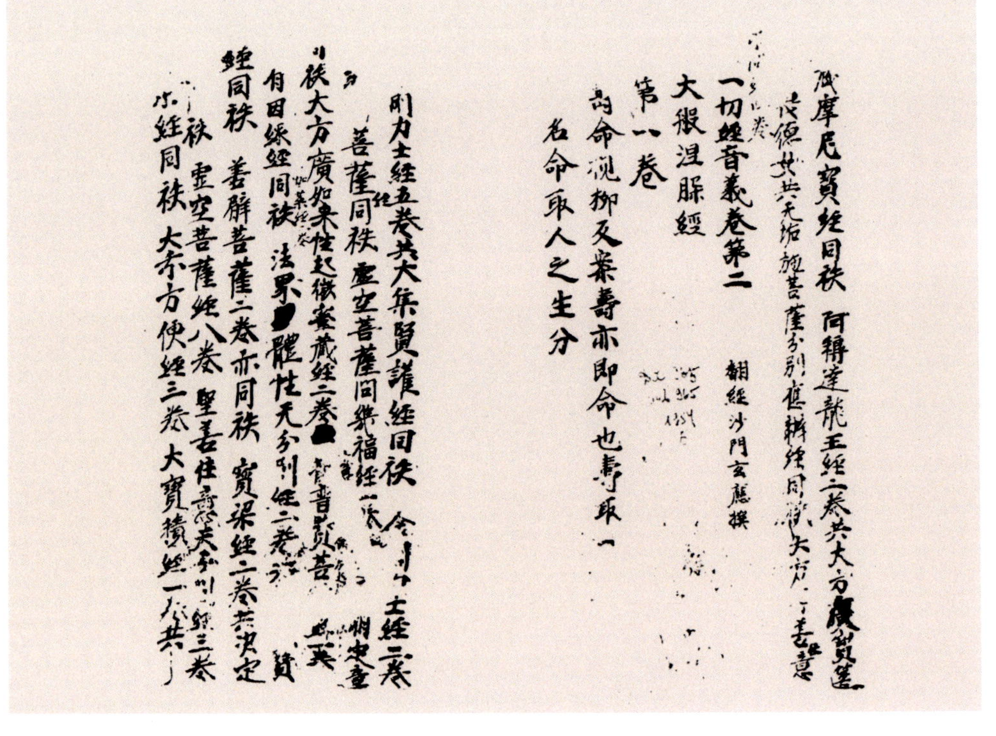

俄藏 Дх 00965 玄應《一切經音義》

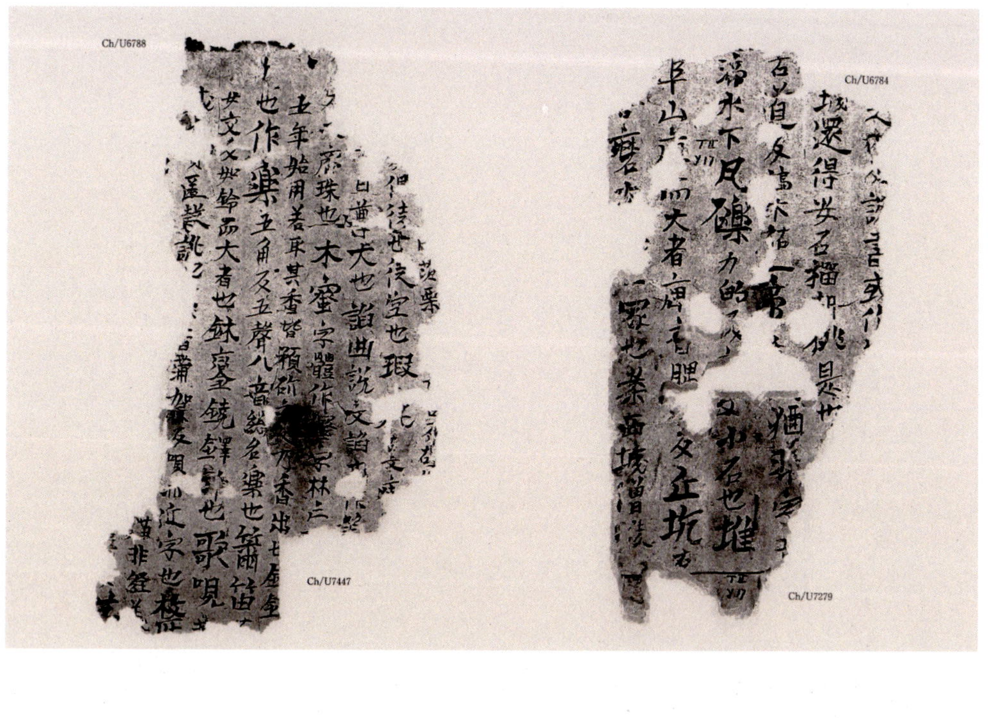

德藏吐魯番寫本玄應《一切經音義》

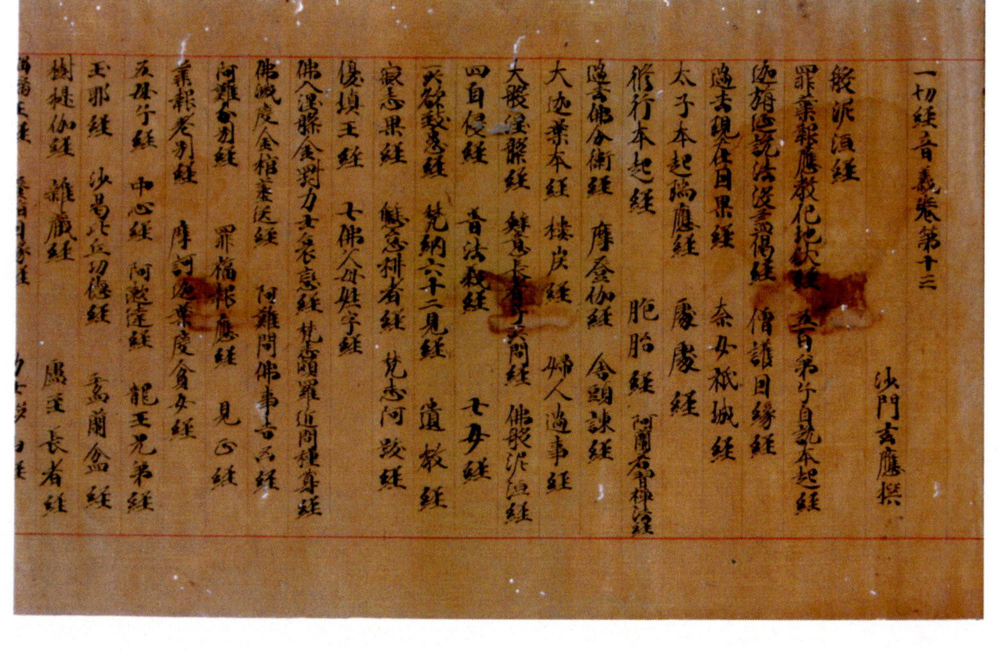

七寺藏玄應《一切經音義》

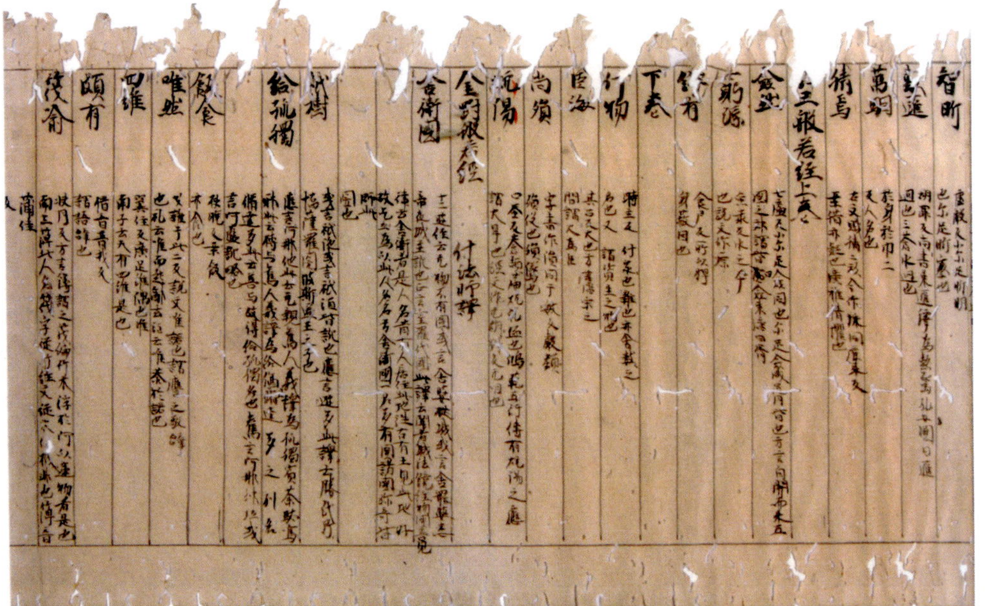

西方寺藏玄應《一切經音義》

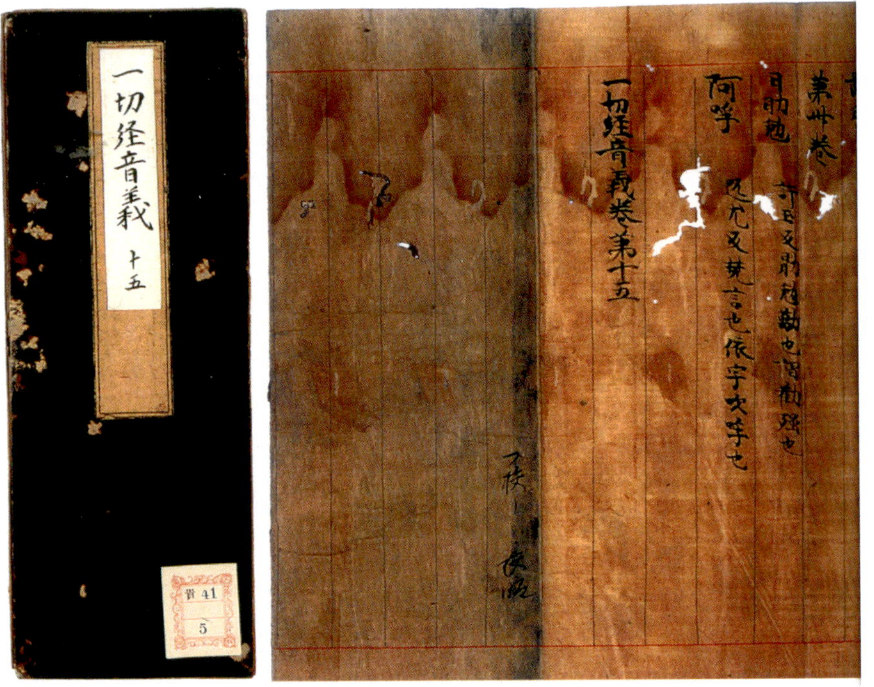

東京大學史料編纂所藏玄應《一切經音義》

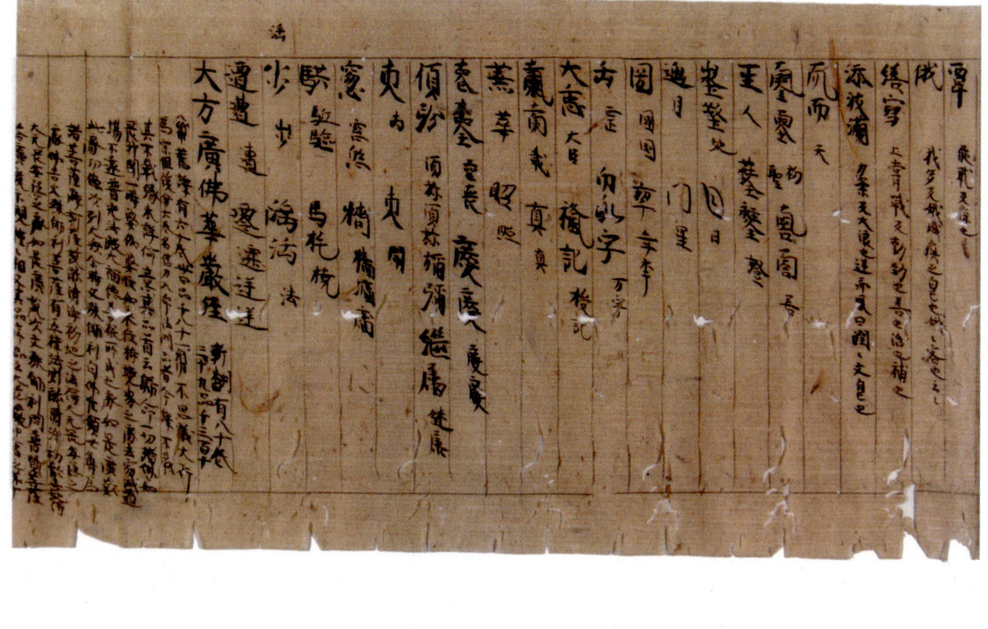

金剛寺藏玄應《一切經音義》

京都大學文學部藏玄應《一切經音義》（一）

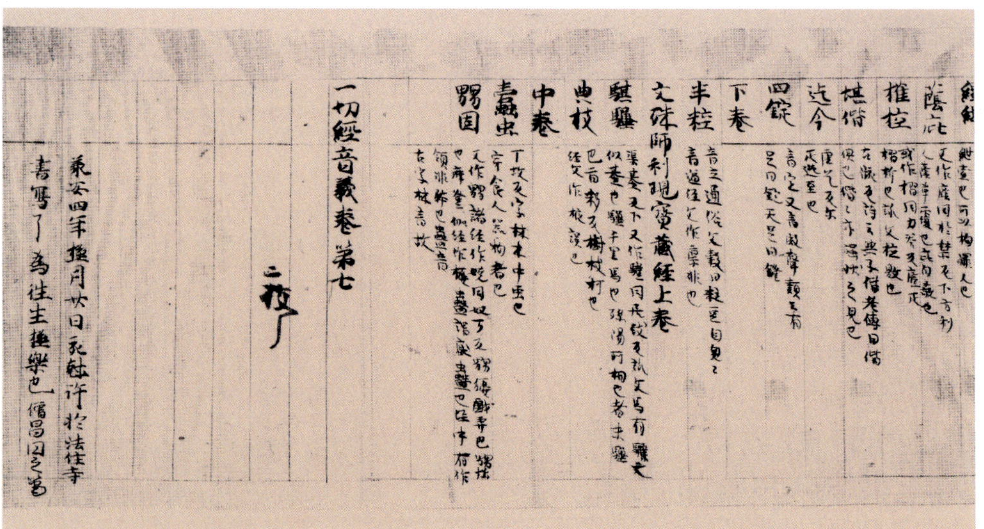

京都大學文學部藏玄應《一切經音義》（二）

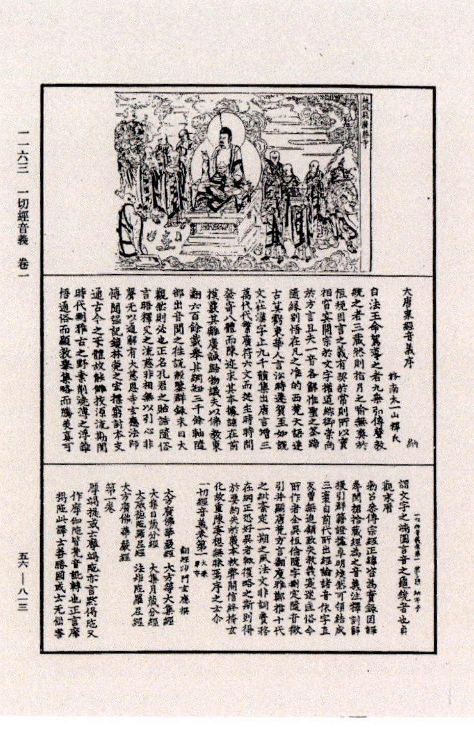

《中華大藏經》影印
金藏本玄應《一切經音義》

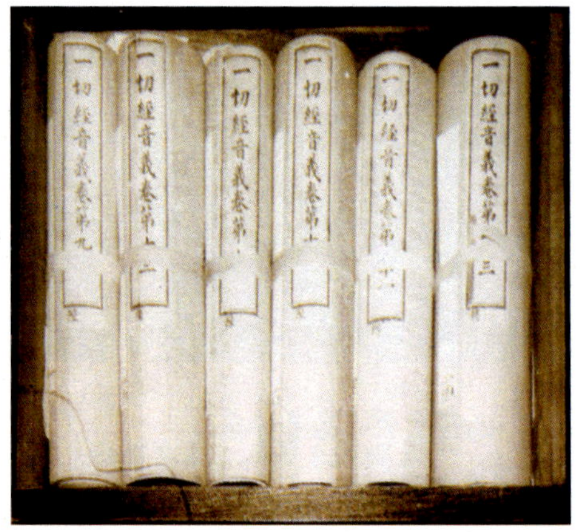

國家圖書館藏
金藏本玄應《一切經音義》

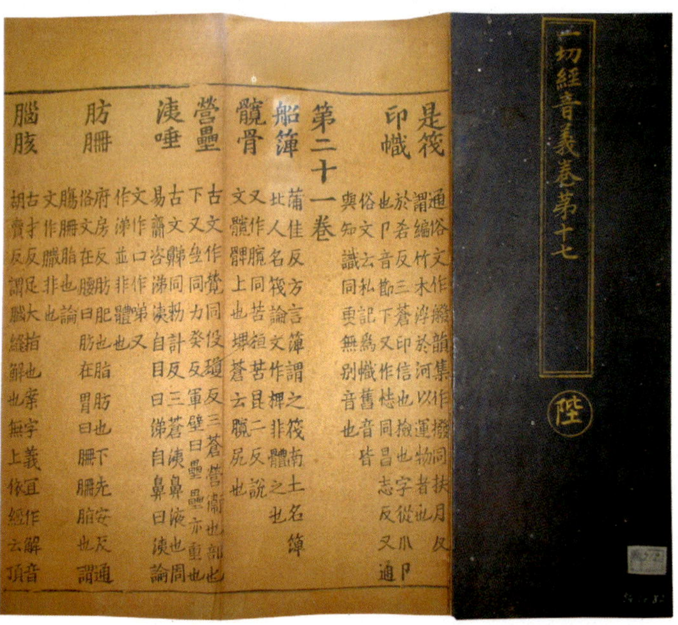

崇甯萬壽大藏經本玄應《一切經音義》

一切經音義

大唐衆經音義序　終南大一山釋氏

自法王命駕遷之者九衆弘傳蓉教統之者三藏然則指月之喻無爽於恒規因言之義有契於常則所以實相宵冥開宗於文字權道綜御崇尚於方言且夫一音各解惟聖之筌蹄隨緣別悟在凡之准的西梵天語邈古莫儔東華人言公時遥貿至如該文在漢字止九千韻集出唐言增三萬代代繁廣祚六文而挺生時時間發寄八體而陳迹求其本據諒在前後覈其雛廣誠歸物議夫以佛教東翻六百餘載舉其綱紐三千餘軸隨部出音聞之往說般鑒群録未曰大觀然則必也正名孔君之貽誥隨俗言晤釋父之流慈非相無以引心非聲無以通解有大慈恩寺玄應法師博聞強記鏡林花之宏標窮討本支通古今之互體故能讎校源流勘閱時代删雅古之野素削澆薄之浮雜悟通俗而顯教舉集略而騰美眞可謂文字之鴻圖言音之龜鏡者也以貞觀末曆勑召參傳綜經正緯咨爲實録因譯尋閱捃拾藏經爲之音義註釋訓解援引群籍證據卓明煥然可領結成三袠自前代所出經論諸音依字直反曾無追顧致失教義寔迷匡俗今所作者全異恒倫隨字删定隨音徵引并顯唐梵方言翻度雅鄭推十代之紕紊定一期之風法文非詞貴務在綱正恐好異者輒便略之期則得於要約失於義本救弊開信終掩玄化故重陳委想無昧焉序之云尒

一切經音義卷第一　大衆經單本

影印宋磧砂藏本玄應《一切經音義》（一）

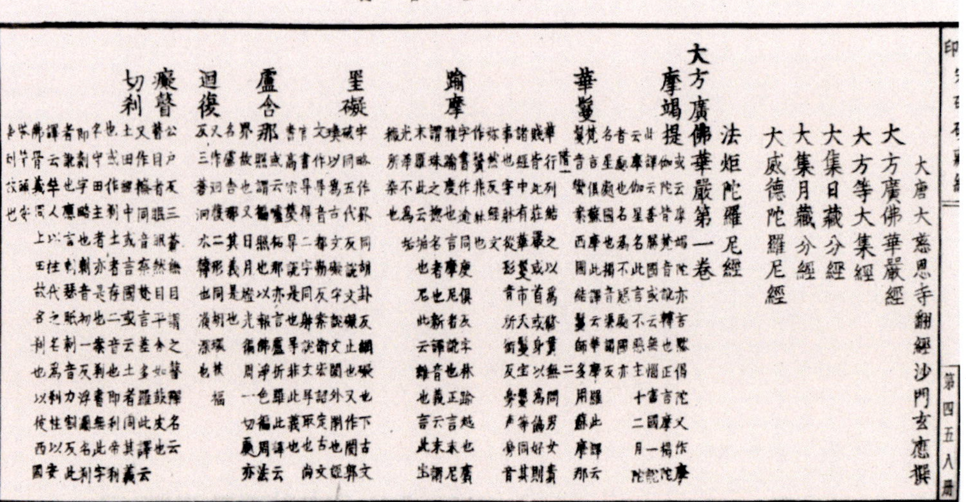

影印宋磧砂藏本玄應《一切經音義》（二）

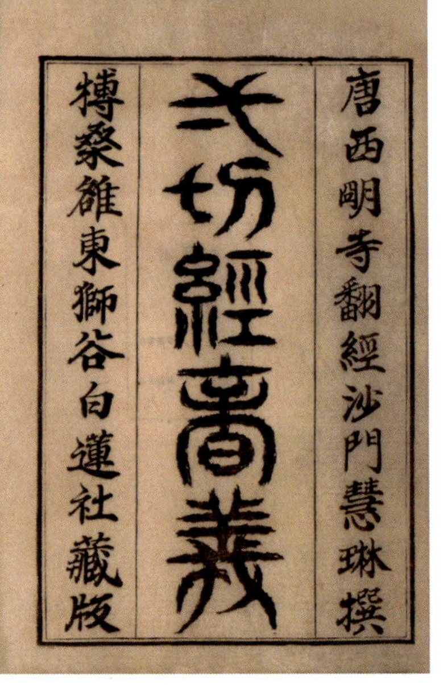

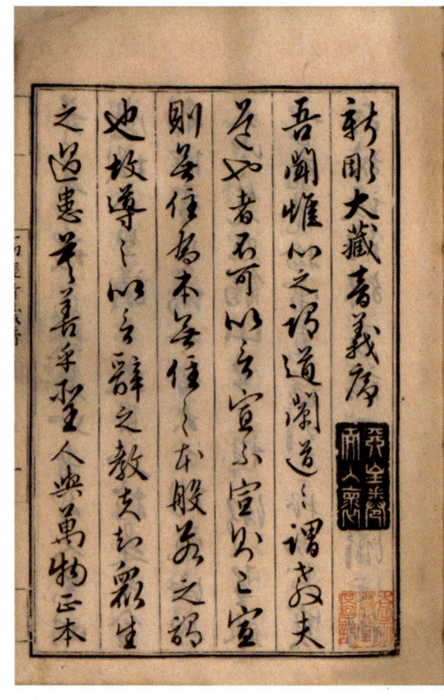

獅谷白蓮社本慧琳《一切經音義》（一）

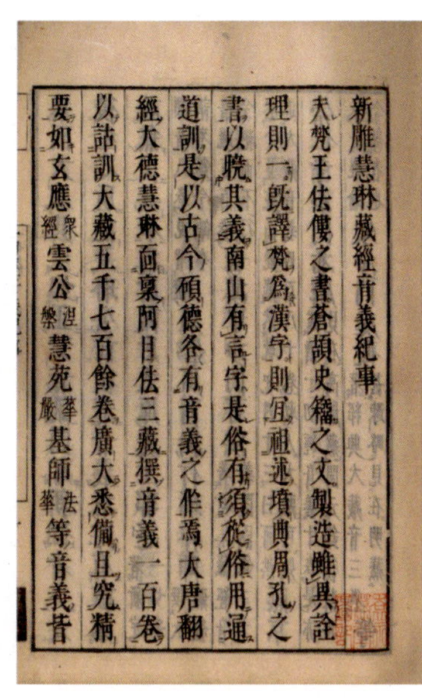

新雕慧琳藏經音義紀事

夫梵王佉僂之書、蒼頡史籒之文，製造雖異，詮理則一。既譯梵為漢字，則宜祖述墳典周孔之書，以曉其義。甫山有言，字是俗有，須從俗用，通道訓，是以古今碩德各有音義之作。爲大唐翻經大德慧琳，而稟阿目佉三藏，撰音義一百卷，以詁訓大藏五千七百餘卷，廣大悉備，且究精要。如玄應、雲公、慧苑、基師等音義，皆

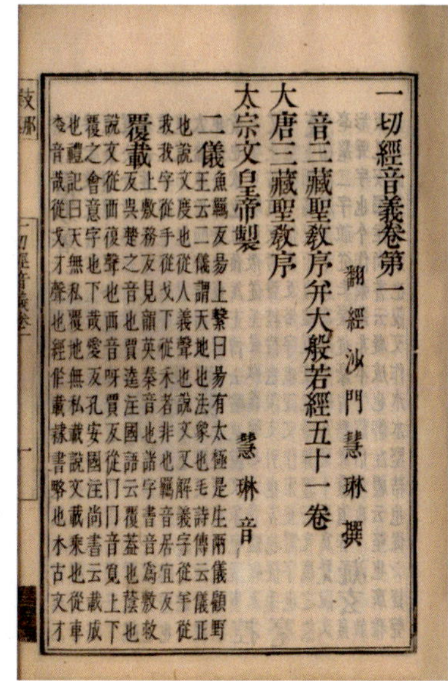

一切經音義卷第一　翻經沙門慧琳撰

音三藏聖教序并大般若經五十一卷　慧琳音

大唐三藏聖教序

太宗文皇帝製

二儀　覆載

獅谷白蓮社本慧琳《一切經音義》（二）

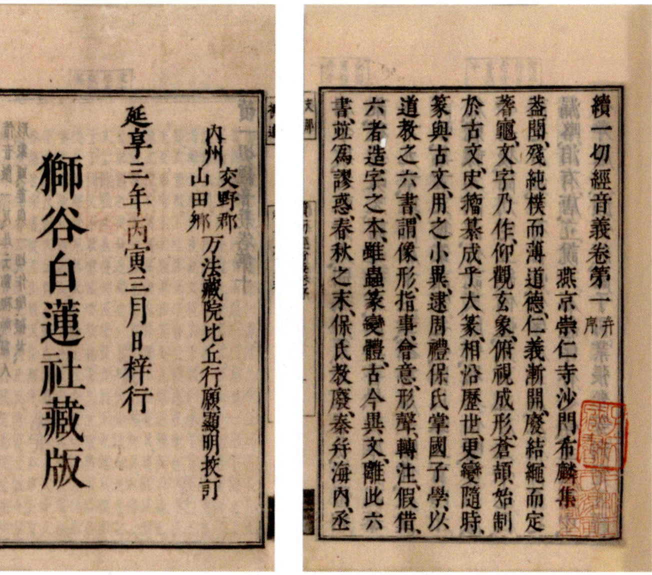

續一切經音義卷第一序并　燕京崇仁寺沙門希麟集

蓋聞殘純樸而薄道德，仁義漸開；廢結繩而定著龜，文字乃作。仰觀玄象，俯視成形，蒼頡始制於古文，史籀纂成乎大篆。相沿歷世，更變隨時，篆與古文用之小異。逮周禮保氏掌國子學，以道教之六書，謂像形、指事、會意、形聲、轉注、假借，六者造字之本。雖蟲篆變體，古今異文，離此六書，竝為謬惑。春秋之末，保氏教廢，秦并海內，丞

內州交野郡山田邨万法藏院比丘行願顯明挍訂

延享三年丙寅三月日梓行

獅谷白蓮社藏版

弘通所　三條通

獅谷白蓮社本希麟《續一切經音義》

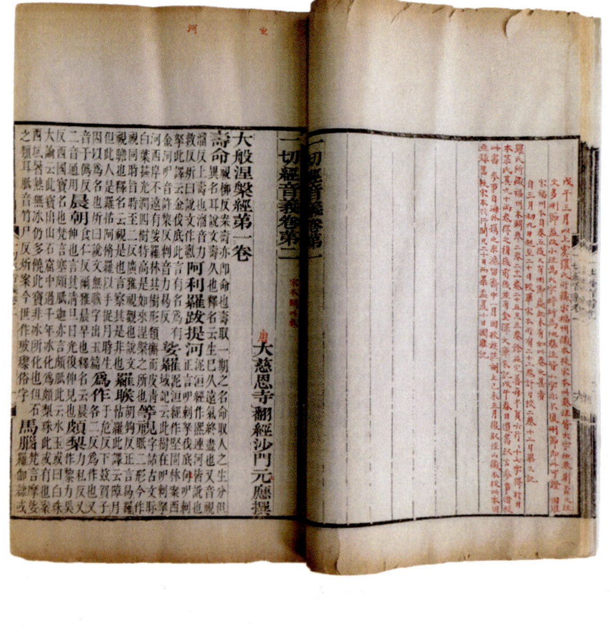

王國維校莊炘本玄應《一切經音義》（一）

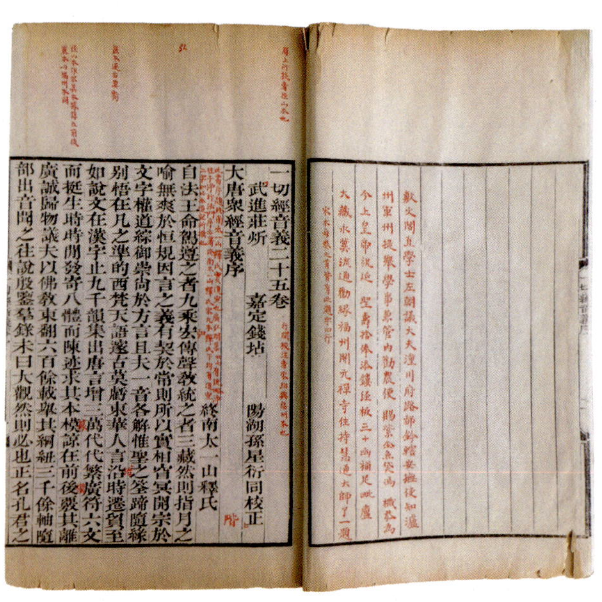

王國維校莊炘本玄應《一切經音義》（二）

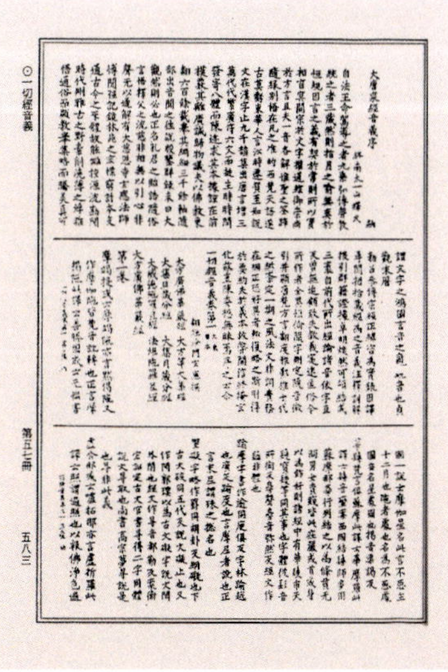

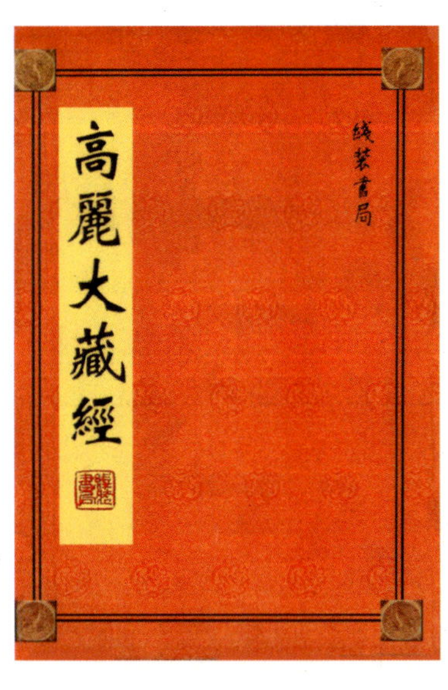

綫裝書局印行麗藏本玄應《一切經音義》

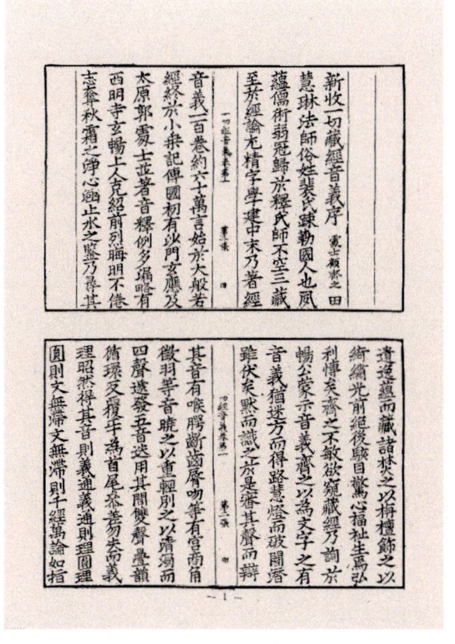

新收一切藏經音義序
慧琳法師俗姓裴氏疎勒國人也夙
蘊儒術弱冠歸於釋氏師不空三藏
至於經論尤精字學建中末乃著經
音義一百卷約六十萬言始於大般若
經終於小乘記傳國初有沙門玄應及
太原郭處士並著音釋例多漏略有
西明寺玄暢上人克紹前烈晦明不倦
志奪秋霜之淨心涵止水之鑒乃尋其
遺迹蘊而藏諸枕之以栴檀飾之以
綺繡光前絕後駭目驚心福祉生焉弘
利博矣齊之不敏欲窺藏經乃詢於
暢公蒙示音義齊之以爲文字之有
音義猶迷方而得路慧燈而破闇潛
雖伏矣默而識之於是審其聲而辯
其音有喉腭齒唇吻等有宮商角
徵羽等音曉之以重輕別之以清濁而
四聲遞發五音迭用其間雙聲疊韻
循環反覆午爲首尾參差勿失而義
理昭然得其音則義通義通則理圓理
圓則文無滯文無滯則千經萬論如指

－1－

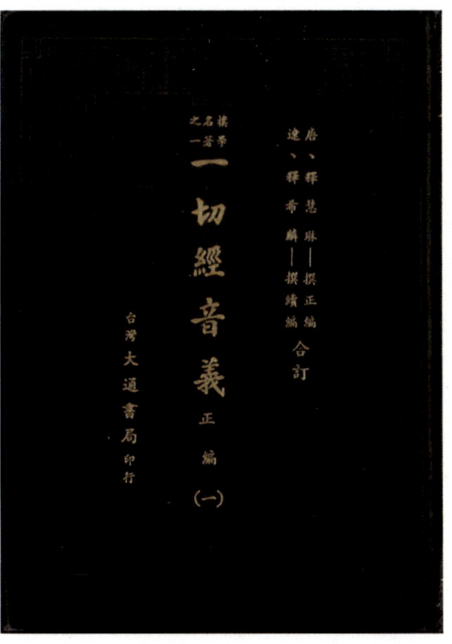

臺灣大通書局印行麗藏本慧琳《一切經音義》

一切經音義三種校本合刊修訂第二版説明

一切經音義上溯墳典，下稽方俗，詮釋佛經一千四百多部，徵引四部古籍數百種，多以當時人們所熟知的詞語來詮釋佛經中需要解釋的字詞，集説文系字書、爾雅系詞書、切韻系韻書及古代典籍注疏的字詞訓釋於一體，在某種意義上可以説不僅是當時入藏佛經的縮影，由其所釋佛經的詞語可略窺其時入藏佛經的概貌，而且保存了不少今已失傳古籍的原貌和不爲其他高文典册所載的活語言現象，也是對漢唐至明清所用詞語的一個較爲全面的總結，涉及宗教、哲學、語言、文學、藝術、中外交往史等社會文化的方方面面。一切經音義今存各本異文的年代大致可考，提供了前後相近的幾個時間點上語言變或未變的珍貴線索，具有時間上的連續性，其所引用的漢唐典籍和佚書是古籍整理和輯佚的寶庫，辨析的異文俗體是研究文字學的寶庫，標注的異切方音是研究音韻學的寶庫，詮釋的方俗詞義是研究詞彙學的寶庫，在文獻學、語言學和傳統文化研究等方面都具有重要的學術價值。

研究一切經音義好比進入深山大海打獵捕魚，不是三五十人可漁獵盡的。我一九八五年開始研究佛經音義，三十多年來深深體會到佛經音義真是一個富礦，越是深入研究越是收穫豐碩。近些年來學界在佛經的文獻研究和語言研究方面已取得更多豐碩成果，佛經音義研究也成爲國際漢學研究中的一個新的熱點。二〇〇五年我們主辦了首屆佛經音義研究國際學術研討會，二〇一〇年和二〇一五年又召開了第二届和第三届佛經音義研究國際學術研討會，來自中國大陸各地和港臺地區以及韓國、日本的一百多位專家學者共聚一堂，展示了各自在佛經音義的版本、校勘、文字、音韻、詞彙等諸方面研究的成果，促進了佛經音義研究的進一步深入，三届會議的論文集皆已出版[一]。二〇二〇年正是擬開第四届佛經音義研究國際學術研討會的時間，又恰逢黄仁瑄教授申報的國家社會科學基金重大項目「中日韓漢語音義文獻集成與漢語音義學研究」(19ZDA318)成功立項，我們打算在重大項目開題時召開第四届佛經音義研究國際學術研討會。不曾想瘟疫肆虐，武漢封城，無法按時舉辦。好在功夫不負有心人，在仁瑄教授的不懈努力下，二〇二一年十月採取「線上+線下」形式，終於得以圓滿舉辦。值得一提的是同年九月學棣潘牧天博士帶領年輕學子還創辦了「佛經音義研究」公衆號平臺，旨在推送佛經音義研究之相關内容與學術信息，有裨於同好結緣佛經音義研究，結緣真知實學，結緣真善美，以「自由之思想，獨立之精神」推動佛經音義趨向更進一步的深入研究。

拙校一切經音義三種校本合刊二〇〇八年出版即承蒙學界關注和重視，榮獲第十三届(二〇〇九)王力語言學獎和全國優秀古籍圖書獎，二〇一二年修訂版問世後又告售罄。爲滿足學界研讀的需求，承上海古籍出版社惠約，謹奉上新版。藉新版出版之機，我們又作了較大幅度的校改，删略了二〇一二年修訂版索引後所附補注，將其歸入相應的正文中，又以綫裝書局影印的高麗大藏經核校了全書，在力求保持底本原貌的基礎上酌情作了些補改，並參酌近年研究所得和學界同仁研究成果補正了點校中的一些疏失和印刷中的訛誤〔二〕。

新版一切經音義三種校本合刊承但誠先生和上海古籍出版社徐卓聰先生等精心審稿，提出了許多很好的建議，從而使拙校的校注更爲完善，謹在此深致謝忱。

事物都是後出轉精的，點校古書的甘苦親有體驗才能冷暖自知。曾良教授所撰書評校勘精審，澤惠學林——讀一切經音義三種校本合刊稱「合刊是具有多方面價值的工具書」，「成爲迄今爲上海内外最爲完備精良的本子」〔三〕，我們相信在拙校已有基礎上，今後當會有更爲完備精良的校注本問世，彌補拙校中難免會有的一些不盡如人意處，這樣的校注本也是今後條件允許時必須進一步再作的工作。天道酬勤，在此我們期待着能有更多的學者關注我國傳統古典文獻中這一瑰寶，投入到佛經音義的校勘和研究中來，並祈請方家同仁就拙校中的偏失疏漏予以賜正。

徐時儀

二〇二二年秋記於陋室

〔一〕 徐時儀等編佛經音義研究——首届佛經音義研究國際學術研討會論文集，上海古籍出版社 2006 年版；佛經音義研究——第二届佛經音義研究國際學術研討會論文集，鳳凰出版社 2011 年版；佛經音義研究——第三届佛經音義研究國際學術研討會論文集，上海辭書出版社 2015 年版。

〔二〕 學界研究成果詳所附佛經音義研究論著目録。

〔三〕 曾良校勘精審，澤惠學林——讀一切經音義三種校本合刊，中國文字研究 2009 年第一輯。

一切經音義三種校本合刊修訂説明

拙校一切經音義三種校本合刊得到學術界的關注和重視，問世不久即告售罄。爲滿足學界研讀的需求和方便使用，上海古籍出版社現將二〇一〇年出版的一切經音義三種校本合刊索引合併重出修訂版。

一切經音義詮釋佛經一千四百多部，徵引四部古籍數百種，研究一切經音義好比進入深山大海打獵捕魚，不是三五十人可漁獵盡的。近些年來學界在佛經的文獻研究和語言研究方面已取得較多成果，佛經音義研究也成爲國際漢學研究中的一個新的熱點。繼二〇〇五年首屆佛經音義研究國際學術研討會，二〇一〇年九月我們又主辦了第二屆佛經音義研究國際學術研討會，來自中國大陸各地和港澳臺地區以及韓國、日本的八十多位專家學者共聚一堂，展示了近年來在佛經音義的版本、校勘、文字、音韻、辭彙等諸方面研究的新成果，促進了佛經音義研究的進一步深入，會議論文集已於去年出版[一]。藉一切經音義三種校本合刊修訂出版之機，在不變動版面頁碼的前提下，我們又就近年研究所得核校了全書，就點校中的一些疏失和印刷中的訛誤作了補正，對玄應與慧琳所釋同條詞語的標點作了統一（因初版時玄應音義與慧琳音義是先後付印，校樣也是先後分校的，往往有失照應），如釋「惋」統一標點爲「惋，嘆。驚異也」，又如釋「罣」統一標點爲「網礙也」等，並就一切經音義底本原文所釋詞語與今傳本佛經所載詞語的異同、玄應所釋詞語與慧琳所釋詞語的異同、慧琳所釋對玄應所釋的修訂以及各傳本刊刻中的異同（如經文作「天」，底本誤作「犬」，經文作「丸」，底本誤作「九」。又如「餮」誤作「飱」、「褏」誤作「袠」、「餜」誤作「餜」、「婬」誤作「媱」、「潊」誤作「微」等）略作一些校補。這次所作補注與索引後的勘誤及補注合並一起，附於書末。

事物都是後出轉精的，點校古書的甘苦親有體驗才能冷暖自知。曾良教授所撰書評校勘精審，澤惠學林——讀一切經音義三種校本合刊稱「合刊是具有多方面價值的工具書」，「成爲迄今爲止海内外最爲完備精良的本子」[二]，我們相信在拙校已有基礎上今後當會有更爲完備精良的校注本問世，彌補拙校中的疏失和難免會有的一些不盡如人意處，這樣的校注本也是今後條件允許時必須進一步再作的工作。天道酬勤，在此我們期待着能有更多的學者關注我國傳統古典文獻中這一瑰寶，投入到佛經音義的校勘和研究中來，並祈請方家同仁就拙校修訂版中的偏失疏漏和不盡如人意之處予以賜正，冀有機會時續作修訂。

徐時儀

二〇一二年元月記於所居陋室

[一] 徐時儀等編佛經音義研究——第二屆佛經音義研究國際學術研討會論文集，鳳凰出版社2011年版。

[二] 曾良校勘精審，澤惠學林——讀一切經音義三種校本合刊，中國文字研究2009年第一輯。

一切經音義三種校本合刊序

在中國傳統語言學著作中，音義書是指解釋字詞的讀音和意義的書。大略言之，音義書又可分爲以解釋儒家典籍爲主和以解釋佛典爲主兩大類。由於梵語、巴利語等和漢語的語言系統完全不同，所以始於東漢、持續千年之久的佛經翻譯，並不只是單純的語言符號之間的轉换，而是一種史無前例的跨文化交流(intercultural communication)活動。佛經義理深奥，名相浩繁，在漢譯過程中産生了大量音譯和意譯的外來詞，其中包括許多爲了表示當時中國没有的思想、觀念而創製的新詞，使用現有詞彙時也出現了不少新義，特别是廣泛地運用了當時漢語的口語表現形式，這在詞彙、語法等方面都很明顯。爲了使漢地的廣大信衆能更好地研習佛典，讓佛教在中國的傳播更加順利，加上印度的聲明學(śabda-vidyā)和中國本土的訓詁學都有悠久的傳統，把這兩者結合起來，系統解釋漢譯佛教詞語和一般詞語的佛經音義便應運而生了。

通常認爲，北齊釋道慧所作一切經音是最早的一切經音義，今已亡佚。現在廣爲人知的唐玄應撰一切經音義二十五卷和唐慧琳撰一切經音義一百卷可以視爲佛經音義的代表作品。遼燕京崇仁寺沙門希麟所撰續一切經音義十卷，則是慧琳音義的續作和補充。這三部書在語言學、佛學、文獻學、歷史學等諸多學術領域都具有極高的使用和研究價值。

徐時儀教授曾與筆者同事數年，早在上個世紀八十年代初，我們就共同從事漢語大詞典的資料搜集和條目編纂工作。以後他進入上海師範大學學習和工作，多年來以頑强的毅力和爲學術獻身的崇高精神，在古籍整理、漢語詞典編纂、漢語詞彙和漢語史研究、古文字研究等各個方面都卓有建樹，寫出了多部篇幅巨大的專著，參與和主持了不少澤被後人的大型工具書的編寫，因而受到師友和學界同人的一致好評。而對佛經音義的探索，是他致力最多、成果最爲豐碩、影響最爲深遠的研究領域。

時儀兄從事佛經音義研究，至今已有二十多年。一九八五年他撰寫了碩士論文慧琳和他的一切經音義，經修改補充，於一九九七年由上海社會科學院出版社出版。以後，他又在繁忙的教學、科研工作的同時，寫作博士論文玄應衆經音義研究，於二〇〇三年完成，二〇〇五年由中華書局出版。這部厚重的專著近六十萬字，是迄今爲止國内外對該書的最全面、最徹底的研究，涉及版本、校勘、文字、音韻、詞彙、語法和佛教、文化史等多門學科。此外，時儀兄還撰寫了數十篇關於玄應音義的專題論文陸續發表，對上述專著中各種問題作了更加深入的闡述。與此同時，他還與日本南山大學的梁曉虹女史和上海師大的陳五雲先生合作，寫出了通論性著作佛經音義與漢語詞彙研究等書，分别在中國大陸和臺灣刊行。二〇〇五年九月，由他倡議發起的首屆佛經音義研究國際學術研討會在上海師範大學舉行，來自中國大陸各地和香港、臺灣地區以及日本、韓國的二十多位學者出席會議，會議論文集佛經音義研究已由上海古籍出版社於二〇〇六年出版。

爲了替研究者和廣大讀者提供一個可以依據的佛經音義的整理本，時儀兄在做完上述各項工作之後，復以他二十多年搜集的資料和所作校勘及有關研究爲基礎，決定把玄應音義、慧琳音義和希麟續音義三書進行精細點校，出一個全新的合刊本。此議得到上海古籍出版社和國内外許多專家的支持，時儀兄率領由其指導的博士、碩士組成的團隊，在近三年時間裏晝夜兼程，嘔心瀝血，終於在今年年底前將全書殺青。這無疑是佛經音義研究史上的空前盛舉，對佛學、文獻學、語言學研究而言都是大功德。時儀兄雖頗自謙，然其成就，定將長存世間，嘉惠來學，歸於不朽，則可以斷言也。

誠如時儀兄所説，就文獻的校勘與考證而言，和外典相比，佛經文獻不同版本之間存在大量異文，用字亦錯綜複雜，所以難度更大。玄應、慧琳和希麟的三部一切經音義詮釋佛經一千四百多部，徵引四部古籍數百種，校勘的工作量之大是可以想見的。時儀兄的開創性工程所以能取得成功，首先得益於長期的資料積累。這次點校以高麗藏本爲底本，搜集了現今所能見到的各種版本，充分吸取了前賢和時人的研究成果，特别是得到日本學者的大力支持，利用了以前無從寓目的日本所藏古抄本，在此基礎上擇善而從，故能超邁前人。其次，在工作初期制定了比較完善的點校體例，並在實踐過程中不斷修改充實，從而使面對的各種難題得以穩妥處理，並且貫穿始終，保證了全書的點校質量。

時儀兄和他率領的團隊精誠合作，教學相長，終於如期完成了全書的校點，現梓行有日，徵序及於下走。不學如愚，何足以讚揚盛製。考慮再三，只能就時儀兄不計功利，不顧得失，數十年如一日，以忘我精神研治佛經音義之過程，簡略叙述如上，以告天下之讀是書者，並爲時儀兄賀。是爲序。

徐文堪

二〇〇七年十一月二十日於上海漢語大詞典編纂處

總目録

一切經音義三種校本合刊緒論

一切經音義是漢文大藏經中解釋佛經中難讀難解字詞的音義類訓詁學著作。玄應所撰一切經音義是現存最早集釋衆經的佛經音義，又名衆經音義[一]，簡稱玄應音義，共二十五卷。慧琳所撰一切經音義是佛經音義的集大成之作，簡稱慧琳音義，共一百卷。希麟續一切經音義則對慧琳音義成書後新翻譯的佛經進行闡釋，簡稱希麟音義，十卷。這三部一切經音義雖「義附彼教，而訓釋華言，采獲所及，莫非古訓」[二]，且摭拾甚廣，包孕彌富[三]。其隸事運古，所存古義和佚書爲數頗多，誠小學之淵藪，藝林之鴻寶。其浩博無涯，洵足以俯視李善文選注和陸德明經典釋文。時隔千年，這三部一切經音義不僅是披讀校訂佛藏經典的音義典籍，而且還超越了佛儒的界限，涉及宗教、哲學、語言、文學、藝術、中外交往史等社會文化的方方面面，成爲中古小學著作的總結性彙編。僅就文獻學和語言學研究而言，這三部一切經音義多以當時人們所熟知的詞語來解釋佛經，比較接近當時的口語，保存了更多的不爲其他典册所載的活語言現象，且引用了大量漢 唐文獻溯其淵源，保存了漢 唐文獻和不少今已失傳的古籍的原貌。因而其所引用的漢 唐典籍和佚書是古籍整理和輯佚的寶庫，辨析的異文俗體是研究文字學的寶庫，標注的異切方音是研究音韻學的寶庫，詮釋的方俗詞義是研究詞彙學的寶庫，成爲我國傳統古典文獻中的瑰寶，在文獻學、語言學和傳統文化研究等方面都具有重要的學術價值。

一、一切經音義編纂和時代背景

（一）佛教的傳播和佛典的翻譯

佛教自西漢末年、東漢初年東傳中土，經過魏 晋 南北朝至隋 唐而進入全盛時期。據道宣大唐内典録卷五皇朝傳譯佛經録第十八載，唐初「四海廓清，三寶云構」，「度僧立寺，廣事弘持。」[四]太宗時有寺三千七百一十六[五]；高宗時有寺四千，僧六萬餘人；玄宗時有寺五千三百五十八，僧七萬五千五百二十四，尼五萬零五百七十六[六]。開元時令天下三歲一造僧籍，故其時有關史料所載僧尼人數當較可信，據新唐書 辛替否傳稱，當時已有「十分天下之財而佛有七八」的説法[七]。唐代的都城長安不僅是當時政治、經濟、文化的中心，也成爲中國佛教各宗並盛的重地。四方佛徒跋山涉水來到這裏譯經弘教，一時僧尼溢於三輔，寺塔遍於京城，「當時幾乎把國内所有第一流的思想家都集中到佛學界裏來」[八]。阿彌陀佛普度衆生，人們只要念他的名號即可往生西方「極樂世界」；觀世音菩薩能聞聲救苦，念他的名號就能水火不傷，超脱苦難；維摩詰居士不必出家當和尚即可「現身説法」；金剛經只要傳誦一「偈」，就有「無量功德」。「幾百年之中，上至帝王公卿，學士文人，下至愚夫愚婦，都受這新來宗教的震盪與蠱惑，風氣所趨，佛教遂征服了全中國。」〔九〕佛教的盛行，上起帝王，下到民間，都有極大的影響，已不單是宗教問題，而是現實的政治問題、社會問題，對於當時的學術思想、文化生活無不産生極大的影響〔一〇〕。

佛教作爲世界三大宗教之一，廣義地説，是人類歷史上一種特殊的文化形態，包括教徒組織、清規戒律、儀軌制度和情感體驗等内容。狹義地説，它就是佛所説的言教，也就是人們常説的佛法。佛法的内容極爲廣博深奧，體現了其獨特的宇宙觀。兩千多年來，佛教文化不斷適應中國的國情，無論在皇室，還是在民間，都有極大的影響。佛教文化已深深地滲透到了中國傳統文化的各個領域之中，滲透進了中國人的思想、文化、生活等方方面面。正如季羡林在我和佛教一文中所説：「對佛教在中國歷史上和文化史、哲學史上所起的作用，更要細緻、具體、實事求是地加以分析，期能做出比較正確的論斷。這一件工作，不管多麽艱巨，是遲早非做不行的，而且早比遲要好。否則，我們就無法寫什麽中國哲學史、中國思想史、中國文化史。再細分起來，更無法寫中國繪畫史、中國語言史、中國音韻學史……等等。」〔一一〕可以説在中國歷史上，没有任何一種外來文化像佛教文化那樣深入到社會生活的各個領域，使人們的深層意識亦即文化的核心發生重大的變化。

佛法的内容涵蓋面極廣，佛教典籍作爲佛教文化的直接載體，則記載了這些内容。我們所説的佛教典籍，特指相對於古代印度佛教原典而言的漢文佛典，包括漢譯佛經和中國佛教撰述兩大方面的内容。漢譯佛典的原語種十分繁雜，既包括從印度各俗語、梵語、巴利語翻譯的經典，也包括從中亞一帶各種語言翻譯的經典。佛經的翻譯始於東漢，至唐達到極盛。根據其内容分爲經藏、律藏、論藏三藏。經藏是釋迦牟尼創立佛教的種種説教的語録彙編，保留了大量原始的基本教義，梵名「素怛纜」，又名「修多羅藏」，大致爲小乘佛教阿含部和大乘佛教寶積、般若、華嚴、涅槃四部的内容等。律藏是釋迦牟尼爲他的信徒所制定的種種行爲規範，又稱戒律，梵名「毗奈耶」，又名「毗尼藏」。如四分律、五分律、十誦律和摩訶僧祇律等。論藏是佛弟子注釋和闡發經藏内容的著作，梵名「阿毗達磨」，又名「阿毗曇藏」。這部分的内容極爲龐雜，包括佛教發展以後形成的各宗派闡述自己觀點的論著。此外還有「密部」，較爲後起，與「顯教」相對，有其獨特的用語和儀軌，尤其是陀羅尼（即密咒）。

隨着佛教的發展，我國歷代的佛教徒也撰有一些佛學著作。這部分内容按照體裁可分爲注疏、論著、語録、史傳、音義、目録等。其中注疏主要是疏通佛教經論的文義，形式多樣。或劃分段落，總結大意；或區分章節；或隨文疏解義理；或分門詮釋内容；或因師口授，筆記所得；或集前人注疏而成書等。論著爲漢地佛教各宗派的理論著作，記述了佛教各宗派學者的獨特見解以及專就某些論題展開的討論。語録爲唐以後禪宗一派歷代法師的語録體著作，也是漢文佛典中頗有特色的部分。史傳爲佛教史地著述和人物傳記，有釋迦傳記，也有僧人傳記；有佛教史，也有教派史；有西域地志，也有漢地山寺塔記等等。音義分兩部分，一爲解釋佛經字音、字義和字形的小學著作；一爲用於翻譯佛經的梵漢雙語字典，如翻譯名義集等。經録爲歷代藏經目録和佛典内容提要，著名的有綜理衆經目録、出三藏記集、歷代三寶記、大唐内典録、開元録等。此外還有一些佛學類書性質的纂集類著作以及筆記、護教文書、懺儀、願文等雜纂類著作。

佛教典籍隨着佛教在世界各國的傳播和發展，形成了各種不同文字的傳本。漢哀帝元壽元年（公元前2年）大月氏使臣伊存向博士弟子景盧口授浮屠經，景盧用當時的口語筆録而成的浮屠經遂開漢譯佛經之先河[一二]。隨着西域僧衆東來傳教，中國僧衆西行求法，譯經日盛，最終形成了我國自成體系的漢文大藏經。漢文大藏經是漢文佛教典籍的總彙，在漢傳佛教地區，佛教典籍先後被稱爲「衆經」、「一切經」、「經藏」、「藏經」，後來則統稱爲「大藏經」。僅據呂澂新編漢文大藏經目録所收今存譯本統計，保留至今的漢文佛典約有一千四百餘部，五千七百餘卷。

漢文大藏經是與藏文大藏經、巴利語系大藏經相並列的現存三種主要佛教大藏經之一，也是我國古典文獻中的寶貴遺産之一。漢文大藏經有開寶、崇甯、毗盧、圓覺、資福、磧砂、普甯、契丹、趙城、高麗、嘉興、天海、弘教、頻伽、卍正和大正藏等二十餘種。北宋太祖開寶五年（971）刻成的開寶藏是我國歷史上第一部刻本大藏經，此後的刻本大致以其爲準據。圓覺藏爲北宋末年開雕的湖州思溪圓覺禪院本，崇甯藏爲刻於宋神宗元豐三年（1080）的福州東禪院本，毗盧藏爲開雕於宋徽宗政和二年（1112）的福州開元寺本，資福藏爲南宋所刻安吉州思溪法寶資福禪寺本，磧砂藏亦刻於南宋，全名爲平江府磧砂延聖院大藏經，契丹藏又名遼藏，趙城藏又名金藏，普甯藏刻於元世祖至元十四年（1277），明代所刻則有永樂南藏和永樂北藏等，嘉興藏刻於明末清初，清世宗雍正十三年（1735）開雕的清藏又名龍藏，頻伽藏爲民國初年以弘教藏爲底本的排印本。弘教藏爲日本弘教書院於明治十三年至十八年（1880—1885）以資福、普甯、高麗和嘉興藏相互對校的排印本，又名縮刷藏或校訂縮刻大藏經。卍正藏爲京都藏經書院於明治三十五年至三十八年編輯的排印本。這些大藏經中，1251年刻成的高麗藏再雕本以開寶藏本、高麗藏初雕本與契丹本互校，在古代刻本各藏中推爲精本。大正藏則是繼高麗藏後又一精本，爲日本大正一切經刊行會於大正十三年（1934）以高麗藏再雕本爲底本，以宋元明三藏和宫本、敦煌寫本等補充校勘而成的排印本。1982年至1997年中華書局編纂出版的中華大藏經以開寶藏的複刻本趙城金藏爲底本，又以八種不同時代的具有校勘價值的版本作校本。其缺失部分則以高麗藏補足，並按照趙城金藏千字文編次的目録體系，將歷代大藏經中有千字文編次的特有經論按照内容性質悉數補入，收録經籍一千九百三十九種，一萬餘卷，集歷代刊刻大藏經之大成。此書不僅版本珍貴，而且校勘全面，可以説大致反映了歷代所刊大藏經的基本面貌，兼備了歷代諸藏之美。

（二）儒釋合流的總趨勢

唐代儒釋道並重。據舊唐書陸德明傳載唐高祖曾親臨釋奠，「時徐文遠講孝經，沙門惠乘講波若經，道士劉進喜講老子。」唐代統治者對佛教基本上採取了扶持的態度。貞觀二十二年（648）太宗曾召玄奘法師赴宫，玄奘爲其所譯瑜伽師地論請序，太宗欣然允諾，親爲撰寫大唐三藏聖教序，並命上官儀對群僚讀之。玄宗則不僅爲孝經作注，還爲金剛般若經作注[一三]。元和十三年（818），憲宗甚至「迎佛骨於鳳翔」[一四]。

唐高祖李淵出身北周貴族，利用隋末天下大亂的時機，在太原起兵，打敗群雄，登上了皇帝的寶座。唐初的統治者總結隋亡的前車之鑒，深感要保持並鞏固自己的統治，就得對老百姓在政治、經濟等方面讓點步。唐太宗曾對大臣們説：「甲兵武備，誠不可闕，然煬帝甲兵豈不足耶？卒亡天下，若公等盡力使百姓安乂，此乃朕之甲兵也。」〔一五〕佛教適應中國的國情，從小乘到大乘，一直發展到禪宗，宣揚生死輪回，當前的痛苦算不了什麽，佛國就在眼前，這對封建統治者是有利的。佛教還講涅槃佛性、成佛作祖、樂國净土，這對統治者也是有吸引力的。正如唐李節餞潭州疏言禪師詣太原求藏經詩序説：「俗既病矣，人既愁矣，不有釋氏使安其分，勇者將奮而思鬥，知者將静而思謀，則阡陌之人皆紛紛而群起矣！」這段話一語中的地説明了統治者推崇扶持佛教的根本用意所在。統治者利用佛教，佛教則借助王權弘揚教義。據劉賓客嘉話録載德宗降誕日，内殿三教講論，以僧監虚對韋渠牟，以許孟容對趙需，以僧覃延對道士郤惟素。諸人皆談畢，監虚曰：「臣請奏事：『玄元皇帝我唐天下，文宣王古今之聖人，釋迦如來西方之聖人，陛下是南贍部洲之聖人。』」慧琳音義卷首首釋唐太宗所撰大唐三藏聖教序和高宗述三藏記，亦頗可説明佛教對王權的倚重〔一六〕。佛教發展至唐代，在統治者的扶持和推崇下，已與儒、道鼎足而三。

任何一種外來文化，都要在同本國情況相適應的氣候條件下，才能得以植根、生長、演化。佛教能在中國傳播和發展，並成爲中國上層建築的有機組成部分，也經歷了適應中國國情、不斷地中國化的過程，中國思想發展史證明，儒釋關係在漫長的歷史長河中經歷了一個曲折複雜的演變過程。有時鬥争，有時融合，然而總趨勢是佛教逐漸中國化，走向儒釋合流。南北朝時期一些佛教徒已有意識地融合附會儒釋二家的觀點，力主兩者之和合。

隋唐時期，隨着國家的重新統一，出現了許多中國化的佛教宗派，儒釋進一步合流，隋李士謙把三教比做：「佛，日也；道，月也；儒，五星也。」〔一七〕唐初法琳在辯正論中稱釋迦牟尼是一個大孝子。華嚴宗五祖宗密(780—841)原人論亦稱：「佛且類世五常之教，令持五戒。」(45/708c)並在盂蘭盆經疏序中宣揚孝道是「儒釋皆宗之」。(39/505a)唐朝中後期，一些宣揚孝道的佛經也開始出現，强調孝是成佛的根本。這些都表明，佛教在中國發展的歷史，實際上就是佛教中國化的歷史，即佛教作爲外來的宗教文化形態融入中國傳統文化發展，成爲適應中國國情的中國佛教。

儒釋融合的總趨勢主要表現在以下三個方面：

1. 佛教教義逐漸適應儒家思想

佛祖告誡人們「諸惡莫作」，要求弟子「諸善奉行」，這是佛教的道德行爲準則，是基於因果報應的原理而確定的。無論是小乘佛教提倡的通過個人的修持來求得個人的解脱，還是大乘佛教自利利他、佛果圓滿，乃至救苦救難、普度衆生的目標，其本均源於此。三國吴康僧會所譯六度集經中已以儒、道思想來融合佛説，體現了儒家的「仁道」、「孝道」等思想。西晋竺法護所譯盂蘭盆經主要叙述目連根據佛陀的指示，敬設盂蘭盆供救度母親的故事。這與中華民族提倡的仁慈孝道的倫理傳統十分契合，所以此經譯出後，頗爲流行，影響很大，不僅由此興起了延綿至今的盂蘭盆會，而且有關目連的故事也被改成小説，編成戲劇，爲人們所喜聞樂道。隨着佛教從小乘到大乘、由禪宗到净土宗，儒釋也一步一步合流，佛教文化最終融入了中國傳統文化，成爲中國傳統文化的一個重要組成部分。

2. 藉華言以傳的佛經翻譯

佛經翻譯始自東漢的安世高，終至北宋末年，近十個世紀，譯出的經、律、論三藏凡一千六百九十餘部，六千四百二十餘卷。印度佛教的大小乘之經、律、論三藏幾乎全部被譯成漢文。這些佛典大部分譯自梵文，部分譯自印度西北部的佉留文、南部的巴利語（Pali）和印度北部的一種犍陀羅語以及西域某些語言。這些譯經成爲中國傳統文化中的新鮮血液，從量到質促進了中國傳統文化的發展。

梵文系統的佛經譯成漢文，實質上也是一種佛教中國化和儒釋合流的過程。道宣玄應音義序説：「然則必也正名，孔君之貽誥；隨俗言悟，釋父之流慈。非相無以引心，非聲無以通解。」智光龍龕手鏡序指出：「矧復釋氏之教演於印度，譯布支那。轉梵從唐，雖匪差於性相；披教悟理，而必正於名言。名言不正，則性相之義差；性相之義差，則修斷之路阻矣。故祇園高士探學海洪源，準的先儒，導引後進，揮以寶燭，啓以隨函。」黄子高一切經音義跋也認爲：「顧西域有音聲而無文字，必藉華言以傳，隨義立名，固不得不借儒術以自飾。唐代浮屠多通經史，又去古未遠，授受皆有師承。」〔一八〕佛經漢譯規模之大，氣勢之盛，歷時之久，人數之衆，成果之宏，堪稱中外文化交流的偉業之一，也是世界翻譯史上彪炳千古的豐碑。梵文系統佛經中的概念名詞雖源自西天佛國，但當它被譯爲漢語時，可以説已經融入了兩者兼有的文化内涵。

佛教是作爲一個完全不同質素的語言和文化系統傳進中國來的，它向人們展示的是一個嶄新的異域文化景象，有許多佛教特有的名詞概念，在漢語裏没有恰當的同義詞，所以魏晋玄佛合流之始，人們曾採用「格義」的方法，即用中國古代老莊哲學中的某些術語範疇來擬配佛經中的一些術語範疇。如用「無」來表示佛家重要的「空」理；把「涅槃」稱作「無爲」，用「道」對譯「Bodhi」（菩提）等，一些老莊哲學名詞曾一度而爲佛家語所用，從中亦可看出佛教與中國傳統文化的交融。

3. 借儒術以自飾的佛經著述

如果説將梵文系統的佛經譯成漢語，此舉本身就是佛教中國化和儒釋合流的一種體現的話，那麽從東晋道安開始的注釋佛經，就更是進一步借取了傳統小學的工具爲佛經的傳播服務。

佛經翻譯至東晋，數量已相當可觀，然而舊譯的經文，往往多有訛謬，索解不易，而講説佛經者，又每每僅叙其大意。於是道安在組織譯場、主持譯經的同時，考校譯本，詮解文義，注釋了二十餘卷佛經。僧祐在出三藏記集卷十五贊其「窮覽經典，鈎深致遠；其所注般若、道行、密迹、安般諸經，並尋文比句，爲起盡之義，及析疑甄解，凡二十二卷。序致淵富，妙盡玄旨；條貫既序，文理會通。經義克明，自安始也。」（55/108a）此後遂出現了一大批佛典注疏著作，成爲中國佛典的重要部分。

大乘佛教主張普度衆生，所以總是儘量地争取群衆。中國的高僧大德爲了弘傳佛法，不僅僅是翻譯、撰寫了許多經典，還爲佛經作了許多注疏，做了許多普及工作。魏晋南北朝時期，當時佛教經典的注疏有大乘經疏三百七十九卷、小乘律講疏二十三卷、大乘論疏四十七卷、小乘論講疏七十六卷、雜説講疏一百三十八卷。凡較爲重要的經典幾乎都有注疏，有的甚至數注數疏。當時不僅僅是僧人積極從事經義的講解，連皇帝都很重視。如南朝的梁武帝、梁簡文帝都曾親自參加講經的活動，一些講經的稿子成爲後來的講疏、義疏。

魏晉時期，道家變成了玄學家，崇尚清談，佛家自也不甘落後，更加重視講經等宣傳普及活動，編寫出大量的義疏、講疏來。梁啓超翻譯文學與佛典一文指出隋唐的義疏之學，「實與佛典疏鈔之學同時發生，吾固不敢徑指此爲翻譯文學之産物，然最少必有相互之影響，則可斷言也」。莊炘一切經音義序也指出：「釋氏有音無字，非借吾儒詁訓無以闡揚其教，故有唐沙門類多通曉儒術。」由此可見佛典注疏與我國傳統訓詁學的密切關係，佛經在翻譯過程中，已經邁出了中國化和儒釋合流的第一步，即「藉華言以傳」和「借儒術以自釋」，傳統的儒家思想文化也在佛典的注疏中很自然地融入了佛典中。

（二）一切經音義的淵源

儒釋合流不僅體現在注釋佛經一方面，還體現在運用興盛於魏晉的音義爲釋經服務上。「音義」本是古書注釋的一種形式，也是傳統訓詁學中的一個術語。「音」爲辨析字音，「義」爲詮釋詞義，「音義」即注音以釋義，以「音義」爲名的書即「專指解釋字的讀音和意義的書。古人爲通讀某一部書而摘舉其中的單字或單詞而注出其讀音和字義，這是中國古書中特有的一種體制。」[一九]這類辨音釋義的書是通過注音和辨音來釋義的，往往以注音和辨音作爲訓解闡發詞義的手段，主要特徵是注音和辨音，故又可稱「音訓」，如服虔的漢書音訓；稱「音詁」，如楊慎的周官音詁；稱「音注」，如虞薛的周易音注；稱「音釋」，如羅復的詩集傳音釋；稱「音解」，如許翰的太玄經音解；稱「音證」，如劉方的毛詩音證；稱「音隱」，如服虔的春秋音隱；稱「注音」，如陸德明周易注音等，有時還可省稱爲「音」，如徐邈的毛詩音等。

據清謝啓昆小學考載，音義著作有二百六十八部[二〇]。最早的音義著作是漢末魏初孫炎所撰的爾雅注和爾雅音，顏之推將其合稱爲爾雅音義。其後此類著作頗爲流行一時，且由於師承不同而往往有好幾家爲同一部書注音釋義，如爲毛詩辨音析義的有鄭玄、徐邈、蔡氏、孔氏、阮侃、王肅、江惇、干寶、李軌、徐爰等諸家，爲禮記辨音析義的有射慈、謝楨、孫毓、繆炳、曹耽、尹毅、沈重、徐爰等諸家。根據經典釋文序録及隋書經籍志所載篇目，大致有如下兩類，一類單稱「音」。如孔安國尚書音；鄭玄尚書音、毛詩音、三禮音；服虔春秋左氏音；王肅易音、毛詩音、三禮音；高貴鄉公曹髦春秋左氏傳音；孫炎爾雅音；嵇康春秋左氏傳音；司馬彪莊子音；郭象莊子音；郭璞爾雅音、山海經音；李軌易音、尚書音、毛詩音、三禮音、春秋左氏傳音、春秋公羊傳音、莊子音、二京賦音；范宣儀禮音、禮記音；劉昌宗三禮音；徐邈易音、尚書音、毛詩音、周禮音、禮記音、春秋左氏傳音、論語音、莊子音；諸詮之百賦音；陳國武司馬相如賦音；鄒誕生史記音；施乾爾雅音；謝嶠爾雅音；顧野王爾雅音；戚袞周禮音；蕭該文選音；包愷漢書音；佚名三蒼音、證俗音、史漢音等。一類則稱音義或音訓等。如服虔春秋音隱；應劭漢書音義；韋昭漢書音義；徐廣史記音義；臣瓚漢書集解音義；阮孝緒正史削繁音義；臧競範漢音訓；沈重毛詩音義；蕭該漢書音義；延篤戰國策音義、史記音義；宋衷史記音隱；柳晉史記音解；劉芳毛詩箋音證；于氏毛詩音隱；謝氏禮記音義隱；佚名説文音隱、字林音隱等。這些書今多不存，據清謝啓昆小學考考定尚存四十三部。

魏晉時中國歷史正處在一個大的變動時期，也是漢語古今演變的一個重要發展時期。新詞新義大量出現，口語詞彙逐漸進入書面語，形成與文言文相抗衡的古白話系統；一些新的語法形式也開始出現，新舊語法形式處於交替之中；語音也發生了很大的變化，處於從周秦之際的古音到隋唐以後的今音的重大嬗變階段。這一時期隨着社會的發展，需要表達的詞義不斷出現，周秦漢語以單音節爲主的詞彙系統已不能滿足日益增長的詞義表達的需求，複音詞的運用雖已嶄露頭角，但尚在摸索中，爲緩解漢字數量有限與詞義表達需求不斷增長的矛盾，變音别義和音變構詞成爲漢語詞彙系統由單音節向雙音節發展過程中過渡的權宜應急手段，大量的音變和音借現象積澱在文獻典籍中，以致不明音義就難以理解文意，故需要用注音辨音的方式來確定相應的詞義。佛教又正在此時傳入我國，隨着佛經的翻譯，梵文聲明學理啓示了一些有識之士，人們意識到字的形、義與音三者密不可分，僅僅「考名物之同異，不顯聲讀之是非」，難以詳明經義，於是或利用反切爲漢字記音，分析聲韻結構，或辨析四聲八病，探討文學語言，一時考韻辨切，韻書蜂出。今尚可考知的韻書就有李登聲類，吕静韻集，佚名韻集，段宏韻集，王延文字音，李槩韻譜和音韻決疑，佚名文章音韻、字書音同異、雜字音、借字音、音書考原，王該五韻譜，釋静洪韻英，元庭堅韻英，周研聲韻，陽休之韻略，杜臺卿韻略等[二一]。因而在漢語詞彙還處在以單音詞爲主向雙音詞爲主過渡的時期，因音辨義可以説是詮釋這一時期產生的多音多義詞的有效手段，考韻辨切的韻書和辨音釋義的音義類著作的問世和興盛也就成爲漢語發展史上的題中必有之義。

韻書和音義類著作都是辨析和研究語音的，然又各有所重。韻書主要反映某時某地某語音系統的特點和面貌，依韻歸字，以分析語音爲主，着重於辨審聲韻結構，目的是供人寫詩著文時查找押韻字之用。音義類著作則主要通過注音和析音來辨明詞義，着重於因音辨義，通過廣引古代韻書、字書及經史子集來辨音以明義，解決文獻典籍中的讀音所涉及到的語義問題，在某種程度上頗類似於專爲研讀儒家經典、佛經經文和道家典籍而編纂的專書辭典，在傳統小學著作中獨成一類。

據大唐内典録和開元釋教録著録，北齊沙門道慧曾著有一切經音。此書今雖已佚，無以考證其書内容及體例，然在某種意義上可以説是音義類著作之嚆矢。道慧之後又有隋代沙門智騫作衆經音，今亦失傳。日本學者高田時雄考法華經釋文釋法華經卷七普賢菩薩勸發品第二十八「手脚繚戾」之「繚」載有「騫師云：宜爲了字，謂子無兩臂，不任統於事務，家業畢了，無所付委也。」[二二]由此引文可略窺其衆經音之一斑。隋代沙門曇捷則曾爲妙法蓮花經撰有字釋，據日僧中算妙法蓮花經釋文所引曇捷釋文[二三]，大致爲隨文作注，如妙法蓮花經釋文卷上釋「能度」之「度」載「曇捷云渡也，濟也」，釋「敬重」之「重」載「曇捷云直塚反」，釋「未嘗」之「嘗」載「曇捷云曾也」[二四]。此後，陸德明所撰經典釋文博採漢魏六朝以來二百三十餘種著作中關於周易、尚書、莊子等十四種文獻典籍文字的音切和訓詁，彙集漢魏以來的群經音義，成爲我國現存第一部具有早期專書辭典性質的儒道典籍音義著作[二五]。顔師古在漢書叙例中曾説：「字或難識，兼有借音，義指所由，不可暫闕。若更求諸别卷，終恐廢於披覽。今則各於其下，隨即翻音。至如常用可知，不涉疑昧者，衆所共曉，無煩翰墨。」音義類著作隨文注音辨義，在一定程度上滿足了讀者對難識字和借音字辨音明義的需要，成爲我國傳統語言學中和辭書史上「創新的劃時代的著作」[二六]。

〔一〕據大唐内典録卷五著録，新唐書藝文志著録亦同。開元釋教録改名爲一切經音義，其卷八總録載：「一切經音義二十五卷，見内典録。」又卷二十小乘入藏録載：「一切經音義二十五卷，或三十卷，七百六十八紙。」陳垣中國佛教史籍概論卷三説：「唐藝文志載僧彦琮大唐京寺録傳，玄應大唐衆經音義，玄惲法苑珠林，玄范注金剛般若經等，四人所撰，凡十二部。其書名人名次第，與大唐内典録所載，悉數相符，可爲唐志此四節採自内典録之證。然乾隆間莊炘刻本書序，開口即云：『釋元應一切經音義，唐藝文志改名衆經音義』，豈非倒果爲因。玄應懲高齊釋道慧一切經音之失，乃作此音，僅得其半，四百四十餘部，未可稱一切。内典録稱爲衆經音義，甚有分寸。」（上海書店 2001 年版 56 頁）大辭海語言學卷釋此書云「一名玄應音義」，未及其又名衆經音義。（上海辭書出版社 2003 年版 250 頁）下文簡稱玄應音義。

〔二〕見陸宗達一切經音義引用書索引跋，上海古籍出版社 1986 年影印獅谷白蓮社藏版正續一切經音義本 5661 頁。

〔三〕參見黎養正重校一切經音義序，載頻伽精舍影印本一切經音義卷首。

〔四〕道宣大唐内典録卷五皇朝傳譯佛經録第十八（55/280b）。本書引用佛經據日本大正一切經刊行會編大正新修大藏經（1924 年刊行，新文豐出版公司 1996 年重印），括弧内斜綫前、後的數字分别爲所引佛經在大正藏中的册數和頁碼，a、b、c 分别表示上、中、下欄。下同。

〔五〕大唐大慈恩寺三藏法師傳卷七（50/259a）。

〔六〕新唐書百官志，中華書局 1975 年版。

〔七〕新唐書辛替否傳，中華書局 1975 年版。

〔八〕蘇淵雷論佛學在中國的演變及其對社會文化各方面的深刻影響，載華東師范大學學報 1983 年第 4 期。

〔九〕胡適佛教的翻譯文學，載白話文學史，上海古籍出版社 1999 年版。

〔一〇〕魏書釋老志，中華書局 1974 年版。

〔一一〕季羨林我和佛教研究，載佛教與中國文化，中華書局 1988 年版 22—23 頁。

〔一二〕方廣錩佛教大藏經史，中國社會科學出版社 1991 年版 1 頁。

〔一三〕新唐書藝文志，中華書局 1975 年版。

〔一四〕新唐書憲宗本紀，中華書局 1975 年版。

〔一五〕通鑒卷一百九十三，中華書局 1956 年版。

〔一六〕此序是唐太宗爲玄奘所譯瑜伽師地論而作，大正藏所收大般若波羅蜜多經前無此序。

〔一七〕元釋念常佛祖歷代通載卷十；參任繼愈唐宋以後的三教合一思潮，載世界宗教研究 1984 年第 1 期。

〔一八〕黄子高一切經音義跋，載學海堂初集卷七。

〔一九〕中國大百科全書語言文字，中國大百科全書出版社 1988 年版 452 頁。

〔二〇〕小學考，漢語大詞典出版社 1997 年版 567—627 頁。

〔二一〕參羅常培切韻探賾，國立中山大學語言歷史學研究所週刊第三集第二十五至二十七期合刊切韻專號（1928 年）

〔二二〕高田時雄可洪隨函録と行瑫隨函音疏，中國語史的資料與方法，京都大學人文科學研究所 1994 年版。

〔二三〕日僧中算妙法蓮花經釋文，載古辭書音義集成第一輯第四册，汲古書院 1979 年影印本。

〔二四〕敦煌文獻中有一些單部佛經的音義寫卷，如大般涅槃經音（P2712、P3025、S2821、S3366、P3438、P5732、P3415）、妙法蓮華經音義（P3406、S3082、S114）等。應縣木塔遼代秘藏所載第 5 號爲妙法蓮華經卷二，卷尾附有音義。第 13 號、第 16 號、第 18 號、第 19 號、第 20 號、第 21 號、第 22 號和第 24 號亦爲妙法蓮華經，各卷卷尾也附有音義。

〔二五〕繼經典釋文後，唐代史崇、崔湜、沈佺期等又撰有一切道經音義一百三十卷。全唐文卷九百二十三史崇妙門由起序，中華書局 1983 年版。

〔二六〕劉葉秋中國字典史略，中華書局 1983 年版 80 頁。

二、一切經音義的編纂

我國的佛經翻譯，從東漢桓帝末年安世高譯經開始，至唐代臻於極盛階段。據智升開元釋教録記載，經、律、論三藏已達一千零七十六部，五千零四十八卷，成爲我國古典文獻的重要組成部分。

語言是社會的産物，東漢初期，佛家詞語已見於當時的皇家公文。據後漢書光武十王傳載，漢明帝在給楚王英的詔書中説：「楚王誦黄老之微言，尚浮屠之仁祠，潔齋三月，與神爲誓，何嫌何疑，當有悔吝？其還贖，以助伊蒲塞桑門之盛饌。」詔書雖共四十三個字，而其中就用了「浮屠」、「伊蒲塞」、「桑門」等幾個佛家詞語。其時牟融的理惑論和張衡的賦等著述中也已出現一些佛教借詞。

六朝以後，文人們更是喜用「佛家語」在詩文中表情達意，點綴潤色。如文選所載南朝王簡棲的頭陀寺碑文是一篇僅一千二百字的短文，但其中所用的佛教名詞就有五十多個。如「蔭法雲於真際則火宅晨涼，曜慧日於康衢則重昏夜曉」一句話中，「法雲」、「真際」、「火宅」、「慧日」都是佛家語。魏晉南北朝以及唐代的一些大文學家，如沈約、謝靈運、陶淵明、蕭統、蕭綱、王維、白居易等都信奉佛教，因此他們的作品無論在思想内容上，還是在語言形式上，都深受佛家的影響。唐道宣所編的廣弘明集收有沈約的文章二十六篇和謝靈運的詩文十三篇，其中佛教術語更是頻頻出現。

佛教語言也進入了民衆的口語中，從喪葬禮儀，到盂蘭習俗，數不勝數。如初唐著名的白話詩人王梵志所寫的詩是我國文學史上公認的通俗詩，其所用語言渾樸雋永，質真動人，既受到僧俗道衆的歡迎，也爲當時廣大民衆所傳誦。一些村塾裏甚至有用王梵志的詩作爲小孩習字的課本。在他的詩歌中可稱作佛教詞語的有阿鼻、岸頭、八萬户、變見、布施、不净、不思議、長齋、持齋、出家、大大因、大大身、大乘、多瞋、地獄、倒見、度、惡口、方便、福田、佛性、煩惱、凡夫、非相、非非相、綱維、果報緣、供養、過去、化佛、和南、恒沙劫、寂夢、寄宿客、戒身、戒持齋、苦海、空空、來生、六時、六賊、禮拜、禮懺、輪回、妙法、迷性、涅槃、念佛、平等、平等心、前身、七寶、人我、如來、三寶、四大、四果、師僧、水火風、宿因緣、宿天、世間、無生、無明、無常界、五陰、五濁、未來、萬劫、迴圈、修福、心賊、心路、閻浮、一念、業報、真如、衆生、住持等。

從東漢到唐末的八百年間，隨着大量梵文佛經譯成漢文，數以千計的佛家詞語進入到漢語詞彙中，成爲漢語詞彙大家庭中的新鮮血液。梁啓超翻譯文學與佛典云譯經者「或綴華語而别賦新義，如『真如』、『光明』、『法界』、『衆生』、『因緣』、『果報』等；或存梵音而變爲熟語，如『涅槃』、『般若』、『瑜伽』、『禪那』、『刹那』、『由旬』等。其見於一切經音義、翻譯名義集者即各以千計。近日本人所編佛教大辭典，所收乃至三萬五千餘語。此諸語者非他，實漢晉迄唐八百年間諸師所創造，加入吾國語系統中而變爲新成分者也」。佛經詞語見於歷朝正史者，如魏書釋老志、隋書經籍志中之舍利、般涅槃、阿育王、須陀洹、斯陀含等，不下數百條。見於宋齊梁陳隋各書及南北史者，尤指不可勝屈。許多文人學士常在作品中引用佛經詞語，見於歷代所傳之别集者甚夥。除涅槃、般若、菩提、夜叉、袈裟、刹那、地獄、天堂、無量、方便、圓通、不可思議、不二法門、五體投地等外，其中也有一些本是漢語，佛經採用後，詞義有了變化，如「本師」

見於史記樂毅傳；「祖師」見於漢書丁姬傳；「居士」見於禮記及韓非子、魏志管甯傳；「侍者」見國語及漢書；「眷屬」見史記樊噲傳；「長老」見漢書；「布施」見國語；「供養」見嵇中散集；「煩惱」見河上公老子注；「印可」見論語皇侃疏等。這些詞因爲被佛家用了以後，一方面增添了一個帶有宗教色彩的義項，使漢語詞彙的意義系統更加豐富，促使了漢語詞彙質的發展；另一方面，隨着佛教在漢民族中的不斷發展，這些佛家義項用多了，往往從原義中獨立出來，以至有時人們甚至忽略了其本義，視其爲道地的佛家語。

漢譯佛經的最大特色是含有大量的音譯名詞，研讀佛經最初主要是解釋佛經中的音譯詞。梁釋僧祐梵漢譯經音義同異記一文曾云：「夫神理無聲，因言辭以寫意。言辭無迹，緣文字以圖音。故字爲言蹄，言爲理筌。音義合符，不可偏失。是以文字應用彌綸宇宙，雖迹繫翰墨而理契乎神。」「西方寫經雖同祖梵文，然三十六國往往有異。譬諸中土，猶篆籀之變體乎。」「至於梵音，爲語單複無恒。或一字以攝衆理，或數言而成一義。尋大涅槃經列字五十，總釋衆義十有四音，名爲字本。觀其發語裁音，宛轉相資，或舌根脣末，以長短爲異，且胡字一音不得成語，必餘言足句，然後義成。譯人傳意豈不艱哉。又梵書製文有半字、滿字。所以名半字者，義未具足，故字體半偏，猶漢文月字虧其傍也。所以名滿字者，理既究竟，故字體圓滿，猶漢文日字盈其形也。故半字惡義以譬煩惱，滿字善義以譬常住。又半字爲體，如漢文言字。滿字爲體，如漢文諸字。以者配言，方成諸字。諸字兩合，即滿之例也。言字單立，即半之類也。半字雖單爲字根本，緣有半字得成滿字。譬凡夫始於無明得成常住，故因字製義，以譬涅槃。梵文義奧皆此類也。是以宣領梵文，寄在明譯。譯者，釋也。交釋兩國，言謬則理乖矣。」「若夫度字傳義則置言由筆，所以新舊衆經大同小異。天竺語稱維摩詰，舊譯解云無垢稱，關中譯云净名。净即無垢，名即是稱。此言殊而義均也。舊經稱衆祐，新經云世尊。此立義之異旨也。舊經云乾闥婆。此國音之不同也。略舉三條，餘可類推矣。是以義之得失，由乎譯人。」「然則言本是一，而梵漢分音。義本不二，則質文殊體。雖傳譯得失，運通隨緣，而尊經妙理，湛然常照矣。」[一]東漢時的安世高、支婁迦讖、曇果、康孟詳等人翻譯佛經時，對音譯梵語即加以注釋。其後，三國吳支謙，西晉竺法護、安法欽、法炬，東晉法顯，齊曇景和姚秦時的鳩摩羅什等翻譯的佛經也對音譯詞作有注釋。在這些音譯詞注釋的基礎上，後來又有道行品諸經梵音解、翻梵言、翻梵語等諸種專門爲習梵而編的著述問世。這些著述雖未以「音義」命名，且限於注釋音譯詞語，但已可說是佛經音義的雛形[二]。漢譯佛經中雖然有大量的音譯詞，然而大多數詞語畢竟是意譯的，且由於漢字表意性的特點，有些音譯詞也是音兼意譯。研讀佛經需要能正確地理解這些詞語，於是人們在注釋佛典中難字、難詞時，往往採用夾注音義的方法，即在佛典正文中，將字音與釋義用小字直接注在該字、詞下面。這些夾注的音義有的僅注字音，但大部分既辨音又釋義，並兼及校勘等。後來爲了便於查檢，人們就將這些辨音釋義的注釋彙成一編，成爲專門詮釋佛經音義的著作。這類詮釋佛經音義的著作與傳注箋疏有相似之處，但着重點不同，可以說是在傳注箋疏的基礎上發展而成，而又不同於一般的傳注箋疏。傳注箋疏是通過解釋詞語來疏通文意，以釋義爲主，着眼點在於疏通文意。音義著作則以注音爲主，因音辨義，輔以辨析句讀和疏通文理。

語文辭典是社會需要的產物。作爲文化產品之一，與其他文化產品一樣，受一定社會條件的制約，反映一定時期的社會狀況。當社會發展到一定階段，有了一定的文化積累，如果兩種不同的語言發生接觸，需要用一種語言來詮釋另一種語言中的難字、難詞、難句，或者當一種語言的古代文獻已經難以爲一般人所理解，需要用當代語言去進行解釋説明的時候，各種類型的語文辭典就會應社會的需要而產生。辭書的產生、發展和社會的需要密切相關，跟解決社會文化生活的變化所提出的實際任務有着活生生的聯繫。隨着佛經翻譯事業的日趨興旺，大批的新詞新語進入漢語，其中各種音譯、意譯的名詞術語給人們閲讀與理解帶來很多困難。佛經不僅義理博奥，名相浩繁，而且漢梵交錯，字義多變。丁福保佛學大辭典自序三説：「佛經者，其旨微，其趣深，其事溥，其寄托也遠。苟欲明其真實義者，必以通其詞爲始。」人們不僅誦讀佛經時需要有解釋佛經文字的辭書，而且在讀到一般典籍中的佛教詞語時也需要有解釋佛經詞語的辭書可供查檢。這一切都促使了詮釋佛經中難字、難詞音義的著作適應當時社會需要而問世。正如顧齊之爲慧琳音義作序所説：「文字之有音義，猶迷方而得路，慧燈而破暗。」「得其音則義通，義通則理圓，理圓則文無滯，文無滯則千經萬論如指諸掌而已矣。朝凡暮聖，豈假終日，所以不離文字而得解脱，無師之智肇自心源。析疑滯之胸襟，燭昏蒙於倏忽。真詮俗諦於此區分，梵語唐音自兹明白。」

據道宣大唐内典録卷五皇朝傳譯佛經録和開元釋教録卷八著録，較早撰注佛經音義的有北齊道慧撰一切經音，摘録各部佛經中的一些詞語加以訓釋解説，然因未記經名卷數，故檢索不便。道慧之後又有隋代沙門智騫作衆經音。據續高僧傳卷三十一隋東都慧日道場釋智果傳附智騫傳記載：「時慧日（道場）沙門智騫者，江表人也。偏洞字源，精閑通俗，晚以所學，追入道場。自秘書、正字、讎校、著作，言義不通，皆咨騫決。即爲定其今古，變體詁訓，明若面焉[三]。每曰：余自學頗周，而不識字者多矣。無人通決，以爲恨耳。造衆經音及蒼雅字苑，宏叙周贍，達者高之，家藏一本，以爲珍璧」。[四]道惠一切經音和智騫衆經音今皆失傳，然此後所撰的佛經音義中往往提到「舊」、「舊音」、「相承」、「相傳」等，可能有的是指道惠或智騫等所撰的佛經音義。如：

童齔：「初忍反，舊音差貴反。」（玄應音義卷十）

尼拘陀：「舊音云：無節樹。」（慧琳音義卷二十六所録雲公音義）

立拒舉瓶：「舊音云：外道瓶，圓如瓠，無足，以三杖交之，舉瓶離地。」（慧琳音義卷二十六所録雲公音義）

什物：「音十。舊音義釋云：什，衆也。」（慧琳音義卷十）

颯然：「蘇匝反。舊音義釋云：疾速皃。」（慧琳音義卷十三）

蜚屍：「舊音云：飛謂飛揚也。」（慧琳音義卷三十二）

氍毹：「舊音義云：西戎胡語也。」（希麟音義卷九）

承道慧一切經音、智騫衆經音和曇捷妙法蓮花經字釋，唐貞觀末年（649）釋玄應撰一切經音義二十五卷，集釋佛經四百五十四部。郭迻亦撰新定一切經類音八卷。注釋一部佛經的則有慧苑新譯大方廣佛花嚴經音義（簡稱慧苑音義）二卷，雲公大般涅槃經音義（存於慧琳音義卷二十五和卷二十六，簡稱雲公音義）二卷，窺基妙法蓮花經音義（存於慧琳音義卷二十七，簡稱窺基音義）八卷。唐高宗時善遇撰有一切經音，今佚。日本永超東域傳燈目録著録有道宣趣要贊經音義一卷（已佚），日本圓超華嚴宗章疏並因明録著録有法藏華嚴梵語及音義一卷(已佚),日本最澄傳教大師將來台州録著録有法宣大般涅槃經音義一卷(已佚),佚名四分律音訓(又名四分律東塔音訓)一卷[五]。建中末年至元和二年(783—807),釋慧琳在玄應等所撰基礎上集釋佛經一千三百部,大致囊括玄應等人的音義並大加擴充,撰成一切經音義一百卷。其中的楞伽阿跋多羅寶經、大灌頂經、法華論等數部經的音義係就玄應所撰重訂;大般涅槃經音義是雲公音義的删補詳定;妙法蓮花經音義是窺基解釋的加工;大方廣佛華嚴經音義是慧苑原作的轉録,另有三百多部經轉録玄應的音義,但略有删改;慧琳所撰約有八百餘部。宋雍熙四年(987),遼希麟又對慧琳音義成書後新翻譯的佛經進行闡釋,撰續一切經音義(簡稱希麟音義)十卷。其時據槃譚新雕慧琳藏經音義紀事和高僧傳等文獻記載,五代後周時尚有可周的法華音訓五帖、行瑫大藏經音疏五百卷,後晉可洪藏經音義(簡稱可洪音義)三十卷,後漢乾祐元年(948)永安禪院全璞上人(泉州人,俗姓郭)撰大藏隨函廣釋經音,宋處觀紹興大藏音三卷,可洪引文引及的江西謙大德經音、西川厚大師經音、南嶽經音、峨嵋經音、樓藏經音隨函録、廣濟藏隨函,鄭樵通志載有無名氏大藏經音四卷,晁公武郡齋讀書後志卷一著録有蜀中印本無名氏唐藏經音義四卷,佛祖統紀卷四十三所著録宋太祖乾德五年(967)釋云勝大藏經隨函索引六百六十卷(今佚),景祐録卷十五著録宋仁宗天聖三年(1025)惟静等新譯經音義七十卷,清代浄昇法華經大成音義一卷,以及日釋信瑞撰浄土三部經音義集四卷[六]等諸家佛經音義。這些佛經音義幫助人們讀經,從而引導人們「迷方而得路,慧燈而破暗」,適應了社會的需要。據道宣大唐衆經音義序説,「自前代所出經論諸音,依字直反,曾無追顧,致失教義,寔迷匡俗,今所作者,全異恒倫」,可見直到玄應音義問世,爲佛經所撰的音義才有了較爲成熟的範式[七]。下文就玄應、慧琳和希麟所撰佛經音義略作論述。

(一)玄應一切經音義

1. 玄應的生平

玄應的生年未見有史料記載,震華法師中國佛教人名大辭典稱其「隋開皇初,住京師」[八]。據東域傳燈目録卷下和注進法相宗章疏著録有「成唯識論開發一卷,醴泉沙門玄應撰」[九]。又據慧立慈恩法師傳卷六説貞觀十九年(645),玄奘設譯場翻譯佛經,「夏六月戊戌,證義大德諳解大小乘經論爲時輩所推者一十二人至。」「又有字學大德一人至,即京大總持寺沙門玄應。」可知其爲隋唐時沙門,曾駐錫醴泉寺[一〇]和京師大總持寺。玄奘取經回來設立譯場,他參與譯經。據玄奘所譯諸經論後的記録,貞觀十九年五月二日在西京長安弘福寺翻經院譯成大菩薩藏經二十卷,貞觀二十二年五月十五日又譯成瑜伽師地論一百卷,此二經的末尾皆稱由大總持寺沙門玄應正字。又據大毗婆沙論卷一後載此經爲「顯慶元年七月二十七日於長安大慈恩寺翻經院,三藏法師玄奘奉詔譯。」「大慈恩寺沙門玄應正字。」可知顯慶元年(656)時,其已駐錫大慈恩寺。據道宣大唐内典録卷五著録「大唐衆經音義一部,十五卷」下説:「右一部,京師大慈恩寺沙門釋玄應所造。」[一一]可知其大唐衆經音義是在大慈恩寺中撰成的。

玄應精於字學,且知曉梵語。其時玄奘設譯場譯經,亟需精通梵漢的大師。據慧立慈恩法師傳卷六説當時參與玄奘譯場譯經的有證義大德和綴文大德等,而玄應則是其時唯一的字學大德,足見其在字學上的權威地位。道宣在大唐内典録卷五著録其所撰大唐衆經音義時稱其「博學字書，統通林苑，周涉古今，括究儒釋」；「徵核本據，務存實録。即萬代之師宗，亦當朝之難偶也」。(55/283b)道宣對其字學上的造詣給予了「萬代之師宗」、「當朝之難偶」的高度評價，又在續高僧傳卷三十一雜科聲德篇第十智果傳後説：「京師沙門玄應者，亦以字學之富，皂素所推，通造經音，甚有科據矣。」(50/704c)

玄應好學博識，治學嚴謹，在參與玄奘譯場譯經之餘，披讀了數百部佛經，逐部收詞，逐詞音義，撰成玄應音義。據玄應音義卷二十二釋瑜伽師地論第四卷「鐵柴」之「柴」説：「或有作嶲，撿諸書史無如此字，唯傅毅七激詩云『嶲埴飲泉』作此字，音與吮同，似兗反。」由其釋「柴」時「撿諸書史無如此字」，可想見其爲數百部佛經撰音義而手不釋卷，遍撿諸書史，以求一字一詞確切出處的嚴謹學風。

玄應在解釋詞語時往往博採衆説，大量引用已有的各種辭書和典籍的訓釋，所釋内容一般都有所本，没有根據的則存疑存闕。如卷十四釋四分律第四十九卷「禁滿」：「溫器名也。尋撿文字所無，未詳何出。此應外國語耳，或鎑鏻訛也。鎑音古盍反。鏻音莫朗反。」其所撰音義，出入經史百家，上至天文，下及地理，兼涉人倫自然，内容浩博；所釋力求有據，廣徵博引，包蘊儒釋，經史子集無所不引。如十三經中的詩、書、易、三禮、三傳、論語、孟子、爾雅等；史書中的史記、漢書、國語等；子書中的莊子、墨子、韓非子、吕氏春秋、淮南子、山海經、風俗通等；集部中的楚辭、子虛賦、上林賦等，共計二百五十四種[二二]，引用最多的是小學類書，如引爾雅八百多條，説文二千二百七十多條，三蒼三百五十多條，蒼頡篇四百多條，埤蒼一百六十多條，方言三百多條，釋名二百多條，通俗文五百二十多條，小爾雅九十多條，廣雅一千二百多條，聲類二百二十多條，字林四百七十多條，字略三十多條，字書二百多條，字詁三十多條，字苑五十多條，韻集五十九條，纂文四十多條等[二三]。其中有一些今已失佚，如蒼頡篇、通俗文、聲類、字統、韻集、字林、字略、字詁、字苑、纂文等。

玄應的著述除玄應音義外，據東域傳燈目録等所載，尚有攝大乘論疏、辨中邊論疏、因明入正理論疏等。他爲法相宗的這些重要論部作疏，體現了與玄奘的高足弟子窺基大體相同的學風，亦傳承了玄奘法相宗的系統[二四]。

玄應所師承交游者今可考知的有玄奘、道宣和窺基等，皆一時名僧[二五]。

2. 玄應一切經音義的成書年代

劉葉秋中國字典史略和林玉山中國辭書編纂史略皆説此書「大約完成於唐太宗貞觀之末」[二六]，錢劍夫中國古代字典辭典概論説「是唐太宗貞觀末年完成的」[二七]，日本學者山田孝雄一切經音義刊行的始末亦認爲此書是玄應奉敕於貞觀末曆(649)編成，周祖謨校讀玄應一切經音義後記中説是在永徽末年(655)，日本學者神田喜一郎緇流的兩大小學家説是在龍朔元年至三年間(661—663)，陳士强佛典精解説「約成於永徽六年(655)至龍朔三年(663)之間」[二八]，大辭海語言學卷云「成書於高宗永徽(650—655)間」[二九]。

據道宣大唐衆經音義序説，玄應於「貞觀末曆，敕召參傳，宗經正緯，咨爲實録。因譯尋閲，捃拾藏經，爲之音義，注釋訓解，援引群籍，證據卓明，煥然可領，結成三帙」。可知玄應在「貞觀末曆，敕召參傳」，最初只是參加玄奘的譯場譯經，並未奉敕撰寫音義。只是在後來的譯經中「因譯尋閲，捃拾藏經」，進而才自己「爲之音義」。玄應音義並非奉敕「大約完成於唐太宗貞觀之末」，那麼究竟於何時成書？是永徽末年(655)還是龍朔元年至三年間(661—663)？這涉及玄應的卒年。

關於玄應的卒年，學術界説法不一。據周法高玄應反切考一文推論，「大概在龍朔元年(661)夏，至晚龍朔二、三年間示寂」[二〇]。陳垣中國佛教史籍概論認爲玄應之卒當在麟德元年(664)以前[二一]。周祖謨校讀玄應一切經音義後記説「玄應不卒於永徽末，即卒於顯慶初(656)」[二二]。考大唐内典録卷五、開元釋教目録卷八、貞元新定釋教目録卷十二著録玄應此書皆説「恨叙綴才了，未及覆疏，遂從物故，惜哉」(55/283b；55/562b；55/862b)，可見玄應剛撰成此書初稿還來不及整理修訂就圓寂了。從玄應所撰音義可知其所釋佛經中有一些是在貞觀以後才譯完的，如卷二十一中的説無垢稱經、分別緣起經和稱讚净土經譯成於永徽元年(650)，大方等十輪經譯成於永徽二年(651)，記法住經譯成於永徽三年(652)；卷二十三中的廣百論譯成於永徽元年(650)，大乘成業論譯成於永徽二年(651)；卷二十四的阿毗達磨俱舍論和卷二十五的阿毗達磨順正理論譯成於永徽五年(654)[二三]。因此即使玄奘每譯完一部經或每譯完一卷經，玄應即爲之撰音義，其所撰音義的成書年代當亦不會早於永徽五年(654)。根據玄奘所譯諸經論後所載玄應正字的記録，其中譯成於顯慶元年(656)七月二十七日的大毗婆沙論卷一後亦記有「大慈恩寺沙門玄應正字」，可知顯慶元年七月玄應尚在世。大毗婆沙論共八十卷，玄應音義未收釋，慧琳音義收録在第六十八卷中。又據東域傳燈目録卷上載玄應撰有大慧度經音義三卷，慧度是梵語般若波羅密多的漢譯，大慧度經音義即大般若經音義。此經共六百卷，始譯於顯慶五年(660)，至龍朔三年譯完[二四]。據東域傳燈目録所載，玄應僅爲此經撰了一部分音義，玄應音義未載，可知此三卷音義尚是未完稿，玄應很可能未及見到此經的全部譯完，其示寂時可能正在爲此經撰音義。又據大般若經卷三百四十八後所記龍朔元年十月的譯場列位中已不見其名[二五]，而道宣所撰大唐内典録是「龍朔四年春正月於西明寺出之」(55/342a)[二六]，其中卷十已著録有玄應此書。龍朔四年(664)即麟德元年，我們可據此推測玄應的卒年不可能早於顯慶五年(660)，而只能是在龍朔年間(661—663)，玄應音義的成書年代亦不會晚於此時。根據上文所説道宣大唐内典録卷五的著録和爲此書所作的序，玄應是懲高齊釋道慧一切經音之失，乃憤而撰作此書，其本意當是爲所有的佛經即一切經撰音義，絶不僅僅是其示寂時已撰成的四百餘部。如大般若經音義六百卷，慧琳音義收録在第一卷至第八卷中，玄應音義未收録，但東域傳燈目録所載大般若經的三卷音義很有可能出自玄應，如果天假以年，玄應一定是會撰完這部經的音義的，也就是説，玄應所撰音義很可能不僅僅是現在的二十五卷，至少會增有大般若經和其參與正字的大毗婆沙論的音義。因此，在某種程度上我們可以説玄應音義實際上尚是一部未及完成的初稿[二七]。

3. 玄應一切經音義的流傳與刊刻

玄應音義成書後存於釋藏，並有傳抄本流行。敦煌遺書殘卷中也有數種傳抄的寫本[二八]。據正倉院文書記載，日本 奈良時代玄應音義已傳到了日本，人們屢屢書寫、讀誦、鑽研玄應音義[二九]，正倉院聖語藏收録的卷六殘卷即爲天平年間(729—749)寫本。此後，宋元明藏迭有傳刻本，有二十五卷和二十六卷兩種。二十五卷爲宋元明南藏本，二十六卷爲明北藏及嘉興藏本[三〇]。據莫友芝郘亭遺文卷二一切經音義寫本序説，釋藏中的玄應音義有南、北藏之異，「蓋北本疏於南本，南本異者，佳處十八九；北本異者，佳處十一二」。「南本第三卷，北本析爲二，故北本二十六卷，南本二十五卷。乾嘉諸老引證記卷，悉是南本，益知北本不足據也」[三一]。陳垣中國佛教史籍概論卷三説：「實則南本第三、四卷，北本析爲三、四、五卷也。」[三二]

釋藏本中開寶[三三]、崇甯[三四]、毗盧、圓覺、資福、磧砂、普甯、明洪武南藏收録於千字文的階至弁[三五]，金藏和高麗藏爲納至轉，明永樂南藏爲雲至雁，明永樂北藏和嘉興藏爲郡至並，日本天海藏亦爲階至弁，縮刻大藏經爲爲，卍正藏爲三十五册，龍藏、頻伽藏和大正藏未收録。除釋藏本外，尚有清順治十八年刻本[三六]；清乾隆五十一年(1786)莊炘據西安大興善寺明南藏本重雕本，注中有莊炘、錢坫和孫星衍諸人的校語[三七]；嘉慶十六年(1811)阮元採購四庫全書未收的書，各撰提要進呈，賜名宛委別藏，凡一百六十種，其中有玄應音義，揅經室外集卷二並載有一切經音義提要[三八]；道光十一年有古稀堂刻本[三九]；道光末年潘仕成翻刻莊本，收入海山仙館叢書[四〇]；同治八年(1869)曹籀據莊本的覆刻本等[四一]。

羅振玉曾藏有宋紹興福州開元禪寺藏本，據王國維以此本校莊本所作校記説，得於日本某氏，闕卷二、卷二十和卷二十五，每半頁六行，行十七字，前後並有金澤文庫朱記[四二]。每卷之首皆有「敷文閣直學士左朝議大夫潼川府路都鈐轄安撫使知瀘州軍州提舉學事兼管内勸農使賜紫金魚袋馮楫恭爲今上皇帝祝延聖壽舍俸添鏤經板三十函補足毗盧大藏永冀流通勸緣福州開元禪寺住持慧通大師了一題」的題記。

今存較早版本，其一爲敦煌、吐魯番遺書所存唐寫本殘卷S3469、S3538、P2271、P2901、P3095[四三]、P3734、P3765、Φ23、Φ367、殘片Φ368、ДХ00209、ДХ00210、ДХ00211、ДХ00252、ДХ00255、ДХ00256、ДХ00320、ДХ00386、ДХ00411、ДХ00583、ДХ00585、ДХ00586A、ДХ00586C、ДХ00965[四四]和Ch/U8063、Ch/U8093、Ch/U7449、Ch1214、Ch652等[四五]。

S3469爲卷二大般涅槃經第一卷文，存三十四行；S3538存卷七等集衆德三昧經上卷末至勝思惟梵天所問經第六卷一部分，計五種經，共二十餘行。

P2271、P3765爲玄應音義的摘字節録，多爲卷七、卷十二和卷十六中的字，注音頗有不同於玄應之處，主要是止攝字與遇攝字互注，梗攝字與止攝字、齊韻字、祭韻字互注，鄰韻互注等，大致與羅常培唐五代西北方音所論相吻合，存當時口語之音；P3095爲朱書卷二大般涅槃經第一卷「羅睺」至「逮得」十一個詞，共三十四行；P3734存卷十六優婆塞五戒威儀經至戒消災經，存三種經，共二十九行，慧琳將玄應這幾種經音義收在卷六十四。

Φ23存卷二大般涅槃經卷十至卷四十，其中卷十至卷十九是節録，卷二十至卷四十是抄録。Φ367存卷六妙法蓮華經，僅闕第一卷卷首的十五條[四六]。ДХ00583存卷一大威德陀羅尼經第十六卷四條，ДХ00256存卷一法炬陀羅尼經第一卷和第二卷共八條，ДХ00965存卷二大般涅槃經第一卷一條和所釋經名及卷數，ДХ00209、ДХ00210和ДХ00411存卷三光贊般若經第三卷至第七卷共八條，Φ368存卷三放光般若經第一卷至第四卷八條，ДХ00585、ДХ00586A存放光般若經第一卷七條和第四卷至第五卷八條，ДХ00586C存放光般若經第十八卷和第十九卷各一條，ДХ00211、ДХ00252、ДХ00255存放光般若經第二十三卷至第二十九卷十三條，ДХ00320、ДХ00386存卷二十二瑜伽師地論第四十二卷至第四十四卷十一條[四七]。

P2901爲一通俗、簡明、便用的節本，也是敦煌遺書中保存玄應書最多的寫卷，存一百零三種佛經的三百二十一條音義。依次爲卷一凡六經四十三條，卷三凡六經二十五條，卷二十一凡二經十六條，卷四凡十一經三十六條，卷五凡十三經十四條，卷七凡三經三條，卷十凡六經十三條，卷十七凡五經三十六條，卷十八凡八經十一條，卷十九凡一經二十條，卷二十凡三經五條，卷十一凡三經三十二條，卷十二凡八經三十一條，卷十三凡六經三十二條，卷十四凡一經三條。各卷之内所釋諸經序次與今傳本大致相同，但所摘條目有所選擇，有所不録，訓釋文字也有删略[四八]。

Ch /U8063、Ch /U8093、Ch /U7449、Ch /U6784、Ch /U7279、Ch /U6788、Ch /U7447、Ch /U7448、Ch /U6782b爲玄應音義卷六釋妙法蓮華經的音義；Ch444爲卷十二釋賢愚經的音義；德藏吐魯番文獻原編號TⅢM131據國家圖書館善本部藏王重民所拍照片爲卷十九釋佛本行集經的音義；Ch1214、Ch652爲卷二十三釋顯揚聖教論的音義；Ch1216爲卷十五釋僧祇律的音義；Ch2259、Ch71、Ch3122爲卷五釋摩訶摩耶經、如來方便善巧咒經、勝鬘經和須摩提經的音義[四九]。

其一爲蘇州陳湖延聖院刊於南宋理宗紹定四年至元武宗至大二年的宋磧砂藏本，1935年上海影印宋板藏經會據西安開元、卧龍兩寺藏本影印[五〇]。據我們比勘，此本與麗藏本各有其源。

其二爲趙城廣勝寺金藏本[五一]，今闕卷八、卷十一、卷十二、卷十五至卷二十二，共存十四卷。中華大藏經以其爲底本影印，金藏所闕的十一卷以麗藏本補之，收録在第五十六册和五十七册中[五二]。

日本尚存有北宋福州東禪寺及開元寺藏經本[五三]，楊守敬日本訪書志卷四亦著録有兩種古抄本[五四]。奈良正倉院的聖語藏有唐、五代期間的寫本卷子[五五]，存卷四、卷十七至卷二十二，共七卷及卷六的一部分殘卷，其中卷六爲天平寫卷[五六]。東京博物館舊藏有大治三年（宋高宗建炎二年，1128）釋覺嚴的抄寫本[五七]，昭和五年（1930）十月轉藏於宫内省圖書寮（後稱爲宫内廳書陵部）[五八]，大致與P3734所存卷十六相一致，缺卷三至卷八，共十九卷。卷首有全書二十五卷目録，經律論共四百四十三部，但末題「大合三百九十一部」，與總數差五十二，蓋目録中有漏略之處，如第八卷目録缺十一部，第十六卷目録缺一部。第一卷末附有新華嚴經音義[五九]。這兩種寫本與磧砂藏本差異較多，文句往往少於磧砂藏本，但文字可以改正磧砂藏本處頗多[六〇]。1933年日本學者山田孝雄曾經彙集聖語藏本和大治寫本編印在一起，而以大治本爲主，所缺各卷則用高麗藏本補足。

尤其值得一提的是日本的法隆寺、石山寺、七寺、興聖寺、西方寺、新宫寺和金剛寺等寺廟中也藏有玄應音義的一些寫卷。宫内廳書陵部所藏法隆寺一切經爲大治三年（1128）寫本。石山寺的寫卷寫於承安四年到安元元年間（1174—1175），廣島大學藏有第一卷至第五卷，天理圖書館藏有第九卷和第十八卷，名古屋博物館藏有第十二卷，反町弘文莊藏有第十三卷，大東急紀念文庫藏有第二十五卷[六一]。京都大學文學部亦藏有其中的第六和第七卷。我們將正倉院聖語藏所藏卷六殘卷與京都大學文學部所藏第六卷逐字作了比勘，發現除了個别傳寫誤字外，二者大致相同，如其中「旃檀」、「瞻察」、「純一」、「懈怠」、「族姓」、「蕭笛」等九條亦同正倉院聖語藏本而爲今各傳本所無，其中「蕭笛」條亦見於德藏吐魯番殘卷 Ch /U7447(Ⅱ Y18. 1)〔六二〕，從而證實石山寺本與聖語藏本是同一個古寫本系統，京都大學所藏正可補聖語藏和大治寫本這兩卷之闕。七寺、興聖寺、西方寺和金剛寺等所藏爲奈良、平安寫卷。稻園山七寺的寫卷今存有卷一至卷十、卷十二至卷十四、卷十六至卷十八、卷二十一、卷二十三至卷二十五，其中第十五卷曾爲小杉温邨(1834—1910)收藏，現藏於東京大學史料編纂所〔六三〕。七寺藏寫卷的卷一末有「一校了榮俊 安元三年(1177)四月廿九日書了」。興聖寺今存有卷一至卷二十五全書。西方寺存有卷一、卷三至卷六、卷九、卷十三、卷二十一和卷二十五，其中卷二十五末有「弘安四年(1281)七月四日於大門寺書寫了」。新宫寺存有卷一、卷五、卷八、卷十一、卷十三、卷十六至卷二十一、卷二十五。天野山金剛寺今存有卷一至卷四、卷六至卷七、卷九至卷二十一、卷二十四至卷二十五，其中卷二十一末題有「保元元年(1156)」，卷十三、卷十九、卷二十末題有「嘉禎二年(1236)」，卷一、卷四、卷九、卷十、卷二十一末題有「嘉禎三年(1237)」，卷一末亦附有新華嚴經音義〔六四〕。近年日本國際佛教學大學院大學落合俊典教授主持的文部科學省私立大學學術研究高度化推進事業的項目正在進行「奈良平安古寫經」的整理出版工作，已在全面調查日本現存玄應音義寫卷後，出版了日本古寫經善本叢刊第一輯，即金剛寺、七寺、西方寺、東京大學史料編纂所、京都大學文學部所藏之玄應撰一切經音義二十五卷寫卷。據我們考察比勘，七寺、金剛寺等所存寫卷與磧砂藏本互有異同，大致與麗藏本相近。敦煌卷子和日本所藏這些寫本互補其闕，可整理成一個較爲齊全的古寫本玄應音義，其學術價值之巨不言可喻〔六五〕。

（二）慧琳一切經音義

1. 慧琳的生平

慧琳(公元737—820)，姓裴，西域疏勒國(今新疆維吾爾自治區喀什)人。宋高僧傳卷五說他生於唐玄宗開元二十五年(737)，憲宗元和十五年(820)卒於西明寺，年八十四〔六六〕。景審序則說他元和十二年二月三十日絶筆於西明寺〔六七〕。據全唐文載：「景審，南陽人，元和中試太常寺奉禮郎。」景審與慧琳同時，且序稱：「審以頗好文字，擇善從之，許爲不請之師。」〔六八〕景審所説似應可信。然贊甯撰宋高僧傳，所本多是碑文，每於傳末恒言某某爲立碑銘或塔銘。他在慧琳傳末雖未注所據出處，但傳內對其生卒年言之鑿鑿，當亦有所本，且宋高僧傳內亦有「迄元和五載，方得絶筆」。又云「貯其本於西明寺」，與景審序中「絶筆於西明寺」相合。「絶筆於西明寺」可解釋爲「最後完稿於西明寺」，故頗疑景審序中之「絶筆」不一定是「死」的隱諱用語，可能是傳抄者因前文中已有「元和二祀方就」，故臆改下文中「元和二年二月三十日絶筆」中二年爲「十二年」，「十」字爲衍文。景審序說：「自愧未成之器，因啓其卷，乃告厥功，謬以微才，叙之云爾。」景審是在看了慧琳音義後，爲叙述其功才作序的，其時慧琳既「許爲不請之師」，可證慧琳當還在世。〔六九〕故景審序中所説的「絶筆於西明寺」不能用作慧琳卒年的確證。

慧琳家世今已無考，然疏勒爲漢時舊地，據通典載：「唐時其國王姓裴，侍子常在京師。」陳垣中國佛教史籍概論卷四說：「頗疑裴姓乃中國人，國於此地，慧琳其支屬也，博通梵漢，綜貫玄儒，在唐代西北耆舊中，當首屈一指。」據新唐書裴玢傳說：「裴玢，五世祖糾，本王疏勒，武德中來朝拜鷹揚大將軍，封天山郡公。留不去，遂籍京兆。」「元和二年徙山南西道」，「爲治嚴棱，畏遠權勢，不務貢奉，蔬食弊衣，居處取蔽風雨而已。倉庫完實，百姓安之，當世將帥，未有及者」。慧琳生與裴玢大略同時[七〇]，作爲裴姓族人，慧琳少年時家境似尚殷實。疏勒是西域諸國之一，地處漢唐時東西方交往的絲綢之路上，東西方文明在此交匯融合。慧琳幼年生活在這樣一個環境中，既耳濡目染西域諸國風土民俗，「曾稟受安西學士稱誦書學」[七一]，又「夙蘊儒術」[七二]，深受中國傳統文化的薰陶，可謂得天獨厚，學有淵源。

慧琳「弱冠歸於釋氏」，根據其生年可推知其弱冠之時，適逢安史之亂。慧琳歸於釋氏，除了與當時佛教與儒道並盛、傳播日廣有關外，也標誌着唐代社會由極盛開始走向衰亡的安史之亂帶來的普遍社會動盪，人們心目中認爲天長地久、不可動搖的唐帝國這個强盛的龐然大物將毀於一旦的岌岌可危的形勢對他心靈的冲激顯然有着更大的關係。社會的動亂造成家道的衰弱，個人前途未卜，年輕的慧琳就在此時遁入空門，社會和時代的因素自然不可忽視。

關於慧琳的駐錫之地，景審序稱其爲大興善寺法師，宋高僧傳則稱爲西明寺法師。劉葉秋中國字典史略認爲「是否因先後駐錫之地不同而異其稱，不得而知」。今考不空（705—774）在開元、天寶間出遊印度，天寶五年（746）返唐，駐錫大興善寺，大興善寺成爲密宗祖庭。册府元龜帝王部崇釋氏二云大曆九年（774）「六月癸未，興善寺僧試鴻臚寺卿不空三藏卒，輟朝三日」。慧琳弱冠出家，其時約爲755—756年間，師不空三藏，爲室灑，當在大興善寺，故景審序稱爲大興善寺慧琳法師。又據景審序説「元和十二年二月三十日絶筆於西明寺」，宋高僧傳説「貯其本於西明藏中」，可見慧琳後來是在西明寺中完成此書的，故宋高僧傳又稱爲西明寺慧琳[七三]。

慧琳幼年曾從安西學士稱誦書學，「弱冠歸於釋氏，師不空三藏」[七四]。不空是天竺人，故慧琳不僅從其研習密藏，而且也學習天竺語。後又與試太常寺奉禮郎景審有師生之誼。其一生所交遊者，今可考知的有不空和景審兩人。

不空是佛教密宗的高僧，與善無畏、金剛智並稱「開元三大士」。其譯密部經咒儀軌等書一百四十七種，足稱集密宗大成[七五]。中唐諸帝如玄宗、肅宗、代宗、德宗（時爲太子）都曾依他受法灌頂或參加譯事，其餘王公大臣對不空的譯經傳法也都盡力護持。其居灌頂師位四十餘年，受法門人約萬計。「官至卿監，爵爲國公，出入禁闥，勢移權貴。」[七六]其卒時，「帝聞，輟視朝三日，賜絹布雜物錢四十萬，造塔錢二百餘萬，敕功德使李元琮知護喪事」[七七]。可見不空當時在朝野的威望。不空「本天竺婆羅門族」，「年十五師事金剛智三藏，初導以梵本悉曇及聲明論，浹旬已通徹矣」。據册府元龜帝王部崇釋氏稱其「敏智多聞，學通釋氏經論，曉知蕃漢音旨，翻譯貝葉經凡數萬言，帝甚敬之」。他自幼來華，故能通曉中國的語言和文化，這個優越的條件是歷代來華的譯師所少有的。當時佛教中諸宗競立，密法漸行，産生一種要求抉擇統一的趨勢。不空長期住在中國，對於這種情況有較深的認識，從他的譯述中可以看出他正是以畢生的精力從事這種努力，並且取得了很大的成就。雖然他在後代人的心目中是一位密宗的祖師，但他的譯述並沒有獨尊密法、抵抑顯教的意思，不過認爲真言門的修行證果比顯教爲速而已。慧琳親受不空指點，名師出高徒，自然學有師承。不空的這種思想對慧琳也有一定影響。慧琳所作音義相容並蓄，不僅收詞範圍遍及三藏，囊括玄應、慧苑等人所撰音義，而且書中還引用了舊音義約六十四處[七八]，集佛教各家音義而總其大成。他雖是虔誠的沙門釋氏，但書中亦無獨尊釋教、抵抑儒家的意思，除引用佛經外，頗採儒家及諸子成説，這是慧琳思想中的可貴之處。

景審頗好文字，他爲慧琳音義作序，序中充滿對慧琳博學多識的欽佩之情，並以其所著一切經音義作爲自己研治文字的不請之師，可見兩人志同道合，非一般泛泛之交。據全唐文載：「景審，南陽人，元和中試太常寺奉禮郎。工作詩，留心翰墨，作一切經音義序。」全唐詩則稱其「長慶中有善書名」，並收録其所作題所書黄庭經後詩。又據宣和書譜稱其「長慶中以泥金正書黄庭經一軸，追慕王羲之法，字體獨秀，潤而有典則」，並云御府藏有其正書一軸。景審不僅工詩善書，而且他的一切經音義序的文筆頗有韓柳古文之風，可見他也是一位好學多才之士。他在序中談到人們閱讀玄應、慧苑等未作音義的佛經經文尚有困難時指出：「然而自傲之輩耻下問而不求，匿好之流吝深知而不答。」大致與他同時代的韓愈所作師説也指出「師道之不傳也久矣，欲人之無惑也難矣」，可見當時人們耻於從師的不良風氣。景審和慧琳能不拘於時，一個頗好文字，虚心求教；一個許爲不請之師，指迷釋惑。這與當時社會上耻於下問的自傲之輩和矜持保守的匿善之流恰成一鮮明對照，可謂一段交游佳話。同時也説明在當時的社會風氣下，慧琳音義對於幫助人們學習佛經有很大的作用。

慧琳好學博識，佛經的内容浩博龐雜，他從師問學，潛心披讀詮釋，涉獵經史百家，天文地理、人倫自然，無所不學，以廣聞見。如釋大寶積經第一百零九卷中「火浣布」云：「謹案山海經、括地志、十洲記、神異經、博物志、抱朴子等，皆説南方炎洲有火林山，生不燼之木。其山晝夜大火常然，猛風不盛，暴雨不滅，其木皮花皆堪爲布，而皮布粗，花布細。又有火浣獸，其形似鼠，可重百斤，毛長三四寸，色白細如絲，常居火中，烔赤如火，時時出外，夷人以水逐而沃之，得水即死，取其毛，績以爲布，彼夷人皆衣其衣。經有垢汗，若以灰，水洗終日，仍舊不能净。若置於火中燒之，與火同赤，經一食，須出而振之，塵去而潔白如新，因名火浣。」（卷十五）又如其釋該經第二卷中「獮猴手」云獮猴：「説文：玃也。奴刀反也。或曰母猴。漢書謂之沐猴。今謂之猴孫。王延壽作賦謂之王孫。今俗呼謂之胡孫。案此狖〔七九〕種類甚多，略而言之，近有十種，今且略舉其名，不能一一繁述。即有獮猴、白猿、蒼玃、青獶、狙、獴、狖、蜼，又有果然，皆獮猴之種類也。其中差别色貌各殊。今且略説果然一狖。南州異物志云：九真骨浦縣、交州、日南山、父林藪中皆有此狖，其名果然，猿狖之類，其鳴自呼，身如猨，面如犬，青色，或通身白色，脅邊有黑斑文，其身不過三尺，尾長四尺有餘，反度身，過於頭。視其鼻，見兩孔仰向天。毛長柔細也，往往人間有此狖皮縵褥也。」（卷十一）僅從上舉兩例，足見慧琳博學多識之一斑。

慧琳幼年生活在西域。西域一帶原有三十六國，西漢末又分成五十五國，各國語言交雜，有龜兹語、昆侖語、蕃語等西域地區語言，又有印度傳來的梵語和中原傳入的漢語。慧琳「内持密藏，外究儒流，印度聲明，支那詁訓，靡不精奥」〔八〇〕。顧齊之序稱其「尤精字學」。景審序亦稱其「内精密教，入於總持之門；外究墨流，研乎文字之粹。印度聲明之妙，支那音韻之精，既瓶受於先師，亦泉瀉於後學」。他不僅通曉梵、漢語言，而且熟悉一些西域語言。他在解釋佛經詞語時往往辨明該詞是哪一種語言，如釋大乘理趣六波羅蜜多經第一卷中「蘇莫遮冒」，指出其是「西戎胡語」（卷四十一）；釋惠超往五天竺國傳中「閣蔑」和「葛辣都」則分别指出其是「昆侖語」和「蕃語」（卷一百）。

我國早期的佛經有一些是從龜茲文或其他西域語言轉譯的，慧琳往往根據梵語原文重作譯解。他雖然强調正梵音，但由於幼年曾「稟受安西學士稱誦書學」，有時出於習慣也偶爾以龜茲語爲正梵音，如釋大般若經第五百四十四卷中梵語音譯詞「薩婆若」云：「梵語，訛也。正梵音薩嚩吉孃（二合），唐言一切智。」（卷七）他用「吉孃（二合）」來對譯梵語詞根 jñā，實際上是受龜茲語詞根 kñā 的影響，因爲「吉」在漢語中是見母字，對應於「k」。由慧琳音義中一些非梵語成分亦可知除梵語和漢語外，慧琳還通曉一些西域語言，其中龜茲語是他比較熟悉的一種西域語言，對他詮釋梵語音譯詞有一定影響〔八一〕。

慧琳不僅内究密藏，而且外究儒流，「嘗謂翻梵成華，華皆典故。典故則西乾細語也」〔八二〕。所謂細語，即聲明中的彦底多，亦即典正之語。慧琳認爲漢譯佛經中許多意譯詞都是華語中的典正之語，也就是漢文獻典籍中的雅語。他夙蘊儒術，涉獵漢文典籍頗多，解釋佛經詞語往往引經據典，前文所舉「獮猴手」與「火浣布」兩例已可見其學識之該博。據戴明揚編輯慧琳一切經音義引用書索引之經過一稱慧琳音義，「此書之所網羅四部古籍七百餘種」〔八三〕。慧琳引用的漢文典籍上至周易、尚書，下至唐顔師古字樣、玄宗孝經注，廣涉經史子集四部。四部中重要的典籍幾乎都在他徵引的範圍内，有些典籍還徵引了一些權威性的注釋，其中儒家的十三經無一遺漏，而且引用頻繁。

唐代的佛經翻譯臻於極盛。人們誦讀佛經，「苟欲明其真實義者，必以通其詞爲始」〔八四〕。慧琳在研讀佛經時注意到經文傳抄中的訛誤。如卷九十六釋弘明集第十卷「鈎深」時云：「今集本作『拘染』，於義乖舛，恐傳寫訛謬也。改從『鈎深』於義爲得，亦請詳焉。」指出弘明集中的「拘染」可能是傳寫訛謬，認爲改從「鈎深」更符合經義。他對經文中的訛誤頗有感慨，在雲公大般涅槃經第八卷中糾正經文訛誤時説：「如上所音梵字，並依中天音旨翻之，只爲古譯不分明，更加訛謬，疑誤後學。」又説：「龜茲與中天相去隔遠，又不承師訓，未解用中天文字，所以乖違，故有斯錯。哀哉，已經三百八十餘年，竟無一人能正此失！」（卷二十五）他學貫儒釋，精通梵漢，感到編纂佛經音義責無旁貸，因而「掇其闕疑，歎其病惑，覽茲群經，纂彼詁訓」，遍及三藏，具釋衆經，作音義一百卷。他杜絶了功名之念，室家之累，以個人之才力，「旁求典籍，備討經論，孜孜不倦，修緝爲務」，費時二十多年，從頭到尾閲讀了一千三百部佛經，逐部收詞，逐詞音義，並且參閲徵引各家典籍七百多種，這項工程之巨大和繁重是不難想像的。據其釋一字頂輪王經第一卷中「旋嵐」云：「一切字書先無此二字」，他爲了考釋其詞義，「披覽史書」，終於「於後魏書中見其意」，所以知其義爲「大猛風」，「元魏孝昌帝時俗用因循書出此字，亦是北狄突厥語。」「本北地山名，孝昌帝於此地置岢嵐鎮城，城西有山，多猛風，因名此山爲嵐山，書出此『嵐』字。後周因岢嵐鎮城遂改置爲嵐州，在太原西北。」於是他才將查考所得「疏出示其原也」〔八五〕。我們可由此想見其孜孜以求、手不釋卷、披讀詮釋一千三百部佛經的整個過程。書成之時，他已七十多歲，可以説他的畢生精力都凝聚在這部巨著中了。

2. 慧琳一切經音義的成書年代

景審序云慧琳音義以「建中末年（783）創製，至元和二祀（807）方就」。宋高僧傳則云「起貞元四年（788），迄元和五載（810）」，兩者的記載有一些出入。丁福保重刊正續一切經音義序採景審之説，周法高玄應反切考認爲「丁福保於著書年月及卒年均從景審序，獨採宋僧傳年八十四之説，材料不齊一」。考慧琳音義卷三十五記佛頂尊勝陀羅尼經翻譯年代先後稱：「慧琳音至此經，遂檢勘譯經年歲先後，故書記之，曉彼疑繁之士。貞元十八年(802)壬子歲記。」周法高因而認爲「若琳師音義乃順序而作，則至此年，已成三分之一。若依景審序，則下去元和二祀才五年，上去建中末已二十年，似嫌太早。依宋僧傳，上去貞元四年，凡十四年，下去元和五年，凡七年，似較合理。」考景審與慧琳同時〔八六〕，其序和傳記有所不同，可以不提慧琳的生卒年，但所説的成書年代似不會有誤，且即使依宋高僧傳所説，慧琳撰到三十五卷時也已花去十四年，餘下的六十多卷僅花七年，似亦不妥。實際上如同今天編纂辭典一樣，開始的時候除了搜集資料的工作量相當大外，編寫工作還有一個試驗、摸索的過程，等到資料搜集齊全，編寫有了經驗，自然速度也就快了。從抽象的構思過渡到切實執行是需要較長的一段時間的，故十四年也好，二十年也好，僅説明慧琳在編寫的最初幾年中花了大量時間搜集資料，嘗試和摸索理想的編寫體例。據佛祖統紀卷四十一載元和二年「河中府沙門慧琳撰一切經音義一百三卷，詣闕進上。」又據册府元龜帝王部崇釋氏載元和「三年三月辛亥，河中僧惠琳撰一切經音並目録一百三卷，表獻之」。顧齊之序則云慧琳「建中末乃著經音義一百卷」，因此可以認爲慧琳音義成書在元和三年以前〔八七〕。

3. 慧琳一切經音義的流傳與版本

(1) 慧琳一切經音義在宋元的流傳

慧琳音義成書後，貯存在西明寺中，景審曾爲之作序。佛祖統紀卷四十一載元和二年(807)「詣闕進上，敕入大藏」。處士顧齊之於開成五年(840)在西明寺玄暢上人處見到此書，亦爲之作序。其時可能尚未廣泛傳抄流行，故大中五年(851)又有奏請入藏流行〔八八〕。蓋此書於武宗會昌法難(845)後猶存於長安。吐魯番文獻中有慧琳音義寫本殘卷〔八九〕。據宋高僧傳卷五云高麗國於「周顯德中遣使齎金入浙中求慧琳經音義，時無此本，故有闕如」。卷二十五又云行瑫「慨其郭迻音義疏略，慧琳音義不傳，遂述大藏經音疏五百許卷，今行於江浙左右僧坊」。行瑫是五代時人，其時在江浙一帶慧琳音義已失傳〔九〇〕。

唐代印書尚不普遍，抄寫之事仍不能廢。舊唐書白居易傳云：「居易嘗寫其文集，送江州東西二林寺、洛城香山、聖善等寺，如佛書、雜傳例流行之。」唐代佛經傳寫極盛，慧琳音義成書後，很可能未製版印行，然宋高僧傳稱其書成後，「京邑之間，一皆宗仰」，當如白居易傳所説的「佛書、雜傳例」而有傳抄本流行。唯因有抄本流行，故行瑫雖不見此書於江浙，遼釋希麟却能見於燕京。希麟續一切經音義序説：「唐建中末，有沙門慧琳，棲心二十載，披讀一切經，撰成音義，總一百卷。依開元釋教録，始從大般若，終於護命法，所音衆經，都五千四十八卷(景審序爲五千七百多卷)。」希麟在「旃蒙歲」條下云：旃蒙爲唐代宗永泰元年乙巳，「到今統和五年丁亥，得二百二十三年。」(續卷五)可知希麟此書約撰於宋雍熙四年(987)，其體例仿照慧琳音義。希麟當見到慧琳音義，否則將無從續起。較希麟稍後，行均作龍龕手鑒，據智光序，其時爲統和十五年(997)，即宋太宗至道三年〔九一〕。行均在書中引用了慧琳音義，故當亦見到慧琳音義。與此差不多同時，贊甯於太平興國七年奉敕撰宋高僧傳，端拱元年書成(982—988)，書中云「慧琳音義不傳」，蓋其時慧琳音義雖存於遼而已佚於宋。

日僧周鳳善鄰國寶記云高麗國「後求得於異邦，而鋟梓置之於海印寺焉」。槃譚在新雕慧琳藏經音義紀事中引用此文，並注云：「應是契丹藏本。」今考遼史 道宗本紀三云咸雍八年(1072)十二月：「庚寅，賜高麗佛經一藏。」〔九二〕遼代曾刻契丹藏〔九三〕，收入慧琳音義。蓋契丹書禁甚嚴，傳入别國者法當死。高麗國遣使入浙中未購得慧琳音義，後以請經之故終於從契丹求得佛經一藏，除慧琳音義外，希麟所撰續一切經音義十卷亦一併求得，故其時不會早於宋 雍熙四年(987)，即希麟續書刻印以前。高麗國求得慧琳音義後也製版印行，收入高麗藏中。又考元代至元二十二年(1285)所撰法寶勘同總録卷十著録有慧琳音義，可證元代其書尚能見到。

慧琳音義的失傳與唐末五代兵燹不斷有關，陳垣在中國佛教史籍概論指出「慧琳音義雖曾奏請入藏，然廣明以後，長安迭經兵燹，經典自易散亡，燕京地處邊隅，人習『詭隨之俗』，金世宗所謂『遼兵至則從遼，宋人至則從宋』，故屢經遷變而未嘗殘破」。認爲「廣明元年(880)黄巢入長安，慧琳音存京師者亡，後唐 清泰三年(936)，慧琳音存燕京者，隨燕云十六州入契丹」。此外，宋 元時密宗衰微，禪宗在中國佛教界漸占壓倒其他宗派的優勢，禪宗重悟性而略經傳，這也是佛經音義類著作漸不甚受到重視，以至亡佚失傳的一個原因。

(2) 慧琳一切經音義傳入高麗和日本的年代考

慧琳音義自宋以後的流傳情況，歷來説法不一。所説或不知所據，或語焉不詳，或頗有失實之處〔九四〕。今考遼史 道宗本紀三云咸雍八年(1072)十二月：「庚寅，賜高麗佛經一藏。」高麗很可能在此時得到慧琳音義，並製版印行，收入高麗藏。又考日僧周鳳善鄰國寶記載應永十六年(1409)遣朝鮮書云：「伏聞貴朝一大藏教，鏤板流布，倘憐陋邦之乏少，賜以七千軸全備之藏，則其恩其德，何日而忘之。」〔九五〕此時源義滿(1358—1408)已死，其子足利義持繼任將軍〔九六〕。又據善鄰國寶記載應永二十九年(1422)源義持遣朝鮮書云：「先是需釋氏藏經，皆得如願，無勝銘佩之至。今復有不盡之求，重請一藏，欲使此方之人植福於現當也。苟與其善，須以七千卷全備之典，則雖以刹寶見付，未足爲比也。」應永三十年(1423)遣朝鮮書云：「日本國 源道詮再奉書朝鮮國王殿下，專使回，所需藏經與回禮使同到，喜慰可言哉。……聽貴國藏經板非一，正要請一藏板安之此方，使信心輩任意印施。」由此可證，日本在1422年已從朝鮮請得七千軸全備之藏。繼而在1423年又提出請藏經板的要求，但朝鮮覆書以「只是一本，且予祖宗所傳，不可從命」，拒絶給予藏板。嗣後，日本又多次向朝鮮請求藏經，朝鮮則或與或否。據善鄰國寶記載，康正二年(1456)遣朝鮮書云：「日本國 源義政奉政(致)朝鮮國王殿下，治國以來，帶國印通使命，而需大藏並諸色貨皆捆載以歸，無虚歲焉，固上國之賜也，不勝感幸。」大約足利義政(1436—1490)任將軍時也曾從朝鮮請得藏經。周鳳的善鄰國寶記著於1470年，所載國書都是當時官方正式文件，其所載應可信。由此可知早在豐臣秀吉侵朝以前日本已從朝鮮得到慧琳音義。

據槃譚新雕慧琳藏經音義紀事載，日本先後從朝鮮請得的幾部慧琳音義，貯藏在幾個寺中，而闕卷蠹蝕，漫滅尤多，完本僅留建仁寺和緣山寺中。其時高麗國 海印寺的藏版已因兵燹而毀失〔九七〕，故日僧忍澂始謀刻傳於世。方刻十餘卷而圓寂，由其弟子戭力繼刻而成版印行。其初刻之時爲乾隆二年(1737)，越八年而告竣，即今所見日 元文二年獅谷白蓮社本。檢上海古籍出版社據此刻本的影印本卷五第14頁云：「此中間原本素脱一葉，建仁及緣山本並同。」又卷二十三第二個12頁云：「於上『婆須蜜多』之注半至『我時尋覺』之注末若干字處，建仁及緣山本並人(無)，白紙四葉，實欠其文，應是素失版一塊，因幸撿麗藏轉字函所收之新華嚴音義下卷以補接於茲耳。寶洲識。」又卷八十二第4頁後「匪懈」條釋文下云：「此間恐有脱本乎，今依於原本如斯。」可見此刻本以忍澂所得麗藏爲底本，參校西京建仁、東都緣山藏本，建仁、緣山本亦有闕而無以校補時，則依原本。

(3) 慧琳一切經音義失而復得的年代考

元代以後，慧琳音義不見於史志的著録，蓋國内已失傳。陳炳迢辭書概要云慧琳和希麟的音義曾一度失傳，「宣統元年(1909)，丁福保等赴日考察醫學，在東京舊書店發現並購得了這兩本書」。今據楊守敬日本訪書志卷四云：「唐沙門慧琳一切經音義百卷，余初至日本，有島田蕃根者持以來贈，展閲之，知非元應書，驚喜無似。」「余既見此本，凡書肆中所有皆購之以餉中土學者。厥後又知其板尚存西京，又屬書估印數十部，故上海亦有此書出售，皆自余披剔而出也。」考其書前自序云：「光緒庚辰(1880)之夏，守敬應大埔何公使如璋之召，赴日本充當隨員，於其書肆頗得舊本。」丁福保正續一切經音義提要亦云：「迨光緒初年，正續音義始有自日本流入上海書肆者。」故可知慧琳音義在光緒初年已爲楊守敬訪得，丁福保購得此書已在其後。光緒二十年(1894)陳作霖爲慧琳音義撰通檢，二十二年(1896)撰成一切經音義通檢，其自序云：「海市既開，使星四出，偶過鄉嬛之福地，得覘梵夾之遺編。火衍傳薪，賴大千衆之施送；珠還合浦，從長崎島以携來。豈不足津逮後人，宣昭來哲也哉。」1912年頻伽精舍據日本所得本將慧琳音義印行於世。

4. 慧琳一切經音義現存各本概況

慧琳音義成書後一綫單傳，由契丹刻本到朝鮮海印寺本和日本獅谷白蓮社本，國内則由手抄到刻印，由失傳到復得，歷盡坎坷，終於完璧歸趙。慧琳音義現存於麗藏、頻伽藏、弘教藏、大正藏和中華大藏經中皆有收録。日本獅谷白蓮社據麗藏本翻刻有單行本，頻伽精舍1912年據獅谷白蓮社本印行，1924年重又刊印。臺灣大通書局1970年出版有據日本京城大學翻刻麗藏本的影印本，卷首有楊家駱所撰麗藏本慧琳希麟正續一切經音義附引用書索引序，1985年再版；京都中文出版社也有重印再版；上海古籍出版社1986年出版有獅谷白蓮社本的影印本[九八]，1994年出版的佛藏要籍選刊第三册中影印有大正藏本；團結出版社1993年出版的辭書集成影印有頻伽精舍校刊本。臺灣中華佛教百科文獻基金會1997年出版有魏南安主編的重編一切經音義，此書據臺北新文豐出版公司印行的大正藏本和上海古籍出版社影印獅谷白蓮社本而修訂。中華書局出版的中華大藏經據高麗藏本影印收録於第五十七册至第五十九册。

(三) 希麟續一切經音義

希麟音義是遼代燕京崇仁寺沙門希麟[九九]對唐釋慧琳一切經音義成書後新翻譯的一百多部佛經所作的闡釋，共十卷。據希麟音義序説：「自開元録後，相繼翻傳經論，及拾遺律傳等，從大乘理趣六波羅密多經，盡續開元釋教録，總二百六十六卷，二十五帙。前音未載，今續者是也。伏以抄主無礙大師天生睿智，神授英聰，總講群經，遍糅章抄，傳燈在念，利物爲心，見音義以未全，慮撿文而有闕，因貽華翰，見命菲才。」可知希麟是受無礙大師委託而撰希麟音義。據重修范陽白帶山雲居寺碑並序和重鐫雲居寺碑記等文獻可考知，無礙大師詮明是當時燕京憫忠寺抄主，也是契丹藏經録的制定者和主要主持者，編有續開元釋教録三卷[一〇〇]。希麟音義大致上是依據續開元釋教録所收佛經而加以詮釋，其所釋最後一部經即詮明的續開元釋教録。考希麟在「旃蒙歲」條下云：旃蒙爲唐代宗永泰元年乙巳，「到今統和五年丁亥，得二百二十三年。」（續卷五）可知希麟音義約撰於宋雍熙四年（987）。其時契丹書禁甚嚴，傳入別國者法當死，故希麟音義成書後，國内未見流傳，宋史藝文志未著録，遼金元三史無志，清厲鶚、楊復吉、倪燦、盧文弨、錢大昕、繆荃孫等所補遼藝文志和續文獻通考經籍考亦均未著録。1983 年和 1984 年内蒙古文物考古研究所聯合阿拉善盟文物工作站在額濟納旗的黑城遺址進行發掘，出土文書中編號 F64：W1 是希麟音義卷六釋無量壽如來念誦修觀行儀軌的刻本殘片[一〇一]，據此可見希麟音義成書後曾流傳到黑城一帶地區。

今考宋高僧傳卷五云高麗國於「周顯德中遣使齎金入浙中求慧琳經音義，時無此本，故有闕如」。又考日僧周鳳善鄰國寶記[一〇二]云高麗國「後求得於異邦，而鋟梓置之於海印寺焉」。槃譚在新雕慧琳藏經音義紀事中引用此文，並注云：「應是契丹藏本」[一〇三]。據應縣木塔所出佛經，遼代曾刻有契丹藏[一〇四]。考京西大覺寺中遼咸雍四年（1068）所刻清水院創造藏經碑記載：「有南陽鄧公，捨錢五十萬，募同志印大藏經，凡五百七十九帙。」[一〇五]又據應縣木塔遼代秘藏中上生經疏科文、稱讚大乘功德經一、妙法蓮華經第四甲式和丙式題記稱遼聖宗統和至太平（983—1030）年間，契丹藏刊刻於燕京[一〇六]。虞萬里黑城文書遼希麟音義殘葉考釋與復原一文從開元録所開創並爲歷代藏經所依準的大小乘經律論依次編録，而殿以經録、僧傳、史乘、音義的體例推測，遼代所刻契丹藏既然收録開元録以後的佛典，自然會收與之相應的希麟音義。況且從詮明爲契丹藏編纂的主持者，並命希麟據其續開元釋教録撰希麟音義這一層推測，契丹藏中亦會收希麟音義[一〇七]。據張暢耕和畢素娟論遼朝大藏經的雕印一文將契丹藏與房山石經、高麗藏等文獻互勘比較，考定希麟音義收在契丹藏千字文的「振」字中[一〇八]。高麗國遺使入浙中未購得慧琳音義，後以請經之故終於從契丹求得佛經一藏，除慧琳音義外，希麟音義當亦一併求得，遂據以製版印行，並收入高麗藏中[一〇九]。又考元代至元二十二年（1285）所撰法寶勘同總録卷十著録有慧琳一切經音義一百卷和希麟續一切經音義十卷，法寶勘同總録爲弘法藏的目録，故弘法藏亦可能收入此書。考日僧周鳳善鄰國寶記載應永十六年（1409）足利義持遺朝鮮書和應永二十九年（1422）源義持任將軍時遺朝鮮書，日本在 1422 年從朝鮮請得七千軸全備之藏，慧琳音義和希麟音義遂一併傳至日本[一一〇]。黄任恒補遼史藝文志著録有希麟音義，並引經籍訪古志卷五稱其爲高麗藏所收。現存於麗藏[一一一]、頻伽藏、弘教藏、大正藏和中華大藏經中皆有收録。日本獅谷白蓮社據麗藏本翻刻有單行本，據卷首高野山北室院沙門堯昌所誌，刻於日本延享二年（1745）。書中頁眉上有校語，據書末載當爲内州交野郡山田鄉萬法藏院比丘行願顯明所作校訂。校語有稱「諸本作某」、「異作某」、「本作某」，可見其時尚有不同的傳本[一一二]。由於刻印者虔誠奉佛的宗教信念，此本雖有一些訛刻和缺漏，但大致保存了原貌。光緒六年（1880），楊守敬於日本訪得。頻伽精舍 1912 年據獅谷白蓮社本印行，1924 年重又刊印。臺灣大通書局 1970 年出版有日本翻刻麗藏本的影印本，卷首有楊家駱所撰麗藏本慧琳希麟正續一切經音義附引用書索引序，1985 年再版，京都中文出版社也有重印再版；上海古籍出版社 1986 年出版的正續一切經音義據獅谷白蓮社本影印，續修四庫全書亦據獅谷白蓮社本影印，收入第 197 册；團結出版社 1993 年出版的辭書集成第 2 册影印有頻伽精舍校刊本。臺灣中華佛教百科文獻基金會 1997 年出版有魏南安主編的重編一切經音義，據臺北新文豐出版公司印行的大正藏本和上海古籍出版社影印獅谷白蓮社本重編修訂。中華書局出版的中華大藏經據高麗藏本影印收録於第五十九册。

〔一〕全上古三代秦漢三國六朝文第 4 册，中華書局 1988 年版 3373 頁。僧祐前後出經異記：「舊經衆祐，新經世尊；舊經扶薩（亦云開士），新經菩薩；舊經古佛（亦獨覺），新經辟支佛（亦緣覺）；舊經薩芸若，新經薩婆若；舊經溝港道（亦道迹），新經須陀洹；舊經頻來果（亦一往來），新經斯陀含；舊經不還果，新經阿那含；舊經無著果（亦應真，亦應儀），新經阿羅漢（亦言阿羅訶）；舊經摩納，新經長者；舊經濡首，新經文殊；舊經光世音，新經觀世音；舊經須扶提，新經須菩提；舊經舍梨子（亦秋露子），新經舍利弗；舊經爲五衆，新經爲五陰；舊經十二處，新經十二入；舊經爲持，新經爲性；舊經背舍，新經解脱；舊經勝處，新經除入；舊經正斷，新經正勤；舊經覺意，新經菩提；舊經直行，新經正道；舊經乾遝和，新經乾闥婆；舊經除饉除饉女，新經比丘比丘尼；舊經恒薩阿竭阿羅訶三耶三佛，新經阿耨多羅三藐三菩提。」

〔二〕參田光烈佛典音義，載魏南安主編重編一切經音義上册，中華佛教百科文獻基金會 1997 年版第 611—614 頁。

〔三〕此指智騫能辨識古代使用的與他所處時代不同的語言文字，好似他曾在古代生活過，看到過這種不同的寫法。

〔四〕續高僧傳卷三十。

〔五〕唐代這一類的著作還有湛然止觀輔行傳弘決，桂輪大藏經音等。郭迻新定一切經類音今已佚，見日僧智證請來録（大正藏第 55 册第 1105 頁），仲算的法華經釋文中引有此書（大正藏第 56 册第 2189 頁）。據顧齊之新收一切藏經音義序説「國初有沙門玄應及太原郭處士並著音釋」，可知此書作於唐初。日本宫内廳書陵部藏有四分律音義一卷，據築島裕四分律音義解題（古辭書音義集成第二卷，汲古書院，平成八年 1996 第二版）説，他曾從「脱文」、「重文」、「注文本應爲小字之處誤爲大字」、「詞目位置顛倒」以及「詞目誤寫」五大方面比勘此卷與玄應音義、慧琳音義中四分律音義的異同，發現其中尚有玄應和慧琳都未收釋的一些詞條。如第六十卷「傎蹶」釋文後，還有「遺羯磨」等六十六個詞條及其釋文。

〔六〕信瑞爲高僧信空（1146—1228）的門弟子，此書注釋净土三部經中的梵語及難解字、句、名相等。臺灣中圖館藏有此日本鈔本四卷三册，卷首有楊守敬手書題記一則，書中還間有朱筆批注。

〔七〕最初人們在注釋佛經詞語時，往往采用夾注音義的方法，即在佛典正文中，將音義用小字直接注在該詞下面，後來又把這些音義注釋附在一卷的卷末。如應縣木塔所出契丹藏十二卷，其中妙法蓮華經卷一後附有釋「婆蹉」至「犛」二十個詞條的音義，卷四後附有釋「磨」至「貿」十二個詞條的音義。契丹藏中的妙法蓮華經所據底本很可能就是這種早期寫本。此後爲了便於查檢，又將這些字音與釋義彙聚抄集在一起，於是就有了獨立分行的只釋一部經文的佛經音義。如敦煌卷子中所存的大般涅槃經和妙法蓮華經等一些佛經音義寫卷。玄應當是在當時已有音義的基礎上，參考這些佛經的音義注釋，編纂成玄應音義，並創建了編纂佛經音義的體例。

〔八〕中國佛教人名大辭典，上海辭書出版社 1999 年版 173 頁。劉師培左盦集卷四書華嚴經音義後云：「唐代僧人有名同而確爲二人者如元應作衆經音義，據終南山僧所作序則爲貞觀時人。全唐文九百九十載元應文有興國寺故大德上座號憲超塔銘，銘序言超以大曆八年得度版，又言僧夏五十，則其文作於長慶二年，乃穆宗時之玄應也。」

〔九〕參神田喜一郎緇流的二大小學家，支那學第七卷第一號，昭和八年(1933)；周法高玄應反切考，歷史語言所集刊第20本，1948年；又從玄應音義考察唐初的語音，學原第2卷第3期，1948年。

〔一〇〕據宋高僧傳卷二唐洛京智慧傳載智慧譯大乘理趣六波羅蜜多經、華嚴長者問佛那羅延力經和般若心經時，「有敕令京城諸寺大德名業殊衆者同譯，得罽賓三藏般若開釋梵本，翰林待詔光宅寺沙門利言度語，西明寺沙門圓照筆受，資聖寺道液、西明寺良秀、莊嚴寺應真、醴泉寺超悟、道岸，功空並充證義。」(高僧傳合集，上海古籍出版社1991年版392頁)由此可知，醴泉寺爲京城諸寺之一，與西明寺等齊名。

〔一一〕十五卷，大唐内典録卷五卷首目録爲「沙門釋玄應(一部二十五卷經音)」，又卷十云「皇朝大慈恩寺沙門釋玄應撰衆經音二十五卷」，此「十五卷」似爲「二十五卷」之誤。又開元釋教録卷二十載：「一切經音義二十五卷(或三十卷七百六十八紙)唐釋玄應撰」，(55/722b)三十卷本可能是離析二十五卷本而成，也可能曾有十五卷本，三十卷本爲分十五卷本爲卷上和卷下而成。

〔一二〕玄應音義各本引書互有出入，此據高麗藏本統計，包括重出條。如引詩經一百多條，尚書五十多條，周易四十多條，禮記五十多條，周禮約一百十條，儀禮五條，左傳七十多條，公羊傳十七條，穀梁傳一條，論語六十多條，孟子五條，史記二十多條，漢書八十多條，國語四十多條，莊子約二十條，墨子四條，韓非子三條，淮南子四十多條，山海經二十三條，楚辭三十五條，鄭玄注一百二十多條，郭璞注二百七十多條。

〔一三〕此統計數字包括重出條，以見玄應引用的頻率。拙著玄應衆經音義研究統計方言和釋名時，誤將校勘時所記今傳本的方言和釋名一併計入，謹此補正。

〔一四〕參神田喜一郎緇流的二大小學家，支那學第七卷第一號，昭和八年(1933)，補訂後又載於昭和九年支那學説林。

〔一五〕參拙著玄應衆經音義研究，中華書局2005年版26—27頁，此從略。

〔一六〕劉葉秋中國字典史略，中華書局1983年版102頁；林玉山中國辭書編纂史略，中州古籍出版社1992年版60頁。

〔一七〕錢劍夫中國古代字典辭典概論，商務印書館1986年版202頁。

〔一八〕陳士强佛典精解，上海古籍出版社1992年版1000頁。

〔一九〕大辭海 語言學卷，上海辭書出版社2003年版250頁。

〔二〇〕周法高玄應反切考，歷史語言所集刊第20本361頁，1948年。

〔二一〕陳垣中國佛教史籍概論，中華書局1962年版56頁。

〔二二〕周祖謨校讀玄應一切經音義後記，載問學集，中華書局1966年版192頁。

〔二三〕參神田喜一郎緇流的二大小學家，神田喜一郎文中考證了玄應衆經音義卷二十一以下所釋各經的譯成年代。

〔二四〕慧琳一切經音義和可洪新集藏經音義隨函疏皆在卷一首釋大般若經的音義。根據敕撰法相宗章疏目録、東域傳燈目録、諸宗章疏録等記載，元興寺信行亦撰有大般若經音義三卷。三保忠夫元興寺信行撰述の音義(東京大學國語國文學會國語と國文學1974年第六號，至文堂出版)一文根據紙質和書寫風格，認爲石山寺一切經藏本大般若經音義(中卷)是奈良時代的作品，可能正是信行所撰。此本體式與中土所傳佛經音義相似，從大般若波羅密多經中逐卷將所需解釋的字句抄出，標注字音，解釋異名和詞義等。據築島裕大般若經音義解題一文說，沼本克明曾將此書與玄應音義相比較，發現詞目和釋文相同的特色很明顯，因而推測玄應有可能還著有大般若經音義，石山寺本則是從玄應所撰中抄出的。白藤禮幸論及此本的音注反切時，曾將其與玄應音義、篆隸萬象名義相比較，發現有半數或者半數以上反切相一致。據東域傳燈目録卷上所載，石山寺一切經藏本大般若經音義很可能源自玄應所撰大慧度經音義的未完稿。

〔二五〕大般若經，大正藏二十一册。

〔二六〕龍朔只有元年至三年（661—663），道宣所説龍朔四年應爲麟德元年。龍朔和麟德皆爲唐高宗年號，其時是正月，可能道宣還不知已改元，故沿用之。

〔二七〕玄應的初意當是爲其時所有的佛經撰音義，即撰一切經音義，惜未及撰完就已示寂，故慧琳才會在其已撰二十五卷基礎上撰成一切經音義一百卷，囊括了當時所有的佛經。嗣後希麟則只需就新增部分續撰即可。落合俊典敦煌寫本以及日本古寫經中的玄應撰一切經音義認爲「玄應音義的原名叫做大唐衆經音義，在追加玄奘新譯經書的音義的途中，玄應不幸辭世，修訂本終於未能完成。後來，有人將玄奘譯經音義（五卷）加入大唐衆經音義（二十卷），完成了現在的二十五卷本，同時也將書名改爲一切經音義。」轉型期的敦煌學，上海古籍出版社 2007 年版第 441 頁。

〔二八〕據敦煌藏經洞所藏寫經卷子題記，敦煌設有官經生。如 S1547 成實論卷十四卷末的題記載：「延昌元年（512）歲次壬辰八月五日，敦煌鎮官經生劉廣周所寫論訖。」又如 BD14940 四分律卷四九後題記載：「咸通十二年（871）三月一日，幽州 盧龍節度副大使知節度事，觀察處置押奚契丹兩蕃經略盧龍軍等使，特進檢校司徒兼侍中幽州大都督府長史，上柱國，燕國公，食邑三千户張等敬造一切經。」又據 S5895 載：「一切經音義卷第一、第三、第九、第拾貳、第二十三、第二十四，已上陸卷現在，餘欠。」P4788 載：「一切論音義第十七、第十八、第十九、第二十、第□□、第二，已上陸卷今藏見在，餘者並欠。題雖稱經音，並是論音義。」北臨 631 載：「一切經音義卷第一、第十七、第□□已上肆卷，並依次剩，重出。」方廣錩敦煌佛教經録輯校下册第四部分點勘録十四一切經音義點勘録題解説：「敦煌遺書中保存關於一切經音義的點勘録共三號：S5895，二行；P4788，一行；北臨 631，一行。三號的形制都似簽條，字體完全相同，應爲一人所書。均爲九、十世紀寫本。」江蘇古籍出版社 1997 年版 639—641 頁。吐魯番也可能有抄本流傳，據宋史卷四百九十外國傳載太平興國六年（981）王延德出使此地，提到「佛寺五十餘區，皆唐朝所賜額，寺中有大藏經、唐韻、玉篇、經音等。」王延德所見經音很可能是玄應音義。

〔二九〕梁曉虹日本現存佛經音義及其史料價值（首届佛經音義研究國際學術研討會論文集，上海古籍出版社 2006 年）一文述及佛經音義在日本的傳存，可參。

〔三〇〕孫殿起販書偶記著録「子部 釋家類 一切經音義二十六卷」云此「大抵康熙間影宋抄本」（上海古籍出版社 1999 年版 300 頁），宋元尚無二十六卷本，孫殿起所見當爲明 永樂北藏本或清 嘉興藏本。參蕭瑜販書偶記子部 釋家類 一切經音義二十六卷條辨疑，古籍整理研究學刊 2005 年第 6 期。

〔三一〕華東師範大學圖書館藏有莫氏 影山草堂抄本，二十六卷，莫庭之和莫祥之校，莫庭之跋。據中國古籍善本書目子部下卷二十釋家類，上海古籍出版社 1996 年版 981—982 頁。

〔三二〕陳垣中國佛教史籍概論，中華書局 1962 年版 73 頁。明 智旭閱藏知津卷四十四：「一切經音義二十五卷，北作二十六卷。」楊守敬日本訪書志卷四：「釋元應一切經音義二十五卷，自開元釋教録以下至明北藏皆同，南藏始分第三、第四、第五三卷爲四卷，遂爲二十六卷，而訛謬宏多。」

〔三三〕陳垣中國佛教史籍概論卷三説：「楊氏所志，誤點尤多，最誤者以南藏爲北藏，北藏爲南藏，志中『南』『北』字，均須互易。又莊氏刻是書，在乾隆五十一年，非嘉慶；莊氏亦非臧氏；大興善寺非大興寺；南北藏分卷，亦非分三卷爲四卷也。」許瀚一切經音義校勘記所據本似爲北本，邵瑞彭一切經音義校勘記指出：「三、四兩卷，此本析作三、四、五三卷也。」

等大集經等經文中十餘件，未見玄應音義。（李際甯佛經版本，江蘇古籍出版社2002年版64—69頁）

〔三四〕崇甯藏存有卷五的卷首以下五帖（大阪府立圖書館編恭仁山莊善本書影，小林寫真製版所出版部1935年）和卷十七（藏山西省博物院，福建鼓山永泉寺請印，東禪寺刻版）。此爲現存最早的玄應音義刻本。

〔三五〕普甯藏今存元刻本卷十、卷十五至卷十八和卷二十，藏北京師範大學圖書館和北京圖書館。洪武南藏本缺第六卷。（中國古籍善本書目子部下卷二十釋家類，上海古籍出版社1996年版981—982頁）據北京師範大學圖書館中文古籍書目載，該館藏有元刻本，「存十卷」。（北京師範大學圖書館編輯出版，中國出版對外貿易總公司1983年影印本297頁）又據陽海清等編文字音韻訓詁知見書目載，北京圖書館藏有元刻本五卷，北京師範大學圖書館藏元刻本，「存十卷」。（湖北人民出版社2002年版547頁）然考中國古籍善本書目子部釋家類載，北京圖書館所藏元刻本爲普甯藏本，未提及北京師範大學圖書館所藏的元刻本。經我們查核，發現北京師範大學圖書館所藏元刻本爲卷十，北京師範大學圖書館 中文古籍書目著録的「十卷」不是指存有十卷，而是指存有卷十這一卷。此殘卷爲經折裝，從版式上看，亦當是普甯藏本。日本宫内廳書陵部藏有毗盧藏本。

〔三六〕顧千里思適齋集外書跋經類載録：「右順治十八年刻本，二十六卷一切經音義及經韻樓校皆從鈕匪石轉録，暇日仍當向若膺先生借底本覆勘之。顧廣圻記。」（據上海圖書館藏蘇州百擁樓書倉本8頁）

〔三七〕繆荃孫藝風藏書記卷一庚子九月刻本載其藏有段玉裁以宋本校訂的莊刻本，其中朱筆爲段玉裁校語，墨筆爲王念孫校語。顧廣圻思適齋集外書跋經類載其藏有臧在東用盧抱經鈔本所校本。北京圖書館藏有孫星衍跋本，清 戴光曾抄補並録盧文弨校、傅增湘跋並録清 顧廣圻校本，清宗濟跋並録錢儀吉、臧庸堂校跋本，清王筠校注並跋本和王國維校並跋本；上海圖書館藏有桂馥、勞權、勞格校本和趙之謙校並跋本；中山大學圖書館藏有清 趙宗建録，顧廣圻和紐樹玉校跋本。據中國古籍善本書目子部下卷二十釋家類，上海古籍出版社1996年版981—982頁。

〔三八〕江蘇古籍出版社1988年影印出版宛委别藏，其中影印有同治八年武林張氏寶晋齋本。

〔三九〕蘇州市圖書館藏有清 朱台符和管慶祺校，馬釗校並跋本，上海圖書館藏有清 胡澍和趙之謙校並跋本，南京圖書館藏有清陳倬校並跋本。據中國古籍善本書目子部下卷二十釋家類，上海古籍出版社1996年版981—982頁。

〔四〇〕叢書集成初編據海山仙館叢書本影印。陳垣中國佛教史籍概論卷三説海山仙館本卷一大方廣佛華嚴音義闕五十四以下數卷，劉葉秋中國字典史略亦説到海山仙館叢書本卷一的華嚴經部分脱落了莊本的五十四、五十五、五十六、五十八共四卷的音義。周祖謨校讀玄應一切經音義後記一文已指出是卷一第十一頁與第十二頁誤倒，即大方廣佛華嚴音義第五十四卷至第五十八卷音義當爲第十一頁，大方等大集經第一卷至第八卷音義當爲第十二頁，前後方能銜接。

〔四一〕北京師範大學、甘肅圖書館和武漢圖書館藏有此刻本，上海圖書館藏有陶方琦校並跋本和葉景葵跋本，華東師範大學圖書館藏有江標校並跋本。據中國古籍善本書目子部下卷二十釋家類，上海古籍出版社1996年版981—982頁。據陳垣和周祖謨考證，莊炘、錢坫和孫星衍等對南藏本雖略有校正，但仍多錯字。參周祖謨校讀玄應一切經音義後記，載問學集，中華書局1986年版193頁。

〔四二〕王國維校本現藏上海師範大學人文與傳播學院資料室。

〔四三〕P3095共五頁，正面爲大乘一異安心法、大乘法門和唯識心觀法的經疏略抄，背面爲用朱色寫的玄應音義卷一大般涅槃經釋第八卷「月蝕」至第十四卷「船舫」。上海古籍出版社2002年出版的法藏敦煌西域文獻 21 册分爲 3095 和 3095V。由於法藏敦煌西域文獻和黄永武主編敦煌寶藏影印此卷不是彩色製版，粗看似乎是某經卷的反面，細看方能辨認出一些很淡的音義字迹，故拙著玄應衆經音義研究未提及此卷。季羨林主編敦煌學大辭典釋一切經音義將 S3469 誤作此卷。高田時雄先生在巴黎曾抄録此卷，承蒙賜告，謹此補正。

〔四四〕Φ23，又作 Φ230，下同。Φ爲俄學者兼收藏家 К.К. 弗魯格的名字縮寫字母，ДХ爲敦煌兩字譯音的縮寫字母。ДХ00585、ДХ00586A 中第一頁頁尾殘存有「珠璣居」三字的一半，與 Φ367 首行「珠璣居衣反説文珠之」的殘缺部位正好相合，原應相連一起，似碎裂後分成兩處而著録爲不同的編號，本是同一寫卷，Φ368 應編在 ДХ00585、ДХ00586A 中第一頁後。

〔四五〕參西脅常記柏林所藏吐魯番漢語文書，京都大學學術出版會 2002 年版。中國國家圖書館善本部藏王重民向達訪柏林所拍德國吐魯番文獻的照片中，原編號 TⅢM131 爲玄應所釋佛本行集經音義，共 17 行，惜此卷原本已遺失。原編號 TⅡY18110 爲玄應所釋妙法蓮華經音義，共 55 行，惜現僅存第 22—27 行上半葉的 6 行文字，編號作 Ch/U. 6782d。此卷以大字寫原文，用略微小一點的字再單行作注，當是回鶻時期的抄本。參榮新江中國國家圖書館善本部藏德國吐魯番文獻舊照片的學術價值，敦煌學國際研討會論文集，北京圖書館出版社 2005 年版 271 頁。

〔四六〕此卷所載爲玄應音義卷六釋妙法蓮華經的内容，而卷末題識却爲「一切經音義卷第八」，可能因該卷所釋妙法蓮華經最後一卷正好也是第八卷而誤題。（俄羅斯科學院東方研究所聖彼德堡分所藏敦煌文獻第 17 册，上海古籍出版社 2001 年版 352 頁）

〔四七〕據俄羅斯科學院東方研究所聖彼德堡分所藏敦煌文獻（上海古籍出版社 1993 年版），其中 ДХ00256 標爲「一切經音義卷第四十二法炬陀羅尼經」，考此卷爲玄應所釋，收在玄應音義卷一，慧琳轉録於卷四十二。ДХ00320、ДХ00386 標爲「一切經音義卷第四十八瑜伽師地論」，考此卷亦爲玄應所釋，收在玄應音義卷二十二，慧琳轉録於卷四十八。石塚晴通玄應一切經音義的西域寫本和小林芳規一切經音義解題未提及 Φ367 和 Φ368 寫卷，張金泉、許建平敦煌音義匯考未提及 P3095 和俄藏及德藏寫卷。

〔四八〕參張金泉、許建平敦煌音義匯考，杭州大學出版社 1996 年版。張金泉P2901 佛經音義寫卷考一文（杭州大學學報 1998 年第 1 期）擬此殘卷爲玄應一切經音義抄，指出「寫本據抄的是早已失傳的唐代古本，與傳本有不少差異。最明顯之處是第 43 行和第 44 行的 6 條語詞，爲傳本所無。」

〔四九〕參西脅常記柏林所藏吐魯番漢語文書，京都大學學術出版會 2002 年版 47—66 頁。

〔五〇〕據上田正玄應音義諸本論考（東洋學報第 63 卷，1981 年）説，日本增上寺藏有湖州版磧砂藏。

〔五一〕金藏雕造完畢後，藏板於京師弘法寺。據現存印本及片斷記録，百餘年間（1178—1294）曾刷印了 40—50 部。廣勝寺本印於元世祖中統年間（1260—1264）。參李富華趙城金藏研究，世界宗教研究 1991 年第 4 期。

〔五二〕參中華大藏經編輯局中華大藏經（漢文部分）概論，世界宗教研究 1984 年第 4 期。

〔五三〕吕澂佛典泛論曾據日人著作翻影數行北宋福州東禪寺及開元寺藏經本玄應音義。日本宫内廳書陵部藏有毗盧藏本，存有玄應音義，每卷之首皆有慧通大師了一的題記，刻工爲王稹、鄭昌、王英、林森等，内容與磧砂藏本和麗藏本略有不同。如卷五釋海龍王經第二卷「繁裔」一詞中無「繁，多也」和「下古文裔，同」，第三卷「姝態」一詞中無「謂度人情貌也」，「刈穫」一詞中無「詩云『十月穫稻』是也」，大體上與磧砂藏本相近。承蒙日本學者落合俊典和梶浦晉先生聯繫，筆者 2006 年 2 月 23 日訪問宫内廳書陵部時有幸目睹了這部宋版玄應音義。

〔五四〕其一爲古鈔本，題有「大治三年戊申五月十八日敬奉書寫畢」。其二爲宋槧本，理宗嘉熙三年安吉州資福寺刊，據楊守敬云：「今以校明兩藏本，非唯異於南藏，並與北藏大異。」「異同不下數千事。別詳劄記。」檢楊守敬集（湖北人民出版社1988年版），未收録此劄記。

〔五五〕正倉院藏有天平寫本，隋寫本，宋版，日本寬治版（寬治爲崛治天皇年號，1087至1093）等，合稱爲聖語藏。落合俊典日本存七種一切經對照目録（暫定第二版）可能因據大正藏編號而漏録了此寫卷。

〔五六〕嚴紹璗日本藏漢籍珍本追蹤紀實記正倉院藏唐人寫本一切經音義誤以爲玄應所作一切經音義爲一百卷。（上海古籍出版社2005年版82頁）

〔五七〕據周祖謨校讀玄應一切經音義後記，載問學集，中華書局1966年版192頁。

〔五八〕承蒙日本學者梶浦晋先生聯繫和陪同，筆者2006年2月23日訪問宮内廳書陵部時比勘了這些抄寫本。

〔五九〕新華嚴經音義是八十卷本新譯華嚴經的音義，後多稱爲大治本新華嚴經音義。其中除漢文注釋外，還存有作爲「倭言」萬葉假名的和訓十四項二十語。三保忠夫大治本新華厳経音義の撰述と背景（南都佛教第33號，昭和四十九年，1974）一文有詳密考證，認爲大治本新音義的撰述年代應爲天平勝寶年間，撰述者可能是日本人或日籍漢人，蓋爲中間階層學僧，撰述場所可能是當時華嚴教學頗爲隆盛的東大寺，或者是屬於東大寺系統的寺院。撰述者參考了玄應音義卷一所載玄應爲六十卷本舊譯華嚴經所作的音義，而且還參酌採用了玄應書中其他一些相關的訓釋，也有可能是後來傳抄或覺嚴、隆暹等人書寫大治本時作有增補。參小林芳規新譯華嚴經音義私記解題和一切經音義解題，汲古書院，昭和五十三年（1978）第一版，昭和六十三年（1988）第二版。

〔六〇〕落合俊典寫本一切經的資料價值（世界宗教研究2000年第2期）指出寫本一切經有刻本所没有的字句與文字，保留了古老的形態，是編纂刻本時删除或改竄前的原本。宋代的一切經被施加較大的修訂。日本所存的一切經並非完全從刻本轉抄，它更加正確地傳承了中國唐代的佛教。

〔六一〕古辭書音義集成第七、第八、第九册收録了正倉院的聖語藏寫本，法隆寺的大治三年寫本和石山寺寫本。參小林芳規一切經音義解題，載古辭書音義集成第九册，汲古書院，昭和五十六年（1981）版。

〔六二〕此殘卷爲1904年勒寇克率領的德國第二次吐魯番考察隊所獲，現藏德國國家圖書館。括弧内爲舊編號，指吐魯番考察所得資料，羅馬數字指二十世紀初德國的四次吐魯番考察的序次，羅馬數字後的字母爲出土地的縮寫詞，如D爲高昌故城，K爲庫車地區，M爲木頭溝石窟，Y爲雅爾湖（交河故城）等。下文所舉德藏吐魯番殘卷同。參榮新江海外敦煌吐魯番文獻知見録第三章，江西人民出版社1996年版69—73頁；西脅常記柏林所藏吐魯番的漢語文書，京都大學學術出版會2002年版63頁。

〔六三〕筆者於2006年2月24日承箕浦尚美和池麗梅研究員陪同在史料編纂所比勘了此寫卷。

〔六四〕筆者承蒙落合俊典先生惠邀於2006年2月25日在東京爲「佛教古寫經研究的學術意義——奈良平安寫經與敦煌寫經」會議作玄應一切經音義的流傳與版本考探的公開講演，會後有幸與落合俊典先生一同前往金剛寺目睹考察了這些寫卷。

〔六五〕這些傳抄本的異同也爲研究古代寫本大藏經的形態提供了綫索，反映了佛教當時在中日韓的傳播狀態和大致途徑。如開寶藏今也僅存零本，比勘這些傳抄本與開寶藏零本的異同或多或少可略窺開寶藏所據寫本的概貌。

〔六六〕六學僧傳卷十四作「年八十七」，今據宋高僧傳，參見陳垣釋氏疑年録。

〔六七〕丁福保正續一切經音義序採景審序。「二」可能是「五」之誤。

〔六八〕佛光大辭典：「『不請』，又作『不請友』，是指『未請而自來親近之友』。比喻佛、菩薩之救度衆生，非因衆生之祈請，乃以大慈悲心感應而親往，賜予衆生以善法。對衆生而言，佛、菩薩即爲『不請之友』。」竺家甯佛經中的「不請」一文指出此詞共有五個義項：一、作名詞的修飾語。如「不請友」、「不請法」。二、作及物動詞用，意思是「不請求」。三、作及物動詞用，意思是「不邀請」。四、作不及物動詞用，意思是「不可原諒」。五、作不及物動詞用，意思是「未經請求」，如「先不請」。（香光莊嚴第五十六期，1998 年 12 月）項楚變文字義零拾一文指出此詞還是唐人俗語，有「不必」之義。敦煌文學叢考，上海古籍出版社 1991 年版 134 頁。

〔六九〕因無其他資料可考，故本書雖採宋高僧傳所説，亦將景審序所説存疑。方廣錩慧琳音義與唐代大藏經一文認爲「景審不僅與慧琳生活在同時代同地區，並曾執弟子禮請益。正因爲曾經有這種身份，所以在慧琳逝世後，爲慧琳音義作序。則景審記叙的可靠性毋庸懷疑。又，慧琳音義還有開成五年(840)九月十日顧齊之撰新收一切藏經音義序，其中也稱慧琳『建中末乃著經音義一百卷』，從另一方面證實景審記叙的可靠。而宋高僧傳的作者贊甯不但年代要遲一百多年，本人也没有見到過慧琳音義，他的記叙，只能是傳聞之辭」。藏外佛教文獻第八輯，宗教文化出版社 2003 年版 405—406 頁。

〔七〇〕參向達唐代長安與西域文明，河北教育出版社 2001 年版。

〔七一〕慧琳音義卷二十五釋「文字功德及出生次第」。

〔七二〕顧齊之新收一切藏經音義序。

〔七三〕方廣錩慧琳音義與唐代大藏經一文認爲「景審的序言既然寫作於慧琳逝世以後，且序中仍稱慧琳爲『大興善寺慧琳法師』，則直到慧琳逝世，他的隸寺並没有變化。由此，宋高僧傳的記載是錯誤的」。

〔七四〕慧琳音義卷二十五釋「文字功德及出生次第」和顧齊之新收一切藏經音義序。

〔七五〕參沈福偉中西文化交流史，上海人民出版社 1985 年版。

〔七六〕資治通鑑代宗 大曆二年(767)，中華書局 1956 年版。

〔七七〕宋高僧傳卷一(50/713c)。

〔七八〕據一切經音義引用書索引統計。

〔七九〕狩，即「獸」。楊樹達釋獸：「今以獸字之形與音求之，獸蓋狩之初文也。」「獸爲會意字，變爲形聲之狩，此余所謂象形指事會意三書之字多變爲形聲者也。」積微居小學述林，中華書局 1983 年版 66 頁。

〔八〇〕宋高僧傳卷五慧琳傳，載高僧傳合集，上海古籍出版社 1991 年版。

〔八一〕有些佛經難以找到梵文原本，慧琳在書中注明「今欲再翻，爲闕梵夾，難爲評定，且依經本，以俟後賢。」(卷十一)有些佛經傳抄中已雜入一些非梵語成分，而慧琳可能以爲是梵文原本，這對他正確詮釋梵語音譯詞會有一些影響。

〔八二〕宋高僧傳卷五慧琳傳，載高僧傳合集，上海古籍出版社 1991 年版。

〔八三〕約 740 種，戴明揚編輯慧琳一切經音義引用書索引之經過一，國學季刊 6 卷 1 期(1937 年)。

〔八四〕丁福保佛學大辭典自序三，上海書店 1991 年影印本。

〔八五〕慧琳音義卷三十二「旋嵐」和卷三十八「嵐颲」。

〔八六〕景審序云：「審以頗好文字，擇善從之，許爲不請之師。」

〔八七〕范文瀾唐代佛教 大事年表云：「公元 810 年(元和五年)沙門慧琳上所撰一切經音義，敕入大藏，賜紫衣縑帛茶藥。據宋傳卷五慧琳傳。」

〔八八〕宋高僧傳卷五慧琳傳，載高僧傳合集，上海古籍出版社 1991 年版。

〔八九〕據大谷文書集成(法藏館 2010 年版)第二卷 4193 號收録慧琳音義卷十二大寶積經第三十五卷：「六處，案梵語云阿也怛那，此翻爲處。處謂處所，出生之處也。舊翻名六入，失之耳。梵本鉢羅吠舍，此云入也。」第四卷 10509 號殘片爲卷四八瑜伽師地論第二十三卷：「激湍，古歷反，下吐桓反。激邪流急也。説文：『湍，疾瀨也。』淺水流沙上曰湍也。」

〔九〇〕五代 齊州 開元寺僧義楚於周 顯德元年(954)編纂有釋氏六帖，書中屢引經音義，或諸經音義、音義，然皆爲玄應音義亦可見其時慧琳音義已不存於京師。

〔九一〕沈括夢溪筆談卷十五誤爲「契丹 重熙二年(1033)集」。

〔九二〕遼史卷二十三，中華書局 1974 年版。

〔九三〕京西大覺寺，有遼 咸雍四年清水院創造藏經碑記云：「有南陽 鄧公，捨錢五十萬，募同志印大藏經，凡五百七十九帙。」參見陳垣中國佛教史籍概論。

〔九四〕北大研究所國學門重要紀事云：「明 天順中(公曆一四五八前後)高麗國得於北方(蓋由契丹傳入)，遂鋟梓置之海印寺。日本 義政公時，求大藏於朝鮮，是書亦與焉；至元文二年，即乾隆七年(公曆一七四二)，有忍澂律師抄寫刊佈，慧琳音義遂傳於世。」(國學季刊 1 卷 1 期 1923 年)陳作霖一切經音義通檢自序云此書：「直至明神宗之代，倏遭平秀吉之師。灞上兵來，入府先收圖籍。蜀中使返，輕裝悉載詩書。是册流傳，遂歸日本。」劉葉秋中國字典史略云：「明 天順年間高麗人曾在我國得到這部書和希麟的續一切經音義而刻版。」錢劍夫中國古代字典辭典概論云：「實則明 英宗 天順年間(1457—1464)高麗人曾在我國獲得慧琳音義和希麟音義兩書，並曾刻版。」嚴北溟談談一部古佛教辭典——一切經音義云：「公元十六世紀末，朝鮮遭到日本武將豐臣秀吉發動的兩次武裝侵略，這部碩果僅存的珍貴巨帙又被運去了日本。」(辭書研究 1980 年第 3 期)上海古籍出版社 1986 年影印正續一切經音義的出版説明云：「明 天順中高麗國得正續一切經音義於塞北。」陳垣中國佛教史籍概論云：「至日本之得是書當在明 天順間大將軍源義政向朝鮮請得全藏之時。」認爲「一四五八，明 天順二年，日本得慧琳音於朝鮮。」椠譚新雕慧琳藏經音義紀事云：「高麗國雖曾求之於中華，無由獲之，後求得於異邦(按：應是契丹藏本)，而鋟梓置之於海印寺焉。本邦大將軍源義滿公嘗請大藏於朝鮮，逮義政公之時，如請送達(事見善鄰國寶記中)。」

〔九五〕周鳳善鄰國寶記，載羅振玉編殷禮在斯堂叢書。

〔九六〕參王金林簡明日本古代史和翦伯贊中外歷史年表。

〔九七〕此爲當時傳聞，海印寺的藏版今仍存於韓國。

〔九八〕續修四庫全書亦據獅谷白蓮社本影印，收入第 240 册。

〔九九〕王仁俊遼文萃卷三收録希麟音義序，並考證其爲統和(983—1011)時人。

〔一〇〇〕見宗鑒釋門正統卷八引高麗大覺國師義天跋飛山别傳議載：「近者大遼皇帝詔有司，令義學沙門詮曉等再定經録。」(續藏經第三套第壹輯第貳編乙第五册)又新編諸宗教藏總録卷三亦載：「續開元釋教録三卷，詮曉集(舊名詮明)。」(大正藏五十五册 1178 頁)詮曉即詮明，避遼景宗耶律賢小字明扆之諱而改。

〔一〇一〕李逸友編著黑城出土文書，科學出版社 1991 年版 202 頁和圖版肆柒。參聶鴻音黑城所出續一切經音義殘片考，北方文物 2001 年第 1 期。

〔一〇二〕見羅振玉殷禮在斯堂叢書。

〔一〇三〕據遼史卷二十三道宗本紀三載咸雍八年(1072)十二月：「庚寅，賜高麗佛經一藏。」

〔一〇四〕應縣木塔所出契丹藏僅十二卷，其中未見希麟音義。

〔一〇五〕參陳垣中國佛教史籍概論。

〔一〇六〕應縣木塔遼代秘藏，文物出版社 1991 年版。

〔一〇七〕虞萬里黑城文書遼希麟音義殘葉考釋與復原，吴其昱先生八秩華誕敦煌學特刊 179—191 頁。

〔一〇八〕張暢耕和畢素娟論遼朝大藏經的雕印，中國歷史博物館館刊 1986 年總 9 期。

〔一〇九〕以開寶藏爲主，兼收遼藏和新編諸宗教藏總録中所著録之章疏典籍而編成的高麗藏「雞」字收入了希麟音義。

〔一一〇〕參拙著慧琳音義研究第二章，上海社會科學院出版社 1997 年版。

〔一一一〕守其等高麗國新雕大藏校正别録未提及開寶藏和初刻高麗藏是否收有希麟音義。

〔一一二〕虞萬里黑城文書遼希麟音義殘葉考釋與復原(吴其昱先生八秩華誕敦煌學特刊)一文所論頗詳，此不贅。

三、一切經音義的内容與體例

（一）編纂宗旨和性質

玄應、慧琳和希麟所撰這三種一切經音義的編纂宗旨都是弘揚教法、推廣佛經的傳播，廣其學者識見，便於披讀講解佛經的人正確理解和傳達經義。讀者對象是所有的研讀佛經者，其中主要是佛教徒。就性質而言，一切經音義以佛經爲反映對象，收録佛經中的詞語，爲研讀佛經者閲讀和研究佛經解疑釋難，可以説類似於集釋佛經詞語的專書辭典。專書辭典分爲歷時的和共時的兩類。歷時的專書辭典描述詞的歷史演變和發展；共時的專書辭典描述某一語言某一發展階段的詞彙狀況。一切經音義所收最早的詞語出現在東漢時的四十二章經中，訓釋則祖述爾雅、説文和先秦典籍，下及當時口語，因而屬於歷時性的專書辭典。

一切經音義主要從語詞的角度來收詞釋義，既大量收入當時讀者感到陌生和費解的普通詞語，也收録了許多有關人物、地名等方面的古代專科詞語。一切經音義中還收録了較大數量的外來詞。據我們按卷抽樣統計，如玄應音義第一卷共收三百八十三個詞語，其中普通詞語二百三十五個，約占61%，外來詞一百十七個，約占31%，專科詞三十一個，約占8%。又如慧琳音義第一卷共收二百四十五個詞語，其中普通詞語一百九十四個，約占79%，外來詞三十二個，約占13%，專科詞十九個，約占8%。又按經書抽樣統計，如玄應釋正法華經中一百五十二個詞語，其中普通詞語一百三十六個，約占89%，外來詞三個，約占2%，專科詞十三個，約占9%。慧琳釋法顯傳中四十九個詞語，其中普通詞語三十二個，約占66%，外來詞八個，約占16%，專科詞九個，約占18%。玄應音義和慧琳音義所詮釋的詞語都是普通詞語占多數，因而一切經音義大致上可以説是以普通詞語爲主、兼收專科詞語的綜合性語文辭書。一切經音義的這一性質决定了它又是一種具備有多種功能的辭書。

從辭書類型理論來分析，一切經音義顯然具有多種功能。一切經音義收録古漢語詞語，可以説是古漢語單語詞典，一切經音義又收録了大量梵語音譯詞，如果不拘泥於字形，而從語言的本質和歷史的實際看，也可以説一切經音義兼有梵漢對照辭典的作用，具有雙語辭典的功能。人們歷來將一切經音義看作是訓詁方面的字書，但一切經音義中引用了大量當時尚能見到的古書來解釋詞語，保存了一些今已失傳的古書的佚文，可以用來輯録佚書，整理和研究有關古籍，這和類書的功能又有相似之處。一切經音義從語詞的角度來收詞釋義，可以説屬於詳解語文辭典，同時一切經音義又收録了大量的外來詞，又具有特種語文辭典中外來詞詞典的功能。一切經音義收録的都是佛經中的詞語，其中許多是佛教專科詞語，因而一切經音義本身也被人們看作是佛藏文獻，可以説又具有佛教專科辭典的功能。兹古斯塔指出：「在大多數情況下，詞典編纂者總是强調一個可能的目的，但同時也竭力兼顧其他目的。通常的情況是，編纂一部詞典，總是想使詞典對讀者在多方面有所幫助。」[一]一部辭書的功能往往越多也就越符合實用的原則，在我國古代辭書中，一切經音義的功能之多，可謂不是數一即是數二了，因而頗具實用的特色。

(二) 編排的方法

玄應音義大致依據道宣的大唐内典録編排，各卷收釋佛經部數的多少不一。有一卷釋一部佛經的，如卷二只釋大般涅槃經，卷六只釋妙法蓮華經。有一卷釋數部佛經的，如卷五釋海龍王經、梵女首意經、央掘魔羅經、月明菩薩經、觀察諸法行經、滅十方冥經、七佛神咒經、出生菩提心經、菩薩本行經、普門經、稱揚諸佛功德經、心明經、力莊嚴三昧經、不思議光菩薩所説經等八十五部佛經〔二〕，卷十三釋般泥洹經、罪業報應教化地獄經、五百弟子自説本起經、迦旃延説法没盡偈經、僧護因緣經、過去現在因果經、柰女祇域經、太子本起瑞應經、處處經、修行本起經、胞胎經、阿蘭若習禪法經、過去佛分衛經、摩登伽經、舍頭諫經、大迦葉本經等八十一部佛經〔三〕。

慧琳音義音注佛經共計一千三百部，五千七百餘卷，始自唐玄奘譯的大般若波羅蜜多經，終於唐義净撰的護命放生法。其中有一百三十餘部只録書名而不釋音義，慧琳稱之爲「無字」、「未音」、「無字可音」、「無字可訓」等，所以實際訓解一千一百六十餘部佛經的音義，然較之開元釋教録所載藏經一千零七十六部五千零四十八卷，又大大超過，打破了以前搜羅佛經部卷的經録記録。其中除了三百多部經的音義是玄應音義解釋的轉録和加工外，大般涅槃經音義是雲公音義的删補詳定〔四〕；妙法蓮花經音義是窺基解釋的加工〔五〕；大方廣佛華嚴經音義是慧苑原作的轉録〔六〕。慧琳所撰諸經的音義約有八百餘部。全書共約一百二十七萬字〔七〕，收録詞目（包括真言、咒語）約三萬一千多條，其中除玄應七千多條，慧苑一千二百多條，雲公九百多條，窺基五百多條以外，慧琳撰有二萬一千二百多條，注音之字約四萬多，占全書詞目總數的68%～69%〔八〕。全書大致依據圓照的貞元入藏録編排爲一百卷，分卷視收録佛經卷數多少和需要解釋的詞語的多少而定。有一卷釋一部佛經的，如七十一卷只釋阿毗達磨順正理論八十卷；有一卷釋數部佛經的，如三十一卷釋楞伽阿跋多羅寶經四卷，入楞伽經十卷，大乘入楞伽經七卷，菩薩神通境界經三卷，大薩遮尼乾子經七卷，密嚴經三卷，後譯密嚴經三卷，首楞嚴三昧經三卷，觀普賢行經一卷，諸法無行經二卷，諸法本無經三卷，無極寶三昧經一卷，慧印三昧經一卷，如來智印經一卷，寶如來三昧經二卷，大灌頂經十二卷，共釋十六部經六十三卷；也有數卷釋一部佛經的，如一卷至八卷釋大般若經六百卷。每卷前，先列本卷注釋各經的名目，各經下一般都注明譯者、撰者，標明本卷注釋佛經的部數和卷數。卷前所標經名與正文或有同經異名或具稱與略稱等不同，如卷四十二所釋二十一部經的卷前與正文所標經名爲：

目録	正文	目録	正文
大威德陀羅尼經	大威德陀羅尼經	金剛王法	金剛王菩薩秘密念誦儀軌經
大法炬陀羅尼經	法炬陀羅尼經	金剛愛法	金剛愛瑜伽法
十八會瑜伽指歸	金剛頂瑜伽經十八會指歸	多羅瑜伽	金剛頂經多羅菩薩念誦法
瑜伽護摩	瑜伽護摩經	虚空藏瑜伽	大虚空藏菩薩念誦法

續表

目録	正文	目録	正文
分别三十七尊	金剛頂瑜伽分别聖位修證法門序	如意輪瑜伽	觀自在菩薩如意輪瑜伽法經
一字頂輪瑜伽	瑜伽一字佛頂輪王安怛祖那法經	大佛頂經	大佛頂經
法花念誦瑜伽	成就妙法蓮花經王瑜伽觀智儀軌經	方等陀羅尼	大方等陀羅尼經
千手眼瑜伽	金剛頂瑜伽千手千眼觀自在菩薩修行儀軌瀀	七佛所説神咒	七佛神咒經
蓮花部三十七尊	金剛頂瑜伽蓮花部心念誦法	大吉義咒	大吉義咒經
五秘密瑜伽	金剛頂瑜伽金剛薩埵五秘密修行念誦儀軌經	如來藏經	大方廣如來藏經
十七尊義釋	般若波羅蜜多理趣經[九]		

所釋各經每卷中選釋的詞語按其在經文中出現的先後次序排列。遇到某卷中文易而不要注釋的，則標出此卷，接着訓釋下一卷，如大般若波羅蜜多經第二卷（卷一）。或者標出某卷「無訓釋」，接着釋下一卷。如第五卷、第六卷、第七卷，下云「已上三卷並無訓釋」（卷一）。又如第十二卷至第三十五卷下云「經從第十二卷已下盡第三十五卷不要音訓，文易」（卷一）。有些真言梵語雖然錯訛，因難以找到梵文原本而無法重新譯解，慧琳亦予以標明，如釋大寶積經第十卷中所作説明云：「從此已下有諸天真言二十五道，古人譯爲漢語，訛失聖意，文句蹇澀，讀誦甚難。今欲再翻，爲闕梵夾，難爲詳定，且依經本，以俟後賢。」（卷十一）

遼釋希麟續一切經音義自序説慧琳音義的編排順序「依開元釋教録，始從大般若，終於護命法。」丁福保重刊正續一切經音義序説慧琳音義「其所釋經論，依開元釋教録」。陳垣在中國佛教史籍概論卷四慧琳一切經音義中也説：「琳書與玄應書同名，凡開元録入藏之經，悉依次音之。」然據我們將慧琳音義與開元釋教録對照，考得慧琳音義實際上並未嚴格悉依開元釋教録入藏目録的次序編排，往往大致按佛經書目和卷次順序編排而又有所調整和增補，不僅前後次序有所變動，而且穿插進了開元録未收録的二百多部經。如第十卷的排列次序爲：1. 勝天王般若經七卷（玄應音），2. 濡首菩薩分衛經二卷，3. 大明度無極經四卷（玄應音），4. 文殊所説般若經二卷，5. 文殊般若經一卷（第二譯），6. 仁王般若經二卷，7. 新譯仁王經三卷（大廣智），8. 仁王護國結壇經一卷，9. 金剛般若經一卷（羅什），10. 金剛般若經一卷（流支），11. 金剛般若經一卷（真諦），12. 能斷金剛經一卷（玄奘），13. 能斷金剛經一卷（義静），14. 實相般若經一卷，15. 理趣般若經一卷（金剛智譯），16. 大樂理趣經一卷（大廣智譯），17. 大明咒經一卷（前譯般若心），18. 般若心經一卷，19. 般若心經一卷（罽賓新譯）。共十九部。依開元釋教録的排列次序，則爲：1. 大明度無極經四卷，2. 勝天王般若波羅蜜經七卷，3. 文殊師利所説摩訶般若波羅蜜經二卷，4. 文殊師利所説般若波羅蜜經一卷，5. 濡首菩薩無上清净分衛經二卷，6. 金剛般若波羅蜜經一卷，7. 金剛般若波羅蜜經一卷，8. 金剛能斷般若波羅蜜經一卷，9. 金剛般若波羅蜜經一卷，10. 能斷金剛般若波羅蜜多經一卷，11. 實相般若波羅蜜多經一卷，12. 仁王護國般若波羅蜜多經二卷，13. 摩訶般若大明咒經一卷。共十三部。兩相對照，慧琳音義第十卷比開元録增加了六部，且次序有所更换。慧琳音義第十六卷也比開元録增加兩部，次序亦有先後更换。類似的次序更换現象還出現在其他卷中，此不贅述。考慧琳編纂一切經音義時，圓照已在開元録的基礎上於貞元十六年(800)編成貞元録，比開元入藏録多收 182 部佛經。貞元録是當時官定經録，依據當時的皇家官藏編定，具有一定的權威與示範作用，慧琳既然要爲一切經編纂音義，自然要依據這部新編成的經録。據方廣錩慧琳音義與唐代大藏經一文對開元入藏録、貞元入藏録和慧琳音義中大乘經般若部和聖賢傳記録此方撰述集傳部分所收佛經的比較，慧琳音義比貞元入藏録少收「大乘般若部」中的 6 部經和「此方撰述集傳」中的 12 部經，在「此方撰述集傳」增補了貞元入藏録未收的 16 部經。大致而言，開元入藏録、貞元入藏録和慧琳音義中諸經的編排次序既有前後繼承的關聯，又互有較大的不同。慧琳確是以貞元入藏録爲基礎而編纂一切經音義，但也未完全依據貞元入藏録，而是有所取捨，删略了他認爲不必爲之撰寫音義的一些佛經，增補了他認爲當時人們經常誦讀而有必要爲之撰寫音義的一些佛經〔一〇〕。

一切經音義採用按佛經目録分卷立目的編排方法，這是由其編纂宗旨和讀者對象決定的。較之按部首、按韻部等編排法來説，在當時有其實用性。當時的讀經者一般都熟悉佛經目録，甚至已熟悉經文内容，查檢是容易的。

（三）收詞的原則

一切經音義收詞的第一個特點是收詞範圍的有定性。它以一切經爲對象，限制在佛經的範圍之内。第二個特點是在一切經這個有定範圍内的無定性。佛經内容包蘊許多學科，涉及面相當廣泛，所用的詞語往往是多方面的。專書辭典收詞範圍的有定性決定了它收詞所涉學科的無定性，凡佛經經文所及，皆在選收之列，不受任何學科範疇的約束。一切經音義中既收有大量普通詞語，如玄應音義中的渾濁、妖豔、侮慢、遞相等，慧琳音義中的覆載、詢求、翰墨、蠢蠢等；也收有不少專科詞語，如玄應音義中的猩猩、窯師、伊尼延等，慧琳音義中的墨翟、珊瑚、薄伽梵等。第三個特點是詮釋價值性。決定詞語收録與否的標準，主要有兩條：首先是看它有没有科學價值，是否需要加以解釋；其次是看它有没有實用價值，是否有查閲的必要。一切經音義收詞以有詮釋價值爲原則，如果有詮釋價值，則立目不限於字或詞，這也是玄應、慧琳和希麟爲了幫助佛教徒及研讀佛經的人解疑釋惑的指導思想在收詞原則上的體現。

弄懂詞義是理解佛經的先決條件和入門鎖鑰，字詞的音明、形明，然後義明。一切經音義主要收録經文中一字讀音有不同的、形體相近易誤的、難理解的字詞和外來詞以及傳抄中的錯訛字，對這些字詞進行正音、辨形、釋義。如：

觀：「觀字，去聲。」（慧琳音義卷五循身觀）

行漸次行：「上行字辛耕反，下行字行孟反。」（慧琳音義卷六行漸次行）

卒：「倉訥反，周禮云：暴急也。考聲云：倉忙也，遽（音渠）也。正體作猝，或作踤，並同。經文作卒，略而不備也。字與兵卒相參，故言之。」（慧琳音義卷六卒生）

舍利：「正言設利羅，譯云身骨。舍利有全身者，有碎身者。處胎經云並在金剛刹際也。」（玄應音義卷六舍利）

莫呼洛伽：「梵語，不妙。正梵音云摩護，人形蛇首，亦名大蟒神也。」（慧琳音義卷一莫呼洛伽）

責：「阻革反。説文：責，求也。經文作債，阻解反。近字耳。」（玄應音義卷二責索）

啄噉：「上音卓。廣雅：啄，齧也。説文：鳥食也，從口豖聲也。豖音寵緑反，經文從彖作喙，非也。喙音籲穢反。下唐濫反。廣雅：噉食也。説文作啗。或作啖，並通。經文作淡，非也。淡，無味也，非經義也。」（慧琳音義卷一啄噉）

一切經音義一般不收梵語中有而漢語中没有的名物詞，如拘呬耶亶怛囉經中「説數十種華香雜果食飲各色目」，慧琳釋此經指出：「雖有難字，悉不可音，以花香果食此國並無。其梵語或正，或不正。設音，亦無此物，所以不音。」（卷三十六）此外，從爲讀佛經服務的目的出發，慧琳音義還收録了一些真言、咒語。有時還作少量的串講、解題。如慧琳釋金剛般若波羅蜜經中「數如是沙等恒河及經末云數佛世界」下云：「此二『數』字並屬下句也。」（卷十）

自爾雅、説文問世以來，我國古代辭書的選詞立目一般都是在已有辭書的基礎上重新排比，酌增新詞而成。一切經音義則因其内容的特殊性，以漢文佛教文獻爲收釋詞語的原典依據，採用選擇式的收詞方法從佛經中逐一選收作者認爲需要解疑釋惑的字詞。凡佛經所涉及均在收釋之列，不受任何學科範疇的約束，所以一切經音義中所收的詞，無論是原本已有的古漢語詞，還是經翻譯而有的音譯詞或意譯詞，除了其本身所具有的語言義外，還涉及中國和印度這兩個偉大的文明古國的歷史文化和自然文化的各個方面。

（四）釋文體例

一切經音義解釋佛經中的梵文音譯字有時採取先摘選音譯文字，分字注音，並對照梵言正其訛略[二二]；再將全詞正確的音譯文字列出，與經文原譯文字對照；然後以唐時語言解釋詞義。如玄應釋大般涅槃經中的「字音十四字」（卷二），又如慧琳釋「般若波羅蜜多」云：

「般，音鉢。本梵音云鉢囉（二合）。囉，取羅字上聲，兼轉舌即是也。其二合者，兩字各取半音，合爲一聲。古云般者，訛略也。若，而者反，正梵音枳娘（二合），枳音雞以反，娘取上聲，二字合爲一聲。古云若者，略也。波，正梵音應云播，波個反，引聲。羅，正梵音應云囉，准上，取羅上聲轉舌呼之。蜜多，正云弭多，弭音彌以反。具足應言摩賀（引）鉢囉（二合）枳娘（二合）播（引）囉（輕舌）弭多。梵云摩賀（唐言大）鉢囉（二合）枳娘（二合）。唐言慧，亦云智慧。或云正了知。義净作此解。播（引）囉弭多，唐言彼岸到，今迴文云到彼岸。」（卷一）

漢譯佛經中除了梵文譯音字外，多數已是意譯文字。一切經音義解釋佛經中的意譯文字大多採取先摘選難字難詞，分字注音，再廣引字書及諸經雜史百家學説，「參合佛意，詳察是非」[二三]。如：

振濟：「脂忍反。小爾雅：振，救也。説文：振，舉也。經文作賑，之忍反，隱賑富有也。」（玄應音義卷四）

帷帳：「千追反。字林：在旁曰帷。謂帳帛幛旁也。帷，圍也。」（玄應音義卷四）

嘲誚：「上獠交反。獠音謫狡反。爾雅：嘲，謔也，調也。或從言作謿。説文從周，作啁[一三]，音竹包反。下樵曜反。蒼頡篇：誚，訶也。考聲：戲笑也。韻英：責也。説文：嬈也。或作譙。並形聲字也。謔音香約反。」（慧琳音義卷四）

福佑：「尤救反。周易云：自天佑之。孔子曰：佑，助也。考聲云：福，助也。或作佑。古作閜，並同。」（慧琳音義卷五）

一切經音義中的詞條一般由詞目、注音、釋義、書證、正形、案語六項組成。雖然每條後五項的内容不一定俱全，順序也往往不一，或前或後，如正形有時放在注音前，有時又在注音後，但基本格調尚能保持一致。這六項的情況大致如下：

1. 詞目

一切經音義收録的詞目有單字的，有雙字的，有三字及三字以上的。如慧琳音義中單字的有：辦、拯（卷十一）、癖（卷十五）、殲（卷九十三）等；雙字的有：翰墨（卷一）、稍微、問詰、決擇（卷二）等；三字及三字以上的，有因陀羅（卷十五）、維摩詰（卷二十八）、覺樹初緑（卷八十一）、構鵬鴳之寓言（卷八十五）等。大致説來，一切經音義中單字和三字及三字以上的詞目很少，一般都由兩字組成。用今天的詞彙學理論分析，一切經音義中收釋的詞語大多數是複音節詞和外來詞。如慧琳音義中收録的雙字詞目大致有以下幾類：

（1）單純詞（即聯綿詞）

① 雙聲，如彷彿（卷七十七）、踟躕（卷八十）、躊躇（卷三十六）

② 疊韻，如匍匐（卷七十九）、伶俜（卷六十二）

③ 疊音，如稍稍（卷七十九）、茫茫（卷八十五）

④ 其他，如狼狽（卷九十一）、寂寥（卷四十一）

（2）合成詞

① 普通複詞，如蛻化、慷慨（卷七十七）、疲倦（卷七十八）

② 專門名詞，如鹿苑、鷲峰、墨翟、珊瑚（卷一）

（3）帶助詞的雙音結構，如聾者（卷一）、惜哉（卷三）、愀然（卷九十四）、將無（卷六）

（4）虚詞，如頗能（卷一）、暨乃（卷八十八）、矧敢（卷九十八）

（5）音譯外來詞，如迦維（卷一）、藥叉、吠舍（卷二）

（6）詞組，如不刊（卷九十）、僉曰（卷一）、不凹（卷六十九）

（7）典故，如真筌（卷四十一）、懷兔（卷五十一）、忘筌（卷九十）

一切經音義所收詞目客觀上雖多爲複音節詞，但一般只分別解釋單字，也不一定每字都釋。在詞目的擇字配合上採用了 a + x 和 x + b 等形式，如慧琳音義卷首收録聖教序中五十一個詞目，其中二字例爲：

a + x：可徵、玄奘、三篋、波濤、東陲、同臻、謬承、東域。

x + b：窺天、鑒地、凝玄、掭含、沿時、詎能、迥出、慨深、翹心、躡霜、詢求、餐風、爰自、缺而、桂生、泫其、卉木。

x + y：二儀、覆載、控寂、毫釐、庸鄙、紛糾、隆替、棲慮、訛謬、條析、前蹤、鹿苑、鷲峰、探賾、馳驟、業墜、翰墨、褒贊、徇躬。

x + x：蠢蠢。

三字例爲：

x + y + c：潛寒暑。

x + b + c：只千古。

x + y + z：撥煙霞。

x + b + z：摽瓦礫。

四十七個二字例中，除掭含（掭合類）、慨深（慨深文）、缺而、泫其四個外，其餘四十三個都是詞或詞組。

2. 注音

一切經音義的注音往往多以反切法爲主，有時也用直音法。有時則兼用二者，或一字注兩種以上反切。

採用反切法的如：

拂：「敷勿反。」（玄應音義卷五金拂）

衰朽：「率追反，下休九反。」（慧琳音義卷二衰朽）

採用直音法的如：

舶：「音白。」（玄應音義卷一舩舶）

呿：「音去。」（慧琳音義卷一欠呿）

一字既注直音，又注反切的如：

錠：「大徑反，又音殿。」（玄應音義卷一錠光）

醒：「上星浄反，又音星。」（慧琳音義卷一醒悟）

一字注兩種以上反切的有：

爆：「方孝、補角、普剝三反。」（玄應音義卷二振爆）

枹鼓：「上音附牟反，亦音芳無反，並秦音。」（慧琳音義卷八十四）

毀訾：「下子爾反，子移反，又兹此反，三反皆通。」（慧琳音義卷五）

有的字還注出聲調，無反切字的，則用直音法，並注出聲調。如：

穴：「下玄決反。入聲也。」（慧琳音義卷一巢穴）

拯：「無反腳，取蒸字上聲。」(慧琳音義卷五拯濟)

有的字注出破讀，指出同一個字讀音不同則詞義有別。如：

雨大法雨：「上雨字，於句反。下雨字，如本字，上聲也。」(慧琳音義卷十二)

玄應和慧琳都很重視讀音，連引用書證和釋文中的難字字音也予以標注，並注重對一些錯讀字進行正音。如慧琳釋「蚊虻」下引說文云「齧人飛蟲子也」(卷六)時，在「齧」字下注明「霓結反」。又如釋「分解」云：「皆買反。讀爲賈者非也。」(卷五)唐時各地語音有所不同，大致有南北之分，玄應和慧琳有時也予以標明。如：

齩：「又作⿰齒堯，同。五狡反，中國音也。又下狡反，江南音也。」(玄應音義卷一狗齩)

打：「下德梗反。江外音丁挺反。」(慧琳音義卷三捶打)

玄應和慧琳對梵漢對音頗爲重視，在慧琳音義中梵漢對音的條例已相當精密。慧琳採用二字合爲一聲的二合法，來釋一些沒有適當漢字作對應的梵語，如前文所釋「般若波羅蜜多」例。他在大般若波羅蜜多經第五十三卷「次音梵文」下云：「此經有三十二梵字，有與梵音輕重訛舛不同者，蓋爲此國文字難爲敵對。自通達梵漢兩國文字，兼善聲韻音，方能審之耳。今以雙聲疊韻反之，即與梵音乖失，不爲切音也，讀者悉之也。」(卷二)可見慧琳對梵漢對音的重視。

3. 釋義

一切經音義中的釋義一般多採納已有的成說定論，多爲述而不作，根據自己的規範標準採取引經據典的方式來解釋詞語，博徵詳析中蘊涵着刻意取捨甄別，兼有辨正闡析。如：

淤：「字林：淤，澱滓也。今謂水中泥爲淤是也。」(玄應音義卷二淤泥)

資：「說文：資，貨也。資，財也。經文作貲，子斯反。說文：小罰以財，自贖曰貲。通俗文：平財賄曰貲。案貲亦與資義同也。」(玄應音義卷三資財)

叵：「上坡麼反。古今正字云：叵，不可也。說文：反可也。左書可字。」(慧琳音義卷八十八叵測)

一詞多義或多音多義的，則分釋辨析其相應的音義。如：

仇：「渠牛反。仇，怨也，匹也。」(玄應音義卷一仇對)

足：「子欲反。足猶止也，周備充足也。足，得也。又子喻反。足猶成也。今謂足成於人也。」(玄應音義卷二充足)

詢：「荀遵反。左傳：諮親爲詢。韻詮云：詢事也。爾雅：信也。」(慧琳音義卷一詢求)

一切經音義中也有一些詮釋文字未注明釋義出處的，其中有的可能是玄應或慧琳自己作的解釋，有時用「案」的形式來加以說明。如：

被服：「被謂被帶也，服謂施用也。」(玄應音義卷三被服)

連綿：「古文聯，同。力錢反。廣雅：連，續也，合也。綿亦連也，謂相續不斷也。字從耳，耳連於頰也。從絲，絲連不絶也。」（玄應音義卷三連綿）

彷徉：「字林音房，又蒲光、余章反。廣雅：彷徉，徙倚也。楚辭『聊彷徉以逍遥』是也。案彷徉猶徘徊也。」（玄應音義卷十四彷徉）

鐸：「唐洛反。似鐘而中有舌也。案大鈴曰鐸。」（慧琳音義卷五幡鐸）

唯：「惟癸反。古人云唯，今云諾，一義也，唯恭於諾也。」（慧琳音義卷一唯然）

有一些是解釋複詞詞義的。如：

適意：「謂事物善好稱人心也。」（玄應音義卷十四）

眷戀：「居院反，下力眷反。眷戀，猶顧視也。」（慧琳音義卷十九）

剖析：「上普口反，下星亦反。分析文意令人解也。」（慧琳音義卷九十一）

有時還説明詞的構成理據，如：

恩造：「謂恩成此事者也。」（玄應音義卷二十二）

夫人采女：「采擇所得之女謂之采女。」（慧琳音義卷二十一）

有時則説明字或詞的來源。如：

笳：「或作葭，同。古遐反。今樂器中有笳，卷笳葉吹之，因以名也。」（玄應音義卷十八笳聲）

嵐：「上音藍。此嵐字，諸字書並無，本北地山名，即嵐州出木處是也，亦北蕃語也。後魏孝昌於此地置岢嵐鎮城。岢音可。城西有山，多猛風，因名此山爲嵐山，書出此嵐字。後周因岢嵐鎮城，遂改置爲嵐州，在太原西北。韻詮云：嵐，山風也。」（慧琳音義卷三十八嵐颲）

有時也作一些詞義辨析，如：

罩：「又作罺，同。陟挍反。魚籠曰罩，今取其義。」（玄應音義卷三覆罩）

按摩：「上安且反，摩字取去聲。凡人自摩自捏申縮手足除勞去煩，名爲導引。若使別人握搦身體，或摩或捏，即名按摩也。」（慧琳音義卷十八）

4. 引證

一切經音義中往往大量引用古代典籍，力求言而有徵，除了如前所述旨在解字釋詞外，也有一些意在取證的引例，如：

毅：「牛既反。又尚書云：殺敵爲果，致果爲毅。毅亦有決也。」（玄應音義卷十一勇毅）

激：「公的反。楚辭：或清激事無所通。王逸曰：激，感也。」（玄應音義卷十二激切）

憺怕：「徒濫反，下匹白反。説文：憺，安也。謂憺然安樂也。憺亦恬静也。怕，静也，無爲也。子虚賦云：怕兮無爲，憺兮自持

也。」(玄應音義卷二十四)

垣牆：「尚書曰『無敢逾垣牆』是也。」(慧琳音義卷四)

愧：「說文：愧亦慚也。禮記曰：君子不以其所能者而病於人，不以人之所不能者而愧於人。」(慧琳音義卷四有愧生慚)

戚：「論語云：小人長戚戚。」(慧琳音義卷五愁戚)

忻：「司馬法曰：善者善之，忻人之善。」(慧琳音義卷五忻樂)

戲：「史記云：天子無戲言也。」(慧琳音義卷三十二嬉戲)

玄應、慧琳和希麟往往憑記憶或根據經典大意來引文。如慧琳音義卷五十八釋「啞啞」引易云：「笑語啞啞。」今傳本周易震：「笑言啞啞。」慧琳引文以「語」代「言」。又如卷五十七釋「畜牲」引杜注左傳曰：「改牛名曰牲。」今傳本左傳僖公三十一年：「牛卜日曰牲。」杜預注：「既得吉日，則牛改名曰牲。」慧琳引文將「牛改名」意引作「改牛名」。有時也採用節引的方法來引用。如卷四釋「垣牆」引尚書曰：「無敢逾垣牆。」今傳本尚書費誓：「無敢寇攘，踰垣牆。」又如卷八十九釋「歐噦」引禮記：「子侍父不敢噦、噫、嚏、欬。」今傳本禮記內則：「在父母舅姑之所，有命之，應『唯』，敬對，進退、周旋慎齊。升降、出入、揖遊不敢噦、噫、嚏、咳、欠、伸、跛、倚、睇視，不敢唾、洟。」

一切經音義引用的一般都是名家典籍，引例提供了運用漢語語言的範例，既有佐證釋義的作用，又有語言運用的示範作用。

5. 正字

漢字寫法複雜，佛經在傳抄中頗多訛誤，一切經音義中收録的字一般都有形體辨析，藉辨析字形來闡明詞義，多數採用說文的說解。一字有異體、古體、俗字或通假字的也一一注明，並且指出經文中的訛字，有的還有詳細辨析。如：

軍：「勹車爲軍，字意也。」(玄應音義卷十軍旅)

戒：「字體從廾持戈，以戒不虞字意也。」(玄應音義卷十四說戒)

煢：「古文惸、傑二形，同。」(玄應音義卷一孤煢)

酖：「又作媅、妉、耽三形，同。」(玄應音義卷八酖酒)

鞔：「律文作縵、漫二形，假借也。」(玄應音義卷十四鞔著)

軶：「音厄，正體字也。經作軛，俗字也。」(慧琳音義卷六十二善軶)

下以慧琳音義爲例略作闡析。

(1) 辨析字形。如：

陵：「力矜反。正體從力作劾。經文從阜作陵也。借用非本字也。」(卷一陵虛)

弱：「說文：弱，撓也。上象撓曲，弱即撓也。夫物弱則並力，故從二弓及彡，象毛氂，細弱也。」(卷四怯弱)

(2) 注出異體、古體。如：

炷：朱喻反。古作澍，或作注。諸字書並無此炷字，譯經者改水從火作炷。形聲字也。（卷二焦炷）

忻：或作欣、訢，三體並同。（卷五忻樂）

（3）注出俗字。如：

栖：先奚反，俗字也。正作棲。（卷一棲慮）

探：上他含反，變體俗字也。古文從穾作揬。（卷一探賾）

（4）辨析形近字、訛字。如：

抗：上苦浪反。考聲云：抗，遮也。韻英云：抗，得也，舉也。經文從人作伉，伉儷也，匹偶也，非抗拒之抗也。（卷五抗對）

痰：上唐男反。集訓云：胸鬲中水病也。經文作淡，非也。此乃去聲，無味也，書人之誤者也。（卷三痰病）

有些俗字實際上已代替了正字，慧琳往往指出其本來的區別。如：

樸：普剝反。考聲：凡物未雕刻曰樸。經作朴，俗字也。（卷十一質樸）

創：初壯反。俗字也。正從并作刱。考聲云：刱，始也，初也。會意字也。（卷六十創制）

有些訛字早已習非成是，一切經音義中一面如實記録反映，一面加以辨析説明，並注明通用。如：

嬾：考聲：不勤也。説文：懈怠也，從女賴聲也。賴字從負，剌聲也。經從心作懶（懶），雖訛亦通。（卷三嬾惰）

6. 案語

一切經音義一般都引前人典籍來注音、辨形、釋義，間或也陳述己見，遇到引用前人典籍解釋後仍感不夠清楚的地方，或需要加以説明的地方，往往用案語的形式進行考釋。如：

懲：「案改革前失曰懲也。」（玄應音義卷八方懲）

盛：「案盛謂今之杯盂也。」（玄應音義卷十五燈盛）

勞：「案用力者勞也。」（慧琳音義卷六劬勞）

牂牁：「上佐郎反，下音哥。案牂牁者，南楚之西南夷人種類，亦地名也。即五府管内數州皆是也，在益蜀之南。……」（慧琳音義卷八十一）

狗踞狐蹲：「説文：踞亦蹲也。案：二字互相訓也。並從足，居、尊皆聲。」（慧琳音義卷九十八狗踞狐蹲）

〔一〕茲古斯塔詞典學概論，商務印書館1983年版。

〔二〕磧砂藏本爲六十四部，闕二十一部。

〔三〕磧砂藏本爲八十七部，麗藏本闕六部。

〔四〕北涼時，中天竺僧人曇無讖受河西王沮渠蒙遜之請，在河西沙門慧嵩和道朗的説明下，譯成涅槃經四十卷。雲公專爲此經進行音義，其序稱「經爲佛母，佛爲人師，法藉人弘，人唯法器。即三種般若，文字居先，十二真詮，修多建首」。然而「相傳梵語未譯於方言，字體仍含於真僞，遂使挑桃渾於手木，悵帳亂於心巾，牘草繁於果園，要點删於寫富，修脩兹用，飾脯天乖，悟寤同書」等，於是「遂觀説文以定字，檢韻集以求音，訓詁多據玉篇，傳梵先資金簡，糅爲音義兩卷」。這兩卷音義後由慧琳删補收入其一切經音義第二十五卷和第二十六卷。

〔五〕後秦鳩摩羅什譯妙法蓮華經八卷，窺基曾撰法華玄贊十卷，法華經音訓一卷。據窺基自序説，「贊以本論爲先，有虧資於異典；音以説文爲正，微訓採於餘籍」。法華經音訓一卷後由慧琳詳定收入其一切經音義第二十七卷。

〔六〕大方廣佛華嚴經是華嚴宗據以立宗的重要經典，有東晉佛陀跋陀羅譯的六十卷本，三十四品，稱六十華嚴或舊譯華嚴經；唐實叉難陀譯八十卷本，三十八品，稱八十華嚴或新譯華嚴經；唐般若譯四十卷本，爲該經入法界品的別譯，稱四十華嚴或貞元經。玄應音義卷一對六十卷本舊譯華嚴經作有音義，慧苑新譯華嚴經音義是對八十卷本新譯華嚴經所作音義。慧苑是華嚴宗創始人法藏的高足，少年即出家，深達法義，「華嚴一宗，尤所精達」，被稱爲「上首門人」。「苑以新譯之經未有音義，披讀之者取決無從，遂博覽字書，撰成二卷，使尋讀之者不遠求師而決於字義也。」（智昇開元釋教録卷九總括群經録，55/571a）法藏也曾詮釋八十卷本華嚴經，撰有華嚴梵語及音義一卷，但未見流傳下來，慧苑新譯華嚴經音義可能是在其師所撰基礎上撰成。（崔致遠法藏傳曰法藏「新經音義不見東流，唯有弟子慧苑音義二卷。或者向秀之注南華，後傳郭象之名乎？或應潤色耳。」50/282c）其自序云：「大方廣佛華嚴經者，實可謂該通法界之典，窮盡佛境之説也。若乃文言舛謬，正義難彰，真見不生，尋源失路，故涉近以逕遠，從淺而暨深，去來今尊，何莫由斯大道。且夫音義之爲用也，鑒清濁之明鏡，釋言詁之旨歸，匡謬漏之楷模，闕疑管之鈐鍵者也。至如秖徊誤爲遲回，彷徨乃成稽返，俾倪代乎睥睨，軾環遂作女牆，橋書矯形，正斜翻覆，榦存幹體，樹木參差。若斯之徒，紊亂聲義，不加踳駁，何所指南。慧苑不涯菲薄，少翫兹經索引，從師十有九載。雖義旨攸邈，難以隨迎，而音訓梵言，聊爲注述。庶使披文了義，弗俟疇咨；紐字知音，無勞負袠。」大致仿玄應音義體例，摘録詮釋經文難字，其中梵文音譯名詞約占了一半左右。慧琳轉録在其一切經音義第二十一卷至第二十三卷。

〔七〕顧齊之序云「建中末乃著經音義一百卷，約六十萬言」，陸宗達一切經音義引用書索引跋亦云「都六十萬言」，拙著慧琳音義研究據此作六十萬字，謹此補正。

〔八〕詞目數爲本人所統計，注音字數據黄評伯慧琳一切經音義反切考韻表統計，見國學論叢第2卷第2號。

〔九〕經名下云：「大樂不空三昧真實金剛薩埵菩薩等一十七大曼荼羅義述，無字音。」

〔一〇〕參方廣錩慧琳音義與唐代大藏經。方廣錩指出：「在慧琳編纂一切經音義的時代，對於佛教大藏經的基本結構形態，人們比較認同智昇開元入藏録的組織。但對於大藏經到底應該收納哪些經典，不同的人可以有自己不同的觀點。」藏外佛教文獻第八輯，宗教文化出版社2003年版420頁。

〔一一〕慧琳音義共使用「訛略」108次。據顧滿林漢文佛典用語專題研究考察統計，佛經中的「訛略」有以下五種情況：一是指音譯詞與梵文讀音對應不嚴，二是指意譯詞翻譯不準確，三是指佛經譯文書寫用字不够規範，四是指早期譯經的文本不全，五是指密咒念誦發音不當。早期譯經注重實用，音譯詞採用簡略形式，「訛略」的形式是當時的譯經用語，產生時代都比「正梵」形式早。因此「訛略」評價的對象可以是既「訛」且「略」，也可以「訛」而不「略」，還可以是「略」而不「訛」。（四川大學博士論文，2006年）

〔一二〕宋高僧傳卷五慧琳傳（50/738a）。

〔一三〕應爲從口，作啁。段玉裁注説文「啁」曰：「倉頡篇：啁，調也。謂相戲調也。今人啁作嘲。」

四、一切經音義的特色

一切經音義在繼承前代典籍注疏和辭書編纂成果的基礎上針對佛經中的詞語加以詮釋，除收釋大量的音譯名詞這一特色外，在著重解決佛經詞語的形音義間的關聯方面，還示音變、析異讀、辨異文、破通假、明故訓，具有不少獨有的特色和創新之處，開闢了後來典籍注疏和辭書編纂的廣闊天地。

（一）重視規範，兼顧從俗

1. 重視語言的規範

一部好的語文辭書能促使語言在不可避免的發展中變得有條理。玄應、慧琳和希麟反復强調正梵音、正體字，從今天的辭書學理論來看，一切經音義中的正音正字顯然具有一定的規範化作用。

我國從東漢到隋唐這一時期，不僅政局多變，地方割據，南北阻隔，而且承先啓後，對前代陳規有所變革，思想趨於解放，文學、哲學等理論、實踐都頗有創新，時代的心理總趨勢是變，是出新。這種趨勢自然影響到語言這一表情達意的使用工具，從而湧現出許多新詞語。其時「楚夏聲異，南北語殊，是非信其所聞，輕重因其所習」〔一〕，漢語語音正由周秦古音嬗變到隋唐今音，不僅讀音比較混亂，而且産生了不少簡體、俗體，俗文字非常流行。顧野王玉篇序説：「但微言既絶，大旨亦乖，故五典三墳，競開異義，六書八體，今古殊形，或字各而訓同，或文均而釋異，百家所談，差互不少，字書卷軸，舛錯尤多，難用尋求，易生疑惑。」江式在給皇帝上的表中也説到當時「世易風移，文字改變，篆形謬錯，隸體失真，俗學鄙習，復加虚巧，談辨之士，又以意説，炫惑於時，難以釐改」〔二〕的狀況，以至韓愈認爲「爲文須略識字」，可見當時人們爲了使用方便而不斷創造簡體字，異體字和訛字逐漸增多。

語文辭書的一個重要特點就是爲讀者提供字詞方面的正確知識。對漢字中大量存在的異體現象進行清理並予以恰當的標注，歷來就是語文辭書的任務。我國最早的語文辭書倉頡篇、爰曆篇和博學篇就是秦統一後用秦小篆來規範清理六國異體字的書〔三〕。許慎説文解字叙説這三本書的目的是要「罷其不與秦文合者」，而説文解字本身也是在秦統一中國後「書同文」的基礎上對漢字的一次整理和規範。語言文字中的混亂現象妨礙了語言的交際功能，因此規範化成爲一種社會要求。語言越混亂的時代，往往是要求規範化越急切的時代。每個時期都有自己的語言規範原則，不合這個原則的就被認爲是俗語，甚至指斥爲訛誤。語言存在和發展于社會全體成員的使用之中，難免發生分歧，而作爲交際工具，全社會對它的要求是加强統一，因此，個人的言語活動對語言的統一規範應承擔社會責任，而社會對個人言語活動中過於分歧的現象應進行有意識的干預。一部語文辭書不論主觀意圖如何，客觀上對於語言的使用總有一定的規範作用，這是社會對語言規範化的要求決定的。語文辭書的根本性質是民族標準語的體現和反映，它是高度語言修養的産物，也是提高社會語言素養、宣傳和維護共同語規範的重要工具。

佛經大多在漢魏至隋唐這一時期内翻譯、傳抄，時俗所尚，浸染成習，俗字、訛字幾乎無經不見。雲公大般涅槃經音義序説「復覽諸家音義，梗概相傳，梵語未譯於方言，字體仍含於真僞，遂使挑、桃渾於手、木，悵、帳亂於心、巾」云云。景審慧琳音義序説：「至於文字或難，偏旁有誤，書籍之所不載，聲韻之所未聞，或俗體無憑，或梵言存本，不有音義，誠難究諸。」希麟在續一切經音義自序中也説到佛經「演從印度，譯布支那，前後翻傳，古今抄寫」，「謬誤寔繁，若不討詳，漸乖大義」。一切經音義是爲讀佛經而作，玄應、慧琳和希麟都頗注重語言應用的規範。如玄應釋大智度論第二十八卷「噏風」之「噏」説：「古文歙、噏二形，今作吸，同。羲及反。」（卷九）又如釋四分律第五十一卷「作把」之「把」説：「補罵反。謂刀把也。正音補雅反。説文：把，握也。亦把，持也。單手爲把。」（卷十四）慧琳對經文中的字形也甄録得很詳細，慧琳音義中文字的規範大致可歸爲三種類型：

（1）有所依據的。如「正體作某」、「古文作某」、「隸作某」、「小篆作某」、「某書作某」、「某人書作某」。

（2）無所依據的。如「俗作某」、「或作某」、「又作某」、「亦作某」、「省作某」、「作某亦通」。

（3）傳抄訛誤的。如「誤作某」、「某字非體」、「某字從未見於字書」。

玄應和慧琳辨析字形對規範的字形往往用「字體作某」表示[四]，對訛誤的字形則用「非體」、「非字體」表示。如玄應音義卷一釋華蔓之蔓：「字體從髟（音所銜反）臱聲（臱音彌然反）。經文作鬘，非體也。」卷二釋豌豆之豌：「一丸反。廣雅：豌豆，蹓豆也。經文作宛，又作⿱夗豆，一月反。二形並非字體。」磧藏本卷十八釋麋生之麋：「字體作溦，忙悲反。通俗文：物傷濕曰溦。論文作麋，非體也。」慧琳音義卷四十六釋穿窬之窬：「欲朱反。三蒼云：窬，門邊小竇也。説文：門旁穿水户也。東方朔『穿窬不豯路』是也。又音徒構反。禮記：蓽門圭窬。鄭玄曰：窬，門旁窬也。穿牆爲之其形如圭是也。論文作踰，越也，度也。踰非字體也。」

玄應、慧琳和希麟往往引用説文等字書來辨析形體，重視字形的辨正，在一切經音義中一一收録並指正經文中訛誤的字。如玄應音義卷七釋澡漱之漱：「所霤反。説文：漱，盪口也。經文作嗽，誤也。」又豪芒之芒：「古文作杗，同。無方反。謂其纖（鐵）利如禾芒也。經文作釯非也。」又如慧琳音義卷三釋技藝之技：「渠綺反。説文：巧也，從手。經從人，誤也。」卷三十九釋摹畫之摹：「經作摸，是捫摸字，音莫，非經義。」卷五十四釋儀範之範：「經文作鈴，非也，甚無此理。」慧琳對武則天恃權造字很反感，斥爲僞字或謬説。如卷十二釋卍字之文：「有云萬字者謬説也。華嚴經第八卷中具説此相等，亦非是字也，乃是如來身上數處有此吉祥之文大福德之相。」[五]慧琳還注意到封建社會中因避諱改字而造成的文字使用混亂現象。如卷三釋惛沉：「上呼昆反。孔注尚書：惛，亂也。廣雅：癡也。説文：從民，避廟諱改民爲氏。或從心。惛下眠字准此。」此條實際上是慧琳音義處理避諱字的起例。又如卷六釋蚊虻：「上勿芬反。説文作䖶。古文奇字從昏作蟁，避太宗廟諱改民從昏也。」慧琳很重視對一些錯讀字的正音。如卷五釋懈息之懈：「家隘反。相傳音嫁者非也。」又如卷十釋琼伽：「梵語。西國河名也。此借唐言以響梵字，猶未全切，若准梵音，上琼應音爲凝等反，亦凝之上聲也。下魚迦反爲正也。古經或云恒伽河，或云恒邊沙，或云兢伽，皆一也，不切當也。」遇到一字語音有别時，往往加以説明，指出二者的不同，表示取捨的態度。如卷五釋黧黮之黧：「上力遲反。開元文字音義云力奚反，今不取。」卷十一釋貓兔之貓：「上莫包反。江外吴音以爲苗字，今不取。」有些梵語的音没有適當的漢字來對應，慧琳往往採用二字合爲一聲的二合法。如卷五釋室者：「二合，二字合作一聲。經中書『酌』字，失之甚矣。」又如卷五在大般若波羅蜜多經第四百十五卷中的梵字注音後云：「如上諸字，改書頗爲的當，惟覽者但審詳音注，於四聲中細取及看反脚呼之，即是本梵音也。」玄應、慧琳和希麟强調正字正音，從今天的辭書學理論來看，可以説他們已意識到辭書具有規範作用，希望通過音義訓釋來規範佛經中的詞語。

2. 兼顧從俗從時

語言是一種有生命力並不斷發展、變化的東西，語言能夠被描述，能夠在一定限度内接受影響，却不能受控制。玄應、慧琳和希麟對語言文字的發展規律有一定的認識和研究，往往不僅重視讀音、字形的規範化，而且還意識到語言是在不斷演變發展的，注意到語言在使用中約定俗成的演變規律，在對語言的某些演變現象進行規範的同時，兼顧從俗從時。

顔之推在顔氏家訓書證篇中説到：「吾昔初看説文，蚩薄世字，從正則懼人不識，隨俗則意嫌其非，略是不得下筆也。所見漸廣，更知通變，救前之執，將欲半焉。若文章著述，猶擇微相影響者行之。官曹文書，世間尺牘，幸不違俗也。」隨着社會的發展，新造字的産生，已有字的訛變等都是題中應有之義。從長期來看，語言的演變性是絶對的，穩定性是相對的，語言的演變是任何力量也阻擋不住的。顔之推始拘於説文而不能下筆，繼之見廣而通變，正視語言演變的現實，救前之執，主張參酌古今，折衷於正俗之間。顔玄孫在干禄字書序裏也説：「若總據説文，便下筆多礙，當去泰去甚，使輕重合宜。」陸德明經典釋文條例之十云：「五經字體乖替者多」，「如此之類，改變驚俗，止不可不知耳。」慧琳在「囉弭多」下指出：「如上所説，雖是本正梵語，略音已行，難爲改正，般若波羅蜜多久傳於世，愚智共聞，今之所論爲造經音解其文字及釋梵語，不可不具説也。但欲廣其學者知見耳，實非改易經文。已下諸經中有正梵語及論文字是非，皆同此例。取捨今古，任隨本志。」（卷一）又在「庳脚」下云：「下姜虐反。即床脚也。説文從肉卻聲也。俗用從去作脚，訛謬也。卩音羌虐反。本篆文從卩從谷，谷音强略反，從重八從口。今隸書故從去，正字太古不行也。今爲訓釋其文，故説其本末也，任隨意用。」（卷三十七）慧琳認爲「爲造經音解其文字及釋梵語」，「今爲訓釋其文」對書中訛誤和習俗以非爲是的地方「不可不具説」，「故説其本末」，用現代辭書學理論來説，慧琳已意識到辭書對語言應有規範作用；同時又認識到約定俗成和積非成正在語言演變中的作用，指出「略音已行，難爲改正」。慧琳所説「正字太古不行」，只能「取捨今古，任隨本志」和「任隨意用」，如實地記録了語言的演變，體現了一切經音義對語言的記録作用。

辭書編寫的目的、任務決定着收詞和釋義等一系列問題。一切經音義的編纂宗旨是詮釋佛經詞語，弘揚教義，爲讀佛經者服務。這一宗旨決定了一切經音義作爲一部爲讀經者解疑釋惑的專書辭典，既要客觀地記録佛經中的語言現象，幫助讀者理解詞義，又要指出佛經中的文字訛誤，力求規範。語文辭書記録語言的演變，這是辭書編寫實踐中一個行之有效的辦法。語言以使用爲基礎，辭書的規範作用也不是一味地泥古，而是必須兼顧語言實際使用的約定俗成情况。黄侃説：「字分正俗，非徒博好古之名，實則小學疆畛必待此而分明；意義根源必待此而明晰。」人們「臨文用字，本有顧字形及承習慣兩途。倘盡拘本字，則窒礙弘多，如盡從流變，又迷於本字。

此宜有字書爲之分明，俾綱紀不致散棼，而致用仍無濡滯」〔六〕。玄應、慧琳和希麟對佛經中的詞語既强調規範化，具説其本末，又兼顧時俗，任隨意用，可以説起到了「爲之分明」的作用。一切經音義詮釋詞語每每指出俗字的訛誤，如：

柱髀：「經文作跓脞二形，此並俗字，非其體也。」（玄應音義卷二柱髀）

弗：「字苑初眼反。今之炙肉弗也。經文作剗削之剗，非體也。」（玄應音義卷十九如弗）

凰：「傳從鳥作鶍，俗字，非也。」（慧琳音義卷八十三鳳凰）

履：「上力几反。考聲云：履，屨屬也。鄭注禮云：蹈也。説文：足所依也。從尸從彳從舟從夊。舟象履形，彳音丑尺反，夊音雖。經文從復，誤也。」（慧琳音義卷三履踐）

慼：「或從口作嘁，一也。或從目作䁥，古字也。經文從足作蹙，非本字也。」（慧琳音義卷十一嚬慼）

同時對於一些訛變的俗字也作了一定的辨析。如：

箭：「煎綫反。俗字也。正體作篩，從竹從止從舟。蔡邕加巜，音古外反。巜，水也，可以行舟。後因行草變止爲亠，變舟爲月，變巜爲刀，漸訛謬也。」（慧琳音義卷三箭筈）〔七〕

繖蓋：「上桑懶反。玉篇云：繖即蓋也。通俗文曰：以帛避雨曰繖。從糸音覓散聲也。又散字本作㪔，從𣏟，枰拜反。𣏟，分散也。今隸書相傳作散，訛略也。經中或作傘，俗字也。下岡愛反。蓋亦傘也。案繖、蓋者，一物也。説文：蓋從草從盍音合。經文從羊作盖，因草書訛謬也。」（慧琳音義卷十一繖蓋）

嚬：「案嚬慼者，憂愁思慮不樂之狀也。説文正體從卑從瀕，今隸書從略，省涉爲步，又去卑從口作嚬，減省也。」（慧琳音義卷十一嚬慼）

攜：「慧圭反。俗字也。正體作攜。從手巂聲也。音與上同。因草書變體從乃，非。」（慧琳音義卷十五攜持）

一切經音義中所説的訛略主要著重就佛經用字而言，有的與漢字的隸變有關，如慧琳音義卷四釋紺青：「下青字，説文從生從丹。今隸書訛略也。」有的是當時流行的俗字，如慧琳音義卷十二釋淳備：「下皮媚反。説文：具也。從人葡音被聲也。今經作俻，俗字訛略也。」有的是構字部件的省略，如慧琳音義卷二釋屎尿：「上音始。字指云：糞，屎也。經從米，俗字也。説文：從尾矢聲也。下泥吊反。考聲云：腹中水也。説文：從尾從水。經從尸，訛略也。並形聲字。」也有的是書寫時筆畫的變異，如慧琳音義卷六十四釋四分僧羯磨上卷輒述：「上陟業反。漢書：輒，專也。説文：從車從耴。律文從取作輙（輙），訛略不正也。耴音知葉反。」又如慧琳音義卷二釋癰疽：「下七餘反。説文云：久癰爲疽。從疒，且聲，且音子餘反。且，説文：從几二從一。經從且，訛略之也。」檢説文「且，薦也。從几，足有二横。一，其下地也。」慧琳指出「疽」的聲符本由「几」「二」「一」構成，寫作「且」是書寫時筆畫變異的訛略。

對於經文中的俗字大多僅是客觀地加以指出和記録而已。如：

飤：「經文作飼，俗字也。」（玄應音義卷二餧飤）

擢：「經文作掉，當世俗字耳。」（玄應音義卷十九持擢）

欝：「俗用字也。……案說文：欝字正體從林缶甫狗反從勹音包從鬯丑亮反從彡音衫作鬱。字林及經文從四從艮從寸作欝，未詳所出，今並書之。」（慧琳音義卷十一蓊欝）

詶詛：「論從口，呪咀，俗字也。」（慧琳音義卷八十六詶詛）

對於有些俗音、俗字、俗詞，則往往從俗順時，並不拘泥古說。如：

怖：「又作悑，同。普故反。惶，怖也。經文作怕，疋白反。憺，怕也。此俗音普嫁反。」（玄應音義卷十九茫怖）

祼：「盧果反。時俗音爲華寡反。」（慧琳音義卷十四祼形）

擐：「上音患，今相傳音慣。下開蓋反，今通俗以上聲音之爲苦改反。」（慧琳音義卷一擐鎧）

叓：「上古莖反。今通作更，俗用已久。」（慧琳音義卷五叓相）

栽：「子來反。栽，植也。今時名草木植曰栽。」（玄應音義卷二十四心栽）

又如慧琳釋大寶積經第五卷「逮得」中「得」云：「古文正體雖從見從寸」，「自漢魏已來早已變體作得。衛宏張揖古今官書並廢古而用『得』字，行已久矣，不可改易也」。（卷十一）釋大寶積經第一百一十二卷「擾動」中「擾」云：「而沼反。擾，亂也。從手夒〔八〕聲也。夒〔九〕音奴刀反。夒者，獸名，立字形之本意也。篆書取勢分頁下兩點，兩邊垂下，左右從止，已下從夊作夒，遂與憂字上下相似，後因草書務從省略，寡聞之士不曉本字便相效從憂，故有斯謬。此失之由，其來遠矣，哀哉，實難改正也。」（卷十五）認爲有些「俗字，行之已久，無如之何」（卷三十九），只能順俗而用。對於經文中用的一些字書原無的新造字，則叙述其原由，從時而用。如釋大唐西域記第一卷中「慌戾」云：「蓋因時而有此語，釋經者以意作之，以合時用，字書先無此字。」（卷八十二）玄應、慧琳和希麟的這些做法在某種程度上體現了主張實用的編纂思想，即語言是發展的，規範化應與從時從俗並重，既要重視語言的規範性，也要反映語言使用中約定俗成的實際情況。

（二）解疑釋惑，主張實用

1. 旨在解疑釋惑

無論收詞還是釋義都以解疑釋惑爲目的，這可以說是玄應、慧琳和希麟編纂一切經音義的指導思想。景審在慧琳音義序中曾説到：「至於文字或難，偏旁有誤，書籍之所不載，聲韻之所未聞。或俗體無憑，或梵言存本，不有音義，誠難究諸。」指出了一切經音義具有解疑釋惑的作用。

玄應、慧琳和希麟在一切經音義中收釋的詞語都是需要解疑釋惑的或諸書中查找不到的。如玄應釋大般涅槃經第二卷麥䴬之䴬：「夷職反。麥穅也。案諸書所無，唯趙書有人姓姚名䴬作此字也。」（卷二）〔一〇〕指出了「䴬」字的音義和出處。又如釋梵摩喻經如砝之砿：「又作宏，同。之視反。宏，平也，直也。砿細於礪，皆磨石也。」（卷十三）指出砿、礪的詞義之別。凡是經文文易的，玄應、慧琳和希麟皆不作訓解。如慧琳大般若波羅蜜多經第一百三十卷下云：「從第一百三十卷已下至第一百六十七卷計三十八卷經文重迭，無可音訓者。」（卷二）大方廣十輪經第八卷下云：「文易，無可音訓。」（卷十九）經文中已有音訓的也不再作音訓，如吉祥贊一卷下云：「贊中自有訓釋。」（卷七十六）慧琳音義中有一部分前卷已釋後卷又釋的詞，其中有一些是爲了强調這些詞的正確解釋而加以重釋，如大般若波羅蜜多經第四百零二卷「膖脹膿爛青瘀啄噉骸骨」下云：「已上十字已見前經第三卷，音義第一卷中具釋，恐繁不再述也。」（卷四）又如第四百八十九卷云：「此卷中從『循聲筋脈』已下，乃至『眵聹』等，前經五十三卷中已具釋，四百一十四卷又重譯。」（卷六）由於佛經中的這些字有的是難字，有的是俗字，有的是訛字，故需要反復强調解釋。有的則是在前後經文中錯訛有不同，故也需要再收録解釋。如慧琳在大唐西域記卷一「梵衍那國」、「迦畢試國」下云：「其大磧已東州郡不説者，爲是唐國境内，各自別有國經。此記起自大磧已西者，言其番夷之地人物風産與此不同，故書記之。」（卷八十二）可見一切經音義收録的主要是讀者不熟悉或查檢不到的詞語，目的是爲研讀佛經的讀者提供知識，解疑釋惑。誠如顧齊之在爲慧琳音義所作的序中説：「文字之有音義，猶迷方而得路，慧燈而破暗。」明確指出一切經音義對研讀佛經起了解疑釋惑的作用，這與我們今天編纂辭書强調辭書的解疑釋惑作用是很相似的。

2. 主張實用方便

謝啓昆小學考序説：「音義則訓讀經史百氏之書。訓詁文字聲韻者體也，音義者用也，體用具而後小學全焉。」辭海編輯大綱亦指出：「故爲辭書者，自當體察用者之需要，恰如其所需以予之。」滿足讀者的需要是辭書的靈魂，這是辭書學的基本原理，玄應、慧琳和希麟編纂一切經音義時也已經認識到這一點。滿足讀者需要，幫助讀者解疑釋惑，這是辭書編纂的指導思想，一切經音義的編纂可以説充分地體現了這種思想。如慧琳在詮釋「這起」時説：「上言件反，字書：這，迎也。案此『這』字亦是僻用也。但直云迎起、或云迎、或云峯起，於義何傷，而乃曲求用此僻文，强書『這』字，徒自矜博識多聞，詿誤後學，轉讀尋覽之流無不驚恟迷惑也[一二]。小人自矜，拙爲筆授，非君子之見也。」（卷十五）慧琳不贊成經文中用僻字，斥之爲小人曲用以自矜，主張從語言使用的實際出發，從俗從時。慧琳的所謂「君子之見」也就是主張實用的思想。玄應、慧琳和希麟對釋文中的難字，也往往加以注音或作簡潔的解釋，體現了爲讀者着想、注重實用的觀點。如：

喙：「許穢反。説文云：喙，口也。字從口彖聲。彖音他亂反。」（玄應音義卷十一鳥喙）

齆：「一弄反。埤蒼：鼻病也。通俗文：鼽鼻曰齆也。鼽音求。」（玄應音義卷二十齆鼻）

糾：「説文從糸丩聲。隸書省作丩，音糾。糸音覓也。」（慧琳音義卷一紛糾）

將：「説文從肉從寸。寸，法度也。爿聲也。爿音牆，非是牛。」（慧琳音義卷六將無）

玄應、慧琳和希麟還根據不同的具體情況，靈活運用和發展了反切加直音的注音方式，有的標注直音，有的既注直音，又注反切。慧琳有時在一些詞語之間還採用互見法，從而爲讀者查閱佛經中詞語的音義提供了很大的便利。

（三）廣徵博引，言而有據

1. 廣徵博引，以今釋古

玄應、慧琳和希麟在詮釋佛經中的詞語時引用了當時所能見到的各種典籍作爲佐證。如：

旅：「力舉反。方言：宋魯謂力曰旅。旅，田力也。郭璞曰謂耕墾也。詩云『旅力方强』是也。」（玄應音義卷十三旅力）

引用了方言、郭璞注和詩作爲佐證。

肅：「嵩育反。孔注尚書云：肅，敬也，嚴也。爾雅：肅肅，恭也。謚法曰：强德克義曰肅，執心果斷曰肅。説文：持事謹敬也。」（慧琳音義卷四）

引用了孔注尚書、爾雅、謚法和説文四部書的訓釋。

隱：「上殷謹反。廣雅：隱，翳也。謚法曰：懷情不盡曰隱。包咸注論語云：匿也。考聲：藏也。説文：隱亦蔽也。」（慧琳音義卷四隱蔽）

引用了廣雅、謚法、包咸注論語、考聲和説文五部書的訓釋。玄應、慧琳和希麟大量引用具有典範性和權威性的典籍，對詞義從不同的角度來反復解釋，不僅明確了詞義，而且證明了釋義的權威性、正確性。

玄應、慧琳和希麟不僅廣徵博引已有典籍，而且往往結合當時的語言來説明詞語。語文辭書的編纂工作必須反映語言的實際使用情況，尤其要反映處在不斷變化中的詞的使用情況。我國古代編纂辭書時已能結合當時的語言來以今釋古，玄應、慧琳和希麟也採用了這種方法。如：

泊：「今亦謂附舟於岸曰泊也。」（玄應音義卷二十一依泊）

商賈：「周禮九職六曰商賈。鄭玄云行曰商，坐曰賈。白虎通曰：賈者固也，言固物以待民來求其利也。今皆作商。」（玄應音義卷十四商賈）

癬：「案癬有乾濕兩種。釋名：蓰，徙也。移徙漸大，故青徐謂癬爲徙也。」（玄應音義卷十七癬皰）

尼師壇：「今之坐具也。」（慧琳音義卷一尼師壇）

皼：「五狡反，皼，齧也。關中行此音；又下狡反，江南行此音也。」（慧琳音義卷七十一皼足）

畋獵：「今通謂畋狩爲獵。」（慧琳音義卷二畋獵）

陀羅尼真言：「俗語尚云共設咒誓，是此義也。」（慧琳音義卷三十九經云陀羅尼真言）

麻襦：「案襦者，今之襖子也。麻襦即布袍也。」（慧琳音義卷九十麻襦）

儲宫：「即今之太子所居，亦謂之春宫也。」（慧琳音義卷七十七儲宫）

有時往往還結合方言來解釋詞的音義。如：

匾匸：「今俗呼廣薄爲匾匸。關中呼䩞匸。」（玄應音義卷六匾匸）

雁：「今江東人呼雁爲鴚鵝。」（慧琳音義卷四鴻雁）

玄應、慧琳和希麟還注意到一些虚詞的用法和意義，並對一些語法現象有所説明。如：

頗：「借音，普我反，謂語辭也。」（玄應音義卷三頗有）

疇咨：「直流反，下子辭反。疇，語辭發聲也。咨嗟，歎之辭也。」（玄應音義卷二十一疇咨）

詎：「渠禦反。韻英云：疑詞也。莊子：詎能者，不定之詞也。轉注字也。」（慧琳音義卷一詎能）

唯：「翼誰反。賈注國語云：唯，獨也。顧野王曰：唯，由也。語辭也。」（慧琳音義卷二唯極）

哉：「子來反。考聲云：語之助聲。」（慧琳音義卷三惜哉）

2. 嚴謹求實，言而有據

辭書編纂者的職責是根據收集到的例證記録詞的實際使用情況，而不是從道德角度對它們的使用表示贊同或反對。「詞典工作者必須超脱出他所工作的那個團體，釋義應該儘可能地做到客觀的描述。」〔二二〕在社會、政治以及宗教態度等問題上，辭書不能强求人們劃一。玄應、慧琳和希麟作音義的宗旨是爲了宏揚佛教教義，但他們並未誇大宣揚宗教，給詞語貼上標籤，大多數詞目僅僅是客觀地訓釋詞義而已。統觀這三部一切經音義，收録的普通詞語占了一半以上。訓釋詞語除引用佛經外，還廣引群書，不帶偏見地兼取諸家之説，唯訓解字詞所需而取用，解説形音義具備，叙述頗有條理。如：

羅睺：「胡鉤反。正言曷羅怙羅，此譯云障月，但此人是羅怙阿修羅以手捉月時生，因以爲名也。」（玄應音義卷二）

老聃：「文字集略云：姬周時李老子名也。」（慧琳音義卷八十五）

玄奘：「僧名也。」（慧琳音義卷八十）

客觀評價有關人名，不帶主觀色彩。用現代辭書學的觀點來看，顯然已意識到音義作爲訓釋佛經文字的辭書與宣揚佛教教義的佛經是不同的，故一切經音義雖是爲佛教徒學習佛經而作，但宗教色彩並不濃厚。

辭書所記載的應是言之有據、已有定論的事實，應是經過編纂者分析綜合的前人或當代人的有定論的研究成果。這是我國辭書自爾雅、説文問世以來所遵循的正確編纂原則，集韻韻例曾加以總結，指出其編纂時「務從該廣，經史諸子及小學書更相參定，凡字訓悉本許慎説文，慎所不載，則引它書爲解。」一切經音義的編纂也貫徹了這一原則，釋義往往博採成説，刻意取捨，力求皆有所本。如：

臘：「力盍反。案風俗通曰：夏曰嘉平，殷曰清祀，周曰大蜡，漢曰臘。臘，獵也。獵取禽獸祭先祖也，此歲終祭神之名也。經中言臘者即此義也。或曰：臘者，接也。新故交接也。諸經律中亦名歲，如新歲經等。爾雅注云：一終名歲。又取歲星行一次也。夏曰歲，商曰祀，周曰年，唐虞曰載，皆據一終爲名。今比丘或言臘，或云夏，或言雨，亦爾皆取一終之義。案天竺多雨，名雨安居從五月十五日至八月十五日也。土火羅諸國至十二月安居。今言臘，諸亦近是也。此方言夏安居，各就其事制名也。蜡音仕嫁反。」（玄應音義

卷十四百臘）

引用了風俗通、新歲經和爾雅等進行解釋。

玄應、慧琳和希麟不僅訓釋有據，而且往往一義引用數證。如：

除饉：「舊經中或作除士、除女，或言熏士、熏女，今言比丘、比丘尼是也。分別功德論云：世人饑饉於色，欲比丘除此愛饉之饑想，故名除饉。又案梵言比丘，此云乞士，即與除饉義同。又康僧會注法鏡經云：凡夫貪染六塵，猶餓夫夢飯，不知厭足。聖人斷去貪染，除六情饑，故號出家者爲除饉也。」（玄應音義卷三）

引用了分別功德論和康僧會注法鏡經來解釋。

缺減：「上犬悦反。蒼頡篇云：缺，虧也。説文：器破也，從缶，從决省聲也。下咸黯反、坤咸反。字典曰：自耗欠下曰減。集訓云：減，耗也。從水咸聲也。」（慧琳音義卷五）

引用了蒼頡篇、説文、字典、集訓來解釋。又如：

聰敏：「上倉公反，韓詩云：聰，明也。考聲云：耳聽明審也。説文云：聽察也。從耳忽聲。下眉殞反。考聲云：聰悟也。孔注尚書云：敏，明達於事也。杜注左傳云：敏，達也，又云審也。聲類云：敏，敬也。説文云：敏，疾也，從攴從每，每亦聲也。」（慧琳音義卷五）

引用了韓詩、考聲、説文、孔注尚書、杜注左傳、聲類來解釋。

玄應、慧琳和希麟對引用書的解釋一般都經過分析和比較，有所取捨。如：

礙：「古文硋，同。五代反。説文：礙，止也。又作閡。郭璞以爲古文礙字。説文：閡，外閉也。經文作导，音都勒反。案衛宏詔定古文官書导、得二字同體。説文：导，取也。尚書『高宗夢导説』是也。导非此義。」（玄應音義卷一罣礙）

玄應指出导、得二字同體，應取「礙」。

缺減：「下減字有兩音，並是上聲，從水從咸，點畫一種，音訓所用意義即別。」「今取此後音咸黯反，于文穩便也。」（慧琳音義卷七）

慧琳指出「減」字有兩音，音異造成義異，取後音則合於經文意思。

玄應、慧琳和希麟在編纂音義中不輕下斷語，所説都有根據。没有根據的則存疑存闕，治學態度嚴謹。如玄應釋大智度論第三十卷觚枝之觚：「古胡反。案觚猶枝本也，未詳何語也。」（卷九）釋增一阿含經第三十九卷恤民之恤：「又作䘏，同。須律反。爾雅：恤，憂也。亦收也，謂以財物與人曰振恤之也。經中作䘏，未詳所出。」（卷十一）又如慧琳釋大寶積經第十卷中説：「從此已下有諸天真言二十五道，古人譯爲漢語，訛失聖意，文句蹇澀，讀誦甚難，今欲再翻，爲闕梵夾，難爲詳定，且依經本，以俟後賢。」（卷十一）釋大般若波羅蜜多經第五百七十七卷中「摩納婆」一詞説：「梵語也。譯主大唐三藏云此曰儒童。案善無畏三藏譯大毗盧遮那經並與沙門一行出義記云：摩納娑，正翻應云勝處我。彼宗外道自言有神我在身心中最爲勝妙，彼等常於自身心中觀我，或長一寸許。大智度論亦云：計

有神我，或如芥子，或如豆麥，必爲浄色。若譯爲儒童者，梵語應云摩弩婆。兩譯不同，未知孰是，請勘梵本。」（卷八）

玄應、慧琳和希麟遇有一詞有數説並存的情況時，往往不厭其煩地加以考釋，列出各種説法，或於數説之中取其勝，餘則存疑或不取。如：

鎦銖：「案孫子九章算經云：凡稱之所起始於黍，十黍爲一絫，十絫爲一銖，六銖爲一鎦，鎦即分也，音汾問反。四分爲一兩，十六兩爲一斤，三十斤爲鈞，四鈞爲一石，即一百二十斤也。謹撿諸字書，説鎦而有三別。案風俗通義云：銖六則錘，二錘則鎦，二鎦則兩。計此説，則半兩名鎦，一分名錘，二十四銖爲一兩。唯此一書獨異於衆典，諸字書多同一説。謹案字林、字統、字苑、字鏡、韻集、韻略、韻譜、韻英、文字集略、文字典説、古今正字及案説文、九章算經一十三家並同，以六銖爲鎦，即四鎦成兩也。鄭玄注禮記以八兩爲鎦，集訓、韻詮效鄭生言八兩，未詳此義何所從來。今故疏出諸家異同，取捨任隨所見。今且謹依九章算（經）及取多説，以六銖爲鎦定矣。風俗通義及以鄭玄未詳其由，莫測古人幽旨也。」（慧琳音義卷一百）

踰繕那：「古云由旬，或云由延，或云瑜闍那，皆梵語訛略也，正云踰繕那，上古聖王軍行一日程也。前後翻譯諸經論中互説不同，文句繁多，略而不述，今且案西域記云：踰繕那者，自古聖王軍行程也。舊傳一踰繕那有四十里。印度國俗乃三十里，聖教所載唯十六里。如上經論所説，差別不同，考其異端，各有所據，或取聖王，或取凡肘，或取古尺。取捨雖懷異見，終是王軍一日行程，適中取實，今依西域記三十里爲定。玄奘法師親考遠近，撰此行記，奉對太宗皇帝所問，其言真實，故以爲憑，餘皆不取。」（慧琳音義卷一）

（四）雙字立目，收録複詞

東漢到唐代這一時期正是漢語詞彙從單音詞向複音詞過渡的重要階段，雙音節結構的語言單位已占多數，但是很多尚未固定下來成爲詞。這些新産生的複音詞多數是文言文中不用或很少用，而在口語中則大量存在。佛經經文使用了這些詞語，反映了漢語詞語雙音化的趨勢。一切經音義從佛經中收釋的詞語也多爲雙音節詞，即使玄應、慧琳和希麟所釋是單音詞，也多以雙字立目，主觀上或許是爲了便於檢索查找，客觀上則是東漢以來漢語由單音詞向複合詞發展的趨勢在佛經翻譯中的如實反映，體現了漢語詞彙發展的雙音化趨勢。如據我們統計，玄應音義共收釋了約九千四百三十個詞語[一三]，這些詞語中除了約八百四十個音譯外來詞和個別破詞及三字詞條外，幾乎皆是雙音節詞或詞組。如卷六釋鳩摩羅什譯妙法蓮華經[一四]，共收釋有四百十七個詞，除了一百三十多個音譯詞外，雙音節詞或詞組有如下二百七十個：

齰齧　嗺嗻　霹靂　百穀　拜跪　保任　寶塔　爆聲　背傴　躃地　匾匾　繽紛　搏撮　不匱　不務　不豫　草庵　諂曲　長表
車乘　掣電　塵坌　城郭　誠如　鵄梟　魑魅　馳騁　褫落　出内　除愈　觸嬈　船舫　椽梠　瘡胗　捶打　慈意　此輩　矬陋
差低　逮得　丹枕　耽湎　但教　憺怕　擣簁　蹈七　等咎　等澍　地獄　鵰鷲　動搖　堆阜　蹲踞　頓瘦　惡賤　梵天　方剎
焚燒　奮迅　諷誦　孚乳　蝮蠍　覆苫　甘蔗　紺青　告喻　歌唄　各賷　溝壑　罣礙　怙之　闠闠　咼斜　豪貴　嗥吠　好樂
何負　和鳴　虎魄　華蓋　卉木　毀呰　嫉妬　無央　加趺　佳矣　艱難　撿系　見實　降雹　角睞　教詔　戒雷　芥子　金剎

救療 咀嚼 句逗 巨身 聚落 捐舍 蠲除 開闡 珂月 枯槁 窺看 魁膾 憒閙 來室 欄楯 梨黰 犛牛 梁棟 繚戾
林藪 伶俜 聾騃 露幔 倫匹 馬腦 罵詈 蔓莚 蟒身 貿易 玫瑰 每作 靡不 勉出 苗稼 眇目 難處 鐃銅 逆路
年紀 輦輿 蓬勃 漂墮 屏處 叵思 破魔 頗梨 頗有 撲令 蒲桃 鈆錫 乾燥 強識 憔悴 親友 矜高 輕蔑 謦欬
慶幸 丘坑 曲戾 群萌 仁往 柔耎 入裏 三昧 僧坊 沙門 唼食 商估 舍利 設隸 設略 深奥 適從 適其 釋氏
守宮 姝好 數知 衰邁 説應 四衢 伺求 肆力 駟馬 夙夜 所往 塔廟 塔寺 台觀 坦然 唐捐 逃逝 討伐 涕泣
田獵 僮僕 頭陀 屠兒 土埵 推排 頹毁 馲駝 瓦礫 綩綖 魍魎 唯然 委政 未嘗 我適 污穢 無礙 無複 蜈蚣
嬉戲 溪穀 鼷鼠 瑕疵 先因 相扠 小莖 新染 醒悟 修行 欻然 軒飾 衒賣 壓油 演暢 晏默 肴膳 肴饌 野干
一渧 衣裓 依怙 醫道 圮坼 以偈 億姟 億載 茵蓐 瘖瘂 營從 傭賃 勇鋭 幽邃 蚰蜒 猶豫 狖狸 於某 於剎
俞急 漁捕 蚖蛇 怨敵 災火 宰官 澡浴 繒纊 摣掣 珍玩 殖衆 質帝 周章 周障 屬累 祝詛 注記 撰集 椎鐘
自鄙 宗奉 縱廣 作樂

慧琳音義收釋的詞語也幾乎都是雙音節詞或詞組。限於篇幅，略舉如下：

黠慧 昏沉 睡眠 稽留 艱辛 欠缺 聰睿 猶豫 飄揚 淳熟 軌範 離間 辛酸 技藝 憔悴 懈怠 懶惰 輕蔑 遲鈍
廉儉 師範 傲慢 渲染 誹謗 慨歎 擾亂 慚愧 履踐 度量 交涉 殞没 愛憎 機關 依怙 須臾 俄爾 慳吝 顧惜
憐憫(以上見第三卷)
迅速 隱藏 厭惡 欣樂 狀貌 侵淩 種植 溉灌 茂盛 嘲誚 紛擾 坦然 纖長 潤滑 鋒利 婉約 眼睛 怯弱 稠密
逶迤 逼迫 俳優 醫藥 匱乏 憒恚 攀緣 柔軟 疲倦 周寰 惆悵 赧然 驚駭 荏苒 淳淨 周覽(以上見第四卷)
蠲除 纏裹 潰爛 碧緑 愁慼 兵戈 僚佐 威肅 譴罰 貿易 伺求 怯怖 福佑 芬馥 妓樂 邊鄙 枯涸 假藉 猥雜
劬勞 衰耄 驅遣 覆蔽 慣習 懷孕 躁擾 慊恨 缺減 顧戀 醜陋 拘礙 聰敏 厭倦 瞬息 沉溺 分解 淩辱 呵責
(以上見第五卷)

辭書中收録複音詞，可以上溯到我國辭書的萌芽期。根據漢書藝文志記載，我國古代的辭書，當推史籀篇爲最早，其次是蒼頡篇。現存蒼頡篇的殘文中已收有複音詞，如蒼頡、後嗣、天下、海内等。爾雅一類的雅書也收録了一些複音詞，而説文一類的字書和廣韻一類的韻書雖以收單字爲主，但在遇到某字只出現在複音詞中時，往往在單字下帶出複詞。如説文：「璵，璵璠也。」廣韻：「艨，艨艟，戰船。」胡明揚詞典學概論説：「傳統的雅書、字書、韻書儘管也收録了一部分複音詞，但是没有正式的『詞』條，而只有『字』條。正式立『詞』條是從辭源開始的。」據封氏聞見記卷二「聲韻」條所載，顔真卿所撰韻海鏡源已「徵九經兩字以上，取其句末字，編入本韻，爰及諸書皆仿此」[一五]。經典釋文中也有不少雙字詞目，這些雙字詞目可以説已開後世辭書正式立「詞」條的先聲。一切經音義則不僅以雙字立目的形式收録大量的複音詞，而且許多詞都是當時出現並沿用至今。如據我們統計，玄應音義收釋的雙音詞中沿用至今而爲現代漢語詞典收録的有如下六百六十八個〔一六〕：

靉霴 傲慢 跋扈 拔擢 霸王 白鶴 白鷺 拜謁 敗績 稗子 斑駁 斒斕 瘢痕 彷徨 包容 襃貶 寶塔 寶玩 暴曬
暴燥(躁) 被服 匕首 比較 鄙俚 嬖妾 蝙蝠 邊幅 鞭撻 關鍵 變革 標牓 繽紛 殯斂 兵革 摒擋 波濤 缽盂
伯仲 布縠 佈施 猜度 猜疑 慘毒 慘烈 倉廩 蒼茫 蒼天 草芥 豺狼 潺潺 潺湲 蟾蜍 巉岩 懺悔 顫動 猖獗
(獗) 倡狂 倡優 巢窟 朝貢 嘲謔 掣電 塵埃 城郭 城隍 蚩笑 鴟鵂 魑魅 池沼 馳騁 踟躕 尺蠖 叱呵 充足
忡忡 蟲豸 仇怨 惆悵 酬酢 酬對 綢繆 躊躇 摴蒲 儲積 儲君 儲蓄 怵惕 穿窬 船舶 傳述 瘡痍 床鋪 捶打
純粹 純凈 醇酒 磁石 從容 聰敏 湊集 粗獷 粗細 踧踖 蹉跌 嵯峨 莝草 錯綜 大辟 大致 瑇瑁 誕生 憺怕
蕩滌 刀槍 堤防 滌除 地獄 癲癇 弔唁 耵聹 鼎沸 涷瘃 動搖 兜鍪 髑髏 杜門 蠹蟲 扼捥 愕然 發憤 樊籠
蕃息 繁衍 飯食 方術 防禦 仿佛 放牧 翡翠 分解 鋒芒 諷誦 市肆 服膺 輔弼 撫恤 甘蔗 乾燥 剛愎 剛毅
膏腴 歌謠 哽噎 工業 功績 宮闕 宮闈 宮刑 貢獻 溝壑 股肱 骨幹 賈人 痼疾 顧眄 官爵 官僚 冠冕 關閉
關鍵 貫徹 光耀 瓌異 軌範 鬼魅 詭詐 聒耳 惈敢 海濱 海島 鼾聲 鼾睡 寒噤 毫氂 豪傑 豪爽 皓首 呵叱
核實 黑黯 痕跡 喉嚨 餬口 虎魄 扈從 華蓋 滑稽 懷孕 歡呼 幻術 黃鸝 黃鼬 蝗蟲 灰燼 恢弘 恢廓 蛔蟲
彗星 賄賂 婚姻 渾濁 餛飩 禍祟 霍然 饑饉 稽留 機會 機杼 激動 激發 激流 激切 譏刺 嫉妬 蒺蔾 忌憚
夾道 袈裟 甲冑 稼穡 堅韌 緘口 艱難 漸漸 鑒於 僵硬 郊外 郊野 狡猾 狡獪 僥倖 鉸刀 矯飾 嗟歎 孑然
詰難 詰問 介意 芥子 筋骨 京畿 秔稻 秔米 旌表 旌旗 驚駭 驚悸 脛骨 啾唧 啾啾 鳩集 酒肆 救援 鞠躬
咀嚼 舉措 句逗 巨細 倨傲 聚落 涓涓 蠲除 眷戀 崛起 覺寤 軍旅 峻峭 駿馬 開闢 開拓 慨歎 慷慨 伉儷
抗衡 抗禦 考量 蝌斗 客館 溘然 懇切 坑阱 鏗鏘 鏗然 孔隙 恐嚇 控告 枯槁 誇誕 匡助 魁首 魁偉 喟然
喟歎 匱乏 憒亂 潰爛 潰散 蜫蟲 廓清 襤褸 鋃鐺 老邁 雷霆 縲絏 礌石 肋骨 犂鏵 黧黑 里程 裏巷 荔枝
連綿 連綴 寥廓 療治 烈日 林藪 霖雨 伶俜 囹圄 淩侮 陵遲 靈柩 流轉 琉璃 六親 漏泄 鸕鶿 虜(擄)掠
魯鈍 祿位 縷陳 率爾 淪没 羅睺 茫茫 茫然 茅廬 貿易 玫瑰 眉毛 萌芽 盟誓 猛烈 麋鹿 密緻 勉勵 苗裔
銘記 瞑目 摸索 磨礪 沐浴 赧然 泥淖 逆旅 年紀 忸怩 農夫 歐吐 謳歌 俳優 排擠 蟠曲 咆哮 庖廚 胚胎
朋友 蓬勃 披閱 紕謬(繆) 皮革 蚍蜉 翩翩 蹁躚 騙馬 飄然 飄揚 貧寠 評論 剖析 匍匐 期頤 欺侮 歧路
耆宿 崎嶇 齊心 騏驥 麒麟 乞匃 企望 迄今 器械 阡陌 慳吝 繾綣 譴責 茜草 槍刺 强項 薔薇 磽確 憔悴
愀然 怯弱 愜意 嶔崟 親昵 親友 欽羨 輕蔑 輕佻 輕易 謦欬 慶幸 蚯蚓 曲蟮 區別 劬勞 氍毹 蜷局 逡巡
攘臂 擾亂 荏苒 妊娠 柔軟 愞弱 蠕動 鋭利 弱冠 颯然 毿毿 騷動 森然 森森 沙門 山岡 山麓 山坡 芟除
潛然 閃鑠(爍) 閃電 商賈 傷悼 奢侈 麝香 申述 深奧 深邃 滲入 聖旨 屍骸 師範 師傅 師資 什物 仕宦

市井 適意 收穫 壽命 瘦瘠 淑女 蔬菜 儵忽 庶幾 寺廟 肆力 駟馬 俗話 夙夜 狻猊 算擇 抬舉 貪婪 談話
坦然 探察 唐突 堂堂 滔天 饕餮 洮汰 陶冶 討伐 疼痛 天竺 田疇 田家 田獵 恬淡 恬然 填塞 調戲 調謔
聽訟 同齡 童真 頭顱 透擲 團欒 屯聚 橐駝 瓦礫 豌豆 汪洋 魍魎 逶迤 微服 帷幔 維持 萎蔫 亹亹 蔚然
温習 文身 文字 鼬鼻 沃野 污穢 巫師 屋簷 屋宇 無辜 無恙 無垠 蜈蚣 五穀 五官 侮慢 侮蔑 憮然 希望
徯徑 嬉戲 鼷鼠 習習 係縛 繫念 瑕疵 先兆 鮮明 嫌隙 賢哲 險巇 相干 享福 享受 消化 蕭然 蕭森 蠨蛸
驍勇 協同 挾持 洩漏 懈怠 辛粹 歆慕 猩猩 腥臊 行旅 醒悟 胸襟 雄傑 修葺 修行 咻咻 鵂鶹 歔欷 勖勵
妖冶 邀請 肴饌 鑰匙 椰子 揖讓 醫道 奕奕 寱語 氤氳 愔愔 蔭庇 瘖瘂 吟哦 狺狺 誾誾 英傑 英俊 喁喁
勖勉 蓄積 諠嘩 諠撓 迴圈 睚眥 崦嵫 淹漬 湮没 閹人 言詞 閻羅 儼然 猒惡 燕會 燕麥 陽燧 妖孽 妖豔
勇悍 呦呦 幽邃 悠遠 憂惱 蚰蜒 猶豫 遊玩 迂回 淤泥 娛樂 愚惷 愚魯 鴛鴦 援助 園圃 猿猴 耘除 殞(隕)
滅 孕婦 醞釀 雜糅 災禍 贊助 糟粕 藻飾 造詣 躁動 憎惡 蚱蜢 齋戒 怔忪 蜘蛛 桎梏 製作 質疑 中級
中庸 螽蜇 舟楫 周章 譸張 侏儒 主宰 磚坯 裝揀(束)

又如慧琳從百字論中收録的「紡織」(卷五十一),北魏慧覺等譯的賢愚經已出現此詞,其卷十一云:「手自紡織,預作一端金色之氈。」現代漢語詞典收録此詞,辭源、辭海都未收。一切經音義早於佩文韻府和駢字類編以雙字立目釋詞,突出體現了漢唐以來漢語詞彙複音化的進展,爲後人提供了研究複音詞的豐富資料。

(五)注明通假,標明正字

集韻韻例説:「凡經史用字類多假借,今字各著義則假借難同,故但言『通』作某。」清康熙字典以「通」表示通假,以「同」表示異體,在體例上作了明確的分工,以後相繼編纂的中華大字典、辭海、辭源等都承用了這個體例。通假體例的應用是我國語文辭書編纂理論的重大發展。它標誌着我國語文辭書跳出傳統訓詁學的範疇,獨立出來建立起自己的理論,逐漸走上了科學的道路。古代漢語的書面語中普遍存在通假現象,不瞭解這種通假現象,讀古書時就難免望文生訓誤解原意。通假是指古代漢語書面語言中音同音近而意義原本没有關係的字的借用,這是古人用字的一種習慣。陸德明經典釋文叙録引用鄭玄的話説:「其始書之也,倉卒無其字,或以音類比方假借爲之,趣於近之而已。」通假字是漢字特有的現象,它屬於文字上的借用,不屬於詞義的内容體系。通假現象和「六書」的假借是兩個概念。通假是本有其字,只是書寫時用了另一個音同或音近的字。通假字與本字是同時並存的,兩個字的意義原來没有關聯,僅僅是音同或音近而已。段玉裁注説文叙説:「大抵假借之始,始於本無其字;及其後也,既有其字矣,而多爲假借;又其後也,且至後代訛字亦得自冒於假借。博綜古今,有此三變。」由於通假和假借的共同特徵都是離開了字形體現的本義而「依聲托事」,人們往往混爲一談,不加區别。唐張參五經文字序例説:「以前古字少,後代稍益之,故經典音字,多有假借。」其原注説:「謂若借后爲後,辟爲避,大爲太,知爲智之類,經典通用。」實際上將「假借」和「通假」相混了,成爲廣義上的假借。王引之在經義述聞中説:「至於經典文字,聲近而通，則有不限於無字之假借者，往往本字見存，而古本則不用本字，而用同聲之字。學者改本字讀之，則怡然理順，依借字解之，則以文害辭。」詞義本質上是通過語音形式表達出來的，用字形來表示詞義，並非絶對必要，這是古代文獻中通假字舉目皆是的根本原因。佛經在翻譯中也用了大量的通假字，丁福保在提要中説：「古德翻譯佛經，亦用音同音近通假之例。」經文中的字「泥形則其義不倫，審聲則會心非遠，但常用公羊傳之耳治，必不可用其目治者也，古人文字重聲而不重形如此。故得其聲，凡與聲相近之字，皆可通假。」玄應、慧琳和希麟已注意到經文中的通假現象，指出經文中的通假字頗多。一類是本無其字的假借。如：

唯：「弋誰反。説文：唯，諾也。廣雅：唯、然，譍也。禮記：父召無諾。召無諾，唯而起。鄭玄曰：唯者，譍之敬辭也。唯恭於諾也。又借音弋水反，亦語辭也。」（玄應音義卷六唯然）

「唯」是表示應答的象聲詞，玄應指出其又可借音弋水反用作語辭。

焉：「矣虔反，假借字也。語之餘聲也。本音偃反。焉，鳥黄色，出江淮，鳥之類也，故從鳥加一，與烏字異也。會意字。今時用或從正從與作焉，效篆書焉字也。」（慧琳音義卷四十九撰焉）

慧琳指出「焉」本是會意字，義爲一種鳥，現假借作語氣詞。

彌：「蜜卑反。鄭注儀禮云：益也。假借字也。説文正作瓕，從弓從璽聲，俗作弥。」（慧琳音義卷八十八彌貞）

「彌」是「瓕」的俗體，説文：「瓕，弛弓也。」假借作副詞，表示程度加深。

一類是本有其字的通假。如：

尿：「醫方多作溺，古字假借也。」（玄應音義卷二十三立尿）

熟：「是陸反。古今正字云：熟，成也。從火孰聲。經作俶，假借用也。」（慧琳音義卷三十九成熟）

經文中這類本有其字的通假是理解佛經教義的障礙，玄應、慧琳和希麟十分注重這類通假的揭示，指出這些通假字「非經義」或「不合經意」，「若執字義，既乖經義」，根據通假字音同音近的基本特徵，不拘字形來探求本字。一切經音義中通假現象大致可分爲如下五種：

1. 形聲字與聲旁字相替代。如：

棠：「借音丈庚反。字宜作撐、敦、棖、敞（敞），四形同。」（玄應音義卷五相棠）

几：「經文從木作机，是木名，非經義，借用。」（慧琳音義卷五十七幾上）

2. 同聲旁的形聲字相替代。如：

硾：「論文作錘，假借也。」（玄應音義卷十七硾脚）

慢：「蠻辨反。考聲云：不敬。惰也，不畏也。或從女，或從人，作嫚、僈。」（慧琳音義卷六十傲慢）

3. 同意符的形聲字相替代。如：

飤：「論文作飴，弋之反，亦古字假借通用，非體也。」（玄應音義卷十八養飤）

眠：「莫邊反。說文作瞑，音眠也。從目冥聲也。古今正字作眠，目冥也。從目民聲也。」（慧琳音義卷三睡眠）

4. 音近音同的字互相替代。如上文所引「熟、叔相通」。又如：

摑：「書或作馘，同。古麥反。此亦假借耳。」（玄應音義卷七打摑）

貌：「經文作冒覆之冒，假借也。」（玄應音義卷十二鬱貌）

才：「或作裁，諸文史書亦或作財，借用也。」（慧琳音義卷十八才得）

揀：「經文作簡。非本字也。」（慧琳音義卷四十一不揀）

5. 義近形近的字互相替代。如：

臻：「側巾反，古文作臸。字書：臻，到也去聲，聚也。」（慧琳音義卷一同臻）

啄：「經文從豕作喙，非也。」（慧琳音義卷一啄噉）

有些音譯詞，玄應、慧琳和希麟也稱爲假借。如：

哆：「借音都餓反。依字，說文：殆可反。張口也。」（玄應音義卷九哆字）

懍：「林禁反。假借也。」（慧琳音義卷八十三拂懍國）

雖然限於時代，玄應、慧琳和希麟對通假和六書中的假借未能加以區別，但作爲辭書，在釋文中注明通假這一點上，一切經音義對後代辭書收列通假義和建立通假體例可以說起了承先啓後的作用。

（六）功能衆多，一書多用

1. 專書百科辭典的功能

古代典籍多種多樣，古人用詞也各有特色。一個詞具體用在某部書中往往除了概括義和常用義外，還存在特定語言環境的獨特含意。對於專書辭典來說，解釋這些具體含意是有必要的。用在佛經中的一些詞也有這種情况，玄應、慧琳和希麟已注意到這一點，在對這些詞進行詮釋時往往能既不失每個詞固有的含意，又表現出其在專書中的特殊指意。如：

地獄：「梵言泥梨耶，或言泥囉夜，或云那落迦，此云不可樂，亦云非行，謂非法行處也。或在山間，或大海邊，非止地下。言地獄者，一義翻也。」（玄應音義卷六）

齒木：「案梵本云彈多抳瑟攎。彈多，此云齒。抳瑟攎，此云木。謂齒木也。長者十二指，短者六指也。多用竭陀羅木作之，今此多用楊枝，爲無此木也。」（玄應音義卷十五）[一七]

骨瑣：「蘇果反。廣雅云：瑣，連也。字書：連環也。案言骨瑣者，菩薩身骨也。佛本行集經云：凡夫骨節不得相柱一夫之力也。菩薩節皆相鉤連，如馬銜連瑣相似，遂成就廣大那羅延力。」（慧琳音義卷一二）

蘆葦：「上音盧，下於鬼反。甘蔗、蘆葦、竹林、稻麻等，皆以稠林衆多爲喻。」（慧琳音義卷五）

崎嶇：「丘基反，下曲隅反。廣雅：崎嶇，傾側也。埤蒼云：不安也。經云無崎嶇之語委曲之辭。」（慧琳音義卷十一）

網鞔：「莫安反。案網鞔義不在書史。即釋教論中説如來十指間有肉網，猶如鵝足相連。」（慧琳音義卷六十一）

十住：「此中十住即十地也。一極喜，二離垢，三發光，四焰慧，五難勝，六現前，七運行，八不動，九善慧，十法云地。」（慧琳音義卷二十六轉録雲公音義）

佛經内容豐富，作爲闡釋佛經的專門辭典，一切經音義必然要對一些人物、著作、地名等詞語進行闡釋，前文已論及一切經音義收詞不受任何學科範疇的約束，凡佛經經文所及，皆爲其闡釋的範圍，除收録大量普通詞語外，還收録了不少專科詞語。玄應、慧琳和希麟在闡釋這些專科詞語時往往也採用闡釋普通詞語的方法，由詞目、注音、釋義、正字、案語等組成。這部分詞語與衆多的普通詞語在全書中渾然一體，並無突兀不諧之感。如：

土梟：「古雕反。惡鳴鳥也。説文：不孝鳥也。經文作兔梟，或作秃梟，非也。」（玄應音義卷一）

茵蘗：「無往反。正言莽草，有毒，出幽州。人或搗和食置水中，魚皆死，浮出，取食之無妨。」（玄應音義卷七）

獫狁：「上力瞻反。爾雅云：犬長喙曰獫。説文：黑犬黄頤也。犬之黑名也。下戲撿反。毛詩傳云：北狄也，或云獫狁。鄭玄曰：即今之匈奴也。古今正字二字並從犬，僉、嚴皆聲。」（慧琳音義卷七十七）。

玄應、慧琳和希麟主要從釋詞的角度來解經文中難字的形音義，同時也已意識到有些專科性名物詞單有語詞解釋是不夠明確的，往往對這些詞語作有一些專科性的解釋，如：

虎魄：「匹白反。廣雅：虎魄，珠名也。漢書：罽賓國有虎魄。按博物志云：松脂入地，千年化爲茯苓，千年化爲虎魄。一名江珠。廣志云：虎魄生地中，其上及旁不生草木。深者八九尺，大如斛，削去上皮，中成虎魄，有汁。初如桃膠，凝堅乃成。其人用以爲盌也。」（玄應音義卷六）〔一八〕

史籀：「音宙。周宣王史官名也，初變古文爲大篆。」（慧琳音義卷七十七）

珊瑚：「漢書云：罽賓國出珊瑚寶，其色紅赤而瑩徹，生於大海，或出名山，似樹有枝而無葉，大者可高尺餘。」（慧琳音義卷一）

辭書對專科性名物詞的釋義，應該首先讓讀者對詞所指明的客觀事物有確切的瞭解，抓住事物的本質，點出一事物區別於他事物的主要特徵，反映事物的總的概貌，使讀者能把該事物同他事物區別開來。我國古代尚没有嚴格的學科分類觀點，不少辭書對於專科性名物詞都是作爲一般詞語看待的。爾雅中釋親以下十六篇的詞目大多屬專科性質，爾雅對這些詞的解釋則多爲詞語性的，往往用當時人都知道的慣用語言，抓住事物的區別性特徵來訓釋，既精確簡練，又給人有關的知識。如：「雉，絶有力奮。」「樅，松葉柏身。」「檜，柏葉松身。」一切經音義也繼承了爾雅的專科詞釋義傳統，如：

馬腦：「案此寶或色如馬腦，因以爲名。」（玄應音義卷六）

珂貝：「可何反。礦石類也。次於玉也。埤蒼云：珂，馬（瑪）腦也。或云潔白如雪，所以用纓馬膺也。貝者，螺貝也。一名貝齒珠

也，今取白色爲喻。」(慧琳音義卷二)

狐狼：「上何姑反。説文云：妖獸也。鬼所乘而有三德，其色中和，小前大後，死必首丘。從犬從孤省聲也。孤字從瓜。下朗當反。説文云：獸名。似犬，鋭頭白額。高前廣後。從犬良聲之者也。」(慧琳音義卷二)

鴻雁：「案鴻雁者，隨陽鳥也。禮記月令云：季秋之月，鴻鴈來賓。是鴈每至秋初引子南遊，將避霜雪，春初逐北以避炎暑。説文：鴈，鵝屬也。亦名駉加。方言：自關而東謂鴈爲駉，南楚之外謂之倉駉。今江東人呼鴈爲駉鵝。或作歌，古字也。或作駕，子虛賦曰『白鵠連駕鵝』是也。」(慧琳音義卷四)

值得注意的是，玄應、慧琳和希麟在解釋有些專科詞時，往往還以解釋詞義爲中心而追本溯源，詳述一物之異名、性狀、産地、源流等，介紹一些有關知識，以廣讀者的見聞。如：

木密：「字體作樒。字林：亡一反。香木也。其樹似槐而香，極大，伐之五年始用。若取其香，皆當預斫之，久乃香出。」(玄應音義卷六)

都梁：「案盛弘「之」荆州記云：香蘭也。都梁縣名。有小山，山上悉生蘭。俗謂蘭爲都梁，即以縣爲名也。」(玄應音義卷十一)

甘蔗：「下遮夜反。考聲云：蔗，草名也。今謂之甘蔗也。楚辭亦草名，其汁甘也。」(慧琳音義卷七十八)

穹廬：「上丘弓反。郭璞云：天形穹窿然，因以爲名。下呂居反，杜注左傳云：廬，舍也。毛詩傳：廬，寄也。河圖云：黄帝作廬，以避寒暑也。案穹廬，戎蕃之人以氈爲廬帳，其頂高，圓形，如天，象穹窿高大，故號穹廬。王及首領所居之者，可容百人，諸餘庶品即全家共處一廬，行即驝駞負去氈帳也。」(慧琳音義卷八十二)

椰子：「字指云：椰子，南方果木名也，出交阯、廣州。其名曰椰，木十丈，葉在其末，實如巨瓠，療饑止渴。聲類亦云：果名也。其子殻堪爲器，樹皮可爲索，甚堅牢。」(慧琳音義卷八十一)

冠幘：「上古歡反。白虎通云：冠者，卷也，所以卷持髮也。廣雅有十八種冠。」(慧琳音義卷七十七)

玄應、慧琳和希麟對於一些專科名物詞往往還有較詳細的考證，如：

華蓋：「胡瓜反。古今注曰黄帝與蚩尤戰於涿鹿之野，常有五色雲氣金枝玉葉止於帝上，有花蘤之像，故因而作華蓋焉。又音呼瓜反。案西域暑熱，人多持蓋，皆以花飾之。諸經中多言幢幡華蓋是也。」(玄應音義卷六)

鈆錫：「上悦專反，下先曆反。……案鈆、錫與白鑞三物各別，其實不一。錫色青黑，鑞色最白，鈆色黄白，所用不等，故説文云：鈆，青金也。錫，銀、鈆之間，足明别異也。」(慧琳音義卷十八)

顯然，玄應、慧琳和希麟在對這些詞作解釋時已注意到普通詞義與專科詞義有區别，强調兼顧專科性的知識内容，在繼承爾雅釋義傳統的同時已有所發展，因而一切經音義實質上好似一部没有分類的百科辭書。

2. 外來詞詞典的功能

一個民族的歷史及其語言的歷史之間的關係是密不可分的，我國自古就是一個疆域廣闊的多民族國家，兩千多年來我國和世界各國有着友好往來，在文化交流中，我國發達的古代文化傳播到世界各地，各國人民的優秀文化也豐富了我國人民的生活。隨着國内外各族人民的頻繁交往，漢語從其他語言借來了不少外來詞。辭書反映一個國家的文化，漢語外來詞在我國辭書中也有反映。説文中已收録外來詞，如玉部「珋」字，許氏説解爲：「石之有光者，璧珋也。出西胡中。」段玉裁注云：「璧珋，即璧流離也。」「璧流離三字爲名，胡語也。」「梵書言吠瑠璃。」

一切經音義收録外來詞在古代辭書中可以説是首屈一指，如玄應音義收録外來詞有一千多條（主要是梵語譯詞），約占全書收録詞條總數的 13%；慧琳音義收録外來詞有三千二百多條，約占全書收録詞條總數的 12%，其中包括玄應一千多條，慧苑一百多條，雲公一百多條，窺基一百多條。這些外來詞有音譯的，如殑伽（卷三）、諾瞿陀（卷四）、窣堵波（卷五）；有半音譯半意譯的，如奔荼利花（卷五）、菴没羅果、半娜娑果（卷四）；還有意譯的，如尋香城、華鬘（卷一）、妙翅（卷四）。玄應、慧琳和希麟在給這些詞目注音時，除採用直音或反切法外，尤其注重正音，往往指出其訛略，標明正確的譯法。如：

魔：「梵言磨羅，此云煞者，是其位處也。斷慧命故名爲魔也。言魔波旬者，訛也。正言波卑夜。此云惡者，謂常有惡意，成就惡法也。或言惡魔波旬，存二音也。」（玄應音義卷六破魔）

沙門：「舊云桑門，或云喪門，皆訛略也。正言室摩那拏，或言舍羅磨拏，此言功勞，言修道有多勞也。又云勤勞，言至誠也。義亦名息以得法，故暫甯息也。舊譯云息心，或言静志是也。」（玄應音義卷六沙門）

迦維：「梵語。古譯訛略也，正梵音劫毗羅筏窣睹城，佛下生處。」（慧琳音義卷一）

薜荔：「上蘗閉反，下黎帝反。梵語訛也。正云畢麗多。」（慧琳音義卷七十九）

漢語中的外來詞由於不是一時一地産生，也不是統一地按一定原則去吸收，往往一個詞有許多種音譯，産生「一詞多形」、「一詞多音」的現象。如最普通的梵語 prajñā 一詞，就有般若、班若、波若、鉢若、般羅若、鉢剌若、鉢羅枳娘、般賴若、波賴若、鉢羅腎攘、波羅娘等十幾種譯法，這還不包括許多不同的意譯。丁福保佛學大辭典例言指出：「佛經譯自天竺，譯者因方隅之隔，時代之異，往往同一梵文，而譯音之别名，遂多至不可勝數，蓋不能操一舌以齊萬喙也。」段玉裁在説文「珋」下則指出：「璧珋又作璧流離，吠瑠璃，或作流離、琉璃，寫法多種多樣，音義則一。」同一外語來源的詞而有不同的書寫形式原是語言發展中不可避免的現象。慧琳在轉録雲公大般涅槃經第八卷中説：「經言十四音者，是譯經主曇無讖法師，依龜兹國文字，取捨不同，用字差别也。若依中天竺國音旨，其實不爾。」（卷二十五）又云：「此經是北凉小國玄始四年，歲次乙卯，當東晋義熙十一年，曇無讖法師於姑臧依龜兹國胡本文字翻譯。此經遂與中天音旨不同，取捨差别。言十四音者錯之甚矣。」（卷二十五）他在「西牛貨洲」下説：「古云瞿伽尼，或云俱邪尼，或云俱陀尼，皆梵音楚夏不同也。正梵云過嚩抳，此義翻爲牛貨。」（卷一）「吠瑠璃」下説：「梵語寶名也，字體無定，或作琉璃。上音留，下音離。」（卷十一）可見玄應、慧琳和希麟已注意到翻譯所據經文不同，譯者不同，時代不同，方言不同等造成佛經中一些外來詞一詞多譯的現象。胡適在辭通——新編古漢語雙音節詞語字典一文中指出：「在翻閱這部巨著時，又感到有個遺憾。辭典省略了較重要的一類即佛教詞語的變化。這些佛教詞語的變化常使研究中國文學和歷史的讀者困惑。如果在這部辭典中能收入梵文譯名的各種變化的話，不僅能大大提高它的使用價值，並能有助於未受訓練的讀者熟悉那些原理，就是在大量的純中國字的令人費解的變化中所涉及到的音韻學原理。」[一九]實際上一切經音義中已收入大量梵文譯名的各種變化形式。外來詞有幾種譯名的，一般都一一列出，然後指出正確的譯名，有的還指出意譯名。如：

摩竭提：「或云摩竭陀，亦言默偈陀，又作摩伽陀，皆梵音訛轉也。正言摩揭陀，此譯云善勝國，或云無惱害國。」（玄應音義卷一）

毗嵐：「或作毗藍婆風，或作鞞嵐婆，或云吠藍婆，或作隨藍，或言旋藍，皆是梵言之楚夏耳，此譯云迅猛風也。」（玄應音義卷一）

制多：「古譯或云制底，或云支提，皆梵語聲轉耳，其實一也，此譯爲廟。」（慧琳音義卷二）

北俱盧洲：「古名郁單越，或名鬱怛囉，或云郁多羅拘樓，或名郁多羅鳩留，皆梵語輕重不同也。正梵音云嗢怛羅矩嚕，此譯爲高勝。」（慧琳音義卷一）

特定的民族語的詞語，有些是可以準確地翻譯爲另一民族語的對等詞語，二者爲等義詞；有些則不那麼準確，其相應的另一民族語的對等詞只是在某些方面與之等義或近義的詞語；有些則幾乎根本没有相應的詞語。比如「桌子」、「椅子」、「人」等很容易在另一語言中找到等義詞。有的詞却很困難，找到的對應詞語的語義不是寬了，就是狹了；不是重了，就是輕了，甚至根本找不到對應詞語。由於詞是通過所指内容指稱所指物件，因而詞的意義具有概括性。一般認爲詞的意義具有經過抽象思維的高度概括性，詞義既然有通過抽象思維高度概括的一面，它就必然有全人類共通的特點。因而不同民族的語言中，都可以找到一些基本對應的等義詞。在這些等義詞中，民族的區别可以認爲僅僅是語音形式的差别。正是這種共通性使各民族語言之間的相互翻譯成爲可能。但是，值得注意的是即使在這共通性中，詞也顯示出極爲鮮明的民族性。由於各個民族的語言在語音上存在差異，外來詞中的音譯詞不可能譯得完全準確。如漢語在吸收外來詞時往往要作一些音素的更换、音節的增減等語音上的漢化。古代漢語是以單音節爲主的語言，梵語則屬印歐語系，詞以多音節爲主，梵語來源的外來詞在漢語中一部分被改造成單音節詞，如佛、塔等；一部分適應漢語詞彙雙音化的趨勢，採取略音的辦法，即只取兩個音節，如「三昧」是「三摩提」的省音，「閣羅」是「閣磨羅闍」的省音；一部分則保留多音節。詞義的民族性則比語音表現得更鮮明，因爲詞是語言中最直接、最具體地反映全民族共同生活的因素。詞義的民族性首先表現在各民族都有自己與他民族不同的特異的生活、習俗、社會環境和心理狀況。因此，必然有一部分詞的詞義在其他民族語裏没有對應的詞來表示，而且不同民族間互相可對應的兩個詞，實際上概括進去的具體内容也往往因民族不同而多少有些差異。玄奘根據多年的翻譯經驗，提出「五不翻」之説[二〇]。玄應、慧琳和希麟在解釋外來詞時也已意識到外來詞的民族差異。如慧琳在詮釋「薄伽梵」一詞中指出：「此爲文含多義，譯經者故存梵言，後有梵語及陀羅尼句，准此應知。」（卷一）又在「苾蒭」下説：「梵文巧妙，一言具含四義，故存梵言也。」（卷二）考玄應、慧琳和希麟釋外來詞的方法有下列四種：

（1）用等義詞釋義。如：

華鬘：「梵言俱蘇摩，此譯云華。摩羅，此譯云鬘，音蠻。」（玄應音義卷一）

那羅延：「晉言鉤鎖，力士也。」（玄應音義卷七）

揭路荼：「即金翅鳥也，或名妙翅鳥。」（慧琳音義卷一）

捺迦：「地獄也。」（慧琳音義卷十九）

羼提：「上察限反。梵語也。唐言忍辱也。」（慧琳音義卷二十四）

（2）引用經文來釋義。如：

薄伽梵：「五印度梵語也。大智度云：如來尊號有無量名，略而言之有其六種。薄伽梵是總稱也，義曰衆德之美，尊敬之極也。古譯爲世尊，世出世間，咸尊重，故佛地論頌曰：自在熾盛與端嚴，名稱吉祥及尊貴，如是六種義差別，應知總號薄伽梵。」（慧琳音義卷一）

（3）指出詞的類屬，並作説明。如：

惡叉聚：「惡叉，樹名。其子形如無食子，彼國多聚以賣之，如此間杏人，故以喻也。」（玄應音義卷二十二）

諾瞿陀：「梵語樹名也。或云尼俱陀。此樹端正傭直團滿可愛，此國無有，云柳者非。」（慧琳音義卷四）

頗胝迦：「梵語寶名也。此無正翻，水精之類也。光明瑩徹，净無瑕穢。有四色之別，青色或紅色、紫色之異也，亦神靈瑞寶也。」（慧琳音義卷十九）

（4）真言、咒語等僅注音而不釋義。

如慧琳在理趣般經中注釋真言的音後指出：「並真言句，不考字義。」（慧琳音義卷十）

章炳麟在給蘇曼殊的初步梵文典作序時説：「夫求大義者慮弗能離訓詁，内典之有翻譯名義，若儒書有説文、爾雅也。唐人説悉曇者多至百餘家，今皆晦蝕不可見。始湛然著輔行傳，已多文離，及宋世法雲撰翻譯名義集，譌舛尚衆，余每恨奘公不爲斯録，而令疏粗者皮傅爲之也。」〔二一〕周達甫在怎樣研究梵漢翻譯和對音一文中爲章炳麟的説法下轉語指出：「奘公雖不爲斯録，而玄應、慧琳之書足彌此恨。」〔二二〕實際上，一切經音義收録的外來詞雖多限於梵語來源的佛經用語，但玄應、慧琳和希麟對這些外來詞的解説可以説已具備漢語外來詞詞典的雛形。

佛家名相繁多，佛教義理深奥，歷代譯經者作了種種努力，爲的就是能更準確地表達其原意。梁啓超在翻譯文學與佛典中談到：「道安、彦琮之論譯例，乃至明則撰翻經儀式，玄奘立『五種不翻』，贊甯舉『新意六例』，其所討論，則關於正名者什而八九。或綴華語而別賦新義，如『真如』、『無明』、『法界』、『衆生』、『因緣』、『果報』等。或存梵音而變爲熟語，如『涅槃』、『般若』、『瑜伽』、『禪那』、『刹那』、『由旬』等。」〔二三〕所謂「存梵音而變爲熟語」，正是爲了規範譯名的舉措之一。這是漢語史上第一次大規模地吸收比較抽象性的外來語詞。當然，有相當多的名相術語比較生僻難懂，這也就成爲一切經音義收録的對象，這也正是一切經音義成爲後人研究梵文系統外來詞的重要依據的原因。

一切經音義中的外來詞詞條一般包括四個部分：（1）外來詞的漢字書寫形式，即詞目。（2）注音。（3）規範的書寫形式。（4）釋義和説明。慧琳音義解釋外來詞往往還注明語源。這幾部分雖然不一定每個詞條都具備，次序也或有變動，但已爲後來的漢語外來詞詞典編寫提供了一個可行的體例模式，後來的外來詞詞典的體例基本上由這些部分組成。當然，從現代辭書學的角度來看，限於時代，玄應、慧琳和希麟對有些外來詞的解釋體例上尚欠嚴密的科學性，有一些則僅有注音或不同的書寫形式，但這畢竟是漢語外來詞研究的先聲，對後代辭書中漢語外來詞的收録解説和漢語外來詞詞典的編纂有着篳路藍縷以啓山林的開路之功。

3. 雙語詞典的功能

彙集一種語言裏的詞語，用另一種語言來進行對譯或加以解釋，這是雙語詞典的特性。陳炳迢在我國民族語言對照詞典簡史一文中認爲：「我國現存最早收有梵語詞漢譯的，是北齊沙門道慧的一切經音義、唐沙門慧苑的華嚴經音義、玄應的一切經音義等佛典辭書。」[二四]實際上北齊沙門道慧的一切經音義今已不存。根據現有史料，梁釋寶唱撰翻梵語一卷[二五]，梁有扶南胡書一卷[二六]。唐釋義静撰梵語千字文，列舉了約千來個詞，此書可以看作是梵漢對照讀本。義静在序言中説其書：「不同舊千字文，若兼悉曇章讀梵本，一兩年間，即堪翻譯矣。」此外，還有唐全真的唐梵文字和唐禮言集的梵語雜名。這兩部書已略類似字典。唐梵文字同梵語千字文差不多，梵語雜名按照分類先列漢文，後列梵文[二七]。據此，可以認爲我國雙語詞典的雛形至遲在唐代已産生。

陳炳迢在辭書概要中説：「我國雙語對照詞典的編纂發軔於佛經翻譯」，佛經音義著作「如果不拘泥於字形，而從語言的本質和歷史的實際看，也可以説它們兼有梵漢對照詞典的作用」。一切經音義解釋漢語外來詞時用漢字來記録梵文的音，用漢語來詮解梵文的意義，也可以説具備有雙語詞典的功能。

雙語詞典的基本目的是在一種語言的詞彙單位與另一種語言的詞彙單位之間找出意義相等的對應詞。然而雙語詞典在釋義方面最主要也是最困難的工作就在於爲來源語的每一個詞語在譯入語中找到對應的詞語或定出貼切的譯名。鑒於語言和文化方面的差别，絶對的對應詞語幾乎不存在。因此，通常的做法是對原語單詞的詞義作解釋性的注釋，這種注釋與單語詞典中給一個詞所下的定義差不多，但行文用譯語。佛經音義對漢語外來詞的解釋實際上與雙語詞典有相似之處，即用對應詞釋義，或作解釋説明性釋義。如：

扇侘半擇迦：「梵語也。唐曰黄門。即男根不全者，其類有五種。一、天生本無男根，設有，如嬰兒微小，不能行欲；二、雖有根，全被除去外腎，設行淫欲而不能生子；三、見他行欲，或見女根，心思欲事，即有根生不見，即縮在脬中如女；四、半月能男，半月作女；五、本來是男，後漸漸消變，變爲天捷。是爲五種，皆曰黄門也。」（慧琳音義卷六十）

慧琳在用對應詞「黄門」釋「扇侘半擇迦」後，又具體解釋了「扇侘半擇迦」的所指詞義，闡明其與對應詞「黄門」的區别[二八]。值得一提的是，玄應、慧琳和希麟在釋義中還很注意根據經文和俗典的記載來説明所釋詞語在意義概念、文化背景等方面的區别。如玄應釋「加趺」一詞説：「今取其義則交足坐也。除災横經、毗婆沙等云結交趺坐是也。經文作跏，文字所無。案俗典，江南謂開膝坐爲跘跨，山東謂之甲趺。」（卷六）慧琳釋「結加趺坐」一詞説：「結加趺坐者，加字只合單作加。盤結二足更互，以左右足趺加於二髀之上，名結加趺坐。其坐法差別，名目頗多，不可繁説，今且略叙二種坐儀。先以右足趺加左髀上，又以左足趺加右髀上，令二足掌仰於二髀之上，此名降魔坐。二手亦仰掌展五指，以左押在（右），安在懷中，諸禪師多傳此坐，是其次也。若依持明藏教灌頂阿闍梨所傳授，即以吉祥坐爲上，降魔爲次。其吉祥坐者，先以左足趺加右髀上，又以右足趺加左髀上，亦有令二足掌仰於二髀之上，二手准前展指仰掌，以右押左，此名吉祥坐。於一切坐法之中，此最爲上。如來成正覺時，身安吉祥之坐，左手指地作降魔之印。若修行人能常習此坐，具足百福莊嚴之相，能與一切三昧相應，名爲最勝也。」（卷二十六）

前蘇聯學者蘇卡連柯在譯文中的對應變體一文中説：「當譯文中没有用一個詞表示的等價物時，可以採用解釋和翻譯相結合的方法。」〔二九〕詞在辭書中和詞在上下文中的翻譯原則是不同的。辭書必須力求解釋準確，爲此有時甚至不惜採用頗爲累贅的譯文，而在上下文中則可用簡略的對應譯語，因爲可憑藉上下文和讀者已知的情景來補償對應譯語準確性之不足。一切經音義的釋義對雙語詞典的編纂也有其一定的影響。

4. 字典和詞典的融合

漢語中一個字往往就是一個詞，一詞又往往多義。由於漢語的這一特點，字典和詞典兩者有相似之處，古代的辭書並不嚴於字詞之分。爾雅訓釋詞義，不僅有單字詞，也有雙字詞。説文著重由字形分析造字的本義，而對於單字詞來説，也就是講詞義，實際上也是和爾雅相似的訓詁辭書，切韻、廣韻等雖著重講音，但也有釋義的内容。人們認爲最早的韻書是李登的聲類和吕静的韻集，兩書今雖已佚，但從一切經音義所引及有關史料中輯佚所得的零星佚文中可見其都有釋義的内容，甚至也分析字形。説文、玉篇等又都有注音的内容。由此可見，古代辭書在訓釋詞的形音義時，雖各有側重，然亦有兼顧，並不是儼然劃一的。

一切經音義與前代辭書不同，詞目大多是複音節詞，可以説頗具詞典的形式。然而由於其釋義大多採用已有辭書的訓釋，而古代辭書一般都只訓釋單字詞義，故一切經音義釋義一般也只是分釋詞目中的單字詞義。

根據對左傳和論衡等典籍中複合詞的考察，漢語單音詞在向複音詞發展過程中，同義互訓型聯合式複音詞占多數〔三〇〕。在詞義上，同義互訓型聯合式複合詞並未形成新的不同於其詞根的含義，其含義是兩個詞根各自詞義系列中所含有的，具有一種既互相融合又彼此制約的辯證統一的深層語義關係。由於佛經是用文言文和古代口語的混合語言譯成的，在一定程度上反映了單音詞複音節化的過程，所以一切經音義收列的複音詞中，同義互訓型聯合式複合詞也占多數。事實上，在分别解釋了單字詞義後，複音詞詞義也已解釋清楚了。如：

茵褥：「又作鞇，同。於人反。説文：車中重席也。釋名：茵，車中所坐者也，用虎皮爲之，有文彩，因與下轝相連著也。下而欲反。三蒼：褥，薦也。」（玄應音義卷二）

娱樂：「字詁古文虞，今作娱，同。牛俱反。下力各反。字林：娱亦樂也。白虎通曰：虞樂，言天下之民皆有樂也。」（玄應音義卷三）

芬馥：「敷云反，下扶福反。方言：芬，和也。謂芬香和調也。字林：馥，香氣也。」（玄應音義卷二十四）

驚惶：「景英反。爾雅：驚，懼也。廣雅：起也。説文：馬駭也。從馬敬聲也。下音黄。集訓：悚也。説文：恐也。從心皇聲者也。」（慧琳音義卷三）

沈淪：「上持林反。集訓云：沈，没也，莊子曰：是陸沈者。顧野王曰：人之居陸而若沈溺，無聞朝廷，是陸沈也。下音倫。考聲云：淪，漬也。資四反。説文：没也。從水侖聲，侖音倫。」（慧琳音義卷十一）

誠如黄侃論學雜著爾雅略説指出：「字書之作肅然獨立，而群籍皆正焉。辭書之作苟無字書爲樞紐，則蕩蕩乎繫風捕影，不得歸宿。」漢語以單個音節爲表意的基本形式，除少數例外，每個音節都是意義的承擔者。編纂一部漢語詞典，應當立足於字典，這和漢語的特點相一致，因而有其適用性，必要性。字義解釋清楚了，詞義當然也就比較容易理解了。然而，也有較多的複音詞從結構上説，組成成分都是詞根，從意義上説，一般是意義的結合不等於結合的意義。這些複音詞組成的複合詞的詞義除了包含着簡單加合的意義外，還含有字面以外不可分割的内容。這些詞的構成不僅是詞數量的增加，同時也意味着原有構詞材料表義能量的擴大，詞彙總體所容納信息的增量。其所含意義不只是它的構成成分的總和，而是另外有了一個新意義，這個新意義是不能從個别語素的意義推求出來的。兹古斯塔詞典學概論説：「詞典編纂者在詞典的詞條中是把詞當作單獨的語言單位列出的。但是，詞典編纂者必須特别注意到詞結合起來表達一定的意思的情况。」「複詞詞彙單位是與單詞有同等地位和相同功能的詞彙單位，因此作爲一個整體來選擇、處理和説明是必要的，理所當然的。」玄應、慧琳和希麟顯然也認識到了這一點，往往在解釋了複合詞中的單字詞義後，再解釋複合詞的詞義。如玄應釋瑜伽師地論第二十五卷振恤：「儲胤反。小爾雅：振，振救也。説文：振，舉也。下又作卹，同。私聿反。説文：恤，收也。憂也。振恤，憂貧也。」（卷二十二）又如慧琳釋大般若波羅蜜多經第三百一十二卷浮囊：「上音符。又音符尤反。孔注尚書云：泛流曰浮。賈注國語：輕也。説文：泛也。從水孚聲。下諾唐反。集訓云：有底曰囊，無底曰橐。橐音托。今經浮囊者，氣囊也。欲渡大海，憑此氣囊輕浮之力也。」（卷三）有時也直接解釋複音詞的詞義。如：

庠序：「徐陽反，下古文序，同。徐舉反。舉也，謂儀容有法度也。」（玄應音義卷九）

筋陡：「居殷反，下都口反。謂便捷輕健也。」（玄應音義卷十九）

清泠：「清泠者，瑩凈也。」（慧琳音義卷十一）

厭惡：「伊焰反，烏固反。心不忻也。」（慧琳音義卷十一）

間關：「謂崎嶇辛苦得達之貌，又亦設置也。」（慧琳音義卷四十六）

蟬聯：「上善然反，下列纏反。連綴也，不斷絶也。」（慧琳音義卷一百）

誠如王力所説，「要瞭解一個合成詞的意義，單就這個詞的整體去理解它還不夠，還必須把這個詞的構成部分（一般是兩個字）拆開來分別解釋，然後合起來解釋其整體，才算是真正徹底理解這個詞的意義了。」〔三一〕玄應、慧琳和希麟從解釋詞義務求準確出發，可能已意識到這是準確解釋複音詞詞義的一個可行辦法。

符定一聯綿字典自叙説：「覺字書逐字詁詛，尟及聯文，爾雅諸書，雖有釋言、釋訓等篇，然語焉不詳，略而未備。」劉復在編纂中國大字典計畫概要一文中指出：「字書之體裁可分爲三類：（甲）論單字之書，即一般人所稱爲『字典』者。（乙）所論不限於單字，凡兩字以上的詞名，亦在收羅注解之列，即一般人認爲『詞典』者是。（丙）專論專名及專門名物者，英人稱爲Encyclopedia，吾國及日本，或譯爲『百科全書』，或譯爲『百科辭典』。最幼稚之字書，大多屬於甲種。近世歐美各國之字書，均已將甲乙兩種合而爲一。其將甲乙丙三種合而爲一者，則有法國之拉魯司大字典，即所謂『百科全書性的字典』也。」劉復並舉例説：「若依舊法，只編甲種之字書，則『良』、『知』二字可各得其解，而『良知』二字之合義即無從收入。若將甲乙二種字書之界限打破，則『良知』二字當然可得一位置，而創此『良知』學説之『王陽明』，又無從收入，是期待非將甲乙丙三種字書之界限完全打通，實不能收得完美之效果也。」〔三二〕佛經在翻譯中使用了大量的複音詞，佛經在翻譯傳抄中又有許多文字上的訛謬，導致閱讀佛經需要有既解釋複音詞詞義，又兼辨字形結構的辭書，單是説文類的字典或爾雅類的詞典已無法滿足社會的需要。在某種意義上説，一切經音義採用了一種與過去一般字典和詞典都不相同的新的綜合編纂方法，有點像劉復所指出的甲乙丙三種合而爲一的百科全書性的字典。它不僅繼承前代已有辭書的傳統，加以融會綜合，而且有所創新發展。它在收詞立目上以收雙字詞爲主，也收單字和多字詞；在釋義上既釋單字詞義，也釋複音詞詞義。其注音、正字、釋義三者並舉，可以説是説文系統的字書，爾雅系統的雅書和切韻系統的韻書的融合體，同時又兼有古代辭書和近代辭書的特點，開近代新式辭書的先聲，爲後世的辭書編纂提供了借鑒，在中國辭書史上具有創新的劃時代的意義。

〔一〕陸德明經典釋文序録，上海古籍出版社1985年版。

〔二〕魏書江式傳，中華書局1974年版。

〔三〕唐蘭中國文字學：「李斯作倉頡篇，趙高作爰曆篇，胡毋敬作博學篇，顯然用此宣傳小篆，作字體的範本。」

〔四〕任大椿小學鈎沈、顧震福小學鈎沈續編和龍璋小學蒐佚將字體輯爲佚書，然未見歷代書志著録有此書，沈兼士等編一切經音義引用書索引亦未列爲引用書。據我們考察，玄應和慧琳等所撰佛經音義主要用以指字的形體結構，其是否爲佚書尚有待作進一步的考證。

〔五〕翻譯名義集唐梵字體引華嚴音義：「案卐字本非是字，大周長壽二年，主上權制此文，著於天樞，音之爲萬，謂吉祥萬德之所集也。」

〔六〕文字聲韻訓詁筆記，上海古籍出版社1983年版。

〔七〕く，原作「刂」，據文意改。「爲㞢」，原爲「止變」，據大正藏改。

〔八〕孌，麗藏本作「擐」。據大正藏本改。

〔九〕孌，麗藏本作「憂」。據獅谷白蓮社本改。

〔一〇〕孫星衍曰：「此即姚弋是也。敷不見字書者，即敹字誤耳。」

〔一一〕迷惑，原作「也或」，據大正藏改。

〔一二〕羅伯特·伯奇菲爾德詞典編纂學，商務印書館1979年版。

〔一三〕除去重複的詞語，約有七千九百六十個。

〔一四〕妙法蓮華經，鳩摩羅什譯於東晉安帝義熙二年（406）。辛嶋静志妙法蓮華經詞典

（創價大學國際佛教學高等研究所 2001 年）收釋此經中約二千二百個詞，據我們逐詞比較，玄應音義所收的詞中有一百五十三個未爲妙法蓮華經詞典收釋。

〔一五〕顔真卿湖州烏程縣杼山妙喜寺碑銘云："真卿自典校時，即考五代祖隋外史府君與法言所定切韻，引説文、倉、雅諸字書，窮其訓解，次以經史子集中兩字已上成句者，廣而編之，故曰韻海；以其鏡造本原，無所不見，故曰鏡原。"載全唐文卷三百三十九。

〔一六〕據現代漢語詞典逐詞核對，商務印書館 1996 年修訂版。其中有些詞現代漢語詞典雖收録，但現在已多用於書面語中。

〔一七〕南海寄歸内法傳卷一："其齒木者，梵云憚哆家瑟詑。憚哆譯之爲齒，家瑟詑即是其木。長十二指，短不減八指，大如小指。一頭緩須熟嚼，良久凈刷牙關。""或取竹木薄片如小指面許，一頭纖細，以剔斷牙，屈而刮舌，勿令傷損。亦既用罷，即可俱洗，棄之屏處。凡棄齒木，若口中吐水及以洟唾，皆須彈指經三，或時謦欬過兩。如不爾者，棄便有罪。或可大木破用，或可小條截爲。近山莊者，則柞條葛蔓爲先。處平疇者，乃楮桃槐柳隨意。預收備擬，無令闕乏。濕者即須他授，乾者許自執持。少壯者任取嚼之，老宿者乃椎頭使碎。其木條以苦澀辛辣者爲佳，嚼頭成絮者爲最。""西國柳樹全稀，譯者輒傳斯號。佛齒木樹實非楊柳。"（54/208c）

〔一八〕磧砂藏本爲"匹白反"。廣雅："虎魄，珠名。"漢書："罽賓國有虎魄。"案博物志云："松脂入地千年化爲伏苓，伏苓千年化爲虎魄。一名江珠。"廣志云："虎魄生地中，其上及旁不生草木。深者八九尺，大如斛，削去上皮，中成虎魄，有汁，初如桃膠，凝堅乃成。其方人用於爲蜜也。"虎魄，又作琥珀。指一種由植物樹脂石化後的有機礦物，常見於煤層之中。漢書記載出自罽賓，後漢書記載出自大秦，隋書、南史記載出自波斯。一般認爲是突厥語 xubix 的記音詞。勞費爾中國伊朗編認爲出於古代雲南的撣族或傣族方言。商務印書館 1963 年版 353 頁。

〔一九〕胡適辭通——新編古漢語雙音節詞語字典，圖書季刊第 1 卷第 2 期（1934 年 6 月）。

〔二〇〕即（1）秘密故，如陀羅尼。（2）含多義，如薄伽。（3）此無故，如閻浮樹。（4）順古故，如阿耨菩提。（5）生善故，如般若。參見周敦義翻譯名義集。

〔二一〕章氏叢書別録三。

〔二二〕周達甫怎樣研究梵漢翻譯和對音，中國語文 1957 年第 4 期。

〔二三〕梁啓超佛學研究十八篇，中華書局 1989 年版第 177 頁。

〔二四〕陳炳迢我國民族語言對照詞典簡史，辭書研究 1982 年第 1 期。

〔二五〕丁福保翻譯名義集新編序。

〔二六〕隋書經籍志，中華書局 1974 年版。

〔二七〕參季羨林我是怎樣研究起梵文來的，載治學集。

〔二八〕"扇侘半擇迦"又省略作"扇侘"。扇，後寫作"騸"，用以指雄性動物去勢。

〔二九〕蘇卡連柯譯文中的對應變體，詞典學論文選譯，商務印書館 1981 年版 198 頁。

〔三〇〕黄志强關於左傳複合詞的幾個問題，載研究生論文選集，江蘇古籍出版社 1985 年版；程湘清論衡中聯合式複音詞的語義構成，中國語文 1983 年第 5 期。

〔三一〕王力實用解字組詞詞典序，上海辭書出版社 1986 年版。

〔三二〕劉復編纂中國大字典計畫概要，辭書研究 1979 年第 1 期。

五、一切經音義的學術價值

白馬馱經，佛法東傳。佛教作爲載體傳入中土的不僅是一種宗教，更是整個印度的文化。如就佛教對漢語的影響而言，就不僅僅只是在宗教方面給漢語增加了原先没有的表示宗教概念的詞語，而是多方面的，可以説實際上是以佛教原典語言和譯者母語爲代表的古代印歐語對漢語的全方位的影響，即不但有詞彙方面，還有語法方面；不但有詞義方面，還有詞的形式方面。然而，在已有的佛經研究著作中，大多偏重教義和哲理的探求，而對文字音義的訓解涉及不多。玄應、慧琳和希麟所撰一切經音義則另闢蹊徑，獨具特色，集説文系字書、爾雅系詞書、切韻系韻書及古代典籍注疏的字詞訓釋於一體，詮釋佛經中需要解釋的字詞，既是披讀佛經時解疑釋惑的工具書，也是研究佛經經義的重要參考書。讀者循文查檢，諸疑俱釋，不僅方便了學習佛經，而且弘揚了傳統文化。因而此書不僅是披讀校訂佛學典籍的珍貴參考資料，而且還超越了佛儒的界限，成爲唐以前小學著作的總結性彙編，其價值不僅表現在研究佛經方面，而且還表現在語言研究、古籍整理研究、辭書史、辭書編纂和文化史等各個方面。

（一）一切經音義與佛經研究

1. 整理校訂佛學典籍的重要依據

玄應、慧琳和希麟所撰一切經音義較爲全面地反映了唐代佛經詞語研究的狀况，標誌着佛經研究在文字的形音義訓釋和校勘方面已進入了考據時期，對從漢語語言的角度研究佛經起了一定推動作用。時隔千年，我們在注釋佛經時仍少不了要參考這些書的解釋，如章巽法顯傳校注、季羡林大唐西域記校注等對一切經音義的解釋皆有參用。今傳本佛經在歷代傳抄翻刻中難免會有一些衍脱錯訛，而玄應、慧琳和希麟撰一切經音義所據是唐時傳本，存漢唐佛經原貌，因而玄應、慧琳和希麟所撰一切經音義也是整理校訂佛學典籍的重要依據。如：

大正藏本東晋僧伽提婆譯中阿含經第六十卷：「我應先知箭羽爲飄鵰毛、爲鵰鷲毛、爲鶤雞毛、爲鶴毛耶？」（1/805a）經中「飄鵰」，宋、元、明本作「鷚鷵」，聖本作「雞鷵」，檢玄應音義卷十一釋此經中「雞㲻」之「㲻」云：「力經反。謂㲻羽也。經文作鷚鶹，力吉反，下力周反，謂黄鳥也。又作鷵，此並應誤也。」據玄應所釋，可知唐時傳本「飄鵰」作「鷚鶹」，又作「雞鷵」或「雞㲻」。

大正藏本南朝宋求那跋陀羅譯雜阿含經卷十九：「時尊者大目揵連作是念，今此帝釋，極自放逸，著界神住，歎此堂觀，我當令彼心生厭離。即入三昧，以神通力，以一足指撇其堂觀，悉令震動。」（2/133c）經中「撇」於文意不通，檢玄應音義卷十一釋此經中「指蹴」之「蹴」云：「千六反。以足逆蹋之曰蹴。經文作掓，非體也。」據玄應所釋，可知唐時傳本「撇」作「掓」，「掓」是「蹴」的换旁俗字，掓、撇形近而誤。經文文意謂用一個脚指踏蹴大堂，就能憑藉神通力使其震動。

大正藏本三國魏康僧鎧譯佛説無量壽經卷二：「在虚空中化成華蓋，光色晃耀，香氣普熏。」（12/273c）經中「晃耀」一詞，宋、元、明本作「昱爍」。檢玄應音義卷八釋此經中「煜爚」云：「由鞠反，下弋斫反。説文：煜煜，耀也。爚，火光也。經文作昱爍，非字體也。」據玄應所釋，可知宋、元、明本承唐時傳本作「昱爍」，大正藏本改爲「晃耀」。

大正藏本西晋竺法護譯生經卷一：「其婦不信，謂爲不然。又瞋獼猴誘訹我夫，數令出入，當圖殺之，吾夫乃休。」（3/76c）經中「誘訹」一詞，宋本作「誘恤」。檢玄應音義卷十二釋此經中「誘訹」云：「餘首反。誘，教引也，相勸也。下私律反。説文：訹，誘也。廣雅：

訹，謏也。經文作恤，憂也。恤非此義。謏音私酉反。」據玄應所釋，唐時傳本已作「誘恤」，玄應指出「恤」爲「訹」之誤，「詠」爲「訹」的形近誤字，「恤」或爲「訹」的音近借字。檢麗藏本亦作「誘訹」。又大正藏本生經卷二：「初始死時，出在塚間。父母兄弟妻子皆共逐之。親厚知識，亦復如是。啼哭愁憂，悲哀呼嗟，椎胸殟惽。葬埋已訖，各自還歸，亦不能救。」(3/83a)考玄應音義卷十二釋此經中「殟殙」云：「於没反，下莫昆反。聲類：欲死也。説文：暴無知也。」據玄應所釋，可知唐時傳本作「殟殙」，「殟」爲「暴無知」義，即「卒然昏絶」義[一]。殙，説文：「殙，瞀也。從歺昏聲。」朱駿聲通訓定聲云：「殙，實與惛同字，不省人事之謂也。」殟、殙同義，經文意謂因過度傷感而昏迷不省人事。「惽」似爲「殙」的音近借字。

大正藏本唐般刺蜜帝譯大佛頂如來密因修證了義諸菩薩萬行首楞嚴經第八卷：「貪惑爲罪，是人罪畢，遇畜成形，名爲魅鬼。」(19/145a)又第九卷：「此名魅鬼，年老成魔，惱亂是人。」(19/149c)檢慧琳音義卷四十二釋此經第八卷中「魃鬼」爲「魃鬼」：「上盤末反。毛詩傳云：魃，旱神也。説文亦旱鬼也。周禮有赤犮，膏屋之物彪也。從鬼犮聲也。」據慧琳所釋，可知「魃」爲「魃」的俗訛字，慧琳所據經作「魃」。

大正藏本晉法炬共法立譯法句譬喻經第一卷：「於時旱熱，泉水枯竭。二人饑渴，熱暍呼吸。」(4/578a)經中「呼吸」一詞，磧砂藏本、麗藏本、金藏本同，檢慧琳音義卷七十六釋此詞爲「呼欲」，云：「上呼字，經文從于作吁，書寫人誤也。下呼鵠反。説文云：歠也。從欠合聲。經文作哈，雖俗用，音吐(呼)合反，非經義也。」據慧琳所釋，「呼欲」一詞經文作「吁哈」，吁、呼形近而誤，「哈」爲「欲」的俗訛字，今傳本誤改「哈」爲「吸」。

大正藏本鳩摩羅什譯大莊嚴論經(又名大莊嚴經論)第四卷：「如似樹赤花，醉象以鼻端，遠擲虚空中，華下被身赤。」(4/276b)經中「端」，大正藏的校記云宋、元、明本及聖本作「掣」。考玄應音義卷十釋大莊嚴經論第三卷「鼻揣」之「揣」云：「初委反。通俗文：捫摸曰揣。論文作揣，初委、都果二反。揣，量也。敁，揣也。敁音丁兼反。揣非此用。」可見玄應所見經本作「揣」，端、揣形近。揣又爲掣之俗訛。掣俗作擳、擳。檢龍龕手鏡卷二：「擳、擳，二俗，昌制反。」可洪新集藏經音義隨函録釋中阿含經第四十二卷擳縮：「上尺列反，正作掣。」又檢中華大藏經影印金藏廣勝寺本大莊嚴經論正作「擳」，而經文意謂醉象以鼻掣拽樹花抛向空中。因此端、揣皆爲擳的訛字，正字作掣。

有些佛教典籍流傳至今，已殘缺不全，真僞莫辨，利用佛經音義的隻字片語，往往可考定其真僞。如1905年伯希和在敦煌鳴沙山石室中發現的編號爲P3532楮紙殘寫本佛經，首尾已缺，全書僅存六千多字，書名、作者都無，難以確定其真面目。值得慶幸的是，經羅振玉據慧琳音義卷一百所收慧超往五天竺國傳的詞條相對照，考定該殘本即已失傳的慧超往五天竺國傳節録本[二]。該書在研究中西交通史上有很高的史料價值，現收入在敦煌石室遺書第一册裏。中華書局出版有張毅的慧超往五天竺國傳箋釋。王仲犖敦煌石室地志殘卷考釋中有慧超往五天竺國傳殘卷考釋一文。日本學者藤田豐八撰有慧超往五天竺國傳箋釋，桑山正進主編有慧超往五天竺國傳研究。慧超往五天竺國傳研究的附録中有高田時雄撰的慧超往五天竺國傳的語言及敦煌寫本的性質一文，文中從文字、詞彙、音韻方面，就慧琳音義卷一百中有關往五天竺國傳部分與敦煌寫本作了比較，發現兩書共有的詞語中，寫本多用俗字，而慧琳音義多用正字。如：爆布（寫本）——瀑布（慧琳音義）；匙筯（寫本）——匙箸（慧琳音義）。兩書所收往五天竺國傳的詞語亦有異同，如敦煌寫本中的土鍋、憔杌、胡蜜、播蜜、伽師祇離，慧琳音義則爲土堝、磽磕、胡蔑、播蔑、伽師佶黎。「伽師祇離」和「伽師佶黎」是梵語 Kashgiri 的譯音，「離」是三等韻，「黎」是純四等韻，按照當時的語音來譯「Kashgiri」中的「i」用純四等字比較合適。高田時雄據此認爲這表明兩書所據往五天竺國傳不是同一本子，可能敦煌寫本所據是稿本，慧琳音義所據是定本[三]。

2．揭示佛藏的傳承和流傳概況

一切經音義大致上根據當時入藏的藏經逐部選釋需要詮釋的詞語，這些詞語必然是見於其時傳本，而今傳本佛經在流傳過程中或多或少會有一些衍脱或勘正，因而一切經音義所釋各經的詞語在某種程度上保持了早期傳本佛經的概貌。比勘一切經音義所釋佛經詞語與今傳本佛經的異同，可據以探討玄應、慧琳和希麟所據寫本藏經與唐以後刻本藏經的異同，揭示佛藏的傳承和流傳概況。

如北凉曇覺、威德等八位僧人編譯的賢愚經，磧砂藏、麗藏、永樂南藏本等今傳本皆爲十三卷，玄應所録則爲十六卷，慧琳轉録亦同[四]，所收釋的一些詞語如「圖茁」等也不見於今本藏經中。考開元釋教録第六卷載：「賢愚經十三卷（或十五卷或十六卷或十七卷），亦云賢愚因緣經，見道慧宋齊録及僧祐録。」（55/539b）貞元新定釋教録第九卷亦載：「賢愚經十三卷（或十五卷或十六卷或十七卷）。」（55/837c）並指明「右一部一十三卷，其本見在」，也就是説圓照撰貞元新定釋教録時見到的賢愚經爲十三卷本，與今各藏本卷數一致。據玄應音義所載，玄應在爲賢愚經作音義之時，顯然依據的當爲十六卷本賢愚經，考察玄應賢愚經音義所收詞語與今傳本賢愚經的異同，將有助於賢愚經這部佛經傳承流變的研究。

又如人們一般都認爲開寶藏是中國刻本大藏經的祖本，李富華和何梅漢文佛教大藏經研究一書認爲「以往學術界關於北宋開寶藏是中國刻本大藏經的藍本（又稱祖本）的結論（參見吕澂撰宋刻蜀版藏經，載吕澂佛學論著選集卷 3，1430 頁）是不夠準確的，也不符合事實。」「真正流傳于宋元以來直至清代的十幾種版本的刻本大藏經，其一脈相承的基本版式並不是來自開寶藏，而是來自遼藏所繼承的中國寫本大藏經的傳統。」李富華和何梅根據版式的比較得出結論，認爲「真正依據開元録入藏録，並按照中國傳統寫本大藏經進行雕印的第一部刻本大藏經是遼藏，而不是開寶藏。開寶藏雖是我國最早的一部刻本大藏經，開創了中國刻本大藏經的先河，但它所反映的是流傳於四川成都地方的某一種寫本大藏經的情况，在中國的刻藏史上，是遼藏繼承了比較規範的統一的官寫本大藏經的傳統，而這種傳統又爲宋元以來各版大藏經所繼承。」[五]學術界研究大藏經版本往往多從其版式和卷帙的差異着眼，而各本大藏經所收經文的異同應更能反映其傳承淵源。如據我們逐條比勘金藏、麗藏、磧砂藏與永樂南藏所收玄應音義，大致可分爲麗藏本與磧砂藏本兩大系列[六]，而磧砂藏始刻於南宋甯宗嘉定九年（1216）[七]，約完成於元英宗至治二年（1322），初刻是以圓覺藏爲底本而刊刻。圓覺藏是參照崇甯藏略作增減分合而刻成，始刻於北宋徽宗末年（1125），完成於南宋高宗紹興二年（1132）。崇甯藏始刻於北宋神宗元豐三年（1080），完成於徽宗崇甯二年（1103），所據底本是開寶藏的熙甯本。高麗藏有初刻、續刻、再刻之别，初刻高麗藏是以開寶藏的初刻本爲底本刊刻，始刻於高麗顯宗二年（1011），完成於文宗三十六年（1082）。今存本爲再刻高麗藏。再刻高麗藏是以初刻高麗藏爲底本，校補以契丹藏和續刻高麗藏而成〔八〕。磧砂藏和高麗藏本這兩個本子的祖本皆出自開寶藏，兩個本子既然源於同一祖本，那麽爲什麽又有上述相異之處呢？什麽原因造成了這兩個本子的不同？我們認爲較爲合理的解釋可能在於契丹藏與開寶藏所録玄應音義採用的傳抄本不同〔九〕。羅炤契丹藏與開寶藏之差異一文曾對開元録藏、指要録和金藏作有對照比較，發現「開寶藏從形式到内容都對開元録藏做了更動，或者是開寶藏所據的底本早已做了更動，而契丹藏的前 480 帙則是原封不動地覆刻了開元録藏，其版式仍保留古代的格式，編次與開元録入藏録完全相同」。羅炤認爲：「開寶藏的底本很可能是益州的某一部大藏經，它依據了官本開元録藏，但做了若干重要的改動。」〔一〇〕又據童瑋北宋開寶大藏經雕印考釋及目録還原一書核對，發現開寶藏與開元録略出在内容上也有相當的出入〔一一〕。至於契丹藏，任傑房山石經之研究一書曾以大智度論爲例，剖析了隨函録與開元録入藏及契丹藏的異同，指出「隨函録所音難字，在一切經音義和石經本中已作校正修訂，可見隨函録所據的是古抄寫流傳本，非開元録修訂正本，而契丹藏是依開元録正本或官本校編」〔一二〕。李富華和何梅漢文佛教大藏經研究一書亦曾按千字文帙號順序核對，發現現存十卷契丹藏印本的帙號排列序數與入藏録一一相符，大致可認爲契丹藏的前四百八十帙是依照入藏録入藏的寫本大藏經刻造〔一三〕。如果考慮到契丹藏與開寶藏的刊刻年代相近，且契丹藏中還收録了其時中土已失傳而未爲磧砂藏所收的慧琳音義，那麽契丹藏所録玄應音義很可能是採用了其時流傳北方而與中土不同的寫本。據方廣錩八—十世紀佛教大藏經一書研究，唐代曾向敦煌地區頒賜過寫本大藏經，當地僧人以此作爲「點勘本地藏經的依據」，在敦煌寫經中有出自長安官方抄經機構的「大批字體恭正典雅的官方寫經」，從中可略窺唐和唐以前寫本大藏經的概貌。又據山頂石浮圖後記碑文載，「大唐開元十八年，金仙長公主爲奏聖上，賜大唐新舊譯經四千餘卷充幽府范陽府爲石經本。」〔一四〕可知其時在後來屬遼管轄的幽燕地區也有官本大藏經，契丹藏當以此爲依據而雕印。

陳垣中國佛教史籍概論一書指出：「言宗教不能不涉及政治。」〔一五〕據日僧圓仁入唐求法巡禮行記載，唐武宗會昌廢佛，「有敕焚燒佛教經論、幡蓋及僧衣物、銅瓶、碗等，焚燒净盡。有違者便處極法。」〔一六〕唐末五代中原一帶又兵燹不斷，長安版蕩，經籍又有散亡，故中原地區的佛經遠不如幽燕地區保存完整。據日僧圓仁入唐求法巡禮行記載，當時「唯黄河以北，鎮、幽、魏、潞等四節度，元來敬重佛法，不拆舍，不條流僧尼。佛法之事，一切不動之。頻有敕使勘罰，云：『天子自來毁拆焚燒，即可然矣，臣等不能作此事也。』」〔一七〕很可能北宋刻開寶藏時，中原一帶已無較完整的寫本大藏經可作爲依據，只好指令在遠離北宋中央的蜀地益州雕印，因此開寶藏可能依據的是流傳於蜀地而内容與開元録所載有所不同的寫本大藏經，這形成了契丹藏與開寶藏的不同，或許這也正是磧砂藏玄應音義不同於高麗藏玄應音義的原因〔一八〕。

李富華和何梅指出：「再雕高麗藏曾參照過契丹藏，而高麗藏現存。高麗藏『轂』帙以前同金藏，但『轂』帙以後與金藏在内容以致編次方面都有很大區别，然而却與恒安所撰續貞元録有許多相似之處。」認爲：「重熙年間據經源録通制的契丹藏入藏録與貞元録有着直接的關係。這一點可能正是契丹藏與高麗藏的相通之處，從而也是契丹藏及高麗藏與金藏相區别之所在。綜上所述大致可形成這樣一種觀點，即契丹藏與金藏基本上没有關係。」我們認爲高麗藏承契丹藏而刻，高麗藏「轂」帙以後與金藏不同，這説明其承契丹藏，但並不能以此證明金藏與契丹藏無關。因爲金藏在高麗藏之前，其所收玄應音義與高麗藏本同，可證金藏也參考了契丹藏。考現存趙城金藏除以開寶藏本爲依據覆刻外，其中摩訶止觀、法苑義林等三十餘種佛經與山西應縣佛宫寺木塔發現的十二卷契丹藏經字體和版式等皆一致，學術界定爲契丹藏的覆刻[一九]，且金藏中亦收有磧砂藏未收的慧琳音義和希麟音義，故我們亦可由此推論金藏本的玄應音義當據契丹藏而刻。因而我們認爲金藏的刊刻參考了契丹藏，而不是如李富華和何梅漢文佛教大藏經研究一書所説「契丹藏與金藏基本上没有關係。金藏的雕印完全在於覆刻開寶藏」[二〇]。因此，儘管契丹藏本玄應音義今已不存，但我們仍可推知契丹藏、金藏和麗藏爲同一系，且契丹藏爲趙城金藏和高麗藏所據之本。

至於開寶藏與遼藏的異同則在於所據寫本大藏經的不同。考玄應音義成書於龍朔年間（661—663），從玄應音義成書到開寶藏刊印，這其間的三百多年玄應音義的流傳主要是靠寫本的傳抄。現存年代較早的玄應音義傳抄本是敦煌遺書中的唐寫本，據俄藏敦煌文獻Φ032B敦煌王曹某與濟北郡夫人氾氏捐經題記載有「維大宋咸平五年壬寅歲七月十五日記」，題記所載咸平五年（1002）是目前所知藏經洞出土文書中最晚的年號，此前的紀年在敦煌寫本中大體上持續不斷，此後有年代的寫本則迄今尚未發現[二一]。因而開寶藏所據玄應音義的寫本與敦煌遺書中的唐寫本年代相近，當無大别，且儘管今所存的這些唐寫本皆是殘卷，然而從中還是能略窺玄應音義成書後的流傳綫索。如S3469、S3538和P3734每個詞條分列一行，注文單行排列於下，與麗藏、金藏本的行款相同。P2901詞條連書不斷，注文雙行小字排列於下，與清莊刻本同，而磧砂藏每個詞條亦分列一行，注文則雙行小字排列於下，可知刻本玄應音義的行款與唐寫本原式相承關係之一斑。又如P2901卷子中有麗藏系有而磧砂藏系無的二十一種經中的中陰經、濡首菩薩無上清净分衛經、迦葉經和發覺净心經，這無疑透露出麗藏系和磧砂藏系在收釋的佛經和所釋詞語上雖有異同，但並不是無所依據，很可能當時已有幾種不同的傳抄本，而開寶藏初刻本和遼藏所據玄應音義並不是同一個寫本，從而形成了磧砂藏系與麗藏系在所釋佛經及詞語上的異同。因而我們不能説磧砂藏系源於麗藏系，也不能説麗藏系源於磧砂藏系，二者可能各有其源且又一脈相承，二者之間的異同早在開寶藏刊印前的敦煌吐魯番寫本中已存在。

如Φ368存放光般若經第一卷「珠璣」條一部分至第四卷「僧那僧涅」共八條，其中「珠璣」和「窗向」條之間麗藏本與金藏本有「第二卷」序號，Φ368無，磧砂藏與永樂南藏本亦無，可見其所據本與Φ368同，脱「第二卷」的序號[二二]。又ДХ00211、ДХ00252、ДХ00255存玄應音義卷三釋放光般若經第二十三卷輕易：「以豉反。蒼頡篇（下闕）反。説文同力也。亦（下闕）。」磧砂藏與永樂南藏本爲：「字體作傷，或作敭，今作易，同。以豉反。説文：傷亦輕也。蒼頡篇：傷，慢也。經文作劦，胡頰反。説文同。力也，亦急也。劦非此義。」麗藏與金藏本爲：「以豉反。説文：傷亦輕也，慢也。經文作劦，胡頰反。説文同。力也，亦急也。劦非此義。」ДХ00211、ДХ00252、ДХ00255和磧砂藏與永樂南藏本有「蒼頡篇」，磧砂藏與永樂南藏所據本也可能與ДХ00211、ДХ00252、ДХ00255同源。

又如S3538存卷七釋等集衆德三昧經中卷播殖：「又作譒、敽、𣪊三形，同。補佐反。播，種也。經文作番，非也。」文中「三形同」，麗藏與金藏本同，磧砂藏與永樂南藏本爲「三形經文同」。「經文」爲衍文。S3538與麗藏與金藏本所據本可能相近。又Φ23存卷二釋大般涅槃經卷三十七魍魎：「説文蜩蛃從虫，字書從鬼，同。上亡强反，下力掌反。通俗文：木石恠謂之魍魎。言木石之精也。淮南説狀如三歲小兒，赤黑色，赤目赤爪長耳美髮也。」文中「亡强」，麗、金藏本同，磧砂藏系爲「文紡」，麗藏與金藏本所據本也可能與Φ23同源。

綜上所述，麗藏與磧砂藏兩個系列玄應音義的異同顯示了大藏經不同的流傳系統和流傳形態，這爲我們揭示大藏經各本的傳承淵源也提供了實例佐證。研究大藏經各本的傳承淵源不僅僅要考慮其版式、裝幀、卷帙、目録結構等，而且還要考察其入藏經典的來源和經文内容的異同，具體經文内容的異同往往更能反映其傳承的淵源[二三]。方廣錩曾在八—十世紀佛教大藏經史一書中指出：「我國的刻本藏經，開寶爲中原系統，契丹爲北方系統，崇甯、毗盧等爲南方系統。」各系統的差異，主要體現在同一種經典出現不同的異本，以及同一種經典出現不同的卷本[二四]。根據麗藏和磧砂藏兩個系列所收玄應音義的異同，我們可以進一步看到，這三個藏經刻本系統還不是同一層次的不同系統，而具有歷時的不同層次，其中開寶藏和契丹藏可以説基本上處在同一個共時的平面。開寶藏可能依據的是從中原流傳到益州的寫本藏經；契丹藏在刊刻過程中可能參照了開寶藏天禧修訂本，同時又依據當時北方流傳的寫本藏經而有增補；二者的異同源於各自所據寫本藏經的異同。崇甯藏、毗盧藏和磧砂藏等與金藏、麗藏則是處於開寶藏和契丹藏之下的另一層次。金藏、麗藏承開寶藏和契丹藏兼收並蓄而融合了二者，崇甯藏、毗盧藏和磧砂藏等雖然是南方系統，但就其所收經文内容而言，其淵源則仍可溯至開寶藏。

3. 勾勒出唐代寫本藏經的概貌

我國第一部有確鑿編纂年代的佛經目録是東晉孝武帝甯康二年(372)釋道安編的綜理衆經目録，南朝梁僧祐在此基礎上又編成出三藏記集，隋代費長房編有歷代三寶記，唐代道宣編有内典録，智升編有開元録[二五]，圓照編有貞元録。方廣錩佛教大藏經史根據P3432、P3010、P4664等所載經録，推論敦煌諸寺院當時以内典録入藏録爲目録依據[二六]，指出：「此時我國的漢文大藏經並不統一，皇家官藏、官方目録流通到各地，對各地的大藏經有一定的示範作用，但各地寺廟並不是完全依照官方目録去組織本寺藏經，而是根據實際情況，有所斟酌損益。」[二七]玄應音義可能是依據大慈恩寺的藏經目録編纂，可據以比較與内典録的異同。慧琳音義可能依據西明寺的藏經目録編纂[二八]，增收了開元録和貞元録編成後新出的佛經，如釋氏稽古録不見於開元録，道氤定三教論衡不見於貞元録等，可據以比較與開元録和貞元録的異同。又如慧琳音義卷五十四轉録玄應所釋治禪病秘要經三卷和治禪病秘要法一卷，慧琳在這四卷音義前注云：「已下四卷玄應依古經音訓，開元目録無此經，且存而不遺。」在這四卷音義後又注云：「已上四卷開元目錄中無此經。」據慧琳所注，開元釋教録未著録治禪病秘要經和治禪病秘要法這兩部經，而玄應所依據的藏經目録則著録有這兩部經。因而一切經音義在某種程度上可以説是當時入藏佛經的縮影，由其所釋某部佛經的詞語可略窺這部佛經的一斑，由其所釋各部佛經則可略窺其時入藏佛經的經目概貌。如玄應音義詮釋的四百五十八部佛經大致上反映了初唐時入藏佛經的概貌，慧琳音義詮釋的一千三百多部佛經則大致上反映了中唐時入藏佛經的概貌。考證玄應、慧琳和希麟所據寫本藏經目録與敦煌卷子所載經録、内典録、開元録、貞元録等經録結構的異同，探討慧琳音義新增補的佛經及涉及到的經序，也可藉以勾勒出唐代寫本藏經的概貌[二九]。

一切經音義中的記載還爲一些寫本佛經的考證和編纂開元録時寫本藏經形態的研究提供了依據。如日本七寺、興聖寺、西方寺和松尾社所藏寫本一切經中都收有馬鳴菩薩傳，但全文除了「馬鳴」這一人名外，内容與刻本一切經都完全不同，經與法苑珠林和一切經音義等對勘，可以證明隋唐入藏的馬鳴菩薩傳正是寫本一切經中的這一本子，從而也説明了日本所存的寫本一切經並非完全從刻本轉抄[三〇]。

4. 揭示日本藏佛經音義的淵源

佛教由印度東傳入華成爲適應中國國情的中國佛教後，漸形成了以漢文大藏經爲中心的漢字佛教文化圈，佛經音義也隨著佛經的東漸傳入日本、朝鮮等國。據上海圖書館藏日本天平十二年(740)五月一日光明皇后寫經跋語一稱，「考日本靈龜二年，當開元四年，八月遣吉備真備、阿部仲麻吕、僧玄昉使中國留學，至天平七年，開元廿三年，而還，獻樂律及藏經，至十三年，遂下諸州寫經造(塔)之令。蓋自慶雲、和銅以迄天平、神護、景雲七八十年之間，寫造最盛。」又跋語二稱，「日本寫經之風，莫盛于唐開元、天寶時。」今傳存的奈良平安古寫經與敦煌寫經正好互補，成爲海外記載與中國記述相印證的第三重證據和研究刻本藏經淵源的珍貴資料，也爲我們研究開元録以前寫本藏經的形態和日本藏佛經音義的淵源提供了珍貴的線索。

方廣錩敦煌遺書與奈良平安寫經一文説：敦煌寫經與日本所存奈良平安古寫經兩者也有一些較大的區别。「無論是正倉院聖語藏，還是天野山金剛寺、名古屋七寺、京都興聖寺、妙蓮寺等地的奈良平安寫經，原本均爲大藏經。雖然其後存卷有所散逸、缺失，但就其藏經的功能形態而言，依然比較完整全面，而敦煌遺書卻爲古代敦煌佛教寺院的棄藏，其中絶大部分爲當時出於各種原因抄寫的一般寫經，只有少數寫卷屬於古代的寫本大藏經。」誠如方廣錩所説，敦煌遺書多爲單抄另本，而日本藏佛經音義寫卷也有一些是單部佛經的音義寫卷，其中有的可能出自玄應音義。如四分律音義是玄應爲姚秦佛陀耶舍、竺佛念共譯的佛門戒律書四分律所撰，編入玄應音義卷十四，慧琳轉録於卷五十九，敦煌卷子P2901存有三條。法隆寺一切經中的玄應音義有卷十四四分律音義，國際佛教大學院大學學術フロンテイア實行委員會複製刊行的日本古寫經善本叢刊第一輯中存有金剛寺本和七寺本玄應音義卷十四四分律音義，而宫内廳書陵部也藏有一卷本的四分律音義。就抄寫年代而言，宫内廳書陵部所藏的這一卷本四分律音義可以説是現存年代最早的寫本。不同於其他寫卷的是，這一寫卷在釋四分律第六十卷「值蹶」的釋文後有「遺羯磨」等六十六個詞目及其釋文，其他本皆無。又如東域傳燈目録卷上載玄應撰有大慧度經音義三卷，即大般若經音義。考P3432背面隆興寺供養器物曆著録的114部佛經中有大般若經，道宣内典録卷五玄奘的譯經録中也有著録，而内典録入藏録中卻未收，很可能道宣撰内典録時此經剛譯成或尚未譯完。日本所存佛經音義中有石山寺本大般若經音義中卷，可能是奈良時代元興寺僧人信行所撰，築島裕大般若經音義小考指出信行的大般若經音義可能參照玄應大慧度經音義三卷而撰。沼本克明就此音義中與玄應所釋相同詞語的釋文作了比較，指出全卷的釋文形式和玄應音義完全一致。如兩者中的「舊云」都是舊譯經中經常使用的，「此云」「此譯云」形式的釋文也都相同，引用的書也都相同，認爲是以玄應音義爲基本資料而撰成。日本來迎院如來藏中藏有大般若經音義的平安後期寫本，沼本克明石山寺藏字書音義將其與石山寺本大般若經音義作了比較，指出其與石山寺本是不同系統的本子，如來藏本所據祖本忠實地保存了平安朝初期寫本的原貌。大般若經音義中釋文末尾雖有萬葉假名的注記，但正文從玄奘所譯的大般若經中摘出字、詞、詞組以及短句，用漢語標注字音，解釋字義和詞義，辨音釋義，體例基本上與玄應、慧琳等音義相同而早於慧琳爲大般若經所作的音義。比勘考探玄應音義和慧琳音義與日本所藏佛經音義的異同，有裨於揭示日本所藏佛經音義的淵源。

（二）一切經音義與語言學研究

佛教文獻語言是漢語文獻語言的一種特殊的變體，有其獨特之處。朱慶之佛教混合漢語初論一文指出，「我們研究佛教文獻語言的角度和方法或多或少地存在着問題——大家對佛教文獻與原典的關係要麽不自覺地忽略了，要麽認識不足，以爲靠傳統的訓詁學、靠爾雅、説文就基本可以解決問題，在這樣的背景之下，開展相對獨立的漢文佛教文獻語言研究的需要就凸顯了出來。也就是説，作爲漢語文獻語言的一種特殊的變體，佛教混合漢語的利用應當建立在如下的前提上，即首先或至少同步地對它進行專門研究，弄清它的本質和特點，尤其是應當弄清它與原典的關係以及它與漢語全民語的關係。什麽是專門的研究呢？主要是有特殊的研究視野和方法。研究者不但應對漢語在各個相關歷史時期的現狀和發展有深刻的瞭解，只有這樣才能感覺到佛教混合漢語的獨特之處，還要能夠發現這些獨特之處的來源。這就必須運用與原典對勘的方法，看看譯文中那些特殊的東西，哪些是受到原典影響的産物，哪些與原典無關，而可能是口語或方言的成分。如果不進行這樣的研究，繼續將這種特殊的文獻語言與一般中土文獻混爲一談，對佛教混合漢語的利用就無法在目前的水準上繼續提高。」〔三一〕值得慶幸的是，一切經音義正是專門詮釋佛經語言的著作，藉其所釋不僅有助於我們弄清佛教文獻語言的獨特之處，而且有助於我們理清漢語古今演變的脈絡。下面就其在文字、音韻、詞彙研究上的價值略作論述。

1. 一切經音義與文字學研究

（1）一切經音義與漢字字形演變研究

不論哪一個民族，要想研究本民族古代的語言，都必須通過古代的文字。因爲口語必隨時間而消逝，只有文字能超越時間和空間的限制而保留語言的部分面貌。

傳承至今的文字資料或處於貯存狀態，或處於使用狀態，前者存於字書，後者存于文本，而文本的用字則有文獻傳承用字和時俗用字之别。陸宗達在文字的貯存與使用一文中説：「處於使用狀態的漢字，文獻所用的漢字，由於並非出自一人之手，這裏既有時代的差異，又有社會風尚的影響，所以其狀態是繁紛多樣的。」〔三二〕時俗用字真實地反映了其時文字使用的實際面貌，佛經的漢譯正值漢字由隸書變爲楷書的轉型和俗字紛出的漢魏至唐五代，佛經在傳抄中多用當時的俗字，如高麗大藏經異體字典除收八千一百十個正字外，還收有三萬一千九百十三個異體字，〔三三〕因而可以説佛經的用字反映了漢魏至唐五代的用字實況，而一切經音義主要收釋經文中難理解的詞語，這就必然要涉及經文中出現的大量俗字和訛字。〔三四〕佛經傳抄中的這些俗字和訛字在重譯或後來傳刻中受當時社會通用文字的影響會有或多或少的勘正，這就造成傳世佛經在反映漢魏至唐五代用字實況上的失真，而一切經音義在辨析這些俗字和訛字時必須實録照抄原文，準確地記載了佛經中的時俗用字。一切經音義中保存了大量的文字材料，無論是正體還是俗體，甚至寫經人隨意所造的新字，傳抄中的訛誤字，玄應、慧琳和希麟都一一收録，並加以考釋。所收之字有很多未爲其他辭書收録。因而在反映漢字的演變上，一切經音義的記載就比今傳本佛經的記載要更勝一籌，而一切經音義所釋這些俗字和訛字在傳抄中形成的各本異文則大致反映了不同時代社會通用文字的使用狀況。〔三五〕如果説許慎説文解字所收九千三百五十三個字大體上保存了小篆的系統，那麽我們可以説一切經音義本身的記載和各本的用字大體上保存了漢魏至唐五代漢字的隸變系統和用字實況，人們從中能真切地瞭解到漢字字形隸變楷化的動態演變過程。從文字學的角度來看，一切經音義猶如一塊璞玉，客觀上如實保存了文字使用的自然形態，尤其是反映了漢字隸變楷化演變過程的中間狀態，可供考察文字的古音義和字與字相互間的演變情況。如説文釋「競」云：「競，强語也。從誩二人。一曰逐也。」考慧琳釋大般若波羅蜜多經第三百四十九卷中「競來」一詞的「競」字云：「擎敬反。韻英云：諍彊也。考聲：競，逐遽也。或作竸，衛宏作或作譶，古字。經作競，俗字也。」（卷三）反映了「競」字古今使用的狀況。又慧琳釋大般若波羅蜜多經第五百六卷中「恐迫」一詞的「恐」字云：「上曲拱反。爾雅：恐，懼也。經文作恐，俗字也。説文：正體從工從手從乙從心作恐，今隸書因草作恐，又誤作恐，漸訛失正體也。古文作忎。」（卷六）記載了「恐」的古文「忎」、正體「恐」和訛體「恐」，指出「恐」因隸書草化而作「恐」。又如説文「罪」下云：「捕魚竹网，從网非聲。秦以爲辠字。」段玉裁引文字音義云：「始皇以辠字似皇，乃改爲罪。」考慧琳釋大乘理趣六波羅蜜多經第一卷中「罪愆」一詞的「罪」字云：「上摧猥反。廣雅：罪，誅也。説文：犯法也。古文作辠。秦始皇以辠字似皇字，故改從网從非。」（卷四十一）反映了「罪」字形體的古今演變及其原因。再如慧琳音義卷十五釋大寶積經第九十六卷「駛河」之「駛」：「師事反。韻英云：急速也。從馬史聲。或作決。今經文從夬作駃，書經人誤也。駃音消血反。駃騠，馬名，非經義。」據慧琳所釋，經文作駃，慧琳記載了其時表「急速」義時「駛」、「駃」混用的用字狀況。

一切經音義本身的用字和傳刻本的用字也反映了當時文字的使用狀況，可供考察漢字的古今演變。如安，玄應音義卷十五作安。考干禄字書：「安、安，上通下正。」〔三六〕又據劉公嘉話録載：「劉禹錫曰：逆胡之將亂中原，梁朝志公大師已贈詞曰『兩脚女子緑衣裳，却背太行邀君王，一止之月必消亡。』兩脚女子安字也，一止正月也。果正月敗亡。聖矣，符志公之寓言也。」〔三七〕文中「兩脚女子」隱指「安」，志公大師的贈詞寓指安禄山正月敗亡。「安」是「安」的俗寫，魏李渠蘭墓誌和唐彭誠劉氏幼子墓誌亦作「安」，與玄應音義同。〔三八〕玄應音義中有「安」旁字形的其他字也作「安」，如晏，晏（卷二）；案，案（卷二）等，由玄應音義所載可見其時「安」字使用的實況。

又如桑，玄應音義卷三作桒。據開天傳信記載：「唐開元末，於弘農古函谷關得寶符，白石赤文，正成桒字。識者解之云：『桒者四十八，所以示聖人御曆之數也。』及帝幸蜀之來歲，正四十八年。」〔三九〕「桒」是「桑」的俗字，可拆成四個十和一個八，即開天傳信記中識者所説「桒者四十八」。考睡虎地秦簡日書乙種、漢代隸碑韓敕造孔廟禮器碑已作「桒」，[四〇]魏刁遵墓誌和唐李才仁墓誌亦作「桒」，[四一]由玄應音義所載則可見唐時「桒」字使用的實況。

再如慧琳音義卷三十三釋轉女身經「陿劣」之「陿」：「上咸甲反。顧野王云：陿，迫隘不廣大也。説文：隘，從自從夾作陜，雖正體，爲與陝州字相亂，故不取，且依經文從匧作陿。經文從大(犬)[四二]作狹，是狹習犬馬，非此用也。匧音謙葉反。」據慧琳所釋，陜是表「狹隘」義的正體字，爲與陝州字相亂而産生從匧的陿，經文又用表「狹習犬馬」義的「狹」。考説文：「陜，弘農陜也，古虢國王季之子所封也。從阜，夾聲。」「夾」是「陝」的聲旁。説文：「夾，盗竊褱物也。從亦，有所持。俗謂蔽人俾夾是也。弘農陜字從此。」段玉裁注：「漢弘農陝縣在今河南陝州。從夾之字絶少，故著之。陜隘字從夾。」又説文：「陜，隘也。從阜，夾聲。」段玉裁注：「俗作陿、峽、狹。」慧琳所釋陝州之陝從阜，夾聲。陜隘之陜從阜，夾聲。説文：「夾，持也。從大，從大夾二人。」陝、陜形近，故表「狹隘」義的「陜」又寫作「陿」，俗又借「狹習犬馬」義的「狹」表「狹隘」義。傳抄中「陜」多誤作「陝」，陝、陜又都省寫作「陕」。如麗藏本中「夾」作「夹」，陝、陜則都作「陕」，反映了當時「夾」、「陝」、「陜」的使用狀況，而「陜」寫作「陿」和「狹」則反映了表「狹隘」義的「陜」的古今演變。

依據一切經音義記載，結合東漢碑刻和敦煌寫卷，還可排比勾勒出相關漢字隸變的軌跡，考察各個異體間的源流關係，辨析俗訛字的成因，探索小篆以後隸書演變和楷化的規律。如㬥、暴本是異字異詞，後都隸寫爲「暴」。㬥由曬義引申有暴露、顯示義。考説文：「㬥，晞也。從日出廾米。」段玉裁注云：「日出而竦手舉米曬之，合四字會意。」「引申爲表㬥、㬥露之意，與夲部暴義别。凡暴疾、暴虐、暴虎皆夲部字也，而今隸一之。經典皆作暴，難於諟正。」暴表「急」義，又作𣋴[四三]。考説文：「暴，疾有所趣也。從日出夲廾之。」段玉裁注云：「此與㬥二篆形義皆殊，而今隸不别。此篆主謂疾，故爲夲之屬。㬥主謂日晞，故爲日之屬。」林義光文源卷十認爲：「秦繹山碑作[暴]，當即曝之本字。[奏]即奏字，本義爲趨爲輳，從奏日。日中必㬥，有疾趨之象，故引伸爲猝爲急。虐害之暴復由猝急之意引伸。」暴由急義引申又有暴躁、暴虐義。王筠説文句讀云：「暴，本是及時急事之義。自周易偁暴客，周禮有禁暴氏，遂專爲暴虐。」㬥、暴、暴形近，詞義上也或有關聯，因而古籍傳鈔刻印中往往相混用，俗又作㬥、暴、㬥等。如集韻：「暴，或作㬥，古作㬥。」又如古今韻會舉要：「暴，與㬥同。」一切經音義所載反映了㬥、暴、㬥、㬥、㬥、暴等由於形近而混用後都隸寫爲「暴」的狀況，其中「暴」主要有以下幾種寫法：㬥、㬥、㬥、㬥、㬥、㬥。慧琳音義卷十五釋大寶積經第一百十四卷「日暴」之「暴」指出：「經文從田從恭，又旁加日作曝，非也。字本有日，今變作田，一錯；下又變爲恭，非㬥之義，强加一日，惑之甚矣，濫已久矣。」由慧琳所釋，可知其時「暴」俗寫作「㬥」，又增「日」旁。就玄應音義而言，有寫成「米」的，如㬥(麗卷二)、㬥(麗卷十七)、㬥(麗卷十九)、㬥(磧卷三)；有寫成「小」的，如㬥(麗卷三)、㬥(麗卷十五)；有寫成「小」的，如㬥(麗卷十五)；有寫成「木」的，如㬥(麗卷十四)、㬥(磧卷三)；也有寫成「氺」的，如㬥(磧卷三)。演變的大致軌迹爲㬥的「日出廾米」四部分中「出」省作「艹」，「廾」隸作「八」，「米」省作「氺」，「日」俗寫則訛作「田」，後由「日艹八氺」四部分重構寫作「暴」。

文字是人民群衆共同創造的，並非一人一時一地之作。漢字在由甲骨文到楷書的演化過程中，一字往往有多種寫法。確定其中一種爲正體後，其餘的與正體字音義皆同而筆畫、結構、部位不同的字體就是異體字。異體字自古就有，如「寶」字，在金文中的異體多達一百九十多個[四四]。説文叙云：「奇字，即古文而異者也。」黄侃説：「説文曾明言有俗篆，則古文、籀文、草書亦當有俗字也。庸俗之變，自古已然耳。」[四五]據章炳麟的研究，最初的漢字只有五百十個[四六]。秦代用三千多字就能基本完成當時的書面交際任務，以後代有遞增，到清康熙字典，字數已近五萬。字數的增加，除了社會發展的需要，人類思維的發展和名物制度的代有增益外，異體字的大量産生也是因素之一。如「香」部，説文加新附字共三個；玉篇收了十四個，有十二個是異體；康熙字典收了三十八個（不計補遺和備考），有二十個是異體。慧琳在釋金剛光焰止風雨陀羅尼經中「霹靂」一詞曾云：「或從石作礔礰也，皆近代出，古文無也。」（卷三十八）指出異體字多在近代出現，並把這些與古字不同形體的字稱爲異體字，初步形成了「異體字」的概念。如：

涎唾：「上囚延反。通俗字也。説文正體作次，口液也。從水從欠。考聲云：口津也。束皙作㳄，史籀作㵪，賈逵作湺，或作㳂，古字也。其上異體字，並云口液也。」（卷十一）

慧琳指出「涎」爲通俗字，「唌、㳄、湺、㳂」爲異體字。玄應、慧琳和希麟從佛經中收録了大量的異體字，如上述「涎唾」中的「涎」字，説文收録「次、㳂、㵪」三個，玉篇收録「次、涎、㳂、㵪」四個，集韻收録「次、㳄、涎、㵪、湺、㴋」六個，龍龕手鑑收録「㳄、㳄、㴋、涎、次」五個，玄應音義收録「涎、次、唌、湺、漚」五個，慧琳音義收録「次、涎、唌、㳄、湺、㳂、㵪、㳄、膃（漚）」九個[四七]。檢漢語大字典收録了涎、㳂、㴋、㴋、沮、次、湺、㵪、潄、唌、次、漚，未收録㳄、㳄，且釋「次」僅釋其「具次」山名義，未釋其唾液口水義；釋「漚」只引龍龕手鑑和字彙補的注音而未作釋義，似未明「次」、「漚」也是「涎」的異體字而當作不同的詞。因而，一切經音義的價值正如劉復在編纂中國大字典計畫概要一文中所指出：「自六朝以迄唐宋，『别體』滋多。其見於碑版者尚不甚離奇，見於敦煌寫本者幾至漫不可識。匯而列之，即使無裨於世俗，要自有益於學人。」[四八]

玄應、慧琳和希麟收録的異體字有的今天還在沿用，有的已不用，也有一些已無從查考。其中大部分是當時民間流行的俗體、省體。這些俗體，省體，向來爲文人學士所輕視，不登大雅之堂，因而在現存古籍中不易見到。蔣禮鴻中國俗文字學研究導言一文曾説到，「前人研究漢字，眼光大抵注射在小篆以上的古文字」，「至於隸書以下的文字的研究，前人就不曾很好地系統地做過」。「因此，漢以後文字發展演變的情形怎樣？人們是怎樣地發展俗字以與統治階級的壟斷進行鬥爭？人們是怎樣使用這些文字的？我們就知道得很少」[四九]。一切經音義的可貴之處，就在於保存了這些極其豐富的文字資料。其中有稱爲「俗字」的，也有稱爲「通俗字」的，還有稱爲「俗用字」、「俗行用字」、「時俗共用字」、「俗通用字」或「俗作」、「俗撰字」、「變體俗字」的，有時也稱一些當時新産生的字爲「近字」、「今作」或「時用字」等。如：

笑：「又作咲，俗字也。」（玄應音義卷二十四釋阿毗達磨俱舍論第十一卷笑視）

閉：「或作閇，俗字也。」（玄應音義卷二十五釋阿毗達磨順正理論第三十一卷關閉）

膝：「經從月從桼作膝，俗字。」（慧琳音義卷三十五釋一字頂輪王經第一卷髀膝）

訾：「經本從口作呰，通俗字。」（慧琳音義卷二十釋寶星經第四卷毀訾）

詛：「經從口作咀，俗用字也。」（慧琳音義卷三十二釋藥師瑠璃光如來本願功德經咒詛）

隄塘：「論文作堤塘，俗通用字也。」（慧琳音義卷六十七釋衆事分阿毗曇論第五卷隄塘）

弶：「俗作搄。」（玄應音義卷四釋大方便報恩經第七卷弶網）

橜：「經作栓，俗撰字也。」（慧琳音義卷四十二釋大佛頂經第八卷鐵橜）

賚：「經文作責，變體俗字也。」（慧琳音義卷二釋大般若波羅蜜多經第一百一卷詰賚）

雜：「俗字也，正體作襍。說文云：集五彩之衣曰雜。從衣集聲也。今作雜，變體俗字也。因草書變衣爲立。謬也。」（慧琳音義卷十一釋大寶積經第二卷諠雜）

責：「經文作債，阻懈反。近字耳。」（玄應音義卷二釋大般涅槃經第三卷責索）

創：「經文作瘡。近字耳。」（玄應音義卷二釋大般涅槃經第九卷創皰）

帷：「今皆作幃。」（玄應音義卷九大智度論第五卷帷帳）〔五〇〕

覓：「今皆作冐。」（玄應音義卷十釋大莊嚴經論第五卷干覓）

「俗用字」、「俗行用字」、「時俗共用字」、「俗通用字」、「通俗字」等大致用以區別所釋字在當時通行使用的程度，「俗撰字」、「變體俗字」等主要用以表示所釋字產生的途徑。玄應、慧琳和希麟往往根據其時各種辭書的訓釋，儘可能説明這些字的源流演變。如「蚊」字，慧琳音義中收録了許多不同的寫法，茲舉數例如下：

蚊虻：「説文作蟁。古文奇字從昏作蟁，避太宗廟諱，改民從昏也，經中蚉，俗字也。」（卷六）

蚊虻：「上音文，俗字也。正作蟁。説文：齧人飛蟲也。從民從䖵，或從昏作蟁。以昏時出現，故從昏。」（卷十三）

蚊虻：「蚊或從䖵作蟁，又作蠠，或作蟁，並古字也。」（卷十九）

蚊蚋：「或從䖵，作蟁，或從昏作蟁。意言昏時出現，故從昏。經從虫從文，俗字也。」（卷二十九）

蛾蚊：「俗字也。字統云作蚉，齧人飛蟲也。説文從虫，民聲。論文作蚊，俗字通用之也。」（卷七十二）

慧琳大致收録了其時所見的蟁、蟁、蚉、蟁、蠠、蚉、蚊等幾種寫法，從這些寫法中可以考察今天所用「蚊」字經歷的簡化、避諱和語音演變的複雜過程。

荀子正名篇云：「名無固宜，約之以命，約定俗成謂之宜，異於約則謂之不宜。」文字是語言的書寫符號，也是約定俗成的交流工具，俗字作爲一種傳播媒體自然也要受到文字的社會性的制約，表面上似乎雜亂無章的俗寫文字能夠爲社會所承認而廣泛流傳，自有其一定的規律。一切經音義中的俗字有的是因意義相近或形體相似而改換意符。如：

蹔：「俗字也。正體從日作暫。」（慧琳音義卷三蹔拾）

據說文：「暫，不久也。」從日，因爲古人往往根據日光來測定時間。又因爲時間的短暫還可跟人的行動有關，故因意義相近而由從日可改换成從足，産生了「蹔」。暫，不僅可改日爲足，亦可改日爲走。如玉篇走部：「趲，不久也。」蹔、趲都是「暫」的俗字。又如：

葚：「時稔反。或作椹也。」（慧琳音義卷九十九冬葚）

葚和椹因形體相似而改换意符。有的是改换聲符，多因方言不同或簡省筆畫。如：

濽：「下又作濺、㳻二形，同。子旦反。……江南行此音，山東音湔，子見反。」（玄應音義卷三澆濽）

菔：「下蒲墨反，或作蔔，根菜名也。經中有作萊茯，非也。」（慧琳音義卷十二蘿菔）

例中濽、濺、湔因方言而變换聲符，菔、茯因簡省而變换聲符。有的則改意符爲聲符，如：

慢：「曼字從又，俗從万，訛也。」（慧琳音義卷三傲慢）

「㬅」是「曼」的俗體字。「万」本是「萬」的俗字。曼改從又爲從万，而成爲㬅。這是意符更换爲聲符，起表音的提示作用。此外，也有改聲符爲意符的、同音假借的、省繁的、增筆的等等[五一]。

各個時代都有正體和異體。如說文的時代以小篆爲正體，異體就是籀、古、或、俗、奇字等。今天以簡化的規範的楷書爲正體，過去的繁體和至今猶在民間流行的俗字就是異體字了。語言是約定俗成的，音義中的異體字，大部分是爲了省繁求簡而産生的，一些當時的俗字或訛字經過多年的使用，往往積非成是，今天已成爲正字。如：

蛘：「餘掌反。說文：搔蛘。禮記『蛘不敢搔』是也。字從虫，今皆作癢，近字也。又作痒，音似羊反。病名也。痒非字義。」（玄應音義卷五釋太子須大拏經下蛘）

檢說文：「蛘，搔蛘也。」朱駿聲說文通訓定聲：「蛘，字亦作癢。」據玄應所釋，其時「蛘」已「皆作癢」，「癢」是近字。經文中也寫作「痒」，「痒」是病名。考爾雅釋詁上：「痒，病也。」說文：「痒，瘍也。」玄應指出「痒」非經文字義。據廣韻載，痒，似羊切，邪母陽韻平聲；癢，余兩切，以母養韻上聲。痒、癢音近，故「痒」可通「癢」。玉篇：「痒，痛痒也。」今以「痒」爲「癢」的簡化字。

替：「天計反。俗字也。爾雅相待也。賈注國語云：豊(去)也。說文作暜，廢也。並兩立，一偏下曰替。會意字。今作替，俗字也。」（慧琳音義卷一釋大唐三藏聖教序隆替）

檢說文：「暜，廢。一偏下也。從竝白聲。暜或從曰。朁或從兟從曰。」徐鉉等曰：「今俗作替，非是。」段玉裁在「廢」後注云：「各本奪『也』字，不可讀，今補。廢者，卻屋也。卻屋言空屋，人所不居，故暜、廢同義。」又在「一偏下也」後注云：「此又爲一義，相並而一邊庳下，則其勢必至同下，所謂陵夷也。凡陵夷必有漸而然，故曰履霜堅仌至。」馬叙倫說文解字六書疏證卷二十說：「許以其與替字正義未合，故申之曰一偏下也。一偏下也者，一邊下也。一邊下，仍有一邊不下。」「篆本作㚘，故此有一曰偏下也。」考鐵雲藏龜零拾第四十五片所載甲骨文中有一「㚘」字，象兩人一前一後立於地之形[五二]。金文編所載中山王鼎和番生簋中亦有「㚘」字，從二立，作一上一下更替之形，左大右小，左下右上。張政烺中山王嚳壺及鼎銘考釋一文考證此字確是替字[五三]。據慧琳所釋，此字是會意字，字形是並兩立，其中一偏下。其時已寫作替。許慎所釋尚合於其本義，段玉裁則誤「一偏下也」爲又一義。「替」是「暜」的俗字，已看不出用改變空間位置來會意的痕迹，今已成爲正字。又如：

閙：「女孝反。説文：慣，亂也。韻集：丈，猥也。猥，衆也。字從市從人。經文從門作鬧，俗字也。」（玄應音義卷三憒閙）

皰：「皰又作靤，同。輔孝反。説文：皰，面生氣也。經文作皰，猶俗字耳。」（玄應音義卷二創皰）

飤：「石經今作食，同。囚恣反。聲類：飤，哺也。説文：飤，糧也。從人仰食也。謂以食供設與人也，故字從食從人意也。經文作飼，俗字也。」（玄應音義卷二餧飤）

的：「説文：從夕作的。經從白作的，俗字，非也。」（慧琳音義卷八中的）

潛：「有從二天或從二夫者，皆誤略也。」（慧琳音義卷一潛寒暑）

量：「力畺反。説文從童，正也。經從里，略也，俗字也。」（慧琳音義卷十四測量）

濟：「論文作济，草書不成字也。」（慧琳音義卷八十五濟濟）

須：「須，俗字也，正體作頾，待也。説文同。字書：從立須聲也。經從水，俗用，非本字也。」（慧琳音義卷二頾乘）

憐：「練年反。爾雅：愛也。考聲：哀也。經作怜，俗字也。」（慧琳音義卷二憐湣）

履：「力几反。考聲云：履，屨屬也。鄭注禮云：蹈也。説文：足所依也。從尸從彳從舟從夊。舟象履形，彳音丑尺反，夊音雖。經文從復，誤也。」（慧琳音義卷三履踐）

携：「慧圭反。俗字也。正體作攜。從手巂聲也。音與上同。因草書變體從乃，非。」（慧琳音義卷十五携持）

這些字中玄應、慧琳和希麟認爲是俗字的「鬧」、「皰」、「飼」、「量」、「須」、「怜」等沿用至今，認爲是錯字的「潛」、「济」、「履」今也已成爲正字[五四]。由此可見，一切經音義不僅在研究文字的發展演變上，而且在整理異體字和簡化漢字上也有着一定的價值。

（2）一切經音義寫卷和刻本字形辨析

一切經音義各本用字的不同還爲我們提供了東漢至唐宋時用字的概況。一切經音義寫卷和刻本的用字有許多不同，麗藏與磧砂藏本的用字也有許多不同，且既有同一版本同一字的用字不同，也有不同版本的用字不同。如麗藏本玄應音義：

隸，𨽻（玄一）、隷（玄一）；蝝，蝝（玄十六）、𧒒（玄十六）；怪，恠（玄一）、怪（玄十九）；留，畱（玄一）、雷（玄五）；希，𢁉（玄八）、帋（玄二一）、斋（玄二一）；晞，晞（玄十八）、晞（玄十八）；刺，刾（玄一）、剌（玄十）；毁，毀（玄一）、毇（玄六）；迟，遅（玄一）、遅（玄十四）；收，収（玄二）、収（玄七）；貌，皃（玄一）、貌（玄八）；虎，虒（玄六）、虒（玄六）、虎（玄十七）；淵，渕（玄一）、渕（玄十八）、𣶒（玄二十）；夷，夷（玄一）、夷（玄一）、夷（玄一）、夷（玄一）、夷（玄二）；升，升（玄一）、外（玄十六）、廾（玄二二）、廾（玄二三）；船，舡（玄一）、船（玄二）、船（玄十一）；股，股（玄三）、股（玄十三）、𦙶（玄二四）；與，与（玄九）、与（玄二三）；虫，虫（玄一）、虫（玄一）、虫（玄一）、虫（玄二）、虫（玄一）；肉，肉（玄一）、肉（玄一）、宍（玄二）等。

又如麗藏本慧琳音義：

亡，亾（慧六十）、亾（慧七十）；蔑，蔑（慧八一）、蔑（慧九一）；罝，罝（慧七三）、罝（慧七四）；嚼，嚼（慧六十）、嚼（慧八十）；角，角（慧七十）、角（慧七六）；罟，罟（慧六九）、罟（慧八十）；湔，湔（慧七四）、湔（慧七四）；惘，惘（慧八十）、惘（慧九七）；囧，囧（慧八十）、囧（慧八十）；諤，諤（慧八三）、諤（慧八八）；尾，尾（慧八一）、尾（慧九三）；舛，舛（慧八七）、舛（慧八五）；兮，兮（慧八七）、兮（慧八七）；磧，磧（慧九二）、磧（慧九四）；栅，栅（慧六十）、栅（慧六一）、栅（慧七四）；傲，傲（慧六十）、傲（慧六七）、傲（慧七十）等。

同一版本中玄應音義與慧琳音義的用字也有不同。如麗藏本玄應音義與慧琳音義：

胝，胝（玄一）、胝（慧七十）、胝（慧七十）；蹔，蹔（玄一）、蹔（玄六）、蹔（慧八八）；總，摠（玄一）、揔（玄二）、緫（玄六）、總（慧六十）、揔（慧七五）；貿，貿（玄序）、貿（玄十四）、貿（玄十四）、貿（慧六一）、貿（慧七九）；柳，柳（玄一）、柳（慧八十）；投，投（玄二）、投（慧七六）；殄，殄（玄一）、殄（慧六十）；屯，屯（慧七七）、屯（慧九五）；網，網（玄五）、網（慧八一）；差，差（玄四）、差（慧六十）；牡，牡（玄十九）、牡（慧六二）；筑，筑（玄十六）、筑（慧六二）；敖，敖（玄一）、敖（慧六十）；盲，盲（玄七）、盲（慧六七）；柿，柿（玄十）、柿（慧八一）；明，明（玄十）、朙（慧六十）；黍，黍（玄十）、黍（慧六一）；插，插（玄二一）、插（慧八六）；卅，卅（玄十七）、卅（慧九四）；整，整（玄十六）、整（玄二三）、整（慧六一）；抛，抛（玄十六）、抛（玄十六）、抛（慧七五）；函，函（玄十八）、函（慧八一）；圖，圖（玄十八）、圖（玄十八）、圖（慧七一）；膝，膝（玄二二）、膝（玄十二）、膝（慧六一）；畢，畢（玄七）、畢（慧七三）；穳，穳（玄一）、穳（慧六十）；騶，騶（玄二十）、騶（慧八五）；邈，邈（玄十三）、邈（慧六十）；象，象（玄九）、象（慧六十）；髮，髮（玄八）、髮（慧七七）；縮，縮（玄二）、縮（慧七三）；悴，悴（玄六）、悴（慧六九）；罕，罕（玄三）、罕（慧七三）；頜，頜（玄二）、頜（慧六九）；背，背（玄二）、背（慧六十）；敵，敵（玄四）、敵（玄二一）、敵（慧六七）、敵（慧六九）；牆，牆（玄三）、牆（慧六一）、牆（慧七二）；凶，凶（玄一）、凶（玄四）、凶（慧七二）、凶（慧七二）、凶（慧九一）；窗，窗（玄三）、窗（慧六二）、窗（慧七二）、窗（慧七三）、窗（慧八一）；兕，兕（玄二）、兕（玄七）、兕（玄十七）、兕（慧八三）；鬧，鬧（玄二）、鬧（玄六）、鬧（慧七三）、鬧（慧八十）等。

不同版本的用字不同如唐寫本和麗藏本中的帀、剩、藏、册、處、胝等，磧砂藏本則爲匝、剩、藏、處、胝等。又如玄應音義麗藏本用肉、肉、肉、肉、肉、宍、宍，磧砂藏本用肉。再如「爾雅」這一書名，麗藏本用尒疋、尒疋、尒疋、尒疋，磧砂藏本用「尒雅」和「爾雅」。大致上麗藏本一字往往有多種寫法，磧砂藏本漸趨於規範爲一種寫法。如「曼」字在麗藏本中可寫作「曼、曼、曼」，磧砂藏本寫作「曼」，麗藏本中以「曼」爲聲旁的蔓、漫、縵、鏝、幔在磧砂藏本也相應地寫作「蔓、漫、縵、鏝、幔」。由麗藏本和磧砂藏本用字的不同可據以研究唐至宋用字的演變。下文就玄應音義麗藏本和磧藏本刻本與日本所藏七寺本、金剛寺本、西方寺本、京都大學本、東京大學本寫本中部分用字的字形異同略舉如下[五五]：

德，刻本與寫本皆同。

云，金剛寺本與磧同。七寺本與麗本作云，横作點。

肉，麗本受草書連筆的影響作肉，磧本也有作肉。
本，麗、磧、七寺本皆同。廣韻混韻：「本，俗作夲。」[五六]
猛，金剛寺本與磧同，七寺本與麗本作猛。
聾，寫卷與磧同，麗本作聾。
老、泥，寫卷與磧同，麗本作耂、泥。
昵，麗、磧本同，西方寺本作昵。
佐，麗、磧本同，寫卷作佐。
差，麗、西方寺本同，磧本作差，金剛寺本作差。
舩，寫卷與麗、磧皆同，磧本亦作船。
楫，寫卷與磧同，麗本作楫。
腳，寫卷與麗、磧皆同。
免，寫卷與磧同，麗本作免。
郎，西方寺、金剛寺本與磧同，麗本作郎。
尅，七寺本、西方寺、金剛寺本與磧同，麗本作尅。
罰，七寺本、麗本與磧本同，西方寺、金剛寺本作罰。
最，西方寺、金剛寺本與磧同，麗本、七寺本作最。
著，金剛寺本、東京大學本與磧同，麗本作著。
戶，金剛寺本、東京大學本與磧同，麗本作户。
礼，金剛寺本、西方寺本、京都大學本與磧同，麗本、七寺本作禮。

據我們比勘所得，寫卷與磧本用字相同較少，而多與麗本相同。大體而言，寫卷和麗本多用俗字，磧本用字則已趨於規範，多爲今通用的繁體字。寫卷與麗本、磧本用字的異同反映了唐代正字運動前後漢字的使用狀況和演變過程。寫卷與麗本、磧本中的俗字大致由換位、換旁、增旁、類化、省筆、增筆、連筆、草化和形體相近的誤筆形成，可分如下十類：

㈠ 增筆

妖，磧同。麗本、七寺本分别作妖、妖。
亡，麗、磧同。七寺本作亡。
笑，麗、磧、七寺本作笑，金剛寺本作笑。

京，磧同。麗本、七寺、金剛寺本作京。
宴，磧同。麗本、七寺本作宴。
堂，麗、磧同。七寺本作堂，金剛寺本作堂。
民，磧同。麗本、金剛寺、西方寺本作民。

② 減筆

師，磧同。麗本、七寺本作師。
惠，磧同。麗本、七寺本作惠。
革，磧作革，麗本作革，七寺本作革。
翻，磧同。麗本、七寺本作翻。

③ 改筆

默，磧、麗本、七寺、金剛寺本作默，兩點變作一横。
拜，麗、磧同，七寺、金剛寺本作拜，將一横改作一點。
揭，麗本、磧本同，七寺、金剛寺本作揭，「扌」作「才」。
棚，磧同，麗本、西方寺本、京都大學本作棚。
吉，麗、磧、七寺本作吉。
弘，磧同。麗本作弘。七寺本、金剛寺、西方寺本作弘。「弓」作「方」。
於，麗、磧本同。西方寺本、金剛寺本作於。「方」作「才」。
耕，磧同。麗本、金剛寺本、東京大學本作耕。

④ 部分省略

衷，磧同，麗本作衷，七寺本作衷，金剛寺本作衷。
臂，磧同，麗本作臂、七寺本作臂，省略「口」。
屬，磧同，麗本、西方寺本作属，省略「氺」。
聽，麗、磧同，七寺、金剛寺、西方寺本作聽，省略「王」。
藏，磧同。麗作藏，七寺本作藏，金剛本作藏，西方寺本作藏。「艸」作「卄」，「疒」作「厂」。

⑤ 部分改造

髓，磧同，麗本、西方寺本、京都大學本作髓，省略「工」。

富，磧同，七寺本作𡧃。「宀」變作「乚」。
福，磧同，七寺本作福，金剛寺本作福。
貌，磧作皃，麗本、七寺本作皃。
惡，磧同。麗本、七寺本作悪。
亦，麗、磧本同，七寺本作亦，金剛寺本作亦。
惱，磧同。麗本、七寺、金剛寺本作惱。
害，磧同。麗本作害，七寺、金剛寺本作害。
莊，磧同。麗本、七寺本作荘。
鳥，麗本、磧同。七寺、金剛寺、西方寺本作鳥。
熊，磧同。麗本、七寺本作熊。
戰，磧同。麗本、七寺本、金剛寺、西方寺本作戰，「口」變作「厶」。
閉，磧同。麗本、七寺本、金剛寺、西方寺本作閇。「才」變作「下」。
幔，麗、磧本同。七寺本、西方寺本作幔，「又」變作「万」。

⑥ 换位

默，磧、麗本、七寺、金剛寺本作默。
蘇，麗、磧本、七寺本同。金剛寺本作蘇。
隣，麗、磧本、七寺本同。金剛寺、西方寺、京都大學本作鄰。

⑦ 换形旁

體，麗本、七寺、金剛寺本同。磧本作躰。
屏，磧同。麗本、金剛寺、西方寺本作屛，「尸」作「广」。
職，磧同。麗本、西方寺本作職。
雞，磧同。麗本、金剛寺本、東京大學本作鷄。
帆，麗本、磧本同，七寺、金剛寺、西方寺本作帆。「巾」作「忄」。
胝，磧同。麗本、七寺、金剛寺作胝。
渠，麗、磧同。西方寺本、金剛寺本、七寺本作渠。「巨」作「臣」。
揔，磧同。麗本、七寺、金剛寺本作捴。「匆」作「公」。

繒，磧同。麗本作繒，金剛寺本、東京大學本作繒。

⑧ 草化

備，磧同。麗本作偹，七寺本作俻，金剛寺作俻。

屯，麗，磧同。金剛寺、西方寺本作乇、乜。

來，磧同。麗本、七寺、金剛寺本作「来」[五七]。

蠅，磧同。麗本、七寺、金剛寺本作蝇。

經，麗、磧本同；七寺本作経，金剛寺本作経，西方寺本経。[五八]

足，麗、磧本同；七寺本作足。

須，磧本同，麗本、金剛寺本、京都大學本作湏。

⑨ 類化

規，磧本同，麗本、金剛寺本、京都大學本作規。「規」「矩」常連用，「規」受到「矩」的影響，形符「夫」類化成「矢」。

蠹，麗本同，磧本、金剛寺本、京都大學本作蠧。「蚀」受「石」的影響而類化作「石」。

⑩ 借用

雅，磧同。麗、七寺本作「疋」。

匹，磧同。麗本作疋，七寺本作疋，金剛寺本作込，西方寺本作込。[五九]

蟲，磧同。麗本作虫，七寺本作虫，金剛寺本作虫。

據我們比勘，寫卷與刻本的用字差異較大，寫卷與麗藏本的用字較相近，而麗藏本與磧砂藏本的用字差異也較大。從寫卷到刻本可以説經歷了某種用字的規範化，這種規範化反映了宋人的文字表達意識。

2. 一切經音義與音韻學研究

一切經音義詮釋辨析佛經所載詞語的音義，客觀上反映了佛經記載的不同時代不同語境形成的多層面的紛繁複雜的音義關係，尤其是玄應、慧琳和希麟所注音切的異同更爲從共時和歷時兩個層次多層面多角度研究中近古語音的演變提供了豐富多樣的音切材料。

一切經音義中的反切和梵漢對音反映了當時的讀音，是考察中古語音的可貴材料，在漢語語音發展史的研究上有一定價值。如切韻及後來在切韻基礎上增廣的廣韻和集韻中都有大量的反切異讀，這些異讀可能不是一個共時平面上的差别，究竟這些一字數切反映了什麼樣的語言現象，僅憑切韻、廣韻和集韻本身是難以考證清楚的，而玄應、慧琳和希麟一切經音義中的有關材料則可爲解釋這些語言現象和搞清楚切韻音系的性質提供一些綫索。

王國維在天寶韻英、元廷堅韻英、張戩考聲切韻、武玄之韻詮分部考一文中指出：「唐人韻書皆祖陸法言，雖部目有增損，次序有移易，要皆以法言爲本，然法言之書用六朝正音，至唐時已稍變易，於是有根據唐時音以作韻書者，其分部乃不得不與法言大異，此從來音韻學家所未嘗留意也。」認爲「陸韻者六朝之音也，韻英與考聲切韻者唐音也。六朝舊音多存於江左，故唐人謂之吳音，而以關中之音爲秦音，故由唐人言之則陸韻者吳音也，韻英一派秦音也。厥後陸韻行而韻英一派微，則由音韻之書用於屬詞者多，而用以辨聲者少。唐宋於二百餘部之韻猶病其窄，許其就近通用，卒變爲一百六部之今韻。然則韻英諸書之不行於世固其所也，然欲考唐時關中之音固非由韻英及考聲切韻不可」，而慧琳音義與韻英、考聲切韻有着密切的關係，都屬秦音系統。黄淬伯曾據慧琳音義的音切著有慧琳一切經音義反切考和唐代關中方言音系，考證韻英一系的秦音系統和其時的實際讀音。黄淬伯在慧琳一切經音義反切考卷三韻類考説：「經音義所據韻之聲類，增多切韻，幾三之一，視其韻類，則相形大縮。」「考切韻成書時，下距經音義所據韻，不過百數十年，而韻類之差别如是。此固由於語音變遷之所致，亦以兩書撰述之旨趣各異。法言分韻置部，據今所見之王仁昫韻，冬鍾江三韻之分，本諸吕静韻集與夏侯詠韻略。一東蓋爲六朝舊韻所同具，故東冬駢次，脂微之分，甄采陽李。夏侯詠、陽休之、杜台卿三家韻略，皆真文異部，而夏書又别斟爲韻，俱爲法言所取。據是則切韻中存用六朝舊韻者，豈僅此數韻已哉。其序云：『因論南北是非，古今通塞，欲更捃選精切，除削疏緩。』可知法言定韻，已超出當時實際語音之外，於六朝舊韻，方國殊語，俱有取捨之意存焉。與經音義所據韻僅憑一時一地之韻而爲實際之攝記者，迴乎不同，故由二百六韻縮爲一百三十二。其間雖有古今音變之關係，要其主因，則在彼而不在此也。經音義所據韻，其韻部既定爲一百三十二，其歸併切韻近似諸韻之條貫，以與唐初許敬宗請令同用之目及宋賈昌朝續奏韻窄之部，比較觀之，其間亦頗多參證。敬宗所議合之韻，備著廣韻，昌朝奏請之韻，載記集韻。」「按廣韻、集韻同用獨用之注，雖爲便於屬辭而設，然其許令通用之韻部，其時音讀蓋相近似，足證唐宋兩代語音之無甚變化，而切韻已如告朔之餼矣，則此一百三十二韻部謂爲唐宋間實際語音之綱網，殆無不可。」又於後叙説：「故我國韻書寫實作品之産生時期，莫盛於六朝。元明而降，私家撰著，幾欲脱官韻之銜勒而疾馳，然所成書大都闇而不章。此兩時期外，唐宋五六百年間羈縻切韻而已，殊少創作。有之，慧琳所據元廷堅韻英乃以今音爲據也。始倡今音運動之寫實作品，其可考見者，唯此爲嚆矢矣。」唐代關中方言音系一書又進一步認爲唐代關中方言音系的聲母爲三十七，韻母五十四，聲調四類〔六〇〕，與切韻音系相比，床母與禪母合併，輕唇音出現，i、I介音出現，某些韻部合併，反切下字出現上、去混用現象，表明了濁上變去的趨向。黎錦熙在中國大辭典編纂處的工作進度一文的「文字聲韻變遷考訂表」中亦將經典釋文與慧琳音義兩書作爲考訂隋唐語音的依據〔六一〕。潘悟雲在慧琳音義研究序中説到，慧琳的讀音系統没有切韻那麽混亂，也並不受傳統韻書的約束，「而以長安的實際讀音作爲審音標準，不符合標準音的就捨棄不取。有些人批評慧琳的反切太混亂，同一個讀音有幾個不同的切語，但這些説明慧琳是完全根據實際的讀音和反切規則自造切語。只要讀音不錯，反切規則嚴格，其讀音系統就會做到内部一致。如果考慮到慧琳音義與切韻之間的歷史關係，在切韻如此多的異讀中確定標準音，慧琳的讀音就是一個很好的核准材料」〔六二〕。

自陳澧切韻考通過繫聯反切下字注意到其中的重紐現象以來，學術界的有關研究大多認爲中古音裏這種重紐兩類是有實際語音差別的〔六三〕。謝美齡慧琳反切中的重紐問題一文説周法高對於重紐問題的研究，自 1945 年發表廣韻重紐的研究主張元音區別説之後，繼於 1952 年作三等韻重脣音反切上字研究〔六四〕，列舉了廣韻、陸德明經典釋文、玄應一切經音義及慧琳一切經音義諸書中的脣音反切，發現重紐 AB 類字不互相用作反切上字。杜其容於 1975 年發表三等韻牙喉音反切上字分析一文也同樣得到重紐 AB 類字不互相用作反切上字的結論。周法高 1986 年又作隋唐五代宋初重紐反切研究一文列舉出陸德明經典釋文（六世紀末葉）、顏師古漢書音義（七世紀中葉）、玄應一切經音義（七世紀中葉）、慧琳一切經音義（八世紀末葉）、朱翺説文繫傳反切（十世紀末葉）和集韻（十一世紀初葉）關於重紐反切的資料，指出重紐 AB 類都是有分別的，不互相用作反切上字。指出「早期韻圖的構成，大概在唐代晚期。在宋代韻鏡、七音略中，對於重紐喉牙音分列三、四等，是有其語音上的根據的。重紐 A 類放在四等，在反切上字方面，也常和純四等韻字混用，這在集韻中還可以看得出來。而重紐 B 類，則常和三等韻 C 類相混」〔六五〕。謝美齡的碩士論文慧琳一切經音義聲類新考得出慧琳脣、牙、喉音的反切上字呈現爲明顯的三、四等分用情形，例外很少，較之於切韻聲類，即以分類最詳之五十一聲類而言，顯然大有不同——原先與一、二等同用反切上字的四等字，其反切上字多各自析立成系，最多者如脣、牙、喉音往往析爲一、二等；三等；四等三系。黄淬伯慧琳一切經音義反切考卷二聲類考中已説到：「按經音義切音聲類，其每類有分三系者，有分兩系者。若據其系與以一系爲類者合計之，凡六十有七，視切韻增多之數，大都爲四等字之聲類也。而切韻聲類，唯一喻類，等韻家指爲四等外，更別無四等之聲類。屹然離異有若是者。端系精系諸紐，在切韻爲一類，至經音義所據韻則一四等劃然分矣。十二齊一先三蕭十五青二十五添諸韻字（从韻賅此），與佳皆灰咍所謂一二等諸韻部，其反切上字實同類也；而經音義所據韻，則盡改其切爲四等音矣。」他還就其所列反切四聲表中第一組古苦二類所列的字進一步分析説：「切韻吉讀居質切，吉居類也；詰讀去吉切，傾讀去營切，詰傾與去亦類也。至經音義所據韻，吉字切無徵，惟緊字切用吉爲上字（緊字，切韻居忍切），詰字改作輕逸切，傾字改作缺營切，凡切韻三等字之變爲四等者，胥視乎此。此切韻一二等與三等字之孳衍爲四等，乃隋唐間音變之一端也。」謝美齡慧琳反切中的重紐問題一文進一步探討了黄淬伯所指出的慧琳音切中三、四等字反切上字之特殊現象，考訂了黄淬伯慧琳一切經音義反切考中的缺誤，發現重紐 A 類字若非用 A 類字作反切上字即用四等韻字，重紐 B 類字若非用 B 類字作反切上字即用 C 類字。基於慧琳反切中重紐 A、B 類字在反切上字裏所呈現的這一特徵，謝美齡認爲可以肯定地説：「重紐 A、B 類字是有分別的，而其區別，應是在聲母方面。」重紐三四等的反切上字往往不同，甚至有些重紐三四等字的切語看似相同，實際上其反切上字也可能並不一致。如葵、逵二字在廣韻中都是「渠追切」，然據宋濂跋本和項子京跋本王仁昫刊謬補缺切韻所載，「葵」字皆爲「渠佳反」〔六六〕。追，陟隹切；隹，職追切。葵、隹、追皆群母脂韻。職，章母職韻入聲；陟，知母職韻入聲。謝美齡慧琳反切中的重紐問題一文説，據周法高廣韻重紐的研究統計，具有重紐 A、B 類諸韻，其切語下字的繫聯，能分成兩類與重紐相應的只有支開、紙開、寘合、旨開、至合、真開、軫合、質開、仙開、仙合、綫開、綫合、薛合、宵、小、笑、侵、寢、琰、豔等二十韻，大約占所有重紐韻（支、脂、祭、真、仙、宵、庚三、清、蒸、幽、侵、鹽，舉平以賅上去入）的百分之三十一左右而已，「則依據韻母來區別重紐 A、B 類，會有 60%以上之例外」。就慧琳音義而言，據黄淬伯慧琳一切經音義反切考卷三韻類考繫聯反切下字結果，出現重紐諸韻攝（止攝、蟹攝、臻攝、山攝、效攝、梗攝、曾攝、六攝、深攝、咸攝），除了① 臻攝真韻之A類字大部分仍保留獨立爲「湮」韻〔六七〕。② 山攝之仙韻系唇牙喉音A類字歸併於先韻，B類字則歸併於元韻。③ 梗攝的A類字清韻唇牙喉音歸併於青韻之外，其他七個韻攝之重紐A、B類字均已隨着韻與韻間的歸併而合流，「本來在廣韻不到40%的區別的話，到了慧琳甚至不及30%。因此，若要主張重紐的區別是在韻母方面，則無論就廣韻或是慧琳而言，都顯得例外太多（60%以上或70%），較之於慧琳反切上字所呈現的明確的區別性（A、B類不互相用作反切上字二一二四，例外只二三次，只占1%），很顯然的，重紐A、B類字的區別並非韻母，而是聲母。」謝美齡在其慧琳一切經音義聲類新考第二章聲類考中還指出慧琳音義反切上字的區別，於唇、牙、喉音聲類的繫聯上往往三、四等析立。她認爲「有一些學者主張重紐的區別是在介音，但是根據慧琳反切的繫聯，三等韻重紐A類的唇、牙、喉音和四等韻字往往合流（如仙先、清青、鹽添等），可見其分别不在介音。」〔六八〕黄淬伯唐代關中方言音系説，在分析慧琳反切時，發現以下幾個規則：（1）反切上下字韻母的第一元音（即韻頭）要求一致。不論開合口音，上字的使用，完全決定於韻母的第一元音。（2）反切上字除定聲、定清濁之外，又有聲調的選擇。（3）反切下字的聲母和上字聲母的發音部位有要求一致的傾向。指出慧琳「反切上字系類的區分，完全決定於韻母的第一元音。换言之，同一聲母，因結合的韻母第一元音的不同，便形成不同系别的上字。這種系别，不僅表明聲母，同時也表明聲母和韻母的結合形式。」「聲母是輔音音位，聲類是反映聲母和韻母的結合形式。聲母的職能在於區别字義，聲類的作用在於描寫。」

根據黄淬伯所作慧琳的反切，實際上重紐的區别或許不是由聲母或韻母單一的因素所決定，而是取決於聲母和韻母的結合形式，且與介音有密切的關係。潘悟雲漢語歷史音韻學一書即根據介音的反切行爲得出推論1，一種音韻的區别特徵如果有時反映在反切上字，有時反映在反切下字，這種區别特徵只能是介音的區别，因爲聲母和主元音、韻尾都不可能具有這種反切行爲。推論2，同一個韻目下面的韻類帶有相同的主元音和韻尾。指出「重紐三四等的實際語音區别，只能是聲母、介音和主元音三者之一。雖然有人主張重紐爲聲母區别者，但其説無音理、材料的依據，影響很小。影響較大的爲元音區别説和介音區别説」。潘悟雲在書中除了從朝鮮、日本漢字音、漢越語、漢語方言和古文獻等方面探討了重紐爲介音區别説的證據外，着重指出「切韻介音的反切行爲與聲母、韻母不一樣，重紐的反切行爲與介音一致，這是重紐反映介音區别的最重要的内部證據」。認爲在有重紐的韻系中進行反切下字系聯，大體可以得到重紐兩類，可見重紐的信息能反映在反切下字。但是重紐兩類的區分有時又反映在反切上字，如「賁」（重紐三等）彼義切，「臂」（重紐四等）卑義切，反切下字相同，靠反切上字「彼」（重紐三等）和「卑」（重紐四等）來區分兩者。「重紐的這種反切行爲，無疑反映介音的不同」〔六九〕。潘悟雲在慧琳音義研究序中曾指出：「漢語的發展，唐宋是轉捩點，前此是中古漢語，後此是近古漢語，而中古漢語又可按蒲立本的意見分爲早期和晚期中古漢語。前者以切韻爲代表，反映六世紀前後金陵、洛下的書音系統。後者以慧琳之作爲代表，反映唐代標準語的變遷。」「慧琳音義正處於中古漢語從早期到晚期的轉捩點上。」黄淬伯唐代關中方言音系第六章就唐代關中音系和切韻音系作了比較，指出關中方言韻母和切韻韻母對比，首先是切韻中所謂「重韻」都依類合併；其次，慧琳反切上字和切韻反切上字對比，反映了切韻時期非[i]韻頭的韻母，到了唐代關中方言，有的發生了弱音[I]，有的擴展了强音[i]。據敦煌殘卷守温字母「在家疑是客」這一條説：「都江切椿字，迷者言，都字歸端字，椿字歸知字，生疑或（惑）。不知端字與知字，俱是一家。」又據「別國却爲親」條中説：「緣都字歸端字，椿字歸知字，歸處不同，便似別國。雖歸處不同，其切椿字是的親。」〔七〇〕切韻椿，都江切，聲母是非[i]元音前的t，整個字的音韻構造爲[toŋ]。黄淬伯唐代關中方言音系説：「慧琳描寫的關中音，椿字雖未見，依照江部反切上字，不是A系，而是改用B系，因此椿字存在的音讀，應爲[tioŋ]。經過切韻和慧琳音對比，可以看到椿字古今音的變化爲toŋ＞tioŋ。守温時，有『椿字歸知』之説，它的反切上字和慧琳音改用的B系正相一致。」指出「端和知，反切上字雖不同，可是聲母同是[t]，是一家，是嫡親。由此可見，守温所説之『舌上音』，並不是聲母有異，只表明『端』是非[i]元音前的聲母[t]，『知』是[I]元音前的聲母[t]而已。」由舌上音中介音對聲母的影響，似可推測重紐也是由於介音的作用而導致聲母的區別，介音的强弱形成了重紐三等和四等。一般認爲重紐四等的介音爲i；至於重紐三等，潘悟雲漢語歷史音韻學一書認爲「切韻時代二等和重紐三等的介音是ɯ」。隨着重紐四等介音和重紐三等介音的趨同爲i，聲母的區別也漸消失。如慧琳音義中仙韻重紐三等併入元韻，四等併入先韻。一切經音義記載中古音裏的這種重紐現象，如「重紐A類字若非用A類字作反切上字即用四等韻字，重紐B類字若非用B類字作反切上字即用C類字」在玄應音義中尚不明顯，在慧琳音義中則頗爲顯著〔七一〕，比較兩者的區別，或許有助於對重紐兩類的區別作進一步的研究和解釋。

玄應、慧琳和希麟所注反切往往依據當時的實際讀音，大致反映了語音的演變發展。如周祖謨切韻與吴音一文説：「景審一切經音義序説：『至如武與綿爲雙聲，企與智爲疊韻，若斯之類，蓋所不取。』這都指不取切韻音而言。切韻一系書仙韻『綿』音武連反，去聲寘韻『企』音去智反，與景審所説正相合。『武』『綿』切韻是雙聲，所以用『武』切『綿』，景審説慧琳不取，可證『武』字已不讀重唇。『企』『智』二字切韻一系書同收支韻去聲寘韻，而且以『智』切『企』。（廣韻企又見上聲紙韻，音丘弭反，非陸書之舊。王寫本切三紙韻中尚無企字。）但慧琳音義卷一百肇論上卷『企懷』條『企』音詰以反，與『企』同音的『跂』字，或音詰氏反（見卷十五「足跂」條），或音詰以反（見卷五十三「跛跂」條和卷七十九「跂行」條），或音詰紙反（見卷九十八「烏跂」條）。『企』『跂』都讀上聲，不讀去聲。『氏』『紙』二字切韻都是支韻上聲紙韻字，『以』則在之韻上聲止韻。慧琳在『跂』下引考聲云翹足也，跂作上聲讀當出自張戩書。慧琳音義卷八十六『跂鳳』條『跂』音『企』，足證『企』字音詰以反不誤。如此説，『企』字不僅不讀去聲，而且可以與上聲止韻同韻，所以景審指出切韻『企』以『智』爲疊韻，今所不取。玄應書則『企』仍作去聲讀。」〔七二〕矢放昭文慧琳音義所收玄應音義的一個側面一文就慧琳音義卷三十一中收録的玄應所釋大灌頂經部分與單刊玄應音義中的大灌頂經作有比較，這部分中的反切有六十九例，其中十例沿用玄應的反切，五十九例則有所改變。如「惋恨」的「惋」，廣韻爲「烏貫」，玄應音義的反切爲「烏喚」，慧琳音義改爲「於願」；「懇惻」的「懇」，廣韻爲「康很」，玄應音義的反切爲「口很」，慧琳音義改爲「口恨」〔七三〕。從玄應音義和廣韻及慧琳音義的異同中可以略窺中古音演變的過程。

一切經音義中大量的反切材料可供考察中唐時的語音系統和研究某些語音的演變過程。如唇音字在切韻裏本有獨立的韻類，不過很不一致，到慧琳音義裏都獨立了。喉牙音、舌音、齒音在切韻裏已間或有獨立的，在慧琳音義裏這種傾向更顯著了〔七四〕。潘悟雲中古漢語輕唇化年代考一文據慧琳音義和五經文字中唇音分爲輕、重唇兩類，考定「八世紀七十年代的長安方言就已經發生輕唇化了」〔七五〕。

根據一切經音義的注音材料往往可考知其時有關韻書的注音依據以及反映其時語音的情況。如「慧琳音義説韻英的音是秦音，所舉的覆字、阜字都是切韻尤韻系的字。切韻覆字在宥韻，阜字在有韻，慧琳説覆音敷救反，阜音扶久反都是吴楚之音，正指切韻音而言。韻英覆音敷務反，務切韻爲遇韻字，阜音扶武反，武切韻爲麌韻字，這都表明切韻尤韻系輕唇音字韻英都讀同麌韻系。」〔七六〕根據慧琳所注的反切可探索其時語音與切韻的異同。又如麻杲切韻裏「母」音美詁反，法華經釋文指出古切韻用吴音作莫厚反，與陸法言切韻歸韻不同，這與元廷堅的韻英是相同的。慧琳音義多取韻英音，其卷四「茂盛」條説：「上莫侯反，吴楚之音也，韻英音模布反。」「茂」即「母」字的去聲。切韻歸侯韻去聲候韻，韻英則歸入模韻去聲暮韻。慧琳音義卷六十根本説一切有部毗奈耶律卷二十八「聳茂」條「茂」亦音「暮」。又卷三十八「拇指」條説：「上莫補反。古今正字云：足大指也。」「拇」與「母」是同音字，「莫補反」與「美詁反」相同，切韻「母」、「拇」都歸侯韻上聲厚韻，慧琳則歸入模韻上聲姥韻。據此可知切韻侯韻系的唇音字韻英歸入模韻系，而麻杲切韻與韻英正相同。由慧琳音義的注音可知「這兩種書都應是根據唐代北方音來作的」〔七七〕。

一切經音義中的音譯外來詞和真言、咒語等保存了大量的梵漢對音材料，這在考定中古音系的音值方面頗具參證價值。「由於譯經所據原本是拼音文字，若把原文與漢語音譯詞放在一起聯繫比較，可以考察出某些漢字在當時的音值，大大促進對古代漢語音系的構擬。由於音譯詞譯出的年代和地域的差異，在排除原典語音的差異之後，能爲漢語語音變化提供十分有意義的材料。」〔七八〕鋼和泰在音譯梵書與中國古音一文中説：「釋迦牟尼以前，印度早已把念咒看得很重要。古代的傳説以爲這種聖咒若不正確的念誦，念咒的人不但不能受福，還要得禍。梵文是諸天的語言，發音若不正確，天神便要發怒，怪念誦的人侮蔑這神聖的語言。這個古代的迷信，後來也影響到佛教徒，所以我們讀這些漢文音譯的咒語，可以相信當日譯音選字必定是很慎重的，因爲咒語的功效不在他（它）的意義，而在他（它）的音讀，所以譯咒的要點在於嚴格的選擇最恰當的字音。」「我們僥倖保存著許多陀羅尼咒，不但有漢文，還有印度原文。假如我們在一篇咒裏見梵文 vivid'a 的漢文譯音是『尾尾馱』，我們就可斷定當時當地的人讀『尾』如 vi，讀『馱』如 d'a。如果當時没有一個單字可以表出梵文 d'a 的音，那原譯的人早已用『二合』的常法，用兩個漢字來譯這一個音了。他不用兩個字，而用一個『馱』字，可見當時的『馱』字必不讀今音，而讀 d'a 之音。梵咒的音讀因爲有宗教的性質，故在中國古音學上的價值比一切非宗教的譯音（如地名、人名等）格外重要。此外，這些咒還有一個優點：譯音的姓名與年代往往都有記載可考，不比那些不帶宗教性質的地名、人名大都是不知起於何代的。況且平常的外國地名、人名至多不過是幾個字，而一篇陀羅尼裏有時竟有幾百或幾千個字的。這一點更可見這些梵咒的價值了。」〔七九〕汪榮寶歌戈魚虞模古讀考一文也指出：「夫古之聲音既不可得而聞，而文字又不足以相印證，則欲解此疑問者，惟有從他國之記音文字中求其與中國古語有關者而取爲旁證而已。其法有二：一則就外國古來傳述之中國語而觀其切音之如何，一則就中國古來音譯之外國語而反求原語之發音是也。」「若夫中國古來傳習極盛之外國語，其譯名最富，而其原語具在，不難覆按者，無如梵語，故華梵對勘，尤考訂古音之無上法門也。」〔八〇〕譯經所據的原本是梵文或吐火羅語等中亞古語，玄應、慧琳和希麟在解釋經文中的外來詞時往往指出其不同譯名，將玄應所釋這些不同譯名與佛經原文作比較，根據這些外來音譯詞譯出的年代和地域的差異，可以考察出某些漢字在當時的音值和古今語音的變化。

一切經音義保存的很多古音資料還可供考定某些古音。如「態」，説文今本爲：「意態也，從心從能。」慧琳釋大寶積經第一百零九卷中「姿態」一詞引説文則作：「恣也，從心能聲也。」（卷十五）能，古音「耐」，與「態」原是疊韻爲訓。

玄應、慧琳和希麟撰音義都大致以當時的通語讀書音爲標準，玄應常標某地作某音，包括關中、山東、江南、蜀、幽、冀等地的語音，慧琳則頗注重秦音和吴音的區别〔八一〕。潘悟雲慧琳音義研究序談到慧琳音義在研究漢語方言史上的價值，指出「漢語各大方言，大體在唐宋之間定形。一般都認爲，各方言的文讀系統與中古音之間有較嚴格的對應關係。不過嚴格説來，與方言文讀系統對應的是晚期中古漢語，而不是早期中古漢語。日本的漢音、漢越語也都借自晚期中古漢語。因爲切韻在中國音韻史上的權威性，研究中古音的都言必切韻。但從現代各方言的流變着眼，對晚期中古漢語的研究就更有意義。如南方許多方言中，真韻往往分爲兩類，真韻重紐三等喉牙音與欣文韻合爲一類，與重紐四等讀音不同。這種現象與切韻不合，而與慧琳音義分類相同。」

從玄應音義中提到的一些方言的差異，可以大致看出唐初方言區域劃分的情形〔八二〕。如：

什物：「江南名什物，北土名五行。」（卷二）

潘澱：「江北名泔，江南名潘。」（卷九）

箭金：「箭鏃也。關西名箭金，山東名箭足，或言鏑，辨異名也。」（卷十一）

從慧琳音義中可看出當時南北方音的差異。如：

堆阜：「下扶久反，吴楚之音也。韻英云『音扶武反。』」（卷十二）

無復：「下吴音扶救反，秦音馮目反。」（卷二十七）

一切經音義中的這些方言語音材料在研究古方音時具有重要的價值。如姚永銘慧琳音義與大型字書編纂一文説：「漢大依據廣韻、集韻等標注中古音，但有時中古音與今音不合，碰到這種情況，一般都會以爲是以後語音演變的結果，其實未必。例如『疼』字下引廣韻徒冬切，注音爲 téng。『徒冬切』折合成今音應爲 tóng，與 téng 音不合。考慧琳音義卷 59『疼痛』條：『徒冬反。……俗音騰。』據此，則唐代『疼』字已有『騰』音，只不過因爲是俗音，切韻系韻書未收而已。」〔八三〕檢慧琳所釋是轉録玄應音義卷十四釋四分律第四卷「疼痛」條之文，原文爲：「又作痋、胗二形，同。徒冬反。聲類作㾮。説文：痋，動痛也。釋名：疼，痹也。下里間音騰。」檢廣韻「疼」有二切，一爲徒冬切，定母冬韻合口一等平聲；一爲徒登切，定母登韻開口一等平聲。玄應所釋與廣韻同。唐代西北方音中「東」、「登」通韻，如釋定惠撰俗流悉曇章最後一首的下闋爲：「無爲法性妙開通，愚迷衆生隔壁聾，容龍洪舂，普勸同燃智燈。」文中以「燈」叶「通」、「聾」、「舂」。玄應所説「疼」下里間音「騰」也正印證了唐時方言中有東韻讀如登韻的這種語言現象〔八四〕。説文無疼，其釋「痋」云：「動病也。」段注：「痋即疼字也。今義疼訓痛。」説文又云：「痛，病也。」痛、病有相通之處，故玄應釋「痋」改説文「動病也」爲「動痛也」〔八五〕。疼爲疰的後出字，廣雅：「疼，痛也。」桂馥説文義證引張揖雜字云：「痛，癢疼也。」汪維輝東漢-隋常用詞演變研究説，「疼」最早見於西漢文獻，可能是西漢產生的一個口語詞。「很可能『疼』最初只是『痛』的一種方言變體，按那種方言的讀音把它記録下來，就成了『疼』字。」〔八六〕疼、痛同義組成並列複詞。如東漢康孟詳譯佛説興起行經卷上：「佛被刺已，苦痛、辛痛、疼痛、斷氣痛。」(4/168c)三國吴支謙譯撰集百緣經卷三：「倍複疼痛，垂欲命終。」(4/216c)又如玄應音義卷十四所釋四分律卷四，原文爲：「脚脚相累，極患疼痛，一心忍之。」(22/592c)

至於疼的讀音下里間何以音騰，這反映了通攝的讀音有文白兩個歷史層次，文讀爲 uŋ，白讀爲 əŋ。據六書故載：「吴人謂人儂。」按語云：「此即人聲之轉，甌人呼若能。」今温州方言讀「儂」亦爲「能」，蘇州市郊及吴江、昆山一些鄉村東(冬)韻讀如登韻：東=登，懂=等，凍=凳，同=騰，農=能，棕=增，從=層，聾=楞，韻母都是 əŋ。紹興諺語「燈籠殼打老姥(妻子)」、「瞎漆皮燈籠」中的「籠」讀作登韻 ləŋ。吴江讀「吴淞江」的「淞」也爲登韻 səŋ。閩語中東韻也有文白兩種讀法，文讀大體上都讀圓唇音，白讀則讀不圓唇音。潘悟雲説儂一文已指出這表明：「通攝字的不圓唇讀音是一種比較古老的讀法，圓唇讀法則是後來產生的。」〔八七〕紅樓夢中也存有這種語言現象，如：

他兩家的房舍極是便宜的，咱們先能著住下，再慢慢的著人去收拾，豈不消停些。(第四回)

這絹包兒裏頭是姑娘上日叫我作的活計，姑娘别嫌粗糙，能著用罷。(第三十七回)

要使什麼，横竪有二姐姐的東西，能著些兒搭著就使了。(第五十七回)〔八八〕

例中的「能」是方言記音詞，有「勉强將就、用力湊合」等敷衍、對付義。可寫作「農」。如醒世姻緣傳第七十五回載童奶奶對狄希陳説：「衣裳如今時下就冷了，你或者買套秋羅，再買套紵絲。裏邊小衣括裳，我陪上幾件兒，農著過了門，慢慢的你們可揀著心愛的做。」〔八九〕也可寫作「膿」。顧起元客座贅語詮俗云：「家敗而姑安之，事壞而姑待之，病亟而姑守之，凡皆曰膿。」如金瓶梅詞話第四十一回：「姐姐，你知我見的，將就膿著些兒罷了，平白撑著頭兒，逞什麼强！」又寫作「濃」。如醒世姻緣傳第八十四回載周景陽對駱校尉説：「大家外邊濃幾年，令親升轉，舍親也或是遇赦，或是起用的時候了。」又寫作「𩟒」。胡文英吴下方言考卷七云：「𩟒，充也，勉强也。吴中謂勉强而充曰𩟒得過。」又寫作「矃」。如李漁風箏誤第十三出：「不妨，我另有個救急之法，權且矃過一宵，再做道理。」又寫作「擃」。如浦琳清風閘第十五回：「我陰靈引領你到小繼家借貸些須，擃過殘冬，明正大發。」又寫作「噥」。如海上花列傳第二十四回：「耐搭俚相好仔三四年，也該應摸著點俚脾氣個哉，稍微有點勿快活，耐噥得過就噥噥罷。」九尾龜第一百六十六回：「沈二寶不肯和他説真話，只説：『生意也嘸啥好，噥噥罷哉。』」能、膿、濃、矃、𩟒、噥皆爲「勉强將就、用力湊合」等敷衍、對付義的方言記音詞。

從語音學原理上分析，u 的共振峰很低，ŋ 的共振峰也較低。唇音和舌齒音後面如果跟着一個央後元音，它的過渡段的共振峰 f2 很接近於 u，很容易發展爲過渡音 u。疼的擬音爲 tʻuŋ，既有 u，又有 ŋ，兩個低的共振峰合在一起産生異化，於是變爲 tʻəŋ。丁聲樹古今字音對照手册認爲疼的開口音來自𤺄。廣韻：「𤺄，痛。」𤺄可能就是用以記玄應所釋下里間音的專字，兩者爲同根分化〔九〇〕。

一切經音義記載了所釋詞語的反切異讀，這些異讀不僅反映了已經分化定型的、正在分化的、將變而尚未完成音變的語音演變現象，而且還可能保存了上古構詞形態的信息。潘悟雲曾説：「通過經典釋文的異讀的研究，也許能夠開闢一條探索上古漢語形態之謎的途徑。」〔九一〕一切經音義中的異讀也同樣是解開上古漢語形態之謎的重要綫索。如玄應音義卷十三釋遺教經「堤隯」之「堤」爲「都奚、徒奚二反」，廣韻亦有「都奚、杜奚」二切，一爲端母齊韻，一爲定母齊韻，反映了上古清濁交替的形態現象〔九二〕。語言的演變和發展具有時空性，正如明代古音學家陳第所説：「時有古今，地有南北，字有更革，音有轉移，亦勢所必至。」〔九三〕「一郡之内，聲有不同，繫乎地者也；百年之中，語有遞轉，繫乎時者也。」〔九四〕語言是一個不斷變化的結構，語言結構的變化通過兩個途徑來實現。其一是語言異質結構從前一階段向後一階段的演化，其二是語言異質結構從這一地區向那一地區的擴散。前者是語言的時間變化，後者是語言的空間變化。一切經音義所釋方俗口語詞的不同讀音有的是時有古今的語音演變，有的則是聲有不同的各地説法不同。

3. 一切經音義與詞彙學研究

詞彙總是處於不斷吐故納新的動態變化之中，反映舊概念的詞語不斷被反映新概念的詞語所替代，體現新時代出現的新事物的新詞語又不斷地涌現出來。詞彙數量的增加、詞義的更新演化、詞語用法的變遷等無時無刻不在進行之中。新詞給一個時代的詞彙增添了生機和活力，新義則豐富了一個時代原有詞彙的内涵與表現力。詞彙的發展包括詞和詞義兩個方面。一方面詞彙作爲信息的載體，隨着社會政治經濟文化的發展，勢必産生許多新詞。另一方面每個時代都會産生大量的新詞和新義，這是詞彙發展的總趨勢。任何一個新詞義成分的産生，都會經歷由量變至質變的發展過程。只有經過量變的積累，詞義才會具有發生質變的可能。一個新詞或新的義位往往首先出現在口語中，經過詞彙擴散而進入通語，然後再被載入文獻。因而不同類型的文獻所反映的新詞新義有多少的不同。佛經漢譯的歷史正值漢語發展史從上古漢語轉向中古漢語，並又向近代漢語轉折的歷史時期。一切經音義主要收釋經文中難理解的詞語，涉及東漢至唐時出現的大量新詞新義、方俗口語詞和外來詞語，客觀上具有當時譯經語言貼近生活的口語色彩，其詞彙系統是佛經詞彙的一個共時聚合體，由各個不同來源的詞語彙集而成，文白相間，新舊質素融和交替，舊義的延續和新義的誕生共存於同一歷史平面，形成了絶對動態演變、相對静態聚集，雜源而一統、同處而異彩的特色，相當於一個壓扁了的立體平面，疊置着從歷史上各個時期傳承下來的不同歷史層次的詞語。雖然佛經本身的記載也是豐富的語料，但玄應、慧琳和希麟則集漢文佛典詞語之大成，對這些語料作了爬梳和歸納，既有其所釋佛經的點上的語料，又有各個點間的繫聯綫索，較爲全面地反映了其時佛經詞語研究的狀況。因而在反映語言的演變上，可以説一切經音義的記載要比佛經本身的記載更勝一籌，在某種意義上也可以説是對中古漢語詞彙的一個較爲全面的總結，客觀上如實反映了中近古漢語詞彙的發展和演變概貌，人們從中能真切地瞭解這些處於成長過程中的新的語言成分，觀測到語言的動態變化和新詞義成分的變遷過程。下文就一切經音義所釋複音詞、方俗口語詞、外來詞及其所反映的古今詞義演變等略作論述。

（1）一切經音義與複音詞

雙音節詞的産生和發展在漢語史中關係到漢語詞彙系統面貌的根本性變化[九五]。就語義而言，由單音詞合成的雙音詞體現了一個由詞組或短語詞義逐漸凝固成詞的變化過程。詞組或短語詞是雙音詞最主要的來源。據認知心理學的研究表明，當構成一個句法單位或者雖不構成一個句法單位但在綫性順序上鄰接的兩個詞由於某種原因經常在一起出現時，語言使用者就有可能將其視作一個整體而不再對其作内部結構的分析，這樣就使得二者之間原有的語法距離縮短或消失，最終導致原來的語法結構功能的虚化，進而由相鄰接的兩個詞凝固爲一個雙音詞。漢語雙音詞往往是由兩個單音詞的臨時組合而逐漸固定下來的，其最初尚是一個詞組，搭配靈活，單音詞與單音詞之間可以自由搭配，其各自所表示的詞義在由其組合成的詞組中有所虚化。隨着兩個單音詞之間的搭配關係逐漸固定，這兩個單音詞也就由臨時組合的詞組凝固成一個詞，由其組合成的詞組的詞組義在其各自原來表示的具體義基礎上進一步抽象虚化或簡化，從而形成了由其所組成的雙音詞的詞義。一般來説，單音詞大多數是多義的，而由它們組成的複音詞大多數是單義的，因而，單音詞組合成的詞組凝固成複音詞，實際上也就是多義的單音詞抽象虚化或簡化成爲單義的雙音詞，即由多義虚化或簡化爲單義的詞彙意義演變，同時也可看作是由詞組虚化凝固爲詞的一種詞彙語法化現象[九六]。最初的雙音詞一般是從非詞的句法結構演變來的。當句法結構有所變化時，其詞義必然也會有變化；反之，當其詞義有所變化時，也會引起句法結構的變化。漢語雙音詞作爲詞彙系統中後起的一類成員，其衍生實際上經歷了一個結構功能虚化的語法化演變過程。語法化理論的一個重要假設是「句法到詞法」的演變，這在一些印歐語言中主要表現爲獨立的詞變爲粘附成分（clitics），進而演變爲詞綴、屈折成分。漢語作爲孤立語，詞綴不發達，屈折成分除了變調構詞法外幾近於無，且造字法、構詞法和造句法的規則基本上相似，故句法到詞法的變化主要以雙音句法單位演變爲雙音詞的形式表現出來，這是漢語的一個特點。

從歷時的角度看，單音詞的發展演變較爲單純，雖也有可能發生語法化，從實詞變爲虚詞，但這還是在詞這一大的範疇内次範疇的變化，而更多的只是詞義的變化，不涉及範疇性質的大的變動。其形式上的替换只是在所指（signified）基本不變的情況下能指（signifier）的變化，而這些不同的能指在大的範疇上是相同的。雙音詞在産生和發展過程中所經歷的變化與單音詞相比則更多更複雜，往往涉及範疇性質的大的改變，引起了漢語詞彙系統的本質性的變化，改變了詞彙系統的整體面貌。很多雙音詞在發展過程中都經歷了一個從非詞的分立的句法層面的單位到凝固的單一的詞彙單位的語法化過程，即由短語詞或詞組演變爲詞。從短語詞或詞組義到詞義的語義演變包括了一個隱喻（metaphor）抽象化的過程，即語義由長度認知域延伸到品格、特性等其他更爲抽象的認知域。這種變化符合人們從個別到一般、從具體到抽象的認知模式。在詞組或短語詞凝固成詞的過程中，其原有詞義的理據隨着其結構功能的語法化而模糊化，彼此間在意義上具有更多的相似和相關性，結果導致其原有形式的句法範疇發生改變，由一個非詞形式變爲詞。現代漢語中的雙音詞大多由詞組凝固而成。其詞義有的可以從字面上來理解，如健美、熱愛、史料、自願、春花、秋雨、憂愁、可愛、月亮、凱旋等；有的則已有所引申，如「晚會」不只是其字面義「晚間的集會」，而是「晚上舉行的以文娱節目爲主的集會」；「説唱」在表示一種連説帶唱的表演藝術時，就不只是説話和按照樂律發出聲音；有的則是由原詞素義的修飾比喻義凝固而成，如電腦、春心、紅娘、黛眉等。

語言是一個系統，這個系統中某個詞語的變化常常與其他的詞語相關聯。詞彙的發展又具有累積性的特點，共時平面上使用的詞彙就其來源而言含蘊着歷時的積澱。因此，雙音詞替代單音詞不只是簡單、孤立的音節單雙之變，而是一個和語義内容的衰亡、發展、重新分配緊密聯繫的複雜過程。現代漢語中的許多複合詞在先秦本是詞組，這些由詞組凝固而成的複合詞一般都經歷有兩個構詞詞素獨立並存同時又是緊相結合的歷時演變過程。王力在漢語史稿中指出：「如果爲了編寫一部漢語大辭典，古人的研究成果還是不夠用的，因爲(一)他們只注意上古，不大注意中古以後的發展。(二)他們只注意單音詞，不大注意複音詞。所以這一方面的工作還需要投入巨大的人力，才能有所成就的。」[九七]玄應、慧琳和希麟收録的詞客觀上反映了東漢至隋唐的口語使用情況，詮釋詞語往往由單音詞的詞義上溯墳典，反映了上古漢語的發展情況，同時又下稽方俗，反映了古代漢語由單音詞向複音詞發展的演變情況，從一切經音義收録的雙音詞目以及分別對詞目上下字所作的訓釋，可以瞭解漢語複音詞經歷的由詞組轉變到由詞根複合的複合詞的凝固過程。對於研究近代漢語和現代漢語中某些詞語的源流演變可以説具有特殊的價值。如玄應音義釋四分律第十三卷「撩理」之「撩」説：「力條反。通俗文：理亂謂之撩理。又説文云：撩，理之也。謂撩捋整理也。今多作料量之料字也。捋音力活反。」(卷十四)據玄應所引通俗文「理亂謂之撩理」，撩理是東漢已出現的俗語詞。説文：「撩，理也。」北周庾信夢入堂内詩：「畫眉千度拭，梳頭百遍撩。」羅隱白角篦詩：「莫言此個尖頭物，幾度撩人惡髮來。」撩、理同義並列爲複音詞「撩理」而有玄應所説「撩捋整理」義，如唐阿地瞿多譯陀羅尼集經卷十二：「其坑當中留一土心。其土心上，以香湯和浄牛糞泥作蓮華座，必須加意精細撩理。」(18/887a)又如玄應音義卷十八釋解脱道論第一卷裝揀云：「今中國人謂撩理行具爲縛揀。」「撩」後又寫作「料」，即玄應所説「今多作料量之料字也」。如樂府詩集懊儂歌十二：「髮亂誰料理，托儂言相思。」又如齊民要術卷九作菹藏生菜法：「束根，入沸湯，小停，出。及熱與鹽、酢。細縷切橘皮和之。料理，半奠之。」引申則有「照料、處理」義。如南唐史虚白釣磯立談：「望其旄纛之所指，舉欣欣然而相告曰：『是庶幾其撩理我也。』」亦可寫作「料理」。如東晋僧伽提婆譯中阿含經卷五十：「我大家居士婦鞞陀提實瞋，非不瞋也，但因我善能料理家業，善經營，善持故。」(1/744c)又如世説新語簡傲：「王子猷作桓車騎參軍，桓謂王曰：『卿在府久，比當相料理。』」由「照料、處理」義引申又有「制辦、安排」義。如二刻拍案驚奇卷三：「孺人也絶早起來，料理酒席。」「料理」一詞沿用至今，現代漢語中的常用義爲「辦理」、「處理」，如「料理家務」。據玄應音義的解釋，可知其原本寫作「撩理」。由於「撩」除了有「整理」義外，還有「掀起」、「挑逗」等義，隨着「撩」的「掀起」、「挑逗」等義爲人們所使用的頻率漸大於其「整理」義，同時「料」由「估量」義亦引申而有了「審理」、「處理」義，發展至唐代「撩理」遂爲「料理」所替代。其時詩詞中往往將「撩理」的「挑逗」義也寫作「料理」，如盧祖皋謁金門詞：「做弄清明時序，料理春酲情緒。」詞意謂爲春酲情緒所撩惹。又如杜甫江畔獨步尋花七絶句之二：「稠花亂蕊畏江濱，行步敧危實怕春。詩酒尚堪驅使在，未須料理白頭人。」詩意謂未須逗弄白頭人[九八]。「料理」一詞後爲日語借用，成爲日語中的常用詞，日語用「料理」一詞表「順利地處理事情」義，又由此義引申發展有「做菜、烹飪」和「菜肴」義，韓語中「料理」一詞的「菜肴」義則間接地借用日語。「料理」的「撩捋整理」和「照料、處理」義中含有「整治加工」義，而吃是人的生活中必不可少的一部分，做菜和烹飪之前也必須對飯菜的原材料作一番洗滌切削的整治加工，故可引申而指烹飪前的整治加工。如唐義净譯根本説一切有部毗奈耶破僧事卷十二：「舅買一兔，使令料理：『我暫洗浴，即來當食。』彼料理已，舅未至間，便食一脚。舅洗浴回，問其外甥：『料理竟不？』答曰：『已了。』舅曰：『料理既竟，將來我看。』」(24/159c)又如紅樓夢第八十一回：「月上去料理精細素菜。」因烹飪加工的物件是飯菜，故又由烹飪前整治加工的動詞義再進一步引申而特指烹飪好的菜肴。

玄應音義所釋爲我們提供了揭示「撩理」演變爲「料理」的綫索。

作爲語言的建築材料，詞彙具有歷史的繼承性，同時又處在經常的變化與發展之中。語言的詞彙是不斷發展的，詞彙發展的主要方式是創造新詞，而新詞的創造又是在已有的語言材料和構詞方法的基礎上進行的。新詞的語音形式和意義内容的關係就往往不是偶然的，而是歷史地形成的。依據一切經音義的記載，往往可追索這些詞演變的綫索，揭示其分别以何種方式、由哪種途徑漸漸結合而成，多側面、多角度地考察分析這些語言現象。

如玄應音義卷二釋大般涅槃經第十五卷中「覺寤」一詞云：「居効反。寤，覺也。蒼頡篇：覺而有言曰寤。經文作悟，文字所無。又作悟，謂解悟之悟，非眠後覺寤也。」大般涅槃經原文爲：「雖常覺悟，亦無覺悟，以無眠故。」(12/457a)玄應指出「寤，覺也」，即「眠後覺寤也」；悟「謂解悟之悟，非眠後覺寤也」。又慧琳音義卷四十一釋六波羅蜜多經第五卷中「覺寤」一詞云：「上江岳反，又音教。博雅：覺，知也。下五故反。毛詩云：寤亦覺也。説文從㝱省，吾聲。」原文爲：「佛告慈氏：以是因緣，當知女人不應親近，乃至夢中不應思想，况覺悟時而行欲事。」(8/887b)慧琳指出「覺」音「江岳反，又音教」，有「知」義，「寤亦覺也」。又在卷二十九釋金光明最勝王經第八卷「睡寤」一詞云：「上垂涙反，眠也。下音悟，睡覺也。」覺，有「睡醒」義，又有「知」義；音「江岳反」，又音「教」。下文就一切經音義有關「覺」的記載對「睡覺」的演變凝固成詞略作探討。

考玄應音義卷三釋摩訶般若波羅蜜經第二十七卷「覺已」之「覺」云：「居効反。覺，寤也，謂眠後覺也。」慧琳音義卷九轉録時改爲「居孝反」，卷二十六轉録雲公釋大般涅槃經第十五卷覺悟之「覺」爲「交教反」，卷十二釋大寶積經第三十五卷不覺之「覺」爲本音角，卷二十四釋方廣大莊嚴經覺寤之「覺」爲「江學反」，又卷四十一釋六波羅蜜多經第五卷覺寤之「覺」云：「上江岳反，又音教。」卷七十八釋經律異相第十三卷驚覺之「覺」云：「交效反，又如字作角。」據廣韻，「覺」有二切，一爲古效反，見母肴韻去聲；一爲古岳反，見母覺韻入聲。一切經音義所釋居效反、居孝反、交教反和又音教即古效反，江學反、江岳反和本音角即古岳反。「覺」，上古爲覺部。説文：「覺，寤也。從見，學省聲。一曰發也。」寤即「睡醒」義，發爲「曉悟」義，段玉裁注云：「即警覺人之意。」「覺」的「睡醒」義和「曉悟」義的詞義演變及見母覺韻入聲和見母效韻去聲的語音演變是語言學上一個值得深入探討的課題。

「覺」的本義爲「睡醒」，引申而有「曉悟」義。「曉悟」義又有自悟和使悟之别。考説文載：「教，上所施下所效也。」「斆，覺悟也。」段玉裁注云：「教、效疊韻。」「斆、覺疊韻。學記曰：學然後知不足，知不足然後能自反也。按：知不足所謂覺悟也。記又曰：教然後知困，困然後能自强也。故曰教學相長也。兑命曰：學學半。其此之謂乎？按：兑命上學字謂教，言教人乃益己之學半。教人謂之學者，學所以自覺，下之效也。教人所以覺人，上之施也。故古統謂之學也。」據段玉裁所説，學即是效，教即使人學，「教」有「學所以自覺」和「教人所以覺人」義，覺人亦自覺。據説文，覺爲形聲字，從見，學省聲。覺亦可視爲會意兼形聲。其造字的理據爲：見而學之，學而有悟。悟可自悟，也可使悟，亦即「自覺」和「使覺」之義。

據慧琳所釋，覺悟之「覺」既可音江岳反，又可音教。江岳反即廣韻古岳切，教即廣韻古孝切。又慧琳音義卷七十八釋經律異相第十三卷「驚覺」之「覺」云：「下交效反，又如字作角。考聲云：覺，睡。覺，顧野王言眠寤也。説文寤也。從見從學省聲。借音字也。」慧琳所説「角」，廣韻古岳切，見母覺韻入聲。交效反即廣韻古孝切。慧琳所釋驚覺之「覺」亦既可音古岳切，又可音古孝切。又據廣韻在「覺」讀入聲的覺韻下載云：「曉也，大也，明也，寤也，知也，古岳切。又古孝切。」在讀去聲的效韻下則云：「睡覺。又音角。」〔九九〕由慧琳所釋可知中晚唐時覺寤之「覺」的讀音有古岳切和古孝切混讀的現象，廣韻則以「覺」的「曉、大、明、寤、知」義爲古岳切，「睡醒」義爲古孝切。又據中原音韻載，覺悟義的「覺」是蕭豪韻的上聲字，由廣韻的古岳切發展而來，今讀 jué；睡醒義的「覺」是蕭豪韻的去聲字，由廣韻的古孝切發展而來，今讀 jiào。〔一〇〇〕

今表「睡眠」義的「覺」亦來自廣韻的古孝切。據慧琳音義卷七十八釋經律異相第十三卷驚覺的引文載，其時張戩所撰考聲云：「覺，睡。」顧野王所撰玉篇亦言「覺」爲「眠寤也」。慧琳所説透露出其時「覺」已由表「醒悟」義的動詞演變有表「睡眠(指從睡着到睡醒)」的名詞義。〔一〇一〕

（2）一切經音義與方俗口語詞

佛經經文雖爲書面語體，却又都是由口耳相傳輾轉翻譯而定，其中既包含了原文中的口語成分，又增添了譯寫中漢語的口語成分。宋釋贊甯在談到佛經翻譯時説：「聲明中(一)『蘇漫多』，謂泛爾平語言辭也。(二)『彦底多』，謂典正言辭也。佛説法多依『蘇漫多』，意住於義，不依於文，又被一切故。」〔一〇二〕「彦底多」指古雅之文；「蘇漫多」指通俗之文。梁啓超在翻譯文學與佛典一文中指出：「佛恐以辭害意且妨普及，故説法皆用通俗語。譯家惟深知此意，故遺語亦務求喻俗。」〔一〇三〕據法顯傳載：「法顯本求戒律，而北天竺諸國皆師師口傳，無本可寫。」(51/864b)又據三國志裴注引魚豢魏略云漢哀帝元壽元年博士弟子「秦景憲從月氏使臣口受浮屠經」。高僧傳卷二載翻譯阿毗曇婆沙時，由僧伽跋澄口誦經本，曇摩難提筆受爲梵文，佛圖羅刹宣譯，秦沙門敏智筆受爲晋本(50/328b)。可見最初翻譯佛經時，尚無書本，僅憑譯人背誦，往往多由西域僧侣口述。這些僧侣大多是通過與漢人交往在短期内掌握漢語的，這些漢語詞語往往多爲俚俗口語。因而在翻譯佛典時，譯者不受文言文的局限，採用了很多當時的通俗口語。由於宗教經典的翻譯尤注重切合經文的原意，而不重在辭藻文采；重在讀者易解，而不重在古雅，所以譯經大師們多以「不加文飾，令易曉，不失本義」相勉〔一〇四〕。這也使佛經中包含了許多口語成分，因而佛經語料反映新興常用詞往往要比中土文獻早一個節拍，佛經可以説是用既包含文言文又包含歷代口語成分的混合語言譯成的。

一般而言，書面語多崇尚典雅，往往排斥口語，佛經的翻譯和傳播則使一大批昔日難登書面語大雅之堂的口語進入書面語中。漢譯佛經中系統地保存了從東漢以來的方俗口語材料，現代漢語中的許多詞語源於這些方俗口語材料。漢譯佛經的語言從整體上看是一種既非純粹口語又非一般文言的特殊語言變體，其既非散文，又非韻文，然而富有節奏感。梁啓超曾指出「吾儕今讀佛典，誠覺仍有許多艱深難解之處。須知此自緣内容含義，本極精微，非可猝喻。亦如近譯羅素、安斯坦諸述作，雖用白話，原非盡人能解也。若專以文論，則當時諸譯師，實可謂力求通俗。質言之，則當時一種革命的白話新文體也。」〔一〇五〕隨着佛教的傳入，大量的域外佛教經典被譯成漢語，據呂澂新編漢文大藏經目録所收今存譯本統計，保留至今的漢譯佛典約有一千四百八十部，五千七百餘卷。這些漢譯佛典大多是在東漢至唐這一段時間内翻譯的，而東漢至唐正是漢語發展史上的一個重要階段，經文中對這一時期語言的演變必然會有所反映。漢譯佛經的語言在一定程度上反映了漢末以後數百年間漢語的實際情況，彌補了這一時期其他漢語典籍中方俗口語材料的不足，提供了研究漢語實際語言變化的寶貴材料。有些詞語在一般典籍中不多見，歷來爭議較大，難以斷論，然而在佛經中不僅有較多用例，而且意義顯豁，可以作爲詮釋這些疑難詞語的有力佐證。一切經音義的編纂宗旨在於弘揚教法，推廣佛經的傳播，便於披讀講解佛經的人正確理解經文文意。本着這一宗旨，一切經音義主要收釋經文中難理解的詞語，其中有一些詞是東漢至唐時出現的方俗詞語，而一切經音義的釋文中也有一些詞是當時的方俗詞語，從而爲我們提供了自漢至唐豐富的方俗口語材料。如慧琳音義卷一百釋止觀下卷「剩食其人」之「剩」：「下文又云剩可爲夫妻。剩音承證反，俗字也，亦楚郢之間語辭也。言剩如此者，意云豈能便如此，是此意也。蓋亦大師鄉音楚語也。」

又如玄應音義卷十釋大莊嚴經論第二卷倚俹之俹：「下烏訝反。字書：俹，倚也。今言俹息、俹卧皆是也。」又卷十四釋四分律第十一卷俹卧之俹：「於嫁反。韻集曰：倚，俹也。今言俹息、却俹，並是也。」據玄應所釋，俹息、俹卧、却俹皆爲其時的口語詞。「俹」有「傾斜」義，與「亞」爲古今字〔一〇六〕。如玄應所釋大莊嚴經論爲唐波羅頗蜜多羅譯，原文爲：「以杖置日中，竪卧俱無影。執杖倚亞者，其影則脩長。」(4/264a)倚亞即倚斜。又作「偃亞」。如佛本行經：「大王當知，我在自宫，以妙種種諸寶爲牀，偃亞而坐。」(3/763a)例中「偃亞」即斜倚、仰靠。又如玄應所釋姚秦佛陀耶舍共竺佛念等譯四分律第五十二卷：「時六群比丘亞卧枕於案上食。」(22/954c)例中「亞卧」亦即倚卧。考杜甫茅屋爲秋風所破歌云：「布衾多年冷似鐵，嬌兒惡卧踏裏裂。」仇兆鰲注：「惡，如字。蔡夢弼草堂詩箋：『惡，烏卧切。』」徐復唐人詩文偶箋説：「惡卧，辭書謂睡相不好，用仇注第一義。蔡音烏卧切，無有用之者，亦不見於通用韻書者，積疑有年矣。考古籍惡與亞通，字亦作俹。玄應衆經音義卷十：『倚俹：倚猶依也；俹，烏訝切。字書：俹，倚也。今言俹息、俹卧，是也。』俹卧，謂兩人相倚而卧。杜詩『惡卧』，疑當用此。蔡音烏卧切，與烏訝切爲一聲之轉。」〔一〇七〕據上引佛經例，亞卧即斜卧。杜詩所説的嬌兒「惡卧」似亦「斜卧」，而非「兩人相倚而卧」，正由於斜卧之睡相不好，故蹬裂了布衾。又如杜甫戲題王宰畫山水圖歌之二：「山木盡亞洪濤風。」詩中「亞」亦爲「傾斜」，謂樹被風刮得俯斜了。

再如慧琳音義卷六十四沙彌十戒並威儀「毛扮」之「扮」：「敷刎反。廣雅云：扮，動也。聲類云：擊也。文字典説：扮從手分聲。經從芬作梤非也。」又卷七十六釋阿育王經第三卷「相扮」之「扮」：「汾吻反。説文：握也。聲類：擊也。手握乾麨互相扮擊。從手分聲。經文從木作枌是木名，誤也。」據慧琳引聲類所釋，「扮」有「擊」義。其所釋阿育王經原文爲：「時阿育王自手行食，從上座爲始盡於一衆，於衆僧末有二沙彌以糗相扮歡喜丸等共戲相擲。」（50/141a）文中「相扮」即「相擊」。錢大昕十駕齋養新録說文本字俗借爲它用說：「說文本有之字，世俗借爲它用者，如扮，握也，讀若粉，今人讀布患切，以爲打扮字。」「扮」由說文所釋「握」義用爲「打扮」義，實際上應是聲類所釋「擊」義的引申。唐蘭釋打一文說：「李登聲類說『扮，擊也』，可見打扮二字意義本是相近的。由聲訓說，和打撲打拍差不多。倉頡篇說：『撲，輕打也。』所以可用作撲粉。扮從分聲，和粉有關。慧琳音義七十六解釋『相扮』是『手握乾麨，互相扮擊』。乾麨是麥粉，扮擊即撲擊，所以打扮也可用做撲粉。古代男女多傅粉，『娥娥紅粉妝』，撲粉是妝飾的第一要事，所以妝飾也叫做打扮。」〔一〇八〕考宋劉昌詩蘆浦筆記卷三打字云：「裝飾謂之打扮。」可用作動詞。如宋盧炳少年游：「繡羅裰子間金絲，打扮好容儀。」又如元王實甫西廂記第五本第四折：「打扮得整整齊齊，則等做女婿。」又可作名詞。如黃公紹端午競渡棹歌：「朝了霍山朝嶽帝，十分打扮是杭州。」又如何應龍有所見：「不著畫羅金縷衣，尋常打扮最相宜。」此詞是魏晉時出現的方俗詞，據唐寫本唐韻載：「扮，打扮，出字林。哺幻反。」〔一〇九〕

（3）一切經音義與外來詞

漢譯佛經中有許多外來詞，一切經音義的編纂宗旨是爲讀者解疑釋惑，佛經中的外來詞也是一切經音義詮釋的對象，根據玄應、慧琳和希麟的解釋可以考知一些外來詞的源流和演變綫索。

如「塔」是佛教東傳在漢語中出現的一個新詞。說文新附卷六：「塔，西域浮屠也。」鄭珍說文新附考曰：「塔初亦止借鞈，齊梁間乃有塔字，葛洪始收之。」王力漢語詞彙史指出：「塔字最初見於晉葛洪的字苑。這個名詞的產生大約在魏晉時代。」並舉魏書西域傳爲例〔一一〇〕。漢語大字典引玄應所釋爲據，首見書證爲南史夷貊傳和魏書釋老志。漢語大詞典的首見書證爲南朝宋謝靈運山居賦。姚永銘一切經音義與詞語探源一文據慧琳轉録玄應音義卷五所釋西晉竺法護譯菩薩行五十緣身經「佛塔」條，認爲雖然玄應所見經文從革作鞈，但足以證明其時已有「塔」這個詞〔一一一〕。檢玄應所釋爲：「他盍反。或云塔婆，或作偷婆，此云方墳，亦言廟，一義也。經文從革作鞈，公帀反，橐也，亦防扞〔一一二〕也。鞈非此義。」實際上根據玄應所釋已足可考知「塔」字早於晉代已出現。如玄應音義卷十九收釋有撰集百緣經第七卷中「塔棖」這一詞條，撰集百緣經爲三國吳支謙所譯，又稱百緣經。檢此經中「塔」字已數見，如：

敕令造塔而供養之。（第二卷，4/209b）

佛在摩竭提國，將諸比丘，漸次遊行，到恒河側，見一故塔，毀落崩壞，無人修治。（第三卷，4/213b）

世尊即以髮爪，與頻婆娑羅王，於其宫内，造立塔寺。懸繒幡蓋，香花燈明，日三時供養。（第六卷，4/230a）

時彼偷人，聞王繫珠，著塔棖頭，密在心懷，即便偷取，匿而不出。時王聞已，塔棖失珠，生大瞋恚。（第八卷，4/243c）

據此可證「塔」字至遲在三國時就已產生。又據我們檢佛經所載，實際上「塔」字在東漢時已出現。如：

佛言：「復置是三千天下七寶塔。」（東漢支婁迦讖譯道行般若經卷二，8/433a）

令人人作七寶塔，是輩人盡形壽供養。（同上，8/433a）

悉起是七寶塔，皆是伎樂供養。（同上，8/433a）

天化作金翅鳥飛來捧鉢去，併發一處，供養起塔。（東漢 竺大力共康孟詳譯修行本起經卷下，3/470a）[213]

「塔」是個外來詞，鄭珍説文新附考所載「鞈」是其早期的記音假借字，「鞈」指鼓聲。如淮南子 兵略訓：「若鐘之與鞈。」高誘注：「鞈，鼓鞞聲。」又如漢書 司馬相如傳上：「金鼓疊起，鏗鎗闉鞈，洞心駭軍。」顔師古注：「闉鞈，鼓音也。」「塔」的梵語原文爲 stūpa，譯作「窣堵波、蘇偷婆」等；巴利語爲 thūpa，譯作「塔婆」，後 stūpa 的音節縮略爲 tūpa，又可譯作「兜婆、偷婆」等[214]。如玄應數釋此詞云：

經中或作兜婆，或云塔婆，或言藪斗波，皆訛也。正言窣堵波，此云廟，或言方墳，皆義譯也。（卷十釋地持論第七卷偷婆）

或言偷婆，或言塔婆，或言藪斗波，正言窣睹波。（卷十三釋大般涅槃經下卷兜婆）

蘇没反，下都古反。此云廟，或云墳，義翻也。或云大聚，或言聚相，謂累石等高以爲相也。舊經論中或作蘇偷婆，或作藪斗波，或作兜波[215]，或云偷婆，亦作塔婆，皆訛略也。（卷二十二釋瑜伽師地論第四十一卷窣堵波）

蘇没反，下都古反。此云廟，或云墳，或言聚相，謂累石等高以爲相也。舊言藪斗波，或云偷婆，又言塔婆，皆方夏輕重耳。（卷二十五釋阿毗達磨順正理論第二卷宰堵波）

玄應認爲譯自梵文的「窣堵波」是「正言」，其餘的皆爲「訛略」[216]。「塔」是「塔婆」之省稱，意譯則爲高顯處、功德聚、方墳、圓塚、大塚、塚、墳陵、塔廟、廟、歸宗、大聚、聚相、靈廟等。如玄應音義卷六釋妙法蓮華經第一卷塔廟曰：「塔婆或義譯爲廟，古文庿。白虎通曰：廟者，皃也。先祖尊皃也。今取其義矣。」[217]

「塔」字産生後，又出現以其爲詞根而組成的「寶塔」一詞。如上文所引東漢 支婁迦讖譯道行般若經中的「七寶塔」，又如：

爾時有王，名槃頭末帝，收其舍利，起四寶塔，高一由旬，而供養之。（三國 吴 支謙譯撰集百緣經第七卷，4/234c）

玄應音義卷六釋妙法蓮華經第一卷中「寶塔」一詞曰：「他盍反。諸經論中或作藪斗波，或作塔婆，或云兜婆，或言偷婆，或言蘇偷婆，或言脂帝浮都，亦言支提浮啚，皆訛略也。正言宰都波，此譯云廟，或云方墳，此義翻也。或云大聚，或云聚相，謂累石等高以爲相也。按塔字諸書所無，唯葛洪字苑云：塔，佛堂也。音他合反。」考妙法蓮華經爲鳩摩羅什譯於東晋 安帝 義熙二年(406)，經中亦數見「塔」和「寶塔」。如：

寶塔高妙，五千由旬。縱廣正等，二千由旬。（第一卷，9/3b）

佛此夜滅度，如薪盡火滅，分佈諸舍利，而起無量塔。（第一卷，9/5a）

諸佛滅後，各起塔廟，高千由旬，縱廣正等，五百由旬。（第三卷，9/21b）

諸佛滅後，起七寶塔，長表金刹，華香伎樂，而以供養。（第三卷，9/22a）

「塔」的本義爲半圓覆鉢形的大土塚，爲埋葬屍骨的墳塚，故從土。據唐窺基所撰妙法蓮華經玄贊卷八曰：「佛體所居名塔，衆珍所成名寶塔。」(34/811b)

說文新附所說「浮屠」又作「浮圖」、「佛圖」，爲梵文 Buddhastūpa 的音譯「佛陀窣堵波」之訛略，亦即佛塔〔一一八〕。據丁福保佛學大詞典說，「塔」後又多與「支提」(梵文 caitya)混同而泛指佛陀生處、成道處、轉法輪處、般涅槃處及安置諸佛菩薩像、佛陀足迹、祖師高僧遺骨等處所建築的供養禮拜之建築物，然據摩訶僧祇律卷三十三和法華義疏卷十一等記載，則凡有佛陀舍利者稱爲塔；無佛陀舍利者，稱爲支提。(22/498b，34/621a)玄應音義卷三釋金剛般若經「支提」一詞已指出其：「或言脂帝浮都，此云聚相，謂累寶及石等高以爲相也。」卷六釋妙法蓮華經第一卷中「寶塔」一詞也說到諸經論中「或言脂帝浮都，亦言支提浮圖」。

漢語中塔又稱作「刹」，如「寶刹」、「古刹」等。史有爲認爲「刹」是「拉刹底」或「敕(剌)瑟胝」之省譯，梵語爲 lakṣatā，原義指「柱」，故用以指立於寺廟中的「旛竿」及建於佛塚(塔)頂部的相輪〔一一九〕。辛嶋静志妙法蓮華經詞典認爲「刹」是「旛」的音譯，梵語爲 chattra〔一二〇〕。考玄應音義釋「刹」云：

又作檫，同。音察。梵言差多羅，此譯云土田。經中或言國，或云土者，同其義也。或作刹土者，存二音也。即刹帝利名守田主者亦是也。案刹，書無此字，即刹字略也。刹音初一反。浮圖名刹者訛也，應言剌瑟胝。剌音力割反。此譯云竿，人以柱代之，名爲刹柱，以安佛骨，義同土田，故名刹也。以彼西國塔竿頭安舍利故也。(卷一釋大方廣佛華嚴經第一卷切刹)〔一二一〕

梵言掣多羅。案西域無別旛竿，即於塔覆鉢柱頭懸旛。今言刹者，應訛略也。(卷六釋妙法蓮華經第三卷金刹)〔一二二〕

據玄應所說，梵言差多羅(kṣetra)譯爲「土田」，剌瑟胝(lakṣatā)譯爲「竿」，「刹」爲後出新造字。「人以柱代之，名爲刹柱，以安佛骨，義同土田，故名刹也。」刹柱爲塔頂的相輪。據翻譯名義集寺塔壇幢云：「佛造迦葉佛塔，上施盤蓋，長表輪相，經衆多云相輪，以人仰望而瞻相也。」(54/1168a)相輪是佛塔的主要部分，而印度古代的佛塔本是安放佛舍利的覆鉢形的土墳塚，於是「剌瑟胝」就與「土田」相關，從而由塔頂之「刹」進而指整個的塔，由寺院中的幡柱進而指整個寺廟〔一二三〕，亦即玄應所說，由於「塔以安佛骨」與「土田」相關而「訛」名浮圖爲刹，故梵言差多羅(kṣetra)與剌瑟胝(lakṣatā)在漢語中共爲「刹」這一個詞。

「塔」後又與「廟」組成並列複合詞，據魏書釋老志載：「塔亦胡言，猶宗廟也，故世稱塔廟。」如玄應所釋妙法蓮華經卷一：「又見佛子，造諸塔廟。無數恒沙，嚴飾國界。寶塔高妙，五千由旬。縱廣正等，二千由旬。一一塔廟，各千幢幡。珠交露幔，寶鈴和鳴。諸天龍神，人及非人。香華伎樂，常以供養。文殊師利，諸佛子等，爲供舍利，嚴飾塔廟。國界自然，殊特妙好。」(9/3b)又如顔氏家訓歸心：「豈令罄井田而起塔廟，窮編户以爲僧尼也？」現代漢語中還可以其爲詞根而組成「水塔」、「燈塔」、「塔吊」、「電視塔」等詞。

由此可知外來詞「塔」本義是指安放佛舍利的覆鉢形土墳塚，由於梵語中此詞與「土田」相關而訛名「浮圖」爲「刹」，又由塔頂之「刹」進而指整座的塔，鄭珍說文新附考所載「鞈」是其記音假借字。「塔」早在東漢時已在漢語中出現，且已以其爲詞根而組成「寶塔」一詞。

又如玄應音義卷二十四釋阿毗達磨俱舍論第十一卷印度：「於振反，下徒故反。或言天竺，或云身毒，或作賢豆，皆訛也。正言印度。印度名月，月有千名，斯一稱也。良以彼土，聖賢相繼，開悟羣生，如月照臨，因以名也。一説云賢豆，本名因陀羅婆他那，此云主處。主謂天帝也。當以天帝所護，故世久號之。」[一二四] 據玄應所釋，印度一詞又名天竺、身毒、賢豆等，本名因陀羅婆他那。關於印度國號之由來，通常有三種解釋：① 源自「月亮」；② 源自古印度統治者的族名；③ 源自印度河之名。據玄奘大唐西域記第二卷印度總述説：「印度之人，隨地稱國，殊方異俗，遥舉總名，語其所美，謂之印度。」（51/875b）玄奘（602—664）貞觀初赴天竺遊學取經，貞觀十九年回國後設立譯場翻譯佛經。其時玄應作爲字學大德亦參與玄奘的譯場譯經，玄應音義除釋阿毗達磨俱舍論第十一卷中「印度」一詞外，對「天竺」一詞也作有解説，如：

或言身毒，或言賢豆，皆訛也。正言印度。印度名月，月有千名，斯一稱也。良以彼土，聖賢相繼，開悟群生，照臨如月，因以名也。一説云賢豆，本名因陀羅婆他那，此云主處，謂天帝也。當以天帝所護，故世人號之耳。（卷二釋大般涅槃經第十六卷天竺）[一二五]

或言身毒，或云賢豆，皆訛也。正言印度。此翻名月。月有千名，斯其一稱。良以彼土，聖賢相繼，導凡化物，如月照臨，因以名也。（卷十五釋十誦律第九卷天竺）[一二六]

或言身毒，或言賢豆，皆訛也。正言印度。印度名月。月有千名，斯一稱也。良以彼土，聖賢相繼，開照羣生，照臨如月，因以名也。一説云賢豆，本名因陀羅婆他那，此云主處，謂天帝也。當以天帝所護，故世人號之耳。（卷十八釋雜阿毗曇心論第一卷天竺）[一二七]

玄應三釋「天竺」、一釋「印度」，皆與玄奘所言大致相同，明確指出正言爲印度。

希麟音義對此亦有解説，如：

山海經云身毒之國，郭璞注云即天竺國也[一二八]。或云賢豆，或云印度，皆梵語訛轉也，正云即(印)特羅，此翻爲月。西域記云，言諸群生，輪回不息，無明長夜，莫有司存(晨)。其猶白日既隱，宵月斯繼。良以其土，賢聖繼軌，導凡禦物，如月照臨，故以名焉。（卷二釋新大方廣佛花嚴經第一卷天竺）

古云身毒，或云賢豆，新云印度，皆訛轉也。正云印特伽羅，此翻爲月也。月有千名，斯乃一稱。西域記云良以彼土，佛日既隱，賢聖誕生，相繼開悟，導利群生，如月照臨，故以爲名也。（卷三釋新譯十地經第一卷天竺）

或云身毒，或云賢豆，或云印度，皆訛。正云印特伽羅，此云月。西域記云謂諸群生，輪回不息，無明長夜，莫有司存(晨)。其猶白日既隱，宵月斯繼。良以彼土，賢聖繼軌，導凡利物，如月照臨，故以名焉。（卷八釋根本説一切有部毗奈耶藥事第四卷天竺國）

希麟三釋此詞亦採玄奘西域記的説法，並進一步指出身毒、賢豆、印度諸名皆梵語訛轉，正云印特伽羅，此翻爲月。

考梵文 Indu 是月天的諸名之一，希麟所釋正云印特伽羅，印特爲月，伽羅爲圈，印特伽羅謂月的圈，即月的一部分，也指新月。梵文「月」的名稱尚有：旃陀羅 Candra、蘇摩 Soma、創夜神 Nisakara、星宿王 Kaksatranatha、野兔形神 Sasa 等。「印度」爲 Indu 的譯音，故有「印度」源自「月」之説。實際上印度的名稱與月的語源不同，在雅利安人進入印度之前（印度—伊朗人的故鄉可能在東歐），次大陸居住着許多説非印歐語的民族，他們的語言作爲底層對梵語有影響。據研究，吠陀文獻裏的 Sindhu 一詞不是梵語固有詞，而是來源於 Burushaski 語的 Sinda（河流）。義浄南海寄歸内法傳卷三已説到將印度譯之爲月，猶如西國名大唐爲支那者，「直是其名，更無別義」。趙振鐸中國語言學史亦據以指出：「一些和尚認爲印度是梵文 Indu 的音譯，認爲它和月有關係是錯誤的。」〔一二九〕

相傳月種與日種共爲印度的兩大王種。據往世書、摩訶婆羅多等古史詩記載，印度古王世系月種的始祖爲阿底哩 Atri 天仙；次爲蘇摩 Soma，而蘇摩又名印度 Indu、旃陀羅 Candra，其後子孫繁衍，分爲 Yadu、Pudu、Kasi 諸王系，其統治的地區便以王族之名「印度」稱之。此爲「印度」源自王族之説〔一三〇〕。

錢文忠印度的古代漢語譯名及其來源一文説：「今天通行的『印度』，是由唐朝的玄奘率先使用的。」認爲大唐西域記所載的「玄奘這段話本身自相矛盾，一千多年來竟没人加以留意，殊爲可怪。玄奘在著作中的確曾給出了許多正確的梵文，但這個『印度』却不是，而是『殊方異俗，遥舉總名』而來的。印度本土的人，則是『隨地稱國』。」錢文忠文中説，大慈恩寺三藏法師傳卷二記載了玄奘遇見突厥葉護可汗，在那裏聽見了「印特伽」這樣一個國名，有了先入之見，「他帶着『印特伽』的先入之見到了印度，却無法找到國名通稱，祇可將與『印特伽』的『印特』（yentu）發音相近之『印度』（Indu，月亮）來附會腦中的記憶，把它當作『正音』了。印度本土没有國名通稱這一史實之所以極爲重要，還在於它可以解釋爲什麽在印度國名的漢譯名如此撲朔迷離的同時，那麽多的遊方僧却用『信度』等譯名翻譯了 Sindhu 河名。」實際上那麽多的遊方僧用「信度」等譯名翻譯了 Sindhu 河名，這或許表明印度國名的由來與 Sindhu 河名有關。因爲古代印度基本上一直像我國戰國時期那樣處於小國林立的狀態，那麽以地理上的河名作爲這一地區的通稱或位於這一帶的國家的國號當能爲人們所接受。印度的異名皆源自梵文 Sindhu，原義爲「河流」，後來專指印度河，又進而指稱位於其流域的地區和國家。據印度學者 B. N. Mukherjee 研究，直到約公元 125 年時，「身毒」和「天竺」僅指印度河下游地區；至公元 3 世紀中葉，已指南亞次大陸北方的大部分地區；至公元 7 世紀上半期，更用以通稱整個或絶大部分的次大陸〔一三一〕。如同「中國」原指中原，後來通稱全國。

考玄奘大唐西域記所説之意，似印度之名其時已爲人們所用，玄奘的用意主要試圖解釋其得名之由。他在印求法多年，名震五印，知道「印度之人，隨地稱國，殊方異俗」，故「遥舉總名，語其所美，謂之印度」，認爲「今從正音，宜云印度」。錢文忠文中説義浄南海寄歸内法傳卷三「師資之道」下記載道：「其北方胡國，獨唤聖方以爲呬度，音許悋反。全非通俗之名，但是方言，固無別義。西國若聞此名，多皆不識，宜唤西國爲聖方，斯成允當。或有傳云，印度譯之爲月，雖有斯理，未是通稱。」認爲「義浄這段話清楚地説明了，當時不存在一個像今天『印度』那樣的通稱。這是由古代印度基本上一直像我國戰國時期那樣小國林立的事實決定的」。錢文忠似未注意到其所引義浄南海寄歸内法傳中此文下面接着還説道：「且如西國名大唐爲支那者，直是其名，更無別義。」（54/222a）義浄雖指出當時不存在一個像今天「印度」那樣的通稱，但同時也以「西國名大唐爲支那者」爲例，表明當時「印度」已如同「支那」一樣可作爲記音詞用作國名。

日本學者平田昌司略論唐以前的佛經對音一文指出，「對音研究有一個大前提：需要澄清雙方的語言史和方言情況」。「佛教各部派使用的語言、文字並不一致，而且隨着時代發生一些變化」。早期的佛經傳本可能先用中期印度語，後用梵語。「在公元3—4世紀，譯經僧徒看到的佛經原本不大可能使用純粹的古典梵語。」〔一三二〕如印度一詞的異譯有的可能譯自于闐語的 himduva 或波斯語的 hindu〔一三三〕，有的可能譯自犍陀羅語 simdha 或 sindha〔一三四〕。因此，其異譯不一定如玄應和希麟所説皆爲訛轉，似如義净南海寄歸内法傳所説，將印度譯之爲月，猶如西國名大唐爲支那者，「直是其名，更無别義」，而身毒、天竺、賢豆等名亦當爲「直是其名，更無别義」的譯音字，往往只是或由於語源不同，或由於語音隨所譯時代的演變而不同，抑或音近而相通，其讀音當有音理上的相通相承之處，從中或多或少反映了語音的古今演變〔一三五〕。

據前哲時賢的研究可知，印度之名起源於梵語 sindhu 一詞，sindhu 在伊朗語中讀作 hindu〔一三六〕。印度的古音讀作 ind'ək 或 induo，來源於龜茲語。〔一三七〕印度一詞漢譯異讀的讀音大多或與梵語 sindhu 音近，或與伊朗語 hindu 音近，可大致分爲 hindu 和 sindhu 兩大系列。岑麒祥漢語外來語詞典序認爲捐毒和印度的語源與拉丁語的 Indus 有關〔一三八〕，然據徐文堪漢語外來詞的語源考證和詞典編纂一文説，「考龜茲語即吐火羅語 B 有 yentukemne 一名，其中 kem 的意思是『土地、國土』，ne 是龜茲語單數依格之標誌，大慈恩寺三藏法師傳卷二和宋高僧傳卷三譯作『印特伽』（除龜茲語外，粟特語作 'yntk'w 等，回鶻語作 'n'tk'k 等，亦可比照），可能是『印度』一名之所本。」〔一三九〕指出「今天通行的『印度』一名，是由玄奘率先使用的。它絶不是像岑先生所説的那樣與拉丁語有關，而可能是玄奘入印前在突厥汗國裏聽到的，來源於當時役屬於突厥的龜茲國人的語言。」〔一四〇〕馮志偉關於「身毒」、「天竺」、「印度」的語源一文亦認爲「當時中國與講拉丁語的國家並無多少交往，玄奘並不懂拉丁語，『印度』這個譯名不大可能與拉丁語的 Indu 有關。」〔一四一〕因而，「印度」一詞的語源除了與龜茲語印特伽 yentukemne 和粟特語 'yntk'w 有關外，玄應音義所説「賢豆」一詞的本名「因陀羅婆他那(Indravadhana)」恐是附會，而希麟音義所説的「印特伽羅」却與「印特伽」有關聯。印，影母震韻真部，擬音爲?in，亦源自 hindu。方壯猷三種古西域語之發現及其考釋一文曾指出，「蓋東漢魏晉代中國所傳之佛教，大抵由西域龜兹、焉耆間接輸入，其時所翻譯之佛典，亦大抵由西域諸國語言如龜茲語、焉耆語間接翻譯而來。然西域諸國語言如龜茲、焉耆等雖皆取法印度，然亦各有損益，與梵文原本不無異同，故南北朝隋唐高僧乃有直赴印度取經之事。」〔一四二〕玄奘正因爲當時所見漢譯佛經與梵文原本不無異同，故不辭千辛萬苦前往印度求取真經，似不至於僅凴在突厥葉護可汗處所聽見的「印特伽」這樣一個國名即將「印度」當作正音。其將「印度」當作正音而遼釋希麟却認爲身毒、賢豆、印度諸名皆梵語訛轉，或與當時梵語的變化有關。蓋由於梵語與伊朗語語音中存在 s-h 相交替的現象，而古代伊朗語中没有 dh 一類的送氣濁輔音，所以 Sindhu 一詞在伊朗語中被讀爲 hindu，故漢譯印度一詞的異名有的源自梵語 sindhu，有的源自伊朗語 hindu，形成了 hindu 和 sindhu 兩大系列〔一四三〕。

（4）一切經音義與詞彙史研究

研究漢語詞彙古今的衍變遞嬗是漢語詞彙史的一個重要方面。詞是語言中最活躍的因素，語言的發展變化往往首先反映在詞的變化上。詞彙的演變與社會歷史的發展密切相關。歷史的演進，社會的發展，必然會在某些相關的詞的意義上得到反映。每一個時代都有一批新詞産生，同時也有一批舊詞消亡。秦漢以後社會經濟發展迅速，農副業、手工業、商業和貿易都有較大發展，學術和文藝（包括自然科學和通俗文學）也頗爲發達，與此相適應，漢語詞彙裏出現了許多變化和創新。一切經音義所釋對象爲翻譯佛經，其所涉時間跨越近十個世紀，正值漢語從上古轉向中古，又發展進入近代的歷史階段；而玄應、慧琳和希麟的生活年代又正處於近代漢語形成之際，所以一切經音義的記載爲漢語古今詞彙演變的研究提供了豐富的語料綫索。如「眼睛」是現代漢語的常用詞。現代漢語詞典釋爲：「眼的通稱。」十三經中都用「目」來表示，如左傳僖公二十四年載富辰諫周王以狄伐鄭時説：「目不別五色之章爲昧。」上古漢語大多用「目」，少數用「眼」[一四四]。唐代小説裏一般用「目」，變文中有時用「目」，有時用「眼睛」，宋代話本則用「眼」，也用「眼睛」。慧琳釋大般若經第三百八十一卷中收録了「眼睛」（卷四）[一四五]，釋該經第三百一十四卷中也收録了「目」，見「翳目」（卷三）。又如「閃電」也是其時産生並沿用至今的常用詞，慧琳從大雲輪請雨經中收録此詞，並解釋説：「上苫冉反，下音癜。閃電者，雷電欲發之先光也。」（卷三十八）

玄應、慧琳和希麟所撰一切經音義在某種程度上可以説集漢文佛典詞彙之大成，也是對漢唐詞彙的一個總結，客觀上反映了漢語詞彙由上古漢語一步一步演變到現代漢語的歷時的、動態的、立體的進程。如「衣」本義爲上衣。詩邶風緑衣：「緑衣黄裳。」引申又可爲動詞表穿衣服或覆蓋，玄應釋「衣以」之「衣」云：「以衣被之曰衣。」（卷九）「著」有「依附」義，引申亦有「穿衣」義[一四六]，如晏子春秋内篇雜上：「著衣冠，令其友操劍，奉笥而從，造於君庭。」考玄應音義釋「衹衼」云：「此二衣西國亦著。」（卷十四）又釋「作屧」云：「今江南女婦猶著屧子，制如芒屧而卑下也。」據玄應所釋，穿衣爲著，穿屧亦爲著。如應劭風俗通義卷四十一：「延熹中，京師長者皆著木屐。」玄應所説「著」的此義在今方言中仍可見到，如廣州話説「穿衣」爲「著衫」，上海話謂「穿衣服」爲「著衣裳」，「穿鞋」爲「著鞋子」。又據玄應音義釋「衣以」之「衣」云：「衣謂衣著也。」（卷九）據玄應所説，衣、著組成並列複詞又可指衣服或穿著。如陶淵明桃花源記：「其中往來種作，男女衣著，悉如外人。」王梵志詩：「富兒少男女，窮漢生一群。身上無衣著，長頭草裏存（蹲）。」「著」的「穿衣」義現代漢語中用「穿」來表示，「穿」在先秦文獻中爲「打通、貫通」義。如詩召南行露：「誰謂雀無角，何以穿我屋？」莊子秋水：「落馬首，穿牛鼻，是謂人。」説文云：「穿，通也。從牙在穴中。」由「打通、貫通」義引申而有「穿衣」義。考慧琳音義卷三十六釋金剛頂經下卷「擐服」引杜注左傳云：「擐，貫穿衣也。」卷一釋「擐鎧」引桂苑珠叢云：「以身貫穿衣甲曰擐。」卷五釋「擐帶」引考聲云：「擐，衣（去聲）甲也。」卷三十九釋不空羂索經第十四卷「爲摜」引考聲云：「摜，穿。穿衣也。」又玄應音義卷二十釋菩薩本緣集第三卷「坑窖」云：「穿地爲窖。」[一四七]慧琳音義卷九十釋梁慧皎高僧傳第九卷「鐵鎖穿」亦云：「傳文從身作穿。」據慧琳所釋，「穿」由説文的「通」義經杜預注左傳和隋諸葛穎所撰桂苑珠叢中的「貫穿」義而演變有張戩考聲所釋的「穿衣」義，玄應釋「窖」所用「穿」和慧琳所見傳文所用的「穿」作爲「穿」的俗字也透露出此詞的詞義與桂苑珠叢所説「以身貫穿衣甲」有關。因而可以推知現代漢語中「穿」的「穿衣」義至遲在隋唐時已出現，如韓愈酬司門盧四兄雲夫院長望秋作：「自知短淺無所補，從事久此穿朝衫。」又如漢將王陵變：「其夜，西楚霸王四更已來，身穿金鉀，揭上頭牟，返去衙床如坐，詔鍾離末附近帳前。」[一四八]

（三）一切經音義與古籍整理研究

一切經音義引用了大量唐代尚存的文獻典籍來闡釋佛典詞語，其中有的可與現有傳本互補對勘，有的則今已失傳而爲其所獨有，更顯珍貴。因而，玄應、慧琳和希麟所釋音義即使是一些單詞隻義，也猶如斷璣碎璧，無一不是古澤斑爛的早期訓詁語料，在考證研究失傳古籍和整理校勘現存古籍以及研究古籍的傳承淵源等諸方面都具有不可言喻的重要學術價值。

1. 一切經音義與古籍輯佚

我國唐以前的典籍皆出手抄，流傳不廣。五代兵燹之厄，甚於秦火。唐時尚能見到的古書，歷經喪亂之後，今多不傳。四庫全書總目卷一百三十五云：「隋以前遺文秘笈，迄今十九不存。」這些遺文秘籍「有亡者，有雖亡而不亡者」[一四九]。「如書有著於三代而亡於漢者，然漢人之引經多據之；書有著於漢而亡於唐者，然唐人之著述尚存之；書有著於唐而亡於宋者，然宋人之纂集多存之」[一五〇]。一切經音義廣泛徵引了各種古籍，這些古籍中有很多今已失傳。如李斯的蒼頡篇、服虔的通俗文、張揖的埤蒼與古今字詁、李登的聲類、葛洪的字苑、吕静的韻集、吕忱的字林、何承天的纂文、阮孝緒的文字集略、陽承慶的字統、顔之推的證俗音、元庭堅的韻英、張戩的考聲切韻[一五一]，以及佚名的字書、字典等。有一些甚至連史志目録都未著録，如古今正字、人倫龜鏡、字鏡、韻譜、文字典説等。「其浩博無涯，洵足以俯視李善文選注，陸德明經典釋文矣，實爲輯隋 唐前逸書之一大淵海。」[一五二]清 乾隆年間學者們注意到釋藏中的佛經音義引用古籍甚多，有不少書是亡佚已久的，於是校勘家和小學家都視爲至寶，争相採録。任大椿從釋藏所存的玄應音義中輯有字林考逸，孫星衍輯有蒼頡篇。任大椿還編有小學鉤沈，輯録蒼頡篇、通俗文、埤蒼、古今字詁、聲類、韻集、纂文、文字集略、字統、證俗音等。光緒初年，慧琳音義失而復得於日本後，陶方琦據之輯蒼頡篇以補孫星衍之不足，又續輯字林考逸補本以補任大椿字林考逸之所闕。王國維也有重輯蒼頡篇。易碩輯淮南許注鉤沈。黄奭輯賈逵春秋左氏解詁、爾雅李巡注、爾雅孫炎音注以及字指、桂苑珠叢等十餘種，刻入漢學堂叢書，又名黄氏逸書考。顧震福續輯倉頡、三倉、勸學篇、文字集略等四十六種爲小學鉤沈續篇。汪黎慶又輯字樣、開元文字音義、韻詮、韻英四種爲小學叢殘，龍璋又輯字書、訓詁書和音韻書佚文二十四種而成小學蒐佚。這些輯佚著作所用材料十之七八出自一切經音義。一切經音義徵引唐以前古籍的種類頗多，所存佚文相當可觀，保存了大量已佚古籍的豐富內容。從一切經音義中輯佚，可以説好比進入深山大海打獵捕魚，不是三五人可漁獵盡的。如任大椿小學鉤沈中輯有通俗文三百七十六條，顧震福小學鉤沈續編補輯四十五條，臧庸鏜遼雅齋叢書輯三百七十二條，馬國翰玉函山房輯佚書輯三百八十三條，黄奭漢學堂經解輯三百八十九條，近人龍璋小學蒐佚輯四百十六條，段書偉通俗文輯校輯四百零五條。各家所輯佚文出自玄應音義約有三百條，然參差不一，間有疏略，如段書偉所輯未輯入玄應音義 麗藏本有而磧砂藏本無的「得忤曰𤸎」等[一五三]。又如武玄之的韻詮是一部今已失傳的唐代新興韻書，近人汪黎慶曾據慧琳音義和希麟音義輯得佚文二百七十二條，收入小學叢殘四種；龍璋亦曾據此二書輯得二百七十六條，收入小學蒐佚。其後周祖謨又據日釋安然悉曇藏、中算妙法蓮華經釋文、信瑞浄土三部經音義集、古抄卷子本五行大義輯得序一條、例五條、韻頭五十條、釋文五十條，收入唐代各家韻書逸文輯録[一五四]。今檢慧琳音義引用韻詮三百零八條，希麟音義引用十七條，又據慧琳和希麟的引文與諸家所輯逐一勘校，檢得汪黎慶小學叢殘漏録「榤」、「窺」、「嵐」、「慮」、「愆」、「窪」、「轆」七條，龍璋小學蒐佚漏録「霍靡」、「抗」、「絓」和「嵐」四條，[一五五]汪黎慶和龍璋皆未收録的有「敞」、「徹」、「嵐」等數條。除序、例、韻頭外，去諸家所輯之重後共輯得佚文三百二十五條。這三百二十五條佚文雖已非韻詮原本，但吉光片羽亦彌足珍貴。

2. 一切經音義與古籍考校

一切經音義在流傳中由寫本到刻本形成的異文爲考校其早期傳本的原貌提供了綫索。如玄應音義卷一釋大集月藏分經第一卷中「棖觸」云：「説文作樘，柱也。隱音紂庚反。字統作棖，丈庚反。棖，觸也。嫽毆觸亦作毆，音丈衡反。」其中「隱音」，磧砂藏和麗藏本同，慧琳音義卷十七轉録改爲「音」，海、宛本亦同，而金剛寺本和西方寺本作「音隱」，據金剛寺本和西方寺本所載，可知「隱音」當爲「音隱」之誤倒，考玄應所釋文意，「音隱」當是説文音隱的略稱，此書今失傳，隋書經籍志以是編列於吕忱字林之下，四卷，撰者不詳。金剛寺本和西方寺本所載反映了玄應音義早期傳本的面貌。

一切經音義中的一些記載往往爲考定某些佚名古籍的作者提供了佐證。如敦煌卷子S646、S2595、S5532、P2460、P2657和P4646載有寫本禪籍觀心論一卷，未署作者。鈴木大拙認爲此書是達摩述，由其弟子記録而成[一五六]。考慧琳音義卷一百釋此經云：「觀心論，大通神秀作。」神尾弌春觀心論私考一文據所發現的異文對校以及一切經音義所載，論證此書爲神秀所撰，得到學術界大部分學者的認同[一五七]。又如陳垣據慧琳音義卷八十九所載，考知四庫全書總目提要惠敏高僧傳實際上是慧皎書的前帙[一五八]。

敦煌遺書保存了大量唐代以前的資料，人們認爲其中的隻字片語都有很大的研究價值。一切經音義中也保存了許多唐代所能見到的資料，其文獻價值亦非同一般。玄應、慧琳和希麟去古不遠，又多學有師承，能辨古音，識古字，通古語，多見隋唐前舊籍，對於古音古義的理解一般要比後人深刻、準確。其所撰一切經音義多引證群籍，有根有據。因而，一切經音義除有功於比丘、居士讀經注經之外，經史中的疑義求之注疏不得其解者，往往在其中得到佐證。如李榮切韻與方言一文説，「統」在切韻中讀去聲，而現代方言中也有讀成上聲的。「統」究竟有没有去聲的讀法？考慧琳音義載，統攝：「上他貢反。」（卷六）統理：「統，他宋反。」（卷二十一）慧琳音義的記載爲「統」的去聲讀法提供了佐證。又如廣韻釋「欬」爲「苦蓋切」，王仁昫本爲「苦愛切」，李榮認爲「蓋」字誤，然慧琳音義釋「謦欬」亦注音爲「下開蓋反」（卷八十四），可證廣韻注爲「苦蓋切」也是有其依據的[一五九]。

一切經音義中的單音隻義看似斷璣碎璧，却古澤斑斕，無不是今天注釋古籍時可供借鑒的瑰寶。其在古籍整理上的價值，遠在一般的宋元精槧之上。如白虎通德論卷八情性：「三焦者，包絡府也，水穀之道路，氣之所終始也，故上焦若竅，中焦若編，下焦若瀆。」盧文弨校刊本云：「案内經云：『上焦如霧，中焦如漚，下焦如瀆。』此云『若竅』、『若編』，疑誤。」孫詒讓札迻卷十考釋案云：「一切經音義二十引云：『六府有三膲，腎之府也。腎主瀉，三膲亦以湊液吐故也。上膲若霧，中膲若滿，下膲若瀆。』此以三膲爲腎府，足證膀胱之爲肺府。『竅』作『霧』，亦與内經正合。『滿』則『漚』之誤耳。今本皆妄人所改。」[一六〇]又如S133秋胡變文：「縱使黄金積到天半，亂采（彩）墮似丘山，新婦甯有戀心，可以守貧而死。」例中「墮」與「積」對文，應同義，然「墮」却無「堆積」義。考玄應音義卷五釋月上女經上卷中

「雀垛」之「垛」：「徒果反。謂城上女牆也。經文作墮落之墮，非體也。」據玄應所説，其時「垛」往往寫作「墮」，「垛」正與「積」同義爲「堆積」義，由此可知，秋胡變文中的「墮」即「垛」的記音字。再如孟子告子下：「故天將降大任於是人也，必先苦其心志，勞其筋骨，餓其體膚，空乏其身，行拂亂其所爲，所以動心忍性，曾益其所不能。」文中「餓其體膚」，漢趙岐注曰：「餓其體而瘠其膚。」宋孫奭疏曰：「餓其體使之焦枯，疫瘠其皮膚。」考玄應音義卷十三釋琉璃王經臚脹之臚云：「力豬反。腹前曰臚，言所以養心膂也。臚亦膚也。」檢説文：「臚，皮也。從肉盧聲。膚，籀文臚。」段玉裁注云：「今字皮膚從籀文作膚，膚行而臚廢矣。」膚、臚在表「皮膚」義時爲古今字，據玄應所釋，「臚」又有「腹前」義，因而孟子所説「餓其體膚」的「膚」應爲「腹」義〔一六一〕。

一切經音義所引古籍多爲今所不見的古本，大量引文與今本頗多殊異，可用來和今本互校，校補有關古籍。如爾雅是我國現存最早的辭書，清人稱爲「訓詁之淵海，五經之梯航」〔一六二〕。一切經音義引用爾雅頗多，檢玄應引用爾雅有六百七十四處，慧琳引用爾雅約有兩千處，其中有些引文可以用來校補今本爾雅。如「甯謐」下釋「謐」字引爾雅：「謐，静也，昚也。」（昚爲古慎字。慧琳音義卷十一）今本釋詁慎也條爲「毖、神、溢、慎也。」「静也」條「謐、溢、慎、謐」等字並列同訓。又考原本玉篇「謐」下引爾雅亦作「謐，静也，昚也〔一六三〕。」故大致可推論「慎也」條中謐溢也可能並列，今本佚「謐」字。又如玄應音義引用方言計有三百多條，其中與今傳本揚雄方言相同或大致相同的有八十餘條六十一個詞，略異的有一百四十餘條六十二個詞，相異的有一百六十餘條，共有「憒、鍋、呵、芬、素、博弈、步屈、鵝、赧、悼、孚、鑰、占、矛、梨、嘶、筏、錫、恐、征伀、赭、瞿、督、斗擻、謫、寄、梠、逗、垤、翳、惹、鍬、軨、滮、撈、瞑、刳、蝙蝠、秕、甌、櫼、洽、疊、廛、羞、艇、煬、逞、扈」等五十多個詞〔一六四〕。慧琳音義引用方言有近千條，其中轉録玄應音義的有二百四十六條。希麟音義引用方言計有四十八條，郭璞方言注兩條，共四十個詞。玄應、慧琳和希麟所引方言有些引文與今傳本揚雄方言相同或大致相同，有些引文則或爲今本所無，或與今本有異，其中有一些可能是誤以其他典籍之文當作方言之文〔一六五〕，也有一些詞語則可能爲方言原有，反映了其時傳本方言的大致面貌，堪稱校勘和研究方言不可多得的珍貴資料〔一六六〕。再如玄應音義引用史記計有三十餘條，慧琳音義引用史記有一百五十多條，其中轉録玄應音義所引有十六條。據我們逐一與今傳本史記比勘，基本上與今傳本相同，也有一些引文與今傳本略有不同。如「明諜」條釋「諜」引史記：「豈効此嗇夫諜諜利口辯給哉。」（慧琳音義卷三十九）今本史記卷一百零二張釋之馮唐列傳爲「豈斅此嗇夫諜諜利口捷給哉」〔一六七〕。

（四）一切經音義與辭書學研究

1. 一切經音義與辭書史研究

魏晋至唐宋是我國辭書史上的發展興盛時期，其時政權更迭頻仍，戰亂連綿，中華民族在社會的動盪中進一步融合，漢語中出現了許多新詞新字，語音也南染吴越和北雜夷虜。適應社會的需要，李登聲類、吕静韻集、何承天纂文、梁元帝纂要、阮孝緒文字集略、馮幹括字苑、顧野王玉篇、江式古今文字、陽承慶字統、陸法言切韻、元庭堅韻英、張戩考聲切韻、武玄之韻詮等一批旨在反映語言的新變化並對其加以規範統一的辭書相繼問世。這些辭書中有一些今已失傳，而玄應、慧琳和希麟在編纂一切經音義時尚能見到，一切經音義中引用了這些辭書，爲辭書史的研究提供了可貴的綫索。如希麟音義引用了十三條廣韻和兩條孫愐的解釋，其中有三條唐傳本切韻及唐韻未收或殘缺，有五條與唐傳本切韻和唐韻略異或不同，有三條與今傳本廣韻略異或不同，且其引廣韻或稱「孫愐廣韻」，或徑稱「廣韻」，反映了遼時所見廣韻很可能是一種類似唐韻的增廣本切韻，宋代陳彭年等編廣韻參考了當時流傳的這類在切韻基礎上有所增補的韻書。〔一六八〕又如人們一般認爲「字典」之名是康熙字典首次使用的。劉葉秋中國字典史略說：「以『字典』爲書名的，康熙字典是第一個。」錢劍夫中國古代字典辭典概論開卷第一句就是：「字典這個名稱是清代康熙字典最初使用的。」趙振鐸古代辭書史話說：「辭書命名爲『字典』的，就現有的材料看，當推康熙字典。」戴鎦齡在字典簡論一文中對「字典」二字用於辭書曾有考證説：「舊所謂小學類書中之群玉韻典（隋書 經籍志）殆字書中之最早名『典』者，至『字典』二字連稱，辭源編者謂清聖祖敕編字書，始定今名是也。總之，清季以前，凡單稱『字典』者，皆即指『康熙字典』。」修訂本辭源云：「字典之名，始於清 康熙年間張玉書等纂修的康熙字典」。考一切經音義中就已有引用字典的記載。慧琳音義中引用字典一書有如下九處：

①　嫉慳：「下坑閑反。字典云：貪也。」（卷一）

②③④　缺減：「下咸黯反，坤咸反，字典曰：自耗欠下曰減。」（卷五）、（卷七）、（卷十一）

⑤　疵穢：「上音慈，下威衛反。字書、字典云並惡也。」（卷三十四）

⑥　鉛錫：「字典云：錫似鑞，鑞黄白，錫青黑。從金易聲。」（卷三十五）

⑦　不耐：「字典云：有罪能忍而不髡也。」（卷四十一）

⑧　猥多：「字典：猥，從也。」（卷四十三）

⑨　砰大：「字典：砰，大聲也。」（卷五十五）

其中「猥多」條是慧琳轉録玄應音義卷四釋大方便報恩經第二卷之文，文中「字典」今傳本爲「字林」；「砰大」條是慧琳轉録玄應音義卷十三釋修行本起經之文，文中「字典」今傳本爲「字書」。字林爲晉 吕忱所撰，今已佚。字書今亦不傳，謝啓昆小學考云：「陳鱣叙録曰：隋書 經籍志列字書之目凡三。一曰古今字書十卷，二曰字書三卷，三曰字書十卷。不言何人字書，亦不知何時字書也。嘗考顔氏家訓引字書云『慇即庬丘之庬也』，知六朝間人固常用，今一無所存，惟見於群籍所引，而陸氏經典釋文、李氏文選注、釋氏一切經音義引之尤多。」考今所存晉 吕忱字林佚文中亦有引用，可證此書當早於字林，成書年代似在晉以前，作者則無從考知。據隋書 經籍志載，字書有三卷和十卷之異，歷代典籍所引字書似不出於一書，而古代典籍中有時也泛稱爾雅、説文等爲字書，故「字書」一詞有時也可能是泛指釋字詞的書。由於字林和字書今皆不傳，已無從核檢玄應所引之文，然根據慧琳的轉録，我們推測有兩種可能。一種可能是慧琳其時所見玄應音義的傳本原文也爲「字典」，今傳本玄應音義已爲後人傳抄誤改，而慧琳所録則存其原貌；另一種可能是慧琳轉録時作了改動。不過即使是慧琳轉録時所改，慧琳所引其餘七條也可説明唐代或已流傳有字典一書。尤其值得指出的是，慧琳在釋「疵穢」一詞中並舉「字書、字典」，如果慧的辭書相繼問世，字典可能也是其中之一，撰者則已無從考知。

琳所説的字書、字典不是專指某一部字書或字典，那麽至少可證其時「字典」一詞已出現，其詞義與「字書」一詞相當，故慧琳用來泛指字林一類的字書。因而根據慧琳所引，可知早在康熙字典以前，「字典」一詞已出現，而並非如戴鎦齡所説，「清季以前，凡單稱『字典』者，皆即指『康熙字典』」，且很可能唐以前已有用「字典」作爲書名的辭書問世〔一六九〕，這在研究我國辭書史時是不可不提及的。一切經音義在辭書史研究上的價值由此可見一斑。

2. 一切經音義與辭書編纂

一切經音義所釋反映了唐和唐以前文字和詞語的使用狀況，有助於編纂大型字典和詞典時揭示漢語發展演變的綫索和規律，也有助於已出版的漢語大字典和漢語大詞典進一步的修訂和完善。

玄應、慧琳和希麟從佛經中收録了大量的異體字，編纂大型字典時可根據一切經音義等文獻所載歷代漢字的使用狀況，繫聯一字的變體，釐清其所有異體，匯列成組，從每組異體字中選擇一個作爲規範的正體進行詮釋，其餘的就不必一一詮釋，從而使所釋字的有關異體脉絡清楚，既避免了重複釋義，又節省了篇幅。如漢語大字典釋「⿰氵品」云：「龍龕手鑒 水部：『⿰氵品，音延。』字彙補 水部：『⿰氵品，余賢切。出篇韻。』」漢語大字典據龍龕手鑒和字彙補收釋了「⿰氵品」，但有音無義。考玄應音義卷十四釋四分律第四十二卷「涎沫」之「涎」：「又作㳄、⿰氵羨、⿰氵品、唌四形，同。似延反。慕欲口液也。」又考慧琳音義卷一百釋止觀上卷「涎流」之「涎」：「祥延反。或作⿰氵侃，並俗字也。説文本作㳄，從水從欠。凡㳄之屬皆從㳄。㳄或從侃。⿰㳄水，籀文㳄。」段玉裁注：「有所慕欲而口生液也，故其字從欠水，會意。叙連切。十四部。俗作涎。郭注爾雅作唌。」可知「次」爲「⿰㳄水」的省體字〔一七〇〕，「涎」爲「㳄」的换旁俗字，「⿰氵侃」亦爲「㳄」的换旁俗字，⿰氵侃、⿰氵品形近，「⿰氵品」可能是「⿰氵侃」的形近訛變字。漢語大字典誤以「⿰氵品」爲不同的詞而立目，造成不明其義的死字，修訂時可據一切經音義的記載補正爲「涎」的異體字。

一切經音義所載還可補現有大型字典未收的一些異體字。如玄應音義卷十四釋四分律第十四卷「孔鋝」之「鋝」：「古文⿰阝寽、埒二形，同。呼亞反。説文：鋝，裂也，坼也。」鋝，磧藏本作「鏬」。漢語大字典收釋有「鏬」的「⿰土虖⿰片虖⿰石虖鋝⿰阝虖⿰金虖」六個異體字〔一七一〕，尚可據玄應所釋補收「埒」和「⿰阝寽」。又如卷二十五釋阿毗達磨順正理論第七卷「彈⿸广千」之「⿸广千」：「⿸广千，指也。」⿸广千，磧作斥。漢語大字典收釋有「斥」的「⿸广千⿸户斤⿸广斤⿸户屰⿸疒千」五個異體字〔一七二〕，尚可據玄應所釋補收「⿸广千」。再如卷十七釋出曜論第七卷「不革」之「革」：「古文𠦝、䩯、諽三形，同。古核反。革，更也，謂改更也。説文：獸去毛曰革。言治去毛變更之也，故字從口。口爲國邑，國三十年而法更別，取別異之意也。口音韋。」漢語大字典收釋有「革」的「䩯諽𩊁𩋺𩍿」五個異體字〔一七三〕，尚可據玄應所釋補收「𠦝」。

我國大型字典往往重收輕考，後出字書大都在已有字書基礎上除收録正字和當時新出現的社會用字外，還收録正字的各種變體和已淘汰或罕用的字，收字量代有遞增，貯存了從古至今出現的各個正字及其變體，然由於疏於考證，往往也收録了不少書寫傳抄過程中字形訛變的訛誤字，其中有一些訛誤字甚至是根本未曾使用過的字，或根本未曾有過的詞義，一切經音義的記載也有助於我們考證出一些難以考釋的廢字和死字的本字，補正已有辭書的一些疏失。如漢語大字典釋「⿰虫⿱舌虫」云：「改併四聲篇海 虫部引搜真玉鏡：『⿰虫⿱舌虫，胡決切。』」考玄應音義卷七釋正法華經第七卷「嘲話」之「話」：「下又作譮、舙二形，同。胡快反。聲類：訛言也。」檢玄應所釋佛經爲西晉 竺法護譯，原文爲：「比丘比丘尼，調擬嘲話談。捨離清信女，不與無益言。」(9/107c)例中「嘲話」，謂戲謔調笑。又卷十一釋正法念經第三十二卷「調話」之「話」：「古文舙、譮、諣三形，同。胡快反。合會善言也。經文作嘩，音花，諠嘩也。嘩非字義。」又卷二十二釋瑜伽師地論第二十卷「談話」之「話」：「古文舙、譮、諣三形，同。胡快反。合會善言也。」考此例中「舙」，慧琳音義卷四十八轉録作「⿰虫⿱舌虫」，可知「舙」似即「⿰虫⿱舌虫」字。又考慧琳音義卷十五釋大寶積經第九十二卷「世語」之「語」：「胡快反。說文云：會善言也。從言昏聲。考聲：話，調也。或作譮，古文作舙。說文音胡卦反，今取後音。經話俗字變體也。」又卷十六釋再譯三十五佛名經「談話」之「話」：「下胡快反。博雅：話，謿謔也。說文：善言也。字書作諣，籀文作譮。」(一七四)話，據玄應和慧琳所釋，又寫作舙、譮、諣、誠、語、⿰虫⿱舌虫，音胡快反。快、決形近，改併四聲篇海 虫部引搜真玉鏡「胡決切」應爲「胡快切」之誤。考說文：「語，合會善言也。從言昏聲。傳曰：『告之話言。』譮，籀文語，從言會。」段玉裁注：「語、會疊韻。大雅：『愼爾出話。』毛曰：『話，善言也。』」楊樹達積微居小學述林指出：「語字義爲會合善言，故籀文字從會作譮，字受義於會也。字又作語從昏者，昏、會音近，古音同在月部，借昏爲會也。」「凡昏聲字隸變皆爲舌，如括、刮之類。」語亦隸變爲話。又考玉篇云：「舙，古文話。」言與舌旁都可表說話義，義近而通，「舙」爲「話」的換旁俗字，「諣」爲「話」的增旁俗字，「⿰虫⿱舌虫」又是「舙」的形近訛字。誠，可能是「語」之省訛。玉篇：「誠，謀也。」舙，又作「𦧺」。龍龕手鑑：「𦧺，同舙。」舙、諣、⿰虫⿱舌虫、語、𦧺、話爲同義異字(一七五)，漢語大字典誤以「⿰虫⿱舌虫」爲不同的詞而立目。

又如漢語大字典釋「㤝」云：「忘記。玉篇 心部：『㤝，忘也。』」漢語大字典據玉篇收釋了「㤝」的「忘記」義。考玄應音義卷五釋太子須大拏經「爲幟」云：「古文㡒，同。尺志反。幖也。通俗文：私記曰幟。廣雅：幟，幡也。墨子曰：以爲長丈五尺廣半幅曰幟也。」卷十一釋增一阿含經第四十八卷「爲幟」亦云：「古文㡒，同。尺志反。幖也。通俗文：私記曰幟。謂劍蓋等五物。幖爲記也。」又考慧琳音義卷三十釋證契大乘經上卷「幢幟」云：「上濁江反，考聲云幢亦幡也。下尺志反，廣雅云幟亦幡也。說文並從巾，童、戠皆聲。戠音職。聲類或作㤝字。」據玄應和慧琳所釋，「㤝」爲「幟」的俗訛字，義爲「幡」。說文新附：「幟，旌旗之屬。」廣韻：「幟，旗幟。」又有「幖」義，即「標記」義。後漢書 虞詡傳：「以采綖縫其裙爲幟。」李賢注：「幟，記也。」古文「㡒」俗書改換聲旁作「幟」，忄、巾俗書往往二旁不分，「幟」俗又作「⿰忄戠」，「㡒」亦可寫作「㤝」。考龍龕手鑑載：「㤝，俗；⿰忄戠，正。昌志反。志也。」㤝、⿰忄戠、㡒、幟皆爲「標記」義，即龍龕手鑑所釋「志」義。志、忘形近，玉篇所釋「㤝，忘也」似是「㤝，志也」之誤，篇海卷十心部引玉篇釋「㤝」亦訓爲「志」。因此，「㤝」無「忘記」義而與「⿰忄戠」、「幟」爲同義異字，漢語大字典誤視其爲不同的詞而立目。

再如漢語大字典釋「胭」的第二個義項爲：「胭脂。廣韻 先韻：『胭，胭頂。』周祖謨校刊記：『頂，棟亭本作脂，是也。』」據俄藏黑水城文獻 廣韻殘卷爲「胭，胭項。」又據余迺永校注新校互注宋本廣韻注指出南宋祖本、巾箱本、黎本、覆元泰定本亦爲「胭項」，北宋本、鉅宋本、元 建刊、至正及勤德三本、明本則作「胭項」，「頂」、「項」當爲形近而誤。考玄應音義卷二十五釋阿毗達磨順正理論第三十一卷「鬼胭」之「胭」云：「北人名頸爲胭也。」慧琳音義卷一釋大般若波羅蜜多經第一卷「項胭」之「胭」亦云：「案胭即頸之異名也。」據玄應和慧琳所釋，胭有頸義，頸即項。如左傳 襄公十八年「兩矢夾脰」，杜預注：「脰，頸也。」孔穎達疏：「頸與項，亦一物也。」可證漢語大字典所引廣韻「胭頂」應爲「胭項」而不是周祖謨校刊記所説的「胭脂」。廣韻此例可改作漢語大字典釋「胭」的第一個義項「同『咽』。咽喉」的書證。

一切經音義可以説是中古時期字書的總匯，保存了不少詞在唐和唐以前的古義，也反映了不少在唐代已出現的新詞，有些詞是今天編寫的辭書中失收的。語言諸要素之中，詞彙是最爲活躍，變化最爲迅速的。其中一種情況是一個詞的書寫形式不變，而其詞義的內涵，古代和現代相比較，則發生了根本的變化。如果不明了這種變化，人們往往會以今義去理解古義。解釋這一類詞古今義的演變，是辭書釋義的重要內容。如慧琳在「耽著」(卷七、卷十二)條下引考聲云：「耽，玩也，著也」，「著」的「耽」義即隋 唐時詩文中常用的「貪嗜、愛戀」義。如陳 江總內殿賦新詩：「偏著故人織素詩，願奏秦聲採蓮調。」唐 張文成游仙窟：「生前有日但爲樂，死後無春更著人。」杜荀鶴題著禪師：「大道本無幻，常情自有魔。人皆迷著此，師獨悟如何？」韓愈贈張籍詩：「吾老著讀書，餘事不掛眼。」諸例中「著」皆爲「貪嗜、愛戀」義。修訂本辭源、辭海未收此義項。考玄應釋阿毗達磨順正理論第二十一卷設支：「舊言舍脂，此云能縛，謂女人若可愛，能生男子染著，通名設支。」(卷二十五)玄應用「染著」來釋外來詞「設支」，「染著」亦爲其時俗語詞。「染」有「沾染」義，染、著連言亦有「愛戀」義。佛教謂愛欲之心浸染外物，執著不離。如玄應所釋玄奘譯阿毗達磨順正理論卷十五：「無明爲因，起諸染著，明爲因故，離諸染著。」(29/416c)

一切經音義在今天的辭書編纂中不僅可用以補充漏收的詞和詞義，還可提供釋義的依據，糾正一些失於考證之處。如玄應釋正法念經第六十四卷痶瘓：「相承敕典、敕斷反。髮病也。」(卷十一)又釋四分律第三十五卷痶瘓：「敕顯、敕管反。言髮病也。」(卷十四)據玄應所釋，痶瘓爲一種髮病。考慧琳音義卷六十三釋根本説一切有部百一羯磨第一卷痶瘓：「上天典反，下湍卵反。案痶瘓，俗語，熱毒風髮落之狀也。」據慧琳案語所説，痶瘓爲俗語。漢語大詞典釋此詞爲「病貌」，失於籠統，似可據玄應和慧琳所釋補爲「熱毒所致頭髮脱落的病」。

一切經音義在某種意義上可以説是一部注釋佛經的專書詞典，也可以説是一部反映中古白話詞語概貌的斷代詞典。專書辭典是以某部專書爲反映對象，是爲讀者閱讀和研究某部專書提供服務而編纂的辭書。一切經音義收録佛經中的詞語，屬於集釋佛經詞語的專書辭典。佛經中蘊藏着大量的包含豐富詞義的常俗詞語，一切經音義解釋佛經詞語時已作有考釋，編纂語文辭書，尤其是較爲大型的漢語詞典，要在前人的基礎上取得超越前人的成績，就必須致力於舊時字書所不屑道的常俗用詞的詮釋，填補前人的空白，從一切經音義中提煉詞義，以補足和充實其詞義系統，揭示出漢語詞語在以先秦口語爲基礎而形成的白話書面語言系統中的演變脉絡。如張文成游仙窟：「入穹崇之室宇，步步心驚；見儻閬之門庭，看看眼磣。」文中「磣」，辭源釋爲「食物中夾雜沙土，引申爲眼光」，並引用此文作書證。據游仙窟文意，「瘮」作「眼光」解，顯然不確。郭在貽游仙窟釋詞「瘮」字下按語爲：「集韻上聲四十七寑韻：『瘮，物雜沙也。』」〔一七六〕此釋也未能解釋透徹。今考慧琳音義卷八釋「瘮毒」云：「瘮毒者，妒害也，忍人也。」又卷四十八再釋「瘮毒」云：「又作慘，同，初錦反。又墋，惡也。通俗文：『沙土入食中曰墋也。』」且游仙窟文中「眼瘮」與「心驚」對文，似應解作「眼花繚亂」，有「迷惑、眼紅」之意。

從一切經音義的解釋中還能找到一些綫索作爲大型漢語詞典釋義的佐證。如慧琳音義卷四十釋聖不動尊使者成就經「拌之」之「拌」引韻詮云：「拌，攤相和皃也。」「拌」是後出新詞，說文未收，最早用例見於南北朝。如北齊賈思勰齊民要術卷九治麵砂墋法：「簸小麥，使無頭角。水浸，令液漉出，去水，寫著麵中，拌使均，調於布巾中。」漢語大詞典釋爲「攪和；調勻」，首見書證爲唐代張賁以青飿飯分送襲美魯望因成一絶：「應宜仙子胡麻拌，因送劉郎與阮郎。」漢語大字典釋爲「攪和」，引宋代葉隆禮契丹國志爲首見書證，偏晚。據慧琳引韻詮所釋，「拌」的詞義是先攤開再相攪和，從動態的角度描寫了「拌」這一動作過程。

（五）一切經音義與文化史研究

一切經音義的記載不僅爲披讀校訂佛學典籍提供了佐證，而且也爲研究佛學思想和中國思想史提供了一些珍貴綫索。如柳田聖山在論述禪與中國時提到觀心論，認爲這是一部綱領性的書，指出慧琳很重視此書，在一切經音義中把觀心論的部分語句和印度的三藏書籍相提並論，予以解說〔一七七〕。語言是社會生活發展的一面鏡子，「一時代的客觀社會生活，決定了那時代的語言內容；也可以說，語言的內容在足以反映出某一時代社會生活的各面影。社會的現象，由經濟生活到全部社會意識，都沉澱在語言裏面〔一七八〕」。佛經語言的研究往往是同思想和文化研究交融在一起的。一切經音義中的訓釋廣泛記載了當時的農業生産、中外交往、禮儀習俗、醫藥等各個方面。這些記録是大可補古史之未詳的，同時也對瞭解當時的社會生活和制度以及中外交往、風俗人情等提供了寶貴的資料。

如玄應釋瑜伽師地論第十二卷中「浴摶」曰：「案西域國俗法，澡浴初訖，碎以諸果或藥用酥爲摶將摩拭身，令其潤滑乃（及）去風等，故名浴摶。」（卷二十二）反映了西域國俗的保健沐浴。又如慧琳釋大般若波羅蜜多經第四百二十七卷和第五百三十九卷中「莫耆」曰：「能除衆毒。神藥名也。其藥功力，經中自說，如此國中嶺南陳家解毒白藥、黃藥、黑藥之類也。」（卷五）「梵語。解毒藥名也。此藥多出大雪山，能解一切諸毒，此國無也。」（卷七）反映了當時解毒藥的出産地及使用情況。再如釋大乘理趣六波羅蜜多經第一卷中「蘇莫遮冒」曰：「蘇莫遮，西戎胡語也，正云颯磨遮。此戲本出西龜茲國，至今由（猶）有此曲。此國渾脫、大面、撥頭之類也。或作獸面，或象鬼神，假作種種面具形狀；或以泥水沾灑行人；或持羂索搭鉤捉人爲戲，每年七月初，公行此戲，七日乃停。土俗相傳云：常以此法攘厭驅趁羅刹惡鬼食啖人民之災也。」（卷四十一）慧琳所釋爲唐般若譯，原文爲：「又如蘇莫遮帽，覆人面首。令諸有情，見即戲弄。老蘇莫遮亦複如是。從一城邑至一城邑，一切衆生被衰老帽，見皆戲弄。以是因緣老爲大苦。」（8/867c）蘇莫遮帽是西域的一種帽子，又寫作「蘇幕遮」。據宋史外國六高昌傳載：「婦人帶油帽，謂之『蘇幕遮』。」此帽用羊皮製，外塗油以防水。據慧琳所釋，西龜茲國每年七月初，公行此戲，或戴種種面具，或以泥水沾灑行人，或持羂索搭鉤捉人爲戲，以此攘厭消災，反映了西域的民俗娛樂。據宋王明清揮麈録記太平興國元年王德延等奉使高昌，叙其所見云：「或以水交潑爲戲，謂之壓陽氣去病。」壓陽氣去病，即以潑水來消暑氣。慧琳所説「至今猶有此曲」，與渾脱、大面、撥頭類似，則反映了胡樂的入華及西域與中原樂舞的交融[一七九]。

一切經音義的訓釋往往還爲我們考釋一些百科詞的文化内涵以及這些詞語所反映的中外文化交往提供了重要綫索。如「唄」是梵語「唄匿」(pāṭhaka)的略音。玄應釋妙法蓮華經第一卷「歌唄」之「唄」云：「蒲芥反。梵言婆師，此言讚歎，或言唄匿，疑訛也。婆音蒲賀反。案宣驗記云：『魏陳思王曹植曾登漁山，忽聞岩岫有誦經聲，清婉遒亮，遠谷流響，遂依擬其聲而製梵唄，至今傳之』是也。唄亦近字耳。」(卷六)[一八〇]又釋四分律第三卷「唄匿」之「唄」云：「蒲芥反。梵言婆師，此言讚歎。言唄匿者，疑訛也。婆借音蒲賀反。」(卷十四)[一八一]慧琳釋證契大乘經上卷「唱唄」之「唄」云：「薄邁反。考聲云：僧尼法事也。唄，唱梵聲也。從口也。」(卷三十)又釋高僧傳第一卷「贊唄」之「唄」云：「牌拜反。文字典説：唄，贊梵聲也。從口貝聲。」據玄應和慧琳所釋，「唄」是梵僧誦唱經文的聲律和曲調，又稱爲「梵聲」、「梵音」。據長阿含經卷五載：「時梵童子説此偈已，告忉利天曰：其有音聲，五種清净利潤，乃名梵聲。何等五？一者其音正直，二者其音和雅，三者其音清徹，四者其音深滿，五者周遍遠聞。具此五者，乃名梵音。」(1/35b)由於梵漢兩種語言的聲韻結構不同，梁釋慧皎高僧傳曾指出「梵音重複，漢語單奇。若用梵音以詠漢語，則聲繁而偈迫。若用漢曲以詠梵文，則韻短而辭長。是故金言有譯，梵響無授」。(50/415a)拼音式梵文佛經的「唄匿」譯爲表意形的漢文佛經，誦唱時聲調難免失於和諧，於是釋門經師和文人樂工根據漢語聲律和漢樂曲調的特點，借鑒「唄匿」的清静意蘊，創造出梵漢合璧的「梵唄」[一八二]。據高僧傳卷十三經師論載：「天竺方俗，凡是歌詠法言稱唄，至於此土，詠經則稱爲轉讀，歌贊則號爲梵唄。昔諸天贊唄，皆以韻入弦管，五衆既與俗違，故宜以聲曲爲妙。」(50/415b)念誦經文要念出音調節奏，據高僧傳卷十三載支曇籥「特稟妙聲，善於轉讀。嘗夢天神授其聲法，覺因裁製新聲，梵響清靡，四飛却轉。反折還喉迭哢」。僧饒「善尺牘及雜技，而偏以音聲著稱，擅名於宋武文之世。響調優遊，和雅哀亮，與道綜齊肩。綜善三本起及大挐，每清梵一舉，輒道俗傾心。寺有般若台，饒常繞台梵轉，以擬供養，行路聞者，莫不息駕踟躕，彈指稱佛」。(50/413c)又據史籍記載，三國魏曹植曾爲漢譯瑞應本起經創魚山梵二十四契，即玄應引宣驗記所載曹植依擬誦經聲而製梵唄。檢法苑珠林卷三十六云：「植每讀佛經輒流連嗟翫，以爲至道之宗極也，遂製轉贊七聲升降曲折之響，世人諷誦咸憲章焉。嘗游魚山，忽聞空中梵天之響清雅哀婉，其聲動心。獨聽良久，而侍御皆聞。植深感神理，彌寤法應，乃摹其聲節寫爲梵唄，纂文製音，傳爲後式。梵聲顯世，始於此焉。其所傳唄，凡有六契。」(53/576a)漢語聲律「轉贊七聲升降曲折」的特點和「梵天之響清雅哀婉」的意蘊構成了魚山梵曲調的主旋律。佛教僧徒把梵唄看作具有中和之美的華夏佛音，慧皎高僧傳稱其「壯而不猛，凝而不滯，弱而不野，剛而不鋭，清而不擾，濁而不蔽，諒足以起暢微言，怡養神性」。(50/415b)贊寧宋高僧傳認爲梵唄的樂聲意韻可按宫商合鐘磬，「可謂宫商佛法，金石天音。哀而不傷，樂而不佚。引之入慈悲之域，勸之離繫縛之場」。(50/899c)[一八三]梵唄主要用於講經儀式、六時行道和道場懺法。唐代流行有如來唄、云何唄和處世唄。如來唄(出勝鬘經)前一偈「如來妙色身」在法事開始時唱，稱爲初唄。云何唄(出涅槃經)第二偈「云何於此經」則在譯經法會上作爲初唄唱。如來唄後偈「如來色無盡」及佛偈「天上天下無如佛」在法事中間唱，稱爲中唄。處世唄(出超日明經)在法事後唱，稱爲後唄。

玄應指出「唄」的音譯爲「婆師」，意譯爲「贊」，「唄匿」則爲疑訛[一八四]。漢語大詞典：「唄，梵語 pāthaka(唄匿)音譯之略。意爲『止息』、『讚歎』。印度謂以短偈形式贊唱宗教頌歌。」後泛指讚頌佛經或誦經聲。pāthaka 爲 pāṭhakapa 之誤。辛嶋静志漢譯佛典的語言研究(二)一文指出最早把「唄」和「唄匿」釋爲梵語的音譯大概是織田得能的佛教大辭典，並據東晉佛陀跋陀羅共法顯譯摩訶僧祇律第三十六卷中名爲 *Bhikṣuni-Vinaya* 的梵語律典相對應部分的「贊唄」與梵語 bhāṣinī 相對應，認爲根據一切經音義，「唄」的東漢古音爲 bat-，中古音爲 bwɐi-，與 bhāṣ 接近，從字音來看「唄匿」(中古音 bwɐi-njək) 一詞是梵語 bhāṇ-aka 的音譯[一八五]。

又如「綩綖」一詞與氈毯等毛製物品有關。據玄應釋摩訶般若波羅蜜經第三十九卷綩綖一詞說：「一遠反，下以旃反。相傳坐蓐也。未詳何語。」(卷三)又釋妙法蓮華經第二卷此詞說：「諸經有作蜿蟮二形。字林一遠反，下以旃反。相承云坐縟也，未詳何語立名耳。」(卷六)「綩綖」是個外來詞，玄應指出其有作蜿蟮二形，相承爲坐縟，對其出自何語存闕。慧琳釋大寶積經第十二卷綩綖：「上於遠反，下以旃反，並假借字。若依字義，與經甚乖，今並不取。經云綩綖者，乃珍妙華麗錦繡綿褥、褫(音池)氈、花毯、舞筵之類也。字書並無此正字，借用也。」(卷十二)釋大寶積經第一百十八卷「綩綖」亦云：「上音宛，下音延。經云綩綖者，花氈、錦褥、舞筵之類。」(卷十五)據慧琳所釋，綩綖指精織的花氈花毯之類，可用作坐褥，也可用作舞筵。舞筵指歌舞時鋪在地上的席子或氈毯。說文：「筵，竹席也。」筵是貼地而鋪較爲寬大的墊席。周禮 春官 序官：「司几筵。」鄭玄注：「筵亦席也。鋪陳曰筵，藉之曰席。」賈公彦疏：「設席之法，先設者，皆曰筵，後加者爲席。」孫詒讓正義：「筵長席短，筵鋪陳于下，席在上，爲人所坐藉。」古人席地而坐，坐於席上，席下又有貼地之席稱爲「筵」，在上面跳舞，即在鋪有席子或氈毯的地上跳舞，故綩綖可指坐褥，又可指舞筵。蔣星煜唐人勾欄圖在戲劇史上的意義一文曾認爲「錦筵」與「地毯」有關[一八六]，任半塘明張甯咏唐人勾欄圖詩解釋及辨正一文則說：「蔣氏深文周内(納)，因追勾欄如何『錦繡』，乃攀到『錦筵』，結論曰：『看來這是鋪在舞臺或演出場所地上(或樓上)的精織的地毯』，如此設想，未免蹈空。『筵』之本意是坐墊；塞以棉，罩以錦，乃爲『錦筵』。從席地而坐之古風，上升到座椅與長案之制度；終不能卑之，降筵於地，指地毯也。唐詩所見『舞錦筵』、『踏錦筵』，乃於酒席筵前作歌舞，給座中人賞，非跳向陳設杯盤之桌面上歌舞也。偶見王譽昌崇禎宮辭云：『錦罽平鋪界紫庭，裙衫風度壓娉婷。』所謂『罽』，是毛織物；從知『錦罽』方是地毯，『錦筵』不是。」[一八七]任氏認爲蔣氏深文周納，却未明「席地而坐之古風上升到座椅與長案之制度」，「筵」隨之引申可指陳設杯盤之桌面的筵席，而其鋪陳於地之意仍存，錦筵指鋪在舞臺或演出場所地上的精織的地毯正用其原義，無須「降筵於地」。考慧琳釋大般若波羅蜜多經第三百九十八卷綩綖：「上鴛遠反，下餘旃反。經言綩綖者，即珍妙綺錦筵、繡褥、舞筵、地衣之類也。」(卷四)釋阿閦佛國經上卷綩綖：「於遠反，下音延。經文錯用也，正體從草作苑莚，舞莚、地衣之類。」(卷十六)由慧琳所釋可知錦筵、繡褥、舞筵、地衣爲同類物品。又考慧琳釋大寶積經第九卷中「綩綖」加案語云：「綩綖，地褥也，即舞筵也。俗呼爲地衣，毛錦是也。」(卷十一)釋僧伽羅刹集下卷中「苑莚」亦特地加案語云：「苑莚，地褥也。即舞莚也。俗呼爲地衣、毛錦是也。」(卷七十四)苑莚，即綩綖，皆爲綉褥錦筵類花毯花氈的音譯記音詞，慧琳指出俗呼爲地衣、毛錦，「地衣」即「地毯」。如白居易紅綉毯詩云：「一丈毯，千兩絲，地不知寒人要暖，少奪人衣作地衣。」又如王建宮詞：「自誇歌舞勝諸人，邀勒君王出內頻。連夜宮中修別院，地衣簾額一時新。」詩中所説「地衣」亦即「地毯」。

慧琳所説「毛錦」亦爲毛毯類物品，即任氏所説的「錦罽」。細的毛織物通稱「𦋺」，「罽」是𦋺的假借字，又可省寫成「罽」[一八八]。考説文：「𦋺，西胡毳布也。」爾雅：「氂，罽也。」邢昺疏云：「舍人曰氂，謂毛罽也。胡人續羊毛而作衣，然則罽者織毛爲之，若今之毛氍毹以衣馬之帶鞅也。」[一八九]罽是人工織成的毛織物，看上去與動物的皮毛相似，故又稱爲織皮。尼雅遺址出土有緑地人獸葡萄紋和藍地龜甲四瓣花紋的罽。邢昺疏所説「氍毹」也是毛毯類物品。如慧琳釋優婆塞净行法門經下卷中「氍毹」云：「上具俱反。下數俱反。聲類云：氍毹，毛錦也。」(卷四十五)又作「氍氀」。如慧琳釋四分律删補隨機羯磨中卷「氍氀」云：「博雅：氍氀，西戎罽紕也。即是毛錦有文彩如五色花紕也。」指出毛錦即有文彩的五色花毯。(卷六十四)氍毹、氍氀、毛錦與綩綖皆爲敷以座席的毛毯類物品。如正法華經卷二：「彼大長者等賜諸子七寶大車，珠交露幔，車甚高廣，諸珍嚴莊，所未曾有。清净香華，瓔珞校飾，敷以繒褥氍毹綩綖。」(9/75b)又如摩訶般若波羅蜜經第三十九卷：「其座四足，或以黄金，或以白銀，或以琉璃，或以頗梨，敷以綩綖，雜色茵褥，垂諸幃帶，以妙白氎而覆其上。」(8/417)今仍用以稱演戲時鋪在舞臺上的地毯，並用「氍毹」或「紅氍毹」借指舞臺，由此亦可見其與「舞筵」、「綩綖」等詞的相承淵源。

「氍毹」也是外來詞，據慧琳釋陀羅尼集第三卷中「氍毹」云：「梵語也。毛毯、地衣之類也。亦無正字也。」(卷三十七)慧琳指出「氍毹」是梵語。「氍毹」又寫作「㲘𣯽」。如慧琳釋根本説一切有部毗奈耶律第二十六卷中「氍毹」云：「上具愚反。下數蒭反。西戎胡語。考聲云：織毛爲文彩五色，或作鳥獸人物，即毛布也。聲類：毛席也。出西戎，字無定體。或作㲘𣯽，或名毾㲪，即地衣、舞筵之類，形聲字也。」(卷六十)慧琳指出「氍毹」是西戎胡語，或名毾㲪，即地衣、舞筵之類。

毾㲪也是西域一帶人們對織花毛毯的音譯詞。如玄應釋四分律第三十七卷毾㲪：「廣雅、蒼頡云毾㲪，毛有文章也。釋名云：施之大床前小榻上所以登上床。因以爲名焉。」(卷十四)又釋大般涅槃經第十一卷中「氍毹」引通俗文云：「織毛褥曰氍毹，細者謂之毾㲪。」(卷二)可知相對於「毾㲪」而言，「氍毹」是一種較粗的毛毯[一九〇]。

再如悉曇是梵語 siddham 一詞的音譯，又寫作悉檀、悉談、肆曇等，意爲成就、吉祥、安住等。空海悉曇字母釋義云：「夫梵字悉曇者，印度之文書也。」(84/361a)安然悉曇藏卷一引大唐西域記云：「梵天所制，五天竺國皆用此字，然因地隨人稍有增減，語其骨體以此爲本。劫初之時，世無法教，梵王下來授以此悉曇章，根源四十七言，流派餘一萬。」(84/369c)[一九一]據空海和安然所説，悉曇又指文字，悉曇章則是學習梵文的入門書，講述梵文字母、字母拼合及聯聲等基本的語音和語法知識。據章炳麟初步梵文典序云：「唐人説悉曇者多至百餘家。」[一九二]由於各地方音不同，師承也不盡相同，各家傳習的悉曇章在字母的數量、拼合、章數和譯文所用漢字等皆有一定的差異。如就拼合而言，有二合、三合乃至多合的不同；就章數而言，有十一章、十二章、十三章、十四章、十八章乃至三十六章之異；就字母數量而言，有四十二、四十六、四十七、四十九、五十、五十一、五十二等數種説法。其中關於元音字母十四音又有諸種不同説法(一九三)。據周廣榮梵語悉曇章在中國的傳播與影響所述，「悉曇章是隨着大般涅槃經的傳播與研習在中國廣泛傳播開來的；涅槃經文字品的十四音即當時人所研習的一種悉曇章」(一九四)。因梵漢文字的差别，隨着大般涅槃經的傳播，十四音究竟是指哪十四個音？魯流盧樓四音與其他字母又有什麼關係，各家説法不同。一切經音義對此也有記載。考玄應音義卷二釋大般涅槃經第八卷文字品：「字者，文字之總名。梵云惡刹羅(一九五)，譯言無異流轉，或言無盡，無盡是字，字在(一九六)紙墨，可得不滅，借此不滅以譬常住，凡有四十七字，爲一切字本。其十四字如言，三十三字如是，合之以成諸字，即名滿字。滿者，善義，以譬常住。半者，惡義，以譬煩惱。雖因半字，「爲字」(一九七)根本，得成滿字，乃是正字。凡夫無始，皆由無明，得成常住，乃是真實，故字之爲義，可以譬道。大涅槃經其義如此。案西域悉曇章本是婆羅賀磨天所作，自古迄今更無異書，但點畫之間微有不同耳。悉曇，此云成就。論中悉檀者亦悉曇也，以隨别義轉音名爲悉檀。婆羅賀磨天者，此云净天。舊言梵天，訛略也。」玄應指出十四字音「裹、阿、壹、伊、塢、烏、理、厘、黳、藹、汙、奧、闇、惡」「一一聲中皆兩兩字同，長短爲異，皆前聲短，後聲長。菴惡此二字是前惡阿兩字之餘音，若不餘音則不盡一切字，故複取二字，以窮文字」。比聲二十五字中迦、呿、伽、啮、俄爲舌根聲，遮、車、闍、膳、若爲舌齒聲，吒、咃、荼、組、拏爲上齶聲，多、他、陀、馱、那爲舌頭聲，波、頗、婆、婆(去)摩爲唇吻聲。蛇(重)、羅(盧舸反)、羅(李舸反)、縛、奢、沙、娑、呵八字爲超聲。

又考慧琳音義卷二十五釋大般涅槃經第八卷次辯文字功德及出生次第：「梵經云阿察曬，唐云文字，義釋云無異流轉。或云無盡，以名句文身，善能演説諸佛秘密，萬法差别，義理無窮，故言無盡。或云常住，言常住者，梵字獨得其稱，諸國文字不同此例。何者？如東夷，南蠻，西戎，北狄，及諸胡國所有文字，並是小聖睿才，隨方語言，演説文字，後遇劫盡，三災起時，悉皆磨滅，不得常存，唯有此梵文隨梵天王上下，前劫後劫皆用一梵天王所説，設經百劫，亦不差别，故云常住。總有五十字，從初有一十二字是翻字聲勢，次有三十四字名爲字母，别有四字名爲助聲。稱呼梵字亦五音倫次，喉、腭、齗、齒、唇吻等聲則迦、左、縿、䶊、跛。五聲之下，又各有五音，即迦、佉、誐、伽、仰，乃至跛、頗、麽、嗲、莽，皆從深向淺，亦如此國五音宫、商、角、徵、羽。五音之内，又以五行相參，辯之以清濁，察之以輕重，以陰陽二氣揀之，萬類差别，悉能知矣。故易曰：觀乎天文，以察時變；觀乎人文，以化成天下。即其義也。經言十四音者，是譯經主曇無讖法師，依龜兹國文字，取捨不同，用字差别也。若依中天竺國音旨，其實不爾。今乃演説列之如右，智者審詳。」慧琳指出曇無讖「依龜兹國胡本文字翻譯，此經遂與中天音旨不同。取捨差别，言十四音者，錯之甚矣。誤除暗、惡兩聲，錯取魯、留、盧、婁爲數，所以言其十四」，若依中天竺國正音，五十字母中翻梵字聲勢「櫰、啊、賢、縊、塢、汚(牙關不開)、翳、愛(愛)、汚(大開牙)、奥、暗、惡」十二字是元音，在這十二元音外更添乙(上聲微彈舌)、乙(難重用取去聲引)、力(短聲)、力(去聲長引不轉舌)四字作助聲，即中古所譯「魯留盧婁」，並説自己「幼年亦曾稟受安西學士稱誦書學，龜兹國悉談文字實亦不曾用魯、留、盧、婁翻字，亦不除暗、惡二聲。即今見有龜兹字母梵夾仍存，亦只用十二音，取暗、惡爲聲，翻一切字。不知何人作此妄説，改易常規，謬言十四音，甚無義理。其實四字乙(上)、乙(去聲)、力、力(去聲)未曾常用，時往一度用補聲引聲之不足。高才博學，曉解聲明，能用此四字，初學童蒙及人衆凡庶實不曾用也。」慧琳還釋「迦、佉、誐、伽、仰、左、瑳、嵯、醝、娘、綺、姹、絮、㯃、拏、䶊、佗、欀、馱、曩、跛、頗、麽、嗲、麽、野、囉、砢、嚩、舍、灑、縒、賀、乞灑(二合,兩字合爲一聲,此一字不同衆例也)三十四字爲字母,即輔音。指出「凡文句之中,有含餘音聲不出口者,名爲半字,非呼字母以爲半字。」認爲「梵天所演字母,條例分明,今且略説相生次第,用前十二字爲聲勢,舉後字母一字一字翻之,一字更生十一字,兼本成十二字,如此遍翻三十四字,名爲一番。又將野字遍加三十四字之下一遍,准前一一翻之,又成一番。除去野字,即將囉字遍加三十四字之下,准前以十二字聲勢翻之,一字生十二字,三十四字翻了成四百八字,又是一番。次以攞字、嚩字、娑字、賀字、仰字、娘字、拏字、曩字、麽字等十二字回换轉加成十二番用則足矣。亦須師授,方知次第句義,文翰攝在十二番中,悉皆備足。若輾轉相加,雖無窮無盡,義理相涉,聲字乖僻,人間罕用。只用前十二番字,又以八轉聲明論參而用之,備盡世間一切聲韻,種種差别名言。依字辯聲,依聲立義,字即回互相加,聲義萬差,條然有序,繁而不雜,廣而易解。」據慧琳所説,其所傳悉曇章共十二章。拼合方式是以十二元音與三十四輔音相拼,所得四百零八字爲第一番,即第一章。再以野、囉、攞、嚩、娑、賀、仰、娘、拏、曩、麽十一字附加在三十四輔音下與十二元音相拼,各得一番,成十一番,每番也是四百零八字。連第一番,共十二番,即十二章。根據這十二章中的字母組合,再參以八囀聲等聲明學的相關義例,大致可「備盡世間一切聲韻」,「聲義萬差」而「條然有序」。

一切經音義有關悉曇的説法表面上看是對悉曇這一語言現象的認識不同,實際上則涉及到佛教的傳播等中西交通史的探討。據慧琳所説,玄應與曇無讖所説十四音,在西域流行的是十二音,十二音的强盛從一個側面反映了西域佛教對我國内地早期佛教的影響遠遠大於印度佛教直接産生的影響[一九八]。

[一] 殟,從歺昷聲。説文:「昷,仁也。從皿以食囚也。官溥説。」「煴,昷也。」黄侃手批説文解字指出:「囚皿者,使其氣不泄。」意謂器皿覆蓋的嚴密,使内中熱氣不消散。昷,由此引申而有「温暖」義,後寫作「温」。「殟」亦可視爲形聲兼會意字,其「暴無知」義即「突然窒息昏迷」義,與「氣不泄」義相應。

[二] 羅振玉慧超往五天竺國傳校録劄記。

[三] 高田時雄慧超往五天竺國傳之語言與敦煌寫本之性質,載敦煌·民族·語言,中華書局 2005 年版。董志翹評介兩部研究往五天竺國傳的新著,學術集林卷九。

[四] 日本石山寺、七寺和金剛寺所存寫卷爲十七卷本。詳參福井利吉郎東大寺賢愚經之研究,福井利吉郎美術史論集上,中央公論美術出版,日本平成十年。

[五] 李富華和何梅漢文佛教大藏經研究,宗教文化出版社 2003 年版 115 頁。

[六] 參拙著玄應衆經音義研究,中華書局 2005 年版。

[七] 參李際甯北京圖書館藏磧砂藏研究,北京圖書館館刊 1998 年第 3 期 71—73 頁。

[八] 據遼史道宗紀三載,咸雍八年(1072)十二月「庚寅,賜高麗佛經一藏。」又遼史高麗列傳載,「咸雍七年、八年,來貢。十二月,以佛經一藏賜(高麗朝文宗)徽。」高麗史世家亦載,文宗「十七年三月丙午,契丹送大藏經,王備法駕,迎於西郊。」再刻高麗藏收有磧砂藏未收的慧琳音義和希麟音義,當據契丹藏而補。

[九] 守其等高麗國新雕大藏校正别録詳較了開寶藏、契丹藏和初刻高麗藏的異同,但未提及玄應音義的異同,也没有提及開寶藏和初刻高麗藏是否收有慧琳音義,也許守其着重於比勘佛經經文的異同,而未能顧及這些音義類著述。

[一〇] 羅炤契丹藏與開寶藏之差異,文物 1993 年第 8 期。

[一一] 童瑋北宋開寶大藏經雕印考釋及目録還原,書目文獻出版社 1991 年版。

[一二] 任傑房山石經之研究,中國佛教協會 1987 年版 22—23 頁。

〔一三〕李富華和何梅漢文佛教大藏經研究，宗教文化出版社 2003 年版。

〔一四〕房山石經題記彙編，書目文獻出版社 1987 年版 11—12 頁。

〔一五〕陳垣中國佛教史籍概論，上海書店出版社 2001 年版 70 頁。

〔一六〕圓仁入唐求法巡禮行記，上海古籍出版社 1986 年第 197 頁。

〔一七〕圓仁入唐求法巡禮行記，上海古籍出版社 1986 年第 196 頁。

〔一八〕李富華和何梅漢文佛教大藏經研究，宗教文化出版社 2003 年版 115 頁。

〔一九〕參童瑋趙城金藏與中華大藏經，中華書局 1989 年版。

〔二〇〕李富華和何梅漢文佛教大藏經研究，宗教文化出版社 2003 年版 115 頁。

〔二一〕俄藏敦煌文獻第 1 册，上海古籍出版社 1992 年版 321 頁。

〔二二〕慧琳音義則在「窓向」條後標有「第二卷」序號，並注有「無字可音訓」五字，檢放光般若經中「窓向」在第二卷，原文爲「其台高顯四面窗向」。

〔二三〕麗藏與磧砂藏本的用字也有許多不同，麗藏本多存唐寫本字體，如帀、艾、葴、册、處等，磧砂藏本則改爲匝、艾、藏、册、處等。

〔二四〕方廣錩八—十世紀佛教大藏經史，中國社會科學出版社 1991 年版 246 頁；竺沙雅章宋元佛教文化史研究，汲古叢書 25，汲古書院。

〔二五〕開元録於開元十八年（730 年）編成，著録自東漢 明帝 永平十年（67 年）至唐玄宗開元十八年的佛教譯述，收録大乘和小乘經、律、論和賢聖集傳，「總一千七十六部，合五千四十八卷，成四百八十帙」。

〔二六〕方廣錩佛教大藏經史，中國社會科學出版社 1991 年版 119 頁。

〔二七〕方廣錩佛教大藏經史，中國社會科學出版社 1991 年版 146 頁。

〔二八〕方廣錩佛教大藏經史指出：「慧琳音義是據某一部現前大藏編成的，它反映的是該大藏的真實情況。」中國社會科學出版社 1991 年版 78 頁。

〔二九〕方廣錩慧琳音義與唐代大藏經一文指出「對慧琳音義新補的經典，應該逐一考證，乃至索隱鉤沉。這可以爲我們研究當時的佛教，提供許多新的寶貴的資料」。藏外佛教文獻第八輯，宗教文化出版社 2003 年版 424 頁。

〔三〇〕玄應音義卷二十收釋馬鳴菩薩傳中「綰達」一詞，慧琳音義卷七十六收釋馬鳴菩薩傳中「銘其」、「綰達」、「卓犖」、「燭幽夜」四詞。參落合俊典寫本一切經的資料價值，世界宗教研究 2000 年第 2 期。

〔三一〕朱慶之佛教混合漢語初論，語言學論叢第二十四輯，商務印書館 2001 年版 5 頁。

〔三二〕陸宗達文字的貯存與使用，湖南師範大學學報 1987 年第 2 期。

〔三三〕李圭甲編高麗大藏經異體字典，韓國高麗大藏經研究所 2000 年版。

〔三四〕俗字和訛字是相對於正字而言，不同時代的正字不完全相同，某一時代的俗字和訛字在另一時代可能會成爲正字。如「得」，甲骨文從彳、貝、又會意。説文：「得，行有所㝵。从彳㝵聲。㝵，古文省彳。」「㝵，取也。从見寸。寸，度之，亦手也。」裘錫圭文字學概要指出：「得，表示得到財富，加『彳』旁表示在行道時得到。説文以不加『彳』的爲古文。『又』旁在篆文裏變成『寸』旁。在古文字裏，從『又』（代表手）的字後來往往變成從『寸』。『貝』旁在説文篆文裏訛變爲『見』」。（商務印書館 1988 年版 124 頁）從歷時的角度看，得、㝵、得都不能説是訛字。俗字和訛字與正字多爲異構或異寫關係。如從羊從大的「美」俗寫作「羙」，從「衤」的「補」俗寫作從「礻」。有些俗訛字只是書寫上的不同。如説文：「牙，牡齒也。」牡，段注云：「各本訛作牡」，改爲「壯」。説文作「牡」是傳抄異寫爿多作牜，增訂碑别字序指出：「古人書爿多作牜……許書原作壯齒，段説甚韙，然牡爲壯之别字，非訛字也。」從共時的角度看，「衤」寫作「礻」，「爿」寫作「牜」都是當時的用字習俗。

〔三五〕李榮漢字演變的幾個趨勢指出：「書籍傳抄刻印的過程，就是文字不斷『當代化』的過程，也就是文字演變的過程。」中國語文 1980 年第 1 期。

〔三六〕顔元孫干禄字書，中華書局1985年版叢書集成初編本10頁。

〔三七〕太平廣記卷一六三志公祠，中華書局1961年版1185頁。

〔三八〕秦公碑別字新編，文物出版社1985年版24頁。

〔三九〕太平廣記卷一三六天寶符，中華書局1961年版974頁。

〔四〇〕參臧克和楷字的時代性，中國文字研究2007年第一輯。

〔四一〕秦公碑別字新編，文物出版社1985年版126頁。

〔四二〕大　據文義當作「犬」。

〔四三〕集韻：「㬥，説文：『疾有所趣也。從日出夲廾之。』」方成珪考正：「㬥夲，段氏從小徐本作『㬥夲』爲是。」

〔四四〕容庚金文編，中華書局1985年版。

〔四五〕文字聲韻訓詁筆記，上海古籍出版社1983年版。

〔四六〕文始叙例，章氏叢書本。

〔四七〕卷五十九釋四分律第四十二卷涎沫：「又作次、渼、膃、唌四形，同。似延反。慕欲口液也。」渼，疑爲「漾」之誤；膃，或爲「漚」之誤。四分律爲慧琳轉録玄應所釋，檢玄應音義卷十四釋此詞爲：「又作次、漾、漚、唌四形，同。似延反。慕欲口液也。」慧琳釋止觀上卷「唌流」之「唌」：「祥延反。或作涎，並俗字也。説文正作次，時人不審知，爲與次字相濫，諸儒隨意競作不同。束晳作唌，賈誼作漾，史籀大篆作㵫從二水，最太古，不入時用。説文本作次，從水從欠。集訓云：唌者，口中滓液。今依説文，餘皆不取。」（卷一百）

〔四八〕劉復編纂中國大字典計畫概要，辭書研究1979年第1期。

〔四九〕蔣禮鴻集第三卷，浙江教育出版社2001年版137—138頁。

〔五〇〕此據磧砂藏本，麗藏和金藏本無此條。

〔五一〕參陳定民慧琳一切經音義中之異體字，中法大學月刊3卷1—5期和4卷4期，1933—1934年。

〔五二〕趙誠商代人視覺空間概念探索一文中説此字「從二立，其中一人立於原地，表示有一人仍在原位；而另一人已離開原地，站在稍後的地方，表示已被廢替，不再任用，所以不在原位。此當是替字之本義，用改變空間位置來表示。後來抽象概括，表示一般的廢替義，當是詞義引申的結果」。中國的視覺世界國際會議論文集，倉頡特輯第二期。

〔五三〕張政烺中山王䜌壺及鼎銘考釋，古文字研究第一期。

〔五四〕參劉復宋元以來俗字譜，文字改革出版社1957年版。

〔五五〕參畢慧玉碩士論文日本藏玄應一切經音義寫卷考（上海師範大學2007年）。

〔五六〕説文：「夲，進趣也。从大，从十。大十，猶兼十人也。讀若滔。」段注：「趣者，疾也。言其進之疾，如兼十人之能也。」「夲」與「本」本爲音義形皆不同的兩個字。

〔五七〕居延漢簡中「來」已作「来」。

〔五八〕北魏正光常氏墓誌已有「経」字。

〔五九〕廣韻：「疋，所葅切，腳。」字彙補疋部：「𤴔、疋二字自漢已通用矣。又音五下切，正後作雅。」説文疋部：「古文以爲詩大疋字。」

〔六〇〕黄淬伯唐代關中方言音系，江蘇古籍出版社1998年版10—36頁。

〔六一〕黎錦熙國語運動史綱，民國叢書第二編52冊，上海書店1990年版。

〔六二〕慧琳音義研究，上海社會科學院出版社1997年版第2頁。

〔六三〕周法高論上古音和切韻音（香港中文大學中國文化研究所學報1970年第3卷第2期321—459頁）一文中説：「關於重紐的擬音，大體上可以有下列數派的意見：第一派以爲重紐AB類的區別是由於元音的區別，周法高、董同龢、Paul Nagal等主之。第二派以爲重紐AB類的區別是由於介音，李榮、蒲立本（Pulley blank）等主之。第三派以爲重紐AB類的區別是由於聲母和介音，王靜如、陸志韋主之。第四派以爲重紐AB類確有語音上的差別，但是没法説出區別在哪里，陳澧、周祖謨等主之。第五派以爲重紐並不代表語音上的區別，章炳麟、黄侃主之。」謝美齡慧琳反切中的重紐問題（大陸雜誌第八十一卷第1期34—48頁）一文説周法高在Papers in Chinese Linguistics and Epigraphy中放棄了原來主張的元音區別説，認爲重紐AB類的區別不在元音，而在聲母。

〔六四〕周法高三等韻重唇音反切上字研究，歷史語言研究所集刊第二十三本。

〔六五〕第二届國際漢學會議論文。周法高廣韻重紐的研究稱三等韻重紐四等爲A類，重紐三等爲B類，不是重紐的爲C類。

〔六六〕參丁聲樹古今字音對照手册，中華書局1981年97頁。

〔六七〕實際上並未完全獨立，真韻合口平、上、去聲喉、牙韻併入文韻的並不限於A類字，且合口入聲A、B兩類字喉、牙音字皆併入物韻。

〔六八〕謝美齡慧琳反切中的重紐問題下，大陸雜誌第八十一卷第二期。

〔六九〕潘悟雲漢語歷史音韻學，上海教育出版社2000年版。

〔七〇〕劉復輯敦煌掇瑣，1926年版421頁。

〔七一〕慧琳反切中的重紐問題一文統計慧琳音義中A切A加B切B有二千一百二十四次，僅有二十三次例外。

〔七二〕周祖謨切韻與吳音，載問學集，中華書局1966年版481頁。

〔七三〕矢放昭文慧琳音義所收玄應音義的一個側面，均社論叢第六卷第一期。

〔七四〕據唐蘭韻英考，載申報1948年5月29日。

〔七五〕潘悟雲中古漢語輕唇化年代考，温州師專學報1983年第2期。

〔七六〕周祖謨切韻與吳音，載問學集，中華書局1966年版479頁。

〔七七〕周祖謨切韻與吳音，載問學集，中華書局1966年版480頁；唐五代韻書集存中「唐代各家韻書逸文輯録」，中華書局1983年版966頁。

〔七八〕俞理明佛經文獻語言，巴蜀書社1993年版45頁。

〔七九〕鋼和泰音譯梵書與中國古音，國學季刊1卷1期(1923年)。

〔八〇〕汪榮寶歌戈魚虞模古讀考，國學季刊1卷2期(1923年)。

〔八一〕參游汝傑漢語方言學導論，上海教育出版社1992年86頁。

〔八二〕參周法高玄應反切考，歷史語言研究所集刊第二十册上册，商務印書館1948年。

〔八三〕姚永銘慧琳音義與大型字書編纂，辭書研究2002年第2期127頁。

〔八四〕據貢父詩話載：「向敏中鎮長安，士人不敢賣蒸餅，恐觸『中』字諱也。」可知其時西北方音東、蒸亦通韻。

〔八五〕又，玄應音義卷七釋正法華經第二卷痃燥引説文：「痃，動痛也。」卷十八釋成實論第四卷疼痹引説文：「疼，動痛也。」

〔八六〕汪維輝東漢-隋常用詞演變研究，南京大學出版社2000年版336—338頁。

〔八七〕參潘悟雲説儂，Journal of Chinese Linguistics，Vol. 23，No. 2。

〔八八〕俞正燮癸巳存稿：「京師語稱你儂音若你能。」參徐世榮北京土語辭典和陳剛等現代北京口語詞典。

〔八九〕醒世姻緣傳，上海古籍出版社1981年版1076頁。黄肅秋校注：「農著——等著、候著。」「此校不確。」「農」的聲韻有「多、厚」義，其聲在其本義「用力耕作」中藴含有「勤勉篤厚」的語義。（參拙文試論「農」與「農」聲字的關係，漢語史研究集刊第三輯，2000年）「農」聲所具有的「用力」義在有些方言的演變發展中産生有「勉强將就、用力湊合」等敷衍、對付義，寫法上則無定字。

〔九〇〕丁聲樹古今字音對照手册，中華書局1981年版190頁。

〔九一〕潘悟雲陸德明，中國歷代語言學家評傳，復旦大學出版社1992年版136頁。

〔九二〕顔師古匡謬正俗卷五：「又堤防之堤字並音丁奚反，江南末俗往往讀爲大奚反，以爲風流，恥作低音，不知何所憑據。」

〔九三〕陳第毛詩古音考自序，音韻學叢書本。

〔九四〕陳第讀詩拙言，音韻學叢書本毛詩古音考後附。丁啓陣在秦漢方言（東方出版社1991年版）一書中評論陳第此語指出道：「實踐上，研究音韻學的以切韻爲橋樑上推下繹，顧不上方言殊異；研究方音的往往只限於當代方言中切韻系統的投影。這樣一來，語言研究的真實性和準確性都自然而然地受到了限制。」並進一步指出：「無論是研究音韻學、語音史還是現代方言，都亟需搞清楚古代的漢語方言區及各方言在歷代的演變情況。」

〔九五〕雙音節詞在現代漢語詞彙系統中居於主導地位。漢語中雖然也存在一些超過雙音節的複合詞，但數量不多，而且也是在雙音複合詞的基礎上構成的，因而雙音節詞是現代漢語詞彙的基本形態。

〔九六〕參拙文論詞組結構功能的虛化，復旦學報1998年第5期。詞組逐漸凝固或變得緊凑而形成複合詞的過程可以説是一種詞彙化現象，由於英語中詞彙化lexicalization一詞有時用以指與語法化相反的一種變化，即由語法成分變爲詞彙成分的變化，如up由介詞用法演變出動詞用法，而詞組逐漸凝固或變得緊凑而形成複合詞的詞彙化與此不同，爲避免理解上的歧義，且虛詞本是一種語法成分，由詞組演變成複音虛詞的變化過程可看作是語法化，因而我們將由詞組逐漸凝固而形成複合詞或複音虛詞的詞彙化稱作詞組結構功能的虛化。

〔九七〕王力漢語史稿下册，科學出版社1958年版563頁。

〔九八〕郭在貽古代漢語詞義劄記(二)(中國語文1979年第2期)一文指出此詩中的「料理」應是做弄、戲侮之意，張相詩詞曲語詞匯釋訓爲安排、幫助、欠妥。

〔九九〕鉅宋廣韻，上海古籍出版社1983年337頁和324頁。

〔一〇〇〕參楊守静「睡覺」古今音義漫議，中國語文1996年第5期。

〔一〇一〕詳參拙著漢語白話發展史，北京大學出版社2007年版248—252頁。

〔一〇二〕宋高僧傳卷三(50/723c)。

〔一〇三〕梁啓超翻譯文學與佛典，載佛學研究十八篇，上海中華書局1936年版。

〔一〇四〕參胡適白話文學史第九章佛教的翻譯文學，上海古籍出版社1999年版98頁。

〔一〇五〕梁啓超翻譯文學與佛典，載佛學研究十八篇，上海中華書局1936年版。

〔一〇六〕參王繼如唐文語詞札記，南京大學學報1990年第5—6期合刊。

〔一〇七〕徐復語言文字學論稿，江蘇教育出版社1995年版266頁。

〔一〇八〕唐蘭釋打，大公報1947年4月29日文史週刊。

〔一〇九〕周祖謨編唐五代韻書集成下册662頁，中華書局1983年版。

〔一一〇〕王力漢語詞彙史，商務印書館1993年版18頁。

〔一一一〕姚永銘一切經音義與詞語探源，中國語文2001年第2期。軨，檢大正藏菩薩行五十緣身經作「塔」，如：「菩薩世世持雜香塗佛身，持善意施佛及上塔。用是故，諸天人作香風之香，持供養佛。」(17/773c)又：「菩薩世世作佛塔，持雜香塗之，用是故，佛所行處，珍寶香華，爲散佛上。」(17/774a)又：「菩薩世世，持幢幡華蓋，雜種五色，持用上佛塔，用是故，自然生雜色幢幡蓋，隨佛而行。」(17/774b)

〔一一二〕汗，磧、海、宛本作「捍」。

〔一一三〕據許理和最早的佛經譯文中的東漢口語成分(語言學論叢第14輯，1987年)一文考證，道行般若經和修行本起經確爲東漢時期的佛經經文。

〔一一四〕參季羡林等大唐西域記校注，中華書局2000年版105頁。史有爲異文化的使者——外來詞認爲「窣堵波」在翻譯過程中可能受到「塔婆」的影響，而使「波」(清聲母)改爲「婆」(濁聲母)，因而又有蘇偷婆、蘇鍮婆、藪偷婆、藪斗婆、擻抖婆(訛爲抖擻婆)、率都婆、卒塔婆等形式，也可能與「塔婆」相似，有中亞語言的干擾。吉林教育出版社1991年版192—193頁。

〔一一五〕波，磧砂藏本作「婆」。

〔一一六〕季羡林浮屠與佛一文指出，以前人們認爲他們所見佛經的原本就是梵文，「他們拿梵文來同這些音譯名詞一對，發現它們不相當，於是就只好説，這是省略。連玄奘在大唐西域記裏也犯了同樣的錯誤，他説這個是『訛也』，那個是『訛也』，都不見得真是『訛也』。現在我們知道，初期中譯佛經大半不是直接由梵文譯過來的，拿梵文作標準來衡量這裏面的音譯名詞當然不適合了。」（中央研究院歷史語言研究所集刊第二十本，1947年）據顧滿林漢文佛典用語專題研究考察統計，早期譯經注重實用，音譯詞採用簡略形式，「塔」最先於東漢産生，而不是從雙音節的「塔婆」或三音節的「窣堵波」節略而來，且所有的『訛略』形式産生時代都比「正梵」形式早。（四川大學博士論文，2006年）

〔一一七〕廟又稱爲「寺」，「寺」是梵語 vihara 的意譯，指僧衆供佛和聚居修行的處所，漢語音譯爲毗訶羅，略稱爲毗訶，又意譯爲僧坊、浄舍等。巴利語爲 arama，漢譯爲精舍。梵語和巴利語 samgha 指修習佛道的人，即佛教徒，漢語音譯爲僧伽，略稱僧，又稱僧祇。samgharama 名則是僧衆聚居修行的清静處所，漢語音譯爲僧伽藍摩或僧伽藍，略稱伽藍，又意譯爲衆園、僧園、僧院，後亦稱爲寺院。玄應音義卷六釋妙法蓮華經第六卷中「塔寺」之「寺」曰：「梵言毗訶羅，此云遊行處，謂僧所遊履處也。今以寺代之。」又卷十六釋善見律第一卷中「大寺」曰：「梵言鼻訶羅，此云遊，謂僧遊履處也。舊來以寺代之。寺者，司也，公舍也，有法度也。」又卷二十四釋阿毗達磨俱舍論第十五卷中「毗訶羅」曰：「亦言鼻訶羅，此云遊，謂僧遊履處也。此土以寺代之。」又據慧琳音義卷二釋大般若波羅蜜多經第一百三卷中「制多」稱其「古譯或云制底，或云支提，皆梵語聲轉耳，其實一也。此譯爲廟，即寺宇伽藍塔廟等也。」「制多」、「制底」、「支提」爲梵語 caitya 和巴利語 cetiya 的音譯，亦指廟或靈塔。

〔一一八〕如俗語有「救人一命，勝造七級浮屠」。任繼愈主編宗教大辭典釋「塔」曰：「中國古代『佛塔』的簡稱，俗稱『寶塔』。佛塔起源於印度，稱窣堵波或浮圖，用以藏舍利和經卷等。」上海辭書出版社1998年版780頁。

〔一一九〕史有爲異文化的使者——外來詞，吉林教育出版社1991年版191頁。

〔一二〇〕辛嶋静志妙法蓮華經詞典，創價大學國際佛教學高等研究所2001年版29頁。

〔一二一〕蔣冀騁、吴福祥近代漢語綱要指出：「剎系梵語『刺瑟胝』的節譯字，『剎』對音『瑟胝』後改用刹，可能是音變後的代用字。隨着語音的變化，『初一』切的『剎』與『瑟胝』的讀音有了較大的差别，故再造一『刹』字來對音『瑟胝』這個梵音。」湖南教育出版社1997年版15頁。

〔一二二〕事物異名録卷二十七釋「旛竿」條説：「翻譯名義梵語瑟刺胝，此云竿，今略名刹，即幡柱也。」

〔一二三〕見史有爲異文化的使者——外來詞，吉林教育出版社1991年版第191頁。

〔一二四〕印度，磧、永南、海、宛本作「印度即度」。一稱，磧、永南、海、宛本作「稱一」。慧琳音義卷七十轉録。此經爲玄奘譯於永徽五年（654），原文爲「謂彼言詞，同中印度，欲樂生别，云何應知。」（9/60b）

〔一二五〕此據磧砂藏本，以金藏、麗藏本等參校。千，金藏作「十」。人，磧、永南、海、宛作「久」。雲公音義釋大般涅槃經第十六卷中「天竺」爲：「或云身毒，亦云賢豆，皆訛也，正云印度。此云月也。月有千名，斯一稱也。良以彼土，賢聖相繼，開悟群生，照臨如月也。又云賢豆本名天帝，當以天帝所護，故世允號之。」（慧琳音義卷二十六，據上海古籍出版社1986年影印獅谷白蓮社藏版本）

〔一二六〕麗藏本無，此據磧砂藏本，慧琳音義卷五十八轉録。

〔一二七〕照，磧、永南、海、宛本作「導」。豆，磧、永南、海、宛本作「立」。主，磧、永南、海、宛本作「立」。護，磧、永南、海、宛本作「獲」。人，磧、永南、海、宛本作「久」。

〔一二八〕金藏本闕，慧琳音義卷七十二轉録。

〔一二九〕檢今傳本山海經，希麟所引「身毒」爲「天毒」。

〔一三〇〕趙振鐸中國語言學史，河北教育出版社2000年版139頁。

〔一三一〕芮傳明大唐西域記全譯，貴州人民出版社1995年版81頁。

〔一三二〕Chinese Ideas about the Geographical

Connotation of the Name Shen-tu，*East and West*，38，1988，297 – 303。此據徐文堪關於「身毒」、「天竺」、「印度」等詞的語源一文所引。

〔一三二〕平田昌司略論唐以前的佛經對音，26屆國際漢藏語言及語言學大會論文集，1994年，大阪。

〔一三三〕參 H. W. Bailey，Khotanese Texts，Vol.Ⅶ，Cambridge University Press，1985，p. 22 – 24.

〔一三四〕瑞典考古學家伯格在樓蘭古墓發現的一件佉盧文帛書中載有 simdha cariyasa pata，意爲「印度法師之絲綢」。犍陀羅語第 109 號文書羅列的一批禮品清單中載有 simdha-lavamna，意爲「印度鹽」。這兩詞中的 simdha 相當梵語的 simdhu。參 T. Bur-row，The Language of the Kharosthi Documents from Chinese Turkestan，Cambridge University Press，1937，p. 110 – 130。林梅村犍陀羅語文書地理考（傳統文化與現代化 1997 年第 6 期）一文認爲犍陀羅語往往 /s/ 和 /dh/ 不分，可能把梵語 simdhu 讀作 dhimdu。如果梵語 simdhu 如林梅村所説讀作 dhimdu，那麼「天竺」一詞也可能譯自犍陀羅語。

〔一三五〕吴其昌印度釋名一文認爲「凡身毒、申毒、新頭、辛頭、身竺、新陶、信度、信圖、啥咃等名，當皆從伊蘭語系 Sindhu 譯來」，「凡捐毒、懸度、乾篤、賢督、乾毒、齔毒、訖毒、賢豆、乾竺等名，疑亦從伊蘭語系（Kiendu?，或 Kendu?，或 Kuen-tou）譯來」，「凡天督、天竺、天毒、天篤等名，當皆從緬甸語 Thindu 譯來」，「凡印度、寅度、印土、印毒等名，皆從梵文 hindhu 或 indu 譯來」，「凡印特伽、印特伽羅等名，皆從梵文 Indakala 譯來」，「凡欣都思、痕都斯坦、因都士丹、温都斯坦、忻都士坦、興都斯頓、軒都斯丹等名，疑皆從類似 Industan 等字譯來」，「凡印第亞、印地亞、嘶喲啞等名，皆從今歐文 India 譯來」。

〔一三六〕參季羡林大唐西域記校注，中華書局 2000 年版 162 頁。

〔一三七〕參師覺月古代印度漢名考，華裔學誌第 13 卷，1948 年；季羡林大唐西域記校注，中華書局 2000 年版 162—163 頁；徐文堪關於對「印度」等譯名的考辯和研究——紀念師覺月教授逝世五十週年，傳統中國研究集刊第三輯，上海人民出版社 2007 年版 256—265 頁。

〔一三八〕岑麒祥漢語外來語詞典序説：「『身毒』、『信度』、『賢豆』、『痕都』、『天竺』、『天篤』、『天毒』、『捐毒』和『印度』等都是指的同一個地區或國家，可是『身毒』和『信度』來源於梵語的 Sindhu，『賢豆』和『痕都』源出於古波斯語的 Hendhu，『天竺』、『天督』、『天篤』和『天毒』來自古波斯土語的 Thendhu，而『捐毒』和『印度』却與拉丁語的 Indus 有關。」（商務印書館 1990 年版）

〔一三九〕徐文堪漢語外來詞的語源考證和詞典編纂，Sino-Platonic papers，Number 36，1993 年。

〔一四〇〕徐文堪關於「身毒」、「天竺」、「印度」等詞的語源，詞庫建設通訊第 10 期，1996 年。

〔一四一〕馮志偉關於「身毒」、「天竺」、「印度」的語源，詞庫建設通訊第 10 期，1996 年。

〔一四二〕方壯猷三種古西域語之發現及其考釋，女師大學術季刊 1 卷 4 期。

〔一四三〕參拙文「印度」譯名管窺，華林第三卷，中華書局 2004 年。

〔一四四〕汪維輝東漢—隋常用詞演變研究指出「眼」在口語中取代「目」，不會晚於漢末。「眼」字從戰國開始出現，到漢末發展成熟。

〔一四五〕眼睛：「積盈反，假借字。本無此字。案睛者，珠子也。纂韻云：眼黑睛也。古人呼爲眸子，俗謂之目瞳子，亦曰目瞳人也。」（卷四）慧琳音義卷二十六轉録雲公釋大般涅槃經第十二卷「兜羅綿」一詞説：「若用此綿觸人眼睛，淚不出，故知耎。」可見「眼睛」一詞在唐代已廣泛使用，由「眼中瞳子」的詞組義凝固成詞。如劉知幾史通雜説篇載：「裴政梁太清實録稱元帝使王琛聘魏，長孫儉謂宇文(泰)曰：『王琛眼睛全不轉。』公(宇文泰封安定公)曰：『瞎奴使癡人來，豈得怨我？』」

〔一四六〕汪維輝東漢—隋常用詞演變研究一書指出，「著」始見於戰國，東漢時「著」取代「服」成了表身上穿戴的通用動詞。(南京大學出版社 2000 年版 106—108 頁)

〔一四七〕「穿」，磧砂藏本作「穿」。

〔一四八〕漢語大詞典釋「穿」的此義爲「把衣、帽、鞋，襪等套在身體相應部位上」，引宋梅堯臣觀邵不疑學士所藏名書古畫詩爲首見書證，偏晚。

〔一四九〕鄭樵通志 校讎略，中華書局 1987 年版。

〔一五〇〕祁承㸁澹生堂藏書約 藏書略，知不足齋叢書第五集。

〔一五一〕考聲切韻是唐張戩所撰，簡稱考聲。陳士强大藏經總目提要文史藏二誤標爲「考聲、切韻」，上海古籍出版社 2008 年版 254 頁。周廣榮梵語悉曇章在中國的傳播與影響誤以爲「慧琳還撰有考聲十卷，書久佚，内容不可考。」宗教文化出版社 2004 年版 190 頁。

〔一五二〕見丁福保正續一切經音義提要。

〔一五三〕玄應引通俗文佚文共二百七十三條，三百多個詞。詳參拙撰博士論文玄應音義研究，此從略。

〔一五四〕周祖謨唐五代韻書集存，中華書局 1983 年版 984—988 頁。

〔一五五〕汪黎慶和龍璋兩家所輯皆有脱誤之處，其異同處可供互補。

〔一五六〕鈴木大拙全集別卷 1，1936 年。

〔一五七〕神尾弌春觀心論私考，日本宗教研究新九卷五號。

〔一五八〕陳垣中國佛教史籍概論，中華書局 1962 年版 86 頁。

〔一五九〕語文論衡，商務印書館 1985 年 39—44 頁。

〔一六〇〕孫詒讓札迻，中華書局 1989 年版梁運華點校本 325—326 頁。此爲玄應釋陀羅尼雜集經第二卷「三膲」，孫詒讓所據一切經音義爲海、宛本，磧砂、麗藏本「滿」作「漏」。考白虎通義中此語出自靈樞經卷四營衛生會第十八：「黄帝曰：『善。余聞上焦如霧，中焦如漚，下焦如瀆，此之謂也。』」明 張介賓類經卷八營衛三焦注此語云：「如霧者，氣浮於上也。言宗氣積於胸中，司呼吸而布濩於經隧之間，如天之霧，故曰上焦如霧也。漚者，水上之泡，水得氣而不沉者也。言營血化於中焦，隨氣流行以奉生身，如漚處浮沉之間，故曰中焦如漚也。瀆者，水所注泄。言下焦主出而不納，逝而不反，故曰下焦如瀆也。」據張介賓所注，「編」、「滿」、「漏」似皆爲「漚」之誤。「中焦如漚」是形容中焦如同一個漚池，喻指中焦的主要功能是漚漬食物，腐熟水穀。亦即中醫傳統解釋指脾胃消化食物，吸收營養的生理過程。

〔一六一〕參王閏吉「餓其體膚」之「膚」解，語言研究 2006 年第 1 期。

〔一六二〕宋翔鳳爾雅義疏序。

〔一六三〕宋本玉篇删去此條。

〔一六四〕拙著玄應衆經音義研究將拙撰玄應引方言校勘記中的今本方言一併計入，誤作四百三十六條，謹此補正。

〔一六五〕如慧琳音義卷四所引「枉矢」一詞，方言無，而釋名釋爲：「枉矢，齊 魯謂光景爲枉矢，言其光行若射矢之所至也，亦言其氣枉暴有所災害也。」慧琳音義所引與釋名的釋文相似。又如希麟音義卷五所引「方言：籠，罩也」、「方言云：吴人謂犁鑱爲鑱也」等不見於今傳本方言，似是其時方俗口語或引自漢以後的劉昞、王浩和王資深所撰方言。據魏書劉昞傳載，劉昞曾「著方言三卷。」又據秘書省續編到四庫闕書目載，「王浩撰方言十四卷，闕。」清江南通志則載宋王資深亦撰有方言。參拙文北宋王浩、王資深曾著有方言，文獻 2005 年第 2 期。詳參拙著玄應衆經音義研究，此從略。

〔一六六〕又如慧琳音義引論語 139 條和論語注 288 條(其中引包咸注 37 條，鄭玄注 75 條，孔安國注 102 條，王肅注 7 條，何晏注 26 條，馬融注 41 條)，經我們與今通行本比勘，相同或基本相同的約有 280 條，不同的有 140 多條，從慧琳所引論語及論語注中或多或少可略窺唐時傳抄的論語原貌。慧琳引山海經146條，郭璞注133條，與今傳本山海經相同或相近的有200多條，不同的有12條，從中亦可略窺唐代郭注山海經的概貌。慧琳引淮南子和許慎注約300條，經我們與今通行本比勘，除一般認爲是許慎所注的繆稱、齊俗、道應、詮言、兵略、人間、泰族、要略八篇外，其餘題名高誘注的十三篇中也有一些與慧琳所引許慎注相似，許慎注文今雖已佚，然藉慧琳所引，尚可略窺唐時淮南子及許慎注之概貌。

〔一六七〕原本玉篇殘卷釋「諜」引史記此文作「豈郊（效）此嗇夫諜諜利口便給哉」（羅振玉本）和「豈效此嗇夫諜諜利口倢（捷）給哉」（黎庶昌本），中華書局1985年版34和234頁。

〔一六八〕參拙文希麟音義引廣韻考，文獻2002年第一期。

〔一六九〕參拙文我國最早以「字典」命名的辭書考辨，上海師範大學學報1988年第3期。

〔一七〇〕張政烺讀小屯南地甲骨劄記（古文字研究第十二輯）一文指出「甲骨文的次字正象口水湧出的樣子，自然古代的造字者在這裏是使用了誇張的手法。」「次本來是出口水，引申爲水多出來，這在古書上專用羨字。」「湪」是「羨」的增旁字，故「次」又可寫作「湪」。

〔一七一〕漢語大字典第八册異體字表5407頁。

〔一七二〕漢語大字典第八册異體字表5382頁。

〔一七三〕漢語大字典第八册異體字表5442頁。

〔一七四〕又卷十六釋郁迦羅越問菩薩行經謿嘩之嘩：「嘩，疑作話，胡快反。博雅：話，謿諕（謔）也。説文：善言也。」

〔一七五〕漢語大字典未收録「舙」。

〔一七六〕郭在貽訓詁叢稿，上海古籍出版社1985年版第118頁。

〔一七七〕柳田聖山禪與中國一書説，神秀的觀心論「極其簡明扼要地説明了這種一心的實踐。中唐時期的慧琳（737—820）在他的一切經音義續篇中曾經予以解説過，他把觀心論的部分語句和印度的三藏書籍相提並論，得到特別的尊重」。生活讀書新知三聯書店1988年版105頁。慧琳音義共一百卷，没有續篇，神秀的觀心論收釋在卷一百，同卷還收釋有肇論、止觀門論等。

〔一七八〕羅常培語言與文化，語文出版社1989年版88頁。

〔一七九〕柏紅秀、李昌集潑寒胡戲之入華與流變（文學遺産2004年第3期）已作有探討，可參，此從略。

〔一八〇〕慧琳音義卷二十七轉録詳定大乘基釋妙法蓮花經「歌唄」之「唄」云：「蒲介反。梵云婆師。此云讚歎。婆音蒲賀反。先云唄匿，訛也。此乃西域三契聲，如室路拏所作是也。宣驗記陳思王曹植登魚山，忽聞岩岫有誦經聲，清婉遒亮，遠谷流響，遂依擬其聲而製梵唄，至今傳之。唄亦近代字，無所從也。」

〔一八一〕慧琳音義卷五十九轉録同。

〔一八二〕支謙依無量壽和中本起經製贊菩薩連句梵唄三契，梁以前已失傳，僧祐出三藏記集載録其目。

〔一八三〕丁福保佛學大辭典：「梵唄（儀式）法會之聲明也。唄者，唄匿之略。又作婆陟、婆師。音韻屈曲升降，能契於曲，爲諷詠之聲，是梵土之法曲，故名梵唄。又曰唄匿。單云唄。翻作止斷、止息或讚歎，法事之初唱之，以止斷外緣，止息内心，方堪作法事，又其偈頌多贊佛德，故云讚歎。」胡適白話文學史第十章佛教的翻譯文學説：「梵唄之法用聲音感人，先傳的是梵音，後變爲中國各地的唄贊，遂開佛教俗歌的風氣。」上海古籍出版社1999年版131頁。

〔一八四〕唄匿，意爲歌唱，而梵唄不同於一般的歌唱，有清静莊嚴、勸善止惡的内涵和作用，因而玄應認爲「言唄匿者，疑訛也」。

〔一八五〕辛嶋静志漢譯佛典的語言研究（二），俗語言研究第五期，1998年。

〔一八六〕蔣星煜唐人勾欄圖在戲劇史上的意義，戲劇藝術1978年第2期。

〔一八七〕任半塘唐戲弄下册，上海古籍出版社

1984 年版 1299 頁。

〔一八八〕「罽」是一種細漁網。漢語大字典第八册所附異體字表以「罽」和「䋰」爲正字，以「罽」爲「罽」的異體字，「䋰」又爲「䋰」的異體字。

〔一八九〕十三經注疏，中華書局 1980 年 2582 頁下欄。郝懿行爾雅義疏云：「氂者，毳之訛文也。」

〔一九〇〕參拙文説「毯」（香港中國語文通訊總 67 期，2003 年）和「錦筵」、「舞筵」、「綩綖」考（文學遺産 2006 年第 2 期）。

〔一九一〕大唐西域記第二卷：「詳其文字，梵天所製原始垂則，四十七言也。寓物合成隨事轉用，流演枝派其源浸廣，因地隨人微有改變。語其大較未異本源，而中印度特爲詳正。辭調和雅與天同音，氣韻清亮爲人軌則。鄰境異國習謬成訓，競趨澆俗莫守淳風。」

〔一九二〕章太炎全集，上海人民出版社 1985 年版第四册 488 頁。

〔一九三〕詳參悉曇章序（84/365a）。

〔一九四〕周廣榮梵語悉曇章在中國的傳播與影響，宗教文化出版社 2004 年版 60 頁。

〔一九五〕惡刹羅，磧爲「羅刹羅」。

〔一九六〕在，磧作「存」。

〔一九七〕爲字，據磧補。

〔一九八〕段晴、李建强悉曇「字本」説源指出：「表面上看來，歷史上的十二音、十四音之争是語言問題，但是實際上，這個語言現象的背後是涉及佛教傳入的諸多問題。從十二音的强盛不難看出，西域佛教對我國早期内陸佛教的影響遠遠大於印度佛教直接産生的影響。」語言學論叢第三十二輯，商務印書館年 2006 版 352 頁。

六、一切經音義的校勘

一切經音義是解釋佛經詞語的訓詁學著作，也是我國傳統古典文獻中一座值得深入發掘的知識寶庫，然而這畢竟已是一千多年之前的古文獻，流傳至今，難免有一些錯訛。其中有的是玄應、慧琳和希麟編纂一切經音義時因時代的局限形成的。如儘管玄應、慧琳和希麟試圖對佛經中的梵語音譯詞據梵文原本加以正音正義，但漢譯佛典的原典有不少是用中期印度語、中亞語言等口傳或書寫而成的。如東漢支婁迦讖譯道行般若經中「彌勒」（Maitreya）並不與梵語對應，而與中亞古語之一吐火羅語的 Mai-trak、Metrak 一致〔一〕。這些漢譯佛典的原典並非正規的梵語，可能更早於那些梵語佛典。有一些佛經的梵文原本已難以看到，而這些佛經中又有梵語和非梵語音譯詞共存的現象，如雲公釋大般涅槃經第二十三卷中「究究羅」云：「九求反。此雞聲也。鳩鳩吒，此云雞也。」（卷二十六）其實，「究究羅」是巴厘文 kukkula 的對音，「鳩鳩吒」是梵文 kukkuta 的對音〔二〕，兩者本是同一個詞，都指「雞」，雲公誤以爲「究究羅」和「鳩鳩吒」是兩個詞，慧琳收入删補時未能指正。又如玄應釋大灌頂經第一卷迦偷之偷認爲：「此應備字。」（卷四）慧琳音義卷三十一轉録爲：「迦偷，下托樓反。梵語也。」檢經文原文爲：「神名迦前尼摩訶迦前尼。」（21/496a）據龍龕手鏡載：「偷，玉篇煎、剪二音。又俗音前。又舊藏作偷，在灌頂經，神名也。」據慧琳所釋此是神名中的梵語音譯字，音托樓反，似應爲「偷」字。偷、偷形近，「偷」又記音作「前」。

一切經音義中有些詞語的解釋也有不確或可再推敲。如玄應釋慧上菩薩問大善權經下卷半粒之粒：「音立。通俗文：穀曰粒，豆曰皀。皀音逼。經文作稟，非也。」（卷七）考玄應所釋經爲西晉竺法護譯，原文爲：「五百馬師自減半稟以用供佛，捐五百馬穀供五百比丘。」(12/165a)經中「稟」指供給的糧食，「半稟」意謂把供給的糧食減少一半。玄應似誤改「稟」爲「粒」。又如慧琳釋續高僧傳第三十卷貌裁：「上正貌字，下才載反。按貌裁即形儀像似之謂，今俗有胡裁語是也。傳文從人作儀，未詳。」(卷九十四)考慧琳所釋續高僧傳爲道宣所撰，原文爲：「釋慧明，不知何人。貌儀象胡，故世以胡明爲目。然其利口奇辯，鋒湧難加。摛體風雲，銘目時事。吐言驚世，聞皆諷之。」(50/700c)慧琳所釋「貌裁」，今本爲「貌儀」。據碑別字新篇載，隋馬少敏墓誌和隋牛暉墓誌中的「儀」與慧琳所見唐傳本續高僧傳中的「儀」形體相近[三]，高麗藏中也有與「儀」形體相近的「儀」字[四]，因而就文意而言，慧琳所見經文中「儀」似是「儀」的俗字，應作「貌儀」。再如慧琳釋辯正論卷六蒙倛之倛：「音其。孔夫子面相也。或音箕。」(卷八十六)又釋廣弘明集卷十三蒙倛：「集中曹植注云：孔子面如蒙倛。撿字書無此字，未詳音義。」(卷九十八)檢慧琳所釋辯正論爲唐法琳撰，原文爲：「蒙倛斷齒以顯異。」(52/529a)廣弘明集爲唐道宣撰，原文爲：「蒙倛斷齒以顯異。」(52/180a)曹植注云：「孔子面如蒙倛。」考荀子非相：「仲尼之狀，面如蒙倛。」楊倞注：「倛，方相。」倛指的是一種假面具，面如蒙倛即蒙之以倛首。如程本子華子卷下大道：「今有美麗佼好之人，人之所同悦也。然而蒙之以倛首，則見之者棄之而走。更之以輕紈阿裼焉，則向之走者留行矣。」倛，本字似爲「䫏」。考説文：「䫏，醜也。今逐疫有䫏頭。」王筠句讀：「䫏頭，即今假面。」又寫作「頎」。廣韻：「䫏，方相。頎，上同。」[五]

據我們比勘，一切經音義流傳至今更多的是傳抄刻印中形成的錯訛。這些錯訛字既有同一版本抄寫和刻印中的錯訛，也有不同版本抄寫和刻印中的錯訛。同一版本的錯訛如「己」誤作「巳」，「朮」誤作「木」，「匕」誤作「七」，「糸」誤作「系」，「朩」誤作「木」，「几」誤作「凡」，「不」誤作「不」，「西」誤作「西」，「林」誤作「林」，「敞」誤作「敝」等，以及「扌」和「木」、「攴」和「攵」、「舀」和「臽」相混等。又如玄應音義卷二釋大般涅槃經第十六卷「蚤棐」一詞的「棐」：「今作㖃，又作𦘯，同。」「棐、㖃，在傳抄刻印中誤作「棐、㖃」。卷九釋大智度論第三十三卷「溝膖」一詞的「膖」：「古文䑧、膖二形，今作埲，同。」「䑧」在傳抄刻印中誤作「艤」。卷十一釋中阿含經第十五卷『都梁』引盛弘荆州記，『盛弘』當爲『盛弘之』之誤。卷二十五釋阿毗達磨順正理論第三十三卷所瀹之瀹：「又作爚、鬻、汋三形，同。」鬻，慧琳音義卷七十一轉録作「鬻」，「鬻」、「鬻」皆當爲「鬻」之誤。慧琳音義卷六十二釋根本説一切有部毗奈耶雜事律第四十卷「隤壞」之「隤」：「亦作穨、撌。」「撌」當爲「墤」之誤。希麟音義卷九釋根本説一切有部毗奈耶破僧事第十卷「貧寠」之「貧」：「上符巾反。字書：窮也，乏也。古文作穷。」「穷」在傳抄刻印中誤作「穷」。

不同版本的錯訛如麗藏本玄應音義卷十二釋别譯阿含經第二卷㪉食：「口咸反。謂㪉啄而食也。經文作貪，或作龕，皆非也。」㪉，磧砂藏本作「歉」，慧琳音義卷五十二轉録作「鴿」。考集韻咸韻：「鴿，鳥啄物也。或作㪉。」「㪉」是「㪉」的異體字，磧砂藏本誤作「歉」。又如獅谷白蓮社本慧琳音義卷六十二釋根本説一切有部毗奈耶雜事律第一卷「核鞕」之「鞕」：「下額更反。考聲云：鞕，堅也。文字典説：鞕，堅牢也。從革㪅聲。或從石作硬，俗字也。」慧琳引文字典説中的「堅」，臺灣大通書局翻刻影印麗藏本作「豎」。豎、堅形近，臺灣大通書局本刻印中誤作「豎」。

一切經音義不同版本中的有些錯訛還涉及佛經傳抄所用的俗訛字。如玄應音義卷十一釋中阿含經第四十六卷從嘽：「又作㗂，同。胡高反。説文：嘷，咆也。經文作呧，都禮反。字與詆同。呧，呵也。呧非字義。」〔六〕僤，慧琳轉録作「獋」。考説文：「嘷，咆也。从口，皋聲。獋，譚長説嘷從犬。」嘷、獆又作噑、獋，俗寫又作嘷、獋。犭、亻形近，僤爲獋的傳抄訛字。又如玄應音義卷十二釋普曜經第五卷不嚏：「丁計反。蒼頡篇云：嚏鼻也。經文作㖅，非也。」㖅，慧琳音義卷二十八轉録作「哂」。檢可洪新集藏經音義隨函録卷五釋不㖅：「許器反。鼻息也，歕嚏也。正作齂、呬二形也。應師以嚏字代之。嚏，丁計反，亦鼻氣也。」又卷二十五釋作呬：「經意宜作四（呬）、齂，二同。許器反。鼻息歕嚏也。應和尚以嚏字替之。嚏音帝，亦歕鼻耳。」普曜經爲西晋竺法護所譯，檢今本原文爲：「彼時菩薩，衆人怪之，羡之所行，取其草木投著耳中，耳不痛癢，著之鼻中，鼻亦不㖅，亦不棄去。」經文意謂草木著之鼻中，鼻亦無感覺，没有反應。考説文：「呬，東夷謂息爲呬。」「齂，臥息也。」廣韻：「齂，鼻息。」又據可洪所釋，呬有「鼻息噴嚏」義，玄應所釋㖅和慧琳轉録哂似爲呬的形近訛字。檢龍龕手鏡：「㖅，經音義作嚏，丁計反，鼻噴也。在普曜經第五卷。又俗音血。」㖅似亦爲呬的形近訛俗字。漢語大字典據龍龕手鏡收録「㖅」，作爲「嚏」的異體字釋爲「同『嚏』」。再如慧琳音義卷十五釋大寶積經第一百二十卷肚不亞：「上徒户反。腹也。下烏嫁反。經作㕧，草書也，不成字。」大寶積經爲唐菩提流志所譯，檢今本原文爲：「三十三天中有天王名因陀羅。其力勇健敵九千象，垂臂纖好如大象鼻。體如净金，筋肉堅密，骨脈不露，臆如師子，肚不凸垂，其腰束細。」（11/683C）亞似爲凸的形近訛字。

一切經音義不僅在傳抄刻印中頗多魯魚亥豕，而且現存各本之間還存在大量的異文，然而迄今尚無較好的校勘本問世〔七〕，學術界引用時往往也未能建立在扎實的文獻學研究基礎之上。僅就語言學研究中的音韻研究而言，雖然研究中古語音幾乎無不參用一切經音義的音注而立論，但一般的音韻學著作則較少涉及這三種一切經音義文本的考證。學者往往未及細檢，引據立論多有錯訛。下文試就這三種一切經音義現存傳本異同的校勘略作論述。

（一）玄應音義的校勘

玄應音義成書後輾轉傳抄，版本多有差異，各本之間有着複雜的異同關係，上田正玄應音義諸本論考一文已論及玄應音義諸本的關係不僅有傳寫過程中的誤寫誤脱，而且還有後人的改訂或增補。他認爲有必要在使用玄應音義時進行諸本的校勘，指出周法高玄應反切字表對諸本的異同之處僅據己意而取捨；黄淬伯慧琳一切經音義反切考中混入了相當數量的玄應反切，而慧琳反切又有相當數量的脱落；神尾弌春慧琳一切經音義反切索引對玄應和慧琳反切的整理也欠完整〔八〕。上田正文中對玄應音義諸本的辨析用力甚勤，然惜於各本收釋佛經的異同未置一詞，且於各本所據之源流脈絡亦語焉不詳，文中雖説其有志於玄應音義校本的撰寫，但遺憾的是未見其有續作就此再作更爲深入的研究。

我們近些年對玄應音義各本也作了對校和比勘，涉及的版本主要以早期本和通行本爲主，有如下十種：1. 敦煌 吐魯番卷子本；2. 麗藏本（簡稱麗）；3. 磧砂藏本（簡稱磧）；4. 山田孝雄據聖語藏本和大治寫本彙編本；5. 廣島大學、金剛寺、七寺、西方寺、東京大學史料編纂所和京都大學文學部藏本；6. 慧琳音義轉録部分；7. 中華大藏經所據趙城 廣勝寺金藏本（簡稱金）；8. 中華大藏經所據永樂南藏本（簡稱永）；9. 宛委別藏本（簡稱宛）；10. 叢書集成本影印海山仙館叢書本（簡稱海）。根據比勘各本所得，我們認爲玄應音義各本所釋佛經以及所釋詞語的多少和詳略的異同是揭示其各本版本源流的重要綫索。首先，玄應音義各本的異同在於收釋的佛經互有不同。

關於玄應音義收釋了多少佛經，各家説法不一。周祖謨校讀玄應一切經音義後記中説「玄應所音經律論共四百四十三部」[九]；任繼愈主編宗教大辭典釋一切經音義亦説「全書從四百五十四部大小乘經律論中選取詞語，加以注釋」[一〇]；陳士强佛典精解説「全書共訓釋四百五十六部漢譯佛典的音義」[一一]；劉葉秋中國字典史略説「玄應從華嚴經以至順正理論共四百五十四部大、小乘經、律、論中選取詞語」[一二]，山田孝雄一切經音義刊行的始末説大概共有四百四十部[一三]，張弓漢唐佛寺文化史説「全書含 425 部經、律、論、傳」[一四]。上述説法皆不確，玄應音義所釋佛經的部數既不是四百四十三部，也不是四百五十四部或四百五十六部，而是各本互有參差。據我們比勘各本，除了殘卷本無從比較外，各本所釋佛經的異同大致可分爲兩大系列：一爲麗、金、山田孝雄彙編本等，以麗藏本爲代表；一爲磧、永、宛、海本等，以磧砂藏本爲代表。就各本收釋的佛經而言，磧砂藏系釋佛經四百四十四部，缺麗藏系卷五中超日明三昧經至文殊問經二十一種；麗藏系釋佛經四百五十八部[一五]，缺磧砂藏系卷十三八師經、羅雲忍辱經、四輩經、須摩提長者經、貧窮老公經、餓鬼報應經和卷二十提婆菩薩傳等數種經。磧砂藏系與麗藏系收釋佛經的不同似與傳抄流傳中的增衍脱誤有關，兩相互補，玄應音義共釋佛經計四百六十五部。

關於磧砂藏本所缺超日明三昧經至文殊問經的二十一種經，周祖謨校讀玄應一切經音義後記曾説：「據大治寫本卷首目録，第五卷等目菩薩所問經和密迹金剛力士經之間原有超日明三昧經至温室洗浴衆僧經四十二種經。這四十二種經，宋元明藏本卷五無目，而且也没有音義。麗藏本則保存其中二十一種。」「慧琳音義中兼收玄應音義，大治寫本所列的四十二種經有十七種見於慧琳書，其中有九種爲麗藏本所無，但麗藏本所有的二十一種經的音義内又有十三種不爲慧琳所收，麗藏與慧琳書兩相補益，可得三十種。」[一六]周祖謨校讀玄應一切經音義花了大量功夫，文中記載了這四十二種經的經名，逐一注出其在麗藏本與慧琳音義中的有無，並録有其所説麗藏本收的二十一種經的音義，用力甚勤。然經我們比勘各本第五卷所收各經的音義，發現周祖謨此説顯然有誤，且所注這四十二種經在麗藏本與慧琳音義中的有無也頗有失誤之處。

據周祖謨所説，大治寫本卷首目録第五卷中原有超日明三昧經至温室洗浴衆僧經四十二種經，麗藏本保存有其中的二十一種，宋元明藏本卷五則無目也没有音義。今檢麗藏本第五卷，這四十二種經皆有[一七]，並不是只存有其中的二十一種。檢金藏本卷五，所載與麗藏本同。又細檢磧砂藏、永樂南藏、宛委别藏和海山仙館叢書本卷五，所闕只是麗藏本保存的二十一種，其餘的二十一種經與麗藏本皆相同而未闕，並不如周祖謨所説這四十二種經宋元明藏本中没有而麗藏本則保存其中二十一種。

周祖謨説，這四十二種經有十七種見於慧琳書，其中有九種爲麗藏本所無。經我們核較，周祖謨所説麗藏本没有的九種佛經是菩薩訶色欲經、濟諸方等學經、演道俗經、寶網經、百佛名經、不空羂索經、十一面觀世音經、除恐災横經和温室洗浴衆僧經，然檢麗藏本，這九種經都有，可能周祖謨撰此文時未加細檢抑或其所據爲二手資料而致此誤[一八]。又據我們逐一比勘慧琳所録的玄應音義，這四十二種經中慧琳録有十八種，除周祖謨所説十七種外，慧琳音義卷十尚録有其中的濡首菩薩無上清浄分衛經一種。至於周祖謨説「山田孝雄因大治寫本闕第五卷，所以就補入麗藏本，雖不足四十二之數，但是在藏本中已經是絶無僅有的了」，「麗藏與慧琳書兩相補益可得三十種」，言下之意似乎這四十二種經今僅存其中的三十種，其餘的皆已失佚，實際上這四十二種經在麗藏和金藏本中都無一闕失。

其次，我們認爲玄應音義各本的異同在於收釋的詞語互有不同。

據我們對各本的對勘統計，玄應音義全書所收詞語約有九千四百三十條，除去重複後約有七千九百六十條，其中梵語詞約有八百五十條。值得注意的是，各本對這些詞語的收釋則有同有闕，頗有參差。如磧砂藏本卷一末的「窅冥、綜、核、紕紊、軟、煉、鏑」七條爲各本所無，石山寺寫本第六卷中「旃檀、瞻察、純一、懈怠、族姓、蕭笛、帝相」等九條爲各本所無〔一九〕，國家圖書館善本部藏王重民 1935 年訪柏林所拍德藏吐魯番寫卷原編號 TⅡY1810 中「獎道」條爲各本所無，山田孝雄彙編本卷二十二中有「尋伺、異熟、應呑、悪性、若暖、行藴、預流、有悄、如如、薩迦邪」等五十六條亦爲各本所無〔二〇〕。俄藏敦煌殘卷 Φ23 中則增補有各本所無「刎刹、臂印、自在王領、三百攢」等〔二一〕。又如磧砂藏本卷二十收釋有六度集經第一卷中「衆佑、瘡瘳、貧寠、鱣魚、溝港、頻來、悦憶、窠藪、德韜、毒鴆、蕃屏、灼熱」十二條，麗藏本無「衆佑、頻來」二條；磧砂藏本收釋有該經第二卷中「逌邁、無恙、噢咿、喊言、魙鬼、非蹠、聒耳、鞅掌、訣辭、德徽、憧憧、湩流、砰然、授啖、巉岩、孫剿、戢藏」十七條，麗藏本無「非蹠」條；磧砂藏本收釋有該經第七卷中「足蹠、撚變、剞解、建旆、徽循、木梗、鞬德、阿譚」八條，麗藏本無「阿譚」條。再如麗藏本卷二十三釋顯揚聖教論第十卷中有「能祀」條，大治寫本和德藏吐魯番殘卷 Ch652（TⅢT262）同，磧砂藏和金藏本則無。麗藏本卷十七釋阿毗曇毗婆沙論第七卷中有「趣早穀，趁庸也」六字，各本皆無。據我們對麗藏和磧砂藏本的比勘統計，磧砂藏本有而麗藏本無的詞語爲二百十四條，如卷十三過去現在因果經第一卷「孕婦」，第三卷「門閫」；太子本起瑞應經上卷「即探」、「享之」、「噢咿」；阿蘭若習禪法經上卷「勖勉」等，麗藏本無，金藏本亦無。麗藏本有而磧砂藏本無的詞語爲二百十二條，如卷五磧砂藏本所闕二十一部經計二百零一條，又如卷十三阿蘭若習禪法經下卷「請質」等。

再次，我們認爲玄應音義各本的異同在於所釋的釋文有詳有略，互有不同。有詳有略的如：

磧砂藏與永樂南藏本卷三釋放光般若經第五卷無態：「他代反。三昧名也。」麗藏與金藏本無「三昧名也」。

磧砂藏與永樂南藏本卷三釋光贊般若經第三卷四殉：「又作凶，同。許恭反。放光經作四結，猶四縛也，謂貪欲、瞋恚、戒取、見取身縛。」「身縛」，麗藏與金藏本無。

互有不同的如：

麗藏和金藏本卷三釋放光般若經第十九卷和夷羅洹閲叉：「即執金剛神也，謂手執金剛杵，因以名焉。」磧砂藏與永樂南藏本爲「即執金剛神也，謂手執金剛杵，因以爲名焉。」

麗藏與金藏本卷一釋大威德陀羅尼經第十六卷從窠：「又作稞、薖二形，同。苦和反。廣疋：橧窠巢也。小爾疋云：雞雉所乳謂之窠。在樹曰巢，在穴曰窠也。橧音則恒反。」磧砂藏與永樂南藏本爲「又作稞、薖二形，同。苦和反。廣疋：橧窠巢也。小也尒雅云：雞雉所乳謂之窠。在樹曰巢，在穴曰窠也。槽音則恒反。」「廣定」爲廣疋之誤，「小也尒雅」爲「小爾疋」之誤。

麗藏與金藏本卷一釋法炬陀羅尼經第二卷僮隸引「鄭玄曰」，磧砂藏與永樂南藏本爲「鄭衆曰」。

麗藏與金藏本卷六釋妙法蓮華經第二卷等咎：「渠九反。廣雅：咎，過也。字體從人各，人各相違，卽成過咎也。」「字體從人各，人各相違」，磧砂藏與永樂南藏本爲「字體從人各相違」。

各本所引書證也互有不同。如：

磧砂藏與永樂南藏本卷三釋放光般若經第五卷咴該：「古來反。該，備也。方言：該，咸也。郭璞曰：該，咸，備，告也。亦三昧名也。」[二二]麗藏與金藏本爲：「古來反。皆三昧名也。」無「該，備也。方言：該，咸也。郭璞曰：該，咸，備，告也」。

磧砂藏與永樂南藏本卷四釋大方便報恩經第二卷髕腨：「蒲忍反。説文：膝骨也。玉篇云：膝端也。大載（戴）禮曰：人生朞而髕。下又作踹，同。時兖反。腨腸也。」麗藏與金藏本爲「扶忍反。説文：膝骨也。下又作踹，同。時兖反。腨腸也。」無玉篇之文[二三]。

又如據我們對玄應所引方言的統計，玄應共引方言三百多條，其中磧砂藏有而麗藏本無計十四條，麗藏有而磧砂藏本無計三條，磧砂藏有而趙城金藏本無計八條。如：

磧砂藏本卷九釋大智度論第十八卷赭色：「之野反。三蒼：赭，赤土也。方言：南楚東海之間或謂卒爲赭。郭璞曰：言衣赤也。」麗藏和金藏本無「方言：南楚東海之間或謂卒爲赭。郭璞曰：言衣赤也。」

磧砂藏本卷十一釋雜阿含經第四十八卷奸狡：「吉卯反。狡謂奸僞狡猾也。字從犬。方言：凡小兒多詐而獪，或謂之猾。猾可亂也。經文從女作姣，非也。獪音古快反。」永、宛、海本同，麗藏本無「方言：凡小兒多詐而獪，或謂之猾。猾可亂也」和「獪音古快反」。

再如引釋名二百多條，其中海本爲二百九十三條，永南本爲二百九十四條，金藏本爲二百六十三條，山田孝雄本爲二百五十三條，麗藏本爲二百七十九條[二四]。引字林四百多條，其中麗藏本四百六十二條，磧砂藏本四百七十七條，山田孝雄本四百五十二條[二五]。

各本所引書證的出處則有詳略異同。如磧砂藏本卷十二釋起世經第一卷攣擘之擘：「又作檻（擥）、攬二形，同。力敢反。説文：撮持也。廣雅云：擘，取也。」麗藏本無「廣雅云」。又如磧砂藏本卷九釋大智度論第二卷敲門之敲：「又作毃，蒼頡篇作㪣，同。苦交反。下擊也。説文云：横擿也。擊頭也。」麗藏本無「説文云」和「擊頭也」。麗藏本往往删略了所引書證的出處。

敦煌吐魯番寫本也往往删略部分書證。如麗藏本卷一釋大威德陀羅尼經卷十六鐵觜：「今作𠰉，又作𧢦，同。子累反。廣雅：觜，口也。方言：觜，鳥喙也。經文作嶲，非也。嶲音似兗反。」俄藏ДX00583殘卷爲：「今作𠰉，又作𧢦，同。子累反。方言：觜，鳥喙也。」又如麗藏本卷二釋大般涅槃經卷十怡悦：「古文嫛，同。弋之反。爾雅：怡，樂也。方言：怡，喜也。説文：怡，和也。」磧砂藏本同，俄藏Φ23爲：「古文嫛，同。弋之反。説文云：怡，和也。又喜也。」

各本中所存的錯訛脱衍的異同大致上也可別爲磧砂藏和麗藏本兩個系統。如：

麗藏與金藏本卷三釋放光般若經第四卷不批：「側買、子爾二反。」磧砂藏與永樂南藏本爲「側買反子爾二反」，「側買」後衍「反」字。

麗藏與金藏本卷六釋妙法蓮華經第一卷柔耎引「通俗文：物柔曰耎」，磧砂藏與永樂南藏本爲「物案曰耎」，案爲柔之誤。磧砂藏與永樂南藏本卷六釋妙法蓮華經第二卷聚落：「廣雅：聚落，居也。案聚，聚也，謂人所聚居也。漢書：『無燔聚落』是也。」「案聚，聚也」麗藏與金藏本爲「案聚，衆也」。

敦煌寫本玄應音義殘卷是我們今天所能見到的玄應音義的最早傳本，從中可略窺玄應音義的原貌。如P2901有磧砂本未收録的二十一種經中的中陰經、濡首菩薩無上清净分衛經、迦葉經和發覺净心經，可據以略窺麗藏、金藏本所據本的淵源所自。日本藏玄應音義寫卷的傳抄年代爲奈良平安時期，也保存了玄應音義早期傳本原貌。如玄應音義卷十五釋十誦律、僧祇律、五分律三部分在這些寫卷中的異同如下：麗本此卷共釋詞條四百零二條，其中十誦律一百五十九條，僧祇律一百六十條，五分律八十三條。東京大學本共收三百三十二條，其中十誦律一百三十一條，僧祇律一百三十四條，五分律六十七條。東京大學本與麗本相比共少收七十條，其中十誦律二十八條，僧祇律二十六條，五分律十六條。磧本十誦律比麗本多收十二條，其餘兩卷同麗本。金剛寺本所收一切經音義卷十五與東京大學本所收詞條基本相同，所收詞條不同之處在於金剛寺本十誦律卷十九「官稟」條位於「唼唼」條之後；金剛寺本十誦律脱卷三十三「麁魚」條；金剛寺本存五分律卷十四「擲掞」條，東京大學本無。就釋文而言，東京大學本和金剛寺本與麗本相近，然有如下四條與麗本相異而與磧本一致：

振擺：「又作捭，同。捕買反。説文：反手擊爲擺也。」（十誦律第三十七卷）

按：捕，磧藏本、東京大學本、金剛寺本作「補」。

擩箭：「而注反。亦言撚箭也。念言擩莖，擩物皆作此字也。」（十誦律第三十七卷）

按：念，磧藏本、東京大學本、金剛寺本作「今」。

喑噫：「於禁、乙戒反。喑噫，大呼也。説文：飽出息也。律文作嗌，非也。」（十誦律第四十卷）

按：出，麗藏本脱，磧藏本、東京大學本、金剛寺本存。

雷霆：「達丁反。爾雅：疾雷爲霆霓。郭璞曰：雷之急激者也。蒼頡篇：礔礰也。霓音五結反。」（五分律第二十卷）

按：達丁反，磧藏本、東京大學本、金剛寺本作「達頂達丁二反」。

東京大學本和金剛寺本有如下兩條比麗本和磧本簡略：

捉瑱：「古文䪼，同。他見反。周禮：弁師掌冕玉瑱[二六]玉笄。注云：瑱，塞耳者也。釋名云：瑱，鎮也。懸當耳旁不欲使人妄聽，自鎮重也。或名充耳。笄音雞。」（十誦律第六十卷）

按：「弁師掌冕玉瑱玉笄。注云」東京大學本、金剛寺本無；麗藏本、磧藏本存。「笄音雞」東京大學本無；金剛寺本、麗藏本、磧藏本存。

椓杙：「都角反。下又作弋，同。餘職反。爾雅：樴謂之杙。注云：即橛也。樴音徒得反。」[二七]（僧祇律第三卷）

按：「注云：即橛也。樴音徒得反」東京大學本、金剛寺本無；麗藏本、磧藏本存。」

又如西方寺本、金剛寺本、七寺本三本共有部分爲卷一、卷三、卷四、卷六、卷九、卷十三、卷二十一、卷二十五。從收釋佛經的差異來看，磧本卷五所缺的二十一種經七寺本、西方寺本均存。麗本所缺卷十三的六種經和卷二十提婆菩薩傳，金剛寺本、七寺本、西方寺本亦無。大致上在收釋佛經上寫卷皆與麗本同，而在釋文上七寺本與麗本相近，西方寺本、金剛寺本與磧本相近[二八]。

慧琳音義轉録的玄應音義所據當是其時傳本，從中亦可略窺玄應音義早期傳本的原貌。如慧琳音義卷四十二釋七佛神咒經第四卷「搭眼」、「方道」云：「上兩句先不音訓。」玄應音義卷五各本釋這兩個詞皆有詞目而無釋文，由此似可推測玄應音義的早期傳本這兩個詞條已脱釋文或玄應當時就未釋義。又如慧琳音義卷六十七釋阿毗曇毗婆沙論第五十四卷「殉腸」云：「先不音。」玄應音義卷十七麗本釋此詞爲「上辭俊反。」磧本爲「上辭俊反，下直良反。腸，肚也。」由此似可推測慧琳所據傳本此條原本未釋義或已脱釋文，麗本和磧本所據傳本此條原本有釋文或已有修訂，麗本和磧本所據修訂本有不同，形成兩個系列的不同。又如玄應音義卷十磧砂藏本卷目中標有唯識論，正文中緣生論下釋有「舌舐」、「窣尸」兩個詞，唯識論下釋有「糯羊」、「利刺」兩個詞，麗藏本卷目中未標唯識論，正文中在緣生論下釋有「舌舐」、「窣尸」、「唯識論」、「糯羊」、「利刺」五個詞，其中「唯識論」接排在「窣尸」中。慧琳音義卷五十一所釋緣生論，卷目中標「無」，正文中標慧琳撰，釋有「舌舐」、「頞浮陀」、「窣尸伽」、「唯識論」、「糯羊」、「利刺」六個詞，其中「唯識論」作爲所釋詞目而未作爲經名。由此似可推測麗本和慧琳所據傳本相近而誤把「唯識論」接排在「窣屍」中，而磧本所據修訂本則與麗本和慧琳所據傳本不同。再如慧琳音義卷五十七釋罪福報應經爲：

麞麈：「之乳反。以冬至解角者也。説文：鹿屬也。似鹿而大，尾可以爲拂也。此皆古文云。」

鵂鶹：「許牛反，下力周反。亦名鉤鵅，即鵂鶹也，夜見晝伏也，亦別名怪鳥也。古今之正字也。」

玄應音義卷十三麗本爲：

麞麈：「之乳反。似鹿而大，尾可以爲拂也。」

鵂鶹：「許牛反，下力周反。亦名鉤鵅，即鵂鶹也。夜見晝伏也。」

磧本爲：

麞麈：「忘悲反。以冬至解角者也。説文：鹿屬也。下之乳反。似鹿而大，尾可以爲拂也。」

鵂鶹：「許牛反，下力周反。亦名鉤鵅，即鵂鶹也。夜見晝伏，亦名怪鳥也。」

慧琳所釋「以冬至解角者也。説文：鹿屬也」與磧本同而麗本無，「亦別名怪鳥也」亦與磧本相近而麗本無。由此似可推測麗本所據本較爲簡略或傳抄時有脱略，磧本和慧琳所據傳本已有修訂而磧本後又作有修訂。

考現存麗藏本玄應音義和慧琳音義雖皆同出於高麗藏，但慧琳音義卷四十三轉録玄應釋「偘民」的「民」和釋「泯然」釋文中的「民」字避唐太宗李世民諱缺筆，卷九十六轉録玄應釋「怒唬」釋文中的「虎」字避唐高祖李淵祖父李虎的廟諱缺筆，而麗藏本玄應音義卷十七釋「和穆」、卷二十一釋「祇仰」、卷二十三釋「踟躇」、卷二十四釋「制多」等釋文中的「敬」字和卷二十一釋「至羅伐」釋文中的「鏡」字、卷二十三釋「阿顛底迦」釋文中的「竟」字避宋太祖祖父趙敬瑭諱缺筆，卷十九釋「筋陡」、卷二十四釋「殷净」等釋文中的「殷」字避宋太祖父親趙弘殷諱缺筆，磧砂藏本玄應音義則皆不避。因而我們大致可推測麗藏本慧琳音義出自契丹藏所據的唐代傳本，麗藏本玄應音義出自契丹藏所據的北宋早期傳本，磧砂藏本玄應音義所據則是南宋傳本。又就玄應音義麗藏本和磧砂藏本的兩大系統而言，慧琳音義中存有麗藏本有而磧砂藏本無的二十一部經中的二十部，其中有十部佛經的音義與玄應音義大致相同，三部略有增補，一部有較多修訂，六部是慧琳自撰。磧砂藏本有而麗藏本無的七部經慧琳音義都有，但二者有較大不同，可以説是慧琳自撰，慧琳所據玄應音義可能也無這七部經的音義，而就慧琳轉録玄應所釋其他佛經的釋文而言，慧琳音義又往往與磧砂藏本玄應音義較爲一致[二九]。此外，可洪撰新集藏經音義隨函録時提及經音義和「應和尚」有一千多處，其第二十五卷主要是爲玄應所釋詞語而作音義，約有四千條。其中有些引文見於磧藏本和慧琳所録而不見於麗藏本，如可洪音義卷十釋大智度論第十五卷「陶作」引「經音義作窯」，見於磧藏本玄應音義卷九「窯作」，慧琳音義卷四十六轉録同。有些引文見於麗藏本和慧琳所録而不見於磧藏本，如可洪音義所引磧藏本卷五所脱二十一部經的詞語。有些引文見於慧琳所録而不見於麗藏本和磧藏本，如可洪音義卷八釋五千五百佛名經第七卷「愛解脱」引「經音義作愛觚」，慧琳音義卷四十三轉録，麗藏本和磧藏本玄應音義皆無。有些引文見於磧藏本而不見於麗藏本和慧琳所録，如可洪音義卷二十五所釋「戟格」出自玄應音義卷一釋大方等大集經第二十一卷「刀戟」，釋文中的「釋名：戟，格也」見於磧藏本而不見於麗藏本和慧琳所録。有些引文見於麗藏本而不見於磧藏本和慧琳所録，如可洪音義卷二十五所釋「盇聲」出自玄應音義卷一釋大方廣佛華嚴經第十二卷「妖豔」，釋文中的「字從豊，音匹弓反，盇聲」見於麗藏本而不見於磧藏本和慧琳所録。還有些引文則今傳各本皆無。如可洪音義卷五釋正法華經第七卷「悶愊」云：「普逼反。倒也。著地聲也。正作福、踾二形也。又應和尚以腷字替之，皮逼反。腷臆不泄也。」檢玄應音義卷七釋正法華經第七卷悶愊[三〇]：「普力、蒲力二反。愊億猶盈滿也。」各本未見有「腷」字代替「愊」。[三一]根據我們對張金泉、許建平所撰敦煌音義匯考未考及的敦煌吐魯番唐寫本玄應音義殘卷和日本藏玄應音義寫卷以及慧琳音義轉録玄應音義部分的比勘，似可推測玄應音義在傳抄中既有誤衍誤脱等錯訛，也有不同程度的增補和删略，形成了内容大體上雖相同但在某些經文的釋文甚至整部經文的釋文却互異的幾種不同的本子，大致可分爲磧砂藏和麗藏本兩個系列，其中無磧砂藏本卷五所脱二十一部經的是開寶藏初刻本所據之祖本，後成爲磧砂藏本一系；有磧砂藏本卷五所脱二十一部經的寫本可以説是契丹藏所據之祖本，後成爲麗藏本一系。二者的不同是由於各自依據的傳寫本不同。磧砂藏所據本的注文較詳，可能已對原本作有一些增補，麗藏所據本的注文較簡略，可能已對原本作有一些删節和增補，而就敦煌卷子和日本所藏寫本以及慧琳音義與磧砂藏系、麗藏系玄應音義本的異同而言，我們可推測有一個介於開寶藏初刻本和契丹藏間的玄應音義早期傳本。這個早期傳本既有磧藏系所脱卷五的二十一種經，又有麗藏系所缺卷十三和卷二十的七種經，且避唐高祖李淵祖父李虎和唐太宗李世民諱，慧琳所據本可能就是依據這一早期傳本而對其中部分内容及闕失又作有改訂和補撰。可洪撰音義時所據也可能出自這個傳本，有些引文不見於慧琳所録，可能是慧琳所據傳本已有闕失，也可能是慧琳未作轉録或有所删略。[三二]這個介於開寶藏初刻本和契丹藏間的傳本在抄寫流傳中形成兩種傳本：一種傳本脱卷五的二十一種經而有卷十三和卷二十的七種經，另一種傳本有卷五的二十一種經而脱卷十三和卷二十的七種經。這兩種傳本在北宋初的傳抄中改避宋太祖祖父趙敬瑭和父親趙弘殷諱，南宋時不避。西方寺本、金剛寺本據其中卷五有二十一種經而卷十三和卷二十脱七種經的傳本抄寫，七寺本與麗藏系本在此傳本基礎上又有所修訂，磧藏系本則在卷五脱二十一種經而卷十三和卷二十有七種經的傳本基礎上有所修訂。玄應音義版本的傳承略如下圖：

玄應音義早期傳本（避唐諱）
→ 寫卷詳本（有七種經）→ 開寶藏所據北宋本（避宋諱）→ 圓覺藏所據南宋本（避宋諱）→ 磧砂藏本（不避諱）
→ 慧琳所據本（避唐諱）→ 可洪所據本
→ 可洪所説川音所據本[三三]
→ 寫卷簡本（有二十一種經）→ 契丹藏所據北宋本（避宋諱）→ 高麗藏本（避宋諱）

概而言之，玄應音義各本皆同的部分自然是其原本就有的內容，彼此不同的部分則是傳抄中的脱漏衍訛和修訂增補。

（二）慧琳音義的校勘

慧琳音義成書後又由失傳到復得，傳刻也難免魯魚亥豕，迄今亦無較好的校勘本問世[三四]。魏南安主編的重編一切經音義雖據臺北新文豐出版公司印行的大正藏本和上海古籍出版社影印獅谷白蓮社本從語言學的角度作了修訂，惜點校斷句上多有疏誤。如：

卷三「須臾」條：「俱舍論臘縛者，此翻爲刻。二刻爲一須臾，三十須臾爲一晝夜，常分爲六十刻。冬夏二至極長短之時互侵，八刻即三十八刻、二十二刻也。亦如此，國歷經晝夜百刻互侵，即六十、四十之例也。」

應標爲：「俱舍論臘縛者，此翻爲刻。二刻爲一須臾，三十須臾爲一晝夜，常分爲六十刻。冬夏二至極長短之時互侵八刻，即三十八刻、二十二刻也，亦如此國歷經晝夜百刻互侵，即六十、四十之例也。」

卷四「綩綖」條：「經言綩綖者，即珍妙綺錦，筵繡褥舞，筵地衣之類也。」

應標爲：「經言綩綖者，即珍妙綺錦筵、繡褥、舞筵、地衣之類也。」

又如卷六十五釋善見律第九卷「甘蕉」：「下子姚反。出廣州，子不堪食，生人間籬㨙上作藤用。薄搗，傅腫大驗也。」此條爲慧琳轉録玄應所釋，例中「㨙」，檢玄應音義卷十六釋此詞作「援」。「生人間籬㨙上作藤用。薄搗，傅腫大驗也」，應爲「生人間籬，援上作藤，用薄搗傅腫大驗也」。

卷九十六釋弘明集第九卷「蛩蟁」引「呂氏春秋北方有獸，其名蟨，前足似兔，趍則頓走，則顛然，則蛩蛩蟁虛。亦宜鼠後而兔前，前高不得甘草，故須蟨食之。」檢今傳本呂氏春秋卷十五不廣載此文爲「北方有獸，名曰蹶，鼠前而兔後，趨則跲，走則顛，常爲蛩蛩距虛取甘草以與之，蹶有患害也，蛩蛩距虛必負而走。」似應標點爲「呂氏春秋云：北方有獸，其名蟨，前足似兔，趍則頓，走則顛。然則蛩蛩蟁

虛亦宜鼠後而免前，前高不得甘草，故須齧食之。」〔三五〕

慧琳音義今傳各本雖皆源於麗藏本，然各本也存有一些異同。大正藏本曾以頻伽精舍本參校，中華大藏經校勘記則稱「此經又稱大唐衆經音義、慧琳音義，僅高麗藏收録，故無校」。據我們逐條比勘，獅谷白蓮社本所據麗藏本和建仁本、緣山本有闕頁。檢獅谷白蓮社本第五卷脱兩頁，第七卷脱八頁，第二十三卷脱八頁，第二十九卷亦闕，第二十三卷據頻伽精舍本補。大正藏本第五卷、第七卷和第二十九卷十六頁。臺灣大通書局1970年影印出版的麗藏本和中華大藏經本不闕，然亦有異同。各本中除原本闕誤處外〔三六〕，刻印中尚有一些訛字和脱誤，如卷六十九釋阿毗達磨大毗婆沙論第一百八十八卷裸形：「華瓦反。顧野王云：裸，脱衣露袒也。説文：從衣。或作躶、倮也。」袒，獅谷白蓮社本和大正藏本作「祖」。檢宋本玉篇：「羸，力果切。袒也。亦作倮、躶。」「裸，同上。」「祖」爲「袒」的形近誤字。〔三七〕又如：

卷十五釋大寶積經第九十四卷宋静：「經文作家，古字也。亦作誺、啾，今俗通作寂，五體一正一俗三古。」家，當作「家」。

卷十六釋佛説胞胎經癡惷：「下踔巷反。考聲云：小兒愚也。或從見作覔。亦作覴。」「見」，當作「見」，「見」是「兒」的俗字，「見」、「見」形近而誤。「覔」當作「覔」，「覴」當作「覴」，又訛作「覾」。「覔」、「覾」是「覔」、「覴」的訛俗字。「覴」似是傳刻中的訛誤字。

卷三十二釋佛説大浄法門品之鎧：「下苦改反。文字集略云：以金革蔽身曰鎧。廣雅云「逐、甲、分，鎧」是也。説文：甲也。從金豈聲也。」検今傳本廣雅爲「鎦、甲、介，鎧」。「逐」、「分」當是「函」、「介」之訛。

卷五十一釋寶生論第二卷所蜇：「展列反。博雅云：蜇，螫也。或作蛆。説文：從虫旦聲。」蛆，當作「蛆」。

卷九十七釋廣弘明集第二卷行溲：「所流反。顧野王云：少溲，謂小便。尾也。説文：從水叜聲。集作溲，俗字。叜，音蘇走反。」尾，當作「屎」。類篇：「屎尿，奴弔切，人小便也，从尾从水，或省。」新校互注宋本廣韻：「屎，古文。」「屎」是「尿」的古字。故訓匯纂引慧琳音義卷九十七誤作：「溲，少溲，謂小便尾也。」〔三八〕

再如陝、陜形近，傳抄中「陝」多誤作「陜」。如慧琳音義卷十釋勝天王般若經後序分陝之陝：「式冉反。公羊傳曰：自陝以東周公主之，自陝以西召公主之。説文：今弘農陝縣古之號國是也。」

據我們比勘，影印本大致保持了原貌，但影印時編者對漫漶不清部分的添墨補筆和所補鉛字亦多有訛誤〔三九〕。如大通書局本：

嗟慨：上借邪反。毛詩傳云：嗟者，美之也。爾雅：咨，嗟也。説文：嗟，從口差聲。下開愛反。鄭箋毛詩云：慨謂歎息也。説文：忼慨，壯士不得志也。從心既聲。或從氣作愾。有從口作嘅，俗字也。（卷四十四觀察諸法行經第四卷）

按：嘅，海印寺木和獅谷白蓮社、頻伽精舍本、大正藏本同，「嘅」中的「口」左半闕，中華大藏經本爲「既」，似誤改「嘅」爲「既」。

蚑行：上妓羈反。顧野王：謂麞鹿之類跂踵行者也。説文亦蟲也。從虫支聲。或從足作跂。麏音君。（卷四十四佛説大意經）

按：作跂，獅谷白蓮社、頻伽精舍本、大正藏本同。中華大藏經本無，然有兩個字的空位，檢海印寺本亦爲空闕，似當有此二字而未印出。

是觸：下衡燭反。廣雅：觸，突也。説文：觸，牴也。從角蜀聲。經作𧣾，古字也。（卷四十四不增不減經）

按：牴，海印寺本和獅谷白蓮社、頻伽精舍本、大正藏本同，但寫成牴，中華大藏經本作牴，似誤改「牴」爲「抵」。

擯出：上必吝反。文字集略云：徙之遠方也。莊子：擯，棄也。文字典説：從手賓聲。經文從歹作殯，是殯埋字，非經義也。（卷四十五佛説法滅盡經）

按：殯，獅谷白蓮社、頻伽精舍本、大正藏本同，中華大藏經本和海印寺本作「賓」，似「殯」左半部分「歹」闕。

鎣浄：上縈迥反。博雅云：鎣，飾也。蒼頡篇云：治器名也。考聲云：發器光也。説文：從金從熒省聲。經作瑩，通也。（卷四十五菩薩善戒經）

按：迥，獅谷白蓮社本同，中華大藏經本和海印寺本、頻伽精舍本、大正藏本誤作「逈」。

災櫱：下言列反。考聲云：妭災也。虫獸爲怪曰櫱，衣服草木爲怪曰妭。今或從女作孽，或從虫作蠥。經文從米作糵，非經義也。（卷四十七三具足經憂波提舍）

按：米，海印寺本和獅谷白蓮社、頻伽精舍本、大正藏本同，中華大藏經本作「木」，似誤改「米」爲「木」。

悁自：上一緣反。王注楚辭：悁，憤滿（懣）也。蒼頡篇：恚也。聲類：悒憂貌也。説文云：忿也。從心肙聲也（卷四十七遺教論）

按：憤，海印寺本和獅谷白蓮社、頻伽精舍本、大正藏本同，中華大藏經本作「慣」，似誤改「憤」爲「慣」。

遞互：上提禮反。考聲云：遞，代也。又云迭也。古文作遞，今論文作遆，或作遰，並非也。説文：從辵虒聲也。辵音丑略反，虒音天伊反。又音斯。下胡故反。顧野王云：互謂更遞也。説文在竹部，玉篇在牙部。或從竹作笠，可以收繩者也。今省竹作互，象形，中象人手所推握也。論文作彑，俗用字也。（卷四十九順中論上卷）

按：彑，海印寺本和獅谷白蓮社、頻伽精舍本、大正藏本同，但寫成手，與「手」形近，中華大藏經本作手，中華大藏經似誤改「彑」爲「手」。

濡滑：上汝娱反。毛詩傳云：濡，漬也。又潤澤也。説文：從水需聲。需音須。（卷五十佛性論第二卷）

按：又，海印寺本和獅谷白蓮社、頻伽精舍本、大正藏本同，中華大藏經本作「人」，似誤改「又」爲「人」。

襄麓：聾穀反。詩傳曰：麓，山足也。穀梁傳云：林屬於山爲麓。説文：從林鹿聲。（卷五十一唯識二十論　論後序）

按：山，獅谷白蓮社、頻伽精舍本、大正藏本同，中華大藏經本和海印寺本作「出」。

躭著：上答南反。俗用。考聲云：耽，嗜也。玩也。從耳作耽。（卷五十一成唯識寶生論第一卷）

按：嗜，海印寺本和獅谷白蓮社、頻伽精舍本、大正藏本同，中華大藏經本作「者」，似闕「嗜」左半的「口」。

蚰蜒：上以州反，下衍仙反。方言：蚰蜒，自關而東謂之螾蜓，或謂之入耳也。又云：北燕謂蜥蜴爲祝蜓也。考聲云：蚰蜒，蟲名

者。或作蝣。古今正字並從虫，由、延皆聲也。（卷五十一破外道小乘涅槃論）

按：螾，海印寺本和獅谷白蓮社、頻伽精舍本、大正藏本同，海印寺本寫成蟥，與「蟥」相近似。中華大藏經本作蟥，誤改「螾」爲「蟥」。

邠坻：筆旻反。或作豳。下帝奚反。梵語也。不求字義也。（卷五十三佛説鐵城泥犂經）

按：豳，海印寺本同，獅谷白蓮社、頻伽精舍本、大正藏本誤作「幽」，中華大藏經本作「山」。

亙云：上古鄧反。方言：亙，竟也。毛詩傳云：亙，遍也。説文云：從日從二。經文從糸作絙，非也。糸音覓。（卷五十四佛説須摩提女經）

按：前一『亙』字，海印寺本和獅谷白蓮社、頻伽精舍本、大正藏本同，海印寺本寫成亘，中華大藏經本作亘，似誤改「亙」爲「亘」。

摩刷：下所刮反。郭注爾雅云：刷，掃。刷，所以清涼也。顧野王云：刷亦剪剃也。説文：刷，刮也。從刀㕞從省[四〇]聲。刮音關八反。（卷五十四佛説放牛經）

按：「刷，所以清涼也」中「刷」，海印寺本和獅谷白蓮社、頻伽精舍本、大正藏本同，海印寺本寫成刷，中華大藏經本作刷，似誤改「刷」爲「刷」。

大吼歙：下歆急反。桂苑珠叢云：吸，内息引氣入口也。考聲云：歙猶吸也。説文云：歙猶縮鼻吸也。從欠翕聲。吸音歆入反，縮音霜六反。經從口作噏，俗字也。（卷五十五禪祕要法經中卷）

按：大，獅谷白蓮社、頻伽精舍本、大正藏本同，海印寺本和中華大藏經本作「太」。

刮灑：上關八反。鄭注禮記云：刮猶摩也。廣雅云：滅也。説文：從刀舌聲。下西底反。韓康伯注周易云：灑灌其心也。説文云：滌也，從水西聲。或作洒，古洗字也。（卷五十五蓱沙王五願經）

按：滅，海印寺本和中華大藏經本同，獅谷白蓮社本、頻伽精舍本作「㓕」。滌，海印寺本和獅谷白蓮社、頻伽精舍本、大正藏本同，海印寺本左下大半和右下小半殘闕作降，中華大藏經本作降，似誤改「滌」爲「降」。

更無遺孑：上音惟。鄭箋毛詩：遺，忘也。鄭注禮記云：遺猶脱落也。説文云：從辵遺(䝿)[四一]聲。䝿，正貴字也。下音結。毛詩：靡有孑遺也。傳曰：孑然遺失也。説文：無右臂。從了(乚)象形[四二]。乚聲也。乚音厥。（卷六十根本説一切有部毗奈耶律第二十三卷）

按：「乚聲也」、「乚音厥」中的「乚」，獅谷白蓮社本、頻伽精舍本、大正藏本同，中華大藏經本和海印寺本空闕。又如中華大藏經本：

耽媔：都含反，下亡善反。説文：媅，樂也。嗜也。媔，耽於酒也。（卷四十九廣百論第六卷）

按：下，海印寺本和獅谷白蓮社、頻伽精舍本同，大通書局本、大正藏本作「一」，似闕「下」的下半部分。

絲縈：下於營反。毛詩傳曰：縈，旋也。考聲云：纒也。繞也。説文：收韏也。從糸從營省聲。韏音卷。（卷六十根本説一切有部毗奈耶律第十三卷）

按：「聲云：纒也。繞」、「韏也。從糸從營」、「卷」，海印寺本和獅谷白蓮社本、頻伽精舍本、大正藏本同，大通書局本空闕。

鈹決：上音披。醫人之鈹針也。説文：大鈹也。形聲字也。（卷六十根本説一切有部毗奈耶律第十三卷）

按：「鈹決」，海印寺本和獅谷白蓮社本、頻伽精舍本、大正藏本同；「披。醫人之鈹」，海印寺本和獅谷白蓮社本、大正藏本同，頻伽精舍本「披。醫人之鈹」；「文：大鈹也。形」，海印寺本、大正藏本同，獅谷白蓮社本、頻伽精舍本「文：大針也。形」。大通書局本皆空闕。

水蛭：真日反。水生蟲也。咂人血也。從虫。（卷六十根本説一切有部毗奈耶律第十三卷）

按：「蛭」、「真」、「水」、「也。咂人血也。從虫」，海印寺本和獅谷白蓮社本、頻伽精舍本同，大通書局本皆空闕。「真日反」，大正藏本「真曰日反」，衍「曰」字。

斟酌：上執壬反，下章若反。字書云：意(以)意度量也。形聲字。（卷六十根本説一切有部毗奈耶律第十三卷）

按：「斟」、「壬反，下」，海印寺本和獅谷白蓮社本、頻伽精舍本、大正藏本同，大通書局本空闕；「反。字書云：意」，海印寺本同，獅谷白蓮社本「反。字書云：以」，頻伽精舍本、大正藏本「反。字書云：以意」，大通書局本空闕。「下章若反」，大正藏本「下章章若反」，衍「章」字。

乞縷雇織：龍主反。考聲：絲縷也。文字集略云：合綫也。説文亦綫也。從糸婁聲。綫音思箭反。或作綫也。（卷六十四五分尼戒本）

按：合綫也，海印寺本和獅谷白蓮社本、頻伽精舍本、大正藏本同，大通書局本誤作「合綫紀」。

抖擻：上都苟反，下蘇走反。考聲云：抖，上舉者也。從手斗聲。擻見廣韻。經作捒，非。（卷六十四沙彌十戒並威儀）

按：下蘇走反，海印寺本和獅谷白蓮社本、頻伽精舍本、大正藏本同，大通書局本誤作「下蘇走云」。

差跌：上楚宜反。廣雅云：差，衺也。顧野王謂：參差，不齊等也。説文云：貳，差不相值。從左𠂹聲。𠂹音垂。下田節反。許叔重曰：跌，僕也。説文：從足失聲。篆作跌，通。（卷六十四沙彌十戒並威儀）

按：足，海印寺本和獅谷白蓮社本、頻伽精舍本、大正藏本同，大通書局本誤作「成」。

坌却：府墳反。説文：坌，除掃棄也。廣雅：坌，除也。（卷六十四沙彌威儀經）

按：墳，海印寺本和獅谷白蓮社本、頻伽精舍本、大正藏本同，大通書局本作「塿」。

兩舡：胡田反。船兩緣也。埤蒼：船舡也。亦名舥，音扶嚴反。（卷六十四優婆塞五戒經）

按：胡，海印寺本和獅谷白蓮社本、頻伽精舍本、大正藏本同，大通書局本誤作「明」。此爲慧琳轉録玄應所釋，檢玄應音義卷十六釋此詞亦作「胡」。

治補：上音持。顧野王云：治謂修理也。説文：從水台聲。下逋古反。鄭注周禮云：補謂助不足也。説文：從衣甫聲也。（卷六十四彌沙塞羯磨本）

按：逋，海印寺本、頻伽精舍本、大正藏本同，獅谷白蓮社本作「補」，大通書局本空闕。

受莂：變劣反。案考聲切韻亦從竹作⿱竹別，義是審其善惡也。或從言作⿰言別。經從草作莂，恐傳寫誤也。（卷七十五惟日雜難經）

按：善，海印寺本和獅谷白蓮社本、頻伽精舍本、大正藏本同，大通書局本誤作「其」。莂，海印寺本和獅谷白蓮社本、頻伽精舍本、大正藏本同，大通書局本誤作「莖」。

瑰奇：上鱠回反。毛詩傳云：瓊瑰，石之次玉者也。杜預注左傳云：瑰，珠也。埤蒼云：瑰瑋珍奇也。説文云：以珍瑰爲傀，亦在人部中。今也從玉鬼聲。録文從衣作褢，古文俗字也。字書又作傀。下巨基反。正從大作奇。録作竒，俗字也。（卷八十開元釋教録第七卷）

按：瑰，海印寺本和獅谷白蓮社本、頻伽精舍本、大正藏本同，大通書局本誤作「況」。

毳帳：上歯芮反。鄭注周禮云：毳，毛之細縟者也。鄭衆云：毳，罽衣也。郭璞云：毳謂物之行敝者也。説文：毳，獸細毛也。從三毛。下張亮反。（卷八十二西域記序）

按：細，海印寺本和獅谷白蓮社本、頻伽精舍本、大正藏本同，大通書局本誤作「之」。今傳本説文：「毳，獸細毛也。從三毛。」

慘烈：上錯敢反。方言云：慘，慼也。説文：毒也。從心參聲。下連哲反。亦作冽。（卷八十二大唐西域記第一卷）

按：毒，海印寺本和獅谷白蓮社本、頻伽精舍本、大正藏本同，大通書局本空闕，似未印出。

醇醪：老刀反。戰國策曰：帝女儀狄獻酒於禹，禹嘗之，曰後世有以酒亡天下者，鞭而遣之。亦暴熟酒也。説文云：汁滓酒也。形聲字。（卷八十二西域記第二卷）

按：後一「曰」，海印寺本和獅谷白蓮社本、頻伽精舍本、大正藏本同，大通書局本空闕，似未印出。

頡頏：上賢結反，下何浪反。考聲云：頡頏，乍高乍下皃也。毛詩傳曰：鳥飛而上曰頡，飛下曰頏。説文：直項也。並從頁。頁音賢結反。魯(作)首，非也。（卷八十六辯正論第五卷）

按：並，海印寺本和獅谷白蓮社本、頻伽精舍本、大正藏本同，大通書局本誤作「往」。

惑壍：上弘國反。論案文惑壍疑是城字[四三]。若不從心則誤。今改從心作惑。下七焰反。字書與廣雅並云：壍，長坑也。顧野王云：謂今之城池之壍也。説文：壍亦坑也。從土漸聲。論從斬作塹，非此也。（卷八十六辯正論第六卷）

按：上，海印寺本和獅谷白蓮社本、頻伽精舍本、大正藏本同，大通書局本空闕，似未印出。論案文惑壍疑是城字，海印寺本和大正藏本、大通書局本同，獅谷白蓮社本和頻伽精舍本「案論文惑壍疑是城字」。不，海印寺本和獅谷白蓮社、頻伽精舍本、大正藏本同，大通書局本誤作「石」。

臨猊：下諸鷄反。穆天子傳云：狻猊，師子類也。古今正字：從犬兒聲。或從鹿作麑，或作貎，音同也。（卷八十六辯正論第六卷）

按：犬，海印寺本和獅谷白蓮社本、頻伽精舍本、大正藏本同，大通書局本誤作「大」。

末祏：湯洛反。廣雅云：祏，大也。説文：從衣石聲。（卷八十八釋法琳本傳第五卷）

按：後一「祏」，海印寺本和獅谷白蓮社、頻伽精舍本、大正藏本同，大通書局本誤作「在」。

憒然：呼麥反。廣雅：憒，不慧也。説文：從心畫聲。（卷八十八集沙門不拜俗議序）

按：呼麥，海印寺本和獅谷白蓮社本、頻伽精舍本、大正藏本同，大通書局本作「乎又」。

往郫：下被眉反。（卷八十九高僧傳第六卷）

按：眉，海印寺本和獅谷白蓮社本、頻伽精舍本、大正藏本同，大通書局本空闕，似未印出。

據我們比勘所得，各本皆有一些訛誤，而中華大藏經本和大通書局本在影印時也有誤改。大致而言，中華大藏經本與韓國高麗大藏經研究所出版的海印寺本高麗大藏經光碟圖像版大致相近，大通書局本與獅谷白蓮社本相近。

中華大藏經的校勘凡例稱「中華大藏經（漢文部分）的底本以趙城金藏爲主，趙城金藏缺佚，則以高麗藏等作底本」。慧琳音義雖僅存於高麗藏，但尚可據高麗藏所收慧琳音義不同的傳本進行校勘，且慧琳音義中轉録了玄應所釋三百多部佛經的音義，現存玄應音義各本可用以慧琳音義的校勘。如慧琳音義卷六十七釋阿毗曇毗婆沙論第九卷駁色：「補角反。字林：班駁，色不純也。通俗文：黄雜謂之駁犖。論文從交作駮，獸名，鋸牙，食虎豹者也。」此爲轉録玄應音義卷十七。文中「黄雜謂之駁犖」，玄應所釋爲「黄白雜謂之駁犖」；「鋸牙」，玄應所釋爲「踞牙」。又如卷七十三釋辟支佛因緣論下卷財賄：「古文賄，同。呼罪反。通俗文：財微眠賄。周禮：通貨賄。鄭玄云：玉曰貨，布帛曰賄也。」此爲轉録玄應音義卷十八。文中「財微眠賄」，玄應所釋爲「財帛曰賄」；「玉曰貨」，玄應所釋爲「金玉曰貨」。（詳見本書慧琳音義的校勘記）慧琳删補修訂玄應音義的部分有明確標明增訂的，也有不加注明的。如玄應音義卷五所釋般舟三昧經，慧琳音義卷十九的目録中標有「慧琳」，正文中標有「慧琳新補」；玄應音義卷七所釋楞伽阿跋多羅寶經，慧琳音義卷三的目録中標有「慧琳」，正文中標有「玄應撰慧琳又添」；玄應音義卷四所釋大灌頂經，慧琳音義卷三十一目録中標有「玄應 慧琳再修」，正文中標有「玄應先撰慧琳添修」；玄應音義卷二十所釋佛本行贊傳，慧琳音義卷七十四目録中標有「玄先音琳重音」，正文中標有「慧琳音」等。又如玄應音義卷七所釋阿惟越致遮經，慧琳音義卷三十目録和正文中都標有「玄應」，但所釋該經「戰痏」條釋文中却有「惠[四四]琳謹案」的記載。玄應音義卷七所釋大方等大集菩薩念佛三昧經第三卷和第七卷未收釋詞語，慧琳音義卷十九目録和正文中都標有「慧琳」，而在第三卷和第七卷却標有「先不音」，可見此經雖標明爲慧琳撰，但實際上也是在玄應所撰基礎上的修訂。矢放昭文慧琳音義所收玄應音義的一個側面一文指出慧琳音義所收玄應音義有内容完全相同、基本相同和多於玄應音義這樣三個部分[四五]。上田正玄應音義諸本論考一文將慧琳音義中與玄應音義有關的内容分爲八類：（1）不改，（2）增訂本不改，（3）小訂，（4）增訂本小訂，（5）改撰，（6）新撰，（7）不作訓釋，（8）琳撰[四六]。其第二類「增訂本不改」是指慧琳以前已有增訂，慧琳按照增訂本而收録；第四類「增訂本小訂」是指慧琳以前有增訂本而慧琳對其略有增訂。上田正認爲這些增訂部分在麗藏本中没有而在磧砂藏本中有，可以看作是慧琳以前的增訂。我們認爲慧琳所録玄應音義雖不一定是原本，但由於距玄應音義成書年代較近，可能比其他傳本要更多地保存了其原貌。如果説慧琳所録玄應音義爲原本，那麼其所録那部分在麗藏本中没有而在磧砂藏本中有的訓釋就是原本已有的内容而爲麗藏本所據傳本删略或脱漏。因而，我們認爲尚不能斷言慧琳音義所録在麗藏本中没有而在磧砂藏中有的那部分訓釋一定是慧琳以前的增訂。因爲麗藏本玄應音義出自契丹藏所據的北宋早期傳本，且避宋諱，很可能在傳抄中已有脱漏或删略。

水谷真成慧琳音義雜考一文論及慧琳音義所録玄應音義時説，只是根據慧琳音義中的標題來判斷「這是慧琳的東西」或者「這是玄應的東西」是非常難的。如果從這一點上來看的話，很難説黄淬伯的慧琳一切經音義反切考對此進行了全面的周密的分析。要分清兩者的區别，必須再從内容方面進行研究〔四七〕。矢放昭文在慧琳音義所收玄應音義的一個側面一文的後記中也認爲這方面的研究還要繼續進行探討，除此之外没有其他的方法〔四八〕。上田正玄應音義諸本論考一文統計了慧琳音義中標有玄應撰的（不論是標在各卷初的目録還是標在文中的或者是目録和文中都標有的）和雖標爲慧琳撰但玄應音義中也有的合計共四百四十六種，指出依據經名之别來判斷某條反切或訓釋是玄應作還是慧琳作是不可能的，只能依靠一字一句的校對，除此之外，别無他法。誠如水谷真成、矢放昭文和上田正所説，慧琳音義中對玄應音義的删補修訂頭緒紛雜，要判明其中哪些部分是對玄應音義的删補修訂，只有逐字逐句比勘其異同〔四九〕。據我們對玄應音義各本與慧琳音義轉録部分的比勘，慧琳音義以在全書卷次、各卷首目録、正文經名、正文音義卷次等標明「翻經沙門玄應撰」、「玄應」、「玄」、「應」、「玄應撰」、「玄應音」等方式表示這些佛經是玄應所作音義的計有三百多部〔五〇〕。其中需要注意如下五種情况：

（1）未標明玄應名或各本所標不一致：如卷九所釋長安品與玄應音義卷三所釋長安品經大致相同，慧琳未標明轉録自玄應。又如玄應音義卷九所釋大智度論、卷二十二所釋瑜伽師地論和卷二十五所釋阿毗達磨順正理論，慧琳轉録於卷四十六、卷第四十八和卷七十一，麗藏本標明「翻經沙門玄應撰」，獅谷白蓮社本誤爲「翻經沙門慧琳撰」〔五一〕。玄應音義卷十四所釋四分律，慧琳收録於卷五十九，獅谷白蓮社本標明「玄應音」，麗藏本未標。玄應音義卷十五所釋僧祇律、十誦律，慧琳收録於卷五十八，獅谷白蓮社本標明「玄應」，麗藏本未標。

（2）慧琳自撰或改撰：卷四十所釋毗沙門天王經，正文中標明爲玄應撰，而玄應音義中無〔五二〕；卷四十五所釋三曼陀多颰陀羅經，卷目中標爲玄應，正文中標慧琳撰，玄應音義中無；卷四十七所釋法花經論二卷，卷目中標慧琳，正文中標爲法花論下卷，玄應，檢玄應音義中無〔五三〕；卷五十三所釋古來世時經卷目和正文皆標明爲玄應撰，而玄應音義中無；卷五十四所釋數經，卷目和正文中皆標明爲玄應撰，而玄應音義中無；卷十六收有阿閦佛國經上下兩卷，目録雖題爲玄應，而所釋内容與麗藏本玄應音義卷五所收全然不同，當爲慧琳所撰。

（3）所釋佛經不同：卷五十二所釋大般涅槃經與玄應音義卷十二所釋的大般涅槃經内容不同，考其原文，慧琳的釋文當爲玄應音義卷十三所釋的般泥洹經；卷五十七所釋辯意長者子經與玄應音義卷十三所釋的辯意長者子所問經不同；卷七十四所釋佛本行贊傳與玄應音義卷二十所釋佛本行贊經的詞條不同，且佛本行贊傳爲七卷，佛本行贊經爲六卷，所釋似爲兩部不同的佛經[五四]。

（4）有目無正文：卷十六目録中雖有玄應音義卷八所釋離垢施女經，但正文中並未見轉録。

（5）標明删略不作音釋：卷三十一目録中有玄應音義卷七所釋菩薩行方便境界神通變化經，標明「並無難字可音訓」；卷四十三目録有玄應音義卷二十一所釋六門陀羅尼經，標明「無字可音釋」；卷四十五目録有玄應音義卷五所釋天王太子辟羅經，但標明「無字音訓」。

據我們比勘，慧琳音義與玄應音義各本的異同既有後人的增訂所致，又有原本在傳抄過程中的漏略所致。如麗藏本玄應音義卷八釋前世三轉經「身餧」：「奴罪反。論語：餧在其中。餧，餓也。又音於爲反。謂以食散與鳥狩也。」磧砂藏本爲「奴罪反。餧，餓也。又音於爲反。」慧琳卷三十四轉録爲「身餧」：「於僞反。顧野王云以物散與鳥食也。廣雅餧亦飤。飤音寺也。説文從食委聲也。」檢説文：「餧，飢也。從食委聲。一曰魚敗曰餧。」段玉裁注：「各本篆作餧，解作委聲，非也。」「餧爲餧餇俗字。」集韻 賄韻：「餧，或作餒。」原本玉篇釋「餧」云：「奴猥反。論語：耕也，餧在其中矣。鄭玄曰：餧，餓也。又曰：魚餧而肉敗。孔安國曰：魚敗曰餧也。字書或鯘字，在魚部。又音於僞反。禮記：餧獸之藥。野王案：以物散與鳥獸食之。楚辭：鳳亦不貪餧而亡(妄)食是也。廣雅：餧，飤也。」據説文和原本玉篇，磧砂藏所據本似已脱或略去了「論語：餧在其中」和「謂以食散與鳥狩也」，慧琳音義所録無「奴罪反。論語：餧在其中。餧，餓也」，有「廣雅餧亦飤。飤音寺也。説文從食委聲也」，並標示出「謂以食散與鳥狩也」是「顧野王云以物散與鳥食也」。又如慧琳音義卷四十七的目録標有「法華經論二卷，慧琳」，正文中僅收釋有法華論下卷「謦欬」一條，且標明爲玄應釋，然檢玄應音義各本皆無，有可能是慧琳所撰，也可能是慧琳轉録玄應音義所作訂補，玄應音義各本所據的傳本則皆已有脱闕。慧琳雖没有全部收録玄應音義，且對收録部分作有一些删補修訂，但玄應音義各本異文對慧琳音義轉録玄應所釋部分的校勘則彌足珍貴。如慧琳音義卷九轉録玄應所釋光讚般若經第二卷「慌惚」引漢書音義曰：「慌惚，眼之見也。」據玄應音義卷三釋此詞爲「眼亂也」。又如慧琳音義卷七十轉録玄應所釋俱舍論第一卷「何負」：「胡可、肩多二反。」肩，據玄應音義卷十七釋此詞作「曷」。再如慧琳音義卷七十一轉録阿毗達磨順正理論第二卷「窣堵波」：「此云廟，或云墳，或言聚相，謂果石等高以爲相也。」果，據玄應音義卷二十五釋此詞作「累」。

值得我們重視的是，慧琳音義中雖收録了玄應所撰的佛經音義，但没有全部收録，收録的部分也没有全盤照録，慧琳音義並不能取代玄應音義，而人們往往把這兩部一切經音義誤作同一部書，或以爲慧琳音義中已包括了玄應音義。如：

龍璋小學蒐佚所輯玄應釋彌陀經引韻詮「才，僅也」、釋佛説兜沙經引韻詮「稍稍，猶少少也，亦漸漸也」、釋無量清净平等覺經引韻詮「突，冲也」，實際上這些韻詮佚文是慧琳轉録玄應音義時所作的增補部分。玄應撰音義時，韻詮尚未成書。

童瑋編二十二種大藏經通檢云「慧琳音義一百卷或二五，二六卷(唐)慧琳撰。又名：一切經音義。毗盧，圓覺，資福，磧砂(458—461册)，普甯，洪武南(缺第六卷)(階-弁)；趙城，麗藏(納-轉)；弘法(翦-沙)；永樂南(云亭雁)；永樂北，嘉興(185函)(郡秦並)；頻伽(爲1—7)；弘教(爲8—10)；大正54—311。」[五五]誤將玄應音義和慧琳音義混爲一書，其中毗盧，圓覺，資福，磧砂，普甯，洪武南，永樂南，永樂北，嘉興所收是玄應音義，頻伽和大正藏所收是慧琳音義，趙城，麗藏和弘教既收有玄應音義又收有慧琳音義。

日本大正一切經刊行會編大正新修大藏經時，認爲慧琳音義中包括了玄應音義的内容而未收玄應音義，團結出版社 1993 年出版的辭書集成也只收入了據頻伽精舍校刊本影印的慧琳一切經音義，並誤認爲慧琳音義中已把「玄應音義，全部收入」。

嚴紹璗日本藏漢籍珍本追蹤紀實記正倉院藏唐人寫本一切經音義云：「一切經音義系唐釋玄應爲佛學經論所作的音義辯意和闡釋著作。全本凡一百卷。正倉院藏唐人寫本一切經音義殘本一卷，卷子本共一軸。此卷系第六，然卷首、卷尾俱失。起自『目楗　莫廉反下巨焉反或言目伽略子者也……』。」嚴紹璗亦誤以爲玄應所作一切經音義爲一百卷〔五六〕。

有關慧琳音義的一些研究則多籠統地將慧琳轉録玄應音義的部分與慧琳所撰視爲一體，不計其年代的先後，所據立論往往注明引慧琳音義而考其實則多出自玄應音義，失於注意玄應音義與慧琳音義的異同，亦有僅以慧琳所釋爲證而不知其由玄應音義轉録而來。如：

玄應音義卷二十所釋陀羅尼雜集第八卷「蜚屍」之「蜚」爲「甫違反」，慧琳音義轉録於卷四十三，黄淬伯慧琳一切經音義反切考一文誤作慧琳所釋反切〔五七〕。

玄應音義卷五所釋阿閦佛國經上卷「珠璣」之「璣」爲「居衣反」，慧琳音義卷十六轉録爲「居沂反」，神尾弌春慧琳一切經音義反切索引將「居沂反」誤作玄應的反切〔五八〕。

劉葉秋中國字典史略論述慧琳音義有時還結合當時的語言來釋義，以慧琳音義卷七十三釋舍利弗阿毗曇論第十四卷「癬皰」爲例，説慧琳「用青徐一帶通用語指出『癬』與『徙』爲一音之轉，對文字音義的解説是非常精密的」，然劉葉秋所舉此例並非慧琳所撰，而是慧琳轉録玄應音義卷十七引劉熙釋名之文〔五九〕。

李新魁漢語共同語的形成和發展一文指出唐代存在共同語或正音，引慧琳音義卷九毒螫：「蛆，知列反。南北通語也」爲證〔六〇〕，李新魁所引是慧琳轉録玄應音義卷三釋摩訶般若波羅蜜經第十五卷毒螫之文，「蛆」爲「蛆」之誤。

董志翹入唐求法巡禮行記詞滙研究釋「仁造」一詞中「造」究竟爲何義，引慧琳音義卷四十八：「恩造，在老反。廣雅：『造，成也。』謂恩成此事者也。」認爲「慧琳説近之。『造』有『成功』之義，引申之，即有『恩德』、『恩幸』義。」〔六一〕董志翹據慧琳音義所釋認爲「仁造」之「造」有「成功」義，甚是，只是此非慧琳所釋，而是慧琳抄録玄應音義卷二十二所釋瑜伽師地論第九卷「恩造」之文。

姚永銘慧琳音義與切韻研究一文論述慧琳音義有助於搞清切韻異切的性質，舉了九個詞爲例，除了「複、打」外，「髀、螫、胔、齩、揣、曬、銚」七個詞並非慧琳所釋，皆出自玄應音義〔六二〕；另一文一切經音義與詞語探源共探討了八個詞，其中「喝、塔、搭、鏵鍬、分衛」五個詞也都源自玄應音義〔六三〕。其慧琳一切經音義研究一書雖名爲研究慧琳音義，實際上書中對慧琳所録玄應所撰與慧琳自撰不加區分，混淆了二者的區别，得出的結論也自然會有年代之誤〔六四〕。

慧琳引用的文獻典籍廣涉經史子集四部，這些引文與今傳本的異同也是校勘慧琳音義不可忽視的珍貴資料。如説文木部殘卷：「柯，斧柄也。从木可聲。」檢慧琳音義卷四十釋千手千眼觀世音菩薩無礙大悲心陀羅尼經柯葉之柯：「説文云：樹枝也。從木可聲。」今傳大徐本説文：「柯，斧柄也。从木可聲。」慧琳所引與木部殘卷和大徐本説文異，似引自別本。又如慧琳音義卷八十三釋大唐三藏玄奘法師本傳第十卷千楨之楨：「説文：堅木也。從木貞聲也。」今傳大徐本説文：「剛木也。从木貞聲。上郡有楨林縣。」「堅」與「剛」義近。慧琳所引説文似爲憑記憶所及而引，抑或依據别本而引〔六五〕。再如慧琳音義卷二釋大般若波羅蜜多經第一百二十七卷芬馥之芬：「方言云：芬，和也。」卷八十八釋集沙門不拜俗議第三卷蒂芬之芬：「方言：芬，香也。」檢今傳本方言卷十三「芬，和也。」郭璞注：「芬香和調。」慧琳音義卷八十八所釋「香」可能以郭璞注爲揚雄文〔六六〕。

此外，敦煌寫卷中的 S6691 和 P3429＋3651 爲楞嚴經音義，楞嚴經全稱大佛頂如來密因修證了義諸菩薩萬行首楞嚴經，亦稱首楞嚴經、大佛頂經等，這兩個音義寫卷所釋與慧琳音義卷四十二所釋大佛頂經音義相比，條目較多而注文較簡，亦可用以參校〔六七〕。

有鑒於此，我們點校時以中華大藏經收録的慧琳音義和臺灣大通書局據日本京城大學翻刻麗藏本的影印本作底本，並以海印寺本、獅谷白蓮社本、頻伽精舍本、大正藏本慧琳音義和玄應音義各本及慧琳音義所引一些古籍的今傳本等作參校本。

（三）希麟音義的校勘

中華大藏經影印希麟音義的校勘記稱「此經僅高麗藏收録，故無校」。據我們校勘，希麟音義今存各本刻印中也有一些訛字和脱誤，如卷一釋大乘理趣六波羅蜜多經第一卷尪羸：「上烏光反。考聲云：破也。杜注左傳云：瘠病也。説文云：曲脛也。從大，象漏曲一脚，王聲也。經文從兀作尫，誤也。」破，據文意似當作「跛」。大，據文意似爲「九」之誤。又如卷二釋新大方廣佛花嚴經第一卷繽紛：「上匹賓反，下芳分反。考聲：繽紛，亂也。書云：繽紛，衆多皃。集訓云：繽綫，盛皃。並從糸，賓、分聲也。糸音覓。繽正作繽字。」綫，據文意當作「紛」。

除刻印中的訛誤外，中華書局所編的中華大藏經影印時編者對漫漶不清部分的添墨補筆和所補鉛字也有一些訛誤，亦可據高麗藏所收希麟音義不同的傳本進行校勘。如中華大藏經本：

熊羆：上羽弓反。毛詩云：惟熊惟羆。説文云：獸也，似豕山居，冬蟄。舐足掌。其掌蹯，音煩。下音悲。爾雅云：羆如熊，黄白文。郭璞曰：似熊，長頭高脚，猛獤多力，能拔樹木也。（續卷一大乘理趣六波羅蜜多經第一卷）

按：其掌，海印寺本、大正藏本同，大通書局本和獅谷白蓮社本、頻伽精舍本無。能，海印寺本同，大通書局本、獅谷白蓮社本、頻伽精舍本和大正藏本誤作「熊」。

顰蹙：上符真反。切韻：顰，蹙眉也。或作頻。説文：憂〔六八〕。又嚬笑也。經文作頻。切韻：數也，近也。非此用。下子六反。玉篇：迫也。説文：急也。從戚足聲。（續卷五大威力烏樞瑟摩明王經卷上）

按：「説文：急也。從戚足聲」，海印寺本、大正藏本同，大通書局本和獅谷白蓮社本、頻伽精舍本爲「説文曰：以横木，足聲」。

拘留孫：或云拘留秦，應云迦羅鳩忖馱，此云所應斷已斷也，即賢劫千佛之首也。（續卷六佛母大孔雀明王經卷上）

按：拘，海印寺本同，大通書局本和獅谷白蓮社本、頻伽精舍本、大正藏本作「狗」；秦，海印寺本同，大通書局本、頻伽精舍本、大正藏本作「桊」，獅谷白蓮社作「泰」。

摒開：上恥革反。考聲云：摒亦開也，又裂也。古今正字作摒，從手赤聲。古文作㧌，音同上。下正體門字也。說文：從門幵聲也〔六九〕。二戶爲門，二干爲幵。幵音牽。（續卷六金剛頂瑜伽千手千眼觀自在菩薩念誦儀）

按：「考聲云：摒亦開也，又裂也。古今正字作摒，從手赤聲。古文作㧌〔七〇〕，音同上」，海印寺本和大正藏本同，大通書局本和獅谷白蓮社本、頻伽精舍本無。

飢饉：上古文作飢〔七一〕，又作饑，同。音幾治反。下音覲。爾雅云：穀不熟爲饑。郭注云：五穀不成也。又曰：蔬不熟爲饉。注云：凡草、菜可食者通名爲蔬。春秋穀梁傳云：二穀不升謂之饑，三穀不升謂之饉，五穀不升謂之災也。災，正灾字。（續卷八根本說一切有部毗奈耶藥事第一卷）

按：者，海印寺本和大正藏本同，大通書局本和獅谷白蓮社本、頻伽精舍本作「故」。

誥誓：上古到反。誥，告也。周書云：成王將黜殷，作大誥。孔傳云：陳道以誥天下衆國也。下時制反。說文云：約也〔七二〕。周書：武王伐殷作泰誓。孔傳云：大會以誓衆也。爾雅云：誥、誓，謹也。郭璞注云：皆所以約勒謹戒衆也。（續卷十琳法師別傳卷上）

按：謹，海印寺本、大正藏本和今傳本爾雅郭璞注同，大通書局本和獅谷白蓮社本、頻伽精舍本無。「陳道以誥天下衆國也」，大正藏本爲「陳大道以誥天下衆國也」。

大通書局本：

竅隙：上企曜反。鄭注禮記：竅，孔也。說文：空也。從穴敫聲也。敫音羊灼反。下鄉逆反。廣雅云：隙，裂也。顧野王云：隙，穿穴也。說文：壁孔也。從阜、白〔七三〕上下小也。（續卷六大乘緣生稻𦼮喻經）

按：反，頻伽精舍本同，海印寺本、中華大藏經本和獅谷白蓮社本、大正藏本無〔七四〕。

駁䮾：下蘇合反，梵語也。案字，駁䮾，馬疾行皃也。（續卷七末利支提婆花鬘經）

按：前一「䮾」，大正藏本和頻伽精舍本同，海印寺本、中華大藏經本和獅本作「婆」〔七五〕。

祭祠：上子例反。考聲：享也。玉篇：祀也。爾雅云：禘，大祭也。郭注云：五年一大祭。說文云：從手持肉以示祭矣。又即手，月即肉也。下似茲反。爾雅云：春祭曰祠。郭璞注云：祠之言食也。音餕飤反。（續卷八根本說一切有部毗奈耶藥事第十四卷）

按：反，頻伽精舍本同，海印寺本、中華大藏經本和獅谷白蓮社本、大正藏本無〔七六〕。

庠序：上似羊反。禮記云：有虞氏養國老於上庠，養庶老於下庠。上庠太學，下庠小學。說文：從廣詳省聲〔七七〕。下徐舉反。玉篇云：東序西序之學也。爾雅云：東西牆謂之序。郭注云：所以序別內外。（續卷十琳法師別傳卷上）

按：國，頻伽精舍本同，海印寺本、中華大藏經本和獅谷白蓮社本、大正藏本無〔七八〕。

希麟引用的文獻典籍與今傳本的異同也是校勘希麟音義不可忽視的珍貴資料。如卷一釋大乘理趣六波羅蜜多經第一卷「大朴」之「朴」引說文云：「木素也。」今傳本說文：「朴，木皮也。」又第五卷「游泳」之「游」引鄭注周禮云：「備沉溺也。」今傳本鄭注周禮：「備波洋卒至沈溺也。」又「黑蜂」之「蜂」引爾雅云：「土蜂，木蜂。」郭注云：「今江東呼大蜂。於地中作房者爲馬蜂，啖其子者也。」今傳本爾雅郭注：「今江東呼大蠭，在地中作房者爲土蠭，啖其子即馬蠭，今荆巴間呼爲蟺，音憚。」

因此，與點校慧琳音義相同，我們點校希麟音義時以中華大藏經影印的麗藏本和臺灣大通書局據日本京城大學翻刻麗藏本的影印本作底本，並以海印寺本、獅谷白蓮社本、頻伽精舍本和大正藏本及希麟音義所引一些古籍的今傳本等作參校本。

玄應、慧琳和希麟所撰這三部一切經音義前後相承，所釋詞語的內容也多有相承，可資比勘。尤其值得指出的是，這三部一切經音義詮釋了一千四百多部佛經中的詞語，在某種程度上可以説是當時入藏佛經的縮影，據其所釋某部佛經的詞語可比勘唐宋傳本與今傳本的異同，而由其所釋各部佛經則可略窺其時入藏全部佛經的概貌，且玄應、慧琳和希麟撰音義時離初傳譯時不遠，隋唐前舊籍尚存。其所釋摭拾廣博，包孕宏富，徵引了經史子集數百種古籍，可供整理考證今存古籍時借鑒，在某種程度上也可以説是先秦傳承至唐宋古籍的淵藪，誠爲我國傳統古典文獻中的瑰寶，在文獻學、語言學和傳統文化研究等方面都具有重要的學術價值。有鑒於此，我們在點校的基礎上作了些必要的注釋，將其合刊出版，希望有裨於學術界進一步的深入研究。

徐時儀

二〇〇五年一月初稿，二〇〇八年八月定稿於上海師範大學

〔一〕釋迦牟尼曾在印度東部的摩伽陀地域傳教，阿含經典最初流傳時使用印度方言宣揚其言行。以後隨着教團的擴大被換爲各地的語言，再後來在各地産生了用各地方言口傳或書寫的新經典。保存至今的大小乘梵語寫本中有不少在當初傳播時用的是中期印度語，隨着時代的推移而逐漸梵語化。參 Bailey，H. W. 1946「Gāndhārī」，Bulletin of the School of Oriental and African Studies，11，pt4，p. 764 – 797.

〔二〕參季羨林論梵文 td 的音譯，載中印文化關係史論文集。

〔三〕秦公碑别字新篇，文物出版社 1985 年版 312 頁。

〔四〕參李圭甲高麗大藏經異體字典，高麗大藏經研究所 2000 年版 42 頁。

〔五〕又慧琳釋發覺净心經下卷財購之購：「古候反。説文購，贖也。從貝冓聲。冓亦音古候反也。」（卷十六）檢慧琳所釋此經爲隋闍那崛多譯，原文爲：「樂聞生死流轉者，所謂檢校世間所造作世間財購，於中菩薩不得慕羨。」(12/51a)檢可洪新集藏經音義隨函録卷二釋此經中「財賄」云：「下或作賄，同，音悔，財也。經音義作財購，非也。」據可洪所釋，經中「財購」一詞爲「財賄」之誤，购(購)、賄形近。

〔六〕中阿含經爲東晉僧伽提婆所譯，檢今本原文爲第四十四卷：「白狗遥見佛來，見已便吠。世尊語白狗：汝不應爾。謂汝從呧至吠。白狗聞已，極大瞋恚。」呃，又作呧。説文：「呧，苛也。」段注：「苛者，訶之假借字。」

〔七〕中華大藏經編輯局編中華大藏經所收玄應音義作有校勘，校勘記云：「底本，金藏廣勝寺本。本經共二十五卷，磧、普、南、徑、麗亦收録。此本與麗相近，而與磧、普、南、徑大異。玆以南爲别本附於第二十五卷之後，並校以磧、普、徑。」惜未能校出金藏廣勝寺本與磧砂藏本的大異，而所作校勘也有失校漏校。如金藏本卷三釋明度無極經開士中「梵云扶薩，又作扶薩」，「又作扶薩」的「薩」，磧藏本作「蕯」，中華大藏經未出校記。「蕯」是「薛」的隸變字，考故宫博

物院藏王仁昫刊謬補缺切韻二薛韻：「薛，私結反，古國。正作薛。」薛、薩聲形相近，薩似是薛的分化字。考齊韓永儀造佛龕銘作「薩」，左下之「阝」變爲「𠂤」，與「薛」僅一劃之差。而「薛」字在唐右軍衛沙洲龍勒府果毅都尉上柱國張方墓誌中作「薛」，左下「𠂤」變爲「阝」，又與「薩」字相近。（秦公、劉大新廣碑別字，國際文化出版公司1995年版648頁）「薛」古音心紐月部，從聲韻上亦有可通之處。承虞萬里告知，倭名類聚抄鷹犬具「韝」、「紲」二字下引文選西京賦及薛琮注，二「薛」字皆寫作「薩」。孫詒讓東甌金石志卷三陶山寺佛頂尊勝陀羅尼經幢云：「佛書菩薩字本菩薛之變體，唐已前刻經造象書此字皆作薩，宋以後人書此字始多從『產』，乃誤中之誤。此幢薩字數見，皆不作『薩』，猶不失古意。」（东甌金石志，光緒九年刻本）張涌泉敦煌俗字研究云：「敦煌卷子中菩薩的『薩』多已寫作『薩』，蓋唐代前後『薩』與『薛』已開始分化，而讀作桑割反。」「廣韻（據宋孝宗乾道五年閩刻本）作『薩』爲『薩』的增筆字，金韓道昭的五音集韻（據明成化庚寅重刊本）入聲曷韻：『薩，釋典云菩薩。』乃爲『薩』字之早見者。」（上海教育出版社1996年版518—519頁）因而，就六朝唐代文獻所載，大致可知菩薩之「薩」最初應是「薛」，後俗寫變左下之「𠂤」爲「𠂤」，又變「𠂤」爲「阝」作「薛」，「薛」又可寫作「薩」，後爲區別起見，菩薩之「薩」增筆爲「薩」和「薩」，遂從「薛」中分化出來，成爲兩個不同的字，各有不同的詞義。又如金藏本卷十四釋四分律第三卷華鬘中「律文作鬘」的「鬘」，麗藏本作『𩯭』，中華大藏經亦未出校記。中華大藏經所收慧琳音義校勘記云：「此經又稱大唐衆經音義，慧琳音義，僅高麗藏收錄，故無校。」希麟音義的校勘記亦云：「此經僅高麗藏收錄，故無校。」

〔八〕神尾弌春慧琳一切經音義反切索引，東洋學報第63卷，1981年。

〔九〕載問學集上，中華書局1966年版192頁。

〔一〇〕劉葉秋中國字典史略，中華書局1983年版102頁。錢劍夫中國古代字典詞典概論（商務印書館1986年版202頁）、林玉山中國辭書編纂史略（中州古籍出版社1992年版60頁）、張明華中國字典史話（商務印書館1998年版101頁）所説亦同。

〔一一〕任繼愈主編宗教大辭典，上海辭書出版社1998年版956頁。

〔一二〕陳士强佛典精解，上海古籍出版社1992年版1002—1003頁。陳士强説玄應音義卷五「是由海龍王經等八十四部著作的音義組成的」，檢該卷實際上是八十五部經，陳先生可能據麗藏本卷五目録而未檢正文，因卷五的目録中脱漏了除恐災横經而致誤。陳士强又説：「卷一至卷八前部分：大乘經。始大方廣佛華嚴經，終無畏德女經，凡二百二十六部。」實際上卷一至卷八前部分的大乘經是二百二十七部，陳先生亦可能因麗藏本卷八目録中脱漏了華聚陀羅尼經而致誤。

〔一三〕見山田孝雄彙編本一切經音義卷首。

〔一四〕張弓漢唐佛寺文化史，中國社會科學出版社1997年版719頁。

〔一五〕其中卷十三中修行本起經重出，核慧琳音義卷五十五所轉録，麗藏本似誤將處處經中的「熠熛」分出而另行作爲一部修行本起經，此作一部計；又卷十磧砂藏本卷目中標有緣生論和唯識論，正文中緣生論下釋有「舌㖒」、「箄屍」兩個詞，唯識論下釋有「羺羊」、「利刺」兩個詞，麗藏本卷目中只標緣生論，未標唯識論，正文中在緣生論下釋有「舌㖒」、「箄屍」、「唯識論」、「羺羊」、「利刺」五個詞，其中「唯識論」接排在「箄屍」中。慧琳音義卷五十一所釋緣生論，卷目中標「無」，正文中標慧琳撰，釋有「舌㖒」、「頞浮陀」、「箄屍伽」、「唯識論」、「羺羊」、「利刺」六個詞，其中「唯識論」作爲所釋詞目而未作爲經名。據我們核檢今傳本，陳朝真諦翻譯的大乘唯識論中確有「羺羊」「利刺」二詞，且玄奘弟子窺基撰唯識二十論述記曾指出真諦所譯「羺羊」應爲「羝羊」，並述及剛鐵林刺的來由。因此「羺羊」「利刺」應歸入唯識論，麗藏系連寫在緣生論中可能是書寫時的失誤，故據磧砂藏系總計當爲458部。

〔一六〕周祖謨校讀玄應一切經音義後記，中華書局1966年版198頁。

〔一七〕其中除恐災橫經目録中闕，正文中有，蓋目録漏略。

〔一八〕周先生可能根據山田孝雄所編寫本卷首所載一切經音義刊行的始末一文的介紹，山田孝雄文中説今存的大治本中闕第五卷，但幸運的是在第一貼的目録中載有第五卷的目録，以其目録對照麗藏本所載第五卷目録，二者是一致的。我們覆檢了兩書的目録，除了麗藏本第五卷目録中漏列了除恐災橫經外，二者亦無不同。然山田孝雄的失誤在於以爲大治本第五卷的目録中有超日明三昧經至温室洗浴衆僧經四十一種經，而這四十一種經在宋、元、明諸本中都没有。周先生又進而誤爲闕四十二種經。經我們逐經比勘，磧砂藏本實際上只闕二十一種。

〔一九〕石山寺寫本「瞻察」和「純一」混爲一條，據我們比勘奈良正倉院聖語藏本卷六殘卷所載，應爲兩條。又，其中「蕭笛」條亦見於德藏吐魯番殘卷 Ch/U7447(TⅡY18.1)(西脅常記柏林所藏吐魯番的漢語文書，京都大學學術出版會2002年版63頁)。

〔二〇〕又如山田孝雄彙編本有釋瑜珈師地論第二十九卷中的「欲壓」、「逮得」、「魔罥」，磧砂藏、麗藏本和慧琳音義卷四十八所録皆無。

〔二一〕石山寺寫本和山田孝雄彙編本等寫本與麗藏本也不盡相同，麗藏本各本可能源於同一寫本的幾種傳抄本，可在麗藏本這一系統中再作比勘，分出支系。

〔二二〕文中「告」爲「皆」之誤。

〔二三〕拙著玄應衆經音義研究（中華書局2005年版）論述麗藏本僅引玉篇一條，未提及磧砂藏本中尚引有此條，謹此補正。

〔二四〕此據肖燕玄應音義不同版本引釋名考（首届佛經音義研究國際學術研討會論文集，上海古籍出版社2006年）一文統計。

〔二五〕此據郎晶晶碩士論文字林研究（上海師範大學2007年）一文統計，其中大治本有，麗藏本、磧本無者共四條；大治本無，麗藏本、磧本有者共十六條；磧本有，麗藏本、大治本無者共二十四條；磧本、大治本有，麗本無者共二條；麗本、大治本有，磧本無者共一條。

〔二六〕填，磧作「瑱」。

〔二七〕徒得反，磧爲「之得反」。

〔二八〕參畢慧玉碩士論文日本藏玄應一切經音義寫卷考（上海師範大學2007年），此從略。

〔二九〕據耿銘玄應衆經音義異文研究考察，這七部佛經在慧琳音義中全部標明爲「慧琳」撰音，並且其所作音釋與磧砂藏本玄應音義中的七部音義鮮有相同之處。玄應音義中的七部音義共釋詞十七條，慧琳音義中共二十四條，其中只有八師經中的「煒煒」、羅雲忍辱經的「戲譺」、須摩提長者經的「相敦」等四個詞目相同，而且即使是這四個詞目，其音釋的内容也完全不同。其餘的佛經如大智度論等，慧琳轉録與磧砂藏本的釋文較爲一致，而往往與麗藏本不同。上海師範大學博士論文，2008年。

〔三〇〕愊，麗藏本作「幅」。下同。

〔三一〕詳參韓小荆可洪音義研究，浙江大學博士論文，2007年

〔三二〕參拙著玄應和慧琳一切經音義研究，上海人民出版社2009年版。

〔三三〕可洪在「第六卷」下云「川音以此爲第八卷」、「第十七卷」下云「川音以此爲第十四卷」、「第廿二卷」下云「川音以此爲第廿三卷」、「第廿三卷」下云「川音以此爲第十八卷」，川音今已佚，然據可洪所説可知川音撰者所據玄應音義的卷次與今傳本卷次不同。

〔三四〕如中華大藏經本卷九十七釋廣弘明集第三卷方册：「説文：荷命也。諸侯受於王，象其札一長一短，中有二編。或作篇，古文字也。」檢今傳本説文：「册，符命也。諸侯進受於王也，象其札一長一短，中有二編之形。」「礼」爲「札」的形近誤字，獅又誤作「禮」。又如卷十三釋大寶積經卷第五十五「鞭撻」引尚書曰：「不懃道業則撻之。」檢今傳本尚書舜典：「扑作教刑，扑，榎楚也。」引孔安國傳：「不勤道業則撻

之。」慧琳將孔注誤作經文。再如卷九十二釋續高僧傳第九卷「饔飱」鄭注禮記云：「饔者，割烹煎和之稱也。」檢今傳本周禮 天官冢宰 敘官：「内饔，中士四人。」鄭玄注：「饔，割亨煎和之稱。」慧琳將鄭注周禮誤作禮記。

〔三五〕爾雅云：「西方比肩獸焉，與蛩蛩聶虛爲比，聶虛齧甘草，即有難，蛩蛩聶虛負而走，其名謂之蟨。」周祖謨爾雅校箋：「西方有比肩獸焉，與蛩蛩岠虛比，爲邛邛岠虛齧甘草，即有難，邛邛岠虛負而走，其名謂之蟨。」

〔三六〕如卷五十一目録中有觀所緣論一卷和解捲論一卷，正文中釋觀所緣緣論有「解捲」、「於藤」、「分析」三條。考觀所緣緣論是陳那菩薩造，真諦譯。目録中的觀所緣論當爲觀所緣緣論，正文中闕解捲論的經名，觀所緣緣論下則闕釋文，其下所釋「解捲」、「於藤」、「分析」三條當是釋解捲論的音義。

〔三七〕吴豔麗從「姑」、「姨」看中國古代的宗親關係一文認爲「且」是「祖」的初文，「其義與其字形取像是一致的」，但誤以此爲據。（新國學第六卷，巴蜀書社 2006 年版 374 頁）

〔三八〕宗福邦等故訓匯纂，商務印書館 2003 年版 1290 頁。

〔三九〕中華大藏經影印慧琳音義卷三十五，誤將其中的第九張和第十張的次序顛倒。中華大藏經第 58 册，中華書局 1993 年版 100 頁。

〔四〇〕從省，疑衍。

〔四一〕遺，據文意當作「賫」。今傳本説文：「亾也。從辵賫聲。」

〔四二〕今傳本説文：「無右臂也。從了，乚象形。」

〔四三〕論案文惑塹疑是城字，大通書局本、中華大藏經本和海印寺本皆同，獅谷白蓮社本爲「案論文惑塹疑是城字」。

〔四四〕惠琳，即慧琳。慧，通「惠」。

〔四五〕矢放昭文慧琳音義所收玄應音義的一個側面，均社論叢第 6 卷第 1 期，1979 年。

〔四六〕上田正玄應音義諸本論考，東洋學報第 63 卷，1981 年。

〔四七〕水谷真成慧琳音義雜考認爲從黄淬伯的慧琳一切經音義反切考結論可以看到，玄應音義和慧琳音義二者間成了沒有很大差別的東西。（大谷大學支那學報 1955 年第 1 期）

〔四八〕矢放昭文慧琳音義所收玄應音義的一個側面，均社論叢第 6 卷第 1 期，1979 年。

〔四九〕水谷真成慧琳音義雜考一文載，佛書解説大辭典云慧琳音義轉載玄應音義三三七部，玄應撰，慧琳又添三部：第三十五卷楞伽阿跋多羅寶經和大灌頂經、第四十七卷妙法蓮華經慶波提舍。（大谷大學支那學報 1955 年第 1 期）經我們比勘，慧琳音義收録楞伽阿跋多羅寶經和大灌頂經在第三十一卷，妙法蓮華經慶波提舍應爲妙法蓮華經憂波提舍。又團結出版社 1993 年出版的辭書集成第一册至第二册收入據頻伽精舍校刊本影印的一切經音義，誤認爲「凡開元釋教録入藏的經論全部注釋，前人已紀注的，收入全書。玄應音義，全部收入。未經注釋的，慧琳自注。」張弓漢唐佛寺文化史説：「將玄應、慧苑『兩家音義，合而次之』，一併具名收入，是慧琳一切經音義的特色。據統計，慧琳此書收入玄應音義釋經三百十六部。」（中國社會科學出版社 1997 年版 721 頁）

〔五〇〕拙著玄應衆經音義研究統計慧琳共録玄應所釋佛經三百二十八部，耿銘博士論文玄應衆經音義異文考在拙著基礎上對慧琳在全書卷次、各卷首目録、正文經名和正文音義等標明的撰者，尤其是各卷首目録與正文經名間前後標稱不一致的情況，以及各卷首目録、正文經名、正文音義卷次等位置皆未標明撰者的情況作了詳盡的比勘。其中卷五十四玉耶經正文經名下注釋「宜割入後卷音義」，卷五十五卷首目録作玉邪經，正文經名作玉耶經，且標明「無字音訓」，我們計作同一部經。

〔五一〕拙著玄應衆經音義研究據獅谷白蓮社本説到卷四十六所釋大智度論、卷七十一所釋阿毗達磨順正理論與玄應音義卷九和卷二十五所釋大致相同，慧琳未標明轉録自玄應。實際上是獅谷白蓮社本誤標，謹此補正。

〔五二〕 毗沙門天王經今有二本，一爲唐 不空譯，一爲宋 法天譯。玄應撰音義時，此經似尚無譯本，當爲慧琳據不空譯本所撰。

〔五三〕 陳士强中國佛教百科全書 經典卷認爲此經「是慧琳根據玄應音義重訂的」。上海古籍出版社 2000 年版 370 頁。

〔五四〕 周法高玄應一切經音義經名索引（歷史語言研究所專刊之四十七 玄應一切經音義反切考附册）載慧琳音義收録有玄應音義所釋的三百十八部經，其中注明慧琳音義將玄應音義所釋的太子刷護經收在卷三十八，檢慧琳音義實際上收在卷十七中，且所釋與玄應不同。經我們核對慧琳音義收録的玄應所釋佛經，檢得索引漏列了慧琳音義中收録玄應音義所釋的十部經，這十部佛經爲玄應音義卷五所釋濡首菩薩無上清净分衛經，慧琳音義收在卷十；卷五所釋不空羂索經，慧琳音義收在卷三十九；卷五所釋孔雀王神咒經，慧琳音義收在卷四十三；卷五所釋堅固女經、鹿子經和魔逆經，慧琳音義收在卷四十四；卷八所釋月光童子經，慧琳音義收在卷三十三；卷十所釋十二門論，慧琳音義收在卷四十七；卷二十所釋陀羅尼雜集經，慧琳音義收在卷三十九。玄應音義卷十二收釋的義足經，索引中漏載，慧琳音義收在卷五十五。此外，索引中標明玄應音義卷七所釋的無言童子經在慧琳音義卷十九中爲有目無文，經我們核對，慧琳音義卷十九正文中有釋文。索引中標明玄應音義卷十三所釋的般泥洹經在慧琳音義卷五十二中爲有目無文，經我們核對，在慧琳音義卷五十二的大般涅槃經下找到了此經的釋文，而標明慧琳音義卷五十二所收玄應音義卷十三收釋的大般涅槃經却爲有目無文。

〔五五〕 童瑋編二十二種大藏經通檢，中華書局 1997 年版 329 頁。

〔五六〕 嚴紹璗日本藏漢籍珍本追蹤紀實，上海古籍出版社 2005 年版 82 頁。據山田孝雄彙編本附録一影印正倉院藏唐人寫本一切經音義殘卷，此卷並非起自「目揵」條，而是起自「目揵」前的「逮得」條，且嚴先生所録原文應爲「目揵 莫鹿反下巨焉反或言目伽略子者訛也。」

〔五七〕 黄淬伯慧琳一切經音義反切考，歷史語言研究所專刊之六，1931 年。

〔五八〕 沂、衣皆微韻，僅玄應和慧琳反切用字不同。神尾弌春慧琳一切經音義反切索引，東京 槿風莊 1976 年出版。

〔五九〕 劉葉秋中國字典史略，中華書局 1983 年版 107 頁。

〔六〇〕 李新魁漢語共同語的形成和發展，語文建設 1987 年第 5—6 期。

〔六一〕 董志翹入唐求法巡禮行記詞匯研究，中國社會科學出版社 2000 年版 289 頁。

〔六二〕 姚永銘慧琳音義與切韻研究，語言研究 2000 年第 1 期。

〔六三〕 姚永銘一切經音義與詞語探源，中國語文 2001 年第 1 期。

〔六四〕 姚永銘慧琳一切經音義研究，江蘇古籍出版社 2003 年版。

〔六五〕 參拙文佛經音義所引説文考探（中華文史論叢第 74 輯，2004 年）和一切經音義引説文考（日本 中國語學研究開篇 Vol. 25，2006 年）。

〔六六〕 參拙文玄應衆經音義引方言考，燕京學報新二十期，2006 年。

〔六七〕 參張涌泉敦煌本楞嚴經音義研究，敦煌吐魯番研究第八卷，中華書局 2005 年版。

〔六八〕 今傳本説文：「蠜，涉水蠜蹷。」

〔六九〕 今傳本説文：「開，从門从开。」

〔七〇〕 牓，大正藏本誤作「牌」。

〔七一〕 飥，頻伽精舍本誤作「飲」。

〔七二〕 今傳本説文：「誓，約束也。」

〔七三〕 今傳本説文：「隙，壁際也。从𨸏，从𡭴，𡭴亦聲。」段玉裁注：「从𨸏、𡭴。會意也，𡭴者際見之白。」

〔七四〕 獅谷白蓮社本注云「逆下反脱」。

〔七五〕 獅谷白蓮社本注云「婆異作驕」。

〔七六〕 獅谷白蓮社本注云「飢下反脱」。

〔七七〕 今傳本説文：「庠，從廣羊聲。」

〔七八〕 獅谷白蓮社本注云「本老上有國」。

一切經音義三種校本合刊凡例

一、本書爲三種一切經音義的合刊，三種一切經音義爲：

（一）唐釋玄應衆經音義（簡稱玄應音義）二十五卷。以韓國海印寺所藏高麗藏本（臺灣新文豐出版公司影印本和綫裝書局影印本）爲底本，麗藏本闕訛之處則據磧砂藏本、金藏本等刻本，敦煌吐魯番寫卷，日本奈良正倉院、宫内廳書陵部、東京大學、京都大學、石山寺等所藏寫本以及慧琳音義所轉録部分補正。

（二）唐釋慧琳一切經音義（簡稱慧琳音義）一百卷。以高麗藏本（臺灣大通書局影印本和綫裝書局影印本及中華書局中華大藏經本）爲底本，以獅谷白蓮社本、頻伽精舍本和大正新修大藏經本爲參校本。

（三）遼釋希麟續一切經音義（簡稱希麟音義）十卷。以高麗藏本（臺灣大通書局影印本和綫裝書局影印本及中華書局中華大藏經本）爲底本，以獅谷白蓮社本、頻伽精舍本和大正新修大藏經本爲參校本。

校勘記中各本用簡稱。如麗藏本爲「麗」，磧砂藏本爲「磧」，毗盧藏本爲「毗」，山田孝雄彙集聖語藏本和大治寫本爲「山」，宛委别藏本爲「宛」，海山仙館叢書本爲「海」，石山寺寫本爲「石」，西方寺寫本爲「西」，七寺寫本爲「七」，金剛寺寫本爲「金剛」，趙城廣勝寺金藏本爲「金」，永樂南藏本爲「永南」，慧琳音義所轉録部分爲「慧」，獅谷白蓮社本爲「獅」，頻伽精舍本爲「頻」，大正新修大藏經本爲「大正」，敦煌吐魯番寫本殘卷爲 P3469、P2271、Φ368、ДХ00209、Ch /U8063 等。玄應音義各本與磧本相同的一般以磧該之，校勘記中稱引莊炘、孫星衍、錢坫、蔣禮鴻等各家校説用「莊」、「孫」、「錢」、「蔣」等簡稱，段玉裁注説文爲段注。慧琳音義和希麟音義各本與獅本相同的一般以獅該之。校勘記中引慧苑音義、玄應音義、慧琳音義、希麟音義、可洪音義，簡稱「慧苑」、「玄」、「慧」、「希」、「可洪」。

二、本書力求保持底本内容的原貌，校勘參酌諸本，擇善而從。除删去麗藏本中的千字文和個别記數標號以及卷序前增補經名外，凡據他本校補均在校勘記中説明。校勘記置於每卷卷末。凡底本不誤而他本誤者，一般不出校勘記。别本或所引書有異文者，凡屬不影響文意的虚字或同義字，一般也不出校勘記。原則上只出底本誤者（包括誤、脱、衍、倒四種情況）。各本所記有出入的，酌情出校，存録異文。

（一）若底本有誤，則保留原文，在錯誤文字下用（ ）注出正字，並出校勘記説明所據某本或改正理由。

（二）若底本有脱文，則據他本或上下文義用［ ］補足，並出校勘記説明所補之文的依據。

（三）若底本有衍文，則保留原文，出校勘記注明某字或某字至某字衍，並説明理由。

（四）若底本有倒文，則保留原文，出校勘記注明。

（五）凡屬明顯筆誤和筆畫增減而不涉及辨析字形的俗訛字徑改（如「已」誤作「巳」，「朩」誤作「木」，「乙」誤作「乙」，「匕」誤作「七」，「糸」誤作「系」等），一般不出校勘記。古今字、通假字和形近（如「扌」和「木」、「攴」和「攵」、「舀」和「臽」相混等）、音近的誤字酌情在校勘記中注明本字。避諱字首見時出校，注「下同」，後不再出校勘記（如「元」本作「玄」）。缺筆避諱字徑改不出校。底本闕字或字迹無法辨識者用□表示。

三、書中凡不涉及辨析字形的異體字、俗字，或若逐字照録反增惑亂的異體字、俗字，參簡化字總表、第一批異體字整理表、漢語大字典所附異體字表和高麗大藏經異體字典等，酌情改用通行的繁體字或習見字。如禮、礼，爾、尔、尒、尓（反切中「尓」、「尒」、「尒」改「尔」，不改成「爾」），藏、蔵，召、㕣，莊、庄、荘，聾、聋，往、徃，京、亰，亭、亭，處、䖏、虗，所、㪽，舍、舎，辭、辤、辞，關、関、閞，悉、悉，桑、桒，達、逹，簫、箫、簘，參、叅、条，奇、竒，面、靣，鼓、皷，沿、㳂，博、愽，或、㦦，删、刪，從、従等。如音義不同須辨析者則酌情予以保留。

四、目録中經名、卷名的排列次序與正文不一致者，參照正文酌情作少量調整。「梵語」、「案（按）」後是否點斷隨文意而定。原則上「梵語」一詞語意上凡可與下文連貫者一般不點斷，如「梵語西國名也」不作「梵語。西國名也」。凡可作「稽考」、「考檢」義釋的「案（按）」後一般不點斷。釋文中的夾注用小五號字。原則上凡能連讀而不影響文義的注文，一般不作夾注處理。

五、慧琳音義中的撰著者有作「玄撰」、「應撰」者統改爲「玄應撰」，「琳」、「惠琳」統改爲「慧琳」。凡不是指「詩小雅」的「小雅」統改為「小爾雅」；凡通假記音字酌改爲習見常用字，如「字菀」統改為「字苑」，「桂菀珠叢」統改為「桂苑珠叢」，「楚詞」統改為「楚辭」，「韻銓」統改爲「韻詮」，「竹法護」統改爲「竺法護」，「涅盤」統改為「涅槃」；凡屬明顯筆誤的人名、地名、書名等徑改，如苞咸、顧野正、應邵、蔡雍、斑固、笵寧、湋昭、楊雄、韓康、何承、盛弘、埤蒼、廣稚、同禮、抱璞子、韻筌、孝聲徑改為包咸、顧野王、應劭、蔡邕、班固、范甯、韋昭、揚雄、韓康伯、何承天、盛弘之、埤蒼、廣雅、周禮、抱朴子、韻詮、考聲，一般不出校勘記；凡目録中列有經名而正文中無，或目録和正文中列有經名而正文中無釋文者，原則上保持原貌，不出校注；凡只是記音的梵語記音字一般依照底本接排，不分列；底本分列的，一般保持底本原貌不接排，如慧琳音義卷二十七釋法花音訓序中「摩訶迦栴」和「延」、「摩訶拘絺」和「羅」等；凡因後人寫刻造成現傳本皆誤或原本有誤脱者，如慧琳音義卷七釋大般若波羅蜜多經第五百三十卷躭著：「從身從躭都甘反省聲也」，又如慧琳音義卷九十九釋廣弘明集第二十六卷蝍蛆「許叔重淮南子云」和是瘦「郭璞山海經云」等，一般不出校注；酌情也對一些誤脱出校注説明已見，如卷五十一目録所載觀所緣［緣］論和解捲論與正文不一致，出校注説明正文中闕解捲論的經名，觀所緣緣論下則闕釋文。

六、校勘記用漢字〔一〕、〔二〕、〔三〕……〔九〕、〔一〇〕、〔一一〕依序標注於所校字右下角。校勘記中抄録的所校之文，文長者中間加「……」表示省略。

七、引書一般不標引號，意引而有外誤衍脱者酌情出注。人名和地名泛指者不標。釋文中涉及的民族名稱和佛教泛稱及諸天、地獄等一般不標專名綫。目録中的佛經名、作者名不標書名號、專名綫。

八、本書一般采用新字形，如須辨析者則保留舊字形。

附：一切經音義及所釋佛經中部分常見俗寫異體字(以通行或習見字爲正字，餘爲異體字，依首列通行或習見字筆畫多少爲序)

久、夂　匝、帀　因、囙　初、初
乞、乞　卯、夘　帆、帆　刪、刪
亡、亾　句、勾　年、秊　別、別
凡、凣　叫、叫　并、幷、並、竝　劫、刧、刼
土、圡　召、㕣　收、収、収　即、卽
丏、丐、匄、匃　史、叓　旨、㫖　却、卻
匹、疋　兂、兂　曳、曵　卵、夘
互、㸦　尼、戹　束、朿　吝、丢、丢、吞、恡、悋
互、氐　左、龙　死、歹　吳、吴、呉
井、丼　幼、纫　污、汚、汙　坐、坐
仄、仄　斥、庌　牟、牟　坑、阬
兮、兮　本、夲　缶、缶　妊、姙
內、内　瓜、瓜　老、耂　妒、妬
刈、刈　矢、矢　考、考　妙、玅
尤、尤　艾、艾　耒、耒　姊、姉
户、戶　仗、仗　肉、宍　尪、尩
斗、升　兆、垗　虫、虫、虫　尿、屎
殳、殳　光、炗　那、郍、郍、那　局、局
爻、爻　冰、氷、氷　佛、佛　岐、岐
世、丗、卋　刑、刑　佞、佞　床、牀
乎、乎　吉、吉　低、仾　形、形
功、功　回、囬　况、況　役、伇

戒、戎
技、技
改、改
步、步
沃、渋
沉、沇
沔、汅
没、沒、没
灾、災
私、私、松
罕、罕
羌、羌
足、足
辛、辛
迕、牾、仵
邸、邱、邸
陀、陁
妖、媄、媄、妖
京、京
兔、兎、菟、兔
净、净
函、凾
刹、刹、刹
刺、剌、刺、刺
奈、柰
卑、卑

卧、臥
叔、尗、尗
咎、咎
咏、詠
咒、呪
坻、坘
垂、埀
奇、竒
定、㝎
宜、冝
屈、屈
罔、罒
帖、帖
帙、袠
幸、㚔、幸
底、底
往、徃
怪、恠
羌、羌
或、或
所、所
承、丞、承
抵、扺
拔、扳
於、扵
明、眀

昏、昬、惛、惛
柿、柹、柹
枣、棗、棗、棗
武、武
沿、㳂
泝、泝
泪、淚
狗、狥
玫、玫
盂、盂
竺、竺
糾、糺
罔、冈、冈
肥、肥
臾、臾
肴、肴、餚
舍、舎
苑、菀
苒、苒
若、若
虎、虒、虎、虎
阜、阜
青、青、青
亭、亭
亮、亮
侯、候

便、便
俞、兪
兹、茲
冒、冐、冐
咢、咢
冠、冦
剋、尅
前、歬
勁、劲
厚、厚
哉、㦲
垓、垓
垛、垛
契、契
姦、姧
姻、婣
娜、娜
宦、宦
宫、宫
差、差
度、度
庭、庭
待、侍
很、佷
怨、怨
急、急

怨、惌、㤪
拯、拯
指、指
挑、挑
战、詀
既、既
昵、昵
柳、柳
柵、柵
段、段
毗、毘
派、泒、泒
牴、牴
珍、珎、珎
皆、皆
眄、盯
矜、矜
祇、祇
突、宊
紆、紆
美、美
臾、臾
胥、胥
脉、脈
荆、荊
荔、荔
虻、蝱
負、貟
軌、軓、軏、軏
迴、迴、廻
迹、跡
逃、迯
逆、逆
面、靣
革、革、革、諽
食、食
乘、乗
俾、俾
候、候
倚、倚
倦、勌
值、値
冢、塚
冤、寃
冥、冥、冥、冥
凄、凄
剛、剛、罡、罡
剋、勊
剥、剝
哭、哭
唇、脣、脣
喚、喚
娟、娟
娛、娯
宦、宦
害、害
宴、宴、宴
射、躲
恐、恐
恩、恩
悦、悅
效、効
旂、旂
旅、旅
晉、晋、晋
朔、朔
桑、桒
流、流
浣、浣
浸、浸
涅、涅
涓、涓
渙、渙
狹、狭、陿
留、畱、畱、畄
畝、畆、畒
疹、疹
盍、盇
真、眞
砥、砥、砥
祟、祟
笑、笑
純、純
缺、缺
罝、罝
耕、耕
耗、秏
耻、恥
耽、躭、耽、躭
胸、胷、匈、胷
脅、脅、脅
臭、臰、臰
致、致
芻、芻、芻
莊、荘、庄
莽、莾
蚊、蚉
袒、袒
袖、袖
豺、犲
逢、逢
能、能
陰、陰
陲、陲

陵、陵
陷、陷
高、高
門、鬪、鬭
乾、乾、乹、乹
偷、偷
兜、兠
減、減
厠、廁
參、条
商、商、賔
牽、牵、牵
啟、啓、晵
埤、埤
堋、堋
婚、婚
宿、宿
寂、寂
密、寄
寇、冦、寇
崩、崩
庶、庻、庻
庚、庚
彩、綵
從、従
悉、悉、恚、恙

悴、忰、顇
捭、捭
捷、捷
掠、掠
救、殺
敕、勅、敇、勑
曹、曺、䜊
曼、曼
望、朢
殼、㱿、彀、轂
涵、涵
淫、滛
清、清
滲、滲、滌
爽、爽
犁、犂
猝、猝
產、産
皎、皎
盜、盗
祭、祭
第、苐
粗、麤、麁、麄、麁
細、細
紹、絔
罣、罣

瓶、瓶
腳、脚
脫、脫
船、舩、舡、船
莿、莿
蔄、蔄
菽、菽
處、處、處、處
虛、虛、虚
蚺、蚺
蛆、胆
蛇、虵
袴、袴
規、規
覓、覔
訥、託
象、為
赧、赧
赦、赦
軟、輭
逸、逸
鄉、鄉、鄉
酖、酖
閉、閇、閈
魚、臭
鹵、鹵

鹿、鹿
黃、黄
傘、傘
傲、慠
剩、剩
創、剏
博、博
廚、廚
善、善
喜、喜
喪、喪
單、单
喻、喻
堞、堞
奧、奧
婿、壻、壻、聓
富、冨
寐、寐
尋、尋
脊、脊
循、循
強、強
惠、恵
惡、悪
惰、憧
惱、惱、媱

戢、戢　插、挿、揷　景、景　曾、曽　最、㝡　棘、棘、棘、蕀　款、欵、欵、歀　淵、渊、渆、渕　温、溫　渫、渫　涓、涓　焰、焰、燄　煮、煑　爲、為、爲　犀、犀　琦、琦　番、畨　畫、畵　疏、疎、疏、踈　瘓、瘓　登、登　發、發　睆、睆　禄、祿　窗、窓、窻、窻、牕、牎、窸、窗　等、等

筋、筋　筑、筑　答、荅　策、筞　絲、絲　絳、絳　絶、絕　罥、罥、羂　脾、脾　腕、掔　葉、菜　葬、塟　葱、菍　葺、葺　補、補　詆、詆、呧、呧　貴、貴　貿、貿、貿、貿　趁、趂、趂　跋、跋、跋　軫、軫、軫　辜、辜、辜　逾、踰　遊、遊　遍、徧　達、逹、达

鈍、鈍　鉤、鉤　間、閒　隙、隟　雁、鴈、鴈　雄、雄　雅、疋、疋　須、湏　飲、飲　黑、黒　亂、乱　勢、勢　唾、唾　嗅、齅　圓、圓　寬、寛　廉、廉　微、微　愆、寒、遇、譽、僁　慎、慎　攎、攎　搗、擣、搗　摇、搖　暖、煖　觝、觝　會、會

楝、楝　楫、檝　槎、槎　毁、毀　悏、悏　滌、滌　滿、滿、満　煎、㷡　牒、牃　瑙、瑙　瑳、瑳　瘁、瘁　睹、覩　碎、碎　碑、碑　稗、稗　窣、窣　節、莭　經、経　聘、聠、䏋　腦、腦、脳、㛴　腭、齶　腰、署　腸、膓　蒜、蒜　蓋、盖

蔭、蔭
蒴、茸
號、𧦝、号
裨、裨
解、觧
訾、呰
誇、諦
遞、逓、遰、逓
遠、逺
遥、遙
鉛、鈆
預、預
飾、餝、餙
馱、馱
鼓、皷
煩、煩
鼠、鼡
僕、僕
僚、僚
厭、猒、厭、厭
廝、廝
頓、頓
嘆、歎
嘗、甞
圖、啚、畐
摻、摻

壽、壽
奩、匲
奪、奪
寡、寡、寡、寡
寤、寤
寧、甯、寗、寍
幔、幔、幔
弊、獘
慘、慘
慚、慙
慢、慢
截、戳
榴、榴
槊、槊
滴、滴
漩、淀
漫、漫
漾、漾
爾、尓、尓、尒、尒
瑣、瑣
箋、戔、戔
算、笇、竿
寥、寥
粹、粋
綱、綱、冈、冈、网
綺、綺

綿、緜
罰、罸
翠、翆
臺、臺
蔑、蔑
蔓、蔓、蔓
裹、褁
誡、誡
誣、誣
説、説
熖、焔、焔
貌、皃、皃
賓、賔
輒、輙
辣、辢
瘦、瘦
遯、遯
鄰、隣
醕、醕
隨、随
霆、霆
静、静
颯、颭
網、網
駁、駮
魅、鬽

劍、劒
嘶、誓
增、増
寫、寫
履、履
塵、塵
廟、庿
廢、癈
德、徳
徹、徹
憩、憇、憩
憒、憒
撟、撟
撮、撮
撲、撲、撲
敵、敵、敵
數、數
暴、暴、暴、暴
毅、毅
褫、褫
毹、毹
氈、氉
潛、潜
潦、潦
潤、潤
臛、𦠆

獎、獘
皺、皷、皺
磔、硃
稽、稽、稽
穀、穀、槃
範、範、笵
篋、篋
緝、緝
緤、緤
緣、緣
膝、膝、膝、膝
膠、膠
蕊、蘂、蘂
蝣、蝣
褒、裒、褎
諂、謟
諛、諛
豫、豫
賣、儥、賣、賣、賣
賤、賤
賫、賫
踧、踧
輞、輞
輩、輩
遲、遲、遲
遷、遷
遺、遺
鋒、鋒
銳、銳、銳
閱、閱
險、嶮
餖、餖
髮、髮、髮、髮
鬧、鬧、丙、叓
黎、梨
皺、皷
冀、㔋
勳、勳
器、噐
噱、噱
廩、廩
憊、惫、憊、痡、惼、備、俻、惫
憹、憹、憹
據、據、据
整、整
曆、曆、曆
曉、曉
樸、樸
歷、歷、歷、歷
燒、燒
燕、燕
璞、璞
瘳、瘳
薩、薩
磣、磣
匳、奩
窺、窺
篤、篤
翰、翰
衡、衡、衡
翱、翱
興、興
舉、舉
薛、薛
謊、謊
諫、諫
謎、謎
賴、賴
踴、踊
蹉、蹉
録、錄
閻、閻
隱、隱、隱
雕、彫
頰、頰
頸、頸
頹、頹
餐、餐
館、舘
罵、駡
嚏、嚏、嚏
盧、盧
壑、壑
壓、壓
孺、孺
彌、彌、弥
徽、徽
戲、戲
擊、擊
斂、斂
檀、檀
澀、澁、澀
濕、溼
濡、濡
燥、燥
牆、墻、牆、牆、牆
璩、璩
穗、穗
穎、頴
糞、糞、糞、糞、坌
糠、康
縱、縱
縵、縵
總、揔、揔、総、惣

鎛、鎛
劚、劚
豐、豊
翼、異
聯、聮
聰、聡
藏、蔵
螫、螫
轄、轄
謇、㔍、刅、謭、寋、譾
邃、邃
邈、邈
鍊、鍊
鑿、鑿
隸、隸、隷、隷
歡、歡
雖、雖
闢、闢
騁、騁
髀、髀
鮮、鮮
藪、藪、藪
龜、龜、亀
叢、藂
嚙、齧
擾、擾

斷、斷、斷、断、斷、韶
櫝、櫝
臏、臏
歸、歸
簡、簡
糧、粮
繞、遶
翻、飜
臍、齊
藜、藜、蔾
蟲、虫、虫、虫、蟲
蠅、蠅
覷、覷
諂、諂
謾、謾
廬、廬
豐、豊
軀、軀
鎮、鎮
闔、闔
額、額
顏、顔
髂、骼
嚬、顰
壞、壊
懶、嬾

懷、懐
瀨、瀬
爆、爆
韛、韛
疆、壃
礙、碍、㝵
簫、簫
繩、縄
繫、繋
臘、臘
蘇、蘓
譜、譜
贊、賛
辭、辞、辤
醯、醯
鍚、鍚
關、開、関、関
鵑、鵑
纇、纇
顛、顛、顛
騙、騗
麗、麗
寶、寶
巉、巉
懺、懴
競、競、竸

糲、糲
繼、継
繽、繽
糯、穤
釋、釋
飄、飃
籌、筹
饋、饋
麵、麪
囂、囂、嚚
爛、爛
纏、纏、纏
蠢、惷、惷
覽、覧
鄭、鄭
鐵、鐡
霸、覇、覇
顧、顧
驅、駈
羈、覊
髓、髄
鬘、鬘
鶴、鶴
鷄、鶏
氍、氍
灒、灒

疊、曡
竊、竊
聽、聴
聾、聙
鑒、鍳
鑛、鉗
體、軆、躰

龕、龕
癰、瘫
纔、纔
纖、纎
籢、籢
鑪、鑪
鱔、鱓

癲、瘨
蠶、蚕
蠹、蠧
讖、讖
靈、霊、霛
鹽、塩、塩、塩

鑰、闟
饞、饞
讚、讃
纜、纜
豔、艶、艶、豓
鬱、欝、欝、欝

玄

應

音

義

目録

大唐衆經音義序

終南太〔一〕一山釋氏

自法王命駕，導〔二〕之者九乘；弘傳聲教，統之者三藏。然則指月之喻，無爽於恒規；因言之義，有契於常則。所以實相窅冥，開宗於文字；權道綜御，崇尚於方言。且夫一音各解，惟聖之筌蹄；隨緣别悟，在凡之準的。西梵天語，遂（邃）〔三〕古莫虧；東華人言，沿時遷貿。至如説文在漢，字止九千；韻集出唐，言增三萬。代代繁廣，符六文而挺生；時時間發，寄八體而陳迹。求其本據，諒在前模〔四〕；覈其離廣，誠歸物議。夫以佛教東翻六百餘載，舉其網紐三千餘軸。隨部出音，聞之往説；殷鑒群録，未曰大觀。然則「必也正名」，孔君之貽誥；隨俗言悟〔五〕，釋父之流慈。非相無以引心，非聲無以通解。有大慈恩寺玄〔六〕應法師，博聞强記，鏡林苑之宏標；窮討本支，通古今之互體。故能讎挍（校）〔七〕源流，勘閲時代；删雅古之野素，削澆薄之浮雜；悟通俗而顯教，舉集略而騰美。真可謂文字之鴻圖，言音之龜鏡者也。貞觀末曆〔八〕，敕召參傳，宗經正緯，咨爲實録。因譯尋閲，捃拾藏經，爲之音義，注釋訓解，援引群籍，證據卓明，焕然可領，結成三帙。自前代所出經論諸音，依字直反；曾無追顧，致失教義，寔迷匡俗。今所作者全異恒倫，隨字删定，隨音徵引，并顯唐梵方言，翻度雅鄭，推十代之紕紊，定一期（朝）〔九〕之風法。文非詞費，務在綱正，恐好異者，輒復略之。斯〔一〇〕則得於要約，失於義本，救弊開信，終掩玄化，故重陳委想無昧焉。序之云爾。

校勘記

〔一〕太　磧作「大」。
〔二〕導　磧作「遵」。
〔三〕遂　磧作「邃」。
〔四〕模　毗同，磧作「後」。
〔五〕悟　金磧作「晤」。
〔六〕玄　海宛作「元」，下同。
〔七〕挍　磧作「校」。
〔八〕貞觀末曆　磧爲「以貞觀末曆」。
〔九〕期　海宛作「朝」。
〔一〇〕斯　磧毗作「期」。

一切經音義　卷第一　大乘單本[一]

翻經沙門玄應撰

大方廣佛華嚴經
大方等大集經
大集日藏分經
大集月藏分經
大威德陀羅尼經
法炬陀羅尼經

大方廣佛華嚴經[二]　第一卷

摩竭提　或云摩竭陀，亦言默偈陀，又作摩伽陀，皆梵音訛轉也。正言摩揭陀，此譯云善勝國，或云無惱害國。一説云摩伽星名，此言不惡，主十二月也。陀者，處也，名爲不惡處國，亦名星處國也。揭音渠謁反。

華鬘　梵言[三]俱蘇摩，此譯云華；摩羅，此譯云鬘，音蠻。案西國結鬘師多用蘇摩那華行列結之，以爲條貫，無問男女貴賤，皆此莊嚴，或首或身，以爲飾好，則諸經中有「華鬘市」、「天鬘」、「寶鬘」等同其事也。字體[四]從髟音所銜反㬂聲。㬂音彌然反。經文作鬘，非體也。

踰摩　字書[五]作逾，同。庾俱反。字林：踰，越也。廣雅：踰，度也。言摩尼者訛也。正言末尼，謂珠之總名[六]也[七]。

罣礙　字略作罫，同。胡卦反。網礙也。下古文硋，同。五代反。説文：礙，止也。又作閡。郭璞以爲古文礙字。説文：閡，外閉也。經文作㝵，音都勒反。案衛宏詔定古文官書㝵、得二字同體。説文：㝵，取也。尚書「高宗夢㝵説」是也。㝵非此義[八]。

盧舍那　或云嚧柘[九]那，亦言盧折羅，此譯云照，謂遍照也。以報佛浄色遍周法界故也。又日月燈光遍周一[切]〔一〇〕處，亦名盧舍那，其義是也。

迴復　又作洄澓二形，同。胡瓌、扶福反。三蒼：洄，水轉也。澓，深也[一一]。

瞽瞽　公户反。三蒼：無目謂之瞽。釋名云：瞽目者，眠眠然目平合如鼓皮也。

切刹　又作擦，同。音察。梵言差多羅，此譯云土田。經中或言國，或云土者，同其義也。或作刹土者，存二音也。即刹帝利名字(守)[一二]田主者亦是也。案刹，書無此字，即剎字略也。剎音初一反。浮圖名刹者訛也。應言刺瑟胝。刺音力割反。此譯云竿，人以柱代之，名爲刹柱，以安佛骨，義同土田，故名刹也。以彼西國塔竿頭安舍利故也[一三]。

沮壞　才與反。三蒼：沮，漸也。壞，敗也〔一四〕。經文作俎，側呂反。貯醢器也。一曰置肉几也。俎非此用。

大方廣佛華嚴經　第二卷

安跱　字詁〔一五〕：古文峙。今作跱，同。直耳反。廣雅：峙，止也。謂亭亭然獨止立也〔一六〕。

大方廣佛華嚴經　第三卷

欄楯　又作闌，同。力寒反。下食允反。說文：闌，檻也。通俗文：闌檻謂之楯。王逸注楚辭云：縱曰檻，橫曰楯。楯間子曰櫺。案闌楯，殿上臨邊之飾也，亦所以防人墜墮也。今言鉤闌是也。

群萌　古文氓，同。麥耕反。萌，芽也。廣雅：萌，始也。案萌，冥昧皃也，言衆庶無知也。漢書「氓氓群黎」是也。

彌綸　力旬反。周布也。易云：彌綸天地之道。注云：彌，廣也。綸，經理也。

大方廣佛華嚴經　第四卷

焕明　字書亦奂字，同。呼換反。焕亦明也，謂光明炳焕也〔一七〕。

旗幡　極基反。釋名云：熊虎爲旗者，軍將所建者，象其猛如虎，與衆期其下也。

諧雅　胡皆反。諧，和也，謂閑雅雍容音聲和也。雅，素也，亦從容妖麗也。

寮觀　力堯反。寮，窗也。蒼頡篇：寮，小空〔一八〕也。說文：寮，穿也〔一九〕。經文有從手作撩，或從木作橑，二形並非今用也。

大方廣佛華嚴經　第五卷

衆祐　于救反。祐，助也，謂衆德相助成也。舊經多言衆祐者，福祐也。今多言世尊者，爲世所尊也。此蓋隨義立名耳。

仇對　渠牛反。仇，怨也，匹也。三蒼云：怨偶曰仇。廣雅：仇，惡也。

憤毒　扶粉反。說文：憤，懣也。方言：憤，盈也。謂憤怒氣盈滿也，亦情感也。懣音亡本反，煩也。

驚駭　胡駭反。蒼頡篇：駭亦驚也。廣雅：駭，起〔二〇〕也。

名遏　古文閼，同。安曷反。蒼頡篇：遏，遮也。詩傳曰：遏，止也，亦絶也。

翳目　韻集作瞖，同。於計反。瞖，目病也。說文：目病生翳也〔二一〕。並作翳，韻集作瞖，近字也。經文有作曀，陰而風曰曀，曀非此義。

孤煢　古文惸、傑二形，同。渠營反。無父曰孤，無子曰獨，無兄弟曰煢。煢，單也。煢煢，無所依也。字從卂從營省聲。卂音雖閏反〔二二〕。

大方廣佛華嚴經　第六卷

毗嵐　力含反。或作毗藍婆風，或作鞞嵐婆，或云吠藍婆，或作隨藍，或言旋藍，皆是梵言之楚夏耳。此譯云迅猛風也〔二三〕。

聾聵　古文顡[二四]、聵二形，今作顡[二五]，又作聵，同。牛快反。國語：聵不可使聽。賈逵曰：生聾曰聵。一云聾無識曰聵。經文從肉作膭，胡對反。肥也。膭非經義。

噬諸　時制反。三蒼解詁云：噬，齧[二六]也。字林：噬，啗也。啗音徒敢反。

滌穢　徒的反。說文：滌，洒也。亦除也，謂盪滌洒除去垢穢也。[滌亦除也[二七]。]

盥掌　公緩反。說文：盥，澡手也。春秋傳曰：奉迤（匜）[二八]沃盥。案凡澡洒物皆曰盥，字體從手臼水臨皿上也。臼音居六反。經文有更從水作瀊，非也。迤音餘支反。似杓柄中有道，所以注水也。

發趾　音止。字林：趾，足也。釋名云：足一進一止。因以名焉。

園圃　補五反，江東音，[二九]布二音。蒼頡解詁云：種樹曰園，種菜曰圃也。詩云：無踰我園。傳曰：有樹也。又云：折柳樊圃。傳曰：菜圃也。皆其義矣。

衰耄　字體作𤸇，同。所龜反。說文：𤸇，減也，亦損也。禮記：年五十始𤸇。𤸇，懈[三〇]也。今皆作衰。下古文薹[三一]、耄二形，今作耗，同。莫報反。禮記：八十曰耄。鄭玄曰：耄，惛忘也，亦亂也。

甲冑　古文軸，同。除救反。廣雅：冑，兜鍪也。中國行此音；亦言鞮鍪，江南行此音。鞮音低。鍪，莫侯反。

大方廣佛華嚴經　第七卷

八梵　八種梵音者。案十住斷結經云：一不男音，二不女音，三不強音，四不耎音，五不清音，六不濁音，七不雄音，八不雌音[三二]。

博綜　子送反。綜，習也。三蒼：綜，理經也。謂機綱（縷）[三三]紀領絲者也。

大方廣佛華嚴經　第八卷

僅半　古文勤、廑二形，同。渠鎮反。僅，劣也。僅猶纔也。

錠光　大徑反。又音殿。三蒼：無柄曰錠，有柄曰鐙。一云：無跗曰錠，有跗曰鐙。亦[三四]即然燈佛也。諸經中作提洹竭佛，梵言[三五]也。

大方廣佛華嚴經　第九卷

渾濁　後昆、後袞二反。渾，亂也。說文：渾，水流聲。一曰洿。洿音一胡反。

顧眄　眠見反。說文：邪視也。蒼頡篇：旁視也。方言：自關而西秦晉之間謂視爲眄也。

大方廣佛華嚴經　第十二卷

惠施　胡桂反。周禮：施其惠。鄭玄曰：賙衣食曰惠。孟子曰「分人以財謂之惠」是也。說文：惠，仁也。詩傳云：惠，愛也。

貧寠　瞿庾反。蒼頡篇：無財曰貧，無財[三六]備禮曰寠。詩云：終寠且貧[三七]。傳曰「寠，無禮[三八]」是也。字書：寠，空也。貧，陋也[三九]。

福伽羅　經論中或作富伽羅，或作富特伽耶，舊譯云人，應云[四〇]補特伽羅。此云數取趣也。

恃怙　古文怖，同。時止反。下胡古反。恃，賴也。爾雅：怙，恃也。韓詩：無父何怙。怙，賴也。無母何恃。恃，負也。

妖豔　又作妖，同。於驕反。三蒼：妖，妍也。謂少壯妍好之皃也。下又作豔，同。余贍反。説文：好而長曰豔美也。方言：秦晉之間謂美色爲豔。豔，美也。字從豐音匹弓反盍聲。

大方廣佛華嚴經　第十三卷

摩㝹[四一]　奴侯反。正言摩奴末耶[四二]，此云意生身，言諸天等從意化生也。

不殉[四三]　旬俊反。尚書：殉于貨色。注云：殉，求[四四]也，亦營也。

大方廣佛華嚴經　第十四卷

六親　漢書：以奉六親。應劭曰：六親者，父、母、兄、弟、妻、子也。蒼頡篇：親，愛也。釋名云：親，襯也，言相隱襯也。

侮慢　古文侮(母)[四五]，同[四六]。亡甫反。廣雅：侮，輕也。説文：侮，傷也[四七]。謂輕傷玩[四八]弄也。

遞相　古文逓，同[四九]。徒禮反。爾雅：遞，迭也。郭璞曰：遞[五〇]，更易也。迭音徒結反。

珍饌　又作籑，同。仕眷反。説文：備具[五一]飲食也。論語：先生饌。馬融曰：饌，飲食也。

老邁　莫芥反。説文：遠行也。廣雅：邁，歸往也。詩云：「日月其[五二]邁」是也。

大方廣佛華嚴經　第十六卷[五三]

沃焦　烏木反。迦延云：沃焦者，無限生死。案郭璞注江賦云：大壑，在東海外。沃焦，海所瀉源水注處也。

大方廣佛華嚴經　第十八卷

相扣　哭後反。論語：以杖扣其脛。注云：扣，擊也。三蒼作敂。

六瘤　力周反。通俗文：肉肤曰瘤。三蒼：瘤，小腫也。尾即無瘤。經文作流注之流，非也。肤音徒結反。

或遺　余季反。廣雅：遺，與也。爾雅：貽，遺也。謂相饋遺也。遺猶贈也。經文從貝作贖，近字也。

冠冕　眉辯反。世本云：黄帝作冕。周禮：弁師掌王之五冕。鄭注云：冕，延上覆也。謂大夫以上冠也。

噍牙　譙笑反。蒼頡篇：噍，咀嚼也。説文：噍，嚼也。

大方廣佛華嚴經　第二十卷

七仞　如振反。説文：仞謂申臂一尋也。故論語：夫子之牆數仞。包咸曰：七尺曰仞。今皆作刃，非也。

大方廣佛華嚴經　第二十一卷

禪頭　是戰反。梵言禪豆，或言禪兜[五四]，或言繕都，此譯云衆生也。

大方廣佛華嚴經　第二十六卷

櫳檻　力東反，下胡黤反。三蒼：櫳，所以盛禽獸檻闌〔五五〕也。廣雅：櫳，牢也。謂養禽獸之所也。説文：櫳，檻也。檻，圈也。圈音渠遠反〔五六〕。

捫摸　莫奔、莫本二反。捫亦摸也。詩云：莫捫朕舌。傳曰：捫，無持也。謂執持也。經中有作「摩捉日月」是也〔五七〕。

僉皆　且廉反。僉，咸也。小爾雅：僉，同也。方言：自關而東五國之都謂皆爲僉。

循身　古文作㣦，同。似遵反。三蒼：㣦，遍也。爾雅：率，循也。注云：又爲循行也。循亦巡也。巡，歷也。循，自也〔五八〕。

大方廣佛華嚴經　第二十七卷

蠱毒　公户反。説文：蠱，腹中蟲也。謂行蠱毒也。經文從虫作蛄，音古胡反。螻蛄，蟪蛄也。蛄非此義。

溉灌　歌賚反。説文：溉，灌注也。

泥潦　郎〔五九〕道反。説文：雨水也。謂聚雨水爲洿〔六〇〕潦也。

大方廣佛華嚴經　第二十八卷

密迹　梵言散那，此譯云密主。密是名，以知佛三密功德故也。主者夜叉主也。案梵本都無迹義，當以示迹爲神，故譯經者義立名耳。

耎中　而兖反。梵言没栗度，此云耎。通俗文〔六一〕：物柔曰耎。三蒼：耎，柔弱也。

大方廣佛華嚴經　第二十九卷

胞胎　補交反。説文：胞，兒生裹也。爾雅：胎，始養也。

軻梨　口佐反。應云軻地羅，此譯云軻者，空也；地羅者，破也。名空破山也。

大方廣佛華嚴經　第三十三卷

由乾　巨焉反。大論作揵陀羅山，此譯云由揵者，雙；陀羅者，持。名雙持山也。

眩惑　古文姰、迿二形，同。侯遍反。字林：眩，亂也。漢書：黎軒條支國善眩。案眩亦幻也。軒音居言反〔六二〕。

大方廣佛華嚴經　第三十四卷

齗齶　牛斤反。説文：齒肉也。齶又作腭、咢二形，同。五各反。齒内上下肉也〔六三〕。

伊尼延　或云啞尼延，皆訛也。正言黳尼延，此鹿王名也。啞音烏賢反。黳，烏奚反。

大方廣佛華嚴經　第三十七卷

兩闢　脾亦反〔六四〕。説文：闢，開也。經文有作僻，匹亦反〔六五〕，避也。又作辟，卑亦反。辟，法也，理也。辟非此義。

大方廣佛華嚴經　第四十卷

藉草　茨夜反。案藉猶薦也。釋名云：所以自薦藉也〔六六〕。

或級　羈立反。禮記：級，次也。左傳：加勞賜一級。又云：斬首二十三級。案師旋，斬首一人賜爵一級，因名賊首爲級也。

大方廣佛華嚴經　第四十三卷

罪釁　義鎮反。釁，罪也。亦瑕隙也，過也。字體從乍〔六七〕分聲釁省，血祭也，象祭竈也〔六八〕。

大方廣佛華嚴經　第四十四卷

澍法　之喻、止(上)〔六九〕句二反。時雨也，謂潤生百穀者也。説文「上古時雨所以澍生万物者〔七〇〕」是也。

拜署　時去反。署，位也。謂署置之虔敬也。國語：夫位，政之建也；署，位之表也。謂表識也。署所以朝夕虔君〔七一〕命也。字從罒〔七二〕者聲。

大方廣佛華嚴經　第四十五卷

達嚫〔七三〕　叉〔七四〕覲反。案尊〔七五〕婆須蜜論亦作檀嚫，此云財施。解言報施之法名曰達嚫，導引福地亦名達嚫，復次割意所愛，成彼施度，於〔七六〕今所益，義是檀嚫。又西域記云：正言達嚫拏，或云馱器尼，以用右手受他所〔七七〕施，爲其生福，故從之立名也〔七八〕。

大方廣佛華嚴經　第四十八卷

池沼　之遶反。説文：沼，池也。梵言賀邏馱，總言池水也。

大方廣佛華嚴經　第五十一卷

船舶　音白。埤蒼：舶，大船也。通俗文：吴船曰艑，晋船曰舶。大者長二十丈，載六七百人者是也。艑音蒲殄反〔七九〕。

門閫　又作梱，同。苦本反。三蒼：梱，門限也。禮記「外言不〔八〇〕入於閫」是也。

西阿　於何反。韓詩云：曲京曰阿。阿謂山曲隈處也。

周羅　此譯云小寶也。吉由羅應云枳由邏寶，此云瓔珞〔八一〕。彌呵羅應云彌珂〔八二〕羅，此云金帶。

舟楫　又作檝，同。子獵反。易云：黄帝刳木爲檝。通俗文：擢謂之檝〔八三〕。釋名云：楫，捷也。撥水使舟捷疾也。

宣叙　古文愃，同。雪緣反。宣，通也〔八四〕。爾雅：宣，徧也。説文：叙，次第也。

大方廣佛華嚴經　第五十三卷

讌集　又作宴、燕二形，同。於薦反。小會也。國語：親戚宴饗。賈逵曰：不脱履升堂曰宴。經文有從酉〔八五〕作醼、嚥二形，並非也〔八六〕。

大方廣佛華嚴經　第五十四卷〔八七〕

班下　案古書或作頒，同。補姦反。頒，遍也〔八八〕。爾雅：班，遍賦與也〔八九〕。

巖崿　又作礹，同。牛衫反。説文：巖，峰也。亦峻險也。下又作㗁，同。五各反。通俗文：重甗曰㗁。甗音言，甑也。山如重甑曰㗁〔九〇〕。

大方廣佛華嚴經　第五十五卷

囹圄　力丁反，下魚呂反。獄名也。周禮：三王始有獄。廣雅：夏曰夏臺，殷曰羑里，周曰囹圄。皆獄之别名也。羑音弋久反〔九一〕。

榜笞　蒲衡反。下又作抬，同〔九二〕。丑之反。字書：榜，棰也。説文：笞，擊也。

流彌尼〔九三〕　亦名嵐毗尼，園名也。諸經或作藍，此云解脱處，亦云斷，亦云滅，正言藍弇尼，此云監。即上古守園婢名也，因以名園。飯那，此云林也。弇音扶晚反。

瞿夷　或言憍曇彌，正言喬荅彌，此云明女。十二遊經云「明女」〔九四〕。

大方廣佛華嚴經　第五十六卷

殞滅　爲愍反。聲類云：殞，没也。滅，盡也。消絶也。

繒纊　自陵反。下今作絖，同。音曠。説文：繒，帛也。纊，綿也。絮之細者曰纊。

淵渟　狄經反。廣雅：渟，止也。埤蒼：水止曰渟。字書：水滯也〔九五〕。

大方廣佛華嚴經　第五十八卷

亘生　歌鄧反。詩云：亘之秬秠〔九六〕。傳曰：亘，遍也。經文有作絙，音桓，緩也。又作緪，公曾反，大索也。並非經意〔九七〕。秠音披鄙反〔九八〕。

爴裂　宜作攫。九縛〔九九〕、居碧二反。説文：攫，爪持也。攫，扟也。蒼頡篇：攫，持也。淮南子云「獸窮則攫」是也。

摩伽羅魚　亦云摩竭魚，正言麼迦羅魚，此云鯨魚，謂魚之王也。風土記云：海中有鯨魚，長數千里，穴處海底，出則潮下，入則潮上，入出有時，故有上下。

無軛　又作枙，同。於革反。犁枙也，亦車軛也。壓牛領者也。

大方等大集經〔一〇〇〕　第一卷

降注　之喻反。説文：注，灌也，瀉也。經文從雨作霔，非也。

厭人　於冉反。鬼名也。梵言烏蘇慢，此譯言厭。字苑云：厭，眠内不祥也。蒼頡篇云：伏合人心曰厭。字從厂，厂音呼旱反。猒聲。山東音於葉反〔一〇一〕。

大方等大集經　第四卷

迦陵頻伽　經中或作歌羅頻伽，或云加蘭伽，或言羯羅頻迦，或言毗伽，皆梵音訛轉也。迦陵者，好。毗伽者，聲。名好聲鳥也。

命命　梵言耆婆耆〔一〇二〕婆〔一〇三〕鳥，此言命命鳥是也。

良祐　力張反。良，善也，亦〔一〇四〕賢也。下［古文閎、佑二形，同〔一〇五〕。］胡救反〔一〇六〕。［周易：自天祐之〔一〇七〕。］字林：祐，助也〔一〇八〕。

多伽羅香　此云根香。

多摩羅跋香　此云藿葉香。

育坻花〔一〇九〕　坻音直尸反。此譯云相應花也。

大方等大集經　第六卷

七卓　知角反。卓，越也。釋名言擧脚有所卓越也。［又宜作逴。他弔、敕校二反。逴，跳也。郭璞曰：逴謂懸擲也〔一一〇〕。］

庭燎　力燒反〔一一一〕。鄭玄注周禮云：樹〔一一二〕於門外曰大〔一一三〕燭，於［門〔一一四〕］内曰庭燎〔一一五〕。經文作錠、鐐二形，又作烇，並非也。

摩夷　正言摩怛理迦，此云本母。理爲教本，故以名焉。

大方等大集經　第八卷

不肖　先妙反。小爾雅云：不肖，不似也。謂不似其先，故曰不肖，謂儜惡之類。字〔一一六〕從肉小聲。

煒爗〔一一七〕　于匪反〔一一八〕，下爲獵反。説文：煒，盛明皃也。方言：曄，盛也。經文作瑋曄，非體也。

耐磨　奴代反。謂堪能任耐也。耐〔一一九〕，能也。蒼頡篇：耐，忍也。

大方等大集經　第九卷

穿押　古狎反。爾雅：押，輔也。謂押束也。經文作甲，非也。

援助　于眷反。謂依援護助之言也。

大方等大集經　第十一卷〔一二〇〕

窯師　餘招反。説文：燒瓦竈也。通俗文：陶竈曰窯也。

村屯　徒昆反。字書：屯亦村也。廣雅：屯，聚也。聚〔一二一〕音才句反〔一二二〕。

摩納　或云摩納婆，或云摩那婆，或云那羅摩那，皆是梵音〔一二三〕訛轉耳。此譯云年少浄行，亦云人也。

大方等大集經　第十二卷

揵〔一二四〕椎　直追反。經中或作揵遲。案梵本臂吒揵稚〔一二五〕。臂吒，此云打。揵稚，所打之木，或檀或桐。此無正翻，以彼無鐘磬故也，但椎、稚相濫，所以爲誤已久〔一二六〕。

羅差　或言洛沙，訛也。應云勒叉。此譯云紫色也。

憍奢耶　此譯云蟲衣，謂用野蠶絲綿作衣也。應云俱舍，此云

趍走　又作趨，同。且瑜反〔一二七〕。釋名：疾行曰趍，疾趍曰走。

圊廁　七情反〔一二八〕。廣雅：圊、圂、屏〔一二九〕，廁也。皆廁之別名也。

瓌異　又作傀、瓌二形，同。古迴反。傀，美也。廣雅：傀偉奇〔一三〇〕玩也。

禦之　古文敔，同。魚舉反。禦，當也，亦止也〔一三一〕。爾雅：禦，禁也。［謂未有而預防之也〔一三二〕。］

婆咩　彌尔反。

嘍濘　洛口反，下奴定反。

婆坘〔一三三〕　丁禮反。

囉緹　他禮反。

婆踟〔一三四〕　直知反。

大方等大集經　第十五卷

劫波〔一三五〕育　或言劫貝者，訛也。正言迦波羅。高昌名氎，可以爲布。罽賓已南大者成樹，已北形小，狀如土葵，有殼，剖以出如柳絮，可紉以爲布也。紉，女珍反〔一三六〕。

僂躄〔一三七〕　力矩反。僂，曲也。下方尺反〔一三八〕。躄，不能行也。字從止。

跛蹇　又作尦，同。補我反。下居免反。字林：跛蹇，行不正也。

窊面　一瓜反。廣雅：窊，下也。經文作洿，一胡反。洿，池也。

櫨欂　來都反，下蒲麥反。［說文：欂櫨，柱上枅也〔一三九〕。］三蒼：柱上方木也。山東江南皆曰枅，自陝以西曰楮。枅音古奚反。

怡懌　古文斁，同。翼之反。下以石反〔一四〇〕。爾雅：怡、懌，樂也。［注曰：怡，心之樂也。懌，意解之樂也〔一四一〕。］經文作津液之液，非也。

監領　古文擥，同。公衫反。方言：監，察也。亦覽也。經文作鑒，非體也。

輨轄　古緩反。下又作韋〔一四二〕、鎋二形，同。胡瞎反〔一四三〕。方言：［輨軑鍊鐿也〔一四四〕。］關之東西曰輨，亦曰轄，謂軸〔一四五〕頭鐵也。鎋〔一四六〕，鍵也。經文從竹作管，非體也。

鞦紖　又作絁、緣二形，同。直忍反。謂牛鼻繩也。［廣雅：紖，索也。經文從革作靷，餘振反。說文：靷，軸也。非此義也。］〔一四七〕

大方等大集經　第十六卷

旒幢　字書作統，同。呂周反。謂旌旗之垂者也。天子〔一四八〕十二旒，諸侯九旒是。

焦悸　［子遥反。焦，燒也。下］〔一四九〕古文痵，同。其季反。字林：心動也。說文：氣不定也。

蚩笑　充之反〔一五〇〕。蒼頡篇：蚩〔一五一〕，輕侮也。經文從口作嗤，非體也。

大方等大集經　第十七卷

郁鳩　於六反。

鳩〔一五二〕攤　力知反。

蔚者　於費反。

矖〔一五三〕婆　力計反。

大方等大集經　第二十卷

唏隸　呼几反。

嘍梨　力口反。經文作𥳑〔一五四〕，非也。

斫啾　子由反〔一五五〕。

膝伽　私七反。經文作諫，非也。

提蘘　而羊反。

薩陀　徒加反〔一五六〕。經文作詑，非也。

茂䁥　吐奚反。經文作啺，非也。

遁走　今作遯、遂二形，同。徒頓反。遁，逃也。廣雅：遁，避也。

大方等大集經　第二十一卷

刀戟　居逆反。字林：〔戟〕〔一五七〕有枝兵器也，長六尺。〔釋名：戟，格也。言有枝格也〔一五八〕。〕

确盡　苦角反。孟子曰：确，瘠〔一五九〕薄地也。今亦取此。

确瘦〔一六〇〕　苦角反。通俗文：物堅硬〔一六一〕謂之确。今取其義。

奎星　口雋反〔一六二〕。

婁星　力侯反。

昴星　亡飽反。

觜星　子系反〔一六三〕〔一六四〕。

大方等大集經　第二十二卷

嘻隸　虚基反。

究俯　竹流反。

婆鉦　昌氏反。

陀䁥　吐奚反。

淫婆　以針反。經文作㴛，非也。

至肣　胡耽反。經文作脸，非也。

仳他　父美反〔一六五〕。

薜荔　浦細反〔一六六〕，下力計反。正言閉麗多，此譯云祖父〔鬼〕〔一六七〕，或言餓鬼。是餓鬼中最劣者也〔一六八〕。

尼鞀　徒刀反。

簸廁　於六反。

陀喝　或作讁、喃二形，同。女咸反〔一六九〕。

䀹〔一七〇〕那　丑上反。經文從口作嗔，非也。

兵革　古核反。軍旅之事曰兵革，謂兵器雜有皮革也。〔國語：定三革。賈逵曰：甲胄者，三也。禮記：革車，兵車也。五刃曰兵也〔一七一〕。〕

大方等大集經　第二十三卷

啅啅　陟角反。

兜仇　都侯反，下渠牛反。

囉䋭　丑賜反〔一七二〕。

鞞呼　匹尤反。

噢喃　於六反。

伽恨　力尚反。

低囉　丁奚反。經文作䡾，非也。

埏[一七三]埴　尸延反，下時力反。埏，擊也，和也。埴，土也。

大方等大集經　第二十六卷

手探　他含反。說文：手遠取曰探也。[又音他闇反。探，試也[一七四]。]

伶俜　歷丁反，下匹丁反。三蒼：伶俜猶聯翩也。[亦][一七五]孤獨皃也。

大方等大集經　第二十八卷

䏶䐪　翼之反[一七六]，下而羊反。

咦[一七七]呿　於六反，下兒庶反[一七八]。經文從豆作䝕，非也。

膃摩　一兀反。

蹶比　巨月反。

大方等大集經　第二十九卷

迦睇　他第反，一音徒計反。依字，傾視曰睇。

霖雨　力金反。雨自三日已上爲霖。[爾雅：久雨謂之淫，淫謂之霖[一七九]。]

係心　古文繫、継二形，同。古詣反[一八〇]。係，綴也。繫，束也。

大集日藏分經[一八一]　第一卷

僧伽藍　舊譯云村，[此應訛也[一八二]，]正言僧伽羅磨，此云衆園也。

生挑　他堯反。聲類：挑，抉也。謂以手抉取物也。抉音烏決反[一八三]。

俱蘭吒花[一八四]　或云拘蘭荼花，此譯云紅色花也。

大集日藏分經　第二卷

逋沙　布吾反。又作補婁[一八五]沙，或言富留沙，皆訛也。正言富盧沙[一八六]，此言士夫，或言丈夫。經中或作甫，訛也。

仳必　匹視反。

羅麼　莫可反。

羅[一八七]謎[一八八]　莫閉反。

復頞　都我反。

駁跛　蘇合反。

娑郵[一八九]　于鳩反。

哩隸　因賢反。

摩[一九〇]爹　徒可反。

鉢郎[一九一]　力可反。

囉移　是奚反。

三姹　亡古反。

咥喊　丑一反，下呼戒反。

惡踦　居綺反。

窣朱　桑没反。

迃嘍　一禹反，下勒口反。

伊儸　刀(力)[一九二]歌反。

系呲　下第反。

大集日藏分經　第三卷

唵句　烏感反。

晐提　充支反。

那梯　他隸反〔一九三〕。

頻婆人　案佛本行經云：頻婆羅，此數當十兆也。

大集日藏分經　第四卷

培鞞　蒲口、蒲來二反。

阿紉　女珍反。［又女鎮反〔一九四〕。］

坒經　扶必反，下徒結反。

姦宄　居美反。［國語：竊寶爲宄，因宄之財爲姦也〔一九五〕。］廣雅：宄，盜也。左傳：在内曰姦，在外曰宄。［又云：亂在内曰宄〔一九六〕。］

大集日藏分經　第五卷

顐頷　作髏，同。力侯反。埤蒼：頭骨也。下胡感反。方言：頷，頤，頜（頷）〔一九七〕也。

腥臊　又作胜，同。先丁反。下又作鱢，同。桑勞反。通俗文：魚臭曰腥，猳臭曰臊。猳音加〔一九八〕。

大集日藏分經　第六卷

羸瘠　古文膌，同。才亦反。説文：膌，瘦。瘠亦薄也。

蠅蛆（胆）〔一九九〕　千餘反〔二〇〇〕。［通俗文：肉中蟲曰蛆〔二〇一〕。］三蒼：蠅乳肉中曰蛆。經文從虫作蛆，子餘反。蝍蛆，蜈蚣也。又作疽，久〔二〇二〕癰也。二形並非經義。

得臛　呼各反。王逸注楚辭云：有菜曰羹，無［菜］〔二〇三〕曰臛。

葅齏〔二〇四〕　又作韲，同。子奚反〔二〇五〕。醬屬也。［通俗文：奄韭曰韲〔二〇六〕。］醢醬所和，細切曰齏，全物爲葅。今中國皆言齏，江南悉言葅。

脊檁　相傳力甚反。正言棟，居屋中也。亦言梁。［或言極］〔二〇七〕。

牚柱　敕庚、耻孟二反。今謂邪柱爲牚也。經文作棖，非體也。

任娠　書鄰反。懷胎爲娠。漢書孟康曰：娠音身。今多以娠作身，兩通也。［詩云「大任有娠」是也〔二〇八〕。］

凍暍　又作瘍、煬〔二〇九〕二形，同。於歇反。謂傷熱煩悶欲死也。

石撩　力彫反。撩，擲也。説文作撩〔二一〇〕，相擊也。

大集日藏分經　第七卷

删那〔二一一〕　所姦反。龍王名也。依字，聲類：删，定也。［三蒼：删，除也〔二一二〕。］

庰中　［屏、帡二形〔二一三〕，］蒲定、［俾井二］〔二一四〕反。廣雅〔二一五〕：圊、圂、庰，厠也。［説文：屏，蔽也〔二一六〕。］

乳哺　蒲路反〔二一七〕。［淮南子：含哺而興。許叔重曰：口中嚼食也〔二一八〕。］字林：哺，咀食也。謂口中嚼食也。

不憚　徒旦反。詩云：豈敢憚行。注云：憚，難也，亦畏也〔二一九〕。

大集日藏分經　第八卷

人黶　烏簟反。黑子也。説文：中黑也。

翌〔二一〇〕軫　夷職反，下之忍反。北方宿名也。翌亦作翼。［楚地宿也，謂此二宿在楚之分〔二一一〕。］

些〔二一二〕吉　蘇計、桑餓二反。此火天也。姓些吉利多耶〔二一三〕尼。

拓地　古文㡯、袥〔二一四〕二形，今作拼，同。他各反。

剛毅　魚既反。説文：毅，有決也。孔安國注尚書云：煞敵爲果，致果爲毅。

親昵　又作暱，同。女栗反。爾雅：昵，親近也。又云：昵，亟也。親昵亦數也。

炒粳　古文鬻、焣、聚、𤆀四形。今作䰙。崔寔四民月令作炒，古文奇字作𤊲〔二一五〕，同。初狡反。方言：熬、聚〔二一六〕，火乾也。［𤆀音皮逼反〔二一七〕。］

慎儆　古文憼、儆二形，今作警，同。居影反。警，戒慎也。廣雅：警，不安也。

嘲戲　又作啁，同〔二一八〕。竹包反。蒼頡篇云：啁，調也。［謂〔二一九〕相調戲也。］

大集日藏分經　第九卷

蜎飛　於全反。字林：蟲皃也。動也。或作翾，呼全反。飛皃也。

桁械　胡郎反，下胡戒反。通俗文云：拘罪［人〔二二〇〕］曰桁械。謂穿木加足曰械，大械曰桁。

他㑳　音是，又時移反〔二二一〕。依字，爾雅：㑳、怙，恃也。［注云：今江南呼母爲㑳〔二二二〕。］

勖勖　苦骨反。廣雅：勖，勤也。埤蒼：力作也。

喫噉　口迹反。謂喫食也。

大集日藏分經　第十卷

燂身　聲類作燂、㷋二形。字詁：古文㷋、㸐〔二三三〕二形，今作𤎩，同。詳廉反。通俗文：以湯去毛曰𤎩。經文作爓。案説文等音皆余瞻反，又羊占反。火爓爓〔二三四〕也。爓非經義〔二三五〕。

嗽於　又作欶，同。山角反。欶〔二三六〕，吮也。經文從口作嗽，俗字也。［吮，子兖、石准二反〔二三七〕。］

刀砧　又作椹、㪨二形，同。猪金反。鈇砧也。

烙口　力各反。謂燒物著人曰烙。經文作爍，式酌反。［消爍也〔二三八〕。］

大集月藏分經〔二三九〕　第一卷

囉〔二四〇〕吟　烏禮反。字又作訡。依字義，廣雅：訡，譍聲也。

棖觸　説文作樘〔二四一〕。柱也。隱音（音隱）〔二四二〕紂庚反。字統作棖，丈庚反。棖，觸也。嫽敨［嗀］觸〔二四三〕亦作嗀，音丈衡反。

大集月藏分經　第二卷

齊鼓　今清樂中有此鼓，鼓面安齊，故云齊鼓也。

籢鼓　力占反。謂以瓦爲鼜，革爲兩面，用杖擊之者也。經文作篋，[非也[二四四]。]

矛矟　又作鉾、戟二形，同。莫侯反。說文：矛長二[二四五]丈，建於兵車。下千亂反[二四六]。廣雅：矟謂之鋋。鋋，矛[二四七]也。今江湘已[二四八]南傒人工用矟。鋋音蟬，傒音口奚反。經文作鑹，非體也。

朋侫　千餘反[二四九]。謂朋妬也。下奴定反。諂媚也。字從女從仁。論語：惡夫侫者。此即從女之義。左傳云：寡人不侫，不能事父兄。此即從仁之義也。

登祚　徂故反。祚，位也，[又國語：天地之所祚。賈逵曰：祚[二五〇]，]祿也，亦福也，祥也。

狡猾　古卯反，下胡刮反。方言：凡小兒多詐或謂之狡猾。猾亦亂也。三蒼：猾，黠惡也。

佛仍　又作訒、礽二形，同。而陵反[二五一]。廣雅云：仍，重也。爾雅：仍[二五二]，因也，乃也。

大集月藏分經　第三卷

塵曀　古文壇，同。於計反。小爾雅云：幽，曀，闇，昧，冥也。爾雅：陰而風曰曀[二五三]。釋名云：曀亦翳也。使[二五四]日不明净也。

怨讎　視周反。三蒼：怨偶曰讎。讎，對也。爾雅：讎，匹也。

螽鼠　宜作鼨[二五五]，籀文作鼤，同。之弓反。爾雅：鼨，鼠[二五六]。說文即豹文鼠也。經文作螽，音終，蟲名也[二五七]。

訓狐　關西呼訓侯，山東謂之[二五八]訓狐，即鵂鶹也。一名鵂鶹。經文作勳[二五九]胡，非體也。

土梟　古彫反。惡鳴鳥也。說文：不孝鳥也。經文作兔梟，或作禿梟，非也。

蔚茂　於謂反。蒼頡篇云：[蔚][二六〇]，草木盛皃也。廣雅：蔚亦茂也，翳也[二六一]。

期剋　渠基反。下又作尅，同[二六二]。口勒反。言必當也。經文作忌，非也。

大集月藏分經　第四卷

蕃息　父袁反。蕃[二六三]，滋也[二六四]。謂滋多也。釋名：息，塞也。言物滋[二六五]息塞滿也。今中國謂蕃息爲嬔息，音匹万反[二六六]。周成難字作嬔，息也[二六七]。同時一嬔[二六八]亦作此字。[說文：生子齊均也。或作㛓[二六九]。]

大集月藏分經　第五卷

羅婗　普詣反。

系捍[二七〇]　胡計反，下公旦反。

海島　古文隝，同。都道、都皎二反。說文：海中有山可依止曰島。釋名：島，到也。人所奔到也。亦言鳥[也][二七一]，人物所趣如鳥之下也。

迦利　或名歌利王。論中或作迦藍浮王，正言羯利王，此云鬪諍王也。

大集月藏分經　第六卷

佉伽婆沙[二七二]　又作渴伽，皆訛也。正言朅伽，此譯云犀牛。

毗沙拏，此云角〔二七三〕。揭音去謁反〔二七四〕。

線呵〔二七五〕 又作臬，同。息里反。天童〔二七六〕女名也。依字，又作臬，籀文作槷，謂牡〔二七七〕麻有子者也。

陂濼 筆皮反，下匹莫反〔二七八〕。大池也。山東名濼，幽州名淀，淀音殿，今亦通名也。經文從水作泊，借音，非體也。

大集月藏分經 第七卷

純浄 時均反。謂專一不雜也。方言：純，好也，大也。經文作醇。説文：不澆酒也。又作淳濃之淳，其義一也。

尸任 又作詫、諸二形，同。敕嫁反。乾闥婆名也。

黄鼬 翼周、翼救二反。此龍名〔二七九〕也。

菌瞿 莫光反。

傍伽 霍弘〔二八〇〕反。

黚婆利〔二八一〕 九嚴反。

臬阿〔二八二〕 息里反。

黟乾 一兮反。

讁罰 都革反。通俗文：罰罪曰讁。字林：讁，罪過也，責也。説文：罪之小者曰罰。罰亦折伏也。

大集月藏分經 第八卷

婆涑 桑侯、桑穀二反。依字，濯生練曰涑，去舊垢曰浣。一云以手曰涑，以足曰浣也〔二八三〕。

雷鼓 力迴反。周禮：雷鼓鼓神祀〔二八四〕。鄭玄曰：雷鼓，八面者也。

大集月藏分經 第九卷

謁鞞 是鹽反，下蒲迷反。國名也。

鄯善 時戰反。漢書本名樓蘭，因傅介子斬其王，復更名〔二八五〕鄯善，[因爲國號〔二八六〕。]在烏（焉）〔二八七〕耆國南。胡國〔二八八〕，陽關外也。

黟羅 烏（焉）〔二八九〕奚反。阿修羅王〔二九〇〕名也。

大集月藏分經 第十卷

遮嗟那〔二九一〕 敕轄反。國名也。依字，韻集云咀嗟，語不正也。

日虹 胡公反。江東俗〔二九二〕音絳。爾雅音義云：雙出鮮盛者爲雄，雄曰虹。暗者爲雌，雌曰蜺〔二九三〕。蜺或作霓。霓音五奚反〔二九四〕。

圮坼 父美反〔二九五〕，下耻格反。爾雅：圮，毁也。坼，裂也。爾雅：圮，覆也〔二九六〕。廣雅：坼，分也〔二九七〕。

大威德陀羅尼經〔二九八〕 第一卷

諜眼 又作躡，同。火〔二九九〕涉反。通俗文：一目眨曰諜〔三〇〇〕。謂眇目視日〔三〇一〕也〔三〇二〕。眨音莊狹反。

睗眼 式亦反。説文：目疾視也。

眇眼 亡紹反。説文：一目小也。釋名云：目匡陷急曰眇。眇，小也。

矘眼 他莽反。字林：目無精直視也。亦失志皃也。

瞎眼　一决反。説文：目深皃[三〇三]也。

睽眼　苦携反。廣蒼：目少精也。説文：目不相聽[三〇四]也。

睒眼　式冉、弋冉二反。説文：暫視也。

睉眼　子戈、似戈二反。字林：小目[三〇五]也。

睍睴　下殄反，下胡本、公困二反。説文：睍，目出皃也。睴，大出目也[三〇六]。謂人目大而突出曰睴。

眣眼　徒結反。字書：目出也。又作凸。字苑：凸，疑也[三〇七]。經文作垤，蟻堆也。垤[三〇八]非經義。

眅多　匹姦、匹諫、普板三反。説文：眼多白也。春秋傳曰「郑游眅字子明」是也[三〇九]。

繚戾　力鳥反，下力計反。不正也，謂相[三一〇]糺繚也。經文作膫，力彫[三一一]反。脂膫也。膫非此義。

疑剌　且漬反。方言：凡草木刺人，關西謂之剌，燕、朝鮮、洌水[三一二]之間謂之茦(莿)[三一三]。

懸癰　又作癕，同。於凶反。喉中肉也。釋名云：癕，擁也。謂氣至擁塞也。經文作饔，非也。

大威德陀羅尼經　第二卷

羶臭　説文羴，或作羶，同。失然反。羊臭也。

惇直　蒼頡解詁云[三一四]古文敦，同。都屯反。説文：惇，厚也。方言：惇，信也。謂誠皃也[三一五]，亦樸也，大也[三一六]。

大威德陀羅尼經　第三卷

洲潬　徒亶反。爾雅：潬，沙出也[三一七]。謂水内沙堆也。經文作埏，音延。埏，道也。埏非字體。

那唏　呼几、呼冀二反[三一八]。

婆莆　方禹反。

訢婆　虚斤反。

大威德陀羅尼經　第四卷

百攢　倉亂、粗鸞二反。攢，擲也。經文作炊爨字，非也[三一九]。

恐嚇　呼嫁反。詩云：及(反)予來嚇。箋云[三二〇]：[口]距人曰嚇。亦言恐赫[三二一]，或言恐喝[三二二]，皆一義也。

大威德陀羅尼經　第五卷

册地　楚責反。

黟荼[三二三]　一奚反。

虱鱗　所乙反，下竹[三二四]皆反。

大威德陀羅尼經　第六卷

多霤車[三二五]　力救反。星宿異[三二六]名也[三二七]。

大威德陀羅尼經　第七卷

勃嘍　力口反。

毱豆留　渠掬反。經文作毬，非體也。

嘔多　烏後反。

阿履那　此云山[三二八]羊，正言曷利拏，總言麞鹿等名也。
麼迦吒　莫可反。此云獼猴。
跋詫　敕嫁反。
羅斃　蒲計反。
利鈇　方于反。莝刃也，亦云横斧也。蒼頡篇：鈇，莝鈇也。謂横斧也，莝刃也[三二九]。説文：鈇，莝斫也。謂莝刃也[三三〇]。公羊傳云「不忍加之鈇質」是也。
嚘嘍　於求反。
囉吒　竹嫁反。
娑[三三一]俞　以朱反。
匕嘶[三三二]　卑以反，下斯奚反。

大威德陀羅尼經　第八卷

指麾　字詁今作撝，同。呼皮反[三三三]。手指曰麾，謂旌旗指麾衆也，因以名焉。周禮：建大麾於田。夏后氏所建[三三四]。
黝羅　於糺、一子二反。從頻婆羅至黝羅破，此數名也，「亦不定也」[三三五]。

大威德陀羅尼經　第十一卷

狗齩　又作鱙，同。五狡反，中國音也。又下狡反，江[三三六]南音也。説文：齩，齧也。經文作骹，苦交反。胜[三三七]膝骨也。骹非此用。
毛㲪　布莽反。謂毛布也。字林：罽之方文者曰㲪。通俗文：織毛曰罽，斜[三三八]文曰㲪。經文作毲，非也。

那娜　乃可反。
歧蹬　音登。
娑[三三九]喃　女咸反。
蜱犁　父梨反[三四〇]。
謩羅　莫孤反。

大威德陀羅尼經　第十二卷

閹人　於儉反。説文：閹豎，宫中閹昏閉門者也。周禮：閹人[三四一]。鄭玄曰：閹，精氣閉藏者。今謂之宦[三四二]人也。主閉門户，故曰閹。
覢電　又作睒，同。式冉反。説文：暫見也。亦不定也[三四三]。經文作閃，窺頭也。

大威德陀羅尼經　第十三卷

胆户　且餘反。通俗文：肉中蟲謂之胆。經文作蛆、疽二形，並[三四四]非體[三四五]也。
羅毦　人志反。廣雅：㲥毦，罽也。織毛曰罽也。㲥音唐。

大威德陀羅尼經　第十四卷

婆啉　力南反。依字，啉，䑛也，譧也。
呞食　又作飼、齝二形，同。敕之、式之二反。爾雅：牛曰齝。謂食已復吐出也。

大威德陀羅尼經　第十五卷

趁逐　丑刃反。謂相追趁也。關西以逐物爲趁也。

謇吃　居展反。下又作欯[三四六]，同[三四七]。居乞反。通俗文：言不通利謂之謇吃。易云：謇，難也。聲類云：吃[三四八]，重言也。

大威德陀羅尼經　第十六卷

評論　皮柄反。字書：評，訂也。訂，平議也。訂音唐頂反。

鐵觜　今[三四九]作㖢(咮)[三五〇]，又作觜，同。子累反。廣雅：觜，口也[三五一]。方言：觜，鳥喙也。經文作嶲[三五二]，非也。嶲音[三五三]似耎反[三五四]。

鵂侯　許牛反。鵂鶹也，亦名訓侯，一名鉤鵅[三五五]，晝伏夜鳴[三五六]者，亦[三五七]名怪鳥[三五八]。

從窠　又作菿、薖[三五九]二形，[三六〇]同。苦和反。廣雅：橧、窠，巢也[三六一]。小爾雅云：雞雉所乳謂[三六二]之窠。在樹曰巢，在穴曰窠[三六三]也。橧音[三六四]則恒反[三六五]。

大威德陀羅尼經　第十七卷

爲捍　又作扞，同。胡旦反。說文：扞，止也。亦蔽也，衛也。經文作翰，高飛也，長也。翰非此用。

垂胡　又作頶、咽[三六六]二形，同。户孤反。說文：牛頷垂下也。釋名：胡在咽下垂者也[三六七]。經文作䩐[三六八]，非體也。

大威德陀羅尼經　第十九卷

斤斵　居勤反。說文：斤，斫也。斤，钁也。下古文斲[三六九]，同。竹角反。說文：斵[三七〇]，斫也。經文作釿，魚斤反。釿，剬也。釿非經義[三七一]。

鞴囊　埤蒼作鞴，東觀漢記作排，王弼注書作橐，同。皮拜反。所以冶家用炊火令熾者也[三七二]。

而蹶　巨月、居月二反。說文：蹶，僵也。廣雅：僵，仆[三七三]也。

法炬陀羅尼經[三七四]　第一卷

甝婆[三七五]　乎甘反。

致妳　奴解反。

笳吹　或作葭，同。古遐反。今樂中有笳[三七六]，卷笳[三七七]葉吹之，因以名也[三七八]。

法炬陀羅尼經　第二卷

阿蘭拏　女加反。或云阿蘭若，或言阿練若，皆梵言輕重耳。此云空寂，亦云閑寂。閑亦無諍也。蘭音借爲[三七九]力姦反。經中有[三八〇]從口作嚂[三八一]，義[三八二]非也[三八三]。

善馭　今作御，同。魚據反。駕馭也，謂指麾使馬也。凡言馭者所以驅[三八四]之也。內之於善也[三八五]。

鑪鍋　字體作鬲，又作融，同。古和反。方言：秦地土釜也。

翱翔　五高反。迴飛也。飛而不動曰翔。釋名云：翱，敖也。言敖遊也。翔，佯也。言彷徉也[三八六]。

埻的　之允、之閏二反。通俗文：射堋曰埻，埻中木曰的。說文：射臬也，射侯也。以熊虎之皮飾其側方制之以爲埻。臬音牛列反，槷也[三八七]。

無垛　徒果反。射堋也。經文作埵，丁果反。埵，累也。埵非此義。堋音朋。

僮隸　力計反。周禮：男子入于罪隸。鄭玄[三八八]曰[三八九]：隸，奴也。隸，賤也，役也，僕隸也。字從米𣪠聲。𣪠字從又從祟。𣪠音之芮反[三九〇]。

挾持　胡頰反。爾雅：挾，藏也。方言：挾，護也。

法炬陀羅尼經　第三卷

寥廓　或作廖，同。力彫反。埤蒼：寂廖無人也。廣雅：廖，深也。經文作遼遠之遼，非體也。

停憩　又作愒，蒼頡篇作㤀，同。墟例反。爾雅：憩，息也。舍人曰：憩，卧之息也[三九一]。

磧中　且歷反。廣雅：磧，瀨也。水淺見石者也[三九二]。說文：水渚有石曰磧也。

暴曬　蒲卜反，下所懈反。說文[三九三]：暴，晞乾也。字從日從出從廾米字意也。廾又作拜[三九四]，同。巨凶反。兩手持也[三九五]。

趣足　千屢反。趣猶繞也。說文：趣，疾也。經文作趍，千臾反。疾走也[三九六]。

法炬陀羅尼經　第四卷

羂縶　又作𦊓[三九七]，同。猪立反。詩云：縶之[三九八]。傳曰：縶，絆也。亦拘縶[三九九]也。

坑穽　古文阱、汬二形，同。才性反。說文：大[四〇〇]陷也。蒼頡篇：穽謂掘地爲坑，張禽獸者也。

呵叱　蚩逸反。叱亦呵也。方言：呵，怒也。陳謂之呵。亦叱咄也[四〇一]。

法炬陀羅尼經　第五卷

阿梨耶[四〇二]　此譯云出苦者，亦言聖者。

船擢　又作棹，同。馳挍[四〇三]反。釋名：在旁撥水曰擢。方言：楫[四〇四]或謂之擢，所以擢船也[四〇五]。

帆挽[四〇六]　又作颿、颫二形，同。扶嚴、扶泛二反。三蒼：颿，船上張布帊也[四〇七]。釋名云：船隨風張幔曰帆。謂施船頭風吹以進也。帊音普嫁反[四〇八]。

餱糧　胡鉤反。說文：餱，乾食也。詩云：乾餱以愆。傳曰：餱，食也[四〇九]。經文從米作糇，非也[四一〇]。

爲棍　古本反。棍，轉也。謂[四一一]箜篌上轉繩也。

法炬陀羅尼經　第六卷

蜱羅尸　補迷反。或作閉尸，此譯云肉團也。

猖狂　齒楊反。謂變易情性[四一二]也。亦狂駭也。莊子[四一三]「猖狂妄行」是也。

掩(掩)[四一四]襲　古文戩、褶二形，同。辭立反。左傳：凡師輕曰襲。注云：掩其不備也。又云：夜戰曰襲。

法炬陀羅尼經　第九卷

舉措　且故反。蒼頡篇：措，置也。又安也，亦施也。

嘶聲　又作誓、㽄[四一五]，同。先奚反。埤蒼：聲散也。亦悲聲也。

法炬陀羅尼經　第十卷

菅針　賈顏反。爾雅：茅屬也。白華[四一六]。一名野菅也。

貪㷍　字書或作啉，今亦作婪，同。力南反。㷍亦貪也。楚辭：衆皆競進而貪㷍。王逸曰：愛財曰貪，愛食曰㷍。

桎梏　之逸反，下古木反。在手曰桎，在足曰梏。蒼頡篇：著曰桎，參著曰梏[四一七]。

苛暴　賀多、胡可二反。説文：苛，尤劇也。亦煩擾也，尅急也。禮記「苛政猛於虎」是也[四一八]。

法炬陀羅尼經　第十四卷

偉壯　埤蒼作瑋，同。于鬼反。説文：偉，奇也。

穳棓　千亂反。韻集：穳，鋋也。今江湘以南溪人工用穳。鋋音蟬[四一九]。下又作棒，同。蒲項反。説文：棓[四二〇]，棁也。謂大杖也。棁音[四二一]他活反[四二二]。

法炬陀羅尼經　第十七卷

儕類　士皆反。字林：儕，等也。儕猶輩類也。左傳「晉鄭同儕」是也[四二三]。[經文作濟者，非也[四二四]。]

鵂鶹　許牛反，下力周反。字書：鵂鶹，鉤鵒也。廣雅：鵂鶹，鳩鵋也。亦怪鳥也。關西亦名訓侯，山東亦名訓狐。纂文云：夜則拾人爪也。

甫此　方父反。釋名云：甫，始也。又甫者，男子美稱。知子莫若於父，父言子有用即爲美稱，故字從父從用，父亦聲也[四二五]。

田疇　直流反。國語：田疇荒蕪。賈逵曰：一井爲疇，九夫爲一井也。左傳：取我田疇。注云：並畔爲疇[四二六]。蒼頡篇：田種禾稼也。疇，耕地也[四二七]。

法炬陀羅尼經　第十八卷

芟剗　所巖反，下千卧反。芟[四二八]，刈草也。芟，除也。剗猶斫也。[刈，魚吠反[四二九]。]

法炬陀羅尼經　第二十卷

黿虬　魚袁反，下渠周反。黿，大鼈也。廣雅：有角曰虬龍。熊氏瑞應圖曰：虬龍黑身無鱗甲。淮南云[四三〇]「女媧之時服應龍驂青虬」是也。[驂音蒼南反[四三一]。]

坻彌　三蒼音低。下[四三二]諸律中皆作迷。謂大身魚也。其類有四種，此則第四種，最小者也。互相吞食也。

祁寒　渠夷、巿尸二[四三三]反。尚書：冬祁寒，小民亦惟怨咨。孔安國曰：祁，大也。冬大寒，民猶怨也。

多嘔　又作歐，同。於口反。歐亦吐也。釋名云：嘔，傴也。將有所吐，脊曲傴也。

一切經音義　卷第一[四三四]

乙巳歲高麗國大藏都監奉敕雕造

校勘記

〔一〕大乘單本　磧永南爲「大乘經單本」，海宛無。

〔二〕大方廣佛華嚴經　慧轉録於第二十卷。山金剛本此下有「舊本五十八卷」。

〔三〕梵文爲 kusumamālā，音譯爲「倶苏摩摩羅」。

〔四〕字體　任大椿小學鈎沈、顧震福小學鈎沈續編和龍璋小學蒐佚輯爲佚書，然未見歷代書志著錄有此書。沈兼士等編一切經音義引用書索引亦未列爲引用書。據我們考察，玄應和慧琳等所撰佛經音義主要用以指字的形體結構，其是否爲佚書尚有待作進一步的考證。

〔五〕字書　謝啟民小學考：「陳鱣敘録曰：隋書經籍志列字書之目凡三。一曰古今字書十卷，二曰字書三卷，三曰字書十卷。不言何人字書，亦不知何時字書也。嘗考顏氏家訓引字書云『荅即旄丘之旄也』，知六朝間人固常用，今一無所存，惟見於群籍所引，而陸氏經典釋文、李氏文選注、釋氏一切經音義引之尤多。」字書今已不存，典籍所引不出於一書，「字書」一詞有時也可能是泛指釋字詞的書。

〔六〕謂珠之總名　磧爲「謂珠之總名者」。

〔七〕此條後磧有：「新譯音義云：末謂末羅。此云垢也。尼，此云離也，言此寶光静不爲垢穢所染也。」

〔八〕孫曰：「說文亡罜字，當只作絓。罜見玉篇。」錢曰：「玉篇有硋字，云『止石也』，故謂礙之古文。說文：『㝵，古文得字。』」今傳本說文：「得，行有所㝵也。从彳㝵聲。」「㝵，取也。从見寸。」

〔九〕柘　磧作「祏」。

〔一〇〕切　麗無，據磧補。

〔一一〕錢曰：「澓字說文所無。」此條後金有「亦迴水也，深也」。

〔一二〕字　磧作「守」。

〔一三〕據玄應所說，梵言差多羅（kṣetra）譯爲「土田」，刺瑟胝（lakṣatā）譯爲「竿」，「刹」爲後出新造字。刹柱爲塔頂的相輪。據翻譯名義集寺塔壇幢云：「佛造迦葉佛塔，上施盤蓋，長表輪相，經衆多云相輪，以人仰望而瞻相也。」相輪是佛塔的主要部分，而印度古代的佛塔本是安放佛舍利的覆鉢形的土墳冢，於是「刺瑟胝」就與「土田」相關，從而由塔頂之「刹」進而指整個的塔，由寺院中的幡柱進而指整個寺廟，亦即玄應所說，由於「塔以安佛骨」與「土田」相關而訛名浮圖爲刹，故梵言差多羅（kṣetra）與刺瑟胝（lakṣatā）在漢語中共爲「刹」這一個詞。辛嶋静志妙法蓮華經詞典認爲「刹」是 chattra（旛）的音譯。

〔一四〕壞，敗也　磧爲「敗壞也」。

〔一五〕字詁　古今字詁的簡稱，張揖撰。唐書藝文志作古今字訓。

〔一六〕孫曰：「說文無跱有峙，故以跱爲今字。」

〔一七〕孫曰：「說文無焕字，作奐是也。」

〔一八〕空　海作「突」。

〔一九〕莊曰：「說文無寮字，凡寮字應從穴，俗作寮。」

〔二〇〕起　磧爲「猶起」。

〔二一〕說文：「目病生翳也。」蔣曰：「目上當補眚字。」翳，似爲「瞖」之誤。

〔二二〕莊曰：「說文、玉篇無傑字。」「傑」似作「傑」。

〔二三〕毗嵐、毗藍婆、鞞嵐婆、毗嵐婆、吠藍婆、鞞藍婆、隨藍、旋藍等皆是記音字，梵文爲 Vairambhaka、Vairambha，巴利文作 Veramba、Verambha。意爲「迅猛」，指迅猛的風。這些詞音譯的不同或許與其所表狂風、猛風、旋風等具體詞義的不同也有關。

〔二四〕類 磧作「纇」，慧作「顛」。

〔二五〕纇 海作「聵」，宛作「瞶」。孫曰：「說文云：『纇，癡不聰明也。』『聵，聾也。』」聵「即聾字正文」。蔣曰：「當作聵。」

〔二六〕䜭 海 宛作「啗」。

〔二七〕滌亦除也 麗無，據磧補。

〔二八〕迤 磧作「匜」。

〔二九〕補五反江東音 磧作「補」。

〔三〇〕懈 海 宛作「解」。

〔三一〕毫 磧 永南無，海 宛爲缺字符號口。

〔三二〕孫曰：「梵即芃字，讀如諷。」「此云有八種梵音，當是諷音。芃即諷假音字，俗謁從林耳。諷、梵古音通。」錢曰：「漢街談碑有云『梵梵黍稷』，知梵即芃字。」

〔三三〕綱 磧作「縷」。

〔三四〕三蒼：無柄曰錠……亦 磧無。

〔三五〕言 磧作「音」。

〔三六〕財 山作「物」。

〔三七〕云：終窶且貧 磧無。

〔三八〕詩傳曰：「窶者，無禮也。」

〔三九〕貧陋也 磧無。

〔四〇〕云 磧無。

〔四一〕孫曰：「此字未詳，依奴侯音當是穀。」

〔四二〕耶 磧作「那」。

〔四三〕殉 磧 永南作「徇」，海 宛作「狗」。

〔四四〕求 磧 永南 宛作「干求」。海作「千求」，蔣曰：「千當作干。」

〔四五〕侮 當作「毋」。說文：「毋，古文从母。」

〔四六〕古文侮同 磧無。

〔四七〕傷 海 宛誤作「傷」。段注說文：「傷，各本作傷，誤，今正。」鍇曰：『傷，慢易字也。』」

〔四八〕玩 磧作「翫」。

〔四九〕古文遌同 磧無。

〔五〇〕遞 磧作「謂」。

〔五一〕具 海作「俱」。蔣曰：「俱當作具。」說文：「籑，具食也。从食算聲。饌，籑或从巽。」

〔五二〕其 磧脫。

〔五三〕第十六卷 磧爲「第十五卷」。

〔五四〕禪豆，或言禪兜 磧爲「或云禪豆、禪兜」。

〔五五〕檻闌 山爲「闌檻」。闌 磧作「欄」。

〔五六〕謂養禽獸之所也……圈音渠遠反 磧無。

〔五七〕經中有作「摩捉日月」是也 磧無。

〔五八〕循，自也 磧無。

〔五九〕郎 磧作「良」。

〔六〇〕洿 磧爲「洿洿」。

〔六一〕通俗文 磧無。

〔六二〕孫曰：「說文：『姁，鈞適也，男女併也。』非眩字義。玉篇云：『姁，狂也。』又音縣，與此同。說文又無迿，字見玉篇，云：『思俊切。出表詞也。』此云眩古文，未知何據。」

〔六三〕錢曰：「今本說文作齒根也。又蒼頡篇云齒根也。」說文：「齒本肉也。」段注：「各本無肉，玄應兩引作齒肉也。篇韵皆作齒根肉也，今補。齗爲肉，故上文齒爲齗骨。此骨出肉外，故肉爲骨本。」

〔六四〕脾亦反 磧爲「脾赤反」。

〔六五〕匹亦反 磧爲「匹赤反」。

〔六六〕所以自薦藉也 山爲「何所以自薦藉也」。釋名：「踖，藉也，以足藉也。」

〔六七〕乍 海 宛作「酉」。

〔六八〕錢曰：「字本作釁，其作舋者，通字也。作亹、亹者并俗字也。又作衅者，別字也。」

〔六九〕止 磧作「上」。

〔七〇〕檢今傳本說文云：「時雨也，所以樹生萬物者也。」

〔七一〕君 海 宛作「吾」。

〔七二〕皿 海 宛作「网」。

〔七三〕⿰扌親 磧作「嚫」。下同。

〔七四〕叉 原作「义」，海 宛作「叉」。蔣曰：「叉字誤。廣韻去聲二十一震韻：『嚫，初覲切。』當依此改叉作初。」「叉」又作「义」，不必改「初」。

〔七五〕尊 山爲「尊者」。

〔七六〕於 磧作「施」。

〔七七〕所 磧無。

〔七八〕莊曰：「玉篇：『嚫，施也。即覲切。』」

〔七九〕莊曰：「說文無舶字，見玉篇。」

〔八〇〕不 磧脫。

〔八一〕纓絡　磧爲「瓔珞」。
〔八二〕珂　磧作「訶」。
〔八三〕幟　磧作「幟」。
〔八四〕宣，通也　磧無。
〔八五〕經文有從西　據文意似當爲「經文有從酉從口」。
〔八六〕錢曰：「讌亦燕字之俗耳。」
〔八七〕陳垣中國佛教史籍概論卷三論玄應書版本說：「在儒本中，此最通行，而多謬誤，如卷一華嚴音義，即闕五十四以下數卷也。」今核商務印書館據海山仙館叢書本影印叢書集成初編，此第五十四卷下至第五十八卷末實未闕，而爲誤排至大方等大集經第八卷和第九卷中。
〔八八〕頒，遍也　磧無。
〔八九〕今本爾雅：「班，賦也。」考卷十四引此爲李巡注爾雅文。
〔九〇〕錢曰：「說文：『巖，岸也。』與此異文。礹，石山也。」孫曰：「說文亦笄峰字。」今本說文：「巖，厓也。」段注：「各本作『岸也』，今依太平御覽所引正。」又云：「此篆之上舊有峰篆，乃大徐所增，古祇用夆。夆，牾也。」考玄應所引「巖，峰也」與大徐所增同，大徐所增或本於唐本說文。
〔九一〕弋叉反　磧爲「酉」。
〔九二〕又作抬同　磧無。
〔九三〕尼　山無。
〔九四〕十二遊經曰：「舍夷長者，名水光，其婦名月女。有一城居近其邊，生女之時，日將欲没，餘明照其家，室内皆明，因字之爲瞿夷，晉言明女。瞿夷者是太子第一夫人。」
〔九五〕莊曰：「說文無渟字，當只爲亭。亭者，定止之意。」
〔九六〕秬杯　磧　永南爲「秠」，海　宛爲「柜杯」。
〔九七〕意　磧作「旨」。
〔九八〕秠音披鄙反　磧無。蔣曰：「亘當作亙。亘之柜杯當作亙之柜秠，乃大雅生民文，今本作恒之秬秠，釋文：『恒本又作亘。』案：亙亘異字，恆從亙不從亘。詩本作恒作亘，當改作恆作亙。緪亦當作緪。又，音義云：『經文有作絙，音桓，緩也。又作緪（當作緪），公曾反。』絙、緪既同字，緪公曾反，絙乃音桓，豈其理乎？絙亦當作緪，音公曾反，不音桓。」亘，廣韻古鄧切，去嶝，見。又集韻荀緣切，平僊，心。說文：「亘，求回也。」「上下所求物也。」楊樹達積微居小學述林釋亘：「亘者，淀之初文也。……其從『二』，許君說『爲所求物者』，余謂猶『峠𣶒』之左右象岸者也。特彼位於左右，此位於上下不同耳。『𣶒』訓回水，『亘』爲回泉。『𣶒』以兩岸夾水，『亘』以兩岸夾回水。兩字不惟義近，其形亦相似也。」考說文：「極，竟也。」「亙，古文極。」段注：「按今字多用亙，不用極。」「舟在二之間，絶流而竟。會意也。恒之字本從心從亙。」亙亘異字，但在古鄧切這一音義上義同。又，說文：「絙，緩也。」段注：「緩當作緩。玉篇絙下曰：『絙，緩也。』此亦緩之類也。胡官切。」考原本玉篇殘卷爲「絙，胡官反。說文：『絙，緩也。』」慧卷十三釋大寶積經第三十九卷中「綱絙」云：「考聲：絙，大索也。經從亘作絙，誤略也。玉篇音胡官反，緩也。又是古文亘字，非經音義也。」絙、緪同字，在公曾反一音上義同，但絙尚有「胡官切」一音。蔣校尚有可商之處。
〔九九〕縛　海作「縛」。
〔一〇〇〕大方等大集經　慧轉録於第十七卷。
〔一〇一〕孫曰：「說文無魘字，據此知古只作厭。」
〔一〇二〕者　慧作「者」。
〔一〇三〕耆婆耆婆　山爲「耆耆婆婆」。
〔一〇四〕亦　慧爲「良亦」。
〔一〇五〕古文閧、佑二形，同　麗無，據磧補。
佑　慧作「祐」。
〔一〇六〕胡救反　慧爲「尤救反」，磧爲「于救反」。
〔一〇七〕周易：自天祐之　麗無，據磧補。
〔一〇八〕祐，助也　磧爲「祐者，助也。天之所助也。」孫曰：「玉篇云：閧，古祐字。此類皆出晉魏以後字書，說文所無，實非古字也。俗少見，遂名爲古字耳。」
〔一〇九〕花　磧作「華」。下同。此條麗、金與「多摩羅跋香」合爲一條，山亦合爲一條，作「此云藿葉香，云育坻花。」
〔一一〇〕又宜作趠……郭璞曰：趠謂懸擲也　麗無，據磧補。

〔一一一〕力燒反　慧爲「刀吊反」，磧爲「力弔反」。

〔一一二〕樹　慧爲「燎樹」。

〔一一三〕大　慧作「火」。

〔一一四〕門　麗無，據磧補。

〔一一五〕內曰庭燎　此後慧有「皆所照象爲明也。」

〔一一六〕字　慧爲「說文」。

〔一一七〕熚　慧作「燁」。

〔一一八〕于匪反　慧爲「子鬼反」。

〔一一九〕耐　慧作「顧野王云耐猶」。

〔一二〇〕第十一卷　麗脱，據磧慧補。

〔一二一〕聚　慧無。

〔一二二〕才句反　慧爲「牆句反」，海宛爲「才旬反」。

〔一二三〕音　慧作「語」。

〔一二四〕揵　磧作「犍」。下同。

〔一二五〕稚　磧作「椎」。下同。

〔一二六〕孫曰：「古揵字從木。犍爲縣多見漢碑，俗寫從牛以爲犍牛字。其實犍牛又當爲犗牛，音之緩急耳。」

〔一二七〕且瑜反　慧爲「促瑜反」，海宛爲「促喻反」。

〔一二八〕七情反　慧爲「七嬰反」。

〔一二九〕庰　磧作「屏」。

〔一三〇〕奇　慧作「琦」。

〔一三一〕亦止也　慧爲「左傳：亦止也。」

〔一三二〕謂未有而預防之也　麗慧無，據磧補。

〔一三三〕坘　磧作「垠」，慧作「坧」。莊曰：「說文、玉篇無垠字，當是坻字之誤。」

〔一三四〕踋　海宛無。

〔一三五〕波　山作「婆」。

〔一三六〕剖以出如柳絮　磧爲「剖以出，華如柳絮」。　女珍反　磧爲「女鎮反」。孫曰：「此即今吉貝、木緜，疑亦山海經所謂服常樹。聖人代出，於此取衣。言有聖王，則其國獻之。」

〔一三七〕壁　說文：「人不能行也」。

〔一三八〕方尺反　磧爲「方必反」，慧爲「卑覓反」。

〔一三九〕說文：槫櫨，柱上枅也　麗無，據磧補。

〔一四〇〕以石反　慧爲「以益反」。

〔一四一〕註曰……意解之樂也　麗慧無，據磧補。

〔一四二〕古緩反　山爲「古緣反」。　韋　慧卷十七作「韋」。

〔一四三〕胡瞎反　山爲「故瞎反」。

〔一四四〕鞄軟鍊鐼也　麗慧無，據磧補。

〔一四五〕軸　慧爲「車軸」。

〔一四六〕鎋　山作「錧」。

〔一四七〕廣雅：紖，索也……說文：靷，軸也。非此義也　麗慧無，據磧補。莊曰：「說文云：『引軸也。』此脱一字。」

〔一四八〕天子　慧爲「天子玉藻」。

〔一四九〕子遥反。焦，燒也。下　麗慧無，據磧補。

〔一五〇〕充之反　慧爲「尺之反」。

〔一五一〕蚩　山爲「蚩蚩」。

〔一五二〕鳩　磧作「鴿」。

〔一五三〕曬　磧作「麗」。

〔一五四〕謱　慧作「螻」。

〔一五五〕子由反　慧爲「酒由反」。

〔一五六〕徒加反　磧作「徒多反」。

〔一五七〕戟　麗無，據慧補。

〔一五八〕釋名：戟，格也。言有枝格也　麗慧無，據磧補。釋名：「戟，格也。旁有枝格也。」

〔一五九〕瘠　慧作「堉」。

〔一六〇〕确瘦　慧與「确盡」合爲一條作「确，瘦也。」

〔一六一〕硬　磧作「鞕」。

〔一六二〕口雋反　山爲「雋口反」，磧爲「傾圭反」。

〔一六三〕子系反　慧磧爲「子移反」。

〔一六四〕慧增有「吴音。醉唯反，秦音也。參星頭上三小星也」。

〔一六五〕父美反　慧爲「皮美反」。

〔一六六〕浦細反　慧爲「捕細反」，磧爲「蒲細反」。

〔一六七〕鬼　麗無，據磧補。

〔一六八〕或言餓鬼。是餓鬼中最劣者也　磧爲「是餓鬼中最劣者也。或言餓鬼。」

〔一六九〕女咸反　磧爲「女減反」。

〔一七〇〕眼　慧作「脈」，磧作「眼」。

〔一七一〕國語定三革……五刃曰兵也　麗慧無，據磧補。蔣曰：「冑者當作冑盾。」

〔一七二〕丑賜反　磧爲「尸賒反」。

〔一七三〕埏　慧磧作「挻」。

〔一七四〕又音……試也　麗慧無，據磧補。

〔一七五〕亦　麗慧無，據磧補。

〔一七六〕翼之反　慧爲「翼支反」。

〔一七七〕㖃　磧作「㖃」。

〔一七八〕兒庶反　慧磧「羌庶反」。

〔一七九〕爾雅……淫謂之霖　麗慧無，據磧補。

〔一八〇〕古詣反　慧爲「稽詣反」。

〔一八一〕大集日藏分經　慧轉録於第十七卷。

〔一八二〕此應訛也　麗無，據磧補。

〔一八三〕烏決反　慧爲「烏穴反」，磧爲「烏缺反」。

〔一八四〕花　磧作「華」。下同。

〔一八五〕婁　山作「患」。

〔一八六〕富盧沙　山以此立目，另作一條。

〔一八七〕羅　磧作「邏」。

〔一八八〕謎　磧作「謎」。此條金無。

〔一八九〕郵　慧作「郢」。

〔一九〇〕摩　慧作「鉢」。

〔一九一〕郎　磧作「郞」。

〔一九二〕刀　慧磧作「力」。

〔一九三〕磧無此條。

〔一九四〕又女鎮反　麗慧無，據磧補。

〔一九五〕國語……因宄之財爲姦也　麗慧無，據磧補。

〔一九六〕又云：亂在内曰宄　麗慧無，據磧補。

〔一九七〕領　今傳本方言作「頷」。

〔一九八〕慧增有「腥臊」二字并從肉，經從目作者，書寫人誤錯也」。

〔一九九〕蛆　磧作「胆」。

〔二〇〇〕千餘反　慧爲「七餘反」。

〔二〇一〕通俗文：肉中蟲曰蛆　麗慧無，據磧補。

〔二〇二〕久　磧爲「説文」。

〔二〇三〕菜　據慧補。

〔二〇四〕慧增有「上朋北反，下子西反」。

〔二〇五〕子奚反　慧無。

〔二〇六〕通俗文：奄圭曰竈　麗慧無，據磧補。

〔二〇七〕或言極　麗金無，據磧補。莊曰：「説文玉篇無槱字。」

〔二〇八〕詩云「大任有娠」是也　麗慧無，據磧補。

〔二〇九〕熇　山作「渴」。

〔二一〇〕作摷　山爲「作摷字，聲類」。今本説文：「摷，拘擊也。」

〔二一一〕删那　慧爲「删删」，山爲「那那」。

〔二一二〕三蒼：删，除也　麗慧無，據磧補。

〔二一三〕屏、恲二形　麗慧無，據磧補。蔣曰：「恲當作帲，唐人寫本巾多誤作小。」

〔二一四〕俾井二　麗金無，據磧補。井　慧作「并」。

〔二一五〕廣雅　磧無。蔣曰：「圊上脱廣雅二字。本卷大方等大集經第十二卷圊廁條音義正引廣雅，可證，見釋宫。」

〔二一六〕説文：屏，蔽也　麗慧無，據磧補。

〔二一七〕蒲路反　磧爲「屏路反」。

〔二一八〕淮南子……口中嚼食也　麗慧無，據磧補。

〔二一九〕此條山無。

〔二二〇〕翌　山作「昱」。下同。

〔二二一〕楚地宿也……在楚之分　麗慧無，據磧補。

〔二二二〕些　山作「呰」。

〔二二三〕耶　慧作「邪」。

〔二二四〕莊曰：「玉篇云：『㡿，恥格切。今作坼。』」

〔二二五〕揳　磧作「楔」。

〔二二六〕熬聚　磧爲「熬聚煎㷣」。

〔二二七〕㷣音皮逼反　麗無，據磧補。孫曰：「説文云：『槱，積火燎之也。』詩曰：『薪之槱之。』周禮：『以槱燎祠司中司命。』此以爲炒古文。」

〔二二八〕同　磧作「音」，山無。

〔二二九〕謂　麗無，據磧補。

〔二三〇〕人　麗無，據磧補。

〔二三一〕時移反　慧爲「是移反」。

〔二三二〕注云：今江南呼母爲侈　麗慧無，據磧補。郝懿行爾雅義疏：「侈者，説文作姼，云『恃也』，廣韻云：『恃土地也。』通作侈。廣韻引爾雅一云『恃事曰侈』，此蓋爾雅舊注，故龍龕手鑑一引爾雅云：『恃事自侈也。』」「郭云『今江東呼母爲侈』者，方言云『南楚瀑洭之間謂婦妣曰母姼』，説文則云『江淮之間謂母曰媞』，是媞、姼音義同，郭意蓋借姼以證侈之爲恃，取其聲同，非侈有母稱也。注内侈字蓋傳寫之譌。」

〔二三三〕鋏　海宛作「鋏」，似當作「鋏」。　鬩磧作「盥」，慧作「鬻」。

〔二三四〕爓 磧作「爛」。

〔二三五〕義 慧作「旨」，磧作「音」。錢曰：「説文燅、燅同字。」

〔二三六〕欶 慧作「嗽」。

〔二三七〕吮……二反 麗 慧無，據磧補。

〔二三八〕消爍也 麗 慧無，據磧補。慧增有「非也」。

〔二三九〕大集月藏分經 慧轉録於第十七卷。

〔二四〇〕囉 山無。

〔二四一〕樘 磧作「撐」。

〔二四二〕隱音 慧、海、宛爲「音」，金剛西寫本爲「音隱」，「隱音」似爲「音隱」誤倒。

〔二四三〕觸 磧 永南作「㲉觸」。

〔二四四〕非也 麗 慧無，據磧補。孫曰：「鏉，鼓材也。見玉篇。」

〔二四五〕二 磧作「一」。説文：「酋矛也，建於兵車，長二丈。」

〔二四六〕千亂反 慧爲「七亂反」。

〔二四七〕矛 磧爲「小矛」。

〔二四八〕已 慧 磧作「以」。

〔二四九〕千餘反 慧爲「七餘反」。

〔二五〇〕又國語……賈逵曰：祚 麗 慧無，據磧補。

〔二五一〕而陵反 海 宛作「而稜反」。

〔二五二〕爾雅：仍 慧 磧無。

〔二五三〕爾雅：陰而風曰曀 慧無。今本爾雅：「陰而風爲曀。」

〔二五四〕使 慧作「謂」。

〔二五五〕宜作鼷 慧無。

〔二五六〕鼷鼠 慧爲「鼷亦鼠也」。

〔二五七〕蟲名也 慧爲「蟲名。非此義也」。

〔二五八〕關西……山東謂之 慧無。

〔二五九〕勳 磧作「熏」。莊曰：「侯狐音相近，今人亦呼喉爲胡。」

〔二六〇〕蔚 麗無，據慧補。

〔二六一〕廣雅 慧無。廣雅……翳也 磧爲「釋名：息，塞也。言物滋蔚，亦茂也，翳也」。

〔二六二〕又作勊同 慧 磧無。

〔二六三〕蕃 海 宛無。

〔二六四〕滋也 磧無。

〔二六五〕釋名……言物滋 慧無，海 宛錯入「蔚茂」條中。 物 金作「萬物」。

〔二六六〕匹万反 磧爲「芳万反」。

〔二六七〕周成難字作婏，息也 金 磧 永南 海 宛 慧無。

〔二六八〕娩 廣韻：「娩，娩息也。」

〔二六九〕説文……或作饅 麗 慧無，據磧補。

〔二七〇〕捍 慧作「桿」。

〔二七一〕言 慧卷六二作「音」。 也 據慧、今本釋名補。

〔二七二〕婆沙 慧無。

〔二七三〕毗沙拏，此云角 慧無。

〔二七四〕堨音去謁反 此五字磧在「毗沙拏，此云角」前。

〔二七五〕呵 慧作「訶」。

〔二七六〕童 磧作「僮」。

〔二七七〕牡 磧作「壯」。

〔二七八〕匹莫反 慧爲「普莫反」。

〔二七九〕邵瑞彭一切經音義校勘記：「龍，南本作鼠名，許曰摺本作龍名蓋誤。」

〔二八〇〕霍弘 海 宛爲「霍宏」，慧爲「亡曾、霍和二」。

〔二八一〕利 慧無。

〔二八二〕阿 慧 磧作「何」。

〔二八三〕去舊垢曰浣……以足曰浣也 慧無。

〔二八四〕祀 磧作「礼」。

〔二八五〕名 慧爲「立名」。

〔二八六〕因爲國號 麗無，據慧補。

〔二八七〕烏 金 山作「焉」。

〔二八八〕胡國 山 磧 永南 海 宛無。

〔二八九〕烏 山作「焉」。

〔二九〇〕王 山無。

〔二九一〕噠那 山作「達」，慧作「噠」。

〔二九二〕俗 慧 磧無。

〔二九三〕蜺 慧作「電」。

〔二九四〕蜺或……五奚反 慧作「一名螮蝀也」。

〔二九五〕父美反 慧作「皮美反」。

〔二九六〕爾雅：圮，覆也 慧無。

〔二九七〕廣雅：坼，分也 山無。慧增有「説文：從土，㡿音赤」。

〔二九八〕大威德陀羅尼經 慧轉録於第四十二卷。

〔二九九〕火 金 山作「大」，慧作「失」。

〔三〇〇〕眨曰睞 海 宛爲「曰眨」。莊曰：「説文無睞、眨字。玉篇云：『睞，一目也。眨，目動也。』又無矚字。『曰眨』二字舊作『眨曰』，非。」

〔三〇一〕日 磧作「白」。

〔三〇二〕謂眇目視日也 慧無。

〔三〇三〕皃 慧無。

〔三〇四〕聽 海 宛作「視」。説文段注：「聽猶順也。二女志不同行，猶二目不同視也。」

〔三〇五〕小目　慧作「目小」。

〔三〇六〕說文：「睴，大目出也。」

〔三〇七〕又作凸……疑也　慧　磧無。疑，據玄卷十一所引字苑應作「起」。

〔三〇八〕蟻堆也。垤　慧無。

〔三〇九〕春秋傳曰「郑游販字子明」是也　慧無。

〔三一〇〕相　慧無。

〔三一一〕彫　慧作「鵰」。

〔三一二〕冽　磧作「列」。

〔三一三〕燕……謂之荣　慧無。海宛作「燕……謂之莱，莱音初責反」。蔣曰：「玄應所釋本於方言。方言：『凡草木刺人，北燕、朝鮮、冽水之間謂之荣，或謂之壯。自關而東或謂之梗，或謂之劌。自關而西謂之刺，江湘之間謂之棘。』玄應所引不必皆同，而燕上當有北字，當據補。」邵瑞彭一切經音義校勘記：「荣當作莱。」

〔三一四〕蒼頡解詁云　慧無。

〔三一五〕謂誠兒也　慧無。

〔三一六〕大也　慧無。

〔三一七〕也　慧作「水」。

〔三一八〕呼几、呼冀二反　慧爲「呼兄反」，山爲「呼九反」。

〔三一九〕此條慧　磧無。

〔三二〇〕詩云……箋云　慧無。　及　今傳本詩作「反」。

〔三二一〕距人曰嚇　今傳本鄭箋爲「口距人曰嚇」。

赫　磧作「嚇」。錢曰：「嚇即赫字之俗。」

〔三二二〕喝　磧作「曷」，慧作「猲」。

〔三二三〕荼　磧作「茶」。

〔三二四〕竹　慧　磧作「作」。

〔三二五〕車　磧無。

〔三二六〕異　磧無。

〔三二七〕此條慧　山無。

〔三二八〕山　慧爲「中山」。

〔三二九〕也。蒼頡篇……莝刃也　慧　磧無。

〔三三〇〕莝刃　磧　永南爲「生刃」，海　宛爲「坐刀，謂莝刃也」，慧　山無。

〔三三一〕娑　山作「沙」。

〔三三二〕嘶　海宛作「澌」。

〔三三三〕呼皮反　慧爲「欻皮反」。

〔三三四〕周禮……夏后氏所建　慧無。

〔三三五〕子，慧作「吊」。亦不定也　麗　慧無，據磧補。

〔三三六〕江　慧作「淮」。

〔三三七〕胜　山　磧作「脛」。

〔三三八〕斜　慧作「邪」。

〔三三九〕娑　山作「婆」。

〔三四〇〕父梨反　慧爲「父犁反」。

〔三四一〕閹人　慧　磧爲「閹十人」。

〔三四二〕宧　磧作「宮」。

〔三四三〕亦不定也　慧無。

〔三四四〕疽二形，並　慧無。

〔三四五〕體　慧　磧無。

〔三四六〕欲　磧作「欱」。

〔三四七〕又作欲，同　慧無。

〔三四八〕易云……吃　慧無。

〔三四九〕今　慧無。

〔三五〇〕哰　據文意似當作「哰」。

〔三五一〕廣雅，觜，口也　慧無。

〔三五二〕嗎　海作「嗎」。

〔三五三〕音　磧無。

〔三五四〕經文作嗎……似奚反　慧無。

〔三五五〕一名鉤鵅　慧無。

〔三五六〕嗚　慧作「出」。

〔三五七〕亦　磧作「一」。

〔三五八〕亦名怪鳥　慧無。

〔三五九〕邁海　宛無。

〔三六〇〕邁二形　慧　磧無。

〔三六一〕廣雅：橧、窠、巢也　慧無。

〔三六二〕謂　磧無。

〔三六三〕窠　磧作「窟」。

〔三六四〕音　磧無。

〔三六五〕在樹曰巢……則恒反　慧無。

〔三六六〕咽　磧作「咽」。蔣曰：「咽當作咽。玉篇：『咽，户姑切，牛頷垂也。與胡同。』」

〔三六七〕釋名：胡在咽下垂者也　慧無。今本釋名：「胡，互也。在咽下垂能斂互物也。」

〔三六八〕畫　玄卷十釋「垂胡」作「壷」。

〔三六九〕齗　海宛作「劃」。蔣曰：「劃字誤。玉篇：『齗同斲。』說文：『㓹，斲或從畫從丮。』此劃字當作斲或㓹。卷一大般涅槃經第七卷音義：『鑁斲：古文㓹同。』則作㓹爲宜。」

〔三七〇〕斲　海宛作「斲」。

〔三七一〕新非經義　慧無。

〔三七二〕孫曰：「說文無橐字，韛即紨字重文，玉篇作橐，蒲拜切。吹火囊。」蔣曰：「炊當作吹。」

〔三七三〕仆　慧　磧作「臥」。

〔三七四〕法炬陀羅尼經　慧轉録在第四十二卷。

〔三七五〕 䰽婆　山爲「笳次䰽婆」。
〔三七六〕 笳　慧爲「笳簫」。
〔三七七〕 笳　海　宛作「葭」。
〔三七八〕 因以名也　慧無。孫曰：「説文無笳字，蓋漢時只作葭，卷葭葉，葭字舊訛爲笳也。」
〔三七九〕 借爲　海　宛無。
〔三八〇〕 中有　磧無。
〔三八一〕 囒　海　宛作「蘭」。
〔三八二〕 義　磧無。
〔三八三〕 蘭音借爲……義非也　慧無。
〔三八四〕 以驅　磧爲「爲」。
〔三八五〕 內之於善也　磧無。凡言馭者……內之於善也　慧無。
〔三八六〕 釋名云……言彷徉也　慧無。
〔三八七〕 説文……槩也　慧無。
〔三八八〕 玄　金　磧　永南　海　宛作「衆」。
〔三八九〕 周禮……鄭玄曰　慧無。
〔三九〇〕 之芮反　慧爲「之絹反」。孫曰：「説文無毳字，唐人俱如此説。」
〔三九一〕 屜　慧作「悪」。舍人曰：憩，臥之息也　慧無。
〔三九二〕 水淺見石者也　慧無。
〔三九三〕 蒲卜反……説文　山爲「又」。
〔三九四〕 拜　據文意當作「拜」。
〔三九五〕 從出從廾米字意也……兩手持也　慧無。
〔三九六〕 此條慧無。
〔三九七〕 畢　磧作「畢」。
〔三九八〕 云縶之　慧無。蔣曰：「縶之下當有『維之』二字。縶之維之，小雅白駒文。」
〔三九九〕 縶　磧作「執」。
〔四〇〇〕 大　慧無。
〔四〇一〕 亦叱咄也　慧無。
〔四〇二〕 耶　慧無。
〔四〇三〕 挍　磧作「校」。
〔四〇四〕 楫　海　宛作「揖」。蔣曰：「楫當作檝。檝謂之橈，或謂之櫂，見方言九。」
〔四〇五〕 方言……所以擢船也　慧無。
〔四〇六〕 挽　金作「桅」。
〔四〇七〕 三蒼：颿，舩上張布帊也　慧無。
〔四〇八〕 帊音普嫁反　慧無。
〔四〇九〕 詩云……食也　慧無。
〔四一〇〕 非也　慧爲「非正體也」。
〔四一一〕 謂　慧無。
〔四一二〕 情性　慧爲「性情」。
〔四一三〕 莊子　慧無。
〔四一四〕 俺　慧卷四二作「掩」。
〔四一五〕 㾴　慧　磧無。
〔四一六〕 華　慧作「花」。
〔四一七〕 蒼頡篇……參著曰梏　慧　磧無。
〔四一八〕 禮記「苛政猛於虎」是也　慧無。
〔四一九〕 韻集……鋋音蟬　慧　磧無。
〔四二〇〕 棓　磧無。
〔四二一〕 音　磧無。
〔四二二〕 説文……他活反　慧無。
〔四二三〕 左傳「晉　鄭同儕」是也　慧無。
〔四二四〕 經文作濟者，非也　麗無，據磧補。
〔四二五〕 又甫者……父亦聲也　慧　磧無。
〔四二六〕 國語……並畔爲疇　慧無。
〔四二七〕 也　慧作「名」。
〔四二八〕 芰　磧爲「即芰」。
〔四二九〕 刈，魚吠反　麗　慧無，據磧補。
〔四三〇〕 云　磧作「子」。
〔四三一〕 熊氏瑞應圖曰……騣音蒼南反　慧無。騣音蒼南反　麗無，據磧補。
〔四三二〕 下　慧作「又」。
〔四三三〕 市尸二　慧　磧無。
〔四三四〕 山金剛本此卷末增附有新華嚴經音義八十卷。磧此後尚釋有各本皆無的如下詞語：

窅窅　上伊鳥反。深也。
綜　子宋反。
覈　户的反，又行厄反，窮也。
紕紊　上疋夷反，下音問字。
軑　徒蓋反。
鍊　都同反。
鏑　徒果反。

一切經音義　卷第二

翻經沙門玄應撰

大般涅槃經

大般涅槃經[一]　第一卷

壽命　視柳反[二]。案壽亦即命也。壽取一期之名，命取人之生分，但異名耳。説文：壽，久也。釋名云：生已久遠氣終盡也。又音視溜反。上壽也。溜音力救反。

阿利羅跋提河　泥洹經作熙連河，皆訛也，正言吅刺拏伐底河。吅刺拏，此譯云金。伐底，此言有。名爲有金河。吅音許梨反。刺，力曷反[三]。

娑羅　泥洹經作固[四]林。案西域記云：此樹在吅刺拏河西岸，不遠有娑羅林。其樹形類槲而皮青白，葉甚光潤。四樹特高，是如來涅槃之所也。

等視　字詁：古文眎(眎)、眡(眡)[五]二形，今作視，同。時旨、時至二反。廣雅：視，覯也。説文：視，瞻也。釋名云：視，是也。言察其是非也。

羅睺　胡鈎反。正言曷羅怙羅，此譯云障月，但此人是羅怙阿修羅以手捉月時生，因以爲名也。

爲作　于危[六]反，下茲賀、子各二反。爲，作也。又音于僞反。二音通用。

晨朝　食仁[七]反。爾雅：晨，早也。釋名云：晨，伸也。言其清旦日光復伸見也。

頗梨　力私反。又作黎，力奚反。西國寶名也。梵言塞頗胝迦，亦言頗胝，此云水玉，或云白珠。大論云：此寶出山石窟中，過千年冰化爲頗黎珠。此或有也。案西域暑熱無冰，仍多饒此寶，非冰所化，但石之類耳。胝音竹尸反。

馬腦　梵言摩娑羅伽隸，或言目娑邏伽羅婆，此譯云馬腦。案此寶或色如馬腦，因以爲名，但諸字書旁皆從石作碼碯二字，謂石之次玉者是也。

號哭　胡[八]刀反。爾雅：號，呼也。大呼也。釋名云：以其善惡呼名之也。號亦哭也。字從号虎聲。經文作嘷。説文：嘷，咆也。左傳「豺狼所嘷」是也。嘷非此義，又從口作呺，俗僞字耳。

涕泣　他禮反。字林：涕，泣也。無聲而淚曰泣。

哽噎　古文骾、腰二形，又作鯁，同。古杏反。哽，噎也。聲類云：哽，食骨留嗌中也。今取其義。下於結反。説文：噎，飯窒也。詩云：中心如噎。傳曰：憂不能息也。嗌音益。窒，竹栗反。經文多作咽，於見、於賢二反。咽，吞也，咽喉也。咽非字體。

震動　之刃反。公羊傳曰：地震者何？地動也。周易：震，動也。經文有從手作振，掉也。掉亦動也。二形通用。

戰掉　徒吊反。字林：掉，摇也。廣雅：掉、振，動也。經文作挑，敕聊反。挑，抉也。又作恌，字與愮同，音遥。詩云「憂心愮愮」是也。二形並非此義。抉音於穴反。

逮得　徒戴反。説文：逮，及也。經文多誤作逯，力屬反。説文：逯，謹也。亦人姓也。逯非經音。

漱口　所溜反。説文：漱，盪口也。經文有作嗽。漢書、通俗文皆所角反。嗽，吮也。嗽非此用。吮音似兖反。

解未　古[九]買反。解猶釋也。案解亦談説也。又胡買反。廣雅：解，散也。解，脱也。

紹三　古文綤，同。市繞[一〇]反。爾雅：紹，繼也。謂繼續[一一]先宗也。謚法曰：疏遠繼位曰紹。

充足　子欲反。足猶止也。周備充足也。足，得也。又子喻反。足猶成也。今謂足成於人也。

蒭摩　古文芻，同。測俱反。正言菆摩。菆音叉拘反。此譯云麻衣，舊云草衣。案其麻形似荆芥，花青也[一二]。

繒綵　在綾反。説文：繒，帛也。謂帛之總名曰繒。

轒輻　居責反。謂轒端頭曲木也。釋名云：輻，軛也。所以軛牛頭(頸)[一三]也。經文從車作輻，傳寫誤也。

廁塡　古文寘(窴)[一四]，同。徒堅反。三蒼：廁，雜也[一五]。廣雅：填，塞也，滿也。

駿疾　子閏、先閏二反。爾雅：駿，速也。

由旬　或言由延，或言俞旬，或云踰闍那，皆訛也。正言踰繕那，此云合也，應也。計合爾許度量，同此方驛也。自古聖王一日行也。彼繕那亦有大小，或八俱盧舍，或四俱盧舍。一俱盧舍謂大牛鳴音其聲五里。昔來皆取八俱盧舍，即四十里也。

悵悢　敕亮反，下力尚反。説文：悵，望恨也。廣雅：悢，悲也。謂悢悢然愁悲也。

唼食　字林：子盍[一六]反。謂蟲食曰唼，亦唼血也。

所惡　於[一七]路反。禮記：吾惡用吾情。惡猶憎也。

樓櫓　力[一八]侯反。説文：樓，重屋也。櫓又作樐，同。音力古反。釋名云：櫓者，露也。謂城上守禦露上無覆屋也。

竅孔　苦吊反。竅亦孔也。説文：竅，空也。泥洹經作寮，力雕反。蒼頡篇：寮，小窗[一九]也。

洟唾　古文鮷，同。敕計反。三蒼：洟，鼻液也。

毁呰　古文訾、啙二形，同。子爾反[二〇]。説文：呰，呵也。鄭玄注禮記云「口毁曰呰」是也。

惆悵　敕周反。悲愁也。説文：惆悵，失志也。廣雅：惆悵，痛也。經文有作憀，力雕反。聲類：憀，且[二一]也。憀非經義也。

當斷　古文㫁、𢇍二形，同。都緩[二二]反。斷，截也。

駟馬　相二[二三]反。説文：駟，一乘也。穆天子傳曰：獻良馬十駟。郭璞曰：四馬爲駟。謂四十匹也。

縱廣　足容反[二四]。小爾雅云：縱，長也。廣，横也。凡南北曰縱，東西曰横。此事之恒也。

多羅　案西域記云：其樹形如椶櫚，極高者七八十尺。果熟則赤如大石榴，人多食之。東印度界其樹最多。

甘膳　上扇反。説文：膳，具食也。廣雅：膳，肉也。周禮：膳之言善也。今時美物亦曰珍膳也。字體從肉善聲。經文有從食作饍[二五]，傳寫誤也。

紺瑠　古暗反。青赤色也。謂青而含赤色也。

倚牀　於蟻[二六]反。說文：倚，猶依也。廣雅：倚，因也。謂因倚而卧也。字從人。經文多作猗，一奇反，美也。猗非此義。

睒婆　又作覢，同。式染反。此譯云木綿。

樂香　五孝反。樂，欲也。言此香王愛樂於香也[二七]。

鬼魆　古文魅、魆二形，同。莫冀反。通俗文：山澤怪謂之魑魅。說文：老物精也。

焚身　古文炃、燌二形，同。扶雲反。焚亦燒也。字從火燒林意也。

鳧雁　輔俱反，下我諫反[二八]。水鳥也。字體從鳥從几，音是與[二九]反。

鴛鴦　字林：於袁反。下烏廊反[三〇]。梵言斫迦羅婆迦[三一]。

鸚鵡　於莖反。鵡或作䳇，同。亡甫反。梵言叔迦。

婆嘻　欣基反。依字，嘻嘻，和樂聲也。

蓊鬱　烏孔反，下於屈[三二]反。蓊，盛皃也。鬱，樹木叢生。

作倡　齒楊反。說文：倡，樂也。倡，俳也。謂倡俳戲笑也。

白鶴　古文鶮，今作隺，同。何各反。古今注云：白鶴千歲則變蒼，又千歲則變黑，所謂玄鶴是也。經文有作鵠，胡哭反。案廣志云：鵠形似鶴，色蒼黃也。

雕文　古文剈、琱二形，今作彫，同。都堯[三三]反。說文：彫，琢文也。三蒼：彫，飾也。字從彡，今皆從隹作雕。彡音先廉反。

欄楯　力干反。謂鈎闌也。今皆從木作欄。下音食允反。說文「楯，闌檻也。縱曰檻，橫曰楯」是也。

矛矟　古文戣、鉾二形，同。莫[三四]侯反。說文：矛長二丈建於兵車也。經文有作牟。說文：牟，牛聲也。廣雅：牟，遇（過）[三五]也，愛也。牟非字體。矟，山卓反。埤蒼：矟長丈八尺也。經文有作梢，所交反。木名也。或作栔，北人俗字也。或作鏰，江南俗字也。

金椎　直追反。蒼頡篇：椎，打物也。案說文：鐵爲黑金，故名金椎也。

鉞斧　古文戉，同。禹發反。說文：戉，大斧也。一云鉞，鑚也。音攅，大釤也。

罥索　三蒼：古文作羂，同。古犬反[三六]。聲類云：罥，係取也。

怛埵他踔丑白反[三七]計晰晰[三八]陟鎋反囉踔計曷勞魯交反魯隸摩訶曷勞魯隸阿羅長聲磨羅庫多賀反羅莎訶

詇諂　以珠反[三九]。下又作謟，同。丑冉反。不擇是非而言謂之詇，希其意道其言謂之諂。周書「面從曰詇」、三蒼「佞言曰諂」是也。經文有作諭，古文諭，今作喻，同。翼樹反。喻，告也，譬諫也。諭非經旨。

應時　於甑反。如響應聲也，亦瑞應也。

魔醯　字林：呼奚反。譯云大自在天也。

芬馥　敷雲反。方言：芬，和[也，郭璞曰：芬香和]（四〇）調也。下扶福反。字林：馥，香氣也。

爲向　許亮反。說文：向，北出牖也。

玫瑰　字林：莫回反。下胡魁反。石之美好曰玫，圓好曰瑰。郭璞云：玫瑰，石珠也。

蝮蠍　匹六反[四一]。三蒼：蝮蛇色如綬文，文間有猪鬣，鼻上有針。大者長七八尺，有牙，最毒。史記「蝮螫手即斷」是也[四二]。

灑地　所買反。通俗文：以水撿塵曰灑。謂以水灑散之也。

大般涅槃經　第二卷

除去　墟與反〔四三〕。去猶除去也。

沙鹵　力古反〔四四〕。謂确薄之地也。説文：鹵，西方鹹地也〔四五〕。

極（拯）〔四六〕　又作抍、橙（撜）〔四七〕二形，同。蒸上聲。説文：極（拯）〔四八〕，上舉也。謂救助也。

消化　呼瓜〔四九〕、呼霸二反。説文：化，變也。謂變化無常。

先已　蘇見反。案先猶先也。

牧牛　莫祿、亡福二反。三蒼：牧，養也。方言：牧，飤也。

蠲除　古玄反。方言：南楚疾愈謂之蠲。郭璞云：蠲，除也。

所吞　土根、他田二反。説文：吞，咽也。廣雅：吞，咽滅也。

觀行　古丸、古玩二反。説文：觀，諦視也。釋名：觀，望也。丸音完〔五〇〕。

蒭草　古文芻，同。測俱反。小爾雅云：稈謂之蒭。所以飼獸曰蒭。

家嗣　古文孠，同。辭利反。爾雅：嗣，繼也，又續也。

乞匄（匃）〔五一〕　古賴反。蒼頡篇：乞行請求也〔五二〕。字體從人從亡，言人亡財物則行求匄也。

蜂螫　舒〔五三〕赤反。説文：蟲行毒也。關西行此音。又呼各反，山東行此音。蛆（虵）〔五四〕知列反，東西通語也。

漂疾　芳妙〔五五〕反〔五六〕。漂猶流急〔五七〕也。

忉利　此應訛略也。正言多羅夜登陵舍天，此譯云三十三天也。

黿鼉　魚袁反。三蒼：似鼈而大也。字體從黽元。鼉，徒多反。三蒼：似蛟而大。山海經云：江水足鼉。郭璞曰：似蜥蜴，大者長一丈，有鱗採〔五八〕，皮可以爲鼓。

囹圄　力丁反，下魚吕反。獄名也。案廣雅：夏曰夏〔五九〕臺，拘湯是也。殷曰羑里，紂拘文王是也。周曰囹圄，皆獄之別名也。周禮：三王始有獄。釋名云：囹者領也，圄者禦也。謂領錄囚徒禁禦之也。禮記「仲春省囹圄」是也。

俾倪　三蒼作頼倪，又作睥睨二形。字林：普米、吾禮反。廣雅：俾倪，堞，女牆也。埤蒼云：城上小垣也。釋名云：言於孔中俾倪非常事也。亦言裨，助城之高也。或言女牆，言其卑小，比於城若女子之於丈夫也。或言堞，取其重疊之義也。

羇鏁　今作䩭，同。居猗反〔六〇〕。革絡馬頭曰羇。釋名：羇，撿也。所以撿持制之也。鏁，桑果反。字從貝從小。

醒悟　思梃、思定二反。字林：醉除也。

眠眩　説文作瞑，同。亡見、亡田二反。下侯遍、胡蠲二反。廣雅：眠眩，惑亂也，亦闇不明也。經文作愐，亡善反。愐，勉也，勸也。愐非此義。

巧出　昌遂反。案出亦出也。毛詩「出言有章」是也。

頑嚚　吴鰥〔六一〕反，下魚巾反。廣雅：頑，鈍也。蒼頡篇：嚚，惡也。左傳「心不則德義之經爲頑，口不道忠信之言曰嚚」〔六二〕是也。

奉祿　防用反。奉，與也，所以奉百官也。今皆作俸。

師範　所飢反。周禮「師氏」，鄭玄曰：教人以道之稱也。謚法曰：温故知新曰師，尊嚴能憚曰師。下今作笵，同。音犯。爾雅：範，法也。謂楷式法則也。通俗文「規模曰範」是也，故字從竹氾聲。説文：古法有竹形，以土曰型，以金曰鎔，以木曰摸（模）〔六三〕，以竹曰笵。四者一物，材別也。

偶成　字林：伍口反。偶，合也。爾雅：偶，遇也。郭璞曰：偶爾相值也〔六四〕。

⿺麦弋 夷職反〔六五〕。⿺麦弋也。案諸書所無，唯趙書有人姓姚名⿺麦弋作此字。

飲餧 猗〔六六〕嬀反。餧，說文作萎，同。於僞反。廣雅：飲（飤）〔六七〕也。

除愈 古文瘉，同。榆主反〔六八〕。方言：差，愈也。說文：愈，病瘳也。

大般涅槃經 第三卷

責索 阻革反〔六九〕。說文：責，求也。經文作債，阻懈反。近字耳。

無所 師呂反。三蒼：所，處也。所猶據也，在也。經文有作於。案郭璞注爾雅於于皆語之韻絶辭也。二形通用。

不汙 於故、紆莝二反。字林：汙，穢也。汙，塗也。

脱故 吐活反。脱，易也。爾雅：肉曰脱之，剝其皮曰脱也。

屏隈 蒲定反〔七〇〕。隈，說文：一凷反。水曲隩也。屏隈謂隱蔽之處也。

規欲 又作頍，同。九吹反。規，計也。規亦求也。謂以法取之也。〔七一〕

教詔 居效反，下諸曜反。三蒼：教，誨也，效也。詔，告也。廣雅：教，語也。爾雅：詔，導也。郭璞云：謂教導之也。

勸勵 力制反。小爾雅云：獎、率、勵，勸也。謂相勸勵也。

抄掠 古文抄、剿二形，今作鈔，同。初效反〔七二〕。下掠，聲類作剠，同。力尚反。字書：抄，掠也。通俗文：遮取謂之抄掠。謂强奪取物也。

斑宣 案古書或作頒，同。補姦反。頒，遍也。

⿱艹登瞢 徒登、丁鄧二反。韻集云：失卧極也。經文作瞪，非此義〔七三〕。

沮壞 才與反。三蒼：沮，漸也。敗壞也。經文多作爼，側呂反。貯醢器也。一曰置肉机（机）〔七四〕也。爼非此義。

大般涅槃經 第四卷

深邃 古文㒖，同。私醉反。說文：邃，深遠也。

乳養 而注反〔七五〕。說文：人及鳥生子曰乳。廣雅：乳，生也。

嬰兒 於盈反〔七六〕。三蒼：女曰嬰，男曰兒。釋名云：人始生曰嬰兒。胸前曰嬰，抱之嬰前而乳養之，故謂嬰兒也。

多含 字林從玉作琀，諸書從口作唅，同。胡紺反〔七七〕。穀梁傳曰：貝玉曰唅，謂資人含與也。今取其義。

夭壽 於矯反。說文：夭，屈也。廣雅：夭，拔也。夭，折也。字從夭象〔七八〕形不申也。不盡天年謂之夭，取此義也。

甘嗜 古藍反。廣雅：甘，樂也。嗜亦貪也。甘嗜，無猒也〔七九〕。

毫氂 字體作氂，力之反〔八〇〕。說文：强曲毛也。毫，兔毫也。十毫曰氂。

皮革 古核反〔八一〕。皮去毛曰革，謂變更之，故爲皮革字也。

被服 皮寄反。謂被帶也。經文有作披，匹皮反。披，散也。披，張也。

伺鼠 湑慈、先吏二反〔八二〕。字林：伺，候也，察也。

星宿 思育反。釋名云：宿，宿也。言星各止任〔八三〕其所也。

種植 時職反〔八四〕。植謂根生之屬也。

蠱道 功户反〔八五〕。聲類：戈堵反〔八六〕。蠱蠱病物害人也。說文：蠱，腹中蟲也。謂行毒蠱也。

摴蒲　敇於、他奴二反。謂收擲也。博物志云：老子作之用卜。今人擲之爲戲。

滋蔓　古文孖、稵二形，同。子夷反〔八七〕，下無願反〔八八〕。左傳：無使滋蔓。服虔曰：滋，益也。蔓，延也。謂無使其惡益延長也。經文作漫，謨喚反。方言：漫，敗也。漫非經義。

淤泥　於據反。字林：淤，澱滓也。今謂水中泥爲淤是也。

素在　蘇故反。方言：素，本也。素，空也。謂空虛也。

歷檜　空外反。字書：粗糠也。通俗文：米皮曰檜。

陶家　又作匋。字林：大牢反。案西域無窯，但露燒之耳。史記：陶，瓦器也。蒼頡篇：陶作瓦家也。舜始爲陶，諸書亦借音爲姚。

林微　梵言藍鞞尼，此云塩，即上古守園婢名也。因以名園。鞞音扶晚反。

天祠　似慈反。爾雅：祠，祭也。公羊傳曰：春祭曰祠。謂物始生，思親繼嗣食也。

子璫　都堂反。釋名云：穿耳施珠曰璫。本出西戎也。

角力　古文斠，同。古卓反〔八九〕。禮記：習射御角力。廣雅：角，量也。高誘注呂氏春秋云：角，試心(也)〔九〇〕。月令：角斗角(甬)〔九一〕。說文：平斗斛也。並單作角。經文作捔〔九二〕，古文粗字，音在古反〔九三〕。漢書班固叙傳云：捔舉職寮。韋昭音義曰：捔，略也。周禮注音亦粗，捔非此用。

木槍　千羊反〔九四〕。說文：槍，距也。三蒼：木兩耑鋭曰槍。經文作鏘。三蒼：鏘，鈴聲也。鏘非正體。耑音端。

博弈　古文篺。方言：博或謂之棋。弈，餘石反。方言：自關而東齊魯之間皆謂圍棋爲弈。

燈鑪　字又作爐，同。力胡反〔九五〕。火所居也。謂凡盛火之器曰爐。

大般涅槃經　第五卷

卷縮　奇員反。聲類亦觠字。詩云：有卷者阿。傳曰：卷，曲也。

傳以　方務反。漢書：皆傅脂粉。傅，附也。謂塗附之也。方言「凡飲藥傅藥而毒，刺」皆是也。經文作拊，敷主反。拊，拍也。拊非字體。

煗氣　乃短反。說文：煗，温也。字從火耎聲。

清夷　羊脂反。說文：夷，平也。字從大。

聲嘶　又作廝，同。蘇奚反。埤蒼：嘶，聲散也。經文作嘶，悲聲也。嘶，噎也。嘶非此義。

蜱麻　字宜作萞、蓖二形。案三蒼布迷反〔九六〕。草名也。呂静韻集云：萞麻其生似樹者也。經文作蜱，音脾。

日暴　蒲穀反。暴，曬也。說文：暴，晞乾也。字從日從出從廾從米，亦字意也。廾又作拜〔九七〕，音巨共反。拱手也。

振爆　方孝、補角、普剥三反。聲類：爆，熚起也。謂皮散起也〔九八〕。

泛長　又作汎，同。匹劍反。說文：泛，浮也。又駃疾也。

莖幹　工旦反〔九九〕。枝主也。廣雅：幹，本也。三蒼：枝，幹也。

門閫　又作梱，同。苦本反。三蒼：閫，門限也。

三跳　他弔、達澆二反。謂懸擲也。

穀積　子賜反〔一〇〇〕。埤蒼：穳，積也。

大般涅槃經　第六卷

侵嬈　乃了反。郭璞云：嬈，弄也。擾也。謂嬈擾戲弄也。

妬憋　古文嫳，同。脾滅反。方言：憋，惡也。郭璞云：急性也。

稗子　蒲懈反。草之似穀者也。

隙　古文𡭴，同。丘逆反。隙，璺也。說文：壁際孔也。廣雅：隙，裂也。字從𨸏從白上下小。經文作郄，地名也。聲類云：郄鄉在河內。郄非經旨。

儲君　直於反。儲，備也。蔡邕勸學云：儲，副君也。

篡居　叉患反[一〇一]。說文：强(逆)[一〇二]而奪取曰篡。爾雅：篡，取也。盜任(位)[一〇三]曰篡。字從算從厶音私。弑君之法，理無外聲，故從厶也。算音蘇卵反。

弱冠　古玩反。禮云：男子二十冠而字，成人之道也。案男子年二十加衣服始著冠爲冠。釋名云：二十曰弱冠。言雖成人而冠體尚弱也。

躃地　脾役反。謂躃倒也。

什物　時立反。三蒼：什，十也。什，聚也，雜也，亦會數之名也。又謂資生之物也。今人言家產器物猶云什物，物即器也。江南名什物，此(北)[一〇四]土名五行。史記「舜作什器於壽丘」、漢書「貧民賜田宅什器」並是也。

隄塘　古文陦，同。都奚反，下徒郎反。說文：隄，塘也。爾雅：隄謂之梁。李巡曰：隄，防也，障也。漢書：無隄之輿。韋昭曰：積土爲封限也。

穿決　周易：藩決不羸。王弼、徐邈等音皆穴。說文：胡玦反。下流也。又音古穴反。廣雅：穿也。謂穿破也。

淋漏　力金反。三蒼：淋，漉水下也。

耘除　禹軍反。除草也。經文作芸，字與萛同。草名也，似苜蓿。月令「仲冬芸始生」是也。芸非經旨。

裁有　在灾反。裁，僅也，劣也，不久也。廣雅：纔，暫也。三蒼：纔，微見也。鄭玄注禮記、周禮作裁，東觀漢記及諸史、賈逵注國語並作裁，漢書作纔，隨作無定體。

衒賣　古文眩、衙二形，同。胡麵、公縣二反。說文：行且賣也。廣雅：衙，誸(詥)[一〇五]也。

大般涅槃經　第七卷

娉妻　今作聘，同。匹勁反[一〇六]。問婚也。說文：聘，訪也。爾雅：聘，問也。

釜鍑　方目、甫救二反。方言：鍑或謂之鬲。郭璞曰：鍑，釜屬也。說文：鍑如釜而大口。三蒼：鍑，小釜也。

散香　蘇誕反。說文：散，雜也。謂散雜碎香者也。

憒內　公對反。說文：憒，亂也。內，女孝反。內，猥也。經文作閙，俗字也。

治壓　於甲反。廣雅：壓，鎮也。經文多作押，非體也。

革屣　古文𩋙、𩌦二形，同。所綺、所解二反。

大致　徵吏反[一〇七]。致，至也。說文：送詣曰致。三蒼：致，到也，又與也。

常翹　祇遥反。廣雅：翹，舉也。郭璞曰：翹謂懸危也。

爲屐　巨逆反。說文：履屬也。屐有草有帛者，非止木也。

療治　力照反。止病曰療，謂治病也。

樂味　閭咢反[一〇八]。蒼頡篇：樂，喜也。

木筩　徒東反。三蒼：筩，竹管也。說文：筩，斷竹也。方言：著(箸)[一〇九]筩也。郭璞曰：謂盛匕箸也。經文作筒。說文徒楝反。謂無底簫也。今亦爲筩字。

钁斲[一一〇]　古文斵，同。竹角反。斲，削也。說文：斲，斫也。

霸王　今作覇，同。補駕反。國語：晋猶霸。賈逵曰：霸猶把也。言把持諸侯之權也。諸侯把王事臣道也。故字從月霏聲。霏音匹各反。

步屈　纂文云：吴人以步屈名桑闔。方言「尺蠖又名步屈」是也。闔，古合反。

大般涅槃經　第八卷

治目　莫鹿、莫六二反。説文：人眼也。象形。目，視也，亦見也。

造詣　七到反[一一一]。説文：造，就也。廣雅：造，詣也。

金椑　案荀楷詺幼文字宜作篦，音方奚反[一一二]。經文多作椑，假借耳。

鵝鴈　五諫反。爾雅：舒雁，鵝。孫炎曰：鵝，一名舒雁。方言云：江東呼爲駉鵝也。駉音加。

仿佛　古文作昉髴，聲類作髣髴，同。芳往反，下芳味反[一一三]。謂相似見不諦也。

大舶　音白。埤蒼：舶，大船也。大者長二十丈，載六七百人者是也。

愞弱　三蒼：奴課反。愞亦弱也。

寱言　牛世反[一一四]。通俗文：夢語謂之寱。説文：眠言也。聲類：不覺妄言也。經文多作讇。案諸字書字與諂同，佞言也。今多以是鹽，以占二反。此或俗語假借耳，未詳何證。

橖觸　音紂庚反[一一五]。説文：橖，拄（柱）也[一一六]。何承天纂文云：橖，觸也。又作敞（敞）、敲（敦）[一一七]二形也。經文多作棠，徒當反。三蒼：棠，杜梨也。爾雅「杜，甘棠」是也。棠非此義。

文字品　字者，文字之總名。梵云惡刹羅[一一八]，譯言無異流轉，或言無盡，無盡是字，字在[一一九]紙墨，可得不滅，借此不滅以譬常住，凡有四十七字，爲一切字本。其十四字如言，三十三字如是，合之以成諸字，即名滿字。滿者，善義，以譬常住。半者，惡義，以譬煩惱。雖因半字，「爲字」[一二〇]根本，得成滿字，乃是正字。凡夫無始，皆由無明，得成常住，乃是真實，故字之爲義，可以譬道。大涅槃經其義如此。案西域悉曇章本是婆羅賀磨天所作，自古迄今更無異書，但點畫之間微有不同耳。悉曇，此云成就。論中悉檀者亦悉曇也，以隨別義轉音名爲悉檀婆羅賀磨天者，此云浄天。舊言梵天，訛略也。

字音十四字　裒烏可反阿、壹伊、塢烏古反烏、理重釐力之反黳烏奚反藹、汙烏故反奥、闇、啞　此十四字以爲音，一一聲中皆兩兩字同，長短爲異，皆前聲短，後聲長。

菴惡　此二字是前惡阿兩字之餘音，若不餘音則不盡一切字，故復取二字，以窮文字。

比聲二十五字

迦呿伽恒其柯反俄魚賀反　舌根聲。凡五字，中第四字與第二字同而輕重微異。

遮重車闍膳時柯反若耳賀反　舌齒聲。

吒重咃丑加反荼組伃賈反拏　上咢聲。

多他陀馱徒柯反那奴賀反　舌頭聲。

波頗婆婆去摩莫介反　脣吻聲。

蛇重羅盧舸反羅李舸反縛奢沙娑呵　此八字超聲。

金礦　古文砰，字書作礦，同。孤猛反[一二一]。説文：礦，銅鐵璞也。經文作丱。周禮：丱人掌金玉之地。劉昌宗：侯猛反，又音口猛反。注云：丱之言礦，金玉未成器曰丱。兩義大同，仍以初體爲正。

月蝕　神職反。周易云：月盈即蝕。釋名云：日月虧曰蝕，稍稍侵虧如蟲食草木葉也。漢書云：日月薄蝕。韋昭曰：氣往迫之曰薄，虧毀曰蝕也。

彗星　蘇醉反〔一二二〕。字林：囚芮反。釋名云：彗星星光稍稍似彗也。爾雅：彗星，欃搶。孫炎曰：妖星也。四曰彗。郭璞曰：亦謂之孛。釋名云：言其孛孛然似掃彗也。欃音又銜反。槍，又行反。

大般涅槃經　第九卷

廝下　又作㒋，同。思移反。廣雅：廝謂命使也。字書：廝，役也。謂賤役者也。漢書：廝輿之卒。張晏曰：廝，微也。韋昭曰：析薪曰廝，炊烹曰養。

怖遽　渠庶反。廣雅：遽、畏，懼也。疾，急也。經文有作懅，書史所無，唯郭璞注爾雅釋言中「淩懅也」作此字，二形通用。

咄善　字林：丁兀反。說文：咄，相謂也。字書：咄，叱也。

密緻　又作綎，同。馳致反〔一二三〕。緻亦密也。

鬱烝　於物反。爾雅：鬱，氣也。李巡曰：鬱，盛氣也。烝，之勝反〔一二四〕。說文：烝，火氣上行也。

乳哺　蒲路反〔一二五〕。哺，含食也，謂口中嚼食也。經文作餔，字與哺同，補胡反，謂申時食也。

創皰　古文戧、刅二形，同。楚良反〔一二六〕。說文：創，傷也。經文作瘡，近字耳。又音楚恨反。創，始也。非今所取。皰，又作靤，同。輔孝反。說文：皰，面生氣也。經文作疱，猶俗字耳。

㿃下　又作䐲，字林同。竹世反〔一二七〕。㿃，赤痢也。關中多音滯。三蒼：㿃下病也。釋名云：下重而赤白曰㿃。言厲䐲而難差也。經文作蜇，字與蛆(蛆)〔一二八〕同，知列反，蟲螫也。又作〔一二九〕哲，哲，了也，智也。二形並非經旨。

著後　中恕反〔一三〇〕。著之言處也。廣雅：著，補也。亦立也。

大般涅槃經　第十卷

祠祀　徐理反。祭無已也，謂年常祭祀潔敬無已也。爾雅：祭，祀也。舍人曰：祀，地祭也。禮記：王者爲群姓立七祀，諸侯五祀，大夫三祀，士二祀，庶人一祀或竈。鄭玄曰：此大神所祈大事者，小神居民間伺小過作譴告者也。

輕躁　又作趮，同。子到反。周易：震爲躁。躁猶動也。躁，擾也。論語曰：言未及之而言謂之躁。鄭玄曰：謂不安靜也。

口爽　所兩反。爽，敗也。楚人名美〔一三一〕敗曰爽。

肴饌　又作籑，同。士眷反。說文：饌，具飲〔一三二〕食也。

悵怏　於亮反。說文：怏，心不服也。蒼頡篇：怏，懟也。

唐捐　徒郎、以專反。案唐，徒也。徒，空也。說文：捐，弃也。

怡悅　古文嬰，同。弋之反〔一三三〕。爾雅：怡，樂也。方言：怡，喜也。說文：怡，和也。

姝大　充朱反〔一三四〕。說文：姝，好也，色美也。方言：趙、魏、燕、代之間謂好爲姝。

瓌異　又作傀，同。古回反。傀，美也。方言：傀，盛也。說文：

傀,偉也。偉,奇也。廣雅:傀偉,奇玩也〔一三五〕。

溉灌　哥賚反。説文:溉,灌也。謂灌注也。

診之　説文:之忍反。診,視之也。三蒼:診,候也。聲類:診,驗也。

恕已　尸預反〔一三六〕。蒼頡篇:恕,如也。聲類:以心度物曰恕。

綜習　子宋反。三蒼:綜,理經也。謂機縷持絲交者屈繩制經令得開合也。

羸瘠　古文膌、瘷、膌三形,同。才亦反〔一三七〕。説文:膌,瘦也。

大般涅槃經　第十一卷

習習　經文從疒作瘤,書無此字,近人加之耳。

嚱噎　於越反。説文:嚱,氣悟〔一三八〕也。通俗文:氣逆曰嚱。

痳瀝(瀝)〔一三九〕　力金反。聲類:痳,小便數也。經文作淋,説文:水沃也。廣雅:淋,漬也。淋非此用。

懟恨　古文譵,字林同。丈淚反〔一四〇〕。爾雅:懟,怨也。

欠故　又作呿,同。丘庶反〔一四一〕。通俗文:張口運氣謂之欠故。

不御　魚據反。御,侍也,進也。廣雅:御,使也。

蟠龍　蒲寒反。方言:未昇天龍謂之蟠龍。廣雅:蟠,曲也。蟠,委也。經文有作膰〔一四二〕,古字通用也。

劈裂　匹狄反。説文:劈,破也。廣雅:劈,裂也。亦中分也。

麒麟　渠之、理真反〔一四三〕。公羊傳:麒麟,仁獸也。説文:麕身牛尾一角,角頭有肉。經文作騏驎。説文:馬文如綦文。驎,力振反。爾雅:白馬黑脣曰驎。二形並非字義。

僧坊　甫房反。字林:坊,别屋也。

脱能　吐活、他外二反。廣雅:脱,可也。脱,爾也。謂不定之辭也。

坐肆　相利反。肆,陳也,陳物處也。肆,列也,謂列其貨賄於市也。

氍毹　渠俱反,下山于反。通俗文:織毛褥曰氍毹,細者謂之毾㲪。經文作氀,力于反。氀,毾也。氀非字體。

毾㲪　他盍反。釋名云:施之大牀前小榻上所以登上牀者,因以爲名焉。

䩸衣　三蒼而用反〔一四四〕。説文:䩸,毳飾也。或作氄,而容反,謂古貝垂毛也。或作毦,人志反。廣雅:氄毦,罽也。織毛曰罽。三形通,取於義無失。經文作茸,而容反。説文:茸,草茸也。茸非此義。

疌子　妬葉反。案字詁古文疌。今作接,謂接木之子也。經律中疌種子是也。大威德經中作接子,故南經本皆作接字,但舊譯本中接多作疌,如上文中「節頭相疌」是也。字體從又從止巾聲。經文從聿作逮,非體也。又音才妾反。説文云:疌,疾也。非今所取,今有經本改作疐子,音都計反,取爾雅「棗李曰疐之,削瓜者疐之〔一四五〕」爲證。此乃並是治擇之名,非言種也,故鄭玄注禮云:疐謂擿去其疐也。又撿諸經律中並無疐種,宜從初讀爲正。

丹枕　案天竺無木枕,皆以赤皮疊布爲枕,貯以兜羅綿及毛,枕而且倚。丹言其赤色也。

六博　説文:局戲六箸十二棋也。古者烏曹作博。方言:博或謂之棋,或謂之曲道,吴楚之間或謂之箭,或謂之博。博亦箸名也。

拍毱　古文毱,今作鞠。字林:巨六反〔一四六〕。郭璞注三蒼云:毛丸可蹋戲者曰鞠。蹋鞠,兵勢也,所以陳武士簡才力也。劉向别録曰:蹵鞠也。新書二十五篇傳云黄帝所作,云或起戰國時託云黄帝也。

擲石　案漢書：甘延壽投石拔距。張晏注云：飛石重十二斤，爲機發，行三百步。延壽有力，能以手投之也。

卜筮　時世反。禮記：龜爲卜，蓍爲筮。卜筮者，所以決嫌疑定猶豫，故疑即筮之。字體從竹從巫。筮者，揲蓍取卦，折竹爲爻，故字從竹也。揲音食列、余列二反。

遍耳　經文有作身字，恐傳寫誤也。

大般涅槃經　第十二卷

腦胲　依字，説文：古才反。足大指也。恐非今用。案字義宜作解，音胡賣反〔一四七〕，謂腦解也。案無上依經解三十二相中二如來頂骨無解是也。諸經中作「頂骨堅實」，同，一義也，或古字耳。

腨骨　或作踹，同。時兖反。説文：腨，腓腸也。字從肉耑聲。

柱髀　古文踋，同。蒲米反，北人行此音。又必尔反，江南行此音。釋名：髀，卑也。在下稱也。經文作跓脞二形，此並俗字，非其體也。

髖骨　或作臗，同。口丸反。埤蒼：髖，尻也。説文：髖，髀上也。

頷骨　胡感反〔一四八〕。方言：頷，頜也。郭璞云：頷車也。南楚之外謂之頷，秦晉謂之頜。頤也，今亦通語耳。釋名云：正名輔車，言其骨强所以輔持口也。左傳云：輔車相依。

姿態　古文能，字林同。他代反。意姿也。謂能度人情皃也。

視瞚　列子作瞬，通俗文作眴，同。尸閏反。説文：瞚，目開閉數摇也〔一四九〕。服虔云：目動曰眴也。

因的　古文弔，説文作的(旳)，同。都狄反〔一五〇〕。的，明也。詩云：彼發有的。傳曰：的，射質也。謂的然明見也。今射堋中珠子是也。

箭中　知仲反。禮記「射中即得爲諸侯，不中不得爲諸侯」是也。

撾〔一五一〕打　又作築，同。竹瓜反。撾，撻也。字體從木過聲。

[楚撻　楚，一名荊也。撻，古文㒓，同。他達反。箠也。廣雅：撻，擊也。]〔一五二〕

欬逆　枯戴反。説文：欬，逆氣也。字林：欬，瘶也。經文多作咳，胡來反。咳謂嬰兒也。咳非今用。

艾白　五蓋反。爾雅：艾，冰臺。言其色似艾也。

赧然　奴盞反〔一五三〕。方言：赧，愧也。小爾雅云：面愧曰赧。説文：赧，面慙赤也。

背僂　力矩反。廣雅云：僂，曲也。通俗文：曲脊謂之傴僂。經文有作瘻，音陋，病也。瘻非字義。

挑其　他堯反。説文：挑，抉也。以手抉挑出物也。

螺王　古文蠃，同。力戈反〔一五四〕。螺，蚌也。經文作蠡。力西、力底二反，借音耳。

發撤　除列反〔一五五〕。撤，去也。撤，壞也。撤，除也。

敷在　古文尃，同。匹于反。敷，遍也。小爾雅：頒、賦、敷，布也。

開剖　普厚反。剖猶破也。蒼頡篇：剖，析也。説文：剖，判也。

旄尾　古文髳，同。莫高反。説文：旄，髮也。謂毛中之旄也。經文有作駿，子公反。

聰叡　古文睿，籀文作壡，同。夷歲反。説文：睿，深明也，通也。廣雅：睿，智也。字從𣦼取其穿也，目取明也，從谷省取響應不窮也。故音在安反。

撓大　許高反。説文：撓，擾也。經文作挄，俗字也。

往討　古文訒，同。恥老反。漢書音義曰：討，除也。禮記注云：討，誅也。

大般涅槃經　第十三卷

耽湎　古文媅、妉二形，諸書作酖、沈二形，同。都含反〔一五六〕。說文：媅，樂也。國語：耽，嗜也。湎，古文䤄，同。亡善反〔一五七〕。說文：湎，沈於酒也。謂酒樂也。

瘜肉　方言作腮，同。思力反。說文：奇（寄）〔一五八〕肉也。三蒼：惡肉也。

蟲阻　字林：千余反。通俗文：肉中蟲謂之阻。三蒼：阻，蠅乳肉中也。經文作蛆，子余反，蝍蛆也。又作疽，久癰也。二形並非此義。

創痍　羊之反。三蒼：痍，傷也。通俗文：體創曰痍，頭創曰瘍。左傳曰：生瘍於頭。

鬱特　梵云鬱特迦，此水之一異名也。特音徒得反。

大般涅槃經　第十四卷

矬人　才戈反。廣雅：矬，短也。通俗文：侏儒曰矬。經文作痤。說文：痤，小腫也。痤非經義。

生涎　諸書作次、㳄、湺三形，同。詳延反。字林：慕欲口液。三蒼作涎，小兒唾也。

因燧　正字作鐆，同。辭醉反。火母也。論語：鑽燧改火。孔安國注「一年之中鑽火各異木」是也。世本曰：造火者燧人。因以爲名。

因鑽　子丸反。又音子亂反。說文：所以用穿物者也。

因桴　案詔定古文官書枹、桴二字同體。音扶鳩反〔一五九〕。謂鼓椎也。

道撿　居儼反〔一六〇〕。蒼頡篇：撿，法度也。撿亦攝也。

顧眄　亡見反〔一六一〕。說文：邪視也。方言：自關而西秦晉之間曰眄。

船舫　甫妄反。通俗文：連舟曰舫。併兩舟也。

炎旱　于廉反。炎，熱也。爾雅：炎炎，熏也。謂旱氣熏炙人也。

薄祜　胡古反。爾雅：祜，福也。天之福也。又云：祜，厚也。謂福厚也。

大般涅槃經　第十五卷

儴佉　尒羊反，又霜、傷二音。梵言餉佉，或云霜佉，此譯云貝也，亦云珂，異名耳。

水渧　此猶滴字耳，音都歷反。通俗文：霝滴謂之㵸渧。音丁計反。

趍〔一六二〕走　且榆反〔一六三〕。趍，疾行也。爾雅「門外謂之趍」是也。

性戾　字林：力計反。乖戾也。說文：戾，曲也。字體從犬。

敦喻　古文惇，同。都肫反〔一六四〕。爾雅：敦，勉也。謂相勸勉也。

豌豆　一丸反。廣雅：豌豆，蹓豆也。經文作宛，又作登，一月反。二形並非字體。

其鏃　字林：子木反。鏃，箭鏑也。江南言箭鏑也，江東言箭足。釋名云：箭本曰足。古謂箭足爲箭族。爾雅「金族（鏃）箭羽」是也。

覺寤　居效反〔一六五〕。寤，覺也。蒼頡篇：覺而有言曰寤。經文作悎，文字所無。又作悟，謂解悟之悟，非眠後覺寤也。

大般涅槃經　第十六卷

天竺　或言身毒，或言賢豆，皆訛也。正言印度。印度名月，月有千名，斯一稱也。良以彼土聖賢相繼，開悟群生，照臨如月，因以名也。一說云賢豆。本名因陀羅婆他那，此云主處，謂天帝也。當以天帝所護，故世人號之耳。

馳騁　直知反，下丑領反。廣雅：馳，奔也。騁，走也。

私吒　古文嗄，同。竹嫁反〔一六六〕。依字，吒，噴也。服虔云「痛惜曰吒」是也。

四衢　懼虞反。爾雅：四達謂之衢。郭璞曰：交道四出也。釋名云：齊魯謂四齒把爲欋（欔）〔一六七〕。欋（欔）把地即有四處，此道似之，因爲名焉。

爲臛　呼各反。王逸注楚辭云：有菜曰羹，無菜曰臛也。

聑劓　如志反〔一六八〕。下古文劓，同。魚器反。字林：聑，斷耳也。劓，刖鼻也。尚書云「無或劓聑人」是也。

蚉柴　今作咮，又作觜，同。子累反。廣雅：柴，口也。字書：鳥喙也。經文作嘴，撿諸經史無如此字，傳毅七激云「嘴埴飲泉」作此字，音與吮同。徐耎反。嘴非字義。

憲制　欣建反〔一六九〕。憲，法也。爾雅：憲、制、法，則也。廣雅：制，禁也。制亦法度也。字從心從罒害省聲。

熊羆　胡弓反〔一七〇〕。說文：熊如豕，山居冬蟄。其掌似人掌，名曰蹯。羆，彼宜反。爾雅：羆如熊，黃白文。郭璞曰：似熊而長，頭似馬有髦，高脚，猛憨多力，能拔木。關西名猳羆。蹯音扶袁反，憨呼藍反〔一七一〕，猳音加。

唯仰　語向反〔一七二〕。韻集云：仰，恃也。謂取資於人曰仰，仰亦望也。

編椽　卑綿反。蒼頡篇：織也。聲類：以繩次物曰編。謂取棘刺編椽而卧也。

氀毼　力于反。廣雅：氀毼，罽也。組（粗）〔一七三〕罽也。聲類：毛布也。

大般涅槃經　第十七卷

茹菜　攘舉反〔一七四〕。廣雅：茹，食也。茹，食之也。

大般涅槃經　第十八卷

畏省　思井反。省，察也。說文：省，視也。

詎有　渠據反。詎猶何也，未也。謂未知詞也。

良祐　古文閫、［佑］〔一七五〕二形，同。胡救反。祐者，助也。天之所助者也。

撓濁　乃飽〔一七六〕、乃挍二反。說文：撓，擾也。又曰：撓，亂也。

大般涅槃經　第十九卷

无辜　古胡反。爾雅：辜，罪也。禮義之罪也。

流惻　聲類作恩，同。楚力反。廣雅：惻，悲也。說文：惻，痛也。謂惻然心中痛也。

胝子　又作疷，同。竹尸反。母名也。

髡樹　口昆反。廣雅：髡，截也。字體從髟兀聲。左傳：使人髡之。

深穽　古文阱、汬二形，同。慈性反。廣雅：穽，坑也。説文：大陷也。三蒼：穽謂穽(穿)〔一七七〕地爲塹，所以張禽獸者也。

潤漬　在賜反〔一七八〕。説文：漬，漚也。謂水浸潤物也。

怨讎　視周反。讎，憎惡也。讎，對也。爾雅：仇、讎，匹也。怨之匹也。怨偶曰讎。

在琮　渠向反。字書：施罥於道謂之琮，其形似弓。經文作搵，俗字也。

而弑　今作試，同。尸至反。左傳：自虐其君曰弑。周易：臣弑君，子弑父，非一朝一夕，其所由來漸也。釋名云：下煞上曰弑。弑，伺也。伺間而後得其便也。

婬慝　以針反〔一七九〕。説文：婬，私逸也。小爾雅：男女不以禮交曰婬。下他則反〔一八〇〕。禮記：世亂即(則)禮慝。鄭玄曰：慝，穢也。詩云：死失(矢)〔一八一〕靡慝。傳曰：慝，邪也。

邠坘　鄙旻反。坘，古文坭，同。直飢反。梵言也，正云阿那他擯茶陀。阿那他，此云無依，亦名孤獨。擯茶他，此云團施。言此長者好施貧獨，因以名焉，本名須達多。

判合　古文胖，又作牉，同。普旦反。説文：胖，半體也。周禮：媒氏掌萬民之判。鄭玄曰：判，半也。得偶而合曰判。喪服云「夫妻判合」是也。經文有作泮，冰釋也。泮非此義。

鄙悼　補美反〔一八二〕。鄙，耻也，陋也。悼，徒到反。悼，傷也。方言：秦晉謂傷爲悼。悼亦哀也。

甲胄　除救反〔一八三〕。説文：胄，兜鍪也。字從曰〔一八四〕由聲。

間間　上居莧反。間，隔也。爾雅：間，代也。謂間錯相代也。間，乱也。下古閑反。間猶處所也。間，中也。

大般涅槃經　第二十卷

奎星　口攜反。爾雅：降婁，奎婁也。李巡曰：降婁，白虎宿也。經文有作金星，太白星也。宜從字讀。

圊廁　字林七情反。廣雅：圊、圂、庰，廁也。皆廁之別名也。釋名云：或曰清，言至穢之處宜修治使潔清也。或曰圂，言溷濁也。

罪戾　力計反。爾雅：戾，罪也。漢書：有功無其意曰戾，有其功有意曰罪。戾，定也〔一八五〕。

逆津　子鄰反。論語云：子路問津焉。鄭玄曰：津，濟渡之處也。

坐此　慈卧反。案坐，罪也，謂相緣罪也。蒼頡篇：坐，辠也。鹽鐵論曰「什伍相連，親戚相坐。若引根本而及華葉，傷小指而累四體」是也。

大般涅槃經　第二十一卷

識記　楚蔭反〔一八六〕。説文：識，驗也。謂占後有効驗也。釋名：識，纖也。其義纖微而有効驗也。

不登　都恒反。登，升也。周禮：以歲時登。鄭玄曰：登，成也。漢書云：再登曰平〔一八七〕。

大般涅槃經　第二十二卷

恃怙　胡古反〔一八八〕。爾雅：怙，恃也。韓詩云：無父何怙。怙，賴也。無母何恃。恃，負也。

覭身　且吝[一八九]、叉覲二反。覭，至也，近也。

坌之　蒲頓反[一九〇]。通俗文：埲土曰坌。説文：坌，塵也。

迴復　三蒼作洄，水轉也。宣帝紀作澓，迴水也，深也。

船筏　扶月反。桴，編竹木也。大者曰筏，小者曰桴，音匹于反[一九一]。江南名簰，音父佳反。經文從木作栰，非體也。

大般涅槃經　第二十三卷

連綴　張衛反[一九二]。亦連也。説文：綴，合著也。

難冀　又作覬，同。居致反。冀，望也。説文：覬，幸也。

餧飤　石經今作食，同。囚恣反[一九三]。聲類：飤，哺也。説文：飤，糧也。從人仰食也。謂以食供設與人也，故字從食從人意也。經文作飼，俗字也。

坻器　下江反[一九四]。説文：似甖，長頸，受十升也。

手抱　説文作捊，捊或作抱，同。步交反[一九五]。捊，引取也。通俗文作掊，音蒲交反。手把曰掊。

駃河　三蒼古文使字或作駛，同。山吏反[一九六]。蒼頡篇：駛，疾也。字從史，經文從夬作駃，古穴反。駃騠，駿馬也。列女傳曰：「生三日超其母」[一九七]是也。駃非字義，夬音古快反。

迦迦羅　脚佉反[一九八]。是烏聲也。迦迦，此云烏。

究究羅　居求反[一九九]。此是鷄聲也。鳩鳩吒，此云鷄。

呾呾羅　都達反。此是雉聲也。或言鶬鶊，依梵音帝栗反。

大般涅槃經　第二十四卷

怡懌　音以之反。[爾雅][二〇〇]：怡、懌，樂也。郭璞曰：怡，心之樂也。懌，意解之樂也。

庭燎　力炤反。周禮：供墳燭庭燎。鄭玄曰：墳，大也。樹於門外曰大燭，於内曰庭燎。

大般涅槃經　第二十六卷

逐塊　古文凷，同。苦對反。結土也，土塊也。

黐膠　敕支反。廣雅：黐，黏也。字書：木膠也。謂黏物者也。

温故　烏昆反。論語：温故而知新。何晏曰：温，尋也。禮記鄭玄注云：後時習之謂之温。經文作愠，於問反。愠，恚也，怨也，恨也。愠非字義。

大般涅槃經　第二十七卷

我適　尸赤反[二〇一]。廣雅：祇，適也。謂適近也，始也。

鋒芒　古文杧，同。無方反。字林：禾秒也。謂其刃纖[二〇二]利如芒也。

哮吼　古文虓，同。呼交、呼狡二反。通俗文：虎聲謂之哮唬。埤蒼：哮嚇，大怒聲也。唬音呼家反。

毳衣　尺鋭反[二〇三]。三蒼：羊細毛也。説文：獸細毛也。

大般涅槃經　第二十八卷

立拒　其吕反。此外道瓶圓如瓠，無足，以三杖交之舉於瓶也。諸經中或言「執三奇立拒」，或言「三叉立拒」皆是也。

酵煥　案韻集音古孝反。酒酵也。謂起麵酒也。經文多作醪，音勢。三蒼、説文皆云有滓酒也。醪非字體。

雲表　碑矯反〔二〇四〕。三蒼：表，外也。言此星在雲外也。

鑪冶　餘者反〔二〇五〕。説文：冶，銷也。三蒼：冶，銷鑠也。遭熱即流，遇冷即合，與冰同意，故字從冰也。

大般涅槃經　第二十九卷

絅縵　借音莫盤反。謂肉縵其指間也。

傭滿　敕龍反。爾雅：傭，均也。齊等也。經文作膗，俗字也。

粗自　在古反〔二〇六〕。粗，略也。粗，麁也。

賦給　古文賦〔二〇七〕，同。甫務反〔二〇八〕。説文：賦，斂也。廣雅：賦，税也。方言：賦，動也。謂賦斂所以擾動也。爾雅：賦，量也。郭璞曰：賦税所以平量也。

奩底　今作籢，同。力占反。蒼頡篇：盛鏡器名也。謂方底者也。

憩駕　説文作愒，蒼頡篇作㞓，同。却厲反。爾雅：憩，息也。注云：憩，止之息也。

苟能　公厚反。廣雅：苟，誠也。苟，且也。韓詩：苟，得也。

婚姻　今作昏。説文：婦家也。禮云：娶婦以昏時入，故曰昏。爾雅：婦之父爲昏也。姻，古文婣、㚼二形，今作因。説文：壻家也。女之所因故曰因〔二〇九〕。爾雅：壻之父爲姻。壻音細。

大般涅槃經　第三十卷

駿馬　子閏反〔二一〇〕。馬之美稱也。説文：駿，馬之才良者也。

殯斂　古文殮，同。力豔反。衣尸也。釋名云：斂者，斂也。藏不復見也。小斂户内，大斂於阼階是也。

孚乳　通俗文：卵化曰孚。音匹付反〔二一一〕。方言：鷄伏卵而未孚。字林：匹于反〔二一二〕。廣雅：孚，生也。謂子之出於卵也。説文：卵孚也。或曰孚，伏也。謂育養也。乳，而注反。蒼頡篇：乳，字也，養也。謂養子也。

和液　夷石反〔二一三〕。説文：液，津潤也。廣雅：猶滋液也。

大般涅槃經　第三十一卷

得衷　知沖反〔二一四〕。左傳：楚辟我衷。杜預曰：衷，正也。衷，中當也。尚書：衷，善也。蒼頡篇：別内外之辭也。經文作中，平也，隨作無在。

遺燼　正字作㶳，同。似進反〔二一五〕。説文：火之餘木也。

菅草　古顔反。爾雅：菅，茅屬也。詩傳曰「白華野菅」也。經文作姦，字書與蕑字同。姦，蘭也。説文：姦，香草也。姦非此用。

甘鍋　字體作鬲，古和反。方言：秦云土釜也。字體從鬲𠦄聲，今皆作鍋。

撓攪　古卯反〔二一六〕。説文：攪，亂也。詩云「祇攪我心」是也。

嘲調　正字作啁，同。竹包反〔二一七〕，下徒吊反。蒼頡篇云：啁，調也。謂相調戲也。經文有作譺，相承音藝，未詳何出。或作譺，五戒反。字林：欺調也，亦大調曰譺也。

賈客　公户反。周禮「商賈」，鄭玄曰：行曰商，處曰賈。白虎通曰：賈之言固也，固其物待民來以求其利者也。又音古足反。

刖足　古文跀、趴二形，同。五刮、魚厥二反。刖，斷足也。周改臏作刖。廣雅：刖，色(危)[二一八]也。謂斷足即色(危)也。臏音扶忍反[二一九]。色(危)音慈悦反。

盲瞽　公户反。無目謂之瞽。釋名云：瞽目眠眠然目平合如鼓皮也。

大般涅槃經　第三十二卷

如駝食蜜　徒多反。駞駝也。蜜，刺蜜也。

羅旄　仁志反。通俗文：毛飾曰旄。稍上垂毛亦曰旄。

紝婆　古文絍，同。女林、如深二反。樹名也。葉苦，可煮爲飲，治頭痛也。如此間苦楝樹也。言此蟲甘之耳。楝音力見反[二二〇]。

瑕疵　古文疵(疵)[二二一]，同。字林：才雌反[二二二]。説文：疵，病也。

磁石　徂兹反。埤蒼：磁石也。謂召鐵者也。

灌綆　或作綆，同。古亂反。汲器也。綆，格杏反[二二三]。説文：汲井繩也。方言：韓魏間謂之綆。

罣礙　又作罫，同。胡卦反。字書：網礙也。

蘆菔　字林力何反。下蒲北反。似菘，紫花者謂之蘆菔[二二四]。

大般涅槃經　第三十三卷

粟床　字體作糜、縻二形，同。亡皮反。禾穄也。關西謂之床，冀州謂之穄。

綫塼　字體作甎，同。脂緣反[二二五]。又音船。毛詩：載弄之瓦。注云：紡專也。詩中作專，此由古字通用耳。

剜身　烏官反。字林：剜，削也。削音一玄反。削，挑也。

明觳　字書作殼，同。口角反。吴會間音口角(木)[二二六]反。卵外堅也。案凡物皮皆曰殼是也。

婬佚　今作妷，同。與一反。佚，樂也。蒼頡篇：佚，惕也。惕音蕩。

大般涅槃經　第三十六卷

巴吒　百麻反。案阿含經此長者因國爲名也。經文作把，比雅反，亦是梵音訛轉耳。

坻彌　三蒼音低。下音迷。律中坻彌皆作迷字，應言帝彌祇羅，謂大身魚也。其類有四種，此第四最小者也。法炬經中低迷宜羅即第三魚也。皆次第互相吞噉也。

鮨魚　且各反。薛珝異物志云：鐇鮨有横骨在鼻前，狀如斧斤。江東呼斧斤爲錯[二二七]，故謂之鐇錯也。此類有二十種，各異名。如鋸鮨等齒利如鋸，即名鋸錯也。鐇音府煩反。珝音虚矩反。

大般涅槃經　第三十七卷

惋手　烏喚反[二二八]。謂驚異也。未詳何義立名也。

刁長　都堯反。人姓也。或可因事立名耳。

行般　乎庚反。此人利根無待勤行，自能得滅。成實論中不行滅人是也。

霑汙　致廉反[二二九]。霑，濡也。三蒼：霑，漬也。

魍魎　説文蝄蜽從虫，字書從鬼，同。上亡强反[二三〇]，下力掌反。通俗文：木石怪謂之魍魎。言木石之精也。淮南説狀如三歲小兒，赤黑色，赤目，赤爪，長耳，美髮也。

大般涅槃經　第三十八卷

煒爗　上于匪反〔一三一〕，下爲獵反〔一三二〕。方言：煒爗，盛皃也。三蒼：光華也。

虎兕　又作兕，同。徐里反。爾雅：兕似牛。郭璞曰：一角，青色，重千〔一三三〕斤。

摶食　徒官反。説文：摶，圜也。三蒼：摶飯也。經文作揣，丁果、初委二反。揣，量也。揣非字義。

法厲　古文礪，同。力制反。磨石也。砥細於礪，皆可以磨刀刃也。

麁獷　古猛反。獷，强也。説文：獷，大(犬)〔一三四〕不可附也。經文作穬，穀芒也。穬非字體。

蚩笑　充之反〔一三五〕。蒼頡篇：蚩，輕侮也。笑，私妙反。字林：笑，喜也。字從竹從犬聲。竹爲樂器，君子樂，然後笑。

鉋須　蒲交反〔一三六〕。案鉋，文字所無，宜作抱，又作棓。

齚齧　古文齰，又作咋，同。士白反〔一三七〕。通俗文：齧咬曰齚。

大般涅槃經　第三十九卷

祢瞿　又作你，同。女履反〔一三八〕。祢猶汝也。謂尔汝，如來姓氏也。

榛木　仕巾反。廣雅云：木藂生曰榛，草藂生曰薄也。

大般涅槃經　第四十卷

車輿　與諸反〔一三九〕。説文：車，輿也。亦總稱車曰輿。一曰車無輪曰輿。

鉤餌　正字作蝆，同。如志反。服虔云：鉤魚曰餌。

欶乳　又作嗽，同。所角反。三蒼云：欶，吮也。通俗文：含吸曰嗽。經文作嗽，此俗字也。

户鑰　古文鑰，同。余酌反。方言：關東謂之鍵，關西謂之鑰。説文作籥。字林：書僮笘〔一四〇〕也。纂文云：關西以書篇爲書籥。籥非此義。笘，赤占反。

婪嵐　力含反。案諸字部無如此字，唯應璩詩云「嵐風寒折骨」作此字。

賴締　徒計反。依字，説文：締，結不解也。

一切經音義　卷第二

乙巳歲高麗國大藏都監奉敕雕造

校勘記

〔一〕大般涅槃經　慧卷二十五轉録再删補有雲公大般涅槃經音義。

〔二〕視柳反　慧爲「上時九反，又時右反」。

〔三〕剌，力曷反　磧爲「剌音力曷反」。

〔四〕固　磧爲「堅固」。

〔五〕脈、脈　磧作「脈、眡」。

〔六〕危　慧作「僞」。

〔七〕仁　慧作「人」。

〔八〕胡　慧作「户」。

〔九〕古　慧作「詁」。

〔一〇〕市繞　慧爲「時沼」。

〔一一〕繼續　磧爲「續紹」。
〔一二〕花青也　磧爲「華青紫色」。
〔一三〕蔣曰：「釋名釋車云：『槅，扼也。所以扼牛頸也。』頭當改作頸。」
〔一四〕寘　磧作「寊」。
〔一五〕雜也　磧爲「雜色」。
〔一六〕子沓　慧爲「沓答」。
〔一七〕於　慧作「烏」。
〔一八〕力　慧作「洛」。
〔一九〕窗　磧作「空」。
〔二〇〕子爾反　磧爲「子爾、子雅二反」。蔣曰：「雅當作稚。」
〔二一〕且　磧作「旦」。玉篇：「憀，賴也，且也。」
〔二二〕都綴　慧爲「團亂」。
〔二三〕相二　慧爲「私恣」，金爲「相一」。
〔二四〕足容反　慧爲「子容子用」。
〔二五〕經文有從食作善　據文意「善」當作「饍」。
〔二六〕於蟻　慧爲「依綺」。
〔二七〕此後磧有「猶樂歌乾闥婆等是也」。
〔二八〕輔俱反。下我諫反　慧爲「附無反，五諫反」。
〔二九〕是臾　磧爲「其里」。
〔三〇〕於袁反。下烏廊反　磧爲「於袁、烏良反」，慧爲「苑元反，烏郎反」。
〔三一〕梵言斫迦羅婆迦　磧爲「梵言斫迦羅婆也」。
〔三二〕於屈　慧爲「蘊律」。
〔三三〕堯　磧作「神」。
〔三四〕莫　慧作「模」。
〔三五〕遇　磧作「過」，檢今本廣雅卷三下釋詁：「爽、曉、牟、騰、軼、渡、羸、歷、更，過也。」
〔三六〕古犬反　慧爲「決犬反」。
〔三七〕丑白反　磧爲「丑皃反」。
〔三八〕嘶嘶　磧爲「哳哳」。
〔三九〕以珠反　慧爲「以朱反」。
〔四〇〕也，郭璞曰芬香和　麗金無，據磧補。
〔四一〕匹六反　磧爲「芳六反」，慧爲「芳福反」。
〔四二〕此後磧有「蠍音歇，毒蟲尾有刺也」。
〔四三〕墟與反　慧爲「丘呂反」。
〔四四〕力古反　慧爲「來古反」。
〔四五〕此後磧有「故字從西省，下象鹽形也。天生曰鹵，人生曰鹽。鹽在正東方，鹵在正西方也。確字音苦角反」。
〔四六〕極　磧作「拯」。
〔四七〕橙　磧作「撜」。
〔四八〕極　磧作「拯」。
〔四九〕瓜　磧作「苽」。
〔五〇〕也。丸音完　磧無。
〔五一〕匃　慧卷七十作「匃」。據文意似當作「匄」。下同。
〔五二〕乞行請求也　磧爲「乞行謂匄也」。
〔五三〕舒　慧作「尸」。
〔五四〕蛆　「蛆」爲「蛆」之誤，「蛆」無「知列反」之音。據廣韻，蛆有「奴曷切」和「陟列切」（義爲「螫」）二切，「陟列切」即玄應所釋「知列反」。
〔五五〕芳妙　磧爲「匹妙」，慧爲「芳要」。
〔五六〕此後磧有「又撫招反」。
〔五七〕流急　磧爲「急流」。
〔五八〕採　今傳本作「彩」。
〔五九〕夏　磧無。
〔六〇〕居猗反　磧爲「猗奇反」。
〔六一〕吴鰻　慧爲「五關」。
〔六二〕心不則德義之經爲頑，口不道忠信之言曰嚚　今傳本左傳爲「心不則德義之經爲頑，口不道忠信之言爲嚚」。
〔六三〕摸　磧作「模」。
〔六四〕偶爾相值也　磧爲「偶爾相值者也」。
〔六五〕夷職反　慧爲「蠅即反」。
〔六六〕猗　慧作「於」。
〔六七〕廣雅：飤　磧爲「廣雅：餧，飤也」。
〔六八〕榆主反　慧爲「余主反」。
〔六九〕阻革反　慧爲「側戒、側革二反」。
〔七〇〕蒲定反　磧爲「補定反」。
〔七一〕謂以法取之也　磧爲「謂以法也。字從夫言丈夫之見也，合規矩者也」。
〔七二〕初效反　慧爲「初教反」。
〔七三〕非此義　磧爲「借爲徒登反。瞢，亡登、武鄧二反。瞢，亂悶也，謂闇亂」。
〔七四〕杌　磧作「机」。
〔七五〕而注反　磧爲「而主、而注二反」，慧爲「儒主反」。
〔七六〕於盈反　慧爲「伊盈反」。
〔七七〕胡紺反　慧爲「胡甘反」。
〔七八〕夭象　磧爲「大丿」。
〔七九〕無猒也　磧爲「無厭足也」。
〔八〇〕力之反　慧作「力私反」。
〔八一〕古核反　慧爲「耕麥反」。
〔八二〕滑慈、先吏二反　慧爲「思吏反」。

〔八三〕任　磧作「住」。
〔八四〕時職反　慧爲「時力反」。
〔八五〕功户反　慧爲「公户反」。
〔八六〕戈堵反　磧爲「弋者反」。
〔八七〕子夷反　慧爲「子司反」。
〔八八〕無願反　慧爲「勿飯反」。
〔八九〕古卓反　慧爲「古岳反」。
〔九〇〕試心　磧爲「試也」。檢今傳本呂氏春秋：「天子乃命將率講武肄射御角力。」高誘注：「角猶試。」
〔九一〕角斗角　檢今傳本禮記月令爲「角斗甬」。
〔九二〕捔　據文意似作「觕」。
〔九三〕在古反　慧爲「才古反」。
〔九四〕千羊反　慧爲「七羊反」。
〔九五〕力胡反　慧爲「魯姑反」。
〔九六〕布迷反　慧爲「布奚反」。
〔九七〕拜　據文意當作「拜」。
〔九八〕蔣曰：「熉當作墳，散當作鼓。」
〔九九〕工旦反　慧爲「干旦反」。
〔一〇〇〕子賜反　慧爲「子易反」。
〔一〇一〕叉患反　慧爲「初患反」。
〔一〇二〕强　磧作「逆」。檢今傳本説文：「篡，逆而奪取曰篡。」
〔一〇三〕任　磧作「位」。
〔一〇四〕此　磧作「北」。
〔一〇五〕該　據文意似作「詥」。
〔一〇六〕匹勁反　慧爲「篇併反」。
〔一〇七〕徵吏反　慧爲「竹吏反」。
〔一〇八〕閭咢反　慧爲「力各反」。
〔一〇九〕著　磧作「箸」。
〔一一〇〕斱　磧作「斵」。
〔一一一〕七到反　慧爲「千到反」。
〔一一二〕案荀楷詁幼文字宜作篦，音方奚反　磧爲「賓彌反。金中精剛爲鉀，决其眼膜也」。
〔一一三〕芳往反，下芳味反　磧爲「芳往、敷物反」，慧爲「芳往反，妃未反」。
〔一一四〕牛世反　慧爲「霓世反」。
〔一一五〕音　大治本爲「音隱」。　紂庚反　慧爲「直庚反」。
〔一一六〕拄也　説文：「樘，柱也。」
〔一一七〕敞，敲　磧爲「敞、敔」。
〔一一八〕惡刹羅　磧爲「羅刹羅」。
〔一一九〕在　磧作「存」。
〔一二〇〕爲字　麗無，據磧補。
〔一二一〕孤猛反　慧爲「古猛反」。
〔一二二〕蘇醉反　慧爲「随鋭反」。
〔一二三〕馳致反　慧爲「直致反」。
〔一二四〕之勝反　磧爲「之滕反」。
〔一二五〕蒲路反　金爲「薄路反」，慧爲「蒲布反」。
〔一二六〕楚良反　慧爲「初良反」。
〔一二七〕竹世反　慧爲「當賴反」。
〔一二八〕蛆　據文意當作「蛆」。
〔一二九〕又作　磧無，似爲衍文。
〔一三〇〕中恕反　慧爲「忠恕反」。
〔一三一〕美　似爲「羹」之誤。王逸注楚辭招魂：「楚人名羹敗曰爽。」
〔一三二〕飲　磧爲「美」。
〔一三三〕弋之反　磧爲「與之反」。
〔一三四〕充朱反　磧爲「充珠反」，慧爲「齒朱反」。
〔一三五〕傀偉，奇玩也　今傳本廣雅：「瑰瑋，琦玩也。」
〔一三六〕尸預反　慧爲「舒預反」。
〔一三七〕才亦反　慧爲「情亦反」。
〔一三八〕悟　磧作「捂」。
〔一三九〕懣　磧慧作「瀝」。
〔一四〇〕丈淚反　金同。磧爲「大淚反」，慧爲「直淚反」。
〔一四一〕丘庶反　慧爲「墟庶反」。
〔一四二〕脒　磧作「槃」，慧作「盤」。
〔一四三〕理真反　磧爲「里真反」，慧爲「力真反」。
〔一四四〕而用反　慧爲「而容反」。
〔一四五〕爾雅「棗李曰疐之，削瓜者疐之」　今傳本爾雅：「瓜曰華之，桃曰膽之，棗李曰疐之。」
〔一四六〕巨六反　磧爲「居六反」。
〔一四七〕胡賣反　磧爲「户賣反」。
〔一四八〕胡感反　慧爲「侯感反」。
〔一四九〕説文：瞚，目開閉數摇也　今本説文：「瞚，開闔目數摇也。」
〔一五〇〕説文作的　今傳本説文作「旳」。都狄反　慧爲「丁歷反」。
〔一五一〕撾　磧作「檛」。下同。
〔一五二〕楚撻……擊也　此條麗無，據磧補。
〔一五三〕奴盞反　慧爲「拏盞反」。
〔一五四〕力戈反　慧爲「勒和反」。
〔一五五〕除列反　慧爲「纏列反」。
〔一五六〕都含反　慧爲「多含反」。
〔一五七〕亡善反　慧爲「彌兖反」。
〔一五八〕奇　今傳本説文作「寄」。
〔一五九〕扶鳩反　慧爲「拊無反」。
〔一六〇〕居儼反　慧爲「居險反」。

〔一六一〕亡見反　磧爲「忙見反」，慧爲「眠見反」。
〔一六二〕趍　磧爲「趨」。
〔一六三〕且榆反　磧爲「七榆反」。
〔一六四〕都肫反　磧爲「頓温反」。
〔一六五〕居效反　磧爲「交孝反」，慧爲「交教反」。
〔一六六〕竹嫁反　慧爲「竹家反」。
〔一六七〕欋　磧爲「欔」。下同。
〔一六八〕如志反　慧爲「而志反」。
〔一六九〕欣建反　慧爲「軒建反」。
〔一七〇〕胡弓反　慧爲「虚穷反」。
〔一七一〕呼藍反　磧爲「呼濫反」，慧爲「可藍反」。
〔一七二〕語向反　慧爲「魚兩反」。
〔一七三〕組　磧作「粗」。
〔一七四〕攘舉反　慧爲「如翥反」。
〔一七五〕佑　據磧補。
〔一七六〕乃飽　慧爲「乃巧」。
〔一七七〕穽　磧作「穿」。
〔一七八〕在賜反　慧爲「茲賜反」。
〔一七九〕以針反　慧爲「以心反」。
〔一八〇〕他則反　磧爲「他勒反」。
〔一八一〕失　磧作「矢」。死失靡慝　檢今本詩爲：「之死矢靡慝。」
〔一八二〕補美反　慧爲「悲美反」。
〔一八三〕除救反　慧爲「直救反」。
〔一八四〕曰　磧作「月」。據説文作「冃」。
〔一八五〕漢書……戾，定也　磧爲「漢書：有功無其意曰戾，有其功有其意曰罪戾是也」。檢今本漢書卷八宣帝紀爲：「董仲舒曰：『有其功無其意謂之戾，無其功有其意謂之罪。』」
〔一八六〕楚蔭反　慧爲「初禁反」。
〔一八七〕平　磧作「升」。
〔一八八〕胡古反　慧爲「何古反」。
〔一八九〕且吝　慧爲「且信」。
〔一九〇〕蒲頓反　慧爲「蒲悶反」。
〔一九一〕匹于反　磧爲「方于反」。
〔一九二〕張衛反　慧爲「追衛反」。
〔一九三〕囚恣反　磧爲「罔恣反」，慧爲「詞恣反」。
〔一九四〕下江反　慧爲「學江反」。
〔一九五〕步交反　慧爲「鮑交反」。
〔一九六〕山吏反　慧爲「史吏反」。
〔一九七〕生三日超其母　磧爲「生月超其母」。
〔一九八〕脚佉反　慧爲「居佉反」。
〔一九九〕居求反　慧爲「九求反」。
〔二〇〇〕爾雅　據磧補。
〔二〇一〕尸赤反　慧爲「尸亦反」。
〔二〇二〕纖　似爲「鐵」之誤。
〔二〇三〕尺鋭反　慧爲「昌芮反」。
〔二〇四〕碑矯反　慧爲「悲夭反」。
〔二〇五〕餘者反　慧爲「以者反」。
〔二〇六〕在古反　慧爲「才故反」。
〔二〇七〕貶　據文意似作「貶」。
〔二〇八〕甫務反　慧爲「方務反」。
〔二〇九〕女之所因故曰因　據文意當爲「女之所因故曰姻」。
〔二一〇〕子閏反　慧爲「尊迅反」。
〔二一一〕匹付反　慧爲「方付反」。
〔二一二〕匹于反　慧爲「方于反」。
〔二一三〕夷石反　慧爲「盈益反」。
〔二一四〕知沖反　慧爲「竹隆反」。
〔二一五〕似進反　慧爲「秦進反」。
〔二一六〕古卯反　慧爲「交咬反」。
〔二一七〕竹包反　慧爲「竹交反」。
〔二一八〕色　磧和今傳本廣雅作「危」。下同。
〔二一九〕扶忍反　磧爲「莆忍反」。
〔二二〇〕力見反　慧爲「蓮見反」。
〔二二一〕𤶃　據文意似作「𤸇」。
〔二二二〕才雌反　慧爲「自移反」。
〔二二三〕格杏反　慧爲「古杏反」。
〔二二四〕磧此條在「罣礙」前。
〔二二五〕脂緣反　慧爲「止緣反」。
〔二二六〕角　磧作「木」。
〔二二七〕錯　慧卷二六作「鐇」。
〔二二八〕烏唤反　慧爲「烏灌反」。
〔二二九〕致廉反　慧爲「知廉反」。
〔二三〇〕亡强反　磧爲「文紡反」，慧爲「亡往反」。
〔二三一〕于匪反　慧爲「于鬼反」。
〔二三二〕爲獵反　慧爲「炎獵反」。
〔二三三〕十　磧作「千」。
〔二三四〕大　磧作「犬」。
〔二三五〕充之反　慧爲「赤之反」。
〔二三六〕蒲交反　慧爲「步交反」。
〔二三七〕士白反　慧爲「柴責反」。
〔二三八〕女履反　慧爲「奴履反」。
〔二三九〕與諸反　慧爲「余慮反」。
〔二四〇〕笘　磧作「笘」。下同。

一切經音義　卷第三

翻經沙門玄應撰

摩訶般若波羅蜜經〔一〕　第一卷

婆伽婆　舊云有大功德至聖之名也。正言薄伽梵。薄伽，此譯云德；梵，此言成就義。衆德成滿名薄伽梵。又此一名總攝衆德，餘即不爾，故諸經首皆置此名。

那伽　此譯云龍，或云象，言其大力，故以喻焉。

三昧　莫蓋反。［或言三摩提，或言三摩帝，皆訛也。正言三摩地］〔二〕，此云等持。等者，正也。正持心也。持謂持諸功德也〔三〕。

希望　説文作睎，同。虚衣反。睎，望也。海岱之間謂睎。廣雅：睎，視也。下無方反。説文：出望(亡)〔四〕在外，望其還也。字從望省聲，若音無放反。説文月滿與日相望也，字從亡月〔五〕，但此二字音體人多不辯，故此兩釋。

心行　下庚反。謂遊履也。放光經云：意所趣向。光讚經云：所趣所行。大論云：問：云何悉知衆生心行？答：菩薩知衆生心種種法中處處行。即維摩經云「善知衆生往來所趣及心所行」，其義一也。今有讀爲下孟反，誤也。

罣礙　又作罫，同。胡卦反。字書：網礙也。礙，止也。〔六〕

刺那　盧割反。光讚經作羅鄰那竭菩薩，此譯云寶積。舊維摩經：漢言寶事。放光經作寶來。案梵本云曷刺怛那揭婆，此云寶臺，或云寶藏，皆一義也。經文有作斴，居例反，非也。

滿予　餘、與二音。三蒼解詁云此亦與字。梵言也。經中或作滿濡，或作文殊師利，或言曼殊尸利。譯云妙德，或言敬首，舊維摩經云漢言濡首，皆義譯也〔七〕。正言曼殊室利，此云妙吉祥。經中有作溥首。案溥，此古文普字，疑誤也，應作濡，音而朱反。但字形相濫，人多惑耳。

繫念　古文繫、繼二形，今作係，同。古帝反。説文：係，結束。亦連綴不絶也。

兩腨　又作踹，同。時耎反。説文：脛腨也，腨腸也〔八〕。經文作踹，丁管反。踹足也。踹非此用。

兩髀　古文踔，同。蒲米反。説文：股外也。北人行此音。又方尔反，江南行此音。經文從肉作胜，俗字也。

肉髻　古帝反。梵言嗢瑟尼沙，此云髻。即無上依經云「鬱尼沙頂骨涌起自然成髻」是也。經文從糸作結，非也。嗢音烏没反。

熙怡　虚之反，下與之反。説文：熙怡，和悦也。方言：怡，喜也。湘潭之間曰紛怡，或云熙怡。經文有作嬉，同。虚之反。説文：嬉，樂也。蒼頡篇：嬉，戲笑也。嬉非今用。

得愈　古文瘉，同。榆乳反。方言：差，愈也。説文：愈，病瘳也。

恬然　徒兼反。方言：恬，静也，亦安也。大論作淡然，徒濫反。案淡亦安也，静也。其訓義同。經文作怡，與之反，誤也。

不嬈　字林乃了反。三蒼：嬈，弄也。説文：嬈〔九〕，擾也。謂擾弄也〔一〇〕。嬈亦惱也〔一一〕。

繽紛　匹仁反，下敷云反。廣雅：繽紛，盛皃也。

阿鞞　字書陛奚反。此譯云不退住。［十住經云］〔一二〕第七住也。

鳩摩　正言究磨羅浮多。究磨羅者，是彼八歲已上乃至未娶者之緫名，舊名童子。浮多者，舊譯云真，言童真地也。經順俗名以童標八地以上菩薩也。或云法王子者，別號也。

數知　山縷反。數，計也。閲其數曰數也。

燒時　尸照反。案燒亦燒也。自然爲燒，以人爲燒。

摩訶般若波羅蜜經　第二卷

稻芧　徒老反，下亡包反〔一三〕。稻謂有芒穀也。經文有作竿[竹/庶]，音古寒反，下諸夜反。通俗文：荆州出竿蔗。或作甘柘，一物也。

憎惡　烏故反。禮記：吾惡用吾情。惡猶憎也。詩云「惡無禮」皆是也。

摩訶般若波羅蜜經　第三卷

摩捫　莫奔、莫本二反。聲類云：捫，摸也。字林：捫，撫持也。案捫持，謂手把執物也，故諸經中有作「摩捉日月」是也。

摩訶般若波羅蜜經　第七卷

蒙昧　字體作曚，同。莫公反。下莫對反。易云：蒙者，曚也。謂曚覆不明。廣雅：昧者，闇也。謂闇蔽無知也。易云「蒙昧幼老謂不成（我）〔一四〕求」〔一五〕是也。

摩訶般若波羅蜜經　第八卷

循身　三蒼古文作徇，同。似遵反。爾雅：循，自也。郭璞曰：又爲循行也，亦遍也，巡歷也。

視占　之鹽反。方言：占，視也。占亦候也。凡相候謂之占。占亦瞻也。

鏇師　似絹反。説文：鏇，圓鑪也。周成難字作鐶，謂以繩轉軸裁木爲器者也。經文作旋，非體也。

胃脬　普交反。蒼頡解詁：脬，盛尿者也。[説文：脬，旁光也]〔一六〕。經文作胞，補交反。胞，裹也。胞非此用。

涙洟　古文鮷，同。敕計反。三蒼：鼻液也。周易：齎咨涕洟。自目曰涕，自鼻曰洟。經文從弟作涕，他禮反。涕，涙也。非今所用。〔一七〕

肪䏜　府房反，下先安反。廣雅：肪，珊(䏜)〔一八〕，脂也。通俗文：在腰曰肪，在胃曰䏜。

膖脹　普江、普絳二反。埤蒼：胮脹，腹滿也。胮音普降反〔一九〕。

青瘀　於豫反。説文：瘀，積血也。經文有作淤，水中泥也〔二〇〕。

[豺狼　任(仕)皆反。爾雅：豺，狗是(足)也。蒼頡訓詁云云〔二一〕豺似狗，白色，爪牙迅快，善搏噬也〔二二〕。]

㼌〔二三〕裂　字宜作攫，同。九縛、居碧二反。説文：攫，爪持也。[攫，扟也〔二四〕。]蒼頡篇：攫，搏也。淮南子曰「鳥窮則搏，獸窮則攫」是也。

肋骨　力得反〔二五〕。説文：脅骨也。字從肉。經文從革作勒，馬頭絡銜者也。

日㬥　蒲卜反〔二六〕。小爾雅：暴，曬也。説文：暴，睎(晞)〔二七〕乾也〔二八〕。

如貝　補蓋反。説文：海介蟲也。謂螺貝是也。介，甲也。

邏字　力賀反。

呿字　丘庶反。

哆字　説文：殆可反。字林：丑加、丑亞二反。

醝字　才何反。

礙易　以豉反。易者，不難之稱也。

摩訶般若波羅蜜經　第十二卷

䏜兜　先安反。即天主也。此云正喜，一云正知足。兜率，此云妙足也。

無央　於良反。梵言阿僧祇，此言無央數。央，盡也。經文作鞅，於兩反。説文：頸靻也。鞅非此義。靻音之列反。

摩訶般若波羅蜜經　第十三卷

鞞侈遮羅那　蒲迷〔二九〕、昌是反。此譯云明行足。

迦儻　又作瘍、憒二形，同。蒲戒反。阿闍世王經云：此言世間解。

適生　三蒼：古文啻、這二形，同。之尺反〔三〇〕。廣雅：祇，適也。適謂近也，始也。

乞匃　古賴反。蒼頡篇：匃，乞行請求也。[通俗文：求願曰匃。字體從人從亡，言人有亡失則行求匃也。]〔三一〕。

摩訶般若波羅蜜經　第十四卷

蠱道　公戶反。聲類：翼者反。説文：蠱，腹中蟲也。謂行毒蠱〔三二〕也。

譴責　去戰反〔三三〕。蒼頡篇：譴，呵也。廣雅：譴，怒也。經文有作詰責。廣雅：詰，問也。

盲瞽　公戶反。[周禮：大師之職瞽矇。鄭衆曰：]〔三四〕無目謂之瞽。[有目眹而無見謂之矇。]〔三五〕釋名云：瞽目，眠眠然目平合如鼓皮也。

摩訶般若波羅蜜經　第十五卷

毒螫　式亦反。字林：蟲行毒也。關西行此音。又音呼各反，山東行此音。蛆(蛆)[三六]，知列反。南北通語[三七]。

紅縹　匹繞反。謂天縹也，如帛之青白色也。釋名云：縹，淺青色也。有碧縹，有天縹，有青[三八]縹，[各以其色所象言之][三九]也。

摩訶般若波羅蜜經　第十九卷

不汙　於故、紆莝[四〇]二反。字林：汙，穢也。字書：汙，塗也。釋名云：汙，洿也。如洿泥也。

衰耄　字體作瘮，同。所龜反。説文：瘮，減也。禮記：年五十始衰。衰，懈也。下古文薹、耄二形，今作秏，同。莫報反。禮記：八十曰耄。注云：耄，惛忘也，亦亂也。

摩訶般若波羅蜜經　第二十卷

放牧　莫禄、亡福二反。三蒼：牧，養也。方言：牧，飤也。郭璞曰：謂牧養牛馬也。漢書：公孫弘牧豕。然則牧者，畜養之總名，非止牛馬也。

沮壞　才與反。三蒼：沮，漸也。敗，壞也。詩云：何日斯沮。傳曰：沮，壞也。經文作狙，側吕反。非也。肉几也，亦貯醢器也。俎非此義也。

偃蹇　居免、紀偃、巨偃三反。左傳：偃蹇，驕傲也。廣雅：偃蹇，夭撟也。謂自高大皃也。釋名：偃，偃息而卧不執事也。蹇，跛蹇也。病不能作事，今託似此也。撟音几小反。經文從人作僊，誤也。

傲慢　五到反。謂不敬也。廣雅：傲，傷也。謂輕傷也，慢也。字從人。

滋味　古文孖、稵二形，同。子夷反。滋，益也，潤也。經文從口作嗞。説文：嗞，嗟也。

揆則　渠癸反。詩云：揆之以日。傳曰：揆，度也。謂度量軌法也。

摩訶般若波羅蜜經　第二十一卷

但三　徒亶反。聲類：但，徒也。徒，空也。

祐助　古文閎、佑二形，同。胡救反[四一]。[周易：自天祐之。孔子曰：][四二]祐，助也。天之所助也[四三]。

摩訶般若波羅蜜經　第二十四卷

有翅　古文翨、𩙪二形，同。施豉反。説文：翅，翼也。

被服　皮寄反。被謂被帶也。服謂施用也。

摩訶般若波羅蜜經　第二十五卷

唐受　徒郎反。唐，徒也。徒，空也。

淩傷　力繒反。三蒼：淩，侵淩也。字從水。下或作敭，今作易，

虜掠　同。以豉反。説文：傷，輕也。蒼頡篇：傷，慢也。古文作鹵，同。力古反〔四四〕。下力尚反〔四五〕。漢書晉灼曰：生得曰虜，斬首曰獲。掠，略取也，謂强奪取也〔四六〕。

摩訶般若波羅蜜經　第二十六卷

勁夫　居盛反〔四七〕。説文：勁，强也。字體從力巠聲〔四八〕。

恐懅　又作遽，同。渠庶反。遽，畏懼也。遽亦急也。

摩訶般若波羅蜜經　第二十七卷

級其　羇立反。級，階次也。左傳：「加勞賜一級，又云」〔四九〕斬首二十三級。案師旋〔五〇〕斬首一人賜爵一級，因名賊首爲級。

覺已　居效反。覺，寤也，謂眠後覺也。蒼頡篇：覺而有言曰寤。經文作悟、悎二形，俗字也。

恃是　時止反。韓詩「無母何恃」。恃，負也。恃亦賴也。

憒内　公對反，下女孝反。説文：憒，亂也。韻集：内，猥也。猥，衆也。字從市從人。經文從門作鬧，俗字也。

摩訶般若波羅蜜經　第二十九卷

怨讎　視由反。讎，對也。爾雅：仇、讎，匹也。三蒼：怨偶曰讎〔五一〕。

摩訶般若波羅蜜經　第三十卷

駕駟　相二反。説文：駟，一乘也。「穆天子傳曰：獻良馬十駟。郭璞曰：」〔五二〕四馬爲駟。「謂四十匹也」〔五三〕。

摩訶般若波羅蜜經　第三十四卷

溉灌　歌賚反。説文：溉，灌也。謂灌注也。

摩訶般若波羅蜜經　第三十五卷

胞胎　補交反。説文：兒生裹衣者曰胞也。

奩底　今作籢，同。力占反。「説文：鏡籢也。」蒼頡篇：盛鏡器曰奩。謂方底者也。

蚊蚋　而鋭反。「説文：秦人謂之蚋，楚人謂之蚊〔五四〕。」通俗文：蜎化爲蚊。小蚊曰蚋。蜎音渠兗反〔五五〕。

紺琉　「字林」〔五六〕古闇反。青赤色也。釋名云：紺，含也。謂青而含赤色也。

輪埵　丁果反。小累也。今取其義。經文從耳從玉作𦖻、𤦲二形，非也。

堅著　馳略反。字書：堅謂堅牢。著，相附著也。

委佗　又作逶迤，「或作蝸佗〔五七〕」同。於危反。下徒何反。廣雅：委佗，窊邪也。「詩云：委委佗佗。傳曰：平易皃也。韓詩：委佗，德之美皃也〔五八〕。」窊音烏瓜反。

不橈（撓）〔五九〕　乃飽反。説文：橈（撓），擾也。廣雅：橈（撓），亂也。字從木（扌）〔六〇〕。

摩訶般若波羅蜜經　第三十六卷

毫氂　又作豪，同。胡高反。下古文氂、𣯍二形，今作耗，同。力之反。漢書：不失毫氂。孟康注：毫，兔毫也。十毫曰氂。今皆作氂，亦由古字通用也，然非字體。

廬館　力居反。別舍也。釋名云：寄止曰廬。案黄帝爲廬，以避寒暑，春秋去之，冬夏居之，故云寄止也。下古翫反。客舍也。周禮：五十里有館，館有委積，以待朝聘之客。字體從食官聲，今亦作舘。經文作觀，城門雙闕也。觀非此義。

以樂　力各反。謂歡悦也。下文樂佛及僧以樂衆人，音讀皆同此也。

摩訶般若波羅蜜經　第三十九卷

縱廣　又作摐，同。足容反。小爾雅云：縱，長也。廣，横也。韓詩傳曰「南北曰縱，東西曰横」是也[六一]。

街巷　古鞋反。説文：街，四通道也。[下又作衖，同。胡絳反。三蒼：街，交道也。衖，里中別道也[六二]。]

連緜　古文聯，同。力錢反。廣雅：連，續也，合也。緜亦連也，謂相續不斷也。字從耳，耳聯於頰也。從絲，絲連不絶也。

相和　胡卧反。相譍也。詩云「唱予和汝」、周易「鳴鶴在渚(陰)[六三]，其子和之」是也。

適無　都歷反。謂主適也。

玫(玟)[六四]瑰　字林莫迴反。下胡魁反。石珠也。説文：石之美好曰玫(玟)[六五]，圓好曰瑰。經文作珂，非也。

綩綖　一遠反，下[三蒼][六六]以旃反。相傳坐蓐也。未詳何語。

茵蓐　又作鞇，同。於人反。説文：茵，車中重席也。[釋名：茵，車中所坐者也。用虎皮爲之，有文彩，因以下與(舉)相連著也[六七]。]下而欲反。三蒼：蓐，薦也。

幃帶　音韋。蒼頡篇：幃，嗛也。經文或作帷，于追反。圍也，謂障圍也[六八]。

惆悵　敕周反，下敕亮反。説文：惆悵，失志也。亦悲愁也。

摩訶般若波羅蜜經　第四十卷

祠天　似兹反。爾雅：祠，祭也。春祭曰祠。孫炎曰：祠，食也。

百乘　古文椉、𠓉二形，同。實證反。廣雅：乘，駕也。三蒼：乘，載也。[謂可乘者也[六九]。]周禮：四馬爲乘，其形曰車，其數曰乘。

橋津　子鄰反。論語：子路問津。鄭玄曰：津謂濟渡之處也。

金牒　徒頰反。簡牒也。説文：牒，札也。小品經作金鍱。鍱音以涉反。

娱樂　字詁古文虞，今作娱，同。牛俱反。下力各反。字林：娱亦樂也。白虎通曰：虞樂言天下之人皆有樂也。[釋名：虞樂言神還樂也[七〇]。]

有棍　孤本反。謂轉絃者也。今亦名闕爲棍子。

稽留　古奚反。説文：稽，留止也。爾雅：留，久也。

來坌　蒲頓反。通俗文：埲土曰坌。説文：坌，塵也。

彌窒　丁結反[七一]。或作富樓那彌多羅尼子，正言富囉拏梅低黎夜富多羅。富囉拏，此云滿，是其名也。梅低黎夜，此云慈，是其母姓。富多羅者，子也，兼從母姓爲名，故此云滿慈子，或譯云滿願子，一義也，與佛同日而生。

放光般若經[七二]　第一卷

羅閲　以拙反。案阿闍世王經云羅閲祇，晉言王舍城，此應訛也。正言羅閱揭梨醯。羅閱義是料理，以王代之，謂能料理人民也。揭梨醯，此云舍中。總名王舍城，在摩伽陀國中，城名也。

那術　經又(文)[七三]作述，同。食聿反。或言那由他，正言那庾多，當中國十萬也。光讚經云「億那術劫」是也。案佛本行經云：一百百[七四]千是名俱致，此當千萬。百俱致名阿由多，此當千億。百阿由多名那由他，此當萬億。此應上弃也。

叵我　普我反。謂傾側摇動不安也。經文作跛䟢，或作岠峨，並未見字出處。

澹然　徒濫反。廣雅：澹，安也。經文或作憺、淡二形，音訓並同。

沙訶　又云娑訶樓陀，或云娑婆，皆訛也。正言索訶，此云能忍，或言堪忍，一言雜會世界。

習緒　辭吕反[七五]。爾雅：緒，餘也，業也。大集經云「斷習氣緒」是也。

迦羅越　大品經中「居士」是也。

甫當　方宇反[七六]。甫，始也。當，終也。言初始發心，終竟一切種智也。

我曹　又作蓸，同。自勞反。史記：十餘曹循之。如淳曰：曹，輩也。

阿須倫　又作阿須羅，或作阿修羅，皆訛也，正言阿素洛。此譯云阿者，無也，亦云非。素洛云酒，亦云天。名無酒神，亦名非天，經中亦名無善神。

阿惟三佛　此言訛也。正言阿毗三佛陀。阿毗，此譯云現。三，此云等。佛陀，此云覺。名現等覺。長安品經言成至佛，大品經云一切法一切種，同一義也。

六栽　作才反。經中亦名觸。案觸能長養心心數法，栽能長養枝葉花條，其義相似，因以名焉。

七痛　又作痛[七七]痒。痒音弋掌反。經中名受是也。謂能領納苦樂，故名受也。

倚法　於螘反。住也。説文：倚，猶依倚也。[廣雅：倚，因也[七八]。]經文從犬作猗，非體也。

薩云若　又言薩芸然，或云薩婆若，皆訛也。正言薩伐若，此譯云一切智也。

俞旬　又作由旬，或作由延，又作踰闍那，皆訛也。正言踰繕那，此譯云合也，應也。計合應爾許度量，同此方驛邏也。案五百弓爲一俱盧舍，八俱盧舍爲一踰繕那，即此方三十里也。言古者聖王一日所行之里數也。

放光般若經　第二卷

珠璣　居衣反。説文：珠之不圓者也。字書：一曰小珠也。

放光般若經　第三卷

窗向　許亮反。詩云：塞向墐户。傳曰：向，北出牖也。[廣雅：窗、牖，向也[七九]。]蒼頡解詁云：窗，正牖也。牖，旁窗也。所以助明也。

放光般若經　第四卷

不惋　烏喚反。字略云：惋，嘆。驚異也。

羇他　居猗反。釋名云：羇，撿也。所以撿[八〇]持制之也。

恒薩阿竭阿羅訶三耶三佛　大品經作多他阿伽度阿羅訶三藐三佛陀，同一名也。此即十号中三号也，但猶梵音輕重耳。多陀阿伽度，此云如來。阿羅訶，此云應供。三藐三佛陀，此云正遍知也。

薜茘　蒲計反，下力計反。或言卑帝梨，或云卑帝梨耶，或言閉黎多，或作俾禮多，皆訛也。正言彌茘多，此譯云祖父鬼，舊譯云餓鬼中最劣者也。彌音補莀反〔八一〕。俾音卑寐反。

邠耨文陀尼子　邠，甫貧反。又作分耨，或作邠耨文陀弗，應云富那曼陀弗多羅，此譯云滿嚴飾女子，明度經云滿見子。

僧那僧涅　應云摩訶僧那僧涅陀。舊譯云摩訶言大，僧那言鎧，僧涅言著，亦云莊飾〔八二〕，故名著大鎧。大品經云「大誓莊嚴」是也。一云僧那大誓，僧涅自誓，此皆訛也。正言删那訶，此云甲删捺陀，或云被，或云衣；言被甲衣甲也。衣音於既反。

不⿰扌此　側買、子尔二反。謂取著也。通俗文：掣挽曰⿰扌此。説文：⿰扌此，擳也。謂擳撮取也。大品經作不取是也。

放光般若經　第五卷

閲叉　以拙反。或云夜叉，皆訛也。正言藥叉。此譯云能噉鬼。又云傷者，謂能傷害人也。

遮迦越羅　正言斫迦羅伐辣底遏羅闍，此譯云轉輪王也。

適莫　都狄反，下謨各反。謂無人無相也。適猶敵也，言敵匹也。莫猶慕也，言慕欲也。

无態　他代反。〔三昧名也〔八三〕。〕

窠窟　〔又作薖，同〔八四〕。〕苦和反。〔小爾雅：雞雉所乳謂之窠，兔之所息謂之窟。兔不穴居時有而憩也。戰國策云：狡兔三窟。窟亦作堀。三昧名也〔八五〕。〕

厭該　古來反。〔該，備也。方言：該，咸也。郭璞曰：該，咸，備，皆也〔八六〕。〕皆〔八七〕三昧名也。

放光般若經　第六卷

種稷　古文稷，同。子力反。稷，粟也。五穀之長也。

澆濺　上又作澆，同。古堯反。説文：澆，灌漬也。下又作濺、㳻二形，同。子旦反。説文：濺，相污灑也。史記「五步之内以血濺大王衣」作濺，楊泉物理論云「恐不知味而唾㳻」作㳻。江南行此音。山東音湔，子見反。

繁者　薄何反。

蹉者　粗何反。

峨者　五歌反。

他者　土何反。

嵯者　昨何反〔八八〕。

虜扈　力古反，下胡古反。案虜扈，自大也，謂縱横行也。漢書音義曰：扈，跋扈也。謂自縱恣也。經文作怙恃也，怙非此義。經中言憍慢，或作貢高是也。

揵陀羅　巨焉反。此譯云香神，即乾闥婆也。

諧耦　胡皆反。尚書：克諧以孝。注云：諧，和也。耦，合也。

放光般若經　第七卷

無耦　吴口反。耦，對也，匹也。大品作「等不等」是也。經文作調，非也。

放光般若經　第八卷

須炎　或作須夜摩天，此云妙善天。又炎摩，此云時分。須炎摩，此言善時分，即天主也。

拘翼　此言訛略也。姓憍尸迦，即釋提桓因及天帝釋，同一位名也。

道檢　居儼反。謂以道檢心，故言道檢。大品經云「若入聲聞正位」是也。蒼頡篇：檢，法度也。攝也。

四徼　古吊反。四門巷也。即曆中四徼日是其事也。

遏絶　於曷反。爾雅：遏，止也。今以逆相止爲遏。蒼頡篇：遏，遮也。

放光般若經　第九卷

提和竭　或言提和竭羅，此云錠光，亦曰然燈佛是也。

尼摩羅天　或云須蜜陀天，此云化樂天是也〔八九〕。

波羅尼蜜天　或云婆舍跋提天，此云他化自在天是也。

阿波會天　此云光音天，亦言極光净天，即第二禪第三天也。經文有從言作譮，音胡快反。

首訶既那天　此云遍净天，是第三禪中第三天也。以樂净周普，故名遍净也。

惟于頗羅天　此云廣果天，即第四禪中第三天也。凡夫果中此最殊勝，故名廣果也〔九〇〕。

項很　胡講反。謂很人强項難迴，因以名也。即郁伽羅越問經云「强項人」、無量清净平等覺經云「項很愚癡」是也。大品經中作「增上慢」。經文有從元作頑，音五鰥反。頑，鈍也。頑非本字。

拔擢　徒卓反。蒼頡篇：擢、抽、拔，引也。擢，出也。

摩祇　長安品作摩蛇，小品經作摩醯，皆梵言也。明度經作神丹，此言也。

放光般若經　第十卷

矛箭　古文戏、鉾、舒三形，同。莫侯反。方言：楚謂戟爲矛。説文：矛長二丈，建於兵車也。

八惟无　或作八惟務，即八背捨也。

洴沙　蒲經反。應訛也，正言頻婆娑羅王。或云頻毗，此譯云形牢。一云頻毗，此云顔色。娑羅，此云端正，或云色像殊妙。

隨耶利　或云隨舍利，或云隨舍種，或言栗唱，或言離昌，或作梨昌，或作離車，或作律車，皆梵言訛轉也，正言栗呫婆，此云仙族王種。呫音昌葉反。［論中或作離車，或作律車，同一也〔九一〕。］

之兆　除矯反。兆猶機也，事先見也，亦形兆也。大品經作法況者也。

揵沓和　又云揵陀羅，或作乾沓婆，或云揵達婆，或云乾闥婆，舊名也。今正言健達縛，皆國音之不同也。此云嗅香，亦云樂神。一云食香，舊云香神，亦近也。經中亦作香音神也。

甄陀羅　之人反。又作真陀羅，或作緊那羅，皆訛也。正言緊捺洛，此譯云是人非人。

摩睺勒　又作摩休勒，或作摩睺羅伽，皆訛也。正言牟呼洛迦，此譯云大有行龍也。

真越　或作震越，此應卧具也。

放光般若經　第十二卷

梵迦夷天　此言净身天也。梵，净也。即初禪梵天也。

放光般若經　第十五卷

挭(梗)[九二]𨆫　歌杏反。[楚辭：梗其有理。王逸曰：[九三]]梗，强也。[亦害也，病也[九四]。]𨆫，又作澀，同。所立反。謂不滑也。字從四止，四止即不通字意也。

痱癗　又作疕，同。蒲罪反，下力罪反。小腫也。今取其義。

已署　時去反。署，位置也。謂署置之虔敬也。國語：夫位，政之建也。署，位之表也。謂表識也。

放光般若經　第十七卷

牆者　又作墻，同。才羊反。字林：飄柱也。江南行此音，關中多呼作竿。

牢毃　盧刀反。堅，牢也。下又作㱿、橂二形，同。丈硬、丈莖二反。三蒼：毃，橦也。通俗文：橦出曰打。今之以木，若鐵橦出孔中物更補之謂之毃。經文作棠，非體也。

莊筭　俎陽反。聲類云：莊，嚴也。下古文祘，同。桑亂反。爾雅：筭，數也。長六寸，計數者也。字從竹從弄，言常弄不誤也。

放光般若經　第十八卷

狡戲　古卯反[九五]。方言：凡小兒多詐而獪謂之狡猾也。獪音古邁反。

放光般若經　第十九卷

和夷羅洹閱叉　即執金剛神也。謂手執金剛杵，因以名焉。

放光般若經　第二十一卷

雜糅　古文粈、鈕二形，同。女救反。説文：糅，雜飯也。今謂異色物相集曰糅也。

旃陀羅　或云旃荼羅，此云嚴熾，謂屠煞者種類之名也，一云主煞人獄卒也。案西域記云：其人若行則摇鈴自標，或拄破頭之竹。若不然，王即與其罪也。

跛蹇　又作尳，同。補我反，下居免反。字林：跛蹇，行不正也。

欲撞　徒江反[九六]。廣雅：撞，刺也。撞猶擊也。

放光般若經　第二十二卷

阿惟顔　大品經作「一生補處」是也。十住經云「第十阿惟顔菩薩法住」是也。

盟誓　靡京反。禮記：諸侯莅牲曰盟。周禮：司盟掌盟戰

（載）〔九七〕之法。鄭玄曰：書其辭於册上，煞生取血歃之，加書於牲上而埋之，著其信也。大事曰盟，小事曰誓。左傳曰：歃如志。歃音所甲反。

放光般若經　第二十三卷

輕易　［字體作傷，或作敭，今作易，同〔九八〕。］以豉反。説文：傷亦輕也。［蒼頡篇：傷〔九九〕，］慢也。經文作㑥，胡頰反。説文：同力也。亦急也。㑥非此義。

野馬　猶陽炎也。案莊子所謂「塵埃也，生物之以息相吹者」。注云：鵬之所憑飛乃是遊氣耳。大論云「飢渴悶極，見熱氣謂爲水」是也。

五兵　周禮：司兵掌五兵。鄭衆曰：五兵者，戈、殳、戟、矛、無夷也。步卒五兵則無無夷而有弓矢也。

放光般若經　第二十六卷

須延頭佛　或言須扇多佛，晉言甚淨。

洞然　徒貢反。説文：洞，疾流也。亦深邃之皃也。經文作烔，徒東反。熱皃也，亦旱皃也。

放光般若經　第二十八卷

勸訹　私律反。説文：訹，誘也。廣雅云：訹，謏也。謏音先九反。經文作恤，又作卹，同。思律反。恤，憂也。恤非今用。

放光般若經　第二十九卷

波崘　又作波倫。此云常啼。明度經云普慈，皆一義也。

俾倪　［又作鞞堄二形。字林〔一〇〇〕：］普米反。下五禮反。廣雅：俾倪、堞，女牆也。［釋名云：俾倪，城上垣也，言於孔中俾倪非常事〔一〇一〕。］

波曇　又云波慕，或云波頭摩，或云鉢曇摩，正言鉢特摩，此云赤蓮花也。

分陀利　或作芬，此云白蓮花也〔一〇二〕。

句文羅　又作拘勿陀，又作拘牟頭，或作拘勿頭。此云拘者，地。勿陀者，喜。名地喜花也。

優鉢剑　指遥反。又作漚鉢羅，此譯云黛花也。

鵁鶄　音交精。鳥名也。一名鵁鶄。此鳥出蔓聯山，群飛，如雌雞，似鳧，高足。江淮畜之，可以厭火是也。

放光般若經　第三十卷

謙恪　古文愙，同。苦各反。字林：恪，恭也，敬也。謂謙虚敬讓也。

酷毒　［又作嚳、俈二形，同〔一〇三〕。］口斛反。説文：嚳，急也，甚也。亦暴虐也。

寶罌　於耕、於成二反。盛物器也〔一〇四〕。

光讚般若經〔一〇五〕　第一卷

度無極　或言到彼岸，一義也。梵言波羅蜜多是也。

不僥　又作儌、徼，同。古堯反。漢書晉灼云：徼，遇也。僥亦冀求也。

垓劫　古文荄、奒二形。今作姟，同。古才反。數名也。風俗通曰：十億曰兆，十兆曰經，十經曰姟。姟猶大數也。

傅飾　方務反。傅猶塗附也。傅藥、傅粉皆是也。

扶蓉　又作芙，同。附俱反。下庚鍾反。說文：扶渠，花未發者爲菡萏，花已發開者爲扶蓉。其實曰蓮。菡音胡感反。萏，徒感反。

紛葩　普花反。盛美也。說文：葩，華也。

飃颺　餘尚、餘章二反。謂風所飛揚也。

晃煜　又作焴，同。由掬反。說文：晃，明也。煜，燿也。[埤蒼：晃煜，光燿熾盛皃也〔一〇六〕。]

八由行　又作遊行，又作道行，或作直行，或言八直道，亦言八聖道，或言正道，其義一也。

漸漸　才冉反。漸漸猶稍稍也。經文作漸漬，誤也。

履韈　古文韤，或作帓、妹二形，同。無發反。足衣也。經文從巾作幭，音亡别反。單被也，帊也。幭非字義。

然藎　才刃反。字林：草名也。本草云：藎草可以染流黄作金色，生蜀中。

之誼　字詁古文誼，今作義，同。宜寄反。禮記：誼者，宜也。制事宜也。誼亦善也，理也。

光讚般若經　第二卷

貧匱　渠愧反。匱，乏也〔一〇七〕，竭也〔一〇八〕。

嵩高　又作崧，同。思隆反。爾雅：山大而高曰嵩。[今中嶽嵩高並依此名也〔一〇九〕。]

蚑行　渠支反，又音奇。謂蟲行皃也。周書「蚑行喘息」是也。

蜎蜚　一泉反。字林：蟲皃也，動也。或作蠉。古文翾，同。呼泉反。飛皃也。下古書飛皆作蜚，同。音甫韋反。蜚謂蜚揚也。案漢書注云「正月爵大於鳩，五色，蜚過鄭，二月後蜚過池陽」是也。

慌忽　呼晃反。又作怳，虚往反，謂虚妄見也。惟怳惟忽似有無[有]〔一一〇〕也。漢書音義曰：慌忽，眼亂也。

兩臏　又作髕，同。扶忍反。說文：臏，膝骨也。蒼頡篇：膝蓋也。

光讚般若經　第三卷

四殉　又作凶，同。許恭反。放光經作四結，猶四縛也，謂貪欲、瞋恚、戒取、見取[身縛。漢書王莽傳云「固行其必殉」是也]〔一一一〕。

光讚般若經　第四卷

惶慌　胡光反。謂虚妄見也。荒虚也。廣雅：惶，懼也。遽也。蒼頡篇：惶，恐也。亦憂悼在心之皃也。

門閫　又作梱，同。苦本反。[禮記：外言不入於閫。注云〔一一二〕：]門限也。說文：門橜也。

不瞚　列子作瞬，通俗文作眴，同。尸閏反。目動也。說文：瞚，目開閉數搖也〔一一三〕。

惡師　於各反。惡，過也，所爲不善也。經文從草作蕙，又從人作偬，皆非也。

光讚般若經　第五卷

梨穢　力私反〔二一四〕。方言：色似凍梨也。大品經云「青想壞想」是也。

恢大　又作㷇，同。苦迴反。蒼頡解詁云：恢亦大也。

三跋致　又作拔，同。蒲沫反。晋言「發趣」是也。

光讚般若經　第七卷

頭顱　又作髗，同。力胡反。腦蓋也。經文作臚，吕居反，腹臚也，皮臚也。臚非此義。

吒之　竹嫁反。經中作跎，非也。

瘴之　丁佐反。

磋之　且何反。

燕坐　又作宴，石經爲古文燕，同。一見反。説文：晏，安也。［謂安息皃也〔二一五〕。］

光讚般若經　第十卷

疇匹　除留反。楚辭：誰可與兮匹儔。王逸注曰：二人爲匹，四人爲疇。疇亦類也，今或作儔。

五旬　或言般遮旬，即五神通也。案阿術達經〔二一六〕云「悉得五旬」是也。大品等經云五神通，同一也。

縛祇　一種等首真人，餘經作家家須陀洹命終。

道行般若經〔二一七〕　第一卷

吁與　許于反。説文：驚語也。廣雅：吁，應聲也。吁亦疑怪之辭也。經文有作説與。

邠祁文陀弗　府貧反，下巨梨反。或言「富樓那彌多羅尼子」是也。

邊幅　甫鞠反。幅猶邊際也，謂際畔也。

無底　都禮反。猶無邊也，無限也。經文作㡯〔二一八〕，非也。

道行般若經　第二卷

因坻　直尸反。或言因提梨，或云因陀羅，正翻名天主，以帝代之，故經中亦稱天主，或稱天帝釋者，並位之與名也。

波那和提天　新道行經云自在天也，亦即梵天也。

伊沙天　此云衆生主。

那提乾天〔二一九〕　此云天女等。

阿會亘修天　長安品作阿陂亘差天，即光音天也。［經中會有從言作譮者，此古文話字也〔二二〇〕。］

僻隈　匹亦反。僻，邪僻也，亦避也。經中或作避。避，去也，迴也。下烏塊、於迴二反。謂隱蔽之處也。經文作偎，於豈反，哭餘聲也。偎非此義。

梵摩三鉢天　此應天主名也。新道行經云梵天王也。

薩和薩　此云衆生，猶是薩婆薩埵也。

般遮旬　般遮，此云五，猶五神通也。經中或作五旬，在（存）〔二二一〕二音也。

搕天　烏合反。晉言有光壽天，是第二禪中初天也，亦名少光天，以光少故也。搕波摩那，晉言無量光天，即第二禪中第二天也，以前光明轉勝轉妙故也。諸經中有作阿波，阿波摩那天是也，應言阿鉢羅摩那婆鉢利多婆也。

須躄天　三蒼音帝，郭訓古文奇字以爲古文逝字，漢書韋昭音徒計反。案中陰經作須滯天，或作須癠天，亦言善見天。定障漸微，見極明徹，故名善見也。樓炭經作須啑天，皆一也。應言須達梨舍那，此言善觀天。啑音丁計反。癠音帝。依字，風俗通姓氏亦有此姓。經文從無從足作躌，音讀作武，非也。

枝掖　以石反。相似也。掖猶葉也。此應外國語訛耳，長安品作「枝掖般若」是也。

道行般若經　第三卷

狎習　古文庘，書或作狹，同。胡甲反。［尚書：子弗狎。孔安國曰（一二二）：］狎，近也。狎，傷也。謂輕傷也。經文從人作伊，非也。

道行般若經　第五卷

至奏　子陋反。奏，進也，爲也。明度經云三拔致，此言發趣也。經有作跋，同。蒲沫反。

一劫　梵言劫簸，此譯云分別時節。經文有作庱，音子葉反，此語音訛也。

若牆　又作牀，同。才羊反。颿柱也。關中曰「竿」是也。

愍念　字詁古文愍，今作閔，同。眉殞反。愍，憐也。

道行般若經　第六卷

裴服　蒲來反。此言訛也，猶是被服也。音皮寄反。被帶、袈裟也。經文從文作斐，音敷尾反。

詭嬲　又作恑，同。居毁反。説文：恑，變作（詐）（一二三）也。謂變異也，詐妄也。經文從口作唲，非也。下又作嬲，三蒼音諾了反。嬲，弄也，惱也。

勇悍　何旦反。蒼頡篇：悍，桀也。［説文：悍（一二四），］勇也，有力也。字從心。

道行般若經　第七卷

［爲舍多羅　大品經作「爲父爲母」是也（一二五）。］

乾陀呵晝菩薩　新道行作「香象菩薩」是也。

緹幔　他禮反。説文：謂帛赤黄色也，即緹色也。［爾雅：再染謂之縓。縓音還絹反（一二六）。］

自衒　古文眩、衒二形，同。胡麵反。説文：行且賣也。詃也。

乾陀越國　字或作揵，應云乾陀婆那，此譯云香林。明度經云香淨國，阿闍世女經云香潔，一云香風，皆一也。

道行般若經　第十卷

完健　胡官反。説文：完，全也。完猶保守也。

儲水　直於反。儲，貯也。儲亦備也（一二七），謂畜物以備曰儲。

曼殊顏華　又云曼殊沙，此譯云攎〔一二八〕花也。

鳩垣　諸經或作鳩洹，或作仇桓，［皆梵言訛也〔一二九〕。］此譯云大身。

巫祝　武俱反，下之育反。無形也，謂事鬼神曰巫，祭主贊詞曰祝。［說文：在女曰巫，在男曰覡。覡音形狄反〔一三〇〕。］

反遺　餘季反。［爾雅：貽，遺也〔一三一〕。］遺猶贈也。廣雅：遺，與也。亦加也。

有桴　［案詔定古文官書枹、桴二字同體〔一三二〕。］扶鳩反。謂鼓椎也。說文：桴，擊鼓柄也。

拊撫　方主、敷禹二反。案拊，猶拍也。撫，持也，安也，亦存恤也。釋名云：撫，敷也。敷手以拍之也。

小品般若經〔一三三〕　第一〔一三四〕卷

糟粕　籀文作醩，同。子勞反。［不𨣬酒也〔一三五〕。］下普各反。淮南子云：古人糟粕。許叔重曰：糟，酒滓。已漉糟曰粕也。［𨣬音子禮反〔一三六〕。］

垣林　宇煩反。垣，四周牆也。釋名：垣，援也。［人所依阻以爲援衛也〔一三七〕。］

小品般若經　第六卷

監礙　古文作警，同。公衫反。監，察也。言婦人有三監五礙者也。

躓頓　陟利反。謂挫辱也。廣雅：躓，蹋也。足蹋手頓也。

［相拄　張柱反。謂支拄也。］〔一三八〕

小品般若經　第八卷

加尸　又作迦尸，此譯云光，言有光澤也。

瘡瘢　薄寒反。蒼頡篇：瘢，痕也。經文作槃，非體也。

金鍱　餘攝反。薄金也。大品經作「金牒」是也。

明度無極經〔一三九〕　第一卷

善業　梵言須菩提，或云藪浮帝，或言蘇部底。此譯云善實，或云善業，或云善吉，皆一義也，言空生者。晉沙門康法邃雜譬喻經云：舍衛國有長者，名鳩留，産生一子，字須菩提，有自然福報，食器皆空，因以爲名焉，所欲即滿後，遂出家得阿羅漢道是也。

秋露子　梵言舍利弗，舊言舍利子，或言奢利富多羅。此譯云鴝鵒子，從母爲名。母眼似鴝鵒，或如秋露鳥眼，因以名焉。舊云身子者，［謬］〔一四〇〕也。身者，舍梨，與此奢利聲有長短，故有斯誤。或言優波提舍者，從父名也。

不憚　都割反〔一四一〕。通俗文：旁驚曰憚。經文作怛，非也。

貲貨　子移反。蒼頡篇：貲，財也。［廣雅：貲，貨也〔一四二〕。］周禮：通貨賄。鄭玄曰：金玉曰貨，布帛曰賄。亦與資同。經文作呰。呰，量。呰非此用。

弘裕　古文衮同。瑜句反。廣雅：裕，寬緩也。［說文：衣物〔一四三〕］饒也。瑜，以俱反。

昆弟　又作翼，同。孤魂反。爾雅：昆，後也。郭璞曰：謂兄後也。方俗異言耳。

溝港　古項反。字略云：港，水分流也。今梵言「須陀洹」是也。此言至流，或言入流。經中或作道跡，或言分布，今云溝港，取其義也。經文作遘講，非也。

開士　謂以法開導之士也。梵云扶薩，又作扶薩，或言菩薩是也。

［頻來　言斯陀含也。此云一往來，字應誤也，字宜作頓〔一四四〕。］

緣一覺緣覺　［又云獨覺〔一四五〕。］舊經云各〔一四六〕佛，又言辟支佛，又言辟支迦，或云貝支迦，皆梵言轉也。此云「獨覺」是也。

應儀道　又云應真，或言真人，亦云無著果，亦云阿羅訶，今言阿羅漢，皆是一［義］〔一四七〕也。

滿祝　脂育、脂授二反。即「富樓那」是也。

除饉　渠鎮反。舊經中或作除士、除女，或言薰士、薰女，今言比丘、比丘尼是也。分別功德論云：世人飢饉於色欲，比丘除此愛（受）〔一四八〕饉之飢想，故名除饉。又案梵言比丘，此云乞士，即與除饉義同。又康僧會注法鏡經云：凡夫貪染六塵，猶餓夫夢飯，不知厭足，［聖］〔一四九〕人斷去貪染，除六情飢，故号出家者爲除饉也。

明度無極經　第二卷

佞孽　奴定反。諂媚也，僞善也。說文：口材也。［亦德之稱也。字从女从仁。論語：惡夫佞者。此即从女之義。左傳：寡人不佞，不能事父兄。即从仁之義〔一五〇〕。］下五竭反。說文：禽獸蟲蝗之怪謂之孽〔一五一〕。經文作孽，庶子也。又作蘗，近字也。

明度無極經　第三卷

妷夫　古文佚，今作妷，又作劮，同。與一反。蒼頡篇：佚，蕩也。妷亦婬也。

將踧　子六反。踧踖，敬畏也，謂恭敬之皃也。

麁捔（㨃）〔一五二〕　漢書班固叙傳云：捔（㨃）舉職僚。孟康注云：捔（㨃），古文粗字。音才古反。韋昭曰：粗，略也。

明度無極經　第四卷

阿閦　案閦，文字所無，相承叉六反。餘經作無怒，亦云無動，或云無怒覺，皆義譯其名也。

僥倖　又作儌，徼二形，同。古堯反。下音幸。俗謂幸爲僥倖，非其所當而得之。小爾雅：非分而得謂之幸。冀望得也，徼遇也。遇幸得也。［楚辭：願僥倖以待時。謂規求親遇也。禮記：孔子曰「小人行險以僥倖」是〔一五三〕。］

哀慟　徒貢反。論語：顏回死，子哭之慟。馬融曰：慟，哀過也。

［香積　梵言乾陀羅耶。正言健達，此譯云香也〔一五四〕。］

［香净　梵言乾陀越。或作犍。案阿闍世女經云：乾陀云香潔，一云香風國也〔一五五〕。］

帷幔　筠龜反〔一五六〕，下莫旦反。字林：在旁曰帷。［在上曰幕。說文：幔，幕也〔一五七〕。］

炫煌　胡麵反。下又作熿，同。胡光反。光明盛皃也。說文：炫，耀也。［廣雅：炫，明也〔一五八〕。］煌，光也。

法來　梵云曇無竭，或譯云法上，亦云法鏡，一義也。

[欣豫　喜斤反。爾雅：欣、喜，樂也。豫，安也。經文作忻。説文：忻，闓也。埤蒼：忻，察也。]〔一五九〕

毾壁　他盍反。毛席也。施之於壁，因以名焉。經文作闟，非體也。

長安品經〔一六〇〕　第一卷

以索　所格反。蒼頡解詁云：索，盡也。經有作刧，訛也。

無蚤　音早，義同早晚之早也。古字通用耳。如禮云「孔子蚤作」是也。

[三摩越　第四禪定也〔一六一〕。]

[恒架　古訝反。或作恒伽加提，梵音訛轉也〔一六二〕。]

長安品經　第五卷

慊苦　苦簟反。慊，厭也。厭，足也，快也。

不啻　施豉反。蒼頡篇：不啻，多也。

勝天王般若經〔一六三〕　第一卷

尼坘　又作沶、沍、坵三形，同。直飢反。

治葺　七入反〔一六四〕。通俗文：覆蓋曰葺。葺亦補治苦也。

諠撓　乃飽、乃教二反。説文：撓，擾也。廣雅：撓，亂也。

三愆〔一六五〕　古文寒、遃二形，籀文作𠋫，今作諐，同。去連反。説文：𠋫，過也，失也。

如稍　山卓反。埤蒼：稍長一丈八尺也。[廣雅：稍亦矛也〔一六六〕。]經文作槊，俗字也。

如種　充容反。廣蒼：種，短矛也。經文作衝，非體也。[假借耳〔一六七〕。]

憤恚　扶忿反。説文：憤，懣煩也。怒氣盈盛也〔一六八〕，情感也。

覆罩　又作羄，同。陟挍反。魚籠曰罩〔一六九〕，今取其義。

儵忽　又作倏、儵二形，同。書育反。[楚辭：往來儵忽。王逸曰〔一七〇〕：]儵忽，急疾皃也。

坑埳（焰）〔一七一〕　又作坎，同。苦感反。埤蒼：埳（焰）亦坑也。

敷啓　又作启，孔[注]尚[書]〔一七二〕以爲古文啓，同。苦禮反。[説文〔一七三〕：]启，開也。

懷憾　胡紺反。論語：共弊之而無憾。孔安國曰：憾，恨也。

嘶喝　又作誓，同。先奚反。下又作嗌，同。乙芥反。方言：嘶、嗌，噎也。郭璞曰：謂咽痛也。楚曰嘶，秦晉或曰嘶（嗌）〔一七四〕。埤蒼：嘶，聲散也。[説文：誓，悲聲也〔一七五〕。]廣雅：聲之幽也。

欺侮　古文侮，同。亡甫反。侮猶輕慢也。

勝天王般若經　第二卷

沾濡　又作霑，同。致廉反。廣雅：沾，漬也。濡，濕也。

資財　子夷反。説文：資，貨也。資，財也〔一七六〕。經文作貲，子斯反。説文：小罰以財自贖曰貲。通俗文：平財賄曰貲。案貲亦與資義同也。

腥臊　又作胜，同。先丁反，下桑刀反。腥臊，臭也。通俗文：魚臭曰腥，猳臭曰臊。猳音加。

酤酒　公胡反。説文：買酒也。經文作沽，水名也。

博弈　古文簙，同。補莫反。方言：博或謂之棋。下餘石反。齊魯謂圍棋爲弈。

犂軛　又作梔，同。於革反。［小爾雅：衡，梔也〔一七七〕。］謂轅端壓牛領者也。

盥洒　公緩反。說文：盥，澡手也。凡澡洒物皆曰盥。［字从臼水在皿上字意也〔一七八〕。］

罕人　呼旱反。罕〔一七九〕，希也，謂希疏也。字從网從干聲。

［轡勒　碑愧反。字書：馬縻也。所以制收車馬也，字從絲從叀聲。聲類：馬頭鑣銜也〔一八〇〕。］

勝天王般若經　第三卷

凷擲　又作塊，同。口對反。［爾雅：塊，堛也。郭璞曰〔一八一〕：］即土塊也。［堛音普堛反〔一八二〕。］

慘毒　又作憯，同。倉感反。說文：懆〔一八三〕，毒也，痛也。［爾雅：懆〔一八四〕，］憂也。

縱誕　徒亶反。誕，謾也，亦欺也，不實也。

不憚　徒旦反。憚，難也，亦畏也。廣雅：憚，驚也。

收穫　胡郭反。說文：刈禾也。［王逸注楚辭云〔一八五〕：］草曰刈，穀曰獲。

勝天王般若經　第四卷

很戾　胡墾反，下力計反。［國語〔一八六〕：］很，違也。戾，曲也。字從户從犬〔一八七〕。

抑挫　祖卧反。說文：挫，摧也，亦抑也。

莣衣　無方反。莣，草也。爾雅：莣，杜榮。注云：似茅，皮可以爲繩索履屩〔一八八〕。

食芋　于附反。聲類：大葉著根之菜，見之驚人，故曰芋。大者謂之蹲鴟，甚可烼食也。

炒穀　［古文𤎅、聚二形，今作鬻。崔寔四民月令作炒，古文奇字作𦦨，同〔一八九〕。］初狡反。方言：熬，聚、煎、𤋲，火乾也。［說文：𤎅，熬也〔一九〇〕。］

尼連禪河　應云尼連禪那，或云熙連禪。此譯云尼者，不也。連禪那者，樂著也。名不樂著河也。

加梨加龍　又云迦羅迦龍。此譯云黑龍也。

倒仆　古文踣，同。蒲北反。說文：仆，頓也。謂前覆也。

勝天王般若經　第五卷

真胝　又作胝(胝)〔一九一〕、疷二形，同。竹尸反。此云善思惟，天名也。

僕隸　古文蹼，同。蒲木反。廣雅：僮、僕、役，使也〔一九二〕。隸，附也〔一九三〕。

篕多　初救反。

羺〔一九四〕　奴溝反〔一九五〕。

裒多　蒲溝反。

須摩那　或云蘇磨那華。其色黄白，亦甚香，不作大樹，纔高三四尺，四垂似蓋者也。

瞻蔔伽　或云旃簸迦，正言占博迦。形高太(大)〔一九六〕，華赤，甚香〔一九七〕。其氣逐風彌遠。

門堞　又作㙤，同。徒頰反。廣雅〔一九八〕：堞，女牆也。

猩猩　又作狌，同。所京反。知人名，如豕，人面，犬吠也〔一九九〕。

尸利沙　即是此間合昏樹也。其樹種類有二，若名尸利沙者，葉果則大；若名尸利駛者，葉果則小。此樹時生人間，關東下里家誤名娑羅樹是也。

勝天王般若經　第七卷

荻林　又作藡，同。徒歷反。荻草也，亦有荻竹。

阿薩闍病〔二〇〇〕　謂〔二〇一〕不可治病也。

摩訶迦樓那　摩訶，此云大。迦樓那，此云悲。如來功德以般若、大悲二法爲體。

啞尼　又作咽，同。於堅、於見二反。此譯云鹿王。

尼拘　應云尼拘盧陀。此譯云無節，亦云縱廣樹也。

摩那陀果　此譯云醉果。

頻婆果　此譯云相思。

所縈　一瓊反。縈，旋也，纏也。通俗文：收績曰縈。

不愜　苦頰反。廣雅：愜，可之也。字林：愜，快也。

［經後序］〔二〇二〕

始洎　渠器反。漢書：左洎前七郡。晉灼曰：洎，至也。

寘懷　之豉反。詩云：寘彼周行。傳曰：寘，置也。

祈請　巨衣反。詩云：以祈尔爵。傳曰：祈，求也。

甫爾　方武反。釋名：甫，始也。廣雅：甫，衆也。

輯睦　茨入反。爾雅：輯，和也。謂諧和也。下又作穆，同。莫斛反。睦，敬也，美也。

負笈　奇急反。風土記云：笈謂學士所以負書箱，如冠箱而卑者也。謝承後漢書云「負笈隨師」是也。

驅傳　知戀反。謂轉次行也。爾雅：馹、遽，傳也。郭璞曰：皆傳車驛馬之名也。馹音而逸反。

錫珪　思歷反，下古携反。爾雅：錫，賜也。謂賜與也。尚書「禹錫玄珪」是也。

分陝　式冉反。公羊傳曰：自陝以東周公主之，自陝以西召公主之。説文：今弘農陝縣，古之虢國是也。

碩難　市亦反。詩云：碩人俣俣。傳曰：碩，大也。小爾雅云：碩，遠也。

智昕　虚殷反。小爾雅：昕，明也。爾雅：昕，察也。

彭匯　胡罪反。尚書：東匯澤爲彭蠡。孔安國曰：匯，迴也。三蒼：水迴也。

萬騆　於身、於巾二反。人名也。

猜焉　古文䫆、猜二形，今作倸，同。粗來反。案猜亦疑也。廣雅：猜，懼也。

仁王般若經〔二〇三〕　上卷

僉然　七廉反。小爾雅：僉，同也。爾雅：僉、咸、胥，皆也。方言：自關而東五國之郊謂皆曰僉，東齊曰胥。

窮源　魚袁反。水之本也。説文作原。

鉾盾　食尹反。盾〔二〇四〕所以捍身蔽目也。［瞂音扶發反〔二〇五〕。］

仁王般若經　下卷

什物　時立反。什，聚也，雜也。［亦會數之名也。又謂］〔二〇六〕

資生之物也。[今人言家產器物，猶云什物。物即器也。江南言什物，此土名五行。史記「舜作什器於壽丘」、漢書「貧民賜田宅什器」並是也[二〇七]。]

巨海　其呂反。[小爾雅：巨，大也[二〇八]。]方言：齊宋之間謂大爲巨。[説文：巨大作鉅，字從金[二〇九]。]

尚殞　字書作隕，同。于敏反。聲類：殞，殁也。殞，墜也。

炕陽　口盎反。蒼頡篇：炕，乾極也。鴻（洪）[二一〇]範五行傳：炕陽謂大旱也。經文作亢，胡剛反。亢，咽也。盎音烏浪反。釋器：盎謂之缶。

金剛般若經[二一一]　羅什法師譯

舍衛國　十二遊經云無物不有國，或言舍婆提城，或言舍羅婆悉帝夜城，並訛也。正言室羅伐國，此譯云聞者城。法鏡經云聞物國。善見律云舍衛者，是人名。昔有人居住此地。往古有王見此地好，故乞立爲國，以此人名号舍衛國。一名多有國，諸國珍奇皆歸此國也。

祇樹　或言祇陀，或云祇洹，皆訛也。應言逝多，此譯云勝氏，即憍薩羅國波斯匿王之子也[二一二]。

給孤獨　應言阿那他，此云無親，舊人義譯爲孤獨。賓荼馱寫耶，此云摶與，舊人義譯爲給，猶是修達多之別名。修達多，此云善與，故得給孤獨名也。舊言阿那邠坻，或言阿藍，訛略也[二一三]。

飯食　扶晚反。案飯亦食也。

唯然　弋誰、于比二反。説文：唯，諾也。謂磨之敬辭也。禮云：唯而起。鄭玄注云：唯恭於諸也。

四維　翼隹反。廣雅：維，隅也。淮南子云「天有四維」是也。

頗有　借音普我反，謂語辭也。

筏喻　[通俗文作橃，韻集作撥，同[二一四]。]扶月反。方言：簰謂之筏。編竹木浮於河以運物者是也。南土名簰，北人名筏，字從竹。經文從木作栰，非也。簰音蒲佳反。

阿蘭那行　或言阿孄拏，正言曷剌䫂。曷，此云無。剌䫂，此云諍。名無諍也，亦言閑，閑亦無諍也。

歌利王　或言迦利王，論中作迦藍浮王，皆訛也。正言羯利王，此譯云鬪諍王。西域記云：在烏仗那國瞢揭釐城東四五里是其處也。舊云惡世無道王，即波羅柰國王也。

金剛般若經[二一五]　菩提留支譯

修伽陀　或云修迦度，此[二一六]云善逝，即如來德之一号也。

捫淚　莫奔、亡本二反。聲類云：捫，摸也。字林：捫，持也。經文有作抆，亡粉反。字林：抆，拭也。言須菩提恨不早聞，故涕淚悲泣。今既得解，所以捫淚而言也。

荷擔　説文何，古文㪺，同。胡歌反。廣雅：何，揭，擔也。又音胡可反。[詩云：百祿是何。傳曰：]何，任也。今皆作荷。

摩那婆　或言摩納婆，或云那羅摩那，或云摩納，皆是梵言訛轉也。此譯云年少淨行，或云人。

歌羅分　如析一毛以爲百分，一分名歌羅分。論以義翻，名爲力勝，以無漏善法勝於有漏故也。

數分　猶是數中轉微細者，乃至少許猶不及一也。論中義言不相似勝也，言有爲有形，雖復[二一七]少許，與無爲無形不相似也。

優波尼沙陀分　論中義言因果不相似也，以珍寶等但得三界果報，無漏善得佛果也。

毛道　此名誤也。舊譯云婆羅必利他伽闍那，此言小兒別生，以癡如小兒，不同聖生也。論中作小兒凡夫是也。正言婆羅必栗託仡那。婆羅，此云愚。必栗託，此云異。仡那，此云生。應云愚異生，以愚癡暗冥，無有智慧，但起我見、不生無漏，「故經言生与不生是也〔二八〕。」亦名嬰愚凡夫。凡夫者，義譯也。案梵語毛言嚩囉，愚名婆羅，但毛與愚梵言相濫，此譯人之失，致有斯謬也。仡音魚乞反。法集等經言毛道頭凡夫，或言毛頭凡夫者，皆誤也。

金剛般若經〔二九〕　真諦法師譯

支提　或言脂帝浮都，此云聚相，謂累寶及石等高以爲相也。

一切經音義　卷第三

丙午歲高麗國大藏都監奉敕雕造

校勘記

〔一〕摩訶般若波羅蜜經　慧轉録於第九卷。

〔二〕或言三摩提……正言三摩地　麗無，據磧補。

〔三〕此後磧有「或云正定，謂住緣一境，離諸邪亂也」。

〔四〕望　磧作「亡」。

〔五〕字從亡月　磧爲「字從月從臣從壬」。

〔六〕此後磧有「限至曰凝也」。

〔七〕皆義譯也　磧爲「放光經作哀雅威，皆訛也」。

〔八〕此後磧有「三蒼：腓腸也」。

〔九〕嬈　此後磧有「苛也。苛，煩也」。

〔一〇〕謂擾弄也　磧爲「謂煩擾戲弄也」。

〔一一〕此後磧有「苛音何可反」。

〔一二〕十住經云　麗無，據磧補。

〔一三〕亡包反　慧爲「卯包反」。

〔一四〕成　磧慧作「我」。

〔一五〕檢今傳本周易云：「匪我求童蒙，童蒙求我。」

〔一六〕説文：脬，旁光也　麗無，據磧補。

〔一七〕此後磧有「淡飲　徒甘反，下於禁反。謂匈上液也。經文有作陰也」。

〔一八〕珊　磧作「删」。

〔一九〕胮音普降反　磧爲「下或作痮，同，豬亮反」。

〔二〇〕此後磧有「亦澱滓」，慧有「亦澱滓者之也」。

〔二一〕任　慧作「仕」。　狗是也，今本爾雅：「豺，狗足。」郭璞注：「脚似狗。」　云云衍一「云」字。

〔二二〕此條麗金無，據磧補。

〔二三〕瓢　磧作「瓟」。

〔二四〕擾，扟也　麗金無，據磧補。

〔二五〕力得反　慧爲「郎得反」。

〔二六〕蒲卜反　慧爲「蒲悁反」。

〔二七〕睎　磧作「晞」。

〔二八〕此後磧爲「字從日從出從廾米字意也。廾又作抙，音居凶反。兩手共持也」，慧爲「字從日從出從廾米字意也。廾又作抙，音居竦反。兩手共持也」。

〔二九〕迷　磧作「迭」。

〔三〇〕之尺反　慧爲「施尺反」。

〔三一〕通俗文求顧曰訽……言人有亡失則行求訽也　麗無，據磧慧補。

〔三二〕行毒蟲　磧爲「行蟲毒」。

〔三三〕去戰反　慧爲「牽戰反」。

〔三四〕周禮：大師之職瞽矇。鄭衆曰　麗無，據磧補。

〔三五〕有目眹而無見謂之矇　麗無，據磧補。

〔三六〕蛆　據文意當作「蚷」。

〔三七〕此後慧有「也。音蛆誤也」。

〔三八〕青　磧作「骨」。

〔三九〕各以其色所象言之　麗無，據磧補。

〔四〇〕於故、紆莝　慧爲「烏故、烏莝」。
〔四一〕胡救反　磧爲「于救反」。
〔四二〕周易：自天祐之。孔子曰　麗無，據磧補。
〔四三〕天之所助也　磧爲「天之所助者也」。
〔四四〕力古反　磧爲「盧古反」。
〔四五〕力尚反　磧爲「力著反」。
〔四六〕此後磧有「俘音芳于反，君所获也」。
〔四七〕居盛反　慧爲「經盛反」。
〔四八〕此後磧有「巠音古形反，君所获也」。
〔四九〕加勞賜一級，又云　麗無，據磧補。
〔五〇〕旋　慧作「旅」。
〔五一〕三蒼：怨偶曰雠　磧爲「春秋『怨偶曰雠』、楚辭『交怨曰雠』皆是也」。
〔五二〕穆天子傳曰：獻良馬十駟。郭璞曰　麗無，據磧慧補。
〔五三〕謂四十匹也　麗無，據磧慧補。
〔五四〕説文：秦人謂之蚋，楚人謂之蚊　麗無，據磧慧補。
〔五五〕渠究反　慧爲「血緣反」。
〔五六〕字林　麗無，據磧補。
〔五七〕或作蝸佗　麗無，據磧補。
〔五八〕詩云：委委佗佗……德之美皃也　麗無，據磧補。
〔五九〕橈　據文意似當作「撓」。下同。
〔六〇〕木　據文意似當作「才」。
〔六一〕廣，横也……是也　磧爲「詩云：從横其畝。韓詩傳曰『南北曰從，東西曰横』是也。周禮：九州之地城廣輪之數。鄭玄曰：輪，從也。廣，横也」。
〔六二〕下又作衖……里中別道也　麗無，據磧補。
〔六三〕渚　磧作「陰」。檢今本周易：「鳴鶴在陰，其子和之。」
〔六四〕玟　磧慧作「玫」。
〔六五〕玟　磧慧作「玫」。
〔六六〕三蒼　麗無，據磧慧補。
〔六七〕釋名……因以下與相連著也　麗無，據磧補。海爲「因與下轝相連著也」。
〔六八〕圍也，謂障圍也　磧爲「字林：在旁曰帷。謂張帛障旁也。釋名：帷，圍也，謂自障圍也」。
〔六九〕謂可乘者也　麗無，據磧補。
〔七〇〕釋名：虞樂言神還樂也　麗無，據磧補。
〔七一〕丁結反　此後磧有「彌窒那尼子」，慧爲「彌窒耶尼子」。
〔七二〕放光般若經　慧轉録於第九卷。
〔七三〕又　磧作「文」。
〔七四〕一百百　磧作「一百」。
〔七五〕辭吕反　慧爲「徐吕反」。
〔七六〕方宇反　慧爲「肤武反」。
〔七七〕痛　磧作「痒」。
〔七八〕廣雅：倚，因也　麗無，據磧慧補。
〔七九〕廣雅：窗，牖，向也　麗無，據磧補。
〔八〇〕撿　磧作「檢」。
〔八一〕舊譯云餓鬼　慧爲「舊譯云餓鬼，餓鬼」。彌音補蔑反　此後磧有「孔雀王經作俾禮多，梁言餓鬼是也」。
〔八二〕飾　磧作「嚴」。
〔八三〕三昧名也　麗無，據磧補。
〔八四〕又作藹，同　麗無，據磧補。
〔八五〕小爾雅……三昧名也　麗無，據磧補。
〔八六〕該，備也……皆也　麗無，據磧慧補。
〔八七〕皆　磧慧作「亦」。
〔八八〕昨何反　磧爲「作歌反」。
〔八九〕此云化樂天是也　磧爲「此云化樂天，亦云樂變化天是也」。
〔九〇〕故名廣果也　磧爲「故名廣果天也」。
〔九一〕論中或作離車……同一也　麗無，據磧補。
〔九二〕挭　磧作「梗」。
〔九三〕楚辭：梗其有理。王逸曰　麗無，據磧補。
〔九四〕亦害也，病也　麗無，據磧補。
〔九五〕古卯反　慧爲「古巧反」。
〔九六〕徒江反　慧爲「濁江反」。
〔九七〕戰　今傳本周禮作「載」。
〔九八〕字體作傷……同　麗無，據磧補。
〔九九〕蒼頡篇：傷　麗無，據磧補。
〔一〇〇〕又作軷垸二形。字林　麗無，據磧補。
〔一〇一〕釋名云……言於孔中俾倪非常事　麗無，據磧補。
〔一〇二〕此條慧無。
〔一〇三〕又作罌、俈二形，同　麗無，據磧補。
〔一〇四〕盛物器也　磧爲「方言：瓿甊瓨甖也。自關而東趙魏之間或謂之甖。甖亦通語也。瓿音部。甊，勒口反。瓨音剛也」。

〔一〇五〕光讚般若經　慧轉録於第九卷。

〔一〇六〕埤蒼……光耀熾盛皃也　麗無，據磧補。

〔一〇七〕匱，乏也　磧爲「禮記：則財不匱。鄭玄曰：匱亦乏也」。

〔一〇八〕竭也　磧爲「詩云：孝子不匱。傳曰：匱，竭也」。

〔一〇九〕今中嶽嵩高並依此名也　麗無，據磧補。

〔一一〇〕有　麗無，據磧補。

〔一一一〕身縛……是也　麗無，據磧補。

〔一一二〕禮記……注云　麗無，據磧補。

〔一一三〕目動也……目開閉數摇也　磧爲「説文：瞚，目開閉數摇也。服虔曰：目動曰瞚。」

〔一一四〕力私反　磧爲「力移反」。

〔一一五〕謂安息皃也　麗無，據磧補。

〔一一六〕案阿術達經　磧爲「案阿闍世王女阿術達經」。

〔一一七〕道行般若經　慧轉録於第九卷。

〔一一八〕厓　磧作「涯」。

〔一一九〕那提乾天　此條麗原接排在「伊沙天」内。

〔一二〇〕經中會有從言作諭者，此古文話字也　麗無，據磧補。

〔一二一〕在　磧作「存」。

〔一二二〕尚書：子弗狎。孔安國曰　麗無，據磧補。

〔一二三〕作　磧作「詐」。

〔一二四〕説文：悍　麗無，據磧補。

〔一二五〕此條麗無，據磧補。

〔一二六〕爾雅……縓音還絹反　麗無，據磧補。

〔一二七〕儲亦備也　磧爲「説文：儲，侍也。侍，待也。儲亦備也」。

〔一二八〕擥　磧作「藍」。

〔一二九〕皆梵言訛也　麗無，據磧補。

〔一三〇〕説文……覡音形狄反　麗無，據磧慧補。

〔一三一〕爾雅：貽，遺也　麗無，據磧慧補。

〔一三二〕案詔定古文官書枹、捊二字同體　麗無，據磧慧補。捊，據文意似當作「桴」。

〔一三三〕小品般若經　慧轉録於第九卷。

〔一三四〕一　磧作「三」。

〔一三五〕不斝酒也　麗無，據磧慧補。

〔一三六〕斝音子禮反　麗無，據磧慧補。

〔一三七〕人所依阻以爲援衛也　麗無，據磧慧補。

〔一三八〕此條麗無，據磧補。

〔一三九〕明度無極經　慧轉録於第十卷。

〔一四〇〕謬　麗無，據磧慧補。

〔一四一〕都割反　磧爲「徒旦反」。

〔一四二〕廣雅：貲，貨也　麗無，據磧慧補。

〔一四三〕説文：衣物　麗無，據磧補。

〔一四四〕此條麗無，據磧慧補。

〔一四五〕又云獨覺　麗無，據磧慧補。

〔一四六〕各　磧慧作「古」。

〔一四七〕義　麗無，據磧補。

〔一四八〕愛　慧卷一〇作「受」。

〔一四九〕聖　麗無，據磧補。

〔一五〇〕亦德之稱也……即从仁之義　麗無，據磧補。

〔一五一〕禽獸蟲蝗之怪謂之蠥　磧爲「禽獸蟲蝗之怪謂之蠥。釋名：蠥，蘖也。遇之如見杌蘖也」。

〔一五二〕捔　據文意當作「觕」。下同。

〔一五三〕楚辭……孔子曰「小人行險以僥倖」是　麗無，據磧補。

〔一五四〕此條麗無，據磧補。

〔一五五〕此條麗無，據磧補。

〔一五六〕箌龜反　磧爲「爲龜反」。

〔一五七〕在上曰幕……幕也　麗無，據磧補。

〔一五八〕廣雅：炫，明也　麗無，據磧補。

〔一五九〕此條麗無，據磧補。

〔一六〇〕長安品經　慧轉録於第九卷。

〔一六一〕此條麗無，據磧補。

〔一六二〕此條麗無，據磧補。

〔一六三〕勝天王般若經　慧轉録於第十卷。

〔一六四〕七入反　磧爲「子立反」。

〔一六五〕倓　慧卷八作「惔」。

〔一六六〕廣雅：稍亦矛也　麗無，據磧補。

〔一六七〕假借耳　麗無，據磧補。

〔一六八〕懣煩也。怒氣盈盛也　磧爲「憤，懣也。懣，煩也。憤，怒氣盈盛也」。

〔一六九〕魚籠曰罩　磧爲「謂籠罩也。捕魚籠者曰罩」。

〔一七〇〕楚辭：往來倏忽。王逸曰　麗無，據磧補。

〔一七一〕埳　磧作「培」。下同。

〔一七二〕孔尚　慧爲「孔注尚書」。
〔一七三〕説文　麗無，據磧補。
〔一七四〕嘶　磧作「嗌」。
〔一七五〕説文：誓，悲聲也。　麗無，據磧補。
〔一七六〕此後磧有「詩云：來亂夢資專曰資財也」。
〔一七七〕小爾雅：衡，梔也　麗無，據磧補。
〔一七八〕字从臼水在皿上字意也　麗無，據磧補。
〔一七九〕罕　磧爲「詩云：叔發罕忌。傳曰：罕」。
〔一八〇〕此條麗無，據磧慧補。
〔一八一〕爾雅：塊，塥也。郭璞曰　麗無，據磧補。
〔一八二〕塥音普塥反　麗無，據磧補。
〔一八三〕懆　據文意似作「慘」。檢説文：「懆，愁不安也。从心喿聲。」「慘，毒也。从心參聲。」段玉裁注：「懆訓愁，慘訓毒，音義皆殊，而寫者多亂之」。
〔一八四〕爾雅：懆　麗無，據磧補。
〔一八五〕王逸注楚辭云　麗無，據磧補。
〔一八六〕國語　麗無，據磧補。
〔一八七〕字從户從犬　磧爲「字從彳艮聲」。
〔一八八〕可以爲繩索履屬　磧爲「可以爲繩索履屬也。芼，罔方反」。
〔一八九〕古文⿱刅灬、⿱耳灬二形……同　麗無，據磧補。
〔一九〇〕説文：⿱刅灬，敖也　麗無，據磧補。
〔一九一〕⿰月亘　據文意似當作「胝」。
〔一九二〕廣雅：僮、僕、役，使也　今本廣雅爲「僕、童、役，使也」。
〔一九三〕隸，附也　磧爲「僕，附也。謂附著於人也。下力計反。隸亦附著也。字從米從隸聲。古者隸人擇米以供祭祠，故從米也」。
〔一九四〕糯　磧慧爲「糯莎」。
〔一九五〕奴溝反　磧爲「女蒲反」。
〔一九六〕太　磧作「大」。
〔一九七〕華赤，甚香　玄卷二十一爲「華亦甚香」。
〔一九八〕廣雅　磧爲「左傳：環城附於堞。杜預曰」。
〔一九九〕犬吠也　磧爲「又似黄狗，頭如雄雞，出交阯封溪，聲如小兒啼，知去不知來，犬吠也」。
〔二〇〇〕阿薩闍病　麗無，據磧補。
〔二〇一〕謂　麗無，據磧補。
〔二〇二〕經後序　據磧慧補。
〔二〇三〕仁王般若經　慧第十卷亦釋有此經。
〔二〇四〕盾　磧爲「説文：盾，瞂也」。
〔二〇五〕瞂音扶發反　麗無，據磧補。
〔二〇六〕亦會數之名也。又謂　麗無，據磧補。
〔二〇七〕今人言家產器物……並是也　麗無，據磧補。
〔二〇八〕小爾雅：巨，大也　麗無，據磧補。
〔二〇九〕説文：巨大作鉅，字從金　麗無，據磧補。
〔二一〇〕鴻　當作「洪」。
〔二一一〕金剛般若經　慧轉録於第十卷。
〔二一二〕此後磧有「婆那，此云林，正言飯那，以樹代之耳」。
〔二一三〕此後磧有「磨者園也」。
〔二一四〕通俗文作⿰舟發，韻集作撥，同　麗無，據磧補。
〔二一五〕金剛般若經　慧轉録於第十卷。
〔二一六〕此　磧爲「慧印三昧經譯」。
〔二一七〕復　磧爲「假令」。
〔二一八〕故經言生与不生是也　麗無，據磧補。
〔二一九〕金剛般若經　慧轉録於第十卷，又增有七條。

一切經音義　卷第四

菩薩見實三昧經
賢劫經
華手經
大灌頂經
菩薩纓珞經
佛名經
月燈三昧經
十住斷結經
觀佛三昧經
五千五百佛名經
大方廣十輪經
大方便報恩經
寶雲經
金光明經
大雲經
密迹金剛力士經
菩薩處胎經
大集賢護菩薩經

翻經沙門玄應撰

大方等陀羅尼經

菩薩見實三昧經　第一卷

膺平　又作應，同。於凝反。蒼頡篇云：乳上骨也。說文：膺，匈也。漢書韋昭曰：匈，四面高中央下曰膺。

原隰　又作隰，同。詞立反。爾雅：下濕曰隰。隰墊也。[隰亦新發畛有徑路者也。墊音都念反[一]。]

寶礦　古文砒，字書作磺，同。孤猛反。說文：磺，銅鐵璞也。經文從金作鉚，非也。

旌鼓　積盈反。爾雅：注旄首曰旌。郭璞云：載旄於竿頭者曰旌。旌，表也，謂取其幖幟也。

菩薩見實三昧經　第二卷

旒蘇　又作統、瑬二形，同。力周反。

門樞　齒楡反。爾雅：樞謂之椳。郭璞曰：門户扇樞也[二]。廣雅：樞，本也。樞機，制動轉之主也。椳音五迴反。

璫渠　都唐反。釋名云：穿耳施珠曰璫。埤蒼：璫[三]，充耳也。

渠，耳渠也。西國王等多用金銀作之，著耳匡中，用以裝飾也。經中有作璩，巨於反。［玉名也〔四〕。］

跋墀 直尸反。亦言婆稚，是阿修羅名也。舊譯云縛居，在修羅前鋒爲帝釋所縛，因誓得脱，故以名焉。

踟蹰 腸知反。下又作跦，同。腸誅反。廣雅：踟蹰，猶豫也。又云：住足，躑躅也。

菩薩見實三昧經 第三卷

曲檽 力庭反。説文：檽，楯間子也。［亦窗檽子也〔五〕。］通俗文「疏門曰檽」是也。

繮鞚 或作韁，同。紀良反。馬繮也。下口弄反〔六〕。馬勒也。

鶬鵠 音倉。鶬，鴰也，似雁而黑者也。鴰音古活反。下胡穀反。説文：黄鵠也。形如鶴，色蒼黄。

緘婆 古函反。天石名也。依字，緘，索也。束篋也。［亦閉也〔七〕。］

菩薩見實三昧經 第五卷

麒麟 渠之反，下理真反。仁獸也。説文：麐身牛尾一角，角頭有肉。經文作騏。説文：馬文如綦曰騏。下力振反。爾雅：白馬黑唇曰驎。二形並非此義。麐，居貧反。

菩薩見實三昧經 第十一卷

剜掘 烏桓反，下渠勿反。廣雅：掘，穿也。經文作擔，都甘反。此應誤也。

欠呿 又作呿，同。丘庶反。埤蒼：張口頻伸也。

菩薩見實三昧經 第十二卷

脬膜 匹包反。三蒼：盛尿處曰脬。經文作胞，音補交反。［胞，胎也。胞非此義〔八〕。］

餳哺 似盈反。方言：凡飴謂之餳。説文：米蘖煎也。下蒲故反。口中嚼食者也。［經文從食作餔，非體也。餔音補胡反。字與晡同，申時食也〔九〕。］

菩薩見實三昧經 第十四卷

隍城 胡光反。説文：城池有水曰池，無水曰隍。蒼頡篇：城下坑也。

爲隥 當鄧反。廣雅：隥，履也。依之而上者也。三蒼：隥，小阪也。經文作蹬，音登。

秔米 俗作粳，同。加衡反。［聲類云〔一〇〕：］不黏稻也。江南呼粳爲秈。

勺撓 是斫反。［説文：勺，科也。科音斗〔一一〕。］下呼高反。聲類云：撓，攪也。［經文從木作杓。説文：都歷反。北斗柄也。又音同勺〔一二〕。］

賢劫經〔一三〕 第一卷

光燿 古文曜，同。餘照反。廣雅：曜，照也，明也。

不挾　胡頰反。[挾，懷意也[一四]。]爾雅：挾，藏也。經文作協，和也。協非此義。

稸積　字書作蓄，同。敕六反。蓄，積也，聚也。

痂痏　古遐反，下胡軌反。[廣雅[一五]：]痂，瘡也。痏，毆傷青黑腫也。

邦伴[一六]　石經作籽、邦、炮三形，同。補江反。

准平　説文作準，同。之尹反。准，平也，均也，度也。經文作埈，才資反。以土增道也。埈非此用。

擿去　他狄反。擿，剔也，謂擿治之也，亦取也。

賢劫經　第二卷

三塗　又作途、迲二形，同。達胡反。言三塗者，俗書春秋有三塗危險之處，借此爲名。塗猶道也，非謂塗炭之義。若依梵本，則云阿波那伽低，此云惡趣，不名惡道。道是因義由履而行，趣是果名已到之處，故不名惡道也。

躓礙　古文懥、躓二形，今作疐，同。猪吏反。通俗文：事不利曰躓，限至曰礙。

居倫　大哀經作拘輪，譯云本際第一解法者也。普曜經云：俱鄰者，解本際也。阿若者，言已知也。正言解了。拘鄰亦姓也。

賢劫經　第三卷

怯弱　如斫反。[尚書：六極曰弱。孔安國曰[一七]：]弱，尪劣也。經文作愵，奴的反。思也，傷也。愵非此義。

賢劫經　第五卷

鳩那羅　此譯云惡人，亦言不好人也。

賢劫經　第十三卷

[竿蔗　古寒反，下諸夜反。通俗文：荆州出竿蔗。則甘蔗是也。][一八]

錫貢　星的反。爾雅：錫，賜也。謂賜與也。上與下之辭也。

好拂　敷勿反。拂，拭也，除塵也。[治也，去也[一九]。]經文作髴、怫二形，非也。

都較　古文攉，同。古學反。較猶粗略也。廣雅：較，明也。亦比校也。

趣谷　古木、餘玉二反。爾雅：水注谿曰谷。[泉之通川者也[二〇]。]經文作峪，非也。

華手經[二一]　第一卷

和詑　字又作誃，同。丑嫁反。婆和詑者，比丘名也。

華手經　第二卷

抒氣　時汝、除呂二反。廣雅：抒，舀也。渫出也。説文：抒，挹也。挹，斟酌也。挹音於入反。舀，餘紹反。

道軻 口佐反。

嘻疑 虛基反。

埿鞞 乃禮反。

喉棱 力曾反。

掬林 居六反。經文又作鞠、諊，同。

鞬陀 記言反。

郁佁 丘豉反。經文作佁，非也。

迦脩 此應備字。

緊梨 於奚反。

賁沙 補門反。

犀提 此應陴字，父支反。

鞞吒羅 [上陟留反，又作之然反〔二五〕。]

波迻 [無放反〔二六〕。]

噴灑 又作歕，同。普悶反。通俗文作湓，含水潠曰湓。經文從水作濆，音扶云反，水名也。濆非此義。

頞吱 居梨反。非正字。

劬離 其俱反。經文作敂，音口。此應誤也，敂，擊也。

漱漏 所霤反。經文從頁作瀨，非也。

[盟誓 音明。釋名云：盟，明也。告事於神明也。誓，制也，以拘制之也。大事曰盟，小事曰誓也。三蒼：歃血誓。]〔二七〕

毒蠆 丑芥反。或名蠆蛪，或名蠍螫，蟲也。蠆音他達反。蛪音力達反。

五官 謂生老病死及現在縣官拘錄，亦名五天使者。

翩翩 匹然反。説文：疾飛也。輕捷之皃也〔二八〕。經文作偏，非也。

華手經 第八卷

猩猩 所京反。字林：能言鳥（獸）也。形如豕，頭如黃鷄。[出交阯 封溪，聲如小兒啼〔二二〕。]

華手經 第十卷

姦詭 居毀反。不實也。廣雅：詭隨，惡也。亦欺誑也。

蟄民 遲立反。大魚名也。蟄民伽羅，應云低民祇羅，譯云吞魚，大吞小故也。

華手經 第十一卷

圂豬 又作溷。同。胡困反。圊，圂也，言溷濁穢惡也。

栽梓 古文櫱、梓、不三形，同。今作蘖，同。五割反。爾雅：梓，餘也，載也。言木餘載生梓栽也。

僶未 又作黽，同。亡忍反。僶俛，强爲之也。

華手經 第十二卷

斃地 古文獘、獘二形，今作弊，同。毗世反。説文：獘，仆也。[踣也〔二三〕。]

大灌頂經〔二四〕 第一卷

錍提 普提反。山名也。

大灌頂經　第二卷

貿㮂　力底反。

倪提　音五禮反。

臏迦　扶忍反。

翳頭　徒敦反。

大灌頂經　第三卷

坻多　直尸反。

苾闍　蒲蔑、扶必二反。

戾捺　敕細反。

拍長　普格反。廣雅：拍，擊也。釋名：拍，搏也。以手搏其上也。經文從石作砶，非也。

沃口　烏穀反。通俗文：漑灌曰沃。沃亦澆也，漬也。

口噤　又作唫，同。渠飲反。[楚辭：口噤閉而不言。王逸曰[二九]：]閉口爲噤也。

襌(禪)[三〇]衣　多安反。説文：衣不重也。廣雅：禪，薄也。[有衣而無裏也[三一]。]

白袷　古洽反。説文：衣無絮也。廣雅：袷，重也。經文作悏(㡣)[三二]，古洽反。帽也。悏(㡣)[三三]非此用，又作裌，非也。

大灌頂經　第四卷

寀鞮　都奚反。

樓畔　莫侯反。經文作聕，誤也。

櫨黂　古黄反。

唾氿　將逸反。通俗文：迮而吐之曰氿。經文作唼，音子旦反。

架抄　古暇反。

譚耆　投南反。經文作潔。

諄難　呼故反。

較坻　古學反。

訡羅　於禮反。

侘飢　敕家反。經文作跎，非也。

膒彌　烏侯反。

猳玃　字體作豭，又作猳，同。古遐反。下居縛反。説文：大母猴也。善顧眄玃持人也。爾雅：玃父善顧。郭璞曰：猳玃也，似猴而大，色蒼黑也。

荐臻　又作洊，同。在見反。爾雅：荐，再也，重也[三四]。下側陳反。[爾雅[三五]：]臻，至也。

大灌頂經　第五卷

[優吵　穌答反[三六]。]

掔俱　苦閑反。經文有作拏，女家反。此梵言也。

壓笮　於甲反，下側格反。案笮，猶壓也。今謂笮出汁也。[説文：笮，迫也[三七]。]

茤陀　字與芰同。渠寄反。

華又[三八]　居玉反。

驚悸　古文痵，同。其季反。字林：心動也。説文：氣不定也[三九]。

大灌頂經　第六卷

振旦　或言真丹，並非正音，應言支那，此云漢國也。又亦無正翻，但神州之總名也。

碑闕　彼爲反。古制施鹿櫨以下棺，今人述君父之功，書其上[四〇]，建於陌頭顯處也。釋名：闕在門兩旁，中間闕然爲道也[四一]。

郵婆　于鳩反。

鞞鞞　蒲迷反。

萆梨　方尒反。

恐愶　虚業反。方言：愶閲，懼也。謂以威力相恐懼也。閲音呼激反。經文作㤼、⿰足翕(⿰忄翕)[四二]二形，非也[四三]。

大灌頂經　第七卷

牛桊　居院反。[説文謂牛鼻環也[四四]。]字書：桊，牛拘也。今江淮以北皆呼牛拘，以南皆曰桊。

⿰忄甲⿰忄盧[四五]　字宜⿰馬甲盧，音烏甲反。今人謂黑貂爲⿰馬甲盧貂是也。

浡浡　聲類亦郣字，同。蒲没反。廣雅：浡，盛也[四六]。

蔚多　於貴反。

他穰　而羊反。

[尉伺　於位反，下相吏反。察也。廣雅：伺，視也。][四七]

大灌頂經　第八卷

檐邊　字書作櫩，同。以占反。謂屋梠也。説文：檐，櫋也。[櫋音毗[四八]。]

汪池　烏皇反。通俗文：停水曰汪。池之泥濁者也。

大灌頂經　第九卷

麋麈　莫悲反。説文：鹿屬也。冬至解角者也。下之庾反。山海經云：荆山多麈。郭璞曰：似鹿而大，尾可爲帚也。

梁翟　徒歷反。

多楳　莫來反。

陀俞　以朱反。

愚蠢　丑絳反。説文：蠢，愚也。生而癡騃童昏者也。

齚楊　又作齰，同。仕白反。齚，齧也。經文作咋。莊白反。咋咋，聲也。咋非此用。

大灌頂經　第十卷

世享　虚兩反。享，受也，亦當也。説文：享，獻也。

烔烔　徒東反。埤蒼：烔烔然，熱皃也。經文作㷲，非體也。

老叜　又作叟、傁二形，同。蘇走反。方言：叜，父，長，老也。東齊魯衛之間凡尊老者謂之叜。[廣雅：叜，父也。南楚名也。[四九]]字從灾從又。[又音手。手灾者衰惡也。言脉之大候在於寸口。老人寸口脉衰，故從又從灾也[五〇]。]

諠譁　又作讙，同。虚元反，下呼瓜反。諠譁，聲也。三蒼：諠，言語⿰言匋⿰言匋往來也。譁，言語譊譊諠也。⿰言匋音徒刀反。

詵林　又作甡、㚬、莘三形，同。使陳反。[詩云：詵詵兮[五一]。]傳曰：詵詵，衆多也[五二]。

萍薄　蒲丁反。無根浮水上者也。［爾雅：萍，苹也。其大者苹也〔五三〕。］經文作菥，馬帚也。

歡娛　疑區反。說文：娛，樂也。經文作顒，非也。

姻媾　於人反，下古侯反。白虎通曰：婦人因夫而成，故曰姻。媾，姻，親也。國語：今將婚媾。賈逵曰：重婚曰媾。媾，厚也。

惋恨　烏喚反。字略云：惋，嘆。驚異也。

轗軻　又作埳，同。口紺、口感二反。下口佐反。［楚辭曰：然轗軻而留滯。王逸云〔五四〕：］埳軻，不遇也。

禍祟　思醉反。說文：神禍也。謂鬼神作灾禍也。

懇惻　古文詪，同。口很反。通俗文：至誠曰懇。懇亦堅忍也。下古文畟，同。楚力反。廣雅：惻，悲也。說文：惻，痛也。

如餉　尸尚反。廣雅：餉，遺也。說文：餉，或作饟。饋餉也。

結梳　所於反。說文：梳，理髮者也〔五五〕。

［乞匄　古害反。通俗文：求愿曰匄。廣雅：匄，求也。人亡則匄字意也。］〔五六〕

懊憹　今皆作惱，同。奴道反。懊憹，憂痛也。

大灌頂經　第十二卷

維耶　或言毗耶離，或名毗舍離，皆訛也。正言鞞奢隸夜城，在東印度境殑伽河北也。或言中印度境。

瞢憒　莫崩反。三蒼：瞢，不明也。下公内反。憒，亂也，亦煩也。

謍衛　又作營、瞢、懵三形，同。役瓊反。蒼頡篇：謍，衛也，部也〔五七〕。

厭禱　於冉反，下都道反。伏合人心曰厭，求福曰禱。禱，請也。請於鬼神也。

蜚尸　古書飛多作蜚，同。府韋反。飛謂飛揚也。尸有三尸。

邪忤　［古文悟、遻、迕三形，今作忤，同〔五八〕。］吾故反。［忤，逆也〔五九〕。］通俗文：得忤曰痾。音苦駕反，非體也。

蒺蔾　茨栗反，下力尸反。［非體也。案〔六〇〕］爾雅：蝍蛆，蝍蛆。郭璞曰：似蝗，大腹，長角，能食蛇腦也。

萎黃　於危反。聲類：萎，草菸也。經文作痿。痿，痺也，謂不能行也。

尫羸　今作尫（尣）〔六一〕，同。烏黄反。尫，弱也。通俗文：短小曰尫也。

妖蠥　宜列反。說文：衣服歌謡之怪謂之妖，禽獸蟲蝗之怪謂之蠥。蠥，灾也。今皆作孽，亦古字通用也。

菩薩纓絡經〔六二〕　第一卷

恭恪　古文愙，同。口各反。恪，敬也。字林：恪，恭也。

曩昔　奴朗反。爾雅：曩，久也。猶往久古昔也。

塵曀　又作壇，同。於計反。［詩云：終風且曀〔六三〕。］爾雅〔六四〕：陰而風曰曀。曀亦翳也，言掩翳日光使不明也。

菩薩纓絡經　第三卷

亘然　歌鄧反。亘猶坦（恒）〔六五〕然也。詩［云：亘之秬秠〔六六〕。］傳曰：亘，遍也。

羯毗　或言羯隨，或云迦毗，或言加毗。此皆梵音訛也。此譯云迦毗，聲。伽羅者，好。名爲好聲鳥也。

菩薩纓絡經　第六卷

僥倖　古堯反，下胡耿反。僥，遇也。倖〔六七〕，慶也。

菩薩纓絡經　第七卷

貪餮　又作飻，同。他結反。[說文：飻亦貪也。又云〔六八〕：]貪財曰饕，貪食曰餮。

[拘隣　或作居隣，或作拘輪，皆梵言訛也。此云本際，則經中尊者了本際、尊者智本際皆是也。此則憍陳如也。]〔六九〕

邠耨　又作分耨。[或作邠耨文陀弗，應云富羅〔七〇〕]曼陀弗〔七一〕，譯云滿嚴飾女，或言滿見子也。

菩薩纓絡經　第九卷

[阿惟顔　案菩薩十住經云第十阿惟顔住謂一生補處者也。]〔七二〕

苾芬　又作飶、馝、咇、馝四形，同。蒲結反。埤蒼：苾，大香也。[詩注云：苾苾然芬香也〔七三〕。]

鏟以　叉莧反。說文：一曰平鐵也。蒼頡篇云：削平也。

不泄　思列反。泄，溢也，亦發也。廣雅：泄，漏也。

菩薩纓絡經　第十一卷

超卓　耻驕反。跳上車也。超，越也，出前也。[遠也〔七四〕。]踰也。下陟角反。卓，高也。釋名云：超，卓也。舉腳有所卓越也。

菩薩纓絡經　第十二卷

分衛　此言訛也。正言儐荼波多。儐荼，此云團。波多，此云墮。言食墮在鉢中也。或言賓荼夜，此云團。團者，食團，謂乞食也。

鏗然　又作挳、輷二形，同。口耕反。說文：輷，堅也。[廣雅：輷輷然，堅也〔七五〕。]

料量　力條反。說文：料，量也。[料亦數也〔七六〕。]字從斗。經文作科，苦和反，非也。

佛名經〔七七〕

智曀　一計反。

庭燎　力雕反。

拘峻　私俊反。

袥多　止夷反。

刳心　口胡反。

枲荷　息里反。

欝哆　殆我、丑加二反。

㮖羅　他奚反。

詢陀　私旬反。

奚吼　胡鷄反。

月燈三昧經[七八] 第一卷

無爽　所兩反。爾雅：爽，差也。謂不同也，不齊也。

糅以　古文粈、粗二形，同。女救反。説文：雜飯曰糅也。

月燈三昧經 第二卷

如牓　補莽反。牌牓也，謂標牓其善惡示人也。經文從木作榜，補盲反，弓弩輔也。榜非此用。牌，蒲佳反。

月燈三昧經 第三卷

剜身　烏桓反。埤蒼：剜，削也。謂抉取肉也。

鼛鼓　公勞反。大鼓也。考工記：鼛鼓長六尺有四寸。注云：以鼛鼓鼓役事。下又作鞼，同。扶雲反。爾雅：大鼓謂之鼖。郭璞曰：長八尺也。

雷霆　定、亭、挺三音。爾雅：疾雷謂之霆霓。[郭璞曰：雷之急激者也[七九]。]蒼頡篇：霹靂也。説文：雷餘聲，所以挺出萬物也。霆亦雷也。

金鉦　之盈反。説文：鉦，鐃也。似鈴，柄中，上下通。[詩云：鉦人伐鼓。傳曰：鉦以静之，鼓以動之[八〇]。]

諸鞞　蒲雞反。小鼓也，亦騎鼓也[八一]。

蕭筑　張六反。形如筝，刻其頭而握之。以頭筑人，故謂之筑。

儒德　而俱反。説文：儒，柔也。術士之稱也。

月燈三昧經 第七卷

入匣　今作柙，同。胡甲反。説文：匣，匱也。謂盛刀劍者也。

棲泊　蒲各反。泊，止也。今謂舟止爲棲泊[八二]。

激切　公的反。激，發也，動也。説文：水疾急曰激也。

狡猾　古卯反，下胡刮反。方言：凡小兒多詐謂之狡猾。[猾亦亂也[八三]。]

月燈三昧經 第八卷

臺榭　辭夜反。爾雅：[闍謂之臺[八四]，]有木謂之榭。郭璞曰：臺上起屋也。

廊廡　籀文作廡，同。音武。客舍也。説文：堂下周屋也。釋名云：大屋曰廡。幽冀之人謂之庌。庌，五下反。

詹波　之鹽反。或作占波，或作占婆，即瞻蔔花也。譯云金色花。大論云：黄花樹也。

月燈三昧經 第九卷

瘳愈　敕流反。瘳，差也。尚書「翌日乃瘳」是也。

竚立　或作佇，同。除呂反。爾雅：佇，久也。謂[竚立企望][八五]久立也。

動瞼　居儼反。字略云：眼外皮也。

臻萃　從醉反。方言：東齊海岱之間謂萃爲聚。[詩云：有鴞萃止。傳曰[八六]：]萃，集也。

媅著　古文妉，同。都含反。説文：媅，樂也，嗜也。今皆作躭。

月燈三昧經　第十卷

俟用　古文竢、糇、䇃三形，同，並事几反。爾雅：俟，待也。

龍腦　案西域記云：羯布羅香樹，松身異葉，花果亦别。初採既濕，尚未有香。木乾之後，循理而析，其中有香，狀若雲母，色如冰雪。此謂龍腦香者也。

如礪　力制反。［山海經云：崦嵫山多砥礪。郭璞云〔八七〕：］磨石也。砥細於礪也。

十住斷結經〔八八〕　第一卷

纏縺　力前反。字書：縺縷不解也。

戢在　側立反。戢，聚也，斂也。［説文：藏兵器也〔八九〕。］經文從手作撒，非也。

滲漏　疏蔭反。滲，盡也。下流曰滲。滲亦竭也。

閹塞　於儉反。閉門人也。宜作掩。掩，藏也，蔽也。

十住斷結經　第二卷

密欵　又作款，同。口緩反。蒼頡篇：欵，重也，至也。［説文：款，意有所欲也〔九〇〕。］

揮淚　許歸反。揮，灑也。説文：揮，奮也。謂奮振去之也。

十住斷結經　第三卷

棚閣　蒲萌反。［通俗文〔九一〕：］連閣曰棚。經文作閛，普耕反，門聲也。閛非此義。

嬈固　乃了反。下又作怘，同。古護反。三蒼云：嬈，弄也。［謂煩擾戲弄也〔九二〕。］諸經有作嬲，或作嬲，音同嬈。摩登伽經作擾蠱，［厭蠱也。字林：蠱］音古護反。

十住斷結經　第四卷

勗勉　虚玉反。謂勉勵也。方言：齊魯謂勉爲勗也。

［道檢　居儼反。大品經云「若入聲聞正位」是也。檢，攝也。蒼頡篇：檢，法度也。］〔九三〕

十住斷結經　第五卷

騞然　呼馘反。騞猶忽也。義亦與砉字同。音呼覓反。砉然也。馘音古麥反。

煻煨　徒郎反，下烏迴反。通俗文：熱灰謂之煻煨。［煨亦㷄也。廣雅：煨，煴也〔九四〕。］經文作煴，於文反。鬱煙也〔九五〕。煴非字體。

門閾　古文闞，同。呼域反。爾雅：柣謂之閾。郭璞曰：即門限也。柣音田結反。

十住斷結經　第六卷

或奣　鵶猛反。明也。

婆槎　千何反。或作婆叉河，亦云博叉河，大池西面河也。馬口而出流入西海也。

䔲瞢　徒登、丁鄧二反。韻集：失卧極也。下亡登反。經文有作蹬、懵懵，並非體也。

十住斷結經　第七卷

六湮　於仁反。說文：湮，没也。爾雅：湮，落也。亦下也。

十住斷結經　第八卷

㪷水　九愚反。廣雅：㪷，酌也。說文：㪷，挹也。挹，斟也〔九六〕。經文作拘，非體也。或從酉作酙，亦非也。

十住斷結經　第九卷

蚑行　渠支、巨宜二反。謂蟲行皃也。周書「蚑行喘息」是也。

哂然　字書作吲，或作㰦，同。式忍反。三蒼：小笑也。［論語：夫子哂之。馬融曰：哂，笑也〔九七〕。］禮記：笑不至哂。鄭玄曰：齒本曰吲，大笑則齒本見也。

愚戇　都絳反。說文：愚，癡也。戇，愚也。聲類、韻集音丑巷反。

十住斷結經　第十卷

遮迦越羅　此譯云轉輪聖王。正言斫迦羅，此言輪。伐剌底，此云轉。名轉輪王，順此方語也。

觀佛三昧海經〔九八〕　第一卷

閱頭檀　以拙反。此譯云白浄王也，或言浄飯王也。

伉儷　苦浪反。下又作𠌥，同。履詣反。伉，敵也。儷，偶也，伴也。

憾喜　胡感反。廣雅：憾，動也。說文：憾，揺也。

蝌斗　苦禾反。字書：蝌斗，水蟲也。爾雅：蝌斗，蝦蟇子也。

蟠龍　薄寒反。禮記：而蟠于地。蟠，委也。廣雅：蟠，曲也。

踵相　又作衝（𧗳）〔九九〕，同。之勇反。說文：相迹也。亦追也。往來之皃也。

四柧　古胡反。說文：柧，棱也。經文作觚，器名也。觚非字義也。

闗鍵　又作闑、揵二形，同。奇謇反。方言：關東謂之鍵，關西謂之闗。

開闔　胡臘反。說文：闔，閉也。易曰「闔門謂之坤」是也。

顒顒　今作喁，同。魚凶反。詩云：顒顒昂昂。傳曰：温恭皃也。

觀佛三昧海經　第二卷

穹脊　去弓反。穹謂穹隆也。穹亦窮也。

侜張 說文作譸，同。竹流反。爾雅：侜張，誑也。亦幻惑欺誑也。經文作輈，車轅也。輈非字體。春秋傳：挾輈以走。

喉嚨 洛公反。嚨亦喉也。蒼頡篇：喉，咽也。

肺腴 又作胇，同。敷穢反。說文：肺，火藏也。下庾俱反。說文：腴，腹下肥也。經文作俞、腧二形，非也。

肝隔 歌額反。隔，障也。經文或從肉作膈，二字通用也。

蛕蟲 又作蛔，同。胡魁反。蛕，腹中蟲也。經文作蚘、九(尤)〔一〇〇〕二形，非也。

團欒 盧端反。團，圓也。圓匝也。

敗績 今作勣，同。子歷反。聲類云：勣，功也。

矗然 敕六反。端直也，又草木茂盛也。

霓冤 於元反。冤猶屈也。雌曰霓。經文作惋，非體也。

髮杪 彌繞反。樹鋒曰杪，今取其義謂髮鋒頭也。

雙眥 在計反。說文：眥，目崖也。目際也。

觀佛三昧海經 第三卷

兩吻 無粉反。蒼頡篇云：脣兩邊也。謂口際邊也。

蕛米 達鷄反。爾雅：蕛，英也。郭璞曰：似稗，布地生，穢草也。

鼀室 苦耽反。方言：鼀，受也。廣雅：鼀，盛也。

鼷鼠 胡鷄反。說文：小鼠也。有毒者也。或名甘口鼠。春秋：鼷鼠食郊牛角。

晃煜 又作晄，古文爌，同。胡廣反。下又作焴，同。由掬反。說文：晃，明也。煜，曜也，光也。晃煜，盛也。

竭支 或作僧祇支者，皆訛也。應言僧迦鵄。此譯云覆腋。若著瞿修羅，則不著僧迦鵄(鵄)〔一〇一〕。瞿修羅者，此云圖也，像其衣形而立名也。

觀佛三昧海經 第四卷

摧茹 而庶反。摧，折也。茹，弱也。

小螭 敕知反。廣雅：無角曰螭，有角曰虯。螭若龍而黄者也。

樹稭 音皆。稭謂稭稈也。字從禾從皆，未詳何語。

疼痺 又作痋、胗二形，同。徒冬反。廣雅：疼，痛也。下併利反。說文：濕病也。痺，不能行也。

觀佛三昧海經 第五卷

㨖身 力没反。㨖，謂揩㨖也。

操啄 争交反。通俗文：浮取曰操。廣雅：操，取也。

直劈 普狄反。說文：劈，破也。經文作擗，脾役反。擗非此用。

鐵砧 又作椹、戡二形，同。猪金反。鈇砧也。經文作碪、鈂二形，非體也。

轢身 力各、力的二反。蒼頡篇：轢，輾也。說文：車有踐者也。

瘻瘇 字詁今作尰，同。時勇反。通俗文：腫足曰瘇。瘇，脚病也。經文從足作踵，非也。

生燅 聲類作燂、爓二形，字詁古文燅。今作燅，同。詳廉反。說文：熱湯瀹肉也。

鐵鉆 奇沾反。蒼頡篇：鉆持謂取物者也。經文作鉗，束人鐵也。鉗非今體。

瘭疽　必遥反，下千余反。廣蒼：癰成爲瘭疽。瘡名也。經文作螵，字與蜱同，輔支、毗遥二反，螗螂子也。螵非此用。

諸揔　字亦作緫，渠記反。所以連綴簪記之也。

鑱剌　仕咸反。以錐刺物者也。説文：鑱，鋭也。

寱語　牛世反。夢語謂之寱。聲類：不覺妄言也。

磔口　陟格反。廣雅：磔，張也。亦開也。經文作挓，未見所出。

觀佛三昧海經　第七卷

攘臂　而羊反。攘，除也。謂除衣袂而出臂也。袂，彌世反。

毾㲪　他盍反，下得恒反。釋名：施之大牀前小榻上所以登上牀也。因以名之。

觀佛三昧海經　第八卷

搏噬　補薄反，下時制反。搏，撮也。噬，齧也，啗也。

遘疾　又作姤，同。古候反。爾雅：遘、逢，遇也。

泯然　彌忍、彌賓二反。爾雅：泯，盡也。泯，民也。

搋落　直尔、敕紙二反。搋，奪也。

五千五百佛名經〔一〇二〕　第三卷

怛娜　乃可反。

袟帝　除栗反。

聃婆　他甘反。

黟闥　一兮反。

魯甀　盧口反。

怖霤　力救反。

馱嗽　所霤反。

眸路　莫侯反。

昵陀　女乙反。

迦粹　力割反。

唵婦　烏感反。

鱣那　知連反。

佶易　奇乙反。

晡囉　補胡反。

吱駐　竹住反。

婆鞮　徒奚反。

他庇　補寐反。

咦帝　[除栗反〔一〇三〕。]

五千五百佛名經　第四卷

呴喊　呵戒反。

揭薜　上渠謁反，下蒲隸反。

地蜱　音蜱(埤)〔一〇四〕。

瑟咤　陟嫁反。

奚囒　魯干反。

燠醯　於六反。

嚥迦　烏賢反。

涅𡃜　力暫反。

阿㚶　又作㚰，同。時紙反。

㑭奴輵那〔一〇五〕　側飢反。

頡利　賢結反。

呵嚠

五千五百佛名經　第五卷

喑遇　於林反。經文誤作唵也。

堙醢　於鄰反。

五千五百佛名經　第六卷

柢多　是支反。

搥撲　都雷反。

毱多　渠六反。經文作毬，非。

鯢羅　五奚反。

大方廣十輪經〔一〇六〕　第一卷

浚流　古文濬、濬二形，今作浚，同。雖閏反〔一〇七〕。浚，深也。

大方廣十輪經　第三卷

麝香　是亦反〔一〇八〕，又音神夜反。爾雅：似麞，臍有香也。

田畯　資峻反〔一〇九〕。爾雅：畯，田夫也。郭璞曰：今之嗇夫也。

大方廣十輪經　第六卷

舌矜　又作齡，同。其蔭反。牛舌病也。經文從疒作疹，非也。

大方便報恩經〔一一〇〕　第一卷

暉豔　又作艷，同。餘贍反。方言：秦晉之間謂美色爲豔。

池湖　户孤反。說文：大陂也。揚州有五湖。

旃叔　或言甄叔迦，或云緊叔迦，樹名也，其花赤色。此寶似之，因以名焉。

喑唶　於禁反，下子夜反。聲類：大呼也。說文：大聲也。

微服　無非反。爾雅：幽、匿、蔽，微也。注云：謂逃竄也。

呼噏　古文歙、噏二形，今作吸，同。羲及反。廣雅：噏，飲也，引也。

挑目　他堯反。聲類云：挑，抉也。謂抉出目也。抉音烏穴反。

里程　除荊反。程猶限也。禮云：程，量也。詩云：程，法也。

摑眥　呼麥反。摑，裂也。下静計反。目頭(裂)〔一一一〕曰眥。淮南云「瞋目裂眥」是也。經文從首作馘，古獲反。生獲斷耳曰馘。馘非此義。

大方便報恩經　第二卷

咆地　蒲交反。說文：咆，嗥也。亦大怒也。

輪頭檀王　正言首圖馱那王，此譯云净飯。或言白飯，非也。

蟠蘭椿輪　蒲寒反。椿，敕倫反，言形狀也。

蒨練粲爛　千見反。言色彩鮮盛皃也。

眼眩　胡蠲、胡遍二反。蒼頡篇云：視不明也。眩，惑也。

迫愶　補格反。迫，急也。下虛業反。謂以威〔一一二〕相恐懼也。

財賄　古文賄，同。呼罪反。財貨也。通俗文：財帛曰賄。周禮：通貨賄。鄭玄曰：金玉曰貨，布帛曰賄。

兜鍪　莫侯反。廣雅：兜鍪謂之冑。經文作鉾，非字體也。

乾曬　所懈、所寄二反。謂暴乾物也。

歎波那食　或云怛鉢那，譯云麨也。蒲闍尼食，譯云可食。佉陀尼食，譯云可噉。

飡唵　烏感反。字林：唵，啗也。謂以掌進食曰唵也。

嵚巖　苦銜反，又音欽。廣雅：嵚、岑，高也。山阜勢也。

羸惙　知劣反。聲類：惙，短氣皃也。惙惙亦憂也。毛詩傳云：憂心惙惙也。

唼食　子盍反。字林：蟲食曰唼。唼血也。經文作啑，非也。

茹食　攘舉反〔一一三〕。茹，啖也。爾雅：啜，茹也。郭璞曰：啜，拾食之也。

擔揭　說文作竭，同。其謁反。負舉也。竭，擔也。

髕腨　扶忍反〔一一四〕。說文：膝骨也。[玉篇云：膝端也。大戴禮曰：人生朞而髕〔一一五〕。]下又作踹，同。時兗反。腨，腸也。

炎旱　雨廉反。炎，熱也。爾雅：炎炎，熏也。謂旱氣薰炙〔一一六〕人也。

猥多　烏罪反。字林：猥，衆也。廣雅：猥，頓也。

噢噫　於六反，下一結反。埤蒼：噢咿，內悲也。謂痛悲之聲也。噫，塞也。經文有作郁，非體也。

爪攫　居縛反。說文：攫，扟也。蒼頡篇：攫，搏也。淮南子云「獸窮則攫，鳥窮則啄」是也。扟音居逆反。

單孑　古折反。案孑，猶孤獨也。說文：無右臂曰孑。

喊喊　呼獵反。下又作譮、欸二形，同。呼戒反。方言：喊，聲也。喊，呵也。謂恚怒聲也。經文或作闞，音呼檻反。二形通用也。

踢張　唐盍反。謂蹋地張目也。經文從口作嗡悵，非也。

噭然　古文噭、嗥二形，今作皎，同。公鳥反。埤蒼：噭，明也。净也。

大方便報恩經　第三卷

嫡嫡　丁狄反。字書：嫡，正也。公羊傳曰：立嫡以長者何？嫡，敵也〔一一七〕。謂夫人之子尊，無與敵也。

耶維　或言闍毗，或言闍維，正言闍鼻多，義是焚燒也。

蹎蹶　又作傎、趚二形，同。丁賢反，下居月反。蹎蹶猶頓仆反倒也。經文作顛厥，非體也。仆音蒲北反。

甂瓿　字又作墦，同。普安反，下侯徒反〔一一八〕。通俗文：甎方大謂之甂瓿。今大方甎是也。

慨歎　口代反。慨嘆，大息也。說文：忼慨。壯士不得志於心。情憤恚也。

悒遲　於急反。字林：悒，不安也。蒼頡篇：悒悒，不舒之皃也。

煩冤　於元反。冤亦煩也，屈也。經文作宛、惋二形，非體也。

汪水　烏黃反。通俗文：停水曰汪。經文作洸，音光，非也。

摩訶羅　此譯云無知也，或言老也。

大方便報恩經　第四卷

瞤動　而純反。說文：目動也。經文作瞤，非體也。

蕃息　輔袁反。蕃，滋也。滋多也。經文作繁。繁，盛也，亦多也。

帷帳　于追反。字林：在旁曰帷。謂張帛（幕）〔一一九〕障旁也。幃，囿也。

湍浪　土桓反。說文：疾瀨也。水流沙上曰瀨。瀨，淺水也。

矇盲　莫公反。有眸子而無見曰矇也。目無眸子曰盲。

舉帆　又作颿、颸二形，同。扶嚴、扶泛二反。隨風張幔曰帆。

振濟　脂刃反。小爾雅：振，救也。說文：振，舉也。經文作賑，之忍反。隱賑富有也。

草蔡　音察。草蘆也，亦芥也。經文作䔲，非也。蘆音千古反，枯草也。今陝以西言草蔡，江南山東言草蘆。蘆音七故反。

大方便報恩經　第五卷

哮嚇　又作唬，同。呼交反，下呼嫁反。虎聲謂之哮嚇。

白虹　古文羾〔一二〇〕，同。胡公反。說文：螮蝀，虹也。俗呼美人。江東呼爲雩。釋名：虹，攻也。純陽攻陰氣也。

劓刵　又作劓，同。魚器反。下讓記反。劓，割鼻也。刵，截耳也。

刖足　古文跀、趴二形，同。魚厥、五刮二反。刖猶割也。

探摸　他含反。說文：遠取曰探，手抆爲摸也。

禍酷　古文𠫴、嚳、焙三形，同。口篤反。說文：酷，急也。亦暴虐也。

掊發　說文作抱、捊二形，同。步交反。捊，引取也。〔通俗文作抱，手把曰抱〔一二一〕。〕

大方便報恩經　第六卷

牛呞　正字作齝、齥二形，同。勑之、式之二反。謂食已復出也。

跳枰　皮兵反。埤蒼：枰，榻也。謂獨坐板牀也。釋名云：枰，平也。以板作之，其體平正也。

須陀食　或云修陀，此天食也。修陀，此譯云白也。隨相論云須陀，此云善。陀，此言貞實也。

大方便報恩經　第七卷

〔弶䋞　巨向反。字書謂施罝於道曰弶。俗作摾。〕〔一二二〕

童齔　初忍反。古文音差貴反。毀齒曰齔。說文：男八月生齒，八歲而爲之齔。女七月生齒，七歲而毀齒。字從齒從匕聲。釋名云：齔，洗也。毀洗故齒更生新也。

寶雲經〔一二三〕　第一卷

頂囟　古文脜、脖二形，同。先進、先恣二反。說文：腦蓋額空也〔一二四〕。

百葉　尸涉反。牛膍胵也。經文作牒，治輒反。說文：薄切肉也。牒非此義。

寶雲經　第二卷

志逞　丑井反。逞，極也，快也，亦疾也。説文：逞，通也。

寶雲經　第三卷

鮫魚　今作蛟，同。古茅反。説文：海魚也。山海經云：漳水多鮫魚。郭璞曰：鯌屬也。皮有珠文而堅，尾長三四尺，末有毒，螫人，皮可以飾刀劍也。

寶雲經　第六卷

算擇　桑管反。謂簡擇也。三蒼：算，選也。

穰草　而羊反。説文：黍治竟者也。經文作蘘，荷也。蘘非此用。

金光明經[一二五]　第一卷　六卷[一二六]

蛭虫　之逸反。謂入人皮中食血者也。

鎔銷　臾鍾反[一二七]。説文：治器法也。漢書：猶金在鎔。應劭曰：鐵形也。

以捊　扶鳩反。説文：捊，擊鼓柄也。則鼓椎也。

金光明經　第三卷

樓梔　女履反。

駱犠　盧各反。

訶嵐　洛含反。

皤罟　蒲何、補何二反。

糝婆　蘇感反。

傦傦　力救反。

苾頭　蒲結反。

波拕　土何反。

姥者　莫補反。

瞢伽　莫崩反。

遏部　烏割反。

金光明經　第四卷

彗星　囚芮、蘇醉二反[一二八]。釋名云：彗星，星光稍稍似彗。經文從手作揩，音于桂反。廣雅：揩，裂也。揩非字義。

竝現　又作並，同。蒲茗、蒲鯁二反。説文：竝，併也，亦俱也[一二九]。

革龍華　補侍、補婢二反。依字，鼠莞也，似龍鬚也。釋草言：革，鼠莞[一三〇]。

該那　古來反[一三一]。

末坻　直尸反[一三二]。

薩喹　乃結反[一三三]。

娑彌　莫尔、莫啓二反[一三四]。

孛題　蒲没反[一三五]。

婆呞　又作詬，同。居候反[一三六]。

腣帝　虚衣反[一三七]。

金光明經　第五卷

孤迸　又作跰，同。補諍反。字書：迸，散走也〔一三八〕。

薨亡　呼弘反。爾雅：薨，死也。諸侯死曰薨。薨者，頓壞之聲也〔一三九〕。

金光明經　第六卷

彷徉　扶方、以章反。廣雅：彷徉，徙倚也。亦徘徊也。字從彳〔一四〇〕。

以飤　今作食，同。囚恣反。廣雅：飤，餧也。謂以食供設人曰飤。經文作飴，古字通用耳〔一四一〕。

鴿雛　籀文作鶵。説文：士虞反。鷄子也，亦通名鳥子爲雛。

睫瞤　子葉反，下如輪反。説文：瞤，目動也。睫，目毛也〔一四二〕。

大雲經〔一四三〕　第一卷

揵度　此言訛也，正音娑揵圖。此云聚也。佛去世後，別有姓迦旃延婆羅門道人作發智經，有八揵度是也。

拘辨荼　或言鳩槃荼，或言弓槃荼，甕形，頗似冬瓜也。

錐鏟　此江南俗字也。字體作稍，山卓反。埤蒼：稍長一丈八尺也。

大雲經　第四卷

頭柢　都麗反。

嗒兮　宜作哈，士合反。

[illegible]蹋　唐盍反。説文：蹋，踐也。經文作柲，蒲必反。方言：柲，椎也。南楚名相椎搏曰柲。廣雅：抋，擊也。

密迹金剛力士經　第一卷

匿詑　又作譎，同。湯和、大可二反。説文：兖州謂欺曰詑。詑，不信也。

金痍　與之反。痍，傷也。金謂刀斧傷者也。

𤻲瘡　翼灼反。藥有毒、有無毒者也。三蒼：病消𤻲也。

麤細　且胡反。廣雅：麤，大也。人之警防亦曰麤。鹿性食息自相背，慮人獸之害，警亦如之，故從三鹿也。

鴉音　於牙反。白頸鵶鴉也，關中名阿雅。經文有作鵙，古覓反〔一四四〕，伯勞也。鵶鴉音上卑下居。

鵾鷄　又作鶤，同。古魂反。狀如鶴而大者也。

麑鹿　又作麛，同。莫鷄反。麛鹿之子也。

崎嶇　丘宜反，下丘愚反。廣雅：崎嶇，傾側也。埤蒼：不安也。經文從足作踦蹈，非體也。

俳説　皮皆反。説文：俳，戲也。樂人所爲戲笑以自怡悦者。

砥掌　説文亦厎字，之視反。平也，直也。

髦尾　又作髳，同。莫高反，又音蒙。説文：髦，髮也。髮中豪者也。

密迹金剛力士經　第二卷

間闢　古閑反。謂入出也，亦設置之皃也。

柯楴　父支反〔一四五〕。

抳犁　女几反。

伊諧　下皆反。

貫習　經文作謵，非也。

月支　薄佉羅國應是也，在雪山西北也。或云月氏。

丘慈　或言龜茲，正言屈支也。屈音居勿反。多出龍馬。左傳云：屈産之乘也。

于闐　徒見反。匈奴謂之于遁，諸胡謂之谿旦，俗語言涣那，梵言瞿薩旦那，此譯云地乳國。其地忽然隆起，其狀如乳，神童飲吮，因以名焉。

諸麽　莫可反。麽，猶小也。通俗文：細小曰麽也。

諸瘻　字林：力句反。頸腫也，謂此國人多有，因從名焉。

密迹金剛力士經　第三卷

車釭　又作軖，同。古紅反。説文：車轂頭鐵也。方言：自關之西曰釭，燕齊海岱之間謂之鍋。鍋音古和反。

秸草　公八反。秸，稾也。經文作黠，非也。今經中有作麮字，音夷職反，穀麦麮也。

赭衣　之野反。赭，赤土也。方言：南楚、東海之間或謂赤(卒)〔一四六〕爲赭。郭璞曰：言衣赤也。

蘆菔　三蒼音羅，音稍隱，來都反〔一四七〕。下蒲北反。經文作萊茯，或作蘿蔔，並非體也。

淳湩　上音純，下竹用、都洞二反。乳汁曰湩。今江南亦呼乳爲湩也。

密迹金剛力士經　第四卷

飈聚　俾遥反。暴風從上下者也。

[瘻尰　時勇反。通俗文：腫足曰尰。謂脚病也。]〔一四八〕

密迹金剛力士經　第五卷

犇馳　古文驞，今作奔，同。補門反。奔，走也。

[沃日　於梏反。廣雅云：沃，漬也。又沃，溉灌也。]〔一四九〕

大棞　胡本反。三蒼：全物者也。通俗文：合心曰棞。

菩薩處胎經〔一五〇〕　第一卷

翅搜　尸豉反，下所流反〔一五一〕。案婆兜釋翅搜城，即中天竺城也。譯云婆兜，此言住處。釋翅搜者，能也。謂能仁住處城也。經中或作釋氏瘦城，或作舍夷城，或云迦維羅衛，或言迦毗羅城，皆猶梵言輕重以名釋迦，音訛故也。

自襞　卑亦反。襞，褺也。廣雅：襞，屈也。褺音牒。

儭身　字書或親字，同。且吝反，又叉覲反。儭，至也，近也。

唼嗽　子盍反。下又作欶，同。所角反。通俗文：含吸曰欶。

蓋天　諸經作廅天，此譯云有光壽天也。廅音烏合反。

相𣪊　又作㨃、㲉、棖三形，同。丈庚反。謂相觸也。橖〔一五二〕，拄也。

喐咽　禹六反，下於賢反。廣雅：喐，吐也。咽，喉也。經文作嘀，音墮，誤也。

嚩嗾　又作鑮，同。補各反，下子立反。説文：嚩嗾，嗎兒也。味口也。

菩薩處胎經　第二卷

鼻𡺟　魚偃反。通俗文云：緩唇謂之𡺟𥕍。𥕍音昌若反。今同其事也。經文作嵃，魚産反，巘嵃也，嵃非字義。

如篅　市緣反。説文：判竹圓以盛穀者也。蒼頡篇：篅，圓倉也。經文作簞，音丹，竹器名也。簞非此義。

蛄蟥　古胡反。螻蛄也。下胡光反。蟥蛢，甲蟲也。大如虎豆，緑色者也。蛢，蒲丁反。

菩薩處胎經　第三卷

勸訹　私律反。説文：訹，誘也。經文作恤，非也。

揖讓　於入反[一五三]。平推也，亦手小擧之也。廣雅：揖，進也。

陶冶　徒高反，下弋者反。陶謂作瓦器也。冶，鑪銷者也。陶，化也。冶，消也。

僧那　此譯云鎧甲，言以被飾著大鎧也。

鼉鼉　徒多反。三蒼：似蛟而大。山海經：江水足鼉。郭璞曰：似蜥蜴，大者長一丈，有鱗彩，可以爲鼓。經文從魚作鮀，非也。

利紫　古文紫，今作啑，同。子累反。字書：紫，鳥喙也。

攣空　所万反[一五四]。通俗文：汲取曰攣。説文：抒漏也。

菩薩處胎經　第四卷

蟲蝗　胡光、胡孟二反。螽也，謂蝗蟲也。小曰蝩，大曰蝗，云魚子化作也。蝩音鍾。經文作蟥，非體也。

軫宿　之忍反。

亢宿　苦浪反。

撩擲　又作撩，同。力彫反。謂相撩擲也。擲，相投也。

杖挃　知栗反。廣雅：挃，刺也。以指投刺者也。

大辟　古文辟、劈二形，同。俾尺反。辟，法也，除也。經文作邪僻之僻，非也。

芟除　所巖反。刈草也。詩傳曰：芟，除草也。經文作釤，所鑒反，大鎌也。釤非此用。左傳：芟夷蘊崇之。

菩薩處胎經　第五卷

槍刺　且羊反。説文：槍，距也。通俗文：剡木傷盜曰槍。木槍、鐵槍皆作此。經文作鏘，玉聲也。又作錆，非也。

八藏　在浪反。一胎化藏，二中陰藏，三摩訶衍方等藏，四戒律藏，五十住菩薩藏，六雜藏，七金剛藏，八佛藏。梵本名篋，以藏替之也。

大集賢護菩薩經[一五五]　第一卷

賢護　案移識經云颰陀羅波梨，此譯云賢護，亦云賢守。鄭聖曰賢，固道稱守。幻士經云颰陀，此言仁賢，是王舍城在家菩薩也。

大集賢護菩薩經　第二卷

區別　去愚反。區，域也。區以別矣。異種區別也。

大集賢護菩薩經　第三卷

鑪橐　又作韛、排二形，同。蒲戒反。謂鍛家用吹火令熾者也。

諮詢　私遵反。詢，問也。左傳：訪問於善爲諮，諮親爲詢。諮問善道，詢問親戚之義也。

岌多　此居士子名也。依字，魚及反。岌，高危也，亦盛也。

篋笥　枯挾反，下胥吏反。説文：盛衣器曰笥。

大集賢護菩薩經　第四卷

甖水　於耕、於成二反。方言：㼜甊，甖也。

贊助　子旦反。贊，佐也，亦導也。

鏗鏘　又作鍞，同。苦耕反。下又作鎗、傖二形，同。且羊反。廣雅云：鍞鏘亦聲也。

大方等陀羅尼經[一五六]　第一卷

嗤提

大方等陀羅尼經　第二卷

動他　古文迵，同。徒董反。爾雅：摇、動，作也。經文從言作詷，非也。

叱呵　齒逸反[一五七]。蒼頡篇：大呵爲叱。

發予　翼諸、餘煑二反。爾雅：予，我也。案：此亦與余字同也。

大方等陀羅尼經　第三卷

若僑　渠消反。説文：僑，高也。廣雅：僑，才也。字林「寄客爲僑」作喬字。廣雅：羇、旅、僑，寄也。

單縫　扶封反。説文：以針紩衣也。經文從手作摓，非也。

蝌斗　苦和反。一名活東。郭璞曰：卽蝦蟇子也。

睺瞎　[許交反，下許鎋反。目盲也[一五八]。]

大方等陀羅尼經　第四卷

鷀鵹　藥師經作蒺梨，並非也。案爾雅作蛢蝶，蝍蛆也，能食蛇腦也。

末木　郎對反。耕具曲木也。

一切經音義　卷第四

丙午歲高麗國大藏都監奉敕雕造

校勘記

〔一〕 隰亦新發畛有徑路者也。墊音都念反 麗無，據磧補。
〔二〕 門户扇樞也 磧爲「門户。郭璞：扉，樞也」。
〔三〕 瑠 磧爲「珠曰瑠」。
〔四〕 玉名也 麗無，據磧補。
〔五〕 亦窗櫺子也 麗無，據磧補。
〔六〕 口弄反 磧爲「苦弄反」。
〔七〕 亦閉也 麗無，據磧補。
〔八〕 胞，胎也。胞非此義 麗無，據磧補。
〔九〕 經文從食作餔……申時食也 麗無，據磧補。
〔一〇〕 聲類云 麗無，據磧補。
〔一一〕 説文：勺，枓也。枓音斗 麗無，據磧補。
〔一二〕 經文從木作杓……又音同勺 麗無，據磧補。
〔一三〕 賢劫經 慧轉録於第三十四卷。
〔一四〕 挾，懷意也 麗無，據磧補。
〔一五〕 廣雅 麗無，據磧補。
〔一六〕 邦伴 今本賢劫經爲「剖伴」。
〔一七〕 尚書：六極曰弱。孔安國曰 麗無，據磧補。
〔一八〕 此條麗 金無，據磧補。
〔一九〕 治也，去也 麗無，據磧補。
〔二〇〕 泉之通川者也 麗無，據磧補。
〔二一〕 華手經 慧轉録於第四十三卷。
〔二二〕 鳥 慧卷四三作「獸」。 出交阯 封溪，聲如小兒啼 麗無，據磧補。
〔二三〕 蹎也 麗無，據磧補。
〔二四〕 大灌頂經 慧轉録重訂於第三十一卷。
〔二五〕 上陟留反，又作之然反。 麗無，據磧補。
〔二六〕 無放反 麗無，據磧補。
〔二七〕 此條麗 金無，據磧補。
〔二八〕 輕捷之皃也 磧爲「亦便旋輕捷之皃也」。
〔二九〕 楚辭：口噤閉而不言。王逸曰 麗無，據磧補。
〔三〇〕 襌 據文意似作「褌」。下同。
〔三一〕 有衣而無裏也 麗無，據磧補。
〔三二〕 悏 磧作「峽」。
〔三三〕 悏 磧作「峽」。
〔三四〕 重也 磧爲「亦數也，重也，仍也」。
〔三五〕 爾雅 麗無，據磧補。
〔三六〕 穌答反 麗無，據磧補。
〔三七〕 説文：笮，迫也 麗無，據磧補。
〔三八〕 又 磧作「叉」。
〔三九〕 此後磧有「經文或作惶」。慧無此條。
〔四〇〕 書其上 磧爲「美以書其上」。
〔四一〕 慧無此條。
〔四二〕 蹌 磧作「愴」。
〔四三〕 慧無此條。
〔四四〕 説文謂牛鼻環也 麗無，據磧補。
〔四五〕 慮 即「㠠」。
〔四六〕 慧無此條。
〔四七〕 此條麗慧無，據磧補。
〔四八〕 棍音毗 麗無，據磧補。
〔四九〕 廣雅：叟，父也。南楚名也 麗無，據磧補。
〔五〇〕 又音手……故從又從灾也 麗無，據磧補。
〔五一〕 詩云：詵詵兮 麗無，據磧補。
〔五二〕 慧無此條。
〔五三〕 爾雅……其大者苹也 麗無，據磧補。
〔五四〕 楚辭曰：然輣軻而留滯。王逸云 麗無，據磧補。
〔五五〕 慧無此條。
〔五六〕 此條麗慧無，據磧補。
〔五七〕 慧無此條。
〔五八〕 古文牾……同 麗無，據磧補。
〔五九〕 忤，逆也 麗無，據磧補。
〔六〇〕 非體也。案 麗無，據磧補。
〔六一〕 阸 磧作「厄」。
〔六二〕 菩薩瓔珞經 慧轉録於第三十四卷。「纓絡」，又作「瓔珞」。
〔六三〕 詩云：終風且曀 麗無，據磧補。
〔六四〕 爾雅 慧爲「傳曰」。
〔六五〕 坦 玄卷八作「恒」。
〔六六〕 云：亘之秬秠 麗無，據磧補。
〔六七〕 倖 磧爲「幸，冀也」。
〔六八〕 説文……又云 麗無，據磧補。
〔六九〕 此條麗無，據磧慧補。
〔七〇〕 或作邠耨文陀弗，應云富羅 麗無，據磧補。
〔七一〕 曼陀弗 磧爲「曼陀弗名羅」，慧爲「曼陀弗多羅」。
〔七二〕 此條麗無，據磧慧補。
〔七三〕 詩注云：苾苾然芬香也 麗無，據磧慧補。
〔七四〕 遠也 麗無，據磧補。
〔七五〕 廣雅：輡輡然，堅也。 麗無，據磧補。
〔七六〕 料亦數也 麗無，據磧補。
〔七七〕 佛名經 慧轉録於第四十三卷。
〔七八〕 月燈三昧經 慧轉録於第三十二卷。
〔七九〕 郭璞曰：雷之急激者也 麗無，據磧慧補。
〔八〇〕 詩云……鼓以動之 麗無，據磧補。慧無此條。

〔八一〕亦騎鼓也　磧爲「周禮：鐘師掌鼙鼓之縵樂。鄭玄曰：作縵擊鼙以和之也」。

〔八二〕此後磧有「楚辭忽翱翔之鳥泊是」。

〔八三〕猾亦亂也　麗無，據磧補。

〔八四〕闍謂之臺　麗無，據磧補。

〔八五〕竚立企望　麗無，據磧補。

〔八六〕詩云：有鴞萃止。傳曰　麗無，據磧補。

〔八七〕山海經云……郭璞云　麗無，據磧補。

〔八八〕十住斷結經　慧轉録於第三十四卷。

〔八九〕説文：藏兵器也　麗無，據磧補。

〔九〇〕説文：款，意有所欲也　麗無，據磧補。

〔九一〕通俗文　麗無，據磧補。

〔九二〕謂煩擾戲弄也　麗無，據磧補。

〔九三〕此條麗無，據磧補。

〔九四〕煨亦熝也。廣雅：煨，煴也　麗無，據磧補。

〔九五〕欝煙也　磧爲「絪煴，光氣也。欝煙也。」

〔九六〕斟也　磧爲「斟也，抒也」。

〔九七〕論語……笑也　麗無，據磧補。

〔九八〕觀佛三昧海經　慧轉録於第四十三卷。

〔九九〕衝　據文意似作「衝」。

〔一〇〇〕九　磧作「尢」。

〔一〇一〕鴉　磧作「鵶」。

〔一〇二〕五千五百佛名經　慧轉録於第四十三卷，尚釋有第七卷「愛甒」和第八卷「法葩」兩條。

〔一〇三〕除栗反　麗磧皆無，據慧補。

〔一〇四〕蜱　慧卷四三作「埤」。

〔一〇五〕輜　似爲「輺」之訛。

〔一〇六〕大方廣十輪經　慧轉録於第十九卷，增有二十八條，未標玄應撰。

〔一〇七〕雖閏反　慧爲「詢俊反」。

〔一〇八〕是亦反　慧爲「時夜反」。

〔一〇九〕資峻反　慧爲「遵峻反」。

〔一一〇〕大方便報恩經　慧轉録於第四十三卷。

〔一一一〕頭　據文意似作「裂」。

〔一一二〕威　磧慧爲「威力」。

〔一一三〕攘舉反　磧爲「如倨反」。

〔一一四〕扶忍反　磧爲「蒲忍反」。

〔一一五〕玉篇云……人生朞而髕　麗無，據磧補。

〔一一六〕炙　磧作「灼」。

〔一一七〕立嫡以長者何？敵也　磧爲「立嫡以長者何？嫡，敵也」。

〔一一八〕侯徒反　慧爲「户吾反」。

〔一一九〕帛　慧卷四三作「幕」。

〔一二〇〕扛　磧作「羾」。

〔一二一〕通俗文作抱，手把曰抱　麗無，據磧補。

〔一二二〕此條麗無，據磧補。

〔一二三〕寶雲經　慧轉録於第三十卷。

〔一二四〕腦蓋額空也　磧爲「頭會腦蓋額空也」。
説文：囟，頭會腦蓋也。

〔一二五〕金光明經　慧轉録於第二十九卷，有增補，未標玄應撰。

〔一二六〕六卷　磧無。

〔一二七〕臾鍾反　磧爲「欲鍾反」。

〔一二八〕囚芮、蘇醉二反　慧爲「随鋭反」。

〔一二九〕慧無此條。

〔一三〇〕慧無此條。

〔一三一〕慧無此條。

〔一三二〕慧無此條。

〔一三三〕慧無此條。

〔一三四〕慧無此條。

〔一三五〕慧無此條。

〔一三六〕居侯反　磧爲「許侯反」。

〔一三七〕慧無此條。

〔一三八〕慧無此條。

〔一三九〕慧無此條。

〔一四〇〕慧無此條。

〔一四一〕慧無此條。

〔一四二〕慧無此條。

〔一四三〕大雲經　慧轉録於第三十八卷。

〔一四四〕古覓反　磧爲「倪歷反」。

〔一四五〕父支反　磧爲「蒲支反」。

〔一四六〕赤　今本方言作「卒」。

〔一四七〕稍　磧無，似爲衍文。音稍隱，來都反　據文意似爲「音隱來都反」。

〔一四八〕此條麗無，據磧補。

〔一四九〕此條麗無，據磧補。

〔一五〇〕菩薩處胎經　慧轉録於第四十四卷。

〔一五一〕所流反　磧爲「踈鳩反」。

〔一五二〕樘　磧作「撐」。

〔一五三〕於入反　磧爲「伊入反」。

〔一五四〕所万反　磧爲「居万反」。

〔一五五〕大集賢護菩薩經　慧轉録於第十九卷，增有五條，未標玄應撰。

〔一五六〕大方等陀羅尼經　慧轉録於第四十二卷。

〔一五七〕鹵逸反　磧爲「鹵吏反」。

〔一五八〕許交反，下許鎗反。目盲也　麗無，據磧補。

一切經音義　卷第五

翻經沙門玄應撰

須賴經
金色王經
獨證自在三昧經
摩訶摩耶經
如來方便善巧咒經
勝鬘經
須摩提經
梵女首意經
月明菩薩經
滅十方冥經
出生菩提心經
普門經
心明經
不思議光菩薩所説經
文殊師利問菩薩署經
德光太子經
施燈功德經
菩薩訶色欲經
人本欲生經
不必定入印經
魔逆經
濟諸方等學經
菩薩行五十緣身經
彌勒菩薩所問本願經

堅固女經
演道俗經
寶網經
百佛名經
觀無量壽經
不空羂索經
觀藥王藥上二菩薩經
請觀音經
十一面觀世音經
觀世音菩薩授記經
鹿母經
鹿子經
除恐灾横經
温室洗浴衆僧經
四不可得經
諸德福田經
虚空藏菩薩所問持幾福經
菩薩投身餓虎起塔因緣經
頻婆娑羅詣佛供養經
薩羅國經
天王太子辟羅經
阿彌陀鼓音陀羅尼經
八陽神咒經
幻士仁賢經

後出阿彌陀經

海龍王經〔一〕　第一卷

安明由山　即須彌山也，亦言修迷樓山，正言蘇迷盧山。此亦言好光山，亦言妙高山也。

潭然　徒耽反。［憺猶安靜也。經文作潭〔二〕。］潭，深也。楚人名深曰潭也。

悁慼　於緣反。聲類云：悁，憂也。説文：悁，恚也。

海龍王經　第二卷

闕庭　眉間也。釋名云：闕在門兩旁，中央闕然爲道。眉今像此，因以名焉。

尻也　苦勞反。聲類：尻，臀也。臀音徒昆反。

髕也　又作臏，同。扶忍反。説文：膝骨也。三蒼：膝蓋也。

親暱　又作昵，同。女栗反。爾雅：昵，親近也。昵，亟也。親昵亦數也。

晏然　烏雁反。晏猶安也。説文：晏，天清也。亦鮮翠之皃也。

繁裔　輔袁反。繁，多也，盛也。下古文裔，同。餘制反。説文：裔，衣裾也。以子孫爲苗裔者，取其下垂之義也。字從衣從冏，音女劣反〔三〕。

海龍王經　第三卷

妷態　古文佚，今作妷，又作劮，同。與一反。蒼頡篇：佚，蕩也。亦樂也。下又作能，同。他代反。意恣也。謂度人情皃也。

刈穫　胡郭反。説文：刈禾也。王逸注楚辭云：草曰刈，穀曰穫。詩云「十月穫稻」是也。

海龍王經　第四卷

噏氣　古文歙、噏二形，今作吸，同。虚及反。廣雅：吸，飲也。説文：内息也。引也。謂引氣息入也。

勸訹　私律反。誘訹教導也，亦引也，相勸也。經文作恤，憂也，收也。恤非此用。

蹉踖　千何反，下子亦反。蹉跎也，踧踖也。踖應作錯，七各反。蹉跌不正也，錯謬誤失也。

央掘魔羅經〔四〕　第一卷

龜坼　恥格反。莊周云：宋人有善不龜之藥者。注云：其藥能令人手不龜文坼裂者也。

烏伏　又作句(勼)〔五〕，同。扶富反。謂蓲伏其卵及伏雞等亦作此字。今江北通謂伏卵爲菢，江南曰蓲，音央富反。

央掘魔羅經　第二卷

虓闞　又作哮，同。呼交反，下呼檻反。説文：虎怒聲也。詩云「闞如虓虎」是也。

雄傑　奇哲反。詩云：邦之傑子〔六〕。傳曰：傑，特立也。英傑也，才能也。智出千人曰傑。

興渠　此言少訛也。借音嫣蠅反。出烏茶娑他那國，彼土人常所食者也。此方相傳以爲芸薹者，非也。嫣音虚延反。

童真　是沙彌別名式叉，此言學，亦云隨順無違。梵言究磨囉浮多。究磨囉者，是彼土八歲已上未冠者童子總名也。浮多，此云真，亦言實也。

酣醉　古文佄，同。胡甘反。漢書應劭曰：不醉不醒曰酣。一云：樂酒曰酣。

央掘魔羅經　第三卷

緜纊　古文絖，同。音曠。説文：纊，絮也。小爾雅云：纊，緜也。絮之細者曰纊。

央掘魔羅經　第四卷

津溜　子鄰反，下力救反。津謂津液也。蒼頡篇：液汁也。字書：溜謂水垂下也。

維持　翼隹反〔七〕。維猶聯結也。［亦繫也〔八〕。］亦維持之也。維，繫也。

嬉謔　上虚基反，下虚虐反。嬉，戲樂也。謔，相戲調也。

驍捷　古堯反。廣雅：驍，健也。亦勇急也。

震慴　徒頰、之涉二反。爾雅：慴，懼也。經文作疊，非體也。

俛仰　無辯反。俛，低頭也。言閔默不已也。

卜筮　時世反。筮，問也。禮記：龜爲卜，蓍爲筮。卜筮者決嫌疑定猶豫，故疑即筮之。字從竹。

杜門　古文敷，同。徒古反。國語：杜門不出。賈逵曰：杜，塞也。塞，閉也。

瞪矚　直耕反。埤蒼：直視也。下之欲反。

顛沛　又作蹎、跙(跙)〔九〕二形，同。都賢反，下補昧反。謂偃仆也。經文從犬作狽〔一〇〕，非也。

觀察諸法行經　第一卷

撞弩　徒江反。廣雅云：撞，刺也。説文：撞，戟擣也。

觀察諸法行經　第三卷

不槩　古文扢，同。公礙、公内二反。扢，量也。廣雅：扢，摩也。蒼頡篇云：平斗斛曰槩。

觀察諸法行經　第四卷

鵁鶄　二音交精。脚高，有毛冠，可辟火灾者也。

調戲　徒吊反。謂相嘲調也。調，弄也。經文作誂，非也。

七佛神咒經〔一一〕 第一卷

咻咻 許流、許主二反。依字，噢咻，痛念之聲也。

五渾 胡昆反。謂五濁也。渾，亂也。亂猶濁也，亦水流聲也。

潢瀁 胡廣反，下音養。潢瀁猶浩蕩也。經文作洸，音光，非也。

歃歃 所力反。通俗文：小怖曰歃。埤蒼：歃，恐懼也。字從欠。經文作懎、嗇二形，非體也。

目佡〔一二〕 丘豉反。

制濘 奴定反。

伊䁇 莫崩反。

邲地 扶必反。

目揥 他細反。

湖利 户孤反。

侈跈 丘豉反。

但坭 乃禮反。

捶（插）〔一三〕婆 楚洽反。

陀咩 彌紙反。

阿眵 充支反。

癡噤 渠錦反。

七佛神咒經 第二卷

愆咎 古文寒、諐二形，籀文僁，今作愆，同。去連反。説文：僁，過也。亦失也。咎，罪也。

撫恤 又作卹，同。須律反。爾雅：恤，憂也。亦收也。謂以財物與人曰振恤之也。

撈接 禄高反。通俗文：沉取曰撈。經文作牢固之牢，非也。

搓摩 粗何反〔一四〕。依字，搓，挪也。挪音那。

七佛神咒經 第三卷

鞠育 又作掬，同。居六反。説文：掬，撮也。［詩云：母兮掬我。傳曰〔一五〕：］鞠，養也。方言：陳楚之間謂養爲鞠也。

羖瀝 功户反，下力的反。三蒼：羖瀝亦名羯也。

饕亂 吐刀反。饕亦貪也。説文：俗作叨字。

七佛神咒經 第四卷

儼然 宜撿反。詩［云：碩大且儼〔一六〕。］傳曰：儼，矜莊皃也。爾雅：儼，敬也。説文：儼，好皃也。

潩之 蘇悶反。通俗文：水溢曰潩。經文作喺，非也。

白皖 還板反。許慎注淮南子云：皖謂目内白翳病也。經文作浣衣浣，非也。

摎項 又作摷，同。居茅反。蒼頡篇：摎，束也。説文：摎，縛煞之也。摎即纏縛之名也。

蠆蛪 他達反，下勒達反。廣雅：蠆、蛪、蚔、蠆（蠆）〔一七〕，蝎也。經文作剌，非體也。

厭蠱 於冉反〔一八〕，下姑護反〔一九〕。春秋傳曰：疾如蠱惑，非鬼非食，惑以喪志。注云：蠱，惑疾也。

齆鼻 一弄反。埤蒼：鼻病也。

搭眼

方道

喉痹　俾利反。瘫痹，暴厲之疾也，亦言喉閉。閉猶塞也。

菩薩本行經〔二〇〕　上卷

軍持　正言捃稚迦，謂雙口澡灌也。或譯云瓶也。

焰穀　又作炒、焣、𤎅三形，同。初狡反。方言：焣，火乾也。

牂羖　祖郎反。羊三歲曰牂。牂然，盛皃也。下丁奚反。羝，羖羝，羯羊也。經文作牴，丁禮反，觸也。牴非經用。

來挩　又作曳，同。余世反。説文：挩，引也。謂牽引也。

羯羠　因（因）几反〔二一〕。聲類：騬羊也。徐廣曰：羯羠並犍羊也。

愠心　於問反。愠，怒也。説文：愠，怨也。蒼頡篇：愠，恨也。

璣鄯尼　居衣反，下音市戰反。龍子名也。

刖其　魚厥、五骨二反。刖猶割也。經文作刓，五桓反，齊也。［剸也。刓非字意〔二二〕。］

上旋　似緣反。旋，轉也。經文作矩，俱禹反〔二三〕。方曰矩。矩，則也。矩非此義。

耶旬　或云闍維，或云闍毗，同一義也。正言闍鼻多，義是焚燒也。

菩薩本行經　中卷

災禍　又作烖、灾、扖三形，同。則才反。説文：天火曰灾也。

蜴蜥　以石反，下斯歷反。在草曰蜴蜥。經文作蝷，非也。

金拂　敷勿反。廣雅：拂，除也。謂除去塵土也。拂，拭也。經文從巾作帗，或作毴，非也。

菩薩本行經　下卷

騷動　蘇勞反。説文：騷，擾也。謂擾動也。

万岐　又作郊、嶅二形，同。巨宜反。謂道有支分者也。

晃焆　又作晄，古文熿，同。胡廣反。説文：晃，明也。廣雅：晃，曜也，光也。下又作煜，同。由掬反。説文：煜，曜也。埤蒼：煜，盛皃也。

瘡瘢　薄蘭反〔二四〕。蒼頡篇：瘢，痕也。痕，胡根反。

稱揚諸佛功德經〔二五〕　下卷

洞清　古文衕、迵二形，同。徒貢反。按洞猶通過也，亦深邃之皃也。經文從口作哃，非也。

力莊嚴三昧經〔二六〕　上卷

氳氳　宜作葐蒀，扶云反。字書作馧，同。於云反。葐蒀，盛皃也，亦香也。

海島　古文隝，同。都老反。水中山曰島。島，到也，人所奔到也。

須真天子經〔二七〕　上卷

鋒遬　蘇木反。

霸陀　徒對反。

詟呵　户搆反。

須真天子經　中卷

勇悍　胡旦反。蒼頡篇：悍，禦（桀）〔二八〕也。說文：勇亦悍也。

弧弓　户都反。說文：木弓也。周易：黄帝作弦木爲弧〔二九〕。

建箭　居健反。建，立也，亦樹也。

般舟三昧經〔三〇〕　中卷

輕傷　又作敭，今作易，同。以豉反。蒼頡篇：傷，慢也。平傷也。

鶡鴨　胡葛反。似雉，鬭死不却，故武人戴鶡冠以象之也。出煇諸之山。以其尾垂（臿）〔三一〕頭。亦出上黨。下古文鶴，同。烏甲反。煇音魂。

謗訕　所姦反〔三二〕。蒼頡篇：訕，非（誹）〔三三〕也。謗，毀也。

蛟龍　梵言宫毗羅。音交。有鱗曰蛟龍。抱朴子曰：母龍曰蛟，龍子曰虬。其狀魚身如蛇，尾皮有珠。郭璞注山海經云：蛟似蛇而四脚，小頭細頸。頸有白嬰，大者數十圍。卵生，子如一二斛甕，能吞人也。

猳玃　又作猳，同。古遐反，下居縛反。說文：大母猴也。善玃（攫）〔三四〕持人，好顧眄也。

等目菩薩所問經〔三五〕　上卷

昺徹　古文昺、苪二形，同。今作炳，同。碧皿反。廣雅：昺，明也。徹，通也。三蒼：昺，著明也。

陶現　徒高反。詩云：上帝其（甚）〔三六〕陶。陶，變也。

去藏　才浪反。積蓄也，如庫藏也。經文作臧，非體也。

督（督）〔三七〕住　又作督〔三八〕，同。都木反。爾雅：督（督）〔三九〕，正也。方言：督（督），察也，理也。

憎然　烏外反。

轉霍　呼郭反。按霍，儵忽急疾之皃也。霍然、忽霍〔四〇〕皆是也。經文從火作燿，胡沃反。說文：燿，灼也。燿非此用。

而楸　此字習謬已久，人莫辯正，今詳其理義，宜作共相二字〔四一〕。

等目菩薩所問經　下卷

輕佻　聽遼反。字書：佻，輕也。廣雅：佻，佚也。爾雅：佻，偷也。苟且也。經文從手作挑，非體也。

超日明三昧經〔四五〕　上卷

晴陰　又作暒、姓二（二）〔四二〕形，同。自盈反。聲類：雨止曰晴。

［四河　一曰名和，二曰名拔叉，三曰名蛇朱，四曰名恒。其和北流，拔叉南流。其蛇朱東流，恒水西流也。］〔四三〕

焜煌　胡本反，下胡光反。方言：焜煌，盛皃也。光暉也。

青紅　且經反〔四四〕。東方色也。木生火。從生丹，丹青之信必然也。經文作菁華之菁，非也。菁音紫盈反。三蒼謂韭之英曰菁也。

懾伏　聲類作慴，同。止葉、齒葉二反。說文：心服曰懾。廣雅：懾，懼也。

綏恤　私唯反。爾雅：綏，安也。恤，收也。

恢弘　又作紘，同。苦迴反。字林：恢，大也。

纖介　家薤反。周易：悔吝者在乎介。韓康伯曰：介，纖介也。劉瓛曰：介，微也。

譎詭　又作噊，同。公穴反。下又作恑，同。居毀反。方言：自關而東西或謂詐爲譎恑。譎恑亦奇怪也。

浮譁　呼瓜反。讙，譁也。蒼頡篇：譁，言語譊譊也。

不挍　古效反。挍，報也。論語「犯而不挍」是也。

五兵　周禮：司兵掌五兵。鄭玄曰：五兵者，戈、殳、戟、矛、無夷也。步卒五兵則無無夷而有弓矢也。左傳：子惡出五甲五兵。

消殪　古文作壹，同。於計反。爾雅：殪，死也。殪，煞也，亦盡也。

弘綽　又作繛，同。昌若反。說文：綽，緩也。綽亦寬也。

超日明三昧經　下卷

淖情　女卓反。三蒼昌若反，又音徒歷反。淖約，好皃也。

分賦　方句反。賦，布也。爾雅：賦，班也。謂班布與之也。

綢繆　直流反，下亡侯反。詩傳曰：綢繆，纏綿也。

寇害　口候反。說文：寇，暴也。廣雅：寇，抄也。尚書：寇賊姦宄。范甯集解云：寇，羣行攻剽者也。字從完從攴。剽音匹妙反。

躊躇　腸留反，下腸誅反。廣雅：躊躇，猶豫也。亦躑躅也。

貙者　耻俱反。似狸而大。爾雅：今貙虎大於狗，文如狸。博物志云：貙，大能化爲虎。

苑囿　于救反。三蒼：養牛馬林木曰苑。字林：有垣曰苑，無垣曰囿。囿亦禁苑也。

謙沖　說文作盅，同。除隆反。字書：沖，虛也。亦中也。

屢聽　力句反。爾雅：屢，亟也，數也。亟音祛記反。

訾量　又作訿，同。子移反。訾亦量也，思也。說文：思稱意也。

蹉跌　千何反，下徒結反。蹉跎〔四六〕也。失躡曰跌。跌，差也。

未孚　字體作孵〔四七〕，同。芳務反。禮云：無孵往。鄭玄注：孵，疾也。廣雅：孵，行也。

一鍼　聲類今作針，同。支諶反。廣雅：鍼，刺也。所以縫衣者也。

月上女經〔四八〕　上卷

脅嚇　方言作閱，同。呼嗝反。謂以威力恐人也。

呵嗽　火曷反。廣雅：嗽，怒也。廣蒼云：嗽，訶也。經文作喝，乙芥反。嘶喝也。

雀垜　徒果反。謂城上女牆也。經文作墮落之墮，非體也。

寮窗　力彫反。蒼頡篇：寮，空也。亦穿也。

藻棳　又作棁，同。之悅反。爾雅：其上楹謂之棳。注云：侏儒柱也。蒼頡篇：棳，檽也。

中陰經〔四九〕　上卷

瘟天　烏合反。譯云有光壽天。經中有作阿波天，同一名也，謂二禪初天少光天也。

須滯天　除制反。道行經作須甍天。音徒計、丁計二反。又作須㬰天，音帝。樓炭經作須啑天，音帝。皆梵言訛轉也。此譯云善觀天，即善見天也。

瘡疣　字體作肬，籀文作䵡，同。有流反。通俗文：體目曰肬。經文作痏，音位理反。蒼頡篇：痏，歐(毆)〔五〇〕傷也。

斗藪　又竺擻，同。蘇走反。方言：斗擻，舉也。周成難字：斗擻，鬈䰐也。音都穀反，下蘇穀反。經文作抖捒二形，音同極策，並非字體。

中陰經　下卷

擲線　字詁古文線，今作綫，同。私賤反。所以縫紩者也。

劒刎　古文歾，同。亡粉反。通俗文：自刻曰刎。

須彌藏經〔五一〕　上卷

疷掣　脂履反，下昌制反。

憩多　去例反。

婢諶　市針反。

耶娜　乃可反。

帝弭　彌是反。

迷踦　居蟻反。

須彌藏經　下卷

輸拒　俱禹反。

安鳫　徒賣反。

牟芩　渠金反。

囉諵　奴咸反。

遮齋　竹皆反。

椑伽　補彌反。

漩梨　因絹反。

迦嚂　力暫反。

𨁽豆　布迷反。廣雅：𨁽豆，蹓豆也。經文作蜱，非也。

佛華嚴入如來不思議境界經〔五二〕　下卷

沙詫　敕嫁反。經中或作阿迦尼吒天是也。

池濼　匹各反。濼，陂也。山東名爲濼，幽州呼爲淀。徒見反。經文作泊，非體也。

諸佛要集經〔五三〕　上卷

墟聚　去餘反。廣雅：墟，居也。人之所居曰墟也。

嘲噧　又作啁，同。竹交反。蒼頡篇：嘲，調也。下牛世反。噧，言也。

文殊師利佛土嚴净經〔五四〕　上卷

相棠　借音丈庚反。字宜作撐、敦、棖、敞(敞)〔五五〕四形，同。丈衡反。謂相觸也。

恬惔　徒兼反。方言：恬，静也。下宜作淡，徒濫反。淡，安也，謂安静也。經文從心作惔，徒甘反。憂心如惔。惔，憂也。惔非此用。

億垓　古文作姟（姟）〔五六〕、㚄二形，今作姟，同。古才反。數名也。風俗通曰：十億曰兆，十兆曰經，十經曰姟。姟猶大數也。

拜謁　於歇反。爾雅：謁，請也。亦白也，告也。

侜張　陟留反。爾雅：侜張，誑也。經文作侏，之儒反。侏儒，短人也。

塵埃　烏來反。蒼頡篇：埃，風揚塵也。

文殊師利佛土嚴淨經　下卷

交趺　又作跗，同。府于反。三蒼：跗，足上也。謂交足而坐也。經文從足作趹，非也。

至湊　且豆反。廣雅：湊，最也。湊，競進也。

景則　羈影反。詩云：介尔景福。傳曰：景，大也。則，法也。

濡首菩薩無上清淨分衛經〔五七〕　上卷

底泓　一宏反。說文：下深大也。廣雅：泓泓，深也。

吹噭　又作嘂、譥二形，同。古吊反。噭，唤也，呼也，亦鳴也。

螫蟲　書亦、呼各二反。說文：蟲行毒也。

躇步　腸於反。說文：躊躇，猶豫也。躑躅也。

錠燭　殿、定二音。聲類云：有足曰錠，無足曰鐙。

鹿⿰阝聚　古文⿰聚巴、⿰耳巴〔五八〕二形，今作聚，同。才句反。廣雅：聚，居也。謂人所聚居村邑者也。

休⿰留力　又作薅、休二形，籀文作蓐，或作茠，同。呼豪反。說文：除田草曰茠。經文作莳茠，非也。

濡首菩薩無上清淨分衛經　下卷

慷慨　正作忼愾，同。口莽反，下苦代反。忼慨，大息也，亦士不得志者也。

喟然　又作嘳，同。口愧、口怪二反。三蒼：喟，嘆息也。嘆聲也。

華孚　或作荂。說文或作雩，同。芳俱、詡俱二反。方言：華、荂，盛也。齊楚之間或謂之華，或謂之荂。

玓瓅　丁歷反，下字書作皪，同。力的反。說文：玓瓅，明珠色。經文作的，非體也。

暠然　又作杲，同。古倒反。埤蒼：白皃也。亦明也。灼然明白者也。經文作扃，音古螢反，非也。

岐嶷　巨宜反，下語棘反。詩傳云：岐，知意也。嶷，識別也。言能匍匐，則岐岐然意有所知也，其皃嶷然有所別識也。亦言六十（七）〔五九〕歲也。經文作奇，非體也。

大乘同性經〔六〇〕　上卷

澿然　其錦反。寒戰極也。經文從心作㦗，非也。

崖隴　力冢反。說文：天水大坂也。

大乘同性經　下卷

垂毦　人志反。以毛羽爲毦飾，若今刀鞘毦也。織毛曰毦。

弓把　百雅反。單手爲把。說文：把，握也，持也。經文作弝，近字也。

阿閦佛國經[六一]　上卷

提洹竭佛　此譯云錠光，又云然燈佛是也。

珠璣　居衣反。説文：珠之不圓者也。字書云：一曰小珠也。

堊之　烏各反。白土也，亦名白墠也。廣雅：堊，塗也。

罷極　今作疲，同。被羈反。廣雅：疲猶倦也。亦勞也。

蓮華面經[六二]　下卷

摩俟　事几反。

姞利　奇乙反。

迦葉經[六三]　上卷

一醆　又作盞、琖、醆三形，同。側限反。方言：盞，杯也。

孔雀王神咒經[六四]　上卷

婪婢　力含反。

鷖離　烏奚反。

秘擔　蒲蔑反。

哿梨　古我反。

瞫婆　徒感反。

多鱣　知連反。

蝤蝶　才尤、莫侯反。

躓利　知利反。

覃婢　徒南反。

叟婢　蘇走反。

密渧　都麗反。

鷃哲　烏諫反。

緼摩　於雲反。

母芟　所咸反。

剡埤　以染反。

毗蒻　測俱反。

粖婆　蘇感反。

颺哿　以章反。

苾頭　步結反。

箴醯鏃　祖木反。

傖　士行反。中州人也。

蘈恃　音頽。

刎闍　无粉反。

訶羅　古河反。

曝翅　蒲木反。

臾翅　居虞、許力二反。

孔雀王神咒經　下卷

血膂　又作膫，同。力彫反。字書：膂，脂膏也。謂腸間脂也。今中國言脂，江南言膂。

脾髀　扶非反。字林：脛腨也。説文：腓，腨腸也。下蒲米反。股外也。

癲癇　又作瘨，同。都賢反。廣雅：瘨，狂風病也。下核間反。聲類：小兒瘨也。

頷車　公荅反。方言：頷，頜也。亦云輔車，謂頤頜也。

腹骼　又作骭、骬二形，同。口亞反。埤蒼：腰骨也。江南呼髀骨上接腰者曰骬。

那姥　莫鴣反。鴣，迂遇反。

潛多　所班反。

波跘　平患反。

鯨龍　巨迎反。

白鷺　力故反。

天芊〔六五〕　亡尔反。

毉羅　烏奚反。

浡地　蒲没反。

藴摩　於粉反。

疽癩　且餘反。説文：久癰也。下力蓋反。字亦作癘，惡疾也。

癭瘤　於井反。字林：頸瘤也。下力洲反。説文：瘤，腫也。瘜肉也。

羅湜　是力反。

蛷螋　渠周、求俱二反，下所俱反。

生藤　徒登反。

藹沙　乙例、一害二反。

博聳　私勇反。

發覺净心經〔六六〕　下卷

莖稈　又作秆，同。古旱反。稈，稾也。廣雅：稻穰謂之稈。

籠罩　古文羄、箪、對（箌）〔六七〕三形，今作罩，同。陟挍反。捕魚籠也。

篧　音捉。

財購　古侯反。説文：以財有所求也。廣雅：購，償也。

無上依經〔六八〕　下卷

無胲　按字義宜作解，胡賣反。解謂縫解也。

委佗　又作逶、蝺二形，同。於危反，下又作迤，同。達何反。詩云：委委佗佗，德之美皃也。傳曰：委佗者，行可委曲迹也。亦自得之皃也。窊邪也。

移識經〔六九〕　上卷

新臑　又作枘，同。乃困反。字苑：臑，柔脆也。通俗文：枘，再生也。經文作嫩，近字也。

火浣布　周書西域獻火浣布，污則燒之則潔。

妖冶　於驕反，下以者反。周易：冶容誨淫。劉瓛曰：冶，妖冶也。謂姿態之皃也。

卑遜　蘇寸反。字林：愻，順也。亦謙恭也。今作遜。

鞋韈　又作鞵，同。胡皆反。下古文作韤，今作袜。又作帓、韎二形，同。無發反。足衣也。經文從巾作幭，音亡別反。

帊幞也。幭非此用。

腰骻　口亞反。埤蒼：腰骨也。經文作跨、胯二形，非字體也。

肪䏼　府房反，下先安反。通俗文：在腰曰肪，在胃曰䏼。廣雅：䏼，脂肪也。

騗騎　匹面反。謂躍上馬也。今俗謂不蹋隥上馬爲騗。

移識經　下卷

咼戾　口蛙反，下力結反。謂不正也。經文作綟，帛也。綟非字體。綟音力計反，亦緑色也。

斑駮　又作辬，同。補顔反。蒼頡篇：斑，文皃，雜色爲斑也。

頿鬚　又作髭，同。子移反。說文：口之須者也。字從須。

豌豆　烏丸反。豆名也。經文作豋，於月反。或作宛，並非也。

未曾有經〔七〇〕　上卷

無恙　以尚反。爾雅：恙，憂也。孫炎曰：恙，病之憂也。按：易傳云：上古草居露宿。恙，噬蟲也，善食人心。凡相勞問無恙乎？復因以爲病也。

頑嚚　吴鰥反，下魚巾反。廣雅：頑，鈍也。蒼頡篇：嚚，惡也。左傳：心不則德義之經爲頑，口不道忠信之言爲嚚。

簡閲　又作閲，同。餘説反。說文：簡，閲也。亦挍閲也。小爾雅撰閲是也〔七一〕。

乍得　士嫁反。廣雅：乍，暫也。蒼頡篇：乍，兩詞也。

慌慌　呼廣反。慌忽，眼亂也，亦迷惑也。

未曾有經　下卷

先喫　口迹反。謂喫噉食飲也。經文作噄〔七二〕，非也。

沛然　普賴反。三蒼：沛，水波流也。亦大也。經文作霈，近字也。

不思議功德經〔七三〕　下卷

離躃　字或作臂，卑避反。

懼咤　陟嫁反。

大吉義咒經〔七四〕　上卷

鼻吟　烏禮反。

堙羅　於仁反。

荼黔　奇炎反。龍名也。

薁尼　於六反。

緻締　知利反，下徒計反。

苫婆　式鹽反。

摩啅　敕角反。

佛褅　徒帝反。

咮羅　齒朱反。

啁利　陟交反。

大吉義咒經　下卷

跂羅　又作𧾷支，同。墟豉、渠支二反。跂，登也，履也。

嵦鼻　魚偃反。通俗文：𡾾（嵦）〔七五〕，緩也。經文從山作㠕，非也。

聸耳　丁藍反。説文：耳垂也。經文作耽，都含反。耳大也。

删〔七六〕地　所姦反。

珊地　桑干反。

讕地　洛干反。

羅憊　蒲戒反。

譚髀　徒南反，下蒲米反。

渒梨　普計反。

嗘泥呵郅　之逸反。

菩薩夢經〔七七〕　上卷

樺皮　胡霸反。木名也。可以飾弓者也。

文殊問經〔七八〕　上卷

多弭　彌氏反。

炮字　父交反。

攞字　力可反。

文殊問經　下卷

底舸　古我反。山名。律主居之。

艿山　而證、而莖二反。又作艻。律主居之。

舟航　又作杭，同。何唐反。方言：自關而東或謂舟爲航。航，渡也，濟渡之舟也。

罾網　子恒反。罾，網之總名也。樹四植束水以掛網曰罾。

跨上　苦霸反。跨，躡也。字林：跨，渡也。

犎牛　疾津反。字略云：牛名也。

波柁　太何反。

密迹金剛力士經　下卷

錯勃　蒲没反。勃然，猶忽然也。勃亦亂也，逆也。

訓訢　呼運反。訓，導也，教也，誡也。下又作欣，同。虚殷反。訢，樂也。

東方最勝燈王如來經

㥦泥㑨羅　巨支、上支二反。

呬呬　火利反。

那哆　徒我反。

麽吒　莫可反。

成具光明定意經〔七九〕

𣳫若　又作沃，同。於縛反。詩傳云：沃若，猶沃沃然也。沃，柔也，濕也，亦從下溜出也。

卓犖　力角反。謂奇異也。左傳：犖有力焉，能投蓋于稷門。

瞢瞢　莫登反。瞢瞢然亂也，悶也，亦無光也。

真諺　宜箭反。俗言也。言了別真言俗語無疑難也。經文從口作喭，非也。

褒訕　補高反。按褒猶揚美之也，進也。訕，謗也。

剗貪　又作鏟，同。初莿反。廣雅：剗，削也。聲類云：剗，平也。

躓礙　音致。通俗文：事不利曰躓，限至曰礙。經文作綴，非也。

潭然　宜作憺，徒濫反。憺猶安靜也。深水曰潭，音徒南反。

眉毛　美飢反。說文：目上毛也。經文作毦毟二形，非也。

眼瞼　居儼反。字略云：眼外皮也。經文作睫、眊二形，非也。

諀訿　上匹尔、下資尔反。通俗文云：難可謂之諀訿。經文或作啤吡。

瘦𣬱　古文𣬱、耄二形，今作秏，同。莫報反。禮記：八十曰耄。注云：耄，惛忘也。亦亂也。經文作𣯛、耇二形，誤也。

棚閣　蒲萌反。通俗文：連閣曰棚。棚亦閣也。蒼頡篇：樓，閣也。謂重屋複道者也。

妐姑　又作伀，同。之容反。釋名云：俗謂舅章名伀，言所見敬忌，見之伀懼，自肅齊也。

盥手　公緩反。說文：澡手也。按凡洒澡物皆曰盥，不但手也。字從臼水皿上意也。

太子須大拏經〔八〇〕

檀特山　或言單多囉迦山，或云檀陀山，此譯云陰山。

須大拏　女加反。或言須達拏，或云蘇陀沙拏，此譯云善與，亦言善施。

蒼天　錯郎反。爾雅：春爲蒼天。注云：萬物生蒼蒼然也。

愕然　字書或作咢，同。五各反。愕，驚也。

爲幟　古文帜，同。尺志反。幖也。通俗文：私記曰幟。廣雅：幟，幡也。墨子曰：以爲長丈五尺廣半幅曰幟也。

蜎蜚　一泉反。字林：蟲皃也。動也。下古書飛皆作蜚，同。甫韋反。蜚，揚也。左傳：秋有蜚不爲災。

嶔崟　去銜、去吟二反，下語銜、宜金二反。廣雅：嶔崟，高皃。亦山阜之勢也。

嵯峨　才何反，下我多反。廣雅：嵯峨，高也。楚辭注云：山巀嶭峻敞曰(蔽日)〔八一〕爲嵯峨。

三顀　直追反。說文：額，出也。今江南言顀頭肤額，乃以顀爲後枕高肤之名也。經文作膇，未見所出。

脣頦　丁可反。廣雅：頦，醜皃也。經文作哆，充尔、丑亞二反。非今用也。

凸髖　徒結反。〔抱璞(朴)子作凸〔八二〕〕凸，起也。蒼頡篇作突，不平也。經文作眣，非體也。

下蛘　餘掌反。說文：搔蛘。禮記「蛘不敢搔」是也。字從虫，今皆作癢，近字也。又作痒，音似羊反。病名也。痒非字義。

太子墓魄經〔八三〕

市井　子郢反。周禮：九夫爲井，方一里也。白虎通曰：因井爲市，故曰市井。說文：八家一井，象構韓形，象罋形。

襲績〔八四〕　古文𧝓，同。辭立反。襲，受也。廣雅：襲，及也。亦合也，仍也。

故質　之逸反。太玄經：受質所疑。宋忠曰：質，問也。廣雅：質，問也，謹也，定也。

矇瞶　莫公反。有眸子而無見曰矇。下牛蒯反〔八五〕。生聾曰瞶。瞶亦無知也。［蒯音苦怪反〔八六〕。］

空刓　又作园，同。五桓反。廣雅：刓，斷也。楚辭：刓方以爲圓。王逸曰：刓，削也。

噢咿　於六反，下於祇反。埤蒼：内悲也。又痛念之聲也。經文作喃、郁、哪三形，並非體也。

驂駕　怱含反。説文：駕三馬也。居右而驂乘，備非常也。驂旁馬曰騑。騑音妃。

頷頭　牛感反。説文：低頭也。廣雅：頷，搖也。謂搖其頭也。今江南謂領納搖頭爲頷慘，亦謂笑人爲頷酌。慘音蘇感反。

選耎　而兖反。案選耎，猶須臾也。吕氏云：少選，俗謂之選耎，言推託不肯爲也。經文或作選蝡，或作撰濡，非也。

忸怩　又作䛸〔八七〕，同。女竹反，下女胝反。通俗文：慚耻謂之忸怩。

纔有　在哉反。廣雅：纔，暫也。亦僅也，不久也。

何訾　又作嚌，同。子移反。訾，量也，思也。經文作貲財之貲，非體也。

須賴經〔八八〕

跛跙　才與反。樹名也。

布〔八九〕施　補故反。分布也，惠施也。經文作措，非也。

過讁　知革、徒厄二反。謂讁罰也。方言：讁，怒也。郭璞曰：謂相責怒也。讁，譴也，責也。

晝度宫　知冑反。晝度樹，皆天上名也。

娱樂　語俱反，下力各反。説文：娱，樂也。樂，喜也。經文從女作嬫，非也。

金色王經〔九〇〕

粔籹　渠煮反，下匿吕反。蒼頡篇：粔籹，餅餌者也。江南呼爲膏糫，音還。字苑：粔籹，膏糫果也。

獨證自誓三昧經〔九一〕

句潭　徒南反。或言瞿曇彌。梵言輕重也。

趠第　丑挍、他吊二反。上林賦：趠稀間。郭璞曰：懸擲也。説文：趠，遠也。

今贈　在鄧反。贈，送也，遺也。説文：以玩好之物相送曰贈也。

謳合　又作嘔、傴二形，同。烏侯反。爾雅：徒歌曰謳。廣雅：謳，喜也。

鉢和蘭　亦言鉢和羅，梵言訛轉也。此云自恣食也。

摩訶摩耶經〔九二〕

涵潤　胡耽反。説文：水澤多也。詩云「譖始既涵」是也。

鎩翮　字林：山瘵反。謂張翼也。淮南子云：飛鳥鎩翼。許叔重曰：鎩羽而飛也。

如來方便善巧咒經〔九三〕

涪多　蒲侯反。

摩鉀　普迷反。

唏嘼　呼几、呼冀二反。

風齲　又作竬，同。丘禹反。説文：齒蠹也。釋名：齲，[齒]〔九四〕朽也。

勝鬘經〔九五〕

尔炎　正字作熖，以贍反。梵言也。此云所知。

末利　謨鉢反。按西域記此譯云柰，因柰而得報者也。

阿踰闍　弋朱反。此譯云不可戰國。

須摩提經

須摩提　應云須摩耶，此譯云好意，或云好智。

濡碶　字體作耎。而兖反。三蒼：耎，弱也。物柔曰耎。經文作碶，而兖反，次玉也。碶非此體。

勖勉　吁欲反，下摩辯反。勖，勉勵也。方言：齊魯謂勉爲勖。勉〔九六〕猶自勸强也。説文：勉，强也。謂力所不及而强行事也。

裨助　又作埤、𩟄二形，同。毗移、比移二反。説文：裨，增也，益也。亦補也。

梵女首意經〔九七〕

入館　古換反。説文：客舍也。周禮：五十里有候館。按客舍逆旅名候館，字從食。今有從舍作舘，近字也。

無喆　又作哲、悊二形，同。知列反。爾雅：哲，智也。方言：齊宋之間謂知爲哲。哲，明了也。

月明菩薩經〔九八〕

親理　力紀反。禮記：天理滅矣。鄭玄曰：理猶性也。又云：樂者通倫理。注云：倫，類也。理，分也。今多作里，二十五家爲里，居方一里之中也。

滅十方冥經〔九九〕

憂灼　之若反。灼謂憂懼也。灼，痛也。

出生菩提心經〔一〇〇〕

迦蘭陀　或言迦蘭馱迦，或言羯蘭鐸迦，鳥名也。其形似鵲。鞞紐婆那，此云竹林，謂大竹也。此鳥多栖此林。昔有國王於此睡息，蛇來欲螫，鳥鳴覺之。王荷其恩，散食養鳥，林主居士遂從此鳥爲名，名迦蘭馱迦。舊安外道，後奉如來。

俱致　或言俱胝，此言千萬，或言億，而甚不同，故存本耳。

㝹䓘 乃侯反，下莫胡反。

紆伏哆 衣于反。

系履 下計反。

普門品經〔一〇一〕

鞕靰 五孟反。字書：鞕，牢也。下相傳胡浪反。未詳字語所出〔一〇二〕。

滿脬 普包反。脬袋吹氣成也。

心明經

山崗 古郎反。爾雅：山脊曰崗。郭璞曰：謂山長脊者也。

囧灼 俱永反。蒼頡篇：囧（冏）〔一〇三〕，大明也。亦彰也。説文：窗牖開明曰囧（冏）。

潷飯 碑密反。通俗文：去汁曰潷。江南言逼，訛耳。今言取義同也。經文作匕，俗語也。

不思議光菩薩所説經〔一〇四〕

雁鴝 又作鸜，同。其俱反。即鸜鵒也。

文殊師利問菩薩署經〔一〇五〕

陂提 彼皮反，下匙尔反。比丘名也。

倪三颰 五禮反，下蒲沫反。人名也。

提胳 公諾反。説文：腋下也。埤蒼：在肘後也。

分眕 之忍反。婆羅門名也。

橋泉 自宣反。經文作咏、㳷二形，非也。

黤黮 烏感反，下他感反。不明也，亦深黑也。

我齎 又作賫。子奚反。説文：齎，持遺也。

德光太子經〔一〇六〕

羯隨 或作羯毗，或作迦毗，或作加毗，皆一物也。此云好聲鳥也。經文從鳥作鶡，非也。

貧寠 瞿矩反。詩云：終寠且貧。傳曰：寠者無禮也。字書：寠，空也。

敲𣪊 又作敂，同。苦交反，下苦害、苦曷二反。三蒼：敲𣪊，相擊也。經文作撓奴鉋反㮣古代反，並非此用。

鸕鷀 力胡反，下音慈。爾雅云：鷀，鷧。郭璞曰：即鸕鷀也。此鳥紫頭如鉤，食魚者也。中國或名水鴉。此鳥胎生，從口吐出，一産八九也。

銀（鋃）〔一〇七〕鐺 洛當反，下都堂反。説文：鋃鐺，鎖也。通俗文：錘頭曰鋃鐺。錘，直垂反。

施燈功德經〔一〇八〕

羸瘠 古文膌、𤺓、䐀三形，同。才亦反。瘠，瘦也。

支提 又名脂帝浮圖，此云聚相，謂累石等高以爲相，或言方墳，或言廟，皆隨義釋也。

菩薩訶色欲經〔一〇九〕

鈇質　方扶反。書中鈇或音斧，橫斧也。古者煞人用斧。下正體作櫍，之逸反。説文：鈇，莝斫也。埤蒼：櫍，椹也。公羊傳曰：不忍加其鈇質。何休曰：斬腰之罪也。

俎几　側吕反。字書：俎，肉几也。俎亦四脚小槃也。

人本欲生經〔一一〇〕

躡禩〔一一一〕　字體作䟆，同。女輒反。説文：機下足所履也。下仕眷反。禩，聚也。

不必定入印經〔一一二〕

採揀　又作𢿅，或作練，同。力見反。埤蒼：揀，擇也。禮記「簡揀英儁」是也。序文作挾，胡頰反。挾，持也。挾非此用。

寶窴　古文窴，今作填，同。徒見、徒堅二反。廣雅：填，塞也，滿也。

蒟多　其俱反。依字，爾雅蒟，一名苄熒。苄音他頂反。

拔身　蒲沫反。迴也，謂拔然迴身也。古字通用也。

魔逆經〔一一三〕

陽燧　古文作鐆、隧二形，今作遂。聲類或作燧，同。辭醉反。取火者也。鐆，五石之銅精也。圓以仰日即得火也。

搪揬　徒郎反，下徒骨反。廣雅：觸、皃、搪、衝，揬也。字書：揬，揩也。

原赦　魚袁反。原猶放免也。魏志「特原不問罪」是也。下又作赦〔一一四〕，同。書夜反。説文：赦，寬免也。三蒼：赦，舍也。周禮：掌三赦之法：一赦幼小，二赦老耄，三赦愚蠢也。

濟諸方等學經〔一一五〕

伋伋　居及反。説文：伋伋，急行也。廣雅：伋伋，遽也。字從彳，今皆從水作汲。

菩薩行五十緣身經〔一一六〕

歔欷　喜居反，下虛既反。字林：涕泣皃也。蒼頡篇：泣餘聲也。亦悲也。

佛塔　他盍反。或云塔婆，或作偷婆，此云方墳，亦言廟，一義也。經文從革作鞈，公匝反。橐也，亦防汗也。鞈非此義。

彌勒菩薩所問本願經

瑛吉祥　於京反。依字，玉光也。此菩薩名也。

堅固女經〔一一七〕

号幐　翼證反。依字，幐，送也。方言：幐，寄也。亦託也。

演道俗經〔一一八〕

給贍　［聲類〔一一九〕］或作𧹞，同。時焰反。贍，助也。字書：贍，足也。謂周足也。

譖入　側禁反。廣雅：譖，毀也。亦讒也。一云旁入曰譖。

寶網經〔一二〇〕

鎗鎗　楚行反。三蒼：金聲也。經文作鈴，誤也。

怵惕　耻律反，下又作愁，同。他狄反。説文：怵，恐也。惕，驚也。尚書：怵惕唯厲。孔安國曰：怵惕，懷（悚）〔一二一〕懼也。亦悽愴也。

百佛名經〔一二二〕

瞿嚧　借音舉俱反。

娑瑳　千我反。

滕德　翼證反。

觀無量壽經〔一二三〕

鷹隼　又作鶽，同。思尹反。詩云：鴥彼飛鶽。箋云：鶽，急疾之鳥也。説文：鶽，祝鳩也。

不空羂索經

逋多　補胡反。山名也。逋多羅山也。

揭底　昌是反。

薩皤　補何、蒲何二反。

荼麽　莫我反。

多誦　奴咸反。

粹多　宜作窣，所没反。

梅窒　丁結反。

禋吒　於仁反。

地詆　湯歷反。

頡利　下結反。

駁皤　桑合反，下蒲我反。

率恧　女六反，又奴故反。

阿姞　其乙反。

詫詫　敕嫁反。

瓔豼　呼奚反。依字，黄病也。

婆呼　匹尤反。

紫礦　古猛反。波羅奢樹汁也。其色甚赤，用染皮氎等是也。

綜縷　祖送反。謂機縷紀領絲者也。綜，理也，領理也。

觀藥王藥上二菩薩經

磔翅　竹格反。經文作挓，非也。

摩蹬　徒萌反。

請觀音經〔一二四〕

舌噤　渠飲反。謂不能言也。

哆姪　都餓反。經文作跢。

蟾婆　之鹽反。

黏茶　補桀反。

攝鼙　蒲迷反。

佉玎　竹耕反。

磨靼　之列反。

夜鑠　尸藥反。

俱憁　補迷反。

十一面觀世音經〔一二五〕

換衣　胡灌反。說文：換，易也。謂更衣（易）〔一二六〕也。經文作逭。爾雅：逭，逃也。[亦行也〔一二七〕。]逭非字體。

笔蘇　徒損反。宜作揾，烏悶反。字林：揾，没也。笔猶俗語耳，經文亦作塗。

八顆　口火反。顆，數也，亦單作果。經文作堁，於卧反，塵也，一曰地名。堁非此義。

觀世音菩薩授記經

觀世音　梵言阿婆盧吉低舍婆羅，此譯云觀世自在。舊譯云觀世音，或言光世音，並訛也。又尋天竺多羅葉本皆云舍婆羅，則譯爲自在。雪山以來經本皆云娑婆羅，則譯爲音當以舍娑兩聲相近，遂致訛失也。

煸爛　又作虦、玢二形，同。補間反，下又作斁，同。盧間、力寒二反。埤蒼：文皃也。通俗文云：文章謂之煸爛。經文作斑爛二形，非體也。

鹿母經〔一二八〕

弶中　渠向反。字書：施罥於道曰弶也。今田獵家施弶以取鳥獸，其形似弓。經文作摾，俗字也。

烹俎　普羹反。烹，煮也，亦熟也。下側吕反。字書：俎，肉几也。

鹿子經〔一二九〕

惸悸　古文惸、傑（㷀）〔一三〇〕二形，同。巨營反。惸，單也。惸惸然無所依也。下渠季反。謂不定也，亦心動也。

呦呦　又作欲，同。音幽。詩云：呦呦鹿鳴。傳曰：鹿得草呦呦然而鳴相呼食也。

除恐災橫經〔一三一〕

溝巷〔一三二〕　胡絳反。謂須陀洹人也。此言入流，或言至流。今言溝巷者，取其流水處也。經文作港，古項反。字略云：水分流也。即經中云分布果是其義也。

温室洗浴衆僧經[一三三]

瀜痺　必二反。風痺病也，瀜病也。謂不能行也。

苾芬　又作飶、馝、咇、馝四形，同。蒲結反。埤蒼：大香也。苾苾然芬香也。

梵摩三鉢天　亦即梵天王也[一三四]。

爲瓔　於盈反。瓔，絡也。經文作瑛，於京反。玉光也。瑛非此義[一三五]。

四不可得經[一三六]

捻箭　又作敜，同。乃協反。謂以手指捻持也。

諸德福田經[一三七]

枯槀　古文殨，同。苦道反。字林：木枯也。

迄今　吁訖反。爾雅云：迄，至也。

虚空藏菩薩所問持幾福經

哆攤　力支反。

目跧　丘豉反。

首矖　力計反。

菩薩投身餓虎起塔因緣經[一三八]

蛆（蛆）[一三九]螫　知列反，下書亦反。又音呼各反。廣雅：蛆（蛆），痛也。説文：螫，蟲行毒也。

蹠踐　又作跖，同。之石反。説文：足下也。躡也。踐，履也。蒼頡篇：蹠，躡也。

頻毗娑羅詣佛供養經

頻毗　此譯云顔色。娑羅，此云端正。或言蓱沙王，或言頻婆娑羅，此云色像殊妙，其義一也。

薩羅國經

鳩夷羅鳥　或言鳩那羅，此譯云好眼鳥也。

屏營　卑營反。廣雅：屏營，忪懼也。謂惶遽也。

天王太子辟羅經[一四〇]

襁[一四一]負　居兩反。博物志：襁[一四二]，織縷爲之，廣八寸，長尺[一四三]二，以約[一四四]小兒於背上。論語「襁負其子」是也。

阿彌陀鼓音聲陀羅尼經

昵閭　女乙反，下力居反。

茂邸　丁禮反。

八陽神咒經〔一四五〕

內噲　口壞反。國土名也。依字，咽也。三蒼：亦快字也。

幻士仁賢經〔一四六〕

颰陀　經中或作軷、跋、拔三形，同。蒲沫反。此譯云仁賢，或言賢護，謂鄰近於聖世。

普徽　虛歸反。爾雅：徽，善也。尚書云：眘徽五典。王肅曰：徽，美也。

瓶甇　又作甇，同。於耕反。説文：長頸瓶也。或謂之儋，音丁甘反。

自韙　籀文作愇，同。于匪反。左傳：犯五不韙。注云：韙，是也。

後出阿彌陀偈〔一四七〕

翕習　吁及反。翕，合也，亦斂也。説文：翕，起也。

胳肩　孤諾反。説文：腋下也。埤蒼：肘後曰胳。

号噲　於外反。世尊名号也。依字義，字書：眉目間皃也。

一切經音義　卷第五

乙巳歲高麗國大藏都監奉敕雕造

校勘記

〔一〕海龍王經　慧轉録於第三十八卷。
〔二〕潭　磧作「憺」。憺猶安静也。經文作潭　麗無，據磧補。
〔三〕女劣反　磧爲「俱永反」。
〔四〕央掘魔羅經　慧轉録於第四十四卷。
〔五〕句　據文意當作「勺」。
〔六〕子　磧作「兮」。
〔七〕翼隹反　磧爲「逸隹反」。
〔八〕亦繫也　麗無，據磧補。
〔九〕踑　慧作「蹪」。據文意似作「踑」。
〔一〇〕狽　磧作「狽」。
〔一一〕七佛神咒經　慧轉録於第四十二卷，大略相同。
〔一二〕佡　磧作「企」。
〔一三〕捶　磧作「插」。
〔一四〕粗何反　慧爲「倉何反」。
〔一五〕詩云：母兮掬我。傳曰　麗無，據磧補。
〔一六〕云：碩大且儼　麗無，據磧補。
〔一七〕蕫　玄卷七和今傳本廣雅作「蕫」。
〔一八〕於冉反　慧爲「於琰反」。
〔一九〕姑護反　慧爲「姑户反」。
〔二〇〕菩薩本行經　慧轉録於第四十四卷。
〔二一〕因几反　慧爲「因几反」，磧爲「與之反」。
〔二二〕剸也。刓非字意　麗無，據磧補。
〔二三〕俱禹反　慧爲「俱遇反」。
〔二四〕薄蘭反　慧爲「蒲蘭反」。
〔二五〕稱揚諸佛功德經　慧轉録於第三十四卷。
〔二六〕力莊嚴三昧經　慧轉録於第四十三卷。
〔二七〕須真天子經　慧轉録於第三十四卷。
〔二八〕禦　磧作「桀」。
〔二九〕黄帝作弦木爲弧　磧爲「黄帝作『弦木爲弧，剡木爲矢』是也」。
〔三〇〕般舟三昧經　慧轉録於第十九卷，增釋該卷上卷和下卷的詞語。
〔三一〕垂　慧卷一九作「臿」。
〔三二〕所姦反　磧爲「所姦反，又所晏反」。
〔三三〕非　慧卷一九作「誹」。
〔三四〕玃　永海作「攫」。
〔三五〕等目菩薩所問經　慧轉録於第二十四卷。
〔三六〕其　今本詩作「甚」。
〔三七〕督　磧作「督」。

〔三八〕又作督　磧爲「又作督、督」。

〔三九〕督　磧作「督」。下同。

〔四〇〕霍　磧作「然」。

〔四一〕可洪音義卷四釋等目菩薩所問經上卷而搜：「所愁反。索也，謂求索也。諸藏有作揪，應和尚音義云謬已久，人莫辯正，詳其理宜作共相二字者，非也。揪字郭氏作於決反，亦非也。今定是搜。」

〔四二〕三　磧作「二」。

〔四三〕此條麗無，據磧補。

〔四四〕且經反　磧爲「戚經反」。

〔四五〕超日明三昧經　磧無，慧轉録於第三十四卷。

〔四六〕跎　慧卷三四作「跌」。

〔四七〕孵　玄卷八和慧卷三四皆作「趕」。下同。

〔四八〕月上女經　磧無，慧轉録於第四十四卷。

〔四九〕中陰經　磧無，慧轉録於第四十四卷。

〔五〇〕歐　據文意當作「毆」。

〔五一〕須彌藏經　磧無。

〔五二〕佛華嚴入如來不思議境界經　磧無。

〔五三〕諸佛要集經　磧無，慧轉録於第三十二卷。

〔五四〕文殊師利佛土嚴净經　磧無，慧轉録於第十六卷。

〔五五〕敝　據文意當作「敞」。

〔五六〕㤥　據文意或作「痎」。

〔五七〕濡首菩薩無上清净分衛經　磧無，慧轉録於第十卷，未標玄應撰。

〔五八〕聉　據文意當作「聦」。

〔五九〕十　慧作「七」。

〔六〇〕大乘同性經　磧無，慧轉録於第三十卷。

〔六一〕阿閦佛國經　磧無，慧轉録於第十六卷。

〔六二〕蓮華面經　磧無，慧轉録於第四十三卷。

〔六三〕迦葉經　磧無。

〔六四〕孔雀王神咒經　磧無，慧轉録於第三十七卷。

〔六五〕芉　慧卷三七作「咩」，即「咩」。

〔六六〕發覺净心經　磧無。

〔六七〕對　「對」爲「對」之誤。

〔六八〕無上依經　磧無，慧第三十三卷亦釋有此經。

〔六九〕移識經　磧無。

〔七〇〕未曾有經　磧無，慧第三十三卷亦釋有此經。

〔七一〕小爾雅撰閲是也　慧卷三三爲「小雅：撰，閲，具也」。今傳本小爾雅：「閲，具也。」

〔七二〕嘏　慧卷三二作「嘏」。

〔七三〕不思議功德經　磧無，慧轉録於第四十三卷。

〔七四〕大吉義咒經　磧無，慧轉録於第四十二卷。

〔七五〕騫　慧卷四二作「𡩋」。

〔七六〕刪　即「刪」。

〔七七〕菩薩夢經　磧無。

〔七八〕文殊問經　磧無，慧轉録於第四十四卷。

〔七九〕成具光明定意經　慧轉録於第三十四卷。

〔八〇〕太子須大拏經　慧轉録於第三十三卷。

〔八一〕大，卷首目録作「達」。

〔八二〕山截蘖峻敞曰　今傳本作「巀嶭峻蔽日」。

〔八三〕抱璞子作凸　麗無，據磧補。璞，當作「朴」。

〔八四〕太子墓魄經　慧轉録於第三十三卷。

〔八五〕績　磧作「續」。

〔八六〕牛蒯反　慧爲「五怪反」。

〔八七〕蒯音苦怪反　麗無，據磧補。

〔八八〕𠛁，磧作「𠛁」。據文意似作「𠜾」。

〔八九〕須賴經　慧轉録於第三十二卷。

〔九〇〕布　今本須賴經作「普」。

〔九一〕金色王經　慧轉録於第三十四卷。

〔九二〕獨證自誓三昧經　慧轉録於第三十四卷。誓，卷首目録作「在」。

〔九三〕摩訶摩耶經　慧轉録於第三十四卷。

〔九四〕如來方便善巧咒經　慧轉録於第三十八卷。

〔九五〕齒　麗無，據磧補。

〔九六〕勝鬘經　慧轉録於第十七卷。

〔九七〕勉　磧作「慈」。

〔九八〕梵女首意經　慧轉録於第三十四卷。

〔九九〕月明菩薩經　慧轉録於第四十四卷。

〔一〇〇〕滅十方冥經　慧轉録於第四十四卷。

〔一〇一〕出生菩提心經　慧轉録於第四十四卷。

〔一〇二〕普門品經　慧轉録於第十六卷。

〔一〇三〕莊曰：「玉篇：鞕，牢也。無靰字。」孫曰：「鞕見漢張仲景傷寒論。」「靰」似爲「靰」的形近誤字。據玄應所釋，此字未詳所出。檢慧卷十六轉録玄應所釋普門品經鞕靰云：「靰字准經義合是岡字，舊音義胡浪反，恐非，不成字也。諸字書並無此字，未詳所出，且存本文，以俟來哲。」慧琳指出此字準經義合是岡字，亦認爲未詳所出。玄應所釋普門品經爲西晋竺法護譯，原文爲：「其細滑者，志有所存，緣求服之。其柔軟者而不可得，已睹斯緣，細滑鞕靰，無所適住。計於細滑則無有成，亦無所有所依。」經中「靰」似與「硬」義近，李維琦佛經續釋詞釋爲剛硬的剛，認爲「由於它與相當於『硬』的字連用，讀爲剛當不爲過」，與慧琳所説「經義合是岡字」相合。又考龍龕手鏡：「靰、靰、靰，三俗。」亢，俗寫訛變作「冗」或「冗」。「亢」似爲「剛」的記音，因與「鞕」連用而類化作「靰」。鞕、靰同義連文。

〔一〇三〕囧　磧作「冏」。下同。

〔一〇四〕不思議光菩薩所説經　慧轉録於第三十四卷。

〔一〇五〕文殊師利問菩薩署經　慧轉録於第四十四卷。

〔一〇六〕德光太子經　慧轉録於第四十四卷。

〔一〇七〕銀　磧金作「鋃」，「銀」當作「鋃」。

〔一〇八〕施燈功德經　慧轉録於第四十四卷。

〔一〇九〕菩薩訶色欲經　慧轉録於第七十五卷。

〔一一〇〕人本欲生經　慧轉録於第五十二卷。

〔一一一〕禩　據文意似作「襈」。

〔一一二〕不必定入印經　慧轉録於第三十卷。

〔一一三〕魔逆經　慧轉録於第四十四卷。

〔一一四〕赦　據文意似作「赦」。説文：「赦，置也。或從亦。」

〔一一五〕濟諸方等學經　慧轉録於第三十卷。

〔一一六〕菩薩行五十緣身經　慧轉録於第三十四卷。

〔一一七〕堅固女經　慧轉録於第四十四卷。

滕　慧卷四四作「勝」。

〔一一八〕演道俗經　慧轉録於第三十四卷。

〔一一九〕聲類　麗無，據磧補。

〔一二〇〕寶網經　慧轉録於第三十二卷。

〔一二一〕懷　今傳本作「悚」。

〔一二二〕百佛名經　慧轉録於第三十四卷。

〔一二三〕觀無量壽經　慧轉録於第三十二卷。

〔一二四〕請觀音經　慧轉録於第四十卷。

〔一二五〕十一面觀世音經　慧轉録於第四十卷。

〔一二六〕衣　磧作「易」。

〔一二七〕亦行也　麗無，據磧補。

〔一二八〕鹿母經　慧轉録於第四十四卷，未標玄應撰。

〔一二九〕鹿子經　慧轉録於第四十四卷，未標玄應撰。

〔一三〇〕傑　據文意當作「傑」。

〔一三一〕除恐灾横經　慧轉録於第三十四卷。

〔一三二〕巷　磧作「港」。

〔一三三〕温室洗浴衆僧經　慧轉録於第三十四卷。

〔一三四〕慧無此條。

〔一三五〕慧無此條。

〔一三六〕四不可得經　慧轉録於第三十四卷。

〔一三七〕諸德福田經　慧轉録於第三十四卷。

〔一三八〕菩薩投身餓虎起塔因緣經　慧轉録於第四十五卷，增有四條，未標玄應撰。

〔一三九〕蛆　據文意當作「蛆」，「蛆」并無「知列反」之音。考慧卷二十五轉録雲公所釋也有此詞，麗和大正藏本慧也誤作「蛆」，唯獅本慧作「蛆」。蛆、蛆蓋形近而誤。下同。

〔一四〇〕慧「無字音訓」。

〔一四一〕裾　金作「裾」。

〔一四二〕繈　金作「繦」。

〔一四三〕尺　金作「丈」。

〔一四四〕約　磧作「負」。

〔一四五〕八陽神咒經　慧轉録於第三十四卷。

〔一四六〕幻士仁賢經　慧轉録於第十六卷。

〔一四七〕後出阿彌陀偈　慧第三十一卷釋有此經，釋文有增補。

一切經音義　卷第六

翻經沙門玄應撰

妙法蓮華經

妙法蓮華經　第一卷

耆闍崛山　或言伊沙崛山，或言揭梨馱羅鳩胝山，皆訛也。正言姞栗陀羅矩吒山。此譯云鷲臺，又云鷲峰。言此山既栖鷲鳥又類高臺也。舊譯云鷲頭，或云靈鷲者，一義也。又言靈者仙靈也。按梵本無靈義，依别記云：此鳥有靈，知人死活，人欲死時，則群翔彼家，待其送林，則飛下而食，以能懸知，故號靈鷲也。姞音渠乙反。

無復　武于反。謂非有也，或作无。說文：古文奇字作无也。聲類云：無，虚无也。復，扶救反。說文：往來也。謂往來復重也。

逮得　徒戴反。爾雅云：逮，及也。方言：自關之東西謂及曰逮。經文多作逯。說文：力足反。行謹逯也。亦人姓也。逯非經音（旨）〔一〕。

目揵　莫鹿反，下巨焉反。或言目伽略子者，訛也。正言没特伽羅子，或云毛馱伽羅子。此乃從母爲名。没特伽，此云緑豆。羅，此云執取，或云挽取。本名俱利迦，或言拘棣多。此從父名也。舊云俱律陀，不正也。

離婆　吕知反。案文殊問經云此譯言室星，則北方宿也。祠之得子，仍以名焉。正言頡隸伐多。經中作梨波多，或作黎婆多，訛也。即首楞嚴經中坐禪第一如離婆多者是也。頡音賢結反。

殖衆　時弋反〔二〕。蒼頡篇：殖，種也。廣雅：殖，積也，立也。

颰陀　三蒼：蒲達反。梵言颰陀波羅。經文作婆，訛也。此譯云賢守，或云賢護。大論云秦言善守，謂鄰極於聖，弘道能固者也。

梵天　梵言梵摩，此譯云寂静，或云清净，或曰净潔。葛洪字苑音凡泛反。梵，潔也。取其義矣。

樂乾　五孝反。謂令人愛樂也。按梵本云摩奴是若，此云可意，或云如意。摩奴是若薩縛羅，此云可意，音即正法華云「一名柔耎天子，一名和音天子」是也。

乾闥婆　此譯云嗅香，或云食香，亦云香行。大海中亦有，屬於修羅。

婆稚　古文稚、稺二形，今作穉，同。除致反。正言跋稚迦，此譯云團圓，即正法華云「一名最勝」是也。今有譯爲縛者，誤也。按梵語跋陀名縛也。

加趺　古遐反。爾雅：加，重也。今取其義則交足坐也。除灾横經、毗婆沙等云「結交趺坐」是也。經文作跏，文字所無。按俗典江南謂開膝坐爲跘跨，山東謂之甲趺坐也。跘音平患反。跨音口瓜反。

三昧　莫蓋反[三]。正言三摩地，此云等持。持諸功德也。或云正定，謂住緣一境，離諸邪亂也。舊云三摩提者，訛也。

靡不　密彼反。爾雅云：靡，罔，無也。

阿鼻　正言阿鼻至。譯云阿，言無；鼻至，言間。無間有二：一身無間，二苦無間也。

地獄　梵言泥黎耶，或言泥囉夜，或云那落迦，此云不可樂，亦云非行，謂非法行處也。或在山間，或大海邊，非止地下。言地獄者，一義翻也。

尼吒　古文㖃，同。竹嫁反。經中或作阿迦尼沙託，或言尼師吒，或言貳吒，皆訛也。正言阿迦抳瑟搋。譯云阿迦，言質礙；抳瑟搋，言究竟。謂色究竟天也。託音敕嫁反。抳，女几反。搋，敕佳反。

修行　下孟反。施之名行，即造修也。

舍利　正言設利羅，譯云身骨。舍利有全身者，有碎身者。處胎經云並在金剛刹際。

寶塔　他盍反。諸經論中或作藪斗波，或作塔婆，或云兜婆，或言偷婆，或言蘇偷婆，或言脂帝浮都，亦言支提浮圖，皆訛略也。正言窣都波，此譯云廟，或云方墳，此義翻也。或云大聚，或云聚相，謂累石等高以爲相也。按塔字諸書所無，唯葛洪字苑云：塔，佛堂也。音他合反。

以偈　其逝反。梵言也。正言伽他，或云室盧迦，謂三十二字等也。此方當頌，或云攝。經中作伽陀，訛也。按偈，字林丘竭反。健也。韋昭漢書音義其逝反。又音竭。詩云：匪車揭兮。音去謁反。

[旃檀　足然反，下從丹反。經中或作旃檀那，訛也。正言旃那。旃檀有赤白紫等，外國香木也。今有從木作栴那也。旃音從反。][四]

柔耎　而兗反。廣雅：柔，弱也。通俗文「物柔曰耎」作耎。漢書「軟不勝任者」作軟，二形通用，經文多作濡。按說文、三蒼皆人于反，水名也。出涿郡，東入漆。又需也。或作渜，乃本反。說文：渜，湯也。二形並非經義。

馬腦　梵言謨薩羅揭婆。謨薩羅，此譯云杵。揭婆，此言藏。或言胎者，取其堅實也。舊云摩娑羅伽隸，或言目薩羅伽羅婆，譯云馬腦。按此寶或色如馬腦，因以爲名，但諸字書旁皆安石作碼碯二字，謂石之類也。

車乘　齒耶反。說文：輿輪之總名也。夏后氏奚仲所作。古音居。釋名云：古者車如居，言行所以居人也。今曰車。車，舍也。言行者所處如舍也。乘，食證反。廣雅：乘，駕也。謂可乘者也。周禮：四馬爲乘。乘，載也。

輦輿　力展反。說文：人輓車也。在車前人引之也。古者卿大夫亦乘輦。自漢以來，天子乘之。輿，與庶、與諸二反。說文：車輿也。一曰車無輪曰輿。今之輦輿形制別於古也。

駟馬　相二反。說文：駟，一乘也。謂四馬爲駟也。

欄楯　力干反。謂鉤欄。字體作闌。說文：闌，遮也[五]。經文作蘭，香草也。楯，食允反。說文：楯，闌檻也。王逸注楚辭云：檻，楯也。縱曰檻，橫曰楯。

華蓋　胡瓜反。古今注云黄帝所與蚩尤戰於涿鹿之野，常有五色雲氣、金枝玉葉止於帝上，有花葩之像，故因而作華蓋焉。又音呼瓜反。案西域暑熱，人多持盖，皆以花飾之。諸經中多言幢幡華盖是也。涿音竹角反。蓊，于彼反。

軒飾　虚言反。聲類云：安車也。説文：曲輈轓車也。飾謂以寶物莊飾車也。轓，甫煩反。飾，從巾飤聲。

破魔　梵言磨羅，此云煞者，是其位處也。斷慧命，故名爲魔也。言魔波旬者，訛也。正言波卑夜。此云惡者，謂常有惡意，成就惡法也。或言惡魔波旬，存二音也。

宴默　石經與(爲)〔六〕古文燕，一見反。説文：宴，安也。謂安息皃也。

未嘗　視羊反。小爾雅云：嘗，試也。謂蹔爲之也。

捶打　之蘂反，下音頂。説文：以杖擊也。

肴膳　胡交反〔七〕，下上扇反。國語云：飲而無肴。賈逵曰：肴，葅也。凡非穀而食之曰肴。説文：膳，具食也。周禮：膳用六牲。又云：膳夫。鄭玄曰：膳之言善也。今時美物亦曰珍膳。廣雅：肴、膳，肉也。字體皆從肉，爻、善是聲。經文有從食作餚饍二字，撿無所出，傳寫誤也。

教詔　居效、諸曜反。字林：詔，告也。爾雅：詔，導也。郭璞云：謂教導之也。釋名云：詔，照也。人闇不見事理即有所犯，以此示之使照然知所由也。

塔廟　塔婆或義譯爲廟，古文廟(庿)〔八〕。白虎通曰：廟者，皃也。先祖尊皃也。今取其義矣。

縱廣　足容反。小爾雅：衺、從，長也。韓詩傳曰「南北曰縱，東西曰横」是也。周禮：九州之地域廣輪之數。鄭玄曰：輪，從也。廣，撗(横)〔九〕也。

露幔　莫半反。説文：幔，幕也。在傍曰帷，在上曰幕。幕，覆也。露，覆露也。按諸經中「珠交露蓋」、「珠交露車」同其事也。經文有作縵。説文「繒帛無文者」也。縵非正體。

和鳴　胡戈反。説文：音樂和調也。謂音聲調和而鳴也。詩云「和鈴央央」是也。

[瞻察　古文詹，同。初點反。瞻，觀也。察，審也。郭璞注：市仞反，不離也。亦皆也，全也。爾雅云：察也。所以爲審諦也。]〔一〇〕

[純一　尚書注云：純一之行是也。]〔一一〕

説應　於興反。字林：應，當也。謂根法相稱曰應。

沙門　舊云桑門，或云喪門，皆訛略也。正言室摩那拏，或言舍羅磨拏，此言功勞，言修道有多勞也。又云勤勞，言至誠也。義亦名息以得法，故蹔寧息也。舊譯云息心，或言静志是也。

頗梨　力私反〔一二〕。西國寶名也。梵言塞頗胝迦，譯云水玉，或云白珠。大論云此寶出山石窟中，過千年冰化爲頗梨珠。此或有也。按西國極饒此物，彼乃無冰，以何化也。此但石之類耳。

適從　三蒼古文作這，同。之赤反。謂近也，始也。

[懈怠　古賣反，下徒改反。爾雅：懈，怠也。集注云：懈，極也。怠者，嬾也。釋名：懈，志懈也，骨節解緩也。]〔一三〕

[族姓　藂庶反。尚書：方命比(圮)〔一四〕族。注云：族，類也。周禮：四閭爲族。鄭玄曰：百家也。族亦聚也，姓氏也。]〔一五〕

無礙　古文硋，同。五代反。説文：礙，止也。廣雅：礙，閡也。經文作閡，亦古文礙字也。小爾雅：閡，限也。説文：午代反。外閡〔一六〕也。又作㝵，音得。説文：得，取也〔一七〕。尚書「高宗夢㝵説」是也。按衛宏詔定古文官書云㝵、得二字同體，㝵非此用。

方剎　初銽反。梵言差多羅，譯言田。田，土田也。或言國，或言土者，義言也。按：剎，字書所無，刹字略也。刹，説文：楚乙反。傷也。字體從㭍，音七。

猶豫　弋周反，下弋庶反。按説文：隴西謂犬子爲猶。猶性多豫在人前，故凡不决者謂之猶豫也。又爾雅云：猶如麂，善登木。郭璞曰：健上樹也。

此輩　補妹反。蒼頡篇：輩，比也。廣雅：等、黜、輩，亦類也。字體從非。黜音補槃反。

佳矣　古崖反。説文：佳，善也。廣雅：佳，好也。

嫉妬(妒)[一八]　古文誐、嫉[一九]、愱三形，同。茨栗反，下丹故反。楚辭云：故興心而嫉妬。王逸曰：害賢曰嫉，害色曰妬。

但教　徒亶反。聲類云：但，徒也。徒，空也。

瑕疵　古文㾮(疵)[二〇]，同。才雌反。瑕，過也。説文：疵，病也。

矜高　居陵反。尚書：汝惟弗矜，天下莫與汝争能。孔安國曰：自賢曰矜。禮記：孔子曰不矜而莊。鄭玄曰：矜謂自尊大也。

諂曲　説文讇或作諂，同。丑冉反。諂，佞也。莊周云：希其意，道其言，謂之諂。

玫瑰　説文：莫回反，胡魁反。火齊珠也。一曰石之美好曰玫，圓好曰瑰。郭璞曰：玫瑰，石珠也。張揖曰：玫瑰，琅玕也。出崑崙開明山。

木蜜　字體作樒。字林：亡一反。香木也。其樹似槐而香，極大，伐之五年始用。若取其香，皆當預斫之，久乃香出。

鈆錫　役川反。説文：青金也。尚書「青州貢鈆」是也。錫，銀鈆之間也。

作樂　五角反。世本云：黄帝世伶倫作樂。説文：五聲八音總名樂也。禮記：比音而樂之。干戚羽毛謂之樂。鄭玄曰：八音克諧謂之樂。

[簫笛　古文遂(篴)，同。大穽反。七孔籥。俗名高羌笛，三孔。][二一]

鐃銅　女交反。如鈴而大者也。廣雅：鉌、鑾、鐃、鐸，鈴也。

歌唄　蒲芥反。梵言婆師，此言讚嘆，或言唄匿，疑訛也。婆音蒲賀反。案宣驗記云「魏陳思王曹植曾登漁山，忽聞巖岫有誦經聲，清婉遒亮，遠谷流響，遂依擬其聲而製梵唄，至今傳之」是也。唄亦近字耳。

犛牛　亡交反。説文：西南夷長髦牛也。今隴西出此牛也。經文作貓、猫二形，今人家所畜以捕鼠者是也。猫非經義。

南無　或作南謨，或言那莫，皆以歸禮譯之。言和南者，訛也。正言煩淡，或言槃淡，此云禮也。或言歸命，譯人義安命字也。

妙法蓮華經　第二卷

不豫　古文與，同。余擄反。爾雅：逮、及，與也。左傳「公必與焉」是也。

每作　莫載反。字林：莫改反。三蒼：每，非一定之辭也。案每猶數也，屢也。

等咎　渠九反。廣雅：咎，過也。字體從人各，人各相違，即成過咎也。

演暢　敕亮反。廣雅：暢，達也，明也。

倫匹　力均反。廣雅：同、等、比、輩、倫，匹也。又倫，類也。匹，配也。

深奥　於報反。爾雅：西南隅謂之奥。郭璞曰：室中隱奥之處也。釋名云：不見户明，所在秘奥也。説文：奥，究也，亦藏也。

叵思　普我反。三蒼云：叵，不可也。反正爲乏，反可爲叵，皆字意也。

聚落　廣雅：聚、落，居也。案聚，聚(眾)[二一]也，謂人所聚居也。漢書「無㸐聚落」是也。

哀邁　莫芥反。説文：邁，遠行也。廣雅：邁，歸，往也。

僮僕　徒東反。下古文蹼，同。蒲木反。説文：男有罪爲奴曰童。廣雅：童、僕、役，使也。今皆作僮。又僕亦附也，謂附著人也。

梁棟　爾雅：宗廇謂之梁。郭璞曰：屋大梁也。又梁亦通語也。棟，都弄反。説文：棟，屋極也。釋名云：棟，中也。居屋之中也。宗音亡。廇，力救反。

欻然　吁勿反。蒼頡篇：欻，卒起也。[欻，忽也[二三]。]

焚燒　古文炃、熉二形，同。扶雲反。廣雅：焚，燒也。説文：焚，燒田也。字從火燒林意也。

嬉戲　説文作僖，虚之反。僖，樂也。蒼頡篇：嬉戲，笑也。字從䖒從戈，䖒音許宜反。

切己　廣雅：切，近也，迫也。又亦割也。字從刀七聲。

衣裓　孤得反。謂衣襟也。

珍玩　古文貦，同。五喚反。字林：玩，弄也。廣雅：玩，好也。尚書：玩人喪德，玩物喪志。孔安國曰：以人爲戲弄，則喪其德；以物爲戲弄，則喪其志也。經文作翫習之翫，非體也。

適其　尸亦反。三蒼：適，悦也。謂稱適也。廣雅：適，善也。謂事物善好稱人心也。

勇鋭　羊税反。廣雅：鋭，利也。説文：鋭，芒也。

推排　出唯、土回二反。蒼頡篇：推，軵也，前也。説文：推，排也。排，盪也[二四]。軵音而勇反。

四衢　巨俱反。爾雅：路四達謂之衢。郭璞曰：交道四出者也。釋名云：道四達曰衢，齊魯謂四齒杷爲欋。欋杷地則有四處，此道似之。因以名焉。

綩綖　諸經有作蜿、蟃二形。字林：一遠反，下[三蒼[二五]]以旃反。相承云坐褥(蓐)[二六]也，未詳何語立名耳。

丹枕　案天竺無木枕，皆以赤皮疊布爲枕，貯以兜羅綿及毛，枕而且倚。丹言其色赤也。即諸經中朱色枕者，同其事也。

姝好　古文妔，同。充朱反。字林：姝，好皃也。方言：趙魏燕代之間謂好爲姝。詩云：静女其姝。傳曰：姝，色美也。

不匱　今作樻，同。渠愧反。禮記：即財不匱。鄭玄曰：乏也。詩云：孝子不匱。傳曰：匱，竭也。

保任　補道反。説文：保，當也。任，保也。言可保信也。

頹毀　古文頽、墤二形，今作隤，同。徒雷反。説文：隤，墜下也。廣雅：隤，壞也。字從禿貴[二七]聲。

圮(圯)[二八]坼　字林父美、耻挌反。圮(圯)，毀也。坼，裂也。爾雅：圮(圯)，覆也。廣雅：坼，分也。

褫落　直紙、敕尔二反。廣雅：褫，敓也。説文：奪衣也。字從衣虒聲。經文作阤，除蟻反。方言：阤，壞也。説文：小崩曰阤。阤亦毀也。敓音奪。虒音斯。

覆苫　字林：舒鹽反。茅苫也。爾雅：白蓋謂之苫。李巡曰：白蓋編之以覆屋曰苫也。

椽梠　力語反。方言：屋梠謂之櫺。郭璞曰：即屋櫺也。亦呼爲連綿，亦名榥。説文：梠，楣。通語也。榥，音毗。

周障　之尚反。説文：障，隔也。通俗文：箻隔曰障也。箻音甫煩反。

鵄梟　古文鴟、鵄[二九]二形，今作鵄，同。充尸反。梵言阿梨耶。按爾雅：狂，茅鴟。舍人曰：狂，一名茅鴟。喜食鼠，大目也。郭璞曰：鵂鶹也。又云怪鴟也。鵂音亡項反。

鵰鷲　籀文作鵰，同。丁堯反。穆天子傳云：爰有白梟青雕，執犬羊，食豕鹿。郭璞曰：今之鵰亦能食麞鹿耳。鷲音就。梵言姞栗陀，或言揭利闍，此云鵰鷲。按山海經：景山多鷲。説文：鷲，鳥，黑色，多子。師曠云「南山有鳥，名曰羌鷲。黄頭，赤咽，五色皆備」是也。西域多此鳥，蒼黄，目赤，食死屍也。[三〇]

蚖蛇　按字義，古文作螈。字林：五官反。蛇醫也。崔豹古今注：蠑螈，一曰蛇醫。大者長三尺，其色玄紺，善魅人。一名玄螈。漢書「玄蚖」，韋昭曰：玄，黑。蚖，蜥蜴也。經中言黑蚖，疑此物也，而不言毒害人，未詳的是。諸經多作虺，吁鬼反。

蝮蠍　缶六反[三一]。案爾雅：蝮虺，博三寸，首大如擘。孫炎曰：江淮以南謂虺爲蝮，有牙，最毒。音義曰：説者云今蝮蛇鼻上有針。一名反鼻虺。三蒼：蝮蛇，色如綬，文間有鬣，大者七八尺也。擘音補麥反。

蜈蚣　音吴公。字林：蝍蛆也。甚能制蛇，大者長尺餘。赤足者良，黄足者不堪用。人多炙之令赤，非真也。蝍音即。蛆，子餘反。

蚰蜒　弋周、以旃反。江南大者即蜈蚣也。

守宫　此在壁者也。江南名蝘蜓，山東謂之蝀蝘，陝以西名爲壁宫。在草者曰蜴蜥[三二]。東方朔言「非守宫即蜴蜥[三三]」是也。蝘音烏殄反。蜓音殄。蝀，此亦反。

狖貍　古文蜼。字林：余繡反。江東名也。又音余秀反，建平名也。山海經：鬲山多蜼。郭璞曰：似獼猴而大，蒼黑色，尾長四五尺，似獺，尾頭有兩歧，天雨即自倒懸於樹，以尾塞鼻。江東養之捕鼠，爲物捷健。爾雅「蜼，仰鼻而長尾」是也。

鼷鼠　胡雞反。説文：小鼠也。爾雅：鼷鼠。郭璞曰：有螫毒也。食人及鳥獸雖至盡而不知，亦不痛，今謂之甘口鼠也。

野干　梵言悉伽羅。形色青黄，如狗，群行，夜鳴聲如狼。按子虚賦云：騰遠野干。司馬彪、郭璞注並云：射干能緣木。射音夜。廣志云：巢於危巖高木也。禪經云「見一野狐，又見野干」是也。

咀嚼　字林作齟。説文作咀，同。才與反。含味也。蒼頡篇：咀，噍也。通俗文：咀齧曰嚼。音才弱反。字林：咀，齰也。經文作齚，齧也。齚音仕白反。

齰齧　相承在計反。謂没齒也。經文或作齰，竹皆反。通俗文：齒挽曰齰也。

摶撮　補各反，下字林七活反。手小取也。廣雅：摶，擊也。撮，持也。釋名：撮，卒也。謂蹔卒取之也。

摣掣　又作扭。字林：側加反。釋名云：摣，叉也。謂五指俱往叉取也。經文有作皻。説文：齒不正也。皻非此義。掣或作摩，同。充世反。字林：掣，拔(抴)[三四]也。字書：掣，牽也。釋名云：掣，制也。制頓之使順己也。

嗺喍　五佳、仕佳反。説文作齜，謂開口見齒也。埤蒼：犬相啀拒也。

嗥吠　古文獋，同。胡高反。説文：嗥，咆也。吠，犬鳴也。

魑魅　説文作离，三蒼諸書作螭，近作魑，同。敕知反。下古文魅、鬽二形，今作彪，同。莫冀反。説文：老物精也。通俗文：山澤怪謂之魑魅。正法華作妭魅。

魍魎　古文蜩蜽二形，同。亡強、力掌反。説文：蜩蜽，山川之精物也。通俗文：木石怪謂之魍魎也。

孚乳　通俗文：卵化曰孚。音匹付反。字林：匹于反。廣雅：孚，生也。方言「雞伏卵而未孚」是也。下而注反。蒼頡篇：乳，字也。謂養子也。

蹲踞　字林：記恕反。謂垂足實坐也。蹲猶虚坐也。舊經言箕坐也。

土埵　字林：丁果反。聚土也。

撲令　符剝反。通俗文：争倒曰撲也。

闚看　又作窺，同。丘規反。字林：小視也。方言：凡相竊視南楚謂之窺也。

爆聲　古文皺、㬥二形，同。方孝反，又普剝反。説文：爆，灼也。謂皮散起也〔三五〕。

蓬勃　蒲公、蒲没反。廣雅：勃，盛也。經文作熢焞，非也。

周章　楚辭云：聊翱翔兮周章。王逸曰：周章，周流也。謂周流往來也。

先因　蘇見反。案：先亦先也。

告喻　説文作諭，同。榆句反。論語：君子喻於義。孔安國曰：喻，曉也。蒼頡篇：喻，譬諫也。

災火　籀文作災，同。則才反。左傳：凡人火曰火，天火曰災。

蔓莚　西京云：其形蔓莚。李洪範音亡怨、餘戰反。廣雅：蔓，長也。延，遍也。王延壽云：軒檻蔓莚。謂長不絶也。

難處　乃安、充與反。詩云：莫我皇處。傳曰：處，居也。禮記：何以處我？鄭玄曰：處，安也。

躭湎　古文媅、妉二形，同。都含反。説文：媅，樂也。耽亦嗜也。湎，古文酾，同。亡善反。説文：沉於酒也。

繒纊　在陵反。下古文絖，同。音曠。説文：繒，帛也。纊，絮也。小爾雅「通五色皆曰繒」、三蒼「雜帛曰繒」是也。又云：纊，綿也。絮之細者曰纊也。

茵蓐　又作鞇，同。於人反。説文：車中重席也。釋名云：文鞇，車中所坐者也。用虎皮爲之，有文彩，因以下輿相連著也。〔下而蜀反。草〔三六〕〕蓐，三蒼：薦也。

阿鞞　陛兮反〔三七〕。譯言不退住也。此與鞞字同。諸經有作阿毗跋致，或作惟越致，皆是梵音訛轉耳。

頌瘦　説文：口没反。三蒼云：頭禿無毛也。通俗文：白禿曰頌。廣雅：頌，髮禿也。今讀口轄反，此非正音，但假借耳。

梨黮　案方言：面色似凍梨也。經文有作黧，力兮反。字林：黑黄也。通俗文：斑黑曰黧黮。説文：杜感反。一音敕感反。桑葚之黑也。今用於斬反者，借音耳。葚音甚。

觸嬈　説文：乃了反。嬈，擾戲也。三蒼：嬈，亂也。郭璞云：嬈，弄也。廣雅：嫽，誂、嬀，嬈也。嫽音遼。誂，徒了反。

惡賤　於路反。禮記：吾惡用吾情。惡，猶憎也。論語：惡紫奪朱。詩云「惡無禮」皆是也。

馲駝　又作駝。字書作驝，又作橐。字林：力各反。山海經音託。郭璞云：日行三百里，負千斤，知水泉所出也。性別水脉，以足掊地則泉出也。經文作駱，馬色也，白馬黑鬣

(鬣)[三八]曰駱，駱非今義。掊音蒲交反。

蟒身　莫黨反。爾雅：蟒，王蛇。郭璞曰：蛇之最大者，故曰王。

聾騃　五駭反。蒼頡篇：無知也。方言：癡，騃也。

喫食　古文嗍，又作哳，同。子盍反。通俗文：入口曰哳。字林：喫血也。亦蟲食曰喫。

矬陋　徂戈反。廣雅：矬，短也。通俗文：侏儒曰矬。經文作痤，謂痤癤也。說文：小腫也。痤非此義。

背傴　字林一父反。通俗文：曲脊謂之傴僂。春秋宋鼎銘云：一命而僂，再命而傴，三命而俯。杜預曰：俯恭於傴，傴恭於僂，身逾曲，恭益加也。經文作膒[三九]。字林：一侯反，幽暗也。非今所取。又作瘟，未見所出，疑傳寫誤也。

依怙　胡古反。爾雅：怙，恃也。廣雅：賴、仰、依、負，恃也。

醫道　於其反。說文：治病工也。醫之性得酒而使，故字從酉殹聲。古者巫彭初作醫。殹亦病人聲也。酒所以治病者，藥非酒不散也。殹音於奚反。又作毉、醫二形，俗字也。

救療　說文㾏，或作療，同。力照反。三蒼：療，治病也。

瘖瘂　一金、乙下反。瘖，不能言也。埤蒼：瘂，亦瘖也。經文作喑。一禁反。字林：喑，唶也。又作啞。字林：乙白反。笑聲也。易云「笑語啞啞」是也。二形並非字體。唶音子夜反。

强識　渠良反。强，堅也。蒼頡篇：强，健也。

好樂　呼到、五孝反。好，猶喜也。樂猶欲也。

慶幸　胡耿反。小爾雅云：非分而得謂之幸。幸，遇也，亦冀望也，皆非其所當而得之也。字從羊從夭。

逃逝　是世反。說文：逝，往也。廣雅：逝，行也。逝亦逮也。

馳騁　直知反，下田(丑)[四〇]領反。廣雅：馳，奔也。騁，走也。

虎魄　匹白反。廣雅：虎魄，珠名也。漢書：罽賓國有虎魄。按博物志云：松脂入地千年化爲茯苓，[茯苓][四一]千年化爲虎魄。一名江珠。廣志云：虎魄生地中，其上及旁不生草木。深者八九尺，大如斛，削去上皮，中成虎魄，有汁。初如桃膠，凝堅乃成。其人用以爲盌也。

商估　字體作賫。始羊反。說文：行賣也。估，字書所無，唯爾雅郭璞音義釋言注中商賈作此字。下賈客，公户反。說文：柯户反。坐賣也。周禮：司市掌以商賈。鄭玄曰：通物曰商，坐賣曰賈。白虎通曰：商之言商也，商其遠近，通四方之物以聚之也。賈者固也，言固物以待民來求其利也。案賈亦通語也。故左傳：荀罃之在楚也，鄭賈人褚中以出。史記「陽翟賈人往來販賤賣貴」是也。

坦然　他誕反。說文：坦，安也。廣雅：坦，平也。

傭賃　與恭、女鴆反。蔡邕勸學注云：傭，賣力也。莊子：傭於人者。孟氏曰：傭，役也。謂役力受直曰傭。說文：賃，傭也。

灑地　所買反。通俗文：以水斂[四二]塵曰灑也。

出内　昌遂反。按出亦出也。詩云「出言有章」是也。

肆力　相利反。廣雅：肆，伸也。肆，陳也。謂伸陳役力也。

豪貴　古文勢，同。胡刀反。說文：勢，健也。淮南子曰：智出百人謂之豪。

俞急　弋朱反。小爾雅云：俞、兹、强，益也。又作愈。爾雅：愈，急也。

躃地　脾役反。躃，倒也。或作僻，匹尺反，邪僻也。僻非此用。

醒悟　思挺反。字林：醒，醉除也。

憔悴　三蒼作顦顇。廣雅：憔、悴、愁、患，憂也。顇，病也。

恠[四三]之　古壞反。恠，異也。驚恠也。凡奇異非常皆曰恠。字從左[四四]，音口瓦反。

汙穢　字林於故反。又音紆垩反。汙，塗也。釋名：汙，洿也，如洿泥也。

塵坌　蒲頓反。通俗文：埻土曰坌。說文：坌，塵也。

咄男　丁兀反。說文：咄，相謂也。字書：咄，叱也。

自鄙　補美反。廣雅：羞，愧，鄙，耻也。

於某　莫有反。尚書云：爾元孫某。孔安國曰：某，名也。臣諱君，故曰某名也。凡不知名，不言名，皆言某。

伶俜　歷丁、匹丁反。三蒼云：伶俜猶聯翩也。按伶俜亦孤獨皃也。經文多作跉跰。字林力生反。下補諍反，字與迸同。跉，不正也。迸，散也。二形並非今用。

蠲除　古玄反。方言：南楚疾愈者謂之蠲。郭璞云：蠲，除也。

毀呰　古文呰、訾二形，同。子尔反。說文：呰，呵也。禮云：呰者，莫不知禮之所生。鄭玄曰：口毀曰呰。

夙夜　思六反。爾雅：夙，晨，早也。

註記　竹句、之喻二反。廣雅：註，疏也，識也。字林：註，解也。通俗文：說(記)[四五]物曰註。今亦作注也。

眇目　亡了反。說文：一目小也。釋名云：目匡陷急曰眇。方言：眇，小也。

草庵　一含反。廣雅：庵，舍也。小屋之名也。經文作菴。菴蕳，草名也。

何負　古文抲。說文：胡歌反。何，儋也。諸書胡可反。何，任也。今皆作荷。

妙法蓮華經　第三卷

誠如　市盈反。說文：誠，信也。廣雅：誠，敬也。

谿谷　苦奚、古木反。爾雅：水注川曰谿，注谿曰谷。說文：泉之通川曰谷。

卉木　字林虛謂反。爾雅：卉，草。郭璞曰：卉，百草之總名也。又方言：東越揚州之間名草曰卉。

小莖　胡耕反。廣雅云：莖，本也。謂枝本也。

等澍　之喻、止[四六]句二反。三蒼：時雨也。百卉霑洽也。說文：上古時雨所以澍生万物者也。

普霑　又作洽，同。胡夾反。說文：洽，霑也。蒼頡篇：洽，遍徹也。

不務　亡付反。說文：务，趣疾也。廣雅：务，遽也。

靉靆　於代反，下埤蒼音代。廣雅：靉靆，翳薈也。翳薈，雲興盛皃也。通俗文：雲覆日爲靉靆。

幽邃　古文㒸，同。私醉反。說文：邃，深遠也。

百穀　古木反。說文：穀，續也。百穀總名也。周易「百穀草木麗于地」是也。

苗稼　說文：草生於田者也。蒼頡篇：禾之未秀者也。論語「苗而不秀」是也。稼，說文：禾之秀實爲稼，莖節爲禾。一曰在野曰稼。

甘蔗　之夜反。案諸書或作竿蔗，或作藷柘，或作甘柘，同一種也。藷音諸。

蒲桃　博物志曰「張騫使西域，還，得安石榴、蒲桃、胡桃」是也。廣志云：蒲陶有白、黑、黄三種。桃、陶二形隨作無定體。

枯槁　古文殦。説文作稾。字林：苦道反。槁，木枯也。

一渧　案此猶滴字，音丁歷反。通俗文：霝[四七]滴謂之𤅢[四八]渧。音力計反、丁計反。渧，水下也。

瓦礫　力的反。説文：小石也。

堆阜　古文𠂤、陮、雇三形，同。都雷反。堆，高土也。阜，山庳而大者。庳音父尔反。[阜也[四九]。]

丘坑　古文𡊅。説文：土之高也。非人所爲也。一曰四方高中央下亦曰丘也。

數知　山縷反。數，計也。閲其數曰數也。

長表　梵言舍磨奢那，此云冢也。按西域僧徒死者或遺諸禽獸，收骨燒之，埋於地下，於上立表，累甎石等，頗似窣覩波，但形而卑小也。

金剎　梵言掣多羅。案西域無別旛竿，即於塔覆鉢，柱頭懸旛。今言剎者，應訛略也。

涕泣　他禮反。毛詩：涕泗滂沱。傳曰：目出淚曰涕。説文：無聲出涕曰泣也。

憺怕　字書或作倓，同。徒濫反。説文：憺，安也。謂憺然安樂也。憺亦恬靜也。經文作惔，徒甘反。説文：惔，憂也。惔非此義。怕，又作泊。説文：匹白反。無爲也。廣雅：怕，靜也。

勉出　古文勔，同。靡辯反。國語云：父勉其子，兄勉其弟。勉猶勸强也，謂勸教之也。小爾雅：勉，事，力也。

羣萌　古文氓，同。麥耕反。萌，芽也。廣雅：萌，始也。案萌，冥昧皃也，言衆無知也。漢書「氓氓群黎」是也。

諷誦　不鳳反。諷謂詠讀也，誦謂背文也。周禮：教國子興道諷誦。鄭玄曰：倍文曰諷，以聲節之曰誦。

[帝相　梵言因陁羅，此言主，義言爲帝。達縛闍，此言竿旛等。言爲相有住，本言常者誤也[五〇]。]

億姟　古文核、姟二形，今作姟。字林：古才反。數名也。風俗通曰：十千曰万，十万曰億，十億曰兆，十兆曰經，十經曰姟。姟猶大數也。

營從　古文䁝，同。役瓊反。蒼頡篇：營，衞也，亦部也。

城郭　世本：鮌作城郭。公羊傳曰：郭(郛)[五一]者何？恢郭也。經文有從土作墎，非也。鮌音古本反。

妙法蓮華經　第四卷

溝壑　呼各反。説文：溝，水瀆也。廣四尺，深四尺。爾雅：流水深則成壑。壑亦溝池也。

臺觀　徒來反。爾雅：四方而高曰臺。又云：觀謂之闕。孫炎曰：宫門雙觀也。釋名云：觀者於上觀望也。

莎伽　先戈反。梵言娑婆揭多，此云善來。

唯然　弋誰反。説文：唯，諾也。廣雅：唯，然，譍也。禮記：父召無諾，先生召無諾，唯而起。鄭玄曰：唯者，譍之敬辭也。唯恭於諾也。又借音弋水反。亦語辭也。

親友　于久反。説文：友，同志也。廣雅：友，親也。禮記：僚友稱其悌，執友稱其仁。鄭玄曰：僚友，同官也。執友，同志也。

艱難　籀文作囏，同。古閑反。説文：土難治也。釋名：艱，根也。如物根也。難，憚也。人所忌憚也。

貿易　莫候反。三蒼：貿，換易也。交易物爲貿也。字從貝從丣。

蹈七　徒到反。說文：蹈，踐也。踐，履也。釋名云：蹈，道也。以足踐之如道也。

肴饌　又作籑，同。仕眷反。說文：具食也。饌，飲食也。

來室　說文：室，實也。案戶外爲堂，堂內爲室。論語云：「由也升堂未入於室」是也。

句逗　徒鬭反。字書：逗，留也。說文：逗，止也。方言：逗，住也。經文有作⿰言豆，竹候反，順言也。⿰言豆非經旨。又作讀，未見所出。

乾燥　先老反。釋名：燥，焦也。說文：燥，乾也。

罣礙　本作罫，同。胡卦反。字書：網礙也。說文：礙，止也。

見寶　古現反。按梵本云達梨舍那，此譯云見也。

林藪　桑苟反。散木爲林，澤無水曰藪。

各賫　子奚反。說文：持遺也。按賫亦持也。字從貝亝聲。

闚闟　古文鑰，同。余酌反。說文：闟，闗下牡也。方言：闗東謂之鍵，闗西謂之闟。經文作籥。字林：書僮笘也。何承天纂文云：闗西以書篇爲書籥。籥非此義。笘，赤占反。

无央　於良反。梵言阿僧祇，此言无央數。央，盡也。經文作鞅，於兩反。說文：頸靼(鞄)[五二]。非此義。靼音之列反。

所往　羽罔反。廣雅：往，至也。經文有作住，非也。

妙法蓮華經　第五卷

捐捨　以專反。說文：捐，棄也。爾雅：廢，捨也。郭璞曰：捨，放置也。

委政　國語：棄政役，非任也[五三]。賈逵曰：政，猶職也。左傳：爲政事庸力。杜預曰：在君爲政，在臣爲事。論語：道之以政。孔安國曰：政謂法教也。

椎鍾　直追反。說文：椎，擊也。字從木。經文作槌。直淚反。闗東謂之槌，闗西謂之㭬[五四]，又作槌，都回反。槌，摘(擿)[五五]也。二形並非字義。擿音知革反[五六]。

仁往　而親反。周禮：六德，一曰仁。鄭玄曰：愛人以及物曰仁，上下相親謂之仁。謚法曰：貴賢親親曰仁，煞身成人曰仁。釋名：仁者，忍也。好生惡煞，善惡含忍之也[五七]。

開闡　昌善反。廣雅云：發、闡，開也。闡，明也。

頗有　借音普我反。諸書語辭也。本音普多反。

於剎　經文有作千剎那頃。按梵本無千字，此傳寫誤也。

芥子　迦邁反。字林：辛菜也。

宗奉　子彤反。宗，尊也。說文：奉，承也。

誹謗　字林：方味反。誹，謗也。謗，毀也。廣雅：謗，惡也。國語：左史謗之。賈逵曰：對人道其惡曰謗也。

罵詈　力智反。蒼頡篇：罵亦詈也。

尼乾　或作尼乾陀，應言泥揵連他，譯云不繫也。

逆路　正言路迦，譯云順世外道。縛摩路迦也底迦，此云左順世外道。

相扠　字體作摣。敕佳反。以拳加人也。扠，近字耳。

旃陀羅　此言訛也。正言旃荼羅，此譯云嚴熾。又一云：主煞人。謂屠煞者種類之總名也。其人若行則搖鈴自標，或拄破頭之竹。若不然，王則與罪。

田獵　白虎通曰：爲田除害，故曰田獵也。

漁捕　古文䱷，或作魰，同。語居反。說文：漁，捕魚也。

屠兒　達胡反。說文：屠，刳也。案屠，分割牲肉也。

魁膾　苦回，下古外反。魁，師（帥）[五八]也。魁，首也。膾，切肉也。未詳所出立名。經文有作儈，聲類：儈，合市人。恐非此義。

衒賣　胡麵反。說文：衙，惑（或）[五九]。從玄作衒。行且賣也。該（詅）[六〇]也。

屏處　俾領反。禮記：左右屏而待。鄭玄曰：屏，隱也。詩云：萬邦之屏。傳曰：屏，蔽也。今借爲蒲定反，依初反讀亦不乖字義。

入里　周禮：五家爲鄰，五鄰爲里。謂二十五家也。里，居也。釋名云：五鄰爲里，方居一里之中也。

澡浴　祖老反。說文：澡，洒手也。浴，洒身也。

新染　經文有作新净。正法華云：净潔被服也。

輕蔑　字體作懱，同。莫結反。說文：相輕傷也。

討伐　古文訨，同。恥老反。漢書音義曰：討，除也。禮記：叛者君討。鄭玄曰：討，誅也，伐也。左傳：有鍾鼓曰伐。白虎通曰：伐者何？伐敗也，欲敗去之也。經文作罸。說文：罪之小者曰罸。廣雅：罸，折。伏也。罸非此義。

巨身　其吕反。字林：巨，大也。方言：齊宋之間謂大曰巨。說文：巨，又作鉅[六一]。

被精　皮寄反。被謂被帶也。經文作披張之披。方言：披，散也。披非此義。

奮迅　方問、雖閏反。廣雅：奮，振也。鳥之奮迅即毛起而身大，故字從奞在田上。奞音雖，鳥也。

頭陀　此應訛也。正言杜多，譯云洮汏音大，洒也。或云紛[六二]彈，言去其塵穢也。舊云斗藪，一義也。

憒吏　公對、女孝反。說文：憒，亂也。煩也。韻集：吏，猥也。猥，衆也。字從市從人。經文有作鬧，俗字也。

妙法蓮華經　第六卷

釋氏　經中或作姓瞿曇氏。案氏，姓別也，生也。姓者所以繫統百世使不別也，感靈而生也。氏者所以別子孫之所出也，或因地，或因官爵也。故世本云：言姓即在上，言氏即在下。

年紀　居擬反。十二年爲一紀。紀，記也。

拜跪　字林：丘委反。跪，拜也。又音渠委反。左傳：跪而戴之也。

擣簁　古文籭、篩二形，聲類作篩，同。所佳、所飢二反。說文：竹器也。可以除粗取細也。

除愈　古文瘉，同。臾乳反。方言：差，間，愈也。說文：瘉，病瘳也。

億載　則代反。按筭經：皇帝爲法，數有十等，謂億、兆、京、垓、壤、秭、溝、澗、正、載，及其用也有三，謂上中下。下數十万曰億，中數百万曰億，上數万万曰億。

繽紛　匹仁、孚云反。廣雅：繽繽，衆也。紛紛，亂也。謂衆多亂下也。字林：繽紛，盛皃也。

塔寺　梵言毗訶羅，此云遊行處，謂僧所遊履處也。今以寺代之。言寺者，說文：廷也，有法度者。廣雅：寺，治也。釋名云：寺，嗣也。治事者相嗣續於其中也。字體從寸㞢聲。

僧坊　甫亡反。字林：坊，別屋也。

多羅樹　形如椶櫚，極高，長七八十尺。花如黄米子，大如針（鉢）[六三]，人多食之。

瞻蔔　正言瞻博迦，此云黄花樹。花小而香。西域多此林也。

瘡胗　籀文作疹。説文同。居忍、章忍二反。唇瘍也。三蒼云：風腫也。

咼斜　口蛙反。説文：口戾也。通俗文「邪戾曰咼」是也。字從口咼(冎)〔六四〕聲。咼(冎)音古瓦反。

匾虒(㔸)〔六五〕　韻集：方殄、他奚反。纂文云：匾㔸，薄也。今俗呼廣薄爲匾㔸。關中呼牌㔸。牌，補迷反。經文作牑⿰片弟，近字也。

曲戾　字林：力計反。戾，曲也。字從犬從户。

窊曲　字林音隱〔六六〕：窐或作窊，同。一瓜反。廣雅：窊，下也。

撰集　三蒼作篹，同。助𢀖反。廣雅：撰，定也。撰亦述也。

妙法蓮華經　第七卷

謦欬　口冷(泠)〔六七〕反。説文：謦亦欬也。蒼頡篇：謦，聲也。經文作磬，口定反，樂器也。磬非字體。欬，苦戴反。説文：欬，逆氣也。亦瘷也。經文作咳，胡來反。嬰咳也。咳非經義。瘷音蘇奏反。

屬累　之欲反，下力僞反。屬，託也。説文：屬，連也。廣雅：委、託，累也。謂以事相屬累也。左傳：相時而動，無累後人。謂累重也。

甄迦羅　或云恒迦羅，此當千万億。百恒迦羅名頻婆羅，此當十兆。百頻婆羅名阿芻婆，或名阿閦婆，此當千兆。

我適　三蒼：古文作啇，同。尸亦反。爾雅：適，往也。正法華云「我往昔供養」是也。

怨敵　徒的反。廣雅：敵、對，當也。爾雅：敵，匹也。怨之匹也。

八百万　正法華云一千八百万億，梵本十八俱胝。案百毗跋爲一俱胝，此數當兆數乃更多。今經文有作百八万億，非也。

動摇　説文餘昭反。樹動也。字從木䍃聲。䍃音余周反。

甄叔　譯云赤色寶。字林已仙反。按西域傳云有緊叔迦樹，其花赤色，形大如手。此寶色似此花，因以名焉。

宰官　祖殆反。聲類：宰，治也。謂治邑吏也。廣雅：制也。謂制事者也。

[杻　敕久反。械也。]〔六八〕

妙法蓮華經　第八卷

船舫　甫妄反。通俗文：連舟曰舫，併兩舟也。

漂墮　匹消、芳妙二反。説文：漂，浮也。案漂猶流也。正法華經作流墮是也。

撿繫　居儼反。廣雅：撿，甲也。撿，括也。謂括束也。釋名：撿，禁也，謂禁閉諸物使不得開露也。字林從木。

唐捐　案唐，徒也。徒，空也。蒼頡篇云：捐，棄也。

祝詛　説文作詶，之授反。詶，詛也。今皆作呪。下古文𧬉，同。側據反。釋名云：祝，屬也。以善惡之辭相屬著也。詛，阻也。謂使人行事阻限於言也。經文作咀，才與反。咀，嚼也。非今字體。

掣電　昌制反。陰陽激耀也。關中名䙼電。今吴人名⿰石韱磹，音先念反、大念反。釋名云：掣，引也。電，殄也。謂乍見即殄滅也。

降雹　蒲角反。鄭玄注禮記云：陽爲雨，陰起脅之，凝而爲雹。

戒雷　古文作誡，同。古薤反。詩云：豈不曰誡。誡，警敕也。方言：戒，備也。

慈意　梵云每怛利末那，此云慈意。經文作音，誤也。

吉遮　止奢反。正言訖栗著，譯云所作。

伺求　廣雅、埤蒼作覗，同。胥慈、胥吏二反。伺猶察也。字林：伺，候也。廣雅：伺，視也。

三藏法師玄奘譯

南無曷剌怛那怛那耶夜多埡他

遏爾而制反。一。末爾同上。二。　末泥去聲。三。　末末泥同上。四。　質帝五。　靳〔六九〕脂列反。履帝六。　閃式染反。謎莫閉反。七。　閃弭蜜爾反。八。　多鼻扇重長。帝九。　目帝十。　目答謎十一。　三謎十二。　阿毗三謎十三。　三磨短。　三謎十四。　素清。磨三謎十五。　剎重。曳十六。　惡剎曳十七。　惡剎墀奴戒反。十八。　扇帝十九。　閃謎二十。　馱剌力割反。尼二十一。　阿路迦婆去聲。婆波羅弗補沒反。帝二十二。　鉢剌著知也反。吠剎墀二十三。　涅奴紇反。栗地瑟嚌以皆反。阿蹁蒲眠反。怛羅涅栗地瑟嚌二十四。　阿蹁怛邏波利秫尸聿反。第二十五。　殟烏沒反。矩隸二十六。　沒矩隸二十七。　阿剌嚌二十八。　鉢剌嚌二十九。　輸式廣反。迦差初理反。三十。　阿三磨三謎三十一。　勃陀毗盧枳帝三十二。　達磨波利差低三十三。　僧伽涅伽去。怛尼三十四。　僧伽涅具煞尼三十五。　跋耶重聲。跋耶短聲。毗輸達尼三十六。　曼喹丁結反。唎三十七。　曼多羅剎也低三十八。　胡魯低三十九。　摩訶胡魯多憍舉敖反。設隸四十。　惡剎曳四十一。　惡剎伐拏多耶四十二。　阿跋隸四十三。　阿末若而夜反。那多耶四十四。　蘇波訶

第二

多埡他十伐唎摩訶十伐唎　鄔計目計阿嚌去聲。阿吒重。伐底長。涅同上。栗嚌涅栗吒伐底同上。

第三

伊緻抳女几反。　毗緻抳旨緻抳涅栗緻抳涅栗著稚耶反。伐底短聲。

第四

遏媄除皆反。　捺媄　努捺媄　阿捺厨雉俱反。清聲。捺遲俱捺遲

第五

阿揭揮　揭揮　具唎健馱長。唎旃荼唎摩隥祇卜重。羯西　僧矩隸　常寠履　勃盧薩抳　阿揭悉底

第六

伊底謎伊底謎五遍。你謎你謎五遍。胡魯醯〔七〇〕去聲。五遍。薩蘇紇反。頞都可反。醯〔七一〕五遍。

壓〔七二〕油　說文：於甲反。壓，壞也，鎮也。周成難字作窜。窜，擪也。經文作押（柙）〔七三〕，古文匣字。說文：押（柙），檻（檻）〔七四〕也。論語「虎兕出〔於〕〔七五〕押（柙）」是也。字從木，又作柙（押）〔七六〕，音甲。爾雅：押，輔也。亦押，束也。字從手。二形並非經義。擪，子曷反。

紺青　古暗反。說文：帛染青而揚赤色也。釋名云：紺，含也。青而含赤色也。

珂月　苦何反。螺屬，出海中，潔白如雪者也。經文作軻，口佐反。說文：接軸也。亦埳軻不遇也。軻非字義。埳音口紺反。

怛埡他遏彈去聲。媄徒皆反。輕。一。　彈荼重長。鉢底丁履反。

伐帝二。　彈茶伐栗帝三。　彈茶伐栗怛尼彈茶拘舍隸四。　彈荼蘇達唎五。　蘇馱長。利六。　蘇馱囉鉢底丁履反。七。　勃陀重。鉢設帝八。　薩嚩馱刺尼阿伐栗怛泥去聲。九。　薩嚩婆去。莎所也反。伐栗怛泥十。　蘇阿伐栗怛〔七七〕尼輕。十一。　僧伽波唎刹尼依字，十二。　僧伽涅伽怛尼十三。　薩達摩蘇波唎差初履反。帝十四。　阿僧祇巨奚反。十五。　僧伽波揭低十六。　怛唎阿特縛僧伽咄略上聲。鉢羅弗補没反。帝十七。　薩縛僧伽三末底羯爛清長。帝十八。　薩縛達摩蘇鉢理差初理反。帝十九。　薩縛薩埵胡魯多憍重。設略力迦反。奴揭帝二十。　僧所繒反。訶毗重。訖唎雉帝二十一。　蘇波訶

阿惰徒臥反。案梵本云怛唎，此云三。阿特〔七八〕縛三十〔七九〕。僧伽衆咄略同一種。　經文從有作惰，相承於六反。撿無此字，疑傳寫誤也。

繚戾　力鳥反。説文：繚，繞也。繚，纏也。謂相纏繞也。

角睞　力代反。説文：目瞳子不正也。蒼頡篇：内視曰睞也。

一切經音義　卷第六

乙巳歲高麗國大藏都監奉敕雕造

校勘記

〔一〕音　磧作「旨」。
〔二〕時弋反　磧爲「時式反」。
〔三〕莫蓋反　磧爲「莫配反」。
〔四〕此條麗、磧無，據石補。「嬋音從反」，疑脱。
〔五〕説文：闌，遮也　今傳本爲「闌，門遮也」。
〔六〕與　磧作「爲」。
〔七〕胡交反　磧爲「胡交、胡刀二反」。
〔八〕廟　磧作「庿」。
〔九〕撗　磧作「横」。
〔一〇〕此條麗、磧無，據石補。
〔一一〕此條麗、磧無，據石補。
〔一二〕力私反　磧爲「力知反」。
〔一三〕此條麗、磧無，據石補。
〔一四〕比　今傳本作「圮」。
〔一五〕此條麗、磧無，據石補。
〔一六〕閿　磧作「閉」。
〔一七〕説文：「得，取也。」　今傳本説文：「得，行有所㝵也。从彳㝵聲。」「㝵，取也。从見寸。」
〔一八〕姤　磧作「妬」。
〔一九〕嫉　據文意似作「疾」。
〔二〇〕痍　據文意似作「痍」。
〔二一〕此條麗、磧無，據石補。　遂　山作「簉」。
〔二二〕聚　磧作「眾」。
〔二三〕欻，忽也　麗無，據磧補。
〔二四〕排，盪也　今傳本説文：「排，擠也。」
〔二五〕三蒼　麗無，據磧補。
〔二六〕縟　磧作「褥」。
〔二七〕貰　磧作「貰」。
〔二八〕圮　據文意當作「圮」。下同。
〔二九〕據文意似作「鴟」。
〔三〇〕此後石有「搐」和「隸」兩條。
〔三一〕缶六反　磧爲「芳六反」。
〔三二〕蜴蜥　海爲「蜥蜴」。
〔三三〕蜴蜥　海爲「蜥蜴」。
〔三四〕拔　Φ367作「扡」。
〔三五〕蔣曰：「散當作敨。」
〔三六〕下而蜀反。草　麗無，據磧補。
〔三七〕陛兮反　磧爲「頻脂反」。
〔三八〕鵰　磧作「鼴」。
〔三九〕膃　據文意似當作「膃」。
〔四〇〕田　磧作「丑」。
〔四一〕茯苓　麗無，據磧補。
〔四二〕斂　磧作「掩」。
〔四三〕恠　海作「怪」。下同。
〔四四〕左　海作「圣」。
〔四五〕説　磧作「記」。
〔四六〕止　磧作「上」。
〔四七〕靈　磧作「零」。
〔四八〕澿　磧作「凝」。
〔四九〕卑也　麗無，據磧補。
〔五〇〕此條麗、磧無，據石補。
〔五一〕郭　今傳本公羊傳作「郛」。

〔五二〕 鞀　今傳本作「鞑」。

〔五三〕 國語：棄政役，非任也　今傳本爲「棄政而役，非其任也」。

〔五四〕 栂　磧金作「持」，海作「梼」。説文：「槌，關東謂之槌，關西謂之梼。」「梼，槌也。」集韻：「説文：『槌也。』或作栂。」

〔五五〕 摘　磧作「擿」。

〔五六〕 擿音知革反　金爲「持音篪」。

〔五七〕 善惡含忍之也　今傳本釋名作「善含忍也。」

〔五八〕 師　磧作「帥」。

〔五九〕 惑　磧作「或」。

〔六〇〕 詃　據文意似作「訡」。

〔六一〕 巨，又作鉅　磧爲「巨大作鉅」。

〔六二〕 紛　慧作「糾」。

〔六三〕 針　慧作「鉢」。

〔六四〕 冎　磧慧作「冎」。下同。

〔六五〕 匽　磧作「匽」。

〔六六〕 字林音隱　謝啟昆小學考卷十二：「無名氏説文音隱，隋志四卷，佚。按隋志以是編列於吕忱字林之下，但云四卷而不詳撰著姓名時代。」疑字林音隱與説文音隱類似，今佚。

〔六七〕 冷　磧作「泠」。

〔六八〕 此條麗無，據磧補。

〔六九〕 靳　磧作「靳」。

〔七〇〕 醯　磧作「醯」。

〔七一〕 醯　磧作「醯」。

〔七二〕 壂　即「壓」。

〔七三〕 押　磧作「柙」。下同。

〔七四〕 擥　磧作「檻」。

〔七五〕 於　麗無，據磧補。

〔七六〕 柙　磧作「押」。

〔七七〕 怚　據文意當作「怛」。

〔七八〕 特　磧作「持」。

〔七九〕 三十　磧爲「二十二」。

一切經音義　卷第七 大乘重譯

翻經沙門玄應撰

正法華經
悲華經
大悲分陀利經
大方等念佛三昧經
念佛三昧經
楞伽經
入楞伽經
薩遮尼乾子經
菩薩行方便境界經
大般泥洹經
大哀經
虛空藏經
阿差末經
無盡意經
寶女經
菩薩浄行經
無言童子經
伅真陀羅尼經
持世經
弘道廣顯經
阿耨達龍王經
普超三昧經
阿闍世王經
等集衆德三昧經
集一切福德經
廣博嚴浄不退轉經
佛説阿惟越致遮經
勝思惟梵天所問經
思益梵天所問經
持心梵天所問經
度世經
漸備經
十住經
如來興顯經
羅摩伽經
菩薩本業經

諸菩薩求佛本業經
道神足無極變化經
寶如來三昧經
四童子經
方等般泥洹經
哀泣經
慧上菩薩問大善權經
文殊師利現寶藏經

正法華經[一] 第一卷

盧揥 徒帝、敕細二反。或作薩俱盧揥，人名也。此譯云賣[二]姓。

焰明 字詁：古文焱，今作爓。三蒼作焰，同。餘贍反。說文：火行微焱焱然也[三]。經文作爁，許凡反。埤蒼：爁，味辛也。字苑：爁，䔧也。爁非此義。䔧音力割反。

蒸民 之升反。爾雅：蒸，衆也。天生蒸民是也。

恢闊 又作㶩，同。苦迴反。字林：恢，大也。闊，遠也。

暨今 聲類云古文作臮，同。其器反。字林：暨，及也。亦至也。

霍然 呼郭反。案霍然，儵忽急疾之皃也。經文作爗，非體也。

纂(纂)[四]修 子卵反。或作纘。爾雅：纘，繼也。謂繼修前業也。

煜爚 又作㸌，同。餘祝反。光明盛皃也。經文作昱鑠，非體也。

斒斕 又作霦[五]、斑二形，同。補間反。下又作斕，同。力間反。通俗文：文章謂之斒斕。經文作斑蘭，非體也。

溥演 匹古反，此古文普字。詩傳曰：溥，大也。亦遍也。

較略 古文搉，同。古學反。較，粗略也。廣雅：較，明也。

明喆 又作哲，同。知列反。爾雅：哲，智也。宋齊間語也。

若繕 市戰反。說文：繕，補也。三蒼：繕，治也。繕之言善也。

謿話 竹交反。下又作譮、𦧧二形，同。胡快反。聲類：訛言也。

堊飾 烏各反。爾雅：牆謂之堊。郭璞云：白土飾牆也。

鐃鏡 奴交反，下音竟。未詳所出。案周禮「金錞以和鼓，金鐃以止鼓」應是也。錞音常均反。

拊抃 麩主反。拊，拍也。下又作拚，同。皮變反。說文：拊手曰抃也。

正法華經 第二卷

灼惕 之若反，下他狄反。灼惕者，謂憂懼也，亦痛也。

未聆 力丁反。蒼頡篇：聆，聽也。耳所聽曰聆也。

軒窗 虛言反。楚辭注云：軒，樓上板，障風日者也。

鑠如 書斫反。閃鑠也。言忽霍暫明也。

孚出 又作赴，同。芳務反。孚，疾也。廣雅：趏，行也。

愠恨 於問反。愠，怨也。說文：愠，怒也。亦恚也。

帑藏 湯朗反。周成難字：音蕩。說文：帑，金幣所藏之府者也。

榱棟 所龜反，下都弄反。爾雅：桷謂之榱。榱即椽也。棟，屋極也。山東呼棟爲㮰，音於靳反。

軒闥 他曷反。廣雅：闥，門也。謂側門也。

虺蛇 古文虫、螝二形。今作虺，同。呼鬼反。毒蟲也。韓非子曰：蟲有虺者，一身兩口，爭食相齕，遂相煞也。齕音紇，齧也。

蝮螫　匹六反，下呼各反。蝮有牙最毒，鼻上有針是也。經文作蝠蜇，誤也。

亷〔六〕竄　經文或作𠚍，此應逋字，補胡反。逋，逃也。廣雅：逋，竄也。

嗚呼　火胡反。字林：呼，外息也。呼，召也，喚也。經文作嘑。

啾唧　子由反，下資栗反。蒼頡篇：衆吏聲也。經文作嚌，乃結反，怒也。嚌非此義。

圂廁　胡困反。圂，廁也，亦豕所居也。廁，清〔七〕也，雜也。

窠窟　又作薖、萪二形，同。苦和反。小爾雅云：雞所乳謂之窠，兔之所息謂之窟。經文作菿，非也。

摣掣　又作柤〔八〕，同。側伽反。摣，叉也。經文作齇，千何反。齒參差也。齇非此用。

齮齧　丘奇反。漢書韋昭音墾。蒼頡篇云：齊人謂齧咋爲齮，側齧也。

羯羠　囚几反。徐廣曰：羯羠並犍羊也。

冢埌　力宕反。通俗文：丘塜謂之壙埌。

鳩洹　諸經或作鳩垣，或作仇桓，皆梵音訛也。此譯云大身鬼。

拔扈　蒲沫反，下胡古反。漢書音義曰：扈，拔扈也。謂自縱恣也。

鐵喙　又作𪘲，同。許穢反。通俗文：獸口曰喙。喙亦通語也。

尸骸　乎皆反。骨之總名也。經文作㞧，非也。

燔燒　又作𤑔，同。扶元反。合毛曰炮，加火曰燔。燔亦燒也。

恇孃　丘方反，下而羊反。説文：恇孃，煩擾也。謂煩恐惶遽也。經文從心作懹，人向反。懹，憚也，難也。懹非此義。正作劻勷。

烏殟　烏没反。説文：暴無知也。聲類：烏殟，欲死也。

灰燼　又作㶳，同。似進反。燒木餘曰燼。經文作藎草之藎，非體也。又作蓋，誤也。

炙鐐　又作𨫼，同。力照反。今江北謂炙手足爲炙鐐。經文作燎，非體也。

噉食　又作啖、啗〔九〕二形，同。達敢反。噉，食也。經文作斁、骸二形，並非也〔一〇〕。

奔鶩　亡付反。鶩，疾馳也。廣雅：鶩，奔也。

蜈蚣　音吴公。字林：蝍蛆也。甚能制蛇。經文作蜈，非也。

蚔蛆（蛆）〔一一〕　渠支反，下知列反。説文：蚔，䖯也。䖯，蠆也，毒蟲也。廣雅：蛆（蛆），毒蟲也。經文作蜈，非也。䖯音圭。

盲瞶　牛快反。生聾曰瞶，又無識曰瞶。經文作膭，胡對反，肥也。膭非今用。

燒焫　又作爇，同。而悦反。蒼頡篇：爇，燒然也。

免湇　又作濟，同。子第反。濟，渡也，益也。

勱勵　古文勱，今作勉，同。靡辯反。勱，强也，謂自勸强也。下力制反。相勸勵也，勉力爲勵。

擾（擾）〔一二〕馴　如小、如昭二反。擾（擾），安也。説文：牛柔謹曰擾（擾）。故字從牛。下似均反。廣雅：馴，善也。亦從也。説文：謂養鳥獸使服習謂之馴。經文從手作擾，下作循，非字體也。

縶紲　又作馽〔一三〕，同。知立反。下又作緤，同。息列反。縶，絆也，拘執也。紲，馬韁也，所以縶制畜牲者皆曰紲。紲，繫也。

謗訕　所姦反。蒼頡篇：訕，非也。謗，毁也。

蟲狐　聲類：弋者反。書中多作野狐，此古字通用也。

黤黮　烏感、他感反。黤黮，不明也。經文作黕，丁感、丁堪二反，垢濁也。黕非今用。

疰燥　又作胗、疼二形，同。徒冬反。聲類作癑。説文：疰，動痛也。下蘇倒反。燥[一四]，乾也。經文作疰瘵，非也。

癘瘡　又作癩，同。力帶反。字林：惡疾也。

憂瘀　於豫反。廣雅：瘀，病也。瘀，傷也。經文作瘷，非也。

喚[一五]哳　陟黠反。楚辭：嘲哳，鳥鳴也。案字義宜作呹，烏交反。江南以多聲爲呹咋。咋音仕白反。

黧黮　力奚反，下敕感反。通俗文：斑黑謂之黧黮。

好仵　又作迕、啎二形，同。吾故反。觸，仵也。聲類：迕逆不遇也[一六]。

正法華經　第三卷

靖聽　又作彭、竫、靜、妌四形，同。自井反。謂安定無聲也。

蒕蒀　扶文反，下紆文反。蒕蒀，香氣也，亦盛皃也。經文作芬蒀，非也。

流宕　達浪反。説文：宕，過也。通俗文「迵（迵）[一七]過曰宕」是也。

寄停　奇騎反。字林：寄，寄也。經文作僑，高也，才也。僑非正體。

致印　於振反。印，可也。説文：印，王信也。蒼頡篇：印，驗也。

嬉遊　又作僖，同。虚之反。説文：嬉，樂也。戲笑也。經文作譆，非也。

祚胤　在故反，下與振反。祚，禄位也。胤，繼嗣也。經文作粭，非也。

飢餒　奴罪反。三蒼：餒，餓也。經文作餧，未見所出。

訾計　又作嗞，同。子移反。説文：訾，量也，思也。經文作貲貨之貲，非字意也。

宣用　榆共反。蒼頡篇：用，以也。經文作甬，非也。

卬卬　又作昂昂，同。五剛反。昂昂，恭敬之皃也。

睹彘　又作豬，同。陟驢反，下除例反。方言：關之東西謂睹爲彘。

鷄鶩　音木。爾雅：野曰鳧，家曰鶩。鶩即鴨也。經文作雅，非也。

出内　奴對反。字書：内，入也。經文從人作㐻，非也。

煩冤　古文作冤、惌二形，今作宛，同。於元反。説文：冤，屈也。廣雅：冤，枉也。經文作婉，非字體也。

嗇口　又作嗇，同。使力反。衆皃也。田夫謂之嗇夫，亦積也。

剺身　又作𠢛，同。力咨反。三蒼：剺，劃也。經文作氂身，非字體。

林麓　古文箓，同。力穀反。謂林屬於山曰麓。詩云：瞻彼旱麓。傳曰：山足也。

樛木　居虬反。詩云：南有樛木。注云：謂木枝下垂曲者也。

楬楬　又作𥠖，同。居竭反。詩傳云：揭揭，長也。説文：禾舉出苗也。

豐羨　辭箭反。周禮注云：羨，饒也。亦餘也。經文作款（㰻）[一八]，非也。

㕮咀　方父反，又音撫。下側呂反。謂以物拍碎也。

肧胎　普才反。説文：婦孕一月爲肧，二月爲胎。胎，始也，養也。

探本　他含反。說文：遠取也。探，摸也。

宣叶　又作協，同。胡牒反。叶，合也，同也，和也。

斐粲　敷尾反。詩傳曰：斐，文章皃也。粲，明也，鮮盛皃也。

正法華經　第四卷

豔昞　又作艶，同。餘贍反，下莫見反。艶，美色也。昞，邪視也。經文作醠昑二形，誤也。

奕奕　佘(佘)〔一九〕石反。奕奕，光明之德也。廣雅：奕奕，盛也。字從大。

嗟嘆　子邪反，下敕旦反。嗟嘆謂大息也。經文作槕，非也。

開闖　又作闖，同。于彼反。字林：闖，開也，闢也。經文作閼，誤也。

羸憊　又作痡、憊二形，同。蒲戒反。通俗文：疲極曰憊。憊，疲劣也。

諄諄　之閏、之純二反。說文：告曉之熟也。諄諄，誠懇之皃也。

綺嬻　徂旦反。說文：白好也。聲類：嬻，綺也。通俗文：服飾鮮盛謂之嫧嬻。經文作纘，非也。

正法華經　第五卷

解懌　以石反。爾雅：怡、懌，樂也。字林：懌，怡也。

不嫪　力報反。通俗文：意吝(吝)〔二〇〕曰嫪。說文：嫪，婟也。謂戀不能去也。

裨體　說文作埤，或作朇，同。避移反。埤，增也，厚也，助也。

淳化　時均反。言專一不雜也。三蒼：淳，濃也。經文作享，誤也。

求眺　他吊反。說文：眺，視也。亦望也，察也。

崖底　丁禮反。底猶下也。經文作岻，音直移反，山名也。又作𨸏(阝)〔二一〕，子結反。說文：陬隅而高山之節也。

洮汰　徒刀反，下音太。通俗文：淅米謂之洮汰。廣雅：汰，洗也。淅音思歷反。

正法華經　第六卷

墟隊　丘魚反。墟，居也，民之所居曰墟。下古文䝺、䠣二形，今作聚，同。才句反。廣雅：聚居也。謂人所聚居也。

潨流　在公反。詩云：鳧鷖在潨。傳曰：水會處也。說文：小水入大水也。

調馴　似均反。善也，亦從也。經文作裝循，非也。

敬逵　又作馗，同。奇龜反。妙法華中大愛道是也。

正法華經　第七卷

音韶　古文磬，同。視招反。舜樂名也。韶之言紹也。

隿射　今作弋，同。餘力反。弋，繳射也，獵也。繳音之若反。

綢繆　直周反，下莫侯反〔二二〕。詩傳曰：綢繆猶纏綿也。

調譺　吾戒反。通俗文：大調曰譺。譺，欺也。

蹉踖　千何反，下子亦反。踧，踖也。踖字應誤，宜作錯，千各反。蹉，不正也。錯，誤失也。

勞廢　府吠反。廢，退也。罷止也。經文作廐，非也。

窺闚　丘規反，下弋珠反。說文：窺闚，小視也。

稽顙　古文䭫，同。苦禮反，下桑朗反。稽，至也。顙，額也，謂額至地也。

詢法　又作諄，同。思遵反。左傳：諮親爲詢。詢問親戚之議也。

貧寠　瞿矩反。詩傳曰：寠者無禮也。字書：寠，空也。

元元　言元元者，非一民也。古者謂民曰善，人因善爲元，故曰黎元。經文作忨，五唤反。忨，食(貪)[二三]也。忨非今義。

悶愊(愊)[二四]　普力、蒲力二反。愊(愊)億猶盈滿也。

薨殪　呼弘反。廣雅：薨，亡也。諸侯曰薨。下古文作壼，同。於計反。謂一發而死曰殪，殪亦死也。

正法華經　第八卷

䬪餬　徒奚反，下户孤反。通俗文：略酥謂之䬪餬。經文作醍，非也。

塞[二五]齆　一弄反。埤蒼：鼻病也。經文作埮，非也。

柴鴉　資髓反，下於加反。鴉，烏[二六]也。經文從亞作鵶，非也。

鵁鶄　音交精。似鳧而脚高，毛冠，人家養之以厭火灾者也。

嚾呼　又作讙、唤二形，同。呼换反。唤，叫呼也。

享餼　虚掌反，下虚氣反。享，獻也。儀禮：以牲曰餼。餼猶禀給也。字書：餼，餉也。經文作饗，非字體也。

正法華經　第九卷

號咷　徒勞反。號咷，大泣也。經文作啅，陟角反。啅非字義。

厭鬼　於冉反。蒼頡篇云：伏合人心曰厭。亦眠内不祥也。

雜糅　古文粈、杻二形，同。女救反。今以異色物相參曰糅也。

寶瑛　於京反。廣雅：水精謂之石瑛。瑛亦玉光也。

饕餮　古文叨、叼二形，同。他勞反。下又作飻，同。他結反。貪財曰饕，貪食曰餮。

正法華經　第十卷

嘲讛　相承魚世反。此應作譺，五戒反。大調也。

生靤　又作皰，同。蒲孝反。説文：皰，面生氣也。經文作鮑、疱二形，非也。

悲華經[二七]　第一卷

郅袮　之一反，下奴禮反。

頞緹　烏割反，下他禮反。

羅陀　經文從口作吔，非也。

底拏　都禮反，下奴加反。經文作㚢，非也。

阿俾　甫尔反。

由禘　徒計反。

離絁　式移反。

羅齵　丘禹反。

禕陀　於宜反。

多茤　渠義反。

嗜哆　敕轄反。

阿挮　他第反。

大悲分陀利經[二八]　第一卷

波叉　或言毗留博叉，訛也。具言鼻溜波阿叉，舊譯云雜語，一義也。正言醜眼，西方天王名也。

提惔　徒甘反。

收憊　蒲戒反。

蜫以　補奚反。

阿昵　女乙反。

須抳　女几反。

邏啜　市悅反。

多眯　莫禮反。

薩俴　[下毗典反。一音便〔二九〕。]

師薜　蒲計反。

酣伽　下甘反。

嗽咩　所角反，下彌尔反。

阿慉　虛六反。

桔略　音結。

大悲分陀利經　第四卷

鈂婆　丈心反。童子名也。依字，蒼頡篇：鈂，臿屬也。

大悲分陀利經　第五卷

嗒然　土合反。精靈失其所也。莊子「嗒然似喪其偶」是也。

鬻賣　又作儥、賣二形，同。餘六反。周禮：儥，賣也。言物有定價，則買者來也。

跨馬　苦罵反。字林：跨，踞也。亦躡也。

大方等大集菩薩念佛三昧經〔三〇〕　第一卷

楣棖　靡飢反，下宅庚反。爾雅：楣謂之梁。謂門上横梁也。棖謂之楔。注云：門兩旁木也。

樞闔　齒榆反，下胡蠟反。爾雅：户樞也。說文：闔，閉也。

魁偉　苦迴反，下于鬼反。魁，大也。偉，奇也。應劭曰：魁，丘墟壯大之意也。

大方等大集菩薩念佛三昧經　第二卷

亭傳　徒丁反，下陟戀反。漢家因秦，十里一亭。亭，留也。傳，驛也。

熸燼　子廉反，下似進反。熸，吳楚之間謂火滅爲熸。燼，火餘也。經文作㶳。

大方等大集菩薩念佛三昧經　第四卷

無謇　居展反。方言：謇，吃也。楚語也。言不通利謂之謇吃。

大方等大集菩薩念佛三昧經　第五卷

虒破　又作㢶，同。先奚反。聲類：虒，聲散也。

大方等大集菩薩念佛三昧經　第六卷

門閫　又作臬，同。魚列反。爾雅：橜謂之閫。即門限也。

廝役　新移反。廝，下也。字書：廝，役也。謂賤役也。

大方等大集菩薩念佛三昧經　第八卷

法鞉　又作鼗、鞀二形，同。徒刀反。鞉如鼓而小，持其柄摇之者也。

大方等大集菩薩念佛三昧經　第九卷

鏝陀　莫般反。池名也。依字，泥鏝也。

大方等大集菩薩念佛三昧經　第十卷

烗熱　口戒反。廣雅：烗，熾也。今人言烗譩〔三一〕亦作烗譩。音都浪反〔三二〕。

念佛三昧經〔三三〕　第一卷

黏汙　又作粘，同。女沾反。糊物相著曰粘也。

倉廩　又作亩，同。力甚反。藏穀曰倉，藏米曰廩。

印璽　思紫反。天子之玉印也。璽，信也，亦神器也。

刺奈　盧曷反，下陟家反。聲聞弟子名也。

冑胤　治又反，下翼刃反。冑，後也。胤，繼也。子孫相承繼也。應劭曰：冑，緒也。［胤也〔三四〕。］連續也。字從八。八，引長之也，幺象世繼相重也。

念佛三昧經　第二卷

氤氲　一鄰反，下紆文反。元氣也，謂天地未分之始氣也。

渟流　狄經反。埤蒼：水止曰渟也。

派別　普懈反。說文：水之邪流別也。廣雅：水自分出名派也。

念佛三昧經　第三卷

分衛　此言訛也，正言賓荼夜，此云食團，謂行乞食也。

京畿　或作圻，同。渠衣反。周禮：方千里曰國畿。畿，限也。

慴伏　徒頰反〔三五〕。爾雅：慴，懼也。郭璞曰：即恐懾也。懾音之涉反。

楞伽阿跋多羅寶經〔三六〕　第一卷

楞伽　山名也。正言駿迦，駿音力鄧反。

阿跋多羅寶　此云入，謂入此山中而住說此經也。

海濱　父人反。字林：濱，水崖也。

錯繢　正作繪，胡對反。論語：繪事後素。鄭玄曰：繪，畫也，五采也。

瞪矚　直耕反。通俗文：直視曰瞪。

楞伽阿跋多羅寶經　第四卷

譚婆　徒南反。今借爲徒紺反，謂西國食狗肉人也。

入楞伽經〔三七〕　第三卷

樚櫨　又作轒䡎二形，同。力木、力胡反。即今用之汲水者也。

因梢　又作椄，同。先結反。江南言櫼，子林反。椄，通語也。

入楞伽經　第四卷

打摑　書或作馘，同。古麥反。此亦假借耳。

入楞伽經　第八卷

韭殲　又作韱，同。乎戒反。説文：菜也。葉似韭。

罝罟　古文羅罝二形，同。子邪反。爾雅：兔罟謂之罝。注云：罝，遮也。遮取兔也。罟音古，網也。

機發　説文：射，發也。機，主發之機也。經文作䥶，收繳具也。

屍陀林　正言尸多婆那，此名寒林。其林幽邃而寒，因以名也。在王舍城側，死人多送其中。今總指棄死(屍)〔三八〕之處，名屍陀林者，取彼名也。

入楞伽經　第九卷

藺蕩　力盎反，下徒盎反。埤蒼：毒草也。經文作蔏。非體也。

珂乳　枯何反。螺屬也。潔白如雪。經文作軻、軻二形，非也。

大薩遮尼乾子經　第三卷

虫螟　莫瓶反。爾雅：食苗心曰螟，食葉曰蚮(䘌)〔三九〕。言蟲啖禾所在之名也。蚮(䘌)音徒得反。

大薩遮尼乾子經　第四卷

銛利　息廉反。廣雅：銛，利也。刀鋭爲銛也。

纖長　思廉反。方言：纖，小也。細謂之纖。經文作韯，非也。

窪曲　烏華反。廣雅：窪，下也。説文：窪，小水也。

熠燿　弋入、辭立二反，下餘灼、餘照二反。熠，鮮明也。字林：熠，光盛也。燿，照也。

菩薩行方便境界神通變化經〔四〇〕　中卷

兹基　書中作羑，似箭反。此草如細荻，北方多饒此草。

大般泥洹經　第一卷

哀慟　徒貢反。論語：顔回死，子哭之慟。馬融曰：慟，哀過也。

澡漱　所霤反。説文：漱，盪口也。經文作嗽，誤也。

尞孔　力彫反。蒼頡篇：尞，小空也。經文作遼遠之遼，非體也。

豪芒　古文作杧，同。無方反。謂其纖〔四一〕利如禾芒也。經文作釯，非也。

大般泥洹經　第二卷

羅寇　口候反。尚書：寇賊姦宄。范甯集解曰：寇謂群行攻剽者也。說文：寇，暴也。廣雅：寇，鈔也。剽音芳妙反。

祖送　宗古反。爾雅：祖，始也。詩云：仲山自出祖。祖老(者)〔四二〕將行犯軷之祭也。軷音蒲達反。

長訣　古穴反。訣，絶也。通俗文：與死者辭曰訣。訣亦别也。

大般泥洹經　第三卷

狖鼠　余繡反。似獼猴而大，蒼黑色，能捕鼠，爲物捷健。

墋濁　初錦反。通俗文云：沙土入食中曰墋。

大般泥洹經　第四卷

瞿師　案中本起經云：瞿師羅者，此譯云美音。

攘臂　而羊反。攘，除也。謂除衣袂出臂也。袂音彌世反。

宴默　石經爲古文燕，同。一見反。說文：宴，安也。謂安息皃也。經文作譆，虚基反，痛聲也。譆非此用。

大般泥洹經　第五卷

堅出　今作塊，同。苦對反。說文：堅土也。三蒼：土塊也。

兕來　正作兕，又作㫲、兕二形，同。音似，又徐姊反。爾雅：兕似牛，一角，青色，重千斤。

啞者　烏奚反。

炮者　烏高反，借音。正音薄交反。

大般泥洹經　第六卷

猛烈　力折反。說文：烈，火猛也。廣雅：烈，熱也，爛也。

茵蘽　無往反。正言莽草，有毒，出幽州。人或擣和食置水中，魚皆死，浮出，取食之無妨。

大哀經〔四三〕　第一卷

開闔　字詁今作闔，同。于彼反。廣雅：闔、開，闢也。三蒼：闔，小開門也。

淟池　他典反。字林：淟，垢濁也。

大哀經　第二卷

憺怕　徒濫反，下普白反。憺，安也。怕，静也。經文作憛，他紺反。憛，豫愁也。又作潭，徒南反。潭，深也。二形並非字義。

大哀經　第四卷

圻際　渠機反。說文：地圻咢也。經文從水作沂，魚衣反。

麤澀　且孤反。下古文澀，今作澁〔四四〕，同。所及反。澀者不滑也。

大哀經　第五卷

皓昊　胡老反。廣雅：皓皓，明也。爾雅：皓，光也。下胡老反。天氣廣大也。

虫蟻　又作螘，同。魚綺反。蟻，一名蚍蜉。經文作螭，非也。螭音其蟻反。

大哀經　第六卷

氾流　又作渢、泛二形，同。孚劍反。説文：氾，濫也。謂普博也。

吹笙　所京反。世本：隋作笙。説文：笙，生也。象物貫地而生也。經文作欿，非也。

搵取　烏悶反。説文：搵，没也。亦入也，謂以物入中曰搵也。

詹堂　之鹽反。此香樹出廣州，煎葉作之。彼土人和水浴衣，亦堪和香。

大哀經　第七卷

攄其　敕於反。攄，舒也。廣雅：攄，張也。

虚空藏經　第四卷

咼面　口蛙反。通俗文：邪戾曰咼。經文從口旁作喎，非字體也。

櫨欂　力胡反，下蒲麥、薄各二反。説文：欂櫨，柱上枅也。廣雅：欂，謂之枅。枅，柱上方木也。一名楷，亦名楶，音子結反，亦名栟，亦名楧，廣異名也。栟音皮變反。楧音疾。枅音鷄。

虚空藏經　第五卷

輨轄　古緩反，下又作舝、鎋二形，同。胡瞎反。方言：輨亦鎋（轄）[四五]也。轄謂軸頭鐵也。經文作管，非字體也。

虚空藏經　第八卷

旒幢　字書作統，同。吕周反。旍旗之垂重者也。經文作緇，非也。

孋婆　力計反。

叶婆　胡頰反。經文從田作畊，誤也。

多咩　亡婢反。經文作哶，非也。

阿差末經[四六]　第一卷

浩皓　字林：工早反。撓（澆）[四七]也。亦水大也。下胡老反。日出光也。

阿差末經　第四卷

麽麽　莫可反。三蒼：麽，微也。亦細小也。謂微細小蟲也。經文有作秝秝[四八]，非也。

凶竪　籀文作竪(豎)[四九]，同。殖庾反。小皃也，謂凶悖小人也。

侏儓　宜作譸張。又作訕、嚋、侜三形，同。竹尤反。譸張，誑也，謂相欺惑也。經文作侏，音朱，侏儒也。下儓，勑良反。儓，狂也。並非字體。

阿差末經　第五卷

坦然　他袒反。説文：坦，安也。廣雅：坦，平也。經文作憻，非也。

眷戀　居院反。眷，顧視也。經文作惓，非也。

芬葩　普花反。説文：芬，芳也。葩，華也。聲類：取其盛皃也。

大猷　餘周反。方言：東齊謂猷曰道。又亦圖也，若也，順也。

阿差末經　第七卷

誘訹　餘首反，下私律反。誘訹，教也，引也，相勸也。經文作憂恤之恤，非此義也。

村落　又作落，同。力各反。廣雅：落，居也。人所聚居也。

無盡意經[五〇]　第二卷

頩面　普米反。説文：頩，傾頭也。經文作俾，非體也。

無盡意經　第四卷

勸督　又作督[五一]，同。都木反。爾雅：督，正也。謂御正之也。方言：督，理也，察也。正作督[五二]。

寶女經[五三]　上卷

餱糧　胡溝反。字林：餱，乾飯也。經文從米作糇，非體也。

寶女經　下卷

鞠閔　居六反。鞠，養也，愛也，告也。閔音眉殞反。閔，傷痛也。

佬佬　所鄰反。説文：佬佬，往來行皃也。亦行聲也。

嫺睒　胡間反。説文：嫺，雅。謂淹静也。今並爲閑字。

菩薩净行經　上卷

恂恂　私遵反。恂恂，温恭皃也。廣雅：恂恂，敬也。爾雅：恂恂，戰慄(慄)[五四]也。

巇嶮　又作𪩘、巇二形，同。許奇反。案嶮巇，顛危也。經文作㦤，非也。

無言童子經[五五]　上卷

亹亹　亡匪反。亹亹，猶微微也，亦進皃也。

無言童子經　下卷

荏若　又作栠，同。而甚反。柔木也。廣雅：荏荏，弱也。亦温柔也。下字宜作弱。

伅真陀羅所問經[五六]

伅真　徒損反。字又作屯，徒門反。此譯云神人也。王名，如意生王也。

虞樂　今作娛，同。疑區反。娛亦樂也。廣雅：虞，安也。白虎通曰：虞樂，言天下之民皆有樂也。

無請　且領反。廣雅：請、求，問也。經文作倩，非體也。

四竇　徒鬪反。水道也。竇，决也，空也。經文作瀆。

僊僊　聲類：俗仙字，同。私延反。詩云：屢舞僊僊。傳曰：僊僊，醉舞皃也。經文作僲，誤也。

衣裓　孤得反。即衣襟也。經文作裓，非也。

瓠其　此字習誤已久，宜作分布二字，謂以黄金分布間錯其間也。

自呼　火胡反。謂氣息出曰呼。經文作嘑，非字體也。

般遮旬　或言五旬。般遮，此云五。即五神通也。

喑鞞　烏答反，下普迷反。

和韙　都奚反。

蚑多　巨儀反。

婆娑　古何反。

姐哆　子也反，下充支反。

印駐　治具、徵具二反。謂授記也。蒼頡篇：印，信也。駐，止也。説文：駐，馬立也。

持世經[五七]　第三卷

骨幹　字體作骭，同。古岸反。廣雅：骭謂之肋。謂脅骨也。骭，體也，亦骸骨也。

弘道廣顯三昧經[五八]　第二卷

蔚有　於謂反。文章也。廣雅：蔚，數也。文綵繁數也。

景風　居影反。八風中南方曰景風。風動蟲生也。

弘道廣顯三昧經　第四卷

力贔　古文奰、崺、奰三形，今作勑，同。皮冀反。説文：贔，壯大也。謂作力怒也。詩云：不醉而怒曰贔。

輕飃　纂文音徒答反，又音風幽反。廣雅：飃飃，走也。

阿耨達龍王經

質疑　之逸反。廣雅：質，問也。經文從言作讃，非也。

撓滅　火喬反。説文：撓，擾也。謂撓攪也。經文作秏，非也。

邵德　時曜反。説文：邵，高也。

日昳　徒結反。謂日仄也。

麎然　於簟反。謂無聲也。

普超三昧經[五九]　上卷

無圻　魚斤、巨機二反。菩薩名也。經文從水作沂，音魚衣反。

歆慕　許金反。詩云：無然歆羨。傳曰：歆羨，貪羨也。國語：民歆而得之。賈逵曰：歆，貪也。

喟而　又作嘳，同。口恠、口愧二反。説文：喟，大息也。嘆聲也。
鏗然　又作挳，鞕二形，同。口耕反。廣雅：鞕鞕，堅正也。
大魃　蒲末反。
儵忽　又作倏、跾二形，同。書育反。急疾之皃也。
怵惕　勑律反，下又作愁，同。他狄反。怵惕，悚懼也。
不歆　許金反。字林：神食氣也。祭祀鬼神也。
皆享　虚掌反。享，受也，亦當也。
震懾　聲類作㒪，同。止葉反。廣雅：懾，懼也。
茫滅　莫荒反。茫茫，遠皃也。經文有作𥈠，呼晃反。
精覈　又作竅，今作核，同。胡革反。説文：考實事也。亦審覈之也。

普超三昧經　下卷

三篋　苦協反。謂聲聞、緣覺、菩薩爲三也。
未孚　匹于反〔六〇〕。字林：孚，信也。亦生也。
堂堂　漢書項岱曰：堂堂，高大皃也。
無棼　扶雲反。龍王名也。依字，棼，屋棟也。

阿闍世王經〔六一〕　上卷

四植　直吏反。柱也。三蒼：户旁柱曰植。植亦懸薄柱也。
阿俞　翼珠反。
鳩遬　蘇穀反。皆比丘名也。
唵嗒　烏感反，下他荅反。

仳伍　匹視反。三昧名也。依字，仳，別也。仳倠，醜面也。倠音許惟反。

阿闍世王經　下卷

之垛　徒果反。謂土𡋯也。纂文云：吴人以積土爲垛也。
犇走　古文驙，今作奔，同。補門反。疾走也。釋名：奔，變也。有急變奔赴也。
金鈚　又作錍、鎞二形，同。普啼反。閱叉名也。

等集衆德三昧經〔六二〕　上卷

慷慨　正作忼愾二形，同。苦莽反，下苦代反。大息也。一云壯士不得志也。
那羅延　晋言鉤鎖，力士也。
嚧移　都計反。亦言維摩羅移，晋言離垢，大力士名也。
觀銓　又作硂，同。七泉反。銓謂銓量輕重也。稱謂之銓。
車釭　又作軖，同。古紅反。説文：釭謂車轂口鐵也。
殉悖　又作凶，同。許恭反。下古文誖、悖二形，同。蒲没、補潰二反。悖，亂也，亦逆也。
功績　今作勣，同。子歷反。聲類云：勣亦功也。
及遞　又作递、逓二形，同。徒禮反。謂更易交遞也。
典誥　古到反。爾雅：誥，告也。亦謹也，所以約謹戒衆也。
勑來　説文作勑，同。力代反。漢書：勑來不怠也。亦約勑也。經文作賜賚之賚，非字體也。或作俫，非也。
邀迭　又作徼，同。古堯反，又於遥反。邀，要也。呼召也，亦求也。下徒結反。更代也。

等集衆德三昧經　中卷

播殖　又作譒、𢿏、㸨三形，同。補佐反。播，種也。經文作番，非也。

集一切福德經[六三]　中卷

蘁蠆　他達反，下勒達反。廣雅：蘁、蠆、蚳、蠚，蠍也。經文作蛆蝲，非字體也。蚳音巨宜反。

廣博嚴净不退轉經[六四]　第二卷

蹎蹶　又作傎、趙二形，同。丁賢反，下居月反。蹎蹶猶頓仆也。仆音蒲北反。

佛説阿惟越致遮經[六五]　上卷

龔疏　力公反。廣雅：房、龔，舍也。説文：房室曰疏。疏亦窗也。

佛説阿惟越致遮經　中卷

吶其　又作訥，同。奴骨反。訥，遲鈍也。説文：訥，訒難也[六六]。

戰頌　字體作顫，又作憻，同。之見反，下又作疢，同。有富反[六七]。説文：顫，頌。謂掉動不定也。經文作痏，音于軌反。瘡也。痏非今用。

佛説阿惟越致遮經　下卷

𦞦煑　古文𤎅、𪹕二形，又作焚。同。扶逼反。方言：𤎅，火乾也。説文：以火乾肉曰𤎅。經文作焆，逋古反。火行也。焆非此義。

勝思惟梵天所問經[六八]　第六卷

多軼　徒結反。

摩齭　竹皆反。

摩𧽍　求俱反。

樗離　敕於反。

亜婆　於仁反。

婆系　胡詣反。

潛婆　所姦反。

思益梵天所問經[六九]　第四卷

麑隷　音迷。

梯隸　他計反。

緹隸　他禮反。

堙婆　於仁反。

麴鳺　徒結反。

提詑　敕嫁反。

持心梵天所問經〔七〇〕　第一卷

黇黨　補單反。字林云：黇，部也。謂黇類也。又作般，假借也。

持心梵天所問經　第三卷

桴筏　又作艀，同。扶流反。謂編木者也。小泭曰桴，大者曰筏也。

持心梵天所問經　第四卷

徯徑　又作蹊，同。胡鷄反。通俗文：邪道曰徯，步道曰徑。經文有作谿徑。

末踟　直知反。

掎隸　敕詣反。

伊扶　許伊反。

錍拔　普迷反。

揭提　渠謁反。

曬偈　女乙反。

度世經〔七一〕　第三卷

搜搣　子公反，下音滅。捉頭曰搜，除毁曰搣。經文作揔，非也。

唾濺　又作濽、㳙二形，同。子旦反。説文：水汙灑曰濺也。

度世經　第四卷

駗駕　忽參反。説文：駕四(三)〔七二〕馬也。旁馬曰駗，居右爲駗乘者，備非常也。經文作叅，非體也。

鴹鴹　案漢書食貨志，此亦翔字，音似羊反。飛而不動曰翔。翔，徉也，彷徉也。經文從革作鞲，非也。

度世經　第五卷

剛靳　古昂反，下居近反。剛，堅鞕也。靳，柔肕也。

募索　謨故、武句二反。説文：廣求爲募。

句誄　力水反。

度世經　第六卷

騙象　匹面反。字略云：躍上馬也。經文作騗，誤也。

都較　古文擢，同。古學反。粗略也。廣雅：較，明也。亦比校也。

鞲絆　又作羇，同。居猗反。革絡馬頭曰羇。羇，撿也。下音半，馬絆也。

漸備經〔七三〕　第一卷

慺慺　力俱反。字書：慺慺，謹敬之皃也。

屋宇　古文寓，籀文作㝢，同。于甫反。説文：屋邊檐也。釋名：宇，羽也，如鳥羽翼自覆蔽也。左傳：失其宇。注云：於國則四垂爲宇。宇亦屋溜也，居也。

眇眇　亡紹反。眇眇，遠也，亦深大也。經文作妙，非體也。

篡逆　叉患反。説文：逆而奪取曰篡。字從厶，音私，算聲。算，桑管反。蒼頡篇：自營爲厶。弒君之法理無外聲，故字從厶。

漸備經　第四卷

惶恾　又作㤦，同。莫荒反。茫，遽也。㤦人晝夜作，無日用月，無月用火，常思明，故字從明。或曰㤦人思天曉，故字從明也。

婉戀　力絹反。詩傳曰：婉戀，美好皃也。亦少皃也。

漸備經　第五卷

勤懿　乙利反。美也。

十住經〔七四〕　第一卷

櫳檻　力東反，下胡黤反。廣雅：櫳，牢也。檻，圈也。圈音渠遠反。

如來興顯經〔七五〕

丘垤　徒結反。方言：楚郢以南蟻土謂之垤。郢，以井反。

嗚呦　於州反。詩云「呦呦鹿鳴」是也。經文作𠿱，非也。

如來興顯經　第三卷

漭沆　莫朗反，下胡朗反。通俗文：水廣大謂之漭沆。

賄賂　力故反。賂，遺也，謂以物相請謁也。

鶱翥　許言反〔七六〕，下之庶反。説文：鶱翥，飛舉也。

掏出　徒勞反。通俗文：搯出曰掏。搯音烏活反。

羅摩伽經〔七七〕　上卷

波毓　由掬反。經中多作育字，或言刧貝，高昌名氎。

西阿　於何反。詩云傳曰〔七八〕：曲陵曰阿。阿謂山曲隈處也。

菩薩本業經〔七九〕

不僑　奇驕反。經中多作不驕樂天。

見邸　丁禮反。説文：屬國舍也。蒼頡篇云：邸，舍也。亦通語也。

諸菩薩求佛本業經

盡儩　又作澌，同。斯漬反。方言：侹、儩，盡也。物空盡也。

饋遺　古文餽，同。渠愧反。説文：饋，餉也。遺，與也。

因坻　直飢反。帝釋名也。或言因提梨，同。一義也。梵言輕重耳。

道神足無極變化經〔八〇〕　第四卷

簇嶽　仕角反，下語角反。

寶如來三昧經〔八一〕　上卷

銚鐄　以招反。宜作焜煌。胡本反。下胡光反。方言：焜，盛也。蒼頡篇：煌，光也。言焜焜，熾盛也；煌煌，光明也。經文作銚，温器名也。鐄非此義。

寶如來三昧經　下卷

枝棭　以石反。言相似也。經文從玉作玟瑡，非也。

四童子經　上卷

惋歎　烏唤反。字略云：惋，嘆。驚異也。

噢咿　於六反，下於祇反。埤蒼：噢咿，内悲也。亦痛念之聲也。

垂頞　丁可反。廣雅：頞，醜皃也。經文從足作跢，都賀反。跢，倒也。跢非此用。

方等般泥洹經〔八二〕　上卷

蚍蜉　音毗浮。爾雅：蚍蜉大者螘。螘有赤蟻、飛蟻。

拍髕　又作臏，同。扶忍反〔八三〕。説文：膝骨曰髕。三蒼：膝蓋也。

面皺　側救反。謂不襵皺也。經文作縐，借字也。

量跡　又作蹟、迹二形，同。子亦反。足跡也。經文作跤，非也。

潺撌　仕山、仕環二反。水流皃也。字書：潺湲，流皃也。

輔弼　扶禹反。輔，助也。下又作弻、弜、彃三形，同。皮筆反。弼，正也。

方等般泥洹經　下卷

卑褫　宜作廝，悉移反。字書：廝，役也。謂賤役者也。廝，微也，下也。經文作褫，音斯，福也。褫非此義。

嵩貔　思隆反。下又作豼，同。婢尸反。國名也。

阿搋　叉甲反。佛名也。經文從禾作秳，應誤也。

羯鴨　案諸經皆作鶡鴨。胡割反。下又作鶴〔八四〕，同。於甲反。鶡，似雉而大，青色，有毛角。若鬭，死乃止也，故武人戴鶡冠以象之也。經文作羯，音居謁反，羊也。此應誤也。

哀泣經　上卷

器械　核誡反。漢書：制器械之品。應劭曰：内盛曰器，外盛曰械。一曰有盛曰械，無盛曰器。器亦用也。

如踞　居御反。踞，蹲也。有箕踞也。經文作倨，非體也。

勤仂　六翼反。字書：仂，勤也。今皆爲力字。

慧上菩薩問大善權經〔八五〕　上卷

振于　古文㧎、拒二形，同。諸胤反。小爾雅：振，救也。説文：

振，舉也。亦發也。

瞻及　聲類或作膽，同。時焰反。贍，助也。字書：贍，足也。謂周足也。

過閡　三蒼：古文作閼，同。苦穴反。説文：事已曰閡。閡亦止息也，終也。

雨霽　子詣反。通俗文：雨止曰霽。今南陽人呼雨止爲霽。

殫盡　多安反。尚書：乃殫文祖。注云：殫，盡也。

縲紲　力追反，下息列反。縲，繫也。紲，索也。所以拘罪人也。

蔭庇　又作廕，同。於禁反，下方利反。蔭，草覆也。庇，自蔽也。

摧拉　或作搚，同。力荅反。廣雅：搚，折也。説文：拉，敗也。

堪偕　古骸反。詩云：與子偕老。傳曰：偕，俱也。偕偕亦强壯之皃也。

迄今　虚乞反。爾雅：迄，至也。

四錠　音定，又音殿。聲類云：有足曰錠，無足曰鐙。

慧上菩薩問大善權經　下卷

半粒　音立。通俗文：穀曰粒，豆曰皀。皀音逼。經文作廩〔八六〕，非也。

文殊師利現寶藏經〔八七〕　上卷

騏驥　渠基反。下又作⿰馬豈，同。居致反。説文：馬有青驪文似綦也。驥，千里馬也，孫陽所相者也。赤驥也。

曲枝　旨移反。樹枝柯也。經文作𣏟，誤也。

文殊師利現寶藏經　中卷

蠱虫　丁故反。字林：木中虫也。穿食人器物者也。

嬲固　又作嬲，諸經作嬈，同。奴了反。嬲，擾戲弄也。嬲，惱也。摩登伽經作擾蠱，謂厭蠱也。經中有作顛，非體也。蠱音古。字林音故。

一切經音義　卷第七

乙巳歲高麗國大藏都監奉敕雕造

校勘記

〔一〕正法華經　慧轉録於第二十八卷。

〔二〕賁　慧作「貴」。

〔三〕火行微燄然也　磧爲「火行微燄燄然也」，今傳本説文爲「火行微燄燄也」。

〔四〕纂　磧作「簒」。

〔五〕霖　磧作「霦」。

〔六〕廎　可洪新集藏經音義隨函録：「徒困反，逃也，隱也。正作遁、遯、𨗿三形也。」「應和尚云此應逋，補胡反，非本體也。」

〔七〕清　磧作「圊」。

〔八〕柤　磧作「担」。

〔九〕啗　據文意似當作「啗」。

〔一〇〕慧無此條。

〔一一〕蛆　據文意當作「蛆」。下同。

〔一二〕擾　磧作「攫」。下同。

〔一三〕馵　説文：「馵，絆馬也。」

〔一四〕燊　按類篇：「燥」俗作「㥲」。「參」與「粲」同，「燊」爲「燥」之俗字。

〔一五〕唤　今本經文作「嚾」。

〔一六〕迕逆不遇也　據文意或爲「迕，逆也，遇也」，「不」爲「也」之訛。

〔一八〕蔌　慧作「㰦」。

〔一九〕佘　磧作「佘」。

〔二〇〕砻　磧作「砻」。俗書「又」與「㐅」、「口」與「厶」易混，「砻」即「𧮫」字。按廣韻：「嫪，悋物也。」

〔二一〕岊　據文意當作「岊」。説文：「岊，陬隅。高山之節也。」

〔二二〕莫侯反　磧爲「莫尤反」。

〔二三〕食　慧卷二八作「貪」。

〔二四〕幅　磧作「愊」。下同。

〔二五〕塞　磧作「鼻」。

〔二六〕烏　據文意似作「烏」。

〔二七〕悲華經　慧轉録於第二十八卷。

〔二八〕大悲分陀利經　慧轉録於第二十八卷。

〔二九〕下毗典反。一音便　麗無，據磧補。

〔三〇〕大方等大集菩薩念佛三昧經　慧改撰增補於第十九卷。

〔三一〕譗　據文意似作「熱」。

〔三二〕今人言……音都浪反　磧爲「今人言炫譗亦非，譗音都浪反」。

〔三三〕念佛三昧經　慧轉録於第十九卷。增補詮釋第四卷至第六卷中六個詞。

〔三四〕胤也　麗無，據磧補。

〔三五〕徙頰反　磧爲「昌頰反」。金爲「徙頰反」。

〔三六〕楞伽阿跋多羅寶經　慧增補轉録於第三十一卷。

〔三七〕入楞伽經　慧轉録於第三十一卷。

〔三八〕死　磧作「屍」。

〔三九〕蚩　磧作「蚩」。下同。

〔四〇〕菩薩行方便境界神通變化經　慧第三十一卷轉録云「無難字可音訓」。

〔四一〕鐵　據文意似作「鐵」。

〔四二〕老　磧、金作「者」。

〔四三〕大哀經　慧修訂增補轉録於第十九卷。

〔四四〕濇　磧作「澁」。

〔四五〕鍩　據文意似作「轄」。

〔四六〕阿差末經　慧修訂增補轉録於第十九卷。

〔四七〕撓　磧作「澆」。

〔四八〕禾禾　磧爲采采。檢經文爲「末末」。

〔四九〕竪　據文意似當作「豎」。

〔五〇〕無盡意經　慧修訂增補轉録於第十九卷。

〔五一〕督　磧作「督」。

〔五二〕督　據文意似作「督」。

〔五三〕寶女經　慧第十九卷亦釋有此經，似爲改撰。

〔五四〕慓　磧作「慄」。

〔五五〕無言童子經　慧轉録於第十九卷。

〔五六〕佛真陀羅所問經　慧轉録於第三十卷。

〔五七〕持世經　慧轉録於第三十卷。

〔五八〕弘道廣顯三昧經　慧轉録於第四十四卷。

〔五九〕普超三昧經　慧轉録於第三十二卷。

〔六〇〕匹于反　磧爲「芳于反」。

〔六一〕阿闍世王經　慧轉録於第三十二卷。

〔六二〕等集衆德三昧經　慧轉録於第三十卷。

〔六三〕集一切福德經　慧轉録於第三十卷。

〔六四〕廣博嚴净不退轉經　慧轉録於第三十卷。

〔六五〕佛説阿惟越致遮經　慧轉録於第三十卷。

〔六六〕説文：訥，訒難也　今傳本説文：「訥，言難也。」

〔六七〕有富反　磧爲「尤救反」。

〔六八〕勝思惟梵天所問經　慧轉録於第三十卷。

〔六九〕思益梵天所問經　慧轉録於第三十卷。

〔七〇〕持心梵天所問經　慧轉録於第三十卷。

〔七一〕度世經　慧轉録於第二十四卷。

〔七二〕四　今傳本説文作「三」。

〔七三〕漸備經　慧轉録於第二十四卷。

〔七四〕十住經　慧轉録於第二十四卷。

〔七五〕如來興顯經　慧轉録於第二十四卷。

〔七六〕許言反　磧爲「起虔反」。

〔七七〕羅摩伽經　慧轉録於第二十四卷。

〔七八〕詩云傳曰　磧爲「詩傳曰」。

〔七九〕菩薩本業經　慧轉録於第二十四卷。

〔八〇〕道神足無極變化經　慧改撰增補於第三十卷。

〔八一〕寶如來三昧經　慧轉録於第三十一卷。

〔八二〕方等般泥洹經　慧轉録於第二十六卷。

〔八三〕扶忍反　磧爲「莆忍反」。

〔八四〕鶄　據文意似作「鵧」。玉篇：「鴨，水鳥。鶄，古文。」

〔八五〕慧上菩薩問大善權經　慧轉録於第十七卷。

〔八六〕廩　可洪認爲不誤。

〔八七〕文殊師利現寶藏經　慧轉録於第三十卷。

一切經音義　卷第八

大乘重譯大乘律

翻經沙門玄應撰

維摩詰所説經
維摩詰經
奮迅王菩薩所問經
大莊嚴法門經
順權方便經
樂瓔珞莊嚴方便經
大雲輪請雨經
大雲請雨經
大方等大雲請雨經
德護長者經
月光童子經
申日經
善思童子經
大方等頂王經
法鏡經
郁伽長者所問經
郁伽羅越問菩薩行經
無量清净平等覺經
阿彌陀經

無量壽經
虚空孕經
虚空藏菩薩經
虚空藏菩薩神咒經
彌勒成佛經
彌勒來時經
無量壽佛經
藥師如來本願經*
正恭敬經
離垢施女經
無垢施菩薩分別應辯經
無畏德女經
阿闍世王女阿述達菩薩經
尊勝菩薩陀羅尼經
第一義法勝經
大威燈光仙人問經
龍施菩薩本起經
菩薩睒子經
了本生死經

稻稈經
無所希望經
象腋經
一切法高王經
佛遺日摩尼寶經
胎藏經
無垢賢女經
無量門微密持經
阿難目佉陀羅尼經
無量門破魔陀羅尼經
舍利弗陀羅尼經
一向出生菩薩經
前世三世轉經
太子刷護經
善法方便陀羅尼經
金剛秘密善門陀羅尼經
華積陀羅尼經
華聚陀羅尼經
解節經
放鉢經
拔陂經
孔雀王經
兜沙經

維摩詰所説經〔一〕　上卷

維摩詰　或言毗摩羅詰，亦言鼻磨羅鷄利帝，此譯云無垢稱。稱者，名稱也。或爲浄名者，其義一也。

毗耶離　或作毗舍離，或言維耶離，亦云鞞奢隸夜，皆梵言訛轉也。正言吠舍釐，在恒河南中天竺界，七百賢聖於中結集處也。

菴羅　或言菴婆羅，果名也。案此果花多而結子甚少，其葉似柳而長一尺餘，廣三指許，果形似梨而底鈎曲。彼國名爲王樹，謂在王城種之也。經中生熟難知者即此也。舊譯云奈（柰）〔二〕，應誤也。正言菴没羅，此菴没羅女持園施佛，因以名焉。昔彌猴爲佛穿池，鹿女見千子處皆在園側也。

爲護　于俾、于僞二反。爾雅：爲，作也。爲，助也。

友而　于久反。廣雅：友，親也。説文：友，同志也。禮記：僚友稱其悌，執友稱其仁。鄭玄注云：僚友，同官也。執友，同志也。

紹隆　市遶反。爾雅：紹、胤，繼也。注云：紹，繼道也。胤，繼世也。隆，盛也，多也。

魔怨　梵言魔羅，此云煞者，是其位處第六天主也。論中釋斷慧命，故名爲魔。又常行放逸而自害身，故名魔。言波旬者，訛也。正言波卑夜是其名也。此云惡者，常有惡意，成就惡法，成就惡慧，故名波旬。經中作魔波旬者，存二音也。

踰於　又作逾，同。庾俱反。踰，過也，越也。廣雅：踰，度也。

等觀　古桓反。説文：觀，諦視也。又音古翫反。觀謂觀望也。二音通用。舊維摩經作正觀菩薩是也。

山相　先羊反。彼此二邊曰相。舊經云石摩王菩薩，諸經中作山相薄〔三〕菩薩。其義一也。

長者　案天竺國俗多以商估爲業，遊方履險，不憚艱辛，彌積歲年〔四〕，必獲珍異。上者奉王，餘皆入己。財盈一億，德行又高，便稱長者，爲王輔佐。彼土數法，萬萬爲一億也。

稱無　齒證反。名稱也。爾雅：稱，好也。注云：物稱人意，美善好也。

稽首　古文䭫，同。苦禮反。蒼頡篇云：稽首，頓首也。周禮大祝：辯九拜，一曰稽首。鄭玄曰：稽，至也。謂頭至地也。首，頭也。書云「禹拜稽首」是也。

不譏　居衣反。廣雅：譏，刺也。譏，問也。説文：譏，誹也。

仁者　而親反。周禮：六德，一曰仁。鄭玄曰：愛人及物曰仁，上下相親曰仁。釋名：仁者，忍也，好生惡煞，善惡含忍也〔五〕。

深殖　時力反。蒼頡篇：殖，種也。廣雅：殖，積也，畜也。

純淑　時均反，下時六反。純謂精一也。爾雅：純，大也。方言：純，好也。經文或作淳，亦專一也。淑，時六反。淑，善也，美也。

博弈　古文薄(簙)〔六〕，同。補各反。世本云：烏曹作博。説文：博，局戲也。六箸十二棊。方言：自關而東齊魯之間皆謂圍棊爲弈也。

諧耦　胡皆反，下吴口反。爾雅：諧、協，和也。耦，會，合也。

酒肆　相利反。肆，陳也，列也。謂陳列酒器於市店也。周禮：司市掌以陳肆辯(辨)〔七〕物。鄭玄曰：肆謂[陳]〔八〕物處也。物物異肆也〔九〕。

化政　之盛反。禮記：孔子曰：政者，正也。謂宣法教子養萬姓也。論語「導之以政」是也。

不怙(怗)〔一〇〕　胡古反。爾雅：怙，恃也。詩云：元(無)〔一一〕父何怙？怙，賴也。無母何恃？恃，負也。

撮摩　字林：七活反。廣雅：撮，持也。釋名：撮，卒(捽)〔一二〕也。謂暫卒取之也。

宴坐　石經爲古文燕字，同。一見反。廣雅：宴，安也。謂寂然安息皃也。

里巷　周禮：五家爲鄰，五鄰爲里。謂二十五家也。詩云：無踰我里。里，居也。釋名：五鄰爲里。方居一里之中也。

珊闍　蘇安反。子名也。經文有作刪，所姦反。

胒子　又作痆(疕)〔一三〕，同。竹尸反。母〔一四〕名也。

芒然　莫唐反。案芒然，冥昧不明也。舊經作惘然。

豁然　古文奯、眓二形，同。呼活反。廣雅：豁，空也。

阿摩勒果　正言菴磨羅果，其葉似小棗，果如胡桃，味酸而甜，可入藥。

勿擾　如紹反。説文：擾，煩也。廣雅：擾，亂也。

從方　自龍反。相隨從也。爾雅：從，重也。郭璞曰：隨從所以爲重疊也。

掃灑　所賈〔一五〕反。通俗文：以水撿〔一六〕塵曰灑。謂以水灑散之也。

嬈固　乃了反。字林：嬈，擾也。纂文：嫽嬈，戲弄也。嬈，煩也，亦惱也。文殊現寶藏經等作嫐固。字或作嬲音同嬈固堅也，今宜作厭蠱之蠱。字林音故，又音古。厭音於冉反。謂伏合人心也。爾雅：蠱，疑也。謂疑惑人也。摩登伽經作擾蠱，言此魔作擾亂厭蠱也。諸經有作顧，非體也。蠱在皿中爲蠱字意也。蠱音直中反。

俛仰　無辯反。謂自強爲之也。説文：俛，此俗頫字，謂低頭也。

仰謂擧首也。

冥者 莫庭、莫定二反。冥，夜也，幽闇也。冥，窈也。

維摩經 中卷

酬對 古文醻，三蒼作詶，同。時周反。爾雅：酬，報也。

聖旨 字體作恉。諸視反。説文：恉，意也。廣雅：恉，志也。

致問 徵吏反。三蒼解詁云：致，至也，到也。

病愈 古文瘉，同。臾乳反。方言：差，間，愈也。説文：瘉，病瘳也。

包容 補交反。廣雅：包，裹也。容，受也。

黿鼉 魚袁反。三蒼：似鼈而大也。下徒多反。三蒼：似蛟而大。山海經：江水足鼉。郭璞曰：似蜥（蜥）[一七]蜴，大者長一丈，有鱗彩，可以爲鼓[一八]。詩云「鼉鼓逢逢」是也。字體從黽從單省聲。

吸著 古文歙、噏二形，同。羲及反。廣雅：吸，飲也。

蹴蹋 千六反，下徒盍反。謂以足逆蹋之曰蹴。蹋，踐也。

福祐 古文佑、閪二形，同。胡救反。祐，助也。

瞻蔔 蒲北反。正言瞻博迦。大論云：此言黄花，其樹高大，花氣遠聞。案西國多有此林，故以喻也。

周窮 古文賙，同。之由反。謂以財物與人曰賙。詩云：靡人不賙。傳曰：賙，救也。將救其急也。字林：賙，贍也。

訥鈍 又作吶，同。奴骨反。訥，遲鈍也。説文：訥，難也。

糞壤 如掌反。無塊曰壤，壤亦土也，變言之耳。以人所耕爲樹藝焉則言壤。壤，和緩之皃也。

之疇 直流反。疇，類也，等也。王逸注楚辭云：二人爲匹，四人爲疇。疇猶伴侣也。

飢饉 古文飳，又作饑，同。几治反。爾雅：穀不熟爲飢，蔬不熟爲饉。凡草菜可食者通名蔬也。

憒亂 公對反。説文：憒，亂也，吏也。

邑中 周禮：四井爲邑。鄭玄曰：方二里也。廣雅：五里爲邑，十邑爲鄉。左傳：凡邑有宗廟先君之主曰都，無曰邑。

以祐 胡救反。祐，福也。爾雅：祐，厚也。謂福厚也。

不肖 先妙反。廣雅：肖、似，類也。説文：骨肉相似曰肖。字從肉小聲。今言不肖者，不似也。謂骨肉不似其先，故曰不肖。禮記「其子不肖」是也。謂儜惡之類也。

維摩經 下卷

儱戾 諸經有作籠，同。祿公反。下三蒼作悷，同。力計反。很戾也。謂很戾剛强也。

不訟 似縱反。論語：未見能見其過而内自訟者。包氏曰：訟猶責也。

所圖 案詔定古文官書圖、啚二形，同。達胡反。廣雅：圖，度也，議也。圖亦計也。

貳吒 如至反。經中或作阿迦尼沙詫，或言尼師吒，皆梵言輕重也。正言阿迦抳瑟搋，此言色究竟天也。詫音敕嫁反。抳，女几反。搋，敕佳反。

維摩詰經[一九] 上卷 一名佛法普入法門三昧經

柰氏 新維摩經云「菴羅樹園」是也。其果似梨。

仇怨　渠牛反。三蒼：怨耦曰仇。廣雅：仇，惡也。

編髮　三蒼：古文辮字，同。蒲典反。蒼頡篇：編，交織也。經中言螺髻者亦是也。

蚑行　渠支反，又音奇，謂蟲行皃也。周書「蚑行喘息」是也。

怳忽　虚往反。謂虚妄見也，亦無形不繫之辭也。説文：怳，狂皃也。字又作慌，呼晃反。漢書音義曰：慌忽，眼亂也。

勗勉　吁欲反。下又作勸，同。靡辯反。謂自勸勵也。方言：齊魯謂勉爲勗滋。説文：勉，强也。

適莫　都狄反，下謨各、莫故二反。謂無人無相也，安適，主適也，亦敵也。言敵，匹也。莫猶慕也，言慕欲也。

冈然　無往反。謂不稱適也，冈冈然無知意也，亦惶遽之皃也。經文從心作惘，近字也。

阿夷恬　徒兼反。梵言也。此譯云新學，亦言新發意也。

榮冀　爲明反。榮猶光華也，亦光寵也。冀，幸也。

牛湩　竹用、都弄二反。通俗文：乳汁曰湩。今江南亦呼乳爲湩也。

淳淑　視倫反。謂專一不雜也。下時六反。詩云「淑女」，傳曰：淑，美也。亦善也。

妖蠱　於驕反，下聲類弋者反。周易作「冶」，冶容誨淫。劉瓛曰：冶，妖冶也，謂姿態之皃也。

露枰　皮平反。廣雅：枰，榻也。

辱來　又作辰，同。而屬反。辱，耻也。耻愧來相問也。

巢窟　仕交反。謂住止處所也。通俗文：鳥居曰巢，獸穴曰窟也。

蹶取　居月反。埤蒼以爲蹶起也。禮記：子夏蹶然而起也。謂急疾之皃也。

捉扻　蒲畢反。方言：扻，推也。南楚凡相推搏曰扻。廣雅：扻，擊也。

維摩詰經　下卷

真人　此即阿羅漢也，或言阿羅訶。經中或言應真，或作應儀，亦云無著果，皆是一也。

溝港　古項反。字略云：水分流也。謂須陀洹也。此言入流，或言至流，亦言分布果。今言溝港者，取其義也。

沮敎　才與反。三蒼：沮，漸也，敗也。詩云：何日斯沮？傳曰：沮，壞也〔一〇〕。

奚得　胡啼反。蒼頡篇：奚，何也。

悦懌　餘石反。爾雅：悦、懌，樂也。謂意解之樂也。

貧寠　瞿矩反。三蒼：無財備禮曰寠。詩云：終寠且貧。傳曰：寠者，無禮也。字書：寠，空也。

芙蓉　又作扶，同。附俱反。説文：扶渠，花未發爲萏（菡）〔一一〕藺，花已發者爲芙蓉。

莖華　胡耕反〔一二〕。字林：枝主也。亦小枝也。諸經皆作芙蓉莖華，今經文作蘅，胡梗反，香草也。爾雅云：杜蘅如葵，臭如蘼蕪，馬食之。蘅非今用。

埤濕　補支反。助也。字宜作卑。蒼頡篇：卑，下也。

洿田　一胡反。大曰潢，小曰洿。説文：濁水不流池也。三蒼：停水曰洿。

夜光　干寶搜神記：隋侯行見大蛇傷，救而治之，蛇後銜珠以報，徑寸，純白而夜光，可以燭堂也。

徒隸　達胡反。禮記：八曰徒。徒，隸也。下力計反。隸猶附著也。隸，奴也，賤也。僕，隸也。

驂駕　剟含反。說文：駕三馬也。旁馬曰驂，居右爲驂乘者，備非常也。三蒼：馬曰駕。

譸張　又作詶、嚋、侜三形，同。竹尤反。譸張，誑也。謂相欺惑者也。

未孚　又作㲃，同。芳務反。禮云：無㲃往。鄭玄注：孚，疾也。廣雅：㲃，行也。

棚閣　蒲萌反。通俗文：連閣曰棚。棚亦閣也。重屋複道者也。

荒見　呼黃反。荒，忽也，虛也，謂荒忽虛妄見也，亦迷亂也。

以仂　里翼反。字書：仂，勤也。今皆爲力字也。

惶荒　胡光反，下光讚經作慌，呼晃反，謂虛妄見也。惶，恐懅也。慌，慌忽[二三]也。今經作荒。案荒，荒忽迷亂也。其義是同。漢書云：忽荒，冥漠無形也。

非摸　莫奴反。亦摹字也。摸（模）[二四]，法也，謂掩取象也，規摸（模）也[二五]。

恒戢　側立反。說文：戢，藏也。亦斂也，聚也。

奮迅王菩薩所問經[二六]　上卷

怖嚇　呼駕反。及吊來嚇。箋云：距人謂之嚇[二七]。方言作恐閔。音呼激反。

聾瘂　於假反。瘂亦瘖也。經文作痾，烏歌反，病也。痾非字體[二八]。

大莊嚴法門經[二九]　上卷

晡沙　布胡反。經中或作逋沙，又作補沙，亦作富樓沙，皆訛也。正言富盧沙，此云士夫，亦言丈夫。

剛橛　渠月反。爾雅：橜謂之杙。杙，樴也。樴音徒得反。

鶬鵠　又作雂，同。粗唐反。爾雅：鶬，麋鴰。郭璞曰：即鶬鵠也。鵠音胡哭反。

唯[三〇]嗟（唼）[三一]　又作唼，同。所甲反。埤蒼、聲類皆作唼，鴨食也。離騷云「鳧雁皆唼粱藻兮」、上林賦云「唼喋菁藻」皆是也。字書：嗟（唼），喋也。書亦作歃，所洽反。謂以口微吸之也，亦歃血也。

大莊嚴法門經　下卷

胆蟲　字林：千餘反。通俗文：肉中蟲謂之胆。經文從虫作蛆，子餘反。蝍蛆，蜈蚣也。又作疽，癰也。下今或作虫，同。除中反。爾雅：有足謂之蟲。

不鑒　字書作鑑，同。古鑱反。廣雅：鑒，炤也。鑑謂之鏡，所以察形也。

順權方便經　上卷

麼虫　莫可反。通俗文：細小曰麼。三蒼：麼，微也。經文作尛，近字也。

樂瓔珞莊嚴方便經

十佉　去伽反。案十佉盧爲一佉利，十佉利爲一車。經文作呿，非也。

大雲輪請雨經〔三二〕

姞寐　渠乙反。

庛利　補寐反。

呼患　芳流反〔三三〕。

磪薛　猪全反，下蒲計反。

忡忡　敕中反。

糅波　女救反。

大雲請雨經〔三四〕

篋笥　苦俠反，下胥吏反。盛衣器也〔三五〕。

黔咥　烏奚、香利反。

擗咥　毗亦反。

皼彌　去宜反。

挮淡　他計反。

唵婆　烏感反。

紗俱　所加反。

伽明　女咸反〔三六〕。

抴穗　餘世反，而注反。

薩鬚　之忍反。

羅韶　市饒反。

删珠　所姦反。

目冗　而勇反。

吚利　香伊反。

坻抵　丁禮反。

苔浮　徒來反。

琛琛　耻林反。

泥娜　乃可反。

大方等大雲請雨經〔三七〕

磤聲　又作𩃬、殷二形，同。於近反。通俗文：雷聲曰磤。埤蒼：砏磤，大聲也。亦聲豐磕也。砏音普巾反。磕，普賴反。

滋味　古文孖、稵二形，同。子夷反。滋，益也。滋，潤也。經文從口作嗞。嗞，嗟也。又作孳，似思、子思二反。説文：孳孳，汲汲也。或作孜。方言：東楚之間雙生謂之釐孳。

師鄀　敕釐反。

翳咥　尹一反。

戰㴽　其錦反。寒戰極也。經文作噤，非字體也。

瞫鞞　徒感反。

羅薛　蒲閉反。

枳利　居旨反。

嘻梨　虚基反。經文作譆，非也。

盧簁　所猗反。

鞮歌　都奚反。

德護長者經〔三八〕　上卷

漏泄　思列反。廣雅：泄，溢也。泄，漏也，亦發也。

德護長者經　下卷

門閫　又作梱，同。苦本反。三蒼、禮記：外言不於閫。鄭玄曰：閫，門限也。

廡廊　籀文作廡，同。亡禹反。說文：堂下周屋也。廊亦屋也。

紇多　胡没反。神名也。

毗挃　知栗反。皆神名也。

脂那　國名也。或言震旦，或云真丹，皆一也。此言漢國也。此無正翻，直神州之總名也。

月光童子經〔三九〕

已索　所格反。蒼頡解詁云：索，盡也。亦傷也。

翳日　於計反。廣雅：翳，障也。方言：翳，覆也。

滔天　土高反。尚書：浩浩滔天。孔安國曰：滔，漫也。言水盛大若漫天也。

鷙鳥　脂利反。猛鳥也。廣雅：鷙，執也。謂能執服衆鳥也。鳥之勇鋭者曰鷙。鷹、鸇之類也。經文從虫作蟄，除立反，蟲獸蟄藏也。蟄非此用。

慴竄　徒頰反。爾雅：慴，懼也。郭璞曰：即恐懾也。

遁藏　又作遯、遂二形，同。徒頓反。廣雅：遁、避，去也。說文：遁，遷也，隱也。

蠅蠛　亡結反。爾雅：蠛蠓。郭璞曰：小蟲似蜹。風春〔四〇〕雨磑者也。

稽顙　字詁（詁）〔四一〕：古文䪷，同。苦禮反。說文：下首也。三蒼：稽首，頓首也。顙，額也。白虎通曰：所以稽首何？稽，至也。言頭至地。首，頭也。周禮太祝「辯九拜，一曰稽首」是也。

俾倪　或作頼倪兩字，又作敤堄二形。字林同。普米反，下五禮反。俾倪，傾側不正也。淮南子云「左頼右倪」是也。

叵我　普我反。謂摇動不安也。經文從足作距䟢，或從山作岠峨，並非也。

相敦　古文敤、敦、棖三形，今作朾，同。丈衡反。謂敦觸也。

緹慢（幔）〔四二〕　他禮反。說文：帛赤黄色也，赤緹，縓色也。一染爲縓。縓，淺絳色也。縓音遷絹反。

赤觜　古文觜，今作㖩，同。子累反。廣雅：觜，口也。字書：觜，鳥喙也。經文作嘴，書無此字，唯諸集有此字，音徐兖反。又云或作吮。

霍然　呼郭反。霍謂急疾之皃也。經文作㸌，誤也。

探道　他含反。爾雅：探，取也。說文：遠取曰探。又音他闇反。探，試也。

申日經〔四三〕　申日，此云首寂。

无垠　又作泿，同。五巾反。垠，咢也。說文：地垠，岸也。

拘耆　或言居枳羅鳥，此云好聲鳥。經文作耆，誤也。

鶡鴨　胡葛反，下又作鶴，同。於甲反。鶡，似雉而大，青色，有毛角，鬪死乃止。

洪炎　借音以贍反。正字作焰，又作燄，光焰也。說文：火微燄燄然也。

亘然　歌鄧反。亘猶恒然也。亘亦遍也。

善思童子經[四四] 上卷

搦拳 又作𢷾，同。女卓、女革二反。搦，捉也。説文：搦，按也。

大方等頂王經

屈奇 衢物反。異也。淮南云：屈奇之服。許叔重曰：屈，短也；奇，長也。經文從玉作堀琦二形，非也。

法鏡經[四五] 上卷

聞物國 謂舍衛國。十二遊經云無物不有國，正言室羅伐國，此譯云聞者城，舊云舍波提城，或言捨羅婆悉帝城，皆訛也。

勝氏樹 謂祇陀林，或云祇洹，並訛也。正言逝多。憍薩羅國波斯匿王之子也。

除饉 渠鎮反。舊經中或言除士、除女，亦言熏士、熏女，今言比丘、比丘尼也。案梵言比丘，此云乞士，即與除饉義同。除六情飢斷貪欲染也，以善法熏修即言熏士、熏女也。

多惡 於各反。過惡也，所爲不善也。經文從人作偲，或從草作葸，並非也。

除剔 又作㔑，同。他歷反。通俗文：去骨曰剔。今借音他計反。

汝迺 奴改反。爾雅云：迺，乃也。亦乃字也。説文：迺，往也。聲類：迺，至也。

樂法 五孝反。愛欲曰樂。經文從人作㑹，非也。

應儀 或云應真，舊云無著果，亦云阿羅訶，今皆阿羅漢，同一義也。

昆弟 又作𥥍，同。孤魂反。説文：周人謂兄爲昆。爾雅：兄，昆也。又云：昆，後也。注云：謂兄後也。此方俗異言耳。

磋切 粗何反。本作瑳。論語：骨曰切，象曰瑳。言骨切象磋以成器，譬人學問以成德也。

法鏡經 下卷

螟子 音莫。蚊類而小，山南多饒此物，群飛蔽日，齧人痕如手許[大][四六]者也。

肥胦 庾俱反。説文：胦，腹下肥也。胦亦腹也。

猳玃 古遐反，下居縛反。説文：大母猴也。似彌猴而大，色蒼黑，善玃持人，好顧眄。經文作㹢狩，非字體也。

肬贅 籀文作䟴，今亦作疣，同。有流反，下之芮反。小曰疣，大曰贅。廣雅：肬，腫也。説文：肬，贅也。莊子「附贅懸肬」是也。經文作肬腨二形，非也。

玷缺 丁簟反。玷亦缺也。經文作抉，音古穴反。抉非此義也。

墜久 直淚反。墜，墮也。經文作㑙久，非也。

庶得 尸預反。庶，猶冀也，冀望得也。經文從言作譈，之若反，非此用也。

郁伽長者所問經[四七]

郁伽 此譯云威德。

謿譁 今作嘲，同。竹包反。蒼頡篇：啁，調也。譁，宜作話。胡快反。廣雅：話，調也。

牽抴　苦田反。説文：牽，引也。下又作曳，同。餘世反。抴，引也。

財賄　古文賄，同。呼罪反。財，貨也。周禮：通貨賄。鄭玄曰：金玉曰貨，布帛曰賄。

躑躅　又作蹢，同。丈赤反。下又作蠋，同。丈足反。字林：駐足不進也。廣雅：躑躅，踟蹰也。

郁迦羅越問菩薩行經〔四八〕

强項　胡講反。謂戾人項强難迴也。無量清净覺云「强項愚癡人」是也。大品經作增上慢人，其義一也。

麈鹿　之乳反。似鹿而大，尾可以爲拂也。山海經云「荆山多麈」是也。

無量清净平等覺經〔四九〕　上卷

寶珥　如志反。蒼頡篇：珠在耳也。耳璫垂珠者曰珥。

焜煌　胡本反，下胡光反。方言：焜煌，盛皃也。煌亦明也。

征忪　之盈反，下之容反。方言：征忪，惶遽也。

項很　又作佷，同。胡懇反。項，很也，很人强項難迴也。下文作「蒙籠愚癡」。國語：很，違也。謂違戾也，字從皀聲。

眚瘦　又作瘠，同。所景反。眚，瘦也，病也。釋名云：眚，瘠也，病者瘠瘦也。經文作省，非體也。

糜盡　亡皮反。案糜（䊳）〔五〇〕，散也，亦碎也。

瘂樓　烏合反。菩薩名也。依字，病短氣曰瘂也〔五一〕。

雷霆　達頂、達丁二反。蒼頡篇：礔礰也。爾雅：疾雷曰霆霓。注云：雷之急激者也〔五二〕。

無量清净平等覺經　下卷

有鉉　胡犬反。鉉亦繫也。

戾亮　力計反。

事譊　女交反。譊譊，讙呼也。廣雅：譊，鳴也。説文：譊譊，恚訟聲也。

屏營　卑營反。謂惶遽也。廣雅：屏營，征忪也。

稸氣　字書作蓄，同。敕六反。稸謂積也，聚也。經文從心作慉，許六反。慉，起也。慉非經意。

各勱　莫芥反。埤蒼：勱，强也，勉也，勤也。尚書「用勱相我國家」是也。經文或作勱（勵）〔五三〕。

尫狂　今作尪〔五四〕，同。烏皇反。尫，弱也。通俗文：短小曰尫。尫亦羸黑也。

盼覛　普幻反，下力再反。説文：盼，目白黑分也。䚕（覛）〔五五〕，内視也。經文作眄，亡見反，邪視也。下作睞，力代反。瞳子不正也。睞非此用。

辜較　古胡反，下又作攉，同。音角。辜較〔五六〕，固也，大也。較亦專也，專略其利也。言官家大固取酒利也。

喫酒　口迹反。謂喫噉也。經文作[illegible]，非字體。

魯扈　胡古反。謂自大也，亦縱横行也。自縱恣也。漢書音義曰：扈謂跋扈也。

睢吁　許隹反。説文：仰目出也。聲類：睢矆，大視也。謂張目叫呼也。

濛澒　莫董反，下胡動反。無知也。通俗文：泥塗謂之濛澒。經文作蒙空，非體也。

湔洒　子田反，下蘇禮反。字林：湔，浣也。洒，濯也。

雍和　又作邕，同。於恭反。爾雅：雍雍、優優，和也〔五七〕。

躄蹇　必赤反，下居免反。躄，不能行也。蹇，跛也。躄，從止也。

阿彌陀經〔五八〕　上卷

阿彌陀　此言無量壽。

須楓　音風。

羅倪　五計反。

軷陀　蒲達反。

扈斯　胡古反。

滑技　居毀反。

賓頞　胡溝反。

陁遨　蘇木反。

萠〔五九〕耶　所飢反。

雄傑　奇揭反。詩云：邦之傑兮。傳曰：傑，特立也，亦才能也。智出千人曰傑，英傑也。

牚柱　恥孟反。今謂邪柱曰牚也。

苕〔六〇〕苕　徒彫反。苕苕，亭皃也，亦遠也。苕遰也。

阿彌陀經　下卷

祝祝　之育反。祝祝猶專專也。

謥詷　粗痛反，下徒痛反。通俗文：言過謂之謥詷。纂文云：謥詷，急也。

蔡[illegible]　下倉棘反。

無量壽經〔六一〕　上卷

微瀾　洛安反。爾雅：大波爲瀾，小波爲淪。

享玆　虛掌反。享，當也，亦受也。經文作嚮，非體也。

煜爚　由鞠反，下弋斫反。說文：煜煜，耀也。爚，火光也。經文作昱爍，非字體也。

該羅　古來反。該，備也。方言：該，咸也。

呑噬　土痕反。又音天。呑，咽也。下時制反。噬，齧也，亦食也。正作噬。

酖酒　又作媅、妉、耽三形，同。都含反。說文：媅，樂也，亦嗜也。

糾舉　居黝反。糾，正也。糾，察異之皃也，攝也，舉也。

潢瀁　胡廣反，下以掌反。楚辭：潢瀁，猶浩蕩也。經文作滉。

虛空孕經〔六二〕　上卷

空孕　古文䏆，同。翼證反。依字，含實曰孕。孕，妊子也。廣雅：孕，傳也。

礓石　居良反。形如薑也。通俗文：地多小石謂之礓礫。

寶線　古文綫，同。私賤反。謂縫衣縷也。

爲繐　又作縳、繐二形，同。思叡反。說文：蜀白細布也。凡布細而疏者謂之繐。

犀牛　先奚反。爾雅：犀似豕，三角，好食棘也。

城隍　胡光反。三蒼：城下坑無水曰隍。

虛空孕經　下卷

背大　又作偝，同。蒲賫〔六三〕反。相違背也。謂棄捨相反也。廣雅：背，北也，後也。經文從人作偝，非也。

虛空藏菩薩經〔六四〕

澄霽　祖計反。説文：雨止曰霽。霽，晴也。

毦帶　如志反。通俗文：毛飾曰毦。如刀鞘飾也。

踣鈐　蒲北反，下巨炎反〔六五〕。

毆漏　於厚反。

諾踦　居綺反。

頞隸　都我反。

虛空藏菩薩神咒經〔六六〕

薩皤　蒲何、補何二反。依字，皤，白也。

嚠牟　[力求反，又力救反〔六七〕。]

彌勒成佛經〔六八〕

泯然　彌忍反。字林：泯然，盡也。廣雅：泯、絶，滅也。

狼跡山　案梵本言屈吒播陀山，此云雞足山。又云尊足山。今迦葉居中者，在菩提樹東也。

鷹鶻　胡骨反。亦鷹類也。

彌勒來時經〔六九〕

倪檯鏠　魚禮反，下〔七〇〕力底反。鏠，匹逢反。龍名也。

汜(氾)〔七一〕羅　敷劒反。城名也。

無量壽佛經

阿閦鞞　叉六反。亦云何(阿)〔七二〕閦婆，此譯云不動。

藥師本願經

紕繆　匹毗反，下亡幼反。禮記：一物紕繆。注云：紕猶錯也。繆猶亂也，誤也。經文從糸作繆，借字也。

方懲　直陵反。詩云：寧莫之懲。傳曰：懲，止也，又革也。案改革前失曰懲也。

正恭敬經〔七三〕

蹀足　徒篋反。聲類云：蹀，躡也。廣雅：蹀、蹋，蹈也。

踔足　丑白〔七四〕、丑卓二反。踸踔，行脚長短也。廣雅：踸踔，無常也。

離垢施女經〔七五〕

邠耨文陀弗　邠音甫貧反〔七六〕，或言分耨文陀尼，或言富那曼陀

笳竽　弗多羅，此譯云滿嚴飾女子，又言滿見子也。或作葭，同。古遐反。謂卷笳葉吹之者也。因以名焉。下禹俱反。古史考曰：女媧作簧，其後隋作竽三十六管。

無垢施菩薩分別應辯經

沸星　或云佛星，或作孛星，或言弗沙星，皆音字訛也。正音富沙。依諸經云如來成道出家皆用二月八日鬼宿合時，依日藏分經二月九日曙夜分屬九日故也。

無畏德女經

毗麻　又作蓖，同。布迷反。三蒼：蓖，草也。其生似樹者也。

阿闍世王女阿術達菩薩經〔七七〕

五旬　或言般遮旬。般遮，此譯云五，即五神通也。

因提　都犁反。菩薩名也。

蠡越　力西反。經中或言離越，同一義也。

干蔗　經文又作竿柘，同。諸夜反。通俗文：荆州竿蔗。或言甘柘，一物也。

蠱狐　餘者反〔七八〕。說文：狐，妖獸。鬼所乘，有三德。其色中和，小前大後，死必首丘。

尊勝菩薩陀羅尼經〔七九〕

泜曇　之氏反。

目跈　丘鼓（豉）〔八〇〕反。

伽濘　奴定反。

阿禬　齒鹽反。

阿嵦　［都内反〔八一〕。］

殊喹　乃結反。

吟欣　烏禮反。

娑攤　力斯反。

阿躔　又作圢，同。他殄反。

第一義法勝經

成擔〔八二〕　都濫反。言蓬亂可擔揭也。

富特伽耶　或名富伽羅，或言福伽羅，皆訛也。正言補特伽羅，此言數取趣。

大威燈光仙人問經

瓶罐　又作灌、攦二形，同。古亂反。汲器也。

葦町　徒頂反。頃〔八三〕，町也。說文：田處曰町。蒼頡篇：町，田區也。

字愜　苦頰反。依字，廣雅：愜，可之也。字林：愜，快也。

龍施菩薩本起經〔八四〕

嚶嚶　烏耕反。謂兩鳥鳴也。爾雅：丁丁、嚶嚶，相切直也。

悢悢　力尚反。廣雅：悢，悲也。謂悢悢然愁悲也。

縷陳　力主反。絲縷也。言數如絲縷多難陳也。經文作屢，非體也。

菩薩睒子經〔八五〕

麖鹿　亡悲反。蒼頡篇云：以冬至解角者。説文：鹿屬也。

徬徨　蒲光反〔八六〕，下胡光反。徬徨，徘徊也。埤蒼：俳佪、彷徉，轉相釋也。

磼碟　五合、五闔二反。埤蒼：磼碟，高皃也。磼音才合反。經文作巇，非也。

了本生死經〔八七〕

苦懣　古文悶，同。莫本反。説文：懣，煩也。蒼頡篇：懣，悶也。亦憤也。

嘗啖　又作噉，同。徒敢、徒濫二反。喫，啖也。

箭笮　側格反〔八八〕。

稻稈經〔八九〕

生穗　又作采，同。辭醉反。説文：禾成秀，人所收者也。

無所希望經

[口荒]如　又作慌，呼晃反。漢書音義：慌忽，冥漠無形也，不可測量之意也。

象腋經

瞢伽　莫崩反。經文作矒，非也。

摩仇　渠牛反。經文從口作叴，非也。

一切法高王經

强伽　舊名恒河是也，亦名殑伽。從阿耨大池東面象口流出入東海，其沙細與水同流也。

坻彌　三蒼音都奚反。謂大身魚也。其類有四種。此最小者，互相吞食也。經文從魚作鯳，非也。

佛遺日摩尼寶經〔九〇〕

傲冀　又作僥。説文：從心作憿，同。古堯反。僥，希冀也，遇也。冀，幸也。

天晴　又作暒、殅二形，同。徐盈反。聲類：雨止也。經文作䨝，非體也。

蠹虫　丁故反。説文：木中虫也。如白魚等食人物穿壞者也。

譁名　呼瓜反。譁，讙譁也。蒼頡解詁云：譁，言語譊譊也。

訑訑 以珠反。不擇是非謂之訑。下大可反。纂文云：兖州人以相欺爲訑。又音湯和反。訑，避也。

僻易 匹尺反。僻，避也，亦邪僻也。

胎藏經

輟草 張衛、陟劣二反。輟，止也。爾雅：輟，已也。

蚯蚓 音丘引，即曲蟺也，亦名蜜蟺，亦名寒蚓。蟺音善。

無垢賢女經〔九一〕

椑樓 臂彌反〔九二〕。長者婦名也。胎藏經作捭，疑字誤也。

無量門微密持經〔九三〕

放泆 餘質反。說文：水所蕩泆也。經文多作逸。

饒裕 古文衮，同。揄句反。神名也。

阿難目佉陀羅尼經〔九四〕

阿技 居毁反。

羅捭 臂彌反。

嘻羅 香基反。

楬棧 仕莭反。

瘴彌 都餓反。

無量門破魔陀羅尼經

蔪鞞 所宜反。

昵闍 女乙反。

頞抶 敕乙反。

那眵 齒移反。

劬抵 都計反。經文作呧，非也。

舍利弗陀羅尼經〔九五〕

麑底 居雉反。

陀弭 亡婢反。

舸字 古我反。

一向出生菩薩經〔九六〕

阿膻 又作袒，同。徒亶反。

啅帝 丑角反。

栅子 叉白反。

前世三轉經〔九七〕

无瘢 薄寒反。蒼頡篇：瘢，痕也。經文作䐊，非字體也。

妊娠 書鄰、之刃二反。詩云：大妊有娠。傳曰：娠，動也。謂懷胎孕名也。

身餒　奴罪反。論語：餒在其中。餒，餓也。又音於爲反。謂以食散與鳥狩也。

餬口　又作䬴，同。户姑反。言寄食也。江淮之間謂寓食爲餬。爾雅：餬，饘也。注云：即糜(縻)〔九八〕也。

太子刷護經〔九九〕

蠉飛　又作翾，同。呼泉反。飛皃也。

槖駝　又作馲，同。力各反〔一〇〇〕。又音託。知水泉所出，性别水脉，掊地則水出也。

善法方便陀羅尼經

薩誃　直移反。

摩系　胡計反。

金剛秘密善門陀羅尼經

波泜　直飢反。

桎致　之逸反。

華積陀羅尼經

侔尼　莫侯反。

悉褫　敕紙反。

嫕訶　於計反。

訶邏　力尔反。經文儸，非也。

胵底　上充尸反。

爹袮　竹加反，下奴禮反。

沙挐　女居反。

華聚陀羅尼經

羅和　胡戈反。經文作唎，非也。

唏帝　虚几反。

咥挐　敕一反。

解節經〔一〇一〕

傷佉　經中或作蠰佉，又作儴佉，正言勝佉，此譯云貝。

辛辣　力達反。通俗文：辛甚曰辣。經文作剌，非體也。

放鉢經〔一〇二〕

惹頭　又作惹，同。而者、而斫二反。佛刹名也。依字，方言：惹，語亂也，粘惹也。

拔陂經〔一〇三〕

拔陂　蒲達反，下彼皮反。

迦籆　力主反。皆菩薩名也。

拘遲　私廉反。國名也。依字，遲，進取也。

謾論　麽諫反，下力均反。菩薩名也。依字，謾，欺也。論，没也。經文有作論，盧昆反。

如猶　又作狉、豾二形，同。房悲反〔一〇四〕。郭璞注爾雅：貍，狉貍也。

如景　居影反。光景也。凡陰景者因光而生，故即謂爲景。葛洪作字苑始加彡作影。

常掔　苦閑反。爾雅云：掔，固也。牢固之皃也，亦牽也，擊也。

不跌　徒結反。通俗文：失躡曰跌。廣雅：跌，差也。

不宥　于救反。宥，寬也。周禮：三宥，一宥不識，二宥過失，三宥遺忘也。

相蹡　又作蹩，同。七羊反。三蒼：敬也。容止皃也。蹡，動也。

孔雀王咒經

掘土　渠勿反。説文：掘，搰也。廣雅：掘，穿也。經文作梽，誤也。

兜沙經〔一〇五〕此譯云行業經

周帀　祖合反。説文：帀，周也。廣雅：帀，遍也。字從倒出而帀也。春生出地，秋死入地，還至本處，故曰帀。或作迊，近字也〔一〇六〕。

我曹　又作䁯，同。在勞反。史記：十餘曹循。如淳曰：曹，輩也〔一〇七〕。

儨提捨洹那　儨音質，上方佛刹名也。

俱譚滑提　徒南反。諸佛名也。經文作譚。

瘟天　烏合反。此言有光壽天是第二禪中初天也，亦名少光天，以光少故也。

瘟波摩那　此言無量光天，即第二禪中第二天也。以前光明轉勝轉妙故也。經中有作阿波摩那天是也。

須㾜　音帝。經中或作須帶，音同帝。又徒計反。中陰經作須滯，樓炭經作須啑，音帝，皆梵言輕重也。正言須達梨舍那，此云善觀天，又言善見天。定障漸微，見極明徹，故名善觀也。經文從無從足作舞，舊音武，非也。

軷陀　蒲達反。此云賢，或云善，是王舍城在家菩薩也。

大乘律　單本

優婆塞戒經
佛藏經
大方廣三戒經
寶梁經
梵網經
菩薩藏經
法律三昧經
菩薩内戒經
净業障經
文殊净律經　重譯

優婆塞戒經　第四卷

犁耨　説文：又作鎒，同。乃候反。除田器也。釋名：鎒似鋤，薅耨禾也。薅音火高反。

頓面　普米反。説文：傾頭也。蒼頡篇：不正也。廣雅：頓，邪也。淮南子云「左頓右倪」是也。

自鍾　止容反。纂文：鍾，聚也。

共賜　又作䀹，同。紀髮反。廣雅：賜，睹也。

耳鉋　蒲貌反。書無此字，宜作掊、抱、捊三形，同。蒲交反。今言掊刮也。手曰掊。江南音平溝反，又平孝反。

優婆塞戒經　第六卷

長攡[一〇八]　又作籬、柂[一〇九]二形，同。力支反。通俗文：柴垣曰籬也。

鞭撻　比綿反。以革朴罪人者也。下又作遾，同。他達反。撻，笞也。以荆捶之曰撻。經文從革作韃，非也。

押額　又作筪，同。音甲。押，束也。押籬、押物皆作押，字從手。

抵懣　莫蘭反。説文：忘，滿(懣)[一一〇]兜也。

佛藏經　第一卷

糟粕　籀文作醩，同。子勞反。不沛酒也。下普各反。酒滓也。淾糟曰粕也。

大方廣三戒經　上卷

羱羝　廣志作羦，同。語園、五桓二反。字林：野羊也。其角堪爲鞍瓦小榼也，出西方，似吴羊而大角也，角重於肉，呼爲羱羝。下丁迷反。牡羊也。三歲曰羝也。

拘枳　居紙反。或名拘翅。此或作瞿翅羅，譯云鵶鷗鳥也。

烏雉　古文雉，同。直里反[一一一]。經文作鳺，餘詰、徒結二反。爾雅：鳺，鋪豉也[一一二]。

大方廣三戒經　下卷

蝗虫　胡光、胡孟二反。毛詩虫魚疏云：阜螽，蝗也。今人謂蝗子爲螽子，魚子化作。張斐解晉律云：小曰蝩，大曰蝗也。

漆柈　又作脟[一一三]，古文作盤，籀文作腜[一一四]，同。蒲寒反。圜器也。

鼓橐　又作韝、排二形，同。蒲戒反。謂鍛家用炊火者也。

寶梁經　上卷

逋生　補胡反。宜作穭，力舉反。謂田中不種自生禾豆者爲穭生也。

釘磔　竹格反。説文：磔，張也，開也。經文作矺，俗字也。

寶梁經　下卷

綻壞　又作袒、綻二形，同。徒莧反。説文：綻，補縫也。

梵網經　下卷

茖葱　古額反。爾雅：茖，山葱。注云：茖，一名山葱，并州以北多饒茖葱也。經文作革，非體也。

狖狸　古文蜼。字林：餘繡反，江東名也。又音餘季反，建平名也。似彌猴而大，黑色，江東養之捕鼠，爲物捷健也。

鑱刺　仕衫反。廣雅：鑱謂之鈹。謂針刺也。説文：鑱，鋭也。經文作劖，斷也。

菩薩藏經

十坩　口甘反。坩，器也，可以盛貯者也。

法律三昧經

迂遠　禹俱、一禹二反。迂，避也，亦遠也，大也。

諓訿　匹尔反，下資尔反。通俗文：難可謂之諓訿。經文作啤呲。

聚蹙　子六反。蹙，迫促也。廣雅：蹙，急也。經文作踧踖之踧，非體也。

菩薩内戒經

和闍　或言和上，皆訛也。或言郁波弟耶夜，亦言鄔波拕耶，此譯云近誦。近亦逐也，小也。以其年小不離於師，常近受經而誦也，亦言親教師也。〔一一五〕

阿祇利　或言阿闍梨，皆訛也。正言阿遮利耶或作夜，此譯云正行，或言軌範師也。

著荾　又作菅，同。古顔反。説文：荾，香草也。荾，蘭也。

迦庇　必利反。謂如來名號功德也。

馭法　又作御，同。魚據反。言馭者，所以驅之也，内之於善也。謂指撝使馬也。

净業障經

殞命　又作隕，同。爲愍反。聲類：殞，没也，亦墜落也。

鼻揉〔一一六〕　古文粈、狃二形，同。女救反。菩薩名也。

大乘律　重譯

文殊净律經

犇走　古文驞，今作奔，同。補門反。奔，走也。

燔燎　又作繙，同。扶袁反。加火曰燔，燔亦燒也。下力吊反。説文：放火也。又火田爲燎，放火也〔一一七〕。廣雅：燎，乾也。

怯愞　又作狝，同。祛業反。多畏劣也。下奴課反。三蒼：愞，弱也。

一切經音義　卷第八

乙巳歲高麗國大藏都監奉敕雕造

校勘記

〔一〕維摩詰所説經　慧轉録於第二十八卷。

〔二〕奈　磧作「柰」。

〔三〕薄　磧作「博」。

〔四〕歲年　磧爲「年歲」。

〔五〕善惡含忍也　今傳本釋名作「善含忍也。」

〔六〕薄 磧作「簙」。

〔七〕辯 磧作「辨」。

〔八〕陳 麗無，據磧補。

〔九〕物物異肆也 今本爲「辨物物異肆也」。

〔一〇〕怙 磧作「怗」。

〔一一〕元 磧作「無」。

〔一二〕卒 今本釋名作「捽」。

〔一三〕⿸广玄 據文意當作「痃」。

〔一四〕母 海作「丹」。

〔一五〕買 磧作「買」。

〔一六〕撿 磧作「掩」。

〔一七〕蚚 海作「蜥」。

〔一八〕有鱗彩，可以爲鼓 慧卷二八爲「有鱗彩，皮可以爲鼓」。

〔一九〕維摩詰經 慧轉録於第二十八卷。

〔二〇〕慧無此條。

〔二一〕萏 據文意當作「菡」。

〔二二〕胡耕反 磧爲「禹耕反」。

〔二三〕忽 磧作「恐」。

〔二四〕摸 磧作「模」。下同。

〔二五〕規摸也 廣韻：「模，法也，形也，規也。」

〔二六〕奮迅王菩薩所問經 慧轉録於第十九卷。

〔二七〕及吊來嚇 海爲「詩：予來嚇。」檢今傳本詩云：「既之陰，女反予來赫。」箋云：「之，往也。口距人謂之赫。」

〔二八〕慧無此條。

〔二九〕大莊嚴法門經 慧轉録於第三十二卷。

〔三〇〕唯 磧作「喉」。

〔三一〕嚏 即「啑」。下同。

〔三二〕大雲輪請雨經 慧轉録於第三十八卷。

〔三三〕芳流反 磧爲「芳孚反」。

〔三四〕大雲請雨經 慧轉録於第三十八卷。

〔三五〕慧無此條。

〔三六〕女咸反 磧爲「女感反」。

〔三七〕大方等大雲請雨經 慧轉録於第三十八卷。

〔三八〕德護長者經 慧轉録於第三十三卷。

〔三九〕月光童子經 慧轉録於第三十三卷。

〔四〇〕春 據文意似當作「舂」。

〔四一〕字詁 據文意似爲「字詁」。

〔四二〕慢 磧作「幔」。

〔四三〕申日經 慧轉録於第三十三卷。

〔四四〕善思童子經 慧轉録於第二十八卷。

〔四五〕法鏡經 慧轉録於第十六卷。

〔四六〕大 麗無，據磧補。

〔四七〕郁伽長者所問經 慧轉録於第十六卷，併入郁伽羅越問菩薩行經中。

〔四八〕郁迦羅越問菩薩行經 慧轉録增補於第十六卷。

〔四九〕無量清净平等覺經 慧轉録增補於第十六卷。

〔五〇〕麋 據文意似作「糜」。

〔五一〕慧無此條。

〔五二〕慧無此條。

〔五三〕勱 磧作「勵」。

〔五四〕尪 據文意似作「厓」。

〔五五〕頼 磧作「親」，海作「視」。

〔五六〕較 磧無。

〔五七〕慧無此條。

〔五八〕阿彌陀經 慧轉録增補於第十六卷。

〔五九〕蒒 磧作「篩」。

〔六〇〕苕 通「迢」。

〔六一〕無量壽經 慧轉録於第十六卷。

〔六二〕虚空孕經 慧轉録於第十九卷。

〔六三〕賁 海作「貝」。

〔六四〕虚空藏菩薩經 慧轉録於第十九卷。

〔六五〕巨炎反 磧爲「其廉反」。

〔六六〕虚空藏菩薩神咒經 慧轉録於第十九卷。

〔六七〕力求反，又力救反 麗無，據磧補。

〔六八〕彌勒成佛經 慧轉録於第三十二卷。

〔六九〕彌勒來時經 慧轉録於第三十二卷。

〔七〇〕下 磧作「中」。

〔七一〕汜 據文意當作「氾」。

〔七二〕何 磧作「阿」。

〔七三〕正恭敬經 慧轉録於第三十四卷。

〔七四〕白 磧作「皃」。

〔七五〕離垢施女經 慧第十六卷中有此經的目録但無釋文。

〔七六〕甫貧反 磧爲「悲巾反」。

〔七七〕阿闍世王女阿術達菩薩經 慧轉録於第十六卷，未標玄應撰。

〔七八〕餘者反 磧爲「户吾反」。

〔七九〕尊勝菩薩陀羅尼經 慧轉録於第三十二卷。

〔八〇〕鼓 磧作「鼔」。

〔八一〕都内反 麗無，據磧補。

〔八二〕成擔 檢大正藏本第一義法勝經：「五熱

炙身，羸瘦肉盡，唯有皮骨，腹皮著脊，頭髮成氈，傴身曲體，著鹿皮衣，若樹皮衣，手執澡罐，俱至佛所，爲欲諍門。」校記曰：「氈」，宋、明本作「毯」，元本作「毿」，宮本作「擔」。「擔」，據文意似當作「氈」。

〔八三〕頃　磧作「頂」。

〔八四〕龍施菩薩本起經　慧轉録於第三十四卷。

〔八五〕菩薩睒子經　慧轉録於第三十三卷。

〔八六〕捕光反　磧爲「蒲光反」。

〔八七〕了本生死經　慧轉録於第三十四卷。

〔八八〕慧無此條。

〔八九〕稻稈經　慧轉録於第三十四卷。

〔九〇〕佛遺日摩尼寶經　慧轉録於第十七卷。

〔九一〕無垢賢女經　慧轉録於第三十三卷。

〔九二〕臂彌反　磧爲「辟彌反」。

〔九三〕無量門微密持經　慧轉録於第三十八卷。

〔九四〕阿難目佉陀羅尼經　慧轉録於第三十八卷。

〔九五〕舍利弗陀羅尼經　慧轉録於第三十八卷。

〔九六〕一向出生菩薩經　慧轉録於第三十八卷。

〔九七〕前世三轉經　慧轉録於第三十四卷。

〔九八〕麋　據文意似作「糜」。

〔九九〕太子刷護經　慧轉録增補於第十七卷。

〔一〇〇〕力各反　磧爲「他各反」。

〔一〇一〕解節經　慧轉録於第三十卷。

〔一〇二〕放鉢經　慧轉録於第三十二卷。

〔一〇三〕拔陂經　慧轉録於第三十二卷。

〔一〇四〕房悲反　磧爲「補悲反」。

〔一〇五〕兜沙經　慧轉録增補於第二十四卷。

〔一〇六〕磧無此條。

〔一〇七〕磧無此條。

〔一〇八〕攡　據文意似作「攡」。

〔一〇九〕柂　據文意似作「杝」。

〔一一〇〕滿　磧作「懣」。

〔一一一〕直里反　磧爲「直履反」。

〔一一二〕鴩鋪豉也　磧爲「雉鶻豉也」。今傳本爾雅爲「鴩餔敊」。

〔一一三〕脟　據文意似作「腂」。

〔一一四〕腂　據文意似作「槃」。

〔一一五〕和闍、和上、和尚、郁波弟耶夜、鄔波拕耶等爲梵文upādhyāya的不同譯名，本爲婆羅門教術語，指教導自己的老師，後來佛教用以指向弟子傳授具足戒的老師，也指德高望重的出家人。考百一羯磨卷一曰：「鄔波馱耶，譯爲親教師。言和上者，乃是西方時俗語，非是典語。」慧苑音義卷上曰：「和上，按五天雅言和上謂之塢波陀耶，然彼土流俗謂之殟社。于闐、疏勒乃云鶻社，今此方訛音謂之和上。雖諸方殊異，今依正釋。言塢波者，此云近也。陀耶者，讀也。言此尊師爲弟子，親近習讀之者也。舊云親教師者是也。」可見和闍、和上、和尚不是直接譯自梵文upādhyāya，而是譯自俗語。聶鴻音番漢對音和上古漢語（民族語文2003年第2期）一文指出漢譯的「和上」（和尚）既不合於梵文的upādhyāya，也不合於巴利文的upajjhāya。儲泰松「和尚」的語源及其形義的演變（語言研究2002年第1期）一文推測upādhyāya的俗語形式是vājha，本應譯成和闍或和社，但因漢語西北方音麻、陽兩韻同音，所以譯爲和上、和尚。和尚是得道的高僧，漢語的「上」「尚」正有「德行高尚」义，故雖然玄應强調根據梵文應譯爲鄔波弟耶夜或鄔波拕耶，但最終还是爲「和尚」所取而代之。宋釋贊寧在其所撰宋高僧傳滿月傳後的附論中說，『和尚』在印度稱爲『鄔波陀耶』（upādhyāya），在疎勒稱爲『鶻社』（khosha），在于闐稱爲『和尚』（hiarxang）。」

〔一一六〕揉　磧作「糅」。

〔一一七〕放火也　磧無，似爲衍文。

一切經音義　卷第九

翻經沙門玄應撰

大智度論〔一〕

大智度論　第一卷

[踰城　庚俱反。廣雅：踰、越、跨，度也。]〔二〕

貿麁　莫候反。三蒼：貿，換易也。謂交易物爲貿也。

幻術　侯辦反。説文：幻，相詐惑也。案幻，謂相欺眩以亂人目也。術，法也，術亦道藝也。又邑中大道名術。術道四通，今術亦尔，無所不通也。

唐勞　字詁：古文𠴈、啺二(二)〔三〕形，同。徒當反。案唐，徒也。徒，空也。爾雅：勞，勤也。[舍人曰〔四〕：]勞，力極也。

嬰咳　於盈反。嬰猶嫛婗也。蒼頡篇：女曰嬰，男曰兒。釋名曰：胸前曰嬰，投之嬰前，以乳養之，故曰嬰兒。咳，古文孩，同。胡來反。説文：咳，小兒笑也。咳，稚小也。禮記「世子生三月，父執子之手，咳而名之」是也。論文有從女作姟。字林：古才反。姟，大數也。姟非此用。嫛音烏奚反。婗，五奚反。

乳哺　蒲路反。哺，含食也。淮南子云：含哺而與。許叔重曰：口中嚼食也。今亦作餔〔五〕。

嵐毗　力含反。或云流彌尼。此譯云解脱處，亦名滅，亦名斷。

嬉戲　又作僖，同。虚之反。説文：僖，樂也。蒼頡篇：嬉，戲笑也。爾雅：戲，謔(謔)〔六〕也。郭璞曰：調戲也。

服御　扶福反。説文：服，用也。爾雅：服，整也。[郭璞曰]〔七〕：服御令齊整也。御，古文馭，同。魚據反。廣雅：御，進也。侍也。蔡邕獨斷曰：凡衣服加於身，飲食入於口，妃妾接於寢，皆曰御。御之所親愛則曰幸也。[釋名云：御，語也。尊者將有所欲先語之也。亦言其職卑下，尊者所勒御如御牛馬然也〔八〕。]

唐突　字體作搪揬二形，同。徒郎反，下徒骨反。廣雅：觸、冒、搪、衝，揬也。字書：揬，揩也。

蹴蹋　千六反，下徒盍反。謂以足逆蹋之曰蹴也。[説文：蹋，踐也。廣雅：蹋，履也〔九〕。]

[適生　説文：之赤反。廣雅：祇，適也。謂適近也，始也。]〔一〇〕

[不彰　又作暲，同。灼羊反。廣雅云：彰，明也。著也，亦表也。]〔一一〕

大智度論　第二卷

不倚　於蟻反。廣雅：倚，因也。謂因物而依倚也。又音渠蟻反，謂倚立也。

[無咎] 渠九反。詩云：或慘慘畏咎。注云咎猶罪過也。廣雅：咎，惡也。説文：咎，災也。字體從人從各，人各相違，即成罪咎。又二人同心，其利斷金；二人相違，其禍成災。古文以爲臯繇之臯字也。][一一]

汝曹 又作曹，同。自勞反。史記：十餘曹循之。如淳曰：曹，輩也。詩云：乃告其曹。傳曰：曹，羣也。

師保 古文賲、㑭、保三形，同。補道反。禮記：出則有保，入則有師。保，安也，謂以道安人也。保，守也。説文：保，養也。

詭名 俱毀反。謂變詐也。[若齊都云詭且，關西是也[一三]。]

偶得 吾苟反。爾雅：偶，遇也。郭璞曰：偶尔相值也。

掣電 充世反。掣電，陰陽激耀也。[釋名云：電，殄也。言乍見即殄滅也。十州記云：猛獸兩目如礮礰之光。今吴名電爲礮礰，音息念、大念反。三輔名䨷電。][一四]

[雹雨 蒲角反。白虎通曰：雹之言合也，陰氣專精凝合爲雹。鄭玄注禮記云：陽爲雨，陰起脅之，凝而爲雹。釋名云：雹，跑也。其所中物皆摧折，如人所蹴跑也。跑，角(父)學反也。][一五]

驟墮 仕救反。國語：驟救傾危以時。賈逵曰：驟，疾也。

號咷 徒勞反。案號咷，大泣也。[易云「先號咷而後哭」是也[一六]。]

剖裂 普厚反。案剖猶破也。[中分爲剖也[一七]。]蒼頡篇：剖，坼也。

彗星 蘇醉、囚芮二反。妖星也。言星光似掃彗也。

噢咿 乙六、於祁反。埤蒼：噢咿，内悲也。謂痛念之聲也。論文作噢郁二形，非體也。

谿谷 苦奚、古木反。爾雅：水注川曰谿。[李巡曰：水出於山入於川曰谿。説文：泉之[一八]]通川者曰谷。

[揵椎 打木也。梵言揵椎，此無正翻。案舊譯經本多作犍遲，此亦梵言訛轉耳。][一九]

[選得 先兖、先絹二反。字林：選，簡擇。][二〇]

四疊 徒頰反。蒼頡篇：疊，重也，積也。論文又作㲲，音同疊。説文：重衣也。[南有疊江縣[二一]。]二形隨作。

渾濁 後昆、後衮二反。渾，亂也。説文：渾，洿也。[亦水流聲也[二二]。]

牛齝 又作齥，三蒼作䶩，詩傳作呞，同。丑之反。韻集音式之反。爾雅：牛曰齝。郭璞曰：食已復出嚼之也。

廓然 口郭反。廣雅：廓，空也。方言：張小使大謂之廓。[爾雅：廓，大也。孫炎曰：廓，張之大也[二三]。]

觳門 又作敲，蒼頡篇作毃，同。苦交反。擊也。[説文云[二四]：]撗擿也。[擊頭也[二五]。]

[蜫勒 古魂反。此譯云篋藏也。][二六]

大智度論　第三卷

蛇欶 又作嗽，同。山角反。通俗文：含吸曰嗽。經文作嗽，俗字也。

鞞侈 陛奚、昌是反。秦言明行足。[依字，鞞，小鼓也。侈，奢也，泰也[二七]。]

伽僁 又作痛、備二形，同。蒲戒反。此言世間解[二八]。

舍喃 正體作諵，同。女函反。譯云人也。[依字，埤蒼：諵，語聲也[二九]。]

黑黶　於簟反。謂面黑子也。[說文：面中黑子也[三〇]。]論文作黯，於感、[於斬二[三一]]反。[說文：深黑也，黰也。黯非字義也。]

循環　似均反。謂旋繞往來也。[爾雅：遹、遵、率、循，自也。郭璞曰：又爲循行也。循[三二]]亦巡也，遍也。

蕃息　輔袁反。[尚書：庶草蕃廡。孔安國曰[三三]：]蕃，滋也，謂滋多也。[周禮：以蕃鳥獸。鄭玄云：蕃，息也。釋名曰[三四]：]息，塞也。言物滋息塞滿也。[今中國謂蕃息爲嬎息。嬎音亡万反。周成難字曰：嬎，息也。同時爲一嬎，亦作此字[三五]。]

刮敓　又作刷，同。所劣反。說[文][三六]：刷，拭也。廣雅：敓，刮也。[爾雅：刷，清也。郭璞曰：掃刷所以清潔也。刮，古滑反，削也。亦作捖刮[三七]。]

罄竭　古文窒，同。可定反。說文：器中空也。爾雅：罄，盡也。[孫炎曰：罄，竭也，盡也[三八]。]

大智度論　第四卷

晡時　補胡反。淮南云：日行至于悲谷爲晡時。謂加申時也。

扣開　祛後反。廣雅：扣，舉也。[論語云：以杖扣其脛。孔安國曰[三九]：]扣，擊也。

植樹　又作櫂，同。時職反。[周禮：植物宜早。鄭玄曰[四〇]：]植猶根生之屬也。[又植，樹也。方言：樹、植，立也[四一]。]

[猶豫　弋又弋周二反。案說文：隴西謂犬子曰猶。猶性多預在人前，故凡不決者謂之猶豫也。又爾雅：猶如麂，善登木。郭璞曰：健上樹也。某氏曰：上木如鳥。][四二]

勞擾　如紹反。說文：擾，煩也。廣雅：擾，亂也。

大智度論　第五卷

抒大　除呂、時汝二反。說文：抒，挹也。挹，酌也。廣雅：抒，渫也。通俗文：汲出謂之抒也。

[轡勒　碑愧反。字書：馬縻也。所以制牧車馬。釋名云：轡，紼也。牽引怫戾以制馬。字體從絲從叀聲。勒，馬頭鑣銜也。釋名：勒，絡也。絡其頭而引之也。][四三]

[純淑　時匀反。尚書：政事唯純。孔安國曰：純，粹也。謂專精純一也。爾雅：純，大也。方言：純，好也。淑，時六反。詩傳曰：淑，美也，善也。或作熟。方言：爛熟也。][四四]

[股肉　又作骰，同。公戶反。說文：股，髀也。][四五]

內慼　又作慽，同。且的反。廣雅：慼，近也。詩[云：戚戚兄弟[四六]。]傳曰：相親也。

扳稱　又作攀、𢪃二形，同。普姦、布姦二反。字林：扳，引也。釋名云：攀，翻也。連翻上及之言也。

五皰　蒲孝反。[說文：皰，面生氣也。淮南子云：潰小皰而發痤疽作靤[四七]。]論文作䶌、疱二形，未見所出也。

眼䀹　又作睫，釋名作毽，同。子葉反。說文：目旁毛也。[史記「目見毫毛而不見䀹」是也[四八]。]

[帷帳　古文匯，同。于追反。字林：在旁曰帷。謂張帛障旁也。釋名云：帷，圍也。謂以自障圍也。今皆作幃。][四九]

幄幔　猗角反。幄謂大帳也。小爾雅云：覆帳謂之幄。幄，幕也。

趒小　又作趠，同。他吊反。謂趒躑也。[韻集云：趒，越也。亦懸躑也〔五〇〕。]論文作踔，敕挌、敕角二反。跛者行踸踔也。踔非論旨。

賈人　公户反。坐賣也。[周禮：商賈。鄭玄注：行曰商，處曰賈〔五一〕。]白虎通曰：賈之言固也。固物待民來以求其利也。

大智度論　第六卷

呵膢　古文樓（褸）〔五二〕，同。力侯反。依字，三蒼：八月祭名也。[經文有作樓也〔五三〕。]

[溉灌　歌賚反。説文：灌，溉注也。]〔五四〕

忮羅　之豉反。依字，詩傳云：忮，害也。説文：忮，恨也。

訥口　又作吶，同。奴骨反。[論語：君子欲訥於言。包咸曰〔五五〕：]訥，遲鈍也。説文：訥，難也。

怨仇　渠牛反。[左傳〔五六〕：]怨偶曰仇。爾雅：仇、讎，匹也。[李巡曰：仇、讎〔五七〕，]怨之匹也。

不槩　古文杚，同。該礙反。字林：工内反。謂平斗斛者也。[廣雅：槩，量也，平也〔五八〕。]

大智度論　第七卷

縹色　匹遶反。謂天縹也，如帛之青白色也。[釋名云：縹猶漂也。漂，淺青色也。有碧縹，有赤縹，有青縹，各以其色所象言之〔五九〕。]

陰噎　古文壹，同。於計反。[詩云：終風且噎。傳曰：陰而風曰噎〔六〇〕。]釋名云：噎，翳也，言雲氣晻翳日光使不明也。

斷齒　牛斤反。蒼頡篇：齒根也。説文：齒肉也。

火熸　子勞反。説文：熸，焦也。蒼頡篇：燒木餘也。

手捫　莫昆、莫本二反。聲類：捫，摸也。字林：撫持也。[案捫謂執捉物也〔六一〕。]

蹈躤　徒到、自亦反。廣雅：蹈，行也。字書：躤，踐也。[釋名云：蹈，道也。以足踐之如道也。躤，藉也。以藉足也。論文作籍，狼籍也。籍非字體也〔六二〕。]

大智度論　第八卷

伯仲　謂兄弟也。爾雅：伯，長也。[舍人曰〔六三〕：]伯，位之長也。韓詩：仲，中也。言位在中也。禮記：幼名，冠字，五十爲伯仲，周道。[釋名云：伯，把也。把持家政也〔六四〕。]

罽那　居例反。秦言寶積。經本或作刺那，力達反。[今從刺也〔六五〕。]

大智度論　第九卷

龍蟠　蒲寒反。禮記：而蟠于地。[鄭玄曰〔六六〕：]蟠，委也。廣雅：蟠，曲也。

狂狷　古文悁、狷二形，今作獧，同。俱面反。狂者進取於善道，狷者守節無爲也。

潘澱　蒼頡篇作潘，同。敷袁反。[泔也。説文：潘，淅米汁也。

浙音蘇歷反〔六七〕。]江北名泔，江南名潘。澱，古文顠，同。徒見反。[爾雅：澱謂之垽。郭璞曰〔六八〕：]澱，滓也。江東呼爲垽。論文作淀，水名，在新陽。又如淵而淺亦曰淀。淀非此義。垽音魚靳反。淀音殿。

長跽　古文䠆，同。奇几、其矣二反。說文：跽，長跪也。釋名云：跽，忌也。見所敬忌不敢自安也。

大智度論　第十卷

氏宿　丁計、都禮二反。爾雅：天根，氏也。[音義曰：天根爲天下萬物作根，故曰天根也。孫炎曰〔六九〕：]角亢下繫於氏，若木之有根也。

奎宿　口攜反。爾雅：降婁，奎婁也。[李巡曰〔七〇〕：]白虎宿也。

觜宿　子移反。爾雅：娵觜之口，營室東壁也。[孫炎曰：娵觜之歎則口開方，營室東壁〔七一〕，]四星方似口，因以爲名也。

髑髏　古文顫顱二形，同。徒木、力侯反。頭骨也。

襤褸　古文㦨，又作繿，同。力甘反。襤褸謂衣敗也。[凡人衣被醜弊亦謂之襤褸〔七二〕。]論文作藍，染草也。藍非今義。

象廏　古文𠣜、匓二形，同。居宥反。說文：馬舍也。釋名云：廏，鳩聚也，牛馬之所聚也。周禮云：馬二百一十四匹爲廏。[廏有僕夫是也〔七三〕。]

逸馬　古文軼，同。余質反。廣雅：逸、走，去也。奔，逸也，縱也。

搥壓　又作磓，同。丁回反。謂投下也。壓，於甲反。自上加下也。論文多作庘。通俗文：物欲壞曰庘廬。庘非此義。廬音仕加反。

考掠　古文剠、𠭊二形，同。力尚反。蒼頡篇：掠，問也。謂搒捶治人也。

户排　蒲皆反。謂木闟開户者也，如户鈎等也。[又諸户闟皆置排記，佛於食後視排案行諸比丘房也〔七四〕。]

揵坧　直飢、都犁二反。譯言續。

親親　且鄰反。禮記：親親以三爲五，以五爲九。蒼頡篇：親，愛也，近也。[說文：親，至也。釋名云：親，襯也。言相隱襯也。]

倓然　徒闞反。蒼頡篇：倓，恬也。說文：倓，安也。廣雅：倓，靜也。謂倓然無爲也。

黜而　今作絀，同。敕律反。[左傳：使無黜嫚。杜預曰〔七五〕：]黜，放也。廣雅：黜，去也。[尚書：三考黜陟。范甯集解曰：黜〔七六〕，]退也。

以肅　思六反。[尚書：罔弗祗肅。孔安國曰〔七七〕：]肅，嚴也。謂嚴急之言也。肅，戒也，敕也。

禦寒　古文敔，同。魚舉反。廣雅：禦，止也。[詩云：百夫之禦。傳曰：禦〔七八〕，]當也。爾雅：禦、圉，禁也。[舍人曰：禦圉〔七九〕]未有而豫防之也。論文或作御。毛詩：亦以御冬。傳曰：御，禦也。二形隨用。

草芥　歌邁反。草也。[左傳「視民如土芥」〔八〇〕、]漢書「俯地拾芥」是也。

大智度論　第十一卷

營從　古文覮，同。役瓊反。蒼頡篇：營，衞也，亦部也。

朝宗　周禮：春見曰朝，夏見曰宗。鄭玄曰：諸侯見天子之文。

朝，猶朝也，欲其來之早也。宗猶尊也。

能擗　補革反。說文：擗，［撝也。撝〔八一〕，］裂也。廣雅：擗，分也。論文作躃，補赤反。躃，跛也。又作僻，匹尺反。僻，邪也。二形並非此用。

大智度論　第十二卷

贈遺　余季反。廣雅：遺，與也。謂以玩好送人曰贈，雅遺也。

悠遠　弋周反。［國語：道路悠遠。賈逵曰〔八二〕：］悠，長也。爾雅：悠，遐也。［舍人曰：悠〔八三〕，］行之遠也。

疽瘡　且余反。說文：疽，久癰也。

［勁利　居盛反。說文：勁，强也。字體從力，巠聲也。］〔八四〕

大智度論　第十三卷

姞利　渠帙反。龍名也。依字，南燕姓也。

豪爽　所兩反。方言：爽，猛也。廣雅：爽，明也。字從大，大人必照明，故從大也。

繾綣　袪善、袪阮反。猶纏綿不離散也。

憮然　莫禹反。三蒼：失意皃也。怪愕之辭也。論語：夫子憮然。何晏曰：爲其不達已意而非之也。漢書：憮然。韋昭曰：意未言也。

鐵鍱　余攝反。說文：齊謂鏶爲鍱。鏶音集也。

僶俛　亡忍、無辯反。謂自强力也，强爲之也。

妻汝　且計反。謂以女妻人曰妻。論語「以其子妻之」是也。

毫氂　古文氂、練二形，今作秏，同。力之反。漢書律曆志云：不失毫氂。孟康注云：毫，兔毫也。十毫曰氂。三蒼：氂，毛也。論文作氂，［音僖。韋昭漢書音義曰：祭鬼神之餘肉曰釐。說文：釐，家福也〔八五〕。］亦古字通用也。

適无　都歷反。謂主適也。

善府　夫禹反。說文：府，藏也。三蒼：府，文書財物藏也。風俗通：府，聚也。公卿牧守文書財賄之所聚也。

［林藪　桑後反。澤無水曰藪。又亦大澤水希者是也。］〔八六〕

翕響　呼及反。［蜀都〔八七〕：］翕響揮霍。［注云〔八八〕：］謂奄忽之間也。

夷滅　以之反。廣雅：夷，滅也。［按史記「夷三族」是也。國語：夷竈堙井。賈逵曰〔八九〕：］夷，毀也。

委物　紆詭反。周禮「少曰委，多曰積」是也，謂積聚也。

輕泆　今作溢，同。與一反。水所蕩泆也。

豪傑　古文勢，同。胡高反，下奇哲反。淮南子云：智出百人謂之豪，十人謂之傑。案豪猶俊也。［大戴禮云：豪，帥也。傑，特立也。英，傑也〔九〇〕。］亦才能也。論文作桀，雞栖(栖)〔九一〕於杙爲桀，非此義。

［串樂　古文作摜、遺二形，又作慣，同。古患反。爾雅：串，習也。舍人曰：串心之習也。］〔九二〕

大智度論　第十四卷

募人　謨故、武句二反。說文：廣求也。蒼頡篇：問求也。

控告　枯洞反。詩：［控于大邦〔九三〕。］傳曰：控，引也。韓詩：控，赴也。

賙救　今作周，同。之由反。［謂以財物與人曰賙〔九四〕。］周禮：

五黨爲周，使之相賙。鄭玄曰：賙，謂禮物不備相給足也。詩[云：靡人不賙〔九五〕。]傳曰：賙，救也。[箋云〔九六〕：]將救其急也。

艇舟　徒頂反。[方言：南楚江湖小艑謂之艇。郭璞曰：艇，艑也〔九七〕。]釋名云：二百斛巳(已)〔九八〕上曰艇。[艑，思六反。 艑，音刁也〔九九〕。]

安措　且故反。字林：措，置也。[禮記：君子明於禮樂，舉而措之而已。鄭玄曰：措猶〔一〇〇〕]施也。論文作厝，且各反。說文：厝，厲石也。[摩也。詩云：他山之石，可以爲厝。厝非論旨〔一〇一〕。]

[冒死　莫勒反。說文：冐，突前也。國語：戎狄冐没輕儳。賈逵曰：冐没，猶輕觸也。字體從冃從見。今皆作冒。案冒，亡報反。冒，覆也，蒙也。冒，貪也。]〔一〇二〕

自替　吐麗反。爾雅：替，廢也。李巡曰：替去之廢也。

剛愎　扶逼反。左傳：愎諫違卜。[杜預注曰〔一〇三〕：]愎，戾也。又曰：强愎不仁。愎，恨也。

大智度論　第十五卷

勉勵　[又作勱，同〔一〇四〕。]靡辯反。說文：勉，强也。下吕制反。謂自勸勵。

洋銅　以涼反。謂煮之消爛洋洋然也。三蒼：洋，大水皃也。爾雅：洋，溢也。洋溢，衆多也。

避限　[脾義反。說文：避，迴也。蒼頡篇〔一〇五〕：]避，去也。[謂遠離之處也。限〔一〇六〕，]於回反。說文：一出反。水曲隩也。隱蔽之處也。論文偎，烏回反。愛也。偎非此義。

幾失　渠衣反。幾，近也。言近失而不失也。

蜫虫　古文蚰，同。古魂反。禮記：蜫蟲未蟄。鄭玄曰：蜫，明也。明蟲者陽而生，陰而藏者也。夏小正曰：蜫，小蟲也。蜫，魂也。魂魂然小蟲動也。

穿窬　欲朱反。三蒼云：窬，門邊小竇也。說文：門旁穿木户也。又音徒搆反。禮記：蓽門圭竇。鄭玄曰「竇門旁窬也，穿牆爲之，其形如圭」是也。論文作踰，越也，度也。踰非字體。

婬佚　與一反。廣雅：佚，樂也。蒼頡篇：佚，蕩也。

不睦　又作穆，同。亡竹、莫禄二反。[尚書：九族既睦。孔安國曰〔一〇七〕：]睦，和也。[又曰：我其如睦。孔安國曰〔一〇八〕：]睦，敬也。

邪僻　匹尺反。[詩云：民之多僻。箋云〔一〇九〕：]僻，邪也。案僻者，謂爲事邪枉不中理也。

[窯作　余昭反。說文云：燒瓦竈也。通俗文云：陶竈曰窯也。]〔一一〇〕

怳忽　古文兂、慌二形，同。呼晃反。慌忽，忘也。

宗族　子同反。所承也。字林：宗，尊也，亦主也。廣雅：宗，本也。楚辭：同姓曰宗。族，藂禄反。族，類也。周禮：四閭爲族。鄭玄曰：百家也。

大智度論　第十六卷

斐亹　孚尾、亡匪反。如有也。[詩云：有斐君子〔一一一〕。]傳曰：斐，文皃也。[周易：成天下之〔一一二〕]亹亹。[劉瓛曰：亹亹〔一一三〕]猶微微也。

[長跪　其詭反。聲類：跪，跽也。釋名云：跪，危也。兩膝隱地體危陧也。陧音五結反。][一一四]

[軟夫　諸書作耎，同。而兖反。漢書云「軟弱不勝任」作軟也。][一一五]

卒無　子律反。爾雅：殚，終也。[舍人曰：卒[一一六]，]病之終也。[李巡曰：卒[一一七]，]事之已也。

恬澹　徒兼、徒濫反。方言：恬，静也。廣雅：澹，安也。

呿提　又作㰦，同。丘庶反。秦言虚空也。

則蹷　或作蹶，同。巨月、居月二反。説文：蹷，[僵也[一一八]。]僵，却偃也。廣雅：蹶，敗也。論文作蹶。古文蹷，同。居衞、居月二反。爾雅：蹶，動也。案蹶，驚駭急疾之意也。蹶非此用。

間關　謂崎嶇辛苦得達之皃也，又亦設置也。

惈敢　古禍反。廣雅：勇也。蒼頡篇：惈，憨也。煞敵爲惈。爾雅：惈，勝也。[孫炎曰[一一九]：]惈，决之勝也。今亦作果。憨音胡濫反。

大智度論　第十七卷

秋穫　胡郭反。説文：穫，刈禾也。[王逸注楚辭云[一二〇]：]草曰刈，穀曰穫也。

嫈嫇　字林乙莖、茫莖反。心態也，亦細視也。論文作瞜暄，未見所出。

黄髯　如廉反。髯，頬毛也。[釋名云：頬耳旁曰髯，隨口動摇髯髯然也[一二一]。]論文有作髮字也。

叱之　齒逸反。蒼頡篇：叱，呵也。[禮記「尊客之前不叱狗」是也。][一二二]

逡巡　且旬反。爾雅：逡，退也。郭璞曰：逡巡，却退也。

煜爚　由掬、弋灼反。説文：煜，光耀也。爚，火光也。廣雅：煜，熾也。埤蒼：煜，盛皃。論文作昱，日明也。爍，式灼反。字與鑠同，銷鑠也，並非此義。

桎梏　之實、公篤反。[周禮掌囚：凡囚，中罪桎梏。鄭玄曰：]在手曰桎，在足曰梏也。

[迴眄　忙見反。説文：邪視也。方言：自關而西秦晋之間曰眄。][一二三]

填積　古文寘，同。徒堅反。填，滿也。廣雅：填，塞也。

即厭　於冉反。字苑：眠内不祥也。[蒼頡篇：伏合人心曰厭[一二四]。]山東音於葉反。[説文：厭，合也。字從厂，音呵旦反[一二五]。]

煏煮　古文𤒉、𤎅二形，同。扶逼反。方言：煏，火乾也。關西隴冀以往謂之煏。[説文：以火乾肉曰𤎅[一二六]。]

大智度論　第十八卷

著圂　胡困反。説文：圂，厠也。蒼頡篇：豕所居也。字從囗，豕在其中也，字意也。論文作溷。溷，濁也，亂也。[溷非正體也[一二七]。]

[稽留　古兮反。字林：稽，留也。稽，止也。][一二八]

懸繩　論文多作鉉。胡犬反。舉鼎也。鉉非此用。繩未見所出。

能决　胡玦反。説文：下流也，又穿决也。

燒烙　力各反。謂燒煮物著之也。論文作爍，式灼反，銷也。爍非字義。

鶂鷘　莫族反。爾雅：舒鳧，鶩。［郭璞曰〔一二九〕：］即鴨也。［李巡曰〔一三〇〕：］野曰鳧，家曰鶩。一名舒鳧。［某氏曰〔一三一〕：］在野翼舒飛遠爲鳧。

觜距　今作喙，同。子累反。廣雅：觜，口也。字書：鳥喙也。或作觽。論文作嘴，撿諸經史無如此字，唯傅毅七激云「嘴埴飲泉」作此字。音徐耎反。嘴非字義。距，古文詎、岠二形，同。居呂、渠呂二反。說文：鷄足距也。

蚑蜂　巨儀反。通俗文：矜求謂之蚑蛷也。關西呼蛪溲爲蚑蛷音求。溲，所誅反。聲類云：多足蟲也。

鵂鶹　許牛反。爾雅：怪鴟。［舍人曰：一名怪鳥〔一三二〕。］一名鵂鶹，南陽名鉤鵅。［字林：鴟，鵂也〔一三三〕。］

㹢玃　字體作猲，或作猳，同。音加。下居縛、居碧二反。爾雅：玃父善顧。郭璞曰：猳，玃也。似獼猴而大，色蒼黑，善玃持人，好顧眄也。古今注云：猨五百歲化爲玃也。抱朴子云「獼猴八百歲化爲玃，玃壽千歲」是也。

饕飻　古文飹、叨二形，同。他高反。飻，正字作餮，同。他結反。說文：貪也。左傳：縉雲氏有不才子貪于飲食，冒於貨賄，斂積不知紀極，天下人民謂之饕飻。杜預曰：貪財曰饕，貪食曰飻也。

眼陷　［楚辭：陷滯而不濟。王逸云〔一三四〕：］陷，没也。案陷猶墜入也。論文作睧。此應近字也。

盪滌　古文瀁，同。徒朗反，下徒歷反。盪滌謂洒器也。

鐵弗　字苑：初眼反。今之炙肉弗字也。［字略云：以籤貫肉臠也〔一三五〕。］論文作鏟。鏟，削也〔一三六〕。

𪇬(𪇭)〔一三七〕裂　撿諸字書無如此字。案字義宜作攫，居碧、九縛二反。說文：爪持也。［禮記：鷙蟲〔一三八〕］攫搏也。

拼度　古文拼、𢫨二形，同。補耕反。拼謂振繩墨也。

摶截　徒官反。［通俗文：手團曰摶〔一三九〕。］說文：摶，團也。［聲類：摶，捉也〔一四〇〕。］字林［剸截之剸〔一四一〕］作剸，［音杜丸反〔一四二〕。］論文作揣，初委、都果二反，量也，度也。揣非義旨。

六駮　補角反。爾雅：駮如馬，倨牙，食虎豹。［舍人曰〔一四三〕：］駮，多力獸也。山海經云：曲山有獸，狀如馬，白身，黑首，一角，［虎］〔一四四〕爪，音如鼓。其名駮，食虎豹，可以禦兵。詩云「隰有六駮」是也。魏黄初三年，六駮再見於野。

齩齧　又作𪘏，同。五狡反。說文：齩，齧骨也。廣雅：𪘏，齧也。

齰掣　又作齚，同。竹皆反。通俗文：齧挽曰齰。廣雅：齰，齧也。

轢諸　力各、力的二反。蒼頡篇：轢，輾也。說文：車所踐也。

如茬〔一四五〕　側挌反。案茬猶壓也。今謂以槽笮出汁也。

蹂場　古文厹，同。仁求、仁柳二反。通俗文：踐穀曰蹂。蒼頡篇：蹂，踐也，熟躡也。

赭色　之野反。三蒼：赭，赤土也。［方言：南楚東海之間或謂卒爲赭。郭璞言：衣赤也。］

亨肉　普羹反。亨，煮也。方言：亨，熟也。嵩岳以南陳穎(潁)〔一四六〕之間曰亨。儀禮：凡煮於鑊中曰亨，於鼎曰升。

燂腊　聲類作燂、爓二形，字詁：古文燅、爓二形，今作燅，同。詳廉反。［說文：燅，熱湯中瀹肉也〔一四七〕。］通俗文：以湯去毛曰爓。論文作爓。案說文、諸詮之蜀都賦音皆余瞻反，又羊占反。說文：爓，火爓爓也。爓非今義。

磔牛　古文厇，同。知格反。廣雅：磔，張也。磔，開也。［說文：磔，辜也。爾雅：祭風曰磔。孫炎曰：既祭，披磔，其

猛殺　牲以風散也〔一四八〕。」論文作挓，未見所出。牛既反。尚書：尚迪果毅。孔安國曰：煞敵爲果，致果爲毅。一曰有決也。

鐵杙　余職反。爾雅：樴謂之杙。杙，橜也。論文有作鐵棱，傳寫誤也。樴，徒得反。

踼突　今作逿，同。徒郎反。説文：搶也。蒼頡篇：驅馳皃也，亦失跡也。聲類：踼，趺也。案字宜作搪揬二形。

銅橛　巨月反。説文：橛，杙也。論文作鐝。〔埤蒼：磿，鐝也〔一四九〕。〕通俗文云：磨齊曰鐝。鐝非今義。

發撤　除列反。廣雅：撤，壞也，亦去也。〔儀禮：遍乃撤豐。鄭玄曰〔一五〇〕：〕撤，除也。

噤戰　〔字林〕〔一五一〕古文唫，同。渠飲反。〔楚辭：噤閉而不言。王逸曰〔一五二〕：〕閉口不開爲噤也。

浹渫　下甲、丈甲反。浹渫謂冰凍相著也。論文作沺，非體也。

搒抬　薄衡反，下又作笞，同。丑之反。〔字書〔一五三〕：〕搒，捶也。〔廣雅：搒〔一五四〕，〕笞擊也。

忌憚　渠記反。廣雅：忌、恐，畏也。説文：忌，增(憎)〔一五五〕惡也。憚，徒旦反。憚，難也。

〔俎割　莊呂反。方言：俎，几也。字書：肉几也。〕〔一五六〕

蔚茂　於胃反。蒼頡篇：草木盛皃也。論文或作鬱，於屈反。説文：木藂生曰鬱也。

〔暴露　扶卜反。説文：暴，晞乾也。字從日從出廾米字意也。〕〔一五七〕

大智度論　第十九卷

蹗塵　古文買，同。許朝反。蹗，讙也。讙，諠譁也。左傳「湫隘蹗塵」是也。

无援　宇眷反。案援者謂依據護助之言。

懷孕　〔古文𦞤，同〔一五八〕。〕移證反。〔謂含實曰孕。三蒼〔一五九〕：〕懷子也。〔廣雅：孕，㑌也。字從子乃聲〔一六〇〕。〕論文有作懷妊。如禁反。妊，孕也。

體胤　與振反。爾雅：胤，繼也。〔舍人曰：胤〔一六一〕，〕繼世也。説文：胤，子孫相承續也。謂蕃育之稱也。

麖麀　古遐反。牡鹿也。説文：以夏至解角也。麋，冬至解角也。麀，古文麀，同。於牛反。爾雅：牝鹿牝牸也〔一六二〕。

有娠　書鄰反。娠謂懷胎也。書中亦作身〔㑌〕〔一六三〕，二形通用也。

軍持　正言捃稚迦，此譯云瓶也。謂雙口澡灌(罐)〔一六四〕也。論文作鍕鉼，〔字無所出，猶〔一六五〕〕俗作也。

岐道　古文嶅、跂二形，同。渠宜反。謂枝別義也。爾雅：道二達謂之岐。〔郭璞曰：岐道直出者也〔一六六〕。〕釋名云：物兩爲岐，此道似之也〔一六七〕。

搏鹿　補各反。案搏猶拊拍也。〔又云：夢與楚子搏。杜預曰〔一六八〕：〕手搏也。〔考工記：搏，拍也〔一六九〕。〕又搏取之也。

大智度論　第二十卷

抨則　又作拼，同。普耕反。説文：抨，彈也。猶言抨毛、抨弓等也。

尺蠖　烏郭、於攫二反。桑蟲也。説文：屈申蟲也。爾雅：蠖，尺蠖也。郭璞曰：蝍蝛也。音子力、子六二反。一名步屈也。舍人曰：宋地曰尋桑也。

大智度論 第二十一卷

衣以 於歆反。案以衣被之曰衣。衣謂衣著也。

食以 又作飤，同。囚志反。謂以飯食設供於人曰食。

眵淚 充尸反。説文：蔑，兜眵也。蔑，莫結反。論文作眵，未詳。

結聹 乃泠反。埤蒼：耵聹，耳垢也。

俞[一七〇]多 弋朱反。廣雅：俞，益也。小爾雅：俞、兹、强，益也。

[蝡動 如兖、如允二反。説文：蝡亦動。淮南「蜫蟲蝡動」是也。][一七一]

崫起 魚屈反。埤蒼：特立也。史記「崫然獨立」、[「塊然獨坐」[一七二]]是也。

大智度論 第二十二卷

骨幹 字體作骭，同。歌旦反。骭，肋也，亦體也。骸骨也。

視占 之鹽反。方言：占，視也，亦候也。凡相候謂之占。占，瞻也。

大智度論 第二十四卷

辭訣 古穴反。通俗文：與死者別謂之訣。[字略云[一七三]：訣，絶也。]

祈請 渠衣反。廣雅：祈，求也。爾雅：祈、云，告也，[叫也。郭璞曰：祈祭者叫呼而請事也。孫炎曰：祈，爲民求福叫告辭也[一七四]。]

捍格 古文斁、戰、捍、仠四形，今作扞，同。胡旦反。捍，禦也。格，古文𢦏，同。古額反。格，鬭也。格，拒也。説文：格，擊也。

智鑒 字書作鑑，同。古儳反。廣雅：鑒，炤也。鑒，鏡也。[所以察形也[一七五]。]

刳腹 口孤反。[蒼頡篇：刳，屠也[一七六]。]方[言][一七七]：刳，揆也。[説文：刳，判也。周易：刳木爲舟[一七八]。]案刳謂空其腹也。

灰燼 似進、才刃二反。説文：謂火之餘木也。

孅指 古文攕，字書作纖，同。思廉反。説文：攕，好手皃也。孅，細鋭也。[方言：纖，小也，細也。梁益之間，凡物小謂之纖也[一七九]。]

𣤹然 所力反。埤蒼：恐懼也。通俗文：小怖曰𣤹。[公羊傳「𣤹然而駭」是也[一八〇]。]論文作嗇，近字耳。又作嗇，澀也。嗇非此義。

閒跱 古文峙，同。除理反。言獨立也。廣雅：跱，止也。[説文：跱，躇也。謂踞止不前也。躇音直如反。]

便晴 [古文姓、暒二形，同[一八一]。]藉盈反。漢書：天晴而見景星。孟康曰：晴，精明也。

大智度論 第二十五卷

豐渥 烏學反。詩云：顔如渥赭。傳曰：渥，厚也。

[僂步 力主反。通俗文：曲脊謂之傴僂。廣雅：僂，曲也。][一八二]

大智度論　第二十六卷

釀酒　女帳反。三蒼：米麵（麴）所作曰釀。[説文：醖作酒曰釀也〔一八三〕。]

洮沙　徒刀反。案洮猶清汰也。論文作汰，土蓋反。通俗文：淅米謂之洮汰。

廬館　力居反。小爾雅云：廬，寄也。[謂寄止也，亦别舍也〔一八四〕。]黄帝爲廬，以避寒暑。春秋去之，冬夏居之，故云寄止也。[釋名云：寄止曰廬。廬，慮也。取其止息覆慮也。館，古玩反，客舍也。周禮：五十里有館，有委積，以待朝聘之客。字體從食官聲〔一八五〕。]

調投　徒吊反。廣雅：調，欺也。調，賣也。啁，調也。

凌〔一八六〕傷　力升反。廣雅：凌，暴也，犯也，侮也。蒼頡篇：凌，侵也。傷，又作敡，同。以豉反。蒼頡篇：傷，慢也。[謂平傷也。説文〔一八七〕：]傷，輕也。今亦作易。

大智度論　第二十八卷

噏風　[古文歙、噏二形〔一八八〕，]今作吸，同。羲及反。廣雅：吸，飲也。[説文：内息也。謂氣息入也，亦引也〔一八九〕。]

兵伍　兵，威也。五刃爲兵。下吾魯反。周禮：五人爲伍。鄭玄曰：伍，衆也。論文作仵〔一九〇〕，吾古反。逆也。仵非字義。

謇吃　古文謰、謇〔一九一〕二形，今作蹇。聲類作讓，又作㧑，同。居展反。方言：謇，吃也。楚人語也。[周易：謇者難也〔一九二〕。]論文作蹇，跛蹇也。蹇非此義。吃，古文钦，同。居乞反。氣重言也。通俗文：言不通利謂之㧑吃。

深濬　古文濬、濬二形，今作浚，同。私閏反。濬，深也。

堅著　治略反。堅，牢也。相著也。

大智度論　第二十九卷

躄鬱　卑赤反。説文：拳衣也。廣雅：躄，屈也。拳音丘阮反。

梁抨（枰）〔一九三〕　力將反。謂㨨（橫）〔一九四〕梁也。抨（枰），皮兵反。埤蒼：抨（枰），榻（榻）〔一九五〕也。謂獨坐板床也。釋名云：抨（枰），平，以板作之，其體平正也。

大智度論　第三十卷

大辟　古文擗、擘二形，同。脾尺反。字林：辟，法也。[韓詩：或辟四方。辟〔一九六〕，]除也。字從尸[口]〔一九七〕辛。尸辛者，制其罪；口，用法也。論文作邪僻字，非也。

祜利　胡古反。[詩云：受天之祜。箋云〔一九八〕：]祜，福也。爾雅：祜，厚也。

觚枝　古胡反。案觚猶枝本也。未詳何語也。

雷霆　達頂、達丁二反。周易：鼓之以雷霆。劉瓛曰：霆，雷也。震爲雷，離爲電。爾雅：疾雷爲霆霓。郭璞曰：雷之急激者也。蒼頡篇：霆，霹靂也。[公羊傳「有霆擊夷伯之廟」是也〔一九九〕。]

大智度論　第三十一卷

紹胄　治又反。字林：胄，胤也。胤，嗣也。謂繼嗣先世也。

大智度論　第三十二卷

參倍　錯耽反。廣雅：參，三也。方言：參，分也。齊曰參。郭璞曰：謂分割也。[倍，蒲乃反。廣雅云：倍，半也。謂生兩曰倍也[二〇〇]。]

識記　楚蔭反。三蒼：識，秘密書也。出河洛。説文：識，驗也。謂占後有效驗也。

珠璣　居沂、渠氣二反。説文：珠之不圓者也。字林：小珠也。

錠光　大徑反。案聲類「無足曰鐙，有足曰錠」，[亦言][二〇一]然燈佛是也。

大智度論　第三十三卷

礼貺　吁(呼)[二〇二]誑反。爾雅：貺，賜也。郭璞曰：謂賜與也。

萎爛　於危反。聲類：草木菸也。廣雅：蔫、萎，菸也。

懾伏　古文慹，或作讋、懾二形，同。占涉反。字林：懾，服也。[禮記：而氣不懾。鄭玄曰[二〇三]：]懾，恐懼也。[又曰：貧賤而知好禮則意不懾。鄭玄曰[二〇四]：]懾猶怯惑也。

硾碟　案字體宜作磫礭二形，子容、其俱反。廣雅：磫礭，礪石也。通俗文：細礪謂之磫礭。礛諸治玉，磫礭治金。淮南子云「待礛諸而成器」是也。

鹹鹵　胡緘反。説文：鹵謂西方鹹地也。[天生曰鹵，人生曰鹽。鹽在東方，鹵在西方也。又釋名云：地[二〇五]]不生物曰鹵。

溝塍　古文膡、塖二形，今作堘，同。余(示)陵反[二〇六]。説文：塍，稻田畦也。史記：大曰隄，小曰塍。[廣雅：塍，隄也。蒼頡篇：塍，畔也[二〇七]。]論文作堋，非體也。

大智度論　第三十五卷

垣牆　宇煩反。垣謂四周牆也。釋名云：垣，援也。[人所依阻以爲援衛也。牆，障也。所以自障蔽也[二〇八]。]

大智度論　第三十六卷

隱須　正字作㥯，同。於靳反。説文：有所據也。

大智度論　第三十七卷

錮石　古護反。説文：錮，鑄塞也。

拯拔　蒸上聲。説文：拯謂上舉也。救助也，出溺也。

痿熱　又作𣨙，同。於嬀反。謂黃病也。[禮記：哲人其痿。鄭玄曰：痿，病也[二〇九]。]

所罥　[三蒼：古文作䍐，同[二一〇]。]古泫反。取獸繩也。論文作衒，行賣也。非今所用。

大智度論　第三十八卷

形兆　除矯反。[國語注云〔二一一〕：]兆，見也，形也。案兆者猶機也。事先見者也。

分解　扶問、胡賣反。分謂分別，解謂縫解也，接中也。

作摸　又作摹，同。莫奴反。摸〔二一二〕，法也，亦規也。謂掩取象也。

[自潰　古文殨，同。胡對反。説文：潰，漏也。蒼頡篇：潰，旁決也。]〔二一三〕

大智度論　第三十九卷

庇其　方利反〔二一四〕。方言：庇，寄也。通俗文：自蔽曰庇。[爾雅：庇，休蔭也。孫炎曰：庇覆之蔭也〔二一五〕。]

大智度論　第四十卷

[稻茅　亡苞反。説文：茅，菅也。]〔二一六〕

[竿蔗　古寒、諸夜反。甘蔗也。通俗文「西域出蒲萄，荆州出竿蔗」是也。]〔二一七〕

福祚　徂故反。[國語：天地之所祚。賈逵曰：]祚，禄也。又位也，報也。

擿口　他狄反。案擿亦剔也，謂挑剔也。擿，治(治)〔二一八〕之也。擿，除也。

大智度論　第四十一卷

玷中　都蕈反。言文如玷也。

[木榍　又作楔，同。先結反。説文：楔，櫼也。子林反。今江南言櫼，中國言屠。楔，通語也。屠音側洽反。]〔二一九〕

駑馬　怒胡反。廣雅：駑，駘也。謂馬中鈍者也。伯樂云：大頭短喙一奴也，脚不開屈玄目二奴也，小口短叉三奴也。[禮記「凶年乘駑馬」是也〔二二〇〕。]駘音待〔二二一〕。

大智度論　第四十二卷

胞胎　補交反。説文：胞兒生裹也。

蛇虺　古文虫、螝二形，同。呼鬼反。毒蟲也。[山海經：即翼之山多蝮虺。郭璞曰：色如綬文，鼻上有針，大者百餘斤。一名反鼻也。爾雅捷爲舍人曰：江淮以南曰蝮，江淮以北曰虺。莊子：虺二首。韓非子曰：虫有螝者，一身兩口，争食相齕，遂相殺也。又爾雅讚曰：蛇之殊狀，其名爲虺，其尾似頭，其頭似尾，虎豹可踐，此難忘履〔二二二〕。]

大智度論　第四十三卷

牝牡　脾盡、脾死二反。説文：畜母也。雌也。牡，莫走反。説文：畜父也。雄也。詩[云：駉駉牡馬。按詩〔二二三〕]傳曰：飛曰雄雌，走曰牝牡。至於雉鳴求其牡，則飛鳥亦有牝牡，不但走者也。

大智度論　第五十三卷

鏇師　難字作擐，同。因絹反。謂以繩轉軸裁木爲器曰鏇。經文作旋，非體也。

[淡飲　徒甘反，於禁反。謂匈上液也。論文亦作陰。]〔二二四〕

肪𦛨　先安反。[廣雅：𦛨，脂肪也〔二二五〕。]通俗文：在腰曰肪，在胃曰𦛨也。

[青瘀　於豫反。説文：瘀，積血也。廣雅：瘀，病也。]〔二二六〕

鑽燧　又作鏨，同。辭醉反。火母也，謂取火者也。[論語：鑽燧改火。孔安國曰：一年之中鑽燧各異木也〔二二七〕。]世本：造火者，燧人也。因以爲名。

尋繹　夷石反。[論語：繹之爲貴。馬融曰：尋繹行之爲貴也〔二二八〕。]方言：繹，理也。三蒼：繹，抽也，解也。

妖冶　余者反。謂鮮明莊飾也，傲雅自得也。

哆字　借音都餓反。依字，説文：殆可反。張口也。[字林丑亞、丑加二反〔二二九〕。]

拕字　太何、徒可二反。依字，[説文〔二三〇〕：]拕，曳也。[廣雅：拕，引也〔二三一〕。]拕，船尾也。

醝字　才何反。依字，通俗文：白酒曰醝也。

濕麽　莫可反。秦言石。論文作尛，俗字也。

大智度論　第五十五卷

診病　字林：諸刃反。診，視也。聲類：診，驗也。謂看脉候也。

大智度論　第五十八卷

姣輸　古文嬌（嫶）〔二三二〕，同。古飽反。詩云：姣人嫽兮。案姣猶妖媚不實也，謂面從也。

大智度論　第五十九卷

薜荔　蒲細、來計反。此譯言餓鬼也。依字，薜荔，香草也。其狀如韭，生山石也。

箭鏑　都狄反。説文：矢鋒也。史記：鋒鏑。或作鍉。鏃鏑也。釋名云：鏑，敵也，可以禦敵也。齊謂之鏃，言其所中皆族滅也。

深峭　今作陗，或作埆，同。且醮反。廣雅：峭，急也。[通俗文：峻阪曰峭。山陵險陖亦謂之峭〔二三三〕。]

大智度論　第六十卷〔二三四〕

[慍心　於問反。廣雅：慍，恚也。蒼頡篇：恨也。説文：怒也。]〔二三五〕

大智度論　第六十二卷

蠱道　工户反。[周禮：庶氏掌除毒蠱。鄭玄曰〔二三六〕：]毒蠱蟲物病害人。蠱在皿中字意也。

譴責　去戰反。蒼頡篇：譴，呵也。廣雅：譴，怒也。説文：譴，讁問也。文中有作詰責。廣雅：詰、責，問也。

曹瞽　亡登反。[郭璞注山海經云(二三七)：]瞢，盲也。周禮鄭玄曰：瞢瞢，無光也。經文有作盲瞽。瞽，公户反。[鄭玄注周禮云(二三八)：]無目謂之瞽。

大智度論　第六十三卷

給恤　又作卹，同。思律反。振恤也。謂以財物與人也。[爾雅：恤，憂也。孫炎曰：恤，救之憂也。說文：恤，火(二三九)也。]

大智度論　第六十七卷

眼瞎　正字作瞎，同。火鍩反。字書：一目合也。

手麾　今作撝，同。呼皮反。舉手曰麾，謂手之指也。以旌旗指麾衆，因以名焉。

大智度論　第七十二卷

偃蹇　巨偃(二四〇)、居免二反。廣雅：偃蹇，夭矯也。謂自高大也。釋名：偃息而卧，不執事也。蹇，跛蹇也。病不能作事，今託似此也。

[傲慢　五到反。廣雅：傲，慢也。謂不敬也。字書：傲，倨見傷也。謂輕傷也。字體從人敖聲。](二四一)

[甫當　弗禹反。爾雅：甫，我也，始也。當，終也。](二四二)

[揆則　渠癸反。謂準象之也。爾雅：揆，度也。孫炎曰：揆，商度也。則，法也。](二四三)

大智度論　第七十七卷

庠序　徐陽反，下古文㡰，同。徐舉反。舉也。謂儀容有法度也。周曰庠，夏曰序。白虎通曰：庠之言詳也。以詳禮儀之所也。序者，序長幼也。

機會　居衣反。說文：主發之機也。亦先見也。周易：樞機之發，榮辱之主。[莊子「鑿木爲機械者必有機心」是也。]會，古文合(㑹)(二四四)同。胡外反。爾雅：會，對也。謂相當對也。又會亦聚也，合也。

虜掠　力古反，下力尚反。虜，獲取也，[服也(二四五)，]戰而俘獲也。[掠(二四六)，]掠刼財物也。[謂虜掠奪取物也(二四七)。]

餌食　如志反。蒼頡篇：餌，食也。案凡所食之物皆曰餌。

瘾疹　於近、之忍反。皮上小起痕跡也。今俗亦謂肉斗腫起爲瘾疹，或言瘾胗。說文：胗，瘢也。音丈忍反。論文作隱軫，非體也。

大智度論　第八十卷

級其　羈立反。級，次也，謂階之等數名曰級。師旅，斬首一人，賜爵一級，因名賊首爲級也。

是捄　字詁：古文詸、捄二形，今作救，同。居又反。救，助也。

大智度論　第九十三卷

委佗　於危反，下徒何反。[廣雅：委佗，窊邪也(二四八)。]爾雅：

委委佗佗，美也。［郭璞曰：佳麗[二四九]美豔之皃也，［亦平易自得也[二五〇]。］

撓色　乃飽反。廣雅：撓，亂也。說文：撓，擾也。

大智度論　第九十五卷

迂迴　禹俱、一禹二反。迂，避也，遠也，亦廣大也。

石磽　古文隔、塥二形，或作磽，同。呼嫁反。說文：磽，裂也，坼也。謂石壁小開也。

大智度論　第九十七卷

躊躇　又作懤[二五一]，同。腸留反[二五二]，下或作踞，同。腸於反[二五三]。廣雅：躊躇，猶豫也，躑躅也。

相和　胡卧反。相譍也。［詩云：唱予和女[二五四]。］周易「鳴鶴在陰，其子和之」是也。

大智度論　第九十九卷

有掍　孤本、骨門二反。謂繩之轉絃者也。今亦名闕[二五五]爲掍子。字從昆。又作掍。蒲結反。廣雅：掍，轉也。字從昆，音魮。

窳惰　余乳反。［爾雅[二五六]：］窳，勞也。［郭璞曰[二五七]：］勞苦者多惰窳也，亦嬾也。［言嬾人不能自起，如瓜瓠在地，故字從瓜。又懶人恒在室，故從穴。論文或作嬾字也[二五八]。］

潦水　盧導反。謂水雨泛潦也。

大智度論　第一百卷

彌窒　古文懫，同。丁結、猪栗二反。秦言善知識。依字，窒，塞也。一本作彌多羅尼子，亦是梵言訛轉耳。

一切經音義　卷第九

丙午歲高麗國大藏都監奉敕雕造

校勘記

〔一〕大智度論　慧轉録於第四十六卷。

〔二〕此條麗無，據磧補。

〔三〕睗、嗎　據文意似爲「睗、嗎」。說文：「嗎，古文唐。從口易。」　三　磧作「二」。

〔四〕舍人曰　麗無，據磧補。

〔五〕今亦作餔　磧爲「論文作餔，字與脯同。補胡反。三蒼：夕食也。謂申時食也。餔非此義也」。

〔六〕謔　磧作「謔」。

〔七〕郭璞曰　麗無，據磧補。

〔八〕釋名云……尊者所勒御如御牛馬然也　麗

無，據磧補。

〔九〕說文……履也　麗無，據磧補。

〔一〇〕此條麗無，據磧補。

〔一一〕此條麗無，據磧補。

〔一二〕此條麗無，據磧補。

〔一三〕若齊都云詭且，關西是也　麗無，據磧補。

〔一四〕釋名云……三輔名䨻電　麗無，據磧補。

〔一五〕此條麗無，據磧補。角，慧作「父」。

〔一六〕易云「先號咷而後哭」是也　麗無，據磧補。今傳本周易爲「先號咷而後笑」。

〔一七〕中分爲剖也　麗無，據磧補。

〔一八〕李巡曰……泉之　麗無，據磧補。

〔一九〕此條麗無，據磧補。

〔二〇〕此條麗無，據磧補。

〔二一〕南有疊江縣　麗無，據磧補。

〔二二〕亦水流聲也　麗無，據磧補。

〔二三〕爾雅……張之大也　麗無，據磧補。

〔二四〕說文云　麗無，據磧補。

〔二五〕擊頭也　麗無，據磧補。

〔二六〕此條麗無，據磧補。

〔二七〕依字，鞞……泰也　麗無，據磧補。

〔二八〕此言世間解　磧爲「阿闍世王經譯言世間解。依字，疲劣也。通俗文『疲極曰憊』是也」。

〔二九〕依字，埤蒼：譎，語聲也　麗無，據磧補。

〔三〇〕說文：面中黑子也　麗無，據磧補。

〔三一〕於斬二　麗無，據磧補。

〔三二〕爾雅……循　麗無，據磧補。

〔三三〕尚書：庶草蕃蕪。孔安國曰　麗無，據磧補。

〔三四〕周禮……釋名曰　麗無，據磧補。

〔三五〕今中國謂蓄息爲嬎息……亦作此字　麗無，據磧補。

〔三六〕文　麗無，據磧補。

〔三七〕爾雅……亦作捖刮　麗無，據磧補。

〔三八〕孫炎曰……盡也　麗無，據磧補。

〔三九〕論語云……孔安國曰　麗無，據磧補。

〔四〇〕周禮……鄭玄曰　麗無，據磧補。

〔四一〕又植……立也　麗無，據磧補。

〔四二〕此條麗無，據磧慧補。

〔四三〕此條麗無，據磧慧補。

〔四四〕此條麗無，據磧慧補。

〔四五〕此條麗無，據磧慧補。

〔四六〕云：戚戚兄弟　麗無，據磧補。

〔四七〕說文……潰小皰而發痤疸作皰　麗無，據磧補。

〔四八〕史記「目見毫毛而不見睫」是也　麗無，據磧補。

〔四九〕此條麗無，據磧慧補。

〔五〇〕韻集云……亦懸躑也　麗無，據磧補。

〔五一〕周禮……處曰賈　麗無，據磧補。

〔五二〕樓　據文意似作「褸」。下同。

〔五三〕經文有作樓也　麗無，據磧補。

〔五四〕此條麗無，據磧慧補。

〔五五〕論語……包咸曰　麗無，據磧補。

〔五六〕左傳　麗無，據磧補。

〔五七〕李巡曰：仇，讎　麗無，據磧補。

〔五八〕廣雅……平也　麗無，據磧補。

〔五九〕釋名云……各以其色所象言之　麗無，據磧補。

〔六〇〕詩云……陰而風曰曀　麗無，據磧補。

〔六一〕案捫謂執捉物也　麗無，據磧補。

〔六二〕釋名云……籍非字體也　麗無，據磧補。

〔六三〕舍人曰　麗無，據磧補。

〔六四〕釋名云……把持家政也　麗無，據磧補。

〔六五〕今從剌也　麗無，據磧補。

〔六六〕鄭玄曰　麗無，據磧補。

〔六七〕潘　據文意似作「潘」。泔也……淅音蘇歷反　麗無，據磧補。

〔六八〕爾雅……郭璞曰　麗無，據磧補。

〔六九〕音義曰……孫炎曰　麗無，據磧補。

〔七〇〕李巡曰　麗無，據磧補。

〔七一〕孫炎曰……營室東壁　麗無，據磧補。

〔七二〕凡人衣被醜弊亦謂之襤褸　麗無，據磧補。

〔七三〕廄有僕夫是也　麗無，據磧補。

〔七四〕又諸户闔皆置排記，佛於食後視排案行諸比丘房也　麗無，據磧補。

〔七五〕左傳……杜預曰　麗無，據磧補。

〔七六〕尚書……黜　麗無，據磧補。

〔七七〕尚書……孔安國曰　麗無，據磧補。

〔七八〕詩云……禦　麗無，據磧補。

〔七九〕舍人曰：禦圉　麗無，據磧補。

〔八〇〕左傳「視民如土芥」　麗無，據磧補。

〔八一〕撝也。撝　麗無，據磧補。

〔八二〕國語：道路悠遠。賈逵曰　麗無，據磧補。

〔八三〕舍人曰：悠 麗無，據磧補。
〔八四〕此條麗無，據磧補。
〔八五〕音僖……家福也 麗無，據磧補。
〔八六〕此條麗無，據磧補。
〔八七〕蜀都 麗無，據磧補。
〔八八〕注云 麗無，據磧補。
〔八九〕按史記「夷三族」是也……賈逵曰 麗無，據磧補。
〔九〇〕大戴禮云……傑也 麗無，據磧補。
〔九一〕抦 磧作「柄」。
〔九二〕此條麗無，據磧補。
〔九三〕控于大邦 麗無，據磧補。
〔九四〕謂以財物與人曰賙 麗無，據磧補。
〔九五〕云：靡人不賙 麗無，據磧補。
〔九六〕箋云 麗無，據磧補。
〔九七〕方言……艒也 麗無，據磧補。
〔九八〕巳 磧作「已」。
〔九九〕艏……音刁也 麗無，據磧補。
〔一〇〇〕禮記……措猶 麗無，據磧補。
〔一〇一〕摩也……厝非論旨 麗無，據磧補。
〔一〇二〕此條麗無，據磧補。
〔一〇三〕杜預注曰 麗無，據磧補。
〔一〇四〕又作勱，同 麗無，據磧補。
〔一〇五〕脾義反……蒼頡篇 麗無，據磧補。
〔一〇六〕謂遠離之處也。限 麗無，據磧補。
〔一〇七〕尚書……孔安國曰 麗無，據磧補。
〔一〇八〕尚書……孔安國曰 麗無，據磧補。
〔一〇九〕詩云……箋云 麗無，據磧補。
〔一一〇〕此條麗無，據磧補。

〔一一一〕詩云：有斐君子 麗無，據磧補。
〔一一二〕周易：成天下之 麗無，據磧補。
〔一一三〕劉瓛曰：亹亹 麗無，據磧補。
〔一一四〕此條麗無，據磧補。
〔一一五〕此條麗無，據磧補。檢漢書王尊傳：「坐耎弱不勝任免。」酷吏傳：「坐軟弱不勝任免。」
〔一一六〕舍人曰：卒 麗無，據磧補。
〔一一七〕李巡曰：卒 麗無，據磧補。
〔一一八〕僵也 麗無，據磧補。
〔一一九〕孫炎曰 麗無，據磧補。
〔一二〇〕王逸注楚辭云 麗無，據磧補。
〔一二一〕釋名云……隨口動搖髯髯然也 麗無，據磧補。
〔一二二〕禮記「尊客之前不叱狗」是也 麗無，據磧補。
〔一二三〕此條麗無，據磧補。
〔一二四〕蒼頡篇：伏合人心曰猒 麗無，據磧補。
〔一二五〕說文……音呵旦反 麗無，據磧補。
〔一二六〕說文：以火乾肉曰稨 麗無，據磧補。「𤋱」，又作「𥟖」。
〔一二七〕溷非正體也 麗無，據磧補。
〔一二八〕此條麗無，據磧補。
〔一二九〕郭璞曰 麗無，據磧補。
〔一三〇〕李巡曰 麗無，據磧補。
〔一三一〕某氏曰 麗無，據磧補。
〔一三二〕舍人曰：一名怪鳥 麗無，據磧補。
〔一三三〕字林：鴟，鵂也 麗無，據磧補。
〔一三四〕楚辭……王逸云 麗無，據磧補。

〔一三五〕字略云：以鐵貫肉臠也 麗無，據磧補。
〔一三六〕鏟，削也 磧爲「今作剗。剗，削之也」。
〔一三七〕[illegible] 據文意似作「[illegible]」。
〔一三八〕禮記：鷙蟲 麗無，據磧補。
〔一三九〕通俗文：手團曰摶 麗無，據磧補。
〔一四〇〕聲類：摶，捉也 麗無，據磧補。
〔一四一〕剸截之剸 麗無，據磧補。
〔一四二〕音杜丸反 麗無，據磧補。
〔一四三〕舍人曰 麗無，據磧補。
〔一四四〕虎 麗無，據磧補。
〔一四五〕苲 磧作「筰」。下同。
〔一四六〕穎 今傳本方言作「潁」。
〔一四七〕說文：𤆍，熱湯中瀹肉也 麗無，據磧補。
〔一四八〕說文……既祭披磔其牲以風散也 麗無，據磧補。
〔一四九〕埤蒼：磨，鑢也 麗無，據磧補。
〔一五〇〕儀禮：遍乃撤豐。鄭玄曰 麗無，據磧補。遍，今傳本儀禮作「辯」。
〔一五一〕字林 麗無，據磧補。
〔一五二〕楚辭：噤閉而不言。王逸曰 麗無，據磧補。
〔一五三〕字書 麗無，據磧補。
〔一五四〕廣雅：榜 麗無，據磧補。
〔一五五〕增 磧和今傳本說文作「憎」。
〔一五六〕此條麗無，據磧補。
〔一五七〕此條麗無，據磧補。
〔一五八〕古文𦡀，同 麗無，據磧補。
〔一五九〕謂含實曰孕。三蒼 麗無，據磧補。

〔一六〇〕廣雅：孕，身也。字從子乃聲　麗無，據磧補。
〔一六一〕舍人曰：胤　麗無，據磧補。
〔一六二〕檢今傳本爾雅：「鹿，牡麚，牝麀。」
〔一六三〕身　麗無，據磧補。
〔一六四〕灌　磧作「罐」。
〔一六五〕字無所出，猶　麗無，據磧補。
〔一六六〕郭璞曰：岐道直出者也　麗無，據磧補。
〔一六七〕此道似之也　磧爲「在邊曰旁，此道並之也」。
〔一六八〕又云：夢與楚子搏。杜預曰　麗無，據磧補。
〔一六九〕考工記：摶，拍也　麗無，據磧補。
〔一七〇〕俞　磧作「逾」。下同。
〔一七一〕此條麗無，據磧補。
〔一七二〕塊然獨坐　麗無，據磧補。
〔一七三〕字略云　麗無，據磧補。
〔一七四〕叫也……叫告辭也　麗無，據磧補。
〔一七五〕所以祭形也　麗無，據磧補。
〔一七六〕蒼頡篇：刳，屠也　麗無，據磧補。
〔一七七〕言　麗無，據磧補。
〔一七八〕説文……刳木爲舟　麗無，據磧補。
〔一七九〕方言……梁益之間凡物小謂之纖也　麗無，據磧補。
〔一八〇〕公羊傳「歔然而駭」是也　麗無，據磧補。
〔一八一〕古文姓、殅二形，同　麗無，據磧補。
〔一八二〕此條麗無，據磧補。
〔一八三〕麯　磧作「麴」。　説文：醖作酒曰釀也　麗無，據磧補。
〔一八四〕謂寄止也，亦别舍也　麗無，據磧補。
〔一八五〕釋名云……字體從食官聲　麗無，據磧補。
〔一八六〕凌　磧作「陵」。
〔一八七〕謂平傷也。説文　麗無，據磧補。
〔一八八〕古文歙、噏二形　麗無，據磧補。
〔一八九〕説文：内息也。謂氣息入也，亦引也　麗無，據磧補。
〔一九〇〕作　磧作「怍」。
〔一九一〕謇　磧作「蹇」。
〔一九二〕周易：謇者難也　麗無，據磧補。
〔一九三〕抨　磧作「枰」。下同。
〔一九四〕撗　磧作「横」。
〔一九五〕搨　磧作「榻」。
〔一九六〕韓詩：或辟四方。或　今傳本作「式」。
辟　麗無，據磧補。
〔一九七〕口　麗無，據慧補。
〔一九八〕詩云：受天之祜。箋云　麗無，據磧補。
〔一九九〕公羊傳「有霆擊夷伯之廟」是也　麗無，據磧補。
〔二〇〇〕倍……謂生兩曰倍也　麗無，據磧補。
〔二〇一〕亦言　麗無，據磧補。
〔二〇二〕吁　磧作「呼」。
〔二〇三〕禮記：而氣不懾。鄭玄曰　麗無，據磧補。
〔二〇四〕又曰：貧賤而知好禮則意不懾。鄭玄曰　麗無，據磧補。
〔二〇五〕天生曰鹵……地　麗無，據磧補。
〔二〇六〕余陵反　磧爲「示陵反」。
〔二〇七〕廣雅……畔也　麗無，據磧補。
〔二〇八〕人所依阻以爲援衛也……所以自障蔽也　麗無，據磧補。
〔二〇九〕禮記……病也　麗無，據磧補。
〔二一〇〕三蒼：古文作羅，同　麗無，據磧補。
〔二一一〕國語注云　麗無，據磧補。
〔二一二〕摸　磧作「模」。
〔二一三〕此條麗無，據磧補。
〔二一四〕方利反　磧爲「必利反」。
〔二一五〕爾雅……覆之陰也　麗無，據磧補。
〔二一六〕此條麗無，據磧補。
〔二一七〕此條麗無，據磧補。
〔二一八〕冶　磧作「治」。
〔二一九〕此條麗無，據磧補。
〔二二〇〕禮記「凶年乘駑馬」是也　麗無，據磧補。
〔二二一〕駘音待　磧爲「駘音徒改反」。
〔二二二〕山海經……此難忘履　麗無，據磧慧補。
〔二二三〕云：駒駒牡馬。按詩　麗無，據磧補。
〔二二四〕此條麗無，據磧補。
〔二二五〕廣雅：删，脂肪也　麗無，據磧補。
〔二二六〕此條麗無，據磧補。
〔二二七〕論語……一年之中鑽燧各異木也　麗無，據磧補。
〔二二八〕論語……尋繹行之爲貴也　麗無，據磧補。
〔二二九〕字林丑亞、丑加二反　麗無，據磧補。
〔二三〇〕説文　麗無，據磧補。

〔二三一〕廣雅：扡，引也　麗無，據磧補。
〔二三二〕嫭　海作「嫮」。
〔二三三〕通俗文……山陵險陖亦謂之峭　麗無，據磧補。
〔二三四〕第六十卷　麗無，據磧補。
〔二三五〕此條麗無，據磧補。
〔二三六〕周禮：庶氏掌除毒蠱。鄭玄曰　麗無，據磧補。
〔二三七〕郭璞注山海經云　麗無，據磧補。
〔二三八〕鄭玄注周禮云　麗無，據磧補。
〔二三九〕火　今傳本說文作「收」，段注云：「當依玉篇作救也。」

〔二四〇〕巨偃　磧爲「於㦤」。
〔二四一〕此條麗無，據磧補。
〔二四二〕此條麗無，據磧補。
〔二四三〕此條麗無，據磧補。
〔二四四〕莊子「鑿木爲機械者必有機心」是也　麗無，據磧補。合　慧作「佮」。據文意作「倉」。玉篇：「會，古文倉。」
〔二四五〕服也　麗無，據磧補。
〔二四六〕掠　麗無，據磧補。
〔二四七〕謂虜掠奪取物也　麗無，據磧補。
〔二四八〕廣雅：委佗，窊邪也　麗無，據磧補。

〔二四九〕郭璞曰：佳麗　麗無，據磧補。
〔二五〇〕亦平易自得也　麗無，據磧補。
〔二五一〕又作憙　磧爲「又作憙踟二形」。
〔二五二〕腸留反　磧爲「又作腸留、腸知二反」。
〔二五三〕腸於反　磧爲「又作腸於、腸誅二反」。
〔二五四〕詩云：唱予和女　麗無，據磧補。
〔二五五〕闞　海作「闓」。
〔二五六〕爾雅　麗無，據磧補。
〔二五七〕郭璞曰　麗無，據磧補。
〔二五八〕言嬾人不能自起……論文或作嬾字也　麗無，據磧補。

一切經音義　卷第十 大乘論

翻經沙門玄應撰

般若燈論〔二〕　第一卷

如蔑(篾)〔三〕　眠結反。埤蒼：析竹膚也。聲類：蔑，篛也。今蜀土及關中皆謂竹蔑爲篛，音彌。析音思歷反，字從斤分木爲析，今俗作枂，皆從片。

纈目　賢結反。謂以絲縛繒染之，解絲成文曰纈。

檀札〔四〕　莊黠反。三蒼：柹〔五〕，札也。今江南謂斫削木片爲柹，關中謂之札，或曰柹札。柹音敷廢反。

般若燈論　第二卷

鬵鬶　聲類作甑，又作䰝，籀文作鬵，同。子孕反。下籀文作鬵，同。才心反。字林：甑，炊器也。鬶，大釜也。一曰甗〔六〕，大上小下若甑也。

般若燈論　第三卷

窯師　以招反。説文：燒瓦竈也。通俗文「陶竈曰窯」是也。

穳逐　千筭、七鸞二反。穳，鋋也。穳，擲也。今江南傒人工用穳。鋋音蟬。傒，苦奚反。

嗢羯　烏没反，下居謁反。

般若燈論　第四卷

紫礦　古猛反。謂波羅奢樹汁也。其色甚赤，用染皮氎等是也。

銛利　息廉反。廣雅：銛、鑯，利也。刀鋭曰銛也。

般若燈論　第五卷

後攏[七]　力東反。説文：攏，檻[八]也。三蒼：所以盛禽獸欄檻也。

犎牛　漢書西域傳有犎牛。鄧展曰：脊上有肉鞍如橐駝。難字作犎，音妃封反。今有此牛，形小，髆上有犎是也。

垂胡　又作頡、咽二形，同。户孤反。説文：胡謂牛頷垂下者也。論文作壺，非體也。

般若燈論　第十卷

生莞　工端反，又音桓。此草外似葱，内似蒲而圓。廣雅謂之葱蒲，可以爲席，生水中。今亦名莞子也。

箭笴　工旱反。字林：箭莖也。論文作竿，非也。

䉶[九]堅　又作簵，同。力鎮、力珍二反。爾雅：䉶，堅中。郭璞曰：䉶，竹名，其中堅，可以爲席。

般若燈論　第十一卷

明帆　又作颿、颫二形，同。扶劍、扶嚴二反。釋名：隨風張幔曰帆。今或用布若簿[一〇]若席爲之也。

般若燈論　第十二卷

蟾蜍　之鹽反，下以諸反。爾雅：蟾蠩。郭璞曰：似蝦蟇，居陸地。淮南謂之去父，此(山)[一一]東謂之去蚥。蚥音方可反。江南俗呼蟾蠩。蠩音食餘反。

般若燈論　第十三卷

迦逋　補胡反。此言白鴿地也。

大莊嚴經論[一二]　第一卷

懔厲　力甚反。下宜作悷，力計反。埤蒼：懔淚(悷)[一三]，悲吟皃也。又懔者，顔色懼皃也。方言：懔，敬也。

攘袂　而羊反。攘，除也。下彌蔽反。字苑云：袂，襟也。衣袖也。謂揎衣袒[一四]出臂爲攘袂也。

閑裕　揄句反。裕，緩也。廣雅：裕，寬也。亦優足也。

愀然　又作湫，同。在酒反[一五]。禮記云：孔子愀然作色。謂顔色變動之皃也。

鵋鵂　尺脂反，下許牛反。爾雅：鵋，忌欺。郭璞曰：今江東呼鵄鵂爲鉤鵅音挌，怪鳥也。晝盲夜視，關西名訓侯，山東名訓狐也。

大莊嚴經論　第二卷

黚眦　渠炎反。依字，黚，黑首也。

儲積　直於反。説文：儲，偫也。穑也，待也。偫，直里反。

棖上　宅庚反。案棖，猶柱也。浮圖棖皆作此。説文：棖，材（杖）[一六]也。

地趺　徒結反。廣雅：趺，差也。字書：趺，失跕也。趺，蹶也。

匍匐　步胡反，下蒲北反。説文：匍匐，手行也。亦顛蹷盡力。

親昵　又作暱，同。女乙反。爾雅：昵，近。又云：昵，⿱尼灬也。親昵亦數近也。⿱尼灬音祛記反。

倚俹　於蟻反。倚猶依也。下烏訝反。字書：俹，倚也。今言俹息、俹卧皆是也。

羂弶　三蒼作羂，又作罥，同。古犬反。聲類：罥以繩係取獸也。下渠向反。韻集云：施罥於道。弶[一七]，今田獵家施弶以張鳥獸，其形似弓者也。論文作摾，俗字也。

自擺　字書作捭，同。補買反。説文：兩手擊也。廣雅：擺，開也。

可祛　丘居反[一八]。廣雅：祛，除，去也。

爆火　方孝、普剥二反。聲類：爆，熚起也。郭璞注山海經云：爆謂皮散起也。

愧踖　子亦反。踧踖也，亦畏敬也，謂恭敬之皃也。

大莊嚴經論　第三卷

剽掠　芳妙反[一九]。説文：剽，刺也。廣雅：剽，剥也。蒼頡篇：剽，截也。下聲類作剠，同。力尚反。抄掠也。

雊呼　故豆反。説文：雄之鳴爲雊也。廣雅：鴝、鳴，呼也。

掐傷　枯狹反。又作刮，口洽反。通俗文：爪按曰掐。韻集作刮，入也。江南今有[刮][二〇]實器，當作此。

惶悸　古文痵，同。其季反。説文：氣不定也。字林：心動曰悸。

窳惰　榆乳反。嬾惰也。爾雅：窳，勞也。郭璞曰：勞苦者多窳[惰也][二一]。

上眄　莫見反。蒼頡篇：旁視也。説文：眄，邪視也。

瓌瑋　又作瓌傀二形，同。古迴反。廣雅：瓌偉（瑋）[二二]，奇玩也。瑰，美也，盛也。

勁勇　居盛反。字林：勁，强也。字從力巠。

鼻揹　初委反。通俗文：捫摸曰揹。論文作揣，初委、都果二反。揣，量也。敁（敁）[二三]揣也。敁音丁兼反。揣非此用。

妖嬳　又作媄，同。於驕反。壯少之皃也。説文：妖，巧也。下於縛反。今江南謂作姿名嬳伊，山東名作嬳也。

逶迤　又作委、蝸二形，同。於爲反。下又作佗，同。達何反。廣雅：委佗，窊邪也。謂行可逶曲也。窊，於瓜反。

妖蠥　魚列反。灾也。説文：衣服歌謡草木之怪謂之妖，禽獸蟲蝗之怪謂之蠥。論文作孽，庶子也，亦古字通用。

熠燿　弋入反，下弋灼反。字林：熠燿，盛光照也。詩傳曰：熠燿，鮮明也。亦螢火也。

唧唧　子栗反。通俗文：唧唧，鼠聲也。亦鬧猥也。論文作吪，非也。

骨陷　廣雅：陷，坑也。陷，没也。經文作頷，非也。

菸瘦　韻集一餘反。今關西言菸，山東言蔫。蔫音於言反。江南亦言矮。矮又作萎，於爲反。菸邑，無色也。今取其義。

論文[作]〔二四〕眇，未詳字出。

苦酷　古文俈、嚳、焅三形，今作酷，同。口梏反。説文：酷，急也。苦之甚曰酷，亦暴虐也。白虎通曰：酷者，極也。教令窮極。

大莊嚴經論　第五卷

鄙褻　古文絬、媟、暬、渫四形，同。思列反。褻，鄙陋也。褻，黷也。

干晛　亡北反。晛没猶抵觸也。説文：晛，突前也。今皆作冒。

陰晴　又作啈、姓二形，同。自盈反。聲類：雨止也。論文作霔，非體也。

大莊嚴經論　第六卷

愧鞃　又作鞙、鞕二形，同。胡犬反。釋名：鞙，懸也。懸縛物也。

還襲　古文戳，同。辭立反。襲，重也，因也，受也，合也，及也。

相磋　且何反。詩云：如切如磋。傳曰：治象曰磋。謂治璞之名。

確然　字書作碻，同。口角反。周易：夫乾確然。注云：確，堅皃。

大莊嚴經論　第七卷

瘳降　勑流反。瘳，差也，愈也。尚書「王翌日乃瘳」是也。

譖毁　側禁反。譖，讒也。一云：旁入曰譖也。廣雅：譖，毁也。

大莊嚴經論　第八卷

頩面　普米反。説文：頩，傾頭也。蒼頡篇：頩，不正也。經文作俾，非體也。

大莊嚴經論　第十卷

昞著　又作昺、炳、苪三形，同。碧皿反。廣雅：昺，明也。著，顯也。

大莊嚴經論　第十一卷

聳翮　古文竦、㩳、慫三形，今作聳，同。先勇反。聳謂前上也。下胡革反。爾雅：羽本謂之翮。烏羽根也。説文：羽莖也。

樘觸　丈庚反。説文：樘，柱也。又作棖。棖，觸。又嫽敁、敁觸亦作敞。

蛆(蛆)〔二五〕螫　知列反，下式亦反。字林：蛆(蛆)，螫也。説文：螫，蟲毒也。又音呼各反，山東行此音也。

抗衡　苦浪反。説文：抗，扞也。强也。衡，平也。

羸瘠　古瘠、㾊、膌三形，同。才亦反。説文：瘠，瘦也。亦薄也。

大莊嚴經論　第十二卷

滲没　所蔭反。廣雅：滲，盡也。説文：滲，下漉也。字從叅。

蝗虫 胡光、胡孟二反。阜螽，蝗也。今人謂蝗子爲螽子。小曰蝩，大曰蝗也。論文作蟥，非體也。蝩，之容反。

花茸 而容反。説文：茸，草茸也。論文作毦，而志反。稍上垂毛曰毦。

大莊嚴經論　第十三卷

中嚏 又作𪗎，同。丁計反。蒼頡篇：嚏，噴鼻也。詩云：願言即嚏。箋云：汝思我心，如是我即嚏。今俗文嚏云人道我，此亦古遺語也。

庭燎 力燒反。周禮：供墳燭庭燎。鄭玄曰：墳，大也。樹於門外曰大燭，門内曰庭燎。天子百，公五十，侯、伯、子三十也。論文作烇、錠二形，下作鐐，並非也。

香奩 又作籢、槺二形，同。力占反。韻集云：奩，斂也。收斂物也。三蒼：盛鏡器名也。今粉奩、棊奩皆是也。

鑱刺 仕衫反，下千亦反。説文：鑱，鋭也。今江南猶言鑱刺也。論文作攙，非體也。

大莊嚴經論　第十四卷

鼻衄 女六反。説文：鼻出血也。今呼鼻血爲衄鼻也。

大莊嚴經論　第十五卷

諠譁 虛元反，下呼瓜反。三蒼：讙，言語詾詾也。譁，言語譊譊也。詾音徒刀反。

攝大乘論[二六]　第一卷

通敏 眉殞反。通，洞也。敏，達也。廣雅：通、明，徹也。敏，捷，疾也。

披閲 餘説反。簡閲也。小雅：閲，具也。具數於門中曰閲也。

成觳 又作㲉，同。口角反。吳會間音哭。卵外堅也。凡物皮皆觳，尚在卵中謂之觳，出觳以後名之鷇，音寇。爾雅：生哺鷇。郭璞曰：謂須母飤也。

厭惡 於焰反。厭，足也，恔也。下於路反。廣雅：惡，憎也，懀也。懀音一外反。恔，胡代反。

彼勿 無鬱反。詩云：勿仕行救(枚)[二七]。注云：勿，無也。

屬耳 之欲反。國語：恐國人屬耳[二八]於我。韋昭曰：屬，注也。漢書音義曰：屬，近也。詩云「無易由言，耳屬于垣」是也。

攝大乘論　第二卷

胘柯 又作痃，同。竹尸反。

鞞世 陛奚反。

沉麝 神夜、是亦二反。形如小麋，臍有香也。

彎弓 於關反。小爾雅：控、彎、挽，引也。

攝大乘論　第三卷

所詮 且全反。通俗文：擇言曰詮。説文：詮，具也。淮南子云：詮言者，所以譬類人事與相解喻也。

攝大乘論　第五卷

彌彰　又作暲，同。諸揚反。廣雅：彰，著也，明也。

乍起　仕嫁反[二九]。廣雅：乍，蹔也。蒼頡篇：乍，兩辭也[三〇]。

攝大乘論　第六卷

預立　古文預、忬二形，今作豫，同。余據反。先辦也。預猶備也。逆爲之具，故曰預也。

輕蔑　字體作懱，同。莫結反。説文：懱，輕傷也。

攝大乘論　第七卷

練摩　古文鍊、潄、練三形，今作湅（湅）[三一]，同。力見反。説文：鍊，治（冶）[三二]金也。下古文劘、攠二形，同。莫羅反。易云：堅柔相摩。注云：相切摩也。爾雅：石謂之摩。郭璞曰：玉石被摩，猶人修飾也[三三]。論文作磨，磑也。

藤譬　達曾反。廣雅：藤，藟也。今呼草蔓延如葛藟者爲藤。

攝大乘論　［第九卷］[三四]

室家　書逸反。禮記：三十，壯有室。鄭玄曰：有室，有妻也。故妻稱室。案室，户内房中也。論語「由也，升堂未入於室」是也。家，居也。

後登　都恒反。登，升也，進也，亦成也。

善枙　又作軛，同。於革反。謂轅端壓牛領者曰軛。軛，槅也。

沮壞　才與反。蒼頡篇：沮，漸敗壞也。論文多作俎，側吕反。貯醢（醓）[三五]器也，又置肉机也。俎非此義。

諧遂　胡皆反。諧，和也。説文：諧，合也。遂，成也。成，就也，亦從也。

攝大乘論　第十一卷

以楔　又作榍，同。先結反。説文：楔，攕（櫼）[三六]也。音子林反。今江南言楔，通語也。

拙訥　古文吶，同。奴骨反。訥，遲鈍也。説文：訥，難也。

扣擊　去後反。扣亦擊也。廣雅：扣，持也。

攝大乘論　第十四卷

蓄聚　又作稸，同。耻六反。蓄，積也。廣雅：蓄，聚也。

瘵其　側界反。爾雅：瘵，病也。三蒼云：今江東呼病皆曰瘵，東齊曰瘼。

攝大乘論　第十五卷

所鎮　知陣反。説文：鎮，厭也。亦安也。

乘除　實升反。乘，計也，亦升也。除，去也。

調鼎　都挺反。如湯時伊尹也。説文：鼎者，三足兩耳，和五味之寶器也。案鼎者，所以烹飪飲食也。

十住毗婆沙論[三七]　第一卷

嘔血　又作歐、呕二形，同。於口反。歐，欲吐也。江南或謂歐爲歐喀（咯）[三八]，喀（咯）音容（客）[三九]。釋名云：嘔也，將有所吐脊曲傴也。

淋下　力金反。説文：淋，以水沃也。郭璞注三蒼：淋，漉水下也。

瘭疽　俾遥反，下且餘反。廣雅[四〇]：瘭，癰成也。説文：疽，久癰也。論文作膘，非體也。

鉾戟　又作戎、矛二形，同。莫侯反，下居逆反。説文：首[四一]矛，長二丈也。戟，有枝兵器也。

鐵剗　又作鏟，同。初限反。説文：平鐵也。廣雅：剗，削也。

鐵槍　千羊反。三蒼：木兩耑鋭曰槍。説文：槍，歫也。論文作鏘，鈴聲也。鏘非字體。

蒺蔾　自栗反，下力尸反。爾雅：蒺，蒺蔾。即布地蔓生，子有三角者也。論文從金作鏃鑗二形，非也。

鐵臼　渠九反。易云：黄帝斷木爲杵，穿地爲臼。論文作鍛，非體也。

狖鼠　餘繡反。似獼猴而大，蒼黑色。江東養之捕鼠，爲物捷健也。

猳玃　又作猳，同。古遐反，下居縛反。説文：大母猴也。善攫持人，好顧眄也。

蛟虬　音交。有鱗曰蛟龍，其狀魚身如蛇尾，皮有珠。下渠周反。廣雅：有角曰虬龍，無角曰螭龍。謂黑身無鱗甲者也。

鳫鶩　音木。爾雅：舒鳧，鶩。李巡曰：野曰鳧，家曰鶩。鶩即鴨也[四二]。

愠恨　於問反。説文：愠，怨也。論語：人不知而不愠。何晏曰：愠，怒也。

十住毗婆沙論　第二卷

矯異　几小反。假稱謂之撟。撟，詐也。非先王之法曰撟。今皆作矯。

巉巖　仕咸反，下又作礹。廣雅：巉巖，高也。

曲隈　烏迴反。説文：水曲隈也。隈謂隱蔽之處也。

峻峭　又作陗，或作埍，同。且笑反。通俗文：峻阪曰峭。山陵險峻亦謂之峭也。

十住毗婆沙論　第五卷

埤[四三]助　或作皡，同。避移反。説文：埤，增也。厚也，補也，亦助也。

鱣魚　知連反。爾雅：鱣，大魚也。口在頷下，體無鱗甲。大者二三丈。江東名黄魚也。

十住毗婆沙論　第六卷

傲誕　五到反，下徒亶反。傲，慢也，謂不敬也，輕傷也。誕，謾也。放誕，欺也。

深榛　仕巾反。説文：蓁大（叢木）[四四]也。廣雅「木蓁生曰榛」

是也。

如縶　知立反。詩云：縶之維之。傳曰：縶，絆也。謂拘執也。兩足不相過謂之縶也。

十住毗婆沙論　第十卷

符撽(檄)[四五]　音扶。字林：符，信也。謂分而合之曰符。字從竹。漢制，以竹，長六寸，分而相合爲信。竹取歲寒不變以布德也。又用銅，君臣同心也。下奚的反。說文：二尺書也。撽(檄)書者，所以罪責當伐者也。又陳彼之惡，說此之德，曉慰百姓之書也。撽(檄)者，皎也。明言此彼令皎然而識之也。

田隖　烏古反。說文：小障也。亦小城也。

十住毗婆沙論　第十四卷

行旅　閭舉反。左傳：羇旅之臣。杜預曰：羇旅，寄客也。

填瑠　又作窴，同。徒堅、徒見二反。廣雅：填，塞也。亦滿也。論文從王作瑱，他見反。瑱，塞耳也。

大乘莊嚴經論　第二卷

讋怖　章葉反。懼也。說文：失氣也。漢書「凶奴讋焉」是也。

須潰　古文殨，同。胡對反。蒼頡篇：貴(潰)[四六]，旁决也。說文：潰，漏也。

大乘莊嚴經論　第六卷

凹凸　蒼頡篇作容突，同。烏狹反，下徒結反。容，墊下也。突，突也。字苑作凹，陷也。凸，起也。

大乘莊嚴經論　第十卷

螽蟴　古文蠡，同。止戎反，下徙移反。詩云：螽蟴羽。傳曰：螽蟴，蚣蝑也。亦即蝗也。俗名舂黍，今江北通謂螽蝗之類曰蝩，亦曰簸蝩。蝩音之凶反。

十地論[四七]　第一卷

芒然　莫唐反。案芒然，冥昧不明也。莊子「芒然無所見」是也。

捭羅　補奚反。經中或作卑羅，或作閉羅，皆一也。

嘶字　又作誓，同。先奚反。言梵本嘶字如師子形相也。依字，埤蒼：嘶，聲散也。亦悲聲也。

十地論　第四卷

厚曀　於計反。釋名：曀，翳也。言雲氣隱翳使不見物者。

瀑水　蒲報反。蒼頡解詁云：水濆起曰瀑也。

十地論　第五卷

捫摸　莫奔、莫本二反。聲類：捫，摸也。字林：捫，撫持也。案捫持謂手把執物也。

十地論　第八卷

溉灌　歌賚反。説文：溉，灌也。灌，注也。

地持論〔四八〕　第一卷

耆宿　巨伊反。禮記：六十曰耆。釋名：耆，指也。謂指事使人不自執役也。宿，久也。

倡伎　齒羊反。説文：倡，樂也。蒼頡篇：倡，俳也。俳，戲也。

農商　古文農、莀二形，同。奴冬反。説文：農，耕也〔四九〕。

明哲　又作喆、悊二形，同。知列反。爾雅：哲，智也。方言：齊宋之間謂智爲哲。哲，明了也。

悲惻　聲類作恖，同。楚力反。説文：惻，痛也。謂惻然心中痛。

堪耐　奴代反。蒼頡篇：耐，忍也。

林藪　蘇苟反。散木曰林，澤無水曰藪。又大澤水希者也。

聽訟　他定反。聽謂察是非也。訟，急也。周禮：以五聲聽訟求情：一形，二色，三氣，四耳，五目也。

術藝　食聿反。術，法也，亦道也。字林：邑中道曰術。道術者，通也。言人達解者無所不通也。

地持論　第二卷

訕大　所姦反。論中亦作删陀迦袮延。

迦陵毗伽　應云歌羅頻伽，亦云迦蘭伽。迦陵，此云好；毗伽，此云音聲：名好音聲鳥也。

巨細　其吕反。小(爾)〔五〇〕雅：巨，大也。方言：齊魯之間謂大謂〔五一〕巨。説文：巨，大。從金作鉅。

彌陀羅國

拘耆羅　或作拘翅羅，梵言轉也。譯云好聲鳥。此鳥聲好而形醜，從聲爲名。

蝯猴　又作猨，同。禹煩反。似獮猴而大，臂長。其色有黑有黄，鳴聲甚哀。五百歲化爲玃。玃壽千歲。玃音居縛反。

抃舞　又作拚，同。皮變反。説文：拊手曰抃。拊，擊拍也。

地持論　第三卷

黍稷　古文稷〔五二〕，同。姊力反。五穀之長也。説文：稷，粢也。爾雅：粢，稷也。注云：粢，一名稷。稷，粟也。今江東呼粟爲稷也。

師捲　又作拳，同。渠員反。指握爲捲，譬喻也。言師之匠物不如捲之執握，悋而不説也。論文有作疲倦之倦，非也。

地持論　第四卷

罰黜　又作絀，同。耻律反。廣雅：黜，去也。亦放也，退也。

振給　古文㧃、拒二形，同。諸胤反。小爾雅：振，救也。説文：振，舉也。

地持論　第五卷

憍奢耶　亦云俱舍，訛也。此譯云藏，舊譯云蟲。謂蠶在繭，此即野蠶也。用野蠶絲綿作衣者，憍奢耶衣也。

地持論　第七卷

偷婆　經中或作兜婆，或云塔婆，或言數斗波，皆訛也。正言窣堵波。此云廟，或言方墳，皆義譯也。

支提　又云脂帝浮圖，此云聚相，謂累石等高以爲相也。

求求羅香　此譯云安息香也。

阿迦花　應云阿羅歌花，此云白花。

尼乾子　應言泥揵連他，此云不繫。其外道拔髮露形，無所貯畜，以手乞食，隨得即噉者也。

地持論　第八卷

圮(圮)[五三]頓　父美反[五四]。落泊人也。爾雅：圮(圮)，毁覆也。頓，壞也。

官爵　又作雀，同。子藥反。白虎通曰：爵者，盡也。量其盡才也。五等爵命也。取其節節足足也。

謫罸　知革反。方言：謫，怒也。郭璞曰：謂相責怒也。亦可呵也，責也。小罪曰罸。

吉胝　竹尸反。

嚠波　相傳所及反。

地持論　第九卷

率意　所律反。爾雅：率、循，自也。郭璞曰：自猶從也。從自意也。

迦私　此譯云光，能發光藥也。

地持論　第十卷

兩股　又作骰，同。公户反。説文：股，髀也。脛本曰股也。

兩臀　徒昆反。聲類：臀，尻也。

兩踌　又作腨，同。時耎反。説文：腨，腓腸也。腓音肥。江南言腓腸，中國言腨腸。或言脚腨。

波羅奈　應言波羅奈斯，此國名也，從國名氎也。

泥犁　或云泥黎耶，亦言泥黎迦。此云無可樂，或云無有，卑下。

羅縠　胡木反。似羅而疏，似紗而密者也。有㦀縠、霧縠，言細如霧也。

菩薩善戒經[五五]　第二卷

軍旅　力舉反。爾雅：旅，衆也。字林：四千人爲軍，五百人爲旅也。勹車爲軍字意也。勹音補交反。

菩薩善戒經　第三卷

童齔　初忍反，舊音差貴反。毁齒曰齔。説文：男八月生齒，八歲而齔。女七月生齒，七歲而毁齒。字從匕。

菩薩善戒經　第九卷

唇齶　又作腭、咢二形，同。五各反。齒内上下肉也。

兩杈　初嫁、初家二反。兩歧爲杈，木理亂曰杈亦作此。論文作扠，俗作也。

菩提資糧論　第二卷

談謔　許虐反。爾雅：戲，謔也。謂相調戲也。謔亦喜樂也。

寶性論[五六]　第三卷

歔欷　喜居反，下虚既反。字林：涕泣也。蒼頡篇：泣餘聲也。亦悲也。

影畫　匹眇反[五七]。影猶輕淺也。

佛阿毗曇[五八]　上卷

生萼　又作樗，同。五各反。謂承花者曰萼也。

佛阿毗曇　下卷

閹人　於儉反。説文：閹豎，宫中閹昏閉門者也。周禮：閹十人。鄭玄曰：閹，精氣閉藏者，今謂之宫人也。主閉門户故曰閹。

捼不　奴迴、奴和二反。説文：捼，捼[五九]摧也。兩手相切也。

紋身　無分反。謂繒有文章曰紋。又作文，古文彣。青與赤爲文。説文：錯畫也。

痔人　於解反。廣雅：痔，矬也。

氣欬　宜作欬瘷。欬音苦代反，江南行此音。又丘吏反，山東行此音。下蘇豆反。説文：瘷，逆氣也。上氣疾也。蒼頡篇：齊部謂瘷曰欬。論文作氣，非也。

枯癇　核間反。聲類：今謂小兒瘨曰癇也。

血漏　宜作瘻，音漏。瘻屬也。中有蟲，頸腋隱處皆有也。或作漏，血如水下也。

陰頽　徒雷反。釋名：陰腫曰頽。字林作瘣，重疾也。

尰血[六〇]　又作瘇，上(止)[六一]隴反。爾雅：腫足爲尰。今巴蜀極多此疾，手臂有者亦呼爲尰也。

瘤癖　力州反。説文：瘤，腫也。聲類：瘤，瘜肉也。[瘜音息[六二]。]

噦吐　於月反。通俗文：氣逆曰噦。説文：噦，氣啎(牾)[六三]也。

毛冗　如勇反。散也。宜作氄，而容反。謂古貝垂毛者氄飾也。

百論[六四]　上卷

僧佉　此言訛也，應言僧企耶，此云數也。其論以二十五根爲宗。舊云二十五諦。

衞世師　此訛略也，應言鞞崽迦論，此云勝。其論以六句義爲宗，舊云六諦也。崽音所皆反。

百論　下卷

埏埴　尸延反，下時力反。埏，柔也，和也，擊也。埴，土也。粘土曰埴。

發菩提心論〔六五〕　卷上

罝羅　姊耶反。兔網曰罝。罝，遮也。鳥網曰羅。羅，截也。

盼睍　普幻反，下力再反。廣雅：盼，視也。字書：美目也。目白黑分也。説文：睍，内視也。論文作眄，邪視也。下作睞，力代反。説文：目瞳子不正也。今俗云纇眼是也。纇，盧對反。睞非今用。

加誣　武于反。説云(文)〔六六〕：加言曰誣。誣亦罔也，妄也，欺也。

三具足論〔六七〕

船舶　音白。字林：大船也。今江南凡汎海船謂之舶，昆侖及高驪〔六八〕皆乘之。大者受万斛。

邏戍　力賀反。戍屬也。謂遊兵以禦寇者，亦循行非違也。

恐㗅　呼嫁反。相恐也。方言作恐閜。閜音呼隔反。亦言恐赫，亦云恐猲，一義也。猲音虚割反。

礓石　居良反。形如薑也。通俗文：地多小石謂之礓礫。字從石，論文從土作壃，非體也。

寶髻菩薩經論〔六九〕

洲潬　徒亶反。爾雅：潬，沙出。郭璞曰：今江東呼水内沙堆爲潬，洛陽北河中有中潬城〔七〇〕是也。論文作埏，音延，八埏之地也。亦埏道也。埏非此用。

陂池　筆皮反。山東名爲濼。濼音匹各反。亦名甿。甿音公朗反。

贏髻　又作螺，同。力戈反。下古文作㚢(髻)〔七一〕，同，音計。經中或作編髮，同一也。

十二門論〔七二〕

機杼　丈與反。字林：杼，機持緯者，今俗呼杼爲筬。筬音成。埤蒼：筬，竹杼也。

口爽　所兩反。楚人名美(羹)〔七三〕敗曰爽。爽，敗也。爾雅：爽，差也。

緣生論〔七四〕

舌涎　又作涏、次、㳄三形，同。似延反。説文：慕欲口液也。

箄尸　補計反。經中或作閉尸，此云肉團。

唯識論　修道不共他〔七五〕。

羺羊　奴溝反。通俗文：羊卷毛者謂之羖羺。胡羊也。羖音女佳反。

利剌(剌)〔七六〕　又作剌，同。千利反。剌，直傷也。字從刀朿聲。朿音且賜反。

一切經音義　卷第十

乙巳歲高麗國大藏都監奉敕雕造

校勘記

〔一〕唯識論　麗無，據磧補。

〔二〕般若燈論　慧轉録於第四十七卷。

〔三〕蔑　磧作「篾」。下同。

〔四〕櫨札　麗此條與上一詞條連寫。

〔五〕柹　即「柹」，又作「柹」。

〔六〕鬻　慧作「鬻」。　鬲　磧慧作「鼎」。

〔七〕攏　磧作「櫳」。下同。檢經文爲「如以泥團，置於輪上，運手旋巳，如小塔形，次拍令平，次轉如蓋，後攏如罌」。可洪音義卷十一釋般若燈論第五卷音義：「後攏，郎孔反，略也，兩手收之令高上也。應和尚作力東反，非也。」又卷二五一切經音義：「第十卷音義：櫳檻，上郎董反，經意謂兩手收攏泥作瓦也，應和尚以爲櫳檻字，非也。應和尚亦奄心矣。下户黯反。櫳，郎東反，櫳檻，養獸具也，非。」

〔八〕擥　磧作「檻」。下同。

〔九〕[粦几]　海作「粼」。下同。據文意似當作「[竹甐]」，省形作「甐」，几、瓦形近。

〔一〇〕簿　磧作「箔」。

〔一一〕此　磧作「山」。

〔一二〕大莊嚴經論　慧轉録於第四十九卷。

〔一三〕淚　磧作「悷」。

〔一四〕袒　磧作「袖」。

〔一五〕在酒反　磧爲「七小反」。

〔一六〕材　今傳本説文作「杖」。

〔一七〕韻集云：施罥於道。弶　慧卷四九爲「韻集云：施罥於道曰弶」。

〔一八〕丘居反　磧爲「丘魚反」。

〔一九〕芳妙反　磧爲「必妙反」。

〔二〇〕剑　麗無，據磧補。

〔二一〕惰也　麗無，據磧補。

〔二二〕偉　磧作「瑋」。

〔二三〕砧　磧作「[石支]」。

〔二四〕作　麗無，據磧補。

〔二五〕蛆　據文意當作「蛆」。下同。

〔二六〕攝大乘論　慧轉録於第五十卷。

〔二七〕勿仕行救　海爲「勿狂行枚」，今傳本詩爲「勿仕行枚」。

〔二八〕耳　磧爲「耳目」。

〔二九〕仕嫁反　磧爲「仕嫁反」。

〔三〇〕乍，兩辭也　海爲「乍，雨辭也。」蔣曰：「雨當作甫。」

〔三一〕涷　磧作「涷」。

〔三二〕治　今傳本説文作「治」。

〔三三〕猶人修飾也　磧爲「猶人自修飾也」。

〔三四〕第九卷　麗無，據磧補。

〔三五〕醯　磧作「醯」。

〔三六〕攕　磧作「櫼」。

〔三七〕十住毗婆沙論　慧轉録於第四十九卷。

〔三八〕嗂　磧作「喀」。下同。

〔三九〕容　磧作「客」。

〔四〇〕廣雅　慧卷四九作「廣蒼」。

〔四一〕首　磧作「酋」。

〔四二〕鶩即鴨也　磧爲「鶩卽鴨之類也」。

〔四三〕埤　磧作「裨」。下同。

〔四四〕藂大　磧爲「叢木」。

〔四五〕撽　磧作「檄」。下同。

〔四六〕貴　磧作「潰」。

〔四七〕十地論　慧轉録於第四十七卷。

〔四八〕地持論　慧轉録於第四十五卷。

〔四九〕耕也　磧爲「耕人」。

〔五〇〕爾　麗無，據磧補。

〔五一〕謂　據文意當作「爲」。

〔五二〕稷　磧作「稷」。

〔五三〕圯　據文意當作「圮」。

〔五四〕父美反　磧爲「甫美反」。

〔五五〕菩薩善戒經　慧轉録於第四十五卷。

〔五六〕寳性論　慧轉録於第五十卷。

〔五七〕匹眇反　磧爲「匹妙反」。

〔五八〕佛阿毗曇　慧轉録於第六十五卷。

〔五九〕捼　麗衍，磧無。

〔六〇〕麗此條與上一詞條連寫。

〔六一〕上　慧作「止」。

〔六二〕瘜音息　麗無，據磧補。

〔六三〕娪　今傳本説文作「悟」。

〔六四〕百論　慧轉録於第四十七卷。

〔六五〕發菩提心論　慧轉録於第五十一卷。

〔六六〕云　磧作「文」。

〔六七〕三具足論　慧轉録於第四十七卷。

〔六八〕驪　磧作「麗」。

〔六九〕寳髻菩薩經論　慧轉録於第四十七卷。

〔七〇〕城　磧作「池」。

〔七一〕盼　磧作「髮」。

〔七二〕十二門論　慧轉録於第四十七卷。

〔七三〕美　據文意當作「羹」。

〔七四〕緣生論　慧轉録於第五十一卷。

〔七五〕麗原接排在「箄戶」條中，此據磧改。慧轉録於第五十一卷。

〔七六〕刺　據文意當作「刺」。

一切經音義　卷第十一　小乘單本

翻經沙門玄應撰

正法念經
中阿含經
增一阿含經
雜阿含經

正法念經〔一〕　第一卷

穳矛　字詁：古文鏦、穳二形，今作䂎，同。粗亂反。穳，小矛也。矛或作鉾，同。莫侯反。説文：矛長二丈也。經文作錟、㦽二形，又作牟，並非體也。

鴳烏　又作鷃，同。烏諫反。鴳，雀也。一名鳸，一名鴽鴳。纂文云「關中以鷃爲鷃爛堆」是也。

正法念經　第二卷

恐嚇　呼嫁反。相恐也。［詩云：及(反)予來嚇。箋云：［口］〔二〕］距人謂之嚇。方言作恐閜。郭璞音呼隔反。亦作恐赫，亦言恐猲，皆一義也。猲音虛割反。

恐凹　烏狹反〔三〕。字苑作凹〔四〕，陷也。蒼頡篇作容，下也。

如罩　古文罺、箌二形，同。竹挍反〔五〕。［爾雅：藿謂之罩。郭璞曰〔六〕：］捕魚籠也。［藿者，捉也〔七〕。］

正法念經　第三卷

斗擻　又作藪，同。蘇走反。方言：斗擻，舉也。周成難字云：斗擻，鬖髼也。音都穀反，下蘇穀反。經文作抖揀二形，音同柾策，並非字體。

堙羅　古文垔、𡏖二形，今作堙，同。於仁反。帝釋象王名也。經中或名堙那婆那，或言伊羅鉢多羅，此譯云香葉。身長九由旬，高三由旬，其形相稱也。堙，烏賢反。

正法念經　第四卷

攫啄　九縛反。説文：攫，抔(扟)〔八〕也。蒼頡篇：攫，搏也。淮南子云「獸窮則攫，鳥窮則啄」是也。抔(扟)音居逆反。

水獺　他曷、他鎋二反。形如小犬，水居食魚者也。經文作狚，都達反。獦狚，獸也，如狼，赤首。狚非此義。獦音古曷反。

激流　公的反。謂流急也。説文：水文凝耶疾急曰激也〔九〕。

梯隥　丁鄧反。廣雅：隥，履也。隥，仰也。謂山路仰登也。經文作僜，非也。

狗齩　又作䶧，同。五狡反。説文：齩，齧也。經文作骹，苦交反。膝骨也。又作咬，呼交反。鐃箭也。二形並非此義。

善挾　胡頰反。爾雅：挾，藏也。方言：挾，護也。

掩面　於儼、烏感二反。廣雅：掩，覆也。亦藏也。經文作唵，一感反。[唵，啗也。埤蒼：唵，啥也[一〇]。]謂掌進食也。[啗，徒感反。啥，呼匝反[一一]。]唵非此義。

正法念經　第六卷

排筒　埤蒼作韝。東觀漢記：因水作排。王弼注書云：橐橐。囊作橐，同。皮拜反。所以冶家用炊火令熾者也[一二]。

射垛　徒果反。射堋也。經文作埵，丁果反。埵，累也。埵非今義。堋音朋。

鑱刺　仕咸反。説文：鑱，鋭也。廣雅：鑱謂之鈹音普皮反。

正法念經　第八卷

耎枘　而兖反，下乃困反。字苑作腝，柔脆也。通俗文作枘，再生也。又作嫩，近字也。經文作濡，又作媆，並非體也。

脚瘇　字詁今作尰，同。時腫反。通俗文：腫足曰瘇。瘇，脚病也。經文作踵，非體也。

捩繩　力結反。謂轉捩也。

正法念經　第九卷

鐵砧　又作椹、戡二形，同。猪金反。鈇砧也。經文作鈂，丈心反。臿屬也。鈂非此義。

鐵錘　直危反。廣雅：錘謂之權。謂稱錘也。方言：錘，重也。

鉸刀　古卯反。交刃刀也。今亦謂之剪刀，又謂剪馬爲鉸刀。釋名云：鉸刀，削刀皆隨時用作名也。

驅蹙　子六反。蹙，迫也。催促也。廣雅：急也。經文作踧，踧然避席也。踧踖也。踧非此義。

蜚墮　古書飛多作蜚，同。府韋反。鳥曰飛。[飛[一三]，]揚也。案漢注云「正月爵大於鳩，五色，蜚過鄭。二月後蜚過池陽」是也[一四]。

正法念經　第十卷

步靫　楚佳反。謂盛箭者也。通俗文：箭箙曰步靫。釋名曰：步[靫][一五]，人所帶，以箭叉其中也。箙音扶福反。

寂聲　又作誺（諃）、啾二形，同。情歷反。方言：寂，安靜也。寂，嘆也[一六]。

舓手　古文舓、䑛二形，今作狧，又作舐，同。食尔反。以舌取食也。經文作呧、䟡二形，未見所出。

螕等　補兮反。通俗文：狗虱曰螕。經文作蜱，扶卑反，螗螂子也。蜱非字義也。

洲潬　徒亶反。爾雅：潬，沙出。郭璞曰：今江東呼水中沙堆爲潬。謂[水中央地也][一七]，經文作埏，音延，非字體也。

正法念經　第十一卷

作蛭　之逸反。謂入人皮中食血者也。江東名蟣，音巨幾反。

經文作螲，音知栗反。螻蛄[一八]也。非此義也。

曲蟺　音善。古今注云：丘蚓也。一名蜜蟺，江東名寒蚓，善長吟於地中。江東謂爲歌女，或謂鳴砌。經文作蟬，非體也。

鐵鉆　奇廉反。［說文：鐵鋷也。謂鑷取物也。蒼頡篇：鉆持也[一九]。］通俗文：鍛具曰鉆。經文作鉗，謂以鐵束人者也。鉗非此用也。

正法念經　第十二卷

吒齸　正字作齸，同。竹皆反。廣雅：齸，齧也。經文作嚌，在計反。至齒也。嚌非此義。

正法念經　第十三卷

鱯魚　獲、樺二音。爾雅：魾，大者鱯。孫炎曰：鱯似鮎而大，色白也。魾音備飢反。鮎，奴兼反。

踦（攲）[二〇]倒　或作攲（敧）[二一]、䶦、崎三形，同。去知反。說文：攲嶇，傾側不安也。字從危支聲也。

抒氣　除呂、時汝[二二]二反。廣雅：抒，舀也。渫出也。說文：抒，挹也。舀，翼紹反。

攣縮　力泉反。爾雅：攣，病也。亦拘攣也。經文作臠、癒（癵）[二三]二形，並非體也。

壓拶　烏甲反，下子曷反。周成難字作㩍。㩍，拶也。經文作押攢二形，音甲讚，非今用也。

庰中　蒲定反。廣雅：庰、廁、清，圂也。庰亦屏隈也。

正法念經　第十六卷

颾鼓　公户反。鼓，動也。案凡動物皆謂之鼓。經文從風作颾，非也。

壓笮　今作窄，同。側格反。說文：笮，壓也。謂笮出汁也。

胆虫　且余反。通俗文：肉中虫謂之胆。經文作蛆，子余反。蝍蛆也。又作疽，瘡也。二形並非今用。

黤黮　烏感、勑感反，下（不）[二四]明也，亦黑也。纂文云：深黑也。

齆鼻　一弄反。埤蒼：鼻病也。

妖蠥　五竭反。說文：衣服歌謠草木之怪謂之妖，禽獸蟲蝗之怪謂之蠥。經文作孽，庶子也。又作孼，近字也。

尪羸　今作尪，同。烏皇反。尪，弱也。羸，累也。通俗文：短小曰尪。尪亦小也。

鼬等　弋周、由救二反。字林「似鼠，赤黄而大者」是也。

翺翔　五高反。回飛也。飛而不動曰翔。釋名云：翺，遨也，言敖遊也。翔，佯也，言彷徉也。

正法念經　第二十一卷

喑噫　於禁、乙戒反。喑唶，大呼也。［亦大聲也[二五]。］說文：噫，出息也。經文作噎，於結反。咽塞也。噎非此義。

捡齣　巨今反。說文：急持衣襟也。字從金從手。下苦加反。今亦言口齣也。經文作杈（扠）[二六]，非也。

正法念經　第二十四卷

歆歆　於滑反。通俗文：大咽曰歆。説文：咽中氣息不利也。經文作唿唿，非也。

相撲　妨卜反。字林：手相搏曰撲也。撲，打也。

正法念經　第二十五卷

鱗鮔　又作觡、距二形，同。渠吕、居吕二反。雞足距也。字從角也。[從魚作鮔，非也[二七]。]

正法念經　第二十六卷

輾諸　女展反。説文：輾，轢也。蒼頡篇：輾，車行處也。

帶毦　字林：而容反。罽也。或作茸，草茸也。

正法念經　第二十八卷

諧耦　胡皆、吴口反。諧，和也。耦，合也。經文作偕謌二形，非體也。

革屣　所綺反。皮履也。經文作鞜，非也。

花勃　蒲没反。廣雅：勃勃，盛也。

正法念經　第三十一卷

[雉烏　古文雉，同。直里反。經文作鴆，余詰、徒結二反。爾雅：鴆，鋪豉也。][二八]

糠苦　古木反。通俗文：禾稭謂之苦䅵。䅵音奴穀反。

機發　説文：射，發也。機，主發之機也。謂制動轉之鍬也。

溥天　今作普，同。匹古反。詩[云：溥天之下[二九]。]傳曰：溥，大也，亦遍也。

正法念經　第三十二卷

涓流　古玄反。字林：水小流也。

鄙褻　古文絬、媟、暬、渫四形，今作褻，同。息列反。褻，黷也。

調話　古文舙、譮、諴(語)三形，同。胡快反。合會善言也。經文作譁，音花，諠譁也。譁非字義。

麚麀　音加。説文：牡鹿也。以夏至解角也。下又作麔，同。於牛反。説文：牝鹿也。

正法念經　第三十七卷

懮動　胡郭、况縛二反。蒼頡篇云：懮，驚也。

正法念經　第三十九卷

閃誑　字書或作覘，同。式冉反。説文：閃，窺頭皃也。

邀利　字書作徼，同。古堯反。求也，遮也，亦要也。

楝(棟)[三〇]樹　古文柬，同。力見反。子白而粘可以浣衣者也。經文作練，非體也。

正法念經　第四十五卷

常眨　通俗文作睞，字苑作眨，同。莊狹反。目數開閉也。經文作映，子葉反，目毛也。睞非字體。

正法念經　第四十六卷

煗（㮕）〔三一〕棗　如兖反。説文：似柿而小也。經文作濡，非體也。

秖豆　竹尸反。廣雅：再種豆也。

正法念經　第四十七卷

稠穊　古文蒫，同。居賈反〔三二〕。説文：稠，多也。穊亦稠也。

蜥蜴　斯歷反，下音亦。山東名蝀蜆，陝以西名辟宮，在草者曰蜴蜥〔三三〕也。經文作蝲，非體也。蝀音七賜反〔三四〕，蜆音覓。

正法念經　第四十八卷

垂挑　借音他吊反。謂天衣迵出也。

趫行　丘昭〔三五〕、綺驕二反。説文：善緣木之士也。經文作挑，勑堯反。挑，抉也。挑非字義。

不肖　先妙反。小爾雅云：不肖，不似也。[言不如人也〔三六〕。]經文作消，非也。

犍割　又作犍、劇二形，同。紀言反。通俗文：以刀去陰曰劇也。

字從牛。

放習　甫往反。廣雅：放，效也。亦依也，比也。經文作仿，非也。

正法念經　第五十六卷

[支多　指移反。花名也。吱多羅花。經文從口作吱，取其舌轉也。]〔三七〕

晏然　烏鴈反。説文：天清也。晏亦鮮翠之皃也。經文從門作⿵門晏，非體也。

正法念經　第五十七卷

虓呴　又作唬，同。呼交反。説文：虎鳴也。一曰師子也。字從虎，九聲也。

凸腹　徒結反。字苑〔三八〕作凸。凸，起也。蒼頡篇作突，不平也。

呴喊　古文呴、吽二形，今作拘，同。呼茍反。聲類：吽，嗥也。下呼戒反。韻集作喊。喊，訶也。蒼頡訓詁作欸，恚聲也。通俗文作謑，大語也。猶言喊咄、喚喊皆是也。

[水腫　上式許反。腫病也。經文作⿸疒水、脉二形，非體也。]〔三九〕

正法念經　第五十八卷

鯢羅　吴雞反。諸經有作宜羅，猶是梵音訛轉也。

⿰舟霝舟　歷丁反。[楚辭云：乘⿰舟霝船余上征。王逸注〔四〇〕：]船有窗牖者也。字書：船上有屋者曰⿰舟霝也。

傴僂　於矩、力主反。通俗文：曲脊謂之傴僂。經文作迂遱二形。音宇俱反，迂，避也。下力侯反。説文：連遱也。並非字義。

笐笏　胡當反，下力折反。説文：竹吹(次)[四一]也。言竹有笐吹(次)謂之笐笏也。

正法念經　第六十四卷

欅槔　又作桔、欅二形，同。古翿反，下音高。通俗文：機汲也[四二]。

頑痺　今作痹，同。婢利反。説文：足氣不至也。[經文作庳，必二反。説文：濕病也。風痺，冷痺[四三]。]

痶瘓　相承敕典、敕斷反[四四]。髮病也。未詳音字所出。

正法念經　第六十五卷

瘭病　字林：方遥反。瘭疽，病也。經文作螵[字，與蜱同，頻支[四五]、]脾遥[二[四六]]反。[蜱蛸，螗蜋子也[四七]。]螵非字義。

或窳　臾乳反[四八]。惰懶之謂也。爾雅：窳，勞也。郭璞曰：勞苦者多惰窳也。[字從穴從胍[四九]。]

瘦瘠　古文瘷、瘠、膌三形，同。才積反。説文：膌，瘦也。亦薄弱也。

傾起　直隹反。説文：出額也。經文作膇，非也。

髁骨　苦霸反。髂骨也。説文：髁，髀也。字從骨，果聲。經文作骻，古岸反。骻，肋也。又作跨，踞也。並非此用。

侹直　古文頲，同。勑頂反。通俗文：平直曰侹。經文作艇，非也。

錍羅　普迷反。成身名也。梵言也。

正法念經　第六十七卷

蛕母　又作蛔，同。胡瓌反。蒼頡訓詁云：蛕，腹中蟲也。

呀骨　呼家反。蟲名也。

頻伽　毗人反。經文作蹞、嚬二形，撿無所出。

正法念經　第六十八卷

鳿鳥　古文堆(琟)[五〇]。聲類或鴻字，同。胡公反。鴻鵠也。

凹窊　相承苦簟反[五一]。未詳名義所出。

甄波　居延反。果名也。甄波迦果也。經文有從口作嚍，非也。

中阿含經[五二]　第一卷

鳥喙　許穢反。説文：喙，口也。字從口彖聲。彖音他亂反。

[勇毅　牛既反。又尚書云：殺敵爲果，致果爲毅。毅亦有決也。][五三]

堊灑　烏各反。蒼頡篇云：白土也。爾雅：牆謂之堊。郭璞曰：以白土飾牆也。釋名：堊，亞也。亞，次也。先泥之，次以灰飾之。

秙豆　女霑反。豆名也。

蔗餹　又作糖，同。徒郎反。以甘蔗爲餹也，今沙糖是也[五四]。

中阿含經　第三卷

尾骼　古文髃，今作骺，同。口亞反。埤蒼：髂骨也。經文作骼，歌額反。骨枯曰骼，骼非此義。

中阿含經　第四卷

麗㭊(㮘)[五五]　又作掣，同。昌制反。正言麗㭊(㮘)毗，此譯云細滑也。

魁取　苦回反。說文：羹斗曰魁。經文從木作槐、棡二形，非體。

糉米　子曳反。蒼頡篇：大黍也。[又云似黍而不粘[五六]。]關西謂之糜是也。

雜穬　古猛反。說文：芒穀也。經中從麥作䵃，近字耳。

箭金　箭鏃也。關西名箭金，山東名箭足，或言鏑也。[辯異名也[五七]。]

撿撓　奴教反。撿，押也。撓，曲也。治箭之稱也。

有卒[五八]　祖没反。說文：隸人給事者曰卒。古以染衣題識表其形也。方言：南楚東海之間或謂卒爲褚。郭璞曰：言其衣赤也。故字從衣。

中阿含經　第六卷

剬割　聲類作剸，同。之兖反。說文：剬，斷首也。亦截也。

祭餟　古文裰，聲類作醊，同。猪芮反。說文：餟，酹也。音力外反。字林：以酒沃地祭也。方言：餟，饋也。

負摙　力翦反。淮南子：摙載粟米而至。許叔重曰：摙，擔之也。今皆作輦。

中阿含經　第七卷

麁細　又作麤，同。錯孤反。麁，大也。細，小也。經文作塵網，誤也。

腦根　奴老反。言腦後玉枕也。

拳摝　又作捲，同。渠圓反。下又作杈(扠)[五九]，同。勑佳反。猶手桎(挃)[六〇]也。

齶痛　五各反。斷齶也。經文作膅、腭二形，非體也。

欬瘷　口代、蘇豆反。說文：欬，逆氣也。亦瘷也。經文作咳欶二形，非體也。

喝吐　乙芥反。說文：喝，渴也。蒼頡篇：吐，棄也。亦寫也。

喉閉　閉猶塞也。經文作痺，俾利反。醫方[六一]：痺，喉病也。

痔蠆　直理反，下女力反。後病也。謂濕蠆也。中(虫)[六二]食後病也。經文作匿，非體也。

店肆　今作坫，同。都念反。肆，陳也。陳物賣買之處也[六三]。

中阿含經　第八卷

潢池　胡光反。潢，池也。積水曰潢也。小曰洿，大曰潢也。

碧玉　廣雅：碧玉，青玉也。[說文云：石之美者也[六四]。]今越嶲東山出碧玉也。[嶲，息委反[六五]。]

瑇瑁　今作蝳蝐二形，古文作瑇瑁二形，同。音代妹。異物志云：如龜，生南海中。大者如蘧蒢，背上有鱗。將欲用，煮之，其皮則柔，隨意所作也。

赤石　［赤，説文云：南方色也。從大從火。古文作烾。下石，説文云：山石也。在厂之下，口象形。］〔六六〕

旋珠　字宜作璿，辭緣反。穆天子傳曰：春山之寶有璿珠。郭璞曰：玉類也。

帝麛　［或作麝，同〔六七〕。］音迷，經中或作低迷，或作坻彌，皆梵言轉耳。

中阿含經　第十一卷

駐馬　莫高反。青紺色也。頭如烏。此馬寶也。以毛飾，故因以名焉〔六八〕。

皦潔　古文皦、曒二形，今作皎，同。公鳥反。埤蒼：皦，明浄也。

中阿含經　第十二卷

鏵鍬　又作鍫，同。且消反。方言：趙魏間謂臿爲鍫也。

鼠塲　治羊反。埤蒼：鼠垤也。方言：坻、垤、對（封）〔六九〕，塲也。

豌豆　一丸反。豆名也。經文作宛，或作豋，並非體也。

䝁豆　布迷反。廣雅：䝁豆，豍豆也。經文作蜱，非體也。

籮中　音羅。字林：竹器也。廣雅：籮，箕也。

火焫（炳）〔七〇〕　古文爇，同。而悦反。通俗文：燃火曰焫（炳）。焫（炳）亦燒也。

擥彼　又作攬、擥二形，同。力敢反。廣雅：攬，取也。攬，持也。

中阿含經　第十三卷

榛莽〔七一〕　助巾反。説文：木藂生曰榛，衆草曰莽也。

僻處　匹赤反。邪僻也，亦隱僻也。説文：僻，辟也。

猩猩　所京反。字林：能言獸也。知人名也。形如豕，頭如黄雞。今交阯封溪有之，聲如小兒啼。

捃拾　古文攈，同。居運反。方言：捃，取也。

中阿含經　第十四卷

手拊　敷主反。拊猶拍也。尚書「擊石拊石」是也。

煜爚　由掬、弋灼反。説文：煜，燿也。爚，火光也。經文作爍，非體。

櫨鎟　力都反。説文：柱上枅曰櫨。謂柱端方木也。櫨，斗。釋名：櫨言都盧，負屋也。經文從金作鑪，非體也。下宜作磉，桑朗反。説文：磉，柱下石。即柱礎也。經文從金作鎟，誤也。礎音楚。

中阿含經　第十五卷

都梁　案盛弘荆州記云：香蘭也。都梁，縣名。有小山，山上悉生蘭。俗謂蘭爲都梁，即以縣爲名也。

檔（擱）〔七二〕　輿　古郎反。文字集略云：相對舉物曰檔也。

罰錢　自連反。貨財也。唐虞夏殷皆有錢。經文作錣，猪劣反，謂杖端鐵，非此用也。

不啻　施豉反。蒼頡篇云：不啻，多也。

中阿含經　第十六卷

螕肆　借音布迷反。此譯云遣使也。

犁鑱　仕監反。謂有刃斵鑿者也。斵音竹角反。

剔肉　又作㓨，同。他歷反。㓨，㓨也。通俗文：去骨曰剔也。

著蘅　下［胡］〔七三〕庚反。杜蘅，香草也，謂以草爲鬘，言其惡也。

兩輪　又作轑，同。子孔反。方言：關西謂輪爲轑。釋名云：輪言輻總入轂中也。

森森　所金反。説文：多木長皃也。今取其意耳。

自誇　苦華反。通俗文：自矜曰誇。謚法曰：華言無實曰誇也。

中阿含經　第十七卷

鹵簿　字體作樐、橹二形，同。力古、蒲古反。樐，太（大）〔七四〕楯也。蔡邕獨斷曰「天子大駕，出陳樐簿」是也。

擲羂　又作罥，同。古犬反。聲類云：係取也。

中阿含經　第十八卷

械籠　古咸反。説文：械，篋也。字書：木篋也。經文從絲（糸）〔七五〕作緘，非體也。下又作簝，同。力木反。竹器也。

中阿含經　第二十卷

菘菁　思雄反。方言：蘴、蕘，蕪菁也。郭璞注：蘴音蜂，今江東音嵩，字作菘。陳楚間曰蘴，音豐。魯齊之間謂之蕘，關之東西謂之蕪菁。蕘音饒。

輕圞　字宜作團，徒丸反。字林：團，圓也。

中阿含經　第二十四卷

如蘊　紆文反。謂聚草束之以然火也。漢書「束蘊乞火」是也。經文作薀，非。薀薀，盛皃也，非今所用。

中阿含經　第二十五卷

破隖　一古反。字林：小城也。通俗文：營居曰隖。［又小障也，字從阜也〔七六〕。］

中阿含經　第二十九卷

節纇　力外反。通俗文：多節曰纇。［亦絲節也〔七七〕。］經文作戾，非義也。

中阿含經　第三十卷

縛繳　之若反。繳，生絲縷也，矰之䠶者也。矰音子登反。結繳於矢謂之矰。

牻色　莫江反。雜色也。説文：白黑雜毛牛曰牻也。

鵂狐　許牛反。鵂鶹也。關西呼訓侯，山東謂之訓狐也。

心悸　古文痵，同。其季反。字林：心動也。

中阿含經　第三十二卷

斫剉　且卧反。說文：折傷也。剉亦斫也。

麋鹿　莫悲反。說文：鹿屬也。以冬至時解角者也。

中阿含經　第三十三卷

酒鑪　力胡反。史記：文君當鑪。韋昭曰：酒肆也。以土爲墮，邊高似鑪也。

認過　如孕反。失物而記之也。經中作仞，八尺曰仞也。

中阿含經　第三十五卷

沃溉　古文茯，同。烏木反。沃猶溉灌也。沃亦漬也，澆也。

剳治　古文斱、鉻二形，同。力各反。通俗文：去節曰剳。經文或作芟，所巖反，刈草也。或作落，非體也。

中阿含經　第三十七卷

衣屧　又作蘗，同。思俠反。履屬也。經文作爕。爕，和也。爕非字義。

香陰　於禁反。言〔七八〕受胎具三緣三香陰見在前。經文作除，誤也。

中阿含經　第三十九卷

抨乳　普耕反。〔江南音也〔七九〕。〕抨，彈也。經文作軯，音瓶，車名，非此用也。

地肥　扶非反。劫初地脂也。經文作𦜝，非體也。

淖蜜　奴狡反。通俗文：和溏曰淖。淖，和也。

霏那　孚非反。梵言也。此謂福德行也。

標牓　補朗反。謂物標記也。字從片，經文從木作榜，〔補孟反〔八〇〕，〕非也。

中阿含經　第四十三卷

說甌　烏侯反。三蒼：瓦盂也。字林：小盆也。

說橢　勑果反。狹長器也。蒼頡篇：盛鹽物也。淮南子云「窺面於槃即圓，於杯即橢」是也。

中阿含經　第四十六卷

從嘷〔八一〕　又作獋，同。胡高反。說文：嘷，咆也。經文作呧，都禮反。字與詆同。呧，呵也。呧非字義。

誣謗　武于反。說文：加言也。亦欺也。以惡取善曰誣也。

及豺　仕皆反。爾雅：豺，狗足也。〔蒼頡訓詁云：豺似狗，白色〔八二〕，〕有爪牙，迅捷善搏噬也。

中阿含經　第四十七卷

圍罝　古文𦋨、𦌾二形,同。子耶反。爾雅：兔罟謂之罝。郭璞曰：罝,遮也。遮取兔也。

中阿含經　第五十卷

荼帝　徒加反。經文或作嗏、嚓二形,並非體也。

秼治　或作薅、𣏾二形,籀文作薅,同。呼豪反。説文：除田草曰秼也。

瓴瓴　又作甄,同。力頰反。通俗文：瓦破聲曰瓴。説文：蹈瓦聲躐躐也。經文作甃甃,誤也。

中阿含經　第五十三卷

八棱　又作楞,同。力增反。[説文：棱,柧也[八三]。]三蒼：棱,四方也。[柧,音孤[八四]。]

鐵槍　千羊反。蒼頡篇：兩頭鋭也。經文作鏘,玉聲也。鏘非此義。

中阿含經　第五十五卷

因鈇　案字義宜作麩,撫于反。麥皮也。經文作鈇,未見所出。疑世言麩金,遂從金作鈇。

磨鋥　相承宅諍反。摩治也。字無所出,今宜作敦。敦,治也,謂摩瑩飾也。

火排　又作韛,同。蒲拜反。所以治(冶)[八五]鍛家用炊火者也。

留邵　時照反。寶名也。

中阿含經　第五十七卷

鼾眠　胡旦反。説文：卧息聲也。經文作嘷、吁二形,非也。又作嗅,普利反,喘聲也。嗅非此義。

棚閣　今作輣,同。蒲庚反。連閣曰棚。經文作閛,普耕反,門聲也。閛非此用。

中阿含經　第五十九卷

敲户　苦交反。説文：擴(横)[八六]擿也。亦下擊也。經文作撓,非也。

磨輾　女展反。輾,治也。經文作搌,音丑展反,非此用。

中阿含經　第六十卷

爲樔　又作槻,同。居隨反。木名,堪作弓者也。

爲紵　直吕反。説文：檾屬也。亦草名也。作布細而白者也。檾音苦迥反。

箭笴　工旱反。字林：箭莖也。經文作幹,古汗反。枝幹也。

鵶毦　力經反。謂毦羽也。經文作鶆鸖,力吉反,下力周反,謂黄鳥也。又作鷗。此並應誤也。

爲齊　茨奚反。謂齊整也。經文從金作鏡,誤也。

爲鉀　又作釓、鎞二形，同。普迷反。通俗文：霍葉曰釓。釓即大箭也。

不愜　苦頰反。謂愜，可也。字林：愜，快也。

增一阿含經〔八七〕　第一卷

顧眄　莫遍反。説文：邪視也。三蒼：旁視曰眄也。

揮淚　許歸反。揮，灑也。説文：揮，奮迅也。謂奮迅振去之也。

拘隣　毗耶娑問經作阿若居隣。此譯云阿若，言已知，正言解了。拘隣，姓也。大哀經作拘輪，晋言本際第一解法者也。普曜經云：俱隣者，解本際也。即經中尊者了本際是也。此即憍陳如也。

增一阿含經　第二卷

滄蕩　上音倉，下堂浪反〔八八〕。

脬尿　匹包反。三蒼云：盛尿處曰脬。〔説文：旁光也。字從肉，孚聲〔八九〕。〕經文作胞，非也。

脂羨　又作涎、延(唌)〔九〇〕二形，同。詳延反。字林：慕欲曰羨。三蒼作次。次，唾也。經文作羡，非也。

增一阿含經　第三卷

耐辱　奴代反。蒼頡篇：耐，忍也。字本從刀，杜林改從寸。

識鵰　叉蔭反，下薄崩反。經文作識，誤也。

隱噎　於計反。釋名云：噎，翳也。言雲氣隱翳使不見也。

瑚須　力計反。比丘名也。依字，瑚，蜄屬也。蜄音市忍反。

增一阿含經　第四卷

眩惑　古文迿、眴二形，同。胡遍反。廣雅：眩、惑，亂也。亦闇不明也。

飯食　古文餅，同。扶万反。黄帝始炊穀爲飯。飯，食也。

甘饌　士眷反。具食也，亦飲食也。

增一阿含經　第六卷

屋廬　力居反。别舍也。黄帝爲廬，以避寒暑。春秋去之，冬夏居之也。

猥多　烏罪反。字林：猥，衆也。廣雅：猥，頓也。

增一阿含經　第八卷

苦蔘　説文作蓡，同。所金反。苦草也。其類有多種，謂丹蔘、玄蔘等也。

鍮婆　又作鋀，同。他侯反。或云藪斗波，或云塔婆。〔正言窣覩波。窣音蘇没反〔九一〕。〕

蜎飛　一全反。字林：蟲皃也。或作蠉，呼全反。飛皃也。

蝡動　人尹反。字林：蟲動也。通俗文「摇動蟲曰蝡」是也。

增一阿含經　第九卷

白疊　字體作氎，古文毾，同。徒頰反。毛布也。經文作褺，知立反。縶，絆也。縶非經旨。

兩目　力掌反。說文：兩，再也。廣雅：兩，二也。經文從草作𦿀，亡安反。𦿀，平也。𦿀非此義。

[焚燒　古文燌同。扶雲反。案焚亦燒也。字從火燒林意也。][九二]

增一阿含經　第十二卷

矟刺　所角反。埤蒼：矟長一丈八尺也。經文作槊，俗字也。又作銒，誤也。又作鏰，江南俗字也。

轢其　力各、力的二反。輾，轢也。說文：車所踐也。

脊僂　力矩反。廣雅：僂，曲也。經文作膢，力矦反，祭名也。[膢非字體[九三]。]

增一阿含經　第十四卷

軟懦　而兖反，下奴卧反。軟，柔也。懦，弱也。

頷頭　五感反。說文：摇其頭也。經文作儼，非也[九四]。

增一阿含經　第十七卷

拘翅　施豉反。或作俱耆羅鳥，梵言訛耳。此鳥聲好形醜，從聲爲名也。經文作翫、鵄二形，非也。

鷙鳥　諸利反。猛鳥也。謂鷹、鸇等類也。鷙，至執也。謂所至能執服衆鳥也。

增一阿含經　第十八卷

占匐　或作瞻，正言瞻博迦。大論云：秦言黄花樹也。其樹高大，花氣遠聞。經文作匐，非也。

[虚捲　又作拳，同。渠圓反。拳，握掌也。][九五]

般磋　古文䶩，同。粗何反。梵言也。

增一阿含經　第十九卷

毾㲪　他盍反。通俗文：毛蓐細者曰毾㲪。經文作毲，非也。

勇悍　胡旦反。蒼頡篇：悍，桀也。說文：悍，勇也。有力也。

增一阿含經　第二十卷

貲輸　紫斯反。貲，財也。通俗文：平財賄曰貲也。

凑集　倉候反。字林：水上人所會也。凑亦聚也。

增一阿含經　第二十二卷

謫罰　都革反。罪小曰罰，罰罪曰謫。經文作嫡，非也。

五刻　古文剾，同。苦則反。刻，削也。刻，畫也。經言「刀劍等刻削之」是也。經文作刋，非也。

愁惋　烏唤反。字略云：惋，嘆。驚異也。

蚩笑　古文㞢，同。尺詩反。廣雅：蚩，輕也。謂相輕而笑也。

盪鉢　古文潒，又作蕩，同。徒朗反。盪，滌洒器也。

門閾　古文閾，同。呼域反。[爾雅云：柣謂之閾。郭璞曰[九六]：]門限也。[柣音千結反[九七]。]

增一阿含經　第二十三卷

一函　胡緘反。謂以木器盛物者也。經文作臽，音陷，坑也。臽非此義。

草薪　大[九八]可析者曰薪。經文作蓑，蘇和反，草衣也。

澹淡　徒濫反，下徒敢[反][九九]。廣雅：澹、淡皆安也。

溺者　字體作尿。說文：小便也。字從水從尾。經文作溺，古字多假借耳。

增一阿含經　第二十四卷

顫⿰尤頁　古文膻，又作軇，同。之繕反。下古文鈂、疚、⿰尤頁三形，今作疣，同。尤富反。通俗文：四支寒動謂之戰⿰尤頁。蒼頡篇云：頭不正也。經文作枕，非也。

攢箭　古文儹，同。徂丸反。蒼頡篇：攢，聚也。字體從木也。

草貯　張呂反。貯，積也，謂盛貯也。經文作櫧(楮)[一〇〇]，知略反，擊也。櫧(楮)非此義。

所押　音甲。爾雅：押，輔也。謂押束、押障等皆作押也。

增一阿含經　第二十五卷

耆艾　五蓋反。禮記：六十曰耆，五十曰艾。釋名云：耆，指也。艾，乂也，又治也。指，謂指事使人不自執役也。

拘屢　力句反。經中或作拘樓，皆梵言訛耳。

捻桎(挃)[一〇一]　古文敜，同。乃頰反。指持[謂手捻[一〇二]]也。下猪栗反。挃，刺也。

增一阿含經　第二十六卷

幢麾　今作撝，同。呼皮反。謂旌旗指麾衆也，因以名焉。[周禮：建大麾於田。夏后民(氏)所建也[一〇三]。]

金鋌　徒頂反。鋌，銅鐵之璞未成器用者也。

增一阿含經　第二十八卷

眼睫　又作䀹，同。子葉反。目毛也。經文作毿、毭二形，非也。

干柘　支夜反。或作甘蔗，或作竿蔗，[此既西國語[一〇四]，]隨作無定體也。

替不　他計反。爾雅：替，廢也。替，滅也。言滅絕也。

勞乎　力高反。爾雅：勞，勤也。謂力極也。經文作㔁、𠢕二形，誤也。

增一阿含經　第三十一卷

⿰歹凶暴　又作凶，同。許顒反。[爾雅：凶，咎也[一〇五]。]說文：凶，惡也。下蒲報反。暴，猝也，疾也。

捡獲　又作鈘(鈙)[一〇六]、擒二形，同。渠林反。三蒼：捡，手捉物也。埤蒼：捡，捉也。今皆作擒。

捽母　存沒反。說文：持頭髮也。經文或作撮，租活反。捉撮也。

豁悟　古文奯、眓二形，同。呼活反。廣雅：豁，空也。經文從心作懽，未見所出。

增一阿含經　第三十二卷

將大　紫羊反。辟支名也。經文作𡙇(奘)〔一〇七〕，誤也。

鱣魚　古文䱇，同。知連反。大黃魚也。口在頷下，大者長二三丈。

當梟　古堯反。說文：倒首也。謂斷首倒懸於竿頭肆其辜也。或作梟。說文：不孝鳥也。冬至日捕梟磔之。從梟頭在木上。二形通用。

夷湍　土端反。人名也。此譯云來，或作耑，音端。〔此梵言輕重耳〔一〇八〕。〕

揚治　古文敭(敭)〔一〇九〕、颺二形，同。余章反。說文：揚，飛舉也。

增一阿含經　第三十三卷

皰節　又作靤，同。蒲孝反。〔小熱氣也〔一一〇〕。〕經文作疱、鮑、䩼三形，非也。

金扉　音非。說文：扇謂之扉。經文作闝，誤也。

〔酬荅　古文醻，同。是由反。謂報主人也。酬亦荅也。〕〔一一一〕

增一阿含經　第三十四卷

窯家　移招反。通俗文：陶竈曰窯。〔蒼頡訓詁云：窯〔一一二〕，燒瓦竈也。〕

如聒　又作餂，同。徒兼反。說文：甛，美也。經文作甜，非也。

牙跂　又作屐，同。渠逆反。屐有木有帛有草，非一種也。

警寤　古文憼、儆二形，同。居影反。警，戒也。〔戒，慎也〔一一三〕。〕經文作景，非也。

搆牛　古候反。謂搆捋取乳也。經文作㺃，古觸字，誤也。

增一阿含經　第三十五卷

舊欵(款)〔一一四〕　或作欵，同。口緩反。廣雅：愛也。欵，誠重也。

八窖　古效反。通俗文：藏穀麥曰窖也。蒼頡篇：窖，地藏也。

遏絶　古文閼，同。於曷反。爾雅：遏，止也。謂逆相止也。遏亦遮也。

增一阿含經　第三十六卷

自攌　宜作攫，俱縛反。攫，扟也，搏也。

五捺　乃曷反。謂手五指捺也。經中作搽〔一一五〕，千計反。埤蒼：挑取也。搽非此用。

較之　古文作摧，同。古學反。廣雅：較，明也，見也。謂較然〔易知〔一一六〕〕易見也。經中有作挍，比挍也。

自襞　卑亦反。說文：韏衣也。廣雅：襞，屈也。韏音丘阮反。

增一阿含經　第三十八卷

戢在　阻立反。說文：戢，藏也。亦聚也，斂也。

增一阿含經　第三十九卷

俟彼　古文竢、䇐、䇃三形，同。事几反。爾雅：俟，待也。

猨猴　今作蝯，同。禹煩反。似彌猴而大，臂長。其色有黑有黃，鳴聲甚哀也。經文作犺，非也。

擗口　補革（革）〔二一七〕反。廣雅：擗，分也。亦裂也。

恤民　又作卹，同。須律反。爾雅：恤，憂也。亦收也。謂以財物與人曰振恤之也。經中作䘏，未詳所出。

增一阿含經　第四十六卷

瘡痍　與脂反。通俗文：體瘡曰痍，頭瘡曰瘍也。瘍音陽。

氣劣　古文吃、炁二形，同。墟既反。氣，息也。下古文埒（埒）〔二一八〕，同。力拙反。劣，弱也。經文作劣，誤也。

增一阿含經　第四十七卷

誦習　辭立反。謂積習數爲也。經文作謵，丑俠反，言不止也。謵非字義。

抴電　又作曳，同。余世反。抴，引也。電，殄也。言暫引即殄滅也。

膿血　古文盥、膿二形，今作癑，同。奴公反。〔潰血也〔二一九〕。〕經文作膿，非也。

醇酒　是均反。不澆酒也，亦十旬酒也。

㕮咀　方父、側呂反。㕮咀，拍碎也。

來鎮　陟陳反。說文：鎮，壓也。經文作填，徒顛反。填，滿也。

增一阿含經　第四十八卷

蜜提　或作締，音徒計反。城名也。經文作殅。此吐字是翻音，作吐梨反，遂誤寫正也。

梴樹　丑連反。樹名也。

他支　秦言財幢。經文作咃吱，從口，取轉舌也。

爲幟　古文㡽，同。尺志反。幖也。通俗文：私記曰幟。謂劍蓋等五物，幖爲記也。

祇崇　諸時反。爾雅：祇，敬也。崇，重也。

振給　古文㡌、拒二形，同。諸胤反。說文：振，舉也。小爾雅：振，救也。亦振發也。經文作賑，諸忍反。爾雅：賑，富也。謂隱賑富有也。賑亦兩通。

鰥獨　古頑反。釋名云：無妻曰鰥，無子曰獨。言鰥人愁悒不寐，目常鰥鰥然如魚眼不閉，故字從魚也。

酸酷　古文嚳、焅、俈三形，同。口木反。〔說文〔二二〇〕：〕酷，急也，〔甚也〔二二一〕，〕謂暴虐也。

纂修　古文纗，同。子夘（卯）〔二二二〕反。字或作纘。〔爾雅：纘〔二二三〕，〕繼也，繼前修者也。

增一阿含經　第四十九卷

禱謝　都道反。求福曰禱請也，請於鬼神也。謝，辭也。

抱不　又作菢，同。蒲報反。方言：燕、朝鮮之間謂伏雞曰菢，江東呼嫗。經文作㲏，未詳字出。

僥倖　又作儌，同。古堯反。下音幸。俗謂幸爲僥幸，言被其德澤也，冀望得遇也。［楚辭：願僥倖以待時〔二二四〕。］謂［皆］〔二二五〕非其所得而得之者曰僥倖。

而烙　音力各反。謂燒物著之曰烙也。

掬抱　又作𠚔，同。居六反。説文：掬，撮也。抱，持也。

增一阿含經　第五十卷

綺語　墟蟻反。不正也。經文作⿰言奇，非體也。

攘(禳)〔二二六〕厭　而羊反。攘(禳)，除也，却也。下於冉反。卧厭不悟者。

欶乳　又作嗽，同。山角反。［通俗文〔二二七〕：］含吸曰欶。經文作嗽，俗字也。

饋遺　古文餽，同。渠愧反。説文：饋，餉也。遺，與也。

稟食　補錦反。説文：稟，賜也。廣雅：稟，與也。

陽聾　餘章反。通俗文作詳，虚辭也。漢書作陽，謂不真也。經文作佯，音似羊反。佯，弱也。佯非此義也。

蝗虫　胡光、胡孟二反。毛詩虫魚疏云：阜螽，蝗也。今人謂蝗子爲螽子，云是［魚］〔二二八〕子化作。張斐解晉律云：小曰蝩，大曰蝗。蝩音之容反。

雜阿含經〔二二九〕

雜阿含經　第二卷

獲泅　正字作汓，同。似由反。説文：浮水上也。

不憚　徒旦反。廣雅：憚，驚也。［詩云：我無憚暑。箋云〔二三〇〕：］憚，畏也，亦忌也。

雜阿含經　第四卷

恐怛　都達反。怛，懼也。廣雅：怛，憂也。［方言：怛，痛也〔二三一〕。］今或爲驚憚字也。

若鏵　古文茉〔二三二〕，或作鋘，同。胡瓜反。犂刃也。經文作鑱，非也。

啾啾　子由反。蒼頡篇：衆聲也。説文：小兒聲也。

掠詎　又作呧，古文詆，同。都禮反。廣雅：詎，欺也。亦呵也。

雜阿含經　第五卷

拔茇　補達反。説文：草根也。方言：［茇，杜根也〔二三三〕。］東齊曰茇，或曰杜也。

剽剥　芳妙反。廣雅：剽，削也。蒼頡篇云：剽，截也。説文：剽，剌也。［剥謂脱皮膚也，亦剥落也〔二三四〕。］

雜阿含經　第七卷

剬割　又作剸，同。之兗反。説文：剬，斷也，截也。經文作鈆，鈆錫之鈆，非也。

尪瘵　［又作兀。古文從生作尪(尩)，同。烏皇反。下〔二三五〕］側界反。［短小曰尪〔二三六〕。］尪，弱也。瘵，病也。東齊曰瘼〔二三七〕。

惛悴　呼昆反，下古文頓、悴二形，今作瘁，同。茨邃反。惛，亂也，亦癡也。悴，傷也，亦憂也，病也。

蹁躚　古文徧，同。蒲眠反，下蘇眠反。廣雅：蹁躚，盤姍也。亦旋行也。經文作蹮跣，非體也。

贔屓　古文奰、悲二形，今作勑，同。皮冀反。下今作呬，同。羲冀反。西京賦〔一三八〕云：巨鼇贔屓。薛綜注云：作力怒也。説文：壯大也。詩云：不醉而怒也。奰從三目從大。三目益大也。屓，説文亦卧息也。字從尸從自(貝)〔一三九〕聲。經文作隩欷，非也。

雜阿含經　第十卷

蔭鷚　於禁反，下力救反。蔭，覆也。通俗文：暮子曰鷚。

發荄　古來反。説文：草根也。方言：東齊謂根爲荄也。

火熷　音遭。字林：熷，燒木焦也。經文作㶽，他念反。

雜阿含經　第十九卷

指蹴　千六反。〔説文：蹴，躡也〔一四〇〕。〕以足逆躡之曰蹴。經文作掓，非體也。

顛沛　又作跙〔一四一〕，同。補昧反〔一四二〕。謂偃仆也。經文作狽，非體也。

探其　他含反。爾雅：探，取也。〔郭璞曰：手摸取也〔一四三〕。〕説文：手遠取也。

脯腊　胥亦反〔一四四〕。周禮：脯腊。鄭玄曰：乾肉薄析之曰脯，小物全乾曰腊。腊猶昔，謂久昔也。

〔矛穳　粗亂反。排穳也。字林：小矛也。經文作鋑，古文鑹字。又作爨，炊也。並非字義也。〕〔一四五〕

雜阿含經　第二十一卷

亹亹　亡匪反。亹亹猶微微也，亦進皃也。

涕泗　息利反。〔詩云：涕泗滂沱。傳曰〔一四六〕：〕自鼻出曰泗。案泗即洟也。洟音他計反。〔自目出曰涕。涕音他禮反也〔一四七〕。〕

雜阿含經　第二十四卷

迅飛　雖閏反。爾雅：迅，疾也。經文作深濬字，非也。

易韻　于閏反。言聲音和韻也。今取其義也。

雜阿含經　第二十五卷

封緘　古咸反。字林：束篋也。廣雅：緘，索也，亦閉也。

排湯　託唐反。謂湯突也。〔又音湯浪反。出圍也〔一四八〕。〕經文作攩，都朗反，推也。〔攩非此義〔一四九〕。〕

雜阿含經　第二十六卷

因釭　又作軖，同。古紅反。説文：釭，轂口鐵也。〔方言：燕齊海岱之間名釭爲鍋。鍋，古禾反〔一五〇〕。〕

迦榫　臂彌反。西國樹名也。

雜阿含經　第三十卷

猘狗　昌制反。纂文云：猘，狂犬也。

雜阿含經　第三十二卷[一五一]

[沃壤　於木反。沃，美也，濕也。溉灌曰沃。下而養反。耎土也。][一五二]

[瘠薄　古文膌、瘠、脨三形，同。才亦反。説文：膌，薄也，瘦也。][一五三]

雜阿含經　第三十三卷

詵陀　所巾反。經中或作訕馱。[訕][一五四]，所姦反。又作散，桑讚反。或作蹝，字無所出也。

雜阿含經　第三十六卷

犎牛　周成難字作犎，音妃封反。此牛形小，䟥(髆)[一五五]上有犎。漢書西域傳：疏勒獻師子、犎牛。音封。

雜阿含經　第三十九卷

胆蠅　且余反。[説文：胆，蠅][一五六]乳肉中也。經文作疽、蛆二形，非也。

大帆　又作颿，古文颸，同。扶嚴、扶泛二反。聲類：船上帳也。釋名：船隨風張幔曰颿。颿，汎也。便風疾汎汎然也。

雜阿含經　第四十三卷

縫紩　馳栗反。説文：縫衣也。廣雅：紩，納也。亦縺衣也。

若昵　今作暱，同。女栗反。爾雅：昵，近也。亦親也，[謂私昵][一五七]相親近也。

茅荻　又作蓪，同。徒歷反。蒹，荻草也。蒹音古銜反。

浚輪　古文濬、濬二形，今作浚，同。雖閏反。浚，深也。

毵毵　蒼頡篇作毶，同。蘇南反。毛垂皃也。通俗文：毛長曰毵。毵，經文作毶，非體也。

四層　徂登反。説文：重屋也。亦重也。[山海經云「雲蓋三層」是也][一五八]。

雜阿含經　第四十七卷

皸坼　居雲、去雲二反。通俗文：手足坼裂曰皸。經文或作龜坼(坼)[一五九]。[莊子：宋人有善爲龜手之藥者。注云：其藥能令人手不龜坼也][一六〇]。

匕首　補履反。劍名也。周禮考工記云：匕首劍身長三尺，重二斤一兩，輕而便用也。其頭似匕，因曰匕首。史記「荊軻右執匕首，揕其匈」是也。揕音知禁反。字從手。

雜阿含經　第四十八卷

凷相　今作塊，同。苦對反。説文：堅土也。土塊也。

姦狡　古卯反[一六一]。謂姦僞狡猾也。字從犬。[方言：凡小兒多詐而獪或謂之猾。猾亦亂也[一六二]。]經文從女作姣，非也。[獪音古快反[一六三]。]

一切經音義　卷第十一

乙巳歲高麗國大藏都監奉敕雕造

校勘記

〔一〕正法念經　慧轉録於第五十六卷。
〔二〕詩云：及予來嚇。箋云　麗無，據磧補。及　今傳本詩作「反」。口　據今傳本鄭箋補。
〔三〕烏狹反　磧爲「烏郊反」。
〔四〕字苑作凹　磧爲「抱朴子云」。
〔五〕竹挍反　磧爲「陟校反」。
〔六〕爾雅：藿謂之罩。郭璞曰　麗無，據磧補。
〔七〕藿者，捉也　麗無，據磧補。
〔八〕扟　今傳本説文作「扟」。下同。
〔九〕水文凝耶疾急曰激也　今傳本説文：「水礙衺疾波也。」
〔一〇〕唵，啗也。埤蒼：唵，唅也　麗無，據磧補。
〔一一〕啗，徒感反。唅，呼匝反　麗無，據磧補。
〔一二〕蔣曰：「炊當作吹。」
〔一三〕飛　麗無，據磧補。
〔一四〕案漢注云……是也　磧爲「案漢注云『正月爵大於鳩，五色，蜚過。鄭玄曰：二月後蜚過池陽』是也」。
〔一五〕歎　據文意補。
〔一六〕詠　當作「詠」。寂，嘆也　磧爲「説文：寂，寞」。
〔一七〕水中央地也　麗無，據磧補。
〔一八〕螻蛄　磧爲「紫蛄」。
〔一九〕説文……持也　麗無，據磧補。
〔二〇〕皶　磧作「皶」。
〔二一〕皶　磧作「皺」。
〔二二〕時汝　磧爲「丈汝」。
〔二三〕瘀　磧作「瘀」。
〔二四〕下　磧作「不」。
〔二五〕亦大聲也　麗無，據磧補。
〔二六〕杈　磧作「扠」。
〔二七〕從魚作鮔，非也　麗無，據磧補。
〔二八〕此條麗無，據磧補。
〔二九〕云：溥天之下　麗無，據磧補。
〔三〇〕楝　磧作「楝」。
〔三一〕烦　磧作「烦」。
〔三二〕居買反　磧爲「居買反」。
〔三三〕蝪蜥　慧爲「蜥蝪」。
〔三四〕蔣曰：「蝀皆當作蝀。集韻去聲五寘韻：『蝀、蚝、蟋、蛔、蝀、螅，七賜切。』七賜切與玄應同，而其字作蝀，從朿不從束，足證蝀當作蝀。」
〔三五〕丘昭　磧爲「丘照」。
〔三六〕言不如人也　麗無，據磧補。
〔三七〕此條麗無，據磧補。
〔三八〕字苑　磧爲「抱朴子」。
〔三九〕此條麗無，據磧補。
〔四〇〕楚辭云：乘艦船余上征。王逸注　麗無，據磧補。
〔四一〕吹　磧作「次」。下同。今傳本説文：「笐，竹列也。从竹亢聲。」
〔四二〕機汲也　磧爲「機汲謂之桔槔」。
〔四三〕經文作庳……冷痺　麗無，據磧補。
〔四四〕敕斷反　磧爲「敕管反」。
〔四五〕字，與蜱同，頻支　麗無，據磧補。
〔四六〕二　麗無，據磧補。
〔四七〕蜱蛸，螗蜋子也　麗無，據磧補。
〔四八〕臾乳反　磧爲「臾珇反」。
〔四九〕字從穴從瓜　麗無，據磧補。
〔五〇〕堆　磧作「堆」。
〔五一〕相承　磧爲「宜作床」。
〔五二〕中阿含經　慧轉録於第五十二卷。
〔五三〕此條麗無，據磧補。
〔五四〕以甘蔗爲餹也。今沙糖是也　磧爲「以甘蔗爲餳餹也。今沙糖是也。餳音似盈反」。

〔五五〕 榭 磧作「榭」。下同。
〔五六〕 又云似黍而不粘 麗無，據磧補。
〔五七〕 辯異名也 麗無，據磧補。
〔五八〕 卒 慧作「卒」。
〔五九〕 杈 磧作「扠」。
〔六〇〕 桎 磧作「挃」。
〔六一〕 醫方 磧爲「醫方多作」。
〔六二〕 中 磧作「虫」。
〔六三〕 陳物賣買之處也 磧爲「言此陳物賣買之處也」。
〔六四〕 説文云：石之美者也 麗無，據磧補。
〔六五〕 嶲，息委反 麗無，據磧補。
〔六六〕 此條麗磧皆有詞目而闕釋文，據慧補。
〔六七〕 或作廱，同 麗無，據磧補。
〔六八〕 此後磧慧有「經文從馬作駈，非字體也」。
〔六九〕 對 磧作「封」。
〔七〇〕 炳 據文意似當作「炳」。下同。
〔七一〕 莽 磧作「莽」。干禄字書：「莽，莽的俗字。」
〔七二〕 椚 據文意似作「掘」，即「搁」。
〔七三〕 胡 麗無，據慧補。
〔七四〕 太 磧作「大」。
〔七五〕 絲 磧作「糸」。
〔七六〕 又小障也，字從阜也 麗無，據磧慧補。
〔七七〕 亦絲節也 麗無，據磧補。
〔七八〕 言 磧作「方言」。
〔七九〕 江南音也 麗無，據磧補。
〔八〇〕 補孟反 麗無，據磧補。
〔八一〕 嗶 據文意當爲「嗥」的俗字。
〔八二〕 蒼頡訓詁云：犲似狗，白色 麗無，據磧補。
〔八三〕 説文：棱，柧也 麗無，據磧補。
〔八四〕 柧，音孤 麗無，據磧補。
〔八五〕 治 據文意宜作「冶」。
〔八六〕 擴 磧作「横」。
〔八七〕 增一阿含經 慧轉録於第五十二卷。
〔八八〕 上音倉，下堂浪反 磧無。
〔八九〕 説文：旁光也。字從肉，孚聲 麗無，據磧補。
〔九〇〕 延 據文意似作「𡍮」。
〔九一〕 正言窣覩波。窣音蘇没反 麗無，據磧補。
〔九二〕 此條麗無，據磧補。
〔九三〕 膢非字體 麗無，據磧補。
〔九四〕 非也 磧爲「儆，敬也。儆非此義」。
〔九五〕 此條麗無，據磧補。
〔九六〕 爾雅云：柣謂之閾。郭璞曰 麗無，據磧補。
〔九七〕 柣音千結反 麗無，據磧補。
〔九八〕 大 慧作「木」。
〔九九〕 反 麗無，據磧補。
〔一〇〇〕 楮 磧作「揩」。下同。
〔一〇一〕 桎 磧作「挃」。
〔一〇二〕 謂手捻 麗無，據磧補。
〔一〇三〕 周禮：建大麾於田。夏后民所建也 麗無，據磧補。夏后民，據文意似爲夏后氏。
〔一〇四〕 此既西國語 麗無，據磧補。
〔一〇五〕 爾雅：凶，咎也 麗無，據磧補。
〔一〇六〕 鈘 磧慧作「鈘」。
〔一〇七〕 𩐈 據文意似作「𦖁」。
〔一〇八〕 此梵言輕重耳 麗無，據磧補。
〔一〇九〕 駭 據文意似作「駿」。
〔一一〇〕 小熱氣也 麗無，據磧補。
〔一一一〕 此條麗無，據磧補。
〔一一二〕 蒼頡訓詁云：窯 麗無，據磧補。
〔一一三〕 戒，慎也 麗無，據磧補。
〔一一四〕 欵 據文意似作「款」。
〔一一五〕 摖 可洪認爲即「搩」。
〔一一六〕 易知 麗無，據磧補。
〔一一七〕 革 磧作「莗」。
〔一一八〕 埒 據文意當作「埒」。
〔一一九〕 潰血也 麗無，據磧補。
〔一二〇〕 説文 麗無，據磧補。
〔一二一〕 甚也 麗無，據磧補。
〔一二二〕 夘 磧作「卵」。
〔一二三〕 爾雅：纘 麗無，據磧補。
〔一二四〕 楚辭：願僥倖以待時 麗無，據磧補。
〔一二五〕 皆 麗無，據磧補。
〔一二六〕 攘 磧作「禳」。下同。
〔一二七〕 通俗文 麗無，據磧補。
〔一二八〕 魚 麗無，據磧補。
〔一二九〕 雜阿含經 慧轉録於第五十二卷。
〔一三〇〕 詩云：我無憚暑。箋云 麗無，據磧補。
〔一三一〕 方言：怛痛也 麗無，據磧補。
〔一三二〕 古文茉 磧爲「古文茉、鏵二形，今作鋘」。茉，慧卷五十二作「茉」。説文：

「芣，兩刃臿也。」段注：「芣、鏵，古今字也。」

〔一三三〕芺　磧作「芨」。芨，杜根也　麗無，據磧補。

〔一三四〕剥謂脱皮膚也，亦剥落也　麗無，據磧補。

〔一三五〕又作亢……下　麗無，據磧補。尪，似作「尩」。

〔一三六〕短小曰尪　麗無，據磧補。

〔一三七〕尪瘵　海爲「徍瘵」。蔣曰：「亢當作允，生當作生，作徍之徍當作𨒪。𨒪爲徍之古文，見説文。」

〔一三八〕賦　麗無，據磧補。

〔一三九〕自　慧作「貝」。

〔一四〇〕説文：蹴，蹋也　麗無，據磧補。

〔一四一〕又作踶　磧爲「又作蹎、傎二形」。

〔一四二〕補昧反　磧爲「都賢、補昧反」。

〔一四三〕郭璞曰：手摸取也　麗無，據磧補。

〔一四四〕胥亦反　磧爲「思亦反」。

〔一四五〕此條麗無，據磧補。

〔一四六〕詩云：涕泗滂沱。傳曰　麗無，據磧補。

〔一四七〕自目出曰涕。涕音他禮反也　麗無，據磧補。

〔一四八〕又音湯浪反。出圍也　麗無，據磧補。

〔一四九〕攩非此義　麗無，據磧補。

〔一五〇〕方言……古木反　麗無，據磧補。

〔一五一〕第三十二卷　麗無，據磧補。

〔一五二〕此條麗無，據磧補。

〔一五三〕此條麗無，據磧補。

〔一五四〕訕　麗無，據文意補。

〔一五五〕踌　磧作「髆」。

〔一五六〕説文：胆，蠅　麗無，據磧補。

〔一五七〕謂私昵　麗無，據磧補。

〔一五八〕山海經云「雲蓋三層」是也　麗無，據磧補。

〔一五九〕炘　磧作「坼」。

〔一六〇〕莊子……其藥能令人手不龜坼也　麗無，據磧補。

〔一六一〕古卯反　磧作「吉卯反」。

〔一六二〕方言……猾亦亂也　麗無，據磧補。

〔一六三〕獪音古快反　麗無，據磧補。

一切經音義　卷第十二

翻經沙門玄應撰

長阿含經〔一〕第二卷

防禦　魚舉反。防，備也，亦禁放逸也。爾雅：禦，禁也。[制捍禦之也。捍音胡旦反。禁禦二字下並從示〔二〕。]

乘桴　又作艀，同。扶流反。編木者也。小泭曰桴也。泭音敷〔三〕。

明喆　古文喆、悊二形，今作哲，同。知列反。爾雅：哲，智也。亦了也。

嘆咤　古文嘆、鷒二形，同。他旦反。嘆，吟也。吒又作喥，同。竹嫁反。通俗文：痛惜曰咤也。

填塞　又窴，同。徒堅反。廣雅：填，塞也。亦填滿也。

并餐(餍)　人名也。相承音飽，未詳所出。案古文餜、餈二形，〔四〕今作飽。飽猶滿也。此應餍字誤作也。餍音於焰反。

長阿含經　第三卷

[殞絶　字書作隕，同。于愍反。聲類云：殞，歿也。亦墜落也。]〔五〕

轟轟　今作軥，字書作輷，同。呼萌反。說文：轟轟，群車聲也。

彷徉　房羊二音。廣雅：彷徉，徙倚也。亦俳佪也。

聲聒　公活反。諠也。蒼頡篇：擾耳孔也。[字林云〔六〕：]諠語也。

[濁渾　胡昆反。渾，亂也，亦水流聲也。]〔七〕

[恬淡　徒兼、徒濫反。方言：恬，静也。廣雅：淡，安也。][八]

長阿含經　第四卷

歔欷　古文唏，同。欣居、欣既反。蒼頡篇：泣餘聲也。亦悲也。

終措　且故反。措，安也，亦置也，施也。

淪曀　力均反。淪，没也。曀，翳也。謂淪没翳暗也。

虜扈　力古、胡古反。謂縱横行也，亦自縱恣也，又勇健之皃也。漢書音義曰：扈，跋扈也。自大也。

瑕隙　古文𡿺，同。丘逆反。疊也，亦别也，壁際孔也。經文作郄，非體也。隙字從上下小，[中][九]從白也。

企望　古文跂(跂)[一〇]、𠉪二形，同。墟豉反。通俗文：舉跟曰企也。[字從人從止[一一]。]

長阿含經　第七卷

隊隊　古文㒸，同。徒對反。言羣隊相隨逐也。

爲篡　亡支反。字林：竹篾也。經文或作蔑，義同。今蜀土關中皆謂竹蔑爲篡。經文作籲，誤也。

[有泄　思列反。發也，溢也，亦泄漏也。][一二]

[自刎　古文歾，同。亡粉反。公羊傳云：公遂刎脰而死。何休曰：刎，割也。脰音豆，頸也。][一三]

磽确　苦交、胡[一四]角反。通俗文：物堅鞕謂之磽确。孟子曰：磽确，瘠薄之地也。

長阿含經　第八卷

穢稻　於廢反。謂不潔清也。亦穢惡也。經文有從禾，或從酉，作穢、醎二形，非也。

長阿含經　第十一卷

排擠　子詣反。推㧖謂之排擠。廣雅：擠，排也。經文作濟，誤也。㧖音而勇反。

不媟　息列反。相狎習謂之媟，亦媟嬻也，慢也。

門閫　又作梱，同。苦本反。[禮記：外言不入於梱[一五]。]三蒼：梱，門限也。

長阿含經　第十二卷

諦婆　經中有作諯婆，依字，充絹、至緣二反。相讓也。

陛提　蒲米反。經中有從比下木作梐，誤也。

具幾　經文有作梟，渠冀反。

榬頭　或作篗，同。禹煩反。依字，篗也，音于縛反。

枇(批)[一六]那　扶迷、蒲蔑二反。依字，廣雅：枇(批)，擊也。

長阿含經　第十三卷

鞘中　小爾雅作鞘，蒼頡篇作削，同。思誚反。盛刀者也。方言：劍室也。

瀨悉　力蓋反。依字，字林：水流沙上也。［水淺流曰瀨也[一七]。］

持戟　居逆反。戟，稍也。釋名云：戟，格也。有枝戟也。經文從金作鐵，非也。

［蹶倒　巨月、居月二反。説文：蹶，僵也。廣雅云：僵，仆也。］[一八]

長阿含經　第十五卷

桎梏　之實、古禄反。周禮：在手曰桎，在足曰梏。謂杻械也。

援助　禹卷反。謂依據護助之言也。

長阿含經　第十八卷

金桄　又作輄，同。音光，謂車及梯轝等撗(横)[一九]木者也。

中級　居及反。級，次也，謂階級而升一級、二級是也。

夾道　古洽反。在兩邊也，亦夾持也。三蒼：夾，輔也。

佉訓　古文譸、㨨二形，同。是由、竹鳩二反。叢林名也[二〇]。

汜汜(汎汎)[二一]　古文泛，同。孚劍反。廣雅：泛泛，浮皃也。亦汜(汎)濫也。

渟水　狄經反。埤蒼：水止曰渟。

泥淖　奴孝反。蒼頡篇云：深泥也。［字林云：濡甚曰淖[二二]。］亦溺也，濕也。

長阿含經　第十九卷

槌砰　古文磓，同。都回反。投下也。下於甲反。自上加下也。經文作推押二形，非體也。

從咽　又作嚥，同。於賢反。咽，喉也。經文作嚥，未見所出。

蓬勃　蒲公、蒲没反。廣雅：勃，盛皃也。

犇馳　古文驞，今作奔，同。補門反。疾走也。［釋名：奔，變也。有急變奔赴之也[二三]。］

［摣掣　又作担，同。側家反。廣雅：担，取也。下又作㨖，同。昌制反。掣，挽也。］[二四]

拕抴　太何反。下又作曳，同，余世反。抴曳，牽引也。

凍瘃　古文瘃，同。知録反。謂手中寒作瘡也。

拼之　古文抨，同。補耕反。謂彈繩墨爲拼也。經中作絣。字林：無文綺也。絣非此用也。

哮呼　又作唬，同。呼交反。通俗文：虎聲謂之唬嚇。嚇音呼嫁反。

鐐身　又作爎，同。力鳥、力照二反。字林：鐐，炙也。

蹌踣　七羊反。踣，今作仆，同。蒲北反。蹌，動也。仆，前覆也。

有篅　視專反。字林：判竹爲之盛穀者也。蒼頡篇作圌，時緣反。員(圓)[二五]倉也。經文作簞，音單，器名。［簞，笥也，亦盛食器也[二六]。］

瘂或　於假反。埤蒼：瘂亦瘖也。經文作痾，於何反。病也。又作啞，音乙白反。笑聲也，並非字義。

如緪　古恒反。通俗文：大索曰緪。緪亦繩也。經文作絙、絚，非也。絚音胡官反。

長阿含經　第二十卷

石𨻶　徒果反。通俗文：積土曰𨻶。經文作墮，非也。

拚舞　又作抃，同。皮變反。說文：拊手曰抃也。

醯䰩　五迴反。忉利諸天子名也。

長阿含經　第二十一卷

涓澮　古玄、古會二反。涓涓，水小流也。澮，山水出溝，廣二尋，深二仞也。

虵池　實遮反。池名也。經中作虵，誤也。

穴泉　古文作洤，同。絶緣反。水自出爲泉。經中作㟫，或作湶，非體也。

呼哈　古文欱、歃二形，同。呼合反。說文：欱，啜也。

長阿含經　第二十二卷

梓栢　又作榟，同。資里反。木名也，可爲琴瑟也。梓亦楸也。

[異係　古文繫、繼二形，同。古奚反。係，綴也。係，嗣也，續也。][二七]

[拊匈　敷主反。謂拊拍也。尚書「擊石拊石」是也。][二八]

別譯阿含經[二九]　第一卷

駏驉　渠語反，下許居反。謂似騾而小，牛父馬子是也。

晞乾　許機反。方言：晞，熮也[三〇]。北燕海岱之間謂暴乾爲晞。

郁多　於六反。或作欝多，七條衣也。

別譯阿含經　第二卷

蟒蛇　莫朗反。爾雅：蟒，王蛇。經文作蝈蛃之蝈，非也。

毚全　在灾反。廣雅：毚，塹也。亦僅也。經文作諳，非也。

鶖[三一]食　口咸反。謂鶖啄而食也。經文作貪，或作龕，皆非也。

別譯阿含經　第三卷

鑿穽　才性反。蒼頡篇云：臽坑曰穽。廣雅：穽，坑也。

棞煮　古文梱，同。胡昆反。通俗文：合心曰棞。纂文云：未判爲棞。經中作渾濁之渾，非此義也。

別譯阿含經　第四卷

總布　音忿。通俗文：輕絲絹曰總。總，赤[三二]青白色也。

牂羖　祖郎反，下音古。羊三歲曰牂。牂然，盛皃也。羖，羝羯也。

滑[三三]湒　又作消，同。思入、史及二反。字林：沸鬲（涌）[三四]也。亦雨聲也。

別譯阿含經　第五卷

荼毒　達胡反。廣雅：荼毒，痛也。亦行惡也。

鼷鼠　胡鷄反。說文：小鼠也。言有毒者也，亦言甘口鼠也。

髻髮　古文鬠、髻二形，今作括，同。古活反。字林：髻，絜髮也。[謂括束髮也。或作結髮字也[三五]。]

別譯阿含經　第七卷

瘳損　敕流反。尚書：王翌日乃瘳。瘳猶差也，亦愈也。

別譯阿含經　第九卷

桁械　胡郎反。通俗文：拘罪者足曰桁。械，胡戒反。械亦桁類也。經文作核，非也。

拘紖　幾愚反。埤蒼：桊，牛拘也。[説文云：桊，牛鼻環也〔三六〕。]下丈忍反。説文：牛系也。經文作倨靷，非體也。桊音居院反。

撥搣　子公反。捉頭曰撥。下音滅。搣，除也。

滲入　疏蔭反。滲，盡也。下漉曰滲。滲，竭也。

別譯阿含經　第十卷

都澌　又作凘，同。相離反。字林：水索也。亦盡也。

扢土　古文杚、扢(杚)〔三七〕二形，今作槩，同。公旱反。杚，量也。廣雅：杚，摩也。亦平也。平斗斛曰杚也。

別譯阿含經　第十一卷

毗紐　女九反。經文作伍，非也。

[罥弶　巨向反。字書：施罥於道也。經文作搖，俗字。]〔三八〕

一踔　丑皃反。謂半步曰踔也。字體作趠。

別譯阿含經　第十五卷

兩須　思于反。謂鎖須也。經文作鋗，三蒼悉於反。鋗，黎也。鋗非此義。

得咽　古文㖶，同。一見反。謂〔三九〕吞咽也。[漢書「以雪與氈并咽之」是也〔四〇〕。]

別譯阿含經　第十九卷

麻緼　一問反。説文：緼，亂麻也。經文作蕴，紆文反，謂束草爇火也。蕴非字體也。[紼音甫勿反。爇音而悅反〔四一〕。]

別譯阿含經　第二十卷

瞪瞢　徒登、丁鄧二反。韻集云：失卧極也。下亡登反。經文作蹬，非體也。

布縠　方言：布縠，自關而東梁楚閒謂之鴶鵴，周魏之閒謂之擊縠，自關而西或謂之布縠。郭璞曰：今江東呼爲穫縠也。鴶音古八反。鵴居六反。

[苾馥　蒲結反。詩云：苾苾芬芬。箋云：苾苾芬芬，香也。下扶福反。馥，香也。]〔四二〕

芟截　所巖反。刈草也。詩傳曰：芟，除草也。

賢愚經〔四三〕　第一卷

懇惻　古文詪，同。口很反。通俗文：至誠曰懇。懇亦堅忍也。下古文恖,同。楚力反。廣雅:惻,悲也。説文:惻,痛也。

剜炙　烏桓反。謂以刀抉肉曰剜。炙,灼也。灼,爇也。

王薨　呼弘反。廣雅:薨,亡也。釋名:大夫曰卒,諸侯曰薨。薨亦頓壞聲也。白虎通曰:崩、薨皆周制也。

[僉然　此廉反。爾雅:僉、咸,皆也。方言:自關而東五國之都謂皆爲僉也。]〔四四〕

悒悒　於急反。字林:悒,不安也。蒼頡篇:悒悒,不舒之皃也。

失跨　苦霸反。躡也。字林:跨,踞也。經文作踦,直加反。行不前也。踦非字義〔四五〕。

口噤　古文唫,同。渠錦反。[噤,閉也〔四六〕。]通俗文「口不開曰噤」是也。

諺言　宜箭反。説文:傳言也。謂傳世常言也。

昞著　古文昺、苪二形,今作炳,同。碧皿反。廣雅曰:昺,明也。

賢愚經　第三卷

[俛仰　無辯反。俛,低頭也。言閔默不已也。]〔四七〕

澡盥　公緩反。説文:澡手也。凡盥洗物者亦曰盥也。[字從臼水臨皿上也。臼音居六反,兩手奉物也〔四八〕。]

斠格　今作角,同。古學反。角,試也,角力也。格,量度也。字從木。

釁張　義鎮反。爾雅:[須屬〔四九〕]獸曰釁。郭璞曰:言自奮迅也。[謂氣體所須也〔五〇〕。]

[亘川　歌鄧反。詩云:亘之秬秠。箋云:亘,遍也。亦竟也。]〔五一〕

肥脆　清歲反。説文:少血易斷也。[廣雅:脆,弱也〔五二〕。]亦耎也。經文作膬、饌二形,非體也。

欽羨　辭箭反。欽,敬也。説文:羨,願欲也。經文作湵,誤也。

具騰　杜登反。説文:騰,傳也。騰亦乘也。廣雅:騰,奔也。[傳音知戀反,謂傳遞郵驛也〔五三〕。]

賢愚經　第四卷

眩瞐(瞐)〔五四〕　胡遍、莫報反。國語:有眩瞐之疾。賈逵曰:顛瞐也。

叵我　普我反。謂摇動不安也。經文作跁跒,或作岠峨,皆非也。

爲臛　呼各反。説文:肉羹也。謂有菜曰羹,無菜曰臛也。

厭恗　胡代反。通俗文:患愁曰恗。恗,亦苦也,恨也。今猶言患恗,以有所苦也。

激切　公的反。[感也〔五五〕。]楚辭:或清激事無所通。王逸曰:激,感也。

如掊　蒲交反。通俗文:手把曰掊。[字從手音聲〔五六〕。]經文作刨,近字也。[音音妨走反〔五七〕。]

毦衣　而容反。字林:毛罽也。纂文云:毦,以毛爲飾也。

搔蛘　桑勞反。説文:搔,刮也。搔亦抓也。經文作瘙,桑到反,疥也。下餘掌反。説文:搔蛘也。[禮記「寒不敢襲,蛘不敢搔」是也。字從虫從羊〔五八〕。]今皆作癢。經文作痒,似羊反。字林:痒,病名也。痒非此義。

賢愚經　第五卷

癎病　核間反。聲類:小兒瘨也。説文:風病也。

倱伅　又作混沌，同。胡損、徒損反。通俗文：大而無形曰倱伅也。

賢愚經　第七卷

妐言　之容反。釋名云：［伀者[五九]］言是己所敬，見之伀伀，自齊肅也。

鎮敎　陟陳反。説文：鎮，壓也。經文作塡，音田。塡非此義。

忠恪　古文愙，同。苦各反。［尚書：恪謹天命。孔安國曰[六〇]：］恪，敬也。字林：恪，恭也。

銜穗　又作采，同。辭醉反。説文：禾成秀，人所收者也。

槁(橋)[六一]**宕**　徒浪反。宕猶上也。高昌人語之訛耳。

［罔然　古文罡、网二形，同。無往反。罔，网然無知意也，亦惶遽之皃也。經文從心作惘，近字也。］[六二]

囟上　古文胸、脖二形，同。先進、先恣二反。説文：頭會腦蓋也。額空也。經文作顖，未見所出。

賢愚經　第八卷

［圖苗　靡驕反。謂未成也。蒼頡篇：禾之未秀者曰苗。今取其義。此應俗語耳，宜作規摹。謂未施采者，用土木等爲規摹也。］[六三]

析體　思狄反。析猶分析也。字從木［從斤，謂以斤分木爲析也[六四]。］

覈身　胡革反。覈，㝵也。經文作擻，口吊反。擻，擊也。擻非此義。

賢愚經　第九卷

卓犖　力角反。謂奇異也。

騷騷　蘇勞反。説文：騷，擾也。［又摩馬也[六五]。］亦大疾也。［字從馬[六六]。］經文作搔，非體。

歔然　所力反。埤蒼：恐懼也。通俗文：小怖曰歔也。

賢愚經　第十卷

勦了　仕交反。便捷也。謂勁速勦健也。説文作魑。［廣雅：魑[六七]，］捷也。［聲類：魑[六八]，］疾也。

挫捩　祖卧反。挫，折也。謂折其鋒也。説文：挫，摧也。捩音力結反。

麽小　莫可反。細小曰麽。經文作尛，近字也。

釵股　楚佳、公户反。脛本曰股，取其義也。

継邁　古帝、莫敗反。継，續也。邁，往也。謂相續而往也。

咆哮　蒲交、呼交反。説文：咆，嗥也。哮，驚也。亦大怒也。

賢愚經　第十一卷

灼惕　之若、恥[六九]擊反。灼，憂懼也，亦痛也。惕，愁也，亦憂也。

賢愚經　第十二卷

孤煢(煢)[七〇]　古文惸、傑(儝)二形，同。巨營反。煢(煢)，單

也。無兄弟曰焭(煢)也。[謂煢煢然也。(七一)]

施罟　孤户反。[易云：結繩爲罟，以田以魚(七二)。]罟，網也。經文或作罝，子邪反，亦網也。二形隨作。

黏比　補丹反。[字林：黏，部也(七三)。]翻類也。經文作般，假借也。

湌水　乙釤反。謂搵入水中也。湌，没也。

賢愚經　第十三卷

斒斕　又作霦(七四)、玢二形，同。補間反。下又作斕，同。盧間反。埤蒼：文皃也。文章成謂之斒斕。經文作斑蘭，非體也。

健辟　脾役反。謂便辟捷勇也。

賢愚經　第十四卷

[廁圂　胡困反。釋名云：廁，言人雜廁在上也。或曰圂，言溷濁也。或曰圊，言至穢處宜當修治潔清也。](七五)

摒譡　卑政、都浪反。謂掃除也。廣雅：摒，除也。

彰然　又作靖、竫、婙、靜四形，同。自井反。謂安定也，息也，亦無聲曰靜。説文：彰，飾也。彰，絜也。

腹潰　古文殨，同。胡對反。説文：潰，漏也。亦旁决曰潰也。

趒牆　他吊反。跳，躑也。韻集：趒，越也。經文作超，非體也。

蜂虫　又作螽，同。匹凶反。或作香虫。[説文：螫人者也(七六)。]經文作乘(七七)，此應誤也。

奕奕　余石反。[弈弈，光明之德也(七八)。]廣雅：奕奕，盛也。字體從大。經文作奕，非也(七九)。

賢愚經　第十五卷

[種裓　一本作褉。](八〇)

[利躓　古文蟄(懫)、躓二形，今作疐(疐)，同。陟利反。通俗文：不利曰躓。限至曰礙也。](八一)

賢愚經　第十六卷

[財賄　古文賄，同。呼罪反。財貨也(曰)賄。賄亦財也。通俗文：財帛曰賄。周禮：通貨賄。鄭玄曰：金玉曰貨，布帛曰賄也。](八二)

[蠱道　公户反。聲類：弋者反。謂行蠱毒也。](八三)

賖貰　始遮反，下時夜反。説文：貰，買也。貰，貸也。廣雅：貰，賖也。

贏長　弋成反。字林：贏，有餘也。廣雅：贏，益也。[亦緩也。(八四)]今皆作盈(八五)。

起世經(八六)　第一卷

陶演　徒刀反。詩云：憂心且陶。陶，暢也。暢，達也。

荼迦　徒加反。經文從足作蹸，非也。

壘堞　又作垒，同。力癸反。軍壁曰壘。壘亦重也。下又作堞(堞)(八七)，同。徒頰反。字書：女牆也。

[苑囿　古文圝，同。于救反。字林：苑，有垣也。亦禁苑也。三

蒼：養牛馬林木曰苑，養禽獸處曰囿。」〔八八〕

閻浮提　或名剡浮洲，或言譫浮洲，或云贍部洲。閻浮者，從樹爲名。提者，略也。應言提鞞波，此云洲。譫音之含反。埤蒼：多言也。

鬱單越　或名鬱怛羅越，或言鬱多羅拘樓，或言郁多羅鳩留，正言鬱怛羅究瑠。此譯云高上作，謂高上於餘方也。亦言勝。鳩留，此云作，亦云姓也。

弗婆提　或名弗于逮，或云弗婆毗提呵，或云逋利婆鼻提賀。逋利婆，此譯云前。鼻提賀，此云離體。或云弗婆提，或言毗提呵者，並訛也。

瞿陀尼　或名俱耶尼，或名瞿耶尼，或名瞿伽尼，皆是訛轉也。瞿，此譯云牛。陀尼夜，此云取與。以彼多牛，用牛市易，如此間用錢帛等。或云有石牛也。

薔薇　在羊反，下無飛反。重葉花者也。

淋甚　古文瀶，同。力金反。三蒼：淋，漉水下也。

礓石　居良反。形如薑也。［通俗文：地多小石謂之礓礫〔八九〕。］字從石，經文從土作壃，非也。

攣擥　又作擥、攬二形，同。力敢反。説文：撮持也。［廣雅云〔九〇〕：］擥，取也。

搦取　又作𢿢，同。女卓反。搦猶捉取也。説文：搦，按也。

起世經　第二卷

馬名婆羅訶　此譯言長毛也。

蟹螯　五高反。蟹有二螯八足也。字從虫。經文作鼇，大龜也。［鼇非此義也〔九一〕。］

蘇偷婆　此譯云大聚。舊云塔者，訛略也。

起世經　第三卷

森竦　所金反。［説文〔九二〕：］多木長皃也。下古文愯，同。先勇反。［廣雅〔九三〕：］竦，上也。［謂高上也〔九四〕。］

黫黑　又作羥，同。於間反。字書：黑羊也。經文從牛作犍，非也。

冒突　莫勒反。説文：冒，突前也。猶輕觸直進也。［字從冃從見〔九五〕。］今皆作冒。

啀喍　五佳反，下助佳反。犬見齒也。［啀啀然也〔九六〕。］經文作睚眦，［五賣、助賣反〔九七〕。］瞋目也。

鐵鈇　方于反。説文：鈇，莝（剉）〔九八〕斫也。鈇亦椹也，亦擯（横）〔九九〕斧也。

起世經　第四卷

滂流　普傍反。三蒼：滂沱也，水多流皃也。

［鐵鏊　五誥反。可以作餅者也。］〔一〇〇〕

［而踣　今作仆，同。蒲北反。踣謂前覆也。］〔一〇一〕

［不槩　古文杚，同。古礙反。廣雅：槩，摩也，平也。謂平斗斛曰槩也。］〔一〇二〕

顫動　又作䫲，同。之膳反。説文：頑，顫也。三蒼：頭不正也。

黑黶　於簟反。謂面黑子也。説文：中黑也。

起世經　第七卷

虬螭　渠周反，下敕知反。廣雅：有角曰虬。龍無角曰螭。虬，黑身無鱗甲。螭，若龍而黄者也。

[兩股　又作骰，同。公户反。説文：脛本曰股。股，髀之也。]〔一〇三〕

起世經　第八卷〔一〇四〕

[穳棓　千亂反。廣雅：穳謂之鋋。鋋，小矛也。下又作棒，同。蒲溝反。大杖也。]〔一〇五〕

[瘢痕　蒲蘭反，下胡恩反。痕，迹也。痕，物迹也。]〔一〇六〕

起世經　第九卷

陂濼　筆皮反，下匹博反。陂，池也。下山東名爲濼，鄴東有鸕鷀濼是也。幽州呼爲淀，音殿也。

起世經　第十卷

迦箄　方爾反。此名藿香也。藿音呼郭反。

雜寶藏經〔一〇七〕　第一卷

確然　口角反。周易：夫乾確然，[示人易矣〔一〇八〕。]韓康伯曰：確，堅皃也。

黎元　力奚反。黎，衆也。元，善也。古者謂民曰善，言善人因善爲元，故曰黎元。言元元者，非一民也。

瞤動　古文旬，同。而輪反〔一〇九〕。説文：目摇動也。

愓愓　敕歷反。詩云：心焉愓愓。傳曰：愓愓，猶怮怮也。[亦疾也〔一一〇〕，]懼也。

雜寶藏經　第二卷

[而賦　方句反。布也，量也。爾雅：賦，班也。郭璞曰：謂布與之也。]〔一一一〕

悼慨　徒到、可戴反。悼，傷也。哀憐也。慨，大息也。

鑰匙　今作𨷲，同。余酌反。下方言作提〔一一二〕，又作鍉，同。是支反。𨷲鑰也。經文作龠，非體也。又作鈚，聲類字與鉹同，音昌紙反，鬵也。又作柢，並非也。

[仇迦　渠牛反。或作拘迦離。梵言訛轉耳。]〔一一三〕

鞠躬　居六、居雄反。[論語：鞠躬如也。孔安國曰〔一一四〕：]斂身也。經文作穹、窮，非體也。

雜寶藏經　第三卷

肥丁　都亭反。丁，强也。釋名云：丁，壯也。[言物體皆壯也。夏時萬物丁成實也〔一一五〕。]經文作肛，都定反。非也。[肛，穀也。肛非字義。穀音豆〔一一六〕。]

單孑　居折反。孑猶獨也。字林：無右臂曰孑。是其義也。

讒搆（構）〔一一七〕　古候反。搆（構），合也，亂也。[詩云「讒人罔極，構我二人」是也〔二一八〕。」經文作婚媾之媾，非體也。

詭詭　居毀反。不實也。廣雅：詭隨，惡也。亦欺也，誑也。

［騾驢　力侯反。似騾而大。］〔二一九〕

雜寶藏經　第四卷

畐塞　普逼反。方言：畐，滿也。經文作逼，誤也。

襤褸　古文艦，又作繿，同。力甘反。謂衣敗也。凡人衣破醜弊皆謂之襤褸。經文作藍縷〔二二〇〕，非體也。

［伶俜　力丁、匹丁二反。伶俜亦孤獨無依怙也。三蒼：聯翩也。］〔二二一〕

銅魁　苦迴反。説文：羹斗也。經文作鍋、椆二形，並非也。

雜寶藏經　第五卷

［相諧　胡皆反。諧，和也。謂音聲調和也。説文作龤，樂和也。］〔二二二〕

金瓮　又作盎，同。於浪反。爾雅：盎謂之缶。郭璞曰：即盆也。

躓頓　古文蟄、躓二形，今作疐，同。陟利反，謂挫辱之也。［左傳云：躓而蹎。案躓猶頓也〔二二三〕。］廣雅：躓，蹋也。

侜張　陟留反，下知良反。爾雅：侜張，誑也。［郭璞曰：無或侜張爲幻。幻，惑〔二二四〕。］亦欺誑人也。經文作倀，非也〔二二五〕。

［匍匐　薄胡、蒲北二反。字林：匍，手行也。匐，伏也。亦盡力也。］〔二二六〕

［災疫　以壁反。疫，厲鬼也。疫，役也。言有鬼行災役也。］〔二二七〕

启門　孔（注）尚（書）〔二二八〕以爲古文啓字，埤蒼作闙，同。苦禮反。［説文〔二二九〕：］启，開也。

雜寶藏經　第六卷

今享　籀文作亯，同。虛兩反。［尚書：克享天心。孔安國曰〔二三〇〕：］享，當也。經文作音響之響非也。

儻能　敕朗反。謂不定辭也。經文作讜，當朗反，直言也。讜非此義。

嚶鳴　烏耕反。爾雅：丁丁、嚶嚶，相切直也。謂兩鳥鳴，以喻朋友切磋相正也。

嗷嗷　五高反。説文：嗷嗷，衆口愁也。

苛剋　賀多反。説文：尤劇也。煩擾也。剋，急也。［禮記「苛政猛於虎」是也〔二三一〕。］

至欵　或作款〔二三二〕，同。口緩反。蒼頡篇：欵，誠重也。［説文：意有所欲也〔二三三〕。］又志純也，欵，愛也。

老瞎　又作瞎，同。呼鎋反。字書：一目合也。

雜寶藏經　第七卷

綏化　斯隹反。［尚書：五百里綏服。孔安國曰：王者政教也〔二三四〕。］爾雅：綏，安也。

錏鍜　一加、何加反。説文：錏鍜，頸飾也。

坐頭　藏果反。説文：坐，止也。經文作垔，於人反，塞也。垔非此義。舊烏見反者，非也。

禱賽　都誥反。説文：告事求請爲禱。下蘇再反。謂酬報也。

哂哂　失忍反。論語：夫子哂之。案哂，小笑也。經文作哂，舊烏鷄、呼鷄二反，非也。

雜寶藏經 第八卷

諮詢 私遵反。問也。左傳：訪問於善爲諮，諮親爲詢。諮問善道，謂諮問親戚之義。

慦腹 又作愿，同。虛頰反。說文：丘涉反。恐息也。經文作攝，非也。

甲冑 古文軸，同。除救反。廣雅：兜鍪也。亦言鞮鍪也。

喊言 呼戒反。喊，喝恚聲也。經文作喈，音皆，非字義也。

覷其 又作狙，同。千絮反。字林：窺，觀也。亦覗也。廣雅：覷，視也。[相候視也〔一三五〕。]

眼眠 又作瞑，同。莫田反。說文：瞑，翕也。爾雅：翕，合也。

咥師 徒結反。人名也。

鄙褻 思裂反。鄙，陋也。褻，黷也，亦私居非公會之服也。

狡猾 古飽反，胡刮反。[尚書：蠻夷猾夏。范甯曰：猾，亂也。字書：猾〔一三六〕，]惡黠也。方言：凡小兒多詐或謂之猾。

巢窠 又作窼、薖二形，同。苦和反。廣雅：窠，巢也。

抵言 都禮反。抵，拒也。謂抵拒推也。

[覈實 又作覈(覈)，同。胡革反。說文：考實事也。亦審覈之也。]〔一三七〕

普曜經〔一三九〕 第一卷

扳上 又作攀，同。普斑反。廣雅：扳，援也。[釋名：攀，翻也。連翻〔一三八〕]上及之言也。

迄今 虛訖反。爾雅：迄，至也。

[福祚 在故反。祚，報也。亦禄也。]〔一四〇〕

四瀆 徒木反。爾雅：水注澮曰瀆。說文：溝也。又邑中曰瀆也。

愚戇 都絳反。說文：愚，癡也。戇，愚也。

盪滌 徒朗、徒的反。盪滌，洒器物也。說文：滌，洒也。

軒窗 許言反。軒，樓板也，亦檻上板也。障風日者也。

鏺樹 補沫反。國名也。依字，兩刃有木柄可以刈草也。

帑藏 敕朗反。周成難字音蕩。說文：帑，金幣所藏府也。

櫳疏 力公反。蒼頡篇：櫳，疏也。說文：房室曰疏也。疏亦窗也。

普曜經 第一(三)〔一四一〕卷

髀踵 蒲米反。下古文踵，今作歱，同。之勇反。說文：足跟也。廣雅：踵，迹也。

篋笥 胥吏反。說文：盛衣器也。[亦盛食器也〔一四二〕。]圓曰箪，方曰笥也。

椸架 古文提(椸)〔一四三〕、椸二形，今作箷，同。余支反。禮記：男女不同椸架。鄭玄曰：竿謂之椸，可架衣也。[蒼頡篇：椸，格也〔一四四〕。]

鶩鴈 音木。爾雅：舒鳧，鶩。[李巡曰〔一四五〕：]野曰鳧，家曰鶩。鶩即鴨也。

芬葩 普花反。說文：芬，芳也。葩，花也。取其盛皃也。

咳笑 古文孩，同。胡來反。說文：咳，小兒笑也。[禮記「子生三月，父執子之手，咳而名之」是也〔一四六〕。]

普曜經 第四卷

委儋 丁甘反。委，積也。儋，何也。謂委積相儋負也。

鵁鶄 音交精，鳥名也。群飛，如雌雞，似鳧高足也。

齩骨 又作鱙，同。五狡反。廣雅：鱙，齧也。經文作嘄，火屋反。説文：食辛也。嘄非字義也。

寮屬 又作僚，同。力條反。爾雅：寀、寮，官也。郭璞曰：同官爲寮。亦僚友也。

喁喁 魚凶反。説文：衆口上見也。淮南子云：群生莫不喁喁然仰其德也。

普曜經 第五卷

不嚏 丁計反。蒼頡篇云：噴鼻也。經文作呭，非也。

寶垜 徒果反。通俗文：積土曰垜。説文：堂塾也。

緹幔 他禮反。説文：帛赤黄色也，淺絳也。一染謂之縓緹也。縓音且絹反。

珠璣 居衣反。説文：珠之不圓者也。或曰小珠也。

訛言 古文蔿、譌、吪三形，同。五戈反。詩云：民之訛言。箋云：訛，僞也。訛亦詭言也。

蒺蔾 自栗、力尸反。爾雅：薋，蒺蔾。即布地蔓生，子有三角者也。經文作鏃鏌，未見所出。鏌音基。鎡鏌，鉏也。非今所用也。

普曜經 第六卷

誾誾 古文訔，同。魚巾反。説文：誾誾，和悦而爭也。禮記：誾誾，和敬之皃也。經文作狺，字與狋同，音牛佳、牛巾二反，犬聲也。又作唁，宜箭反，並非此用。

婁嫇 乙莖、莫莖反。字林：心態也。亦細視也。經文作瞜瞔，非體也。

[跳蹀 徒篋反。跳，踊也。蹀，蹀也。聲類：蹀，躡也。蹀音牒。][一四七]

轒頭 普米反。説文：傾頭也。蒼頡篇：頭不正也。

從容 且容反。謂詳審閑雅之皃也。廣雅：從容，舉動也。

恢廓 又作㧾，同。苦迴反。字林：恢，大也。廓，空也。

拍髕 又作髕，同。扶忍反。説文：膝骨曰髕也。

虎兕 又作兕、𤉡（𧰼）[一四八]二形，同。音似，又音徐姉反。爾雅：兕似牛。郭璞曰：一角，青色，重千斤也。

和埴 時力反。黏土曰埴。釋名：埴，膩也。如脂之膩也。

栽蘖 古文橚、不、櫱三形，同。五割反。爾雅：蘖，載也，餘也。謂木有殘餘載出名曰櫱也。

普曜經 第七卷

[氾流 古文泛，同。孚劍反。氾氾，浮皃也。][一四九]

屯蹇 陟倫反。説文：屯，難也。蹇，挂导也。

林郊 古文[郴[一五〇]、]𨛐二形，今作郊，同。府貧反。樹名也。

礼貺 許誑反。爾雅：貺，賜也。郭璞曰：謂賜與也。

修行道地經[一五一] 第一卷

大較 古文擢，同。古學反。粗略也。廣雅：較，猶明也。[亦比較也[一五二]。]

拔[一五三]栽 子來反。栽，植也。今時名草木植曰栽。[此謂木枏(梓)可栽植者也[一五四]。]

扁鵲　蒲顯反。古之良醫也。姓鄭。案漢書韋昭曰：大(太)[一五五]山小盧人也，名越人，魏桓侯時醫也。

蒼頭　漢書：蒼頭。應劭曰：秦稱民曰黔首。黔，黑也。首，頭也。奴曰蒼頭，非純黑，以別於民也。

鬱皃　於勿反。爾雅：鬱，氣也。亦哀思也。下古文皃、貌(額)[一五六]二形，今作貌(貌)[一五七]，同。莫效反。容皃也，亦見也。又作眊，謂眩眊也，音莫報反。經文作冒覆之冒，假借也。

諸藏　才浪反。積蓄也，如庫藏也。人有五藏，謂肝肺脾心腎也。經文作臧，非體也。

譖人　側禁反。廣雅：譖，毀也。亦讒也。一曰旁入曰譖也。

鼅蛛　古文作鼅鼄二形，同。音知株。謂有草鼅蛛，有土鼅蛛也。經文作蜘，非也。

嗽喉　[又作欶，同[一五八]。]所角反。謂嗽吮也。經文作嗽，[俗字也[一五九]。]或作𠻆，非也。

湩現　竹用、都洞二反。通俗文：乳汁曰湩。今江南人亦呼乳爲湩。經文作䡴，奴罪反，非也。

銀柴　經文從口作噞喋二形，誤也。

修行道地經　第二卷

[奔走　古文驞，今作奔，同。補門反。爾雅：奔，走也。亦疾也。][一六〇]

蟠結　薄寒反。廣雅：蟠，曲也。亦委也。

噤齘　渠錦反，下胡戒反。説文：齘，齒相切也。方言：齘，怒也。郭璞曰：言噤齘也。

雚葦　胡官反。細葦也。[毛詩草木疏云：葭荻名亂。至秋成則謂之雚。夏小正曰：葦未秀則不爲雚[一六一]。]葦秀然後爲雚葦也。[亂音五患反[一六二]。]

飛鳥　甫韋反。言鳥飛揚也。經文從犬作犯[一六三]，誤也。

修行道地經　第三卷

[綜解　子送反。綜，習也，理也。説文：綜，機縷也。謂機縷持絲(緯)交者也。][一六四]

黿鼉　魚袁反。[似鱉而大[一六五]。]下徒何反。[似蜥蜴，長一丈，有鱗甲[一六六]。]經文作魭鮀二形，非體也。

如麵　莫遍反。言其碎末如麵也。經文作蔑，聲之誤也。

[拼直　補耕反。謂彈繩墨爲拼也。經文作絣，帛無文者，非此義也。][一六七]

鐵鋌[一六八]　渠王反[一六九]。通俗文：繅車曰軖[一七〇]。繅音桑勞反。

燔之　又作𤋱，同。扶袁反。加火曰燔。燔亦燒也，乾也。

鐵弗　字苑：初眼反。謂以籤貫肉炙之者也。籤音且廉反。

修行道地經　第四卷

[嘲說　古文謿，今作朝(嘲)，又作啁，同。陟交反。蒼頡篇：啁，調謂相戲調也。][一七一]

[相揨　又作敹、棖、敞三形，同。丈庚反。謂相觸也。亦橖拄也。][一七二]

不訾　又作嚽，同。紫斯反。訾，量也。［説文：訾，思也〔一七三〕。］經文作貲［財之貲〔一七四〕，］非也。

［相槩　古文杚，同。古礙反。廣雅：杚，摩也。槩，平也。謂平斗斛曰槩也。］〔一七五〕

九韶　古文磬，同。視招反。舜樂名也。韶，紹也，言舜能紹繼堯之德也。尚書「簫韶九成」是也。

修行道地經　第五卷

攫草　於虢反。廣雅：持也。［西京賦云：攫靳胡。薛綜曰〔一七六〕：］謂握取之也。［撕音譏〔一七七〕。］

稱錘　直危反。廣雅：錘謂之權。即稱錘也。［方言：錘，重也。宋魯曰錘〔一七八〕。］

鴟猪　尺脂反，下陟於反。鴟，張大也，言此人鴟張大如猪也。

搏掩　纂文云：博，六博用六箸六棊，謂之六博。掩，撲掩，跳錢戲也。俗謂之射數，或云射意也。

櫪撕　力的反，下桑奚反。通俗文：考囚具謂之櫪撕。字林：押其指也。

臠臠　力轉反。肉臠也。［謂切肉大者爲胾，胾小者曰臠〔一七九〕。］經文作腱腱，非也。［胾音側吏反〔一八〇〕。］

步摇　釋名云：上有垂珠，步則摇動者也。經文作［瓊瑶之〔一八一〕］瑶，非也。

秸草　古八反。［尚書云：三百納秸。孔安國曰〔一八二〕：］秸，稾也。［服稾役也〔一八三〕。］

餬口　又作餂，同。户姑反。方言：寄食也。江淮之間謂寓食爲餬。爾雅：餬，饘也。郭璞曰：即糜也。饘音之然反。

生經〔一八四〕　第一卷

鋃鐺　力當、都唐反。説文：鋃鐺，鎖也。［漢書「以鐵鋃鐺」是也〔一八五〕。］經文作狼當，非體也。

淑女　時六反。詩云：窈窕淑女。傳曰：淑，美也。淑，善也。

震越　梵言也。此譯云衣服也。

［道誼　今作義，同。宜寄反。禮記：誼者，宜也。制事宜也。誼，善也。善義理也。］〔一八六〕

訶譴　去戰反。［説文：謫問也〔一八七〕。］廣雅：譴，責也，怒也。［訶謂詰問也〔一八八〕。］説文：訶，大言而怒也。［謫音丈革反〔一八九〕。］

睢叫　許隹反。［説文：仰目皃也〔一九〇〕。］聲類：睢，矆，大視也。謂張目叫呼也。矆音況縛反。

挼彼　奴和、奴回二反。説文：挼，摧也。又亦兩手相切也。

調譺　魚戒反。廣雅：譺，調也。謂相啁也。蒼頡篇：譺，欺也。通俗文「大調曰譺」是也。

誘訹　餘首反。誘，教引也，相勸也。下私律反。説文：訹，誘也。廣雅：訹，謏也。經文作恤，憂也。恤非此義。謏音私酉反。

［薨殞　呼弘反。廣雅云：薨，亡也。殞，殁也。諸侯曰薨也。薨亦死也。］〔一九一〕

［酷令　口篤反。説文：酷，急也。苦之甚也。暴虐也。白虎通曰：酷者，極也。教令窮極也。］〔一九二〕

習〔一九三〕忕　又作怈，翼世反。字林：怈，習也。蒼頡篇：怈，明也。［爾雅：狃，復也〔一九四〕。］郭璞曰：狃忕，復爲也。

俘囚　妨愚反。尚書：俘厥寶玉。孔安國曰：俘，取也。

［犇急　又作奔、贇二形，同。補門反。奔亦走也。］〔一九五〕

嗚唬　古文作鼃（歔）〔一九六〕，同。子六、子合二反。聲類：唬亦嗚也。

生經　第二卷

諄那　古文訰，同。之閏反。此譯云碎末，謂人名也。

鞕甑　五更反，下胡浪反。風名也。甑字未詳所出也。［相傳音字耳〔一九七〕。］

殟殙　於没反〔一九八〕，下莫昆反。聲類：欲死也。說文：暴無知也。

蕱偈　所交反。

昧瘇〔一九九〕　丁賀反。

鞬陀　紀言反。

禘弥〔二〇〇〕　徒計反。

鎧翰　口賚反。說文：鎧，甲也。下胡旦反。周易：白馬翰如。王弼曰：鮮潔其馬翰如也。

生經　第三卷

讙呼　古文作吅，又作諠，同。虚袁反。廣雅：諠，嗚也。聲類：諠，譁也。諠聲驚呼也。

翕眼　呼及反。猶眨眼也。翕，合也，亦斂也。［說文：翕，起也〔二〇一〕。］經文從目作噏，書無此字。眨音莊狹反。

樗樹　敕於反。［詩云：蔽芾其樗。傳曰：］〔二〇二〕樗，惡木也。大不中繩墨，小不中規矩也。

蠱狐　餘者反〔二〇三〕。說文：狐，妖獸，鬼所乘，有三德。其色中和，小前大後，死必首丘也。

拘翼　梵言憍尸迦是也。此本應作翊，後誤作翼，失其義也。

權慉　古文謫，同。息與反。通俗文：多意謂之忬慉。字林：忬慉，知也。忬音張吕反。

廩賈　又作亩，同。力甚反。［周禮：廩人掌九穀之數。鄭玄曰〔二〇四〕：］三蒼：藏米曰廩也。

憫泣　眉隕反。憂皃也。［左傳〔二〇五〕：］憫憫然［如農夫之望歲〔二〇六〕］也。

生經　第四卷

［牢船　示專反。世本：共鼓、貨狄作舟船。黄帝二臣名也。方言：自關而西謂舟爲船。經文作舡，音胡江反。舽，船也。舽音扶江反。］〔二〇七〕

［姑伀　古胡反。婦稱夫之母曰姑。姑在則曰君姑，没則曰先姑。下之匈反。釋名：俗謂舅章爲伀。］〔二〇八〕

踧踖　子六反，下子亦反。字林：踧踖，不進也。一曰［行平易也。廣雅：踧〔二〇九〕，］畏敬也。謂恭敬之皃也。

生經　第五卷

髡鉗　口昆反，下巨炎反。說文：髡，剃也。鉗，束鐵在頸者也。經文作髫，非也。

觸嬲　奴皎反。謂嬲亂也。案嬲，猶料也，亦弄也。

讒哳　側鎋、中鎋二反。啁哳，鳥悲也。

搏踏　補莫反，下又作蹋，同。徒盍反。搏，手搏也。蹋，足踐也。

[無係　古文繼、繫二形，同。古帝反。說文：係，絜束也。亦相係嗣也。]〔二一〇〕

唉痾　於來反。說文：譍聲也。蒼頡篇：唉，吟也。字書：慢譍也。下又作痾，同。於何反。吟音於禮反。

陰持入經　上卷

惱懣　古文作悗，同。莫本反。字林：懣，煩也。蒼頡篇：懣，悶也。亦憒也。方言：眩，懣也。朝鮮洌氷（水）〔二一一〕之間煩懣謂之謨漫。

陰持入經　下卷

已分　甫墳反。分，隔也。[分，別也。廣雅：分，與也〔二一二〕。]經文作份，彼陳反。[論語：文質份份然相半也〔二一三〕。]說文：份份，質備也。字與斌、彬同。

[得跓　張住反。]〔二一四〕

溝港　古侯反，下古項反。謂須陀洹也。此言入流，亦名至流，亦名預流。言溝港者，取其流處也。

[馭法　又作御，同。魚據反。凡言馭者，所以驅之也。內之於善也。謂指撝使馬也。]〔二一五〕

睡瞑　又作眠，同。亡田反。說文：瞑，目翕也。眠，寐也，卧也。

[不跌　徒結反。通俗文：失躡曰跌。字書：失蹠也。廣雅：跌，差也。方言：跌，蹶也。郭璞曰：跌，偃也。蹠音之石反。]〔二一六〕

中本起經〔二一七〕　上卷

拘驎　此譯云阿若，名已知。拘驎者，姓也。初度五人名也。一名拘驎，二名頞陛，三名跋提，四名十力迦葉，五名摩男拘利。

[怖悸　古文作痵，同。其季反。字林：心動也。說文：氣不定也。方言：㦗，悸也。注云謂悚悸也。㦗音葵。]〔二一八〕

屏營　卑營反。謂惶遽也。廣雅：屏營，征伀也。經文作併，甫政反。說文：併，宜也。併非此義。宜音才句反。

[俱躓　古文韰、躓二形，今作疐，同。猪吏反。通俗文：事不利曰躓，限至曰礙。]〔二一九〕

中本起經　下卷

妖冶　余者反。[周易：冶容誨淫。劉巘曰：冶，妖冶也〔二二〇〕。]謂傲雅自得，莊飾鮮明之皃也。

狂憨　呼濫反。字書：憨，愚也。郭璞曰：䴉鳥憨急謂虛勇也。

靈柩　渠救反。小爾雅：有屍謂之柩，空棺謂之櫬。禮記：在棺曰柩。鄭玄：柩之言究也。白虎通曰：柩之言久也。久，不復變也。

焜煌　胡本反，下胡光反。方言：焜，盛也。郭璞曰：焜煌，盛皃也。煌，明也。蒼頡篇：煌，光也。經文作煇，字與暉同。虛歸反。煇，光也。煇非此用。

恂恂　私巡反。論語：恂恂如也。王肅曰：温恭皃也。廣雅：恂恂，敬也。爾雅：恂恂，戰慄也。

斑駮　又作辬，同。補顏反。説文：辬，駮也。蒼頡篇：辬，文皃也。雜色爲斑。經文作斒，方間反。斒斕也。斕音力間反。

興起行經〔二二一〕　上卷

[矛矠　莫侯反，下粗亂反。矠，排矠也。經文作牟鋑二形，非體也。又作摻欑二形，並非。]〔二二二〕

[歧越　書無此字，口者取其舌轉也。正作攴。音紙移反。梵言也。]〔二二三〕

日䟿　正體作䞯，古文作趧，同。妨虞反。

杖敲　蒼頡訓詁作𣪍，同。苦交反。下擊也。[説文：横擿也。擊頭也〔二二四〕。]經文作撓，非也。

[一仞　如振反。論語：夫子之牆數仞。包咸曰：七尺曰仞。説文：仞，申臂一尋也。]〔二二五〕

[盟死　靡京反。禮記：諸侯莅牲，凡國有疑，會同則常。其盟約之大事曰盟。]〔二二六〕

[各選　先袞反。謂選揀也。説文：選，擇也。簡能曰選。]〔二二七〕

達磨多羅禪經〔二二八〕　上卷

發軫　之忍反。軫，跡也，轉也，[展也。考工記：車軫四尺。注云〔二二九〕：]輿後横木也，今謂發車跡轉也。

分逵　又作馗，同。奇龜反。爾雅：九達謂之逵。郭璞曰：四道交出復有旁通者也。

孱焉　仕簡反。謂仁謹之皃也，亦懦弱爲孱。廣雅：孱，惡也。

將暨　聲類：古文臮，同。其器反。左傳：猶懼不暨。注曰：暨，至也。爾雅：暨，不及也。暨，與也。

一匱　渠愧反。[論語：譬如爲山，未成一匱。包咸曰〔二三〇〕：]匱，土籠也。匱亦匣也。

闔衆　胡臘反。説文：闔，閉〔二三一〕也。

閃鑠　式染反，下舒酌反。閃鑠，蹔見也。[不定也〔二三二〕。]經文作灡，非也。

爾炎　梵言。爾炎，此譯云所知，亦云應知也。

梯㮄　他弟反，下敕細反。經云「心之住處」也。

[涓流　古玄反。字林：水小流涓涓然也。]〔二三三〕

瀸壞　子鹽反。通俗文：淹漬謂之瀸洳。字林：瀸，漬也。

貧窶　瞿庚反。爾雅：窶，貧也。[郭璞曰：貧，陋也〔二三四〕。]字書：空也。[毛詩：終窶且貧。傳曰〔二三五〕：]窶者，無禮也。

達磨多羅禪經　下卷

塵壓　武該、武賀二反。通俗文：熟土曰壓。壓亦塵也。敗壞也。

[難沮　才與反。詩云：何日斯沮？傳曰：沮，壞也。三蒼：沮，漸也，敗壞也。]〔二三六〕

[肪脷　府房反。説文：肪，肥也。下先安反。廣雅：肪，脂也。羊脷脂也。謂腸間脂也。]〔二三七〕

[鐵槍　千羊反。説文：槍，歫也。蒼頡篇：木兩頭鋭曰槍。經文作鏘，佩玉鏘鏘聲也。鏘非字義也。]〔二三八〕

伏鷄　又作䳺，同。扶畜反。謂鷄傴伏其卵也。[淮南子云「伏鷄搏狸」〔二三九〕、」方言「鷄伏卵而未孚」皆是也。

髀骨　今作髀，同。蒲米反。説文：股外曰髀也。江南音必尔反。

義足經〔二四〇〕　上卷

草菱　又作萱、蔺二形，同。古顔反。聲類：菱，蔺也。説文：香草也。

欲詆　又作呧，同。都禮反。説文：呧，呵也。蒼頡篇：呧，欺也。

遍徇　又作彴，同。辭遵反〔二四一〕。［尚書：乃徇師而誓。孔安國曰〔二四二〕：」彴，循也。亦巡行也。行走宣令曰徇。説文：行示曰徇。［爾雅：徇，遍也〔二四三〕。」字從彳也〔二四四〕。

厄至　猗革反。蒼頡篇：厄，困也。説文：厄，隘也。凡遇灾難遭苦毒皆曰厄。

鱻明　又作鮮，同。思錢反。廣雅：鮮，好也。鮮亦善也。

不撟　几小反。説文：撟，擅也。假詐也。［亦舉手也。尚書：撟誣上帝。孔安國曰：託天以行罪。」國語：其形撟誣。賈逵曰：非先王之法曰撟，加誅無罪曰誣。字從手，今皆作矯。

著洿　一孤反。字林：濁水不流曰洿。謂行潦之水也。［洿，池也。廣雅：洿，深也，濁也〔二四五〕。」大曰潢，小曰洿。

勞來　説文作勑，同。力代反。爾雅：來，勞也。郭璞曰：相約勑亦爲勞也。揵爲舍人曰：勞，力極也。來，强事也。廣雅：勑，謹也，勤也。詩云：神所勞矣。箋云：勞來，猶佐助也。漢書：勞來不怠也。經文作倈，非也。

名戫（戫）〔二四六〕　古文恿、戫（戫）二形，今作勇，同。踰腫反。勇謂果决也。知死不避曰勇也。

恐慴　聲類作㒤，同。止葉反。廣雅：慴，懼也。字書：失常也。説文：心服也。

喑唶　於禁反，下子夜反。喑唶，猶嘆聲也。經文作咋，壯白、士白二反。咋咋然聲也。亦咋齧也。

斂指　力冉反。説文：斂，收也。爾雅：斂，聚也。經文作劍，誤也。

蹶地　居月、居衛二反。説文：蹶，僵也。廣雅：僵卧也。［蹴，走也。亦行遽之貌也，又跳也〔二四七〕。」經文作蹴，千六反。説文：蹴，蹋也。

偉風　于匪反。説文：偉，奇也。經文作僋，胡憒反。非體也。

洞然　古文衕、迵二形，同。徒凍反。謂洞徹也。經文作烔，徒東反。烔，熱也。烔非此義也。

義足經　下卷

不据　據於反。廣雅：据，斷也。説文：口手共有所作曰拮据（据）〔二四八〕。

鵙摩　公覓反。人名也。依字，鵙，伯勞也。

俞曰　翼珠反。尚書：帝曰：俞，往哉。俞，然也，相然譍也。

晻〔二四九〕**忽**　古文晻、陪二形，今作暗，同。於感反。説文：晻，不明也。廣雅：晻晻，暗也。晻，冥也。

［迅去　私閏反。爾雅云：迅，疾也。」〔二五〇〕

彼遲　私簾反。遲，謂進取也。

苦橐　古文㯻，同。撻各反。蒼頡篇云：囊之無底者也。説文：橐，囊也。亦衣也。脊𦍋如橐，因以名焉。

鼓韛　字宜作韝，蒲戒反。謂韝囊也。鍛家用吹火令熾者也。

經文作皺,未詳字所出。

蚱蜢　側挌反,下莫綆反。蚱蜢,字書云:淮南名去父也。即蟾蠩也。郭璞曰:蝦蟆類,居陸地者也。

蛻虫　湯會[二五一]、始鋭二反。説文:蟬蛇所解皮也。廣雅:復育蛻也。字林:蟬皮也。

[莫蝶　相列反。方言云:蝶,狎也。郭璞曰:相親狎也。蝶亦慢也。][二五二]

[水盥　公緩反。説文:澡手也。凡澡洒物皆曰盥,不但手也。][二五三]

不嫫　莫奴反。説文:醜者也。楚辭:嫫母姣而自好也。姣音古卯反。

[斷毛　莫高反。説文:眉髮之屬也。經文從馬作馲,非也。][二五四]

稱宛　古文作宛、怨、惌三形,今作宛[二五五],同。於元反。説文:宛,屈也。廣雅:宛,枉也。宛,曲也。亦思念煩宛也。

毗耶娑問經[二五六]　上卷

訓狐　關西呼爲訓侯,山東謂之訓狐。[即鴟鵂也,亦名鉤格。晝伏夜行,鳴爲怪[二五七]。]經文作熏胡,非體也。

奸䵷　古旱反,下與證反。通俗文:面梨黑曰奸䵷。面黠黑也。[廣雅:䵷,面也[二五八]。]經文作皯䵷,非也。

毗耶娑問經　下卷

匈膺　又作膺,同。於凝反。説文:膺,匈也。謂乳上骨也。

萎蔫　於危反,下於言反。萎,㮣也。説文:蔫,菸也。[鬱,殘也。廣雅:蔫,苑也[二五九]。]

[耳渠　耳璫之類也。經文有作璩,玉名也。][二六〇]

纖長　思廉反。言纖小也,細也。經文作櫼(攕)[二六一],所咸反。説文:好手皃也。

[弓把　補嫁、百雅二反。謂弓可把之處也。説文:把,握也,持也。單手曰把。經文作玘,近字也。][二六二]

那先比丘經[二六三]　上卷

撓撈　呼高反,下路高反。聲類:撓,攪也。方言:撈,取也。[注云:謂以鉤撈物取也[二六四]。]

和鄲　都蘭反。寺名也。

淅米　思歷反[二六五]。[通俗文:汰米曰沂(淅)[二六六]。析(淅),非(洮)也[二六七]。]江南言淅,中國言洮。[廣雅:汰,洗也[二六八]。]經文作[鉛錫之[二六九]]錫,非體也。

兩埻　之尹反。説文:射臬也。廣雅:埻,的。射的也。射侯者也。以熊虎之皮飾其側方,制之以爲埻。經文作準,同。之尹反。説文:準,平也。准,非字體。

[焜煌　胡本反。方言:焜,盛皃也。説文:焜,煌也。煌,煇也。蒼頡篇:煌,光也。][二七〇]

吹笳　或作葭,同。古遐反。今[樂器中有笳[二七一],]卷笳葉吹之,因以名也。

穫麥　胡郭反。説文:刈禾也。[詩云「十月穫稻」是也[二七二]。]經文作獲,誤也。

欲躃　脾赤反。謂躃,倒也。

連擷　呼結反。廣雅：擷，束也。埤蒼：圍係也。言急束也。説文作覫。誥經(幼)文作乾[二七三]，皆一也。

[盛篅　市緣反。説文：判竹圓以盛穀者也。笹，篅也。][二七四]

那先比丘經　下卷

儲偫　直於反。下古文作庤、時、畤三形，同。除里反。説文：偫，待也。儲偫，具也。

博叉　正言縛蒭河，第四河也。經文作博叉、嘘叉，皆訛也。嘘，渠略反。經文從言作謯，誤也。

屈无　衢物反。説文：屈，無尾也。[淮南：屈奇之服。許叔重曰：屈，知也。奇，長也[二七五]。]屈，短也。

評之　皮柄反。字書：評，訂也。評，平議也。訂音唐頂反。

刎口　古文刎，同。亡粉反。[公羊傳：遂刎脰而死。何休曰[二七六]：]刎，割也。經文從口作吻，非體也。

一切經音義　卷第十二

丙午歲高麗國大藏都監奉敕雕造

校勘記

[一]　長阿含經　慧轉録於第五十二卷。

[二]　制捍禦之也……禁禦二字下並從示　麗無，據磧補。

[三]　泭音敷　磧爲「泭音芳于反」。

[四]　臀　磧作「臀」。　詧　慧作「詧」。

[五]　此條麗無，據磧補。

[六]　字林云　麗無，據磧補。

[七]　此條麗無，據磧補。

[八]　此條麗無，據磧補。

[九]　中　麗無，據磧補。

[一〇]　趼　據文意似作「趾」。

[一一]　字從人從止　麗無，據磧補。

[一二]　此條麗無，據磧補。

[一三]　此條麗無，據磧補。

[一四]　胡　磧作「枯」。

[一五]　禮記：外言不入於梱　麗無，據磧補。

[一六]　枇　磧作「批」。下同。

[一七]　水淺流曰瀨也　麗無，據磧補。

[一八]　此條麗無，據磧補。

[一九]　擴　磧作「横」。

[二〇]　叢林名也　磧爲「依字，詸，詸」。

[二一]　汜汜　據文意當作「汜汜」。下同。

[二二]　字林云濡甚曰淖　麗無，據磧補。

[二三]　釋名：奔，變也。有急變奔赴之也　麗無，據磧補。

[二四]　此條麗無，據磧補。

[二五]　員　磧作「圓」。

[二六]　箄，筥也，亦盛食器也　麗無，據磧補。

[二七]　此條麗無，據磧補。

[二八]　此條麗無，據磧補。

[二九]　別譯阿含經　慧轉録於第五十二卷。

[三〇]　熚也　磧爲「燥也，暴也」。

[三一]　㲋　慧作「鴿」。下同。

[三二]　赤　磧慧作「亦」。

[三三]　滑　慧卷五二作「湑」。

[三四]　鬲　據文意似作「涌」。

[三五]　謂括束髮也。或作結髮字也　麗無，據磧補。

[三六]　説文：桊，牛鼻環也　麗無，據磧補。

[三七]　扢　據文意似作「杚」。

[三八]　此條麗無，據磧補。

[三九]　謂　磧爲「説文」。

[四〇]　漢書「以雪與氈并咽之」是也　麗無，據磧補。

[四一]　紼音甫勿反。爇音而悅反　麗無，據磧補。

[四二]　此條麗無，據磧補。

[四三]　賢愚經　慧轉録於第七十四卷。

[四四]　此條麗無，據磧補。

[四五]　此條慧無。

〔四六〕噤，閉也　麗無，據磧補。
〔四七〕此條麗無，據磧補。
〔四八〕字從臼水臨皿上也……兩手奉物也　麗無，據磧補。
〔四九〕須屬　麗無，據磧補。
〔五〇〕謂氣體所須也　麗無，據磧補。
〔五一〕此條麗無，據磧補。
〔五二〕廣雅：脃，弱也　麗無，據磧補。
〔五三〕傳音知戀反，謂傳遞郵驛也　麗無，據磧補。
〔五四〕瞤　磧作「瞤」。
〔五五〕感也　麗無，據磧補。
〔五六〕字從手音聲　麗無，據磧補。
〔五七〕音音妨走反　麗無，據磧補。
〔五八〕禮記……字從虫從羊　麗無，據磧補。
〔五九〕伀者　麗無，據磧補。
〔六〇〕尚書：恪謹天命。孔安國曰　麗無，據磧補。
〔六一〕槁　磧作「橋」。
〔六二〕此條麗無，據磧補。
〔六三〕此條麗無，據磧補。
〔六四〕從斤，謂以斤分木爲析也　麗無，據磧補。
〔六五〕又摩馬也　麗無，據磧補。
〔六六〕字從馬　麗無，據磧補。
〔六七〕廣雅：䰫　麗無，據磧補。
〔六八〕聲類：䰫　麗無，據磧補。
〔六九〕耻　磧作「他」。
〔七〇〕煢　磧作「煢」。下同。
〔七一〕傑　據文意似作「儝」。謂煢煢然也　麗無，據磧補。
〔七二〕易云：結繩爲罟，以田以魚　麗無，據磧補。
〔七三〕字林：黏，部也　麗無，據磧補。
〔七四〕霖　磧作「𧆑」。
〔七五〕此條麗無，據磧補。
〔七六〕說文：螫人者　麗無，據磧補。
〔七七〕乘　磧作「乗」。
〔七八〕弈弈，光明之德也　麗無，據磧補。
〔七九〕經文作奕，非也　磧爲「經文從廾作弈，博弈也，奕非字體。廾音古患反也」。
〔八〇〕此條麗無，據磧補。禝，似當作「稷」。
〔八一〕此條麗無，據磧　慧補。蟄，似當作「蟄」。走，即「壴」。
〔八二〕此條麗無，據磧補。也，當作「曰」。
〔八三〕此條麗無，據磧補。
〔八四〕亦緩也　麗無，據磧補。
〔八五〕慧無此條。
〔八六〕起世經　慧轉録於第五十三卷。
〔八七〕堞　據文意似作「堞」。
〔八八〕此條麗慧無，據磧補。
〔八九〕通俗文：地多小石謂之礓磔　麗無，據磧補。
〔九〇〕廣雅云　麗無，據磧補。
〔九一〕鼇非此義也　麗無，據磧補。
〔九二〕說文　麗無，據磧補。
〔九三〕廣雅　麗無，據磧補。
〔九四〕謂高上也　麗無，據磧補。
〔九五〕字從冃從見　麗無，據磧補。
〔九六〕啀啀然也　麗無，據磧補。
〔九七〕五賣、助賣反　麗無，據磧補。
〔九八〕莖　「莖」當作「莝」。今傳本說文：「鈇，莝斫刀也。」
〔九九〕撗　磧作「橫」。
〔一〇〇〕此條麗慧無，據磧補。
〔一〇一〕此條麗慧無，據磧補。
〔一〇二〕此條麗慧無，據磧補。
〔一〇三〕此條麗慧無，據磧補。
〔一〇四〕第八卷　麗無，據磧補。
〔一〇五〕此條麗慧無，據磧補。
〔一〇六〕此條麗慧無，據磧補。
〔一〇七〕雜寶藏經　慧轉録於第七十五卷。
〔一〇八〕示人易矣　麗無，據磧補。
〔一〇九〕而輪反　磧爲「輪閏反」。
〔一一〇〕亦疾也　麗無，據磧補。
〔一一一〕此條麗無，據磧補。
〔一一二〕提　據文意似作「㮛」。
〔一一三〕此條麗無，據磧補。
〔一一四〕論語：鞠躬如也　麗無，據磧補。
〔一一五〕言物體皆壯也。夏時萬物丁成實也　麗無，據磧補。
〔一一六〕肛，䝨也。肛非字義。䝨音豆　麗無，據磧補。
〔一一七〕搆　磧作「構」。下同。
〔一一八〕詩云「讒人罔極，構我二人」是也　麗無，據磧補。
〔一一九〕此條麗無，據磧補。
〔一二〇〕檻　據文意似作「襤」。說文：「襤，無緣也。」「襤，楚謂無緣衣也。」經文作藍縷　磧爲「經文從草作藍草之藍絲縷之縷」。

〔一二一〕此條麗無，據磧補。
〔一二二〕此條麗無，據磧補。
〔一二三〕左傳云：蹎而蹎。案蹎猶頓也　麗無，據磧補。
〔一二四〕鄭璞曰：無或侜張爲幻。幻，惑　麗無，據磧補。
〔一二五〕非也　磧爲「敕良反。倀，狂也。倀非此義」。
〔一二六〕此條麗無，據磧補。
〔一二七〕此條麗無，據磧補。
〔一二八〕孔尚　慧爲「孔注尚書」。
〔一二九〕説文　麗無，據磧補。
〔一三〇〕尚書……孔安國曰　麗無，據磧補。
〔一三一〕禮記「苛政猛於虎」是也　麗無，據磧補。
〔一三二〕欵　據文意似作「歀」。
〔一三三〕説文：意有所欲也　麗無，據磧補。
〔一三四〕尚書……王者政教也　麗無，據磧補。
〔一三五〕相候視也　麗無，據磧補。
〔一三六〕尚書……猾　麗無，據磧補。
〔一三七〕此條麗無，據磧補。覈，海作「覈」。
〔一三八〕釋名：攀，翻也。連翻　麗無，據磧補。
〔一三九〕普曜經　慧轉録於第二十八卷。
〔一四〇〕此條麗無，據磧補。
〔一四一〕一　磧作「三」。
〔一四二〕亦盛食器也　麗無，據磧補。
〔一四三〕提　慧作「榅」。
〔一四四〕蒼頡篇：椸，格也　麗無，據磧補。
〔一四五〕李巡曰　麗無，據磧補。
〔一四六〕禮記「子生三月，父執子之手，咳而名之」是也　麗無，據磧補。

〔一四七〕此條麗無，據磧補。
〔一四八〕罙　據文意似作「冡」。
〔一四九〕此條麗無，據磧補。
〔一五〇〕郴　麗無，據磧補。
〔一五一〕修行道地經　慧轉録於第七十五卷。
〔一五二〕亦比較也　麗無，據磧補。
〔一五三〕拔　磧作「枝」。
〔一五四〕此謂木栫可栽植者也　麗無，據磧補。
栫，當作「桻」。
〔一五五〕大　磧作「太」。
〔一五六〕貆　磧作「䫜」。
〔一五七〕貆　據文意當作「貌」。
〔一五八〕又作敕，同　麗無，據磧補。
〔一五九〕俗字也　麗無，據磧補。
〔一六〇〕此條麗無，據磧補。
〔一六一〕毛詩草木疏云……葦未秀則不爲萑　麗無，據磧補。
〔一六二〕蔮音五患反　麗無，據磧補。
〔一六三〕狁　磧作「猻」。
〔一六四〕此條麗無，據磧補。絲，慧作「緯」。
〔一六五〕似鱉而大　麗無，據磧補。
〔一六六〕似蜥蜴，長一丈，有鱗甲　麗無，據磧補。
〔一六七〕此條麗無，據磧補。
〔一六八〕鉼　磧作「軿」，金作「軯」。
〔一六九〕渠王反　磧爲「尼心反」。
〔一七〇〕軖　磧作「軠」。
〔一七一〕此條麗無，據磧補。朝，似當作「嘲」。
〔一七二〕此條麗無，據磧補。
〔一七三〕説文：訾，思也　麗無，據磧補。
〔一七四〕財之貲　麗無，據磧補。

〔一七五〕此條麗無，據磧補。
〔一七六〕西京賦云：擭斬胡。薛綜曰　麗無，據磧補。
〔一七七〕撕音譏　麗無，據磧補。
〔一七八〕方言：錘，重也。宋魯曰錘　麗無，據磧補。
〔一七九〕謂切肉大者爲胾，胾小者曰臠　麗無，據磧補。
〔一八〇〕胾音側吏反　麗無，據磧補。
〔一八一〕瓊瑤之　麗無，據磧補。
〔一八二〕尚書云：三百納秸。孔安國曰　麗無，據磧補。
〔一八三〕服稾役也　麗無，據磧補。
〔一八四〕生經　慧轉録於第五十五卷。
〔一八五〕漢書「以鐵銀鐺」是也　麗無，據磧補。
〔一八六〕此條麗無，據磧補。
〔一八七〕説文：讁問也　麗無，據磧補。
〔一八八〕訶謂詰問也　麗無，據磧補。
〔一八九〕讁音丈革反　麗無，據磧補。
〔一九〇〕説文：仰目皃也　麗無，據磧補。
〔一九一〕此條麗無，據磧慧補。
〔一九二〕此條麗無，據磧慧補。
〔一九三〕習　伯二九六五作「慴」。
〔一九四〕爾雅：狃，復也　麗無，據磧慧補。
〔一九五〕此條麗無，據磧慧補。
〔一九六〕鼀　據文意當作「歗」。説文：「歗，歍歗也。从欠鼀聲。」噈，俗歗从口从就。」
〔一九七〕相傳音字耳　麗無，據磧補。
〔一九八〕於没反　磧爲「於門、於没二反」。
〔一九九〕廑　磧作「瘽」。
〔二〇〇〕禘弥　磧爲「揥殄」。

〔二〇一〕說文：起也　麗無，據磧補。
〔二〇二〕詩云……傳曰　麗無，據磧補。
〔二〇三〕餘者反　磧爲「洪孤反」。
〔二〇四〕周禮：廩人掌九穀之數。鄭玄曰　麗無，據磧補。
〔二〇五〕左傳　麗無，據磧補。
〔二〇六〕如農夫之望歲　麗無，據磧補。
〔二〇七〕此條麗無，據磧　慧補。
〔二〇八〕此條麗無，據磧慧補。
〔二〇九〕行平易也。廣雅：踧　麗無，據磧補。
〔二一〇〕此條麗無，據磧慧補。
〔二一一〕氷　磧作「水」。
〔二一二〕分別也。廣雅：分，與也　麗無，據磧補。
〔二一三〕論語：文質份份然相半也　麗無，據磧補。
〔二一四〕此條麗無，據磧補。
〔二一五〕此條麗無，據磧補。
〔二一六〕此條麗無，據磧補。
〔二一七〕中本起經　慧轉録於第五十三卷。
〔二一八〕此條麗無，據磧補。
〔二一九〕此條麗無，據磧補。
〔二二〇〕周易……妖冶也　麗無，據磧補。
〔二二一〕興起行經　慧轉録於第五十六卷。
〔二二二〕此條慧麗無，據磧補。
〔二二三〕此條慧麗無，據磧補。
〔二二四〕說文：橫撾也。擊頭也　麗無，據磧補。
〔二二五〕此條慧麗無，據磧補。
〔二二六〕此條慧麗無，據磧補。
〔二二七〕此條慧麗無，據磧補。
〔二二八〕達磨多羅禪經　慧轉録於第七十五卷。
〔二二九〕展也……注云　麗無，據磧補。
〔二三〇〕論語……包咸曰　麗無，據磧補。
〔二三一〕閉　磧作「合」。
〔二三二〕不定也　麗無，據磧補。
〔二三三〕此條麗無，據磧補。
〔二三四〕郭璞曰：質，陋也　麗無，據磧補。
〔二三五〕毛詩……傳曰　麗無，據磧補。
〔二三六〕此條麗無，據磧補。
〔二三七〕此條麗無，據磧補。
〔二三八〕此條麗無，據磧補。
〔二三九〕淮南子云「伏鷄搏狸」　麗無，據磧補。
〔二四〇〕義足經　慧轉録於第五十五卷。
〔二四一〕辭遵反　磧爲「辭俊反」。
〔二四二〕尚書：乃徇師而誓。孔安國曰　麗無，據磧補。
〔二四三〕爾雅：徇，徧也　麗無，據磧補。
〔二四四〕字從彳也　磧爲「字從彳扁。扁音補顯反。」
〔二四五〕洿，池也。廣雅：洿，深也，濁也　麗無，據磧補。
〔二四六〕𢦏　據文意似作「戫」。下同。
〔二四七〕蹶……又跳也　麗無，據磧補。
〔二四八〕椐　磧作「据」。
〔二四九〕䁆　慧卷五五作「晻」。
〔二五〇〕此條麗無，據磧補。
〔二五一〕湯會　磧爲「陽會」。
〔二五二〕此條麗無，據磧補。
〔二五三〕此條麗無，據磧補。
〔二五四〕此條麗無，據磧補。
〔二五五〕古文作宛、怨、惌三形，今作宛　磧爲「古文作宛、惌二形，今作怨」。
〔二五六〕毗耶娑問經　慧轉録於第十七卷。
〔二五七〕即鵂鶹也，亦名鉤格，晝伏夜行，鳴爲怪　麗無，據磧補。鵂鶹，海爲「鵄鵂」，慧爲「鵂鵄」。
〔二五八〕廣雅：䵴，面也　麗無，據磧補。
〔二五九〕鬱，殘也。廣雅：蔫，菀也　麗無，據磧補。
〔二六〇〕此條麗無，據磧補。
〔二六一〕樴　磧作「撖」。
〔二六二〕此條麗無，據磧補。
〔二六三〕那先比丘經　慧轉録於第七十五卷。
〔二六四〕注云：謂以鉤撈物取也　麗無，據磧補。
〔二六五〕思歷反　磧爲「息歷反」。
〔二六六〕沂　據文意當作「淅」。
〔二六七〕通俗文：汰米曰沂。析，非也　麗無，據磧慧補。析，當作「淅」。非，當作「洮」。
〔二六八〕廣雅：汰，洗也　麗無，據磧補。
〔二六九〕鉛錫之　麗無，據磧補。
〔二七〇〕此條麗無，據磧補。
〔二七一〕樂器中有笳　麗無，據磧補。
〔二七二〕詩云「十月穫稻」是也　麗無，據磧補。
〔二七三〕言　磧爲「方言」。詰經文　據文意似爲「詰幼文」。
〔二七四〕此條麗無，據磧補。
〔二七五〕淮南……長也　麗無，據磧補。
〔二七六〕公羊傳：遂刎脰而死。何休曰　麗無，據磧補。

一切經音義　卷第十三[一]

翻經沙門玄應撰

貧窮老公經
自愛經
輪轉五道罪福報應經
末(未)〔一〕生怨經
十八泥犁經
泥犁經
罪業報應教化地獄經
迦旃延説法没盡偈經
過去現在因果經
太子本起瑞應經
修行本起經
阿蘭若習禪法經
摩登伽經
舍頭諫經
樓炭經
大般涅槃經
佛般泥洹經
普法義經
梵網六十二見經
寂志果經
梵志阿跋經
七佛父母姓字經
梵志頞羅延問種尊經
阿難問事佛吉凶經

阿難分別經
罪福報應經
業報差別經
五母子經
阿遬達經
玉耶經
盂蘭盆經
雜藏經
餓鬼報應經
瑠璃王經
力士移山經
大愛道般泥洹經
波斯匿王太后崩塵土坌身經
四諦經
閻羅王五天使者經
長壽王經
阿那律八念經
魔嬈亂經
賴吒和羅經
梵摩喻經
鸚鵡經
雜阿含經
七處三觀經
比丘聽施經

馬有八態經

般泥洹經[三]

沃野 於梏反。字林云：溉灌名沃。沃，澆也，濕也，亦美也[四]。

有憾 胡紺反。廣雅：憾，怨，恨也。字林：憾，不安也。

禮賂 力故反。[詩云：大賂南金。傳曰[五]：]賂，遺也，謂以物相請謁也。

腆美 古文作費，同。他典反。方言：腆，重也。東齊之間謂之腆。廣雅：腆，至也。[美也[六]。]腆，厚也，善也。

玄黮 敇感反。玄，赤黑色也。[聲類：深黑也。說文：桑葚之黑色[七]。]黮，黤黮不明净也。

并嚟 [布攬反[八]。人名也[九]。]書無此字，應誤作也，疑嚟字耳。

勗勉 許玉、靡辯反。方言：齊魯謂勉曰勗勵也。勉，勸强也。[小爾雅云：勤勉市力之也[一〇]。]

補繕 是戰反。廣雅：修截繕治也。說文：繕，補也。

不啻 施豉反。更多也[一一]。經文作翅羽之翅，非也。

五百弟子自說本起經[一二]

僥值 古堯反。漢書晉灼音義曰：徼，遇也。謂願求親遇也。

鷰麦 又作燕，同。一見反。爾雅：蘥，雀麦。注云：即鷰麦也。經文作鷖，伊奚反。鷖，水鳥，非此用也。

傅飾 方務反。傅猶塗附也。傅藥、傅粉皆是也。

餼施 古文槩，同。虚氣反。[儀禮：餼之以其禮。鄭玄曰[一三]：]以牲曰餼。餼猶稟給也。埤蒼：餼，饋也。字書：餼，餉也。[方言：餼，熟之也[一四]。]

[雜糅 古文粈、鈕二形，同。女救反。說文：雜飯也。今以異色物相參曰糅。糅，雜也。][一五]

倶譚 徒含反。或作具譚，經中多云瞿曇，皆是梵言輕重也。

賣姓 謨稗反。梵言薩倶盧也。一本作薄。經文作負，誤也。

訶袓 側於反。梵言摩訶袓，此譯云大長也。

殷皮 於斤反。詩云：殷其盈矣。傳曰：殷，衆也。殷，大也。又於艱反。赤黑色爲殷，此借音耳。

敷愉 翼珠反。纂文作孚愉(瑜)[一六]。言美色也。方言：怤愉，悦也。

繫擸 呼結反。埤蒼：圍係也。通俗文：束縛謂之擸。

莅吒 古文作逮，同。音力四、力季二反。

[堊飾 烏各反。白土也。爾雅：牆謂之堊。郭璞曰：以白土飾牆也。廣雅云：堊，塗之也。][一七]

孚譴 字體作趶，同。芳務反。禮記：趶往。鄭玄曰：趶，疾也。廣雅：趶，行也。下去戰反。譴，責也。

輕邈 亡角反[一八]。[楚辭：高馳之邈。王逸曰[一九]：]邈，遠也。方言：邈，離也。漸也，廣也，亦盛也。

僧護因緣經

僶俛 又作黽，同。亡忍反，下無辯反。謂自强爲之也。

焰疼 又作㷅、炒、𪸩三形，同。初狡反。方言：㷅，火乾也。秦晉之間或謂之㷅。經文作赽(𪸩)[二〇]，非也。

柰女祇域經〔二一〕

一栽　子來反。謂草木植曰栽。此謂木栽可栽種者也。

瘤節　力周反。説文：瘤，腫也。聲類：瘤，瘜肉也。今取其義。

其杪　彌繞反。［禮記：木細枝謂之杪〔二二〕。］通俗文：樹鋒曰杪。杪，亦微小也。

除摒　卑政反。廣雅：摒猶除也。言摒譡除治也。經文作屏，非體也。譡音丁浪反。

應襲　古文作戳，同。辭立反。［左傳：九德不衍故襲祿。杜預曰〔二三〕：］襲，受也，又合也，仍也。廣雅：襲，及也。

騗上　匹扇反。纂文云：謂躍上馬也。

睚眦　吾懈、魚計二反。廣雅：睚，裂也。下靜計反。説文：目崖也。謂裂眥瞋目之皃也。［漢書「素無睚眦」、史記「睚眦之怨必報」是也〔二四〕。］經文作睨，五悌反。邪視也。睨非此義。

蛇蠆　丑芥反。［詩云：卷髮如蠆。箋云〔二五〕：］螫虫也。或名蠆蠍，或名蠍也。蠆音他達反。蠍音力割反。

雇錢　書皆作顧，同。公護反。案雇猶顧眄答報之也。

處處經

虞受　今作娛，同。牛俱反。白虎通曰：虞，樂也。言天下之民皆有樂也。廣雅：虞，安也。有也〔二六〕。

修行本起經〔二七〕

焰熛　古文作灬(㶾)〔二八〕，同。俾堯反。説文：火飛也。［呂氏春秋云「突洩一熛，焚宮燒積」者是〔二九〕。］

胞胎經

胚胎　普才反。説文：婦孕一月爲胚，二月爲胎。爾雅：胎，始也。方言：胎，養也。

樹荄　古來反。説文：草根也。方言：東齊謂蕹根爲荄也。

［橐囊　又作排、韛二形，同。蒲戒反。又謂鍛家用炊火者也。］〔三〇〕

過去佛分衛經

䩕靰　五更反，下胡浪反。成壞身中風名也。

至奏　梵言三拔致，此云發趣，今言至奏，皆一義也。［奏，子陋反。詩云：以奏膚公。傳曰：奏，爲也。廣雅：奏，進也〔三一〕。］

［八師經

戀嫪　力到反〔三二〕。説文：嫪，婟也。聲類：嫪，惜也。謂戀不能去也。婟音胡故反。

潺湲　士訕、士捲二反。潺湲，字林：流皃也。湲音于權反。

欲質　之逸反。廣雅：質，問也。定也，亦正也，成也。

沃口　烏穀反。通俗文：溉灌曰沃。沃亦澆也。

譖入　側禁反。廣雅云：毀亦讒也。一曰旁入曰譖。

煒燁　于匪反，下爲獵反。説文：煒，盛明皃也。方言：燁，盛也。郭璞曰：煒燁，盛皃也。經文作暐燁，非體。

侹直　他頂反。侹，直也。又說文云：長皃也。侹，正直之也。〕〔三三〕

大迦葉本經〔三四〕

開披　正字作破，同。普彼反。纂文云：破，折(析)也〔三五〕。披猶分也。〔亦披折也〔三六〕。〕經文作擺，補買反。反手擊也。擺非此義。

婦人遇辜經

離桊　居院反。說文：謂牛鼻環也。字書：桊，牛拘也。

姑妐　字體作伀，同。之容反。釋名：俗謂舅章爲伀。〔言是己所敬，見之忪遽自肅齊之也〔三七〕。〕

辯意長者子所問經〔三八〕

鼎沸　都挺反。左傳曰：昔夏之方有德也，貢金九牧，鑄鼎。四方亂離如鎗鼎之沸也。

擗口　補挌反。廣雅：擗，分也。〔說文：擗，撝也。撝，裂破也〔三九〕。〕謂手擗開也。經文作拍，非也。〔撝音于披反〔四〇〕。〕

恭恪　古文愙，同。苦各反。恪，敬也。字林：恪，恭也。

飤此　囚恣反。說文：飤，糧也。廣雅：餧，飤也。謂以食供設人曰飤。經文作飴，借音耳。

車轢　力各、力的二反。蒼頡篇：轢，輾也。說文：車所踐也。

拜謁　於歇反。爾雅：告、謁，請也。〔左傳云：不謁。杜預曰〔四一〕：〕謁，白也。

〔得享　虛掌反。尚書云：克享天心。孔安國曰：享，當也。享亦受也，臨也，獻也。〕〔四二〕

四自侵經〔四三〕

不肖　先妙反。禮記：其子不肖。鄭玄曰：不似也。言不似其先，故曰不肖，謂儜惡之類也。〔字從肉，小聲也〔四四〕。〕

征忪　之盈反。古文伀，同。之容反。方言：征伀，惶遽也。江湖之間凡窘卒怖遽皆謂之征伀。

七女經〔四五〕

羅轒　扶分反。字〔林〕〔四六〕：比丘羅轒。經文從賁作轒，非也。

梓棺　又作梓，同。即理反。古者殷人上梓。字林：梓，楸也。古史云：考陽作木棺，有虞氏用瓦棺。棺，完也，關也。

所欲致患經〔四七〕

〔財賄　呼猥反。爾雅：賄，財也。左傳：厚賄之。注云：贈送也。謂與人財之言也。〕〔四八〕

〔破隖　烏古反。字林：小城也。又通俗文云：營居曰隖。字從阜之也。〕〔四九〕

佛鬱　父勿反。字林：佛鬱，心不安也。

戰頊　字體作顫，又作懺，同。之見反。下又作疢，同。有富反。

説文：顫頊，謂掉動不定也。

遺教經

媟慢　相列反。方言：媟，狎也。郭璞曰：相親狎也。媟亦慢也，嬻也。嬻，傷也。

踔擲　[丑罩、丑格二反。方言：踔，蹇也。又郭璞曰：跛者行，跳踔不前也[五〇]。]今宜借音他吊反，字體作趒。趒，擲也。韻集：趒，越也。

暫替　古文暜，不久也。下他計反。爾雅：替，廢也，[滅也，待也[五一]，]止也。郭璞曰：替廢亦止住也。

隄隮　古文作陒，同。都奚、徒奚二反。隄，限也。積土爲封限也。埤蒼：長沙謂隄爲隮。[又經文云從土作堤，時支、之移二反[五二]。]

懈怠耕者經

選耎　按選耎，猶須臾也。呂氏云：少選，俗謂之選耎，言推託不肯爲也。

優填王經[五三]

皮韜　吐勞反。[左傳云：以樂韜憂。又杜預曰[五四]：]韜，藏也。説文：劍衣也。

辟從　必益、脾尺二反。韓詩：或(式)[五五]辟四方。辟，除也，謂從者也。

不計　居詣反。謂計筭也。[國語：計成而後行。賈逵曰[五六]：]計，謀也。經文作係，非體也。

倱伅　又作混沌二形，同。胡本、徒損反。謂不通類也。通俗文：大而無形曰倱伅。

遲其　除致反。案遲，欲其疾也。遲猶望也。經文作幼稚之稚，非也。

鴆毒　除禁反。山海經：女几之山多鴆。郭璞曰：大如鵰，紫緑色，長頸，赤喙，食蛇也。以羽畫酒即煞人也。

仆僵　蒲勒反，下居良反。説文：仆，頓也。謂前覆也。僵，偃也。謂却偃也。

身冒　亡報反。冒，蒙也。案蒙，猶荷也，被也。

佛入涅槃金剛力士哀戀經

蛆(蛆)[五七]螫　知列反。字書：蛆(蛆)，螫也。廣雅：蛆(蛆)，痛也。下[尸亦反。説文：蟲行毒也。又[五八]]音呼各反。

[語鉆　奇霑反。説文：鐵鑷也。蒼頡篇：鉆，持也。謂取物者也。説文作鉗[五九]，非體也。鑷音女輒反。][六〇]

瞑眩　又作眠，同。亡田、莫見二反。下古文作迿、眴二形，同。胡蠲、胡麪二反。方言：凡飲藥而毒瘨，東齊謂之瞑眩。

嘶碎　又作誓、㾷二形，同。先奚反。埤蒼：聲散也。亦悲聲也。

佛滅度後金棺葬送經[六一]

藉身　茨夜反。按藉，猶薦藉也。周易「藉用白茅」是也。

斂骨　力冉反。説文：斂，收也。亦藏也。爾雅：斂，聚也。廣雅：斂，取也。經文作撿，非體也。

甋瓶　普安、侯徒反。廣雅：甋瓶，甂甎也。埤蒼：大甎也。

旌表　子盈反。爾雅：注旄首曰旌。郭璞曰：載旄於竿頭也。國語：爲車服旗章以旌之。賈逵曰：旌，表也。取其幖幟也。

欣懌　以炙反。爾雅：怡，懌，樂也。郭璞曰：怡，心之樂也。懌，意解之樂也。字林：懌，怡也。

購鉢　古侯反。說文：以財有所求也。廣雅：購，償也。

燔身　扶袁反。說文：燔，燒也。加火曰燔。廣雅：燔，乾也。

明踰　庾俱反。廣雅：踰，度也。亦越也，勝也。經文作跨，非也。

陵遲　古文作𡒦(㔂)[六二]，本作麦(夌)[六三]，同。力蒸反。淮南子云：山以陵遲故能高。案陵遲，猶靡迆陂陀也，平易不陗峻者也。

[羅雲忍辱經[六四]

無慍　於問反。論語云：人不慍。何晏曰：慍，怒也。蒼頡篇：慍，恨也。說文：慍，怒也。恚也。

狂悖　古文作誖、悖二形，同。補潰、蒲没二反。廣雅：悖，亂也。亦逆也，惛也[六五]。

笮伏　今作窄，同。側格反。案笮，猶壓也，今謂笮出汁也。經文作迮狹之迮，非也[六六]。

四輩經

謗訕　所姦反。蒼頡篇：訕，誹也。論語：惡居下流而訕上。孔安國曰：訕，謗毀也。

戲譺　宜戒反。廣雅：譺，調也。謂相嘲調也。蒼頡篇：譺，欺。

相干　古文作奸，同。古寒反。干，犯也，觸也。經文作忓，俗字也。一，正也，到入爲干字意。」[六七]

見正經[六八]

包毓　說文亦作育字，同。餘祝反。說文：養子使從善也。育亦長也。覆育也，生也。

挺土　舒延反。淮南云：陶人之剋挺埴。許叔重曰：挺，揉也。埴，土也。挺，擊也，亦和也。

鄧(斲)柹[六九]　敷廢反。說文：削朴也。蒼頡篇：柹，札也。謂削木柹也。

蝮蛸　扶福反，下夷六反。字林：蝮蛸，蟬皮也。猶蛣蜣變爲蟬也。廣雅：蝮蛸，蜕也。蜕音他外、始鋭二反，謂蛇蜕皮也。經文作蝮育，非體也。

臭茹　如庶反。案茹亦臭也。今謂腇敗爲茹也。腇音乃罪反。

羸臞　又作臞，同。渠駒反。爾雅：臞，瘠也。說文：少肉也。

摩訶迦葉度貧女經[七〇]

[除饉　渠鎮反。舊言除饉女，即今比丘尼也。分別功德論云：世人飢饉於色欲，比丘除此愛饉之飢想，故名除饉也。」[七一]

米潘　敷袁反。蒼頡篇：泔汁也。說文：潘，淅米汁也。江北名泔，江南名潘。經文作繙，非也。

中心經〔七二〕

脆不　清歲反。說文：脆，少血〔耎〕〔七三〕易斷也。廣雅：脆，弱也。脆猶腝也。經文作毳，非也。臑音乃困反。

翾飛　今作蠉，同。呼全反。說文：小飛也。周書「翾飛蠕動」是也。

龍王兄弟經〔七四〕

耳際　子例反。廣雅：際，方也。爾雅：際，捷也。謂相接續也。〔際，畔處也〔七五〕。〕

迺臣　奴改反。爾雅：迺，乃也。郭璞曰：迺即乃字也。說文：迺，往也。聲類：迺，至也。

沙曷比丘功德經〔七六〕

陷此　古文錎，同。陷猶墜入也，亦没也。說文：陷，高下也。〔一曰墮也〔七七〕。〕

笥中　胥吏反。說文：盛衣器曰笥也。〔禮記：簞笥問人者。鄭玄曰：並盛食器也。〕〔七八〕圓曰簞，方曰笥也。

闓化　口哀反。說文：闓，開也。廣雅：闓，化也。〔亦欲也〔七九〕。〕聲類：此亦開字。

樹提伽經

不俺　又作㤿，同。於驗反。意滿也。纂文云「意足曰㤿」是也。

黤黤　烏感反。說文：黤，青黑也。黤黤，不明也。黤，忽也。

婐婆　烏我、蒱我反。謂僂腰背而行也。經文作玀狘，非也。

庵屋　於含反。謂庵，廬也。〔埤蒼：庵，庡也〔八〇〕。〕廣雅：庵，舍也。

鎢錥　於胡、餘六反。廣雅：鎢錥謂之銼鑹，亦云鈳鏻也。經文作鑇，非也。銼音才禾反。鑹，力和反。鈳，古我反。鏻，莫朗反。或作鎢鏻，或作鎝鏻，或作鈷鏻。蜀人言銼，皆一也。字林：小釜也。鎝音古盍反。鈷音古。坐，七卧反。

盧至長者經〔八一〕

密弆　羌女、丘吕二反。弆，藏也。通俗文：密藏曰弆。

物儩　又作澌，同。悉漬反。方言：鋌〔八二〕、澌，盡也。物空盡曰澌。

〔須摩提長者經〕

相敦　古文作敲、敦、椁三形，今作朾，同。丈衡反。敦，觸也。〕〔八三〕

燈指因緣經〔八四〕

蕭森　今作摻，同。所金反。說文：多木長皃也。

子胤　與振反。爾雅：胤，繼也。亦嗣也。說文：子孫相承續曰胤。言番育之謂也。

喟然　又作嘳，同。口愧反。説文：大息也。[論語：顔淵喟然歎曰。何晏曰[八五]：]嘆聲也。

罄竭　古文窒(窒)[八六]，同。可定反。説文：器中空也。爾雅：罄，盡也。經文作磬，樂器名也。[古者母句作磬，磬非字義[八七]。]

飲酣　古文作佄，同。胡甘反。[尚書：酣歌于室。孔安國曰[八八]：]樂酒曰酣。漢書應劭曰：不醉不醒曰酣。

孑然　居折反。案孑，猶孤獨也。説文「無右臂曰孑」、國語「胡有孑然」是也。

[親昵　今作暱，同。女栗反。爾雅：昵，近也。郭璞曰：謂相近也。亦親也，私昵也。][八九]

䁍陷　苦洽反。説文：目陷也。廣雅：䁍，陷也。經文作抓掐之掐，非體也。抓，側交反。

捃拾　又作攈，同。居運反。方言：捃，取也。[國語：收捃而烝。賈逵曰：捃，拾穗也。穗音遂也[九〇]。]

猜疑　古文䏶、猜二形，今作倸，同。粗來反。案猜亦疑也。廣雅：猜，懼也。方言：猜，恨也。

端確　又作碻，埤蒼作塙，同。苦學反。周易：夫乾確然。韓康伯曰：確，堅皃也。經文作觳，胡族反。觳，盡也，非此義也。

譸張　又作訕、嚋、侜三形，同。竹尤反。[尚書：無或胥譸張爲幻。孔安國曰[九一]：]譸張，誑也。相欺惑也。

上翳　又作瞖，同。一計反。説文注云：目病生翳也。[又三蒼郭璞注云：目瞖病也[九二]。]

喁喁　古文顒，同。牛凶反。説文：衆口上見也。謂羣生仰其德也。詩云：顒顒昂昂。傳曰：顒顒，温皃也。

諫王經[九三]

黼黻　弗禹反，下甫物反。考工記：畫繢之事，白與黑謂之黼，黑與青謂之黻。爾雅：黼，章也。斧謂之黼。郭璞曰：黼文畫爲斧形也。字從黹，音知稚反。經文從首作䩉，非也。

恇孃　丘方反，下而羊反。説文：煩擾也。謂煩惌惶遽也。楚辭「遭此世之恇孃」是也。

[口噤　又作唫，同。渠飲反。楚辭：口噤閉而不言。王逸曰：閉口爲噤之也。][九四]

葆羽　又作䎂，同。補道反。漢書：羽葆謂合聚五色羽名爲葆也。[正作鴇[九五]。]

[噢咿　於六反，下於祇反。又埤蒼云：噢咿，内悲也。亦痛悲之聲也。][九六]

闐闐　又作填，同。徒堅反。詩云：振旅闐闐。言盛皃也，亦羣行聲也。

五王經[九七]

了𠄏　又作⿰糹𠄏，同。丁皎反。[方][九八]言：𠄏，懸也。趙魏之間曰𠄏。郭璞曰：了𠄏，懸皃也。

陜山　胡夾反。案陜，迫隘不廣大也。説文：陜，隘也。

茫茫　莫荒反。茫茫，遠皃也。茫然謂目不了也。經文作晍，呼光反，不明也。兩通。

侹直　古文作頲，同。他頂反。[通俗文[九九]：]平直曰侹。經文作艇，非也。

檻車　下斬反。釋名云：檻車，施欄檻以格猛獸之車也。經文作轞，車聲轞轞也。

擩箭　而注反。謂張弓擩箭也。[亦言捨箭也〔一〇〇〕。]經文作澍，非體也。

末羅王經〔一〇一〕

震悚　又作倯(竦)〔一〇二〕，同。思勇反。字林：悚，惶遽。經文作聳，非也。

佛大僧大經〔一〇三〕

不滋　聲類作孖，同。子思反。說文：滋，益也。滋，蕃長也。經文作孳。[方言：陳楚之間凡人畜乳而雙產者曰釐孳〔一〇四〕。]說文：孳孳，汲汲也。

妖蠥　宜列反。說文：衣服歌謠之怪謂之妖，禽獸蟲蝗之怪謂之蠥。蠥，灾也。

謚比　神至反。說文：行之迹也，從言益聲。白虎通曰：謚之言列也。釋名云：謚，申也。物在後爲申，言名之於人也。

鷹鸇　之然反。爾雅：鷐風，鸇。郭璞曰：鷂屬也。又征鳥也。齊人呼擊征也。小鷂也。

齮齰　丘奇、丘倚二反。蒼頡篇：齊人謂齧咋爲齮。齮，齧也。許慎云：側齧也。下竹皆反。齧挽曰齰。

齩齧　又作𪘏，同。五狡反。廣雅：𪘏，齧也。說文：齧，噬也。

儲偫　直於反，下除理反。說文：儲偫，具也。亦待也。

惕惕　敕歷反。詩[云：心焉惕惕〔一〇五〕。]傳曰：惕惕，猶忉忉也。亦懼也，愁也。

噫乎　又作譩，同。於熙反。謂嘆傷之聲也。

箋其　則賢反。字林：表識書也。一曰表職書曰箋。

俘取　妨虞反。國語：而安俘女。賈逵曰：伐國取人曰俘。[俘亦取也〔一〇六〕。]

耶祇經〔一〇七〕

恢弘　又作㹆，同。苦迴反。字林：恢，大也。

瞁咤　况役反。通俗文：驚視曰瞁。經文作臭(狊)〔一〇八〕，呼赤反。說文：犬視也。

時非時經〔一〇九〕

掔我　三蒼：亦牽字，苦田反。引前也。廣雅：牽，挽也，連也。

栴檀樹經〔一一〇〕

釪瓄　案字義宜作于窴二形。窴音徒見反。國名也。

躊躇　又作踟蹰，同。腸留、腸知二反，下腸於、腸誅二反。廣雅：躊躇，猶豫也。又亦住足也，亦躑躅也。

跢地　丁賀反。江南俗音帶。謂倒地也。

拍煞　普挌(格)〔一一一〕反。廣雅：拍，擊也。釋名：拍，搏也。以手搏其上也。今謂拍其上而死也。經文作摽，非也。

憮然　莫禹反。怪愕之意也。論語：夫子憮然。何晏曰：爲其不達己意而非之也。

新歲經〔一一二〕

如鶡　何葛反。〔山海經：輝諸山多鶡。郭璞注曰〔一一三〕：〕似雉而大，青色，有毛角，相鬬而死。

噲〔一一四〕樂　苦壞反。〔經文作噲。字林：噲，咽也〔一一五〕。〕蒼頡篇：此亦快字也。字林：快，喜也。

〔貧窮老公經

有仵　古文啎、逜、迕三形，今作仵。同。吾故反。迕，逆。

寒素　蘇故反。寒，薄也。凍冷也。詩云：不素餐兮。傳曰：素，空也。謂空虛也，亦曰采也。素，質也。凡物無飾曰素也。〕〔一一六〕

自愛經〔一一七〕

攘衣　而羊反。謂攘除衣袂出臂也。〔孟子曰「攘臂而下車」是也〔一一八〕。〕袂音彌世反。

〔跣韈　桑典反。下古文作韈，今作袜。又作帓、妹二形，同。無發反。足衣也。經文作幭，亡別反，帊幞也。幭非此義也。〕〔一一九〕

揮涕　許歸反。説文：揮，奮也。〔謂揮奮振訊也〔一二〇〕。〕揮，灑也。爾雅：揮，竭也。注云：揮振去水爲竭也。經文作指麾之麾，非體也。

輪轉五道罪福報應經

麋麑　莫悲反，下又作麛，同。麛雉反。説文：麋，鹿屬也。〔以冬至解角者也〔一二一〕。〕麑似麞而大，獶毛狗足也。獶音乃交反。

聸耳　丁藍反。説文：垂耳也。經文作耽，丁含反。説文：耳大也。亦躭樂也。經文作儋負之儋，非體也。

白鵃　亡項反。埤蒼：鵃，鴟也。怪鳥也。

鉤鵅　古侯反，下加額反。爾雅：怪鴟。〔犍爲舍人曰：謂鵂鶹也〔一二二〕。〕南陽名鉤鵅，晝伏夜行，鳴爲怪也。

娙豫　翼庶反。蒼頡篇：豫，佚也。國語：豫，樂也。

〔狌狌　又作猩，同。所京反。知人名，如豕，人面，又似黄狗。出交阯。聲如小兒啼也。〕〔一二三〕

未生怨經〔一二四〕

涕泗　息利反。詩云：涕泗滂沱。傳曰：自鼻出曰泗也，自目曰涕。

瘦眚　字苑作瘄，同。所景反。釋名：眚，瘠也。如病瘠瘦也。〔鄭玄注周禮云〔一二五〕：〕眚者，猶人眚瘦也。〔經文作瘖，非字體〔一二六〕。〕

桀逆　奇列反。案謚法曰：賊人多累曰桀。劉熙曰：多以惡逆累賢人也。

十八泥犁經[一二七]

倅略　倉對反。依字，倅，副也。廣雅：倅，盈也。又作倅，蒲本反。

焯熱　之藥反。廣雅：焯，熱也。[説文：焯，明也[一二八]。]經文作晫，都角反。晫，明也。[晫非此義[一二九]。]

陛牢　方奚反。説文：陛，牢也。獄也。所以拘非者也。[家語：天子周陛執之。王肅曰：陛，獄牢也[一三〇]。]字從非，陛省聲。經文作榫，非體也。

泥犁經[一三一]

竹錍　字宜作篦，補奚反。以竹爲篦，打棰者也。

鞭揖　丁頰反。俗語也。謂打揖也。經文作鞊，他頰反，鞍飾也。鞊非此義。

鈇櫍　方于反。説文：莝斫也。公羊傳曰：不忍加之鈇質。何休曰：斬腰之罪也。蒼頡篇：鈇，椹也。亦擴斧也。下之逸反。埤蒼：櫍，椹也。經文作鑕，非也。

虫豸　直尔反。爾雅：有足謂之虫，無足謂之豸。

罪業報應教化地獄經[一三二]

莝碓　且卧反。詩云：莝之秣之。傳曰：莝，蒭（芻）[一三三]也。謂斬蒭（芻）所以養馬者也。經文作剉。説文：折傷也。

頑瘴（瘴）[一三四]　今作痺，同。婢利反。説文：足氣不至也。經文作痺，俾利反。[説文：濕病也[一三五]。]痿痺不能行也。

煻煨　徒郎反，下烏迴反。通俗文：熱灰謂之煻煨。[煨亦熝也。廣雅：煨，煴也。熝音烏刀反。煴，於云反[一三六]。]

射窠　又作薖，同。口和反。[字書：窠，巢也[一三七]。]謂窠窟也，取其義矣。

囂升　許朝反。囂猶虚也，囂亦諠譁也。

循大　似均反。説文：循，行也。爾雅：循，自也。郭璞曰：自猶從也。案此亦與巡字略同。

鞠頬　渠六反。案鞠謂聚斂也，字宜作趜。通俗文：體不申謂之趜。

迦旃延説法没盡偈經[一三八]

彶彶　居及反。説文：彶彶，急行也。廣雅：彶彶，遽也。[今皆從水作汲也[一三九]。]

券別　區万反。説文：券，契也。券別之書以刀判其旁，故曰契也。釋名云：大書中破別之也。

過去現在因果經[一四〇]小乘重譯　第一卷

旃兜　蒲帶反。國名也，正言迦毗羅跋兜。譯云迦毗羅者，蒼色也。跋兜者，住處也。

苗裔　古文作㐆，同。餘制反。説文：裔，衣裾也。以子孫爲苗裔者，取不（下）[一四一]垂義也。裔亦遠也。字從衣從冏，音女滑反。

自禁　記林、居鴆二反。禁猶制也，止也。言制止不禁也。

鳳翳　於麗反。山海經云：北海有蛇山，山有鳥，五采，飛至蔽日，名曰翳鳥。廣雅：鳳屬也。

[孕婦　古文䏆，同。餘證反。説文：裹子也。廣雅：孕，身也。謂任孕子也。含實曰孕也。字從子從乃聲。][一四二]

怵惕　恥律反。尚書：怵惕唯厲。孔安國曰：怵惕，懷懼也。[亦悽愴也。説文云：怵，恐也。下又作愁，同。他狄反。惕，驚也[一四三]。]

蒼頭　漢書：蒼頭。應劭曰：秦稱民曰黔首。黔，黑也。首，頭也。奴曰蒼頭者，非純黑，以別於人也。

過去現在因果經　第二卷

旅力　力舉反。方言：宋魯謂力曰旅。旅，田力也。郭璞曰：謂耕墾也。詩云「旅力方强」是也。

昕赫　虚斤反。説文：昕，旦明也。日將出也。赫，盛也。

揵陟　巨焉反。馬名也。應云建他歌，譯云納也。

噴鳴　古文歕，同。普寸反。説文：鼓鼻也。蒼頡篇：噴，吒也。俯而噴，仰而鳴也。

圪然　今作仡，同。魚訖反。説文：高大皃也。經文作屹，未見所出。

過去現在因果經　第三卷

老姥　又作嫫，同。亡古反。字書：嫫，母也。今以女老者爲姥也。

[門閫　又作梱，同。苦本反。閫，門限也。又禮記「外言不入於閫」是。][一四四]

曾瀾　洛安反。爾雅：大波爲瀾，小波爲淪。言涣瀾也。

太子本起瑞應經[一四五]　上卷

錢雇　書皆作顧，同。光護反。雇猶答賽償報之言也，謂與錢得者也。漢書「數招顧擢金錢」，文穎曰「謂託以金錢自顧賣」、[續][一四六]漢書「賣官關内侯顧五百萬者與之」皆是也。

[即探　他含反。爾雅：探，取也。注云：謂摸取也。説文：探，遠取也。亦試也。嘗試之也。][一四七]

[享之　虚掌反。尚書：其有弗享。孔安國曰：奉上曰享。享亦獻也。][一四八]

復饗　虚掌反。謂設禮以飲賓也[一四九]，又加羹飯曰饗。饗亦勸强也。

椸架　又作箷。埤蒼作椸，同。餘支反。竿謂之椸，椸可以架衣也。蒼頡篇：椸，格也。亦衣桁也。經文作簃，音丈支反。

風霽　子詣反。説文：霽，止也。今南陽人呼雨止爲霽也。

畺埸　古文畺、畺二形，今作疆，同。紀良反。畺，界也。下以赤反。[毛詩云：畺埸翼翼。傳曰[一五〇]：]埸，畔也，畷也。廣雅：畺、埸，界也。畷音猪衛反。謂兩陌間道也。

難暨　古文作臮，同。其器反。暨，及也，至也，與也。

踒傷　烏卧反。通俗文：足跌傷曰踒。蒼頡篇：挫足爲踒。史記「踒人不妄(忘)[一五一]起」是也。經文作痿，非體也。

入笱　姑厚反。謂取魚簿曰笱。[爾雅：嫠婦笱。詩云「無發我笱」是也[一五二]。]字從竹。

賁識　彼寄反。五道神名也。依字，[周易[一五三]：]賁者，飾也。[又曰：賁，無色也[一五四]。]

噢咿　於六反，下於祇反。又埤蒼：噢咿，内悲也。言痛念之聲也。][一五五]

隱遁　今作遯、遂二形，同。徒頓反。廣雅：遁，避也，去也。說文：遁，遷也。亦退還也，逃也。

和埴　時力反。[尚書：厥土赤埴墳。孔安國曰[一五六]：]黏土曰埴。釋名云：埴者，膩也。如脂之膩也。

超踔　丑白(皃)[一五七]、丑角二反。字宜作趠，謂半步曰趠。

太子本起瑞應經　下卷

栽蘖　古文作櫱、㮆、木(不)[一五八]三形，同。五割反。爾雅：蘖，餘也。載也。言木餘載生蘖栽也。

喑唶　又作諳，同。於禁反。下又作諎，同。子夜反。說文：喑唶，大聲也。聲類：喑唶，大呼也。

修行本起經[一五九]　下卷

曲蟺　音善。即丘蚓也。亦名蜜蟺，江東呼爲寒蚓。[爾雅云「螼蚓，豎蚕」是也。螼音羌引反。蚓音引。豎音苦顯反。蚕音他典反[一六〇]。]

熊兕　徐姉反。爾雅：兕似牛。注云：一角，青色，重千斤也。

擭持　於虢反。廣雅：擭，持也。謂握取之也。[擭亦搤也。搤音於責反[一六一]。]

砰大　普萌反。字書：砰，大聲也。[廣雅：砰，聲也[一六二]。]經文作軯，車名也。軯非此義。

阿蘭若習禪法經　上卷

蟻垤　徒結反。[詩云：鸛鳴于垤。傳曰[一六三]：]垤，蟻塚也。方言：垤、封，塲也。楚郢以南蟻土謂之垤。

僥倖　古堯反，下胡耿反。[俗謂幸爲僥倖[一六四]。]謂非其所得而得之也。[儌，遇也。希，冀也。幸，慶之也[一六五]。]

不撓　乃飽反。說文：撓，擾也。廣雅：撓，亂也。聲類：撓，攪也。

迦僁　排戒反。梵言也。此譯云智。智者，知世。因知世盡道，故名世智。世智，知世也。

請質　之逸反。廣雅：質，問也。亦正也。又中正無邪曰質也[一六六]。

[勗勉　許玉反。尚書：勗哉。孔安國曰：勗，勉厲也。方言：齊魯謂勉曰勗滋。勉強之也。][一六七]

阿蘭若習禪法經　下卷

癮疹　於近、之忍反。纂文云：癮疹，搥痕也。經文作朕，非也。

躓礙　珍四反。通俗文：物不利曰躓。[限至礙也[一六八]。]經文作碩，非也。

摩登伽經[一六九]　上卷

姻媛　於身反。姻，親也。爾雅：美女爲媛。郭璞曰：所以結好媛也。謂依倚援助也。

頻蹙 子六反。謂迫促。蹙，皺也，急也，近也。經文作蹵，且六反。蹵，蹋也，非今所用。

爆其 古文作𤏙、㬥[一七〇]二形，同。方孝反。[説文：爆，灼也。亦[一七一]]皮散起也[一七二]。

財弊[一七三] 古文作獘，同。脾制反。弊，帛也。財所以資生者也。[財亦衆穀也。財，貨也[一七四]。]

摩登伽經　中卷

絺緘 敕夷反，下古咸反。

睒眈[一七五] 書遮反，下或作𦖢，同。都含反。

鮫魚 今作蛟，同。古肴反。説文：海魚也。山海經：漳水多鮫。郭璞曰：鮨屬也。皮有珠文而堅，尾長三四尺，末有毒，螫人，皮可以飾刀劍也。

摩登伽經　下卷

葺盖 子立反。以草盖屋爲葺。説文：葺，茨也。覆也。[亦補治也。]

彤華 古文䖤、蚒（蚒）二形，同。徒宗反。説文：彤（丹）飾也[一七六]。廣雅：彤，赤也。

緫緫 且公反。通俗文：輕（經）[一七七]絲絹曰緫也。

酒孽 魚列反。説文：芽米也。[釋名云：蘖，缺也[一七八]。]漬麥覆之使生芽也。

蟄虫 持立反。説文：蟄，藏也。虫至冬即蟄隱不出也。獸有淺毛亦蟄，熊羆等也。

迦啅 陟握反。

麦鬻 又作鬻，古文粥，今作粥，同。之六反。説文：粥，糜也。

舍頭諫經[一七九]

嚾猶 又作蘸、喚二形，同。呼灌反。[聲類云：囂，呼召也[一八〇]。]通俗文：大呼曰嚾也。

龍目 本草云：一名益智。其大者似檳榔，生南海山谷。

荔枝 力計反。樹大，生江旁，子皮如罽，肌如猪肪也。

槲樕 胡木反，下又作𣘞，同。桑屋反[一八一]。槲𣘞，樸也，山木也。

蜜餳 似盈、徒當二反。説文：以飴和饊曰餳。[方言：凡飴謂之餳也[一八二]。]

諧耦 胡皆反，下吴口反。諧，和也。耦，合也，對也。經文作喈調，非體也。

樓炭經[一八三]　第一卷

噭嚾 又作叫、嘂二形，同。古吊反。噭，呼也，鳴也。[下又作囂、喚二形，同。呼玩反。喚，呼也[一八四]。]

樓炭經　第二卷

梟磔 古堯反。説文：梟，不孝鳥也。冬至日捕梟磔之。磔，竹挌反。張磔也。經文作掉[一八五]，疑誤也。

當盧　字宜作顱，同。力胡反。言馬面當顱，刻金爲之，所謂鏤鍚也。詩注云「眉上曰陽，刻金飾之，今當盧」是也。

帞頭　莫格反。方言：南楚江湘之間曰帞頭，自關西秦晉之間曰絡頭。字書：帞，額巾也。字從巾，經文從自（阜）〔一八六〕作陌，非字體也。

八柧　古胡反。［說文：柧，棱也〔一八七〕。］通俗文：木四方爲棱，八棱爲柧。言珠有八棱也。［又廣雅云：廉柧棱之也〔一八八〕。］

諸署　時去反。位也。署官也。［署官者，位之表識也〔一八九〕。］治事府寺曰署。署猶置也。

樓炭經　第四卷

趚趚　丘語反。字書：麦甘粥也。蒼頡篇：煑麦也。

樓炭經　第五卷

嶔崟　綺金反，下宜金反。謂山皐之勢高下倚傾也。［楚辭：嶔崟崎峨。又注云：山皐限也〔一九〇〕。］經文作嶔峨，音俄，非也。［限音則流反〔一九一〕。］

大般涅槃經　上卷

悲憹　今皆作惱，同。奴道反。懊憹，憂痛也。

氛翳　古文作雰，同。敷雲反。說文：氛，祥氣也。吉凶之先見者也。

調謔　許虐反。［爾雅：戲，謔也。注云〔一九二〕：］謂相調戲也。謔亦喜樂也。

吞噬　他痕反，下時世反。說文：吞，咽也。［又廣雅：吞，滅也〔一九三〕。］噬，齧也。

涯岸　說文作厓，同。五佳反。爾雅：涘爲厓。謂水邊也。又云：重厓岸。兩厓累者爲岸。［又尚書：池水無涯。孔安國曰：無涯際也〔一九四〕。］

波湍　土桓反。說文：湍，疾瀨也。水流沙上也。瀨，淺水也。瀨音賴。

瞞羅　莫安反。仙人名也。

大般涅槃經　下卷

兜婆　或言偷婆，或言塔婆，或言藪斗波，正言窣覩波。

開拓　古文拓、㡯二形，今作拆，同。他各反。拓亦開也。［廣雅：拓，大也。經文作拓字，與摭同。之石反。拓，拾也。拓非字義〔一九五〕。］

佛般泥洹經〔一九六〕　上卷

射埻　之允、之閏二反。通俗文：射堋曰埻。埻中木曰的。［說文：射臬也。廣雅：埻，的也。射侯也。以熊虎之皮飾其側方制之以爲埻。臬音宜列反〔一九七〕。］

隣隙　古文㔸、𨻸二形，今作聚，同。才句反。廣雅：聚，居也。［謂人所聚居也〔一九八〕。］

乘桴　扶留反。論語：乘桴浮於海。馬融曰：編竹木也。大者曰筏，小者曰桴。

拔擢　徒卓反。蒼頡篇：擢，抽也。廣雅：擢，出也。亦引也。

竹笏　字宜從草作芳，聚落名也。

有氍　又作毾，同。徒頰反。字林：氍，毛布也。

佛般泥洹經　下卷

厲渡　力制反。爾雅：由帶以上爲厲。由，自也。［膝已下爲揭。揭，褰衣也。揭音去例反[一九九]。］

胞罠[二〇〇]　補交反，下武貧反。大臣名也。經文作炰，非也。

匈匈　許恭反。匈匈，沸撓之聲也。漢書「匈匈，數千人聲」是也。經文從水作洶，非也。

梓薪　又作梓，同。資里反。字林：梓，楸也。經文作榟[二〇一]，非體也。

樟薪　之羊反。豫樟木也。生七年而可知也。極大木也。

柟薪　奴含反。爾雅：梅，柟。郭璞曰：似杏實而酸，葉似桑也。

金植　又作櫃，同。直吏反。爾雅：植謂之傳。［傳謂之突[二〇二]。］郭璞云：户持璅植也。

頓槍　且羊反。案槍猶抵也，至也，謂頭頓至地也。經文從足作蹌。爾雅：蹌蹌，動也。蹌非經意。

嗷嗷　五高反。説文：衆口愁也。詩云：哀鳴嗷嗷。傳曰：未得安集，嗷嗷然也。

弔唁　又作喭、讞，這三形，同。宜箭反。韓詩：弔生曰唁。亦弔失國曰唁。

普法義經

許諄　之閏、之純二反。説文：告曉之熟也。諄亦佐也，亦誠懇皃也。

冰矜　居陵反。詩傳曰：矜，慎也，危也。矜矜，懼也。經文從心作慦，非體也。

梵網六十二見經[二〇三]

犍撅　宜作搩，建言反。文字集（略）[二〇四]云：搩，樗蒲采名也。下巨月反。

落毦　仁志反。以毛羽爲毦飾，若今刀稍毦也。

寂志果經[二〇五]

夷耑　都桓反。又作湍，人名也。應云阿夷他，梵言訛轉也。此譯云來。

屏毖　音秘[二〇六]。

［灼惕　之若反。下古文愁，同。聽歷反。灼謂憂懼也，亦痛也。惕，愁也，愛也。］[二〇七]

虛誕　達坦反。誕，欺也，亦大也，謾也，不實也。謾音莫官反。

區疑　去虞反。區，別也。區區亦小皃也。又處所也。

鶟鶩　莫族反。爾雅：舒鳧，鶩。郭璞曰：即鴨也。

饐口　古文作餩，同。於吏反。論語：食饐而餲。孔安國曰：饐餲，臭味變也。餲音烏芥反。

羉縶　又作羁，同。猪立反。［又毛詩：縶之。傳曰〔二〇八〕：］縶，絆也。亦拘執也。

［從削　又作鞘、鞘二形，同。私誚反。方言：劍削，關西曰鞞。所以藏刀之刃者。鞞音補迴反。］〔二〇九〕

懲改　直陵反。廣雅：懲，止也。

梵志阿跋經〔二一〇〕

傍徨　蒲光反，下胡光反。傍徨，俳佪也。埤蒼：傍徨，仿佯也。

圭銖　古携反，下市珠反。六十四黍爲一圭，四圭曰撮。十二粟而重一分，十二分重一銖也。

酗醟　又作酶，同。許具反，下禹命反。以酒爲凶謂之酗。通俗文：耽酒曰酗，酗酒曰醟也。

［孤窶　瞿庾反。爾雅：窶，貧也。字書：窶，空也。貧而空無禮之也。］〔二一一〕

櫛梳　又作楖，同。側帙反。説文：櫛，梳篦之總名也。［梳，理髮也〔二一二〕。］

彎弧　户都反。説文：木弓也。周易：黄帝氏作，弦木爲弧，剡木爲矢，以威天下也。

匪惶　又作遑，同。户光反。遑，暇也。廣雅：惶，遽也。謂忽遽也。

謣夷　火故反。人名也。依字，又作嘑，號謣也。

昆弟　又作罤，同。孤魂反。説文：周人謂兄爲昆。［爾雅：兄，昆也〔二一三〕。］

七佛父母姓字經〔二一四〕

槃裓　方廟反。依字，領巾也。

多鞬陀　紀言反。

梵志頞羅延問種尊經〔二一五〕

駏驉　渠語反，下許居反。謂似騾而小，牛父馬子者也。

阿洫　虚逼反。人名也。依字，水之通川者也。

阿難問事佛吉凶經〔二一六〕

蒙籠　莫公反，下盧紅反。蒙籠，謂不朗〔二一七〕了也。經文作矇朧，力董反。朧，朗也。朧非此義。

阿難分別經〔二一八〕

諀訾　匹尔反，下資尔反。通俗文：難可謂之諀訾。經文作啤，誤也。

罪福報應經〔二一九〕

麋麈　［忘悲反。以冬至解角者也。説文：鹿屬也。下〔二二〇〕］之乳反。似鹿而大，尾可以爲拂也。

鵂鶹　許牛反，下力周反。亦名鉤鵅，即鵋䳢也。夜見晝伏，［亦名怪鳥〔二二一〕］也。

業報差別經〔二二二〕

螽蝗　古文蠡，同。止戎反。詩云：螽斯羽。傳曰：螽蜇，蜙蝑也。亦即蝗也。音胡光反。蜙蝑音先恭反，下斯驢反。

勦健　仕交反。謂勁速捷健曰勦。說文作𪒠，健也。

五母子經

忼慨　口莽反，下苦代反〔二二三〕。忼慨，大息也，亦士不得志也。

阿遬達經〔二二四〕

阿遬　〔案說文〔二二五〕：〕籀文作遬，古文作警，今作速，同。桑鹿反。人名也。

玉耶經〔二二六〕

弭伏　又作渳，同。亡尒反。〔詩云：不可弭忘。傳曰〔二二七〕：〕弭，止也。弭亦安也。

狺狺　又作折，同。魚巾、魚佳二反。狺狺，犬聲也。〔楚辭「猛犬狺狺而迎吠」是也〔二二八〕。〕

盂蘭盆經〔二二九〕

盂蘭盆　此言訛也。正言烏藍婆拏，此譯云倒懸。案西國法，至

於衆僧自恣之日，盛設供具，奉施佛僧，以救先亡倒懸之苦。以彼外書云先亡有罪，家復絕嗣，無人祭神請救，則於鬼處受倒懸之苦。佛雖順俗，亦設祭儀，乃教於三寶田中深起功德。舊云盂瓫，是貯食之器，此言誤也。

往餉　尸尚反。廣雅：餉，遺也。說文：餉，饋也。饋，餉也。

錠燭　音定，又殿。韻集：鐙有足曰錠，無足曰鐙。經文作挺，非也。

鉢和羅飯　獨證自誓經云鉢和蘭，亦梵言輕重耳，此譯云自恣食也。

汪洋　烏光反，下似羊反。〔楚辭云：臨淵兮汪洋。王逸曰〔二三〇〕：〕大水廣無極也。說文：汪洋，深廣也。〔廣雅云：汪汪，大也〔二三一〕。〕

六種親屬　漢書：以奉六親。應劭曰：六親者，父母兄弟妻子也。〔蒼頡篇：親，愛也。釋名云：親，襯也。言相隱襯〔二三二〕。〕

雜藏經〔二三三〕

醖酒　於運反。醖，釀也。蒼頡篇：酒母也。廣雅：醖，投也。

貲輸　子離反。廣雅：貲，貨也。蒼頡篇：貲，財也。說文：小罰以財自贖也。漢律「民不傜貲」、又「以貲爲郎」皆是也。經文從言作訾。訾，量也。訾非此義。

〔餓鬼報應經

喜犍　字書作僆，同。居言反。犍，犗也。犗，騬牛也。以刀去

陰也。犗音歌敗反。騬，自陵反。」〔二三四〕

琉璃王經〔二三五〕

樓由　力士名也。此譯云愛，或言欲也。

剗足　又作鏟，同。初簡反。廣雅：剗，削也。聲類：剗，平也。

夷滅　餘之反。左傳：芟夷。杜預曰：夷，煞也。亦毀也。〔廣雅：夷，滅也〔二三六〕。〕

愶將　虚業反。方言：脅鬩，懼也。謂以威力相恐懼也。鬩，郭璞音呼隔反。廣雅：愶，怯也。公羊傳曰：愶于齊。劉兆曰：脅，畏迫也。今皆作脅。

進邁　莫芥反。說文：邁，遠行也。廣雅：邁，往也。

饕餮　吐刀反。謂貪財曰饕，貪食曰餮。案饕亦貪也，通語也。說文：俗作叨。

臚脹　力猪反。腹前曰臚，言所以養心膂也。臚亦膚也。下又作痮，同。猪亮反。腹滿也。

賵贈　敷鳳反。助哀之物也。車馬曰賵。小爾雅：饋死曰賵。白虎通曰：賵之言赴也。所以相赴佐也。下在鄧反。玩好曰贈，所以助生送死追思重終也。贈，送也，增也。

〔號咷　徒勞反。號咷，大泣也。易曰「同人先號咷而後笑」是也。〕〔二三七〕

殪入　古文作壹，同。於計反。爾雅：殪，死也。〔尚書：殪戎殷。孔安國曰：殪〔二三八〕，〕煞也，亦盡也。漢書音義云：一發而死曰殪。

荄枯　古來反。方言：東齊謂根曰荄。說文：草根也。

傷斃　古文獘、獘二形，今作斃，同。脾世反。說文：獘，仆也。

〔仆，頓也，亦斷也〔二三九〕。〕

驍勇　古堯反。廣雅：驍，健也。亦勇急也。說文：良馬駿名也。經文作膠，苦交反。窅膠不平也。膠非字義。窅音烏包反。

榷杠　音江，旗之竿也。廣雅云：天子杠高九仞，十二旒至地也。經文作伍，誤也。

韅攝　又作韅，同。呼見反。左傳：晉車七百乘，韅靷鞅絆。杜預曰：在背曰韅，在匈曰靷，在頸曰鞅，在足曰絆。下攝，之涉反。

帶韅　又作䩞，同。火見反。著腋者也。釋名云：韅，横經其腹下也。蒼頡解詁：韅，馬腹帶。

射珥　如志反。蒼頡篇：珠在耳也。耳璫垂珠者也。楚辭：撫長劍兮玉珥。王逸曰：珥，劍鐔也。鐔音餘諶反。聲類：劍口也。

毛睫　又作䀹，同。子葉反。說文：目旁毛也。

怖駭　胡駭反。蒼頡篇：駭，驚也。廣雅：駭，起也。

剋捷　茨獵反。毛詩：一月三捷。傳曰：捷，勝也。亦獲也。軍得勝曰捷也。

〔不訾　又作訾，同。子移反。訾，量也。說文：思稱意曰訾。訾，思也。〕〔二四〇〕

〔喟然　又作嘳，同。口愧、口怪二反。說文：大息也。論語：顏淵喟然嘆曰。何晏曰：歎聲之也。〕〔二四一〕

格上　加額反。蒼頡篇：格，椸也。椸，架也。

力士移山經〔二四二〕

勠力　吕掬反。國語：戮力一心。賈逵曰：勠力，并力也。〔尚

銘礜　書：與之勠力。孔安國曰〔二四三〕：]戮，陳力也。莫庭反。謂鐫刻金石以記功德者也。銘，名也。言有功者書其功於太常也。

蹶舉　居月反。謂蹶擲之也。爾雅：蹶，動也。郭璞曰：蹶，搖之皃也。亦驚駭急疾之皃也。蹶，起也。

蔑屑　無結反，下先結反。埤蒼：擭揳拭滅也。

餧餓　奴罪反。論語：耕也，餧在其中。鄭玄曰：餧亦餓也。

霖雨　力金反。[左傳：雨自三日已上爲霖〔二四四〕。]爾雅：久雨謂之淫。淫謂之霖，謂三日以上也。

大愛道般泥洹經〔二四五〕

諄那　古文訰，同。之閏反。此譯云碎末，謂人名也。經文作肫，誤也。

皁恩　扶有反。[國語：所皁財用。賈逵曰：]〔二四六〕皁，厚也。皁亦盛也，大也。蒼頡篇：山庳而大也。

波斯匿王太后崩塵土坌身經〔二四七〕

期頤　以之反。禮記：百年曰期頤。鄭玄曰：期猶要也。頤，養也。孝子要盡養之道而已也。

四諦經〔二四八〕

熱變　碑院反。變，化也，易也，更也。[白虎通曰：灾變者何？變非常也〔二四九〕。]經文作㷻，誤也。書無此字。

咽瘤　力周反。說文：瘤，腫也。[廣雅：瘤，病也〔二五〇〕。]經文從口作嚠，非也。

閻羅王五天使者經〔二五一〕

閻羅　或名閻磨羅，應言夜磨盧迦，此譯云雙世也。竊謂苦樂並受，號之爲雙也。

刓刻　又作园，同。五桓反。刓，削也。廣雅：刓，斷也。刓(刻)〔二五二〕，鏤也。

裹蘊　於雲反。謂聚草蕘束之以爇火者。漢書「束蕴乞火」是也。蕘音而消反〔二五三〕。

火爒　又作爍，同。力照反。說文：爒，火炙也。

長壽王經

徇園　辭俊反。徇猶巡也。爾雅：徇，徧也。說文：徇，行示也。[徇亦循也。經文從人作侚。侚，疾也。侚非經旨〔二五四〕。]

阿那律八念經

槭篚　胡緘、古咸二反。說文：槭，篋也。廣雅：篋謂之槭。字書：木篋也。

癎瘨　核間反。聲類：小兒病也。下都賢反。廣雅：瘨，狂也。[又聲類：風病也〔二五五〕。]

魔嬈亂經〔二五六〕

鵁在　古茅反。説文：鵁鶄也。羣飛，尾如雌雞，〔鳴相呼〔二五七〕。〕食之治風。

賴吒和羅經〔二五八〕

黈羅匬吒國　古文作𣂁、斢二形，同。他口反。匬，烏溝反。

辭訣　古穴反。訣，別也。通俗文云：死別曰訣。

梵摩喻經〔二五九〕

如砥　又作厎，同。之視反。厎，平也，直也。〔尚書：礪砥砮石。孔安國曰〔二六〇〕：〕砥細於礪，皆磨石也。〔砮音乃護反〔二六一〕。〕

披纚　今作縰，同。山綺反。案森纚，好皃也。颯纚，長袖皃也。纚，簁也。颯音桑答反。

〔病瘳　耻留反。尚書：王翌日乃瘳。孔安國曰：瘳，差也。愈之也。〕〔二六二〕

鸚鵡經〔二六三〕

吟哦　又作訡，牛金反。下吾歌反。江南謂諷詠爲吟哦〔二六四〕。〔蒼頡篇：吟，嘆也〔二六五〕。〕

門閾　古文作閾（閾）〔二六六〕，同。吁域反。爾雅：扶（柣）〔二六七〕謂之閾。郭璞曰：門限也。

雜阿含經〔二六八〕

𨻝中　古文𩤆、聵二形，今作聚，同。才句反。廣雅：聚，居也。〔謂人所聚居之也〔二六九〕。〕

田家　徒堅反。爾雅：田，土也。説文：陳樹稻穀曰田也。經文作佃，徒見、徒年二反。説文：佃，中也。春秋傳曰：乘中佃謂一轅車也。佃非此義。

具譚　徒南反。經中多作瞿曇。此因仙人名爲姓也。

又賸〔二七〇〕　徒隥反。謂通徹囊也。經文作杈鄧，非也。

隟陽〔二七一〕

一挈　苦節反。挈猶提也。説文：挈，懸持也。挈，擊也。

憂懣　古文懑，同。莫本反。説文：懣，煩也。蒼頡篇：懣，悶也。亦憤也。

憂㛴　奴道反。説文：有所恨痛也。今汝南人有所恨言大㛴。今皆作惱也。

矢溺　又作屎，説文作菡，同。式旨反。糞矢也。下正體作㞙、屎二形，同。乃吊反。經文作溺，假借耳。

屠圩〔二七二〕　宜作盂，同。禹俱反。盂，器也。

兑兒　徒外反。兑，悦也，見也。又兑形謂婧面，一頭廣一頭狹也。婧音湯果反。

儇儇咋咋　許緣反。謂家道未成也。又作諎，同。壯白反。咋咋然聲也。

七處三觀經[二七三]

柱亦　陟柱反。謂支柱也。經文從足作跓，俗字也。

頂顉　乃冷反。蒼頡篇：頂，顛也。字苑：頭上也。今俗呼頂爲頂顉[二七四]。

比丘聽施經[二七五]

孚呼　匹于反。孚，疾也。呼，召也，命也。[又音呼餓反，發聲也[二七六]。]

殟殟　烏没反。説文：暴無知也。聲類：欲死也。

馬有八態譬人經[二七七]

車軨　又作轜，同。力庭反。説文：車間横木也。即車軨子也。

摩抄　桑何反。聲類：摩抄猶捫摸也。[摩抄亦抹摋也。抹音莫割反。摋，蘇割反[二七八]。]

噏噬　羲及反。廣雅：噏，飲也。下時制反。噬，齧也，食也。

頓頭　普米反。説文：傾頭也。蒼頡篇：頭不正也。[廣雅：頓，邪之也[二七九]。]

一切經音義　卷第十三

乙巳歲高麗國大藏都監奉敕雕造

校勘記

〔一〕麗無釋八師經、羅雲忍辱經、四輩經、須摩提長者經、貧窮老公經和餓鬼報應經的音義，據磧補。

〔二〕末　磧作「未」。

〔三〕般泥洹經　慧第五十二卷所釋大般涅槃經與此相同。

〔四〕字林云……亦美也　磧爲「又廣雅云：沃，濕也，美也，亦柔也。溉灌曰沃也」。

〔五〕詩云……傳曰　麗無，據磧補。

〔六〕美也　麗無，據磧補。

〔七〕聲類……桑葚之黑色　麗無，據磧補。

〔八〕布攬反　慧爲「布覺反」。

〔九〕布攬反。人名也　麗無，據磧補。

〔一〇〕小爾雅云：勤勉市力之也　麗無，據磧補。

〔一一〕更多也　磧爲「更多也。又説文語時也」。

〔一二〕五百弟子自説本起經　慧轉録於第五十七卷。

〔一三〕儀禮：饇之以其禮。鄭玄曰　麗無，據磧補。

〔一四〕方言：饇，熟之也　麗無，據磧補。

〔一五〕此條麗無，據磧補。

〔一六〕愉　磧作「瑜」。

〔一七〕此條麗無，據磧補。

〔一八〕亡角反　磧爲「模角反」。

〔一九〕楚辭：高馳之邈。王逸曰　麗無，據磧補。

〔二〇〕赵　磧作「敹」。

〔二一〕柰女祇域經　慧轉録於第五十五卷。

〔二二〕禮記：木細枝謂之杪　麗無，據磧補。

〔二三〕左傳：九德不衍故襄禄。杜預曰　麗無，據磧補。

〔二四〕漢書「素無睚眦」、史記「睚眦之怨必報」是也　麗無，據磧補。

〔二五〕詩云：卷髮如蠆。箋云　麗無，據磧補。

〔二六〕有也　磧爲「有之也」。

〔二七〕修行本起經　磧無。下文又有此經，且「焰熛」是處處經中詞語，當爲衍文。

〔二八〕 巛 海作「叜」。
〔二九〕 呂氏春秋云「突洩一熛，焚宫燒積」者是 麗無，據磧補。
〔三〇〕 此條麗無，據磧補。
〔三一〕 奏……進也 麗無，據磧補。
〔三二〕 力到反 磧爲「力報反」。
〔三三〕 八師經……正直之也 麗無，據磧海補。
〔三四〕 大迦葉本經 慧轉録於第五十七卷。
〔三五〕 普彼反 磧爲「普陂反」。 折 據文意似作「析」。
〔三六〕 亦披折也 麗無，據磧補。
〔三七〕 言是己所敬，見之忪遽自肅齊之也 麗無，據磧補。
〔三八〕 辯意長者子所問經 慧修訂轉録於第五十七卷。
〔三九〕 説文：擗，搊也。搊，裂破也 麗無，據磧補。
〔四〇〕 搊音于披反 麗無，據磧補。
〔四一〕 左傳云：不謁。杜預曰 麗無，據磧補。
〔四二〕 此條麗無，據磧補。
〔四三〕 四自侵經 慧轉録於第五十七卷。
〔四四〕 字從肉，小聲也 麗無，據磧補。
〔四五〕 七女經 慧轉録於第五十五卷。
〔四六〕 林 麗無，據磧補。
〔四七〕 所欲致患經 慧轉録於第五十五卷。
〔四八〕 此條麗無，據磧補。
〔四九〕 此條麗無，據磧補。
〔五〇〕 丑罩，丑格二反……跛者行，跣踔不前也 麗無，據磧補。
〔五一〕 滅也，待也 麗無，據磧補。
〔五二〕 又經文云從土作堤，時支、之移二反 麗無，據磧補。
〔五三〕 優填王經 慧轉録於第十六卷。
〔五四〕 左傳云：以樂慆憂。杜預曰 麗無，據磧補。
〔五五〕 或 據今傳本作「式」。
〔五六〕 國語：計成而後行。賈逵曰 麗無，據磧補。
〔五七〕 蛆 據文意當作「蛆」。下同。蛆、蛆形近，傳抄誤「蛆」作「蛆」，海據以改「知列反」爲「子余反」。
〔五八〕 尸亦反。……又 麗無，據磧補。
〔五九〕 蔣曰：「説當作經。」
〔六〇〕 此條麗無，據磧補。
〔六一〕 佛滅度後金棺葬送經 慧轉録於第五十七卷。
〔六二〕 勎 海作「勎」。
〔六三〕 麦 磧作「麥」。
〔六四〕 羅雲忍辱經 慧轉録於第五十七卷。
〔六五〕 慧無此條。
〔六六〕 慧無此條。
〔六七〕 羅雲忍辱經……到入爲千字意 麗無，據磧補。
〔六八〕 見正經 慧轉録於第五十七卷。
〔六九〕 鄧枾 磧爲「鄧柹」。
〔七〇〕 摩訶迦葉度貧女經 慧轉録於第五十七卷。
〔七一〕 此條麗無，據磧補。
〔七二〕 中心經 慧轉録於第五十七卷。
〔七三〕 叜 據慧卷五七補。
〔七四〕 龍王兄弟經 慧轉録於第五十五卷。
〔七五〕 際，畔處也 麗無，據磧補。
〔七六〕 沙曷比丘功德經 慧轉録於第五十七卷。
〔七七〕 一曰墮也 麗無，據磧補。
〔七八〕 禮記……並盛食器也 麗無，據磧慧補。
〔七九〕 亦欲也 麗無，據磧補。
〔八〇〕 埤蒼：庵，庨也 麗無，據磧補。
〔八一〕 盧至長者經 慧轉録於第五十七卷。
〔八二〕 鋋 今傳本方言作「鋋」。
〔八三〕 須摩提長者經……觸也 麗無，據磧補。
〔八四〕 燈指因緣經 慧轉録於第五十七卷。
〔八五〕 論語：顔淵喟然歎曰。何晏曰 麗無，據磧補。
〔八六〕 窒 磧作「窒」。
〔八七〕 古者母句作磬，磬非字義 麗無，據磧補。
〔八八〕 尚書：酣歌于室。孔安國曰 麗無，據磧補。
〔八九〕 此條麗無，據磧補。
〔九〇〕 國語……穗音遂也 麗無，據磧補。
〔九一〕 尚書云……孔安國曰 麗無，據磧補。
〔九二〕 又三蒼郭璞注云：目瞖病也 麗無，據磧補。
〔九三〕 諫王經 慧轉録於第三十四卷。
〔九四〕 此條麗無，據磧補。
〔九五〕 正作鴙 麗無，據磧補。
〔九六〕 此條麗無，據磧補。
〔九七〕 五王經 慧轉録於第五十七卷。

〔九八〕方　據慧卷五七補。

〔九九〕通俗文　麗無，據磧補。

〔一〇〇〕亦言捨箭也　麗無，據磧補。捨，慧作「捻」。

〔一〇一〕末羅王經　磧爲「末羅王經」。慧轉録於第五十七卷。

〔一〇二〕愱　磧作「慺」，慧作「竦」。

〔一〇三〕佛大僧大經　慧轉録於第五十七卷。

〔一〇四〕方言：陳楚之間凡人畜乳而雙産者曰釐孳　麗無，據磧補。

〔一〇五〕云：心焉惕惕　麗無，據磧補。

〔一〇六〕俘亦取也　麗無，據磧補。

〔一〇七〕耶祇經　慧轉録於第五十七卷。

〔一〇八〕臭　據文意當作「臰」。

〔一〇九〕時非時經　慧轉録於第五十七卷。

〔一一〇〕栴檀樹經　慧轉録於第五十七卷。

〔一一一〕挌　磧作「格」。

〔一一二〕新歲經　慧轉録於第五十七卷。

〔一一三〕山海經……郭璞注曰　麗無，據磧補。

〔一一四〕噲　磧作「快」。

〔一一五〕經文作噲。字林：噲，咽也　麗無，據磧補。

〔一一六〕貧窮老公經……凡物無飾曰素也　麗無，據磧補。

〔一一七〕自愛經　慧轉録於第五十七卷。

〔一一八〕孟子曰「攘臂而下車」是也　麗無，據磧補。

〔一一九〕此條麗無，據磧慧補。

〔一二〇〕謂揮奮振訊也　麗無，據磧補。

〔一二一〕以冬至解角者也　麗無，據磧補。

〔一二二〕犍爲舍人曰：謂鵂鶹也　麗無，據磧補。

〔一二三〕此條麗無，據磧補。

〔一二四〕未生怨經　慧轉録於第五十七卷。

〔一二五〕鄭玄注周禮云　麗無，據磧補。

〔一二六〕經文作痔，非字體　麗無，據磧補。

〔一二七〕十八泥犁經　慧轉録於第五十七卷。

〔一二八〕説文：焯，明也　麗無，據磧補。

〔一二九〕啅非此義　麗無，據磧補。

〔一三〇〕家語……獄牢也　麗無，據磧慧補。

〔一三一〕泥犁經　慧轉録於第五十四卷。

〔一三二〕罪業報應教化地獄經　慧轉録於第五十五卷。

〔一三三〕蒭　磧作「芻」。下同。

〔一三四〕瘅　磧作「痺」。

〔一三五〕説文：濕病也　麗無，據磧補。

〔一三六〕煨亦爊也……於云反　麗無，據磧補。

〔一三七〕字書：窠，巢也　麗無，據磧補。

〔一三八〕迦旃延説法没盡偈經　慧轉録於第七十五卷。

〔一三九〕今皆從水作汲也　麗無，據磧補。

〔一四〇〕過去現在因果經　慧轉録於第五十五卷。

〔一四一〕不　磧作「下」。

〔一四二〕此條麗無，據磧慧補。

〔一四三〕亦悽愴也……驚也　麗無，據磧慧補。

〔一四四〕此條麗無，據磧補。

〔一四五〕太子本起瑞應經　慧轉録於第五十五卷。

〔一四六〕續　麗無，據磧補。

〔一四七〕此條麗無，據磧慧補。

〔一四八〕此條麗無，據磧補。

〔一四九〕蔣曰：「禮當作醴。」

〔一五〇〕毛詩云：畺場翼翼。傳曰　麗無，據磧補。

〔一五一〕妄　磧作「忘」。

〔一五二〕爾雅：釐婦笱。詩云「無發我笱」是也　麗無，據磧補。蔣曰：「釐當作嫠。」

〔一五三〕周易　麗無，據磧補。

〔一五四〕又曰：賁，無色也　麗無，據磧補。

〔一五五〕此條麗無，據磧補。

〔一五六〕尚書：厥土赤埴墳。孔安國曰　麗無，據磧補。

〔一五七〕白　據文意似作「皃」。

〔一五八〕蔣曰：「木當作不。」

〔一五九〕修行本起經　慧轉録於第五十五卷。

〔一六〇〕爾雅云「蝩蚅，蜸蚕」是也……蚕音他典反　麗無，據磧慧補。

〔一六一〕攫亦搤也。搤音於責反　麗無，據磧補。

〔一六二〕廣雅：砰，聲也　麗無，據磧補。

〔一六三〕詩云：鸛鳴于垤。傳曰　麗無，據磧補。

〔一六四〕俗謂幸爲僥倖　麗無，據磧補。

〔一六五〕徼，遇也。希，冀也。幸，慶之也　麗無，據磧補。

〔一六六〕此條磧無。

〔一六七〕此條麗無，據磧補。

〔一六八〕限至礙也　麗無，據磧補。

〔一六九〕摩登伽經　慧轉録於第五十四卷。

〔一七〇〕臈　玉篇：「皺，亦作臈，肉膭起也。」

〔一七一〕説文：爆，灼也。亦　麗無，據磧補。

〔一七二〕蔣曰：「散當作皵。」

〔一七三〕弊　磧作「幣」。

〔一七四〕財亦衆穀也。財，貨也　麗無，據磧補。

〔一七五〕此條麗接排在「絺緎」下。蔣曰：「眈當作耽。」

〔一七六〕蚏　磧作「蚒」。　彤　慧作「丹」。

〔一七七〕輕　慧卷五四作「經」。

〔一七八〕釋名云：蘖，缺也　麗無，據磧補。

〔一七九〕舍頭諫經　慧轉録於第五十四卷。

〔一八〇〕聲類云：嚻，呼召也　麗無，據磧補。

〔一八一〕桑屋反　磧爲「思屋反」。

〔一八二〕方言：凡飴謂之餳也　麗無，據磧補。

〔一八三〕樓炭經　慧轉録於第五十三卷。

〔一八四〕下又作嚻，唤二形，同。呼玩反。唤，呼也　麗無，據磧補。

〔一八五〕掉　據文意似作「埠」。龍龕手鏡：「埠，正作磔。」

〔一八六〕自　據文意當作「阜」。

〔一八七〕説文：柧，棱也　麗無，據磧補。

〔一八八〕又廣雅云：廉柧棱之也　麗無，據磧補。

〔一八九〕署官者，位之表識也　麗無，據磧補。

〔一九〇〕楚辭：嶔崟崎峨。又注云：山阜陬隈也　麗無，據磧慧補。

〔一九一〕陬音則流反　麗無，據磧補。

〔一九二〕爾雅：戲，謔也。注云　麗無，據磧補。

〔一九三〕又廣雅：吞，滅也　麗無，據磧補。

〔一九四〕又尚書：池水無涯。孔安國曰：無涯際也　麗無，據磧補。

〔一九五〕廣雅……拓非字義　麗無，據磧補。

〔一九六〕佛般泥洹經　慧轉録於第五十二卷。

〔一九七〕説文……臬音宜列反　麗無，據磧補。

〔一九八〕謂人所聚居也　麗無，據磧補。

〔一九九〕膝已下爲揭。揭，褰衣也。揭音去例反　麗無，據磧補。

〔二〇〇〕罠　慧卷五二作「罠」。

〔二〇一〕樺　磧作「梓」。

〔二〇二〕傳謂之突　麗無，據磧補。

〔二〇三〕梵網六十二見經　慧轉録於第五十二卷。

〔二〇四〕文字集　海爲「文字集略」。

〔二〇五〕寂志果經　慧轉録於第五十二卷。

〔二〇六〕此條慧無。

〔二〇七〕此條麗無，據磧補。

〔二〇八〕又毛詩：縶之。傳曰　麗無，據磧補。

〔二〇九〕此條麗無，據磧補。

〔二一〇〕梵志阿跋經　慧轉録於第五十二卷。

〔二一一〕此條麗無，據磧補。「貧而空無禮之也」，海爲「貧而空無禮之皃也」。

〔二一二〕梳，理髮也　麗無，據磧補。

〔二一三〕爾雅：兄，昆也　麗無，據磧補。

〔二一四〕七佛父母姓字經　慧轉録於第五十四卷。

〔二一五〕梵志頞羅延問種尊經　慧轉録於第五十四卷。

〔二一六〕阿難問事佛吉凶經　慧轉録於第五十四卷。

〔二一七〕朗　磧作「明」。

〔二一八〕阿難分別經　慧轉録於第五十四卷。

〔二一九〕罪福報應經　慧轉録於第五十七卷。

〔二二〇〕忘悲反……下　麗無，據磧補。

〔二二一〕亦名怪鳥　麗無，據磧補。

〔二二二〕業報差別經　慧轉録於第五十六卷。

〔二二三〕苦代反　磧爲「苦代、許既二反」。

〔二二四〕阿遬達經　慧轉録於第五十五卷。

〔二二五〕案説文　麗無，據磧補。

〔二二六〕玉耶經　慧轉録於第五十四卷。

〔二二七〕詩云：不可弭忘。傳曰　麗無，據磧慧補。

〔二二八〕楚辭「猛犬狺狺而迎吠」是也　麗無，據磧補。

〔二二九〕盂蘭盆經　慧轉録於第三十四卷。

〔二三〇〕楚辭云：臨淵兮汪洋。王逸曰　麗無，據磧補。

〔二三一〕廣雅云：汪汪，大也　麗無，據磧補。

〔二三二〕蒼頡篇：親，愛也。釋名云：親，襯也。言相隱襯　麗無，據磧補。

〔二三三〕雜藏經　慧轉録於第五十四卷。

〔二三四〕餓鬼報應經……自陵反　麗無，據磧補。

〔二三五〕琉璃王經　慧轉録於第五十五卷。

〔二三六〕廣雅：夷，滅也　麗無，據磧補。

〔二三七〕此條麗無，據磧補。

〔二三八〕尚書：殪戎殷。孔安國曰：殪　麗無，據磧慧補。

〔二三九〕仆，頓也，亦斷也　麗無，據磧補。
〔二四〇〕此條麗無，據磧補。
〔二四一〕此條麗無，據磧補。
〔二四二〕力士移山經　慧轉録於第五十四卷。
〔二四三〕尚書：與之勠力。孔安國曰　麗無，據磧補。
〔二四四〕左傳：雨自三日已上爲霖　麗無，據磧補。
〔二四五〕大愛道般泥洹經　慧轉録於第五十四卷。
〔二四六〕國語：所阜財用。賈逵曰　麗無，據磧慧補。
〔二四七〕波斯匿王太后崩塵土坌身經　慧轉録於第五十四卷。
〔二四八〕四諦經　慧轉録於第五十三卷。
〔二四九〕白虎通曰：灾變者何？變非常也　麗無，據磧補。
〔二五〇〕廣雅：瘤，病也　麗無，據磧補。
〔二五一〕閻羅王五天使者經　慧轉録於第五十三卷。
〔二五二〕刓　據文意似作「刻」。
〔二五三〕蕘音而消反　磧爲「如招反」。
〔二五四〕徇亦循也……徇非經旨　麗無，據磧補。
〔二五五〕又聲類：風病也　麗無，據磧補。
〔二五六〕魔嬈亂經　慧轉録於第五十四卷。
〔二五七〕嗚相呼　麗無，據磧慧補。
〔二五八〕賴吒和羅經　慧轉録於第五十四卷。
〔二五九〕梵摩喻經　慧轉録於第五十四卷。
〔二六〇〕尚書：礪砥砮石。孔安國曰　麗無，據磧慧補。
〔二六一〕砮音乃護反　麗無，據磧補。
〔二六二〕此條麗無，據磧補。
〔二六三〕鸚鵡經　慧轉録於第五十四卷。
〔二六四〕江南謂諷詠爲吟哦　磧爲「吟哦，諷詠也」。
〔二六五〕蒼頡篇：吟，嘆也　麗無，據磧補。
〔二六六〕閩　磧慧作「闆」，據文意當作「闆」。
〔二六七〕抶　磧作「柣」。
〔二六八〕雜阿含經　慧轉録於第五十四卷。
〔二六九〕謂人所聚居之也　麗無，據磧補。
〔二七〇〕又牓　慧爲「叉勝」。
〔二七一〕據慧云，此條「先闕未音」。可洪新集藏經音義隨函録卷十三釋此詞云：「滕陽，上索郎反，下音竭，國名。滕陽闍，亦云桑跂，雜阿含經作僧伽羅，少年婆羅門是也。此婆羅門是桑竭國人。即以國爲名也。正作桑竭也。上郭氏音堞，非也。應和尚未詳。歧、跂二同，音祇。」
〔二七二〕圩　據文意似作「杅」。
〔二七三〕七處三觀經　慧轉録於第五十四卷。
〔二七四〕字苑：頭上也。今俗呼頂爲頂頸　磧爲「廣雅：頂，上也」。
〔二七五〕比丘聽施經　慧轉録於第五十七卷。
〔二七六〕又音呼餓反，發聲也　麗無，據磧補。
〔二七七〕馬有八態譬人經　慧轉録於第五十四卷。
〔二七八〕摩抄亦抹摋也。抹音莫割反。摋，蘇割反　麗無，據磧補。
〔二七九〕廣雅：頼，邪之也　麗無，據磧補。

一切經音義　卷第十四

翻經沙門玄應撰

四分律

四分律[一]　第一卷

律藏　力出反。梵言毗尼，或言鞞泥迦，或言毗那耶，或云鼻那夜，或云毗柰耶，皆由梵言輕重聲之訛轉也。此譯云離行。行亦道也，謂此行能離惡道，因以名焉。或譯云滅，能滅惡也。或云化度，言梵經化度衆生也。或云調伏貪瞋癡也，即文殊净行經云「曉了貪欲名爲律」是也。案爾雅：律，法也。謂法則也。又云：律，銓也。法律所以銓量輕重也。又云：律，常也。言可常行也。釋名云：律者，縲也。縲網[二]人心使不得放肆也。言尸羅者，此云止得，謂止惡得善也。舊譯云清净及性善者皆義釋也。縲音力追反。縲，繫也。

稽首　字詁：古文䭫，同。苦禮反。白虎通曰：所以稽首何？稽，至也。首，頭也，言頭至地也。三蒼：稽首，頓首也。說文：下首也。周禮「太祝辯九拜，一曰䭫首」是。

說戒　古薤反。戒亦律之别義也。梵言三婆囉，此譯云禁戒者，亦禁義也。廣雅：戒，備也。周易：以此齋戒。韓康伯曰：洒心曰齋，防患曰戒。字體從廾持戈，以戒不虞字意也。廾又作拜，同。巨龍反。

諷誦　福鳳反。諷謂詠讀也。誦謂背文也。[又周禮：教國子興道諷誦。鄭玄曰：背文曰諷，以聲節之曰誦[三]。]

罣礙　又[四]作罫，同。胡卦反。字書：網礙也。說文：礙，止也。

垣牆　于煩反。四周牆也。[詩云：太師維垣。又傳曰：垣牆也[五]。]釋名云：垣，援也。人所依阻以爲援衛也。牆，障也，所以自障蔽也。

飈火　俾遥反。小火也。案字體作熛。說文：熛，飛火也。三蒼：迸火也。吕氏春秋云「突泄一熛，焚宫燒積」是也。

醒者　思挺反。字林：醉解也。

[不良　力章反。又詩云：德音無良。又傳曰：良，善也。今言不良不善也。][六]

除愈　古文瘉，同。臾乳反。說文：瘉，病瘳也。方言：差，愈也[七]。

身康　恪剛反。[尚書：庶事康哉。孔安國曰[八]：]康，安也。字林：体也。爾雅：康，樂也。

難詰　去質反。廣雅：詰，責也。說文：詰，問也。

飢饉　古文飥，又作饑，同。几治反。爾雅：穀不熟爲飢，蔬不熟爲饉。[李巡曰：可食之菜皆不熟爲饉[九]。]春秋穀梁傳曰：二穀不升謂之飢，三穀不升謂之饉，五穀不升謂之大飢。說文：飢，餓也。

梵行　凡泛反。梵言梵摩，此云清净，或曰清潔，正言寂静。葛洪字苑云：梵，潔也。[音扶泛反。東觀漢記有人姓樊名梵[一〇]。]取其義矣。

故二　梵本云褒羅那地耶，譯言舊第二。雜心論云「衆具及第二」是也。

髮被　皮寄反。被謂被帶也，亦衣被也。律文有作披張之披，非也。

袈裟　舉佉反，下所加反。韻集音加沙，字本從毛作毠毟二形，葛洪後作字苑始改從衣。案外國通稱袈裟，此云不正色也。諸草木中若皮若葉若花等，不成五味難以爲食者，則名迦沙。此物染衣，其色濁赤，故梵本五濁之濁亦名迦沙。天竺比丘多用此色，或言緇衣者，當是初譯之時見其色濁，因以名也。又案如幻三昧經云：晋言無垢穢。又義云離塵服，或云消瘦衣，或稱蓮花服，或言間色衣，皆隨義立名耳。真諦三藏云袈裟，此云赤血色衣。言外國雖有五部不同，並皆赤色。言青黑木蘭者，但點之異耳。

利戟　居逆反。字林：有枝兵器也。周禮：戟長六尺。釋名：戟，格也。言旁有枝格也。

伺之　埤蒼作覗，同[一一]。滑氂、胥吏二反。廣雅：伺，候也。亦察也，狙也。狙音千絮反。

羯磨　居謁反。此譯云作法辦事。優波離問經作劍暮，此梵言訛也。

和上　菩薩内戒經作和闍，皆于闐國等訛也。應言郁波弟耶夜，此云近誦。以弟子年小，不離於師，常逐常近受經而誦也。又言鄔波柁耶，此云親教，舊譯云知罪、知無罪名爲和上也。鄔音於古反。柁音徒我反。

阿闍梨　經中或作阿祇利，皆訛也。應言阿遮利夜，此云正行。又言阿遮利耶，此云軌範。舊云於善法中教授令知，名阿闍梨也。

君持　經中或作軍遲，此云瓶也，謂雙口澡灌。律文作鍕鉾，非也[一二]。

羅閱　以拙反。[羅者言王，閱者言舍[一三]。]十二遊經云：此言王舍城。應云羅闍，義是料理，以王代之，謂能斷理[一四]人民也。揭梨醯，此云舍中。[言羅閱者，此訛之[一五]]也，在摩伽國中，城名也。

陶師　又作匋，同。大勞反。[造瓦之名也[一六]。]史記：陶，瓦器也。蒼頡篇：陶，作瓦家也。「舜始爲陶于河濱」是也。案西域地多卑濕，不得爲窯，但累坏器露燒之耳。亦借音爲姚。[字體作窯，音姚。通俗文：陶竈曰窯。蒼頡篇：窯，燒瓦窯也[一七]。]

柴薪　仕佳反。禮記[云]：季冬命四監[一八]收秩薪柴以供郊廟。鄭玄曰：大可析謂之薪，小者合束謂之柴。薪施炊爨，柴以給燎也。

相率　所律反。謂將領行也。[儀禮：勗率以敬。鄭玄曰：]率，導引也。

瓶沙王　此言訛也，正言頻婆羅[一九]，此云形牢，是摩伽陀國王也。

柵欐　叉白反。說文：編竪木也。欐又作籬、杝二形，同。力支反。通俗文：柴垣曰杝，木垣曰柵。[南土悉榫竹荻爲之，針織者謂之已飛杝〔二〇〕。」釋名云：以柴作之疏離離然也。律文作枏楀，非體也。枏音南，楀音矩。

親厚　古文垕，同。胡苟反。案厚者，不薄也。［禮記：以厚其別。鄭玄曰：厚〔二一〕，］重也。律文或作友，干(于)〔二二〕久反。説文：友，同志也。廣雅：友，愛也，親也。［禮記：僚友稱其悌，執友稱其仁。鄭玄曰：僚友，同官也。執友，同志也〔二三〕。］隨作皆得。

若邏　力賀反。戍屬也。謂遊兵以禦寇者也。韻略云：邏謂循行非違也。律文作儸，非體也。

四分律　第二卷

吹毳　充芮反。字林：細毛也。詩有毳衣，古者天子大夫服之，循行邦國。

劫貝　或云劫波育，或言劫婆娑，正言迦波羅，此譯云樹花名也。可以爲布，高昌名氎。氎是衣名。罽賓以南，大者成樹；以北，形小，狀如土葵。有殼，剖以出花，如柳絮，可紉以爲布，用之爲衣也。紉音女珍反。

［拘遮羅］〔二四〕

差羅波尼　或作叉羅波膩，或云識羅半尼，此譯云灰水。

蒭摩　測俱反。或云蘇摩，或言識磨，此云粗布衣，應言粗草衣。案外國傳云彼少絲麻，多用婆叔迦果及草、羊毛、野蠶綿等爲衣也。

嵐婆〔二五〕　力含反。或作鉢耽娑婆，此是國［名也〔二六〕，］從國名衣也。［案嵐，力含反。諸字書無此字，唯應璩詩云「嵐風寒折骨」作嵐也〔二七〕。］

頭頭衣　或言頭求羅衣，亦云頭鳩羅衣，此云細布也。

杙上　余職反。爾雅：樴謂之杙。郭璞曰：杙，橜也。樴音徒得反。

［衣架　加夏反。爾雅：竿謂之箷。郭璞曰：即衣架也。箷音移。律文作茄，音加，木名，非此用也。］〔二八〕

市肆　相利反。古今注云：肆，陳也。店，置也。肆所以陳貨鬻之物也，店所以置貨粥(鬻)〔二九〕之物也。肆亦列也，謂列其貨賄於市也。

船舫〔三〇〕　甫妄反。説文作方、汸二形。爾雅：舫，舟也。郭璞曰：并兩舟也。通俗文「連舟爲舫」是也。律文有作枋，音方。説文：枋，木。可作車。枋非字義。

櫓船　又作樐、艣二形，同。力古反。船旁大檝曰櫓，所以進船也。又船上樓櫓也。［釋名云：櫓者，露也。城上守禦露上無覆屋也〔三一〕。］

筏船　通俗文作撥，韻集作橃，同。扶月反。方言：簰謂之筏。編竹木浮於河，以運物者。南土名簰，北人名筏也。簰音蒲佳反。

水獺　他曷、他轄二反。説文：形如小犬，水居食魚者也。律文作狚，丁曷反。字林：獵(獦)〔三二〕狚，獸名也。似狼，赤首。狚非字體。獦音古曷反。

失收摩羅　或作失守，善見律文(云)〔三三〕：鰐魚也。長二丈餘，有四足，似鼉，齒至利。有禽鹿入水，齧腰即斷。或云煞子魚。

獼猴江　梵言末迦吒，此云猴。賀邏駄，此云池。在毗舍離菴羅園側。昔彌猴共集爲佛穿池。今言江者，譯人義立耳。如言恒河，亦作恒江也。

咄男　丁兀反。字林：咄，相謂也。字書：咄，叱也。

倚發　府越反。謂機發也。機，主發之機也。說文：射，發也。律文作撥，補沫反。廣雅：撥，除也。亦棄也。撥非此義。

惡獸　爾雅音義云：狩亦獸字。二足而羽曰禽，四足而毛曰獸。

蛇螫　式亦反。字林：蟲行毒也。關西行此音。又呼各反，山東行此音。蛆(蛆)[三四]，知列反。南北通語也。

僧伽藍　此言訛也。正言僧伽囉磨，此云衆園。

狎習　古文䖖、狹二形，同。胡甲反。近也，習也[三五]，謂附而近之，習其所行也。律文作洽[三六]，非體也。

祠天　似茲反。爾雅：祠，祭也。又春祭曰祠也。

汙身　烏故、紆莝二反。說文：汙，穢也。塗汙也。釋名云：汙，洿也。如洿塗也。

捫摸　莫昆、莫本二反。聲類：捫，摸也。字林：捫，撫持也。案捫摸謂執持物也。

㮈髀　古文踔，同。蒲米反。說文：股外也。北人用此音。又音方尔反，江南行此音。律文作胜，俗字也。

草秸　又作稭、鞂二形，同。公八反。[尚書：三百里納秸服。孔安國曰[三七]：]秸，稾也。[服稾役也。]說文：稭，禾稾去其皮，祭天以爲藉也。律文作苦，古木反。禾稾也。苦非此用。

四分律　第三卷

摩醯(醯)[三八]　呼奚反。譯云大自在天也。

唄匿　蒲芥反。梵言婆師，此言讚嘆。言唄匿者，疑訛也。婆借音蒲賀反。

創孔　古文戧、刅二形，今作創，同。初良反。說文：創，傷也。禮記「頭有創則沐」是也。又音楚亮反。創，始也。非今所取。今皆作瘡，近字耳。

摶食　徒丸反。說文：摶，圜也。通俗文「手團曰摶」是也。律文作揣。說文：揣，量也。音都果反，北人行此音。又初委反，江南行此音。揣非字義。

適意　尸亦反。廣雅：適，善也。謂事物善好稱人心也。

所保　古文賲、呆、保三形，同。補道反。說文：保，養也。[詩云：保彼東方。箋云：保]亦守也。

華鬘　梵言摩羅，此譯云鬘，音蠻。[經云在額上者名之爲鬘[三九]。]案西域結鬘師多用蘇摩那花行列結之，以爲條貫，無問男女貴賤，皆此莊嚴。[或首或身，以爲飾好[四〇]。]諸經中天鬘、寶鬘、花鬘亦等皆是也。律文作髩，非體也。

乾消　古寒反。下古文銷，同。思遥反。說文：消，盡也。律文作疛，非也。

痔病　直理反。後病也。釋名：痔，食也。(中)蟲[四一]食之也。

里巷　周禮：五家爲鄰，五鄰爲里。謂二十五家也。[詩云：無踰我里。傳曰[四二]：]里，居也。[邑也[四三]。]居方一里之中也。

汝曹　又作𩉒，同。自勞反。[史記：十餘曹循之。如淳曰：]曹，輩也，群也。[詩云：乃造其曹。傳曰：曹，群也。]

兩翅　古文翄、翍二形，同。施豉反。說文：翅，翼也。

磔手　古文厇，同。知格反。廣雅：磔，張也。磔，開也。通俗文：張申曰磔。又(說文)[四四]亦披，磔也。律文作搩，渠列反。字林：强暴也。又作傑，未詳何出。

填滿　古文寘，同。徒堅反。廣雅：填，塞也。

淹漬　在賜反。通俗文：水浸曰漬。說文：漬，漚也。

隄防　古文陒，同。都奚反。爾雅：隄謂之梁。李巡曰：隄，防障也。漢書：無隄之輿。韋昭曰：積土爲封限也。

所認　而振反。失物者而識之曰認。律文作訒、仞二形，非體也。

革屣　古文⿰革麗、⿰革徙、蹝三形，同。所倚、所解二反。聲類：屣，鞮屬也。

拼地　補耕反。今謂彈繩墨爲拼。［仲長统昌言「繩墨得拼彈」是〔四五〕］也。江南名抨，音普庚反。

晡時　補胡反。淮南子云：日行至于悲谷也。今曰加申時是也。

唾壺　户孤反。說文：圓器也。

觸嬈　奴了反。三蒼：嬈，弄也。說文：嬈，擾，戲弄也。

四分律　第四卷

羝羊　丁奚反。三蒼：羝，特羊也。廣雅：雄羊也。

典領　又作敟，同。丁繭反。廣雅〔四六〕：典，主也。

欶太　又作嗽，同。所角反。吮也。通俗文：含吸曰嗽。律文作嗽，俗字也。

老邁　或作邁，同。莫芥反。廣雅：邁，歸往也。說文：遠行也。［詩云：日月其邁。傳曰：邁，行也〔四七〕。］

老耄　古文毫、耄二形，今作耗，同。莫報反。禮記：八十曰耄。鄭玄曰：耄，惛忘也。左傳：老將智耄又及之〔四八〕。杜預曰：耄，亂也。

適生　說文：尸赤反。之也。謂始也，近也。

迸石　古文跰，或作逬，同。斑孟反。迸謂散走也。

自襞　并尺反。廣雅：襞，詘也。說文：韏衣也。詘音屈，韏音差〔四九〕阮反。

四疊　徒頰反。三蒼：疊，重也。又作褺。字林：重衣也。二形通用。律文作惵（牒）〔五〇〕，簡牒也。牒非字義。

疼痛　又作痋、胅二形，同。徒冬反。聲類作瘇。說文：痋，動痛也。［釋名：疼，痹也〔五一〕。］下里間音騰。

四分律　第五卷

漑灌　哥賚反。說文：漑，灌也。灌，注也。

摘花　都革反。蒼頡篇：以指摘取也。律文作擿。字林：他狄反。擿，除也。又呈亦反。投擿也，並非此義。

倡伎　齒楊反。說文：倡，樂也。蒼頡篇：倡，俳也。

［唱和　充向、胡臥反。禮記：一唱而三歎。鄭玄曰：唱，发歌句也。說文：唱，導也。詩云「唱予和汝」是也。］〔五二〕

俳說　皮皆反。說文：俳，戲也。［莊子：獻笑不及俳〔五三〕。］案俳者，樂人所爲戲笑以自怡悦也。律文作啡，匹愷反，唾也。啡非此義。

聚落　古文鄹、郰二形，同。才句反。［漢書：學官聚曰序，鄉曰庠。張晏曰〔五四〕：］邑，落名也。［韋昭曰〔五五〕：］小鄉曰聚。［史記「舜所居，一年成聚」是也〔五六〕。］廣雅：落，居也。謂人所聚居也。漢書「無燔聚落」是也。

趒躑　他吊、直彫二反，下遲亦反。韻集：趒，越也。今言趒躑是也。

四分律　第六卷

三衣僧伽梨　此音訛也，應云僧伽致，或云僧伽胝，譯云合成，或云重，謂割之合成又重作也。此一衣必割截成，餘二衣或割不割，若法密部、説諸有部等多則不割，若聖辯部、大衆部等則割。若不割者直安怗角及以鈎紐而已也。

鬱多羅僧　或云郁多囉僧伽，或云優多羅僧，或作漚多羅僧，亦梵言訛轉耳，此譯云上著衣也。著謂與身相合，言於常所服中最在其上，故以名也。或云覆左肩衣也。

安多會　或作安多衛，或作安多婆娑，或作安陀羅跋薩，此譯云中宿衣，謂近身住也。或云裏衣也。

更貿　又作貿，同。莫候反。三蒼：貿，换易也。爾雅：貿、賈、市，買也。郭璞曰：交易物爲貿。詩云「抱布貿絲」是也。

中曬　又作㬥。方言：曬，暴也，乾物也。郭璞音霜智反，北土行此音。又所隘反，江南行此音。

五穀　案禮記月令：天子春食麥。鄭玄曰：麥實有孚甲，屬木。夏食菽。菽，豆也。菽實孚甲堅全，屬水。季夏食稷。稷，五穀之長，屬土。土，中央。秋食麻，麻實有文理，屬金。冬食黍。黍秀舒散，屬火。皆順時而食之，以安其性也。

敞露　齒掌反。蒼頡篇：敞，高顯也。説文：平治高大[五七]，可遠望也。律文作閶，音昌。楚辭：天門也。亦西風名也。閶非此義。

儲積　直於反。三蒼：儲，備也。畜物以爲備曰儲。説文：儲，偫也。稸也，待也。偫音直里反。

綫拼　補莖反。字林：無文綺也。栟(拼)[五八]，彈也。律文作絣，字與迸同，百莖反。

徒跣　達胡反。[國語：悼公跣而出。韋昭曰：跣，徒跣也。]下千典、四(西)典二反[五九]。以脚踐土也。三蒼作⿰足叟，又作跅(跅)[六〇]，同。大各反。

爪扴　又作擖，同。工八反。説文：擖，刮也。

四分律　第七卷

嚴駕　古文挌(格)，同。加暇反。[三蒼：馬曰駕[六一]。]字林：馬在軛中曰駕。廣雅：駕，行也。駕，乘也。

擿解　他狄反。謂除也。挑，擿也。擿，剔也。

應怗(帖)[六二]　他頰反。通俗文：題賦曰怗(帖)。説文：怗(帖)，帛書署也。律文作㯰[六三]，徒頰反。方言：襌衣也。褋非此用。

暴繭　蒲穀反。説文：暴，晞乾也。繭，古文作絸，同。公殄反。蠶縈絲也。

以斤　居銀反。説文：斤，斫木也。國語：[惡金以鑄鉏夷斤斸。賈逵曰[六四]：]斤，钁也。釋名：斤，謹也。板廣不可得削，又有節，則用此斤之，所以詳謹令平滅斧跡也。[鉏，仕居反。斸，智録反[六五]。]律文作釿，魚斤反。蒼頡篇：釿，罰也。又音牛刎反。説文：釿，劑也。劑音子隨反。翦刀也。釿非此義。

細剉　且卧反。説文：折傷也。案剉，猶斫也。律文作挫，非也。

塗埵　都果反。字林：堅土也。

羺羊　奴溝反。埤蒼：䍶羺，胡羊也。通俗文：羊卷毛謂䍶羺。

䚥音女佳反。

擨[六六]鉢　叉覲反。擨亦親也。隱擨裏中也。

作褶　莫報反。頭衣也。

作袜　古文韤，或作襪、怽(怽)[六七]、妹三形，同。無發反。足衣也。[釋名：袜，末也。在脚末也[六八]。]

四分律　第八卷

分牻　亡江反[六九]。[考工記：公圭用牻。鄭玄曰：牻，雜也[七〇]。]説文：白黑雜毛牛也。今多作尨，犬多毛也。詩云「無使尨也吠」是也。

染擗　方麥反。説文：擗，撝也。撝，裂也。廣雅：擗，分也。

四分律　第九卷

懺悔　此言訛略也。書無懺字，應言叉磨，此云忍，謂容恕我罪也。半月叉磨，增長戒根。逋沙他，此云增長。戒名鉢羅帝提舍耶寐，此云我對説。謂相向説罪也。舊名布薩者，訛略也。譯爲浄住者，義翻也。

五綴　張衛反。説文：綴，合著也。綴，連也。

閾内　[古文閾，同[七一]。]許域反，又音域。爾雅：柣謂之閾。郭璞曰：門限也。[論語「不履閾」是也[七二]。]柣音千結反。

户扉　字書：一扉曰户，兩扉曰門。又在於堂室曰户，在於宅區域曰門。律文作開，未見所出。

作繀　蘇對反。方言：繀車，趙魏間謂之歷鹿。

槩上　渠月反。廣雅：槩，杙也。杙音以職反。

四分律　第十卷

震烈　離折反。説文：烈，火猛也。廣雅：烈，盛也。

巵中　之移反。説文：圜器也。一名觛。應劭注漢書云：巵受四升。律文作枝條之枝，非字義也。觛音徒亶反。

簜(簜)[七三]中　他朗反。説文：大筩也。以木若瓦爲之，短闊於桶。律文作襸(欓)[七四]，當朗反。廣雅：襸，茱萸也。襸非此用。

户向　許亮反。三蒼：向，北出牖也。亦窗也[七五]。

什物　時立反。什謂會數之名也，亦聚也，雜也，資生之物也。今人言家産器物猶云什物，物即器也。江南名什物，此土名五行。史記：舜作什器於壽丘。漢書「貧民賜田宅什物」是也。

打撲　匹木反。通俗文：連扙[七六]曰撲。

四分律　第十一卷

萎[七七]飤　説文：囚志反。糧也。廣雅：萎(餧)[七八]，飤也。蒼頡訓詁：飤，飽也。謂以食與人曰飤。萎(餧)音於僞反。律文作飼，俗字也。

摩抆　古文捪，同。亡粉反。[又字林云[七九]：]抆，拭也。律文或作抈。抈，摸也。

⿰貝爲金　古文貥，同。俱僞反[八〇]。廣雅：⿰貝爲，賭也。説文：⿰貝爲，貨也。

毁呰　子尔反。説文：呰，呵也。禮[記][八一]云：呰者，莫不知禮之所生。鄭玄曰：口毁曰呰。

禿瞎　今作瞎，同。呼鎋反。字書：一目合也。

皮韋　于非反。字林：柔皮也。

野干　案子虚賦云：騰遠射干。司馬彪、郭璞注並云：射干似狐而小，能緣木。射音夜，又作野。

甘膳　上扇反。説文：具食也。廣雅：膳，肉也。儀禮：膳，進也。鄭玄注周禮云：膳之言善也。今時美物亦曰珍膳。

偃卧　於嫁反。韻集曰：倚，偃也。今言偃息、却偃並是也。

謦欬　空頂、苦代二反。通俗文：利喉曰謦。字從言。［莊子「謦欬其間」是也。説文：欬，逆氣也。禮記：嘁噫嚏咳也〔八二〕。］律文作磬咳，音苦徑反，樂器名也。［世本：母句作磬，以石爲之。磬非字意〔八三〕。］下胡來反。［字與孩同〔八四〕。］嬰咳也。並非字體。

四分律　第十二卷

掘地　渠勿反。説文：掘，搰也。謂以物發地也。搰音胡没反。

钁斵　古文钃，同。竹角反。説文：斵，斫也。

掐傷　枯狹反。或作剳，同，枯洽反。通俗文：爪按曰掐。韻集：剳入也。江南有剳寶器，當作此〔八五〕。

竿蔗　音干。下又作柘，同。諸夜反。［廣志作竿蔗〔八六〕。］今蜀人謂之竿蔗。［上林賦曰諸柘。巴苴集注曰：諸柘，甘柘也〔八七〕。］甘蔗，通語耳。

自炒　古文鬻、焣、煼、𤎩四形，今作䰈。崔寔四民月令作炒，古文奇字作𪸩〔八八〕，同。初狡反。方言：敖（熬）、〔八九〕焣、煎、㷅，火乾也。説文：熬也。

黑縹　匹眇反。釋名云：淺青色也。有天縹、骨縹，各以其色言之也。

毳紵　或作苧，同。直吕反。説文：檾屬，細者爲絟布，白而細曰紵。亦草名也。絟音七泉反，細葛布也。檾者苦迥反。

何與　余據反。會、及、暨，皆與也。［左傳「公必與焉」是也。本文作豫〔九〇〕。］

覆苫　舒鹽反。爾雅：白蓋謂之苫。李巡曰：編菅以覆屋曰苫。一音舒焰反。苫亦覆也。

憒丙　公對反，下尼孝反。説文：憒，亂也。韻集：丙，猥也。猥，衆也。律文作閙，俗字也。

百臘　力盍反。案風俗通曰：［夏曰嘉平，殷曰清祀，周曰大蜡〔九一〕，］漢曰臘。臘，獵也。獵取禽獸祭先祖也。此歲終祭神之名也。經中言臘佛者即此義也。或曰臘者接也，新故交接也。諸經律中亦名歲，如新歲經等也。爾雅注云：一終名歲，又取歲星行一次也。夏曰歲，商曰祀，周曰年，唐虞曰載，皆據一終爲名。今比丘或言臘，或云夏，或言雨，同其事也。案天竺多雨，名雨安居，從五月十五日至八月十五日也。［土火羅諸國至十二月安居。今言臘諸（者）亦近是也〔九二〕。］此方言夏安居，從四月十五日至七月十五日，各就其事制名也。［蜡音仕嫁反〔九三〕。］

四分律　第十三卷

相遺　余季反。廣雅：遺，與也。謂以玩好物與人曰贈遺也。

熨治　或作尉，同。於謂反。説文：從上安下也。亦所以熨申繒也。

田殖　時力反。蒼頡篇：殖，種也。廣雅：殖，積也。

撩理　力條反。通俗文：理亂謂之撩理。[又説文云：撩，理之也[九四]。]謂撩捋整理也。今多作料量之料字也。捋音力活反。

四分律　第十四卷

斟酌　古文斟，同。之任反。説文：斟，勺也。國語：王斟酌焉。賈逵曰：斟猶取也。酌，行也。廣雅：斟、酌，益也。律文作斟，未見。

跟劈　古文䟜、𨂠二形。字林：匹狄反，破也。關中行此音。説文音隱披厄反。江南通行二音。

賫賈　公户反。周禮：九職，六曰賫賈。鄭玄云：行曰賫，處曰賈。白虎通曰：賈者，固也。言固物以待民來求其利也。今皆作商。

貪餮　又作飸，同。他結反。説文：貪也。舊律本多作饕餮，他勞反。案左傳：縉雲氏有不才子，貪於飲食，冒于貨賄，斂積不知紀極，人民謂之饕餮。杜預曰：貪財曰饕，貪食曰餮。

哯出　古文哯，同。下殄反。説文：不歐而吐也。今謂小兒吐乳爲哯。

鉢盂　補沫反。鉢多羅，又云波多羅，此云薄，謂治厚物令薄而作此器也。鉢亦近字。下羽俱反。説文：飯器也。律文作釪，古文鏵字，音胡瓜反，犂鏵也。鏵非此用。

孔罅　古文墑、壉二形，同。呼亞反。説文：罅，裂也，坼也。

四分律　第十五卷

賦與　方句反。廣雅[九五]：賦，布也。平均也。爾雅：賦，斑(班)[九六]也。[李巡曰[九七]：]斑(班)[九八]，遍布與也。[廣雅：平均，賦也。莊子：狙公賦柔[九九]。謂分賦與之也[一〇〇]。]律文作傅，師傅也。[涂傅也。]又作付，付囑也。並非此義。

餅黏　女廉反。説文：黏，相著也。三蒼：黏，合也。

甘饌　説文䭎，或作饌，同。仕眷反。具食也。[論語：有飲食，先生饌。馬融曰[一〇一]：]饌，飲食也。

脱過　吐活、吐外二反。廣雅：脱，可也。爾也，謂不定之辭也。

湏銚　古文鐎，同。余招反。廣雅：鋗謂之銚。説文：温器也。銚似鬲，上有鐶，山東行此音。又徒吊反，江南行此音。鋗形似鎗而無脚，上加踞龍爲欅也。鋗，呼玄反。鬲音歷。

毛氀　字林：力于反。粗屬也。通俗文：毛布曰氀。又所俱反。氍，氀也。音瞿。

四分律　[第十六卷[一〇二]]

辮髮　三蒼亦編字，同。平典反。説文：辮，交織也。

蕤汁　汝誰反。爾雅：棫，白桵。郭璞曰：小木，叢生，有刺，實紫赤，可食。本草作蕤，今桵核是也。字從生豕聲。棫音域。

嬉戲　虚之反。説文：僖，樂也。蒼頡篇：嬉，戲笑也。

澆灒　子旦反。説文：汙灑也。江南言灒，山東言湔。音子見反。通俗文：傍沾曰湔也。

若簰(簰)[一〇三]　又作箄，同。父佳反。廣雅云：箄、游，筏也。今編竹木以水運爲簰，秦人名筏，江南名簰。游音敷。

掉臂　徒吊反。廣雅：掉，動也。説文：掉，摇也。

皰沸　淮南子作靤〔一〇四〕，同。彭孝反。説文：面生熱氣也。通俗文：體蚌沸曰癀沮。音扶分、才與反。江南呼沸子，山東名癀沮。律文作疱、皰二形，未見所出。

掃麩　音翼，麥糠也。唯晉陽秋有人姓姚，名麩，作此字，諸書所無。

彷徉　字林音房。下余章反〔一〇五〕。廣雅：彷徉，徙倚也。〔楚辭「聊彷徉以逍遥」是也〔一〇六〕。〕案彷徉，猶俳佪也。

櫨楝　禄都反。説文：欂櫨，柱上枅也。三蒼：柱上方木曰枅。一名楷（楷）〔一〇七〕。山東、江南皆曰枅，自陝以西曰楷（楷）。釋名云：櫨在屋端都盧，負屋之重也。下都弄反。説文：楝，屋極也。周易「上楝下宇」是也。今山東呼楝爲檼，音一靳反。釋名云：楝，中也。居屋之中也。〔檼，隱也，以隱桷也〔一〇八〕。〕欂音蒲麥反。

不禁　急林、居熓二反。案禁猶制也。

四分律　第十八卷

口噤　古文唫，同。渠飲反。〔楚辭：口噤而不言。王逸曰〔一〇九〕：〕閉口爲噤。

挃者　猪栗反。廣雅：挃，刺也。謂以指觸人也。

手搏　補各反。搏猶拊拍也。廣雅：搏，擊也。釋名云：四指廣搏以擊之也。

罰讁　扶發反。説文：罪之小者曰罰。廣雅：罰，折伏也。字從刀從詈。讁，説文：都革反。罰也。字林：過責也。方言：讁，罪過也。通俗文：罰罪者曰讁。律文作僪，非也。

四分律　第十九卷

褚（褚）〔一一〇〕繩　古文衬，同。竹與反。謂以綿裝衣也。〔今作楮，同〔一一一〕。〕

支肩　今作楮，同。音枝，支猶薦也。

貧匱　渠愧反。禮記：即財不匱。鄭玄曰：匱，乏也。詩云：孝子不匱。傳曰：匱，竭也。

剠刮　口孤反。謂空其中也。方言：剠，㓉也。〔説文：剠，判也〔一一二〕。〕音他歷反。

鏢鑽　匹燒反。説文：刀削末銅也。釋名云：矛下頭曰鐏。音在困反，江南名也。關中謂之鑽，音子亂反。律文作鏆鑹，非體也。

抉扭　居穴反。左傳：金寒抉離。杜預曰：抉如環而抉不相連也。扭或作鈕，女九反。廣雅：印扭謂之鼻。今像此也。

作匕　卑以反。通俗文：匕或謂之匙。説文：所以取飯也。〔一名柶，音四〔一一三〕。〕

衣鍤　音滑，擴礙也。未詳字出。案通俗文：堅硬不消曰磯砎。音莫八、胡八反。今山東謂骨綰細者爲磯砎（砎）子，蓋取此爲〔一一四〕，綰音烏板反。

藥篦　必奚反。〔小學篇云：篦，刷也〔一一五〕。〕今眉篦、插頭篦皆作此。

奄地　又作弇、揜、掩三形，同。淹儼反。廣雅：弇，覆也。

細褔　之涉反。廣雅：褔，襞也。〔埤蒼：韏衣也〔一一六〕。〕今言褔疊是也。通俗文：便縫曰褔。今裙褔亦宜作此。褔音輒。〔韏音丘院反〔一一七〕。〕

脚腨　又作蹲，同。時兖反。字林：腨，腓腸也。

脅肋　力得反。説文：脅骨也。字從肉。律文作勒。説文：馬頭絡銜者。勒非今用。

四分律　第二十卷

屃(尻)〔二一八〕不　苦高反。説文：屃(尻)〔二一九〕，脽也。三蒼：屃(尻)，髖也。脽音誰。

脏肘　區放反。擴(横)〔二二〇〕舉肘也。未詳字出，此應俗語。禮記〔二二一〕云「並坐不擴(横)肱」是也。律文或作軀、伛二形，並未詳。

戾身　力計反。字林：戾，曲也。字從犬出户而身曲戾也。

趁行　又作趨，同。且臾反。〔説文：趨，走也。論語：子見冕衣裳者過之必趨。包咸曰：趨，疾行也〔二二二〕。〕釋名云：疾行曰趁，疾趁曰走。禮記：惟(帷)〔二二三〕薄之外不趁。鄭玄曰：行而張足曰趁，堂上不趁爲其近也。爾雅「堂下謂之趁」是也。

挑取　他堯反。聲類：挑，抉也。謂以手抉取物也。抉音於穴反。

蕍葉　如捶反。廣雅：蕍，華也。謂華鬚頭點是也。

四分律　第二十一卷

椑桃　音卑，似柿。南土有青黄兩種，荆州謂之烏椑。

噏飯　古文歙、噏二形，今作吸，同。許及反。廣雅：吸，飲也。〔謂氣息入之也〔二二四〕。〕

䑛飯　又作舓，同。食尔反。謂以舌取食也。

木屐　又作跂，同。渠逆反，下律文有革屐、欽婆羅屐等。説文：屐，屩也。釋名：帛屐，以帛爲之。然則屐、屩古時同類也。漢書「袁盎屐行七十里」是也。三蒼：木屩也。孔叢曰：孔穿曳長裾，振方屐，見平原君。此似木屐也。異苑云：介子推抱樹燒死，晋文公伐以制屐也。屩音居虐反。

持鉾　古文戟、鉾(釪)〔二二五〕二形，今作矛，同。莫侯反。説文：酋矛，長二丈，建於兵車也。酋，自由反。

四分律　第二十五卷

若揃　古文劗、鬋、翦三形，同。姊踐反。字林：揃，搣也。亦斷也。

挽出　古文輓，同。無遠反。説文：引車。〔左傳「或輓之或推之」是〔二二六〕〕也。

結縷　〔上林賦：布結縷，攢戾莎〔二二七〕。〕爾雅：傅，擴(横)〔二二八〕目。孫炎云：三輔曰結縷，今關西饒之，俗名句屢草也。律文作茄蔞。案茄，説文加、歌二音。爾雅：荷，芙渠。其莖茄。此則於義無施。蔞字未詳所出，一本作茄蘆，音力胡反。爾雅：葭蘆。郭璞曰：即葦也。蘆當誤耳。

汪水　烏黄反。〔左傳：尸諸周氏之汪。杜預曰〔二二九〕：〕汪，池〔水〕〔二三〇〕也。通俗文：停水曰汪也。〔説文：汪，深廣也〔二三一〕。〕

四分律　第二十六卷

祝禮　説文作詶，之授反。詛也。古文禮，今作詛，同。側據反。

釋名云：祝，屬也。以善惡之辭相屬著也。詛，阻也，謂使人行事阻限於言也。

泛長　古文汜，同。敷劍反。說文：泛，浮也。廣雅：泛，普也。律文作汎，古文渢，同，扶弓反，亦浮也。

摸法　或作摹，同。莫奴反。聲類：摸，法也。謂掩取象也。

四分律　第二十七卷

舂磨　字林作礲，同。亡佐反。郭璞注方言云：磑即磨也。世本：輸斑（班）〔一三二〕作磑。北土名也，江南呼磨。

紡績　古文勣，同。子狄反。字林：績，緝也。

蚩笑　古文蚩，同。尺移反。廣雅：蚩，輕也。謂相輕笑也。

乳哺　蒲路反。哺，含食也。〔淮南子云：含哺而與。許叔重曰〔一三三〕：〕嚼食也。律文作餔，補故反。〔三蒼云：夕食也。謂〔一三四〕〕申時食也。〔餔非字義〔一三五〕。〕

四分律　第二十八卷

厭禱　於冉反。字苑云：眠內不祥也。〔論衡曰：臥厭不悟者也〔一三六〕。〕山東音於葉反。字從厂，音呼旱反。禱，都導反。〔論語：子路請禱。包咸曰〔一三七〕：〕禱，請也，請於鬼神也。廣雅：禱，謝也。說文：告事求福爲禱也。

不案　於旦反。〔禮記云：案芻豢膽肥瘠〔一三八〕。〕案亦瞻視也。〔又漢書云：案揄〔一三九〕中舊塞。如淳曰：案〔一四〇〕，〕察行也。或曰：案，尋也。〔豢音患也〔一四一〕。〕

四分律　第二十九卷

袴髁　口化反。三蒼：凥（尻）〔一四二〕骨也。字林：髂也。腰骨也。口亞反。今以骻爲髁。律文作胯，口故反，股也。又作跨，字林：跨，踞也。二形並非此義。

隈處　於回反。說文：一凷反。水曲隩也。〔左傳：秦人過析隈。杜預曰〔一四三〕：〕隈，隱蔽之處也。又作㡳，烏輩反。字林：㡳，翳也。通俗文：奧內曰㡳。今言㡳地、㡳處並是也。

作屧　古文屟，今作𤗚，同。思頰反。說文：履之薦也。本音他頰反。〔東宮舊事曰：絳地文履屧自副〔一四四〕。〕今江南女婦猶著屧子，製如芒屧而卑下也。

四分律　第三十一卷

顧眄　亡見反。說文：邪視也。方言：自關而西秦晉之間曰眄。

四徼　古吊反。四門巷也。即曆中四激白（徼日）〔一四五〕是其事也。

角力　古文斠，同。古卓反。廣雅：角，量也。說文：斠，平斗斛也。

𣯶毹　又作毭毹二形，字苑作氍毹，同。强朱、雙朱反。聲類云：毛席也。釋名作裘溲。通俗文：織毛蓐曰𣯶毹，細者謂之毾㲪。

凸髖　徒結反。抱朴子曰：凸，起也。下又作臗，同。苦丸、苦昆二反。說文：髀上也。廣雅：臗，豚也。埤蒼：臗，尻也。

律文作脛，非也。

芬馥　扶福反。字林：馥，香氣也。

書讖　楚蔭反。三蒼：讖，秘密書也。出河洛［記］〔一四六〕。説文：讖，驗也。謂占後有效驗也。

四分律　第三十二卷

泠而　歷經反。［楚辭：下〔一四七〕］泠然［而來風。又王逸曰：泠泠〔一四八〕，］清涼皃也。［淮南子：受教一言清神泠〔一四九〕。許叔重曰〔一五〇〕：］泠然亦解悟之意。

荷枕　古文抲，同。胡我反。又音何。［穀梁傳曰〔一五一〕：］何，負也。説文：何，儋也。［今皆作荷也〔一五二〕。］

鼾睡　下旦反。説文：卧息聲也。字苑呼干反，江南行此音。律文作吁、嗅、鼾三形，非也。

齘齒　下介反。説文：齒相切也。三蒼：鳴齒也。律文作嗐，未詳字出。

寱語　音藝。説文：寱，眠言也。聲類：不覺妄言也。舊律本多作㦣、讏二形。三蒼：于劌反。謊言也。又音牛例反。廣雅：㦣，寱也。謊音呼光反。

撿髪　居儼反。廣雅：撿，甲也。［如鱗介之甲也。亦〔一五三〕］括也。括，束也，繫也。

訕若　所姦反。依字，訕，謗也。

四分律　第三十三卷

潦水　音老，謂聚雨水爲污潦水也。

漱口　所霤反。説文：漱，盪口也。禮記「鷄初鳴，咸盥漱」是也。

十(斗)〔一五四〕擻　又作藪，同。蘇走反。郭璞注方言曰：斗擻，舉也。難字曰：斗擻，鏧鑿也。江南言斗擻，北人言鏧鑿。音都穀反，下蘇穀反。律文作抖捒二形。抖與拯字同。下捒，音戍，縛捒也。又作抖（枓）〔一五五〕，之庾反，［勺］〔一五六〕抖(枓)〔一五七〕也。捒，山厄反。捒(悚)〔一五八〕，木名也。並非字義。

茹菜　攘舉、攘慮二反〔一五九〕。廣雅：茹，食也。

撓令　火刀反。字林：撓，擾也。漢書「留犂撓酒」是也。

串(䒷)〔一六〇〕户　通俗文作串(䒷)，門串(䒷)也。蒼頡篇作撣〔一六一〕，音簞，持也。［王彪闗中賦云「外户不撣」是也〔一六二〕。］

䦎牡　亡後反。説文：插闗下牡也。案爲牡，牡所以封固闗，令不可開也。

四分律　第三十四卷

輕躁　又作趮，同。子到反。［國語：驕躁淫暴。賈逵曰〔一六三〕：］躁，擾也，亦動也。釋名：躁，燥也。如物燥則飛揚也。

迫難　古文敀，同。補格反。廣雅：迫，陜也。急皃也。案迫，猶逼也。

遲其　或作迟，籀文作遟(遅)〔一六四〕，同。除致反。案迟，待也。漢書「遲待天明」是也。又除梨反。遲，晩也。

四分律　第三十五卷

犍黄　又作犍、劇二形，同。居言反。字書：犍，害〔一六五〕也。通俗文：以刀去陰曰犍。

租賦　古文賦[一六六]，同。方務反。説文：賦，斂也。廣雅：賦，稅也。爾雅：賦，量也。郭璞曰：賦税所以平量也。方言：賦，動也。賦税所以擾動也。

痶瘓　㪍顯、㪍管反。言髮病也。

瘊病　相承呼溝反。未詳何證。律文多作癰，於恭反。説文：癰，腫也。

睞眼　力代反。説文：目瞳子不正也。蒼頡篇：内視也。

瞷眼　古文瞯，同。胡間反。説文：戴眼也。蒼頡篇：目病也。爾雅：馬一眼白曰瞯。

疥𤺊　又作瘙，同。桑到反。廣雅：𤺊，瘡也。通俗文：皮起曰𤺊。

淡陰　徒甘反。謂胸上液也。醫方多作淡飲。

逼切　千結反。廣雅：切，近也。亦切，急也。切，迫也。

揵椎　梵言臂吒揵稚。臂吒，此云打。揵稚，所打之木，或檀，或桐，此無正翻，彼無鍾磬故也。舊經多作揵遲，此亦梵言訛轉也。宜作稚。稚音直致反。但稚、椎字形相濫，故誤也。

四分律　第三十七卷

若滕　始孕反。説文：持機（機）[一六七]經者也。三蒼：經所居機（機）滕也。

毾㲪　他盍反。廣雅蒼頡云：毾㲪，毛有文章也。釋名云：施之大牀前小榻上所以登上牀。因以爲名焉。

四分律　第三十八卷

皮革　古文革、悈、諽三形，同。古核反。説文：獸去毛曰革。革，更也。獸皮治去毛，變更之，故以爲皮革字也。革者，更也。字從三十從口，口爲國邑也。國三十年而法更别。取别異之意也。口音韋。

不串　説文作遺，又作摜，詰幻反[一六八]。又作慣，同。公患反。串，習也。

四分律　第三十九卷

湏剗　古文鏟，同。初簡反。説文：鏟，平鐵也。今方刃施柄者也。

漫跟　莫干反。此假借也。字體作鞔。跟或作𨀚，古恩反。説文：跟，足踵也。

斑豆　江南有此豆也。角長，熟乃斑也。

户樞　齒榆反。爾雅：樞謂之椳。郭璞曰：門扉樞也。廣雅：樞，本也。椳音王（五）[一六九]迴反。

皮連　古文聯，同。力錢反。廣雅：連，續也。亦連，合也。律文作縺，力煎反。字林：縺不解也。

蓭鞮　疑爲鞁鞮。字苑：素合、都奚反。［急就篇：鞁鞮印角也[一七〇]。］今江南謂靴無頸者爲鞁。廣雅：鞮，履也。［又説文云[一七一]：］鞮，革履也。

四分律　第四十卷

患嚏　又作𪖐，同。丁計反。蒼頡篇：噴鼻也。詩云：願言即嚏。箋云：汝思我心如是，我即嚏。今俗嚏云人道我，此亦古遺語耳。

賓坵　直飢反。或作邠坻。邠音府旻反。案梵本云阿那他賓荼揭利呵跛底，此云給孤獨長者。

門閫　又作梱，同。苦本反。説文：梱，門橜也。三蒼〔一七二〕：梱，門限也。

䬴餬　音提胡。通俗文：酪酥謂之䬴餬。律文作醍，音體。字書：醍，酒也。〔周禮：四曰醍齊。鄭玄曰：醍者成而紅赤，如今下酒也。釋名云：醍齊，色赤如緹也。禮運「醍酒在堂」是也。醍，經史所無，未詳何出。近世梁時處士阮孝緒作文字集略有醍醐二字，此書甚淺俗，音體并無所據也〔一七三〕。〕醐，尋撿所無，此應近作耳。

紺色　古憾反。説文：帛染青而揚赤色也。釋名云：紺，含也。謂青而含赤色也。

逼斥　鴟亦反。三蒼：斥，推也。漢書：乘輿斥車馬。音義曰：斥，不用也。案斥，猶疏遠也，亦指斥也。

寺廟　風俗通曰：寺，司也。廷之有法度者也。諸侯所止皆曰寺。廣雅：寺，治也。三蒼：寺，官舍也。字體從寸從㞢聲。釋名云：寺，嗣也。治事者相嗣續於其中也。〔廟又作庿。爾雅：室有東西廂曰廟〔一七四〕。〕韓詩：鬼神所居曰廟。白虎通曰：廟者，皃也。先祖之尊皃也。今取其義。㞢古文之字。

著褶　時入反。謂大袖衣也。禮記：君爲褶衣。鄭玄曰：褶，袷也。釋名：褶，襲也。言覆上之名也。袷音工洽反。

行縢　徒登反。禮記注云：幅，行縢也。江南厮役者有此物，亦謂之行纏。釋名云：言以裹脚可跳騰輕便也。

〔肩抲　今作何。胡可反。小爾雅云：抲，揭，擔也。穀梁傳：何，負也。廣雅：何，任也。〕〔一七五〕

犛牛　説文音茅，西南夷長髦牛也。今隴西出此牛也。髦音毛。

四分律　第四十一卷

車輿　與諸、與庶二反。説文：車輿也。亦總稱車曰輿。一曰車無輪曰輿。律文作舉，對舉也。

落發　甫越反。發猶放也，去也。説文：射，發也。詩云「發彼有的」是也。

中的　知仲反，下的又作弔。説文作旳，明也，同。都歷反。射質也，謂的然明見也。今射堋中珠子是也。

射鞚　口弄反。難字曰：鞚，馬鞚也。

貯器　張呂反。説文：貯，積也。所以盛貯者也。〔左傳：取我衣冠而貯之。杜預曰〔一七六〕：〕貯，蓄也，謂蓄藏之也。

結毦　字林：而容反。毛罽也。律文作緝，字書亦䩸字，音而用反。鞍毳飾也。

作幰　虛偃反。蒼頡篇云：布帛張車上爲幰〔一七七〕。

四分律　第四十二卷

床米　字體作糜，亡皮反。吕氏春秋曰：飯之美者有陽山之穄。

堅韌　高誘曰：關西謂之床，冀州謂之𥝩。律文有作秫字，音述。今作肕，同。而振反。通俗文：柔堅曰肕。［管子曰「筋肕而骨强」是也〔一七八〕。］

若癬　又作𤸽，同。先善反。說文：乾瘍也。今有乾濕兩種也。［釋名：癬，徙也。侵淫移處日廣之也，故青徐人謂癬爲徙也〔一七九〕。］

若瘑　又作𤺋，同。古和反。韻集曰：瘡病也。春發者謂之燕瘑，秋發者爲雁瘑。

鹵鹽　力古反。［說文：鹵，西方鹹地也〔一八〇〕。］天生曰鹵，人生曰鹽。古者宿沙初煮鹽。

涎沫　又作次、㳄、涰、唌四形，同。似延反。［案江賦：「濆浪飛㳄。」時有本作涎。說文作次，或作㳄、㳂二形〔一八一〕。］慕欲口液也。［賈誼新書：垂㳄相告。束晳餅賦曰：行人失唌於下風。郭璞注爾雅云：唌，沫也。并作延〔一八二〕。］

鼠攂(櫑)〔一八三〕　胡黤反。說文：攂(櫑)，櫳也。櫳，牢也。一曰圈也。

蚰蜒　或作蝣蚿二形，同。由延二音。說文亦名入耳。北燕曰蚰蜒，音女六、女胝反。

鈹刀　匹皮反。說文：大鍼也。醫家用以破癰也。

胞胎　補茅反。說文：胞，兒生裹也。［漢書：同胞之徒。如淳曰：同胞，親兄弟也〔一八四〕。］

於尒　今作爾，同。而是反。詩云：百爾君子。箋云：尒，汝也。或作你，奴履反，你我也。

泔汁　音甘。說文：泔，潘也。謂淅米汁也。江北名泔，江南名潘。音翻。

盪滌　古文潒〔一八五〕，同。徒朗、徒的反。通俗文：澡器謂之盪滌。

得尊　字書作樽。說文：酒器也。尊(廾)〔一八六〕以奉之。律文作罇，音在困反。矛戟下銅罇也。罇非此義。

四分律　第四十三卷

剫皮　音皮。廣雅：剫，剥也。［又力皮反〔一八七〕。］

循勺　囚倫反。循，行也。謂流下也。

揵茨　毗尼母經譯言中鐵鉢也。或作建鎡，亦是梵言輕重耳。律文作銘𡇴，非也。

臽孔　音陷。說文：小阱也。廣雅：臽，坑也。

蔆芰　又作茤，同。渠智反。說文：芰，蔆也。律文作萕，非也。

麨𣪊　又作匳，小學篇作攃，同。力沾反。韻集曰：𣪊所以斂物也。說文：𣪊，鏡𣪊也。今江南亦有粉匳、碁匳也。

激發　經歷反。［莊子：污者激。司馬彪曰〔一八八〕：］流急曰激。［楚辭：我清激而無所通。王逸曰〔一八九〕：］激，感也。

輾治　又作報。莊子「車輪不跡地」作跡，同。女展反。說文：輾，轢也。

怨仇　古文逑，同。渠牛反。三蒼〔一九〇〕：怨耦曰仇。爾雅：仇、讎，匹也。［孫炎曰：仇，相求匹也〔一九一〕。］

微服　字林：微，隱行也。爾雅：匿、竄，微也。郭璞曰：謂逃竄也。字體從彳，微妙之微從人。

四分律　第四十六卷

噫自　乙戒反。說文：飽出息也。禮記「不敢噦噫」是也。

駏驉　臣(巨)[一九二]虛二音。似騾而小，牛父馬子也。

嫌隙　古文𡭴，同。丘逆反。[國語：上下無隙。賈逵曰：]隙，舋也。說文：隙，壁際孔也。

寶渚　之與反。爾雅：小洲曰渚。李巡曰：四方有水，獨高可處，故曰渚。

曼[一九三]今　莫槃反[一九四]。高昌謂聞爲曼，此應是也。律文有作聞，勿雲反。說文：聞，知聲也[一九五]。

四分律　第四十八卷

衹衼　字苑巨兒、之移反。法服也。或作竭支，或言僧迦支，又作僧迦鵄，梵言訛轉也。正言僧脚崎，此云覆腋衣也。或言瞿修羅，此云圓也。像其衣形立二名也。此二衣西國亦著，但非浄耳。

蠱道　公户反。聲類：弋者反。說文：蠱，腹中虫也。謂行虫毒。字從蟲在皿字意也。

四分律　第四十九卷

令卷　奇員反。詩云：有卷者阿。傳曰：卷，曲也。

詭語　俱毁反。謂變詐也。三蒼：詭，譎也。廣雅：詭，欺也。

䟽向　山於反。䟽，通也。說文作㽞(𤴓)[一九六]。㽞，窗也。字從疋。疋，足也，從曲(囪)[一九七]象其形也。門户窗牖(牖)[一九八]皆所以引通諸物，故從疋。疋取通行意也。疋，山與反。

捉脛　古文踁，同。下定反。字林：脚胻也。釋名云：脛，莖也。[直而長似物莖也[一九九]。]

窳惰　余乳反。爾雅：窳，勞也。郭璞曰：勞苦者多惰窳也。[承慶云[二〇〇]：]言懶人不能自起，如瓜瓠在地不能自立，故字從瓜。又懶人恒在室中，故從穴也。

警心　古文憼、儆二形，同。居影反。謂戒慎也。警，戒也。廣雅：警，不安也。律文作景，大也，光明也。景非此音。

達嚫　又覲反。經中或作大櫬，梵言訛也。案尊婆須蜜論亦作檀櫬，此云財施，解言報施之法名曰達櫬。導引福地亦名達櫬。[復次割意所愛，成彼施度，於今所益義是達櫬[二〇一]。]又西域記云：達櫬拏者，右也。或言馱器尼。以用右手受人所施爲其生福，故從之立名也。經中言福田者是也。[華嚴經中功德達親即其義也[二〇二]。]律文從口作嚫，近字也。

媟嬻　古文絬、媟、㰰、渫四形，今作褻，同。先結反，謂鄙媟也。[說文：媟，黷也[二〇三]。]方言：媟，狎也。郭璞曰：相親狎也。[尚書：咸造忽媟[二〇四]。孔安國曰[二〇五]：]媟，慢也，傷也。下古文遺、嬻二形，今作黷，同。徒木反。通俗文：相狎習謂之媟嬻。

茜草　古文蒨、茜二形，今作蒨，同。千見反。說文：茅蒐也。血所生，故蒐字從鬼。案茜可以染絳也。

不耐　奴代反。三蒼：耐，忍也。字本從刀[二〇六]，杜林改從寸。

禁滿　温器名也。尋撿文字所無，未詳何出。此應外國語耳。或鍂鏻[二〇七]訛也。鍂音古盍反。鏻音莫朗反。

湏鑯　七廉反。說文：鑯，貫也。鋭也。[通俗文：記曰鑯也[二〇八]。]

四分律　第五十卷

縫縿　於近反。縿衣也。通俗文：合袂曰縿。

作著　古文竽，同。直慮反。廣雅：筴謂之箸。律文作櫡、鐯二形，同。知略反。爾雅：斫謂之櫡。櫡，钁也。櫡非字義。筴音古俠反。

蝙蝠　方眠、方目反。方言：蝙蝠，服翼、蟙蠌、靈鼠，四者一物，方別名也。崔豹古今注云：蝙蝠，一名仙鼠，一名飛鼠，五百歲，色白，腦重，集物則頭垂，故謂之倒掛蝙蝠。食之神仙。蟙音織，蠌音墨。

櫺子　力丁反。說文：窗楯閒子也。今言「窗櫺」、「車櫺」是也。律文作螃蝮，非也。

撗(橫)[二〇九]　橛　字林：渠例反。木釘也。廣雅：[栓][二一〇]、橛，釘也。江南或謂之橛。[栓音所還反[二一一]。]律文作揭(楬)[二一二]。說文：巨列反。揭(楬)豬杙也[二一三]。[周禮云：楬而書之也[二一四]。]

作棬　去權反。鄭玄注禮云：屈木爲之謂之棬。律文作榜，非體也。

⿱宀喬客　奇驕反。字林：⿱宀喬，寄也。廣雅：⿱宀喬，客也。律文作僑。說文：僑，高也。廣雅：僑，才也。僑非此義。

鵽鳥　竹刮反。爾雅：鵽鳩，冠(寇)[二一五]雉。郭璞曰：大如鴿，似雌雉，鼠脚岐尾，爲鳥憨急，群飛，出北方沙漠，[肉美[二一六]。]俗名突厥雀，生蒿萊之間。[形大如鶉。憨音呼濫反[二一七]。]

汲水　金及反。說文：汲，引水也。廣雅：汲，取也。

撑(欅)[二一八]　槔　音結高。通俗文：撥(機)[二一九]汲謂之撑(欅)槔。[墨子曰「剛木爲欅槔」是也[二二〇]。]

闌格　羹額反。蒼頡篇：格，椸架也。椸音移。

鐴取　九万反。說文：抒漏也。鐴，舀也。舀音弋少反。

四分律　第五十一卷

作把　補駕反。謂刀把也。正音補雅反。說文：把，握也。亦把，持也。單手爲把。

刀鞘　小爾雅作鞘，諸書作削，同。思誚反。說文：削，刀鞞也。方言：劍削，關東謂之削，關西謂之鞞。音餅。[陈思王寶刀賦云「豐光溢削」是也[二二一]。]江南音嘯，中國音笑。

鞔著　莫干反。蒼頡篇：鞔，覆也。今謂覆蓋爲鞔。周禮「棧車無革鞔」是也。律文作縵、漫二形，假借也。

撚髭　乃殄反。通俗文：手捏曰撚。[方言：撚，續也[二二二]。]兩指索之也。[相接續也[二二三]。]聲類：撚，緊也。律文作捏，乃結反。字林：捏，捺也。

令翹　巨遙反。廣雅：翹，舉也。

眼瞼　居儼反。字略云：謂目外皮也。

耳璫　都堂反。釋名云：穿耳施珠曰璫。

綜練　子送反。說文：機縷。持絲交者也。[太玄經云：乃綜於名。宋忠曰：所以紀綜之也[二二四]。]綜，習也。

四分律　第五十二卷

椎鉆　巨廉反。[說文：鑯鋷也[二二五]。]通俗文：鍛具曰鉆。律文作鉗，以鐵有所束也，亦頸鉗也。[鋷音女輒反[二二六]。]

橐囊　埤蒼作韝，[又作柭〔二二七〕，]同。蒲戒反。[王弼注老子云：橐，橐，囊也〔二二八〕。]東觀漢記：因水爲排。音義曰：鍛家排也。

鏇器　似絹反。說文：鏇，圓鑪也。難字作擐，謂以繩轉軸裁木爲器也。

棚閣　蒲萌反。三蒼：棧閣也。通俗文：連閣曰棚。

挾鉢　胡頰反。說文：挾，持也。爾雅：挾，藏也。亦懷挾也。

相振　說文作桭，柱也。音隱紂庚反。字統作振，丈庚反。振，觸也。又嫽敞，敞觸，亦作敞，音丈衡反。律文作棠，徒當反。三蒼：杜梨也。棠非字義。[宜作堂〔二二九〕。]

作桄　古文橫、擴(橫)〔二三〇〕二形，同。音光。聲類作輄，車下擴(橫)木也。今車牀及梯(梯)〔二三一〕轝下擴(橫)木皆曰桄是也。

若籃　祖含反。綴也，細竹也。通俗文：綴衣曰籃。

指揞　古文韽，同。徒荅反。說文：[指揞也，一曰〔二三二〕]韋揞也。今之射韽是也。

赭土　之也反。三蒼：赭，赤土也。

白墠　字林音善。[墠，土名也〔二三三〕。]即白土也，亦名堊。案吳普本草云「白堊，一名白墡」是也。

橫郭　胡觥反。說文：闌木也。律文作宏，胡萌反，大也，屋深向也〔二三四〕。宏非此義。郭，恢郭也，在外廓落之稱也。

若撈(橯)〔二三五〕　借音力導反。關中名磨，山東名撈，編棘爲之以平塊也。

飼食　又作飤，毛詩傳作飼，同。敕之反。爾雅：牛曰齝。郭璞云：食已復出嚼之也。韻集音式之反，今陝以西皆言詩也。

雜糅　古文飷、粗二形，同。拏救反。廣雅：飷，雜也。說文：粗，雜飯也。[儀禮：以白羽與朱羽糅。鄭玄：糅，雜也〔二三六〕。]

作鍣　他市反。說文：以金銀有所覆冒也。

毛毦　字林：先要反。毛皃也。通俗文：毛茂謂之毦毦。案字義宜作鯒，音所革反。毛鯒也，亦蠅鯒也。

犎牛　漢書西域傳有封牛，鄧展曰：脊上有肉峯如橐駝。又獻一封駝，鄭氏曰：脊上有封也。難字作犎，犎牛也。音妃封反。今有此牛，形小，髆上有犎牛是也。

四分律　第五十三卷

博掩　博，博戲也。用六箸六棊謂之六博。掩，圍棊也。纂文云：撲掩，跳錢戲也。俗人謂之射意，一曰射數，亦云博戲，掩取人財物也。

拍石　彈棊也。拍音普白反。

諛諂　以朱反。周書：面從曰諛。莊子：不擇是非而言謂之諛。律文作諭，古文諭，今作喻，同。翼樹反。告也，譬諫也。

羖羊　公戸反。三蒼：夏羊羖攊也。亦羯也。

牂羝　作桑反。字林：牝羊也。三蒼：吳羊也。

彗星　古文篲、篲二形，同。囚芮反。爾雅：彗星爲欃搶。釋名云：星光稍稍似彗也。律文作簡閱之閱，非也。欃音叉銜反。搶，叉衡反。

月蝕　神職反。周易云：月盈即蝕。釋名云：日月虧曰蝕，稍稍侵虧如蟲食草木葉也。

四分律　第五十五卷

膢(膢)〔二三七〕中　相承古侯反。脚曲膢也。未詳何出，此應俗語耳。

陂池　筆皮反。池也。山東名濼，音匹各反。鄴有鸕鷀濼。今關中亦名濼，幽州名淀，音徒見反。

四分律　第五十六卷

篅上　市緣反。説文：判竹，圓以盛穀者也。[笔，篅也。][二三八]律文作篿，音丹，笥也。一曰小筐也。[論語「一篿食」是也[二三九]。]又作篳[二四〇]，音典。爾雅：篳，亭歷[二四一]也。

剸拱　徒端反。通俗文：截斷曰剸。律文作揣。[丁果、而兖二反。揺也，度也[二四二]。]

股間　古文骰，同。公户反。説文：股，髀也。釋名云：股者，固也，爲强固也。

四分律　第五十七卷

企床　古文定[二四三]，同。丘豉反。釋名云：企，启也。启，開也。言自延竦之時樞機皆開張也。律文從山作仚，火延反。説文：人上山皃也。亦古文危字，但此二字人多致惑，所以具釋也。

疝病　所姦反。説文：疝，腹痛也。

四分律　第六十卷

稊稗　又作荑。説文作弟（稊）[二四四]，同。徒犁反。[爾雅注云：稊[二四五]]似稗，布地穢草也，今俗云稊子是也。稗，蒲懈反。説文：禾別也[二四六]。草之似穀者也。

秕筈（苦）[二四七]　卑以反。穀不成者也。[尚書「若粟之有秕」是也[二四八]。]律文有作粃，補尸反。方言：盲粃不也[二四九]。[郭璞曰：聲如非也[二五〇]。]筈，古木反。通俗文：禾稽謂之筈糕。糕，音奴穀、之若二反。盲音莫光反。

遍扣　祛後反。[論語云：以杖扣其脛。孔安國曰[二五一]：]扣，擊也。律文作叩。説文：京兆藍田有叩鄉。地名也。此假借耳。

而甆　蘇奚反。通俗文：瓦病而璺。璺而聲散曰甆。方言：甆，聲散也。律文作犀，先啼反。説文：犀，遲也。犀非此用。璺音問。

觝蹎　丁禮反，下貞示反。廣雅：觝，觸也。蹎，踢也。言觸踢人也。

傎蹶　又作蹎、趚二形，同。都田反。[説文：蹎，蹳也。趚，走頓也[二五二]。]廣雅：傎，倒也。[尚書：傎覆厥德。孔安國曰[二五三]：]傎覆，反倒也。蹶，或作蹷，同。居月、巨月二反。説文：蹶，僵也。[廣雅：僵，仆也。蹶亦頓也。蹳音補沫反[二五四]。]僵，仰卧也。

一切經音義　卷第十四

乙巳歲高麗國大藏都監奉敕雕造

校勘記

〔一〕四分律　慧轉録於第五十九卷。
〔二〕網　磧作「囚」。
〔三〕又周禮……以聲節之曰誦　麗無，據磧補。
〔四〕又　磧爲「正字」。
〔五〕詩云：太師維垣。又傳曰：垣牆也　麗無，據磧補。
〔六〕此條麗慧無，據磧補。
〔七〕愈也　磧爲「間愈也」。
〔八〕尚書：庶事康哉。孔安國曰　麗無，據磧補。
〔九〕李巡曰：可食之菜皆不熟爲饉　麗無，據磧補。
〔一〇〕音扶泛反。東觀漢記有人姓樊名梵　麗無，據磧補。
〔一一〕同　磧爲「字林音獄，或作司。」
〔一二〕蔣曰：「灌當作罐。」
〔一三〕羅者言王，閲者言舍　麗無，據磧補。
〔一四〕斷理　磧爲「料理」。
〔一五〕言羅閲者，此訛之　麗無，據磧補。
〔一六〕造瓦之名也　麗無，據磧補。
〔一七〕字體作窯……燒瓦窯也　麗無，據磧補。
〔一八〕云：季冬命四監　麗無，據磧補。
〔一九〕正言頻婆羅　磧爲「正言頻婆娑羅」。
〔二〇〕南土悉椑竹筬爲之，針織者謂之巳飛杝　麗無，據磧補。
〔二一〕禮記：以厚其别。鄭玄曰：厚　麗無，據磧補。
〔二二〕干　磧作「于」。
〔二三〕禮記……執友同志也　麗無，據磧補。
〔二四〕拘遮羅　麗無，據磧補。海與下條「劫貝」連爲一條。
〔二五〕嵐婆　磧爲「鉢耽娑婆」。
〔二六〕名也　麗無，據磧補。
〔二七〕案嵐……唯應璩詩云「嵐風寒折骨」作嵐也　麗無，據磧補。
〔二八〕此條麗慧無，據磧補。
〔二九〕粥　磧作「鬻」。
〔三〇〕船舫　磧爲「舫船」。
〔三一〕釋名云：櫓者，露也。城上守禦露上無覆屋也　麗無，據磧補。
〔三二〕獵　磧作「獦」。
〔三三〕文　慧作「云」。
〔三四〕蛆　據文意當作「蛆」。
〔三五〕近也，習也　磧爲「禮記：賢者狎而近之。鄭玄曰」。
〔三六〕洽　磧作「洽」。
〔三七〕尚書：三百里納秸服。孔安國曰　麗無，據磧補。
〔三八〕醠　磧作「醘」。
〔三九〕經云在額上者名之爲鬘　麗無，據磧補。
〔四〇〕或首或身，以爲飾好　麗無，據磧補。
〔四一〕中　磧作「虫」，據文意似當作「蟲」。
〔四二〕詩云：無踰我里。傳曰　麗無，據磧補。
〔四三〕邑也　麗無，據磧補。
〔四四〕又　慧卷五九爲「説文」。
〔四五〕仲長統昌言「繩墨得拼彈」是　麗無，據磧補。
〔四六〕同。丁繭反。廣雅　磧爲「尚書：典神天。孔安國曰」。
〔四七〕詩云……行也　麗無，據磧補。
〔四八〕蔣曰：「智當作至。」
〔四九〕差　磧作「羌」。
〔五〇〕惵　磧作「牒」。
〔五一〕釋名：疼，痹也　麗無，據磧補。
〔五二〕此條麗慧無，據磧補。
〔五三〕莊子：獻笑不及俳　麗無，據磧補。
〔五四〕漢書：學官聚曰序，鄉曰庠。張晏曰　麗無，據磧補。
〔五五〕韋昭曰　麗無，據磧補。
〔五六〕史記「舜所居，一年成聚」是也　麗無，據磧補。
〔五七〕大　磧作「土」。
〔五八〕栟　磧作「拼」。
〔五九〕國語：悼公跣而出。韋昭曰：跣，徒跣也　麗無，據磧補。四　慧卷五九作「西」。
〔六〇〕跅　慧卷五九作「跰」。
〔六一〕挌　據文意似當作「牿」。三蒼：馬曰駕　麗無，據磧補。
〔六二〕怗　磧作「帖」。下同。
〔六三〕楪　據文意似作「褋」或「揲」。
〔六四〕惡金以鑄鉏夷斤斸。賈逵曰　麗無，據磧補。
〔六五〕鉏，仕居反。斸，智録反　麗無，據磧補。
〔六六〕𢷐　磧作「櫬」。下同。
〔六七〕怽　「怽」爲「帓」的換旁俗字。
〔六八〕釋名：袜，末也。在脚末也　麗無，據磧補。

〔六九〕亡江反　磧爲「模江反」。
〔七〇〕考工記：公圭用牻。鄭玄曰：牻，雜也　麗無，據磧補。
〔七一〕古文鬭，同　麗無，據磧補。
〔七二〕論語「不履閾」是也　麗無，據磧補。
〔七三〕篘　據文意似作「篘」。
〔七四〕欉　慧卷五九作「欉」。下同。
〔七五〕此條磧無。
〔七六〕扙　磧作「杖」。
〔七七〕荾　磧作「養」。
〔七八〕萎　磧作「餧」。下同。
〔七九〕又字林云　麗無，據磧補。
〔八〇〕俱僞反　磧爲「凡髮反」，海爲「凡僞反」。
〔八一〕記　各本脱，據文意補。
〔八二〕莊子「謦欬其間」是也……嚱噫唓咳也　麗無，據磧補。
〔八三〕世本：母句作磬，以石爲之。磬非字意　麗無，據磧補。
〔八四〕字與孩同　麗無，據磧補。
〔八五〕枯狹反……當作此　磧爲「或作刮，同。枯匧反。爪傷也。」
〔八六〕廣志作竿蔗　麗無，據磧補。
〔八七〕上林賦曰諸柘。巴苴集注曰：諸柘，甘柘也　麗無，據磧補。
〔八八〕㷄　玄卷十八釋「煎炒」作「㷄」。
〔八九〕敖　磧作「熬」。
〔九〇〕左傳「公必與焉」是也。本文作豫　麗無，據磧補。
〔九一〕夏曰嘉平，殷曰清祀，周曰大蜡　麗無，據磧補。
〔九二〕土火羅諸國至十二月安居。今言臘諸亦近是也　麗無，據磧補。諸，海作「者」。
〔九三〕蜡音仕嫁反　麗無，據磧補。
〔九四〕又説文云：撩，理之也　麗無，據磧補。
〔九五〕廣雅　磧爲「詩云：明命使賦。傳曰」。
〔九六〕斑　磧作「班」。
〔九七〕李巡曰　麗無，據磧補。
〔九八〕斑　磧作「班」。
〔九九〕蔣曰：「柔當作柔。即柔字。莊子齊物論：『狙公賦柔。』」
〔一〇〇〕廣雅：平均，賦也。莊子：狙公賦柔（猱）。謂分賦與之也　麗無，據磧補。
〔一〇一〕論語：有飲食，先生饌。馬融曰　麗無，據磧補。
〔一〇二〕第十六卷　麗無，據磧補。
〔一〇三〕溥　磧作「簿」。
〔一〇四〕淮南子作皰　磧爲「淮南子『潰小皰而發癰疽』作皰」。
〔一〇五〕下余章反　磧爲「又蒲光、余章反」。
〔一〇六〕楚辭「聊彷徉以逍遥」是也　麗無，據磧補。
〔一〇七〕揞　磧作「楷」。下同。
〔一〇八〕檼，隱也，以隱桷也　麗無，據磧補。
〔一〇九〕楚辭：口噤而不言。王逸曰　麗無，據磧補。
〔一一〇〕褚　磧作「赭」。
〔一一一〕今作楮，同　麗無，據磧補。
〔一一二〕説文：剞，判也　麗無，據磧補。
〔一一三〕一名枷，音四　麗無，據磧補。
〔一一四〕蓋取此爲　磧爲「蓋此取爲也」。砯　慧卷五九作「砎」。
〔一一五〕小學篇云：篦，刷也　麗無，據磧補。
〔一一六〕埤蒼：鞏衣也　麗無，據磧補。
〔一一七〕鞏音丘院反　麗無，據磧補。
〔一一八〕戾　磧作「尻」。
〔一一九〕尻　磧作「尻」。下同。
〔一二〇〕擴　磧作「横」。下同。
〔一二一〕記　麗無，據磧補。
〔一二二〕説文……疾行也　麗無，據磧補。
〔一二三〕惟　磧作「帷」。
〔一二四〕謂氣息入之也　麗無，據磧補。
〔一二五〕鉾　慧卷五九作「鋅」。
〔一二六〕左傳「或輓之或推之」是　麗無，據磧補。
〔一二七〕上林賦：布結縷，攢戾莎　麗無，據磧補。
〔一二八〕擴　磧作「横」。
〔一二九〕左傳：尸諸周氏之汪。杜預曰　麗無，據磧補。
〔一三〇〕水　麗無，據磧補。
〔一三一〕説文：汪，深廣也　麗無，據磧補。
〔一三二〕斑　磧作「班」。
〔一三三〕淮南子云：含哺而與。許叔重曰　麗無，據磧補。
〔一三四〕三蒼云：夕食也。謂　麗無，據磧補。
〔一三五〕餔非字義　麗無，據磧補。
〔一三六〕論衡曰：臥厭不悟者也　麗無，據磧補。

〔一三七〕論語：子路請禱。包咸曰　麗無，據磧補。
〔一三八〕禮記云：案蓊蓡膽肥膌　麗無，據磧補。
〔一三九〕揄　海作「揄」。
〔一四〇〕又漢書云：案揄中舊塞。如淳曰：案　麗無，據磧補。
〔一四一〕豢音患也　麗無，據磧補。
〔一四二〕尻　磧作「尻」。
〔一四三〕左傳：秦人過析隈。杜預曰　麗無，據磧補。
〔一四四〕東宮舊事曰：絳地文履屧自副　麗無，據磧補。
〔一四五〕激白　磧爲「徼白」。
〔一四六〕記　麗無，據慧補。
〔一四七〕楚辭：下　麗無，據磧補。
〔一四八〕而來風。又王逸曰：泠泠　麗無，據磧補。
〔一四九〕蔣曰：「神下脱曉字。」
〔一五〇〕淮南子：受教一言清神泠。許叔重曰　麗無，據磧補。
〔一五一〕穀梁傳曰　麗無，據磧補。
〔一五二〕今皆作荷也　麗無，據磧補。
〔一五三〕如鱗介之甲也。亦　麗無，據磧補。
〔一五四〕十　磧作「斗」。
〔一五五〕抖　據文意當作「枓」。
〔一五六〕勺　麗無，據磧補。
〔一五七〕抖　據文意當作「枓」。
〔一五八〕捒　據文意當作「楝」。
〔一五九〕攘慮二反　磧爲「如慮」。
〔一六〇〕串　據文意當作「弗」。下同。
〔一六一〕撢　玄卷十五作「橝」。「橝」有「門閂」義。
〔一六二〕王彪關中賦云「外户不撢」是也　麗無，據磧補。
〔一六三〕國語：驕躁淫暴。賈逵曰　麗無，據磧補。
〔一六四〕遟　據文意當作「遲」。説文：「遲，籀文遲从屖。」
〔一六五〕害　慧卷五九作「割」。
〔一六六〕貶　據文意似作「貶」。
〔一六七〕機　磧作「機」。下同。
〔一六八〕詰幻反　慧卷五九爲「詰幻文」，據文意似爲「詰幼文」。
〔一六九〕王　磧作「五」。
〔一七〇〕急就篇：鞁韅卬角也　麗無，據磧補。
〔一七一〕又説文云　麗無，據磧補。
〔一七二〕三蒼　磧爲「禮記云：外言不入於梱。鄭玄曰」。
〔一七三〕周禮……音體并無所據也　麗無，據磧補。
〔一七四〕廟又作庿。爾雅：室有東西厢曰廟　麗無，據磧補。
〔一七五〕此條麗慧無，據磧補。
〔一七六〕左傳：取我衣冠而貯之。杜預曰　麗無，據磧補。
〔一七七〕幔　慧卷五九作「幔」。
〔一七八〕管子曰「筋肕而骨强」是也　麗無，據磧補。
〔一七九〕釋名……故青徐人謂癬爲徙也　麗無，據磧補。
〔一八〇〕説文：鹵，西方鹹地也　麗無，據磧補。
〔一八一〕案江賦……説文作次，或作湬、涎二形　麗無，據磧補。
〔一八二〕賈誼新書：垂涎相告……郭璞注爾雅云：唌，沫也。并作延　麗無，據磧補。
〔一八三〕擿　磧作「檻」。下同。
〔一八四〕漢書：同胞之徒。如淳曰：同胞，親兄弟也　麗無，據磧補。
〔一八五〕蔣曰：「鴻當作湯。」
〔一八六〕尊　今傳本説文作「廾」。
〔一八七〕又力皮反　麗無，據磧補。
〔一八八〕莊子：汚者激。司馬彪曰　麗無，據磧補。
〔一八九〕楚辭：我清激而無所通。王逸曰　麗無，據磧補。
〔一九〇〕三蒼　磧爲「左傳」。
〔一九一〕孫炎曰：仇，相求匹也　麗無，據磧補。
〔一九二〕臣　磧作「巨」。
〔一九三〕曼　磧作「聞」。
〔一九四〕莫槃反　磧爲「勿云反。説文：知聲也。律文有作曼，梵言訛也，亦高昌謂聞爲曼」。
〔一九五〕此應是也……知聲也　磧爲「音莫槃反。依字，曼音無願反。説文：曼，引也。廣雅：曼，長也。曼非此義也」。
〔一九六〕䁀　海和今傳本説文作「䁀」。
〔一九七〕曲　慧卷五九作「凶」。
〔一九八〕牖　磧作「牖」。

〔一九九〕直而長似物莖也　麗無，據磧補。
〔二〇〇〕承慶云　麗無，據磧補。
〔二〇一〕復次割意所愛，成彼施度，於今所益義是達櫬　麗無，據磧補。
〔二〇二〕華嚴經中功德達親即其義也　麗無，據磧補。
〔二〇三〕説文：媟，黷也　麗無，據磧補。
〔二〇四〕蔣曰：「書盤庚中：『咸造勿褻。』」「忽當作勿。」
〔二〇五〕尚書：咸造忽媟。孔安國曰　麗無，據磧補。
〔二〇六〕刀　磧作「力」。
〔二〇七〕鏟　磧作「鏟」。
〔二〇八〕通俗文：記曰籤也　麗無，據磧補。
〔二〇九〕撗　磧作「横」。
〔二一〇〕栓　麗無，據磧補。
〔二一一〕栓音所還反　麗無，據磧補。
〔二一二〕揭　磧作「楬」。下同。
〔二一三〕揭猪杙也　今傳本説文爲「楬櫫也」。
〔二一四〕周禮云：楬而書之也　麗無，據磧補。
〔二一五〕冠　今傳本爾雅作「寇」。
〔二一六〕肉美　麗無，據磧補。
〔二一七〕形大如鶉。憨音呼濫反　麗無，據磧補。
〔二一八〕撑　磧作「橕」。下同。
〔二一九〕攙　磧作「欃」。
〔二二〇〕墨子曰「剛木爲橕槔」是也　麗無，據磧補。
〔二二一〕陳思王寶刀賦云「豊光溢削」是也　麗無，據磧補。
〔二二二〕方言：撚，續也　麗無，據磧補。
〔二二三〕相接續也　麗無，據磧補。
〔二二四〕太玄經云：乃綜於名。宋忠曰：所以紀綜之也　麗無，據磧補。
〔二二五〕説文：鑯，鋷也　麗無，據磧慧補。
〔二二六〕鋷音女輒反　麗無，據磧補。
〔二二七〕又作梓　麗無，據磧補。
〔二二八〕王弼注老子云：橐橐，囊也　麗無，據磧補。
〔二二九〕宜作党　麗無，據磧補。
〔二三〇〕撗　磧作「横」。下同。
〔二三一〕挮　據文意似作「梯」。
〔二三二〕指揩也，一曰　麗無，據磧補。
〔二三三〕墠，土名也　麗無，據磧補。
〔二三四〕蔣曰：「向當作冋。」
〔二三五〕搒　據文意似作「榜」。
〔二三六〕儀禮：以白羽與朱羽糅。鄭玄：糅，雜也　麗無，據磧補。
〔二三七〕牒　磧作「購」。
〔二三八〕笣，篅也　麗無，據磧補。
〔二三九〕論語「一簞食」是也　麗無，據磧補。
〔二四〇〕葦　磧作「簞」。下同。
〔二四一〕亭歷　磧爲「葶藶」。
〔二四二〕丁果、而兖二反。揺也，度也　麗無，據磧補。
〔二四三〕企　海作「㐌」。
〔二四四〕弟　今傳本説文作「稊」。
〔二四五〕爾雅注云：稊　麗無，據磧補。
〔二四六〕説文：禾别也　磧爲「左傳：是用秕稗。杜預曰」。
〔二四七〕笞　磧作「苔」。
〔二四八〕尚書「若粟之有秕」是也　麗無，據磧補。
〔二四九〕方言：吂秕不也　今傳本方言爲：「沅澧之間凡相問而不知，答曰誺；使之而不肯，答曰吂。秕，不知也。」
〔二五〇〕郭璞曰：聲如非也　麗無，據磧補。
〔二五一〕論語云：以杖扣其脛。孔安國曰　麗無，據磧補。
〔二五二〕説文：蹎，蹳也。趄，走頓也　麗無，據磧補。
〔二五三〕尚書：傎覆厥德。孔安國曰　麗無，據磧補。
〔二五四〕廣雅：僵，仆也。蹶亦頓也。蹳音補沫反　麗無，據磧補。

一切經音義　卷第十五 小乘律

翻經沙門玄應撰

十誦律
僧祇律
五分律

十誦律[一]　第一卷

攫其　九縛反。説文：攫，扟也。蒼頡篇：攫，搏也。言狩瞋則攫也。扟音居逆反。

毦被　而容反。字林：毦，罽也。謂古貝垂毛者也。律文或作鞲，而用反。説文：氄毳飾也。

户印（䦱）[二]　地點反。通俗文：門鍵曰印（䦱）。蒼頡篇作橝[三]。橝，持也。鍵音巨展反。方言：關東謂之鍵，關西謂之鑰。

髁肋　口化反[四]。字林：髁，髀也。謂腰骨也。髀音口亞反，下郎得反。説文：脅骨也。字從肉從力作肋，律文從革作勒。説文：馬頭絡銜者也。勒非字體也。

犢車　徒穀反。古名羊車。釋名云：羊，祥也。祥，善也。善飾之車，今犢車是也。

柁樓　大我反。釋名云：船尾曰柁。柁，拖[五]也。在後見拖曳也。拖音他，字從手。柁從木。

蛭蟲　之逸反。爾雅：蛭，蟣。江東名蟣，音巨機反。謂入人皮中食血者也。律文作蟦，非也。

狌狌　又作猩，同。所京反。字林：能言鳥[六]也。山海經曰：人面豕身，能言語。今交阯封溪縣有之，狀如貒豚，聲如小兒啼也。貒音土桓反。

二逴[七]　丑白反。謂半步曰逴。律文作踔，丑白、敕角二反。跣踔，行不前也。跣，丑甚反。

十誦律　第二卷

作弶　渠向反。字書：施罥於道爲弶也。律文作摾（橿）[八]，非也。

鼾眠　下旦反。説文：臥息聲也。字苑呼于（干）[九]反，江南行此音也。律文作哻、吁、齁三形，非體也。

十誦律　第三卷

皰癬　又作𤺌，同。私淺反。字林：乾瘍也。癬有乾濕兩種。釋名：𤺌，徙也。侵淫移徙處曰癬也。故青徐人謂癬爲徙。

頭綃　私遥反。通俗文：生絲繒曰綃。謂頭鬚也。

掉衣　徒吊反。廣雅：掉、振、摇，動也。律文作挑，敕堯反。挑，扶(抉)[一〇]也。挑非字義。

鍫鑁　又作鍬，同。且消反。方言：趙魏間謂臿爲鍫。臿音楚洽反。

十誦律　第六卷

一弗　字苑：初眼反。今之炙肉弗也。

斑毦　布莽反。謂毛布也。字林：罽之方文者曰毦。律文作毲，非也。

十誦律　第七卷

襵縫　之涉反。謂襵，疊也。廣雅：襵，襞也。緶縫曰襵也。

木牓　補莽反。謂以木貫身，立以大標，上牓人善惡以視之也。律文作搒(榜)[一一]，補盲反，弓輔也。榜非此義。

一杼(杼)[一二]　治吕反。説文：擈(機)[一三]持緯者。即今筬[一四]也。曾子母投杼下擈(機)是也。筬音成[一五]。

麨糒　蒲秘反。説文：乾飯也。一曰熬大豆與米者也。律文從麦作麯，非體也。

殆而　徒改反。[殆，始也[一六]，]近也。禮記：殆將病。注云：殆，幾也。

十誦律　第九卷

[天竺　今作篤。或言身毒，或云賢豆，皆訛也。正言印度。此翻名月。月有千名，斯其一稱。良以彼土聖賢相繼，導凡化物，如月照臨，因以名也。][一七]

[窑師　羊招反。字林：燒瓦竈也。又作陶，徒刀反，作瓦器者也。西國無窑，但於平地累坯燒成器也。][一八]

釤鍬　所鑒反。字書：釤，大鎌也。下千消反。方言：趙魏之間謂臿爲鍫。

十誦律　第十卷

勦疾　説文作勦，同。仕交反。捷健也，謂勁速勦健也。

十誦律　第十一卷

萹豆　布殄、匹綿二反。其葉可治霍亂，人家多種之也。

咽病　又作胭，同。一千反。謂咽喉病也。

孔鏬　古文墫、埻二形，同。呼亞反。説文：鏬，裂也，坼也。

齗齒　下界反。説文：齒相切也。三蒼：鳴齒也。律文作吤，非也。

寱語　魚祭反。聲類：眠内不覺妄言也。

[閉向　許亮反。説文：向謂北出牖也。廣雅：窗、牖，向也。][一九]

箪(葦)[二〇]棧　仕諫反。説文：棧，棚也。廣雅：棧，閣也。通俗文「板閣曰棧」是也。

櫂子　徒角反。俗音徒格反。郭璞曰：謂木無枝柯，梢擢長而殺者也。

合霤　力救反。謂屋檐前水下之處也。今合霤爲堂也。

木箦　阻革反。箦，棧也，謂以木爲棧，非竹箪也。

十誦律　第十二卷

鵽肉　竹刮反。爾雅注云：今鵽大如鴿，似雌雉，鼠脚，無後指，岐尾，爲鳥憨急，群飛，出北方沙漠地也。肉美，俗名突厥雀。生蒿萊之間，如鶉大。憨音呼濫反〔二一〕。

鶉肉　市均反。説文：鵪鶉也。鵪音烏含反。

十誦律　第十三卷

〔胡荾　又作葰、荽、莈三形，同。私隹反。韻略云：胡荾，香菜也。律文作綏，非體也。〕〔二二〕

歠粥　古文吷，同。昌悦反。説文：歠，飲也。歠，欱也。〔下古文作粥，同，之育反。欱音呼合反，又音呼洽反〔二三〕。〕

匙匕　卑以反。一名柶。通俗文：匕或謂之匙。方言作⿰木是，同。是移反。柶音四，又作⿰金氏，昌紙反，非也。

十誦律　第十四卷

牙旗　渠基反。夏后尚牙，謂刻爲牙飾，因以名焉。釋名云：熊虎爲旗，軍將所建，象其猛如狩，與衆期其下也。

日昳　徒結反。日仄也。

十誦律　第十五卷

經恤　又作卹，同。須律反。爾雅：恤，憂也。亦收也。謂與人財物振恤之也。

水突　他没反。謂水湯流壞物者也。

箭栝　〔資賤反。矢竹也。箭者，竹之别形也。大身小葉曰竹，小身大葉曰箭。竹主爲矢，因謂矢爲箭〔二四〕。〕古活反。釋名云：箭其末曰栝。栝，會也，謂與絃會也。

若茜　又作蒨、倩二形，同。千見反。説文：茅蒐也。人血所生，可以染絳。字從草西聲。律文作箋，子前反。表識書者，箋非此義也。

十誦律　第十六卷

掃篲　又作彗，同。因鋭、蘇醉二反。説文：掃竹所以用掃者也。

擢臂　徒卓反。蒼頡篇：擢，抽也。廣雅：擢，出也。亦引也。謂抽臂洄也。

捊水　或作抱，同。蒲交反。説文：引取也。通俗文作掊，手把曰掊也。字從手。

〔作模　莫奴反。説文：模，法也。此亦摹字。規也，形也，掩取象也。字從水也。〕〔二五〕

〔赭土　之夜反。三蒼：赭，赤土也。山海經「少陽之山多美赭」是也。〕〔二六〕

〔白墠　音善。即白土也。亦名堊，亦名白墠。律文作墡，非體也。〕〔二七〕

十誦律　第十七卷

髓餅　思累反。釋名云：蒸餅、湯餅、索餅、髓餅等，各隨形以名之也。律文作餚，思累、弋累二反。字書：餚，䬮也。方言：飴或謂之餚。餚非此義。䬮音一月反，豆飴也。

酒澱 徒見反。［爾雅：澱謂之垽。郭注云[二八]：］澱，滓也。［垽音魚靳反[二九]。］律文作霒[三〇]，非也。

陽病 養良反。周書云：陽，詐也。通俗文作詳，虛辭也。漢書作陽，不真也。經文作佯，似羊反。佯，弱也。佯非此義。

十誦律 第十八卷

磨貝 補蓋反。西域衣名也。

門闑 又作梟，同。魚烈反。爾雅：橛謂之梟。注云：門閫也。謂門限也。

十誦律 第十九卷

粰䊀 又作桴，音浮留。廣雅：粰䊀(䊀)[三一]，糈饊也。今謂薄粥也。

官稟 補錦反。說文：稟，賜也。廣雅：稟，與也。

［斤頭 居勤反。說文：斤，斫木也。斤，钁也。律文作釿，魚斤反。釿，鍔也。釿非此用也。］[三二]

［著茸 而容反。草茸。又今取其象也。］[三三]

鐃鏡 奴交反。廣雅：和、鑾、鐃、鐸，鈴也。下鏡未詳，疑誤，應作錞，市均反。周禮：金錞和鼓也。

［刳中 口孤反。方言：刳，[illegible]也。謂空其腹中也。］[三四]

唼唼 租盍反。謂食作聲也。

十誦律 第二十一卷

贅頭 諸芮反。通俗文：體目(肉)[三五]曰肬贅。釋名云：贅，屬也。橫生一肉屬著體也。小曰肬，大曰贅。

指瘃 又作㿋，同。竹足反。謂手足中寒作瘡者也。

丸頹 又作㿗，同。堂雷反。陰病也。釋名：陰腫曰頹，氣下頹也。又曰疝，亦言詵。詵，引小腹急痛也。疝音山。

瞎瞽 正作腸(瞎)[三六]，同。火鎋反。字書：一目合也。下公户反。無目謂之瞽。瞽，鼓也。瞑瞑如鼓皮也。

𡰫𡰭 烏對反，下他對反。謂癈風也。律文從癈(疒)[三七]作㾯㾐，非也。

瘭疽 必遥反，下千余反。廣蒼：癰成爲瘭疽。瘡名也。

十誦律 第二十三卷

革鞙 又作鞙，古文作琄，同。胡犬反。車鞙也，謂大車縛槅者也。廣雅：鞙謂之輢。槅音古厄反。輢，居宜反。律文作佉，非也。

十誦律 第二十六卷

炱煤 徒來反，下云(亡)才反[三八]。烟塵也。通俗文：積烟以爲炱煤。律文作熓悔，非體也。

言蘖 魚列反。說文：牙(芽)[三九]米也。謂漬穀麥等生牙(芽)者也。

肥丁　都亭反。丁，强也。釋名：丁，壯也，言物體皆壯健也。

奉餉　式尚反。廣雅：餉，遺也。餉，饋也。

俟夏　又作竢，同。事几反。爾雅：俟，待也。

蝗虫　胡光、胡孟二反。螽也。［禮記「蝗虫爲災」是也〔四〇〕。］謂蝩虫者也。蝩音之容反。

［閃摩　式染反。］〔四一〕

菱芰　又作蔆，同。渠寄反。爾雅：蔆，蕨攈（蘪）〔四二〕。注云：即水中菱也。文作芡，音渠撿反。芡，鷄頭也。

摒擋　方佞反〔四三〕，下丁浪反。通俗文：除物曰摒擋。摒，除也。

伊寧　奴定反。苦諦也。

多他　盡也。

攘〔四四〕舍　而羊反。

十誦律　第二十七卷

［蚑由　又作羈，同。居奇反。馬靮也，縶也。］〔四五〕

氍衣　力俱反。通俗文：毛布曰氍。廣雅：氍，罽。

稾草〔四六〕　公道反。説文：稾，稈也。即乾草也。

縗衣　粗雷反。釋名：死三日，生者成服曰縗。縗，摧也，言傷摧也。縗有錫縗，有疑縗，有繐縗也。繐音歲。

十誦律　第二十八卷

汙篋　布奚反。刮汙篋也。律文作椑，此借音耳。

户排　蒲皆反。謂木闔開户者也。［如户鉤等〔四七〕。］律文作錍，非也。

捩曬　力結反，下所懈反。謂暴乾也。

十誦律　第三十三卷

麑魚　音迷。謂大身魚也。其類有四種，互相吞也。［經中皆作迷也〔四八〕。］

十誦律　第三十四卷

檽子　盧丁反。窗檽子也。通俗文：疏門曰檽。亦車檽是也。

懸癰　醫方皆作膺（䐴）〔四九〕，謂喉中肉也。

大魁　苦迴反。説文：羹斗也。律文作櫆、鐦二形，非。

餛飩　胡昆反，下徒昆反。廣雅：餛飩，餅也。

十誦律　第三十六卷

門閫　又作梱，同。苦本反。禮記：不入於閫。注云：閫，門限也。

弭耳　古文弭，同。彌尔反。謂耳卧爲弭也。

陂澤　筆皮反。大池也。山東名濼，音匹莫反。幽州名淀。淀音殿。下直格反。水聚曰澤。釋名云：兖州人謂澤爲掌，言水亭處如掌中也。澤，潤也。

宰人　祖殆反。禮記：宰夫爲獻主。注云：宰夫，主膳食之官。聲類：宰，治也。律文作牢，非也。

十誦律　第三十七卷

振擺　又作捭，同。捕買反〔五〇〕。説文：反手擊爲擺也。

步靫　楚佳反。釋名云：步叉，人所帶，以箭靫其中也。

擩箭　而注反。亦言捻箭也。念(今)〔五一〕言擩莝，擩物，皆作此字也。

掊刮　蒲交反。通俗文：手把曰掊。律文作刨，近字耳。

耳圈　去員反〔五二〕。謂耳璫之類也。或以金銀玉等爲之也。

指屈　衢勿反。説文：無尾也。屈，短也。淮南云：屈奇之服，許叔重曰：屈，短也。奇，長也。今取其義〔五三〕。

處拼　補苓反〔五四〕。拼，彈也。律文作絣，無文綺也。

不勻　弋均反〔五五〕。説文：調勻也。

指韝　今作楷(揩)〔五六〕，同。徒答反。説文：指揩以皮爲之。今射韝是也。

水竇　徒遘反。考工記：竇高三尺。注云：宮中水道也。説文：竇，空也。謂孔空也。

十誦律　第三十八卷

滌食　徒的反。通俗文：澡器曰盪滌。説文：滌，洒也。

牛呞　又作齝，齝二形，同。敕之、式之二反。爾雅：牛曰齝。謂食已復出也。

犛〔五七〕牛　工(亡)〔五八〕包反。西南夷長尾牛也。律文作猫，非體也。

靮紐　又作靷，古文作瑄，同。胡犬反。謂車靷、靷物皆作此。廣雅：靮謂之鞙。

嚏故　又作𪇆，同。丁計反。蒼頡篇：噴鼻也。

辮帶　父殄反〔五九〕。説文：交辮也。通俗文：織繩曰辮。辮，織也。

施幰　虛偃反。謂布帛張車上曰幰。

蠚蝲　他達反，下勒達。廣雅：蠚、蝲、蚔、蠚(畫)〔六〇〕，蝎也。

豌豆　一丸反。廣雅：豌豆，瑠豆也。字從豆。瑠音留。

三碣　渠列反。説文：特立石也。謂三石支釜者也。

門楣　美飢反。爾雅：楣謂之梁。注云：門上横梁也。

施棚　蒲萌反〔六一〕。通俗文：連閣曰棚。棚亦閣也，閣謂重屋也。

十誦律　第三十九卷

屐支　又作跂，同。巨逆反。説文：屐，屩也。屐有草屐、帛屐等也。屩，居虐反。

木桶　湯動反。通俗文：受漆者曰桶。可以盛食等也。

幖幟　昌志反。私記爲幟。舊音皆與知識同，更無別音也。

作捲(棬)〔六二〕　去員反。屈木爲之謂之捲(棬)。經文作㮰，非也。

獺皮　他遏、他轄二反。説文：形如小犬，水居，食魚者也。律文作狚，非也。狚，多達反。又作獭、蠋、蛆、𧏙(蜷)〔六三〕等形，並非也。

鱣魚　古文鱏，同。知連反。大黃魚也。口在頷下，體無鱗甲，肉黃。大者長二三丈。江東呼爲黃魚是也。

十誦律　第四十卷

漚令　於候反。説文：久漬也。律文作膒，非體也。

匈凹　烏狹反。字苑云：凹，陷也。蒼頡篇作容(窅)〔六四〕，墊下也。

匈凸　徒結反。字苑云：凸起者也。

築時　古文篓，同。陟逐反。説文：築，擣也。爾雅：築，刺也。

鹵薄　字體作樐，同。力古反，下蒲古反。樐，大楯也。蔡邕獨斷曰：天子大駕出，陳鹵薄也。

喑噫　於禁、乙戒反。喑噫，大呼也。説文：飽[出(六五)]息也。律文作嗌，非也。

裲襠　音兩當。釋名云：其一當匈，其一當背。因以名之也。

十誦律　第四十六卷

作縈　一瓊反。通俗文：收績曰縈。縈，旋也。

作緡　亡巾反(六六)。説文：釣魚繳也。爾雅：緡，綸也。郭璞曰：江東謂之緡。繳音之若反。

十誦律　第四十七卷

蛆毗　子餘反。

土垛　徒果反。字林：小堆也。吴人謂積土爲垛，字體從𠂤。

香匳　正字作籢，同。力占反。説文：鏡籢也。謂方底者也。江南有粉匳、香匳、棊匳等是也。

纔得　在灾反。纔，僅也，劣也，不久也。廣雅：纔，暫也。

議仲　謂伯仲兄弟也。伯，長也。仲，中也。

櫨拱　來都反。説文：欂櫨，柱上枅也。一名楷，亦名栟，亦名㭨。欂音薄麥反。枅，古奚反。楷，徒荅反。栟，皮變反。㭨音疾。

十誦律　第四十八卷

鐵砧　又作椹、戡二形，同。猪金反。鈇砧也。律文作鈂，丈心反，臿屬也。

祴來　孤得反。謂衣襟也。

惡賤　烏故反。謂憎惡也。下茨箭反。廣雅：賤，卑也。經文作污濺，非也。濺音子旦反。

激列　古歷反。流急曰激。激，發也，感激也。

十誦律　第四十九卷

牴懣　莫槃反。説文：懣，忘也。亦懣兜也。律文作慢，非也。

遏截　烏曷反(六七)。蒼頡篇：遏，遮也。爾雅：遏，止也。郭璞曰：今以逆相止爲遏也。

詭語　居毀反。謂不實也。詭，惡也。詭，欺也。譎詭，奇怪也。

十誦律　第五十卷

黔蛇　古文鵮，同。渠占、渠今二反。

嵯梨　徂娥反。

十誦律　第五十二卷

穄米　子裔反。説文：穄，穈也。似黍而不粘者。關西謂之穈。穈音亡皮反。

時醑　又作泲，同。子禮反。廣雅：醑，漉也。謂醑出其汁也。律文作擠，子詣反，排也。擠非字義。

灑散　所解反。如水之灑地也。律文作攡，非也。

十誦律　第五十三卷

簰筏　又作篺，同。蒲佳反。方言：篺謂之筏。南方名簰，北人名筏。

十誦律　第五十四卷

餘餘　古文餘、糂、糣、餂四形，今作糝，同。桑感反。說文：以米和羹也。一曰粒也。律文作粆，非也。

十誦律　第五十六卷

潢池　胡光反。說文：久積水池也。大曰潢，小曰洿。濁水也。

十誦律　第五十七卷

牛脬　普包反。通俗文：尿本曰脬。說文：旁胱也。

樵薪　才焦反。說文：樵，木也，亦薪也。字從木從焦聲也。

甂甎　力穀反，下又作塼，同。脂緣反。[通俗文[六八]：]狹長者謂之甂甎。

十誦律　第五十八卷

汙飾　屋孤反。汙，塗也。飾，修治拭飾也。

杖鑽　祖亂反。謂杖端頭若骨鐵等也。經文作纂，組也。[非此用也[六九]。]

豍豆　布迷反。廣雅：豍豆，豌豆也。

刀匣　今作押(柙)[七〇]，同。胡甲反。說文：匣，匱也。今謂盛刀劍者也。

須鑰　息于反。鑠須也。下余酌反。說文：關下壯(牡)[七一]也。

十誦律　第六十卷

挽紖　古文緣(紖)、紖(絼)[七二]二形，同。丈忍反。說文：牛索也。

仇者　古文逑，同。渠牛反。怨耦曰仇。爾雅：仇、讎，匹也。

到矴　都定反。謂柱下石也。律文作碇，非也。

捉填　古文䐜，同。他見反。周禮：弁師掌冕玉填(瑱)[七三]玉笄。注云：填，塞耳者也。釋名云：填，鎮也。懸當耳旁不欲使人妄聽，自鎮重也。或名充耳。笄音鷄。

更適　書亦反。爾雅：適，往也。謂適事大家也。適，歸也。

僧祇律[七四]　第一卷

依怙　胡古反。爾雅：怙，恃也。韓詩云：無父何怙？怙，賴也。無母何恃？恃，負也。

筞謀　古文䇲、册、筞三形，同。初革反。筞亦謀也。下莫侯反。謀，論也。諮事爲謀，謂諮事之難易也。

各(咎)[七五]疊　渠九反。詩云：慘慘畏各(咎)。箋云：咎猶罪過也。爾雅：咎，病也。說文：咎，灾也。亦惡也。下義鎮反。瑕、釁、愆，過也，亦罪也。
黎庶 力奚反。爾雅：黎、庶、烝、多、師、旅，衆也。
即襞 卑役反。字林：韏衣也。謂襞褺衣。韏音羌阮反。
四褺 徒俠反。通俗文：重衣曰褺也。
輕躁 又作趮，同。子到反。躁，動也。躁，櫌（擾）〔七六〕也，謂不安静也。
潛微 無非反。爾雅：瘞、幽、匿、蔽，微也。注云：謂逃竄也。又微，止也。字從[彳，音丑戟反〔七七〕。]
籠羇 又作羈、羇二形，同。居猗反。説文：革絡馬頭曰羇。釋名：羇，撿持也。所以撿持制之也。
禍酷 古文俈、嚳、焅三形，同。苦蒍（篤）〔七八〕反。酷，極也。説文：嚳，急也。告之甚也。謂暴虐也。
愻悌 蘇寸反。字林：愻，順也，謙也。下大帝、大禮二反。愷悌，樂也，易也。善事兄曰悌也。

僧祇律 第三卷

芋根 禹句反。説文：大葉實根驚人者也，故謂之芋。蜀多此物，可食。其大者謂之蹲鴟。
竹筥 又作篆，同。力與、紀呂〔七九〕二反。字林：筥，箱也。飯器，受五升。秦謂筥。方言：南楚謂之筲，趙魏謂之篆。郭璞曰：盛飯筥也。聲類：筥，箱也。亦盛杯器籠曰筥。筲音所交反。
篙擿（擿）〔八〇〕 古豪反。謂刺船竹也。長二丈，以鐵爲鏃。下他狄反。擿猶剔撥也。
椓杙 都角反。下又作弋，同。餘職反。爾雅：樴謂之杙。注云：即橛也。樴音徒得反〔八一〕。
堅勁 居盛反。説文：勁，强也。字從巠從力。巠，胡頂反。水冥巠也〔八二〕。
薄膌 又作瘠，同。才積反。説文：膌，瘦也，亦薄也。律文作藉，非體也。
貣用 他得、徒得二反。字林：貣，求也。説文：貣，從人求也。

僧祇律 第四卷

倪樓 吾奚、五禮二反。國名也。
磯激 居依反。埤蒼：水中磧石也。廣雅：磯，磧也。下古狄反。急流也。
皺抐 壯幼反，下女六反。通俗文：縮小曰瘷。物〔八三〕不申曰樎（縮）〔八四〕枘（抐）〔八五〕，律文作皺蹜，未見所出。
聸耳 丁藍反。説文：耳垂也。又作耽，都含反。説文：耳大也。
咩咩 又作嗼，同。彌尔反。説文：羊鳴也。
誇説 又作夸，同。苦瓜反。謚法曰：華言無實曰誇。誇，相誕也，謂憍恣過制自誇大也。
鏇師 囚絹反。謂以繩規物者也。説文：圓鑪也。
欲杼（抒）〔八六〕 時汝、除吕二反。説文：杼（抒），挹也。蒼頡篇：杼（抒），取也。出也。廣雅：杼（抒），渫也。舀也。舀音餘遶反。

僧祇律 第五卷

萎黄 於危反。詩云：無草不死，無木不萎。箋云：草木猶有萎槀也。聲類云：萎，木草菸也。律文作痿。痿痺謂不能行也。

深榛　士巾反。案說文：蓁木曰榛。廣雅「木蓁生曰榛也，草蓁生曰薄」是也。

輅上　又作路，同。力故反。釋名云：路亦車也。金玉等路各隨其所飾立名，謂之路者，言行於道路也。[今皆作輅〔八七〕。]

水灒　子旦反。說文：汙灑也。江南言灒，山東言湔，[音子見反〔八八〕。]

轒轤　又作攎攎〔八九〕二形，同。力木、力胡反。蒼頡篇：三輔舉水具也。汲水者也。

僧祇律　第六卷

趌趨　居列、居逸二反，下居月反。纂文云：趌趨，凶豎也。亦跳起也。

僧祇律　第七卷

扣瓮　說文作敂，同。苦後反。論語：以杖扣其脛。孔安國曰：扣，擊也。

唵耳　相承音古學反。耳邊語也。未詳何出。

鶬鴰　又作鶬，同。七唐反。爾雅：鶬，麋鴰。郭璞曰：即鶬鴰也。鴰，胡沃反。

警宿　居影反。謂警戒也，亦起也。廣雅：警警，不安也。律文作景，非體也。

踟躕　直知反，下直誅反。踟躕，躑躅也，亦住足也。廣雅：猶豫也。躑音馳亦反。躅，馳足反。

睩瞬　力穀反。睩，視皃也。下尸閏反。目開合數搖也。

僧祇律　第九卷

茜色　又作蒨、菁二形，同。且見反。茹藘也。律文作箋表之箋，非也。

手挼　祖公反。通俗文：手捉頭曰挼也。

窳墮　榆乳反。爾雅：窳，勞也。郭璞曰：勞苦者多惰窳也。或作懈，古賣反。

庵慢　於含反。廣雅：庵，舍也。埤蒼：庵，康(庾)〔九〇〕也。康(庾)音且漬反。

啾啾　子修反。蒼頡篇：衆聲也。啾啾，鳴聲也。

紃羊　似均、昌緣二反。紃謂雜也，縷也。

僧祇律　第十卷

撳(檻)〔九一〕匱　胡黯反。撳(檻)，攏(櫳)〔九二〕也。撳(檻)，圈也。

燈盛　時征反。在器曰盛。案盛謂今之杯盂也。左傳：旨酒一盛。言器也。

戧賃　子溜、將六二反。通俗文：雇載曰戧。下女鴆反。

晃煜　又作晄，古文熿，同。胡廣反。說文：晃，明也。廣雅：晃，暉也。光也。下由掬反。說文：煜，曜也。廣雅：煜，熾也。埤蒼：煜，盛皃也。

笮作　側格反。案笮猶壓也。今謂笮出汁也，亦狹也。說文：笮，迫也。

得硏　烏狹反。謂自上加下也。又作壓。壓，鎮也。

僧祇律　第十一卷

齒木　案梵本云彈多抳瑟搋。彈多，此云齒。抳瑟搋，此云木。謂齒木也。長者十二指，短者六指也。多用竭陀羅木作之。今此多用楊枝，爲無此木也。

掃篲　又作彗。字林：囚芮反，謂掃竹也。律文作槥(揩)〔九三〕，于桂反。廣雅：揩，裂也。

舍勒　此譯云衣，或言内衣也。

營署　時庶反。營謂經營也。署猶置也。説文：部署也。亦官也。

僧祇律　第十三卷

痏痏　諸書作侑，籀文作幃〔九四〕。案通俗文：于罪反。痛聲曰痏，驚聲曰僗。僗音于簡反。律文從口作嗋喂二形，非也。籀音除救反。

僧祇律　第十四卷

中析　又作斦，同。思狄反。聲類：析，劈也。説文：破木也。亦分也。字從木斤意也。

完出　胡官反。説文：完，全也。

生黴　無悲反。通俗文：物傷濕曰黴(溦)〔九五〕。

撥開　補袜反。謂發揚也。撥亦除也，棄也。律文作柹〔九六〕，匹沫反。謂柹〔九七〕水、柹物也。柹非此義也。

朝菌　奇殞反。爾雅：中馗，菌。郭璞曰：地蕈也。似蓋。今江東呼爲土菌。蕈音審。

呵叱　齒逸反。方言：呵，怒也。陳謂之呵。案叱猶呵也。禮記「尊客之前不叱狗」是也。

僧祇律　第十五卷

搋築　又作扠，同。敕佳反。通俗文：拳手椌(控)〔九八〕曰搋也。

挾先　胡頰反。爾雅：挾，藏也。注云：今江東通言也。謂懷意也。律文作協和之協，非也。

秸泥　古八反。秸即稾也。律文作莕，古木反。禾穀穭也。

米潘　敷煩反。字林：淅米汁也。［江南名潘，關中名泔也〔九九〕。］律文作繙、翻二形，非也。

嘲話　又作啁，同。竹包反。蒼頡篇：啁，調也。謂相戲調也。漢書「俱在左右談調而已」是也。

僧祇律　第十六卷

食棧　仕板反。説文：棧，棚也。廣雅：棧，閣也。謂置食器於其上也。

洮米　徒刀反。案洮猶汰也。通俗文：淅米謂之洮汰。説文：汰，洗也。汰音太。淅音思歷反。

杋(抓)〔一〇〇〕去　所鄒反。説文：從上挹取也。通俗文：減(從)〔一〇一〕上取曰杋也。

石壜　徒南反。猶瓷坩也。律文作埮，非也。坩，口甘反。

若卷　古文顴、捲、蕃三形，今作卷，同。渠員反。［詩云：有卷者阿。傳曰［一〇二］：］卷，曲也。

竹篙　方言作橋，音高，謂刺船竹也。淮南：以篙測江。許叔重曰：謂刺船竹，長二丈，以鐵爲鏃者也。

僧祇律　第十七卷

山坡　又作陂，同。普何反。案陂陀猶靡迤也。今山陂、土陂，陂皆是也。迤，弋是反。

髮舜　字體作鬊，音書閏反。廣雅：髮謂之鬊。漢書韋昭音蠢。鄭玄注禮記云：鬊，亂髮也。音舜。

鎗銚　餘招反。温器也。律文有作鐎，子消反。聲類：温器也。有柄，即刁斗也。説文：鐎，鐎斗也。字林云：容一斗，以(似)［一〇三］銚無緣也。

欬瘷　苦戴反。説文：逆氣也。下作欶，同。蘇豆反。蒼頡篇：齊部(郡)［一〇四］謂欶曰欬。

刵劓　讓記反。廣雅：刵，截耳也。下又作劓，同。魚器反。説文：劓，決鼻也。尚書：無或劓刵人。孔安國曰：劓，割鼻也。刵，截耳也。

麻粈　所巾反。通俗文：物滓曰粈。字從米。

奚用　胡鷄反。蒼頡篇：奚，何也。

疥瘙　蘇到反［一〇五］。蒼頡篇：瘙，疥也。廣雅：瘙，瘡也。

蘆荻　又作薍，同。徒歷反。即蒹荻也，堪爲薄者也。葦未秀者爲蘆。蒹，公銜反［一〇六］。

木札　側黠反。木皮也。律文有作柹，敷廢反。説文：削朴也。朴，札也，謂削木柹也。二形通用。又作櫝，非也。

撥聚　補達反。撥，理也，亦發揚(揚)［一〇七］皃也。廣雅：撥，除也。撥亦棄也。律文作跋，非體也。

若秸　公八反。尚書：三百里納秸服。孔安國：秸，稾(稾)［一〇八］也，服稾(稾)役也。

若穰　如羊反。説文：黍䅖也。禾穰也［一〇九］。䅖音良計反。

僧祇律　第十八卷

藍澱　徒見反。爾雅：澱謂之垽。郭璞曰：澱，滓也。江東呼爲垽，音魚靳反。

倒孑　居列反。爾雅：蜎蠉。郭璞曰：井中蛣蟩赤蟲也。一名孑孓［一一〇］。通俗文「蜎化爲蚊」是也。蜎音狂兖反。蠉，香兖反。蛣音結。蟩，居月反。

汪水　烏黄反。通俗文：亭水曰汪。爾雅［一一一］：汪，池也。

栟(拼)［一一二］氄　補耕反，下昌芮反。栟(拼)，彈繩墨也。氄，羊細毛也。

拳擢　渠員反，下苦角反。説文：擢，敲擊也。字從手從霍。

僧祇律　第十九卷

并擩　而注反。謂擩莝、擩箭、擩物等皆作此字。

硾壓　又作搥，同。丁迴反。謂投下也。廣雅：搥，擿也。下於甲反。自上加下也。

罥弶　古犬反，下渠向反。字書：施罥於道曰弶，以繩取物曰罥也。

佢脚　去詎反。謂脚曲也。書無此字，應俗作耳。

聳耳　古文竦、愯、慫三形，同。所項、須奉二反[一一三]。方言：聳，聾也。郭璞曰：言無所聞常聳耳也。聳又竦也，謂驚悚也。

掩襲　古文戳，同。辭立反。左傳：凡師，輕曰襲。注云：掩其不備也。

甎坯　又作砙[一一四]，同。匹才反。字林：瓦未燒者曰坯。

汪泥　烏黄反。通俗[文][一一五]：亭水曰汪。謂汪池之泥。律文作洸，古皇反。洸，涌也。洸洸，聲也。洸非此義。

僧祇律　第二十卷

榱棟　所龜反。爾雅：桷謂之榱。郭璞曰：即掾(椽)[一一六]也。亦名桷，亦名橑。音力道反。棟，都弄反。説文：屋極也。一名極，亦名檼，亦名桴。檼音於靳反。

櫨搏(欂)[一一七]　力胡反。説文：柱上枅也。下蒲麥、蒲各二反。廣雅：搏(欂)謂之枅。

枅衡　今作槅，同。結奚反。蒼頡篇：柱上方木也。一名楷，亦名栟，亦名槉，亦名楶。音子結反。

田斗　或作斛，都口反。此宜作斗字。

僧祇律　第二十一卷

見斷　魚斤反。説文：齒肉也。蒼頡篇：齒根也。

疢頭　古文鈂、疢、頏三形，今作疣，同。有霤反。説文：頏，顫也。謂顫掉不正也。顫又作戰。律文作痏，非體也。

僧祇律　第二十二卷

刳四　口孤反。方言：刳，豨也。説文：刳，判也。周書：刳木爲舟。謂空其腹也。

上概(㮣)[一一八]　古載反。周禮：師(帥)女宫而濯概(㮣)[一一九]。鄭玄曰：概，拭也。字從手。律文從木作槩，平斗斛之槩，非此義也。

羹臛　呼各反。楚辭：露鷄⿰隽鳥臛。王逸注：有菜曰羹，無菜曰臛也。⿰隽鳥，以規反。

⿰口尃⿰口集　又作⿰齒尃，同。補洛反，下子立反。説文：噍，皃也。廣蒼：⿰口尃，噍聲也。

⿰骨欠⿰骨欠　於滑反。説文：咽中氣息不利也。律文作䯇，非也。

蟥蜂　胡光反。爾雅：蛂，蟥蛢。注云：甲蟲也。大如虎豆，緑色。江東呼爲黄瓶。蛂音扶結反。

斗藪　又作擻，同。蘇走反。通俗文：斗藪謂之㲞㲚[一二〇]。律文作抖捒，非體也。㲞音都穀反，㲚音速。

圂廁　胡困反。廣雅：圊、圂、屏，廁也。下惻吏反。廁亦圊也。釋名云：圂者言溷濁也。或曰清，言至穢處宜常修治使潔清也。廁者，人雜廁在上非一也。

僧祇律　第二十三卷

礓石　居良反。形如薑也。通俗文：地多小石謂之礓礫也。字從石從畺也。

屋檐　又作櫚，同。餘占反。説文：檐，㮰(梍[一二一])也。亦名屋梠，亦名連綿。爾雅：檐謂之樀。樀亦楣也。搥(槌)音毗。樀音都歷反。

項顉 直追反。說文：頟出也。今用其義，律文作䪼，未見所出。

侏儒 之于、而于反。通俗文：侏儒曰矬。謂極短人也。

僧祇律 第二十四卷

懟恨 古文譵，同。大淚反。爾雅：懟，怨也。亦忿也。

齵齒 五溝反。蒼頡篇：齒重生也。說文：齒不正也。謂高下不齊平也。律文作齲[一二二]，丘禹反。說文：齒蠹也。齲非此義。蠹音丁故反。

僧祇律 第二十七卷

敲户 又作毃，同。苦交反。謂下打者也。說文：敲，擴(横)[一二三]撾也。

猥多 烏罪反。字林：猥，衆也。廣雅：猥，頓也。

捦牽 又作擒，同。渠林反。説文：急持衣襟也。埤蒼：捦，捉也。

瓷匙 方言：從木作榹，同。是支反。謂枸(拘)[一二四]飯者也。律文作鉳，昌紙反。鉳，鬵也。鉳非此義。鬵音自林反。

僧祇律 第二十八卷

持鞾 字書作䩺，同。而用反。案毳飾也。又作毴，而容反。字林：毴，罽也。

牂羊 祖郎反。字林：牡羊也。三蒼注云：牂，吴羊也。

不坼 耻挌反。字林：坼，裂也。亦分也。律文作卓，非體也。

僧祇律 第二十九卷

是挻 式延反。謂作泥物也。挻，擊也。挻，柔也。埴土也。

水湔 又作濺，同。子見反。通俗文：傍沾曰湔。山東名也。江南言灒，音子旦反。

僧祇律 第三十卷

紡績 古文作勣，同。子狄反。字林：績，緝也。

鬱詶 又作譸，同。涉尤反。比丘名也。三蒼：詶亦酬字也。

僧祇律 第三十一卷

今臉 力占反。廣雅：懸熟也。臉生血也。

穀𪌭 夷職反。謂穀麥糠皮也。律文作芅，草名也。

鐐巳 又作鑠，同。力鳥反。字林：鐐，炙也。律文作燎，力彫、力弔二反。庭燎也。燎非此義。

福羅 正言布羅，此譯云短靿靴。靿音烏豹反。

疚手 又作頍，同。于救反。謂顫疚摇動不安也。

僧祇律 第三十二卷

漱卑 所霤反。或言蘇卑，或言優婆斯，皆訛轉也。正言鄔波斯，此云近善女人。鄔音一古反。

喟嘆　又作歒，同。口愧、口怪二反。大息也。謂嘆聲也。

僧祇律　第三十四卷

狼跙　又作跋，同。補蓋反。狼跙猶躓跙也。説文：跙，步也。聲類：躓跙也。

婆唻　所學反。星名也。

欶指　又作嗽，同。所角反。[通]〔一二五〕俗文：含吸曰嗽。嗽亦吮也。

䤍青　莫奚反。埤蒼：醭䤍，醬敗壞也。醬敗則䤍生也。醭音普木反。

厠篦　補奚反。小學篇：篦，刷也。謂刮刷也。今眉篦等皆作此也。

甌別　烏侯反。甌，器也。方言：盆之小者謂之甌。

施系　奚計反。謂屧系、履系等皆作系。律文作緩、奚二形，非體也。屧音思頰反。

青㵟　無悲反。通俗文：物傷濕曰㵟(黴)〔一二六〕。律文作湄、瀎二形，非字體也。次下卷生微(㵟)同。

櫳疏　力同反。説文：櫳，房室之疏也。疏，窗也。廣雅：櫳，舍也。律文作籠，非體也。

僧祇律　第三十五卷

𦁁卷　側耕反。説文：𦁁，縈繩也。江沔之間謂縈收繩爲𦁁，𦁁亦屈也。沔音彌善反。

欲烟　呼匝反。欲猶飲取也。説文：欲，歠也。歠音昌悅反。

敦觸　又作敞、棖、樘、橙四形，同。丈衡反。敞亦觸也。

當攲　居儀反。通俗文：以箸取物曰攲。箸音治慮反。

謦欬　口頂反，下苦代反。通俗文：利喉曰謦。説文：欬，逆氣也。字從言從欠。律文從石從口作磬咳二形，非體也。

連嚏　又作𪖐，同。丁計反。蒼頡篇：噴鼻也。詩云：願言即嚏。箋云：汝思我心如是，即嚏也。今俗嚏云人道我，此古遺語也。

僧祇律　第三十六卷

砏(砎)〔一二七〕砏　胡瞎反。字指云：礣砏(砎)，雷大聲也。律文作榾，古忽反。埤蒼：狗猾，木名也。中作箭笴也。榾非此義。礣音莫八反。笴音古旱反。

妖豔　於驕反。説文：妖，巧也。又女子壯(狀)〔一二八〕皃淑好也。下又作艷，同。餘贍反。方言：秦晉之間謂美爲豔。豔，光也。

姑伀　故胡反。白虎通曰：姑者，故也。故，老人之稱也。説文：姑，母也。下之容反。釋名：俗謂舅章曰伀。言是已所敬，見之伀遽自肅齊。

僧祇律　第三十八卷

殆壞　徒改反。廣雅：殆，敗也。爾雅：殆，危也。殆亦幾也，近也。

拳敲　又作敲(毃)〔一二九〕，同。口交反。謂下擊也。説文：擴(橫)〔一三〇〕撾也。律文作桍，非也。

僧祇律　第三十九卷

佉啁羅床　此譯云小長牀。啁音竹交反。

敲盤　口交反。謂相擊打也。盤謂鈴盤也。

僧祇律　第四十卷

罯瘖　於感、於含二反。説文：罯，覆也。律文作菴，草名也。菴非此用。

竹篣　亡皁反。[字林：折竹笢也。笢音亡忍反〔一三一〕。]竹膚也。聲類：篣，篾也。今中國蜀土人謂竹篾爲篣也。

撥(襏)〔一三二〕衣　又作拔(祓)〔一三三〕，同。補末反。通俗文：三尺衣謂之撥(襏)也。

跋渠　[此言訛也，正言伐伽〔一三四〕。]此譯云部，謂部類也。或言群，同其義也。

五分律〔一三五〕　第一卷

厭蠱　於冉反，下字林音固。説文：厭，合也。蒼頡篇：伏合人心曰厭蠱。周禮庶氏：掌除毒蠱。注云：毒蠱，蠱物病害人者也。謂蠱行毒也。律文作固，非也。

養飤　今作食，同。囚恣反。説[文]〔一三六〕：飤，糧也。廣雅：餧，飤也。謂以食供養人曰飤，字從食從人，律文作飼，近字也。

餞送　才翦反。説文：送去也。謂以飲食送人曰餞。字從食。律文作踐履之踐，非體也。

僅而　渠鎮反。字林：僅，財能也。僅亦劣也。

銜淚　下衫反。凡在内而未發者皆曰銜，言銜恨、銜淚等皆是也。

享福　虚兩反。享，受也，亦當也。説文：享，獻也。字從高省。篆文作亯，又音呼羹反。

醊祠　説文餟，同。張芮反。酹祭也。酹，力外反。字林謂以酒澆地祭也。

魔麾　字詁：今作撝，同。呼皮反。楚辭：舉手曰麾。謂手指之也。

歌謡　與招反。説文：獨歌也。爾雅：徒歌爲謡。徒，空也。

和埴　時力反。尚書：厥土赤埴墳。孔安國曰：黏土曰埴也。

枅梁　今作榍，同。古奚反。蒼頡篇：柱上方木。一名楷，亦名欂櫨。欂音蒲麥反。

五分律　第二卷

户楣　靡飢反。爾雅：楣謂之梁。郭璞曰：門上横梁也。

作穽　古文阱、汬二形，同。才性反。廣雅：穽，坑也。謂穿地爲陷以取獸也。

僶俛　亡忍[反]〔一三七〕，下無辯反。謂自強爲之也。律文作僈，非也。

險巇　又作𡾰，同。許奇反。險巇，危也。律文作巘，五達〔一三八〕反。鼓聲也。獻(巘)〔一三九〕非此義。

晏安　烏見反。説文：晏，安也。字從女。又作宴安。爾雅：安，止也，定也。蒼頡篇：安，静也。説文作佞，宴也。

五分律　第三卷

允合　弋准反。周易：允升大吉。王弼曰：允，當也。允亦信也。爾雅：允，誠也。

共賭　又作睹（賭）〔一四〇〕，同。都杜反。通俗文：錢戲曰賭也。

礧佛　力對反。謂以石投佛也。今言礧石是也。

五分律　第四卷

驚惋　烏翫反。謂惋嘆驚異也。

愜意　苦頰反。愜，可也。字林：愜，快也。

五分律　第五卷

亜灑　於仁反，下所解反。字應作惡，於故反。即莊飾也。

粲麗　粗旦反。廣雅：粲，明也。粲亦鮮盛皃也。律文作璨，非體也。下勒計反。廣雅：麗，好也。麗謂花靡也。

歠粥　又作吷，同。昌悦反。説文：歠，飲也。歠，欱也。欱音火洽反。

五分律　第六卷

輟我　猪劣、張衛二反。止也。爾雅：輟，已也。論語「耰而不輟」是也。耰音於牛反。

誣説　武于反。説文：加言也。誣，欺也，妄也。誣亦罔也。

木簣　側革反。説文：牀棧也。爾雅：簣謂之第。音側几反。郭璞曰：即牀板也。

五分律　第七卷

蔚然　於謂反。廣雅：蔚，茂也。茂，盛也。

援助　于眷反。援謂依援護助之言也。

五分律　第八卷

介意　居薤反。周易：憂悔吝者存乎介。韓康伯曰：介，纖介也。劉瓛曰：介，微也。

貪餮（饕）〔一四一〕　又作飻，同。他結反。説文：貪也。謂貪食曰餮（饕），「貪財曰饕也〔一四二〕。」

胆弊　千余反。謂胆妬也。蠅子曰胆。

泅戲　又作汓，同。似由反。説文：水上浮也。今江南呼拍浮爲泅也。

澆灒　又作㳙、湔二形，同。子旦反。説文：水汙灑也。「史記「以五步之内以頸血濺大王衣」作「濺」也。」〔一四三〕

五分律　第九卷

狼䒢　又作茫，同。莫剛反。䒢，遽也。通俗文：時務曰茫。律文作狽，非體也。

鞅掌　於兩反。詩云：王事鞅掌。傳曰：失容也。箋云：鞅，荷也。謂捧之也。負荷捧持以趍走，促遽失容儀也。

作悕(帪) 今作熾(幟)[一四四]，同。尺志反。幖也。通俗文：私記曰幟。廣雅：幟，幡也。墨子以爲長丈五廣半幅曰幟也。

五分律 第十卷

企行 古文定，同。袪豉反。通俗文：舉踵曰企。企，望也。字從止。

五分律 第十四卷

噬水 他匝反。埤蒼：噬，歠也。律文作嗒，非體也。

索鐎 今作銚，同。子消反。韻集云：鐎，温器也。三足有柄。字林云：鐎，容一斗，似銚。銚又音遥，一音徒吊反。

擲㨹[一四五] 又作撈[一四六]、篗二形，同。先戈反。謂織㨹行緯者也。

或虜 力古反。虜，獲取也，服也。戰而俘獲也。虜，掠奪取物也。

屋霤 力救反。說文：屋水流下也。凡水下處皆曰霤。

五分律 第十五卷

窺闇 丘規、弋珠反。說文：窺，小視也。

自貽 以之反。爾雅：貽，遺也。注云：謂相歸遺也。

以砥 職夷反。山海經：崦嵫山多砥礪。郭璞曰：磨石也。崦音於廉反。嵫，子辭反。

跨馬 苦罵反。字林：跨，踞也。亦躡也。說文：跨，渡也。

憩止 說文作愒，同。却厲反。爾雅：憩，息也。

皆躓 陟利反。礩，礙也。通俗文：不利曰躓，限至曰礙。

五分律 第十七卷

自炮 字書作炰，同。父包反。說文：毛炙肉也。詩云：炰之燔之。傳曰「以毛曰炰」是也。亦裹燒也。

吃人 九乞反。說文：言難也。重言也。

五分律 第十八卷

樌頭 古患反。謂貫其頭也。

青虹 古文作羾，同。胡公反。說文：螮蝀也。狀似蟲。字從虫，俗呼爲美人。螮音帝，蝀音董。

五分律 第二十卷

脅諸 字體作愶，同。虚業反。謂以威力相恐懼也。

雷霆 達丁反[一四七]。爾雅：疾雷爲霆霓。郭璞曰：雷之急激者也。蒼頡篇：礔礰也。霓音五結反。

畦畔 下圭反。說文：五十畝爲畦。今之稻畦、菜畦等也。律文有作塍，食苤反。稻田畦也。

毛毻 布莽反。字林：罽方文者曰毻。謂毛布也。律文作毻，非體也。

拘欇[一四八] 之涉反。或言拘執，梵言訛轉耳。謂罽之垂毛者。

五分律　第二十一卷

鬀髮　又作剃，同。初簡反。廣雅：剃，削也。聲類：剃，平也。

屯門　徒昆反。廣雅：屯，聚也。屯亦陳也。

等屧　思協反。屧謂履屬也。律文作燮，非體也。

作靿　一豹反。靴靿也。律文作鞴，俗語也。書無此字。

五分律　第二十二卷

鱣脂　知連反。爾雅：鱣，大魚也。似鱏而短鼻，口在頷下。江東呼爲黄魚，亦鯉也。長者二三丈。鱏音徐林反。鼻長七八寸，重千斤。

用麴　去六反[一四九]。方言：江淮陳楚之間謂之䴹。音曲。注云：楚語轉耳。

糂米　古文作糝，籀文作糣，同。桑感反。説文：米和羹也。律文作粰，非也。

五分律　第二十四卷

斧剉　且卧反。謂剉斫也。説文：折傷也。律文作銼，才戈反。小釜也。又音族。

相揩　口皆反。廣雅：揩，摩也。字從手。

五分律　第二十五卷

錍箭　普嵴反。方言：箭廣長而薄廉者謂之錍。

人邏　力賀反。韻略云：邏，巡行非違也。戍屬也。謂遊兵以禦寇者也。律文作儸，力歌反。僬儸也。僬音之耶反。

泥鏝　又作槾、墁二形，同。莫槃反。爾雅：鏝謂之杇。郭璞曰：泥鏝也。杇音烏。

五分律　第二十六卷

奠食　徒見反。奠，陳也，獻也。廣雅：奠，薦也，調也。

昁之　符發反。廣雅：昁，舂也。埤蒼：昁（昢[一五〇]），暘（暘）[一五一]米也。通俗文：擣細曰舂。暘音蕩。

三挼　三蒼：奴迴反。手按也。説文：挼，摧也。一曰兩手相切也。

翻翻　又作翻（飜）[一五二]，同。匹元反。廣雅：翻翻，飛也。亦盛皃也。律文作甂，非也。

五分律　第二十七卷

輒呞　又作齝、齝二形，同。敕之、式之二反。爾雅：牛曰呞。注云：食已復出嚼之也。

庖廚　蒲交反。庖之言包也。廚，庖屋也。蒼頡篇：主食者也。

筴箸　古俠反。字林：公洽反。筴亦箸也。下丈庶反。飯敧也。筴亦取也。律文作挾藏之挾，非體也。

𦈢水　居万反。通俗文：汲取曰𦈢。説文：杼（抒）[一五三]漏也。

莝草　千[一五四]卧反。謂斬蒭飤馬者也。詩云：乘馬在廄，莝之秣之。傳曰：莝，蒭也。

五分律　第二十九卷

作紀　渠記反。所以聯綴簪記之也。

蹠脚　他末反。字林：足跌曰蹠。取其義矣。

五分律　第三十卷

勗勉　許玉反。方言：齊魯謂勉曰勗滋。尚書：勗哉夫子。孔安國曰：勗，勉勵也。謂勸强也。

阿呼　匹尤反。梵言也。依字，吹呼也。

一切經音義　卷第十五

甲辰歲高麗國大藏都監奉敕雕造

校勘記

〔一〕十誦律　慧轉録於第五十八卷。

〔二〕印　磧作「卯」。卯，即「居」。下同。

〔三〕橝　磧作「撢」。下同。

〔四〕口化反　磧爲「苦瓦反」。

〔五〕拖　磧作「拕」。下同。

〔六〕鳥　磧作「獸」。

〔七〕趦　慧卷五八作「趑」。

〔八〕搵　磧作「榅」。

〔九〕于　海慧作「干」。

〔一〇〕扶　磧作「抉」。

〔一一〕搒　磧作「榜」。

〔一二〕籽　磧作「杍」。

〔一三〕檅　磧作「機」。下同。

〔一四〕筬　磧作「梭」。

〔一五〕筬音成　磧爲「梭，蘇合反」。

〔一六〕殆，始也　麗無，據磧補。

〔一七〕此條麗無，據磧補。

〔一八〕此條麗無，據磧補。

〔一九〕此條麗無，據磧補。

〔二〇〕箪　磧作「葦」。

〔二一〕無後指……憨音呼濫反　麗無，據磧補。

〔二二〕此條麗無，據磧補。

〔二三〕下古文作矟……又音呼洽反　麗無，據磧補。

〔二四〕資賤反……因謂矢爲箭　麗無，據磧補。

〔二五〕此條麗無，據磧補。

〔二六〕此條麗無，據磧補。

〔二七〕此條麗無，據磧補。

〔二八〕爾雅：澱謂之垽。郭注云　麗無，據磧補。

〔二九〕垽音魚靳反　麗無，據磧補。

〔三〇〕瞖　磧作「醫」。

〔三一〕榴　磧作「榴」。

〔三二〕此條麗無，據磧補。

〔三三〕此條麗無，據磧補。

〔三四〕此條麗無，據磧補。

〔三五〕目　海作「肉」。

〔三六〕腸　磧作「睭」。

〔三七〕癈　磧作「疒」。

〔三八〕下云才反　「云」，慧作「亡」。磧爲「下莫杯反」。

〔三九〕牙　磧作「芽」。下同。

〔四〇〕禮記「蝗虫爲災」是也　麗無，據磧補。

〔四一〕此條麗無，據磧補。

〔四二〕麈　磧作「麋」。

〔四三〕方佞反　磧爲「并政反」。

〔四四〕攘　磧作「蠰」。

〔四五〕此條麗無，據磧慧補。

〔四六〕此條麗接排在「氀衣」下。

〔四七〕如户鉤等　麗無，據磧補。

〔四八〕經中皆作迷也　麗無，據磧補。

〔四九〕膐　磧作「膂」。

〔五〇〕捕買反　磧爲「補買反」。

〔五一〕念　磧作「今」。

〔五二〕去員反　磧爲「渠遠反」。

〔五三〕今傳本説文：「屈，無尾也。」桂馥義證：「無尾也者，本書趉讀若無尾之屈。埤蒼：『屈，短尾。』廣韻：『屈，短尾鳥。』」段注：「凡短尾曰屈。」「俗分屈屈爲二字，不知屈乃屈之隸變。」

〔五四〕補苓反　磧爲「補莖反」。

〔五五〕弋均反　磧爲「弋匀反」。

〔五六〕楷　磧作「揩」。

〔五七〕聻　磧作「聻」。

〔五八〕工　磧作「亡」。

〔五九〕父殄反　磧爲「薄殄反」。

〔六〇〕蕌　今傳本廣雅作「韭」。

〔六一〕蒲萠反　磧爲「蒲虔反」，海爲「蒲庚反」。

〔六二〕捲　磧作「棬」。下同。

〔六三〕嚏　慧作「螮」。

〔六四〕容　磧作「容」。

〔六五〕出　麗無，據磧補。

〔六六〕亡巾反　磧爲「忙巾反」。

〔六七〕烏曷反　磧爲「烏葛反」。

〔六八〕通俗文　麗無，據磧補。

〔六九〕非此用也　麗無，據磧補。

〔七〇〕押　磧作「柙」。

〔七一〕壯　磧作「牡」。

〔七二〕緑、紇　據文意似當爲「綟、絁」。

〔七三〕填　磧作「瑱」。

〔七四〕僧祇律　慧轉録於第五十八卷。

〔七五〕各　磧作「咎」。下同。

〔七六〕欆　磧作「擾」。

〔七七〕亻，音丑戟反　麗無，據慧補。

〔七八〕蔿　磧作「篤」。

〔七九〕吕　磧慧作「與」。

〔八〇〕樀　磧作「擿」。

〔八一〕徒得反　磧爲「之得反」。

〔八二〕水冥巠也　慧爲「水直波也」。

〔八三〕物　海作「鰍」。

〔八四〕樎　磧作「縮」。

〔八五〕枘　磧作「抐」，慧作「挩」。

〔八六〕杼　磧作「抒」。下同。

〔八七〕今皆作輅　麗無，據磧補。

〔八八〕音子見反　麗無，據磧補。

〔八九〕攏攎　磧爲「櫳櫨」。

〔九〇〕庲　磧作「庲」。下同。

〔九一〕擥　磧作「檻」。下同。

〔九二〕攏　據文意似當作「櫳」。

〔九三〕槽　磧作「搼」。

〔九四〕暐　似爲「痏」隸變之訛。

〔九五〕微　磧作「溦」。「黴」是東漢時的記音俗語詞，字體不定，又可寫作溦、湄、瀰等。考説文：「黴，中久雨青黑。從黑，微省聲。」又玉篇：「黴，垢也。」據説文和玉篇，「黴」爲「青黑」或「垢黑」之色。東西遇潮發黴後亦呈青黑色，故引申指東西遇潮發黴。吴方言稱梅雨季節爲黄霉天，稱梅雨季節東西返潮爲發霉。清翟灝通俗編卷三十六雜字云：「黄梅雨之梅，當爲黴。因雨當梅熟之時，遂訛爲梅雨。」「今俗所用霉字，正字通始收載。」

〔九六〕柹　即「抻」，海作「插」。

〔九七〕柹　即「抻」。下同。

〔九八〕桎　磧作「挃」。

〔九九〕江南名潘，關中名泔也　麗無，據磧補。

〔一〇〇〕杋　磧作「扏」。

〔一〇一〕減　宛作「從」。

〔一〇二〕詩云：有卷者阿。傳曰　麗無，據磧補。

〔一〇三〕以　磧作「似」。

〔一〇四〕部　慧作「郡」。

〔一〇五〕蘇到反　磧爲「蘇刀、蘇到二反」。

〔一〇六〕公銜反　磧爲「公奩反」。

〔一〇七〕楊　海作「揚」。

〔一〇八〕稟　海作「稟」。下同。

〔一〇九〕説文：黍稠也。禾穰也　今傳本説文：「梨，黍穰也。从禾，㓞聲。穰，黍裂已治者。从禾，襄聲。」

〔一一〇〕下　據文意似作「孑」。

〔一一一〕爾雅　磧爲「小爾雅」。

〔一一二〕栟　磧作「拼」。下同。

〔一一三〕所項、須奉二反　磧爲「音須勇反」。

〔一一四〕砙　磧作「砥」。

〔一一五〕文　麗無，據慧補。

〔一一六〕掾　磧作「椽」。

〔一一七〕搏　磧作「榑」。下同。

〔一一八〕概　磧作「摡」。

〔一一九〕周禮：師女宫而濯概　今傳本周禮爲：「帥女宫而濯摡。」概，磧作「摡」。

〔一二〇〕褩　即「鎜」。

〔一二一〕捲　據文意當作「棬」。下同。

〔一二二〕鷊　據文意似作「鷁」。

〔一二三〕擴　磧作「横」。

〔一二四〕栒　磧作「拘」。

〔一二五〕通　麗無，據磧補。

〔一二六〕微　據文意當作「澂」。下同。

〔一二七〕砏　磧作「砎」。下同。

〔一二八〕壯　慧作「狀」。

〔一二九〕敲　磧作「殼」。

〔一三〇〕擴　磧作「横」。

〔一三一〕字林：折竹筤也。筤音亡忍反　麗無，據磧補。

〔一三二〕撥　磧作「發」，海慧作「襏」。下同。

〔一三三〕拔　慧卷五八作「祓」。

〔一三四〕此言訛也，正言伐伽　麗無，據磧補。

〔一三五〕五分律　慧轉録於第五十八卷。

〔一三六〕文　麗無，據磧補。

〔一三七〕反　麗無，據磧補。

〔一三八〕達　據文意似作「遠」。

〔一三九〕獻　磧作「巘」。

〔一四〇〕暁　磧作「暁」。

〔一四一〕飻　據文意作「飻」。下同。

〔一四二〕貪財曰饕也　麗無，據磧補。

〔一四三〕「以五步之内以頸血濺大王衣」作「濺」也　麗無，據磧補。

〔一四四〕怯　即「怯」。　熾　磧作「幟」。

〔一四五〕拨　據文意似作「梭」。

〔一四六〕撈　據文意似作「橯」。

〔一四七〕達丁反　磧爲「達頂、達丁二反」。

〔一四八〕欞　慧卷五八作「欞」。

〔一四九〕去六反　磧爲「祛六反」。

〔一五〇〕昁　據文意當作「昁」。

〔一五一〕暘　據文意當作「暘」。

〔一五二〕翻　慧作「飜」。

〔一五三〕杼　慧作「抒」。

〔一五四〕千　磧作「子」。

一切經音義　卷第十六 小乘律論

翻經沙門玄應撰

善見律[一]　第一卷

鹿野　在波羅柰國。昔日如來與提婆達多俱爲鹿王，各領五百餘鹿在此林中。時王出獵，盡欲煞之，中有雌鹿懷子垂産，菩薩鹿王以身代之，王感仁慈，盡免其命，即以此林用施諸鹿，鹿野之号自此興焉。

大寺　梵言鼻訶羅，此云遊，謂僧遊履處也。舊來以寺代之。寺者，司也，有法度也。釋名云：寺，嗣也。治事者相副(嗣)[二]續於其内也。字從寸出(㞢)[三]聲。出(㞢)，古之字也。

衣桁　或作笐，胡浪反。可以架衣也。爾雅「竿謂之箷」是也。箷音移。

坋那　浮云反。阿毗曇藏名也。依字，廣雅：坋，分也。

鋘鈇　胡瓜反[四]。此古文奇字鏵。下府于反。莝刃也。亦撰

(横)[五]斧也。鈇攅(櫝)[六]也。

彷徉　扶羊反,下餘章反。廣雅:彷徉,徙倚也。案彷徉,徘徊也。

一尗　又作叔、尗二形,同。失六反。廣雅:大豆曰尗,小豆曰荅。

遷提　此仙反。言可遷徙提挈也。或作荃提,言以荃草爲之也。非此方物,出崐崘山中。律文或作先提。

絜裹　古文作㓞,同。古纈反。絜,束也,繫也。字林:[麻][七]一耑也。

和上　經中或作和闍,皆訛也。應言郁波弟耶夜,此云近誦。以弟子年小,不離於師,常逐常近,受經而誦也。又云鄔波柁耶,此云親教。舊譯云知罪知無罪,名爲和上也。

阿闍梨　經中或作阿祇利,皆于闐等諸國訛也。應言阿遮利夜,譯云正行。又言阿遮利耶,此云軌範。舊云於善法中教授令知名阿闍梨也。

哂陀　式忍反。摩哂陀者是阿育王子也。

善見律　第二卷

布薩　此訛略也,應云鉢羅帝提舍耶寐,此云我對説,謂相向説罪也。舊云净住者,義翻也。

鴡䴌　之夜反,下古胡反。埤蒼:鳥,似服鳥而大。字指云:鴡䴌鳥,其鳴自呼,飛徂(但)[八]南不北,形如雌雉也。

企摩　去豉反。人名也。依字,企,立也。從人從止。經文從山作企(𡵀)[九],古文危字。人在山上皃也。

迦螺　勒和反。人名也。律文作蠡,悦專反。爾雅:蠡,覆蜩,蟲名也。蠡非此用。

善見律　第三卷

唱薩　此言訛也。正言娑度,此譯云善哉。

整㪅　楚力反。㪅謂正方也。

善見律　第四卷

楝(楝)[一〇]木　力見反。楝(楝)木子如指[一一],白而粘,可以浣衣也。

一蛤　古合反。字林:燕雀所化也。秦曰牡蠣。

鑱刺　仕衫反。廣雅:鑱謂之鈹。謂针刺也。説文:鑱,鋭也。

誌名　字詁:今作識。誌,記也。

善見律　第五卷

觜破　今作喙,同。子累反。廣雅:觜,口也。字書:鳥喙也。律文作嘴,徐耎反。嘴非此義。

一攕(櫼)[一二]　虚奇反。方言:陳楚宋魏之間謂蠡爲攕(櫼)。郭璞曰:攕(櫼)、蠡、瓠,勺也。今江東呼勺爲攕(櫼)。律文作㭖(㭖)[一三],假借也。正音虚衣反。㭖(㭖),木名,汁可食。㭖非此義。

歠縻　古文吷,同。昌悦反。説文:歠,飲也。歠,欱也。欱音呼答反。律文作啜,時悦反。啜,茹也,嘗也。啜非今旨。

寄客　奇驕反。廣雅:寄,寄客也。律文作僑,高也。僑非此用。

緘口　古咸反。緘，閉也。字林：束篋也。廣雅：緘，索也。取其義矣。

懟恨　治類反。爾雅：懟，怨也，忿也。

善見律　第六卷

囊襻　又作䙆，同。普諫反。今衣腰襻也。

爲鋌　徒頂反。謂銅鐵樸也。

翡翠　扶畏反，且醉反。雄赤曰翡，雌青曰翠，出鬱林。南方異物志云：翡大於鷰，小於烏，腰身通黑，唯匈前背上翼後有赤毛。翠通身青黃，唯六翮上毛長寸餘。其飛即羽鳴翡翠翠，因以名焉。字指云：南方取之，因其生子，漸下其巢，須可取之，皆取其羽也。

善見律　第七卷

癡疙　魚訖反。廣雅：疙，癡也。通俗文：小癡曰疙。說文：癡，不慧也。埤蒼：癡，騃也。

生肬　又作疣、默二形，同。有流反。廣雅：肬，腫也。說文：肬，贅也。小曰肬，大曰贅。贅，之芮反。

蚺蛇　而塩反。字林：大蛇也。可食，大二圍，長二丈餘。異物志云：蚺蛇食灰，吞鹿出鹿，與巴蛇同。

鴉鳩　音浮，俗多作鵧，渠六反。通俗文：隹其謂之鵧鳩。爾雅：隹鳺(鳺)鴀[一四]。郭璞曰：即鴉鳩也。律文作孚，非體也。鳺音夫。鴀音方浮反。

狗獺　他曷、他鎋二反。說文：形如小犬，水居食魚者也。律文多作狚、蠇、獺三形，並非也。

㹸牛　疾辛反。字略云：牛名也。

善見律　第八卷

從容　門木(閑)[一五]也。案從容，舉動也。今取其義。

床户　又作攕[一六]，同。口減反。通俗文：小户曰床。字書：床，窗也。律文作店，字與废同。音餘冉反。户鍵也。又音簟，非今所用。

擺撥　又作捭，同。補買反。下補沫反。說文：擺，兩手擊也。廣雅：捭，開也。撥，除也，揚也。

虫蛀　俗音注，此應蠹(蠹)[一七]字，丁故反，謂虫物損壞衣者，如白魚等也。律文有改作住。

户向　許亮反。三蒼：北出户也。律文作扃，古熒反。關鈕也。扃非此用。

作繖　又作傘，同。桑爛反。謂繖蓋也。

蟹眼　又作蠏，同。胡買反。說文：水蟲也。八足，二螯，旁行也。

米黏　又作粘，同。户孤反。粘，黏也。

縷茸　而容反。說文：茸，草茸也。亦亂皃也。今取其義。

三股　又作骰，同。公户反。說文：股，髀也。謂脛本曰股，今取其義。律文作皷，非體也。

八廉　力占反。廣雅：廉，棱也。方言：箭三廉者謂之羊頭箭也。

弓法　居雄反。世本：揮作弓。宋忠注云：黃帝臣也。山海經：少昊生股，股始爲弓[一八]。此言是也。說文：以近窮遠故曰弓也。律文從木作杛，非體也。

門闑　又作臬，同。魚列反。爾雅：橛謂之闑。郭璞曰：門梱也。

善見律　第九卷

大瓬　又作堽，同。古郎反。方言：瓬，甖也。注云：今江東通言大瓮爲瓬。

无籃　力甘反。筐屬也。字林：大客也。客，杯籠也。纂文云：大筐也。客音力各反。方言：杯客也。

及藤　徒登反。廣雅：藤，藟也。今呼草蔓莚如葛之藟者爲藤。

甘蔗　子姚反。出廣州。子不堪食，生人間籬，援上作藤，用薄擣傅腫大驗。

椰子　聲類作茀，同。以車反。異物志云：椰高十尋，葉居其末，果名也。子及葉席遍中國。

手搦　又作敜，女卓、女革二反。搦猶捉也。説文：搦，按也。

石楮　今作支，同。之移反。爾雅：楮，柱也。説文：柱下也。

及鰐　五各反。廣雅：魚名也。鰐魚長二丈餘，有四足，似鼉，齒至利，有禽鹿入水，齧腰即斷。

魚笱　古厚反。謂以薄[一九]爲魚笱也，曲竹捕魚者也。

攣取　九万反。通俗文：汲取曰攣。説文：攣，杼(抒)[二〇]漏也，舀也。舀音弋少反。

鑰匙　又作鬮，同。餘酌反。下又作提，同。是攴(支)[二一]反。

善見律　第十卷

麈麖　之庾反。字林：似鹿而大，一角也。麖又作麠，同。居英反。爾雅：麖，大麃，牛尾，一角。麃即麞也，色黑，耳白。麃音蒲交反。麞別名也。

直賗　又作賧，同。徒感反。通俗文：市買先入[物][二二]曰賧。今言賧錢者也。

沙糖　又作餹，同。徒郎反。煎甘蔗作之也。

木槿　居隱反。爾雅：椴木槿，櫬木槿。似李花，朝生夕殞，可食者也。

善見律　第十一卷

上湍　土桓反。疾水也。説文：疾瀨也。水流沙上曰瀨。瀨，淺水也。

五篙　古豪反。謂刺船竹木也。長二丈，以鐵爲鏃者也。

肪膏　府房反。説文：肪，肥也，脂也。三蒼：有角曰脂，無角曰膏。

有橐　蒲戒反。謂鍛家用炊火令熾者也。

狐簇　古胡反。以尖竹頭布地也。下楚角反。東京賦云：璹琩不簇。薛綜曰：不叉稓取之也。廣蒼：胡餅家用簇。簇，刺。稓音叉白反，矛屬也。

漫讚　莫半反。漫猶不實也，不分別善惡也。律文作敳。敳敳，無文采也。敳非此用。

遭洽　又作淦、涵二形，同。胡南反。方言：淦，沉也。字體作匳，船没也。

縋煞　又作磓，同。直僞反。謂懸重曰縋也。通俗文「懸鎮曰縋」是也。

栟(拼)[二三]石　古文荓、鞞二形，同。補耕反。謂振繩墨栟(拼)彈者也。

壘柵　力癸反，下叉白反。軍壁曰壘，豎木曰柵也。

時笮　側格反。笮猶壓也。今謂笮出汁。

剗草　又作鏟，同。初眼反。廣雅：剗，削也。聲類：剗，平也。

善見律　第十二卷

腳夾　古洽反。夾，取也。三蒼：夾，輔也。

捻置　奴頰反。通俗文：指持爲捻。捻亦捏也。

善見律　第十三卷

屋霤　又作溜，同。力救反。説文：屋水流下也。凡水流下皆曰霤。律文作留，非體也。

孱那　士簡、士延二反。比丘名也。

儒耎　而俱反。説文：儒，柔也。術士之稱也。耎，弱也。

善見律　第十四卷

誘訹　古文羑、誦、詼三形，同。餘手反。説文：誘，導也。引也，教也。亦相勸也。訹，私律反。説文：訹，誘也。廣雅：訹，詼也。律文作唀，非也。下作恤，非體也。

物裨　又作埤、𩞀二形，同。比移反。又音卑，補也，助也，增益也。

殕壞　敷九反。廣雅：殕，敗也。埤蒼：殕，腐也。

翁親　烏功反。案鳥頭上毛曰翁。翁，一身之最上；祖，一家之最尊。祖爲翁者，取其尊上之意也。

細𦅗　又作緻，同。遲致反。案緻，密也。

善見律　第十五卷

俸禄　扶用反。案俸，與也。稟米賜錢皆曰俸也。禄，福也。案古者無有耕稼，民食野鹿。在事之人闕於田獵，官賜以物，當其鹿處，後人因之謂爲食鹿。變鹿爲禄者，取其神福之義也。

渥地　烏學反。謂沾濡曰渥也。渥亦厚也。

龜鱓　又作鱔、䱇二形，同。音善。訓纂云：蛇魚也。

香莩　撫俱反。梵言憂尸羅，此譯言皮也，亦花也。

摒擋　方政反，下多浪反。通俗文：除物曰摒擋。摒，除也。

木摶　字宜作剸，徒端反。剸謂剸截也。

水觚　古胡反。論語：觚哉。馬融曰：觚，禮器也。一升曰爵，二升曰觚是也。律文作觝，非也。

謇吃　居展反，下居乞反。通俗文：言不通利謂之謇吃。律文作寋、鶱二形，非也。

善見律　第十六卷

穄米　子曳反。説文：穄似黍而不粘者也。關西謂之廩[二四]是也。

物撓　火高反。説文：撓，擾也。謂撓攪也。

撩与　力條反。撩，擲也。説文：撩，理也。

腹羅　或作福羅，或云富羅，正言布羅，此云短勒靴也。

傖吳　仕衡反。晉陽秋[二五]曰：吳人謂中國人爲傖人。俗又總謂江淮間雜楚爲傖。

卷褺　徒頰反。褺也。字林：重衣也。

瘤病　力周反。説文：瘤，腫也。聲類：瘤，瘜肉也。謂腫結不潰散者也。

鐵烙　力各反。謂燒鐵著物也。律文作鉻，非也。

善見律　第十七卷

下矴　都定反。謂柱下石也。經文作磸，近字也。

那蒐　所留反。外國藥名也。

蕤子　今作捼[二六]，同。汝誰反。藥草也。核可治眼。字從生豕聲。

除苹　皮兵反。爾雅：苹，萍。其大者蘋。注云：水中浮萍。

善見律　第十八卷

箱篋　司羊反，下苦協反。箱謂盛衣器也。

指挃　知栗反。廣雅：挃，刺也。謂以手指觸人也。

鼻柰耶律[二七]一名戒因緣經　第一卷

兼該　古來反。該，備也。方言：該，咸也。

謏然　蘇了反。謏亦了也[二八]。

緘縢　古咸反，下達曾反。説文：緘，束篋也。廣雅：緘，索也。縢，繩也，亦緘，閉也。

諄諄　古文訰，同。之純、之閏二反。説文：告曉之熟也。案諄諄，誠懇皃也。詩云「誨爾諄諄」是也。

鈐波　胡耽、渠廉二反。

獖者　扶云反。説文：羠豕也。羠，騬也。謂犍豕也。羠音似。

鷄鶚　娥各反。雕屬也。摯鳥也。如雕而黑文，白首赤足，喙而[二九]虎爪，音如晨鵠也。

椑桃　臂彌反。椑子，果名也。「上林苑多烏椑」是也。

猳玃　古遐反，下居縛反。説文：大母猴也。似彌猴而大，色蒼黑，善攫持人，好顧眄也。

鼻柰耶律　第二卷

轝出　與居反。蒼頡篇：舉也。對舉曰轝。

如砷　於甲反。自上加下也。

播(幡)[三〇]倢　且獵、字獵二反。謂口舌往來皃也。詩云：倢倢幡幡，謀欲譖言。傳曰：倢倢，猶緝緝。幡幡，猶翩翩也。

系頭　户帝反。

調達　第五比丘名也。

鼻柰耶律　第三卷

全碩　市赤反。方言：齊宋之間謂大曰碩。亦曰美也。

鑰牡　餘酌反，下亡後反。謂出鑰者也。插關下牡也。案鑰爲牝，牡所以封固關閉令不可開也。

虺毒　古文虫、蝺二形，同。呼鬼反。毒蟲也。韓非子曰：蟲有虺者，一身兩口，爭食相齕，遂相殺也。

鼻柰耶律　第四卷

牝牡　脾忍反。說文：畜母也。雌此之反[也]〔三一〕。下莫走反。說文：畜父也，雄也。飛曰雄雌，走曰牝牡，此一義也。

瓦閾　古文閾，同。呼域反〔三二〕。爾雅：柣謂之閾。郭璞曰：門限也。柣音田結反〔三三〕。

瓦楣　靡飢反。爾雅：楣謂之梁。郭璞云：門上橫梁也。廣雅：楣，梠也。

四徼　古吊反。四門巷也。即廛中四徼曰是也。

篅成　市緣反。說文：判竹圓以盛穀。笹，篅也。笹音徒損反。

鼻柰耶律　第五卷

囈語　魚世反。眠中不覺妄言也。列子云：眠中㾖囈呻呼。㾖音五合(含)〔三四〕反。

赦宥　書夜反。說文：赦，置也。周禮三赦：一赦幼弱，二赦老耄，三赦愚蠢。下禹救反。宥，寬也。宥亦赦也。周禮三宥：一宥不識，二宥過失，三宥遺忘。

筑笛　知六反。筑，形如箏，刻其頸而握之頸築之〔三五〕，故謂之筑。字從巩者，握持之也。巩音拱，共手爲拱字也。

桎梏　之日反，下古木反。在手曰桎，在足曰梏。蒼頡篇：偏著曰桎，參著曰梏。

噤切　渠飲反。閉口爲噤，謂不開也。

赶尾　巨言反。通俗文：舉尾走曰赶。律文作揵，非體也。

肱挾　又作厷，同。古弘反。下胡頰反。廣雅：臂謂之肱。爾雅：挾，藏也。說文：挾，持也。

烹雁　普羹反。烹，煮也。方言：烹，熟也。凡煮於鑊中曰烹，於鼎曰煮(升)〔三六〕。

敲節　又作㪣(敂)〔三七〕，同。口交反。說文：敲，擴(橫)〔三八〕檛也。謂下打者也。

擲抛　又作擿，同。丈亦反。擲，投也，抵也。下普交反。字林：抛，擊也。通俗文：杖䌽曰抛。抛打亦通語也。今有抛車亦作此，音普孝反。律文作砲，非也。

投夾　古洽反。夾，膝也。

鼻柰耶律　第六卷

虫蠹　丁故反。字林：木虫也。穿食人器物者，如白魚等並是也。

弓鞬　又作韃、靬二形，同。居言、口旦二反。廣雅：弓，藏也。謂弓衣曰鞬。釋名：鞬，建也，弓矢並建立其中也。

塔婆　或言偷婆，或言藪斗波，皆訛也。正言窣覩婆，此言廟也。

鼻柰耶律　第七卷

痱癗　又作疿，同。蒲罪反。下力罪反。案痱癗，小腫也。

撓擾　字林：火刀反。撓，擾也。下如紹反。廣雅：擾，亂也。說文：擾，煩也。

激動　古歷反。流急曰激。激，發也，亦感激也。

如厭　於冉反。字苑：眠內不祥也。蒼頡篇：伏合人心曰厭。

說文：厭，合也。字從厂猒聲。厂音漢。

鼻柰耶律　第八卷

亘然　古鄧反。謂坦(恒)〔三九〕然也。亘亦遍也，竟也。

曝羅　楚快反。楚(梵)〔四〇〕言阿婆曝羅，天子食地肥者也。

企望　古文跂〔四一〕、定二形，同。墟豉反。謂舉踵曰企也。

淰水　江南謂水不流爲淰，音乃點反。關中乃斬反〔四二〕。說文：淰，濁也。埤蒼：淰，水無波也。律文作澹，非也。

捽滅　存没反。說文：手持頭髮也。捽亦擊地也。

鼻柰耶律　第九卷

掊水　蒲交反。通俗文：手把曰掊。說文：掊，把也。

劦掣　力計反。比丘名劦掣子。

魁首　苦迴反。魁，師〔四三〕也，亦首也。廣雅：魁，主也。

荼揭　尊者荼揭妬。渠謁反。人名也。

蛇蠆　敕芥反。字林：皆行毒虫也。關西謂蠍爲蠆蝅，音他達、力曷反。

鼻柰耶律　第十卷

蚩弄　古文蚩，同。尺之反。廣雅：蚩，輕也。謂相輕而笑也。

細襵　知獵、之涉二反。廣雅：襵，屈也，襞也。

噏飯　又作吸，同。羲及反。廣雅：吸，飲也。吸猶引也。

盡県〔四四〕　古堯反。說文：倒首也。賈侍中說：斷首倒懸，即県字也。謂懸首於木上竿頭以肆其辜也。廣雅：県，磔也。或作梟，二形通用也。

曬夜　梵言曬夜泥，此言打杙封地也。

水竇　徒鬬反。謂水所行道也。說文：竇，空也。孔穴也。

豍豆　補迷反。廣雅：豍豆，蹓豆也。

持戟　居逆反。廣雅：偃戟，雄戟也。方言：三刃枝。南楚宛郢謂之偃戟。

擭飯　於獲反。廣雅：擭，持也。謂以手擭取也。律文作摑，非也。

⿰口尃噍　又作⿰齒尃，同。補洛反，下子立反。說文：噍皃也。

摩得勒伽律〔四五〕　第一卷

摩得勒伽　或言摩低黎迦，或言摩恒〔四六〕履迦，此譯云母，以生智故也。

爲怗　宜作擔(檐)〔四七〕。餘占反。言如屋擔(檐)〔四八〕遮堂室也。仍未詳。

摩得勒伽律　第三卷〔四九〕

子驢　三蒼云：此占(古)〔五〇〕歡字，同。音呼官反。說文：馬名也。

毗尼母律〔五一〕　第三卷

銼鑹　才戈、才鹿二反，下力戈反。聲類：小釜也，亦上(土)〔五二〕釜也。一名鍋銷，音烏育。

相跋 説文作犮，同。補末反。相跋躐也。躐，踐也。躐音力涉反。

掊汗 蒲交反。通俗文：手把曰掊。説文：掊，把也。律文作刨，近字也。

俟一 古文竢、䇃、迡三形，同。事几反。爾雅：俟，待也。

讁阿 知革反。方言：讁，怒也。郭璞曰：謂相責怒也。讁，譴也。譴，呵也，責也。

毗尼母律 第四卷

聰喆 又作哲、悊二形，同。知列反。爾雅：哲，智也。方言：齊宋之間謂知爲哲。哲，明了也。

傅之 方務反。案傅猶附也。謂塗附也。漢書「皆傅脂粉」是也。

鐴土 補赤反。埤蒼：鐴，大犁耳也〔五三〕。

䘢之 又作褚，同。知呂反。通俗文：裝衣曰䘢也。

漉著 或作淥，同。力木反。水下皃也。漉，浚也。律文作濾，近字也。

餐饙 思流反。下又作餴，同。府云反。字書：蒸米也。廣雅：饙謂之餐。爾雅：饙，稔也，亦餾也。

毗尼母律 第五卷

刻鏤 肯則反。爾雅：木謂之刻。注云：治璞之名也。廣雅：刻，畫也。鏤，力鬪反。爾雅：金謂之鏤。鏤，刻也。

銅魁 苦迴反。説文：盛羹斗也。律文作撊，又作鐗，皆非也。

燭樹 時注反。樹猶立也。或作竪，殊庾反。説文：竪，立也。兩通。

相敢 古膽反。三蒼：敢，必行也。不畏爲之也。廣雅：敢，勇也。敢，犯也，亦進也，謂相競也。

賜金 古文作貺，同。几髮反。廣雅：賜，賭也。賭物爲賜。

稚彎 梵言壹茢，此云箭也。今作彎，古豆反。説文：張弓弩也。

饋汝 古文餽，同。渠愧反。説文：饋，餉也。進物於尊者亦曰饋。饋亦祭名也。

毗尼母律 第六卷

淋水 古文濂，同。力針反。字林：以水沃也。沃，灌也。

師範 又作笵，同。音犯。爾雅：範，法也，常也。

搔摸 桑勞反。説文：搔，刮也。搔，抓也。下亡各反。方言：摸，撫也。即摸搽也。律文作撈，力高反。方言：鉤取也。撈非此義。

欱作 呼合反。説文：欱，歠也。欱，合也。文中作哈，士合反。哈然失所也。字書此與唅字同，徒濫反〔五四〕，並非此義。

毗尼母律 第七卷

攲側 又作欹、崎、攲三形，同。丘知反。説文：攲嘔，傾側不安也。

毗尼母律 第八卷

木柹 敷廢反。説文：削朴也。朴，札也。謂削木皮也。

體瘃 又作㾷，同。知録反。謂手足中寒作瘡者也。

籬上　又作攡（樆）〔五五〕、扡（杝）〔五六〕二形，同。力支反。通俗文：柴垣曰籬。釋名云：以柴作之，疏離離然也。

薩婆多毗尼毗婆沙〔五七〕　第三卷

作發　府越反。謂撥（機）〔五八〕發也。說文：射，發也。廣雅：發，舉也。律文作撥，補沫反。撥，除也。撥，去也。撥非此義。

飄然　敷遥反。飛揚皃也。飄猶吹也。輕飄也。律文作驃，方召反，馬色也。驃非此用。

波演　梵言波衍那，此云周匝廊舍院也。

以𢮋（摘）〔五九〕　都革反。蒼頡篇：𢮋（摘）〔六〇〕，取也。

薩婆多毗尼毗婆沙　第四卷

漸染　或作瀸，同。子廉反。廣雅：漸，漬也，濕也。相染汙也。後漢書「墨子泣乎白絲如漸染之易性」是也。律文作冉，毛也。冉非今用也。

穑積　又作蓄，同。恥六反。蒼頡篇：穑，聚也，積也。

甲冑　古文軸，同。除救反。字林：兜鍪也。律文作鈾，非也。

大棒　又作棓，同。蒲講反。說文：捧（棒）〔六一〕，大杖也。

薩婆多毗尼毗婆沙　［第五卷］〔六二〕

一弗（弗）〔六三〕　初眼反。字苑：今之炙肉弗也。

駝毛　大何反。即馲駝也。律文從馬作他〔六四〕，非體也。

羖羊　公户反。亦名羯羊。三蒼：羖攊也。

揵稚　直致反。舊經多作犍遲，梵言臂吒犍稚。臂吒，此云打。犍稚，所打之木，或檀或桐。此無正翻，彼無鐘磬故也。今經律多作犍稚（椎）〔六五〕，誤也。

薩婆多毗尼毗婆沙　第六卷

羅芀　郎北反。香釆（菜）〔六六〕也。俗言避石勒諱改名羅香也。律文作勒，非體也。

胡荾　又作荽，字苑作葰，同。私隹反。韻略云：胡荾，香菜也。博物志云：張騫使西域得胡綏。今江南謂胡葰，亦爲葫䕭，音胡祈。閭里間音火孤反。

薩婆多毗尼毗婆沙　第七卷

鵽鶵　竹刮反。爾雅：鵽鳩，寇雉。郭璞曰：大如鴿，似雌雉，鼠脚，無後指，岐尾，爲鳥憨急，羣飛，出北方沙莫（漠）〔六七〕地也。憨音呼濫反。俗名突厥雀。

猖狂　齒楊反。謂狂駭也。莊子云「猖狂妄行」是也。

薩婆多毗尼毗婆沙　第八卷

牙旗　渠基反。熊虎爲旗，刻牙爲飾，因以名焉。論文作衙，牛墟反，行皃也。又作衙（徛）〔六八〕，魚家、魚舉二反，馮翊縣名也，並非此用。

薩婆多毗尼毗婆沙　第九卷

蟻封　府逢反。封謂起土增高也。封亦厚也。如封畺[界][六九]。

不喫　口迹反。謂喫，噉也。

嚼食　自略反。廣雅：嚼，茹也。字書[七〇]：咀也。[咀，才與反[七一]。]亦即噍嚼也。

大愛道比丘尼經[七二]　上卷

精廬　力居反。廬，舍也。精廬，説（論）[七三]文人近名，非古典，即精舍也。

倓（惔）[七四]然　徒闞反。蒼頡篇：倓（惔），恬也。説文：倓（惔），安也。廣雅：倓（惔），静也。今皆作淡。闞音苦濫反。

踱跣　又作跅，同。徒各反，下四典、千典二反。三蒼云：以脚踐土也。諸書作徒跣。

歔欷　喜居反，下虚既反。字林：涕泣皃也。蒼頡篇：泣餘聲也。亦悲也。

蒺蔾　茨栗反，下力尸反。布地蔓生者也。爾雅「薋，蒺蔾」是也。

漏溢　古文泆，同。弋一反。字林：溢，滿也。

咍笑　呼來反。字書：蚩笑也。楚人謂相調笑爲咍。經文作唉，於來反，應聲也。唉非此義。

撿押　居斂反。撿，括也。括猶索縛也。下古狎反。爾雅：押，輔也。謂押束也。

庶幾　爾雅：庶，幸也。郭璞曰：庶幾，僥倖也。又云：庶幾，尚也。庶，冀也。幾，微也。

蜎飛　一全反。字林：蟲皃也。或作蠉，古文翾，同。呼全反。飛皃也。爾雅：井中小赤蟲也。

蚑行　渠支反，又音奇。謂蟲行皃也。周書「蚑行喘息」是也。

圭合　古携反。漢書：多少者不失圭撮。四圭曰撮。孟康曰：六十四黍爲一圭也。

燔燒　扶袁反。字林：燔亦燒也。

婬佚　又作劮，同。與一反。蒼頡篇：佚，蕩也。亦樂也。

洋銅　以良反。謂煑之消爛洋洋然也。三蒼：洋，大水皃也。字略作煬，釋金也。

摸摖　亡各反。方言：摸，撫也。謂撫循也。下蘇各反。埤蒼：摸摖，捫搎也。搎音孫。

抵推　都礼反。大戴禮夏小正云：抵猶推也。謂相推排而坐。

襜衣　昌占反。爾雅：衣蔽前謂之襜。郭璞云：即今蔽膝也。言襜襜然前後出也。

踞牀　記恕反。字林：踞亦蹲也。亦跨也。律文作倨。倨，傲也，不遜也。倨非此義。

巫師　武俱反。事鬼神曰巫。在男曰巫（覡）[七五]，在女曰覡（巫）[七六]。説文：能事無形以舞降神也。

變殞　又作隕，同。爲愍反。聲類：殞，没也。墜落也。

媟瀆　相列反。下古文遭、嬻二形，今作黷，同。徒穀反。方言：媟，狎也。謂相親狎也。嬻，慢也，傷也。謂相輕傷也。

犇走　古文驞，今作奔，同。補門反。疾走也。釋名云：奔，變也。有急變奔赴之也。

大愛道比丘尼經　卷下

脩恂　私巡反。廣雅：恂，敬也。爾雅：恂，信也。亦戰慄也。

用啖 又作啗、噉二形，同。達敢、達濫二反。廣雅：啖，食也。啖亦與也。

妖冶 於驕反，下以者反。周易：冶容誨淫。劉瓛曰：冶，妖冶也。經文作蠱，蠱行毒害也。蠱音聲類弋者反。

惕態 而酌反。弱，耎弱也。經文從心作惕，古文惄、愵二形，今作惕，同。奴的反。惕，憂也。

鯨戾 書無此字，宜作鯤[七七]，胡本反。此恐誤作，音字宜作很，胡懇反。很，戾也，違也。説文：不聽從也。字從彳從艮聲。

滀在 釋名作滀。諸書作蓄、稸二形，同。抽六反。蓄，止也。廣雅：蓄，聚也。積也。

履鞋 又作韉，同。火見反。著掖(掖)[七八]者也。今取其義，應作鞙，胡犬反。

嫈瞑 字林乙莖、茫莖反。心態也，亦細視也。經文作嚶暗，未見所出。

鬀滕 又作剃，同。他計反。説文：鬀，剔也。盡及身毛曰鬀。文中作梯(涕)[七九]，他弟反。廣雅：梯(涕)，洟也。下力酌反。廣雅：略，治也。亦强取也。文中作滕，[疑誤也[八〇]。]

憙傅 方務反。傅，附也，謂塗附也。漢書「傅脂粉」是也。

珠璣 居衣反。説文：珠不圓者也。字書：一曰小珠也。

訕貴 所姦反。論語：惡居下而訕上。孔安國曰：訕，謗毀也。蒼頡篇：訕，非也。

鳩餌 今作酖，同。除禁反。大如鵰，紫緑色，長頸，赤喙，食蛇者也。以羽畫酒飲之煞人也。[下如志反[八一]。]蒼頡篇：餌，食也。凡所食物皆曰餌。

煩苛 賀多反。國語：苛我邊鄙。賈逵曰：苛猶擾也。廣雅：苛，怒也。

禁圄 魚吕反。釋名云：圄，禦也。謂禁禦之也。

剖形 普後反。剖，破也。説文：剖，判分也。廣雅：剖，析也。

大比丘三千威儀經[八二]　卷上

如掐 又作㓣，同。口洽反。埤蒼：搯(掐)[八三]，抓也。謂爪傷也。

盪器 徒朗反。説文：盪，滌也。通俗文：澡器謂之盪滌也。

咤噴 都嫁反。説文：吒，噴也。叱吒，猶呵叱也。下普寸反。説文：鼓鼻也。廣雅：嚏也。文中作噌，非也。

調譺 徒吊反。廣雅：調，欺也。調，賣也。下魚戒反。廣雅：譺亦大調也。謂相嘲調也。

頷頭 牛感反。説文：低頭也。廣雅：摇也。謂摇其頭也。

僧迦 正言僧脚差。僧，此云掩覆。脚差，此云腋。名掩腋衣。律文作僧迦支，或作祇支，或作竭支，皆訛也。

尼衛 此譯云裹衣也。

下尻 苦勞反。尻，臀也。臀音徒昆反。

去鉎 所京反。埤蒼：鉎，鏉也。謂鐵衣也。鏉(鏉)[八四]音所雷反。

分衛 此言訛也。正言儐荼波多。擯荼，此云團。波多，此云墮。言食墮在鉢中也。或言賓荼夜，此云團。團者，食團，謂何(行)[八五]乞食也。

招提 譯云四方也。招，此云四。提，此云方。謂四方僧也。一云招提者，訛也，正言柘(拓)[八六]鬭提奢，此云四方。譯人去鬭去奢，柘(拓)復誤作招，以柘(拓)相似，遂有斯誤也。

大比丘三千威儀經　卷下

棙(捩)[八七]手　奴和、乃迴二反。説文：棙(捩)，摧也[八八]。一曰兩手相切也。

汙湔　子見反。通俗文：傍沾曰湔。山東名也。江南名瀳，音祖旦反。

得擭　烏獲反。謂手握取物也。

氣泄　古文呭，同。思列反。詩云：俾民憂泄。箋云：泄，出也。發也。廣雅：泄，漏也。

掉捎　徒吊反。掉，摇也，振也。下所交反。捎，動也。

優婆塞五戒相經[八九]

衡軛　於革反。車軛也。謂轅端壓牛領者也。

兩舷　胡田反。船兩緣也。埤蒼：船舷也。亦名舥，音扶嚴反。

椽桷　馳宣反，下古學反。椽桷榱橑皆一物而異名也。

及奧　於報反。奧，室也。爾雅：室西南隅謂之奧。郭璞曰：室中隱奧之處也。

二叟　古文㝅、傁二形，今作叟，同。蘇走反。方言：叟，父長老也。東齊魯衞之間凡尊老謂之叟，南楚曰父。字從宊從又。脉之大候在於寸口，老人寸口脉衰，故從又從宊。又音手。宊者，衰惡也。

優婆塞五戒威儀經[九〇]

樓纂　子管反。錫杖下頭鐵也。字應作鑽，子亂反。開(關)[九一]中名鑽，江南名鐏。鐏音在困反。釋名：矛下頭曰鐏也。

三括　古奪反。括，結束也。括猶索縛之也。此字應誤，宜作摇，以招反。摇，動也。

舍利弗問經[九二]

督(督)[九三]令　字書令(令)[九四]作督(督)，同。都木反。爾雅：督(督)，正也。注云：謂御正之也。方言：督(督)，理也。説文：督(督)，察也。

颰焰　又作颮，同。比遥反。謂暴風也。字從猋從風。猋從犬，非火也。

亟立　墟記反。爾雅：亟，數也。數音所角反。

覢鑠　又作睒，同。式冉反。説文：暫見也。不定也。下舒若反。鑠，光明也。

係縛　古文繫、継二形，同。古帝反。説文：係，絜束也。繫亦連綴也。

慊至　苦蕈[九五]反。慊慊，言勖勖也，亦慊快也。勖音苦没反。

懇惻　古文詪，同。口很反。通俗文：至誠曰懇。懇，信也，亦堅忍也。下古文愳，同。楚力反。廣雅：惻，非(悲)[九六]也。説文：惻，痛也。

若鏟　叉莧反。説文：一曰平鐵也。廣雅謂之鏟。蒼頡篇：削平也。

圊内　七情反。廣雅：圊、圂、庰，廁也。釋名：言至穢處修治使潔清也。

戒消灾經

釃酒　字書作麗，同。所宜、所解二反。説文：下酒也。一曰醇也。詩云：釃酒有藇。傳曰：以筐曰釃。

酒烝　之承反。左傳：定王享之肴烝。杜預曰：丞(烝)〔九七〕，升也。亦篚篚之實也，亦進也。

負揵　力展反。淮南子曰：揵載粟米而至。許叔重曰：揵，擔之也。今皆作輦。

解脱戒本〔九八〕

抪草　普胡反。字書：抪，敷也。謂敷舒之也。説文：抪，布也。今皆作鋪。鋪，陳也。

入陛　蒲米反〔九九〕。説文：升高陛也。即「牀陛」、「階陛」是也。戒文從木。梐，補奚反，禁獄之名，非此用也。

攲身　又作崎，同。丘知反。謂攲傾不正也。

蹻脚　丘消反。説文：舉足行高也。漢書：蹻足。文穎曰：蹻猶翹也。三蒼解詁(詁)〔一〇〇〕云：蹻，舉足也。史記作翹，戒文作踻〔一〇一〕，口彫反，縣名也。踻非此義。

揑作　乃結反。埤蒼：揑，捺、搦，治也。

臘佛　謂坐臘，臘餅，謂今七月十五日夏罷獻供之餅也。

僧祇戒本〔一〇二〕

刀擬　魚理反。字書：擬，向也。説文：擬，度也。比也。

不嫽　力彫反。謂相嫽敎也。嫽，觸也，弄也。

指攪　古文捁〔一〇三〕，同。古巧反。字書：攪，撓也。亦亂也。

欶指　又作嗽，同。所角反。通俗文：含吸曰欶。戒文作嗽，俗字也。

⿰口尃噍　補莫、子立反。説文：⿰口尃噍，噍聲也。

四分戒本〔一〇四〕

無崖　又作厓，同。五佳反。説文：岸高邊者也。書有作涯，宜佳反。涯，涘也，無涯際也。

失轄　古文舝、鎋二形，同。胡瞎反。軸端鐵也。説文：轄，鍵也。

磔手　古文厇，同。知格反。廣雅：磔，張也。磔，開也。通俗文「張申曰磔」是也。

分牻　亡江反。考工記：公圭用牻。注云：牻，雜也。説文：白黑雜毛牛也。戒文作尨，犬多毛也。詩云「無使尨也吠」是也。

覆苫　舒盬反。爾雅：白蓋謂之苫。李巡云：編菅以覆屋曰苫。又音舒焰反。苫亦覆。

掉臂　徒吊反。廣雅：掉，動摇也。

噏飯　古文歙、噏二形，今作吸，同。許及反。廣雅：吸，飲也。謂氣息入也。

犛牛　亡交反。説文云：西南夷長髦牛也。今隴西出此牛也。戒文作猫，貓二形，今人家所畜以捕鼠者是也。猫非此義也。

十誦戒本〔一〇五〕

如斤　居銀反。説文：斤，斫木也。斤，钁也。戒本作釿，牛引反。説文：釿，劑也。劑音子隨反，翦刀也。劑〔一〇六〕非此義。

躄行　方尺反〔一〇七〕。説文：躄，不能行也。字體從辟從止也。

彌沙塞戒本〔一〇八〕

企行　去彼反〔一〇九〕。説文：企，舉踵也。企亦望也。詩云「企子(予)〔一一〇〕望之」是也。

比丘尼羯磨

厭禱　於簟反。伏合人心曰厭。下都道反。求福曰禱。廣雅：禱，謝也。禱，請也。

聖誥　古到反。爾雅：誥，告也。誥亦謹也。郭璞曰：所以約謹戒衆也。

四分比丘尼戒本〔一一一〕

門閫　又作梱，同。苦本反。禮記：外言不入於閫。注云：即門限也。

袴髁　口化反。三蒼：髁，尻骨也。字林：腰骨也。

僧祇比丘尼戒本〔一一二〕

[梨耶　履私反。此譯云出者，謂出苦也。義譯爲聖者。]〔一一三〕

轡勒　鄙愧反。字書：馬縻也。所以制收車馬也。勒，馬鑣銜也。字從絲連(叀)〔一一四〕[聲]〔一一五〕。

遞相　又作逓，同。徒禮反。小爾雅：遞、迭、交，更也。爾雅：遞，迭也。郭璞曰：謂更易也。

羯利　數名也。正言迦利沙鉢羿。案八十枚貝珠爲一鉢羿，十六鉢羿爲一迦利沙鉢羿。

擾亂　如紹反〔一一六〕。説文：擾，煩也。廣雅：擾擾，亂也。

適他　尸亦反〔一一七〕。爾雅：適，往也。適事他人也。方言：宋魯謂往爲適。適亦歸也。

十誦比丘尼戒本〔一一八〕

佉啁　竹交反。佉啁羅，此譯云小長牀。一云竭諸，音猪家反。

百襵　音輒，謂裙襵也。又音之涉反。通俗文：便縫曰襵也。

偏刳　口孤反。謂空其中也。方言：刳，剺也。説文：刳，判也。

趬脚　丘昭反。説文：行輕皃也。一曰舉也。亦高也。戒文作蹺，非也。

門閾　又作臬，同。魚列反。即門限也。亦名閫，音苦本反。

喑噫　於禁反，下乙戒反。喑，唶也。噫，嘆傷也，亦大聲也。戒文作嗌，於亦反。嗌，咽也。嗌非字義。

沙彌威儀經〔一一九〕

派瀆　普賣反。説文：派，水之邪流別也。廣雅：水自汾(分)〔一二〇〕出者派也。

汙湔　子見反，山東音也。江南曰濺，音子旦反，又音子千反。手浣也。

調譺　五戒反。通俗文：大調曰譺。説文：欺調也。

潘中　蒼頡篇作藩，同。敷袁反，泔也。説文：潘，淅米汁也。江北名泔，江南名潘。

糞却　府墳反。説文：糞，除掃棄也。廣雅：糞，除也。

澆灒　又作濺，同。子旦反。説文：灒，汙灑也。江南曰灒，山東曰湔。音子見反。

沙彌尼離戒〔二二〕

箏笛　古文篴，同。徒的反。説文：七孔籥也。羌笛三孔。戒文作篇，非也。

一切經音義　卷第十六

甲辰歲高麗國大藏都監奉敕雕造

校勘記

〔一〕善見律　慧轉録於第六十五卷。

〔二〕副　磧作「副」。

〔三〕出　海作「㞢」。下同。

〔四〕胡瓜反　磧爲「户花反」。

〔五〕撗　磧作「横」。

〔六〕擯　磧作「櫁」。

〔七〕麻　麗無，據磧補。

〔八〕俎　磧作「但」。

〔九〕企　海作「仚」。據文意似當作「㕣」或「凸」。

〔一〇〕楝　磧作「楝」。下同。

〔一一〕指　據文意似當作「脂」。

〔一二〕攕　磧作「攕」。下同。

〔一三〕捬　磧作「栭」。下同。

〔一四〕隹鳺鴀　磧爲「隹其鳺鴀」，今傳本爾雅爲「隹其，鳺鴀」。

〔一五〕門木　磧爲「閑」。

〔一六〕搛　據文意似作「槏」。

〔一七〕蠹　磧作「蠧」。

〔一八〕山海經：少昊生股，股始爲弓。　今傳本山海經爲：「少皥生般，般是始爲弓矢。」

〔一九〕薄　磧作「箔」。

〔二〇〕杼　磧作「抒」。

〔二一〕支　磧作「支」。

〔二二〕物　麗無，據磧補。

〔二三〕栟　磧作「拼」。下同。

〔二四〕麇　據文意似當作「麋」。

〔二五〕晉陽秋　磧爲「晉春秋」。

〔二六〕捼　據文意似當作「萎」。

〔二七〕鼻柰耶律　慧轉録於第六十五卷。

〔二八〕此條磧爲「謖然　山六反。起皃也。」。

〔二九〕而　慧作「如」。

〔三〇〕播　磧作「幡」。

〔三一〕也　麗無，據磧補。

〔三二〕呼域反　磧爲「胡域反」。

〔三三〕柣音田結反　磧爲「柣音千結反」。

〔三四〕合　磧作「含」。

〔三五〕刻其頸而握之頸築之　磧爲「刻其頸而握之以頭築之」。

〔三六〕煮　慧卷六五作「升」。

〔三七〕敲　磧作「敲」。

〔三八〕撗　磧作「横」。

〔三九〕坦　據文意似作「恒」。

〔四〇〕楚　磧作「梵」。

〔四一〕跰　據文意似作「跰」。

〔四二〕乃斬反　磧爲「奴敢反」。

〔四三〕師　據文意似當作「帥」。

〔四四〕杲　即「県」。下同。

〔四五〕摩得勒伽律　慧轉録於第六十五卷。

〔四六〕恒　磧作「恒」。

〔四七〕宜作擔　山爲「或作檐」。擔，山作「檐」。

〔四八〕擔　磧山作「檐」。

〔四九〕第三卷　磧爲「第二卷」。

〔五〇〕占　磧作「古」。

〔五一〕毗尼母律　慧轉録於第六十五卷。

〔五二〕上　磧作「土」。

〔五三〕大犁耳也　磧爲「土犁具也」。
〔五四〕徒濫反　磧爲「徒監反」。
〔五五〕攤　磧作「灘」。
〔五六〕扡　磧作「杝」。
〔五七〕薩婆多毗尼毗婆沙　慧轉録於第六十五卷。
〔五八〕擭　磧作「機」。
〔五九〕樀　磧作「摘」。
〔六〇〕樀　磧作「摘」。
〔六一〕捧　磧作「棒」。
〔六二〕第五卷　麗無，據磧補。
〔六三〕弗　磧作「弗」。
〔六四〕他　磧作「佗」。「他」似爲「馳」之誤。
〔六五〕稚　磧作「椎」。
〔六六〕采　磧作「菜」。
〔六七〕莫　磧作「漠」。
〔六八〕徜　磧作「徜」。
〔六九〕界　麗無，據磧補。
〔七〇〕字書　磧爲「字林」。
〔七一〕咀，才與反　麗無，據磧補。
〔七二〕大愛道比丘尼經　慧轉録於第六十五卷。
〔七三〕説　海作「論」。金剛七皆無此字，疑衍。
〔七四〕惔　磧作「惔」。下同。
〔七五〕巫　磧作「覡」。
〔七六〕覌　磧作「巫」。
〔七七〕鯤　磧作「艉」。

〔七八〕棭　磧作「掖」。
〔七九〕梯　磧作「涕」。下同。
〔八〇〕疑誤也　麗無，據磧補。
〔八一〕下如志反　麗無，據磧補。
〔八二〕大比丘三千威儀經　磧爲「大比丘威儀」。慧轉録於第六十四卷。
〔八三〕搯　海作「掐」。
〔八四〕鰍　磧作「鍬」。
〔八五〕何　磧作「行」。
〔八六〕柘　磧作「拓」。下同。
〔八七〕椄　磧作「接」。下同。
〔八八〕説文：椄，摧也　今傳本説文爲「接，推也。」段注爲「挼，摧也。」
〔八九〕優婆塞五戒相經　慧轉録於第六十四卷。
〔九〇〕優婆塞五戒威儀經　慧轉録於第六十四卷。
〔九一〕開　磧作「闢」。
〔九二〕舍利弗問經　慧轉録於第六十四卷。
〔九三〕督　磧作「督」。下同。
〔九四〕令　磧作「今」。
〔九五〕蕈　磧作「簟」。
〔九六〕非　磧作「悲」。
〔九七〕丞　海作「烝」。
〔九八〕解脱戒本　慧轉録於第六十四卷。
〔九九〕蒲米反　磧爲「蒲禮反」。

〔一〇〇〕詰　磧作「詁」。
〔一〇一〕鶂　據文意當作「鶂」。下同。
〔一〇二〕僧祇戒本　慧轉録於第六十四卷。
〔一〇三〕梏　據文意當作「捁」。
〔一〇四〕四分戒本　慧轉録於第六十四卷。
〔一〇五〕十誦戒本　慧轉録於第六十四卷。
〔一〇六〕劑　據文意似作「斳」。
〔一〇七〕方尺反　磧爲「悲尺反」。
〔一〇八〕彌沙塞戒本　慧轉録於第六十四卷。
〔一〇九〕去彼反　磧爲「去豉反」。
〔一一〇〕子　磧作「予」。
〔一一一〕四分比丘尼戒本　慧轉録於第六十四卷。
〔一一二〕僧祇比丘尼戒本　慧轉録於第六十四卷。
〔一一三〕此條麗無，據磧補。
〔一一四〕連　海作「軎」。
〔一一五〕聲　麗無，據磧補。
〔一一六〕如紹反　磧爲「如沼反」。
〔一一七〕尸亦反　磧爲「尸迹反」。
〔一一八〕十誦比丘尼戒本　慧轉録於第六十四卷。
〔一一九〕沙彌威儀經　慧轉録於第六十四卷。
〔一二〇〕汾　慧作「分」。
〔一二一〕沙彌尼離戒　慧轉録於第六十四卷。

一切經音義　卷第十七 小乘論

翻經沙門玄應撰

阿毗曇毗婆沙論
迦旃延阿毗曇論
舍利弗阿毗曇論
俱舍論
出曜論

阿毗曇毗婆沙論[一]　第一卷

阿毗曇　或言阿毗達磨，或云阿鼻達磨，皆梵言轉也。此譯云勝法，或言無比法，以詮慧故也。或云向法，以因向果。或名對法，以智對境也。

毗婆沙　隨相論作毗頗沙，此云廣解，應言鼻婆沙，此譯云種種說，或言分分說，或言廣說，同一義也。

優婆提舍　此云逐分別所說，沙門隨後即釋。舊人義譯爲論義經也。

揵度　巨焉反。此言訛略也。應云娑揵圖揵音居言反，此云聚。中阿含經云揵度者，此云積，木(本)[二]義亦一也。

評曰　皮命反。謂量議也。字書：評，訂也。訂音徒頂反。說文：訂，平議也。

阿毗曇毗婆沙論　第三卷

渴伽　月藏經作佉伽，皆訛也。正言揭伽，揭音去謁反，此譯云犀牛。毗沙拏，此云角，謂犀牛一角。一亦獨也，喻獨覺也，言一一獨居山林也。

般吒　此訛略也，應言般荼迦，此云黃門。其類有五：一、般荼迦，總名，謂具男根而不生子。二、伊利沙般荼迦，伊利沙，此云妬，謂見他共婬即發情欲，不見不發。三、扇荼般荼迦，謂本來男根不滿，故不能生子。四、博叉般荼迦，謂半月作男，半月作女。博叉，此云助，謂兩半月助成一滿月也。五、留拏般荼迦，謂被刑男根。留拏，此云割也。

阿毗曇毗婆沙論　第四卷

刀鞘　小爾雅作鞘，諸書作削，同。思誚反。方言：劍削，關東謂之削，關西謂之鞞。音餅。說文：削，刀鞞也。江南音嘯，關中音笑也。

戻屎　又作菌，古書亦作矢，同。失旨反。說文：菌，糞也。下又作尿，同。乃吊反。通俗文：出脬曰尿。字林：屎，小便也。醫方多作矢溺，假借也。論文作屎，香伊反。殿屎，呻吟也。屎非此義。

阿毗曇毗婆沙論　第五卷

頗有　普我反。諸書語辭也。

眼瞳　徒公反。埤蒼：目珠也。眼中瞳子也。

阿毗曇毗婆沙論　第七卷

瞿翅羅鳥　經中或作拘枳羅鳥，或作俱翅羅鳥，同一種也。此譯云鵶鷗，好聲鳥也。此鳥形醜聲好，從聲爲名，共命鳥〔三〕。

捕狙　又作覻，同。千絮反。三蒼：狙，伺也。通俗文「伏伺曰狙」是也。狙亦觀視也，謂相候視也。論文作担，此字習誤已久，人莫辯正也。

祇洹　猶是祇陀，此言訛也。應云移多，或言逝多，此云戰勝。婆那，此云林。名爲勝林。移音是奚反。

廁溷　測吏反。謂人雜廁在上非一也。下胡困反。廣雅：圊、圂，庰，廁也。厠亦圂也，言溷濁也。或言清，言至穢處宜脩治使潔清也。

麤觸　且胡反。廣雅：麤，大也。又人之警防。亦曰麁。鹿性食息自相背，慮人獸之害，警亦如之，故字從三鹿字意也。

垛縠　徒果反。字林：垛，小堆也。吴人謂積土爲垛，今取其義。朵，菓子也。縛，潔絲也。垛，土也。

次壓　於甲反。蒼頡解詁：壓，鎮也。笮也。論文作押，音甲。爾雅：押，輔也。亦束也。押非此用。

趣早穀　趁庯也。

白墡　字體作墠。字林：音善，土名也。即白土也，亦名堊。案吴普本草云「白堊，一名白墠」是也。

阿毗曇毗婆沙論　第八卷

瞟瞖　匹眇反。目病也。下或作瞖，同。於計反。

若挑　他堯反。説文：挑，抉也。以手抉挑出物也。

孿併　所患反。廣雅：孿子，兩也。通俗文：連子曰孿。字林：雙生也。蒼頡篇：一生兩子也。併音蒲茗反。爾雅：並，併也。亦俱也。言若二身根，即二人連併，此不可也。

潢水　胡光反。説文：潢，久積水池也。大曰潢，小曰洿。洿，濁水也。

指揞　古文韜，同。徒荅反。説文：指揞也。一曰韋揞也。今之射韜是也。

阿毗曇毗婆沙論　第九卷

操杖　又作鰲，同。錯勞反。説文：操，把持也。執捉也。論文作担，非也。

駁色　補角反。字林：斑駁，色不純也。通俗文：黄白雜謂之駁犖。論文從交作駮，獸名，踞牙食虎豹者也。

詭誑　俱毁反。謂變詐也。三蒼：詭，譎。譎，詐也。廣雅：詭，欺也。

阿毗曇毗婆沙論　第十二卷

糺索　居柳反。蒼頡解詁云：繩三合曰糺。小爾雅云：大曰索，小曰繩也。

博弈　古文簙，同。補莫反。下餘石反。方言：博或謂之棊。弈，圍棊也。方言：自關而東齊魯之間皆謂圍棊爲弈。小爾雅云：棊局謂之弈。

阿毗曇毗婆沙論　第十四卷

般闍于瑟　或作般遮于瑟，皆訛略也。應言般遮跋利利沙，又言般遮婆栗史迦。般遮，此云五。婆栗史迦，此云年。謂五年一大會也。佛去世一百年後阿輪迦王設此會也。自兹以後執見不同，五師競分，遂成五部或十八部也。

阿毗曇毗婆沙論　第十五卷

五曀　古文[illegible]，同。於計反。小爾雅：幽、曀、闇、昧，冥也。釋名：曀，翳也。使日光不明净也。

窳惰　臾乳反。爾雅：窳，勞也。郭璞曰：勞苦者多墮（惰）〔四〕窳也。言嬾人不能自起，如瓜瓠在地不能自立，故字從瓜。嬾人恒在室中，故字從穴。

一的　古文[illegible]。說文作的（旳）〔五〕，同。都歷反。的，明也。詩云：發彼有的。傳曰：的，射質也。謂的然明見也。今射堋中珠了（子）〔六〕也。

阿毗曇毗婆沙論　第十六卷

麻幹　工旦反。麻莖也。亦枝主名幹。廣雅：幹，本也。三蒼：枝，幹也。字宜作藒、稭二形，音皆。今呼爲麻藒是。

阿毗曇毗婆沙論　第十八卷

彷徉　扶羊反〔七〕，下余章反。廣雅：彷徉，徙倚也。亦俳佪也。

作屣　古文[illegible]、[illegible]二形，同。所綺、所解二反。說文：屣，鞮屬也。鞮，韋履也。鞮音都奚反。

阿毗曇毗婆沙論　第十九卷

軍持　此譯云瓶，謂雙口澡灌也。西國尼畜君持，僧畜澡灌，皆不得互用。論文作揵。

樺皮　胡霸反。木名也。皮可以飾弓者也。

一畦　胡圭反。蒼頡篇：田五十畝曰畦。畦，埒也。埒，封也。道徑也。埒音劣。

阿毗曇毗婆沙論　第二十卷

瞪瞢　宜作矇瞢。徒登反，下亡登反。韻集云：失卧極也。亦亂悶也。論文作憕懵，非也。

曲蟺　音善。古今注云：丘蚓也。一名蜜蟺。江東名寒蚓，善長吟於地中。江東謂爲歌女，或謂之鳴砌。論文作蟬，非體也。

曲僂　力矩反。通俗文：曲脊謂之傴僂。春秋宋鼎銘曰：一命而僂，再命而傴，三命而俯。杜預曰：俯恭於傴，傴恭於僂，身俞〔八〕曲，恭益加也。論文作謱，或作瘻，並非也。

傎伏　又作傾、趪二形，同。丁堅反。廣雅：傎，倒也。謂反倒也。下古文踣，今作仆，同。蒲北反。說文：仆，頓也。謂前覆也。論文作顛伏，非體也。

是筏　通俗文作撥，韻集作撥(橃)[九]，同。扶月反。謂編竹木浮於河以運物者也。

𠨲幟[一〇]　於吝反。三蒼：印，信也。撿也。字從爪卩也。卩音節。下又作𢘹，同。昌志反。通俗文：私記爲幟。舊音皆與知、識同，更無別音。

阿毗曇毗婆沙論　第二十一卷

船𥴦　蒲佳反。方言：𥴦謂之筏。南土名𥴦，北人名筏。論文作椑，非體也。

髖骨　又作臗，同。苦桓、苦昆二反。說文：髖，髀上也。埤蒼：臗，尻也。

營壘　古文作𤇾，同。役瓊反。三蒼：營，衛也。部也。下又作垒，同。力癸反。軍壁曰壘，壘亦重也。

洟唾　古文鮧，同。敕計反。三蒼：洟，鼻液也。周易：齎咨涕洟。自目曰涕，自鼻曰洟。論文從口作啼，又作涕，並非體也。

肪𦟛　府房反。肪，肥也，脂肪也。下先安反。通俗文：在腰曰肪，在胃曰𦟛。𦟛，脂也，謂腸𦟛脂也。論文作撇，非也。

腦胲　古才反。足大指也。案字義宜作解，音胡賣反，謂腦縫解也。無上依經云「頂骨無胲」是也。

窓向　又作𥦗、牕、窻三形，同。楚江反。正窓也。旁窓曰牖，以助明也。下許亮反。三蒼：向，北出牖也。向亦窓也。論文作扃，古螢反。扃，鈕也，外閉者也。扃非今義。

衣裓(祴)[一一]　孤得反。相傳云謂衣襟也。未詳所出。

蹻足　丘消反。蒼頡解詁云：舉足行高也。漢書：蹻足。文穎曰：蹻，猶翹也。

阿毗曇毗婆沙論　第二十五卷

軛軶　又作枙，同。於革反。小爾雅：衡，扼也。謂轅端壓牛領者也。

阿毗曇毗婆沙論　第二十六卷

以繭　古文絸，同。古典反。蠶絭絲者也。蒼頡解詁云：繭未繅也。字從虫從糸芇聲。芇音眠。

日㬥　蒲穀反[一二]。㬥，曬也。說文：㬥，晞。乾也。字從日從出從廾米字意也。

阿毗曇毗婆沙論　第二十七卷

失獸摩羅　或言失收摩羅，此云煞子魚也。善見律譯云鰐魚，廣州土地有之。鰐音五各反。

䱇魚　知連反。爾雅：䱇，大魚也。似鱏而短鼻，口在頷下。江東呼爲黃魚，長者二三丈。鱏音徐林反。鼻長七八寸，重千斤。

興渠　此是樹汁，西國取之，以置食中。今有阿魏藥是也。

歧(岐)[一三]路　古文㞿、𧺝二形，同。渠宜反。謂枝別義也。爾雅：道二達謂之歧。謂歧道直[一四]出者。釋名：物兩爲岐，此道似之。史記「楊朱泣岐路」是也。

門閫　又作梱，同。苦本反。説文：梱，門橜也。三蒼：門限也。

户樞　齒臾反。廣雅：樞，本也。爾雅：樞謂之椳。郭璞曰：謂門扉樞也。椳音五迴反。

盈長　又作贏，同。弋成反，下除亮反。字林：贏，有餘也。廣雅：贏，益也。長，剩也。

祝詛　説文作詶，今作呪，同。之授反，下古文禮，同。側據反。釋名：祝，屬也。以善惡之辭相屬著也。詛，阻也。謂使人行事阻限於言也。

傎蹶　都賢反。傎，倒也。下又作蹷，同。居月、巨月二反。蹶，仆也，亦頓也，前覆也。

阿毗曇毗婆沙論　第三十八卷

鈆性　役川反。説文：鈆，青金也。尚書「青州貢鈆」是也。錫，銀鈆之間也。

竹篾　莫結反。埤蒼：析竹皮也。中國謂竹篾爲篡，篡音彌。蜀土亦然。

阿毗曇毗婆沙論　第三十九卷

殨風　又作潰，同。胡對反。説文：殨，漏也。謂決潰癕瘡也。論文作膭，肥膭膭〔一五〕也。膭非字體。又作膹，浮鬼反。三蒼：膗多滓也。膹非此義。

麋鹿　亡皮反〔一六〕。説文：鹿屬也。以冬至解角者也。

阿毗曇毗婆沙論　第四十卷

火燧　又作隧，同。辭醉反。火母也。世本云：造火者，燧人也。因以爲名。

墟齶　去於反，下五各反。齒内上下肉也。

阿毗曇毗婆沙論　第四十二卷

蔬食　所於反。字林：蔬，菜也。爾雅蔬，郭璞曰：凡可食之菜通名曰蔬也。

因舫　甫妄反。通俗文：連舟曰舫。爾雅：舫，舟也。郭璞曰：併兩船也。又舫亦柎也。注云：水中筏也。

佉樓書　應言佉路瑟吒，謂北方邊處人書也。

阿毗曇毗婆沙論　第四十三卷

執穳　字詁古文録、穳二形，今作穳，同。千亂反。廣雅：穳謂之鋋。鋋，小矛也。鋋音市延反。

褰衣　又作攐，丘焉反。禮記：暑無褰裳。鄭玄曰：褰，去也。

觀垣　宇煩反〔一七〕。詩云：太師維垣。傳曰：垣，牆也。釋名：垣，援也。人所依阻以爲援衛也。

阿毗曇毗婆沙論　第四十六卷

執盾　食尹反。盾所以扞身蔽目也。以木自蔽，從目，象形，厂聲。論文作闌楯之楯，非體也。

俾倪　又作敕堄二形，同。普米反，下吾禮反。廣雅：俾倪、堞，女牆也。埤蒼：城上小垣也。釋名云：言於孔中俾倪非常事也。

器仗　祛冀反，下治亮反。漢書：制器械之品。應劭曰：內盛曰器，外盛曰械。一曰無盛曰器。仗，兵器也。五刃總名兵。人所執持曰仗也。

阿毗曇毗婆沙論　第五十四卷

捷樹　字詁：古文捷〔一八〕。今作接，同。子葉反。相接也。言接樹無根也。

殉腸　上辭俊反。［下直良反。腸，肚也〔一九〕。］

阿毗曇毗婆沙論　第五十五卷

斑駁　又作辬，同。補顏反。蒼頡篇：斑，文皃也。雜色爲斑也。駁，不純色也。

卜筮　時世反。禮記：龜爲卜，蓍爲筮。卜筮者所以決嫌疑定猶豫，故疑即筮之。字從竹從巫。筮者，揲蓍取卦，折竹爲爻，故字從竹。揲音食列、余列二反。

迦旃延阿毗曇　第一卷

跋渠　亦言伐伽，此譯云部，亦品之別名也。

首盧（廬）〔二〇〕　亦名室路迦，或言輸盧迦波，即度數。經皆以三十二字爲一輸盧迦，或名伽陀也。

迦旃延阿毗曇　第三卷

貪餮　又作飻，同。他結反。說文：餮，貪也。論文或作饕，音他勞反。杜預注左傳云：貪財曰饕，貪食曰餮。

迦旃延阿毗曇　第十七卷

户𨷲　古文鑰，同。余酌反。方言：關東謂之鍵，關西謂之𨷲。

鍼筒　古文箴、針二形，今作鍼，同。支諶反。說文：所以用縫衣者也。

羠形　因几反。聲類云：騬羊也。徐廣曰：羯羠並犍羊也。騬音似陵反。

犛牛形　亡包反〔二一〕。西南夷長尾牛也。論文作猫，非體。

迦旃延阿毗曇　第二十八卷

无替　他計反。爾雅：替，廢也。替，滅也。言滅絶也。

迦旃延阿毗曇　第二十九卷

欒戇　都絳、呼貢二反。字林：愚也。謂貪飻無劑畔，味著無猒足，若於苦中，如駝食蜜也。新經論中譯爲「耽嗜者」是也。

迦旃延阿毗曇　第三十卷

不孕　古文䏔，同。餘證反。説文：裹子也。廣雅：孕，侸也。含實曰孕。

秃騵　音元。三蒼：赤馬白腹曰騵。

三蒲　又作蒚、藕二形，同。五口反。泉名也。依字，芙蓉根也。

沃焦　烏木反。案郭璞注江賦云：大壑在東海外。沃焦，海所瀉源水注處也。今取無窮極義也。

舍利弗阿毗曇論〔二二〕　第一卷

殉有　辭俊反。蒼頡篇：殉，求也。亦營也。

西軫　之忍反。淮南子曰：激軫之音。許叔重曰：軫，轉也。

閬風　力盎反。廣雅：崑崙虛有三山：閬風、板桐、縣圃也〔二三〕。

愔愔　於針反。聲類：愔，和静皃也。三蒼：性和也。

舍利弗阿毗曇論　第六卷

旋嵐　力含反。或作毗嵐婆，或言鞞藍婆，或作吠藍，或言隨藍，皆是梵之楚夏耳，此云迅猛風也。

認取　而震反〔二四〕。謂失物而認之者。認，記也。論文作仞，非體也。

醪酒　力刀反。蒼頡篇：膠（醪）〔二五〕謂有滓酒也。

舍利弗阿毗曇論　第七卷

殨矛　粗鸞反。殨，擲也。下又作矟、鉾二形，同。莫侯反。論文作鼠牟二形，非體也。

舍利弗阿毗曇論　第十一卷

蓽豆　方蜜反〔二六〕。

舍利弗阿毗曇論　第十三卷

硾脚　又作縋，同。直僞反。通俗文：懸鎮曰縋。謂懸石硾之也。硾，下也。論文作錘，假借也。

呼呷　呼甲反。説文：呷，吸也。

浸淫　姊鴆反。侵也。侵淫者，轉大言之也。侵淫移徙處曰癬也。釋名：癬，瘡也。

蟆子　音莫。山南多饒此物，如蚊而小，攢聚映日，齧人作痕如手也。

車轢　力各、力的二反。輾，轢也。説文：車所踐曰轢也。

舍利弗阿毗曇論　第十四卷

癬皰　又作瘲，同。私淺反。字林：乾瘍也。案癬有乾濕兩種。釋名：瘲，徙也。移徙漸大也，故青齊謂癬爲徙也。［釋名：癬，瘡也〔二七〕。］

瘠下　又作膌，同。竹世、丁計二反。關中音多滯。字林：赤利也。釋名云：下重而赤白曰瘠，言厲瘠而難差也。

蜿蝨　補奚反。説文：蜿，齧牛蟲也。今牛馬鷄狗皆有蜿也。下所乙反。齧人蟲也。山東及會稽皆音色。

舍利弗阿毗曇論　第十九卷

緒分　辭與反。説文：緒，絲端也。謂端緒也。

稼穡　加暇反，下所力反。字林：種曰稼，收曰穡。説文：禾之秀實爲稼。一曰在野曰稼。

［射的　都歷反。射堋曰埻。埻中木曰的。謂的然明見也。埻，之尹反。］〔二八〕

舍利弗阿毗曇論　第二十一卷

橐師　埤蒼作鞴，又作排，同。蒲戒反。王弼注書〔二九〕作橐。橐，橐，囊也。謂鍛家用炊火令熾者也。

舍利弗阿毗曇論　第二十二卷

骨皰　又作靤，同。輔孝反。小腫也。説文：皰，面生氣也。今取其義。論文作胞，或作疱、鮑二形，非也。

檯（擡）〔三〇〕舉　徒來反。通俗文：舉振謂之檯（擡）。

襵皺　之涉、知獵二反。襵猶襵疊也。亦細襵也。

萑葓　胡官反。細葦也。詩草木疏云：葭葓名葓，至秋成則謂之萑。夏小正曰：葦未秀則不爲萑，秀以後爲萑。下又作藡，同。徒歷反。即薕葓也，堪爲薄〔三一〕者也。薕，古銜反。葭音加。葓，他敢反。葓音五患反。

俱舍論〔三二〕　第一卷

俱舍　此譯云藏，則庫藏之總名也，而體是蠶繭，借以喻焉。

［諒無　字詁今作亮，同，力尚反。又爾雅云：諒，信也。知之信也。］〔三三〕

［宏曠　古文竑〔三四〕，同。胡萌反。宏，大也。廣雅：宏、曠，遠也。］〔三五〕

［逾之　今作踰，同。庾俱反。踰，越也，度也。］〔三六〕

［碩學　市亦反。詩云：碩人俁俁。傳曰：碩，大也。］〔三七〕

［紛梗　加杏反。謂紛亂梗澀也。梗，强也。又害也。］〔三八〕

［閼逢　今作遏，同。於達反。爾雅：歲陽也。在甲曰閼逢。閼，止也。李巡曰：言萬物鋒芒欲出，擁遏未通，曰閼逢。］〔三九〕

［涒灘　湯昆、湯干反。爾雅：歲名也。在申曰涒灘。李巡曰：言萬物皆循精氣，故曰涒灘。涒，單，盡也。孫炎曰：涒灘，萬物吐秀傾垂之皃也。］〔四〇〕

［晷刻　古文晷，同。居美反。説文：晷，日景也。刻，漏刻也。］〔四一〕

［柔兆　爾雅：歲名也。在丙曰柔兆。孫炎曰：萬物柔婉有條兆也。李巡曰：言萬物皆垂枝布葉，故曰柔兆也。］〔四二〕

［强圉　渠兩、魚舉反。爾雅云：歲陽在丁曰强圉。又李巡曰：言萬物皆剛盛未通，故曰强圉。又孫炎曰：萬物皮孚堅

者也。」〔四三〕

[絓南　胡卦反。案絓猶但〔四四〕是也。」〔四五〕

諸冥　莫庭、莫定二反。説文：冥，幽也。幽，闇也。冥，夜也，夜無所見也。字從日從六，日數十六日而月始虧冥也。一聲。冖音古螢反。

何負　胡可、曷多二反。小爾雅：何、揭，擔也。廣雅：何，任也。今皆作荷。

竅穴　口吊反。竅，孔也。説文：竅，空也。穴，土室也。

龜鼉　徒多反。三蒼：似蛟而大。山海經：江水足鼉。郭璞曰：似蜥蜴，大者長一丈，有鱗彩，可以爲鼓。詩云「鼉鼓逢逢」是也。字體從黽從單省聲。黽音莫耿反。

鉤鵒　古侯反，下加額反。爾雅：[怪鴟。犍爲舍人曰：謂鵂鶹也。南陽名鉤鵒。又作格其鳥。晝伏夜行，鳴爲怪也。又云〔四六〕：]鵒，忌欺。郭璞曰：今江東呼鵂鶹爲[忌欺，亦謂之〔四七〕]鉤鵒，音格。廣雅：鵂鶹，鳩鴟也。亦怪鳥也。晝盲夜視。關西呼訓侯，山東謂之訓狐。論文作鴝，字與鸜同。音具揄反。鴝鵒鳥也。鴝非此義。

俱舍論　第二卷

相攢　扶末反。南人謂相撲爲相攢也。

相磕　苦盍反。説文：磕，石聲也。今江南凡言打物破碎爲磕破，亦大聲也。

隙中　古文㡾，同。去逆反。説文：隙，壁際孔也。廣雅：隙，別也。

鼓䫙　桑朗反。埤蒼：鼓柧〔四八〕也。字書：鼓材也。論文作顙。方言：顙，額也。東齊謂之顙。顙非此義。

執駐　古文住、尌、侸、逗四形，同。雉具、徵具二反。地獄受罪之名也。依字，蒼頡篇：駐，止也。説文：駐，馬立也。

眼瞼　居儉反。字略云：謂眼外皮也。

愞根　奴卧反。三蒼：愞，弱也。

三洲　之由反。爾雅：水中可居曰洲。孫炎曰：水有平地可居者也。釋名云：洲，聚也。人及鳥獸所聚息之處也。

俱舍論　第四卷

住預　古文預、忬二形，今作豫，同。余據反。蒼頡篇：預，安也。又先辦(辦)〔四九〕也。逆爲之具，故曰預。周易：預怠也。韓康伯曰：預以舒緩也。

頡尾　又作胡、胋二形，同。户姑反。謂牛頷垂也。詩云「狼跋其胡」是也。論文作壺。説文：圓器也。壺非此用。

遞爲　古文递，同。徒禮反。爾雅：遞，迭也。郭璞曰：遞，更易也。論文作迭，徒結反。方言：迭，代也。二形通用，宜依字讀。

俱舍論　第五卷

稻穰　如羊反。廣雅：稻穰謂之稈。又穰亦亂也。論文作蘘。蘘荷，菜名也。蘘非今義。

俱舍論　第六卷

剡浮　以漸反。或云閻浮，或作譫浮，皆訛也。正言贍部。因樹爲名，舊譯云穢樹域。譫音之含反。贍音時焰反。

耳璫　都堂反。釋名云：穿耳施珠曰璫。本出西戎也。

郊外　古包反。司馬法：王國百里爲郊。五十里爲近郊，百里爲遠郊。白虎通曰：王及諸侯必有郊者何？上則郊接天神，下則郊接諸侯。諸侯郊接鄰國也。

但撥（撥）〔五〇〕　補達反。廣雅：撥，除也。棄也。

乘筞　古文冊、笧、筞三形，同。楚革反。筞，馬撾也。所以捶馬驅馳也。

舩人　述專反。世本：共鼓貨〔五一〕狄作舟舩。宋忠曰：黄帝臣也。方言：自關而西謂舟爲舩。釋名：舩，循也。謂循水而行也。論文作舡，呼江反，非此義也。

蜻蜓　廣志作蜻蜓，音青庭。莊子作蜻蛉。蛉音力丁反。

纔（纔）〔五二〕出　在灾反。廣雅：纔，蹔也。漢書作纔，僅也，劣也，不久也。鄭玄注禮記作裁。東觀漢記及諸史、賈逵注國語並作財，隨作無定體。

衰耄　古文薹、耄二形，今作秏，同。莫報反。禮記：八十曰耄。鄭玄曰：耄，惛忘也。耄，亂也。

仍託　古文礽、訒、扔〔五三〕三形，同。如陵反。爾雅：仍，乃也。又仍，因也。郭璞曰：謂因緣也。

沸撓　乃教反。廣雅：撓，亂也。說文：撓，擾也。聲類：撓，攪也。

俱舍論　第七卷

俾尸　比爾反。譯云肉團，或云成團。依字，俾，使也。

烈灰　力折反。說文：烈，火猛也。廣雅：烈，熱也。

含以　字體作哈，胡紺反。謂資人含與也。

次飴　又作饌、飤二形，籀文作弇，同。弋之反。說文：米櫱煎也。釋名云：飴小弱於餳，形怡怡然也。餳音似盈反。

要術　唇聿反。術，法也。又邑中道曰術。術，通也。無所不通也。

波抴　太何反。依字，抴，曳也。

俱舍論　第八卷

呑故　土根、他田（困）〔五四〕二反。說文：呑，咽也。廣雅：呑、咽，滅也。

病愈　古文瘉，同。揄主反。方言：差、間，愈也。說文：瘉，病瘳也。

挂罝　古文作卦，同。古賣反。廣雅：挂，懸也。

大浡　又作郣，同。蒲没反。上林賦：滭浡密汨。漢書音義曰：水蹙緆纏聚之皃也。

萎燥　又作痿，同。於危反。聲類：萎，草木菸也。關西言菸，山東云蔫，江南亦言痿。方言也。下桑道反。燥，乾也。

不噎　於結反。說文：噎，飯窒也。窒音知栗反，塞也。論文多作咽，於見、於賢二反。咽，呑也。咽喉也。咽非字體。

畟方　楚力反。謂正方也。

瞞陀　忘安反〔五五〕。依字，說文：平視也。

鐵鉆　奇沾反。依字，說文：鐵，銸也。蒼頡篇：鉆，持也。銸亦鑷字。

迴復　又作洑，同。扶福反。漢書：川塞谿洑。蘇林曰：洑者，伏深也。宣帝紀作澓，回水也。

至杪　彌遶反。木細枝謂之杪。通俗文：樹鋒曰杪。方言：杪，小也。郭璞曰：言杪者，稍微小也。

俱舍論　第九卷

擐甲　胡慢、工患二反。左傳：擐甲執兵。杜預曰：擐，貫也。國語：服兵擐甲。賈逵曰：衣甲也。

儲蓄　直於反。説文：儲，待也。儲，具也。一曰蓄財也。下蓄，古文稸，同。耻六反。蓄，積也，聚也。

相要　於遥反。要，召也，呼也。要亦徼也。徼，求也。徼音古堯反。

長取　除亮反。謂盈長也，亦餘剩也。

奩子　今作籢，同。力占反。説文：鏡匲也。謂方底者也。今江南有某奩[粉奩]〔五六〕是也。正作匳。

開坼　埤蒼作㡿，同。耻格反。説文：坼，裂也。廣雅：坼，分也。

竹笪　都達反。説文：笪，箬也。音若。箬，竹皮名也。郭璞注方言云：江東謂籧篨，直文而粗者爲笪，斜文爲簝，音癈。一名笲篖。宋魏之間謂簟粗者爲籧篨也。説文：籧篨，粗竹席也。或用蘆織也。

古貝　府蓋反。謂五色氎也。樹名也。以花爲氎也。

俱舍論　第十卷

厭惡　烏路反。案惡猶憎也。禮記「吾惡用吾情」、論語「惡紫奪朱」皆是也。[謂人心之有二(去)〔五七〕取名好惡。好惡二音皆去聲也〔五八〕。]

爲隓　徒當反。説文：隄，隓也。埤蒼云「長沙謂隄爲隓」是也。隄，防也。防止水者也。又障也。積土爲封限障水也。

郭邑　古鑊反。蒼頡篇：郭，城郭也。公羊傳曰：郭者何？恢郭也。釋名云：郭，廓也。廓落在城外也。邑，周禮：四井爲邑。鄭玄曰：方二里也。左傳：凡邑有宗廟先君之主曰都，無曰邑。

俱舍論　第十一卷

生荑　弟奚反。詩云：自牧歸荑。傳曰：荑，茅之始生者也。

瘠田　古文𤼷、𤶶、膌三形，同。才赤反。瘠，薄也，亦瘦也。

嘉苗　古文恕，同。賈遐反。嘉，善也。爾雅：嘉，美也。

俱舍論　第十二卷

坑穽　古文阱、汬二形，同。慈性反。説文：穽，大陷也。廣雅：穽，坑也。三蒼：穽，謂穿地爲陷，所以張禽獸也。

揣觸　古文敊，同。初委反。謂測度前人也。江南行此音。又音都果反，揣，量也，試也。北人行此音。案論意，字宜作揹，初委反。揹，摸也。通俗文「捫摸曰揹」是也。

庖廚　蒲交反。庖之言包也。裹肉曰苞。説文：庖，廚也。廚，庖屋也。蒼頡篇：主食者也。

水渚　之與反。爾雅：小洲曰渚。李巡曰：四方有水，獨高可處，故曰渚。釋名云：渚者，遮也。體高能遮水使從旁迴也。

穿窖　古孝反。説文：地藏也。

增足　子喻反。足猶成也。相足成也。

諂佞　丑斂反[五九]，下奴定反。希其意，道其言，謂之諂。説文：巧諂高財曰佞。又僞善曰佞也。

俗話　籀文作譮，古文作舙、誠（語）[六〇]二形，同。胡快反。廣雅：話，調也。謂調戲也。聲類：話，訛言也。

俱舍論　第十三卷

和穆　又作睦，同。亡鹿、亡竹二反[六一]。穆，和也，敬也。

蔹苦　古文蔹，今作薟，同。理儉、理沾二反。説文：蔹，白蔹也。蔓生於野者也。

剌那　力達反。依字，剌，邪也。剌，乖戾也。字體從束刀。

俱舍論　第十四卷

埃塵　烏來反。通俗文：灰塵曰埃。埃亦塵也。

跖下　之石反。説文：跖，足下也。今亦作蹠，躡也。今謂水不著也。

俱舍論　第十六卷

學泅　説文：汓，或從囚作泅，音似流反，謂浮水上也。江南言拍浮。

磔手　古文厇（乇）[六二]，同。竹格反。廣雅：磔，張也。磔，開也。通俗文：張申曰磔。論文作搩，未見所出。

[一]尋　古文㝷，或作㟭[六三]，同。似林反。謂人兩臂爲尋。淮南云：人脩八尺，尋自倍。故八尺曰尋也。

俱舍論　第十七卷

所鎮　知陣反。説文：鎮，壓也。亦安也。蒼頡篇：鎮，按也。

串脩　古文慣[六四]、遺二形。詁（誥）幻（幼）文[六五]作慣，同。古患反。爾雅：串，習也。舍人曰：串心之習也。串口中也。

俱舍論　第十八卷

僻見　匹赤反[六六]。僻，邪僻也。謂爲事邪扗（枉）[六七]不中理也。

蹉跌　徒結反。廣雅：跌，差也。字書：失跖也。方言：跌，蹶也。郭璞曰：偃地也。

不躃　毗亦反。躃亦倒也。

俱舍論　第十九卷

決度　唐各反。度，量也。揆度優量也。

馳動　直知反。廣雅：馳，奔也。説文：大驅也。疾馳曰走。

弋輪　又作杙，同。余職反。爾雅：檝謂之杙。注云：杙，橜也。檝音徒得反。關中言阿檝，江南言椓杙也。

貢獻　古弄反。貢，薦（薦）[六八]也。廣雅：貢，上也。下虚建反。獻，進也。古者致物於尊者之前曰獻。

俱舍論　第二十一卷

適心　尸亦反。廣雅：適，善也。謂善好稱人心也。

豪氂　又作毫，同，胡高反。下古文氂、斄二形，今作耗，同，力之反。漢書律曆志云：不失毫氂。孟康注云：毫，菟毫也。十豪曰氂。三蒼：氂，毛也。今皆作氂理也。古字通用也。

聚落　慈孺反。漢書：學官聚曰序，鄉曰庠。張晏曰：邑落名也。韋昭注：小鄉曰聚。人所聚也。廣雅：落，居也。人所居也。漢書「無燔聚落」是也。

出曜論〔六九〕　第一卷

羽寶　宜作葆，又作孢，同。補道反。謂合聚五色羽名爲葆。

咂嗽　古文噍，又作唼，同。子盍反。通俗文：入口曰咂。下又作嗽，同。山角反。三蒼：嗽，吮也。通俗文：合(含)〔七〇〕吸曰欶。

鵄鵂　尺脂反，下許牛反。爾雅：怪鵄。舍人曰：一名怪鳥，一名鵂鶹。南陽名鈎鵅。

閃見　字書或作覘，同。式冉反。説文：閃，窺頭皃也。

梟(梟)〔七一〕其首　古堯反。説文：倒首也。謂斷首倒懸於竿頭肆其辜也。字或作梟。説文：不孝鳥也。冬至日捕梟磔之。從鳥[頭]〔七二〕在木上。二形通用。

挻埴　式延反，下時力反。字林：挻，柔也。今言柔，挻也。亦擊也，和也。埴，土也。粘土曰埴。釋名云：土黄而細密曰埴。埴，膩也。如脂之膩也。

以杼　又作竽，同。除呂反。説文：機持緯者。即今筬也。

毗婆尸　此譯云種種見也。

操扙(杖)〔七三〕　粗勞反。説文：操，把持也。操，執也。

戢在　側立反。戢，斂也，聚也。説文：戢，藏兵器也。

出曜論　第二卷

蠅嗜　子膩反。説文：嗜，銜也。醬也。莊子「蚊虻嗜膚」是也。

叩地　苦後反。叩，擊也。

睆(晥)〔七四〕翳　還棧反。目内白翳病也。論文作完涀二形，非也。

烏鰂　於胡反，下又作鰂、鯽二形，同。才勒反。埤蒼：鰞鰂魚，腹中有骨，出南郡，背有一骨，闊二寸許，有鬚甚長，口中有墨，瞋則潠人。臨海記云：以其懷板含墨，故號小史魚也。

虫齲　又作禹，同。丘禹反。説文：齲，齒蠹也。

靈柩　渠救反。小爾雅云：棺有屍謂之柩，空棺爲櫬。柩之言究。白虎通曰：柩之言久也。不久復變也〔七五〕。

陶河　字宜作掏，徒刀反。中國言掏河，江南言鵜鶘，亦曰黎鶘，詩草木疏云「一名掏河」是也。鵜亦作鵜。郭璞注三蒼音黎。又大奚反。

白鷺　字書作鸕，同。來故反。白鳥也。頭、翅、背上皆有長翰毛也。論文有作鴰，胡骨反。

鸛雀　又作雚，同。古亂反。水鳥也。將陰雨即鳴也。

痱癗　又作疿，同。蒲罪反，下力罪反。痱癗，小腫也。今取其義。

自摑　宜作攫，俱縛反。攫，裂也，搏也。

骨幹　字體作骭，同。古岸反。廣雅：骭謂之肋。謂脅骨也。骭，體也。

誇无　苦華反。通俗文：自矜曰誇。謚法曰：華而無實曰誇也。

瘡痍　古文戧、刅二形，今作創，同。楚良反。說文：創，傷也。下羊之反。通俗文：體創曰痍，頭瘡曰瘍也。

闗牡　亡後反〔七六〕。說文：插闗下牡也。案爲牝牡所以封固闗令不可開也。論文作母，非體也。

姦宄　古文𡨦、殳二形，同。居美反。廣雅：宄，盗也。左傳：在内曰姦，在外曰宄。一云：亂在内曰宄。國語：竊寶爲宄，因宄之財爲姦也。

湔浣　子田反。下古文澣，同，胡滿反。湔，洒也。浣，濯也。

向法次法　或言法次法向，謂無爲滅諦爲所向，有爲道諦爲能向。道諦次滅，故名次法，依道諦而行，亦言如說修行。

前序　五下反。廣雅：序，舍也。說文：堂下周屋曰廡。幽冀之人謂之序。今言廳序是也。

傷惋　烏喚反。字略云：惋，歎。驚異也。

括括　又作筈，同。古活反。［蒼頡篇：聒，擾耳孔也。廣雅：聒，護也，驚也〔七七〕。］通俗文：箭頭曰筈。釋名云：括，會也，與絃相會也。

憑俟　皮冰反。三蒼：憑，依也。下古文竢、䇃、迡三形，同。事几反。爾雅：俟，待也。

紖繫　又作絼、𦃇二形，同。直忍反。謂牛鼻繩也。廣雅：紖，索也。

纓貫　於精反。說文：冠系曰纓。下古桓反。貫，穿也。論文作嬰瑻二字，非也。

喬客　奇驕反。字林：喬，寄也。廣雅：喬，客也。論文作僑。僑，高也。僑，才也。僑非此義。

出曜論　第三卷

燔燒　又作繙，同。扶袁反。加火曰燔。燔，燒也。

於罝　古文罝、罿二形，同。子邪反。爾雅：兔罟謂之罝。郭璞曰：罝，遮也。遮取兔也。

潺潺　仕山、仕環二反。字書：潺湲，水流皃也。

蟄虫　遲立反。說文：蟄，藏也。獸之淺毛若熊羆之屬亦皆蟄也。

出曜論　第四卷

親欵　又作欵（款）〔七八〕，同。口緩反。廣雅：欵，愛也。蒼頡篇：欵，誠重也。說文：欵，意有所欲也。

愚惷　丁絳、傷恭二反。蒼頡解詁云：愚，無所知也。亦鈍也。惷，愚也。［戇也〔七九〕。］

頓躓　都困、陟示反。頓，前覆也。躓，不利也。躓，㝵也。

如孛〔八〇〕　又作茀，同。蒲對反。人名也。

出曜論　第五卷

虎兕〔八一〕　又作𠒋、兕二形，同。徐里反。山海經：兕狀如牛，蒼黑色。爾雅：兕似牛。郭璞曰：一角，青色，重千斤。說文：兕如野牛，青色，象形也。

跳踔　達澆反。謂懸擲也。下敕挍、他吊二反。遠也。

詭嬈　居毁反。不實也，亦欺詐也。字林乃了反。三蒼：嬈，弄也。謂嬈擾戲弄也。

如槩　古代反。蒼頡篇：槩，平斗斛木也。江南行此音，關中工内反。

礧石　韻集音力輩反。謂以石投物也。今守城者下石擊賊曰礧。論文作雷，假借音也。

剗治　又作鏟，同。初眼反。廣雅：剗，削也。聲類：剗，平也。

頩頭　普米反。説文：頩，傾[頭]〔八二〕也。蒼頡篇：不正也。廣雅：頩，邪也。論文作俾，非體也。

出曜論　第七卷

纂行　宜作偱(循)〔八三〕，似均反。説文：偱(循)，行也。爾雅：偱(循)，自也。自，從也。案此亦與巡字略同。

不革　古文茾、諽、諽三形，同。古核反。革，更也，謂改更也。説文：獸去毛曰革。言治去毛變更之也，故字從口。口爲國邑，國三十年而法更別，取別異之意也。口音韋。

蒭稾　古文芻，同。測俱反，下古老反。小爾雅云：稈謂之蒭，所以飤獸曰蒭。生曰生蒭，謂青稾也。説文：刈草也。蒼頡篇：稾，禾稈也。論文作蒿，非也。

出曜論　第八卷

譏蚩　居衣反。廣雅：譏，諫(諫)〔八四〕也。説文：譏，誹也。下充之反。廣雅：蚩，輕也。蒼頡篇：蚩，相輕侮也。諫(諫)音刺。

求賂　力故反。謂以財物與人曰賂。賂，遺也。

怨譖　側禁反。廣雅：譖，毁也。三蒼：譖，讒也。一云：傍入曰譖。

泄出　思列反。泄，溢也，發也。亦泄，漏也。

爨之　籀文爨，同。七亂反。三蒼：爨，灼也。字從臼持缶。缶，甑也。〔爲竈口，廾以推柴内火字意也。廾音拱。

怗然　字詁今作惵，同。他頰反。廣雅：怗，静也。謂安静也。怗亦服也。

牛湩　竹用、都洞二反。通俗文：乳汁曰湩。今江南人亦呼乳爲湩。

敞治　又作敦，同。説文丈静、丈莖二反。謂磨敦也。

八篅　市緣反，江南行此音。又上仙反，中國行此音。説文：判竹，圓以成(盛)〔八五〕穀也。論文作箪，音丹，笥也。一曰小筐也。箪非此用。

黔毗　巨炎反。國名也。

企望　古文𨀉，同。袪豉反。通俗文：舉踵曰企。企亦望也。字從止。

出曜論　第九卷

培的　蒲來反。培，垣也。[凡物有高下有絶加躡板曰培〔八六〕。]擁土陪也。此應作埻的。諸尹反。通俗文：射堋曰埻，埻中曰的。

出曜論　第十卷

駏驉　巨虚二音，似騾而小，牛父馬子也。

穄粟　子裔反。説文：穄，糜也。似黍而不粘者。關西謂之糜〔八七〕。糜音亡皮反。

豋豆　又作登、䝁二形，同。勒刀反。通俗文：野豆謂之豋豆也。形如大豆而小，色黄，野生，引蔓也。

如笮　側格反。案笮，猶壓也。今笮出汁也。説文：笮，迫也。

搋須　敕佳反，又敕皆反。人名也。

出曜論　第十一卷

右捽　存没反。説文：手持頭髮曰捽。捽亦擊也。

擬我　魚理反。字書：擬，向也。説文：擬，比也。度也。論文作佁，非也。

六物　一僧伽梨，二鬱多羅僧，三安多會，四鉢多羅，五尼師檀，六針筒。

鼾聲　下旦反。説文：卧息聲也。字苑呼干反。江南行此音。

胆虫　字林：千余反。通俗文：肉中虫謂之胆，蠅乳肉中也。論文作蛆，子余反。蝍蛆也。

出曜論　第十二卷

孜汲　子辭反，下居及反。[孜，急也〔八八〕。]廣雅：孜、汲，遽也。説文：汲汲，急行也。

耳錘　直僞反。方言：錘，重也。

援盾　禹煩反〔八九〕，下食尹反。援，引也，攀援也。盾，排也。

栟（拼）〔九〇〕直　補耕反。謂彈繩墨爲栟（拼）也。

出曜論　第十四卷

頷車　又作顄，同。胡感反。頤下也。釋名：頷，含也。口含物之車也。或曰輔車，其骨强所以輔持口也。或曰牙車，牙所載也。或言頰車，亦所載頰也。凡繫於車者皆取在下載上物也。俗名顩車。音公盍反。吴會曰頷頡。頡，苦姑反。論文或作頓。

出曜論　第十五卷

小凷　古文凷，今作塊，同。苦對反。爾雅：塊，塂也。土塊也。結土也。塂音普逼反。

躓礙　音致。通俗文：事不利曰躓，限至曰礙也。

左衽　而甚反。蒼頡解詁云：謂裳際所及交列者也。或云衣衿也。一名袂（袟）〔九一〕，音昳（跌）〔九二〕。

剣捋　扶流反。十六大國名也。

葵藿　呼郭反。葵葉也，隨日者也。豆藿等皆是也。

誣笑　武于反。説文：誣，加言也。亦欺也。以惡取善曰誣也。

蹶躓　巨月、居月二反。説文：[蹶，僵也〔九三〕。]僵卧也。廣雅：躓，蹋也，頓也。

出曜論　第十六卷

迦藍浮王　或作迦利王，或言歌利王，正言羯利王，此云鬭諍王也。

杼(抒)〔九四〕船　時汝、除吕二反。廣雅：杼(抒)，舀也。泄出也。舀音弋紹反。𢀩(㩻)〔九五〕，舀也。音九万反。説文：𢀩(㩻)，杼(抒)漏也。

出曜論　第十七卷

掩博　戲也。用六箸六棊謂之六博。掩，圍棊也。纂文云：撲掩，跳錢戲也。俗謂之射意。一曰射數。又博戲，掩取財物也。

炰煮　方婦反。字書：少汁煮曰炰，火熟曰煮。

頑魯　力古反。論語：參也魯。孔安國曰：魯，鈍也。論文作鹵，非體也。

出曜論　第十八卷

黤黮　烏感、他感反。蒼頡篇：黤黮，深黑不明也。説文：青黑也。

如圈　求晚反。蒼頡篇：圈，檻(檻)〔九六〕類也。説文：養畜閑也。閑，闌也。

澆濺　又作㳙、灒二形，同。子旦反。説文：水汙灑也。史記「以五步之内以頸血濺大王衣」作濺字。

出曜論　第十九卷

梁棧　三蒼作䟆，同。仕諫反。説文：棧，棚也。通俗文：板閣曰棧也。

搦箭　又作㲻，同。女卓、女革二反。搦，捉也。説文：搦，按也。

泓然　一宏反。都盡也。説文：泓，下深大也。今取其義。

謾誕　莫諫反，下達坦反。説文：謾，欺也。不信也。誕，大也。不實也。

一切經音義　卷第十七

甲辰歲高麗國大藏都監奉敕雕造

校勘記

〔一〕阿毗曇毗婆沙論　慧轉録於第六十七卷。
〔二〕木　磧作「本」。
〔三〕共命鳥　磧另分立爲詞目。
〔四〕墮　據文意似當作「惰」。
〔五〕的　今傳本説文作「旳」。
〔六〕了　磧作「子」。
〔七〕扶羊反　磧爲「扶羊、蒲光二反」。
〔八〕俞　據文意似當作「愈」。「俞」通「愈」。
〔九〕撥　據文意當作「襏」。
〔一〇〕卬幟　磧爲「印幟」。
〔一一〕裓　據文意似當作「裓」。
〔一二〕蒲縠反　磧爲「蒲報反」。
〔一三〕岐　磧作「岐」。
〔一四〕直　據文意似作「旁」。
〔一五〕臏　磧無，麗衍。
〔一六〕亡皮反　磧爲「忙皮反」。
〔一七〕宇煩反　磧爲「胡官反」。
〔一八〕捷　據文意似作「掟」。
〔一九〕下直良反，腸肚也　麗無，據磧補。
〔二〇〕盧　即「廬」。下同。
〔二一〕亡包反　磧爲「忙包反」。
〔二二〕舍利弗阿毗曇論　慧轉録於第七十三卷。
〔二三〕見淮南子地形。
〔二四〕而震反　磧爲「而證反」。
〔二五〕膠　慧卷七三作「醪」。
〔二六〕此條磧無釋文。

〔二七〕釋名：癬，瘠也　麗無，據磧補。

〔二八〕此條麗無，據磧補。

〔二九〕書　磧爲「老子」。

〔三〇〕檯　磧作「擡」。下同。

〔三一〕薄　磧作「箔」。

〔三二〕俱舍論　慧轉録於第七十卷。

〔三三〕此條麗無，據磧補。

〔三四〕𠒂　海作「峪」。

〔三五〕此條麗無，據磧補。

〔三六〕此條麗無，據磧補。

〔三七〕此條麗無，據磧補。

〔三八〕此條麗無，據磧補。

〔三九〕此條麗無，據磧補。

〔四〇〕此條麗無，據磧補。

〔四一〕此條麗無，據磧補。

〔四二〕此條麗無，據磧補。

〔四三〕此條麗無，據磧補。

〔四四〕但　海作「似」。

〔四五〕此條麗無，據磧補。

〔四六〕怪鴟……又云　麗無，據磧　海補。

〔四七〕忌欺，亦謂之　麗無，據磧補。

〔四八〕柂　磧作「瓦」。

〔四九〕辨　磧作「辦」。

〔五〇〕𣪍　磧作「撥」。

〔五一〕蔣曰：「貿當作貨。」

〔五二〕纔　海作「纔」。下同。

〔五三〕扔　據文意似作「礽」。

〔五四〕他田　磧爲「使田」。蔣曰：「使田當作他困。」

〔五五〕忘安反　磧爲「忙安反」。

〔五六〕粉奩　麗無，據磧補。

〔五七〕二　慧作「去」。

〔五八〕謂人心之有二取名好惡。好惡二音皆去聲也　麗無，據磧補。

〔五九〕丑斂反　磧爲「丑冉反」。

〔六〇〕誠　海作「諮」。

〔六一〕亡鹿、亡竹二反　磧爲「忙鹿、忙竹二反」。

〔六二〕庀　據文意當作「尼」。

〔六三〕一　麗無，據磧補。　㝵　慧卷七十釋此詞作「㝵」。

〔六四〕槓　慧卷七十作「攢」。

〔六五〕詁幼文　詁，磧作「誥」。幼，當作「幼」。據隋書經籍志一著録證俗音字略一書下有小字注云：「梁有詁幼二卷，顔延之撰；廣詁幼一卷，宋給事中荀楷撰，亡。」隋書所載詁幼似爲詁幼文。考梁劉昭注漢書輿服志上引有「顔延之幼誥」，「幼誥」與「誥幼」互倒而義同。陸德明經典釋文卷三十爾雅音義亦引作誥幼。又宋書卷七十三顔延之傳載顔延之「閑居無事，爲庭誥之文」，並節録其文，據其節録的庭誥内容，性質大致與誥幼相似。又據舊唐書經籍志著録有：「詁幼文二卷，顔延之撰。」清姚振宗隋書經籍志考證卷十認爲「誥幼亦似庭誥異名」，「詁幼」、「詁幼」似皆「誥幼」之誤。

〔六六〕匹赤反　磧爲「匹尺反」。

〔六七〕扗　磧作「杜」。

〔六八〕鳶　磧作「薦」。

〔六九〕出曜論　慧轉録於第七十四卷。

〔七〇〕合　磧作「含」。

〔七一〕枲　似作「枲」，磧作「㬎」。

〔七二〕頭　麗無，據磧補。

〔七三〕扙　磧作「杖」。

〔七四〕睆　磧作「晥」。

〔七五〕不久復變也　磧爲「久不復變也」。

〔七六〕亡後反　磧爲「忙後反」。

〔七七〕蒼頡篇……驚也　麗無，據磧補。

〔七八〕「欵」似當作「款」，即「款」。

〔七九〕戇也　麗無，據磧補。

〔八〇〕此條麗接排在「頓躓」下，未分列。

〔八一〕兕　即「兕」。

〔八二〕頭　麗無，據磧補。

〔八三〕偱　磧作「循」。下同。

〔八四〕諫　磧作「諫」，海作「諫」。下同。

〔八五〕成　磧作「盛」。

〔八六〕凡物有高下有絶加躡板曰培　麗無，據磧補。

〔八七〕糜　磧作「糜」。

〔八八〕孜，急也　麗無，據磧補。

〔八九〕禹煩反　磧爲「禹元反」。

〔九〇〕栟　磧作「拼」。下同。

〔九一〕袂　慧作「袂」。

〔九二〕趹　慧作「趹」。

〔九三〕蹶，僵也　麗無，據磧補。

〔九四〕杼　磧作「抒」。下同。

〔九五〕䜌　「䜌」的俗寫。下同。

〔九六〕擥　磧作「檻」。

一切經音義　卷第十八

翻經沙門玄應撰

成實論[一]　第一卷

斲斧　古文作斲，同。竹角反。説文：斲，斫也。斲，斤也。

欽扶　丈心反。外道名也。十二年隨佛始根熟者也。

成實論　第四卷

釁搦　又作沛(洓)[二]，同。子禮反。廣雅：釁，漉也。謂釁出其汁也。論文作擠，子詣反。擠，排也。擠非此義。下女革、女卓二反。搦，捉也，握也。漉音禄。

疼痹　又作痋、胵二形，同。徒冬反。聲類作癑。説文：疼，動痛也。下方二反[三]。蒼頡篇云：手足不仁也。説文：痹，濕病也。今言冷痹、風痹皆是也。

帽等　借音貌。貌，悶也。謂狀貌若死，因以名也。

藥石　攻病曰藥。下古人以石爲針，今人以鐵，皆謂療病者也。

鼓桴　案詔定古文官書枹、桴二字同體，音扶鳩反，鼓椎也。説文：枹，擊鼓柄也。

瓢杓　又作瓢，同。毗遥反。三蒼：瓢、瓠，勺也。江南曰瓢㰖，蜀人言㰖蠡。[下又作勺，同。是若反。可以斟食者也〔四〕。」櫼音義，螽音郎牴反。

眼篦　補奚反。小學章：篦，刷也。今眉篦、插頭篦皆作此。

成實論　第五卷

相棖　又作橕、敞、敦三形，同。丈庚反。棖，觸也，亦嫽敞也。

成實論　第六卷

桎梏　之逸反，下古禄反。在手曰桎，在足曰梏，謂杻械也。

如睫　説文作䀹，釋名作毽，同。子葉反。目旁毛也。山東田里間音子及反。論文作氂、毷二形，非也。

成實論　第七卷

鵽鳥　竹刮反。爾雅注云：今鵽大如鴿，或言如鶉，似雌雉，鼠脚，無後指，岐尾，爲鳥憨急，群飛，出北方沙漠地也。肉美，俗名突厥雀，生蒿萊之間。憨音呼濫反。

成實論　第九卷

舍廬　力居反。別舍也，亦寄止也。黄帝爲廬，所以避寒暑也。春秋去之，冬夏居之。

入支　只移反。此外道瓶，圓如瓠，無足，以三扙（杖）〔五〕交之，支舉於瓶也。諸經中或言執三奇立拒，或言三叉立拒皆是也。論文作鈙，非也。

金槍　千羊反。蒼頡解詁云：木兩耑鋭曰槍。説文：槍，岠也。論文作鏘，非體也。

成實論　第十卷

穳矛　粗鸞反。穳，擲也。下又作鉾、戣二形，同。莫侯反。説文：矛長二丈也。

狗齩　又作鱙，同。五狡反，關中音也。説文：鱙，齧骨也。廣雅：鱙，齧也。江南曰齩。下狡反。

淀澓　似緣反。説文：回淵也。下又作復、垘〔六〕二形，同。扶福反。垘，深也，亦迴水也。

栽枿　則才反。下古文櫱、枿、不三形，今作蘖，同。五割反。爾雅：枿，餘也，載也。言木餘載生枿栽也。

成實論　第十一卷

葷辛　許雲反。蒼頡篇：葷，辛菜也。凡物辛臭者皆曰葷也。

成實論　第十二卷

孤煢　古文焭（惸）、傑〔七〕二形，同。渠營反。無父曰孤，無子曰獨，無兄弟曰煢。煢，單也，煢煢無所依也。字從卂從營省聲。卂音雖閏反。

暍死　又作㾈、煬二形，同。於歇反。字林：傷熱也。謂傷熱煩悶欲死也。又紅紫傷風日失色爲暍亦作此。

成實論　第十五卷

不啻　施豉反。蒼頡篇：不啻，多也。

一桄　古文横、幭二形，今作桄，同。古黄反。聲類作輄，車下横（横）〔八〕木也。今車牀梯轝下横（横）木皆曰桄是也。

成實論　第十六卷

猨猴　又作蝯，同。雨煩反〔九〕。似獼猴而大，臂長，其色有黑有黄，鳴聲甚哀。古今注云：猨五百歲化爲玃，玃壽千歲。玃音居縛反。

蟄虫　遲立反。説文：蟄，藏也。獸之淺毛熊羆等亦皆蟄也。

成實論　第十七卷

考撿　苦老反。考謂質覈之也，問也。

土封　甫龍反。起土爲界曰封。聚土者也。

則晞　又作烯，同。虚衣反。字林：晞，乾也。方言：晞也，暴也。北燕海岱之間謂暴爲晞。

[用剗　又作鏟，同。初眼反。説文：平鐵也。通俗文：攻板曰剗。方刃施柄者也。]〔一〇〕

抱卵　字體作菢，又作勽，同。蒲冒反。通俗文：鷄伏卵。北燕謂之菢，江東呼蓲。蓲音央富反。伏音輔又反。

㲉出　又作殻（㲉）〔一一〕，同。口角反。吴會間音哭。卵外堅也。尚在卵中謂之㲉。

鞞婆沙阿毗曇論〔一二〕　第一卷

趺芩　渠今反。人名也。

傅采　方務反。傅謂塗附也。傅藥、傅粉皆作此。論文作拊，麩主反。拊，拍也。非此用也。下且在反。采猶采色也。

鞞婆沙阿毗曇論　第三卷

摩儵　又作倐、倏二形，同。書育反。人名也。

鱣魚　古文䱇，同。知連反。大黄魚也。口在頷也。體無鱗甲，肉黄，大者長二三丈。江東呼爲黄魚是也。

如鍼　字詁文針、箴，合（今）〔一三〕作鍼，同。支淫反。廣雅：針，刺也。説文：鍼，所以縫衣裳者也。

鞮伽　都奚反。謂苦種子也。

鞞婆沙阿毗曇論　第四卷

色膜　亡各反〔一四〕。説文：肉間膜也。論文從革作䩬，非也。

騰書　徒登反。説文：騰，傳也。謂傳遽郵驛也。騰，乘也。廣雅：騰，奔也。疾也。

鞞婆沙阿毗曇論　第五卷

[若瞟　普么反。一目病也。又埤蒼云：明察也。]〔一五〕

若翳　韻集作瞖，同。一計反。説文：目病生翳也。三蒼：翳，目病也。論文作噎，風而陰曰噎。噎非字體也。

陰燧　古文作鐆、䥙二形，今作㸂，或作燧，同。辭醉反。陰燧出水，陽燧出火者。鐆，五石之銅精圓也。陰燧以鐵方也。

潭水　徒南反。亭水也。楚人名深爲潭。論文作澹，徒濫反，安也。澹非此義。

鞞婆沙阿毗曇論　第八卷

譏貶　居衣反。廣雅：譏，刺也。説文：譏，誹也。下古文䢎，同。碑儉反。貶，損也，減也，亦墜也。

鞞婆沙阿毗曇論　第九卷

如弶　渠向反。韻集云：施罥於道曰弶。今田獵家施弶以取鳥獸者，其形似弓也。

禋侫　於人反。苦也。

彌侫　習也。

陀破　盡也。

陀羅破　道也。

鞞婆沙阿毗曇論　第十卷

道跡　又作蹟、迹二形，同。子亦反。足跡也。論文作跡、跤二形，非也。

鞞婆沙阿毗曇論　第十二卷

抆摸　無粉反。字林：抆，拭也。摸，搽也。搽音桑各反。

鈎㧻[一六]　都角反。㧻，擊也，敲㧻也。敲音苦交反。論文作琢，[玉曰琢[一七]，]非也。

樺皮　胡覇反。可以飾弓者也。

鞞婆沙阿毗曇論　第十三卷

千秋鳥

鐵杷　又作邑，同。平加反。方言：把（杷）謂之渠拏。郭璞曰：有齒曰把（杷），無齒曰朳。朳音八。今江南有齒者爲把（杷）拏。字從木（扌）[一八]，拏音女於反。

下晡　補胡反。淮南子云：日行至于悲谷爲晡時。謂加申時也。

鞞婆沙阿毗曇論　第十四卷

蚔蠖　齒亦反，下烏郭、於獲二反。爾雅：蠖，尺蠖。方言：尺蠖又名步屈，一名尋桑。纂文云：吴人以步屈名桑闔。音古合反。一名蝍蝛。蝛音子六反。

犎牛　周成難字作犎，音妃封反。漢書音封。此牛形小，髆上有犎也。

不眴　列子作瞬，通俗文作眴，同。尸閏反。説文：瞚，目開閉數摇也。服虔云：目動曰眴也。

鴝鵒　又作鸜[一九]，同。具俱反。下又作鵅，同。以屬反。似反舌，頭有兩毛角者也。山海經、公羊傳並作鸛，音攉。

蜀虫　時燭反。詩云：蜎蜎者蜀。傳曰：蜀，桑虫也，大如指，似蠶。爾雅「蚅，一名烏蠋」是也。

解脱道論〔二〇〕　第一卷

叨佷　他勞反，下胡墾反。叨，貪也。方言：叨，殘也。埤蒼：叨，食也。說文：此俗饕字也。

裝捒　阻良、側亮二反，下師句反。今中國人謂撩理行具爲縛捒。縛音附，捒音戍。說文：裝，束也，裹也。

沮屈　才與反。蒼頡解詁(詁)〔二一〕：沮，漸也。敗壞也。論文作俎，側呂反。貯䀌器也。一曰置肉机也。俎非此義。

解脱道論　第二卷

麻料　字苑作叛(粄)〔二二〕，同。布滿反。資類也。今米料、豆料皆作此。

解脱道論　第三卷

拁(桁)〔二三〕摵(械)〔二四〕　胡郎反，下胡戒反。通俗文：拘罪人曰拁(桁)。摵(械)亦桁類也。

摒擋　卑政反，下都浪反。謂掃除也。廣雅：摒，除也。

噫噫　借音。於矜反。相答應聲也。

解脱道論　第四卷

删去　所姦反。三蒼：删，除也。

衣帊　又作祀(祀)〔二五〕，同。匹亞反。廣雅：帊，幞也。通俗文「兩複曰帊」是也。

痕跡　纂文作服，同。胡根反。通俗文：瘡瘢曰痕也。

櫺窗　力丁反。說文：窗楯間子也。通俗文：疏門曰櫺。今窗櫺、車櫺皆是也。

髋節　又作垸，同。胡灌反。通俗文：燒骨以桼曰垸。蒼頡訓詁：垸，以桼和之。今中國人言垸，江南言髀，音瑞。桼，古漆字。

捱狗　女皆反。人名也。依字，韻集：揩，捱，摩也。

［麇生　字體作㵐，忙悲反。通俗文：物傷濕曰㵐。論文作麇，非體也。］〔二六〕

狡獪　古卯反，下古文猾、狘二形，又作狭，同。古快反。通俗文：小兒戲謂之狡獪。今關中言狡刮，訛也。

解脱道論　第七卷

軀拘　羌句反。

霖婆　力金反。

笴栗　古我反。

鉢拖　土何反。

瘑瘷　張揖雜字作瘑，字書作疝，同。古和反。蒼頡篇：疨，秃也。韻集曰：瘡病也。春發者謂之燕疥，秋發者謂之㾓疥。

閟塞　鄙冀反。詩云：我思不閟。傳曰：閟，閉也。亦不從也。論文作秘，非體。

解脱道論　第八卷

忿叱　齒逸反。方言：叱呵，怒也。陳謂之呵。案叱猶呵也。

濕鮭〔二七〕　胡瓦反。應作鞋，胡寡反。鮮明也。又物精不雜爲鞋。

解脱道論　第十卷

夾膝　古洽反。謂夾在兩邊也，近也。三蒼：夾，輔也。説文：夾，持也。夾，至也。

如荻　又作藡，同。徒歷反。即蒹荻也。堪爲簿者也。蒹音古銜反。

雜阿毗曇心論〔二八〕　第一卷

牟尼　經中或作文尼，舊譯言仁，應云茂泥，此云仙。仙通内外，謂久在山林修心學道者也。

申恕　亦言申恕波林，此譯云實木林，謂貞實也。

軟中　正體作耎，同。而兗反。梵本言没栗度，此譯言耎，柔弱也。

澀滑　又作澁，同。所立反。謂不滑也。字從四止。四止即不通字意也。論文作歰、歮二形，非體也。

天竺　或言身毒，或言賢豆，皆訛也。正言印度。印度名月。月有千名，斯一稱也。良以彼土聖賢相繼，開照(導)〔二九〕群生，照臨如月，因以名也。一説云賢豆本名因陀羅婆他那，此云主處，謂天帝也。當以天帝所護，故世人號之耳。

彌離車　或作彌戾車，皆訛也。正言蔑戾車。謂邊夷無所知者也。

軍衆　居雲反。字林：軍，圍也。四千人爲軍，二千五百人爲師。字從勹。勹音補交反。包車爲軍，帀自爲師，皆字意也。

詰問　去質反。廣雅：詰，責也。説文：詰，問也。

華鬘　又作花，同。呼瓜反，下梵言磨羅。此云鬘，音蠻。案西域結鬘師多用蘇摩那花行列結之，以爲條貫，無問男女貴賤，皆此莊嚴，或首或身，以爲飾好。諸經中「天鬘」、「寶鬘」、「花鬘市」、「結鬘師」皆是也。論文作髻，非體也。

摶食　徒官反。通俗文：手團曰摶。三蒼：摶，飯也。論文作揣，音初委反。測度前人曰揣。江南行此音。又都果反。説文：揣，量。故揣也，關中行此音，並非此義。

溉之　歌賚反。説文：溉，灌也。謂灌注也。

如晴　又作暒、殅〔三〇〕二形，同。自盈反。謂不雨也。聲類：晴，雨止也。論文作霔，非也。

户樞　齒與反。門臼也。爾雅：樞謂之椳。郭璞曰：門户扉樞也。廣雅：樞，本也。樞機，制動轉之主也。椳音五迴反。

雜阿毗曇心論　第二卷

猗息　於蟻反。説文：倚猶依也。廣雅：倚，因也。謂因倚而卧也。字從人。論文作猗，一奇反。猗，美也。

躁動　又作趮，同。子到反。躁亦動也。躁，擾也。論語：言未及之而言謂之躁。鄭玄曰：謂不安静也。釋名：躁，燥也。言物燥即動而飛揚(揚)〔三一〕也。

爲掉　徒吊反。字林：掉，摇也。廣雅：掉、振，動也。論文作恌，非也。

心忌　渠記反。忌，難也，亦畏也。説文：忌，憎惡也。

爲嫉　古文誒、倿、㑵三形，同。自栗反。楚辭：故興心而嫉妬。王逸曰：害賢曰嫉，害色曰妬也。

懈怠　古賣反，下徒改反。爾雅：懈，怠也。集注云：懈者極也，怠者嬾也。釋名云：懈者解也，言骨節解緩也。

振旦　或作震旦，或言真丹，皆一也。舊譯云漢國。經中亦作脂那，今作支那。此無正翻，直神州之總名也。

猶豫　弋周反，下古文與，同。弋庶反。説文：隴西謂犬子爲猶。猶性多疑，在人前，故凡不决者皆謂之猶豫。又爾雅云：猶如麂，善登木。郭璞曰：健上樹也。

户向　許亮反。説文：向，北出牖也。廣雅：窗、牖，向也。字從宀從口。宀音亡仙反。

爲糜　亡皮反。糜，爛也。散壞也。

穬麦　瓜猛反。説文：穬，芒粟也。今呼大麦爲穬麦也。

拘屢　或作句盧舍，或云拘樓賒，此云五百弓，應言俱嚧舍。嚧音犖俱反。謂大牛鳴音聲聞五里。八俱嚧舍爲一踰繕那，即四十里，古者聖王一日所行也。

中天　於矯反。説文：天，屈也。廣雅：天，折也。釋名云：少壯而死曰天，如取物中折也。字從大，象形不申也，不盡天年謂之天，「取其義〔三二〕」耳。

雜阿毗曇心論　第三卷

屠羊　達胡反。説文：屠，刳也。廣雅：屠，壞也。案屠，分割牲肉也。

司獵　廣雅：司，主也。説文：臣司事於外也。后爲司字意也。〔三三〕

聽訟　他定反。周禮：以五聲聽獄訟求情。一曰形聽，二色聽，三氣聽，四耳聽，五曰目聽，謂察是非也。説文：訟，争也。

齋戒　古文作誡，同。古薤反。易云：以此齋戒。韓康伯曰：洒心曰齋，防患曰戒。字林：齋戒，潔也。齋亦齊也。廣雅：戒，備也。字從廾持戈，以戒不虞也。廾又作拜〔三四〕，同。音拱字意也。

如陶　又作匋，同。大勞反。三蒼：陶，作瓦家也。舜始爲陶。世本云：夏臣昌吾更增加也。史記：陶，瓦器也。案西域地多卑濕，不可爲窯，但累坏器露燒之耳。案此陶音爲得，諸書亦借音遥，字體作窯，燒瓦竈也。通俗文「陶竈曰窯」是也。

婆羅門　此言訛略也，應云婆羅賀磨拏，此義云承習梵天法者。其人種類自云從梵天口生，四姓中勝，故獨取梵名，唯五天竺有，諸國即無。經中梵志亦此名也。正言静胤，言是梵天之苗胤也。

刹利　應言刹帝利，此譯云土田主也，謂王族貴種是也。

鞞舍　陛奚反。正言吠舍，此云坐，謂坐估也。案天竺土俗多重寶貨，此等營求積財巨億，坐而出納，故以名焉。

首陀　應言戍達羅，謂田農官學者也。此等四族，國之大姓也。

以資　姊私反。廣雅：資，用也。取也，亦成也。

鬱單曰　或言鬱怛羅越，或作鬱多羅拘樓，或云郁多羅鳩留，正言鬱怛羅究溜，此譯云高上作，謂高上於餘方也。亦言勝洲。鳩留，此云作，亦云姓，未詳何義立名。

閻浮提　或言剡浮洲，或言譫浮洲，或云贍部洲。閻浮者從樹爲名，提者略也。應言提鞞波，此云洲。譫音之含反。

弗婆提　或言弗于逮，或言弗毗提訶，或云逋利婆鼻提賀。逋利婆，此云前。鼻提賀，此云離體。

瞿陀尼　或作俱耶尼，或云瞿耶尼，或言瞿伽尼，皆訛也。瞿，此云牛。陀尼，此云取與。以彼多牛，用市易，如此間用錢帛等。或云有石牛也。

茨棘[三五]　自資反。爾雅：茨，一名蒺藜。郭璞曰：布地蔓生，細葉，子有三角刺人者也。

瘜肉　方言作腮，同。思力反。説文：瘜，奇（寄）[三六]肉也。三蒼：惡肉也。論文作息，非體也。

作摸（模）[三七]　又作摹，同。莫奴反。規，摸（模）也。摸（模），法也。謂掩取象也。

雜阿毗曇心論　第四卷

言挑　側買、子尔二反。説文：挑，擮也。擮音居逆反，謂擮撮取也。通俗文：掣挽曰挑也。

乳嬰　而注反。説文：人及鳥生子曰乳。三蒼：乳，字也。字，養也。嬰音於盈反。三蒼：女曰嬰，男曰兒。釋名云：人始生曰嬰兒。匈前曰嬰，投之嬰前而礼（乳）[三八]養之，故謂嬰兒也。

有扼（枙）[三九]　又作軛，同。烏革反。所以扼牛領者也。扼（枙）亦槅也。

泄漏　思列反。廣雅：泄，溢也。亦發也，漏也。

興渠　此言訛也，應言興舊。興宜借音嫣蠅反。出闍烏荼娑他那國，彼土人常所食者也。此方相傳以爲蕓薹，非也。嫣音虚延反。[又云此樹汁似桃膠，西國作食皆著之，今時阿魏藥是也[四〇]。]

蚖蛇　古文作螈。字林：五官反。蛇醫也。崔豹古今注：蠑螈，一名蛇醫。大者長三尺。其色玄紺，善魅人。一名螈。漢書云蚖。韋昭曰：玄黑蜥蜴也。經中黑蚖疑此物也，而不言毒害人，未詳其的是。諸經亦作虺，呼鬼反，毒蟲也，一身兩口，頭尾相似也。

雜阿毗曇心論　第五卷

飄薄　捕莫反。薄，迫也。風近迫之曰薄。

瘀壞　於慮反。説文：瘀，積血也。[青瘀也[四一]。]廣雅：瘀，病也。論文作淤，泥滓也。

所螫　書亦反。説文：蟲行毒也。關西行此音。又呼各反，山東行此音。蛆（蛆）[四二]，知列反，東西通語也。

防邏　力賀反。戍屬也，謂遊兵以禦寇者也，亦循行非違也。

小迸　又作跰、趙（迸）[四三]、趟三形，同。補諍反。迸，散也，走也。江南言迸趲。趲音讚。

雜阿毗曇心論　第六卷

折樓蟲　一名尋桑，亦言蚇蠖，或云桑闔，或云步屈。

穌[四四]息　先胡反。聲類：更生曰穌。穌亦休息也。謂更息也。

登祚　徂故反。祚，位也。國語：天地之所祚。賈逵曰：祚，禄也。[報也[四五]。]

雜阿毗曇心論　第七卷

毗陀　或言韋陀，皆訛也，應言鞞陀，此云分也，亦云知也。四名者，一名阿由，此云命，謂醫方諸事。二名夜殊，謂祭祀也。三名娑磨，此云等，謂國儀、卜相、音樂、戰法諸事。四名阿闥婆拏，謂咒術也。四是梵天所說。若是梵種，年滿七歲，就師學之，學成即作國師，爲人主所敬。梵天孫毗耶娑仙人，又作八鞞陀。

所度　唐各反。度，量也。廣雅：度，揆也。亦測也。

支提　又名脂帝浮圖，此云聚相，謂累石等高以爲相，或言方墳，或言廟，皆隨義釋也。

雜阿毗曇心論　第八卷

脛骨　又作踁，同。下定反。説文：脛，脚胻也。胻音下孟反。今江南呼脛爲胻，山東曰胻敞。敞音丈孟反。脛胻俱是膝下兩骨之名也。釋名：脛，莖也。直而下如物莖也。

髖骨　又作臗，同。口桓反。埤蒼：臗，尻也。説文：臗，髀上也。論文作寬，非體。

髎骨　力遥反。字林：八髎也。通俗文：尻骨謂之八髎。論文作膫，脂膏也。膫非此用。

五穀　案禮記月令：天子春食麥。鄭玄曰：麥實有孚甲，屬木。夏食菽。菽，豆也。菽實孚甲堅全，屬水。季夏食稷。稷，五穀之長，屬土。土，中央。秋食麻。［麻］[四六]實有文理，屬金。冬食黍。黍秀舒散，屬火。皆順時而食之，以安其性也。

雜阿毗曇心論　第九卷

極鄙　補美反。鄙，惡也。廣雅：鄙、恥、羞，愧也。

所稟　補錦反。説文：稟，賜也。廣雅：稟，與也。

隄塘　古文阺，同。都奚反，下徒郎反。説文：隄，塘也。爾雅：隄謂之梁。李巡曰：隄，防也，障也。漢書：無隄之輿。韋昭曰：積土爲封限也。

雜阿毗曇心論　第十卷

拘隣　賢劫經作居倫，大哀經作俱輪，或作居隣，皆梵言訛也。此譯云本際第一解法者也。經中尊者了本際是也。普曜經云：俱隣者，解本際也。阿若者，言已知。正言解了。拘隣亦姓也，此乃憍陳如訛也。中本起經云：初五人者，一名拘隣，二名頞陛，三名拔提，四名十力迦葉，五名摩男拘利也。

洋銅　以良反。謂煮之消爛洋洋然也。三蒼：洋，大水也。爾雅：洋，溢也。溢，衆多也，取其義也。

如拒　其吕反。此外道瓶，圓如瓠，無足，以三技（杖）[四七]交之，舉於瓶也。諸經中或作三奇立拒，或言三叉立拒，皆是也。

雜阿毗曇心論　第十一卷

飢饉　古文飦，同。几治反，下奇鎮反。爾雅：穀不熟爲飢，蔬不熟爲饉。蔬，菜也。李巡注云：凡可食之菜皆不熟曰饉。又春秋穀梁傳曰：二穀不升曰飢，三穀不升曰饉，五穀不升謂之大飢。升，登也。登，成也。

呵梨勒　此云天主持來。此果爲藥功用至多，如此間人參、石斛等，無所不入也。

有咎　又作咎，同。渠九反。廣雅：咎，過也。惡也。字從人。咎，人各相違即成罪咎。又「二人同心，其利斷金；二人相違，其福〔四八〕成灾」字意也。古文以爲皐繇字。

撰集　三蒼作篹，同。助彎反。廣雅：撰，定。撰亦述也。

申述　示聿反。述謂訓其義理也。[又廣雅云：述也〔四九〕。]爾雅：述，循也。循，行也。

立世阿毗曇論〔五〇〕　第一卷

毗舍佉　或云鼻奢佉，此譯云别枝，即是氐宿，以生日所值宿爲名也。案西國多以此爲名。

鹿子母　梵言蜜利伽羅，此云鹿。磨多，此云母。跋羅娑馱，此云堂，亦言殿也。舊云磨伽羅母堂者，訛略也。

嘍吼　於牛反，下呼狗反，皆聲也。

剡浮　以冉反。或云閻浮提，或作譫浮，又云贍部，皆梵音訛轉也。剡浮者，從樹爲名。提者，略也。應言提鞞波，此云洲。

瘤節　力周反。通俗文：肉胅曰瘤。謂肉起如木節者也。

至胛　又作甲，同。古狹反。説文：肩甲也。甲，髆也。次下宜作甲。

聳身　古文竦、㩳、慫三形，今作聳，同。須奉、所項二反。廣雅：聳，上也。跳也。

尸陀林　正言尸多婆那，此云寒林。其林幽邃而且寒，因以名也。在王舍城側，死人多送其中。今總指棄屍之處名尸陀林者，取彼名也。

供贍　聲類或作饍，同。時焰反。助也。字書：贍，足也。謂周足也。

養飤　説文：囚志反。飤，糧也。廣雅：餧，飤也。蒼頡訓詁：飤，飽也。謂以食與人曰飤。論文作飴，弋之反，亦古字假借通用，非體也。

[菱角　力徵反。爾雅：菱，蕨攈。注云：即水中菱也。]〔五一〕

立世阿毗曇論　第二卷

溜墮　力救反。蒼頡解詁云：溜謂水垂下也。

路渚　之與反。爾雅：小洲曰渚。李巡曰：四方有水，獨高可居，故曰渚也。

犁鏵　古文茉(苿)〔五二〕、鏵(釪)〔五三〕二形，今作釫，古文奇字作鋘，同。下瓜反。犁刃也。説文：兩刃垂(臿)〔五四〕也。

江浦　匹户反。詩云：省此淮浦。傳曰：浦，水涯也。

磨礪　字詁今作厲，同。力制反。山海經：崦嵫山多砥礪。郭璞曰：即磨石也。尚書：若金，用汝作礪。孔安國曰：砥細於礪皆可以磨刀刃也。砥音脂。

坑穽　古文阱、汬二形，同。慈性反。廣雅：穽，坑也。説文：穽，大陷也。周禮：雍人掌[溝瀆澮池之禁，凡害於同稼者〔五五〕，]春令爲穽。鄭玄曰：謂穿地爲塹，所以禦禽獸，或超踰則陷之。

敧仄　又作攲、𢻲、崎三形，同。丘知反。不正也。説文：攲𡺾，傾側不安也。不能久立也。

蜂蠆　丑芥反。毒蟲也。山東呼爲蠍，陝以西呼爲蠆蝁。音土（土）〔五六〕曷、力曷反。

俾倪　又作𨻶堄二形，三蒼作頼倪二形，同。普米、五禮反。廣雅：俾倪，堞，女牆也。埤蒼：城上小垣也。釋名云：俾倪，城上[小]〔五七〕垣也。言於其孔中俾倪非常也。亦言陴，言裨助城之高也。或云女牆，言其卑小，比之於城，若女子之於丈夫也。或名堞，取其重疊也。

寶柵　叉白反。説文：柵，編豎木也。通俗文：木垣曰柵。

泛漾　敷劍反，下翼尚反。案：泛漾，摇蕩也。

寶函　胡緘反。謂盛貯經書雜物等曰函。論文作涵，胡甘反。涵，潤澤也。涵非此用。

鶥鷉　蒲覓反，下他奚反。方言：野凫小而好没水中者，南楚之外謂之鶥鷉。其大者謂之鶻蹏。其膏可以瑩刀也。

水湔　又作濺，同。子見反。通俗文：水傍沾曰湔。江南音子旦反。

自縋　又作硾，同。直僞反。説文：以繩有所懸鎮也。廣雅：縋，索也。鎮，笮也。

謳歌　又作傴，同。於侯反。説文：齊歌曰謳。廣雅：謳，喜也。爾雅：徒歌謂之謳。

柱礎　初舉反。淮南云：山雲蒸，柱礎潤。許叔重曰：楚人謂柱碣曰礎。碣音思亦反。

市厘（廛）〔五八〕　值連反。禮記：市厘（廛）而不征。鄭玄曰：厘（廛），市物邸舍也。厘（廛），居也。方言：東齊海岱之間謂居曰厘（廛）。

笳聲　或作葭，同。古遐反。今樂器中有笳，卷笳葉吹之，因以名也。

椽桷　馳宣反，下古學反。案椽桷榱橑，一物廣異名也。桷音角，榱音衰，橑音老。

池沼　之遶反。蒼頡解詁云：沼，池也。

立世阿毗曇論　第三卷

花菡　又作菡，同。胡感反。謂花之未發者也。

立世阿毗曇論　第四卷

提頭賴吒　或言提多羅吒，或言弟黎多曷囉煞吒囉，此譯云持國者，主領揵撻婆及毗舍闍，或云臂奢柘，謂餓鬼中勝者也。

迺至　奴改反。爾雅：迺，乃也。郭璞曰：迺亦乃字也。蒼頡篇：迺，往也，遠也。

毗留勒叉　或名毗離，或言毗樓勒迦，或言鼻溜荼迦，此譯云增長，主領弓槃荼及閉黎多。弓槃荼者，或云鳩槃荼，甕形，頗似冬瓜。閉黎多者，或名薜荔多，餓鬼中劣者也。

毗留博叉　或名毗樓博叉，或名鼻溜波阿叉，此譯云雜語，或言醜眼，主領龍及富單那。富單那者，是臭餓鬼中勝者也。

毗沙門　或言鞞舍囉婆拏，此譯云離聞，亦云普聞，或爲多聞。其王最富寶物自然，主夜叉及羅刹。夜叉，此云傷，謂能傷害人也。羅刹，或云囉叉娑。[此云護土。若女則名囉叉斯〔五九〕。]

立世阿毗曇論　第五卷

幡幟　古文帜，同。昌志反〔六〇〕。通俗文：私記曰幟。幟，幖也。廣雅：幟，幡也。墨子曰：幟長丈五，廣半幅。

周羅　此譯云小也，謂小髻也。

釜鍑　方目、甫救二反。方言：鍑或謂之鬲。説文：鍑如釜而口大。三蒼：鍑，小釜也。鬲音歷。

攕(櫼)〔六一〕者　又作㰂(桸)〔六二〕、𧆑二形，同。許宜反。三蒼：鮔勺也。方言：蠡或謂之攕(櫼)。今江南呼勺爲櫼。廣雅：𧆑，瓢也。論文作㩗，非體也。

犦牛　音秦，字略云：牛名也。

褊迮　卑湎反。説文：褊，小也。爾雅：急，褊。謂急疾也。褊，陿也。

立世阿毗曇論　第七卷

兵斯　又作㒋，同。思移反。廣雅：斯，謂，命，使也。字書：斯，役也。謂賤役者也。漢書：斯與(輿)〔六三〕之卒。張晏曰：斯，微也。韋昭曰：拆(析)〔六四〕薪曰斯，炊烹曰養也。

立世阿毗曇論　第八卷

山磕　苦盍反。説文：石聲也。亦大聲也。今江南凡言打物碎爲磕破。

鐇斧　府袁反。埤蒼：鐇，鏟也。

如芟　所巖反。刈草也。詩傳曰：芟，除草也。

痛辣　力達反。通俗文：辛甚曰辣。論文作剌，非體也。

烹煞　普羹反。烹，煮也。方言：烹，熟也。嵩岳以南陳潁之間曰烹。儀禮：凡煮於鑊中曰烹也。

如猘　察閑反。埤蒼：犬噬也。案噬猶齧也。字從犬。

四稜　力增反。説文：稜，柧也。柧音孤。通俗文：亦(木)〔六五〕四方爲稜，八稜爲柧。

葪藤　苦和反。南海志云：葪，藤名。

陵(鯪)〔六六〕鯉　閭蒸反。鯪鯉，魚名也。有足，出南方，陸居也。

或獺　他曷、他鎋二反。形如小犬，水居，食魚者也。論文作狚，都達反。獸名也。狚非此用也。

或蝟　又作彙，同。于貴反。有兔蝟、鼠蝟等也。

褫皮　敕尒、直紙〔六七〕二反。廣雅：褫，奪也。説文：奪衣也。今謂奪其皮也。

竹笪　都達反。説文：笪，箬也。箬音若，竹皮名也。郭璞注方言云：江東謂籧篨。直文而粗者爲笪，斜(斜)〔六八〕文者爲簃。一名符篖。簃音癈。符，胡郎反。篖音唐。

掐齧　口狹反。爪傷曰掐。韻集作剖，口洽反，入也。

鐵艚　又作槽，同。在勞反。聲類：槽，飤豕器也。

舂暘　尸容反，下徒朗反。世本：雍父作舂杵。黄帝臣也。廣雅：暘，舂也。韻集云：䬴，暘米也。今中國言䬴，江南言暘。論文作蕩，非體也。䬴音伐。

酪瓨　又作㼚，同。古郎反。方言：瓨，甖也。今江東通言大瓮爲瓨。

腦濽　又作濽，同。子旦反。三蒼：濽，汙灑也。江南言濽，山東言湔。音子見反。

煎炒　古文鬻、𤈦〔六九〕、煼、𩰪四形，今作鬻。崔寔四民月令作炒，古文奇字作𤆌，同。初狡反。方言：熬、煼、煎、𤎟、火乾也。説文：熬也。

利弗　字苑初眼反。謂以籤貫肉炙之者也。籤音且廉反。

鼉鰐　大何反，下五各反。廣雅：鰐魚名也。長二丈餘，有四足，似鼉，齒至利，有禽鹿入水，齧腰即斷。

頸鴉　於牙反。白頭烏也。關中名阿雅。爾雅：鸒鶋，鶋居（鵶）〔七〇〕。郭璞曰：雅烏也。小而群飛，腹下白者。江東呼爲鵯烏。鵯音匹。

鷹鶚　五各反。摯猛之鳥也。山海經：狀如雕而黑，白首，赤足喙。

匕首　補履反。劍名也。周禮考工記云：匕首，劍身長三尺，重二斤一兩，輕而便用也。其頭似匕，因曰匕首。史記「荊軻左執匕首」是也。

木柹　麩癈反。蒼頡篇：柹，札也。説文：削木朴也。江南名柹，中國曰札，山東名朴豆札。朴音平豆反〔七一〕。

鐵杙　余職反。爾雅：樴謂之杙。郭璞曰：杙，橜也。論文作弋，非體也。

鴆煞　除禁反。山海經：女几之山多鴆。郭璞曰：大如雕，紫緑色，〔長〕〔七二〕頸，赤喙，食蛇也。以羽畫酒，即煞人也〔七三〕。

徇令　辭俊反。徇猶巡也。爾雅：徇，遍也。説文：徇，行示也。徇亦循也。字從行〔七四〕，音耻亦反。

鍊鐵　又作煉，同。力見反。説文：鍊，治金也。鐵爲黑金也。

立世阿毗曇論　第九卷

或瘻　力鬪反。説文：頸腫病也。今腋下隱處皆有，中有蟲也。

〔風痺　必二反。蒼頡篇訓詁云：手足不仁也。説文：濕病也。痺，不能行也。今言冷痺風痺也。〕〔七五〕

瘭疾　卑遥反。瘫成也。埤蒼：瘭，疽也。説文：瘭疽，久瘫也。

仆地　古文踣，同。蒲北反。説文：仆，頓也。謂前覆也。

立世阿毗曇論　第十卷

相撌　扶味反。南人謂相撲爲相撌也。

吹篪　又作鷈、竾二形，同。除離反。説文：管有七孔。世本：蘇辛公作篪。

水苔　徒來反。謂水中魚衣緑色生水底者也。亦可以爲紙。

湴泥　又作淜，同。排咸、白監二反。無舟渡河也。説文：涉渡水也。玉篇皮冰反。

則凹　蒼頡篇作窅〔七六〕，同。烏狹反。字苑：凹，陷也。

尊婆須蜜所集論〔七七〕　第一卷

摩渝　以朱反。人名也。依字，渝，變也。

瞠爾　敕行反。蒼頡篇：瞠，直視也。

懿乎　於冀反。爾雅：懿，美也。字從壹，恣省〔七八〕聲。論文作聲，訛誤久矣。

跋橙　丈萌反。

〔揥婆　他計反。〕〔七九〕

箭括　古活反。釋名云：箭，進也。其本曰足，其體曰幹，其末曰括。括，會也，與弦相會也。括旁曰叉，形似叉也。

尊婆須蜜所集論　第二卷

洿沙　一胡反。大曰潢，小曰洿。説文：洿，濁水不流池也。

門梱　又作閫，同。苦本反。禮記：外言不入於梱。注云：梱，門限也。

牙皰　彭孝反。說文：面生熱氣也。今取其義。論文作雹，非也。

虵虺　古文虫、螅二形，同。呼鬼反。毒蟲也。韓非子曰：蟲有虺者，一身兩口，争食相齧，遂相煞也。

檀嚫　或言達嚫。叉覲反。此云財施。報施之法名曰達嚫。又案西域記云：正云達櫬拏，或云馱器尼。以用右手受他所施，爲其生福，故從之立身。

尊婆須蜜所集論　第三卷

門閾　古文閾，同。吁域反〔八〇〕，又音域。爾雅：柣謂之閾。郭璞曰：門限也。柣音田結反〔八一〕。

確然　又作碻、塙二形，同。口角反。周易：夫乾確然易矣。韓康伯曰：確然，堅皃也。論文作擢，非體也。

曩昔　奴朗反。爾雅：曩，久也。猶往久古昔也。

澡盥　公緩反〔八二〕。說文：澡手也。凡洒〔八三〕物皆曰盥，不但手也。

怨仇　古文逑，同。渠牛反。怨耦曰仇。爾雅：仇、讎，匹也。

尊婆須蜜所集論　第四卷

戢不　阻立反。三蒼：戢，聚也。說文：戢，藏也。戢，斂也。

緹麗　他禮反。木名也。

尊婆須蜜所集論　第五卷

驃騫　脾妙反，下去焉反。三昧名也。

涓涓　古玄反。字林：水小流涓涓然也。

所遏　古文閼，同。於曷反。爾雅：遏，止也。謂逆相止爲遏。遏亦遮也。

暐暐　宜作煒，于匪反。說文：煒，盛明皃也。亦赤也。

尊婆須蜜所集論　第六卷

愚贛　竹巷反。李登聲類、韻集音丑巷反。贛亦愚也。

頑魯　五鰥反，下力古反。論語：參也魯。孔安國曰：魯，鈍也。論文作鹵，非體也。

邠坻　府貧反〔八四〕。下古文坛，同。直飢反。此言訛也，正言賓荼馱寫耶，此云團與。舊譯云給孤獨，猶是須達多之別名也。須達多，此云善與。

盟誓　靡京反。禮記：諸侯莅牲。凡國有疑，會同則常其盟。約之大事曰盟。

麑鹿　又作麛，同。莫奚反。爾雅：鹿，牝〔八五〕麚。其子麛。麚音加。

尊婆須蜜所集論　第七卷

使吮　似兖反。韻集音弋選反。說文：吮，嗽也。

躇步　直於反。躊躇，躑躅也，亦猶豫也。躊音直流反，躅音馳録反。

法勝阿毗曇論〔八六〕　第二卷

辮髮　三蒼亦編字，同。蒲典反。説文：辮，交織也。

係在　古文繼、繫二形，同。古帝反。説文：係，結束也。亦相係嗣也。

法勝阿毗曇論　第三卷

慣習　又作串、摜、遺三形，同。古患反。爾雅：串亦習也。［舍人曰：串心之習也〔八七〕。］

裹（褱）〔八八〕孕　三蒼云：古文懷孕字。下古文䗑，同。餘證反。説文：孕子也。廣雅：孕，傷也。謂孕子也。含實曰孕，字從子乃聲。

法勝阿毗曇論　第六卷

眼眵　充支反。説文：蔑兜，眵也。今江南呼眵爲眵兜也。蔑音莫結反。論文作眵，非也。

四諦論〔八九〕　第一卷

泅水　古文作汓，同。似由反。説文：泅謂水上浮也。今江南謂柏（拍）〔九〇〕浮爲泅。

氣瘷　蘇豆反。説文：瘷（瘷）〔九一〕，氣逆也。蒼頡篇：齊部〔九二〕謂瘷曰欬。欬音苦代反，江南行此音。［起志反，山東行此音〔九三〕。］

四諦論　第二卷

噤塞　又作唫，同。渠錦、巨蔭二反。説文：噤，口閉也。

射堋　音朋。字略云：射的也。亦即射垛（垜）〔九四〕，音徒果反。

四諦論　第四卷

調笴　工旱反。字林：笴，箭莖也。論文幹、竿二形，非也。

馭車　今作御，同。魚據反。駕馭也，謂指麾使馬也。凡言馭者，所以驅之也，内之於善也。

阿毗曇心論〔九五〕　第四卷

兜率哆　殆我反。經中或作兜駃多，或言兜率陀，皆訛也。正言覩史多，此云知足天，又云妙足也。

梵富樓　初禪第二天也。此云梵前益天，在梵前行恒思梵天利益，因以名也。舊言梵先行天，亦言梵輔天也。先行輔梵王也。

分別功德論〔九六〕　第一卷

比較　古文搉，同。古學反。較，量也。較，明也。搉猶粗略。

皓大　三蒼古文顥，同。胡老反。皓亦廣大也，光明也。

毗(𣬉)齊(臍)〔九七〕　蒲西、扶脂二反，下昨迷反。説文：𣬉，人齊也。論文作肶，非也。

[嚾嘅　上苦朗反，下苦愛反。]〔九八〕

地肥　扶非反。㓞初時地脂也，亦名地味。論文作肥，非也。

案如　於旦反。案，察行也，亦瞻視也。一曰：案，尋也。

呈佛　馳京反。呈，見也，謂示見於佛也。論文作程法之程，非體也。或作侱，非也。

弓矢　又作𠅍，同。尸旨反。三蒼：矢，箭也。古者夷牟初作矢。

闚⿵門俞　又作窺，同。丘規反，下弋珠反。説文：窺亦視也。

分別功德論　第二卷

訾哉　又[作]〔九九〕䜹，同。紫斯反。訾，量也。説文：訾，思也。

柞哉　字宜作胙、䊪二形，同。子各反。説文：糳一斛舂取九斗曰䊪。三蒼注云：䊪，精米也。今江南謂師米爲䊪。糳音賴。論文作柞，非體也。

汪水　烏黄反。通俗文：亭水曰汪。汪，池也。説文：汪，深廣也。

自刎　古文歾，同。亡粉反。公羊傳云：公遂刎脰而死。何休曰：刎，割也。[脰音豆也〔一〇〇〕。]

婆南　或言和南，皆訛也。正言槃淡，此譯云我禮也。

繕埴　市戰反，下市力反。繕，治也。埴，黏土也。謂和治土也。

匈匈　許恭反。匈匈，沸鬧之聲也。漢書「匈匈數千人聲」是也。論文從水作洶，非也。

斗藪　又作擻，同。蘇走反。郭璞注方言曰：斗藪，舉也。通俗文：斗藪謂之㝅㝅。難字音都㝅反，下蘇㝅反。論文作抖揀，非體也。

[不革　古文革、𠦝、諽三形，同。古核反。革，更也，謂獸皮治去毛變更之也。字從三十從臼(口)〔一〇一〕。臼(口)爲國邑，國三十年而法更別，取別異之意也。臼(口)音韋也。]〔一〇二〕

暨今　聲類古文臮，同。其器反。左傳：猶懼不暨。注云：暨，至也。

分別功德論　第三卷

應叙　辭與反。説文：叙，次第也。爾雅：叙，緒也。謂端緒也。

酬酢　又作醻。蒼頡篇作詶，同。市周反。主答客曰酬，客報主人曰酢。

森森　所金反。説文：木長皃也。今取其義。

怏然　於亮反。蒼頡篇：怏，懟也。亦怏然心不伏也。

湔浣　上子田反，下胡滿反。三蒼：湔，濯也。浣，洗也。

啾吟　子由反，下牛金反。蒼頡篇：啾，衆聲也。説文：啾，小兒聲也。吟，歎也，諷詠也。論文作㖗，非也。

分別功德論　第四卷

繁衍　扶袁反，下以善反。繁，多也，盛也。衍，水流長也。

銓量　且泉反。漢書應劭曰：銓，權衡也。量斗斛也。韋昭曰：銓，稱錘也。

甘露味阿毗曇論〔一〇三〕 上卷

魯鵰 此古歡字，音呼官反。此應作鷵，羅盍反。

心寇 口候反。尚書：寇賊姦宄。范甯集解曰：謂羣行攻剽者。今取其義。說文：寇，暴也。廣雅：寇，抄也。字從完從攴(攵)〔一〇四〕。剽音匹妙反。

忮收〔一〇五〕 支豉、紀致〔一〇六〕二反。依字，忮，害也。

辟支佛因緣論〔一〇七〕 上卷

一襲 辭立反。史記：賜衣一襲。音義曰：衣禪複具爲一襲。禪音丹。

不恤 又作卹，同。須律反。爾雅：恤，憂也。亦收也。謂與人財物振恤之也。

瀑長 蒲報反。蒼頡篇：水濆起曰瀑也。

勃逆 古文誖、悖二形，同。補潰、蒲没二反。廣雅：悖，亂也。亦逆也，惛也。

瞤動 古文旬(旬)〔一〇八〕，同。而倫反。說文：目搖動也。今謂眼瞼掣動爲瞤也。

親昵 又作暱，同。女栗反。爾雅：昵，近也。郭璞曰：謂相近也。亦親也，私昵也，亟也。親昵亦數也。亟音祛記反。

[犛牛 亡包反。西南夷長尾(髦)〔一〇九〕牛。論文作猫，非體也。]〔一一〇〕

若詶 蒼頡解詁云：詶亦酬字。詶，報也。

扣劍 音叩。

辟支佛因緣論 下卷

鉤挂 古罵反。廣雅：挂，懸也。

曼王 莫槃反。今高昌人謂聞爲曼。說文：聞，知聲也。

圖之 達胡反。圖，議也，亦計也。爾雅：圖，謀也。謂謀謨也。

危惙 知劣反。聲類：惙，短氣皃也。惙惙亦憂也。

援助 禹眷反。謂依據護助之言也，籬援也。取其義矣。

財賄 古文晦，同。呼罪反。通俗文：財帛曰賄。周禮：通貨賄。鄭玄曰：金玉曰貨，布帛曰賄。

微服 無非反〔一一一〕。隱行也。爾雅：幽、匿、蔽，微也。郭璞曰：謂逃竄也。

矗直 敕六反〔一一二〕。謂端直也。

律車 或作離車子，或作栗唱，或作離昌，皆梵言訛也。正言栗呫婆，此云仙族王種。呫音昌業反也。

三法度論〔一一三〕 下卷

剉持 且臥反。說文：剉，折傷也。案剉猶斫也。

喊喚 呼戒反。韻集作喊。喊，訶也。蒼頡訓詁作唉，恚聲也。通俗文作諦，大語也。喊猶喊咄，喚喊皆是也。

噫氣 乙戒反。說文：噫，出息也。

十八部論

底舸 古我反。此山名，出律主居處也。

艿山　而證、而蒸二反。山名也，亦律主居處也。

明了論〔二一四〕

竝起　又作並，同。蒲鯁、蒲茗二反。爾雅：並，併也。併音蒲茗反。

布沙他　或作逋沙他，此云增長。謂半月叉磨增長戒根。叉磨，此云忍，謂容恕我罪。舊名懺者，訛略也。

欐牆　又作籬、杝二形，同。力支反。通俗文：柴垣曰欐。釋名云：以柴作之，疏離離然也。

隨相論〔二一五〕

[埏埴　尸延反，下時力反。埏，柔也，擊也，和也。埴，土也。黏土曰埴。釋名：土黄而細密曰埴。埴，職也。粘昵如脂之職也。]〔二一六〕

生樝　側家反。榠樝也，似烏勃，形大如椀，味澀酢，不可多噉。論文作查，非體也。

漱糗　所霤反〔二一七〕，下丘久反。今江南言林琴柰〔二一八〕熟而粉碎謂之糗。

三辢　字苑作莍〔二一九〕，同。盧葛反。通俗文：辛甚曰辢。江南言辢，中國言辛。論文作刺，乖戾也。刺非字體也。

一切經音義　卷第十八

甲辰歲高麗國大藏都監奉敕雕造

校勘記

〔一〕成實論　慧轉録於第七十三卷。
〔二〕沛　海作「沛」，即「沛」。
〔三〕方二反　磧爲「畢二反」。
〔四〕下又作勺，同。是若反。可以斟食者也　麗無，據磧補。
〔五〕扙　磧作「杖」。
〔六〕垘　據文意似作「洑」。
〔七〕熚　磧作「熚」。　傑　據文意當作「傑」。
〔八〕撗　磧作「横」。下同。
〔九〕雨煩反　磧爲「禹煩反」。
〔一〇〕此條麗無，據磧補。
〔一一〕觳　磧作「榖」。
〔一二〕鞞婆沙阿毗曇論　慧轉録於第七十三卷。
〔一三〕合　磧作「令」。
〔一四〕亡各反　磧爲「忙各反」。
〔一五〕此條麗無，據磧補。
〔一六〕此條麗接在「抆摸」下。
〔一七〕玉曰琢　麗無，據磧補。
〔一八〕把　磧作「杷」。下同。　木　據文意似作「才」。
〔一九〕鸜　據文意似作「鸛」。
〔二〇〕解脱道論　慧轉録於第七十三卷。
〔二一〕詰　磧作「詁」。
〔二二〕叛　磧作「粄」。
〔二三〕拆　磧作「柝」。下同。
〔二四〕摵　磧作「械」。下同。
〔二五〕祀　海作「祀」。
〔二六〕此條麗無，據磧補。
〔二七〕鮭　今傳本説文作「鮭」。
〔二八〕雜阿毗曇心論　慧轉録於第七十二卷。
〔二九〕照　磧作「導」。
〔三〇〕殀　據文意似作「殀」。
〔三一〕楊　磧作「揚」。
〔三二〕取其義　麗無，據磧補。
〔三三〕廣雅……后爲司字意也　磧爲「良涉反。取獸曰獵」。　后　慧卷七二爲「反后」。
〔三四〕拜　據文意似當作「拜」。
〔三五〕棘　即「棘」。

〔三六〕奇　磧作「寄」。
〔三七〕摸　磧作「模」。下同。
〔三八〕礼　磧作「乳」。
〔三九〕扼　磧作「梔」。下同。
〔四〇〕又云此樹汁似桃膠，西國作食皆著之，今時阿魏藥是也　麗無，據磧補。
〔四一〕青瘀也　麗無，據磧補。
〔四二〕蛆　據文意當作「蛆」。
〔四三〕趂　據文意當作「趁」。
〔四四〕穌　磧作「蘇」。下同。
〔四五〕報也　麗無，據磧補。
〔四六〕麻　麗無，據磧補。
〔四七〕扙　磧作「杖」。
〔四八〕福　磧作「祸」。
〔四九〕又廣雅云：述也　麗無，據磧補。
〔五〇〕立世阿毗曇論　慧轉録於第七十三卷。
〔五一〕此條麗無，據磧補。
〔五二〕菜　海作「茉」。
〔五三〕鏵　海作「釪」。
〔五四〕垂　磧和今傳本説文作「𠂹」。
〔五五〕溝瀆澮池之禁，凡害於同稼者　麗無，據磧補。
〔五六〕土　磧作「士」。
〔五七〕小　麗無，據磧補。
〔五八〕厘　磧作「壥」，即「廛」。下同。
〔五九〕此云護土。若女則名囉叉斯　麗無，據磧補。
〔六〇〕昌志反　磧爲「尺志反」。
〔六一〕攕　磧作「櫼」。下同。
〔六二〕捬　據文意當作「稀」。
〔六三〕與　今傳本漢書作「輿」。

〔六四〕拆　磧作「析」。
〔六五〕亦　磧作「木」。
〔六六〕陵　磧作「鯪」。
〔六七〕直紙　磧爲「直紀反」。
〔六八〕斜　據文意當作「斜」。
〔六九〕蕙　據文意似當作「𦾰」。
〔七〇〕居　磧作「鴀」。今本爾雅作「鴎」。蔣曰：「鴀當作鴎。」
〔七一〕朴音平豆反　磧爲「朴音疋各反」。
〔七二〕長　麗無，據磧補。
〔七三〕以羽畫酒，即煞人也　磧爲「以羽有毒用以畫酒飲之則死也」。
〔七四〕行　據文意似當作「彳」。
〔七五〕此條麗無，據磧海補。
〔七六〕窜　據文意似作「容」。
〔七七〕尊婆須蜜所集論　慧轉録於第七十三卷。
〔七八〕省　衍。
〔七九〕此條麗無，據磧補。
〔八〇〕吁域反　磧爲「許域反」。
〔八一〕田結反　磧爲「千域反」。
〔八二〕公緩反　磧爲「公玩反」。
〔八三〕洒　磧作「洗」。
〔八四〕府貧反　磧爲「補貧反」。
〔八五〕牝　據文意當作「牡」。
〔八六〕法勝阿毗曇論　慧轉録於第七十二卷。
〔八七〕舍人曰：串心之習也　麗無，據磧補。
〔八八〕裹　「褁」的訛寫，即「懷」。
〔八九〕四諦論　慧轉録於第七十三卷。
〔九〇〕柏　磧作「拍」。
〔九一〕瘷　磧作「瘷」。
〔九二〕部　慧作「都」。

〔九三〕起志反，山東行此音　麗無，據磧補。
〔九四〕陞　磧作「隙」。
〔九五〕阿毗曇心論　慧轉録於第七十二卷。
〔九六〕分别功德論　慧轉録於第七十三卷。
〔九七〕毗　據文意似作「𣬉」。下同。　齊　據文意似作「𪗉」。下同。
〔九八〕此條麗無，據磧補。
〔九九〕作　麗無，據磧補。
〔一〇〇〕脰音豆也　麗無，據磧補。
〔一〇一〕曰　據文意當作「冂」。下同。
〔一〇二〕此條麗無，據磧補。
〔一〇三〕甘露味阿毗曇論　慧轉録於第七十三卷。
〔一〇四〕支　磧作「攴」。
〔一〇五〕收　磧作「伎」。
〔一〇六〕紀致　磧爲「奇寄」。
〔一〇七〕辟支佛因緣論　慧轉録於第七十三卷。
〔一〇八〕旬　據文意當作「旬」。
〔一〇九〕尾　蔣曰：「尾當作毛。」
〔一一〇〕此條麗無，據磧補。
〔一一一〕無非反　磧爲「無罪反」。
〔一一二〕敕六反　磧爲「叱六反」。
〔一一三〕三法度論　慧轉録於第七十三卷。
〔一一四〕明了論　慧轉録於第六十五卷。
〔一一五〕隨相論　慧轉録於第七十三卷。
〔一一六〕此條麗無，據磧補。
〔一一七〕所雷反　磧爲「穌奏反」。
〔一一八〕今江南言林琴柰　蔣曰：「『今江南言林琴柰』七字當移至上『生樝』條『不可多噉』下。」
〔一一九〕萩　慧作「萩」。據文意似作「𣗥」。

一切經音義　卷第十九 賢聖集傳

翻經沙門玄應撰

佛本行集經
撰集百緣經

佛本行集經〔一〕　第一卷

迦蘭陀鳥　或言柯蘭陀，或作迦蘭馱迦，或云羯蘭鐸迦，皆梵音輕重也。此譯云好聲鳥。案外國傳云其形似鵲，但此鳥羣集，多栖竹林。昔有國王於林睡息，蛇來欲螫，鳥鳴覺之。王荷其恩，散食養鳥，林主居士遂從此爲名，名迦蘭馱迦。舊安外道，後奉如來也。

耆那　或言視那，或作嗜那，此譯云勝，言最勝也。

牀鋪　普胡反。廣雅：鋪，陳也。鋪，布也。亦舒也。［禮記「鋪几筵」是也〔二〕。］

記別　碑列反。分，别也。舊經多言印駐。經文從草作莂，非也。

毗盧　或云吠嚧遮那，或言鞞嚧柘那，此譯云遍照。書無嚧字義，安一口爲别。盧音宜犂俱反。

首陀婆娑　或云秫陀婆娑。私陀、首陀，此譯云净。婆娑，此云宫，亦言舍，或言處。即五净居天是也。

佛本行集經　第二卷

誕育　達坦反。詩云：誕彌厥月。傳曰：誕，大也。箋云：大矣后稷。云在其母終人道十月而生也。

層閣　子恒、字恒二反。説文：重屋也。山海經言雲盖三層。郭璞曰：層，重也，亦累也。

溘然　口合反。楚辭：寧溘死以流亡。王逸曰：溘猶奄也。廣雅：溘，依也。

必栗　纂文云：必栗者，羌胡樂器名也。經文作篳篥。

舐欶　古文䑛、虵(弛)〔三〕二形，今作狧，又作舓，同。食尒反。以舌取食也。下又作嗽，同。所角反。通俗文：含吸曰欶。三蒼：欶，吮也。吮音似兖反。

佛本行集經　第三卷

埏主　以旃反。八埏之主也。漢書音義曰：八埏，地之八際也。

巷術　脣聿反。蒼頡篇：邑中道曰術。道，路也。

抴我　夷世反。又作曳。廣雅：曳，引也。説文：曳，申也。牽也。

佛本行集經　第五卷

鵁鶄　音交精，鳥名也。一名鵁鸕。此鳥出蔓聯山，羣飛，如雌鷄，似鳧，高足。江淮間畜之可以用厭火也。

龜鼇　吾高反。字林：海中大龜也。力負蓬瀛壺三山是也。

白鷺　字書作鸕，同。來素反。白鳥也。頭翅背上皆有長翰毛。江東取爲睫離，曰白鷺縗。音蘇雷反。

鸕鷀　郎都反，下又作鶿，同。才資反。字林：鸕鷀似鶂而黑，水鳥也。紫頭曲如鈎，食魚。此鳥胎生，從口内吐出，一産八九。中國或謂之水鴉。鶂音五歷反。

佛本行集經　第六卷

苑囿　于救反。字林：有垣曰苑，無垣曰囿。囿亦禁苑也。

庶幾　爾雅：庶幾，尚也。［庶又幸也[四]。］郭璞曰：庶幾，僥倖也。庶，冀也。幾，倖也。冀倖於善道也。幾亦微也。

佛本行集經　第七卷

嵬崋　午迴反，下徂隗反。説文：高而不平也。崋，山皃也。

舐啜　時悦反。説文：啜，嘗也。爾雅：啜，茹也。郭璞曰：啜者，拾食也。通俗文作嚵。今通謂細食物曰啜。

阡陌　且田反。風俗通曰：南北曰阡，東西爲陌。廣雅：陌，道也。史記：秦孝公壞井田，開阡陌也。

鑒於　字書作鑒，同。古鑱反[五]。廣雅：鑒，炤也。鑒謂之鏡。詩云：我心匪鑒。傳曰：鑒所以察形也。

懷孕　古文䏈，同。夷證反。三蒼：孕，懷子也。廣雅：孕，傷也。字從子乃聲。

嵐毗　力含反。或言流毗尼，或言林微尼，正言藍奔尼，此云塩。即上古守園婢名也。因以名園。飯那，此云林，或譯云解脱處，亦云滅，亦名斷。奔音扶晚反也。

窐隥　都鄧反。馬窐上隥也。登馬所躡者也。經文作鐙，古燈字也。

鏗鏘　又作銵，同。苦耕反。下又作瑲，同。且羊反。廣雅：銵、鏘，聲也。案禮記：子夏聽其鏗鎗。音且羊反。字林又衡反。埤蒼云：鎗，金聲也。

勁勇　居盛反。字林：勁，強也。字從力巠聲。巠音古定反。

色虹　胡公反。郭璞爾雅音義云：虹雙出鮮盛者爲雄，雄曰虹。暗者爲雌，雌曰蜺。蜺或作霓。霓音五奚反。俗音古巷反。青虹也。

佛本行集經　第八卷

雖暴　蒲卜反[六]。説文：㬥，晞乾也。字從日從出從廾從米字意也。廾或作拜（拜）[七]，同。巨凶反，共持也。

黤黮　又作黯，同。烏感反。下他感反，謂不明也。纂文云：黯黮，深黑也。

迦輸　側飢反。王名迦輸婆，從人臂生，如頂生王等。

熇拘羅王　呼酷、枯老二反。甘蔗王種也。

礓石　居良反。形如薑也。通俗文：地多小石謂之礓礫。字從石，經文從土，非也。

屩屐　居略反。史記：躡屩擔簦。徐廣曰：屩，草扉也。扉音扶謂反。扉，屨也，粗履也。簦音都恒反，笠有柄者也。

荃提　或言遷提，謂可遷徙提挈也。或作荃提，言以荃草爲之也。非此方物，出崐崘中也。

佛本行集經　第九卷

婢媵　說文作倂，同。餘證、食證二反。爾雅：媵，送也。謂送女曰媵。公羊傳曰：媵者何？諸侯娶一國，則二國往媵之，以姪娣從也。釋名：媵，承也，謂承事適奉他也。

揵陟　六度集作鞬德，正言建他歌，此譯云納也。鞬，居言反。

不齹　千何反。說文：齒參差也。齹亦毀也。

不齵　五鈎、牛俱二反。說文：齒不正也。蒼頡篇：齒重生也。謂齒不齊平者也。

衆毦　人志反。廣雅：毦毦，罽也。織毛曰罽。毦音唐也。

躑躅　又作蹢，同。丈亦反。下又作躅，同。丈足反。字林：駐足不進也。廣雅：躑躅，踟躕也。

不覿　亭歷反。爾雅：顯、昭、覲、釗、覿，見也。

黑皯　古旱反。通俗文：面黎(黧)[八]黑曰皯也。經文從黑作皯，非也。

弓把　百雅反。單手爲把。說文：把，握也。把，持也。經作弝，近字也。

皺襵　知躡、之涉二反。謂不申也。襵裙、襵疊皆作此也。

理册　古文笧，同。楚責反。册，簡册也。長者二尺，短者半之。其次一長一短，手文象之也。

兩掔[九]　又作捥，同。烏喚反。謂手後節也。

佛本行集經　第十卷

顱顙　又作髗，同。鹿胡反，下蘇朗反。說文：頊顱也。字書：腦蓋也。廣雅：頊顱謂之顎顙。方[言][一〇]顙，額也。頊音徒各反。

潸然　所班、所板二反。字林：涕流下皃也。詩云「潸焉出涕」是也。

身祟　思醉反。說文：神禍也。謂鬼神作灾禍者也。

交瞼　居儼反。字略云：謂眼外皮也。

悲惋　烏喚反。字略云：惋，歎。驚異也。

背彼　蒲賚反[一一]。廣雅：背，北也，後也。相違背也。謂棄捨相返也。經文多從人作偝。

敷愉　翼朱反。纂文作孚瑜，言美色也。方言作忿愉，悅也。忿愉謂顏色和悅也。忿音芳俱反。

不劈　普狄反。說文：劈，破也。廣雅：劈，裂也。埤蒼：劈，剖也。又音披厄反。江南二音並行，關中但行匹狄反。剖音普後反。

呱然　古胡反。說文：小兒啼聲也。廣雅：呱呱，號也。尚書「啟呱呱泣」是也。

氛翳　敷雲反。說文：氛，祥氣也。案祥者，吉凶先見者也。

佛本行集經　第十一卷

逋流　補胡反。

婆哂　式忍反。

波頦　都可反。

唖字　伊人反。

吒字　陟家反。

侘字　敕家反。

嗏字　直家反。

拏字　女家反。

亥字　乃可反。

麽字　莫可反。

勦勇　説文作勦，同。助交反。捷健也。謂勁速勦健也。中國多言勦。勦音姜權反。

剔鉤　丁盍反。字書：剔，著也。剔鉤、剔索、打剔等皆作此。經文作塔，非也。

指撝　又作麾，同。許皮反。謂手之所指曰撝也。以旌旗指麾，因以名也。

地穩　烏本反。謂安穩也。

靳固　居近反。謂吝惜也。

騷鹹(騒)[一二]　士洽反，下魚洽反。騷鹹(騒)謂俳戲人也。經文作陜(唊)[一三]噏。唊音古協反，下噏音許及反。非此用也。

鷊馬　匹面反。字略云：謂躍上馬也。

批捥　又作撓，同。蒲結反。廣雅：撓，轉也。左傳：撓而煞之。杜預曰：手撓之也。經文作柲(抄)[一四]，蒲必反。柲(抄)，推也。柲(抄)非此用。

築搋　徵逐反，下敕佳反。廣雅：築，刺也。説文：築，擣也。搋，以拳手挃曰搋也。

拗脛　又作挨，同。烏卯反。拗，捩也。捩音力結反。

佛本行集經　第十二卷

腝葉　又作抐(枘)[一五]，同。乃困反。字苑：腝，柔脆也。通俗文：抐(枘)，再生也。又作嫩，近字也。

犂槅　居責反。槅，軛也，所以扼牛領也。經文作格，非體也。軛音烏革反。

土墢　又作坺，同。扶發反。考工記：耜廣五寸。二耜爲耦，一耦之坺廣一尺深一尺。鄭玄曰：兩人併發之其隴中曰甽。甽上墢。墢之言發也。説文：一臿土謂之坺。耜音囚以反。甽，古泫反。

虫豸　直尔反。爾雅：有足謂之虫，無足謂之豸也。

火燼　似進反。説文：燒木之餘曰燼。小爾雅：燼，餘也。

死肬　籀文作默，同。于鳩反。通俗文：體目曰肬。廣雅：肬，小腫也。

啾唧　子修反。蒼頡篇：衆聲也。謂小鬧聲也。下咨栗反。通俗文：鼠聲曰唧。唧亦聲也。

齏醬　又作韲，同。子奚反。醬屬也。通俗文：淹韭曰韲。凡醯(醢)[一六]醬所和，細切爲韲，全物爲菹。江南悉爲菹，中國悉爲韲。

雜飣　丁定反。江南呼飣食爲飣餖。經文作奠，徒見反。奠，置也，獻也。餖音豆。

珍羞　周禮有八珍。珍，貴也。下古文膳，同。私由反。方言：羞，熟也。郭璞曰：羞謂熟食也。周禮：膳夫掌王之膳羞。鄭玄曰：羞，有滋味者也。雜味爲羞也。

塵埃　烏來反。埃亦塵也。謂塵飛揚曰埃也。

使覘　敕廉反。覘謂窺視也。覘亦伺也。左傳云「使覘之」是也。

趁而　丑刃反。謂相趁逐也。纂文云：關西以逐物爲趁也。

儲宮　直於反。說文：儲，待也。待，待也。蔡邕勸學云：儲，副君也。

勝隙　徒果反。纂文云：吴人以積土爲隙。隙，堅[一七]也。堅，才句反。

佛本行集經　第十三卷

牢靳　居近反。謂靳肕也。肕音而振反。

芟彼　所巖反。詩云：載芟。傳曰：芟，除草也。亦斫也。經文作釤，所鑑反。大鎌也。釤非此用。

筋陡　又作觔，同。居殷反，下都口反。謂便捷輕健也。

相嘲　又作啁，同。竹交反。蒼頡篇：啁，調也。謂相戲調也。

二黏　補單反。字林：黏，部也。亦黏，類也。經文作般，假借也。

名於　彌盈反。所以名質也。名，號也。經文從言作詺，近字也。字略云：詺，相詺目也。

不偉　埤蒼作瑋，同。于鬼反。說文：偉，奇也。

佛本行集經　第十四卷

膽讋　脂葉反。說文：失氣也。讋，怖也。一曰言不止也。

具篪　又作鷈、竾二形，同。除離反。說文：管有七孔。詩云「仲氏吹篪」是也。

便娟　於玄反。楚辭：便娟之語。王逸曰：便娟，好皃也。

沃弱　又作渓，同。於縛、烏梏二反。詩云：其葉沃若。傳曰：沃若，猶沃沃然也。云：隰桑有沃。傳曰：沃，柔也。亦美也。

山麓　古文禁，同。力穀反。詩云：瞻彼旱麓。傳曰：山足也。謂林屬於山曰麓。

閈[一八]闔　胡臘反。說文：闔，閉也。易也(曰)[一九]「闔門謂之坤」是也。

禦備　魚呂反。詩云：百夫之禦。傳曰：禦，當也。字從示。

宮闈　于歸反。爾雅：宮中門謂之闈。郭璞曰：謂相通小門也。即宮中巷門也。

椒房　案應劭漢官儀云：皇后稱椒房。詩云：椒聊之實，蕃延盈升[二〇]。國風：美其繁興。以椒塗室，亦取温暖除惡氣也。由若朱泥殿上曰丹墀也。

贊助　子旦反。周禮：贊其不足者。鄭玄曰：贊，佐也。亦導也。

佛本行集經　第十五卷

攬庰　古卯反，下蒲定反。攬謂撓攬也。廣雅：庰、廁、清，圂。

投穽　古文阱、汬二形，同。茨性反。說文：穽，大陷也。廣雅：穽，坑也。

驚悸　古文痵，同。其季反。字林：心動也。說文：氣不定也。

稱寃　古文宛、惌二形，今作宛(怨)[二一]，同。於原反。寃，枉(枉)[二二]也，曲也。屈[也][二三]亦不理也。

嫡胄　丁狄反。主嫡也。字書：嫡，正也。廣雅：嫡，君也。公羊傳云：立嫡以長者何？謂嫡夫人之子尊，無與敵也。

冑，連續也，緒也。

杠　音江，橫木也。

墉堞　又作陠、牅二形，同。餘鍾反。爾雅：牆謂之墉。城亦謂之墉。詩云「以伐崇墉」是也。下徒頰反。堞，女牆也。

稍穳　所角反，下千亂反。埤蒼：稍長丈八也。廣雅：穳謂之鋋。鋋，小矛也。鋋音市延反。

佛本行集經　第十六卷

逶迤　又作蝺，同。於危反。下又作佗，同。達羅反。說文：逶佗，行去也。詩云：逶逶佗佗。德之美皃也。傳曰：逶佗者，行可逶曲迹也。亦自得之皃也。

有娠　書隣、之刃二反。詩云：大任有娠。傳曰：娠，動也。娠謂懷胎孕者也。廣雅：娠，身也。今皆作身，兩通也。

滂沛　普傍反，下普賴反。三蒼：滂沱也。沛，水波流也。沛亦大也。

心忪　又作伀，同。之容反。方言：征伀，惶遽也。江湘之間凡倉卒怖遽皆謂之征伀。

茫怖　又作萠，同。莫荒反。茫，遽也。萠人晝夜作，無日用月，無月用火，常思明，故從明。或曰萠人思天曉，故字從明。下又作悑，同。普故反。惶，怖也。經文作怕，匹白反。憺怕也。此俗音普嫁反。

瞳晥(睆)[一四]　徒公反。埤蒼：目珠子也。下遐綰反。蒼頡篇：目出皃也。綰音烏板反。

垂頞　丁可反。廣雅：頞，醜皃也。經文作恀，時紙反。爾雅：恀、恃，怙也。郭璞曰：江東謂母爲恀。恀非字義。

髂髀　古文䠋，同。蒲米反。說文：股外曰髀。江南音必尔反。經文作陛，非也。

鼾睡　下旦反。說文：卧息聲也。字苑呼干反[一五]。江南行此音也。

剟頂　丁盇反。字書：剟，著也。經文作搭，非也。

齩齒　說文作齩，同。五狡反。齩，齧也。

戛戛　古黠反。齒聲也。

讇語　是鹽反，又音壛。世俗間語耳。

佛本行集經　第十七卷

舟楫　通俗文作艥，同。資獵反。詩云：檜楫松舟。傳曰：楫所以擢船也。周易「黄帝刳木爲楫」是也。檜音栝。

大磧　且歷反。說文：水渚有石曰磧。廣雅：瀨也。水淺石見也。

佛本行集經　第十八卷

覢電　又作睒，同。式冉反。說文：暫見也。亦不定也。經文作閃，窺頭也。

如丳　字苑：初眼反。今之炙肉丳也。經文作剗削之剗，非體也。

從削　又作鞘，私妙反。方言：劍削，關東曰削，關西曰鞞，所以貯刀劍之刃也。鞞音補迥反[一六]。

乃穌　先胡反。聲類：更生曰穌。穌亦休息也，謂更息也。

凋悴　丁堯反。說文：半傷曰凋。凋亦弊也。字從冫，音冰。

掊地　蒲交反。通俗文：手把曰掊。說文作捊，或作抱，引取也。

佛本行集經　第十九卷

擺木　又作捭，同。補買反。説文：兩手振擊也。

綿惙　竹劣反。字林：惙，憂也。亦意不定也。

躓頓　古文𧿍、躓二形，今作疐，同。陟利反。謂挫辱之也。

皇闈　古携反。爾雅：宫中門謂之闈，其小者謂之閨。説文：特立之門也。

煢獨　古文惸、傑(㷀)〔二七〕二形，同。渠營反。尚書：無虐煢獨。孔安國曰：煢，單也。謂無所依也。獨，無子曰獨也。

佛本行集經　第二十卷

食荑　弟奚反。通俗文：草陸生曰荑。詩云：自牧野〔二八〕荑。傳曰：荑，茅之始生者也。

毛毦　布莽反。謂毛布也。通俗文：邪文曰毦。字林：罽之方文者也。

蟻垤　徒結反。方言：垤，封，堛(埸)〔二九〕之(也)〔三〇〕，楚鄭以南蟻土謂之垤。[垤亦中高也。]〔三一〕

鬑髯　子移反，下又作頿，同。而甘反，江南行此音。又如廉反，關中行此音。説文：口上之須曰鬑。下，説文：頰須毛也。經文作髭，近字也。

欲喫　口迹反。謂喫噉也。又口歷反。

灑歕　又作噴，同。普孫反。説文：吹氣也。廣雅：歕，吐也。歕，潠也，謂含物而歕散之。今亦爲噴，普遜反。説文：鼓鼻也。廣雅：噴，嚏也。蒼頡篇：噴，叱也。

亨受　虚兩反。亨亦受也。亨，當也。説文：亨，獻也。

佛本行集經　第二十三卷

憩息　説文愒，同。却厲反。爾雅：憩，息也。舍人曰：憩，卧之息也。

佛本行集經　第二十四卷

開祏(拓)〔三二〕　古文㡯、祏二形，今作拼，同。他各反。廣雅：祏(拓)，大也。亦開也。經文作柘〔三三〕，字與摭同。之石反。柘，拾也。柘非字義。

偃俹　於訝反。字書：俹，倚也。字從人。偃，息也。

皆杜　説文作敷，同。徒古反。國語：杜門不出。賈逵曰：杜，塞也。塞，閉也。方言：杜，蹬也。趙曰杜。郭璞曰：今俗通語也。蹬如杜。杜子蹬，因以名也。

佛本行集經　第二十六卷

不蹶　巨月、居月二反。説文：蹶，僵也。廣雅：僵，仆也。

恇怯　丘方反。恇，恐也。下又作狯，同。袪脅反。怯，畏劣也，多畏也。

忤迕　又作啎、仵二形，同。吾故反。聲類：忤逆不安也。經文作悞，非也。

謇吃　居展反。通俗文：言不通利謂之謇吃。周易：謇，難也。方言：謇，吃也。楚語也。郭璞曰：亦北方通語也。

白鷗　烏侯反。字林：水鴞也。大如鳩，出沛。鴞，于驕反。

擱裂　字宜作擢，九縛反。説文：擢，扟也。蒼頡篇：擢，搏也。言獸瞋即擢也。

毴羽　力丁反。謂鳥羽也。經文作零，又作翎、翾二形，近字也。

毻落　他卧反。字書：落毛也。經文作毤(毻)[三四]，近字，兩通。

瘦眚　字苑作瘖，同。所景反。眚，瘦也，病也。釋名云：眚者痟也。如病者痟瘦也。經文作省，非體也。

凹凸　烏狹反[三五]，下徒結反。蒼頡篇作容(窅)[三六]突。抱朴子云：凹，陷也。凸，起也。

匾匬　補顯反，下他奚反。纂文云：匾匬，薄也。不圓也。

鯨鵜　又作鱷，同。渠京反。許叔重注淮南子云：鯨，魚之王。異物志云：鯨魚數里，或死沙中，云得之者皆無目，俗云其目化爲明月珠也。鯢，鯨之雌者也。左傳：鯨鯢，大魚也。説文作鶪，司馬相如作鶄，或作鶘，埤蒼作䲵，字書作鵜，同。五歷反。水鳥也，善高飛也。

禽貘　又作貊，同。莫白反[三七]。字林：似熊，黄黑，出蜀。一曰白豹。

佛本行集經　第二十七卷

鵂鶹　許牛反，下力周反。廣雅：鵂鶹，鴟鵋也。關西呼訓侯，山東謂之訓狐。纂文云：夜即拾人爪也。

鈎鵅　古侯反，下加額反。爾雅：怪鴟。舍人曰：謂鵂鶹也。南陽名鈎鵅，一名忌欺。晝伏夜行，鳴爲怪也。

梟鴞　古堯反。土梟也。下爲驕反。字林：鸋鴂也。形似鳩而青，出白於山[三八]，即惡聲鳥也。楚人謂之服鳥，亦鴟類也。山東名鸋鴂，俗名巧婦。鸋音奴定反。下公穴反，字從夬，音古邁反。

可揘　又作敦，同。宅衡反。謂相觸也，相揘柱也。

確然　口角反。周易：夫乾，確然示人易矣。韓康伯曰：確然，堅皃也。

佛本行集經　第二十八卷

陵嶒　集綾反。嶒，石之阢隗皃也。經文從山作崚，近字也。阢音五瓌反。隗，五罪反。

脊膂　今作吕，同。力舉反。膂亦脊也。説文：脊骨也。太岳爲禹臣，委如心吕，因封吕侯。

骭骼　古文骬，今作骭，同。口亞反。埤蒼：骭骨也。經文從肉作胳，非也。

尻臋　苦勞反，下徒昆反。聲類：臋，尻也。

榱㰋　字詁古文裛(褭)[三九]、㩱(榱)[四〇]二形，今作阿，同。烏可反。下古文㰋、移二形，今作那，同。乃可反。字書：褭㰋，柔弱皃也。亦草木盛也。

戀嫪　盧報反。説文：嫪，婟也。聲類：嫪婟，戀惜不能去也。廣雅：嫪，妬也。婟音胡故反。

麾翿　徒到反。詩云：左執翿。傳曰：翿，纛，翳也。箋云：舞者所持，所以羽舞者也。方言：楚謂翳爲翿。翿音徒到反。

旌旂　資盈反，下巨衣反。爾雅：注毛首曰旌。郭璞曰：戴旄於竿頭也。周禮：析羽爲旌。鄭玄曰：析羽爲五色，繫之旌上。爾雅：有鈴曰旂。郭璞曰：懸鈴於竿頭，畫蛟龍於旒上也。周禮「蛟龍爲旂」是也。

雰霏　敷雲反，下或作霖，同。敷非反。雰霏，雨雪皃也。

鈇鉞　方于、方禹二反。禮記：軍旅鈇鉞，先王所以飾怒也。說文：鈇，莝斫也。鈇(鈇)〔四一〕亦椹也。鉞音于月反。大斧也。

如霰　又作霓，同。先見反。詩云：先集惟霰。傳曰：暴雪也。

兕犀　音似，又徐姊反。爾雅：兕，牛。一角，青色，重千斤。南州異物志以爲角長二尺餘，形似馬鞭柄(柄)〔四二〕。其皮堅，可爲鎧甲。廣志云：角斑似瑇瑁，足有十爪。

復挈　口結反。說文：挈，懸持也。擊猶提也，亦縶也。

耳頻　丁可反。廣雅：頻，醜皃也。經文作恀，時紙反。恀，恃也。又作㑥(㑥)〔四三〕，乃可反。器名也。

佛本行集經　第二十九卷

豬獵　又作鬣、鬛二形，同。驢涉反。說文：毛鬣也。亦長毛也。通俗文：豬毛曰獵。

嚇呼　呼駕反。詩云：反予來嚇。箋云：距人謂之嚇。嚇亦大怒也。

自踣　今作仆，同。蒲北反。踣，前覆也。

團欒　盧端反。猶團圓也，圓帀也。

哂哂　又作吲，同。尸忍反。哂猶笑也。

麦稍　公玄反。說文：麦莖也。廣雅：稍，稾也。經文作䅌，非體也。

戟翣　山甲反。羽飾也，下垂，從羽妾聲。世本：武王作翣。

佛本行集經　第三十卷

魚鱓　又作鱔、䱇二形，同。音善。訓纂文云：蛇魚也。

鱒魴　才衮反，下又作鰟，同。父方反。字林：鱒，赤目魚也。魴，赤尾魚也。

鯷鱧　達隷反，下音禮。字林：鯷，鮎也。鱧，鯇也。廣雅：鮷、鯷，鮎也。青州名鮎爲鯷。鯇音胡瓦反。鮷音徒奚反。

蟄眠　持立反。說文：蟄，藏也。蟲至冬即蟄隱不出也。獸之淺毛者亦蟄，熊羆等也。

佛本行集經　第三十一卷

一荻　又作藡，同。徒歷反。爾雅：蒹。郭璞曰：即藡也。

一杼(抒)〔四四〕　除吕、時汝二反。廣雅：抒，渫也。說文：杼(抒)，挹也。蒼頡篇：杼(抒)，取也。除也。

膆陀　蘇勞反。梵言鸚鵡鳥名也。

脂糂　古文餘、糂、糣、餁四形，今作粽，同。桑感反。說文：以米和羹也。一曰粒也。

大虬　渠留反。廣雅：有角曰虬龍。熊氏瑞應圖云：虬龍黑身無鱗甲。

佛本行集經　第三十二卷

鞅靬　又作鞙，同。胡犬反。謂車靬、靬物皆作此字。經文作鞎，火見反。字與韅同。鞎非此用。

佛本行集經　第三十三卷

脂腴　庚俱反。說文：腹下肥也。腴腹也。

佛本行集經　第三十四卷

輨釭　又作軖，同。古紅反。説文：轂口鐵也。方言：自關之西謂之釭，燕齊海岱之間曰鍋。鍋音古和反。

軸錭　方言作鍊（錬）〔四五〕，同。歌鴈反。説文：車軸鐵也。廣雅：錭，鍇也。鍇音他合反。

黑纑　勒胡反。字林：布縷也。

燒爇　今作焫，同。而悦反。通俗文：燃火曰焫。焫亦燒也。

報賽　桑再反。案賽謂相酬報也。

佛本行集經　第三十五卷

杴鉏　仕於反。謂田器也。蒼頡篇：鉏，茲其也。漢書「帶經而鉏」是也。

剉切　千卧反。説文：剉，折傷也。剉猶斫也。切，割也，扫〔四六〕也。扫音乂殞反。

嗽齚　又作敕，同。所角反。通俗文：含吸曰敕。經文作㖂（㗉）〔四七〕，子累反。字書或柴字。下又作齰，同。仕白反。齚，齧也。經文作咋。咟咋也，又呹咋也。咟音胡麥反。呹，烏交反。

嚩噍　又作齲，同。補各反，下子立反。説文：嚩噍，噍嚼聲皃也。經文作博。下或作唊，古俠反。忘（妄）〔四八〕語也。或作唼，子盍反。唼，嗽也。二形並非字義。

佛本行集經　第三十六卷

嗽吮　似兖反。説文：吮，嗽也。韻集：吮音弋選反。

佛本行集經　第三十七卷

咻鞞　陟流反。一事十名，咻鞞婆論文句字論也。

面欵　又作欵（款）〔四九〕，同。口緩反。欵，至也。蒼頡篇：欵，誠重也。説文：欵，意有欲也。廣雅：欵，愛也。

佛本行集經　第三十九卷

唱呴　又作吽、抲（㚿）〔五〇〕二形，同。呼垢反。廣雅：呴，鳴也。國語：三軍譁呴。賈逵曰：呴，嘑也。下同。

𧃂恧　女六反。方言：㥏，恧，𧃂也。荆揚青徐之間曰㥏，梁益秦晉之間曰𧃂，山之東西自愧曰恧。三蒼：恧，𧃂也。小爾雅云：不直失節謂之𧃂。𧃂，愧也。小爾雅云：心𧃂曰恧。㥏音他典反。

白疊　古文㲲〔五一〕，同。徒頰反。毛布也。經文作縶，知立反。縶，絆也。縶非字義。

佛本行集經　第四十卷

得艇　徒頂反。釋名云：二百斛以下曰艇。方言：南楚江湖小艖曰艇。郭璞曰：即艑也。艖音思六反。艑音同。

襞作　卑役反。謂襞褺物也。褺音徒頰反。

彤(彤)然　古文赨、蚒(蚒)二形[五二]，同。徒宗反。説文：丹飾也。廣雅：彤，赤也。

佛本行集經　第四十二卷

寒噤　渠飲反。楚辭：閉而不言。王逸曰：閉口爲噤。噤，閉也。

喞喞　咨栗反。通俗文：喞喞，鼠聲也。今取其義。經文作唧，非也。

沿流　翼泉反。字林：從水而下曰沿。順流也。沿亦緣也。

歘然　所力反。通俗文：小怖曰歘。埤蒼：恐懼也。説文：悲意也。字從嗇從欠，經文從心作懎，又作嗇，並非體也。

蛇蜕　湯外、始悅二反。説文：蟬蛇所解皮。廣雅：蝮蜻，蜕也。蝮音扶六反。蜻，餘六反。

泝水　古文溯，同。桑故反。三蒼：逆流而上曰泝。泝，向(回)[五三]也。亦行也。

帆者　又作颿，古文颱，同。扶嚴、扶泛二反。聲類：船上張也。釋名：船隨風張(帳)[五四]幔曰帆。帆，[泛][五五]也，使風疾汎汎然也。

潬上　徒旱反[五六]。爾雅：潬，沙出。郭璞曰：今江東呼水中沙堆爲潬。謂水中央地也。

佛本行集經　第四十三卷

誤人　吾故反。字林：謬，誤也。經文作忤，非也。

不狎　下甲反。字林：狎，習也。近也，惕(傷)[五七]也。經文作匣，匱匣也。匣非此用。

久昵　又作暱，同。女栗反。爾雅：暱，親近也。又云：昵，亟也。親昵亦數也。

射垛　徒果反。射堋也。經文作埵，丁果反。埵，累也。埵非字義。

苔衣　徒來反。謂水中魚衣，綠色，生水底者也。亦可以爲紙。

注霖　力金反。爾雅：久雨謂之淫，淫謂之霖。左傳：雨自三日以往爲霖。經文從雨作霔，非也。

佛本行集經　第四十四卷

氣瘷　蘇豆反。説文：瘷，欬，逆氣也。欬音苦代反，江南行此音。起志反，山東行此音。

瞪瞢　徒登、丁鄧二反。韻集云：失卧極也。下亡登反[五八]。經文作燈懵，非體也。

𤮠甎　力穀反。下又作塼，同。脂緣反。通俗文：狹長者謂之𤮠甎。江南言甓，蒲歷反。

佛本行集經　第四十五卷

摒擋　卑政反。廣雅：摒，除。謂掃飾摒除也。下都浪反。

佛本行集經　第四十六卷

牀陛　蒲禮反。説文：升高陛也。即階陛、牀陛也。經文作梐，蒲禮、補奚二反，禁獄之名，非此用也。

蛆(蛆)〔五九〕蛪　知列反，下火各反。字林：皆蟲行毒也。通俗文：毒傷人曰蛆(蛆)。經文作蜇，非體也。

修葺　子立、且立二反。說文：葺，茨也。謂以草蓋室爲葺。葺，覆也。補治也。

佛本行集經　第四十七卷

村柵　初格反。說文：編竪木者也。通俗文：柴垣曰杝，木垣曰柵。杝音力支反。

頡唎　胡結反。姜叉、頡唎、拔多，人名也。

煩冤　於元反。冤，煩也，屈也。字從冖從免(兔)〔六〇〕，免(兔)爲一覆不得走，善屈折也。經文作惋，烏喚反。惋，歎也。惋非字義。

佛本行集經　第四十八卷

評論　皮柄反。字書：評，訂也。訂，平議也。訂音唐頂反。

匡領　丘方反。周禮：匡人掌建法則。鄭玄曰：匡，正也。匡，救也。

佛本行集經　第四十九卷

持擢　又作濯，同。馳挍反。方言：揖(楫)謂之橈(橈)，或謂之擢(櫂)〔六一〕。江南擢(櫂)大於橈(橈)，而揖(楫)殊小。作橈(橈)者，面向船頭立撥之。作擢(櫂)者，面向船尾坐撥之。揖，擢也。擢而進之，字從手。經文作掉〔六二〕，當世俗字耳。

舀漏　弋紹反。⿱䜌斗，舀也。舀，杼(抒)〔六三〕也。字從臼從爪字意也。⿱䜌斗音九万反。

即覰　又作狙〔六四〕，同。千絮反。字林：窺觀也。廣雅：覰，視也。謂相候視也。通俗文「伏覗曰覰」是也。

蛟龍　音交。梵言宫毗羅。其狀魚身，如蛇，尾有珠。

漏泄　思列反。泄，溢也，發也，亦泄漏也。

愠恚　於問反。論語：人不知而不愠。何晏曰：愠，怨也。蒼頡篇：愠，恨也。說文：愠，怒也。

佛本行集經　第五十卷

木弶　巨向反。字書：謂施罥於道也。

佛本行集經　第五十一卷

牝鹿　脾忍反。說文：畜母也。雌曰牝也。

劓去　又作劓，同。魚器反。劓，割也，謂截去其鼻也。說文：劓，决鼻也。

槍貫　且羊反。說文：槍，距也。通俗文：剡木傷盜曰槍。木槍、鐵槍皆作此。

讙譁　又作諠，同。虚元反，下呼瓜反。讙譁，聲也。廣雅：讙，鳴也。亦驚聲也。

紛葩　普華反。說文：芬，芳也。葩，華也。聲類：取其盛皃也。

柎(拊)〔六五〕塵　芳主反。柎(拊)猶柏(拍)〔六六〕也。拍，弄也。尚書「擊石柎(拊)石」是也。

佛本行集經　第五十二卷

門閫　又作梱，同。苦本反。禮記：外言不入於閫。鄭玄曰：閫，門限也。

窒利　丁結、竹栗二反。蘇弗窒利，此譯云善女。

觜爪　今作咮(咮)〔六七〕，同。子累反。廣雅：觜，口也。字書：鳥喙也。

抄撥　初狡反。抄，掠也。强取物也。下補沫反。撥，引也，棄也。廣雅：撥，除也。

佛本行集經　第五十三卷

蒨草　又作蒨、茜二形，同。千見反。一名茈莀，一名茅蒐，可以染也。人血所生。

罜籠　竹狡反。爾雅：罿謂之罜。郭璞曰：捕魚籠也。

璃把　百訝反。説文：把，握也。單手爲把，刀把、弓把皆作此。經文作靶。説文：轡飾也。靶非此用。

佛本行集經　第五十六卷

牢韌　又作肕，同。而振反。字林：韌，柔也。通俗文：物柔曰肕。

羸瘠　古文瘠、㾊、膌三形，同。才亦反。左傳：瘠即甚矣。杜預曰：瘠，瘦也。

佛本行集經　第五十七卷

香邸　丁禮反。蒼頡篇：邸，舍也。説文：屬國之舍也。經文作底(庢)〔六八〕，音旨，平也。底(庢)非此義。

狡猾　古卯反，下胡刮反。方言：凡小兒多詐惑謂之狡猾。猾亦亂也。

赩赩　許力反。字林：赤皃也。通俗文：青黑曰赩。

銘記　莫庭反。謂鐫刻金石以記功德也。禮記：銘者，自名也。銘，銘義稱美，不稱惡。周禮：凡有功者，銘書於王之太常。鄭玄曰：銘之言名也。

佛本行集經　第五十八卷

嘲謔　虛虐反。爾雅：謔浪笑傲。郭璞曰：謔，相啁謔也。詩云：無然謔謔。傳曰：謔謔，喜樂也。

滑稽　古没、胡刮二反，下古奚反。滑稽，猶俳諧也。滑取滑利之義也。以其諧語滑利智計疾出者也。

趒梁　他吊反。趒，躑也。韻集：趒，越也。

園圃　補護、布五二反。詩云：無踰我園。傳曰：有樹也。又云：折柳樊圃。傳曰：菜圃也。三蒼：種樹曰園，種菜曰圃。

操刀　又作㯻，同。錯勞反。説文：操，把持也。

斫芟　匹葛反。芟芟也。芟音所巖反。

射埻　之尹、之閏二反。説文：射臬也。廣雅：埻，的也。即射侯也，以熊虎之皮飾其側。又方制之以爲埻。通俗文：

射堋曰埻，埻中木〔六九〕曰的。

蒼茫 又作甿，同。莫剛反。甿，遽也。通俗文：時務曰茫。經文從心作恾，非體也。

跋涪婆 扶鳩、父侯二反。此云善女也。

佛本行集經 第五十九卷

矛穳 又作鉾、戟二形，同。莫侯反。説文：矛長二丈，建於兵車也。下音粗亂反。

縫綻 又作袒（袓）、綻（綻）〔七〇〕二形，同。徒莧反。説文：補縫也。

佛本行集經 第六十卷

倉廩 且郎反。説文：穀藏也。下又作亩，同。力甚反。周禮：廩人掌九穀之數。鄭玄曰：藏米曰廩，儲穀曰倉。

囹圄 力丁反，下魚呂反。獄名也。周禮：三王始有獄，周曰囹圄。釋名：囹，領録也。圄，禦也。謂領囚徒禁禦之也。

由緒 辭與反。絲端也。廣雅：緒，末也。緒，餘也，謂殘餘也，事也，業也。

撰集百緣經〔七一〕 第一卷

窳惰 臾乳反。嬾惰之謂也。爾雅：窳，勞也。郭璞曰：勞苦者多惰窳也。

撰集百緣經 第四卷

鹿麛 又作麑，同。莫奚反。爾雅：鹿牝麛，牡麀〔七二〕，其子麛。麌音加。麀音於牛反。

撰集百緣經 第七卷

塔振（棖）〔七三〕 宅庚反。案棖猶柱也。浮圖棖皆是也。説文：棖，材（杖）〔七四〕也。［宜正作党〔七五〕。］

一切經音義 卷第十九

甲辰歲高麗國大藏都監奉敕雕造

校勘記

〔一〕佛本行集經 慧轉録於第五十六卷。
〔二〕禮記「鋪几筵」是也 麗無，據磧補。
〔三〕虵 磧作「虵」。
〔四〕庶又幸也 麗無，據磧補。
〔五〕古鑱反 磧爲「古鑱反」。
〔六〕蒲卜反 磧爲「蒲報反」。
〔七〕拜 據文意似當作「拜」。
〔八〕黎 磧作「黧」。
〔九〕挐 即「腕」。
〔一〇〕方 慧爲「方言」。
〔一一〕蒲賁反 磧爲「蒲昧反」。
〔一二〕鱥 磧作「騙」。下同。
〔一三〕陜 磧作「唊」。
〔一四〕秘 磧作「抄」。下同。
〔一五〕抐 據文意似當作「枘」。下同。
〔一六〕醢 磧作「醢」。
〔一七〕堅 即「聚」。

〔一八〕閞　磧作「開」。

〔一九〕也　磧慧作「曰」。

〔二〇〕蕃延盈升　今傳本詩：「蕃衍盈升。」

〔二一〕宛　磧作「怨」。

〔二二〕扗　海作「枉」。

〔二三〕也　各本無，據慧補。

〔二四〕睆　磧作「晥」。龍龕手鑒云「睆」爲「晥」的俗字。正字通：「睆，晥字之譌。」

〔二五〕呼干反　磧爲「呼千反」。

〔二六〕補逈反　磧爲「補迷反」。

〔二七〕傑　據文意似作「傑」。

〔二八〕野　今傳本詩作「歸」。

〔二九〕塭　今傳本方言作「埸」。

〔三〇〕之　磧作「也」。

〔三一〕垤亦中高也　麗無，據磧補。

〔三二〕袥　磧作「拓」。下同。

〔三三〕柘　慧作「拓」。下同。

〔三四〕毦　磧作「毦」。

〔三五〕烏狹反　磧爲「烏交反」。

〔三六〕容　慧作「容」。

〔三七〕莫白反　磧爲「盲白反」。

〔三八〕形似鳩而青，出白於山　磧爲「形似鳩而青白，出於山」。

〔三九〕衰　慧卷五六作「衰」。

〔四〇〕捩　慧卷五六作「棙」。

〔四一〕鈇　磧作「鈇」。

〔四二〕抦　磧作「柄」。

〔四三〕悏　據文意似作「恀」。玉篇：「恀，筬也。」

〔四四〕杼　磧作「抒」。下同。

〔四五〕鍊　磧作「鍊」。

〔四六〕扏　據文意當作「扔」。

〔四七〕啉　據文意當作「啉」。

〔四八〕忘　磧作「妄」。

〔四九〕欵　據文意似當作「款」。即「款」。下同。

〔五〇〕拘　慧作「抅」。

〔五一〕毦　據文意似作「毦」。

〔五二〕彤　磧作「彤」。下同。　蚒　慧卷五六作「蚒」。

〔五三〕向　磧作「回」。

〔五四〕悵　磧作「帳」。

〔五五〕泛　麗無，據磧補。

〔五六〕徒旱反　磧爲「徒亶反」。

〔五七〕惕　據文意似作「傷」。

〔五八〕亡登反　磧爲「忙登反」。

〔五九〕蛆　據文意當作「蛆」。下同。

〔六〇〕免　據文意當作「兔」。下同。

〔六一〕揖謂之撓，或謂之擢　今傳本方言：「楫謂之橈，或謂之櫂。」揖，海作「楫」；撓，海作「橈」；擢，海作「櫂」。下同。

〔六二〕掉　海作「棹」。

〔六三〕杍　據文意似當作「抒」。

〔六四〕狚　磧作「徂」。

〔六五〕桁　磧作「拊」。

〔六六〕柏　磧作「拍」。

〔六七〕哧　據文意當作「哧」。

〔六八〕庈　據文意當作「庈」。下同。

〔六九〕木　慧作「朱」。

〔七〇〕袒、碇　海爲「袒」、「碇」。

〔七一〕撰集百緣經　慧轉録於第七十四卷。

〔七二〕鹿牝麚，牡麀　今傳本爾雅：「鹿牡麚，牝麀。」

〔七三〕振　磧作「棖」。

〔七四〕材　今傳本説文作「杖」。

〔七五〕宜正作堂　麗無，據磧補。

一切經音義　卷第二十[一]賢聖集傳

翻經沙門玄應撰

陀羅尼雜集經[二]　第一卷

鬱烝　於物反。爾雅：鬱，氣。李巡曰：鬱，盛氣也。下之媵、之升二反。説文：烝，火氣上行也。[淮南：山雲烝，礎柱潤。謂熱氣烝上昇也。經文作蒸，之升反。爾雅：蒸，衆也，美也。蒸非此義也。媵音以證反。礎音楚，柱下石也[三]。]

咻咻　虛流、許主二反。依字，噢咻，痛念之聲也。

潢瀁　胡廣反。楚辭：潢瀁而不可帶。王逸曰：潢瀁，猶浩蕩也。經文作洸洋，古黄反，下以良、以章二反。二形並非今用。

呼梨　匹尤反〔四〕。依字，埤蒼：呼，吹氣聲也。

陀羅尼雜集經　第二卷

冦賊　口候反。尚書：冦賊姦宄。范甯集解曰：冦，羣行攻剽者也。説文：冦，暴也。廣雅：冦，鈔也。剽音芳妙反〔五〕。

相薄　補莫反。小爾雅：薄，迫也。韋昭注漢書云：氣往迫之曰薄。經文作廣博之博，非也。

六府　趺宇反。廣雅：府，聚也。白虎通曰：人有六府，謂大腸、小腸、旁光、胃、三焦、膽也。

三膲　子遥反。白虎通：六府有三膲，腎之府也。［腎主寫，三膲亦以湊液吐故也〔六〕。］上膲若霧，中膲若漏，下膲若瀆。經文作焦，燒餘也。焦非字義。

一線　今作綫，又作缐，同。私賤反。謂縫衣縷也。

撈接　鹿高反。方言：撈，取也。郭璞曰：謂鉤撈也。通俗文：沉取曰撈。經文作堅牢之牢，非體也。

摩抄　又作攠、攤二形，同。莫何反，下蘇何反。聲類：摩抄，猶捫摸也。亦抹摋也。經文作槎（搓）〔七〕，粗何反。揩槎（搓）也。槎（搓）非此義。抹音莫鉢反。摋，蘇曷反。

陀羅尼雜集經　第三卷

鞠育　詩云：母兮鞠我。傳曰：鞠，養也。方言：陳楚之間謂養爲鞠。又作掬，同。居六反。説文：掬，撮也。

青黄　慼經反。東方色也。爾雅「春爲青陽」是也。字從丹從生。木生丹，丹青之信必然者也。經文作綪，且見反。綪非今體。

瞎者　又作䁗，同。呼鎋反。字書：一目合也。

尫弱　今作尩〔八〕，同。烏皇反。尫，弱也。通俗文：短小曰尫。［尫亦小也〔九〕。］

勇喆　古文嚞。字書作喆，今作哲，同。知列反。爾雅：哲，智也。［尚書：知人則哲〔一〇〕。］方言：齊宋之間謂知爲哲。

敦喻　都肫反。爾雅：敦，勉也。謂勸勉也。敦亦迫也。經文作頓，非也。

金鈹　普皮反。説文：鈹，大針也。

霍然　呼郭反。案霍然，儵忽急疾之皃也。［雲散爲霩〔一一〕。］經文作嚯，非也。

圂賭　胡困反。廣雅：圊、圂、庰，厠也。經文作溷。溷，濁也。

自刎　亡粉反。通俗文：自刻曰刎。［公羊傳：遂刎脰而死。何休曰〔一二〕：］刎，割也。［脰音豆頸也〔一三〕。］

姦詭　居毁反。謂不實也。詭，惡也。詭，欺也。

陀羅尼雜集經　第四卷

昵邸　女乙反，下丁禮反。

呻他　書仁反。

目企　去豉反。

目呿　丘庶反。

薩呧　丁禮反。

阿祉[一四]　卑利反。
奢哦[一五]呪掘　乙佳反，求勿反。
坭囉　乃禮反。
嗜娑　[上音富[一六]。]
呼浮　縷史(决)反[一七]。
蚪践　羽厥反[一八]。
尼咜　又作吒[一九]，同。莫桑反。
喋唵　[上音焚[二〇]。]
伶咃　烏奚反。
啄耶
眗涅　呼遍反。
靳者　居近反。
訓狐　亦名訓侯。[字書：鵂鶹，鈎鵅也。亦名怪鳥也[二一]。]經文作薰胡，非體也。
歐吐　今爲嘔，同。於口反。歐，吐也。嘔，傴也。
騫陀　去焉反。
把拳　渠員反。
婆坧　丁禮反。
噫嚱　乙戒反，下於越反。説文：噫，飽出息也。嚱，氣悟[二二]也。[禮記「不敢嚱噫」是也[二三]。]
唏利　呼几反。
羅呢　[奴低反[二四]。]
桎致　脂失反。
睒婆　式冉反。
迦澌　相離反。
裨希吟

婆緻　除致反。
坡那　普多反。
伽泜　之氏反。
拘簁　先尔反。
阿呼　芳不反。經文作哸，非也。
梨梯　他隸反。
吠嚂　力蹔反。
啶吟　[天兮反。石支[二五]。]
迦榫　臂彌反。
阿浮　經文作浮(滹)[二六]。
晡嘍　補胡反，勒口反。
伊帆　[扶泛反[二七]。]
悉驗
菩晰　側轄、陟轄二反。
涘利　事几反。
癡淡　達濫反。
据路　薑魚反。

陀羅尼雜集經　第五卷

喏也　[子好反[二八]。]
禰喇　[下職例反，又昌制反[二九]。]
偒遮　[上音男也[三〇]。]
伲民　[上女乙反。親近也[三一]。]
絁離　書支反。
使侘　敕家反。

离啖　徒敢反。
收嚧　[下魯吾反。轉舌呼〔三二〕。]
社椑　臂彌反。
伊忙　莫傍反。
奚蘭　魯干反。
炮沙　蒲交反。
車伽　[上音居〔三三〕。]
迦嚕　[下力矩反〔三四〕。]
理醯　[上音煙，又因也〔三五〕。]
倏嗡
衍拕　徒我反。
哆羅　殆我反。
究挃　猪栗反。
多伽留香　又作多伽樓，譯云木香樹也。一云不没香，[婆利迦香]〔三六〕。
龍腦香　西域記：羯布羅香樹松身異葉，花果亦別。初採既濕，尚未有香。木乾之後，循理而折(析)〔三七〕，其中有香，狀若雲母，色如冰雪。此謂龍腦香也。
補祇　卜古反。經文作補〔三八〕。
樺皮　胡霸反。木名也。可以飾弓者也。
產運　于郡反。通俗文「心亂曰忶」作忶〔三九〕，經文作運轉之運，兩通。
舌縮　字書作槭(摍)〔四〇〕，同。所六反。國語：盈縮轉化。賈逵曰：縮，退也。經文作嘧，非也。
阿觽　蒲故反。
蕪呵　武于反。

勒繕　市戰反。
嘻梨　虛基反。
殿听　[下都豆反〔四一〕。]
郁羅　於六反。
呿陀羅尼擨
利濘　奴定反。
恒鉗　奇廉反。
食篅　市緣反。說文：判竹，圜以成(盛)〔四二〕穀也。⿱竹屯，篅也。⿱竹屯，徒損反。
南庌　顏假反。廣雅：庌，舍也。謂廊屋也。說文：堂下周屋曰廡。釋名云：大屋曰廡。幽冀人謂之庌。經文作雅，非體也。
闌圈　求晚反。說文：養畜閑也。閑，闌也。
仕宦　胡串反。[左傳：乃宦卿之嫡。注云〔四三〕：]宦亦仕也。又曰宦學也。
利吒　竹嫁反。
竭厨　直俱反。
休婁　力侯反。

陀羅尼雜集經　第六卷

萞麻　布迷反。草名也。呂静韻集云：萞麻，其生似樹者也。
抆之　古文揾，同。亡粉反。抆，拭也。
薩哦　[音伐〔四四〕。]
㨗吒
槃宕　徒浪反。
伊瞢　[下莫崩反。盲也〔四五〕。]

邲地　蒲必反。

秀呟

婆唅　胡闇反。

波吽　呼苟反。

氏波　丁奚反。

咥耽　許尸、丑一二反。

賁濘　補門反，奴定反。

[㑩末][四六]

咄咤　都骨反。經文從口作㖃，非也。

㑩羅　敕良反。

狂寱　牛世反。通俗文：夢語謂之寱。聲類：不覺妄言也。

虔踟　直知反。

躓咤　竹利反，下竹嫁反[四七]。

跎輢利　居宜反。

蹬祁　丁登反[四八]。

擷利　乎結反。

但坭　乃禮反。

希鳌　力之反。

陀羅尼雜集經　第七卷

颰夢　宜作颼，音所留反，下莫貢反。

掬畔

蛛蝲　[上音殊，又音朱[四九]。]

㖿(㖿)[五〇]浮　[上郎活反[五一]。]

題瞰　[辛井反，又陟利反[五二]。]

呿咤　羌庶反。

㪷跋[五三]　禹厥反。

哄娑　胡貢反。

耒呵　力對、力隹二反。

㗂萢　[上樊音[五四]。]

仔(㑆)[五五]咜　五奚反。

眤那　古文䁢，同。翼脂[五六]、大奚二反。

椹脾　賭林反。

阿嚓

唏利　呼几、呼冀二反。

剌也　力曷反。

坻闍　丁禮反。

頊浮　許玉反。

潠之　蘇鈍反。[三蒼：潠，噴也。]通俗文：含水湓曰潠。經文作噀，俗字也。

白晥　還棧反。許慎注淮南子云：燭晥，目内白翳病也。經文作完，非也。

痤鬼　在戈反。説文：痤，腫也。謂癰痤也。經文作侳，非也。

痳鬼　力針反。[説文：小便病也[五七]。]聲類：小便數也。經文作[淋漏之[五八]]淋，非體也。

葦筒　待公反。三蒼作筩(筩)[五九]。郭璞曰：竹管也。[説文：筩，斷竹也[六〇]。]今皆作筒，經文從木作桶，他孔反。木櫎也。櫎，他朗反。[謂受漆者可以盛食[六一]。]桶非此用。

淋頂　力金反。説文：以水沃也。廣雅：淋，漬也。經文作㵉，[力金反。廣雅[六二]：]㵉，雨也。説文：谷名也。

摎項　又作摎，同。力周、居茅二反。蒼頡篇：摎，束也。說文：摎，縛煞之也。摎即纏縛之名也。

藹蠤　他達反，下勒達反。廣雅：藹、蝲、蚔、蠆(𧓍)〔六三〕，蠍也。蚔，巨支反。

齆鼻　一弄反。埤蒼：鼻病也。通俗文：鼽鼻曰齆也。鼽音求。

厭蠱　於冉反，下字林音固。蠱，惑疾也。經文作猒顧，非體也。

扠波　初家、初嫁二反。

餧此　於僞反。三蒼：餧，飤也。説文作萎。食牛也。[廣雅：萎，飤也〔六四〕。]

陀羅尼雜集經　第八卷

夷騶　側愁反。

倪謣　魚奚、五禮二反，下許朱反。

臏頭　脾身反。經文作蹎，誤也。

佉駄　[下氣俱反〔六五〕。]

阿蜱　扶支反〔六六〕。

蹋蜱　徒臘反。

抪之　匹沫反。謂以物澆抪也。經文作沛，非也。

讜泥　當朗反。

伽㮸　力奚反。

阿顳　而涉反。

鑾羅　宜作轡，音悲備反。

齒齲　又作禑(𥝩)〔六七〕，同。丘禹反。説文：齒蠹也。

哂翅　式忍反。

呪呴　呼口反。

目眩　玄、縣二音。説文：眩，目无常主也。字林：眩，亂也。蒼頡篇：眩，目不明也。

金鏝　莫槃反。鬼名也。

癇病　核間反。

蜚屍　甫違反。

疰鬼　之喻反。

摓揬鬼　[上父恭反〔六八〕。]

寒癖　匹壁反。聲類：癖，宿食不消也。經文作僻，[匹尺反〔六九〕。]邪僻也。[僻非此用〔七〇〕。]

蠱祥〔七一〕　公户反。蠱物病害人也。下徐楊反。字林：祥，福也，善也。經文作殃，非也〔七二〕。

陀羅尼雜集經　第九卷

轢碎　力各、力的二反。蒼頡篇：轢，輾也。説文：車所踐也。

頞軝　巨支反。

呧嗟　下刮反，敕轄反〔七三〕。

否梨咶〔七四〕　下刮反〔七五〕。

陀羅尼雜集經　第十卷

垤䩞　徒結反。

咥低　許伊反。

苛呵　胡可反。

邲蛇　蒲必反。

坻祇　丁禮反。

篽叉　於六反。

啾堤　子由、丁奚反。

腱拏　巨言反。

悉譚　徒南反。

唻[七六]　弥氏反。又作誺䀸[七七]。

多律踟[七八]　直知反。經文從智作蹐[七九]，非也。

捐(摶)[八〇]之　常絹反。通俗文：畫圓曰規，規摸曰捐(摶)。經文作專一之專，非也。

柢[八一]利　之是反。

眠利　[亡粉反[八二]。]

哦喔　[下音居[八三]。]

婆抵　丁禮反。

六度集[八四]　第一卷

[衆祐　于救反。世尊號也。言有衆德自祐也。祐，猶助也。梵言婆伽婆，正言薄伽梵也。][八五]

瘖瘳　敕流反。尚書：王翌日乃瘳。瘳猶差也，俞，(愈)[八六]也。

貧窶　瞿矩反。[詩云：終窶且貧。傳曰：窶者[八七]，]無禮也。字書：窶，空也。三蒼：無財備禮曰窶也。

鱣魚　古文鱣，同。知連反。大黄魚也。口在頷下，大者長二三丈也。

溝港　古項反[八八]。謂須陀洹也，此言入流。[或言至流[八九]。今言溝港者，取其流水處也。][九〇]

[頻來　此應誤，宜作頓來也。]

悦憶　他活反。廣雅：悦，可也。

窠藪　聲類作薖，同。口和反。字書：窠，巢也。經文作窼，誤也。

德韜　土勞反。韜，藏也。説文：劒衣也。

毒鴆　除禁反。大如雕，紫緑色，長頸，赤喙，食蛇。其羽以畫酒，飲之即死。

六度集　第二卷

蕃屏　府袁反[九一]。蒼頡篇：藩，蔽也。屏，牆也。藩籬也。周禮：九州之外爲藩國。

灼熱　之若反。廣雅：灼，熱也。灼灼，明也。

遁邁　又作遯，同。徒頓反。廣雅：遁，避也。遁，去也。[説文：遁，遷也。亦退還也，隱也。下莫介反。廣雅：邁，往也。説文：遠行也[九二]。]

無恙　餘向反。爾雅：恙，憂也。郭璞曰：今人謂無恙無憂也。

噢咿　於六反，下於祇反。埤蒼：内悲也。亦痛念之聲也。經文作喃嘟二形，非也。

喊言　呼戒反。韻集云：喊，呵也。蒼頡訓詁作欸，恚聲也。通俗文作諦[九三]，大語也。猶喊咄、唤喊皆是也。

斃鬼　説文亦弊字，同。脾世反。弊，仆也，頓也，斷也。

[非跖　之石反。説文：足下也。今皆作蹠。][九四]

聒耳　公活反。讙，聒也。蒼頡篇：擾亂耳孔也。[廣雅：聒，驚也[九五]。]

鞅掌　於兩反。詩云：王事鞅掌。傳曰：失容也。箋云：鞅，荷也。謂之捧也。負荷捧持也。趍走促處失容儀也〔九六〕。

訣辭　古穴反。通俗文：與死者别謂之訣。［字略云：］訣，絶也。

德徽　虚歸反。爾雅：徽，善也。尚書：眘徽五典。王肅曰：徽，美也。

幢（憧）〔九七〕憧　昌恭反。説文：憧憧，意不定也。廣雅：憧憧，往來也。字從童。經文從心作憅，字與重同。説文：憅，遲也。非此義。

湩流　竹用反。通俗文：乳汁曰湩。今江南亦呼乳爲湩。

老窘　渠殞反。説文：窘，迫也。亦困也。

砰然　又作硑，同。披萌反。字書：砰，大聲也。

授啖　又作噉，同。達濫、達敢二反。廣雅：啖，食也。説文：啖，噍也。亦啖與也。

巉巖　仕銜反。廣雅：巉巖，高也。亦山間崎險阻也。經文作岑，仕金反。岑崟，高也。

孫勦　説文作⿺鬼巢，同。仕交反。便捷也。廣雅：⿺鬼巢，捷也。聲類：⿺鬼巢，疾也。經文作僺，非也。

戢藏　側立反。説文：藏兵器也。戢，斂也，聚也。

六度集　第三卷

惴惴　之睡反。爾雅：惴惴，懼也。郭璞曰：謂危懼也。

恰恰　苦洽反。恰恰，用心也。

行嬖　補詣反。廣雅：嬖，親也。謂親幸也。嬖，愛也。謚法曰：賊（賤）〔九八〕而得愛曰嬖。釋名云：嬖，卑也。賤卑妾媚以色事人得幸者也。

隕下　于愍反。爾雅：隕，墜也。謂墜落敗壞也。

六度集　第四卷

俎醢　莊吕反。字書：肉几也。下呼改反。爾雅：肉謂之醢。郭璞曰：即肉醬也。

饕餮　古文⿰飠刀、叨二形，同。他高反，下又作飻，同。他結反。説文：貪也。又貪財曰饕，貪食曰餮。

嬖妾　補第反。［廣雅：嬖，親也。亦愛也。謂親幸愛也。嬖，卑也〔九九〕。］賤而得愛曰嬖。經文從草作薜，非也。

糅毒　古文粈、䏔二形，同。女救反。通俗文：肴雜曰糅。

熇即　許酷反。埤蒼：熱皃也。熇熇〔一〇〇〕亦熾盛也。

仇憾　古文逑，同。渠牛反，下胡闇反。爾雅：仇、讎，匹也。怨偶曰仇。小爾雅：憾、猜，恨也。

衆噪　先到反。説文：鳥羣鳴也。

森然　所金反。説文：多木長皃也。

簰上　蒲佳反。方言：簰謂之筏。南方名簰，北人名筏。

真諺　宜箭反。説文：傳言也。俗語也。真猶真實也，言了達真言俗語也。經文從口作喭，誤也。

懾驚　聲類作㒤，同。止葉反。廣雅：懾，懼也。字書：失常也。［説文：心服也。〔一〇一〕］

躇步　腸於反。説文：躊躇，猶豫也。

臂錕（錕）〔一〇二〕　宜作琨，又作⿰王貫，同。孤魂反。

歌懿　於冀反。爾雅：懿，美也。説文：專久而美也。亦大也。

嗷嗷　又作嗸，同。五高反。説文：衆口愁也。［詩云：哀鳴嗸嗸。傳曰：未得安集，嗸嗸然也［一〇三］。］

磔著　古文矺［一〇四］，同。竹格反。廣雅：磔，張也。漢書景紀中二年，改磔曰棄市。

指擢　苦學反。説文：擢，敲擊也。經文作确，非此用也。［确音胡角反。确，薄地者也［一〇五］。］

梓柟　音南。爾雅：柟，梅。樊光注云：荆州曰梅，揚州曰柟，益州曰赤楩，葉似豫章，無子。

六度集　第五卷

忪忪　又作忪，同。之容反。方言：征忪，惶遽也。經文作憧，非也。

邸閣　丁禮反。蒼頡篇：邸，舍也。説文：屬國舍也。

股肱　又作㲃，同。公户反，下又作古厷亢（厷，古文厶）［一〇六］，同。古弘反。説文：股，髀也。脛本曰股。廣雅：臂謂之肱。

仆地　蒲北反。説文：仆，頓也。謂前覆也。

呴沫　盱矩、盱俱二反。謂吹嘘之也。禮記：呴嫗覆育。鄭玄曰：以氣曰呴，以體曰嫗。

施罛　古胡反。爾雅：魚罟謂之罛。郭璞曰：罛，大網也。

剉之　千卧反。剉猶斫也。經文從手作挫辱之挫，非也。

悁悒　於緣反。聲類：悁，憂皃也。［説文：悁，忿也［一〇七］。］言腹中悁邑憤滿也。

馬蹟　又作跡、迹二形，同。子亦反。迹猶步處也。［車轍馬跡也［一〇八］。］

六度集　第六卷

笮絶　今作窄，同。側格反。笮猶壓也。今謂笮出汁是也。

鐵錞　徒對反。説文：錞，矛戟柲下銅也。經文作錞，市均反。于錞，樂器也。錞非此用。柲音府備反，戟柄也。

蝘蜓　烏典反，下徒典反。説文：守宫在壁曰蝘蜓，在草曰蜥（蜥）［一〇九］蜴。經文作蝘蜓，非體也。

訛病　又作譌、吪二形，同。五和反。［詩云：民之訛言。箋云［一一〇］：］訛，僞也，謂作僞也。

譴祟　去戰反。廣雅：譴，責也。説文：譴，問也。蒼頡篇：譴，呵也。祟音私醉反。神禍也。

謺習　辭立反。謂慣習數爲也。經文作謵，傷協、丑協二反。説文：謵讋也。聲類：謵讋，言不止也。

以賂　力故反。［詩云：大賂南金。傳曰：賂［一一一］，］遺也，謂以物相請謁也。

蚃同　又作蚼（蚼）、蟦（蟦）［一一二］、螣三形，同。徒得反。爾雅：食葉曰蚃。經文作蚃，居援反。方言：蟦蠐，自關而東或謂之蚃屬。蚃非此用。

六度集　第七卷

播鼗　又作鞀、鞉、鼗三形，同。徒刀反。鞉如鼓而小，柄（持）［一一三］其柄搖之者也，旁還自擊。山東謂之鞀牢。

足跖　之石反。跖，足下也。今亦作蹠。經文作跡，非體也。

捻爕　奴協反，下思協反。捏也。爕從火從又。爕，和也，又熟也。

刳解　口孤反。謂空其腹也。説文：刳，判也。方言：刳，㔫也。[蒼頡篇：刳，屠也。㔫音剔〔二一四〕。]

建旐　治繞反。爾雅：緇廣充幅長尋曰旐。周禮：龜蛇爲旐。縣鄙建旐。鄭玄曰：象其扞難避害也。

徼循　又作邀，同。古堯、古吊二反，下又作巡，同。似遵反。徼，遮也。循，行也。漢書音義曰：所謂遊徼循以備盜賊也。

木梗　加杏反。莊子：土梗耳。司馬彪曰：土梗，土人。木梗，亦木人耳。土木相偶，謂以物像人形皆曰偶耳。

鞬德　或言揵陟，正言建他歌，譯云納也。

[阿譚　徒南反。]〔二一五〕

六度集　第八卷

頭殑(殞)〔二一六〕　[下音莫。死也〔二一七〕。]

齔齒　初忍反。毁齒曰齔。説文：男八月生齒，八歲而爲齔。女七歲而毁齒也。字從齒匕聲。

拋鉢　普交反。拋，擲也。捭(埤)〔二一八〕蒼：拋，擊也。

喟然　又作嘳，同。口愧、口怪二反。説文：大息也。[論語云：喟然歎曰。何晏曰〔二一九〕：]歎聲也。

蠣虫　力制反。説文：蚌屬也。出海中，人食之也。

曰喃　[梵語。轉輪聖王名也。〔二二〇〕]

[潢瀁　胡廣反。楚辭云：潢瀁而不可帶。王逸注云：潢瀁，猶浩蕩大波濤也。經文作洸洋，以艮、以童二反，洋非字體也。]〔二二一〕

蹠翁　之石反。蹠，補也，謂補履老么(公)〔二二二〕也。

恔焉　胡代反。俗〔二二三〕患愁曰恔。恔亦苦也，恨也。

痟痛　烏玄反。謂手足痟疼也。[張揖雜字云「痛癢痟疼」是也、「酸足」是也。經文作痟，亦同也〔二二四〕。]

佛本行讚經〔二二五〕　第一卷

孤麑　又作麛，同。莫鷄反。爾雅：鹿，其子麛。

法渟　狄經反。[廣雅：渟，正(止)也〔二二六〕。]埤蒼：水止曰渟。字書：水滯也。

魁磊　苦迴反，下力罪反。説文：衆石也。蒼頡篇：磊，呵也。經文作傀儡，非也。

掴吞　胡昆反，下土痕反。又云：天掴全物也。吞，咽也。經文作渾。渾，濁也，水流聲也。渾非字義也。

眺日〔二二七〕　玉(他)吊反〔二二八〕。爾雅：眺，視也。望也，察也。

言虀　蒲雞反。作緌樂鼙虀以和之者也。

佛本行讚經　第二卷

湮没　於仁反。説文：湮亦没也。爾雅：湮，落也。

相濽　又作濺，同。子旦反。説文：汙灑也。[江南音濽。山東音前，子見反〔二二九〕。]

㔫〔二三〇〕刻　又作㔫，同。力資反。説文：㔫，剥也。或作劙，力支反。方言：劙，解也。分割也，斷也。經文作攡(欐)〔二三一〕，力計反。小船也。攡非今用。

淳調　時均反。淳，善也，美也，大也。經文作諄，之閏、之純二反。告曉也，罪也。諄非字義。

山崗　古郎反。爾雅：山脊，崗。郭璞曰：山長脊者也。

金鞘　[小爾雅作韒，諸書作削，同[一三二]。]思誚反。謂盛刀劍室也。經文作稍，所捉反。此誤也。

珠把　補駕反。謂刀拂等柄可把持也。經文作靶，轡飾也。

火煬　翼尚反。煬，炙也。方言：江東呼火熾猛爲煬。説文：炙燥也。廣雅：煬，熱也。

享食　又作亯，同。虚掌反。享，獻也，祭也。享，饗也。致貢曰享。享，歆也。歆音許金反。

佛本行讚經　第三卷

[勦疾　説文作趬，同。仕交反。廣雅：趬，健也。聲類：趬，疾也，健也。][一三三]

[雜粈　古文飷、粈二形，同。女救反。又説文：雜飯也。粈亦雜。][一三四]

探察　敕含反。爾雅：探，取也。説文：遠取也。[又方言：遠也[一三五]。]

驪龍　力支反。純黑也。尸子云：玉淵之中驪龍蟠焉，頷下有珠也。

吼嚾(嚾)　又作䚲(䚲)[一三六]，同。荒幔反。聲類：嚾，呼也。今作喚。

佛本行讚經　第四卷

桴材　又作艀，同。扶留反。[論語：乘桴浮于海。馬融曰[一三七]：]編竹木也。大曰筏，小者曰桴。

寶顆　口火反。數也。亦單作果。

黧黑　力奚反。字書：黧，黑也。經文作攡，[力底[一三八]、]力計[二][一三九]反。誤也。

佛本行讚經　第五卷

眴孺　而注反。或言羅眴喻。梵言訛也。

滑篦　必奚反。[小學篇：篦，刷。插頭篦、眉篦皆作此也[一四〇]。]經文作髩，非也。

中眵　昌支反。説文：眼䁯兜眵也。䁯音亡結反。

醇酒　時均反。説文：不澆酒也。

挼手　乃和、而爲二反。説文：兩手相切也。挼，抄也。

頷頭　五感反。廣雅：摇頭也。經文作儼，魚儉反[一四一]。敬也。儼非此義。

佛本行讚經　第六卷

堡聚　補道反。聲類：高土也。廣雅：堡，隄也。

茹食　攘舉反。廣雅：茹，食也。爾雅：啜，茹也。郭璞云：拾食之也。

不訾　又作嵤，同。子移反。訾，量也，思也，稱意也。

戲吭　似究反。説文：吭，嗽也。嗽音所角反。

付法藏傳[一四二]　第一卷

即晞　虚衣反。説文曰：乾曰晞。乾也。

付法藏傳　第四卷

窘急　奇殞反。説文：窘，迫也。詩[云：又窘陰雨[一四三]。]傳曰：窘，困也。

付法藏傳　第五卷

摩啅羅　敕角反。

眼瞼　居儼反。謂眼外皮也。

錙銖　側飢反。風俗通曰：銖六則錘，二錘則錙，二錙則兩也[一四四]。

[蟬蜕　湯會、他卧二反。説文：上時延反，下詩芮反。蟬所解皮也。][一四五]

付法藏傳　第六卷

純粹　又作睟，同。私類反。説文：粹，不雜也。[亦細也。易云純粹[一四六]，]精也。亦齊同曰粹。

羸惙　知劣反。聲類：短氣皃也。惙惙亦憂也。

佛所行讚[一四七]　第一卷

眙矚　治賸反。通俗文：直視曰眙。經文作瞪，直耕反。二形通用。賸音以證反。

細縛　字體作輓，莫槃反。輓，覆也。經文作矕、傍二形，並非也。

苕遰　徒彫反，下徒帝反。[左思吴都賦云：曠瞻迢遰。劉逵曰[一四八]：]苕遰，遠望懸絶也。

扈從　胡古反。扈，廣大也。[又爾雅云[一四九]：]亦使也。養馬也。[又方言：廣也[一五〇]。]

頷頭　吾感反。[廣雅：摇頭也[一五一]。]説文：低頭也。經文作鴿(頷)[一五二]，非也。

脚聯　今作連，同。力然反。相聯續也。聲類：聯綿不絶也。[説文：聯即連也。連及也[一五三]。]

侹直　他頂反。侹直，説文：長皃也。侹侹，正直也。

車軾　書翼反。軾高三尺三寸。説文：軾，車前也。儀禮：君軾之。鄭玄曰：古者亦(立)[一五四]乘，軾謂小俛以禮主人也。

形褻　思列反。鄙陋也。褻，黷也。[私居非公會之服亦曰褻[一五五]。]

勗勵　虚玉反。勗謂勉勵也。[方言：齊魯謂勉爲勗滋。勵[一五六]，]相勸勵也。

佛所行讚　第二卷

睒睗　式冉反，下式亦反。睒睗，暫窺疾視不定也。經文作郝，非也。

襤褸　古文艦，又作襤，同。力甘反。謂衣敗也。凡人衣破醜弊皆謂之襤褸。

不躅　又作躅，同。馳録反。漢書音義曰：軌躅，迹也。三輔謂牛蹄處爲躅。

綢繆　直流反。詩云：綢繆束薪。傳曰：綢繆猶纏綿也。[廣雅：綢，韜也，纏也。韜音土勞反〔一五七〕。」

佛所行讚　第三卷

樊籠　扶袁反。案樊即籠也。莊子「擇(澤)〔一五八〕雉不祈畜於樊中」〔一五九〕是也。樊，藩也。

轟轟　呼萌反。説文：羣車聲也。

呼呷　呼甲反。説文：呷，吸。子虛賦云：呷吸翠粲。音義曰：衣起張也。經文或作唬呷。唬音呼交反。

裂眥　在計反。説文：目崖(眶)〔一六〇〕也。史記作睚眦。五賣反，財賣反。瞋目皃也。漢書作厓眥，並此義也。淮南子云「瞋目裂眥」是也。

［潠毒　蘇悶反。通俗文：水湓曰潠。埤蒼：潠，歕也。經文作噀，非也。歕音普悶反。］〔一六一〕

爲軔　又作杒，同。如振反。説文：礙車也。［楚辭：朝發軔。王逸曰：軔〔一六二〕，］支輪木也。

風霽　子詣反。説文：雨止也。［爾雅注云〔一六三〕：］南陽人呼雨止爲霽也。

佛所行讚　第四卷

羽葆　或作翢，同。補道反。謂合聚五色羽爲葆。［漢書「羽葆」是也〔一六四〕。］

火鎔　榆鍾反。説文：治器法也。［漢書：猶金在鎔。應劭曰〔一六五〕：］鑄形也。

佛所行讚　第五卷

冠衮　姑本反。爾雅：衮，黻也。郭璞曰：衮衣有黻文也。玄衣而畫以龍者也。經文作㡆，非也。黻音甫勿反。

崦嵫　又作崄，同。猗廉反，下子辭反。山海經云：鳥鼠同穴山西南三百六十里，有山名崦嵫，日所入也。楚辭：望崦嵫而勿迫。王逸曰：山名。下有豪水，水中虞淵，日所入也。

迄于　虛乞反。爾雅：迄，至也。

治禪病秘要經　第一卷

樹揩　口揩反。［説文：摩拭也〔一六六〕。］

綩綣　於遠反，下袪阮反。綩綣，猶繾綣也。繾綣謂不相離也。

蚰蝨　又作蝣，同。餘周反。方言：蚰蜒或名入耳也。

治禪病秘要經　第二卷

殘膜　茫各反。説文：肉間膜也。經文作瘼，誤也。

透擲　他豆、式六二反。方言：透，驚也。宋衛南楚凡相驚曰透。廣雅：透，嬈也。

瘭疽　卑遥反。廣雅〔一六七〕：瘫成也。埤蒼：瘭，疽也。説文：瘭疽，久瘫也。

治禪病秘要經　第三卷

樹荄　古來反。説文：草根也。方言：東齊謂蓷根爲荄。

嚼食　子臘反。説文：嚼，銜也。埤蒼：嚼脣也。義與唼音同。唼血也。通俗文作咂，入口也。莊子作嚼，「蚊虻嚼膚」是也。

泓然　一宏反。説文：下深大也。廣雅：泓泓，深也。

橐囊　又作排、韛二形，同。蒲戒反。謂鍛家用炊火者也。

亢骨　又作頏，同。下堂反。蒼頡篇：亢，咽也。説文：人頸也。[爾雅：亢，鳥嚨。郭璞曰：嚨，喉咽也〔一六八〕。]

兜婆　或言偷婆，或云塔婆，皆譌也。正言窣覩波，此言廟也。

禪秘要法　第二卷

肺腴　又作胇，同。敷穢反。説文：肺，火藏也。下庾俱反。説文：腹下肥也。腴，腹也。經文作愈、臾二形，非體也。

蛕蟲　又作蛔，同。胡魁反。蒼頡訓詁云：蛕，腹中蟲也。經文作蚘，非也。

禪法要解〔一六九〕　上卷

肪胹　府房反，下桑安反。説文：肪，肥也。廣雅〔一七〇〕：脂肪也。

歧路　又作郊、嵆二形，同。巨宜反。謂道支分也。爾雅：道二達謂之歧旁。郭璞曰：岐，道旁出者也。

治禪病秘要法〔一七一〕

鵋鶀　許牛反。[爾雅：怪鵋。舍人曰〔一七二〕：]一名怪鳥，一名鵂鶹，南陽名鉤鵅。[字林：鵋鶀〔一七三〕。]

譪吉　烏盖反。梵言譪吉支，此云起尸鬼也。

土梟　毛詩草木疏云：流離鳥也。自關西謂梟爲流離，其子適大，還食其母。郭璞注爾雅以爲土梟。經文作鴞，非也。

處痺　畢利反。説文：足氣不至也。經文作肶字，與膍同。音鼻尸反。肶非此用。

百喻集〔一七四〕　第四卷

唵米　烏感反。字林：唵，啗也。謂向口唵也。啗音徒敢反。

耽毵　蒼頡篇作毿，同。蘇南反。毛垂皃也。通俗文：毛長曰毵也。

菩薩本緣集〔一七五〕　第一卷

薨殞　呼弘反。廣雅：薨，亡也。爾雅：薨，死也。諸侯死曰薨。

抗禦　魚吕反。禦，當也。詩[云：予曰有禦侮。]傳曰：武臣折衝曰禦侮也。

軌地　古文術、边二形，同。居美反。廣雅：軌，跡也。説文：車轍也。國語：軌，法也。

水瀆(瀆)〔一七六〕　徒鬪反。考工記：竇崇三尺。鄭玄曰：宫中水道也。[竇，决也，空也〔一七七〕。]

財賄　古文晦，同。呼罪反。通俗文：財帛曰賄。[周禮：通貨賄。鄭玄曰：金玉曰貨，布帛曰賄〔一七八〕。]

菩薩本緣集　第二卷

扼捥　又作搤，同。於責反。説文：搤，把也。盈手曰扼。廣雅：扼，持也。

瞤動　而綸反。説文：目摇也。經文作嚅，非體也。

蝙虫　茫北反。方言：北謂蝙蝠爲蟙蝩，自關而東名服翼，關西名蝙蝠。

菩薩本緣集　第三卷

角張　古嶽反。違戾不順也。經文從目作晻，非也。

怫鬱　父勿反。字林：怫鬱，心不安也。亦意不舒泄，不平也。

坑窖　古效反。説文：地藏也。穿地爲窖，藏五穀也。

四阿含暮抄〔一七九〕　上卷

婆嘆　丈甲反。梵言安陀羅婆波，此云五條。

鯜〔一八〇〕昧　上青溝反。葛也。

嗏末都〔一八一〕　盡也。天竺品題皆在後也。

波笘　赤占、都頰二反。梵言後波笘息也。

四阿含暮抄　下卷

拶煞　子曷反。周成難字云：拶，窜拶也。窜音烏狹反。

嘬羅　楚快反。梵言阿婆嘬羅遮，此云光音天。

揥跋　他細反。

法句經〔一八二〕　上卷

挻埴　尸延反，下時力反。案：挻，柔也，和也，擊也。埴，土也。［黏土曰埴〔一八三〕。］

［操杖　粗勞反。説文：操，把持也。］〔一八四〕

滎水　烏熒反。小水也，亦流也。經文作穽，非也。

螉螺　烏公反。方言：蜂其小者謂之蠮螉。郭璞曰：小細腰蜂也。下力戈反。蝸螺也。蠮，烏結反。

噲鬪　蒼頡篇此亦快字，苦壞反。廣雅：快，憭也。音了。

［捨鑑　又作鑒，同。古儳反。廣雅：鑑，炤也。鑑謂之鏡，所以察形者也。］〔一八五〕

水湍　土桓反。［疾水也〔一八六〕。］説文：疾瀨也。水流沙上曰瀨。瀨，淺水也。

愚惷〔一八七〕　丑絳、敕容二反。説文：惷，愚也。

灾迅　雖閏反。爾雅：迅，疾也。

逞情　丑井反。方言：自山之東江淮陳楚之間謂快曰逞。説文：逞，通也。

法句經　下卷

訥訒　奴骨反。［論語：君子欲訥於言。包氏曰〔一八八〕：］訥，遲鈍也。説文：訥，訒難也。訒音而振反。

殄殲　古文殱，同。子廉反。詩［云：殲我良人〔一八九〕。］傳曰：

殲，盡也，絶也。

孱孱　仕山反。孱湲，水流皃也。[又爾雅云：孱，流。方言：孱，流也[一九〇]。]

扈船　胡古反。扈，止也。[左傳：扈人無淫者。杜預曰：扈，止也[一九一]。]

謾訑　麻諫反，下或作譎，同。他和反。説文：謾，欺也。訑，不信也。[楚辭「或訑謾而不疑」是也[一九二]。]

非蔟　青木反。蔟猶聚也。周禮：蔟氏。蔟，巢也。言梵志非如此也。

門閾　古文閾，同。吁域反。爾雅：柣謂之閾。郭璞曰：即門限也。柣音田結反。

舊雜譬喻經[一九三]　上卷

轗軻　宜作埳，同。口感、口佐反。[楚辭：然埳軻而留滯。王逸曰[一九四]：]埳軻，不遇也。

一鄹　古文鄹、聊二形，今作聚，同。才句反。廣雅：聚，居也。謂人所聚居也。經文作聦，誤也。

跡深　尸任反。深淺之深。經文作淙，仕宗反。説文：淙，水聲也。廣雅：淙，漬也。淙非經義。

棓木　又作棒，同。雹講反。大杖也。説文：棓，棁也。徒活反[一九五]。

徇行　又作彴，同。辭俊反。徇猶巡也。爾雅：徇，遍也。謂周遍也。亦宣令也。

揵扝　正言揵值，謂所打木也。經文作枑，都禮反，非也。

城隖　烏古反。字林：小城也。通俗文：營居曰隖。字從自。

襲持　古文戳，同。辭立反。襲，受也。廣雅：襲，及也。亦仍也。「子孫襲禄」是也。左傳：凡師輕曰襲。注曰：掩其不備也。又夜戰曰襲。

舊雜譬喻經　下卷

酖煞　除禁反。山海經：女几之山多鴆。

譟讙　桑到反，下虛袁反。廣雅：譟、讙，鳴也。説文：擾耳也。讙，䚲呼也。

[摩抄　蘇何反。聲類：摩抄，捫摸也。釋名：摩抄，抹撚也。撚音桑葛反。][一九六]

恢步　胡代反。説文：恢，苦也。猒，恢也。[又廣雅云：恢，痛也[一九七]。]

倒地　都老反。倒，仆也。經文作瘍，非也。又作擣。擣，築也。[擣非字義[一九八]。]

言薩　桑葛反。正言娑度，此譯云善哉。經文作㗝，非也。

啜嘗　時悦反。説文：啜，嘗也。廣雅：啜，食也。經文作餟，始鋭反，祭名也。餟非此義。

掇置　都活反。祭名也。説文：拾取也。[詩云：薄言掇之。傳曰：掇，拾也[一九九]。]

詎知　其據反。謂未知辭也。經文作據，非體也。

雜譬喻經[二〇〇]

饌餟　仕眷反，下張芮反。説文：饌，具食也。亦陳也，飲食也。方言：餟，餽也。亦祭也。餽音渠愧反。

孛經抄[二〇一]

蚑蜂　巨儀反。聲類云：多足蟲也。關西謂蚑溲爲蚑蛷音求俱反，下所誅反。

廝米　新移反。廝，下也。[字書[二〇二]：]廝，役也。謂賤役也。今取其義。

睚眦　五賣反，下助賣反。廣雅：睚，裂也。説文：以爲眦目匡也。淮南云「瞋目裂眥」即其義也。

媟嬻　相列、徒木反。相狎習謂之媟嬻。經文作泄瀆，非體也。

妖孽　字體作蠥，同。五竭反。説文：衣服歌謡草木之怪謂之妖，禽獸蟲蝗之怪謂之蠥。蠥，灾也。

魯鈍　力古反。論語：參也魯。孔安國曰：魯，鈍也。謂人昏鈍也。

吃叨　宜作刏（訒）[二〇三]，同，音刃。吃刏猶堅硬也，謂人無識也。

辜較　又作推（榷）[二〇四]。漢書音義曰：辜，固也。較，專也。謂規固販鬻[以求利也[二〇五]]，專略其利也。辜，罪也。推（榷）謂獨木倚也。

譙譊　又作呶，同。上財妙、才焦二反。蒼頡篇：譙，訶也。亦嬈也。[譙，跤也[二〇六]。]下女交反。譙譊，讙呼也。蒼頡篇：訟聲也。

[鸕鷀　上郎都反，下才資反。説文：水鳥也。蒼頡篇：鸕鷀似鶂而黑也。鶂音五歷反。][二〇七]

歌謡　與招反。爾雅：徒歌爲謡。説文：獨歌也。

思惟略要經[二〇八]

[眵淚　充支反。説文：蔑兜眵也。蔑音莫結反。][二〇九]

耵聹　都冷反，下乃冷反。埤蒼：耵聹，耳垢也。

憒然　呼麥反。廣雅：敎[二一〇]憒，乖刺也。猶乖戾也。

佛醫經[二一一]

[不訾　又作瘠，同。子移反。訾，量也，思也。説文：思稱意也。][二一二]

狾狗　字書作狾、狛二形，纂文作猘，同。昌制、居世二反。狂犬也。

分別業報略集[二一三]

悛法　且泉反。悛，改也。方言：自山東而謂改曰悛。廣雅：悛，更也。

犯忤　又作迕、捂二形，同。吾故反。聲類：忤，逆不遇也。

蛆蟻　子餘反。蝍蛆，吴公也。一名蛆渠。

愚戇　都絳反。説文：愚，癡也。戇，愚也。

聾瞶　古文瞶、聵（顡）[二一四]二形，今聵，又作聵，同。牛快反。生聾曰瞶。一云聾无識曰瞶。

宫刑　居雄反。淫刑，次死也。男女不以義交者，其刑宫。男子割勢，婦人幽閉於宫。下胡經反。罰罪也。易曰：刑，法也。井爲刑法也。春秋元命包曰：刑字從刀從井。井以飲人，人入井争水，陷於泉，以刀守之，割其情欲，人畏慎以全命也，故字從刀從井。

閹身　於撿反。説文：閹，竪。宫中閹昏閉門者也。謂精氣閉藏也。主閉門户，故曰閹也。

龍樹爲禪陀迦王説法要偈〔二一五〕

謳歌　又作嘔、傴二形，同。烏侯反。説文：齊歌曰謳。廣雅：謳，喜也。

飲餡　古文佄，同。胡甘反。漢書應劭曰：不醉不醒曰酣。又樂酒曰酣。

摣掣　古文作担，同。側伽反。方言：摣，取也。聲類：五指摣捉也。

飴蜜　又作饌、飤二形，同。翼之反。説文：米蘖也。方言：飴謂之餳。餳音似盈反。

訓馴　似均反。廣雅：馴，擾也。訓，善也。亦從也。説文：謂養野鳥獸使服謂之馴。

瘤瘻　力周反。説文：瘤，腫也。腫結不潰散者爲瘤。聲類：瘤，瘜肉也。

無明羅刹經　上卷

[死獘　脾世反。説文亦弊字。弊，仆也。弊，仆頓也。斷也，止也。]〔二一六〕

喊喊　呼濫反〔二一七〕，下呼戒反。方言：喊，聲也。喊，呵也。謂恚聲也。又作闞，呼瞰反。

皴剥　且旬反。埤蒼：皮皴散也。又樹皮甲錯粗厚亦曰皴皵。皵音思亦反〔二一八〕。

皰凸　輔孝反〔二一九〕。説文：皰，面生氣也。經文作疱，俗字也。下徒結反。

哂哂　尸忍反。哂哂，笑也。經文從口作甄（口甄）〔二二〇〕，非也。

無明羅刹經　下卷

㽄破　又作廝〔二二一〕，同。先奚反。埤蒼：㽄，聲散也。

鼷鼠　胡鷄反。[説文：小鼠也〔二二二〕。]方言：有毒者也。或謂之甘口鼠也。

肬贅　籀文作黕，今亦作疣，同。有流反，下之芮反。[又廣雅云：小腫之也。又説文云：肬，贅之也〔二二三〕。]小曰肬，大曰贅。釋名云：肬，丘也。出皮上，聚高如地之有丘也。贅，屬也。揁（横）〔二二四〕生一肉屬著體也。

揎調　古文作搏，同。斯緣反。謂揎衣出臂也。

[森然　所金反。説文：多木長皃也。]〔二二五〕

四十二章經〔二二六〕

輸敬　始榆反。輸，責也。説文：委輸也。廣雅：輸，寫也。最也。

桼篚　又作漆，同。音七。下又作體（䈲）〔二二七〕，同。音瑞。江南名䈲，北人名箯，音換。[䈲，常貴反〔二二八〕。]

賓頭盧爲優陀延王說法經

蹭伽　古文擌（橧）〔二二九〕，同。徂陵反。依字，所寢擌（橧）謂猪卧處也。

賓頭盧爲王說法經〔二三〇〕

榮樂　爲明反。榮猶光華也。光寵也。經文作嫈，非也。

阿育王太子法益壞目因緣經〔二三一〕

綏化　私隹反。爾雅：綏，安也。［尚書：五百里綏服。孔安國曰：王者政教也〔二三二〕。］

梟汝　古堯反。［說文：不孝鳥也〔二三三〕。］冬至日捕梟磔之。梟頭在木上也。

撓吾　乃飽、乃挍二反。說文：撓，擾也。又撓，亂也。

元元　言元元者，非一民也。古者謂民曰善，言善人因善爲元，故曰黎元也。

赦宥　赦，置也。下于救反。宥，寬也。周禮三宥：一宥不識，二宥過失，三有（宥）〔二三四〕遺忘也。

蹎蹶　又作傎、趚二形，同。丁賢反，下居月反。蹎蹶，猶頓仆也。

嫽人　力彫反。嫽，敹也。嫽，觸也。亦嫽，弄也。

喑呃　說文作諳，於禁反，大聲也〔二三五〕。下宜作啞，於格反，亦大呼也。史記「喑啞叱吒，千人皆廢」是也。經文作呃，於革反。呃，憂也。［呃，喔也〔二三六〕。］氣逆也。

馬鳴菩薩傳

綰達　烏版反。淮南云：綰抱（枹）〔二三七〕而鼓。許叔重曰：綰，貫也。

［提婆菩薩傳

声聒　古活反。蒼頡篇：擾亂耳孔也。廣雅云：聒，驚也，護也。］〔二三八〕

婆藪槃豆傳〔二三九〕

紱婆　字又作紼，同。甫勿反。譯云子。依字，紱，綬也。

［撰銘　助臠反。撰猶述也。廣雅：撰，定也。下莫丁反。銘之言名也。書其功於大常也。亦鐫刻金石以紀功德也。］〔二四〇〕

紕謬　匹毗反。禮記：一物紕謬。鄭玄曰：紕猶錯也。下靡幼反。謬猶錯亂也。謬，誤也。方言：謬，許（詑）〔二四一〕也。說文：狂者之言也。

大籃　力甘反。筐屬也。［字林：大答也。答，杯籠也〔二四二〕。］纂文：大筐也。［答音及各反〔二四三〕。］

醔柯　蒲蔑反。醔柯摩羅阿秩多，譯云正勤。

一切經音義　卷第二十

甲辰歲高麗國大藏都監奉敕雕造

校勘記

〔一〕麗無釋提婆菩薩傳的音義，據磧補。

〔二〕陀羅尼雜集經　慧轉録於第四十三卷。

〔三〕淮南：山雲烝，礎柱潤……柱下石也　麗無，據磧補。「淮南」原爲「南」，蔣曰：「南上脱淮字。」據蔣校補。

〔四〕匹尤反　磧爲「房尤反」。

〔五〕芳妙反　磧爲「匹妙反」。

〔六〕腎主寫，三膲亦以湊液吐故也　麗無，據磧補。

〔七〕槎　磧作「搓」。下同。

〔八〕尢　據文意似當作「尣」。

〔九〕尫亦小也　麗無，據磧補。

〔一〇〕尚書：知人則哲　麗無，據磧補。

〔一一〕雲散爲霏　麗無，據磧補。

〔一二〕公羊傳：遂刎脰而死。何休曰　麗無，據磧補。

〔一三〕脰音豆頸也　麗無，據磧補。

〔一四〕阿袛　此條磧接排在「薩呧」下，未分列。

〔一五〕奢哦　磧爲「奢吪」，接排在「阿袛」下，未分列。

〔一六〕上音富　麗無，據磧補。

〔一七〕縷史反　磧爲「縷決反」。

〔一八〕羽厥反　磧爲「萬厥反」。

〔一九〕亡　磧作「盲」。

〔二〇〕上音焚　麗無，據磧補。

〔二一〕字書：鵂鶹，鈎鵅也。亦名怪鳥也　麗無，據磧補。

〔二二〕悟　磧作「悟」。

〔二三〕禮記「不敢噦噫」是也　麗無，據磧補。

〔二四〕奴低反　麗無，據磧補。

〔二五〕天兮反。石支　麗無，據磧補。

〔二六〕浮　磧作「浮」。

〔二七〕扶泛反　麗無，據磧補。

〔二八〕子好反　麗無，據磧補。

〔二九〕下職例反，又昌制反　麗無，據磧補。

〔三〇〕上音男也　麗無，據磧補。

〔三一〕上女乙反。親近也　麗無，據磧補。

〔三二〕下魯吾反。轉舌呼　麗無，據磧補。

〔三三〕上音居　麗無，據磧補。

〔三四〕下力矩反　麗無，據磧補。

〔三五〕上音煙，又因也　麗無，據磧補。

〔三六〕婆利迦香　麗無，據磧補。

〔三七〕折　磧作「析」。

〔三八〕此條磧爲「猢祇　上音崩，下旨夷反」。

〔三九〕忹　海宛同，磧作「忙」，慧作「恇」。

〔四〇〕槝　慧卷四三釋此詞作「掐」。

〔四一〕下都豆反　麗無，據磧補。

〔四二〕成　磧作「盛」。

〔四三〕左傳：乃宦卿之嫡。注云　麗無，據磧補。

〔四四〕音伐　麗無，據磧補。

〔四五〕下莫崩反。盲也　麗無，據磧補。

〔四六〕此條麗無，據磧補。

〔四七〕竹利反，下竹嫁反　磧爲「作利反，下作嫁反」。

〔四八〕丁登反　磧爲「丁鄧反」。

〔四九〕上音殊，又音朱　麗無，據磧補。

〔五〇〕唽　海作「唽」。

〔五一〕上郎活反　麗無，據磧補。

〔五二〕辛井反，又陟利反　麗無，據磧補。

〔五三〕跱跱　磧爲「踟跱」。

〔五四〕上樊音　麗無，據磧補。

〔五五〕仔　磧作「伃」。

〔五六〕翼脂　磧爲「翼指」。

〔五七〕説文：小便病也　麗無，據磧補。

〔五八〕淋漏之　麗無，據磧補。

〔五九〕箭　磧作「箭」。

〔六〇〕説文：箭，斷竹也　麗無，據磧補。

〔六一〕謂受漆者可以盛食　麗無，據磧補。

〔六二〕力金反。廣雅：麗無，據磧補。

〔六三〕蘲　玄卷七和今傳本廣雅作「蘲」。

〔六四〕廣雅：萎，仆也　麗無，據磧補。

〔六五〕下氣俱反　麗無，據磧補。

〔六六〕扶支反　磧爲「蒲支反」。

〔六七〕禡　磧作「禡」。

〔六八〕上父恭反　麗無，據磧補。

〔六九〕匹尺反　麗無，據磧補。

〔七〇〕僻非此用　麗無，據磧補。

〔七一〕祥　磧作「牂」。

〔七二〕下徐楊反……非也　磧爲「宜作痒，病也。廣雅：痒，傷也」。

〔七三〕下刮反，敕轄反　海爲「上音啼，下音達」。

〔七四〕否梨㤹　磧爲「否梨」。

〔七五〕下刮反　海爲「上府九反」。

〔七六〕唻　磧爲「咩唻」。

〔七七〕又作諫踈　磧爲「又作諫踈多」，海爲「又作誎多。下音浪台反」。
〔七八〕多律踟　磧爲「律踟」。
〔七九〕蹓　磧作「嚠」。
〔八〇〕捐　慧作「搏」。下同。
〔八一〕柢　慧卷四三轉録作「祇」。
〔八二〕亡粉反　麗無，據磧補。
〔八三〕下音居　麗無，據磧補。
〔八四〕六度集　慧轉録於第三十三卷。
〔八五〕此條麗無，據磧補。
〔八六〕俞　磧作「愈」。
〔八七〕詩云：終窶且貧。傳曰：窶者　麗無，據磧補。
〔八八〕古項反　磧爲「胡絳反」。
〔八九〕或言至流　麗無，據磧補。
〔九〇〕此條麗無，據磧補。
〔九一〕府袁反　磧爲「俯煩反」。
〔九二〕説文：遁，遷也。……説文：遠行也　麗無，據磧補。
〔九三〕諦　玄卷十八作「謕」。
〔九四〕此條麗無，據磧補。
〔九五〕廣雅：聒，驚也　麗無，據磧補。
〔九六〕趍走促處失容儀也　磧爲「趨走促遽失容儀也」。
〔九七〕幢　磧作「憧」。
〔九八〕賊　磧作「賤」。
〔九九〕廣雅：嬖，親也。亦愛也。謂親幸愛也。嬖，卑也　麗無，據磧補。
〔一〇〇〕熇熇　磧作「熇」。
〔一〇一〕説文：心服也　麗無，據磧補。
〔一〇二〕銀　磧作「鋇」。
〔一〇三〕詩云：哀鳴嗸嗸。傳曰：未得安集，嗸嗸然也　麗無，據磧補。
〔一〇四〕厇　據文意當作「厇」。
〔一〇五〕确音胡角反。确，薄地者也　麗無，據磧補。
〔一〇六〕下又作古厷厺　磧爲「下又作厷，古文厶」。
〔一〇七〕説文：悁，忿也　麗無，據磧補。
〔一〇八〕車轍馬跡也　麗無，據磧補。
〔一〇九〕晰　磧作「蜥」。
〔一一〇〕詩云：民之訛言。箋云　麗無，據磧補。
〔一一一〕詩云：大賂南金。傳曰：賂　麗無，據磧補。
〔一一二〕蚳、蟦　磧爲「蚳、蟦」。
〔一一三〕柄　慧卷三三作「持」。
〔一一四〕蒼頡篇：刳，屠也。㓷音剔　麗無，據磧補。
〔一一五〕此條麗無，據磧補。
〔一一六〕殞　磧作「殞」。
〔一一七〕下音莫。死也　麗無，據磧補。
〔一一八〕捭　磧作「埤」。
〔一一九〕論語云：喟然歎曰。何晏曰　麗無，據磧補。
〔一二〇〕梵語。轉輪聖王名也　麗無，磧亦無，據慧補。
〔一二一〕此條麗無，據磧補。
〔一二二〕么　磧作「公」。
〔一二三〕俗　磧爲「通俗」。
〔一二四〕張揖雜字云「痛癢痟疼」是也……亦同也　麗無，據磧補。
〔一二五〕佛本行讚經　慧第七十四卷重撰。
〔一二六〕廣雅：渟，正也　麗無，據磧補。正，當作「止」。
〔一二七〕日　據文意似作「目」。
〔一二八〕玉吊反　磧爲「他吊反」。
〔一二九〕江南音瓚。山東音前，子見反　麗無，據磧補。
〔一三〇〕㔟　磧作「㔟」。
〔一三一〕攞　據文意似作「欏」。
〔一三二〕小爾雅作鞘，諸書作削，同　麗無，據磧補。
〔一三三〕此條麗無，據磧海補。
〔一三四〕此條麗無，據磧海補。
〔一三五〕又方言：遠也　麗無，據磧補。
〔一三六〕嚾　磧作「嚾」。䁔　龍龕手鏡作「䁔」。
〔一三七〕論語：乘桴浮于海。馬融曰　麗無，據磧補。
〔一三八〕力底　麗無，據磧補。
〔一三九〕二　麗無，據磧補。
〔一四〇〕小學篇：篦，刷。插頭篦、眉篦皆作此也　麗無，據磧補。
〔一四一〕魚儉反　磧爲「魚險反」。
〔一四二〕付法藏傳　慧轉録於第七十五卷。
〔一四三〕云：又窘陰雨　麗無，據磧補。
〔一四四〕銖六則錘，二錘則錙，二錙則兩也　磧爲「銖六則錘，錘，暉也。二錘則錙，錙，熾也。二錙則兩也」。

〔一四五〕此條麗無，據磧補。

〔一四六〕亦細也。易云純粹　麗無，據磧補。

〔一四七〕佛所行讚　慧轉録於第七十四卷。

〔一四八〕左思吳都賦云：曠瞻迢遰。劉逵曰　麗無，據磧補。

〔一四九〕又爾雅云　麗無，據磧補。

〔一五〇〕又方言：廣也　麗無，據磧補。

〔一五一〕廣雅：摇頭也　麗無，據磧補。

〔一五二〕鵮　磧作「頜」。

〔一五三〕説文：聯即連也。連及也　麗無，據磧補。

〔一五四〕亦　今傳本鄭玄注作「立」。

〔一五五〕私居非公會之服亦曰褻　麗無，據磧補。

〔一五六〕方言：齊魯謂勉爲勗滋。勵　麗無，據磧補。

〔一五七〕廣雅：綢，韜也，纏也。韜音土勞反　麗無，據磧補。

〔一五八〕擇　慧卷七四作「澤」。

〔一五九〕莊子「擇雉不祈畜於樊中」　今傳本莊子：「澤雉十步一啄，百步一飲，不蘄畜乎樊中。」

〔一六〇〕崖　磧作「睚」。

〔一六一〕此條麗無，據磧補。

〔一六二〕楚辭：朝發軔。王逸曰：軔　麗無，據磧補。

〔一六三〕爾雅注云　麗無，據磧補。

〔一六四〕漢書「羽葆」是也　麗無，據磧補。

〔一六五〕漢書：猶金在鎔。應劭曰　麗無，據磧補。

〔一六六〕説文：摩拭也　麗無，據磧補。

〔一六七〕廣雅　磧爲「廣蒼」。

〔一六八〕爾雅：亢，烏嚨。郭璞曰：嚨，喉咽也　麗無，據磧補。

〔一六九〕禪法要解　慧轉録於第七十五卷。

〔一七〇〕廣雅　磧爲「廣蒼」。

〔一七一〕治禪病秘要法　慧轉録於第五十四卷。

〔一七二〕爾雅：怪鴟。舍人曰　麗無，據磧補。

〔一七三〕字林：鵋鵙　麗無，據磧補。

〔一七四〕百喻集　慧轉録於第七十五卷。

〔一七五〕菩薩本緣集　慧轉録於第七十五卷。

〔一七六〕潰　磧作「瀆」。

〔一七七〕竇，决也，空也　麗無，據磧補。

〔一七八〕周禮：通貨賄。鄭玄曰：金玉曰貨，布帛曰賄　麗無，據磧補。

〔一七九〕四阿含暮抄　慧轉録於第七十六卷。

〔一八〇〕騿　慧作「騃」。

〔一八一〕嗏末都　慧爲「嚓末都」，釋云：「上倉割反。梵語也。盡也。」

〔一八二〕法句經　慧轉録於第七十六卷。

〔一八三〕黏土曰埴　麗無，據磧補。

〔一八四〕此條麗無，據磧補。

〔一八五〕此條麗無，據磧補。

〔一八六〕疾水也　麗無，據磧補。

〔一八七〕惷　「惷」的俗寫。

〔一八八〕論語：君子欲訥於言。包氏曰　麗無，據磧補。苞，似當作「包」。

〔一八九〕云：殲我良人　麗無，據磧補。

〔一九〇〕又爾雅云：滮，流。方言：滮，流也　麗無，據磧海補。

〔一九一〕左傳：扈人無淫者。杜預曰：扈，止也　麗無，據磧補。

〔一九二〕楚辭「或訑謾而不疑」是也　麗無，據磧補。

〔一九三〕舊雜譬喻經　慧轉録於第七十五卷。

〔一九四〕楚辭：然埳軻而留滯。王逸曰　麗無，據磧補。

〔一九五〕棓木　今傳經文作「掊不」。徒活反　磧爲「他活反」。

〔一九六〕此條麗無，據磧補。

〔一九七〕又廣雅云：恔，痛也　麗無，據磧補。

〔一九八〕搗非字義。　麗無，據磧補。

〔一九九〕詩云：薄言掇之。傳曰：掇，拾也　麗無，據磧補。

〔二〇〇〕雜譬喻經　慧轉録於第七十五卷。

〔二〇一〕孛經抄　慧轉録於第三十四卷。

〔二〇二〕字書　麗無，據磧補。

〔二〇三〕朋　可洪作「訒」。

〔二〇四〕推　磧作「榷」。

〔二〇五〕以求利也　麗無，據磧補。

〔二〇六〕譙，踧也　麗無，據磧補。

〔二〇七〕此條麗無，據磧補。

〔二〇八〕思惟略要經　慧轉録於第七十五卷。

〔二〇九〕此條麗無，據磧補。

〔二一〇〕欶　據文意似作「敕」。

〔二一一〕佛醫經　慧轉録於第七十五卷。

〔二一二〕此條麗無，據磧補。

〔二一三〕分別業報略集　慧轉録於第七十六卷。
〔二一四〕類　磧作「纇」。
〔二一五〕龍樹爲禪陀迦王説法要偈　慧轉録於第七十六卷。
〔二一六〕此條麗無，據磧補。
〔二一七〕呼擥反　磧爲「呼檻反」。
〔二一八〕皵音思亦反　磧爲「皵音士約反」。
〔二一九〕輔孝反　磧爲「皮孝反」。
〔二二〇〕甄　磧爲「嘅」。
〔二二一〕廝　據文意似作「㾷」。
〔二二二〕説文：小鼠也　麗無，據磧補。
〔二二三〕又廣雅云：小腫之也。又説文云：肬，贅之也　麗無，據磧補。
〔二二四〕撗　據文意當作「横」。
〔二二五〕此條麗無，據磧補。
〔二二六〕四十二章經　慧轉録於第五十五卷。
〔二二七〕體　磧作「腄」。
〔二二八〕腄，常貴反　麗無，據磧補。
〔二二九〕撍　磧作「橧」。下同。
〔二三〇〕賓頭盧爲王説法經　慧轉録於第七十六卷。
〔二三一〕阿育王太子法益壞目因緣經　慧轉録於第七十六卷。
〔二三二〕尚書：五百里綏服。孔安國曰：王者政教也　麗無，據磧補。
〔二三三〕説文：不孝鳥也　麗無，據磧補。
〔二三四〕有　磧作「宥」。
〔二三五〕説文作諳，於禁反，大聲也　今傳本説文：「諳，大聲也。」
〔二三六〕呃，喔也　麗無，據磧補。
〔二三七〕抱　據文意當作「枹」。
〔二三八〕提婆菩薩傳……護也　麗無，據磧補。
〔二三九〕婆藪槃豆傳　慧轉録於第七十六卷。
〔二四〇〕此條麗無，據磧慧補。
〔二四一〕許　磧作「詐」。慧卷七六作「訛」。
〔二四二〕字林：大筨也。筨，杯籠也　麗無，據磧補。
〔二四三〕筨音及各反　麗無，據磧補。

一切經音義　卷第二十一　大乘經

翻經沙門玄應撰

大菩薩藏經　第一卷

薄伽梵　扶劍反。言以義總衆德至尚之名也，餘則不爾，故諸經首皆置此名。舊言婆伽婆，訛也。

至(室)[一]羅伐　尸逸反。舊經中言舍衛國，或作舍婆提城，又云憍薩羅，皆一也。此云聞者城。十二遊經云無物不有國，法鏡經言聞物國，善見律云多有國，言多有聰明智人，及諸國珍奇皆歸此國，故言多有國，其義一也。又舍衛者是人名。昔有人居住此地，往古有王，見此地好，故乞立爲國，以此人名號舍衛國，又云仙人住處，皆古名也。在中印度境。

天魔　莫何反。書無此字，譯人義作。梵言魔羅，此翻名障，能爲修道作障礙故。亦言煞者，常行放逸，斷慧命故。或云惡者，多愛欲故。

阿素洛　舊言阿脩羅，亦云阿須倫，皆梵言訛轉也。此云不飲酒，又言障蔽，亦云非天。至如鬼神雜受福者，印度亦通名天。言非天者，以共三十三天鬥競，故別摽(標)[二]名耳。又最勝者名天，劣者非天也。

藥叉　舊言夜叉，亦云閱叉，皆一也。此云能噉，謂食噉人也。或云傷者，謂傷害人也。

摩揭陀　渠謁反。舊云摩伽陀，或言摩竭陀，又作摩竭提，皆由梵音輕重聲之轉也。摩伽，此云甘露。陀，此云處。名甘露處國。上古諸天共阿脩羅鑽海水出甘露，安置此國，故以名焉。又摩揭陀是人名。有人往昔於此修諸功德，得生天上，遂本爲名。亦言善勝國，又名星處國也。

鷲峯　梵言姞栗陀羅矩吒山，此云鷲峯，或言鷲臺，言此山既栖(栖)〔三〕鷲鳥，又類高臺也。舊云耆闍崛山者，訛略也。姞音渠乙反。矩音俱禹反。

僧伽胝　陟尸反。舊言僧伽梨，此云合，謂割之合成也。又云重，謂重作也。王宫聚落著之，伏外道衣也。

憺怕　徒濫反，下普白反。説文：憺，安也。憺然安樂也。怕，静也，謂恬然寂静也。憺怕，无爲自持也。

無撓　乃飽反。説文：撓，擾也。廣雅：撓，亂也。字從木(手)〔四〕。

安繕　視戰反。謂青紫色也。

帝青　是帝釋寶青色也。以其最勝，故稱帝釋青也。

天弓　亦言帝弓，即天虹也。音胡公反。俗音絳。雙出鮮盛者名虹，暗昧者名蜺。蜺音五奚反。

末尼珠　摩鉢反。舊言摩尼，謂珠之總名也。

喬苔摩　借音渠憍反。舊言瞿曇，聲之轉也。此有三義：一名日種，二名牛糞種，三名泥土種也。

狻猊　蘇桓反，下五奚反。爾雅：狻猊，如虦猫，食虎豹。郭璞等注皆云則師子也。出西域。穆天子傳云「狻猊走五百里」是也。梵言僧訶。僧借音私蠅反。虦音仕板反。

傭圓　敕龍反。爾雅：傭，均也。謂齊等也。或作牗，俗字也。敕音勑。

絅鞔　莫槃反。蒼頡篇：鞔，覆也。今亦謂覆蓋物爲鞔，或作縵、漫二形，借字耳。

雙跖　又作蹠，同。之石反。説文：跖，足下也。

瞿拉坡　郎苔反，下普何反。謂兩踝骨也。

那庾多　翼主反。舊言那由他。案百俱胝名阿由多，百阿由多名那庾多，此數當千億也。

諸蘊　於粉反。梵言塞建陀，此翻名蘊。由(猶)〔五〕積聚義。説名(文)〔六〕爲薀，字從草温聲。

末摩　莫鉢反。此云死節，言人身中有此節也，謂若打若搏，人即死也。

癡瞽　公户反。無目謂之瞽。釋名云：瞽，目眠眠然，目平合如鼓皮也。

焰摩　移贍反。或作琰摩，聲之轉也。舊言閻羅，或云閻摩羅，此云縛。或言雙世，謂苦樂並受，故云雙也。即鬼官之總司也。又作夜磨盧迦，亦作閻摩羅社。閻磨，此云雙。羅社，此云王。兄及妹皆作地獄王，兄治男事，妹治(理)〔七〕女事，故曰雙王也。

六處　案梵本云阿也怛那，此翻名處。處謂處所、出生之處也。舊翻名入，失之耳。梵本鉢羅吠舍，此云入。

惛耄　呼昆反，下莫報反。説文：惛，不了也。廣雅：惛，癡也。耄，忘亂也。

摩納婆　亦言摩納縛迦，此云儒童。舊言摩那婆，或作那羅摩那，又作摩納，翻爲年少净行。五分律名那羅摩納，譯爲人，皆一也。

異生　愚異生也，言愚癡闇冥，不生無漏故也。舊言小兒別生，以癡如小兒也。或作小兒凡夫，又作嬰愚凡夫，義皆一也。有作毛道凡夫，或作毛頭凡夫者，失之久矣。

旃茶羅　馳家反。謂屠煞者種類之總名也。舊云旃陀羅，訛也。

被弶　渠向反。字書云：施罥於道曰弶。今畋獵家施弶以取禽獸者，其形似弓也。

大菩薩藏經　第二卷

健達縛　渠建反。此云食香，以香自資故。亦言香行，或云齅香，又言香神，近是也。或居香山，或身有異香。言樂神者，義譯也。舊言乾闥婆，亦作乾沓和，皆國音之不同也。

揭路茶　渠謁反。此云金翅鳥，舊言迦樓羅，或作加樓羅，訛也。

緊捺洛　奴葛反。歌神也。頭作馬頭。亦言是人非人。舊云緊那羅，或作真陀羅，皆一也。

牟呼洛　或作莫呼，此云大腹行，即蟒神也。一云大有行龍，舊言摩喉羅伽。又云摩休勒，訛也。

嗢鉢　烏没反。舊言優鉢羅，此云黛花也。

鉢特　徒得反。舊言波頭摩，又作波頭暮，此云赤蓮花也。

拘貿　莫候反。舊言拘物頭，或作拘物陀，此云地喜花。

奔茶　宅加反。舊言芬陀利，亦作分陀利，此云白蓮花也。

覩史多　都古反。舊云兜率陀，或作兜駛多，此云知足天，亦云妙足天也。

四洲　之由反。爾雅：水中可居曰洲。言水中平地可居者也。

殑伽沙　渠陵反。舊云恒河。此河從無熱惱池東面象口而出也。

布怛那　都達反。舊云富單那，或作富多那，此義言臭，是餓鬼中勝者也。

没特伽羅子　徒得反。此云緑豆子，乃從母爲名。出家侍佛左邊，舊云目揵連者也。

舍利子　梵言奢利富多羅，或言舍利弗多羅。此梵音轉耳。舍利，母名。眼之青精名舍利。又母眼似鸜鵒眼，因以名焉。經中或言秋露子者，一義也。

所嬈　奴了反。嬈，惱也。說文：嬈，擾也。三蒼云：嬈，弄也。

蹶失　居月、居衛二反。謂驚駭急疾之皃也。

静慮　舊言定。說文：静，審也。安也，息也。慮，念也，思也。

匱乏　渠愧反。匱，乏也，亦竭也。乏，少也。

三摩地　舊言三摩提，此云等持。

柁那　徒我反。此云施。波羅蜜多，此云到彼岸，舊云檀波羅蜜。

鄔柁南　烏古反〔八〕，下徒我反。此云自說，舊言鬱陀那。

大菩薩藏經　第三卷

鄔波索迦　或言優波娑迦，近是（侍）〔九〕也。舊言優婆塞者，訛也。此云近善男，亦云近宿男，謂近三寶而住宿也。或言清信士善宿男者，義譯也。

鄔波斯迦　或云優波賜迦，此云近善女。言優婆夷者，訛也。

羯羅頻伽　居謁反。或作迦陵頻伽，此云好聲鳥也。

庭燎　徒經反。下古文尞〔一〇〕，同。力燒反〔一一〕。周禮：供墳燭庭燎。鄭玄曰：墳，大也。樹於門外曰大燭，門内曰庭燎。天子百，公五十，侯伯子三十也。

贍部捺陀金　奴葛反。或作剡浮那他金，舊云閻浮檀金，名一也，但贍部樹半臨陸地半臨海中，此海水底有金也，而水極深，然金色徹出水上，若轉輪王出世。諸夜叉等神取此金將來博易，故人間有之。若著闇中，闇色則滅也。那他，此言江，亦云海也。

蘇揭多　渠謁反。舊言修伽陀，或作修伽度，亦作修伽多，此云善逝，即如來德之一號也。有三義：一讚歎，二不迴，三圓滿也。

目脂鄰陀山　舊言目真鄰陀，或作牟真鄰陀，此云脱。

鮮支　私延反。纂文云：白鮮支，絹也。亦名素縞。

瞻博花　舊言旃簸迦，或作詹波花，亦作瞻匐，又作占婆花，皆方夏之差耳。此云金色花，大論云黃花樹也。樹形高大，花亦甚香，其氣逐風彌遠也。

蘇末那花　摩鉢反。舊言蘇磨那花。色黃白，亦甚香，不作大樹，繞高三四尺，四垂似盖也。

婆使迦花　舊言婆師迦，或言婆師波利花，此云夏生護花。

颯然　蘇合反。疾皃也。廣雅：颯颯，風也。風吹木葉落聲也。

大菩薩藏經　第四卷

慓(幖)[一二]幟(幟)[一三]　比遥反，下古文作㤐，同。昌志反。通俗文：徽号曰慓(幖)，私記曰幟(幟)。廣雅：慓(幖)、幟(幟)，幡[一四]也。亦頭識也。

灰燼　似刃反。説文：謂火之餘木也。方言：自關而西秦晉之間炊薪不盡曰燼。

大菩薩藏經　第五卷

隍池　胡光反。蒼頡篇：隍，城下坑也。説文：城池有水曰池，無水曰隍。

大菩薩藏經　第六卷

謇吃　古文作謏、謇二形，今作蹇，又作扨，同。居展反。方言：謇亦吃也。楚人語也。下古文欯，同。居乞反。氣重言也。通俗文：言不通利謂之謇吃。

詷疾　徒貢反。纂文云：謥詷，急也。通俗文：言過謂之謥詷。謥音粗貢反。

塵黷　徒屋反。蒼頡篇云：黷，垢也。聲類：黷，黑也。廣雅：黷，蒙也。

魯鈍　盧古反。論語曰：參也魯。孔安國曰：魯亦鈍也。

黃鸝　又作鵹，同。力斯反。[方][一五]言：倉庚。自關而西謂之鸝黃，或謂之黃鳥，或謂之楚雀。廣志作黃離留，廣異名也。

大菩薩藏經　第七卷

諠譁　古文愋、讙二形，今作諠，同。虛元反，下音花。諠譁，聲也，謂言語亂聲譊譊也。譊音女交反。

諛諂　以朱反。周書：面從曰諛。不擇是非而言謂之諛，希其意道其言謂之諂也。

矯飾　飢小反。矯謂之假詐不實也。

矜伐　居陵反。矜謂自尊大也。自賢曰矜也。

圂豬　胡困反。説文：圂，厠也。蒼頡篇：圂，豕所居也。

祇仰　旨時反。字林：祇，敬也。

關鍵　古文闑、揵二形，同。奇謇反。方言：關東謂之鍵，關西謂之鑰。鑰，牡也。

昵近　又作暱，同。女栗反。爾雅：昵，親近也。昵，亟也。親昵者亦數也。亟音祛記反。

桎梏　之逸反，下工篤[一六]反。在手曰桎，在足曰梏。亦即扭(杻)[一七]掝(械)[一八]也。春秋疏曰：桎梏俱名爲掝(械)。

刖足　古文跀、趴二形，同。魚厥、五刮二反。刖，斷足也。廣雅：刖，危也。謂斷足則危也。

阿遮利耶　此云軌範師，舊言阿闍梨，或作阿祇利，譯云正行，謂於善法中教授令知也。

紆鬱　伊于反。説文：紆，屈也。紆，縈也，曲也。鬱，哀思也，心不安也。

貶退　碑儉反。詩云：我位孔貶。傳曰：貶，墜也。貶，損也，減也。

車路　舉魚反。釋名云：古者車如居。言行所以居人也。下又作輅，同。盧故反。言所以步之於路也。

邀請　於遥反。邀，呼召也，亦求也。

薩伐若　而者反。此云一切智，舊言薩婆若。

䭽餬　徒奚反，下户孤反。通俗文：酪蘇謂之䭽餬。蘇酪精醇者也。

皓齒　胡老反。小爾雅云：皓，白也。

大菩薩藏經　第八卷

鄔波柁耶　徒我反。舊言和上，或言和闍，皆訛也。此云親教，亦云近誦，以弟子年小，不離於師，常逐常近，受經而誦也。又言知有罪知无罪也。

惡癘　又作癩，同。力太反。説文：癘，惡疾也。

埏埴　式延反，下時力反。挻(埏)[一九]，柔也，和也，擊也。埴，土也。粘土曰埴。

敦觸　古文敲、敦、摚三形，同。宅庚反。敦，柱也。

馲駝　力各反。又作橐，音託。知水泉所出，負千斤者也。

呵喝　呼遏反。嗽[二〇]謂怒之聲也。

同剉　千卧反。説文云：剉，斫也。

壓笮　於甲反，下側格反。笮亦壓也。今謂以槽笮出汁也。

寱言　牛世反[二一]。通俗文云：夢語謂之寱。聲類云：眠内不覺妄言也。

愚戇　都絳反。説文：戇亦愚鈍也。無知專愚曰戇也。

大菩薩藏經　第九卷

逆旅　力舉反。左傳：保於逆旅。杜預曰：逆旅，客舍也。

中殀　又作夭，同。於矯反。説文：夭，屈也。折也。字從大，象形，不申也。不盡天年謂之夭也。

杜多　舊言頭陀，此云脩治，亦云洮汰，又言斗藪，一義也。

栽捧(棒)[二二]　古文櫱(櫱)[二三]、捧(棒)、不三形，今作蘖，同。五割反。爾雅：捧(棒)，餘也。載也，言木餘載生捧(棒)也。今之字作枿。

大菩薩藏經　第十卷

山狖　餘究反。説文：禺屬，善遊。蒼頡篇云：似猫，搏鼠，出河西。似彌猴而大，蒼黑色，江東養之捕鼠，爲物捷健也。

蜫虫　古文蚰，同。古魂反。禮記：蜫蟲未蟄。鄭玄曰：蜫，明也。明蟲者陽而生，陰而藏者。夏小正曰：蜫，小蟲也。蜫，魂也。魂魂然小蟲動也。

不肖　先妙反。廣雅：肖，似，類也。説文：骨肉相似曰肖。今言不肖者，謂骨肉不相似，類不似其先也，謂儜惡者也。字從少從肉。儜，女耕反。

綺繢　又作繢，同。胡憒反。説文：有文曰綺，五采曰繢。繢，畫也。憒音會。

大菩薩藏經　第十一卷

忿懟　除淚反。爾雅：懟，怨也。謂忿怒之怨。怨，恨也。

口噤　古文唫，同。渠飲反。閉口不開爲噤。

矛矟　又作釕、䂎二形，同。莫侯反，下山卓反。説文：矛長二丈，矟長一丈八尺。或作槊，俗字也。

大菩薩藏經　第十二卷

驍勇　古堯反。廣雅：驍，健也。勇急也。説文：良馬駿名也。

勍敵　渠京反。左傳：勍敵之人。杜預曰：勍，强也。廣雅：勍，武也。

親姻　一仁反。爾雅：婿之父爲姻。説文：婿家。女之所因，故曰姻也。

郊野　音交。爾雅：邑外謂之郊。周禮：以宅田任(住)[二四]近郊之地。鄭衆曰：司馬法云王國百里爲郊，二百里爲州，三百里爲野。

憤恚　扶忿反。憤，盛也，怒氣充盛也，亦滿也，盈也。恚，於季反。

商佉　舊言霜佉，或云傷佉，亦作餉佉，又作儴佉，皆梵音輕重聲之訛轉也。此云貝，或言珂，異名耳。

不遑　又作惶，同。胡光反。廣雅：惶，暇(暇)[二五]也。言無閑暇(暇)也。

究槃茶　或作恭畔茶，又作弓槃茶，皆一也。此云甕，形頗似冬瓜也。

烏曇跋羅花　舊言優曇波羅花，或作何(優)[二六]雲(曇)[二七]婆羅花，此葉似梨，果大如捲(拳)[二八]，其味甜，無花而結子，亦有花而難值，故經中以喻希有者也。

何羅怙羅　胡古反。或言曷羅怙羅，此云障月，舊言羅睺羅，亦作羅吼羅，或言羅雲，皆訛也。言羅怙羅，阿脩羅以手障月時生，因以名也。又言覆障，六年在胎，爲胎所覆也。又七年在母腹中，一由往業，二由現在。往業者，昔曾作國王，制斷獨覺，不聽入境，獨覺在山七日，不得乞食，因墮地獄，餘報猶七年在母腹中。又由現在者，瞿夷是懷羅怙羅後，太子出家六年，苦行方得成道，於六年中瞿夷憂惱，四大羸弱，不能得生。至太子成道，瞿夷歡喜，四大有力，方乃得生，與阿難同時而生，故首尾七年也。如來還國七日即度出家也。

法祠　似兹反。爾雅：祠，祭也。謂以大法施，故曰法祠也。

烏瑟膩沙　女致反。或作嗢瑟尼沙，或作鬱瑟尼沙，此云髻。案無上依經云「頂骨涌起，自然成髻」是也。

大菩薩藏經　第十三卷

師傅　方務反。傅，附也。附，近也。審父子君臣之道以示之曰傅。傅，相也。

祈請　渠衣反。廣雅：祈，求也。爾雅：祈，告也。

館舍　古翫反。客舍也。周禮：五十里有館。館有委積，以待朝聘之客。字從食，今亦作舘。

臧賕　又作贓，同。作剛反，下音求。案納受財貨曰臧。說文：賕，以財枉(枉)[二九]法相謝也。蒼頡篇：載請曰賕。

或譊　又作譹，同。五狡反。譊，嚻也。關中行此音。又下狡反，江南行此音。

或吮　食兖[三〇]、似兖二反。說文：吮，嗽也。

調謔　徒吊反，下許虐反。謂調弄戲謔也。謔亦喜樂也。

窣堵波　蘇没反。舊言藪斗波，近是也。又作偷婆，或作兜婆，或言塔婆，皆訛也。此云廟，或言墳，皆義譯也。

依泊　蒲各反。泊，止也。楚辭「忽翱翔之焉泊」是也。今亦謂附舟於岸曰泊也。

時縛迦　此云能活，或言更活，舊言時婆，亦作耆婆，皆一也。

資稸　又作蓄，同。敕六反。資，財也，貨也。蓄，積也，聚也。

芳羞　古文作䏓，同。私由反。雜味爲羞。方言：羞，熟也。謂熟食也。周禮：膳夫掌王之膳羞。鄭玄曰：羞，有滋味者也。

仇匹　古文逑，同。渠牛反。爾雅：仇，匹也。相匹耦也。

苦綸　力均反。釣繳曰綸。綸，繩也。

亭館　徒丁反[三一]。漢家因秦十里一亭。亭，留也。

纔出　在哉反。廣雅：纔，暫也。僅也，不久也。

大菩薩藏經　第十五卷

摩訶諾伽那力　謂露身大力神名也。

阿末羅　磨鉢反。舊言菴磨羅果，亦作阿摩勒果，其葉似小枣，花亦白小，果如胡桃，其味酸而且甜，可入藥分。經中言如觀掌中者也。

三摩呬哆　虛利反。此云等引，謂引諸功德也。

三摩半那　欲入定時名三摩鉢底，正在定中名三摩半那也。

大菩薩藏經　第十七卷

不訥　古文作吶，同。奴骨反。說文：訥，難䛐也。謂遲鈍曰訥也。

梗澀　加杏反。挭(梗)[三二]，强也。字林：山榆。一名挭(梗)，有刺如棘也。

關闟　古文作鑰，同。余酌反。說文：闟，關下牡也。

大菩薩藏經　第十八卷

補特伽羅　徒得反。此云數取趣，言數數往來諸趣也[三三]。

詭詐　居毁反。謂變詐不實也。廣雅：詭，欺也。

制多　舊言脂帝浮圖，或云支提，皆訛也。此云聚相，謂累石高以爲相也，皆可供養處也，或初生成道說法處也。

饕餮　古文叨、飻二形，同。他高反。下又作飻，同。他結反。說文：饕，貪也。貪財曰饕，貪食曰餮。

大菩薩藏經　第十九卷

能擐　胡串反，又音公患反。國語：服兵擐甲。賈逵曰：擐甲，衣甲也。左傳：擐甲執兵。杜預曰：擐，貫也。

瑜伽師地　以朱反。此云相應，謂一切乘境行果等所有諸法皆名相應，師謂觀行人，地即十七地也。

諒難　今作亮，同。力尚反。爾雅：諒，信也。

大菩薩藏經　第二十卷

羯利沙鉢那　亦作迦利沙鉢拏，聲之轉也。鉢拏，此云銅錢。十六鉢拏爲一迦利沙鉢拏。

蚩責　昌夷反。小爾雅云：蚩，戲也。廣雅：蚩、輕，侮也。字從古之也。

足趾　音止。字林：趾，足也。釋名云：足一進一止，因以爲名也。

馱都　徒餓反。謂堅實也。則如來體骨舍利之異名耳。

大乘十輪經　第一卷

佉羅帝耶山　或言佉羅提耶山，或云佉羅帝山，皆一也。此云驟林山。

牟尼仙　莫侯反。舊言文尼，又作茂泥，皆訛也。此云寂静，亦翻名仁，又言智者。此亦仙義，久在山林修心之屬皆名仙人，義通内外，不唯外道也。

頻跋羅　蒲沫反。或作頻婆羅。佛本行經云：百帕迦羅名頻婆。此數當十兆也。

激輪　古狄反。流急曰激。説文：水之邪流急者也。

三兆　直矯反。數名也。十億曰兆，十兆曰京。黄帝筭有三品，或十億、百億、千億也。

疫厲(癘)[三四]　營壁反，下又作疠，同。力制反。人病相注曰疫厲(癘)。釋名云：厲(癘)，病氣流行。中人如磨厲[三五]傷物也。疫，役也。言有鬼行役。役，不住也。

畢舍遮　舊言毗舍闍，又作毗舍遮，鬼名也。餓鬼中勝者也。亦言癲狂鬼。

羯吒布怛那　舊言竭吒富旦那，此云短[三六]臭鬼，或言奇臭鬼。

豐稔　而甚反。字林：禾熟曰稔。稔亦年也，皆取一終之名也。

奥闇(闍)[三七]訶洛鬼　烏報反。此云吸人精氣鬼也。

剡魔　有作琰魔，同。以冉反。舊名閻磨羅，亦作閻羅，皆一也。此云雙世，竊謂苦樂並受，号之爲雙也。

讖蒲　初蔭反。

羯洛[三八]　轉舌聲。

伐折　脂列反。

菬摩　徒戍(感)反[三九]。

帝眤　借音尼吉反。

插婆　初洽反。

鄔波　烏古反。

睒摩　式冉反。

野娜　奴可反。

剌惹　勒葛反，下而者反。

茗謎　莫計反。

吹棣　借音虛履反。

弭棣　彌尒反。

鸑鵗　烏奚反。

齬盧　驅禹反。

瘴綻　都賀反。

遏剌　烏曷反。

敦祇　徒孟反。

滸盧　呼古反。

彌夲　轉舌聲。

十乘大輪經　第二卷

聰喆　又作哲、悊二形，同。知列反。爾雅：哲，智也。方言：齊魯之間謂智爲哲。哲，明了也。

乘馭　今作御，同。魚據反。駕馭也，謂指麾使馬也。凡言馭者所以驅之也，内之於善也。

誣罔　武于反。説文：加言也。亦欺也。以惡取善曰誣。

瘨癎　都賢反，下核間反。廣雅：瘨，狂也。風病也。聲類云：癎，小兒瘨也。

平恕　尸預反。蒼頡篇：恕，如也。聲類：仁心度物曰恕。

所薦　祖見反。爾雅：薦，進也。陳也。進上陳列也。

生嫡　丁歷反。主嫡也。字書：嫡，正也。公羊傳曰：立嫡以長者何？謂嫡夫人之子尊無與敵也。

珥璫　如志反。蒼頡篇：珠在耳也。耳璫，垂珠者也。

索訶　娑各反。舊言娑婆，或作娑訶，此云堪忍，亦言雜會世界也。

羯洛迦孫馱　舊言拘樓孫，此云作用莊嚴也。

羯諾迦牟尼　舊言拘那含牟尼，此云金寂也。

彌荔多　補篋反。舊言薜荔多，或作閉黎多，皆訛也。義是其初餓鬼最劣者也。

謫罸　都革反。字林：謫，過責也。通俗文：罸罪曰謫。廣雅：罸，折伏也。

猜貳　而棄反。貳之言二也。爾雅：貳，疑也。言有二心皆疑惑也。［猜，妻來反〔四〇〕。］

疇咨　直流反，下子辭反。疇，語辭發聲也。咨，嗟嘆之辭也。説文：咨，謀事也。

舍羅　此云百舌鳥，雄鳥也。若言舍利，雌鳥也。

珍饌　説文作籑，同。仕眷反。具食也，亦飲食也。

乳哺　蒲故反。哺，含食也，嚼食也。

幽縶　又作㚔，同。知立反。縶，絆也。拘執也。

亘窮　古鄧反。詩云：亘之秬秠。注云：亘，遍也，亦竟也。

蘇跋陀羅　舊言須跋陀羅，此云善賢。

蘇刺多　盧割反。此云善樂。樂音五孝反〔四一〕。

溟海　亡瓶反。海之別流也。如渤澥等也。「北溟有魚」是也。

十乘大輪經　第三卷

豔色　又作艶，同。餘贍反。方言：秦晉之間謂美爲豔。豔亦光也。

鷰麥　又作燕，同。一見反。爾雅：蘥，雀麥。郭璞等云即鷰麥也。

十乘大輪經　第四卷

視覞　敕廉反。覞謂窺視也，覞亦伺候也。左傳「公使覞之」是也。

號呴　又作吽、㖃、吼三形，同。呼茍反。廣雅：呴，鳴也，嘷也。

自挑　他堯反。聲類：挑，抉也。謂以手抉取物也。抉音於穴反。

竭藍婆　去謁反。舊經云珂羅，此言强。

諍鬡　説文作莑鬡，同。仕行反，下女庚反。髮亂也。不茂亦曰諍鬡。

十乘大輪經　第五卷

挂其　古文作卦，同。古賣反。廣雅：挂，懸也。

兩脛　又作踁，同。賢定反。説文：脛，脚胻也。胻音下孟反。江南呼脛爲胻，山東曰胻敞〔四二〕。敞音丈孟反。

捫足　莫昆、莫本二反。聲類云：捫，摸也。字林：捫，撫持也。

寇敵　口候反。尚書：寇賊姦宄。范甯集解曰：寇謂群行攻剽者也。説文：寇，暴也。廣雅：寇，鈔也。剽音芳妙反。

愚惷〔四三〕　丑絳反。説文：惷，愚也。蒼頡解詁云：惷，愚無所知也。亦鈍也。

大乘大輪經　第六卷

嬰纏　於盈反。嬰猶纏繞也。漢書：嬰城固守。音義曰：以城自繞者也。

營槈　説文：又作鎒，同。乃候反。除田器也。釋名：鎒以鋤薅薅禾也。薅音火高反。

十乘大輪經　第七卷

磣毒　又作墋，同。初錦反。磣惡毒害也。

呵叱　齒逸反。方言：叱，呵，怒也。陳謂之呵。叱亦呵也。

舌舲　又作齡，同。其蔭反。牛舌病也。或作疹，非也。

毗攝浮　舊言毗攝羅，亦云隨葉佛，此云種種變現也。

懇切　古文詪，同。口很反。通俗文：至誠曰（曰）〔四四〕懇。懇，堅忍也。

盧至　舊言樓至佛，此云可愛樂最後佛也。

佛説無垢稱經〔四五〕　第一卷

菴羅衛林　舊言菴羅樹園，即菴婆羅女以園施佛，仍本爲名也。言衛者，此女昔常守衛看護此林也。

澍甘　之喻、上句二反。時雨也，謂潤生百穀者也。借以喻之。

方術　脣聿反。術，法也。邑中道曰術。術，通也。言無所不通也。

離呫種　昌葉反。舊言離車子，或作栗昌，亦作離昌，又作律車，皆訛也。此云仙族王種也。

希夷　聽之不聞名曰希，視之不見名曰夷。言無聲曰希，無色曰夷也。

持髻　舊經言螺髻者，梵本無螺，譯人義立耳。

隧級　辭醉反，下音急。掘地通路曰隧。隧，徑也。聲類：隧，延道也。級，階次也。案西域井如此方古井也，掘地爲隧，施安隥級，入中取水也。舊經言丘井者，非當梵名，故依本譯也。

佛説無垢稱經　第二卷

八無暇（暇）〔四六〕　遐嫁反。言此八難之時無有閑暇（暇）可修道業也。

迦遮末尼　舊云迦柘。柘音之夜反。此云水精也。

竚立　又作佇，同。除吕反。爾雅：佇，久也。謂久立也。

佛説無垢稱經　第三卷

得痊　七泉反。痊，除也。

病愈　古文瘉，同。臾乳反。方言：差，愈也。説文：愈，病瘳也。

黿鼉　魚袁反，下徒多反。三蒼：黿，大鼈也。以鼉似蛟而大。山海經云：江水足鼉。郭璞曰：似蜥蜴，大者長一丈，有鮮〔四七〕彩，可以爲鼓也。

佛説無垢稱經　第四卷

毗柰耶　舊言毗那耶，亦云毗尼耶，皆訛略也。此云離行。行亦道也，謂此行能離惡道也。亦翻爲滅分得也。言謂（調）〔四八〕伏化度者，義譯也。此有三義：一引載義，如十利等功德爲此法所引載也。二調直義，能令身口二業調伏正直也。三上勝地義，從戒上定乃至上四沙門果地也。

鰥寡　古頑反。釋名云：無妻曰鰥，無子曰獨。言鰥人愁悒不寐，目常鰥鰥然如魚眼不閉，故字從魚。

茵蓐　又作鞇，同。於人反。説文：車中重席也。釋名云：文鞇，車中所坐者也。用虎皮爲之，有文彩，因以下與相連著也。三蒼：蓐，薦也。

傍生　梵言吉利藥住尼，亦云帝利耶瞿榆泥伽，此云傍行。舊翻爲畜生，或言禽獸者，分得仍未總該也。

驚悸　古文痵，同。其季反。字林：悸，心動也。説文：氣不定也。

猜疑　古文𤜵〔四九〕、猜二形，今作倸，同。粗來反。猜亦疑也。廣雅：懼也。

佛説無垢稱經　第五卷

詢求　私遵反。詢，問也。諮親爲詢，詢問親戚之議也。

師捲　又作拳，同。渠員反。指握爲捲，譬喻也。言師之匠物不如捲之執握，吝而不説也。

佛説無垢稱經　第六卷

夷塗　弋之反。説文：夷，平也。亦常也。

擔山林　梵言朅達羅，舊言佉陀羅。南地多饒此木。

協同　又作勰、叶二形，同。胡頰反。爾雅：協，和也。合也，亦同也。

輕篾　又作懱，同。莫結反。説文：懱謂相輕傷也。

解深密經〔五〇〕　第一卷

蠹羅綿　或作妬羅，舊言兜羅綿，皆一也。

餖飿　徒奚反，下户孤反。謂蘇酪之精醇者也。通俗文「酪蘇謂之餖飿」是也。

解深密經　第二卷

大青　梵言磨訶泥羅，亦是天帝所用莊嚴寶也。

末羅羯多　莫鉢反。亦言摩羅伽多，緑色寶也。大論云：出金翅鳥口邊，能辟諸毒也。

毗濕縛藥　此云有種種功能藥也。

婆羅痆斯　拏黠反。舊言波羅柰，或作波羅奈斯，又作婆羅捺寫，皆一也。

解深密經　第五卷

誕生　達坦反。詩云：誕彌厥月。傳曰：誕，大也。

分別緣起經　上卷

僂曲　力矩反。廣雅：僂，曲也。言脊不申傴僂也。

能斷金剛般若經

誓多林　時制反。舊言祇陀，或云祇洹，皆訛也。此云戰勝，波斯匿王之子也。當生之日，王破賊軍，因以名也。

對面念　念即定也，慧也，言定慧照境，其猶對面也。

抆淚　古文揾，同。亡粉反。廣雅：抆，拭也。或作捫，莫奔、莫本二反。聲類云：捫，摸也。兩通。

羯利王　居謁反。舊言迦利王，或作迦藍浮王，皆一也。此云鬭諍王。

鄔波尼煞曇分　烏古反。又言優波尼沙陀分，此數之極也。

菩薩戒本

屬耳　之欲反。國語：恐國人屬耳目於我。韋昭曰：屬，注也。漢書音義曰：屬，近也。詩云「耳屬於垣」是也。

劓鼻　古文剠，同。魚器反。説文：劓，決鼻也。割也，謂割去其鼻也。

刵耳　讓記反。廣雅：刵，截耳也。

紛聒　公活反。讙，聒也。蒼頡篇：聒，擾亂耳孔也。

管御　公緩反。鬭主曰管，駕善曰御。

稱讚净土經

阿泥律陀　舊言阿那律，或云阿㝹樓馱，此云無滅。又云如意。往昔曾施辟支佛一食，人天受樂于今不滅，所求如意，故以名也。

阿濕摩揭婆　渠謁反。或作阿含磨揭婆，此云石藏，或是虎魄。

牟娑洛揭婆　或言目娑囉伽羅婆，此云馬腦〔五一〕。經論中或云車渠。

鶖鷺　七由反，下盧故反。鶖，大鳥也。其羽鮮白。鷺，白鳥，即白鷺也。

羯羅頻迦　舊云迦陵毗伽，又作歌羅頻伽，此云好音聲鳥也。

加祐　古文閜、佑二形，同。胡救反〔五二〕。字林：祐者，助也。

佛地經〔五三〕

眇然　彌繞反。廣雅：眇，莫也。眇，遠也。遠視眇然，寂莫不知邊際也。

所都　都胡反。字林：有宗廟先君之主曰都。城郭之成（城）〔五四〕曰都。又人之所聚曰都。

示教勝軍王經〔五五〕

倡優　齒楊反。說文：倡，樂也。蒼頡篇：倡、俳、優，樂也，諧也，戲笑之伎也。謂樂人所爲戲笑以自怡悅也。

綺帊　又作袙，同。匹亞反。廣雅：帊，襆也。通俗文：兩複曰帊也。

錦衾　袪金反。字林：衾，大被也。

駿馬　子閏反。穆天子傳曰：天子駿馬百匹。郭璞曰：馬之美稱也。說文：駿，馬才良者也。

瞑目　覓田反。說文：瞑，翕也。爾雅：翕，合也。

辟手　椑役反。謂舒手附身也。廣雅：辟，除也。

日㬥　蒲穀反。㬥，曬也。說文：㬥，晞乾也。字從日從出從廾從米字意也。廾音巨恭反。

雨漬　在賜反。通俗文：水浸曰漬。漬，潤濕也。

霜封　府龍反。封，厚也，固也，亦緘撿之也。

筋骨　居欣反。說文：肉之有力者曰筋。字從竹。

殉（徇）〔五六〕利　辭俊反。蒼頡篇云：殉（徇），求也。廣雅：殉（徇），營也。

如來記法住經

均尸　舊經中或作拘夷那竭，又作究施城那者，以梵言那伽囉，此云城也。譯言上茅城者，多有好茅故也。

枯槁　古文殦。說文作槀，同。苦道反。槁，木枯也。

阿輸迦　此云無憂，或言阿育者，訛略也，是阿闍世王孫也。

訕謗　所姦反。蒼頡篇云：訕，誹也。廣雅：訕、謗，毀也。

六門陀羅尼經

讖謎　初蔭反，下莫閉反。

跋迭　徒結反。

隸鑠　書斫反。

達你　女履反。

阿剌　落葛反。

莎呵　蘇和反。

一切經音義　卷第二十一

甲辰歲高麗國大藏都監奉敕雕造

般若心經

揭帝　渠謁反。

校勘記

〔一〕至　磧作「室」。中華大藏經影印麗藏本亦作「室」。
〔二〕摽　磧作「標」。
〔三〕拪　海作「栖」。
〔四〕木　磧作「手」。
〔五〕由　磧作「猶」。
〔六〕名　磧作「文」。
〔七〕治　磧作「理」。
〔八〕烏古反　磧爲「烏故反」。
〔九〕是　磧作「侍」。
〔一〇〕䙉　磧作「橑」。
〔一一〕力燒反　磧爲「力照反」。
〔一二〕慓　磧作「幖」。下同。
〔一三〕𢤱　磧作「幟」。下同。
〔一四〕憣　磧作「旙」，據文意當作「幡」。
〔一五〕方　麗無，據磧補。
〔一六〕蔦　磧作「篤」。
〔一七〕扭　磧作「杻」。
〔一八〕搣　磧作「械」。下同。
〔一九〕挻　磧作「埏」。
〔二〇〕嗽　同「喝」。玉篇：「嗽，呵也。亦作喝。」
〔二一〕牛世反　磧爲「魚世反」。
〔二二〕捽　據文意當作「椊」。下同。
〔二三〕攕　據文意當作「櫼」。
〔二四〕任　磧作「住」。
〔二五〕睱　磧作「暇」。下同。
〔二六〕何　磧作「優」。
〔二七〕雲　磧作「曇」。
〔二八〕捲　磧作「拳」。
〔二九〕扛　磧作「杠」。
〔三〇〕食　磧爲「徂兖」。
〔三一〕徒丁反　磧爲「徒令反」。
〔三二〕挭　磧作「梗」。下同。
〔三三〕此云數取趣，言數數往來諸趣也　蔣曰當作：「補，此云數。特伽，此云取。羅，此云趣。言數數往來取趣也。」
〔三四〕厲　磧作「癘」。下同。
〔三五〕㕍厲　磧作「磨礪」。
〔三六〕短　磧作「極」。
〔三七〕闇　慧卷一八作「闇」。
〔三八〕洛　磧作「降」。
〔三九〕徒戍反　磧爲「徒感反」。
〔四〇〕猜，妻來反　麗無，據磧補。
〔四一〕樂音五孝反　磧爲「樂音五教反」。
〔四二〕敝　磧作「敞」，似當作「敞」。
〔四三〕舂　「舂」的俗寫。
〔四四〕口　海作「曰」。
〔四五〕佛説無垢稱經　慧轉録於第二十八卷。
〔四六〕暇　磧作「暇」。下同。
〔四七〕鮮　磧作「鱗」。
〔四八〕謂　磧作「調」。
〔四九〕職　玄卷二四釋「猜阻」作「職」。
〔五〇〕解深密經　慧轉録於第三十卷。
〔五一〕馬腦　磧爲「碼碯」。
〔五二〕胡救反　磧爲「爰救反」。
〔五三〕佛地經　慧轉録於第四十四卷。
〔五四〕成　慧卷四四作「城」。
〔五五〕示教勝軍王經　慧轉録於第三十四卷。
〔五六〕殉　磧作「徇」。下同。

一切經音義　卷第二十二大乘論

翻經沙門玄應撰瑜伽師地論

瑜伽師地論

瑜伽師地論[一]　大唐新譯　第一卷

瑜伽　羊朱反。此譯云相應，謂一切乘境行果等所有諸法皆名相應。境謂一切所緣境，此境與心相應，故名境相應。行謂一切行，此行與理相應，故名行相應。果謂三乘聖果，此果位中諸功德法更相符順，故名果相應。

師地　師謂三乘行者，由聞思等次第習行如是，瑜伽隨分滿足，展轉調化諸衆生，故名瑜伽師。[師][二]謂教人以道者之稱也。舊經中言觀行人者是也。地謂境界所依，所依或所攝義是瑜伽師所行境界，故名爲地，即十七地也。

嗢拕　烏骨反，下徒我反。舊言鬱陀那，訛也。此云集總散，或言攝散，亦云攝施。

摩呬　虚利反。此云等引，謂勝定地，離沉掉等，平等能引也。或引平等，謂引諸功德。或平等所引，謂定前加行故，名能引。

俳戲[三]　父皆反[四]。案俳者，樂人所爲戲笑以自怡悦者也。三蒼：俳，嘯也；嘯，吹聲也。説文：俳，戲也。字從戈虚聲。

虚[五]音虚猗反。

應舐　字詁：古文舓，同。食尔反。謂以舌取食也。

應吮　似兖[六]、食兖二反。説文：吮，嗽也。吮嗽津液也。嗽音所角反。

若醒　思定、思冷二反。酒歇也。通俗文「醉除曰醒」是也。

儀路　所行爲路，路亦道也，威儀所行也，謂色依香味爲路。又威儀依心爲路。

末摩　莫鉢反。此云死節，身中有此節也，謂若打若摶，人即死也。

補特伽羅　案梵本，補，此云數。特伽，此云趣。羅，此名取。云數取趣，謂數數往來諸趣也。舊亦作弗伽羅，翻名爲入。言捨天陰入人陰，捨人陰入畜生陰，近是也。經中或作福伽羅，或言富伽羅，又作富特伽耶，梵音轉也。譯者皆翻爲人，言六趣通名人也，斯謬甚矣。人者，案梵本云末奴沙，舊經名摩㝹沙，此云人。亦言有意，以多思義，有智惠，故名爲人也。鬼畜無此，何得名人，斯皆譯者之失也。

捫摸　莫奔、莫本二反。案捫摸謂手執持物也。字林：捫，撫持也。

咀沫　又作齟，同。才與反。通俗文：咀，嚼也。三蒼：咀，噍也。又含味也。

角力　古文斛，同。古學反。廣雅：角，量也。角，試也。説文：角，平斗斛也。皆單作角。或作捔(桷)〔七〕者，此古文粗字，音在古反。粗，略也。捔(桷)非此用。

黑羺　奴溝反。埤蒼：羺，胡羊也。通俗文「羊卷毛曰羺」是也。

或晴　又作啈、殅(姓)〔八〕二形，同。自盈反。聲類云：雨止曰晴。晴亦星見也。

嬉戲　又作僖，同。虚之反。説文：僖，樂也。蒼頡篇：嬉，笑也〔九〕。

麥果　書又作顆，同。口果反。或言子，或云粒，又言皀，皆一也。皀音逼，方俗語耳。

宗葉　子彤反。廣雅：宗，本也。葉，世也。謂族類繁盛也。詩云「本支百世」是也〔一〇〕。

犍南　巨偃反。舊云伽訶那，此云堅厚，至第四七日肉團方堅實也。

黑黯　於減反。字林：黯，深黑也。言形色黯黑也。

讌會　又作宴、燕二形，同。於薦反。讌，飲也，樂也，小會也。

粟稗　蒲懈反。謂草之似穀(穀)〔一一〕者也。

蹎僵　又作傎、越二形，同。都田反，下居良反。傎，倒也。僵，偃也。謂反倒偃卧也。

殆盡　徒攻(改)〔一二〕反。殆，近也，幾也。幾，逼近也。幾音渠機(機)〔一三〕反。

殞没　于愍反。聲類：殞，没也。古今語耳。

鋭利　羊税反。廣雅：鋭，利也。説文：鋭，芒也。言利如芒也。

一磔　古文厇，同。知格反。通俗文：張申曰磔。廣雅：磔，張也，開也。

枯槁　古文殦。説文作槀，同。苦道反。槁，木枯也。

激注　經歷反。流急曰激。説文：水流凝邪急激也〔一四〕。

風飈　又作颮，同。比遥反。暴風也。回風從下上者也。

衝薄　補莫反。薄，迫也，相迫近也。

頗胝　竹遲反。梵言塞頗胝迦，此云冰玉，或云白珠，舊言頗梨是也。大論云：此寶出山石窟中，過千年冰化爲頗梨珠。案西域暑熱無冰，極饒此物，非冰所化，但石之類耳。

吒迦　字林：丁格反〔一五〕，又竹格反。山名也。此無會釋，所以仍立本名。

朅遠〔一六〕　去謁反。此云擔山木〔一七〕，此山多饒此木，故以名也。

鷖羅葉　一奚反。樹名也。舊經律中作伊羅葉，訛也。

重級　羇立反。級，次也，謂階之等次曰級也。

遊幸　胡耿反。幸，遇也。言人君所至皆被德澤，故曰幸也。

牝象　脾盡、脾死二反。説文：牝，畜母也。雌也。

派流　普懈反。分流也。説文：水之邪流別也。廣雅：水自汾出名派。

殑伽　其升反。譯云天堂來，以彼外書見高處出謂從天來也。案佛經而此河從無熱惱池東面象口出，流入東海。舊云恒河。亦言恒伽河，或作恒加迦〔一八〕河，皆訛也。

循其　似均反。説文：循，行也。爾雅：循，自也。自猶從也。案：此亦與巡字同。

設拉　郎荅反。樹名也。如皀莢樹類而角甚長，裹中有絮如綿，名姡羅綿，堪以爲衣者也。

秔稻　俗作粳，同。加衡反。不粘稻也。江南呼粳爲秈，音仙。方言也。

無秏　又作麧，同。痕入聲，一音胡結反。堅米也。謂米之堅鞕，舂擣不破者也。今關中謂麥屑堅者爲麧頭亦此也。江南呼爲黐子，音徒革反。

顧眄　眠見反。說文：眄，邪視也。方言：自關而西秦晉之間曰眄。

遞相　古文递，同。徒禮反。爾雅：遞，迭也。郭璞曰：謂更易也。方言：遞，代也。迭音徒結反。

訶呰　古文訾、呰二形，同。子尔反。鄭玄注禮記云：口毁曰呰。說文：呰，訶也。

司契　胥鼈反，下口計反。廣雅：司，主也。說文：契，大約也。字從大。

婆羅門　此言訛略也，應云婆羅欲〔一九〕末拏，亦言婆囉賀摩拏。此義言承習梵天法者，其人種類自云從梵天口生，四姓中勝，故獨取梵名，唯五天竺有，諸國即無。經中梵志亦此名也。正言静胤，言是梵天之苗胤。

呼刺　落葛反。亦言牟呼栗多，梵音轉也。舊名摩睺多。

發憤　扶忿反。憤，盛也，怒氣充盛也。說文：憤，滿也。盈也。

破㲉　又作殻，同。口角反。吴會間音哭。卵外堅也。案：凡物皮皆曰㲉。

剖胎　普厚反。剖猶破也。蒼頡篇：剖，分析也。

豐稔　而審反。字林：稔，穀熟也。

官僚　又作寮，同。力彫反。同官爲僚。爾雅：寮，官也。

邸肆　丁禮反，下相利反。邸謂市中坐賣舍也。肆，陳也，所以陳貨鬻之物於邸也。肆亦列也，謂列其貨賄於市也。

迫愶　虚業反。謂以威力相恐懼也，亦言愶赫，或云恐愶，皆一也。

近事　梵言鄔波索迦，此云近事，謂親近三寶而奉事也。

耄熟　古文薹、耄二形，今作秏，同。莫報反。禮記：八十曰耄。鄭玄曰：耄，惛也。亦亂也，忘也。老熟即惛亂多忘也。

牧牛　莫禄、亡福二反。三蒼：牧，養也。方言：牧，飤也。

補盧沙　舊言富樓沙，此云士夫，或云丈夫，談體也。

補盧衫〔二〇〕　所作士。

補盧崽拏〔二一〕　所皆反，下女加[反]〔二二〕。能作士。

捕盧沙邪　所爲士。

補盧沙頞〔二三〕　都我反。所從士。

補盧煞沙〔二四〕　所屬士。

補盧鍛〔二五〕　所戒反。所依士。此聲明中七轉呼召聲也。

驚駭　下駭反。蒼頡篇：駭，驚也。廣雅：駭，驚起也。

流轉　梵言僧娑洛，此云流轉，謂於六趣循環往來不絶也，若言生死者。案：梵言繕摩，此云生。來（末）〔二六〕刺諵，此云死。語之别也，故以本名。諵音女咸反。

雜糅　女救反。今以異色物相參曰糅。糅亦雜也。說文：糅，雜飯也。

渾濁　胡昆、胡衮二反。渾，亂也，亦水流聲也。

瑜伽師地論　第三卷

分拆（析）〔二七〕　思歷反。拆（析），分破也。字從斤分木爲拆（析）字意也。今俗作拆皆從斥（片）〔二八〕。

池沼　之遶反。說文：沼，小池也。

孔隟（隙）〔二九〕　丘逆反。說文：隟（隙），壁際孔也。廣雅：隟

（隙），裂也。字從白從白上下小也。

有瞚　列子作瞬，同。尸閏反。說文：瞚，目開閉數搖也。

八甾　纂文作剛，古浪反。大鼓也。

都曇　徒南反。小鼓也。

窣堵魯迦香　蘇骨反，下都古反。舊經中兜樓婆〔三〇〕香是。

龍腦香　案西域羯布羅香樹松身異葉，花果亦別，初採既濕，尚未有香，木乾之後，循理而析，其中有香，狀若雲母，色如冰雪。此謂龍腦香也。

麝香　神夜反，又音石。形如小麋，齊有香也。

素泣謎〔三一〕　迷細反。香名也。此無正翻，故存本耳。

唾洟〔三二〕　古文鮷，同。敕計反。三蒼：洟，鼻液也。

蔬菜〔三三〕　所於反。凡可食之菜通名曰蔬。字林：蔬，菜也。

暴乾　蒲穀反。小爾雅：暴，曬乾也。字從日從出從廾（廾）〔三四〕米字意也。廾（廾），巨恭反，拱手也。

休愈　許由反，下臾乳反。廣雅：休，善慶也。愈，彌益也。

盪滌　古文潒，同。徒朗反，下徒的反。通俗文：澡器謂之盪滌。

搦觸　又作蒻，同。女革、女卓二反。搦，執捉也。說文：搦，按也。

儒童　而朱反。儒，柔善也。童，幼少也。舊言摩納，或云摩那婆，譯云年少，或言年少淨行近是也。

瑜伽師地論　第四卷

一皰　彭孝反。𤺊，皰也。說文：面生熱氣曰皰也。今取此義。

噉（嗷）〔三五〕哳詁　呼曷反，次陟鎋反，下竹咸反。地獄苦聲也，因聲爲名。

郝郝凡　呼各反。寒戰聲也，亦因聲爲名。

匱乏　渠愧反。少財曰匱，暫無名曰乏。詩云：孝子不匱。匱，竭也。人多不解作匱字。

欻然　呼勿反。蒼頡篇：欻，猝起也。欻，忽也。猝音粗骨反。

繩拼　補莖反。謂彈繩墨曰拼。江南名抨，音普庚反。

若斲〔三六〕　都角反。鏨也。說文：斲，斫也。又補治曰斲。鏨音慙。

若剜　烏官反。謂十（斤）〔三七〕削曰剜，挑中心也。

纔入　在灾反。廣雅：纔，暫也。三蒼：纔，微也。劣也，僅也。

鐵弗　初眼反。字苑云：謂以籤貫肉炙之曰弗。

椎棒　直追反。蒼頡篇：椎，用打物者也。字從木也。

或築　古文篓，同。陟六反。說文：築，擣也。廣雅：築，刺也。

兩髆　補莫反。肩髆也。或有作膊，普莫反。膊，物令薄也。膊非今用。

皺襵　側救反，下之涉反。又音輒。今襵疊物及裙襵皆作此。

鐵鉆　奇廉反。鉆謂鑷取物也。通俗文：鍛具曰鉆。鉆，持也。或作鉗，東人頸鐵也。非今所用也。

洋銅　以涼反。謂炙之消爛洋洋然也。三蒼：洋洋，太（大）〔三八〕水也。

煻煨　徒郎反，下烏迴反。通俗文：熱灰謂之煻煨。

孃矩吒　俱庚反。此云糞屎蟲，有紫如針，亦名針口蟲，穿骨食髓者也。

黑黧　力奚反。通俗文：班黑曰黧。字林：黃黑也。

樝（摣）〔三九〕掣　又作柤（扭）〔四〇〕，同。側加反，下充世反。釋名云：樝（摣）[四一]，叉也。謂五指俱往叉取也。掣，制也。制頓之使順已也。

脊膂　又作吕，同。力舉反。膂亦脊也。説文：吕，脊骨也。太岳爲禹臣，委如心吕，因封吕侯也。

鐵柴　今作咮（咮）[四二]，又作觜，同。子累反。廣雅：柴，口也。字書：柴，鳥喙也。或有作嘴，撿諸書史無如此字，唯傅毅七激詩云「嘴埴飲泉」作此字，音與吮同，似兖反。

探啄　他含反。説文：遠取曰探。探，取也。下丁角反。鳥食也。啄，齧也。

卷縮　聲類云此亦搼字，同。奇員反。詩云：有卷者阿。傳曰：卷，曲也。

皰潰　古文殨，同。胡對反。蒼頡篇：旁決也。説文：潰，漏也。

災炭　則才反。釋名云：火所燒餘木曰災[四三]。災亦妻也。音似刃反。

飲屎　又作尿，同。乃吊反。字林：屎，小便也。

淋漏　力金反。三蒼：淋，漉水下也。淋，瀝也。

悚慄　思勇反，下力質反。謂悚懼戰慄也。慄亦憂慼也。

蘇陀味　舊經中作須陀飯，此云天甘露食也。

將化　又作奬，同。子兩反。小爾雅云：奬、率、勸，勵也。又成也，助也。

奮戈　方問反。廣雅：奮，振也。謂揮振也。字從大從隹從田。

揮刃　許歸反。説文：揮，奮也。振訊也。廣雅：揮，動也。

綺鈿　徒堅反。字略云：鈿，金花也。

車輅　本作路，同。力故反。白虎通曰：名車爲路者，言所以步之於路也。或曰：路者，正也。人君之正車也。詩注云「人君之車曰輅」是也。

輦輿　力展反，下羊署、羊如二反。輦，人挽車也。今王者所乘也。車無輪曰輿，亦總稱車曰輿。

耳璫　都堂反。釋名云：穿耳施珠曰璫。本出西戎。

而穫　胡郭反。草曰刈，穀（穀）[四四]曰穫。詩云「十月穫稻」是也。今皆通語也。

宏壯　胡萌反。爾雅：宏、壯，大也。宏亦屋深響寬容含物也。

繪車　胡憒反。雜色也。論語：繪事後素。鄭玄曰：繪，畫也。尚書：山龍華蟲曰繪。孔安國曰：繪，會也。會合五采也。舊經中言種種車園也。

鼓譟　公户反，下先到反。鼓，動也。譟，諠鳴也。雷呼曰譟。家語云「萊人鼓譟劫定公」是也。

談謔　許虐反。爾雅：戲，謔也。謂相調戲也。謔亦喜樂也。

瑜伽師地論　第五卷

不繞（嬈）[四五]　乃了反。説文：嬈，擾戲也。三蒼：嬈，弄也。

羇遊　居儀反。廣雅：僑、旅、羇，客也。僑音橋。

瑜伽師地論　第七卷

颯然　桑合反。疾也。颯颯，風吹木葉落聲也。廣雅：颯颯，風也。

祠祀　似滋反，下徐理反。爾雅：祠，祭也，天祭也。祀，地祭也。

體胤　與振反。爾雅：胤，繼，嗣也。説文：子孫相承續曰胤。

薄蝕　補莫反，下神職反。漢書：日月薄蝕。韋昭曰：氣往迫之曰薄。虧毁曰蝕。釋名云：日月虧曰蝕，稍稍侵毁如蟲食草木葉也。

餉佉　或云霜佉，或作儴佉，又作勝佉，皆梵音輕重。此云具(貝)[四六]，亦言珂，異名耳。

所祈　巨衣反。字林：祈，求福也。爾雅：告也。叫也。祈，祭者叫呼而告請事也。

瑜伽師地論　第八卷

流梔　又作軶，同。於革反。梔，槅也，謂壓牛領者也。

捃多　居運反。此有二義：一云蟻子，二云蟻卵。既含兩義，故宜[四七]本名。

饕餮　他勞反，下又作飻，同。他結反。案左傳：縉雲氏有不才子，貪於飲食，冒於貨賄，歛積不知紀極，人民謂之饕餮。杜預曰：貪財曰饕，貪食曰餮。

罰黜　又作絀，同。恥律反。小罪曰罰。廣雅：黜，去也。去[四八]，放也，退也。

雜猥　烏罪反。猥，惡也。字林：猥，衆也。衆，雜亂也。

瑜伽師地論　第九卷

恩造　在老反。廣雅：造，成也。謂恩成此事者也。

酷異[四九]　古文嚳、焅、俈三形，同。口木反。說文：酷，急也。甚也，謂暴虐也。

罝菟　姊邪反。菟網曰罝。罝，遮也。遮取菟也。

卜羯娑　居謁反。又作補羯娑，聲之轉也。謂除糞、擔死屍等鄙賤種類也。

馳騁　直知反，下丑領反。廣雅：馳，奔也。騁，走也。

瑜伽師地論　第十卷

黑黶　於簟反。謂面黑子也。說文：中黑也。

傴曲　紆府反。通俗文：曲脊謂之傴僂。傴亦曲也。

喘瘶　昌耎反。氣急也。下蘇豆反。說文：瘶，逆氣也。

僂前　力主反。一命而僂，再命而傴，三命而府(俯)[五〇]身俞[五一]曲也。

瑜伽師地論　第十一卷

尩羸　烏皇反。尩，弱也。通俗文：短小曰尩。尩，小也。

歡娛　字詁：古文虞，今作娛，同。疑區反。說文：娛，樂也。書中虞樂皆作虞。

猶豫　翼周反，下以庶反。說文：隴西謂犬子爲猶。猶性多豫在人前，故不决者皆謂之猶豫。又爾雅云：猶如麂，善登木，健上樹也。

猜度　古文䌨、猜二形，今作倸，同。粗來反。猜，疑也。下徒各反。度，測量也。

笑睇　徒計反。禮記：不能睇視。鄭玄曰：睇，傾視也。方言：陳楚之間謂眄曰睇。纂文云：顧視曰睇。

啞啞　乙白反。字林：笑聲也。易云「笑語啞啞」是。

器仗[五二]　袪冀反，下治亮反。漢書：制器搣(械)[五三]之品。應劭曰：內盛曰器，外盛曰搣(械)。一曰無盛曰器。仗，兵器也。五刃總名兵，人所執持曰仗。

慣丙　公對反，下女孝反。說文：慣，亂也。韻集：丙，猥也。猥，衆也。丙從市從人字意也。或作鬧，俗字也。

懇到　口佷反〔五四〕。通俗文：至誠曰懇。懇亦堅忍也。到，至也。至，極也，苦也。

陿小　又作狹，同。胡夾反。說文：陿，隘也。不廣大之名也。

瑜伽師地論　第十二卷

尺鷃　又作鴳，同。烏諫反。鷃，雀也。亦名鶕鷃。一名雁〔五五〕。纂文云：關内以鷃爲鷃爛堆也。案鷃長唯尺，即以名焉。一作斥，小澤也。

蚌蛤　蒲講反，下古含(合)〔五六〕反。出珠白好者也。字林：燕雀所化也。月望則蚌蛤實，月晦則蚌蛤虛也。

浴摶　徒官反。通俗文：手團曰摶。言可團圓也。案西域國俗，澡浴初訖，碎以諸果或藥用蘇爲摶，捋摩拭身，令其潤滑及去風等，故名浴摶。

嗢鉢羅　烏没反。此云黛花，舊言優鉢羅，或作漚鉢羅，皆訛也。

呵叱　齒逸反。方言：呵，怒也。陳諫〔五七〕謂之呵。叱亦呵也。禮記「尊客之前不叱狗」是也。

荏苒　而甚反，下而琰反。謂倏忽、須臾也。

瑜伽師地論　第十三卷

宴坐　石經爲古文燕，一見反。說文：宴，安也。謂安息也。

陶練　徒刀反。言功之多也。陶謂作瓦器也，練謂消鎔也。

潤洽　又作霅，同。故夾反〔五八〕。說文：洽，霑也。三蒼：洽，遍徹也。

怛纜　都達反，下力暫反。舊言修多羅，或作修妬路，此云綫也。

瑜伽師地論　第十五卷

倡女　齒揚反。倡婬放蕩也。說文：倡，樂也。

不愻　蘇寸反。字林：愻，順也。謙也，恭也。

賢哲　胡堅反。士之美稱也。又多才也。賢士堅(賢)〔五九〕明，故從貝。又賢者，國之寶，用與貝同，故從貝字意也。下又作喆，同。知列反。爾雅：哲，知也。方言：齊宋之間謂知爲哲。哲謂照了也。

目眩　古文迿〔六〇〕，同。胡遍、胡蠲二反。字林：眩，亂也，惑也。三蒼：視不明也。

角犎　妃封反。又音封。今有此牛，形小，髆上有犎是也。

嘶聲　又作誓，同。蘇奚反。說文：嘶，悲聲也。方言：嘶，噎也。聲散也。

哮吼　古文唬，同。呼交、呼挍二反。說文：虎鳴也。一曰師子大怒聲也。下古文呴、吽二形，今作拘(㸓)〔六一〕，又作吼，同。呼狗反。聲類：吽，嗥也。

咆勃　蒲交反，下蒲没反。說文：咆，嗥。呴之(也)〔六二〕。勃，瞋怒也。

蹎蹷　丁賢反，下又作蹶，同。居月反。說文：蹎，走頓也。廣雅：蹎，倒也。蹎蹷猶頓仆也。

禄位　盧屋反。禄，福也。案古者人無耕稼，多食野鹿。在朝之人，闕於田獵，官賜以物，當於鹿處，後人因之謂爲食鹿。變鹿爲禄者，取其神福之義也。

敦肅　古文惇，同。都魂反。說文：惇，厚也。肅，嚴也。謂嚴整之皃也，亦敬也。

謇吃　古文謰、謇二形，今作蹇，同。居展反，下居乞反。方言：謇吃，楚語也。謇，難也。吃，重言也。

儳速　倉陷、仕鑒二反。非次而言也。禮記「長者不及無儳言」是也。儳亦暫也。字從人，或有作嚵，才冉反，小飲也。嚵非此用。

竦肩　古文竦、㒖、愯三形，今作聳，同。須奉、所頓（項）〔六三〕二反。廣雅：聳，上也。

瑜伽師地論　第十六卷

根栽　則來反。謂草木植曰栽，謂木梓可栽種者也。

防那　扶放反。此謂女工刺繡裁縫等業也。

黑說大說　謂若佛及弟子所說惡法名爲黑說，所說善法名爲大說。又四果人及獨覺菩薩等所說名爲黑說，若佛所說名爲大說。

燬之　又作焜、焜二形，同。麾詭反。齊謂火爲燬，方俗異名也。

亭邏　徒丁反，下力賀反。漢家因秦十里一亭。亭，留也。邏謂戍屬也。遊兵以禦冠（寇）〔六四〕者。韻略云：邏亦循行非違也。

親昵　又作暱，同。女乙反。爾雅：昵，近也。又亟也。親昵者數相近也。

瑜伽師地論　第十七卷

詭現　居毁反。詭，誑也，不實也。廣雅：詭隨，惡也。亦欺也。

怨尤　禹留反。案尤亦怨也。尤，過也。

普燭　朱欲反。蒼頡篇：燭，照也。然火爲照也。

諧耦　胡皆反，下吴口反。廣雅：諧，和也。耦，合也。

身康　苦郎反。康謂無疾病也，安也，樂也，亦静也。

所惠　胡桂反。周禮：施其惠。鄭玄曰：賙衣食曰惠。孟子曰：分人以財謂之惠。說文：惠，仁也，愛也。

便臻　側陳反。爾雅：臻，至也。

瑜伽師地論　第十八卷

擅名　市戰反。說文：擅，專也。

諾瞿陀　舊經中作尼拘陀，或言尼俱盧陀，亦作尼俱律，又作尼俱類，皆訛也。舊譯云無節，或言從〔六五〕廣。

摩迦　亦言摩魯迦，舊經中作摩樓迦，此亦藤類，蔓生，纏繞樹至死者也。

凶猾　又作㐫，同。許顒反，下胡刮反。廣雅：凶，惡也。字書：猾，怨〔六六〕黠也。方言：凡小兒多詐或謂之猾。

抄虜　力古反。漢書：生得曰虜，斬首曰獲。戰而俘獲也。虜掠奪取也。

窺窬　丘規反，下又作闟，同。弋朱反。說文：窺，小視也。

楚撻　初吕反。一名荆。漢書陸賈曰：秦莊王名楚，故改爲荆，遂行於世。撻，擊也。楚捶人即痛，因名楚痛。

庸人　與恭反。謂常愚短者也。心不節慎，口無法言，惡人爲友也。

克伏　又作剋，同。口得反。字林：克，能也。爾雅：克，勝也。

瑜伽師地論　第十九卷

制多　舊言支提，或言支帝，皆一也。此云可供養處，謂佛初生、成道、轉法輪及涅槃處皆應供養恭敬生諸福也。

爲墉　又作𤗼、牗二形，同。庾鍾反。爾雅：牆謂之墉。城亦謂之墉也。

繩紝　又作絍，同。女心反。謂牆繩也，本機上縷也。

腥臊　又作胜，同。先丁反，下桑刀反。腥臊，臭也。通俗文：魚臭曰腥，猳臭曰臊。猳音加。

翺翔　五高反。迴飛也。飛而不動曰翔。釋名：翺，遨也。言遨遊也。

毆擊　於口反。說文：毆，擊也。字從殳。

淪墜　力均反。廣雅：淪，沉没也。

左道　資可反。左，下也。上在右也。不便也。禮記：執左道以亂衆。鄭玄曰：左道若巫蠱及俗禁也。

衣僅　又作𫝆，同。渠鎮反。字林：僅，財能也。僅亦劣也。

波羅延　謂西域邑落名也。

阿氏多　彌勒字也。或作阿嗜多，此云無勝，謂無人能勝也。舊言阿逸多，訛也。

所蠚　呵各反。字林：蠚，蟲行毒也。廣雅：蠚、蛆(蛆)〔六七〕、毒，痛也。

瑜伽師地論　第二十卷

達須　謂此等人微識佛法，不能堅固修行也。

蔑戾車　莫結反，下力計反。舊言彌戾車，此云樂垢穢人。此等全不識佛法也。

頑嚚　吴鰥反，下魚巾反。廣雅：頑，鈍也。三蒼：嚚，惡也。

阿遮利耶　此云軌範師。舊經中或言阿祇利，或作阿闍梨，義譯云正行。或云於善法中教授令知，名阿闍梨也。

談話　古文䛡、譮、誠〔六八〕三形，同。胡快反。合會善言也。

躁動　又作趮，同。祖到反。躁謂擾動不安静也。

溉灌　歌賚反。說文：溉，灌也。灌，注也。

瑜伽師地論　第二十一卷

塵宇　又作寓，二形同。于甫反。屋宇也。釋名云：宇，羽也。如鳥羽翼自覆蔽也。今謂在家如屋中塵恒被坌汙，不得安静也。

僧伽胝　陟尸反。此云合，或言重，謂割之合成又重作也。舊經律中作僧伽梨，或作僧伽致，皆訛也。

林藪　桑苟反。平地蘗木曰林，澤無水曰藪。

嚴(釅)〔六九〕酢　魚劍反。酢之甚者曰嚴(釅)。

瑜伽師地論　第二十二卷

卉木　虚謂反。百草之總名也。方言：東越揚州之間名草曰卉。

姝妙　充朱反。說文：姝，好也。色美也。方言：趙魏燕代之間謂好爲姝。

鬱烝　於物反，下之媵、之升二反。爾雅：鬱，盛氣也。說文：烝，火氣上行也。謂熱氣烝出上升也。

颼颺　余尚、余章二反。謂風所飛揚也。

芬馥　敷雲反，下扶福反。芬香和調也。馥，香氣也。

殀逝　又作夭，同。於矯反。説文：殀，屈也。廣雅云：夭，折也。釋名云：少壯而死曰夭，如取物中夭折也。不盡天年謂之夭，取其義也。逝，往也。

怨讎　視由反。怨耦曰讎。讎，對也。爾雅：仇、讎，匹也。怨之匹也。

黎庶　力奚反。爾雅：黎、庶、烝、多，衆也。

瑜伽師地論　第二十三卷

呀瘷　許牙反，下蘇豆反。上氣病甚曰呀，字從口也。

噦噎　又作啘，同。於越反，下一結反。通俗文：氣逆曰噦，塞喉曰噎。

癲癇　又作瘨，同。都賢反，下核閒反。廣雅：狂也。風病也。聲類云：癇，小兒瘨也。

陰㿗　徒雷反。陰腫病也。釋名云：下重曰㿗也。

俱帥　又作率，同。所律反。字略云：將帥也。帥，行也，謂將領行也。

穳矛　粗鸞反。穳，擲也。下又作戎、鉾二形，同。莫侯反。説文：矛長二丈也。

及鎔　以終反，江南行此音。謂鎔鑄銷洋也。

油糖　又作餹，同。徒郎反。餳[七〇]餹也，沙糖也。煎甘蔗汁作之。餳，似盈反。

葅鮓　側於反，下莊雅反。酢，淹菜爲葅，藏魚笋爲鮓。周禮：供五齏七葅。鄭玄曰：細切爲齏，全物若牒爲葅。中國比(皆)[七一]言齏，江南悉名葅。牒音治輒反。或作苴，子餘反，誤也。

柏(拍)[七二]毱　普陌反，下渠六反。三蒼云：毛丸可戲者也。

拓石　古文㨯、袥二形，今作柝，同。他各反。

攘臂　而羊反。攘，除也，謂除衣袖出臂也。

扼椀(捥)　又作搹[七三]，同。於責反。説文：搹，把持也。史記「天下之士莫不扼捥以言」是也。

擊劍　古歷反。謂以長入短劍相擊也。

伏弩　扶福反。隱伏而發也。漢書「高祖中匈而言足指」是也。

控弦　苦貢反。小爾雅：控，引挽也。説文：突厥名引弓曰控弦。

投輪　投，擲也。西國多用此戰輪，形如此間槐櫨(轆轤)[七四]，繞輪施鐵輻如蒺蔾，鋒極鋭利，以繩纏之，用擲戰象，或頭或鼻，中即破斷也。

瑜伽師地論　第二十四卷

勇悍　胡旦反。廣雅：勇悍，果敢也。説文：捍(悍)，勇有力也[七五]。悍，傑也。

施幰　虚偃反。蒼頡篇云：布帛張車上爲幰也。

房穗　又作采，同。辭醉反。房，居也，言子居其中也。穗，説文：禾成秀，人所收者曰穗也。

瑜伽師地論　第二十五卷

耐椎　奴代反，下直追反。三蒼：耐，忍也。椎，打也。

磣毒　又作墋，同。初錦反。又墋，惡也。通俗文：沙土入食中曰墋。

堅頸(勁)〔七六〕　居盛反。字林：勁，強也。字從力。

詰難　去一反。廣雅：詰，責問也。

蛆螫　知列反，下舒亦反。關西行此音。又呼各反，山東行此音。蛆，東西通語也。説文：皆蟲行毒。廣雅：蛆，痛也。

囂舉　古文嚻，同。許驕反。囂，諠也。諠譁不静也，亦聲也。

乞匃　古賴反。又音葛。蒼頡篇：乞，行請求也。字從人從亡，言人亡財物則求匃字意也。

盲瞽　公户反。無目謂之瞽。釋名云：瞽，眠眠然目平合如鼓皮也。

砂磧　清石反。三蒼：磧，水中沙灘也。灘音他難反。説文：水渚有石曰磧。水淺石見者也。

振恤　古文㡌、振(抿)〔七七〕二形，同。儲胤反。小爾雅：振，振〔七八〕救也。説文：振，舉也。下又作邺，同。私聿反。説文：恤，收也，憂也。振恤憂貧也。

救援　禹眷反。助也，謂依據護助之言也。

生色可染　生色即金也，言生便黄色不可變改也。可染即銀也，言色可染變，故云可染也。

持毳　充芮(苪)〔七九〕反。字林：細羊毛也。狩細毛亦曰毳也。

坰(坰)〔八〇〕野　公營反。爾雅：邑外謂之郊，郊外謂之「野，野外謂之〔八一〕」牧，牧外謂之林，皆各七里。林外謂之坰，坰無里數。設百里之國邑，五〔八二〕者之界也。

若擘　補革反。擘，裂也。廣雅：擘，分也。

婬佚　三蒼亦作逸字，同。與一反。蒼頡篇：佚，蕩也，樂也。

凡百　扶嚴反。三蒼：數之總名也。廣雅：凡、總，皆也。

瑜伽師地論　第二十六卷

小札　側點反。三蒼：柹，札也。今江南謂斫削木片爲柹〔八三〕，關中謂之札。或曰柹札。柹音敷廢反〔八四〕。

稜層　洛登反，下徂曾反。謂形色慘烈也〔八五〕。

慘烈　倉感反，下力折反。説文：慘，憂皃也。烈，猛盛也。

悖惡　古文誖、㪍二形，同。蒲没、補潰二反。廣雅：㪍，亂也，逆也。

聰敏　眉殞反。敏，達也。廣雅：敏、捷，疾也。聰，先知也，察也，聽必微也。

嘲調　又作啁，同。竹包反，下徒吊反。三蒼：啁，調也。謂相調戲也。

頡隷代(伐)〔八六〕多　賢結反。此言遇時。又云室星，則北方宿也。祠之得子，仍以名焉。坐禪第一者是也，舊言梨波多，或云梨婆多，皆訛也。

憺怕　徒濫反，下普白反。廣雅：憺怕，寂寞也，亦恬静也。

髖骨　又作臗，同。苦桓、苦昆二反。埤蒼：髖，尻也。髀上也。

肋骨　力得反。説文：肋，脅骨也。字從肉。或作勒，非體也。

頷輪　胡感反。頷，頷車也，言骨圓如輪也。

齒鬘　莫班反。言齒形行列狀如花鬘，因以名也。

瑜伽師地論　第二十七卷

筋脈　居銀、居欣二反，下亡厄反。説文：肉之力曰筋。或作脉，俗字體。

鑽燧　祖桓反。下又作鑚，同。辭醉反。火母也。論語：鑽燧各異木也。世本：造火者燧人。因以名也。

或榛　仕巾反。廣雅：木藂生曰榛，草藂生曰薄也。

或渚　之與反。爾雅：小洲曰渚。言四方有水，中央獨高，可居者曰渚。

畢鉢羅風　言風著人身，班駮如畢鉢形者也。

毗濕婆風　又言毗濕波風，此譯云不巧風也。

吠〔八七〕藍婆風　舊經中或作毗嵐婆，或作鞞藍，亦作隨藍，又作旋藍，皆梵之楚夏耳。此云迅猛風。

聰俊　又作儁，同。子閏反。絶異也。王逸注楚辭云：千人才爲俊，一國高爲傑。

瑜伽師地論　第三十卷

稻稈　又作秆，同。公但反。字林：禾莖也。

蟲胆　治中反，下千餘反。通俗文：肉中蟲謂之胆。字從肉。

瑜伽師地論　第三十一卷

學㨾(樣)〔八八〕　翼尚反。規摸(模)〔八九〕曰㨾(樣)，近字也。舊皆作像，戒〔九〇〕像也。今不復行。

瑜伽師地論　第三十二卷

灩溢　以冉反，下與一反。案：灩溢謂器盛物盈滿。

諸維　翼隹反。廣雅：維，隅也。淮南子云「天有四維」是也。

隊塹　胡刀反。釋名：城下道也。隊，翱也。都邑之内所翱翔祖駕處也。

鄔波尼煞曇分　舊經中作優波尼沙陀分，謂數之極也。

蔓莚　亡怨反〔九一〕，下餘戰反。蔓莚謂連綿不絶，長無極也。

窯室　餘招反。通俗文：燒瓦竈曰窯。

至向　許亮反。說文：向，北出牖也。

喉筩　徒東反。三蒼：竹管也。今言喉如筩，喻名也。

燒燼　又作㶳，同。似進反。說文：火之餘木曰燼。即火糟也。

眇漭　亡紹反〔九二〕，下莫朗反。眇漭，廣大也，亦深遠也。

刖足　古文朗、跀(趴)〔九三〕二形，同。魚厥、五刮二反。刖，斷足也。

劓鼻　古文劓，同。魚器反。字林：劓，割鼻也。

橐袋　埤蒼作韝，又作排，同。蒲戒反。鍛家用炊火令熾者也。

瑜伽師地論　第三十三卷

垣城　于煩反〔九四〕。四周牆也。釋名云：垣，援也。人所依阻以爲援衛也。

迄至　虛訖反。爾雅：至也。方俗語耳。

諠譟　古文作吅，又作讙，同。虛袁反。廣雅：諠，鳴也。內聲也。下桑到反。說文：譟，擾耳孔也。聲類：譟，群呼煩擾也。

激湍　古歷反，下土桓反。激，邪流急也。說文：湍，疾瀨也。淺水流沙上曰湍。

貪婪　又作啉、惏二形，同。力南反。惏亦貪也。楚辭：衆皆競進而貪惏。王逸曰：愛財曰貪，愛食曰惏。

瑜伽師地論　第三十四卷

乾唏　又作吸(吸)〔九五〕，同。祛及反。通俗文：欲燥曰唏。唏，微乾也。

騙騎　匹扇反。纂文：謂躍上馬也。

踡跼　渠員反，下渠玉反。埤蒼：踡跼，不伸也。

霢霂　音脉木。爾雅：小雨謂之霢霂。今流汗似之也。

圮(圯)〔九六〕坼　父美反〔九七〕，下耻格反。圮(圯)，毁覆也。坼，分裂也。

蓊鬱　烏孔反，下於屈反。蓊，盛皃也。鬱，樹木藂生也。

巉巖　仕咸反。廣雅：巉巖，高也。

河瀆　徒木反。爾雅：水注澮曰瀆。邑中溝曰瀆。

醴水　力體反。醴，甜美也。言其水甘如醴酒，可以養老，可以俞(愈)〔九八〕患者也。

殉利　辭俊反。蒼頡篇：殉，求也。亦營也。

關鍵　又作⿵門建、揵二形，同。奇謇反。鍵，牡。管鑰，牡也。方言：陳楚曰鍵，關中曰鑰。

伊師迦　山名也。言此山高聳，喻我慢也。

瑜伽師地論　第三十六卷

剛毅　牛既反。説文：毅，有決也。煞敵爲果，致果爲毅。

甲冑　古文鈾，同。除救反。説文：冑，兜鍪也。

散他迦多衍那　迦多，姓也。衍那，子也。散他，摽(標)〔九九〕别其類也。舊經論中作訕大迦旃延，或作珊陀迦旃延，皆訛也。

瑜伽師地論　第三十七卷

達羅弭荼呪　呪名。弭音亡尔反。

鸝黄　又作鴷(鵹)〔一〇〇〕，同。力貲反。方言：倉庚，自關西而謂之鸝黄，或謂黄鳥，或謂之楚雀。異名也。

不殫　多安反。無餘曰殫。廣雅：殫，盡也。

而隕　于愍反。爾雅：隕、墜，落也。説文：隕，從高而下也。

瑜伽師地論　第三十八卷

鼷鼠　胡鷄反。説文：小鼠也。爾雅：鼷鼠。郭璞曰：有螫毒也。食人及鳥獸雖至盡而不知，亦不痛，今謂之甘口鼠。

聆音　力丁反。蒼頡篇：聆，聽也。耳所聽曰聆也。

詁訓　古文作詁，今[作]〔一〇一〕故，同。姑護反。又音古。説文：詁，訓古言也。訓，道(導)〔一〇二〕也，釋也。

師拳　又作捲，同。渠員反。指握爲拳，譬喻也。言師之匠物，不如拳之執握，吝而不説也。

係念　古文繼、繫二形，同。古帝反。説文：係，絜束也。亦相嗣也。

瑜伽師地論　第三十九卷

媒媾　莫來反〔一〇三〕，下古豆反。媒，謀也。謀合異姓使相成也。

白虎通曰：媾，厚也。重婚曰媾。

罩羅　古文繯、罥二形，同。竹挍反。捕魚籠也。

罝弶　渠向反。字書：施罥(罝)〔一〇四〕於道曰弶，其形如弓者也。或作㨾，俗字也。

饞嗜　仕咸反。不廉也。下又作睹(賭)〔一〇五〕、餚二形，同。視利反。説文：嗜，欲意也。貪無厭也。

乳哺　蒲路反。哺，含食也，謂口中嚼食也。哺，飤也。

嘵喻　又作諭，同。臾句反。三蒼：喻，譬諫也。喻亦曉也。論語「君子喻於義」是也。

撓濁　乃飽、乃挍二反。説文：撓，擾也。又曰：撓，亂也。

赧愧　女盞反。小爾雅：面慙曰赧。方言：自愧而見上謂之赧。字從皮赤意也。

自揆　渠癸反。爾雅：揆，度也。謂商度也。

樹脩　時注反。廣雅：樹，立也。凡置立皆曰樹也。

供贍　聲類作儋，同。時焰反。字書：贍，足也。音子喻反。供，足也，亦助也。

衒賣　古文衒，同。胡麪、公縣二反。説文：行且賣也。廣雅：衒，誑也。

蓄積　又作稸，同。耻六反。廣雅：蓄，聚也。亦積也。

稍麫　公玄反，下以職反。説文：麥莖也。麫，穀麥麫也。

瑜伽師地論　第四十卷

啓道　又作启，同。苦禮反。説文：启，開也。導，引也。

撝義　又作麾，同。虛皮反。舉手曰麾，謂手之指也。

荷乘　古文抲，今作何，同。胡我反。又胡歌反。小爾雅：何、揭，擔也。謂擔負也。

正延　以旃反。

止憩　又作愒、㞼二形，同。却厲反。爾雅：憩，息也。止之息也。

蚩誚　充之反。三蒼：蚩，輕侮也。小爾雅：蚩，戲也。下才笑反。誚謂嬈弄譏責也。呵也。

謙冲　説文作盅(盅)〔一〇六〕，同。除隆反。字書：冲，虛也。

巨力　其呂反。字林：巨，大也。方言：齊宋之間謂大曰巨。説文：巨大又作鉅。

瑜伽師地論　第四十一卷

遮遏　古文閼，同。於曷反。爾雅：遏，止也。謂逆相止爲遏。遏亦遮也。

窣堵波　蘇没反，下都古反。此云廟，或云墳，義翻也。或云大聚，或言聚相，謂壘石等高以爲相也。舊經論中或作蘇偷婆，或作藪斗波，或作兜波，或云偷婆，亦作塔婆，皆訛略也。

宰官　祖殆反。聲類云：宰，治也。謂治邑吏也。廣雅：宰，剬也。謂制事者也。

諠譁　虛元反，下呼瓜反。三蒼：諠，言語諣諣也。譁，言語澆澆(譊譊)〔一〇七〕也。譊音徒刀反。

紛聒　敷雲反，下公活反。紛，亂也。聒，諠語也。蒼頡篇：聒，擾耳孔也。

㦬戾　或作籠，同。祿公反，下三蒼作捩，同。力計反。佷，戾也，謂佷戾剛强也。

綜集　子送反。綜，習也。三蒼：綜，理經者也。謂機(機)〔一〇八〕縷持絲交者也。

瑜伽師地論　第四十二卷

同齡　又作柃，同。歷經反。字林：年齒也。禮記：古者謂年爲齡。人壽之數也。

攜從　胡圭反。廣定(雅)〔一〇九〕：攜，提，挈也。謂提持也。漢書孟康曰：攜，連也。亦牽將行也。

擐甲　胡慢、工患二反。左傳：擐甲執兵。杜預曰：擐，貫也。國語：服兵擐甲。賈逵曰：擐衣甲也。

瑜伽師地論　第四十三卷

泯一　彌忍反。爾雅：泯，盡也。廣雅：泯、絶，滅也。

傘屧　又作繖，同。先岸反。謂張帛爲[蓋]〔一一〇〕行路以自覆者也。下先牒反。鑿腹令空薦足者也。

法溟　莫經反。説文：小雨溟溟也。莊子：南溟，天池也。

瑜伽師地論　第四十四卷

璩印　巨於反。字書：玉名也。耳璩也。印，臂印也。

儲器　直於反。儲，貯也，備也，謂畜物以爲備曰儲也。

藻飾　祖老反。水草之有文者，畫藻菜(采)〔一一一〕於衣以爲服章也。

格量　加額反。蒼頡篇：格，量度也。

不㡿〔一一二〕　齒亦反。指㡿也。漢書音義曰：㡿，不用也。説文：㡿，却屋也。廣雅：㡿，推也。

不譴　去戰反。蒼頡篇：譴，訶也。廣雅：譴，怒也。説文：譴，謫問也。

瑜伽師地論　第四十五卷

闤闠　胡關反，下胡對反。説文：闤闠，市門也。

瑜伽師地論　第四十六卷

曩昔　奴朗反。爾雅：曩，久也。猶往久古昔也。

瑜伽師地論　第四十八卷

牟娑〔一一三〕羅　或作謨薩羅，或作摩娑羅，亦作目娑羅，梵言訛轉也。此云馬腦。案此寶或色如馬腦，因以爲名也。

廁填　古文寘，同。徒堅反。三蒼：廁，雜也。間雜也。廣雅：填，塞也。亦滿也。或作鈿，非此用也。

侵掠　又作剠，同。力尚反。通俗文：遮取謂之抄掠。謂强奪取也。

瑜伽師地論　第四十九卷

翳泥耶蹲　烏奚反，下市夾反。鹿王名也。舊經中伊泥延，又作因尼延，亦作啞尼延，皆一也。啞音一賢反。

勢峰　謂陰莖也。舊言馬陰藏相是也。

羯羅頻迦　或作歌羅頻伽，或作加羅毗迦，亦作迦陵頻伽，皆梵音輕重聲之訛轉也。此云好聲鳥也。

烏瑟膩沙　又作嗢瑟尼沙，或言鬱尼沙，此言髻，謂頂骨涌起自然成髻也。

膝股　又作骰，同。公户反。説文：股，髀也。釋名：股，固（固）[二一四]也。爲强固也。

兩臀　徒昆反。髖肉高厚者也。廣雅：髖，豚也[二一五]。髖音苦昆反。

髖臚　吕於反。臚，腹也。釋名云：腹前曰臚。

齇腭　丘魚反，下又作齶，同。五各反。齇，居也，齒所居也。腭，齒内上下肉垠咢也。垠音語巾反。

蠲除　古玄反[二一六]。方言：南楚疾愈謂之蠲。郭璞曰：蠲，除也。方俗語異耳。

肴饌　胡刀、胡交二反，下仕眷反。廣雅：肴，肉也。亦葅也。説文：饌，備具食也。謂飲食也。

獷戾　古猛反。漢書孟康注云：獷，强也。戾，佷也。字從犬。

婆羅痆斯　女黠反。或云婆羅㮈斯，又作波羅奈，同一也。舊譯云江遶城。

瑜伽師地論　第五十卷

誡勗　古薤反，下許玉反。誡，警敕也，亦備也。方言：齊魯謂勉爲勗勵也。

輕縠　胡木反。似羅而疏，似紗而密。古有幪縠、霧縠，言細如霧也。

瑜伽師地論　第五十二卷

焚燎　古文炃、燌二形，同。扶雲反。下又作燎，同。力照反。説文：焚，燒田也。字從火燒林意也。燎，放火也。火田爲燎。

焰飈　俾遥反。小火也。又作熛。説文：飛火也。蒼頡[二一七]：迸火曰熛也。

瑜伽師地論　第五十三卷

塗冠　古翫反。謂冠著花爲冠也。

赫奕　餘炙反[二一八]。廣雅：赫，明也。弈，盛也。謂光明昱曜也。字從大。

瑜伽師地論　第五十五卷

愚魯　力古反。論語：參也魯。孔安國曰：魯，鈍也。

瑜伽師地論　第五十六卷

惡叉聚　惡叉，樹名。其子形如無食子，彼國多聚以賣之，如此間杏人，故以喻也。

安繕那　市戰反。舊言安禪那，此云眼藥也。

耳輪　彼國王等或用金銀作此耳輪，形如鉢，支著耳匡中，用以裝飾，故名耳輪也。舊經言耳渠者應是也。

魯達羅天　此云暴惡，自在天之別名也。

毗瑟笯天　奴故反。舊云毗搜紐，或言毗細〔一一九〕，皆訛也。此當幻惑義，是伐藪天別名也。舊言婆藪天也。

世主天　此梵天之異名也。

瑜伽師地論　第五十八卷

擠搦　又作泲，同。子禮反。廣雅：擠，漉也。謂手搦出汁也。

浪者　巨夷反。此云癡蟲，謂狩畜也。家語云「食草者愚」是也。

歧路　古文桋、䟶二形，同。渠宜反。爾雅：道二達謂之歧。釋名：物兩爲歧。此道似之也。

輪圍　于非反。山名也。我慢高大，故以喻焉。

瑜伽師地論　第五十九卷

厭禱　於冉反，下都道反。字苑：厭，眠内不祥也。山東音於葉反。說文：告事求神曰禱。禱，請也。請於鬼神也。

尸半尸　此是咒法，西國有此。謂咒於死尸，令起煞人。半尸者，咒令起坐，令起尸鬼煞人，故半尸。

瑜伽師地論　第六十卷

磁石　徂茲反。埤蒼：磁石謂吸鐵[者]〔一二〇〕也。

沙利藥迦　謂彼國邑落名也。

羯吒斯　居謁反。謂貪愛之別名也。

傷悼　徒到反。方言：秦晉謂傷爲悼。悼亦哀也。

剺擢　又作㔹。同。力咨反，下居縛反。剺，劃也。直破曰剺，爪傷曰擢。劃音胡麥反。

妻孥　奴胡〔一二一〕、乃故二反。小爾雅云：孥，子也。

閭邑　吕居反。周禮：二十五家爲閭。閭，里門也。說文：閭，侶也。五家相伴侶也。

瑜伽師地論　第六十一卷

錫賚　星的反。賜，與也。爾雅：錫、賚，賜也。謂上與下之辭也。

鬱怏　於亮反。謂忿怨也，亦怏怏然心不伏也。

懊恚　於報反。懊恚，悔恨也。

頒賜　又作班，同。補顏反。小爾雅：頒、賦，布也。爾雅：班，遍與也。

勞來　郎到反，下力代反。慰，勞也。廣雅：來，懃也。勞來不息也。或有作賚，賜與也。賚非此義。

諮詢　私遵反。詢，問也。左傳：訪問於善爲諮，諮親爲詢。諮，問[善]〔一二二〕道也。詢，問親戚之議。

罄竭　古文𥦗，同。口定反。說文：器中空也。爾雅：罄，盡也。

俳優　於牛反。字林：倡優，樂也。謂調戲作樂也。

博弈　古文簙。下餘石反。方言：博或謂之棊，自關而東齊魯之間皆謂圍棊爲弈。

英傑　奇列反。千人爲傑。傑亦特立也，才能也。

耽湎　古文媅、妉二形，同。都含反。下古文酾，同。亡善反。說文：媅，樂也。嗜也。湎，耽於酒也，謂酒樂也。

瑜伽師地論　第六十二卷

瑟祉　敕里反。舊言俱絺羅，譯云膝也。言膝骨大也。

瑜伽師地論　第六十四卷

麟角　理真反。仁狩也。説文：麟，麕身，牛尾，一角，角頭有肉，不履生蟲，不折生草，音中鍾吕，行中規矩，不入陷網，文章彬彬然也。亦靈狩也。

瑜伽師地論　第六十七卷

傲誕　五誥反，下達坦反。傲謂不敬也。廣雅：傲、輕，傷也。誕，大也，不實也。

絢藻　呼麵反。字林：文成曰絢。絢亦文章之皃也。藻，水草之有文者也。

伐地迦　人名也。從人名經，爲此人説也。

暴燥　蒲卜反，桑老反。釋名：燥，焦也。説文：燥，乾也。

瑜伽師地論　第六十八卷

若蘭　又作躝，同。力丹反。通俗文：縱失曰蘭也。

賄貨　古文晦，同。呼罪反。財，貨也。通俗文：財帛曰賄。周禮：通貨賄。鄭玄曰：金玉曰貨，布帛[曰][一二三]賄。

肪膏　音方，脂肪也。通俗文：在腰曰肪。肪，肥也。三蒼：有角曰肪，無角曰膏。

瑜伽師地論大唐新譯　第六十九卷

酟餬　音提胡，酥酪之精醇者曰酟餬。通俗文「酪酥謂之酟餬」是也。

瑜伽師地論　第七十卷

曛暮　許軍反。楚辭：與曛黄而爲期。王逸曰：曛黄，黄昏也。暮，晚也。

銓量　又作硂，同。七泉反。廣雅：稱謂之銓。銓謂銓量輕重也。

瑜伽師地論　第七十一卷

中的　知仲反，下又作弔，説文作的(旳)[一二四]，同。都歷反。的，明也，射質也。謂的然明見也。今射堋中珠子是也。

從容　且容反。廣雅：從容，舉動也。謂詳審閑雅之皃也。

河濱　比人反。字林：濱，水崖也。廣雅：濱、湄、浦，岸(崖)[一二五]也。

瑜伽師地論　第七十六卷

毀讟　徒木反。謗，讟也。廣雅：讟，痛也。謂怨痛也。

珍羞　古文䞈，同。私由反。貴異名珍，雜味爲羞。羞謂有滋味名也。方言：羞，熟食也。

瑜伽師地論　第七十九卷

騫唇　去焉反。廣雅：騫，舉也。

逌尔　又作攸，同。以周反。小笑也。笑離齒也。漢書項岱曰：逌，寬舒顔色之皃也。又作猶然。猶，笑皃也。

迦理沙般拏　女家反。般拏，此云銅錢。十六般拏爲一迦利沙般拏。

瑜伽師地論　第八十三卷

襲師　古文戳，同。辭立反。左傳：凡師輕曰襲。掩其不備也。

摩納縛迦　此云儒童，或云年少净行。舊經中言摩納等是也。

底沙　比丘名也。爲之説經，名底沙經。此亦星名也，因星立名，西國多此也。

瑜伽師地論　第八十四卷

揉捼　奴和、奴迴二反。説文：捼，摧也。兩手相切也。

破折(析)[二二六]　普彼反。纂文云：破，折(析)也。破猶分也。

僵仆　蒲北、芳務二反。仰謂之僵，伏謂之仆。説文：僵，却偃也。仆，前覆也。

晧(皓)[二二七]首　胡老反。小爾雅：晧(皓)、素，白也。

黄皺　七旬反。字略云：皺，皮細起也。

徂落　又作殂，同。在胡反。爾雅：徂、落，死也。

笞罰　又作抬(枱)[二二八]，同。丑之反。廣雅：搒、笞，擊。

舄鹵　又作潟滷二形，同。齒亦、私亦二反，下力古反。説文：潟[二二九]，西方鹹地也。

你伽　女履反。此云流注不斷，亦言害。爲含兩義，仍立梵名也。

瑜伽師地論　第八十五卷

遽務　又作懅，同。渠庶反。遽，急也，亦畏懼也。

鳩集　居牛反。爾雅：鳩，聚也。謂收聚也。

囹圄　力丁反，下魚吕反。獄名也。三王始有獄。

幽縶　知立反。詩傳曰：縶，絆也。謂拘執也。兩足不相過謂之縶。

瑜伽師地論　第八十六卷

怨憾　胡紺反。廣雅：憾，怨，恨也。字林：憾，不安也。

浸淫　七林反。浸淫者，轉大之言也。浸淫移徙處曰廣也。

微褊　卑緬反。説文：褊，小也。爾雅：褊，急也。陿也。

瑜伽師地論　第八十七卷

戇愚　丁絳反[二三〇]。三蒼：愚，無所知也。亦鈍也。廣雅：戇、頑，嚚也。

茫然　莫唐反。案茫然，冥昧不明也。

踰隍　胡光反。三蒼：隍，城下坑也。説文：城池有水曰隍〔一三一〕。

宫闕　釋名：闕在門兩傍，中央闕然爲道也。

瑜伽師地論　第八十八卷

歔欷　欣居反，下欣既反。蒼頡篇：泣餘聲也。亦悲也。

拊膺　芳舞反。下作膺（癮）〔一三二〕，同。於凝反。拊，拍也。廣雅：拊，擊也。膺，匈也。

冤結　古文宛、惌二形，今作宛，同。於元反。説文：冤，屈也。廣雅：冤，枉也。思念煩冤也。

阿死羅摩登祇㮈荼　女名也。摩登祇，女之總名。阿死羅，女之别名。此女由卑賤故，恒以掃市爲業，用供衣食也。

被笮　側格反。安（案）〔一三三〕笮猶壓也，謂以槽笮出汁也。

謇訥　古文呐，同。奴骨反。訥，遲鈍也。説文：難也。

瑜伽師地論　第八十九卷

朋儔　直流反。同門交曰朋。疇（儔）〔一三四〕，類也，等也。王逸注楚辭云：二人爲匹，四人爲疇。疇猶伴侶也。

薹䔙　徒登反，下莫崩反。韻集云：失卧極也。

諀訿　匹尔反，下資尔反。通俗文：難可謂之諀訿。

惙尔　知劣反。聲類云：惙，短氣皃也。惙惙亦憂也。

瑜伽師地論　第九十卷

覆苫　舒盬反。茅苫也。爾雅：白蓋謂之苫。言編管（菅）〔一三五〕以覆屋曰苫也。

勉勵　靡辯反，下力制反。勉，强也。謂自勸强爲勉勵也。勉力爲勵也。

瑜伽師地論　第九十一卷

儵歸　又作倏、儵二形，同。書育反。儵，急疾之皃也。

菅茅　古顔反。爾雅：菅，茅屬也。

如鴆　除禁反。郭璞曰：大如鶡，紫緑色，長頸，赤喙，食蛇也。

孓（孑）〔一三六〕然　居列反。案孑猶單己〔一三七〕孤獨也。説文：孓（孑），無右臂曰孓（孑）。

沿流　翼泉反。字林：從水而下曰沿，順流也。沿亦緣也。

火鷄　古奚反。性多躁列〔一三八〕，故以喻焉。

瑜伽師地論　第九十二卷

漂漾　匹遥反，下翼尚反。案：漂漾，摇蕩也。

瑜伽師地論　第九十四卷

唼食　古文噍，又作呞，同。子盍反。通俗文：入口曰呞。又蟲食曰唼。

不允　弋准反。允，當也。允，信也。爾雅：允，誠也。

瑜伽師地論　第九十五卷

繒繳　之若反。謂矰之射者也。繳，纏也。矰音增。弋射矢也。

瞖膜　又作翳，同。於計反，下音莫。韻集云：瞖，目障病也。

晱[一三九]彌葉　式冉反。其葉苦也。

娑羅葉[一四〇]　光净也。娑羅，此云牢實。

箭栝　占活反[一四一]。釋名：箭其末曰栝。栝，會也。謂與弦相會也。

桄梯　古文撗、横二形，同。古黄反。聲類作輄，車下撗（横）[一四二]木也。今車、牀、梯、轝下撗（横）木皆曰桄也。

三槍　千羊反。說文：槍，距也。三蒼：木兩頭鋭曰槍。

撓攪　呼高反，下古卯反。說文：撓、攪，亂也。

瑜伽師地論　第九十七卷

穌息　先胡反。小爾雅：更生曰穌。穌亦息也。

瘠田　古文膌、瘀、膌三形，同。才亦反。說文：瘠，瘦也。亦薄也。

言泆　餘質反。說文：水所蕩泆也。

瑜伽師地論　第九十八卷

裒讚　補高反。案：裒猶揚美之也，進也。

猨猴　又作蝯，同。禹煩反。似獼猴而大，臂長，其色有黄有黑，鳴聲甚哀，五百歲化爲玃。玃壽千歲。玃音居縛反。

揞摩　初委反。通俗文：捫摸曰揞。或作揣，借字耳。

汎成　又作泛，同。匹劍反。廣雅：泛，普也。浮也，泛濫也。

乘駕　食證反。三蒼：載曰乘，馬曰駕。

土丘　古文坵。說文：土之高也。爾雅：非人所爲爲丘。一曰四方高中央下亦曰丘。

瑜伽師地論　第九十九卷

種蒔　時至反。栽，時[一四三]也。謂更種曰蒔也。

波輪鉢多　此塗灰外道名也。遍身塗灰，髮則有剃不剃，衣纔蔽形，但非赤色爲異耳。事魔醯首羅天。

簡静　古限反。爾雅：簡，大也。亦略也。

瑜伽師地論　第一百卷

蕭然　桑條反。詩傳曰：蕭蕭，言不諠譁也。

變革　古文革[一四四]、悈、諽三形，同。古核反。革，更也。字從三十從口。口爲國邑。國三十年而法更別，取別異之意也。口音韋。

一切經音義　卷第二十二

甲辰歲高麗國大藏都監奉敕雕造

校勘記

〔一〕瑜伽師地論　慧轉録於第四十八卷。
〔二〕師　麗無，據磧補。
〔三〕戲　磧作「戱」。下同。
〔四〕父皆反　磧爲「蒲皆反」。
〔五〕虚　磧作「虗」。
〔六〕似兖　磧爲「徂兖」。
〔七〕捔　磧作「桷」。下同。
〔八〕殅　説文夕部：「殅，雨而夜除星見也。」玉篇夕部：「殅，又作晴。」
〔九〕笑也　磧爲「戲笑者也」。
〔一〇〕此條後慧卷四八有「瑜伽師地論第二卷」八字。
〔一一〕㲉　據文意當作「㲉」。
〔一二〕攻　磧作「攺」。
〔一三〕㙨　磧作「機」。
〔一四〕水流凝邪急激也　今傳本説文爲「水凝衺疾波也」。
〔一五〕丁格反　磧爲「丁各反」。
〔一六〕遠　磧作「逵」。
〔一七〕擔山木　磧爲「擔水山」，海爲「檐木山」，山爲「擔木山」。
〔一八〕恒加迦　磧爲「恒迦」。
〔一九〕欲　慧卷四八作「欲」。
〔二〇〕此條麗接排在「補盧沙」下，未分列。
〔二一〕此條麗接排在「補盧衫」下，未分列。
〔二二〕反　麗無，據磧補。
〔二三〕此條麗接排在「補盧沙邪」下，未分列。
〔二四〕此條麗接排在「補盧沙頞」下，未分列。
〔二五〕此條麗接排在「補盧煞沙」下，未分列。
〔二六〕來　磧作「耒」。
〔二七〕扸　磧作「析」。下同。「扸」爲「枬」的俗訛字，即「析」。
〔二八〕斥　磧作「片」。
〔二九〕隟　磧作「隙」。下同。
〔三〇〕婆　磧作「娑」。
〔三一〕此條麗接排在「麝香」下，未分列。
〔三二〕此條麗接排在「素泣謎」下，未分列。
〔三三〕此條麗接排在「唾洟」下，未分列。
〔三四〕卄　磧作「廾」。下同。
〔三五〕瞰　磧作「噉」。
〔三六〕斵　即「斲」。又作「斵」、「斵」。
〔三七〕十　磧作「斗」，慧作「斤」。
〔三八〕太　磧作「大」。
〔三九〕櫨　磧作「攄」。
〔四〇〕相　據文意似作「扭」。
〔四一〕櫨　據文意似作「攄」。
〔四二〕崠　據文意當作「崠」。
〔四三〕災　磧作「烖」。下同。今傳本釋名：「火所燒滅之餘曰烖。」
〔四四〕殼　據文意當作「㲉」。
〔四五〕繞　慧卷四八作「嬈」。
〔四六〕具　磧作「貝」。
〔四七〕宜　慧卷四八作「置」。
〔四八〕去　磧作「亦」。
〔四九〕異　磧作「暴」。
〔五〇〕府　磧作「俯」。
〔五一〕俞　磧作「愈」。
〔五二〕此條麗接排在「啞啞」下，未分列。
〔五三〕搣　磧作「械」。下同。
〔五四〕口很反　磧爲「口很反」。
〔五五〕蔣曰：「急就篇：『鳩鴿鶉鴳中網死。』顔師古注：『鴳謂鴳雀也，一名雇，今俗呼爲鴳爛堆。』據顔注，玄應云一名雁，雁即雇之誤。」
〔五六〕含　磧作「合」。
〔五七〕諫　磧無，麗衍。
〔五八〕故夾反　磧爲「胡夾反」。
〔五九〕堅　磧作「賢」。
〔六〇〕迿　慧作「迿」，海作「眴」。
〔六一〕拘　據文意似當作「㺃」。
〔六二〕之　磧作「也」。
〔六三〕頓　磧作「項」。
〔六四〕冠　磧作「寇」。
〔六五〕從　磧作「縱」。
〔六六〕怨　慧作「惡」。
〔六七〕呵各反　磧爲「阿各反」。蛆　據文意當作「蛆」。
〔六八〕誠　「語」的省訛。
〔六九〕嚴　磧作「釅」。下同。
〔七〇〕錫　即「鍚」。下同。
〔七一〕比　磧作「皆」。
〔七二〕柏　慧作「拍」。
〔七三〕椀　據文意似作「捥」。槅　慧作「搹」。下同。
〔七四〕櫆攎　磧爲「轆轤」。
〔七五〕説文：捍，勇有力也　今傳本説文「悍，勇也。」
〔七六〕頸　磧作「勁」。
〔七七〕振　磧作「拒」。
〔七八〕振　磧無，麗衍。
〔七九〕芮　磧作「芮」。
〔八〇〕埛　磧作「坰」。下同。
〔八一〕野，野外謂之　麗無，據磧補。
〔八二〕五　磧作「王」。
〔八三〕柹　據文意似爲「柹」的俗寫，市、朿俗寫混。
〔八四〕敷廢反　磧爲「敷閉反」。
〔八五〕謂形色慘烈也　磧爲「謂形勢高皃也」。
〔八六〕代　磧作「伐」。
〔八七〕吠　磧作「吹」。
〔八八〕㨾　磧作「樣」。下同。
〔八九〕摸　磧作「模」。
〔九〇〕戒　慧作「式」。
〔九一〕亡怨反　磧爲「無販反」。
〔九二〕亡紹反　磧爲「亡沼反」。
〔九三〕瓲　慧卷四八作「瓲」。
〔九四〕于煩反　磧爲「宇煩反」。
〔九五〕吸　磧作「吸」。
〔九六〕圮　據文意當作「圮」。下同。
〔九七〕父美反　磧爲「部美反」。
〔九八〕俞　磧作「愈」。
〔九九〕摽　磧作「標」。
〔一〇〇〕鴑　磧作「鴑」。
〔一〇一〕作　麗無，據磧補。
〔一〇二〕道　磧作「導」。
〔一〇三〕莫來反　磧爲「謨杯反」。
〔一〇四〕冐　據文意當作「冐」。
〔一〇五〕睹　磧作「賭」。
〔一〇六〕盅　莊曰：「盅當作盅。説文：盅，器虚也。老子曰：道盅而用之。」
〔一〇七〕澆澆　磧爲「譊譊」。
〔一〇八〕機　磧作「機」。
〔一〇九〕定　磧作「雅」。「定」爲「疋」之誤。
〔一一〇〕蓋　據磧慧補。
〔一一一〕蔣曰：「菜當作采，即彩字。」
〔一一二〕庤　即「庤」。磧作「斥」。
〔一一三〕婆　磧慧卷四八作「娑」。
〔一一四〕同　磧作「固」。
〔一一五〕廣雅：髖，豚也　今傳本廣雅：「臗、尻、州、豚，臀也。」
〔一一六〕占玄反　磧爲「古玄反」。
〔一一七〕蒼頡　磧爲「三蒼」。
〔一一八〕餘炙反　磧爲「餘石反」。
〔一一九〕細　慧作「糿」，磧作「紐」。
〔一二〇〕者　麗無，據磧補。
〔一二一〕奴胡　磧爲「怒胡」。
〔一二二〕善　麗無，據磧補。
〔一二三〕曰　麗無，據磧補。
〔一二四〕的　慧卷七一作「旳」。
〔一二五〕岸　磧作「崖」。
〔一二六〕折　磧作「析」。下同。
〔一二七〕晧　磧作「皓」。下同。
〔一二八〕抬　磧作「枱」。
〔一二九〕潟　慧卷四八爲「潟滷」。
〔一三〇〕丁絳反　磧爲「陟絳反」。
〔一三一〕有水曰隍　今傳本説文爲「有水曰池，無水曰隍」。
〔一三二〕癠　磧作「癠」。海作「癠」。
〔一三三〕安　磧作「案」。
〔一三四〕疇　慧作「儔」。下同。
〔一三五〕管　海作「菅」。
〔一三六〕孓　磧作「孑」。下同。
〔一三七〕已　慧卷四八作「也」。
〔一三八〕列　海作「烈」。
〔一三九〕睒　磧作「睒」。
〔一四〇〕娑羅葉　此條原接排在「睒彌葉」條下。
〔一四一〕占活反　磧爲「古活反」。
〔一四二〕撗　磧作「横」。
〔一四三〕時　據文意當作「蒔」。
〔一四四〕革　據文意似當作「革」。

一切經音義　卷第二十三

翻經沙門玄應撰

顯揚聖教論
對法論
攝大乘論
廣百論
佛地經論
掌珍論
王法正理論
大乘成業論
正理門論
大乘五藴論

顯揚聖教論[一]　第一卷

稽首　古文䭫，同。苦禮反。説文：稽，下首也。白虎通曰：所以稽首何？稽，至也。首，頭也。言頭至地也。周禮太祝「辯九拜。一曰䭫首，二曰頓首」是也。

將紹　古文綤，同。市遶反。爾雅：紹，繼也。謂繼續先宗也。謚法曰：疏遠繼位曰紹。

錯綜　祖送反。謂錯要其文，綜理其義也。廣雅：錯，厠也。言相間厠也。綜，總也。總括文義也。錯亦捻也，校(校)[二]理也。説文：綜，攠(機)[三]縷也。謂持絲交者屈繩制經令開合也。綜，紀也。紀領絲別也。

駛流　山吏反。蒼頡篇：駛，疾也。字從史。

善軛　又作戹(枙)[四]，同。於革反。攝(槅)[五]也。説文：軛，車前也。謂轅端壓牛馬領者也。搹(槅)[六]音革。

惻愴　古文恖，同。楚力反，下初亮反。説文：惻，痛也。廣雅：惻，悲也。愴，傷也。

迦多衍那　姓也。因姓爲名，舊言迦旃延，訛也。

心詭　居毀反。詭謂變詐不實也。廣雅：詭，䜛也。欺也。

忌憚　渠記反，下徒旦反。忌，畏也，恐也。憚，難也，驚也。

甘執　古藍反。廣雅：甘，樂也。嗜欲之意也。甘，嗜無厭也。説文：甘，美也。

勉勵　靡辯反，下力制反。勸獎也。勉，强也，謂自勸强也。勵，相勸勵也，亦勉力爲勵。强音巨兩反。

悵怏　敕亮反，下於亮反。説文：悵，望恨也。怏，心不服也。

所呑　他痕、他賢二反。呑謂不嚼也。説文：呑，咽也。廣雅：呑，滅也。

溪沼　又作谿，同。苦奚反，下之遶反。爾雅：水注川曰谿。説

顯揚聖教論　第三卷

臾根　而兗反。梵言没栗度，此言臾。物柔曰臾也。

阿世耶　此云意樂。樂音五孝又(反)〔八〕。亦言種子。

預流　翼庶反。梵言窣路多阿半那，此言預流。一切聖道説名爲流，能相續流向涅槃，故初證聖果，創參勝列，故名預流。預，及也。參預也。舊言須氀多分得也。須陀洹者，訛也。或云逆流，或言入流，亦云至流，皆一也。

一間　古閑反。梵言翳迦鼻至迦。翳迦，此云一。鼻至迦，此云間。間謂壁際孔也。説文：間，隙也。言有一間隙在，不得般涅槃也。舊言一種子者，梵言鼻豉迦，此言種斯。或譯者不善梵言，或筆人不尋本語，致兹訛失也。

揭伽　祛謁反。此云犀牛。毗沙拏，此云角。謂犀牛一角。一亦獨也，喻獨覺也。言一一獨居山林也。毗婆沙作渴伽，月藏經作佉伽，皆訛也。

顯揚聖教論　第六卷

什物　時立反。什，聚也，雜也，謂資生之物也。今人言家産器物猶云什物，物即器也。江南言什物，此土名五行。史記「舜作什器於壽丘」、漢書「貧民賜田宅什器」並是也。

摩怛理迦　都達反。舊云摩德勒伽，亦言摩夷，此云行母，亦云本母，或云行境界，謂起行所依能生行故也。

工業　古紅反。詩云：工祝致告。傳曰：善其事曰工。

升攝波葉經　亦言申恕林，或作申恕波林，樹名也。此譯云實

文：沼，小池也。

巨壑　其呂反，下呼各反。巨，大也。爾雅：流水深則成壑。壑亦溝池也。

炎燎　于廉反，下力照反。炎亦燒也。説文：炎，火光上也。燎，放火也。火田爲燎也。

蔓莚　忘怨〔七〕、餘戰反。謂連綿不絶也。

灰燼　又作㶳，同。似進反。説文：火之餘木曰燼。

扣絃　苦後反。廣雅：扣，擊也。絃謂琴瑟等也。

拊革　芳主反。拊猶拍也。下古核反。革，鼓也。

黏勇　女廉反。蒼頡篇：黏，合也。説文：相著曰黏。下瑜種反。謂雄武果决也。謚法曰：知死不避曰勇，懸命爲仁曰勇。

静慮　慈井反。説文：静，審也。安也，息也。慮，念也，思也。舊言定，梵云馱衍那。

顯揚聖教論　第二卷

漏匱　渠愧反。乏財曰匱。禮記：即財不匱。鄭玄曰：匱，乏也。詩云：孝子不匱。傳曰：匱，竭也。

鄔波拕耶　烏古反，下拕音徒我反。此云親教，或言郁波第耶夜，亦云近誦。以弟子年小，不離於師，常逐常近，受經而誦也。舊云和上，或云和闍，皆于闐等諸國訛也。義譯云知有罪知無罪爲和上也。

阿僧企耶　丘豉反。此云無央數，舊言阿僧祇，訛略也。

温習　烏昆反。論語：温故而知新。何晏曰：温，尋也。鄭玄注禮記云：後時習之謂之温。温，煗也。取其義矣。

木，舊言葉，喻多少經是也。

所祈　巨衣反。廣雅：祈，求也。爾雅：祈，叫也。叫呼請事也。

顯揚聖教論　第七卷

樹杪　彌遶反。通俗文：樹鋒曰杪。杪謂微細也。

官僚　又作寮，同。力雕反。爾雅：僚，官也。同官曰僚。

或翹　祇遥反。廣雅：翹，舉也。爾雅：翹，危也。舉足懸危也。

蝸蟲　古華反。説文：蝸，螺也。

顯揚聖教論　第八卷

俱胝　竹尸反。佛本行經作拘致，云一百百千名一拘致，數當千萬。

素怛纜　力暫反。此譯云綫，舊言修多羅，或云修妬路，皆訛也。

吠舍　扶廢反。舊言鞞舍，此云坐，謂坐估也。案天竺國俗多重寶貨，此等營求積財巨億，坐而出内，故以名焉。

戍陀羅　輸句反。舊言首陀，謂田農宦學者也。此等四族，國之大姓也。

顯揚聖教論　第九卷

伊師迦　山名也。言此山高聳，我慢如之，故以喻也。

顯揚聖教論　第十卷

商賈　始羊反，下公户反。行賣曰商，坐賣曰賈。白虎通曰：商之言商，商其遠近，通四方之物以聚之也。賈，固也。固物以待民來求其利也。賈亦通語也。

能祀　徐理反。爾雅：祀，祭也。亦地祭也。

方域　爲逼反。説文：域，邦也。廣雅：邦、域，國也。

詰問　丘逸反。廣雅：詰，責也。説文：詰，問也。

鬱尔　於勿反。謂樹木叢生鬱鬱然氣盛也。

颯然　桑合反。疾皃也。謂風吹木葉落之聲也。

唐捐　徒郎反，下以專反。唐，徒也。徒，空也。説文：捐，棄也。

薄蝕　補莫反，下神職反。小爾雅：薄，近也。漢書：日月薄蝕。韋昭曰：氣往迫之曰薄。虧毁曰蝕，如蟲食草木葉也。

毗羅婆果　亦云頻螺果，或言避羅果，皆訛也。果形金色，如甘子大。西國祠天多用此木作幢，莊嚴供養也。

餉佉　尸尚反。此云貝，或言珂，舊云儴佉，或云傷佉。

顯揚聖教論　第十一卷

尚論　市讓反。廣雅：尚，高也。説文：尚，曾也。尚亦上也。

倡女　齒楊反。婬女也。説文：倡，樂也。

雨衆　于矩反。梵言嚩利沙，亦云跋利沙，此云雨。外道名也。鍵拏，此云衆。謂雨等師徒之衆，故云雨衆也。

銓量　又作硂，同。七泉反。稱衡也。廣雅：稱謂之銓。所以稱物知輕重者也。

刊定　口干反。廣雅：刊，削也。亦定也，除也。

凌侮　又作凌(夌)[九]，同。力蒸反。三蒼：凌，侵也。廣雅：凌，犯也。下亡府反。廣雅：侮，輕也。言輕傷也。凌從水。

遞互　古文遆，同。徒禮反。方言：遞，代也。謂更代也。

目眩　侯遍、胡蠲二反。字林：眩，亂也。三蒼：眩，視不明也。

纔取　在災反。廣雅：纔，暫也。亦劣也，不久也。

未愈　古文瘉，同。瑜乳反。方言：愈，差也。説文：愈，病瘳也。

迦末羅病　舊云迦摩羅病，此云黄病，或云惡垢。言腹中有惡垢，即不可治也。

角犎　妃封反，又音封。今有此牛，形小，髆上有犎者也。

形愞　奴課反。三蒼：愞，弱也。廣雅：柔、耎、少，愞也。

嘶聲　又作誓，同。蘇奚反。説文：誓，悲聲也。方言：嘶，噎也。痛也。

哮吽　古文唬，同。呼交、呼挍二反。説文：虎鳴也。大怒聲也。下古文呴、吽二形，今作㰻，又作吼，同。呼苟反。吽，嗥也。

咆吽　蒱交反[一〇]。説文：咆，嗥也。廣雅：咆，鳴也。

瞑目　又作眠，同。莫田反。説文：瞑，目翕也。眠，寐也，卧也。

敦肅　古文惇，同。都屯反。説文：惇，厚也。下思六反。肅，敬也，嚴也，謂嚴整之皃也。亦戒也，自警戒也。

鄙俚　補美反。下又作郢，同。力子反。鄙，陋也。説文：五鄼爲鄙。鄙，郢也。蒼頡篇：國之下邑曰郢。漢書：質而不郢。如淳曰：雖質猶不如閭里之鄙言也。鄼音祖旦反。百家也。

奄獷　古猛反。獷，强也。字從犬。

過隙(隟)[一一]　丘逆反。説文：壁際孔也。字從白，上下小。

謇澀　古文作諓、謇二形，今作蹇，同。飢展反。方言：謇，吃也。楚人語也。謇，難也。下所立反。説文：澀，不滑也。字從兩止、四止，止則不通字意也。

竦肩　古文竦、㩳二形，今作聳，同。須奉、所項二反。廣雅：竦，上也，跳也。

酷怨　古文嚳、焅、俈三形，今作酷，同。口木反。説文：酷，急也。甚也，亦暴虐也。

顯揚聖教論　第十二卷

達羅弭　彌尔反。呪名也。此無正翻，但在(存)[一二]本耳。

傳述　脣聿反。述謂訓其義也。爾雅：述，循也。

没力伽羅子　亦言勿伽羅。勿伽，此云胡豆，即是緑色豆也。羅，此云取。依此間語，應言取緑豆。此是其姓，上古仙人名勿伽羅，不食一切物，唯食胡豆，故名取胡豆。是此仙人種，故以爲姓也。舊言目揵連，訛略也。

鄔波第鑠　烏古反，下尸藥反。舊言優波提舍，此云論義也。

深邃　古文㴒，同。私醉反。説文：邃，深遠也。

顯揚聖教論　第十三卷

精懇　古文作詪，同。口很反。通俗文：至誠曰懇。懇亦堅忍也。

鄔波婆娑　亦言優波婆娑，此云近住，謂受八戒者近阿羅漢等善人而住也。

杜多　亦言蕍吼多，此云洮汏。亦言修治，又云斗藪，或言摇振，亦曰棄除，一義耳。皆謂去其衣服、飲食、住處三種欲貪也。舊言頭陀者，訛也。經中亦作十一誓行。蕍音徒斗反。汏音大。

顯揚聖教論　第十四卷

毗瑟笯天　奴故反。亦言毗搜紐天。此當幻惑義。此天有大威德，乘金翅鳥行，行時有輪，以爲前導，欲破即破，無有能當也。

西你迦　女履反。此云有軍。外道名也。舊云先尼，訛也。

高荅摩　此有三義。一云日種，二言牛糞種，三泥土種。以瞿[曇]〔一三〕名目九義故也。舊言瞿曇因緣，具如經説。

踡跼　渠員反，下渠玉反。埤蒼：踡跼，不伸也。説文作趮，謂行趮趗也。案踡亦曲也。趗音録。

嬈亂　乃了反。惱也。説文：嬈，擾戲也。三蒼：嬈，[擾]〔一四〕。郭璞曰：嬈，弄也。廣雅：撩，挑。撩，嬈也。

里閈　力擬反，下胡旦反。五鄰爲里，謂二十五家也。里，居也。方居一里之中也。閈，門也，謂巷門也。

乾暵　古寒反。下又作㬚，同。祛及反。通俗文：欲燥曰暵。

顯揚聖教論　第十七卷

邪佚　古文泆，同。與一反。蒼頡篇：佚，愓也。佚，樂也。愓音蕩。

窣羅酒　此云米酒。

米隸耶酒〔一五〕　謂根莖花果等雜酒。

末陀酒〔一六〕　謂蒲桃酒。

顯揚聖教論　第十九卷

代勒迦梨　此云鬪力。

如鷃　烏鴈反。鷃，雀也。亦名鴝鷃。纂文云「關中以鷃爲鷃爛堆」是也。

埸壠　治羊反。方言：坻、垤、封，埸也。下力悚反。耕壠有界埒者也。坻音遲，埒音劣。

顯揚聖教論　第二十卷

艱難　古閑反。説文：土難治也。

剖析　普厚反。剖猶破也。中分爲剖。下思狄反。析，分也。

波羅闍已迦　此云他勝，謂破戒煩惱爲他勝於善法也。舊云波羅夷，此言無餘。若犯此戒，永棄清衆，故曰無餘。

對法論〔一七〕　第一卷

爰發　禹元反。爰，引也。爾雅：爰、曰、於、于，皆語辭也。韓詩：爰，發蹤之皃也。

參綜　粗南反，下祖送反。謂參位(伍)〔一八〕其文，綜理其義也。

有情　梵言薩埵。薩，此云有。埵，此言情。故云有情，言衆生者。案梵本僕呼膳那，此云衆生，語名別也。故從本譯之。

庶令　尸預反。庶猶冀也。冀望得也。

辯蘊　於粉反。梵言塞建陀，此翻名蘊。有爲之法，由積聚義説名爲蘊。字林：蘊，積也。廣雅：蘊，聚也。聚音才句反。左縛(傳)〔一九〕：蘊藻。杜預曰：蘊，聚也。蓄藏諸色，故言色蘊。受想等四義亦如之。舊經論中或言五衆。又云五聚，頗亦近是，仍未總名。舊翻陰者，失之久矣。

異熟　一切不善善有漏法爲因，能感無記之果。因果種別名異，任運酬因名熟，果異因熟故名異熟。又因感果時勢力成熟，異於前位，名爲異熟。舊言果報。

旃彈那　徒旦反。或作旃檀那。此外國香木也，有赤白紫等諸種。

堅勁　居盛反。字林：勁，强也。字從力。

薩迦耶見　梵言也。迦耶，此云身。薩名不定，或言虚僞，或説無常，或言爲有[二〇]。斯由大小諸師見解不一，既含多義，所以仍置本名。

祠祀　似兹反，下徐里反。爾雅：祠，祭天也。祀，地祭也。

欻尔　吁勿反。蒼頡篇：欻，猝起也。欻亦忽也。猝音倉没反。

憤發　扶粉反。方言：憤，盈也。謂憤怒氣盈滿也。亦情感也。

心戾　力計反。字林：戾，曲也。乖也。

心府　趺宇反[二一]。廣雅：府，聚也。白虎通曰：人有六府，謂大腸、小腸、膀胱、胃、三焦、膽也。

慳吝　古文吝，同。力鎮反。堅著多惜曰吝。方言：荆汝江湘之間凡貪而不施謂之吝。

撟設　居夭反。撟謂假詐也。撟，誑也，擅稱上命曰撟，非先王之法言曰撟。字從手，今皆作矯，非體也。

悦豫　翼庶反。爾雅：悦、豫、喜，樂也。豫亦安也。

聰叡　古文睿、壡二形，同。以芮反。廣雅：叡，智也。説文：深明也。字從目從谷省從𣦼。𣦼取穿通義，谷取嚮應不窮，目取明識音意也。𣦼音殘。

對法論　第二卷

文身　梵言䫿膳那，此言顯了，但以文能顯義，故以代之。舊言味身，或云字身，一也。䫿音蒲眠反。案説文：昔蒼頡造書，依類象形，故謂之文。其後形聲相益，即謂之字。字者，孳乳浸多也。字，生也。

異生性　梵言婆羅必栗託仡那。婆羅，此云愚。必栗託，此言異。仡那，此名生。應作愚異生，言愚癡闇冥，無有智慧，但起我見，不生無漏故也。亦言小兒別生，以癡如小兒，不同聖生，故論中作小兒凡夫是也。又名嬰愚凡夫，亦云嬰兒凡夫。凡夫者，義譯也。廣雅云：凡，輕也。謂輕微之稱也。舊經中或言毛道凡夫，或云毛頭凡夫。案梵本，毛名縛羅，愚名婆羅，當由嚩、婆聲之相近致斯謬，譯人之失也。仡音魚訖反。嚩音縛佉反。

哀壹鄔等　烏可反，下烏古反。此等諸字要藉助緣聲方圓滿無別目，故總謂無義之文也。

卵縠　又作㱿，同。口角反。吴會間音哭。卵外堅皮也，尚在卵中謂之縠。

羯羅藍　舊言歌羅邏，此云和合，又云凝滑。言父母不净，和合如蜜和酪，泯然成一，於受生七日中凝滑如酪上凝膏，漸結有肥滑也。

頞部陀　亦言遏部曇，或作頞浮陀，皆梵言輕重耳。此云皰結，或言水泡，謂至第二七日於凝酪中生一皰結，猶如糜粟置厚白飲中也。

閉尸　亦名卑尸，此云肉團。至第三七日結聚成肉團，若男則上闊下狹，若女則上狹下闊。雖成肉團，猶耎未堅也。

財貨　徂灾反。[人所][二二]所寶曰財，金玉曰貨。財謂資生也，亦財穀也。

大材　在哉反。材，用也，亦質性也。凡木已斬伐可施工匠者曰材。

又荷　古文抲，同。胡歌、胡可二反。説文：抲，揭擔也。

對法論　第五卷

等胤　翼刃反。胤，繼也，子孫相承繼也。

摩納婆　或云摩那婆，此云年少净行，亦云儒童，或言人。

贍部洲　時焰反。從樹爲名，舊言剡浮，或云閻浮，皆一也。

阿闡底迦　此云無欲，謂不樂欲涅槃，亦言一闡底柯，此云多貪。謂貪樂生死，不求出離，故不信樂正法。舊言阿闡提，譯云隨意作也。

阿顛底迦　此云畢竟，謂畢竟無有善心也。

對法論　第六卷

東毗提訶　或云弗婆提，或言弗于逮，皆梵音訛轉也。此云前，在諸方之前也。

西瞿陀尼　或云俱耶尼，或作瞿伽尼。瞿，此云牛。陀尼，此云取與。以彼多牛，用牛市易，如此間用錢帛等也。

北俱盧洲　或云鬱單曰，或言鬱多羅拘樓，此云高上，謂高上於餘方也。亦言勝洲。

覩史多天　亦言兜師多，或云兜率陀，皆梵音訛轉也。此云妙足天，亦云知足天也。

樂變化天　五孝反。但此天雖有實（寶）[二三]女，於變化者心多愛著，於男亦爾，故以名焉。舊言化樂天，音洛，失之久矣。

蘇迷盧山　或言須彌樓，此云妙高，此亦云好光山。舊言須彌者，訛略也。

層級　徂登反，下居立反。説文：層，重累也。級，階次也。

輪圍山　梵言柘迦羅，此云輪山。舊云鐵圍。圍即輪義，本無鐵名，譯人義立耳。

晴明　又作暒、姓二形，同。自盈反。聲類：雨止也。

健達縛　渠建反。此云嗅香，亦云食香，一云樂神。經中作香音神是也。舊云乾闥婆，訛也。

中夭　又作夭，同。於矯反。釋名云：少壯而死曰夭。廣雅：天，折也。如取物中折也。不盡天年曰夭意也。

鍵南　渠偃反。亦云伽訶那，此云堅。至第四七日時肉團方堅實也。

鉢羅奢佉　亦云波羅捨佉，此云枝枝。第五七日時止有形相，若至第六七日從五處更生耳鼻手足等，故有重枝名。有風生眼耳等孔，亦大生苦也。

對法論　第七卷

憒内　公内反，下女孝反。説文：憒，亂也。韻集：内，猥也。

三摩呬多　虚利反。此云等引，謂勝定地，離沉掉等，平等能引也。或引平等，謂引諸功德。或平等引，謂定前加行故，名能引也。

怡悦　翼而反。爾雅：怡、懌、悦，樂也。

馱索迦　徒餓反。此譯云奴。

鹵土　力古反。謂确薄之地也。天生曰鹵，人生曰鹽。

熏坌　蒲頓反。通俗文：㶿（埻）[二四]土曰坌。説文：坌，塵也。

德失　多勒反。德謂福德之德也，失謂過失之失也。義非獲得之得，故此字也。

稼穡　加暇反，下所力反。字林：種曰稼，收曰穡。說文：禾之秀實爲稼。一云在野曰稼。

磽确　口交反，下苦角反。通俗文：堅鞕謂之磽确。謂瘠薄地也。瘠音自亦反。

對法論　第八卷

勤策男　初革反。策，驅也。勤，勞也。梵言室羅末拏伊落迦，此云勞之小者也。亦言息慈，謂息惡行慈，義譯也。舊言沙彌者，訛略也。

鄔波索迦　烏古反。亦云優婆娑柯，受三歸住五戒者。優婆，此云受。婆柯，此云男。一云近事，或言近宿，謂近事三寶而止宿也。又云善宿，亦言清信，皆義譯也。舊言優婆塞，訛也。

鄔波斯迦　亦言優婆私呵。優婆，此云受。私呵，此云女。餘義同前。舊言優婆夷，訛也。

扇搋半擇迦　搋音敕佳反。舊經論中或作般吒，或作般荼迦，皆梵音輕重耳。此云黃門。其類有五：一、半擇迦。總名也。有男根，用而不生子。二、伊利沙半擇迦。伊利沙，此云妒，謂見他行欲即發，不見即無。亦具男根而不生子。三、扇搋半擇迦。謂本來男根不滿，亦不能生子。四、博叉半擇迦。謂半月能男，半月不能男也。五、留拏半擇迦。留拏，此云割，謂被刑者也。

罝菟　姊邪反。菟網曰罝。釋名云：罝，遮也。遮取菟也。兔，同。

毆擊　烏厚反。說文：毆，捶擊也。字從殳。

唱令家　鵶讓反。謂作音樂戲人也，又云尋香人也。是等家無產業，唯乞自活，若見有飲食處，即往至彼爲設倡伎求財食也。

中庸　以鍾反。廣雅：庸，和也。小爾雅：庸，善也。謂和善人也。〔二五〕

旃荼羅　直加反。此云執暴惡人，亦言惡煞，謂屠煞者種類之總名也。其人若行則搖鈴自摽（標）〔二六〕，或杖破頭之竹。若不然，王則與罪。舊言旃陀羅，訛也。

羯耻那　居謁反。此謂煮狗人也。

凌蔑　力承反，下莫結反。凌，相侵犯也。蔑，相輕傷也。

銛利　息廉反。廣雅：銛、鐵，利也。謂刀銳曰銛也。

末尼　茫鉢反。亦言摩尼，此云寶珠，謂珠之總名也。

苕然　徒彫反。苕遰，遠也。遰音徒計反。

洲渚　脂由反，下脂與反。爾雅：水中可居曰洲。小洲曰渚。

對法論　第十卷

踧踖　子六反，下子亦反。廣雅：踧踖，畏敬也。字林：踧踖，不進也。

對法論　第十一卷

諷誦　不鳳反。諷謂詠讀也，誦謂背文也。周禮注：倍文曰誦，以聲節之曰諷。倍音佩。

綴緝　張衛反，下七立反。綴，連也。緝，續也。說文：綴，合令著也。

洛叉　亦言洛沙，此當十萬。一百洛沙爲一俱胝也。

薩伐若　此云一切智。舊言薩婆若，訛也。

對法論　第十二卷

殑伽沙　渠興反。河名也。從無熱惱池東面象口流出入東海也。其沙至細，與水同流。以手掬水，沙滿手中，急把於沙，還隨水出。經中多此喻也。舊言恒河者，訛也。

手麾　許皮反。舉手曰麾，謂手指也。

譏弄　居衣反。廣雅：譏，刺也。説文：譏，誹也。

毀呰　子尔反。口毀曰呰。説文：呰，呵也。

對法論　第十三卷

所孕　翼證反。含實曰孕。孕，妊子也。孕，身也。身音身。

婆羅痆　女黠反。國名也。舊言波羅奈，譯云江遶城。言此國染青黄等色，名和合色也。

烏莫迦花等色〔二七〕　名俱生色也。

烏沙斯星〔二八〕　此云太白星，取其白色也。

對法論　第十六卷

英俊　猗京反，下又作儁，同。資閏反。淮南子云：智出萬人曰英，千人曰俊。俊謂絶異於人也。

闌鐸迦　徒洛反。人名也。此云樂欲。

躁急　祖到反。論語云：言未及之而言謂之躁。躁，擾，不安静也，亦躁動也。

闡陀論　六論中第五名闡陀論，釋作首盧伽伽法，謂佛弟子五通仙人等説偈名首盧伽也。

攝大乘論〔二九〕　無性菩薩釋　第一卷

幖幟　比遥反，下尺志反。舊音識，與知識同。幖，頭上幟也，所以相别也。通俗文：徽号曰幖，私記曰幟。徽音吁歸反。謂以絳帛等書著背上曰徽。廣雅：幖、幟，幡也。墨子云：長丈五廣半幅曰幟。字皆從巾。

業具軍　八轉聲中業聲第二，具聲第三。夫言論之道，能有立破，義同軍故，故立軍名。第二轉聲詮所作業，第三轉聲詮能作具。軍詮業具名業具軍。八轉聲者一體、二業、三具、四爲〔三〇〕、五從、六屬、七依、八呼。此如聲明具釋，七轉常用，呼聲用稀也。

能詮　七泉反。謂顯了義。説文：詮，具也。案具説事理曰詮。淮南子云：詮言者謂譬類人事相解喻也。

天魔　梵言魔羅，此譯云障，能爲修道作障导也。亦名煞者。論中釋斷慧命，故名魔。常行放逸而自害身，故名魔。魔是位處，即第六天主也，名曰波旬，此云惡愛，即釋迦佛出世魔王名也。諸佛出世，魔各不同。如迦葉佛時魔名頭師，此云惡瞋等也。

能闡　昌善反。廣雅：闡，開，發也。闡，明也。

覺寤　居效反。覺亦寤也。蒼頡篇：覺而有言曰寤。眠後覺寤也。

首楞伽摩　此云健行定，亦言健相。舊云首楞嚴也。

魯荼　宅加反。字緣也，能顯所作義。有魯荼處必是所義，非一切有立多置名。

經部　佛去世後四百年中從説一切有分出此部，唯立一藏，言唯有一經藏也。所以作此名者，云經是根本，律及阿毗曇還解經義，既不出經外，故唯立一經藏也。

采畫　七在反，下胡卦反。五色所成曰采，圖其形象曰畫。

罣礙　字古(略)[三二]作罫，同。胡卦反。網礙也。

吠世師　扶廢反。亦云衛世師，或言鞞世師，皆訛也。此云勝異。過餘論，故名勝。能破餘論令壞，故名異。其論以六句義爲宗，或言六諦。

師資　師，徒也。資，用也，又取也。善人，不善人之師；不善人，善人之資。資如資財也。

伽他　此方常頌，或云攝。言諸聖人所作，莫問重頌字之多少，四句爲頌者皆名伽他。案西國數經之法皆以三十二字爲一伽他，或言伽陀，訛也。舊云偈者，亦伽他之訛也。

那落迦　亦言那羅柯，亦云泥囉夜，舊言泥梨耶斯，梵言楚夏耳。此譯有四義：一不可樂，二不可救濟，三闇冥，四地獄。經中言地獄者，一義也，所以仍置本名。或言非行，謂非法行處。

阿笈摩　渠業反。亦言阿伽摩，此云教法，或言傳，謂展轉傳來以法相教授也。舊言阿含，訛略也。

市廛　值連反。梵言阿縛遮羅，此云市廛。禮記：市廛不征。鄭玄曰：廛謂市物邸舍也。今市中行肆是也。舊云欲行，非也。案梵本僧塞迦羅，此云行，名不當本，故立爲廛。

有癇　核閒反。聲類云：小兒癲也。

攝大乘論　第二卷

化地部　第三百年中從一切有部出也。梵言磨醯奢娑迦，亦名彌喜捨娑柯，此云化地，亦云教地，或言正地，人名也。但此羅漢在俗爲王國師，匡化土境，故名化地。今入佛法，佛法如地，又匡化之，故以名也。舊名彌沙塞者，訛也。

樹增　時注反。廣雅：樹、殖、建，立也。凡置立皆曰樹。樹亦種也。

照矚　之欲反。矚亦明也。

貫徹　古玩反。貫，達也。徹，通也。蒼頡篇：貫，穿也。以繩穿物曰貫。

羂索　又作罥，同。古泫反。聲類：罥，係取也。以繩取狩曰罥。

未嘗　視羊反。未嘗，未曾也。廣雅：嘗，暫也。試也。

率尔　疏律反。爾雅：率、循，自也。謂先以己意而言也。論語：子路率尔而對。何晏曰「先三人而對」是也。

巨勝　其吕反。巨，大也。本草云：胡麻粒大黑者爲巨勝。

衆纈　賢結反。案：纈，以絲縛繒染之，解絲成文曰纈。今謂西國有淡澀汁，點之成纈，如此方蠟點纈也。

訖埵緣　都果反。此云已竟義。如言澡浴已飯食、度山已度河也[三三]。

和糅　古文餌、粗二形，同。女救反。廣雅：糅，雜也。今謂異色物相集曰糅。

彎弓　烏環反。開弓也。小爾雅：彎、控、引，挽也。

花鬘　梵言摩羅，此譯云鬘。音蠻。案西國結鬘師多用蘇摩那華行列結之，無問男女貴賤，皆此莊嚴以爲飾好也。

稊稗　徒黎反，下蒲懈反。稊似稗，布地穢草也。稗，草之似穀者也。
末那　摩鉢反。此云意也。
是渾　胡昆、胡衮二反。渾，濁也。説文：渾，亂也。
是鮮　私延反。廣雅：鮮，好也，善也。

攝大乘論　第三卷

焚燒　扶雲反。焚亦燒也。字從火燒林意也。
愆犯　又作𠍙、僁二形，同。去連反。説文：僁，過也。亦失也，罪也。犯，侵也。
囹圄　力丁反，下魚呂反。獄名也。周禮：三王始有獄。廣雅云：夏曰夏臺，殷曰羑里，周曰囹圄。皆獄之别名也。釋名云：囹，領也。圄，禦也。領録囚徒禁禦之也。羑音酉。
穢磧　且歷反。積石爲磧。説文：水渚有石曰磧。廣雅：磧，瀨也。

攝大乘論　第四卷

翳眩　於計反。韻集云：目障病也。下侯遍反。字林：眩，亂也。
憺怕　徒監反[三三]，下普白反。廣雅：憺怕，寂漠（寞）[三四]也。亦恬静也。言寂寥無人也。
身寐　亡庇反。寐謂眠熟也。國語「公寢而不寐」是也。寢，卧也。
愾戾　禄公、禄孔二反。謂佷戾剛强也。

湍洄　土桓反，下音迴。激水爲湍，水轉爲洄。激，急也。説文：湍，疾瀨也。淺水流沙上也。
万（刀）[三五]仗　治亮反。人所執持爲仗。仗亦弓矟杵棒之總名也。
倡豔　齒楊反。下又作艷，同。餘贍反。倡，樂也。艷，美也。美色爲艷也。
者者　諸野反。説文：者，制事之辭也。亦明下句出也。牒本釋之，故重言者。
如如　歷法非一，故曰如如。下如是如是者，指前也。
尋伺　胥吏反。梵言毗怛迦，此云尋。毗遮羅，此云伺。尋謂尋求，伺謂伺察。或思或慧，於境推求，粗位名尋，即此二種，於境審察，細位名伺，故言尋伺。舊名覺觀者，案梵本菩提名覺，毗鉢舍那名觀。譯人不尋本語，致斯乖失也。
蟠曲　蒲寒反。廣雅：蟠，曲也。亦迴也，委也。
茀子洲　又作掷（𨚗）[三六]，同。以遮反。師子國南浮海數千里，洲人卑小，長餘三尺，人身鳥喙，唯食掷（𨚗）子。既無穀稼，所以不識於牛也。
迦比羅　此云赤色，謂赤色仙人也。造僧佉論説二十五諦義者也。
騷揭多　渠謁反。是修伽陀弟子名也。修伽陀者即佛十號中善逝是也。
擾動　而紹反。説文：擾，煩也。廣雅：擾，亂也。

攝大乘論　第五卷

尼揵荼書　此集異名書也。如一物有多名等。

御〔三七〕衆 魚據反。駕御也。廣雅：御，使也。驅之內善也，謂指麾使馬也。

不逮 徒戴反。爾雅：逮，及也。方俗言耳。

劬勞 寠俱反。韓詩：劬，數也。詩傳曰：劬勞，病也。數音所角反。

阿練若 阿，此云無。練若，有兩義：一曰聲，謂無人聲及無鼓譟等聲。二曰斫，謂無斫伐等諠鬧。雖言去聚落一俱盧舍爲阿練若處，亦須離斫伐處也。譟音桑到反。

俱盧舍 謂大牛鳴音也。其音聞於五里。舊云一俱盧舍，此云五百弓也。

攝大乘論 第六卷

羅怙羅 亦云羅吼羅，舊言羅睺羅，此云障月。以羅怙阿修羅以手障月時生，因以爲名。七年在母胎中，一由往業，二由現在故也。

誅國 丁于反〔三八〕。罰罪也。廣雅：誅，煞也。說文：誅，罰(討)〔三九〕也。亦責也。

那庾多 翼主反。舊言那由他。此數當千億也。

蠲除 古玄反。方言：南楚疾愈謂之蠲。蠲亦除也。

榛梗 仕巾反，下加杏反。廣雅：木叢生曰榛。字林：山榆，一名梗，有刺，莢可以爲蕪荑者也。梗，強也。

阿揭陀藥 亦言阿竭陀，或云阿伽陀，梵言訛轉也。此云丸藥。

怯憚 又作狯，同。袪業反。怯，多畏也。下徒旦反。憚，驚難也。

攝大乘論 第七卷

潰散 古文殨，同。胡對反。蒼頡篇：潰，旁決也。說文：潰，漏也。

怨讎 視由反。三蒼：怨偶曰讎。讎，對也。爾雅：讎，匹也。

嗢柁南 烏骨反，下徒我反。此云攝散，亦言攝施，又言集總散。舊言鬱陀那，訛也。

攝大乘論 第八卷

遊玩 五喚反。字林：玩，弄也。廣雅：玩，好也。

瞿沙經 瞿沙，此云妙音。人名也。從人名經也。

聰敏 眉殞反。聰，聽微也，先知也。敏，明達也，捷疾也。

攝大乘論 第九卷

即士釋 亦言依士，士謂主也，立名從主，故言依士，如言眼識等也。

持業釋 業謂用也。立名所召，別義釋〔四〇〕業，於一體上，具立二名，即明其體，能持二業，如言眼即是界等也。

屬耳 之欲反。國語：恐國人屬耳目於我。韋昭曰：屬，注也。漢書音義曰：屬，近也。詩云「耳屬于垣」是也。

保任 補道反。說文：保，當也。任，保也。言可保信也。

母邑 梵言摩怛理，此云母；伽羅摩，此云村。今以邑代村，故云母邑，謂母人之流類，故以名焉。

那伽　有三義：一云龍，二云象，三云不來。孔雀經名佛爲那伽，由佛不更來生死故也。

棓刺拏　補厚反，下羅割反。外道六師中一人名也。舊言富蘭那。迦葉是姓，富蘭那是字。即空見外道也。

攝大乘論　第十卷

愚戇　都絳反[四一]。三蒼：愚，無所知也。亦鈍也。廣雅：戇、頑，嚚也。說文：愚，癡也。戇，愚也。

頑嚚　五鰥反，下魚巾反。廣雅：頑、嚚，愚也。頑，鈍也。蒼頡篇：嚚，惡也。左傳「心不惻(則)[四二]德義之經曰頑，口不道忠信之言曰嚚」是也。

毗盧宅迦王　舊言毗流離王，一也。

琉璃　吠琉璃也，亦云毗琉璃，又言鞞頭梨，從山爲名，謂遠山寶。遠山即須彌山也。此寶青色，一切寶皆不可壞，亦非煙焰所能鎔鑄，唯鬼神有通力者能破之爲物。或云是金翅鳥卵殼。此寶鬼神破之，以賣與人也。

牟娑洛寶　亦名摩娑羅，是紺色寶也。

遏濕摩揭娑　亦名阿輪摩竭娑[四三]，是赤色寶也。

帝青　梵言因陀羅尼羅目多，是帝釋寶，亦作青色，以其最勝，故稱帝釋青。或解言帝釋所居處波利質多羅樹下地是此寶，故名帝釋青目多，此云珠，以此寶爲珠也。

大青　梵言摩訶泥羅，此云大青，亦是帝釋所用寶也。

鶉鷄怛諾迦寶　餘第七云盧吔胝柯目多。吔音許伊反。不同也。

拯拔　蒸上聲。說文：拯，上舉也。謂救助也。

阿僧伽　阿，此云無。僧伽，此云著，短聲呼之。若長聲呼之，即云衆。舊云僧佉，訛也。

廣百論[四四]　第一卷

循法　似遵反。爾雅：循，自也。循，行也，亦遍也，巡歷也。

詎有　渠據反。詎，何也，未也，謂未知辭也。

薩埵刺闍苔摩　刺音勒達反。苔摩，此云闍(闇)[四五]。餘含多義，不可的翻。舊言憂喜闇，又云染粗黑，異名也。

躁警　居影反。警，戒慎也。廣雅：警，不安也。

駭浪　胡駭反[四六]。三蒼：駭，驚也。廣雅：駭，起也。

奔濤　徒刀反。蒼頡篇：濤，大波也。

溉鹿　古賚反。說文：溉，灌也。

鎔銅　以終反。江南行此音。謂鎔鑄銷洋也。

廣百論　第二卷

波羅奢樹　此云赤花樹。樹汁滓極赤，用之爲染，今紫礦是也。

記論外道　即毗伽羅論是也。

衆蠹　都故反。字林：木中蟲也。穿食人器物者也，如白魚等。

廣百論　第三卷

時痕　胡根反。通俗文：瘡瘢曰痕。痕，傷跡也。

主宰　祖殆反。禮記：宰夫爲獻主。鄭玄曰：宰夫，主膳食之官也。

多羅果　其樹形似椶櫚，直而高聳，大者數圍，花白而大，若捧兩手，果熟即赤，狀若石榴，生經百年，方有花果。舊言貝多，訛也。

苟避　公厚反。廣雅：苟，且也。亦誠也。

依隄　丁奚反，又音帝。説文：隄，塘也。防也。積土防水曰隄。隄，土橋也。字從自。

所蚩　昌夷反。蒼頡篇：蚩，輕侮也。蚩，笑也。

眯覆　亡禮反。草入目曰眯也。今言眯目是也。

騰焰　徒登反。滕（騰）〔四七〕謂跳躍而上也。滕（騰），馳也。

廣百論　第四卷

怛策迦　都達反。龍王名也。昔有仙人曾呪此龍，令其入火，龍王憂怖，遂投帝釋，繞座而住。仙人知已，更以咒之，帝釋與龍一時俱墮。帝釋求哀，得免所患，龍遂死焉。

甘饌　仕眷反。説文：甘，美也。饌，具飲食也。

廣百論　第五卷

編石　卑綿反。編次石也。字林：編，織也。以繩次物曰編。

末達那果　或云摩陀那，又言摩陀羅，此云醉果，甚堪服食，能令人醉，故以名焉。

羯羅那　西國豆之差別也。服食甚不益人也。

廣百論　第六卷

羇纏　居猗反。革絡馬頭曰羇。羇，撿（檢）〔四八〕也。持制之也。

耽婳　都含反，下亡善反。説文：媅，樂也。嗜也。婳，耽於酒也。

猖蹶　齒楊反，下居月反。謂變易情性也。猖，狂也。

胡等　又作頶、嗢二形，同。户孤反。説文：胡，牛頷垂下者也。

撓攪　呼高反，下古卯反。説文：撓，擾也。擾（攪）〔四九〕，亂也。

傎蹶　又作蹎，同。丁賢反，下居月反。蹎蹶，猶頓仆反倒也。

貪齩　五狡反，中國音也。又下狡反，江南音也。説文：齩，齧也。

廣百論　第七卷

膏腴　公勞反，下庾俱反。肥壤也。膏，脂也。腴，腹下肥也。

圂猪　胡困反。廣雅：圊、圂、庰，厠也。或作溷，亂也。

薩羅羅薩　薩羅，此言地。羅薩，此云味。言此字聲假而非實也。

挫汝　祖卧反。折其鋒曰挫。説文：挫，摧也。亦抑也，折也。

磁石　徂兹反。埤蒼：磁石也，謂召鐵者也。

瞽目　公户反。三蒼：無目謂之瞽。釋名云：瞽目者眠眠然目平合如鼓皮也。

鵂鶹子　許牛反，下力周反。字書：鵂鶹，鉤鵅也。廣雅：鵂鶹，鵋鵙也。山東名訓侯，關中名訓狐，亦名怪鳥。晝伏夜行，鳴爲怪也。梵言優樓歌，是造鞞世師論師説六諦義者也。此仙人晝日恒住山中，夜則出山扣人門乞食。若得則食，不得則空度。由其夜行，故稱鵂鶹。又此鳥多住山巖中，此仙人亦爾，故以名焉。

寔繁　時職反〔五〇〕，下扶園反。説文：寔，止也。亦實也。詩云：

寔命不同。傳曰：寔，是也。又云：六月繁霜。傳曰：繁，多也。禮記：孔子辭讓之節繁。鄭玄曰：繁，盛也。

裒榱　奴烏反，下乃可反。裒榱，柔弱也，亦茂盛也。

喜抃　皮變反。説文：拊手曰抃。謂拊樂節也。

嬉戲　虚之反。嬉，樂也。蒼頡篇：嬉，戲笑也。

篲星　囚芮、蘇醉二反。妖星也。言星光似掃篲也。

廣百論　第八卷

滌除　徒的反。説文：滌，洒也。謂盪洒除去垢穢也。

該通　古來反。該，備也。方言：該，咸也。亦苞也。

立尿　又作溺，同。奴吊反。字林：尿，小便也。通俗文：出脬爲尿。醫方多作溺，古字假借耳。

如稍　山卓反。埤蒼：稍長一丈八尺也。

寱語　牛世反。通俗文：夢語謂之寱。聲類：不覺妄言也。

臘縛　郎盍反。舊經中作羅婆。六十怛刹那爲一羅婆。

雙泯　彌忍反。字林：泯然，盡也。廣雅：泯，絶，滅也。

汝曹　自勞反。曹，輩也，亦群也。

糾紛　居黝反，下孚云反。廣雅：糾，急也。説文：繩三合曰糾。糾，絞戾也。紛，亂也，衆也。

廣百論　第九卷

根系　奚計反。爾雅：系，繼也。説文：系，繫也。世本有帝系篇。謂子孫相繼續也。

咀嚼　才與反，下才弱反。咀，含味也。咀，噍也。嚼，齧也。

嬰孩　於盈反，下胡來反。釋名云：胸前曰嬰。投之嬰前以乳養之，故曰嬰兒。孩，小兒笑也。

廣百論　第十卷

服膺　扶福反，下於兢反。爾雅：服，業，事也。膺，身，親也。謂親承服事習道藝也。又云：悦，懌，服也。郭璞曰：喜而服從也。有作伏，兩通。

屢辯　力句反。屢，數也。辯，正也。

非考　苦老反。謂質覈之也。考，問也，挍(校)[五一]也。

自呈　馳京反。案呈猶見示也。説文：呈，平也。

措言　粗故反。蒼頡篇：措，置也。又安也，施也。

沃以　烏穀反。通俗文：溉灌曰沃。沃亦澆也，漬也。

殉命　辭俊反。漢書臣瓚曰：亡身從物曰殉。殉亦盡也。

佛地經論[五二]　第一卷

劫比拏王　女家反。南憍薩羅國王名也。因緣廣如經説。

封主　府用、府逢二反。字林：封，爵諸侯也。聲類：建國以土地曰封。周禮：建邦國而制其城。諸公之地封疆方五百里，諸侯之地方四百里等也。起土爲界曰封。

佛地經論　第三卷

如鉆(鉆)[五三]　奇廉反。通俗文：鍛具曰鉆(鉆)。蒼頡篇：鉆，持也。

補特伽羅　此云數取趣，謂數數往來諸趣也。

佛地經論　第六卷

殉利　辭俊反。蒼頡篇云：殉，求也。漢書：貪夫殉財。應劭曰：殉，營也。

勇悍　何旦反。説文：悍，勇也。有力也。三蒼：悍，傑也。

如毗濕飯怛羅　都達反。即蘇達拏本生因縁也。

佛地經論　第七卷

踰繕那　市戰反。亦言踰闍那，此云合也，應也。計應合爾許，度量同此方驛也。自古聖王一日行也。案西國繕那亦有大小，或三十里，或四十里，昔來皆取四十里也。舊經論中或云由延，又作由旬，或言俞旬，皆訛略也。

底沙佛　舊經中作弗沙佛，同一也。

穌達那等　亦作蘇陀沙拏，此云善與，亦言好施，舊云須達拏，訛也。

掌珍論〔五四〕　上卷

樊籠　扶袁反。案樊即籠也。莊子「擇（澤）〔五五〕雉不祈畜於樊中」是也。

安膳那藥　舊作安禪那，此云眼藥。

牧牛　莫禄、亡福二反。三蒼：牧，養也。方言：牧，飤也。畜養之總名也。

誣罔　武于反。説文：加言曰誣。誣亦罔也，妄也，欺也。以是爲非曰罔。

餌能　如志反。蒼頡篇：餌，食也。案凡所食之物曰餌。

掌珍論　下卷

嗢鉢　烏没反。或言優鉢羅，又作漚鉢羅，一也。此云黛花。

銅鍱部　餘涉反。上座部也。鍱赤銅鍱，書字記文，今猶在師子國也。

犢子部　梵言跋私弗多羅，此云可住子部。舊言犢子者，猶不了梵音長短故也。長音呼跋私，則是可住，若短音呼，則言犢，從上座部中一切有部出也。

王法正理論〔五六〕

錫賚　星的反。賜，與也。爾雅：錫、賚，賜也。謂上與下之辭也。

懊恚　於報反。懊恚，悔恨也。

罄竭　古文窒，同。口定反。説文：器中空也。爾雅：罄，盡也。

英傑　於京反，下奇列反。淮南子云：智出萬人爲英，千人爲傑。傑亦特立也，才能也。

大乘成業論〔五七〕

食米齊宗　舊云食屑。此外道修行苦行。合手大指及第二指以物縛之，往至人家舂穀簸米處，以彼縛指拾取米屑聚置掌中，隨得少多，去以爲食。若全粒者即不取之，恐多所取，故縛兩指耳。亦名鴉鳩行，外道拾米如鴉鳩行也。

凸出　蒼頡篇作突，徒結反。字苑：凸，起也。突，突也。

坳（坳）〔五八〕凹　烏交反。偏下也。下蒼頡篇作容，烏狹反。容，墊下也。字苑：凹，陷也。

紫礦　古猛反。波羅奢樹汁滓也。其色甚赤，用染皮氎等也。

拘緣花　俱禹反，下以專反。廣志云：似棌（橘）〔五九〕，大如飯筥，可以浣浸漚葛紵也。今出番禺以南。縷切蜜漬爲糝。糝音蘇感反。

瓤生　汝良反。如瓜瓠中瓤瓣也。瓣音蒲莧反。

俱瑟祉羅經　敕里反。舊言俱絺羅，譯云膝也。言膝骨大也。此即舍利弗舅長爪梵志是也。

釋軌論　居美反。軌，法也。世親菩薩作釋經軌法也。

佛栗氏子　此西國地名，此人因地爲名也。

正理門論

懷菟　彼土名月爲菟，故以喻焉。月中菟者，佛昔作菟王，爲一仙人，投身入火，以肉施彼，天帝取其骸骨，置於月中，使得清涼，又令地上衆生見而發意故也。

躊躇　腸留反，下腸誅反。廣雅：躊躇，猶豫也。亦躑躅也。

大乘五蘊論〔六〇〕

尤蛆（蛆）〔六一〕　有憂反，下知列反。尤亦怨也。蛆（蛆），痛也，蟲行毒也。

倨傲　居預反〔六二〕，下五到反。説文：倨，不遜也。傲，不恭敬也。廣雅：倨、傲，傷，慢也。

蒙昧　字體作矇，同。莫公反，下莫對反。易云：蒙者懞也。謂懞覆不明也。廣雅：昧者闇也。謂暗蔽無知也。易云「蒙昧幼老，謂不我求」是也。

一切經音義　卷第二十三

校勘記

〔一〕顯揚聖教論　慧轉録於第四十七卷。
〔二〕校　磧作「校」。
〔三〕擶　磧作「機」。
〔四〕扼　磧作「梔」。
〔五〕攝　磧作「槅」。
〔六〕搹　磧作「槅」。
〔七〕忘怨　磧爲「亡怨」。
〔八〕又　磧作「反」。
〔九〕凌　慧作「夌」。
〔一〇〕蒱交反　磧爲「蒲交反」。
〔一一〕隙　磧作「隙」。「隙」爲「隙」異體字。
〔一二〕在　磧慧作「存」。
〔一三〕曇　麗無，據磧補。
〔一四〕擾　麗無，據慧補。
〔一五〕此條麗接排在「窣羅酒」下，未分列。
〔一六〕此條麗接排在「米隸耶酒」下，未分列。
〔一七〕對法論　慧轉録於第四十七卷。
〔一八〕位　磧作「伍」。
〔一九〕縛　磧作「傅」。
〔二〇〕爲有　磧爲「有爲」。
〔二一〕趺宇反　磧爲「夫宇反」。
〔二二〕人所　麗無，據磧補。
〔二三〕實　海作「寶」。
〔二四〕悖　據文意似作「埻」。
〔二五〕此條磧在第七卷「怡悦」條後。
〔二六〕摽　據文意當作「標」。

〔二七〕此條麗接排在「婆羅疪」下，未分列。
〔二八〕此條麗接排在「烏莫迦花等色」下，未分列。
〔二九〕攝大乘論　慧修訂轉録於第五十卷。
〔三〇〕僞　磧作「爲」。
〔三一〕沽　磧作「略」。
〔三二〕也　據文意似作「已」。
〔三三〕徒監反　磧爲「徒濫反」。
〔三四〕漠　磧作「寞」。
〔三五〕万　慧作「刀」。
〔三六〕挪　磧作「梛」。下同。
〔三七〕御　磧作「御」。
〔三八〕丁于反　磧爲「追于反」。

〔三九〕罰　磧作「讨」。
〔四〇〕釋　磧作「稱」。
〔四一〕都絳反　慧爲「卓絳反」，海爲「陟絳反」。
〔四二〕惻　今傳本左傳作「則」。
〔四三〕阿輪摩竭娑　磧爲「阿輸摩竭婆」。
〔四四〕廣百論　慧轉録於第四十九卷。
〔四五〕闍　磧作「闇」。
〔四六〕胡駭反　磧爲「胡駮反」。
〔四七〕滕　磧作「騰」。下同。
〔四八〕撿　磧作「檢」。
〔四九〕擾　磧作「攪」。
〔五〇〕時職反　磧爲「時質反」。

〔五一〕挍　磧作「校」。
〔五二〕佛地經論　慧轉録於第四十七卷。
〔五三〕鉆　磧作「鉆」。下同。
〔五四〕掌珍論　慧轉録於第五十一卷。
〔五五〕擇　磧作「澤」。
〔五六〕王法正理論　慧轉録於第四十七卷。
〔五七〕大乘成業論　慧轉録於第五十卷。
〔五八〕拗　磧作「坳」。
〔五九〕楺　磧作「橘」。
〔六〇〕大乘五藴論　慧轉録於第五十一卷。
〔六一〕蛆　據文意當作「蛆」。下同。
〔六二〕居預反　磧爲「居御反」。

一切經音義　卷第二十四

翻經沙門玄應撰

阿毗達磨俱舍論　大唐新譯

阿毗達磨俱舍論[一]　第一卷

俱舍　此翻云藏，則倉庫蘜鞘之總名也。舍含藏義一，故以名焉[二]。蘜音公彌反。鞘音私妙反。刀室也。藏有多名，斯一稱也。

諸冥　覓經、迷定二反。蒼頡篇云：諸，非一也。聲類云：諸，詞之總也。小爾雅云：冥，闇，昧也。説文：冥，幽也。亦夜也。字從冖。冖音古熒反。從日從六。日數十，十六日而月始虧冥字意也。[三]

淪没　力均反。廣雅：淪，沉也。没，溺也。又淪亦深也。没，墜也。

誡勗　居薤反，下虚玉反。謷敕曰誡，自勵曰勗。又誡亦告慎也。勗謂勉强。音巨兩反。勗，尚書「勗哉夫子」皆是也。

迦多衍尼子　以善反。舊云迦旃延子。此從姓爲名，有言迦多衍那，聲之轉也。

鄔拕南　烏古反，下徒我反。此云自説，謂不待請問而自説也。舊云優陀那，即無問自説經是也。

毗婆沙　或言鼻婆沙，隨相論作毗頗沙，此譯云廣解，或言廣説，亦云種種説，或言分分説，同一義也。

等謝　似夜反。廣雅：謝，往也。去也。

所吞　他痕、他賢二反。吞謂不嚼也。廣雅：吞，滅也。説文：吞，咽也。

有諍　又作爭，同。側迸、側耕二反。蒼頡篇：諍，訟也。亦引也。説文：誦(謂)[四]彼此競引物也。

氣騰　徒登反。廣雅：騰，昇，上也。亦奔馳也。

竅隙(隟)[五]　口弔反，下又作𡭴(㡘)[六]，同。丘逆反。廣雅：竅，孔也。隙，裂也。説文：竅，空也。隙，壁際孔也。字從自從白上下小也。

阿伽伽　此云导。阿有二義，或云無，或言極，猶含兩釋，故立本名。

阿毗達磨俱舍論　第二卷

畢舍遮　舊經中名毗舍闍，亦言臂舍柘，鬼名也。餓鬼中勝者也。

室獸摩羅　形如象也。舊經律中或作失奴(收)[七]摩羅，或作失守摩羅，梵音轉耳。譯云煞子魚也。善見律云鰐魚也。

長二丈餘，有四足，似鼉，齒至利，有禽鹿入水，齧腰即斷。廣州土地有之。

蝙蝠　方眠反〔八〕，下方目反。崔豹古今注云：蝙蝠，一名仙鼠，一名飛鼠。五百歲，色白，腦重，集物則頭垂，故謂倒挂蝙蝠，食之神仙也。

鵂鶹　許牛反，下力周反。爾雅：鵅，忌欺。郭璞曰：今江東呼鵂鶹鉤鵅。鵅音格。廣雅鵂鶹爲鵋鵙也。鵋音邈講反。亦云怪鳥，晝盲夜視，鳴爲怪也。關西名訓侯，山東名訓狐。纂文云：夜則拾人爪〔九〕也。

野干　梵言悉伽羅，形色青黄，如狗，群行，夜鳴，聲如狼也。字又作射干。案子虛賦云：騰遠射干。司馬彪、郭璞等注並云：射干，似狐而小，能緣木。射音夜。廣誌(志)〔一〇〕云：巢於危巖高木也。禪經云「見一野狐，又見野干」是也。

豺狼　仕皆反。蒼頡訓詁云：豺似狗，白色，有爪牙，迅捷善搏噬。爾雅：豺，狗足也。噬，時制反。

猫狸　又作貓，同。亡朝、亡包二反，下力其反。猫，捕鼠者也。廣雅：貍，猫也。又野曰貍。

鳩摩邏多　此云童首，謂諸童子中爲上首也。

胞胎　補茅反。説文：胞，兒生裹也。

洟唾　古文䬤，同。他計反。三蒼：洟，鼻液也。周易：齊咨涕洟。自目曰涕，自鼻曰洟。

防援　禹眷反。謂守護視衛之言也。援亦取也。字從手。

頗胝迦　陟尸反。亦言娑破致迦，西國寶名也。舊云頗梨者，訛略也。此云水玉，或言白珠。大論云：此寶出山石窟中，過千年冰化爲頗梨珠。此或有也，但西國極饒此物，彼乃無冰，以何爲化，但石之類耳。

摣掣　又作担，同，側加反。下又作挈，同，充世反。釋名：摣，叉也。謂五指俱往叉取也。掣，制也。制頓之使順己也。掣亦牽也。

磁石　徂茲反。埤蒼：磁石也，謂吸鐵石也。

拊手　芳主反。拊猶拍也。廣雅：拊，擊也。案拊亦撫也。

相糅　古文粈、𥻆二形，同。女救反。廣雅：糅，雜也。今以異色物共相參曰糅。

謂向　許亮反。三蒼：向，北出牖也。向亦窗也。

香荾　又作荽，字苑作葰，同。私佳反。韻略云：胡荾，香菜也。博物志云「張騫使西域得胡荾」是也。今江南謂胡荾，亦爲葫䔍，音胡析。近後改亦爲香荾。

樺皮　胡霸反。木名也。皮可以飾弓者也。

冠花鬘　古玩反。冠猶著也。下梵言摩羅，此譯云鬘，音莫班反。案西國結鬘師多用蘇摩那花行列結之，以爲條貫，無問男女貴賤，皆此莊嚴，或首或身，以爲飾好，則諸經中有「花鬘是(市)〔一一〕」、「天鬘」、「寶鬘」等，同其事也。字從髟，音所銜反。曼聲，曼音彌然反。

鼓𪔛　桑朗反。埤蒼：鼓柧也。字書：鼓材也。今江南名鼓匡爲𪔛。柧音五寡反。

指韚　今作撘，同。徒荅反。説文：指撘，韋撘也。今之射韝也。

捺落迦　奴葛反。受苦處也。或言那落迦，受罪人也。此云不可樂，亦云非行，謂非法行處也。或在山間，或大海邊，非止地下。言地獄者，一義翻也。

阿毗達磨俱舍論　第三卷

扇搋半擇迦　敕佳反。舊經論中或言般吒，或云般荼迦，皆方夏輕重也。半擇迦，此云黄門，總名也。其類有五，今此第三扇搋半擇迦者謂本來男根不滿，亦不能生子也。

眼瞼　居儼反。字略云：謂目外皮也。

阿毗達磨俱舍論　第四卷

警覺　古文儆、憼二形，同。居影反。警，戒慎也。敕解之也，亦起也。廣雅：警警，不安也。

印可　伊振反。印，信也。文記施行所在信用也。字從爪卩音節。

勇悍　揄腫反，下胡旦反。勇謂雄武果決也。謚法曰：知死不避曰勇，懸命爲仁曰勇。説文：悍，勇也。三蒼：悍，桀也。謂傑智出千人也。

不閑　字體作憪，同。核艱反。閑謂習解之稱也。慣習工善曰閑。

意旨　脂以反。説文作恉。恉，意也，志也。

未嘗　視羊反。廣雅：嘗，試也。暫也，先也。未嘗亦未曾也。

諂誑　丑冉反。希其意、道其言謂之諂，謂傾身以有下也。諂亦佞也。誑，惑也，欺也。

矯亂　居夭反。謂假詐誑惑也。説文：撟，擅也。擅稱上命曰撟，字體從手，今皆作矯。

烈日　離折反。廣雅：烈，盛也。説文：烈，火猛也。

舉恃　古文怾，同。時止反。恃，賴也。韓詩：無母何恃？恃，負也。

凌蔑　力昇反，下又作懱，同。莫結反。蒼頡篇：凌，侵犯也。説文：懱，相輕傷也。

傲逸　五到反。廣雅：傲，慢也。不敬也，輕傷於人也。逸，放縱也。

焚燒　古文炃、燌二形，同。扶雲反。説文：焚，燒田也。字從火燒林意也。

唐捐　以專反。唐，徒也。徒，空也。説文：捐，棄也。

阿毗達磨俱舍論　第五卷

半椽娑　乃可反。舊言波那娑，果形如冬瓜，其味甚甘。

俱盧洲　此云上勝，亦云勝生。舊經中作鬱單越，或云鬱怛羅越，亦言鬱多羅拘樓，亦直云拘樓，皆梵音輕重也。

色(市)〔一二〕廛　治連反。梵言阿練遮羅，此云市廛。禮記：市廛而不征。鄭玄曰：廛謂市物邸舍也。廛，居也。[人所居也〔一三〕。]方言：東齊海岱之間謂居曰廛。舊云欲行，疑誤也。按梵名行爲僧塞迦羅也。

軌範　又作范，同，音犯。軌，則也。範，法也。謂可爲法則，亦教人法則也。梵言阿遮利耶。舊言阿闍梨，訛也。

僵仆　居良反。下古文踣，同。蒲北反。仰謂之僵，伏謂之仆。言偃臥前覆也。

憤恚　扶粉反。方言：憤，盈也。説文：憤，滿〔一四〕也。謂憤怒氣盈滿也。

殞歿　又作隕，同。爲愍反。聲類云：殞，没也。亦墜落也。

達弭羅　彌尔反。此云攝受法。

嗢怛羅〔一五〕　烏没反。此云攝受勝。

殑耆羅〔一六〕　渠矜反。此云攝受沙。皆人名也。

白鷺　來故反。白水鳥也。頭翅背上皆有長翰毛。江東取爲睫離，曰白鷺縗。縗音蘇雷反。

嗣前　古文孠，同。辭利反。爾雅：嗣，繼也。續也，相繼續也。

犎胡　妃封反。又音封。下又作頶、咽[二]〔一七〕形，同。户孤反。脊上有肉鞍如駱駞者曰犎。今有此牛，形小，髆上有犎是也。說文：胡，牛頷垂下也。釋名：胡，在咽下垂者也。

仍未　又作訒、礽二形，同。而陵反。廣雅：仍，重也。爾雅：仍，因也。乃也。

中名　彌成反。名，幖幟也，亦所以名質也，自命也。左傳：名以制義。廣雅：名，成也。字從口從夕。夕則不相見，須口以名之字意也。

文字　云(亡)〔一八〕云、慈恣反。案說文：昔蒼頡造書，依類象形，故謂之文。其後形聲相益，即謂之字。字，生也，孳乳浸多也。

哀阿　烏可反。謂無義文字也。

嗢遮　烏没反。字界也。此言合集義界謂字母也。

阿毗達磨俱舍論　第六卷

羯剌藍　盧葛反。或作羯羅藍，或云歌羅邏，皆一也。此云凝滑，亦言和合。謂父母不净如蜜和酪，泯然成一，於受生初七日中凝滑如酪上凝膏。

潤沃　古文渓，同。烏木反。沃猶溉灌也，澆也，漬也。

諾瞿陀　舊言尼俱陀樹，或作尼俱律，或云尼俱類陀，亦言尼拘屢陀，又云尼拘盧陀，皆一也。舊譯云無節。一云從廣樹也。

中天　又作殀，同。於矯反。說文：夭，屈也。廣雅：夭，折也。如物夭折中也。字從天象形不申也。又不盡天年謂之夭字意也。

鴉足　啞加反。言草如鴉足，即以爲名也。

農夫　古文農、莀二形，同。奴冬反。說文：農，耕也。

阿毗達磨俱舍論　第七卷

聳幹　古文竦、慫二形，同。須奉、所項二反。廣雅：聳，上也。下公旦反。幹謂莖本也，枝幹也。

先兆　除矯反。賈逵注國語云：兆，見形也。亦撲(機)〔一九〕兆也。謂事先見者曰兆。

占相　之塹反。方言：占，視也。亦候也。凡相候謂之占。占亦瞻也。

咄哉　都杌反。字林：咄，相訶也。字書：咄，叱也。叱音齒逸反。

阿毗達磨俱舍論　第八卷

反質　之逸反。廣雅：質，問也。亦定也。

卵轂　又作殼，同。口角反。吴會間音哭。卵外堅也。尚在卵中謂之轂。

而欻　吁物反。蒼頡篇云：欻，猝起也。亦忽也。

身纔　在灾反。纔，僅也，劣也，不久也。廣雅：纔，暫也。三蒼：纔，微也。

固唯　古文作怘，同。古護反。固，必也。小爾雅：固，久也。固亦鼓(故)〔二〇〕也。

如札　莊黠反。今江南謂斫削木片爲柹，關中謂之札，或曰柹札。柹音敷廢反。

星迸　古文跰，或作逬，同。班孟反。迸謂散走也。

嗢柁南　烏没反，下徒我反。嗢，此言集。柁南，此云施。謂集以施人也。字從木。

琰摩　以冉反。或作閻摩羅，或言閻羅，亦作閻摩羅社，又言夜磨盧迦，皆是梵音楚夏聲之訛轉也。此譯云縛，或言雙世，竊謂苦樂並受，故以名焉。又云閻摩，此云雙。羅社，此言王。兄及妹皆作地獄王，兄治男事，妹治女事，故曰雙王。

阿毗達磨俱舍論　第九卷

俱胝　陟遲反。或言俱致，此當億，謂千萬也。或十萬爲億，或萬萬爲億。西國俱胝或千萬，或十億，或百億，而甚不同，故存本名耳。

訖栗抧　居紙反。即迦葉波佛父王之名也。

諷頌　不鳳反，下辭用反。諷謂詠讀也。又以聲節之曰諷。頌亦讚詠也。

熊馬　胡宫反。説文：熊，如豕，山居，冬蟄。其掌似人掌，名曰蹯音煩。

羆驢　彼宜反。爾雅：羆，如熊，黄白文。郭璞云：似熊而長頸，似馬有髦，高脚，猛憨多力，能拔木。關西名多[二一]猳羆。憨音呼濫反。猳音加。

羯吒私　此愛之別名也。

茅廬　力居反。寄止曰廬，别舍也。黄帝爲廬，所以避寒暑也。春秋去之，冬夏居之也。

鍵南　渠偃反。舊云伽訶那，此云堅厚。至第四七日肉團方堅厚也。

閟澀　鄙冀反。詩云：我思不閟。傳曰：閟，閉也。亦不從也。下又作濇，同。所立反。謂不滑也。字四止，四止即不通字意。

醫者　於其反。説文：治病工也。醫之性得酒而使藥，非酒不致，故字從酉。殹，病人聲也。殹，於奚反。或作毉、醫二形，並俗字也。

嬰兒　於盈反。三蒼：女曰嬰，男曰兒。釋名云：人始生曰嬰兒。胸前曰嬰，投之嬰前而乳養之。故謂嬰兒也。

晱末梨　式染反。滑草也。用之洗手甚滑澤也。

潰爛　古文殨，同。胡對反。蒼頡篇：潰，旁決也。説文：潰，漏也。

叵觀　普我反。三蒼云：叵，不可也。反正爲之(乏)[二二]，反可爲叵，皆字意也。

爲述　脣聿反。孔子曰：述，循也。案述謂訓其義理也。爾雅：述，修(循)[二三]也。修(循)，行也。

涕淚　他禮反。詩云：涕泗滂沱。傳曰：自目(鼻)[二四]曰涕。目出[曰][二五]淚也。廣雅：涕、泣，淚也。

離繫　亦云不繫。梵言尼乾，亦言泥揵連。其外道拔髮露形，無所貯畜，以手乞食，隨得即噉者。

播輸鉢多　補賀反。亦作波輸。此是塗灰外道，遍身塗灰，髮即有剃不剃，衣纔蔽形，但非赤色爲異耳。奉事魔醯首羅天者也。

般利伐羅夕迦　亦言簸利婆羅闍迦，此云普行事那羅延天。頂留少髮，餘盡剃去，内衣在體，纔蔽形醜。其衣染以赤土

如箣　蒼頡篇作圌，同。市緣反。圓倉也。説文：判竹，圓以成穀者也[二八]。江南行此音。又上仙反，中國行此音。

摶擊　徒桓反。摶，圓也，厚也。廣雅：摶，著也。摶之令相著也。

蘇迷盧　此云妙高山，亦言好光山。舊言須彌，或云須彌樓，皆訛也。

踰健達羅　舊言由乾陀羅山，此譯云持雙山，言此山峰有二隴道，因以名之。

伊沙馱羅　舊云伊沙陀羅，此云自在持，亦言持軸。言此山多有諸峰，形如車軸，故以名之。

朅地洛迦　祛謁反。此云擔山，言此山寶樹形若擔山木，遂以名之。

蘇達梨舍那　此云善見，言此山端嚴繡麗，見之稱善，則以名焉也。

頞濕縛羯拏　烏葛反。此云馬耳。言此山峰形似馬耳，因則名之。

毗那怛迦　都達反。此云障礙神。有一鬼神，人形象頭，凡見他事，皆爲障礙。此之山峰似彼神頭，故以名也。

尼民達羅　舊言尼民陀羅，此云地持山，又魚名也。言海中有魚，名尼民達羅。此山峰形似彼魚頭，故以名之。

吠瑠璃　扶廢反。舊云鞞稠利夜，亦言鞞頭梨也。或云毗瑠璃，亦作鞞瑠璃，皆梵音訛轉也。從山爲名鞞頭梨也。山出此寶，謂遠山寶。遠山即是蘇迷盧山也。此寶青色，一切寶皆不可壞，亦非煙焰所能鎔鑄，唯鬼神有通力者能破之爲物，或云是金翅鳥卵殼。[此殼][二九]即是此寶，鬼神破之以賣與人也。

之色也。

阿毗達磨俱舍論　第十卷

龍鎮　知陣反。又音珍。説文：鎮，壓也。亦安也。廣雅：鎮，重也。

部多　已生義。含多解，故仍置本名。

飢饉　古文作飥，又作饑，同。几治反。爾雅：穀不熟爲飢，蔬不熟爲饉。案凡草木可食者通名蔬菜。

洋銅　以章反。謂煮之消爛洋洋然也。三蒼：洋，大水也。字略作煬，釋金也。

贍部　時焰反。樹名也。舊經中或言剡浮，或作閻浮，皆訛也。

炎石　于廉反。詩云：赫赫炎炎。傳曰：炎，熱也。

三灾　籀文作災，又烖、扻二形，同。則才反。灾，傷也。案凡害傷人者皆曰灾。又天反時曰灾。灾亦病也。

沐浴　亡卜反[二六]。説文：濯髮曰沐，洒身曰浴也。

埃塵　烏來反。蒼頡篇：埃謂風揚塵也。

性囂　許驕反。囂，讙也。謂讙譁不静也。

阿毗達磨俱舍論　第十一卷

踰繕那　市戰反。此云合也，應也。計應合爾許，度量同此方驛也。自古聖王一日行也。案西國繕那亦有大小，或三十里，或四十里，昔來皆取四十里爲定。舊經論中或作踰闍那，或作由延，亦作由旬，或云俞旬，皆訛略也。

諾健那　此謂露形有(身)[二七]，大力神名也。

舍摅洲　敕佳反。

矩拉婆洲　俱禹反，下盧荅反。

羅刹娑　或言阿落刹娑，是惡鬼之通名也。又云羅叉娑，此云護者。若女則名羅叉私，舊云羅刹，訛略也。

從撗〔三〇〕　廣雅：足容反。小爾雅：衺，從，長也。韓詩傳曰「南北曰從，東西曰撗〔三一〕」是也。

殑伽河　其昇反。諸經論中或作恒河，或作恒伽河，亦云恒迦河，或作強伽河，皆訛也。此河從無熱惱池東面金象口而出，流入東海。舊譯云天堂來，以彼外書云本入魔醯首羅天頂，從耳中出流在地上，以此天化身在雪山頂，故作是說。見從高處而來，故云天堂來也。

信度河　舊言辛頭河，此云驗河。從池南面銀牛口中流出，還入南海也。

徙多河　斯尒反。或言私多，或云悉陀。亦言私陀，皆梵音之差也。此云冷河，從無熱惱池西南瑠璃馬口而出，流入西海，即是此國大河之源，其泒流之小河也。

縛芻河　舊言博叉，或作薄叉，亦云婆叉河，又言嚩叉河，皆一也。此云青河，從池北面頗梨師子口中流出。

煻煨　徒郎反，下烏迴反。通俗文：熱灰謂之煻煨。

阿鼻旨　諸以反。或言阿毗至，亦云阿毗地獄，或言阿鼻地獄，一義也。此云無間。無間有二：一身無間，二受苦無間。

娘矩吒　女良反，下俱禹反。此云糞屎蟲，有觜如針，亦名針口蟲，穿骨食髓者也。

觜利　子累反。廣雅：觜，口也。方言：觜，鳥喙也。

呞食　古文噍，又作唼，同。子盍反。通俗文：入口曰呞。又蟲食曰唼。

銛利　私廉反。廣雅：銛、鑯，利也。謂刀鋭曰銛也。

探喙　他含反。説文：手遠取曰探。探，摸也。

鐵仗　治亮反。執持名仗，謂兵器之總名也，刀矟杵棒等是也。

刀槍　千羊反。蒼頡解詁云：木兩頭尖鋭曰槍。説文：槍，岠也。

禦捍　古文敔（敔）〔三二〕，同。魚舉反。小爾雅：禦，抗也。禦，當也。爾雅：禦，禁。謂未有而豫備之也。字從示。下又作扞，同。胡旦反。説文：捍，止也。蔽也，亦衛也。

適彼　二（三）〔三三〕蒼古文作這，同。之赤、尸亦二反。適，近也，始也，又往也。

尼剌　洛割反。此云裂，言身皰裂也。

頞哳吒　烏曷反，下陟黠反。此從聲爲名也。

矐矐婆　呼各反。此皆從受苦之聲爲名也。

支派　普懈反。水分流曰派。説文：水之邪流別也。廣雅：水自分出名派也。

俱盧舍　治（諸）〔三四〕經中或作句盧舍，或作拘樓賒，亦作拘屢舍，皆梵音輕重也。謂大牛鳴音聲聞五里。又云五百弓八俱盧爲一踰繕那，即四十里，古者聖王一日所行也。

稼穡　加暇反，下所力反。字林：種曰稼，收曰穡。説文：禾之秀實曰稼。一曰在野曰稼。

層級　字恒反〔三五〕，下居及反。説文：層，重屋也。亦累也。級謂階次也。

封邑　甫逢反。起土爲界，封爵也。周禮：四井爲邑，方二里也。凡邑有宗廟先君之主曰都，無曰邑。

姤羅綿　丁故反。舊言兜羅綿也。

角勝　古文斠，同。古卓反。角，比量也。禮記：習射御角力。廣雅：角，量也。角，試也。説文：角，平斗斛也。並單作角。或作捔(㩳)〔三六〕，此古文粗字，音在古反。捔，略也。

芬馥　敷雲反，下扶福反。方言：芬，和也。謂芬香和調也。字林：馥，香氣也。

擁遏　烏割反。蒼頡篇：遏，遮也。爾雅：遏，止也。今謂逆相止爲遏也。

笑視　私妙反。字林：笑，喜也。字從竹從犬聲。竹爲樂器，君子樂，然[後]〔三七〕笑。又作咲，俗字也。

印度　於振反，下徒故反。或言天竺，或云身毒，或作賢豆，皆訛也。正言印度。印度名月，月有千名，斯一稱也。良以彼土聖賢相繼，開悟群生，如月照臨，因以名也。一説云賢豆，本名因陀羅婆他那，此云主處。主謂天帝也。當以天帝所護，故世久号之。

娑訶麻　娑訶，此言笆，或云篅。麻則胡麻也。笆音徒損反。

佉梨　此云一斛，謂十斗也。

洲渚　之與反。爾雅：水中可居曰洲。小洲曰渚。洲謂水中有平地可居者也。釋名云：洲，聚也。人及鳥獸所聚息處也。

焚燎　古文尞〔三八〕，同。力照反。燎謂放火也。火田爲燎也。説文：燎，燒田也。

灰燼　又作㶳，同。似進反。説文：火之餘木曰燼。小爾雅：燼，餘也。

僧企　祛豉反。此言無央數。舊言阿僧祇，訛也。

嗢蹭　烏没反，下七鄧反〔三九〕。

娑喝〔四〇〕　呼曷反。

醯都　虚奚反。

拈〔四一〕筏　乃兼反。

姥達　莫古反。

邏攙　叉鑒反。

麟角　理真反。仁獸也。爾雅：麟，麕身，牛尾，一角。不角者，麒。角頭有肉。

臣僚　又作寮，同。力彫反。爾雅：官，寮也。同官爲僚也。

喬荅摩　借音渠高反。姓也。喬猶瞿之轉也。此有三義：一云日種，二云牛糞種，三泥種也。舊云瞿曇，略也。

鬱馥　於勿反，下扶福反。爾雅：鬱，氣也。鬱然，香氣盛出也。

猖狂　齒楊反。謂變易情性也，亦狂駭也。莊子：猖狂妄行也。

銓量　又作硂，同。七泉反。廣雅：稱謂之銓。言知輕重也。漢書應劭曰：銓，稱衡也。量，斗斛也。

貧匱　渠愧反。無財曰貧，乏財曰匱。匱亦竭也。

輟其　丁劣反。輟，止也。爾雅：輟，已也。

訶梨怛雞　舊言呵黎勒，翻爲天主持來。此果堪爲藥分〔四二〕，功用極多，如此土人參、石斛等也。

殷凈　於斤反。詩云：殷其盈矣。傳曰：殷，衆也。殷，大也。

霖淫　力金反。左傳：雨自三日已上爲霖。爾雅：久雨謂之淫，淫謂之霖。

翳目　一計反。韻集云：目障病也。説文作瞖。目病主(生)〔四三〕翳也。

阿毗達磨俱舍論　第十三卷

鬱金　此是樹名，出罽賓國。其花黄色，取花安置一處，待爛壓取汁以物和之爲香。花粕猶有香氣，亦用爲香也。

火燸　祖勞反。字林：燸，燒木焦也。説文：燸，焦也。

寐覺　亡庇反。寐，眠熟也。國語「獻公寢而不寐」是也。亦臥也。

隄塘　古文隄，同。都奚反，下徒郎反。説文：隄，防也。爾雅：隄謂之梁。李巡曰：隄，防也。障也。漢書：無隄之輿。韋昭曰：積土爲封隄(限)〔四四〕也。

心栽　子來反。栽，植也。今時名草木植曰栽。

痼疾　又作痁，同。古護反。久病也。説文：痼，病也。

阿毗達磨俱舍論　第十四卷

正學　梵言式叉摩那，謂二〔四五〕歲學戒者也。

或趀　求累反。今江南謂屈膝立爲䠊趀，中國人言胡跽。音其止反。胡音護。䠊音文(丈)〔四六〕羊反。禮記「授立不趀」作跪，借字耳。

制多　舊言支提，或云脂帝浮圖，皆訛也。此翻應名可供養處，佛涅槃處、生處、説法處悉名制多，皆須供養恭敬也。

娶妻　七句反。取也。詩云：娶妻如之何？傳曰：娶婦也。

療病　説文作㾛，同。力照反。三蒼：療，治病也。

窣羅迷麗耶末陀　窣音蘇没反。窣羅，米酒也。迷麗耶，謂根莖花葉雜酒也。末陀謂蒲陶酒也。

稗子　蒲懈反。説文：禾別也。草之似穀者也。

阿毗達磨俱舍論　第十五卷

屠羊　達胡反。説文：屠，刳也。廣雅：屠，壞也。案：屠，分割牲肉也。

魁膾　苦迴反，下古外反。魁，師(帥)〔四七〕也，首也。膾，切肉也。主煞人者。或有作儈，音膾。聲類：儈，今(合)〔四八〕市人也。儈非此義。

罝弶　古文罝、䍦二形，同。子邪反，下渠亮反。爾雅：兔罟謂之罝。郭璞曰：罝，遮也。遮取兔也。韻集云：施罥於道曰弶。今田獵家施弶以取鳥獸者，其形似弓也。

典刑〔四九〕伐　又作敟，同。丁繭反。廣雅：典，主也。下胡經反。刑，罰罪也。易曰：刑，法也。井爲刑法也。春秋元命苞曰：刑字從刀從井。井以飲人，人入井争水，陷於泉，以刀守之，割其情欲，人有畏慎以全身命也，故字從刀從井。

凶勃　又作兇，同。許恭反，下古文誖、悖二形，同。蒲没、補憒〔五〇〕二反。凶，暴也。凶，惡也。悖，亂也，亦逆也。

乞匃　古艾反。蒼頡篇：乞，行請求也。字體從人從亡，言人亡財物則行求匃也。

毗訶羅　亦言鼻訶羅，此云遊，謂僧遊履處也。此土以寺代之。

准陀　止尹反。此云妙義，舊言純陀，訛也。

難愈　古文瘉，同。臾乳反。説文：瘉，病瘳也。方言：差，愈也。

陶家　又作匋，同。大勞反。或借音遥。史記：陶，瓦器也。蒼頡篇「陶作瓦家也，舜始爲陶于河濱」是也。案西域地多卑濕，不得穿窯，但壘坏器露燒之耳。窯音姚。

鹹鹵　胡緘、力古反。説文：鹵謂西方鹹地也。确薄之地也。天生曰鹵，人生曰鹽。鹽在東方，鹵在西方。釋名云：地不生物曰鹵。故字從西省，下象鹽形也。

坑穽　古文阱、汬二形，同。才性反。説文：大陷也。蒼頡篇：

穽謂掘地爲坑，張禽獸者也。

阿毗達磨俱舍論　第十六卷

揣觸　初委反。揣，摸也。通俗文：捫摸曰揣。有作揣。初委、都果二反。廣雅：揣，試也。量也。兩通。

養飤　因恣反。廣雅：萎(餧)〔五一〕，飤也。蒼頡篇：飤，飽也。謂以飲食設供於人曰飤，故字從人。萎(餧)音於僞反。或作飼，俗字也。

祈請　渠衣反。廣雅：祈，求也。爾雅：祈，告也。

猜阻　古文㥉、猜二形，今作倸，同。粗來反。猜，疑也。廣雅：猜，懼也。

波刺私　羅葛反。亦言波嘶，或云波斯，國名也。臨近西海，最饒奇寶。諸國商人皆取其貨，斯以龍威珠力古昔推焉耳。

尼延底　此言深入義，貪之異名也。言窮極無厭，故以名之。

布灑他　所解反。此云增長，謂半月叉磨增長戒根也。叉磨，此云忍，謂容恕我罪也。舊言懺者，訛也。或言逋沙他，亦云布薩，皆訛略也。

佞歌　奴定反。佞，諂媚也。説文：巧媚高材曰佞。又僞善曰佞，字從女從仁。論語：惡夫佞者。此亦從女之義。左傳：寡人不佞，不能事父兄。此則從[仁]〔五二〕之義也。

毀呰　古文呰、㧗二形，同。子尔反。説文：呰，呵也。禮[記]〔五三〕：呰者，莫不知禮之所生。鄭玄曰：口毀曰呰。

倡伎　齒揚反，下渠綺反。説文：倡，樂也。三蒼：倡，俳也。伎謂藝能也。

祠祀　似玆反，下徐理反。爾雅：祠，祭也。又人祭曰祠，禮祭曰祀〔五四〕。

阿毗達磨俱舍論　第十七卷

替善　他計反。爾雅：替，廢也。止也。替，滅也，謂滅絶也。

布刺拏　洛割反。或作補刺拏，此云滿，舊言富蘭那也。

儱戾　經中或作籠，同。禄公反。三蒼作悷，同。力計反。很戾也。謂佷戾剛强也。

乖穆　又作睦，同。莫聲反〔五五〕。睦，和也。爾雅：睦，敬也。厚也。

磽确　苦交反，下胡角、苦角二反。孟子曰：磽确，薄埆地也。通俗文：物堅鞕謂之磽确。地堅鞕則不宜五穀也。

果辢　字苑作莿，同。盧葛反。通俗文：辛甚曰辢。江南言辢，中國言辛。

阿毗達磨俱舍論　第十八卷

後填　古文寘，同。徒堅反。廣雅：填，塞也。

後皰　又作靤，同。蒲孝反。小腫起也。説文：皰，面生氣也。

温誦　烏昆反。論語：温故而知新。何晏曰：温，尋也。鄭玄注禮記云：後時習之謂之温。温，煗也，取其義矣。背文曰誦。

三罰　扶發反。罪之小者曰罰。罰亦折伏也。

大娑羅　樹名也。是大富貴家義也。案西國大官貴大富兒弟皆呼爲娑羅也。

荷負　又作柯(抲)〔五六〕、何二形，同。胡歌、胡可二反。小爾雅：

何，揭，擔也。何，任也。

被析　思歷反。析，分也。字從斤分木爲析，今俗作析[五七]皆從片。

底沙　丁禮反。舊言弗沙，此云明也。

赫弈　呼隔反，下餘石反。小爾雅作赫、燡，明也。廣雅：赫、奕、盛，明也。字從大。燡音亦。

末度迦果　謨鉢反。舊云摩頭，此言美果也。

賃婆果　女鴆反。形如此土苦楝樹也。楝音力見反。

馱都　徒餓反。謂堅實也。此亦如來體骨舍利之異名耳。

阿毗達磨俱舍論　第十九卷

藹羅筏拏　烏艾反。舊名伊羅鉢多羅，亦云喔羅鉢多羅。伊羅，此云香。鉢多羅，此云葉。名香葉象。

阿毗達磨俱舍論　第二十卷

姬媵　居疑反，下餘證反。漢書：文帝母薄姬。如淳曰：姬，衆妾之總名也。姬亦女官也。秩比二千石，位次婕妤下。左傳：以媵秦穆姬。杜預曰：送女曰媵。媵，送也，寄也。公羊傳曰：媵者何？諸侯一國，則二國媵之，以姪娣從。釋名云：姪娣曰媵。媵，承也。承事適他也。今三品曰姬，五品曰媵是也。

纏壓　周成難字作窜。窜，桚也，同。於甲反。蒼頡篇云：壓，鎮也。笮也。桚音祖曷反。

涌泛　今作汎，同。敷劍反。廣雅：泛泛，浮皃也。亦駛[五八]疾也。

漂激　匹遥反，下古狄反。浮吹曰漂，流急曰激。漂亦摇蕩也。

阿毗達磨俱舍論　第二十一卷

尤重　有周反。尤，甚也，亦多也，異也，過也。

防邏　力賀反。戍屬也。韻略云：邏謂循行非違也。遊兵以禦寇者也。

阿毗達磨俱舍論　第二十二卷

𧄍瞢　徒登反，下亡登反。韻集云：𧄍瞢，失卧極也。

一睫　説文作䀹，釋名作䀏，同。子葉反。目旁毛也。山東田睫[五九]里間音子及反。

有序　古文𡖔，同。徐與反。次也，有次序也。白虎通曰：序者，序長幼也。

蕐豆　甫蜜反。人家亦種之，堪食用。爲澡豆，極佳也。

深駃（駛）[六〇]　所吏反。蒼頡篇：駃（駛），疾也。

悵望　敕亮反。説文：悵，望恨也。

蟲胆　千餘反。通俗文：肉中蟲謂之胆。三蒼：蠅乳肉中曰胆也。

髖髀　又作臗，同。苦桓、苦昆二反。埤蒼：髖，尻也。廣雅：臗，豚[六一]也。下古文踔，同。蒲米反。説文：股外也。北人用此音。又方尔反，江南行此音。或作䏶，俗字也。

一磔　古文厇[六二]，同。知格反。通俗文：張申曰磔。廣雅：磔，張也，開也。

吠嵐婆　力含反。案舊經論中或作毗藍婆，或言旋藍婆，又作鞞嵐婆，或作隨藍婆，皆梵音之楚夏耳。此云迅猛風也。

阿毗達磨俱舍論　第二十三卷

循身　古文㣈，同。似遵反。爾雅：率、循，自也。郭璞注云：爲循行也。循亦遍也。巡歷也。

欽重　去金反。欽，敬也。謚法曰：威儀備悉曰欽。

披閲　餘説反。簡閲也。小爾雅云：閲，具也。具數於門中曰閲。

飲光部　梵言迦葉波。迦葉，此云光。波，此云飲。今依此間語名飲光。飲光有二義：一迦葉波，是上古仙人。此仙人身有光明，能飲餘光，令不復現。此羅漢是彼種，故因以名焉。云此人(二此阿羅漢)〔六三〕身作金色，常有光明，以閻浮檀金爲人，並此阿羅漢羅漢身光飲金，人光不復現〔六四〕，故名飲光也。

臺觀　徒來反，下古玩反。爾雅：四方而高曰臺。又云：觀謂之闕。孫炎曰：宫門雙觀也。釋名云：觀者，於上觀望也。

阿毗達磨俱舍論　第二十四卷

憺怕　徒濫反，下匹白反。説文：憺，安。謂憺然安樂也。憺亦恬静也。怕，静也，無爲也。子虚賦云：怕兮無爲，憺兮自持也。

憍陣那　除吝反。舊云憍陳如，訛也。此云大(火)〔六五〕器，是姓。阿若是名。亦云初智，以其最初悟無〔六六〕而得智本願也。

阿毗達磨俱舍論　第二十五卷

唯目　莫鹿反。目謂紀録也，亦條目也。

阿毗達磨俱舍論　第二十六卷

揩(楷)〔六七〕定　口駭反。廣雅：揩(楷)、摸(模)〔六八〕、品、式，法也。

雖蹶〔六九〕　又作蹷，同。居月、巨月二反。説文：蹶，僵也。僵，仰卧也。

阿毗達磨俱舍論　第二十七卷

金礦　古文𥗋，同。古猛反。説文：礦，銅鐵璞也。

登祚　徂故反。祚，位也。國語云：天地之所祚。賈逵曰：祚，禄也。

那羅延　那羅，此翻爲人。延那，此云生本。謂人生本，即是大梵王也。外道謂一切人皆從梵王生，故名人生本也。

蟠結　蒲寒反。禮記：而蟠于地。鄭玄曰：蟠，委也。廣雅：蟠，曲也。迴也。方言「未昇天龍曰蟠龍」是也。

健馱梨　齊持咒女也。從國爲名。此女聲呼之也，男聲猶健陀羅國也。

伊刹尼　叉黠反。此云占相觀察也。

曼馱多　莫槃反。此云我養，則頂生王之名也。

阿毗達磨俱舍論　第二十八卷

阿笈摩　渠葉反。此云教法，亦言傳，謂展轉傳來相教授也。

阿毗達磨俱舍論　第二十九卷

怨讎　視由反。憎惡怨憾曰讎。讎，對也。爾雅：讎，匹也。春秋「怨偶曰讎」是也。

青瘀　於慮反。説文：瘀，積血也。廣雅：瘀，病也。

由鄙　悲美反。鄙，惡也。廣雅：鄙、恥、羞，愧也。

依怙　胡古反。爾雅：怙，恃也。韓詩：無父何怙？怙，賴也。

爾焰　余贍反。此云所知。舊作爾炎，一也。

確陳　埆蒼作墧，又作碻，同。苦學反。廣雅云：確謂堅鞕牢固也。

儒童　而俱反。説文：儒，柔也。謂柔愞也。童，幼也，謂幼小也。梵言摩納縛迦。

頻毗娑羅　或言頻婆娑羅，亦云蓱沙王，一也。此云顔色端正，或云色像殊妙。又頻婆是刻木采畫等形像也。

婆拕梨　徒我反。是西方一類小棗名也。是苾蒭從此爲名也。

頗勒具那　普何反。此十二月星名也。是人從此爲名。

伐蹉　粗何反。舊言婆蹉，則婆羅門姓也。

如牝　毗忍反。説文：畜母也。雌曰牝。詩云：雉鳴求其牝。非但畜也。

嗢底迦　烏没反，下借音丁履反。人名也。

制怛羅　都達反。人名也。此正月星名。西國立名多此也。

普莎訶　蘇和反。普，咒聲也。莎訶，此云善説也。

拘攙(櫞)〔七〇〕　俱禹反，下以專反。廣志云：似橘而大，如飯筥，可以浣濯漚葛紵也。今出番禺以南。縷切蜜漬爲糝，食之甚佳。筥音吕。番音潘。糝音桑感反。

紫礦　古猛反。謂波羅奢樹汁滓也。其色甚赤，用染皮氎。其樹至大，亦名甄叔迦，一物也。花大如斗，極赤，葉至堅肕。商人縫以爲袋名(者)〔七一〕也。肕音刃。

時瓢　女良反。如瓜瓠中瓤瓣也。瓣音蒲莧反。［瓤，而羊反〔七二〕。］

一切經音義　卷第二十四

甲辰歲高麗國大藏都監奉敕雕造

校勘記

〔一〕　阿毗達磨俱舍論　慧修訂轉録於第七十卷。

〔二〕　舍含藏義一，故以名焉　磧爲「含藏義一切，以名焉」。

〔三〕　日數十，十六日而月始虧冥字意也　今傳本説文：「日數十十六日而月始虧幽也。」據玄卷十七釋俱舍論第一卷「諸冥」爲「日數十六日而月始虧冥字意也」，似衍一「十」字。

〔四〕　誦　慧卷七十作「謂」。

〔五〕　隟　磧作「隙」，下同。「隟」爲「隙」的異體字，後又作「隙」。

〔六〕　𡨃　磧作「𡧧」。

〔七〕　奴　慧卷七十作「收」。

〔八〕方眠反　磧爲「卑眠反」。
〔九〕瓜　磧作「爪」。
〔一〇〕誌　磧作「志」。
〔一一〕是　慧卷七十作「市」。
〔一二〕色　磧作「市」。
〔一三〕人所居也　麗無，據磧補。
〔一四〕滿　今傳本説文作「滿」。
〔一五〕此條麗接排在「達弭羅」下，未分列。
〔一六〕此條麗接排在「嗢怛羅」下，未分列。
〔一七〕二　麗無，據磧補。
〔一八〕云　磧作「亡」。
〔一九〕攙　磧作「機」。
〔二〇〕鼓　磧作「故」。
〔二一〕多　磧無，麗衍。
〔二二〕之　磧作「乏」。
〔二三〕修　磧作「循」。下同。
〔二四〕目　磧作「鼻」。
〔二五〕曰　麗無，據磧補。
〔二六〕亡卜反　磧爲「莫卜反」。
〔二七〕此謂露形有　磧爲「謂露身」。
〔二八〕説文：判竹……穀者也　今傳本説文「箭，以判竹圜以盛穀也」。
〔二九〕此殼　麗無，據磧補。
〔三〇〕從擴　磧爲「縱廣」。

〔三一〕擴　磧作「廣」。
〔三二〕敔　慧卷七十作「敔」。
〔三三〕二　磧作「三」。
〔三四〕治　磧作「諸」。
〔三五〕字恒反　磧爲「才登反」。
〔三六〕捔　據文意當作「觕」。下同。蔣曰：「捔皆當作觕。集韻平聲十一模韻：『粗，大也，疏也，物不精也。或作觕。』」
〔三七〕後　麗無，據磧補。
〔三八〕橑　據文意似作「撩」。
〔三九〕下七鄧反　磧爲「下倉鄧反」。
〔四〇〕此條麗原接在「嗢蹭」下。
〔四一〕拈　磧作「粘」。
〔四二〕分　金剛本作「以」。
〔四三〕主　磧作「生」。
〔四四〕隄　慧卷七十作「限」。
〔四五〕二　磧作「三」。
〔四六〕文　磧作「丈」。
〔四七〕師　據文意當作「帥」。
〔四八〕今　慧卷七十作「合」。
〔四九〕荆　磧作「刑」。下同。「荆」爲「刑」的異體字。
〔五〇〕補償　磧爲「蒲憤」。
〔五一〕萎　磧作「餧」。下同。

〔五二〕仁　麗無，據磧補。
〔五三〕記　麗無，據磧補。
〔五四〕又人祭曰祠，禮祭曰祀　磧爲「又天祭曰祠，地祭曰祀」。
〔五五〕莫聲反　磧爲「莫穀反」。
〔五六〕栒　慧卷七十作「枸」。
〔五七〕析　海作「枏」。
〔五八〕駃　蔣曰：「駃當作駛」。
〔五九〕睫　磧無，麗衍。
〔六〇〕駃　磧作「駛」。下同。
〔六一〕豚　據文意當作「臀」。
〔六二〕庀　據文意當作「尾」。
〔六三〕云此人　磧爲「二此阿羅漢」。
〔六四〕以閻浮檀金爲人，並此阿羅漢羅漢身光飲金，人光不復現　磧爲「以閻浮檀金爲，又並此羅漢身光飲金人光不復現」。
〔六五〕大　慧卷七十作「火」。
〔六六〕無　磧爲「無生」。
〔六七〕揩　磧作「楷」。下同。
〔六八〕摸　據文意當爲「模」。
〔六九〕雖蹶　磧爲「喬底迦雖蹶」。
〔七〇〕擽　據文意當作「櫞」。
〔七一〕名　慧卷七十作「者」。
〔七二〕瓤，而羊反　麗無，據磧補。

一切經音義　卷第二十五 小乘

翻經沙門玄應撰

阿毗達磨順正理論

阿毗達磨順正理論[一]　第一卷

嘉瑞　賈遐反，下時惴反。爾雅云：嘉，善也，美也。蒼頡篇：瑞，應也，信也。言有善美之德，即應之以信瑞也。

阿氏多　常尔反。此云無勝。舊言阿嗜多，或作阿逸多，皆訛也。是彌勒今生名也。

訕謗　所姦反。蒼頡篇云：訕，誹也。廣雅：訕、謗，毁也。

漏泄　息列反。廣雅：泄，溢也。發也，亦漏也。

指鬘　莫班反。即央掘魔羅也。央掘，此云指。魔羅，此言鬘，或云結。斷人指結，相著爲鬘安頭上，故有此名。

烏盧頻螺迦葉波　此云木瓜林，在此下修道，因以名焉。迦葉波是姓，舊言優樓頻螺。正法華經云：上時迦葉兄弟三人居長者也。

唐攪　古卯反。唐，徒也。徒，空也。字書：攪，撓也。撓音呼刀反。撓，擾也。説文：攪，亂也。

怛策迦　都達反，下初革反。龍名也。

扣擊　説文作敂，同。苦厚反。扣亦擊也。

阿毗達磨順正理論　第二卷

愞耎　奴果反，下而兖反。三蒼：愞，弱也。廣雅：耎，柔也。

稱權　渠員反。廣雅：稱錘謂之摧（權）[二]。摧（權），重也，知輕重也。字從手（木）[三]。

苕（迢）[四]然　徒彫反。苕（迢）遰也，遠也。遰音徒計反。

瞿波洛迦　此云牧牛經也。

窣堵波　蘇没反，下都古反。此云廟，或云墳，或言聚相，謂累石等高以爲相也。舊言藪斗波，或云偷婆，又言塔婆，皆方夏輕重耳。

阿毗達磨順正理論　第六卷

晦冥　呼對反。爾雅云：霧謂之晦。言霧則天地交合，冥冥無所覩見也。劇霧則晝昏冥也。

雰霧　又作氛，同。敷雲反。釋名云：氛，粉也。潤氣著草木，因冷則色凝白若粉也。爾雅云：地氣發，天不應曰霧。霧，陰氣濕也。

廓清　口郭反。爾雅：廓，大也。

所頒　又作班，同。補姦反。小爾雅云：頒、敷，布也。爾雅：班，遍賦與也。

阿毗達磨順正理論　第七卷

彈斥　徒干反，下嗚亦反。廣雅：彈，抨也。漢書音義曰：斥，不用也。亦疏遠也。斥，指也。抨音普庚反。

眩曜　胡麵反。廣雅：眩，惑，亂也。曜，照，明也。

頑嚚　五鰥反，下魚巾反。廣雅：頑，鈍也。蒼頡篇：嚚，惡也。左傳：心不惻（則）〔五〕德義之經爲頑，口不道忠信之言曰嚚。

逞已（己）〔六〕　丑井反。説文：逞，通也。小爾雅：逞，快也。方言：自關而東曰逞，江淮陳楚之閒曰好也。

聰叡　以芮反。聰，聽微也。叡，智識也。又先知曰聰，深明曰叡。

方維　以隹反。廣雅：維，隅也。淮南子云「天有四維」是也。

阿毗達磨順正理論　第八卷

躊躇　腸留反，下腸於反。廣雅：躊躇，猶豫也。躑躅也。

異生　梵言婆羅必栗託仡那。婆羅，此云愚。必栗託，此云異。仡那，此云生。應言愚異生。舊云小兒别生，亦言嬰愚凡夫，又作小兒凡夫，皆一義也。

阿毗達磨順正理論　第九卷

躁動　又作趮，同。子到反。躁，擾也，不安静也。釋名：躁，燥也。言物燥即動而飛揚也。

中庸　以鍾反。廣雅：中，平也。庸，和也。小爾雅云：庸，善也。謂平和善人也。

阿毗達磨順正理論　第十卷

蚩笑　昌夷反。小爾雅云：蚩，戲也。蒼頡篇：蚩，輕侮也。笑，喜弄也。字從古㞢，即之字也。

褒貶　補高反，下碑儉反。案：褒，揚美也。貶，黜退也。

謀議　莫侯反。謀，論也。議，圖也。諮事爲謀，詳論曰議也。

敵論　徒的反。廣雅：敵、當，對也。爾雅：敵，匹也。

惶亂　胡光反。惶謂憂懼在心之皃也。廣雅：惶惶，懼也。蒼頡篇：惶，恐也。

寔多　是力反。爾雅：時、寔，是也。説文：寔，止也。

阿毗達磨順正理論　第十一卷

貪軛　又作扼，同。烏革反。所以扼牛馬領者也。軛亦槅也。槅音革。

讁罰　都革反。通俗文：罰罪曰讁。讁，責也。亦罪過也。罰，折伏也。

瞢憒　莫崩反，下公内反。三蒼：瞢，不明也。憒，煩亂也。

我頃　丘潁反。史記：有頃，列侯問。案：有頃猶須臾之間，亦不久也。

忌憚　渠記反，下徒旦反。廣雅：忌、恐，畏也。憚，疑難也。説文：忌，憎惡也。

顧眄　孤布反，下眠見反。說文：還視曰顧，邪視曰眄也。

阿毗達磨順正理論　第十二卷

幖幟　俾遥反，下昌志反。通俗文：徽号曰幖，私記曰幟。字皆從巾，或從木作標，謂以木爲識，摽(標)〔七〕而記之，此亦兩通。

末奴沙　謨鉢反。亦言摩㝹沙，此云人。

魍魎　古文蝄蜽二形，同。亡强、力掌反。說文：蝄蜽，山川之精物也。通俗文：木石怪謂之魍魎也。

毗濕縛羯磨天　此云種種工業。案西國工巧者多祭此天也。

加趺　古遐反。爾雅：加，重也。今取其義，謂交足坐也。經中或作結交趺坐是也。山東言甲趺，江南言跘跨。跘音平患反。跨，口瓜反。有從足作跏，文字所無也。

鄔陀夷　烏古反。人名也。此云出現義也。

阿毗達磨順正理論　第十三卷

嬉戲　又作唶，同。虚之反。說文：僖，樂也。蒼頡篇：嬉、戲，笑也。

汝曹　又作替，同。自勞反。史記：十餘曹循之。如淳曰：曹，輩也。

毗瑟笯　奴故反。天名也。舊言毗紐天，亦言毗搜紐天，訛也。

阿毗達磨順正理論　第十四卷

梯隥　都鄧反。廣雅：隥，履也。依之而上者也。字從阜。

室路迦　舊言輸盧迦，或云首盧迦，又言首盧柯。案西國數經之法皆以三十二字爲一室路迦，又多約凡夫作世間歌詠者也。此則闡陀論中之一數也。

阿毗達磨順正理論　第十六卷

升陟　胝棘反。言進達之升曰陟。詩云：陟彼高崗。陟，登也。爾雅：陟，升也。謂登升之也。

痱癗　蒲罪反，下盧罪反。字略云：痱癗，小腫也。今取其義。

波沓波種　徒荅反。則婆羅門姓也。

阿毗達磨順正理論　第十八卷

池沼　之遶反。說文：沼，池也。小池也。

命命鳥　梵言耆婆耆婆鳥也。

子息　思力反。兒子曰息。息者，氣在人身中所稟以生也。東觀漢記云「此蓋我子息」是也。今人出錢生子亦曰息，義一也。

阿毗達磨順正理論　第十九卷

是疇　除留反。楚辭：誰可與乎匹疇？王逸曰：二人爲匹，四人爲疇。疇，類也，亦伴侶也。

乳醅　又作酥，同。匹迴反。謂末(未)〔八〕漉酒者也。言乳能成酪，酪能成酒也。

廣樹　籀文作尌(尌)，同。時注反。廣雅：樹，立也。凡置立皆曰樹。

樹亦種殖〔九〕也。

屢辯　力句反。尚書:屢省乃成。孔安國曰:屢,數也。

阿毗達磨順正理論　第二十卷

持羂　又作罥,同。古犬、公縣二反。聲類云:罥,以繩係取鳥獸也。

挽出　古文輓,同。無遠反。説文:輓,引車也。

鄙俚　字體作鄙,同。力子反。説文:五酇爲鄙。鄙,郢也。蒼頡篇:國之下邑曰郢。漢書:質而不郢。如淳曰:雖質猶不如閭里之鄙言也。鄙,猥陋也。廣雅:鄙、羞,耻也。酇音祖旦反,百家也。

尚年　市讓反。蒼頡訓詁云:尚,上也。猶盛年也。

衰耄　字體作瘣,同。所龜反。説文:瘣,減也,損也。禮記:年五十始瘣。瘣,懈也。下古文薹、耄二形,今作秏,同。莫報反。禮記:八十曰耄。耄謂惛忘也,闇亂也。

鳩摩羅設摩　此云童寂多,造詩詠者。

扇帙略〔一〇〕　外道名也。造因明者,即毗婆沙中扇提羅外道是也。

阿毗達磨順正理論　第二十一卷

無繁　扶袁反。詩云:正月繁霜。傳曰:繁,多盛。

水濯　徒角反。説文:濯,滌也。洒也。謂以水净物曰濯也。

設支　舊言舍脂,此云能縛,謂女人若可愛,能生男子染著,通名設支。

阿毗達磨順正理論　第二十二卷

荏苒　而甚反,下而琰反。言須臾也。

阿奴律陀　亦作㨨,盧骨反。此云隨順義,人名也。

匡助　丘方反。爾雅:匡,正也。助,佐也。匡亦復也。

世羅烏波　烏古反。此云小石也。

屬斯　之欲反。屬,著也,亦連續也,適也。

阿毗達磨順正理論　第二十三卷

師雨　于矩反。謂雨安居也。言師若干夏臘也。

童豎　殊庾反。謂侍人未冠者之名也。使通内外之命,以其無有禮,入出便疾也。

蟰蛸　音肅蕭。爾雅:蟰蛸,一名長踦。踦音居蟻反。郭璞曰:小蜘蛛長脚者俗呼爲喜子。詩云「蟰蛸在户」是也。

虹電〔一一〕　古文羾,同。胡公反。俗音絳。爾雅音義曰:雙出,鮮盛者爲雄,雄曰虹;暗者爲雌,雌曰蜺。蜺音五鷄反。説文:螮蝀,虹也。江東呼爲雩。釋名:虹,攻也。純陽攻陰氣也。螮音帝,蝀音董。

縛喝國　呼曷反。北臨縛芻河。其國中有如來澡灌,可受一斗餘。衆色炫熇,金石難名。又有佛牙,又有佛掃帚,迦奢草作也。長二尺餘,圍七寸。其把雜寶飾之也。

波吒釐　力之反。亦云波吒梨耶,舊云巴連弗,訛也。是一花樹名,因此花樹以目城也。

阿毗達磨順正理論　第二十四卷

尺蠖　烏郭反。説文：申屈蟲也。爾雅：蠖，尺蠖。一名步屈。宋地曰尋桑，吴人名桑闔〔一二〕。闔音古合反。即桑蟲也。

阿泥律陀　舊言阿那律，或云阿㝹樓馱，亦言阿泥盧豆，皆一也。此云無滅，亦云如意。昔施辟支一食，於八十劫人天之中往來受樂，於今不滅，故云無滅。又所求如意，亦名如意，即甘露飯王之子，佛堂弟也。

朋友　蒲崩反，下于久反。説文：同門曰朋，同志曰友。廣雅：友，親也。愛也。

方域　爲逼反。域，居也。説文：域，邦也。周禮：方域謂建邦國造都鄙制鄉邑也。

酷毒　口木反。謂暴虐也。説文：酷，急也。甚也。白虎通曰：酷，極也。教令窮極也。

覬除　又作覬，同。羇致反。小爾雅云：覬，望也。

飄鼓　匹遥反，下公户反。飃，吹也。鼓，動也。案凡動物皆謂之鼓也。

阿毗達磨順正理論　第二十五卷

師徒　達胡反。徒，類也。莊子云：孔丘之徒。司馬彪曰：徒，弟子也。

仁孝　而親反。愛人以及物曰仁，上下相親曰仁，貴賢親親曰仁，煞身成人曰仁。爾雅：善父母爲孝。謚法曰：慈愛忘勞曰孝，從命不違曰孝。

承稟　鄙錦反。稟，受也。

阿毗達磨順正理論　第二十六卷

苟欲　公厚反。廣雅：苟，且也。亦誠也。

言詞　魚鞬反，下似資反。直言曰言，言己事也。荅（答）〔一三〕述爲語，爲人説也。禮記「三年之喪，言而不語」是也。言亦云也，發端也。説文：詞者，意内而言外也。亦審言語也。

阿毗達磨順正理論　第二十七卷

啚度　案詔定古文書圖、啚二形，同。達胡反，下徒各反。廣雅：啚，度也。議也，亦計也。度，量也。

每言　莫載反〔一四〕。三蒼：每，非一定之辭也。每亦數也。

蚩誚　才笑反。誚謂嬈弄譏責也，亦訶也。

阿毗達磨順正理論　第二十八卷

紉繩　女珍反。字林云：單繩曰紉。紉，索也。

瀑流　蒲報反。蒼頡解詁（詁）〔一五〕云：瀑，水濆起也。

婆濕波言　所立反。此云氣，謂霧氣等也。

阿毗達磨順正理論　第二十九卷

爲杖　直亮反。杖猶據也。亦扙（杖）〔一六〕，託也。

阿毗達磨順正理論　第三十卷

染污　紆剉、烏故二反。字書：污，塗也。字林：污，穢也。

咀嚼　又作齟，同。才與反，下慈藥反。含味也。咀，齟也。通俗文：咀齧曰嚼也。

津液　子鄰反，下夷石反。三蒼：津液，汁也。説文：液，津潤也。廣雅：滋，液也。潤澤也。

誠言　市盈反。廣雅：誠，實也。説文：誠，信也。敬也。

乍可　仕嫁反。廣雅：乍，暫也。蒼頡篇：乍，兩辭也。

齊（臍）〔一七〕心　昨迷反。説文：毗齊（臍）、人齊（臍）也。字從肉。毗音蒲迷反。

譏刺（刺）〔一八〕　居衣反，下又作諫（諫）〔一九〕，同，且漬反。廣雅：譏，刺也。説文：譏，誹也。

數瞚　又作瞬，同。尸閏反。説文：瞚，目開閉數搖也。

阿毗達磨順正理論　第三十一卷

罭方　楚力反。謂正方也。

開闢　脾亦反。説文：闢，開也。

關閉　補結、補計二反。説文：闔門也。廣雅：閉，塞也。守也。或作閇，俗字也。

荼毒　達胡反。廣雅：荼，毒，痛也。亦行惡也。

重壘　又作垒，同。力癸反。壘亦重也。

拼量　補莖反。謂彈繩墨曰拼。江南名抨，音普庚反。

尋穌　息胡反。穌，活也。小爾雅云：死而復生謂之穌。穌，寤也。

相瀨　仕加反，下力艾反。通俗文：刈餘曰祖（柤）〔二〇〕。廣雅：柤，距也。詩云「如彼棲柤」是也。

齸足　又作齩，同。五狡反。齸，齧也。關中行此音。又下狡反，江南行此音。

齣頸　字林：丘加反，下居井反。言以口齣也。大齧也。今以手也。頸，項前也。

擘胂　補麥反，下矧人反。當脊肉曰胂也。擘，分裂也。

攫腹　九縛、居碧二反。説文：攫，爪持也。通俗文：手把曰攫。蒼頡篇：攫，搏也。獸窮則攫是也。

掐〔二一〕心　他勞反。説文：掐，搯也。搯，一活反。中國言掐，江南言挑。音土彫反。

鑱刺　仕衫反，下七亦反。説文：鑱，鋭也。

漉諸　或作盝，同。力木反。水下皃也。

嗢鉢羅　烏没反。此云黛花。舊言優鉢羅，或云漚鉢羅，訛也。

鉢特摩　徒得反。此云赤蓮花。舊言波頭摩，或云鉢曇摩，皆訛也。

凄勁　且奚反，下居政反。詩云：凄其以風。傳曰：凄，寒風也。勁，切急也。

屯聚　徒昆反。廣雅：屯，寂〔二二〕也。寂音才句反。

殭鞕　居良反，下魚更反〔二三〕。字略云：死不朽曰殭。物堅曰鞕。

緊捺落　奴葛反。此云是人非人，歌神也，頭作馬頭。舊言緊那羅，或作真陀羅，皆訛也。

炬鍼　其吕反。下聲類今作針，同。支諶反。束火曰炬，縫衣曰針。

空歐　又作嘔，同。於口反。歐，吐也。釋名云：歐，傴也。將有所吐脊曲傴也。

毒豨　又作瘡、疔二形，同。火靳反。江南言豨腫。説文：肉反出也。

鬼咽　又作咽，同。一千反。咽，喉也。北人名頸爲咽也。

劇瞖　音皮，下又作泲，同。子禮反。廣雅：劇，剥也。瞖，漉也。謂搦出汁也。

饗受　又作享，同。虚仰反。歆，享也。謂神食氣也，亦獻也。歆，虚音反。

俱臻　側巾反。爾雅：臻，至也。

歡娱　字詁古文虞，今作娱，同。疑區反。説文：娱，樂也。言皆娱[二四]樂也。

阿毗達磨順正理論　第三十二卷

烏施羅末　草名也。形如此土細辛，其體極冷。

剋勝　又作克，同。口得反。字林：剋，能也。剋亦勝也。

林藤　徒登反。廣雅：藤，藟也。今呼如葛蔓莚者爲藤。

率土　所律反。爾雅：率，自也，循也。

阿毗達磨順正理論　第三十三卷

夷悦　余之反。説文：夷，平也。亦明也，常也。悦，樂也。

所瀹　又作爚、鬻[二五]、汋三形，同。臾灼反。通俗文：以湯煮物曰瀹。廣雅：瀹，湯也。謂湯内出之也。江東呼瀹爲煠。煠音助甲反。

不肖　私妙反。小爾雅：不肖，不似也。言骨肉不似其先，故曰不肖，謂儜惡之類也。字從肉小聲。

厭禱　於冉反，下都導反。字苑：厭，眠内不祥也。伏合人心曰厭。説文：告事求請曰禱。謂請於鬼神也。

製作　之世反。製，裁製也，制斷之也。説文作制。

菴没羅　舊言菴磨羅，亦作阿摩勒，皆訛也。葉如小棗，果如胡桃，其味酸而且甜，堪入藥分。

阿毗達磨順正理論　第三十四卷

主宰　祖待反。禮記：宰夫爲獻主。謂主膳食之官也。

擅立　市戰反。廣雅：擅，專也。專己自爲也。

專己　之緣反。專猶自是也。專，壹也，任也。

屋宇　古文寓，籀文㝢，同。于甫反。説文：宇，屋邊檐也。釋[名][二六]云：宇，羽也。如鳥羽翼自覆蔽也。於國則四垂爲宇。

人捦　又作鈙（鈙）、襟（捺）[二七]二形。釋名作鐱，同。巨金反。捦，急持也。持匈也。

捶撻　又作箠，同。之蘂反。下古文㒓，同。他達反。廣雅：捶、撻，擊也。

壃界　居良反。壃，境也，亦界也。爾雅：畺，垂也。僵（壃）[二八]埸在外垂也。

摸（模）[二九]放　又作摹，同。莫胡反。小爾雅：摸（模），法也。謂規形曰摸（模），亦掩取象也。

阿毗達磨順正理論　第三十五卷

評論　皮柄反。字書：評，訂也。訂，平議也。訂音唐頂反。

爲挫　祖卧反。說文：挫，摧也。謂折其鋒也。挫，折也。

匈襟　居吟反。說文：襟，衽也。聲類云：交領者也。

怳忽　虛往反。漢書音義曰：怳忽，眼亂也。似有無也，虛妄見也。

阿毗達磨順正理論　第三十七卷

耶舍　此云譽，謂名譽也。

蘇陀夷　舊言須陀耶，此云共起。

大生主　舊言摩訶波闍，翻爲大愛道者是也。

迄今　虛訖反。爾雅：迄，至也。

無乏　扶法反。暫無名乏。乏，闕少也。反可爲叵，反正爲乏字意也。

阿毗達磨順正理論　第三十八卷

婆雌子部　婆音蒲賀反。此云犢子部，舊名跋私弗多羅，上古仙人名。跋私，其母是此仙人種，故姓跋私。有羅漢是此女人之子，從母作名，説一切有部中出也。

矩摩邏多　俱禹反。亦作鳩摩，此云童首，謂諸童子中爲上首也。

嗢多羅僧　烏没反。舊言鬱多羅，亦云郁多羅，此云上首衣，此謂常著衣中最在上也。

喬苔彌　舊言憍曇彌，或作瞿夷，訛也。此云女。十二遊經云明女。

博戲　古文簙，同。補莫反。方言：博或謂之棊。說文：簙，局戲也。六箸十二棊。古者烏曹作簙，簙亦箸名也。

麴糵　魚列反。說文：牙米也。謂漬穀麥等生牙（芽）〔三〇〕者也。

醖釀　於問反，下女亮反。說文：醖，作酒曰釀。酒母也。釀，投也。

阿毗達磨順正理論　第三十九卷

謗讟　徒木反。左傳：民無謗讟。杜預曰：讟，誹也。廣雅：讟，惡也。方言：讟，痛也。

深僁　古文作𢙍、遚（𨒪）〔三一〕二形，籀文作𠍣（㑴）〔三二〕，今作愆，同。去連反。說文：僁，過也。失也。

阿毗達磨順正理論　第四十卷

山澤　直格反。水聚曰澤。釋名云：兖州人謂澤爲掌，言水亭處如掌中也。

阿毗達磨順正理論　第四十一卷

媒媾　孤候反。白虎通曰：媾，厚也。重婚曰媾。

無辜〔三三〕　古胡反。爾雅：辜，罪也。

扼捥　又作搤(搹)[三四]，同。於責反。説文：扼，把也。盈手曰扼。廣雅：扼，持也。史記：扼捥以言是。

用暢　敕亮反。廣雅：暢，達也。明也。

揮刀　許歸反。説文：揮，奮也。振訊也。

吸水　古文噏、歙二形，同。羲及反。廣雅：吸，飲也。氣息引入也。

阿毗達磨順正理論　第四十二卷

呪詛　又作祝。説文作詶，同。之授反。詶，詛也。下古文䛤，同。側據反。釋名云：祝屬也，以善惡之辭相屬著也。詛，阻也。謂使人行事阻限於言也。

阿毗達磨順正理論　第四十三卷

迦栗沙鉢拏　又作迦理沙般拏。拏音女家反。鉢拏，此云銅錢。十六鉢拏爲一迦利沙鉢拏。

陋訥　古文吶，同。奴骨反。陋，醜猥也，亦小也。訥，遲鈍也。説文：訥，難也。

室利毱多　此云吉祥護。舊言尸利毱多，訛也。

阿毗達磨順正理論　第四十四卷

梅怛麗藥　都達反。此云慈，即舊云慈氏者也。慈有二因緣，一值慈佛發心，二初得慈心，三昧因以名焉。言彌勒，或云梅任[三五]梨，並訛也。

罕聞　呼旱反。罕，希也。爾雅：希、寡、尠，罕也。字從干從冈。

阿毗達磨順正理論　第四十五卷

拘枳羅鳥　居尔反。或作拘耆羅，此云好聲鳥也。

阿毗達磨順正理論　第四十六卷

客館　又作舘，同。古玩反。客舍也。周禮：五十里有館。館有委積，以待朝聘之客也。

那地迦城　此云鳴，或云河主，城名也。

郡市迦林　此云粗布袋，林名也。

藍博迦經　此言作動經。

阿毗達磨順正理論　第四十八卷

珊若娑病　桑干反。此云廢風病，一發不起者也。

竇玩　古文翫，同。五喚反。字林：玩，弄也。廣雅：玩，好也。

阿毗達磨順正理論　第五十一卷

愚戇　都絳反。説文：愚，癡也。戇，愚鈍也。

於塊　古文凷，同。苦對反。凷，結土也，土塊也。

愚蒙　又作曚，同。莫公反。蒙謂蒙覆不明也，闇昧無知也。

阿毗達磨順正理論　第五十二卷

名鑒　又作鑑，同。古鑱反。廣雅：鑒、炤，燿也。鑒所以察形也。

詭設　居毀反。詐不實也，亦相欺也。

誇誕　苦華反，下徒亶反。通俗文：自矜曰誇。謚法曰：華而無實曰誇。誕，謾也，欺也，不實也，大也。

阿毗達磨順正理論　第五十三卷

憩無　又作愒，蒼頡篇作憇，同。袪例反。爾雅：憩，息也。

鑽燧　又作鐩，同。辭醉反。火母也。論語「鑽燧取[三六]火」是也。世本：造火者燧人。因以名也。

波濤　徒勞反。三蒼：大波爲濤也。

伺求　胥慈、先吏二反。字林：伺，候也。伺，察也。

阿毗達磨順正理論　第五十四卷

熙怡　虚之反，下與之反。説文：熙怡，和悦也。方言：怡，喜也。湘潭之間曰紛熙，或云熙怡。

耽話　籀文作譮，古文作䛡、誠(語)二形，同。胡快[反][三七]。聲類云：話，訛言也。廣雅：話，調也。謂調戲也。

很戾　胡墾反，下力計反。很，違也。戾，曲也。字從彳艮聲。

狻猊　先桓反，下五奚反。即師子也。出西域。爾雅：狻猊如虥猫，食虎豹。穆天子傳「狻猊走五百里」是也。虥音仕板反。

眵垢　充尸反。説文：蔑兜眵。蔑音莫結反。

齘齒　下界反。説文：齒相切也。三蒼：鳴齒也。

身矬　才戈反。廣雅：矬，短也。通俗文：侏儒曰矬也。

誇衒　古文眩、衙二形，同。胡麵、公縣二反。説文：行且賣也。

殉名　辭俊反。蒼頡篇：殉，求也。廣雅：珣(徇)[三八]，營也。

抆拭　武粉反，下舒翼反。廣雅：抆，拭也。振也。爾雅：拭，清也。言抆拭所以爲清絜[三九]也。

阿毗達磨順正理論　第五十五卷

侮蔑　古文侮，同。亡府反。廣雅：侮，輕也。説文：侮，傷也。謂輕傷也。

阿毗達磨順正理論　第五十七卷

俱祉羅　敕里反。舊言摩訶俱絺羅，此云大膝，膝骨大故也。即舍利子舅長爪梵志也。

阿毗達磨順正理論　第五十八卷

屏氣　俾領反。屏，蔽也，隱也，藏也。

脇尊者　虚業反。即付法藏中波奢比丘，常坐者也。此人曾生[四〇]脇不著地，因以名焉。

阿毗達磨順正理論　第五十九卷

規[四一]度　又作頍，同。九吹反，下徒各反。規，求也，計也。規摸(模)[四一]也。世本：倕作規矩。規，圓也。矩，方也。字從夫從見，言丈夫之見必合規矩。

洄澓　胡瓌反，下扶福反。三蒼：洄，水轉也。澓亦迴水深也。

狎惡　古文狎，同。胡甲反。狎，近也。廣雅：狎，習也。謂近而狎之，習而行之也。

薄矩羅　俱禹反。舊言薄俱羅，此云善容。持一不煞戒得五不死者也。

涎洟　諸書作次、㳄、唌、涎四形，同。詳延反。字林：慕欲口液也。亦小兒唾也。

班[四三]駮　又作辬(辬)[四四]，同。補蠻反。蒼頡篇：班，文章也。雜色爲班也。

黧黯　力奚反，下於斬反。通俗文：班[四五]黑謂之黧黯。

笑睇　徒計反。纂文：顧視曰睇。睇亦傾視也。禮記：「不能睇視」是也。

憺怕　徒濫反，下匹白反。說文：憺，安也。怕，静也。又亦無爲自得也。

阿毗達磨順正理論　第六十卷

橐囊　埤蒼作韛，東觀漢記作排，同。皮拜反。冶家用吹火令熾者也。

剩辯　食證反。剩猶因也。

脛踝　古文踁，同。胡定反。字林：脚胻也。釋名：脛，莖也。直而長如物莖也。

一尋　似林反。小爾雅云：四尺爲仞，倍仞曰尋，倍尋曰常。方言：尋，長也。

唯局　衢玉反。促也。小爾雅：局，近也。爾雅：局，分也。部分也。字從口在尸下。

阿毗達磨順正理論　第六十二卷

可厠　測冀反。廣雅：厠，間也。蒼頡篇：厠，次也。雜也。

阿毗達磨順正理論　第六十六卷

嗢達洛迦曷邏摩　此云極喜。

考量　枯老反。考謂質覈之也。考，挍(校)[四六]也。

阿毗達磨順正理論　第六十七卷

魑魅　又作离、螭二形[四七]，同。敕知反，下又作鬽、魅[四八]二形，同。莫冀反。說文：老物精也。通俗文：山澤怪謂之魑魅。

冲虚　說文作盅(盅)[四九]，同。除隆反。字書：冲，虚也。中也。

阿毗達磨順正理論　第六十八卷

自刎　古文歾，同。亡粉反。字略云：斷首曰刎。刎，割也。通俗文：自刻曰刎也。

庸愚　臾鍾反。庸謂常。愚，常矩者也[五〇]。

阿毗達磨順正理論　第六十九卷

巨富　其吕反。小爾雅：巨，大也。方言：齊魯之間謂大爲巨。

匪宜　跌斐反。詩云：匪來貿絲。傳曰：匪，非也。

傅藥　方務反。附也，謂塗附也。方言「凡欲(飲)[五一]藥傅藥而毒刺」是也。

阿毗達磨順正理論　第七十卷

萌牙[五二]　古文氓，同。麥耕反。廣雅：萌，始也。萌亦冥昧皃也。

阿毗達磨順正理論　第七十三卷

眇然　亡紹反[五三]。眇眇，遠也，亦深大也。

稽遲　古奚反。説文：留止曰稽。

阿毗達磨順正理論　第七十四卷

朅地羅　去謁反。舊言佉陀羅，木名也。

阿毗達磨順正理論　第七十五卷

孳産　子思反。方言：東楚之間凡人畜乳而雙産謂之釐孳。下[所][五四]限反。生其種曰産。説文：産，生也。

朝貢　古弄反。貢，膺[五五]也。廣雅：貢，上也。

阿毗達磨順正理論　第七十五卷

貿易　莫候反。小爾雅云：貿、交，易也。三蒼：貿，换易也。

擯黜　又作絀，同。耻律反。廣雅：黜，去也。亦放也，退也。

驍健　古堯反。廣雅：驍亦健也。勇急也。説文：良馬駿名也。

懷孕　古文䏔，同。移證反。含實曰孕。三蒼：孕，懷子也。廣雅：孕，身也。字從子從乃。

阿毗達磨順正理論　第七十六卷

火蝩　之容反。今江北通謂螽蝗之類曰蝩，亦曰籦蝩，一名螽蜇，一名蚣蝑，俗名舂黍。蚣音思容、蝑音思與反。

阿毗達磨順正理論　第七十八卷

逝多　時制反。此云戰勝，是俱薩羅國波斯匿王之子也。太子誕生之日，王破賊軍，内宫聞奏，因以名也。舊云祇陀，或云移多，亦言祇洹，皆訛也。移音是奚反。

阿毗達磨順正理論　第七十九卷

嬈亂　三蒼：乃了反。嬈，擾也，弄也，謂嬈亂戲弄也。

砂磧　七亦反。水中沙灘也。説文：水渚有石曰磧。灘音他丹反。

阿毗達磨順正理論　第八十卷

奢侈　昌是反。侈亦奢泰也。

痆斯　女黠反。國名也。舊言波羅柰國也。

僕隸　蒲卜反，下力計反。廣雅：僮、僕、役，使也。僕，附也，附從於人也。周禮：男子入于罪隸。鄭衆曰：隸，奴也。賤也，役也。

求晴　又作腥〔五六〕、殅(姓)〔五七〕二形，同。自盈反。聲類云：雨止曰晴。晴亦精明也。

一切經音義　卷第二十五

甲辰歲高麗國大藏都監奉敕雕造

校勘記

〔一〕阿毗達磨順正理論　慧轉録於第七十一卷。
〔二〕攉　磧作「攉」。下同。
〔三〕手　據文意似作「木」。
〔四〕苕　慧作「迢」。下同。
〔五〕惻　磧作「則」。
〔六〕已　據今傳本阿毗達磨順正理論作「己」。
〔七〕摽　磧作「標」。
〔八〕末　磧作「未」。
〔九〕尌　慧作「對」。　殖　磧作「植」。
〔一〇〕此條麗接排在「鳩摩羅設摩」下，未分列。
〔一一〕電　磧作「霓」。
〔一二〕闒　磧作「闟」。廣韻：「闟，俗作闒。」
〔一三〕荅　據文意當作「答」。
〔一四〕莫載反　磧爲「母最反」。
〔一五〕詰　海作「詁」。
〔一六〕扙　磧作「杖」。
〔一七〕齊　磧作「齌」。下同。「齌」即「臍」。
〔一八〕刺　據文意當作「剌」。蔣曰：「剌皆當作刺。」
〔一九〕諫　據文意當作「誎」。蔣曰：「諫當作誎。」
〔二〇〕祖　磧作「柤」。下同。
〔二一〕掐　據文意似作「搯」。下同。
〔二二〕冣　磧作「堅」。下同。說文：「堅，土積也。」段注：「各書多借爲聚字。」冣，同「最」。小爾雅廣詁：「最，叢也。」胡承珙義證：「最當從說文作冣。說文：冣，積也。最，犯取也。本爲二字，後人多混冣爲最，冣字遂廢。蓋冣本有聚義，故叢亦通作冣。」
〔二三〕下魚更反　磧爲「下五更反」。
〔二四〕娛　磧作「有」。
〔二五〕鸎　據文意似作「鸎」。
〔二六〕名　麗無，據磧補。
〔二七〕蔣曰：「鈙當作鈙。」　襟　磧作「㩮」。
〔二八〕僵　磧作「壃」。
〔二九〕摸　磧作「模」。下同。
〔三〇〕牙　磧作「芽」。
〔三一〕遝　磧作「遲」。
〔三二〕臀　磧作「臋」。
〔三三〕此條麗接排在「媒媾」下，未分列。
〔三四〕槅　據文意似作「搹」。
〔三五〕任　磧作「低」。
〔三六〕取　今傳本論語和慧作「改」。
〔三七〕誠　「語」之省訛。　反　麗無，據慧補。
〔三八〕珣　磧作「徇」。
〔三九〕絜　慧作「潔」。
〔四〇〕生　慧作「皙」。
〔四一〕䂓　據文意似作「規」。下同。
〔四二〕摸　磧作「模」。
〔四三〕班　磧作「斑」。下同。
〔四四〕辦　據文意似作「辨」。
〔四五〕班　磧作「斑」。
〔四六〕挍　磧作「校」。
〔四七〕又作离、螭二形　磧爲「又作魑、魍、魃、魅四形」。
〔四八〕魆　磧作「魆」。
〔四九〕蚩　今傳本說文作「蚩」。
〔五〇〕常矩者也　磧西七金剛爲「短者也」，海爲「痴者也」。
〔五一〕欲　慧作「飲」。
〔五二〕牙　磧作「芽」。
〔五三〕亡紹反　磧爲「忙紹反」。
〔五四〕所　麗無，據磧補。
〔五五〕鷹　磧作「薦」。
〔五六〕腥　據文意當作「暒」。
〔五七〕殅　慧卷七十一作「姓」。

慧琳音義

目録

新收一切藏經音義序

處士顧齊之

慧琳法師，俗姓裴氏，疏勒國人也。夙蘊儒術，弱冠歸於釋氏，師不空三藏。至於經論，尤精字學。建中末乃著經音義一百卷，約六十萬言，始於大般若經，終於小乘記傳。國初，有沙門玄應及太原郭處士，並著音釋，例多漏略。有西明寺玄暢上人，克紹前烈，晦明不倦，志奪秋霜之净，心涵止水之鑒，乃尋其遺逸，蘊而藏諸，焚之以栴檀，飾之以綺繡，光前絶後，駭目驚心，福祉生焉，弘利博矣。

齊之不敏，欲窺藏經，乃詢於暢公，蒙示音義。齊之以爲文字之有音義，猶迷方而得路，慧燈而破闇，潛雖伏矣，默而識之。於是審其聲，而辯其音，有喉齶齗齒脣吻等[聲][一]，有宫商角徵羽等音。曉之以重輕，別之以清濁，而四聲遞發，五音迭用。其間雙聲疊韻，循環反覆，互爲首尾，參差勿失，而義理昭然。得其音則義通，義通則理圓，理圓則文無滯，文無滯則千經萬論如指諸掌而已矣。朝凡暮聖豈假終日，所以不離文字而得解脱，無師之智肇自心源。拆[二]疑滯之胸襟，燭昏蒙於倏忽。真詮俗諦於此區分，梵語唐言自兹明白。又音雖南北，義無差別。秦人去聲似上，吴人上聲似去。其間失于輕剽，傷於重濁，罕分魚魯之謬，多傳豕亥之誤。至如四十二字母及十二字音，從毗盧遮那佛心生，則鳥跡蟲文之所不逮。然源流有異，音義無殊，披沙揀金，從理證性。性得而言可遺，言可遺而文字亦忘，同歸一真如，則筌蹄棄矣。

上座明秀寺主契元都維那玄測皆精慤真乘，護持聖典，文華璀璨，經論弘贍。或道情深遠，獨得玄珠；或律行清高，孤標戒月。上以愜聖賢之意，下以旌勤懇之心，因命匪才，敬而爲序。

時開成五年九月十日。

一切經音義序

試太常寺奉禮郎景審述

昔者素王設教，著十翼而通陰陽；玄帝談經，演二篇而明道德。豈若能仁出代，獨步迦維？會三乘於鷲峰，轉四輪於鹿苑。繇是有半滿之字，敷貫散之花。因緇客而西至，驅白馬以東邁。是知不無不有，掩蔽邪徒；即色即空，甄明正道。於是慧雲蓄潤，垂靉靆而蔭群氓；法雨含滋，散空蒙而霑衆草。斯之功利，不可勝言。大矣哉！覺皇之爲教也。若乃書之貝葉，編諸海藏，結集由飲光之心，文義宣慶喜之口，流傳此土七百餘年。

至於文字或難，偏傍有誤，書籍之所不載，聲韻之所未聞，或俗體無憑，或梵言存本，不有音義，誠難究諸。欲使坐得明師，立聞精誼；就學無勞於負笈，請益詎假於摳衣。所以一十二音宣於涅槃奥典，四十二字載乎花嚴真經。十二音是翻梵字之聲勢也，舊云十四音，誤也。又有三十四字名爲字母，每字以十二音翻之，遂成四百八字，共相乘轉成一十八章，名曰悉談。如新涅槃經音義中廣明矣。故曰無離文字解脱也。

暨國朝初有沙門玄應，孤標生知，獨運先覺。明唐梵異語，識古今奇字，撰一切經音義一部，凡二十五卷。可以貽諸後進，光彼先賢；作彼岸之津梁，涉法門之鍵鑰。次有沙門慧苑，撰新譯花[三]嚴音義二卷，並編於開元釋教録。然以後譯經論及先所未音者，至於披讀講解，文謬誼乖，得失疑滞。寡聞孤陋，莫有微通；多見强識，罕能盡究。然而自傲之輩，耻下問而不求；匿好之流，吝深知而不答。則聖言有阻，能無悲焉！

有大興善寺慧琳法師者，姓裴氏，疏勒國人也，則大廣智不空三藏之弟子矣。内精密教，入於總持之門；外究墨流，研乎文字之粹。印度聲明之妙，支那音韻之精，既瓶受於先師，亦泉瀉於後學。鞮譯迴綴，參於上首。師撥其闕遺，歎其病惑。覽兹群經，纂彼詁訓。然則古來音反多以傍紐而爲雙聲，始自服虔，元無定旨。吴音與秦音莫辯，清韻與濁韻難明。至如武與綿爲雙聲，企以智爲疊韻。若斯之類，蓋所不取。近有元庭堅韻英，及張戩考聲切韻，今之所音取則於此。大略以七家字書釋誼七書謂玉篇、説文、字林、字統、古今正字、文字典説、開元文字音義，七書不該，百氏咸討。又訓解之末，兼辯六書。庶因此而識彼，聞一以知十。

師二十餘載，傍求典籍，備討經論，孜孜不倦，修緝爲務。以建中末年創製，至元和二祀方就。凡一百軸，具釋衆經。始於大般若，終於護命法，總一千三百部，五千七百餘卷。舊兩家音義合而次之，標名爲異兩家謂玄應、慧苑等。浩然如海吞衆流以成深，皎兮若鏡照群物以無倦。元和十二年二月三十日絶筆於西明寺焉。審以頗好文字，擇善從之。許爲不請之師，自愧未成之器。因啓其卷，乃告厥功，謬以微才，敘之云爾。

校勘記

〔一〕 聲 麗無，據頻補。

〔二〕 拆 獅作「折」，似當作「析」。

〔三〕 花 獅作「華」，下同。

一切經音義　卷第一

翻經沙門慧琳撰

音三藏聖教序並大般若經五十一卷

大唐三藏聖教序　太宗文皇帝製　慧琳音

二儀　魚羈反。易上繫曰：易有太極，是生兩儀。顧野王云：二儀謂天地也，法象也。毛詩傳云：儀，正[一]也。説文：度也。從人義聲也。説文又解義字，從羊從我。我字，從手從戈。下從禾者，非也。羈音居宜反。

覆載　上敷務反。見韻英，秦音也。諸字書音爲敷救反。吴楚之音也。賈逵注國語云：覆，蓋也，蔭也。説文：從襾復聲也。襾音呀賈反，從冂。冂音覓。上下覆之，會意字也。下哉愛反。孔安國注尚書云：載，成也。禮記曰：天無私覆，地無私載。説文：載(載)[二]，乘也。從車𢦏音哉。從戈，才聲也。經作載，隸書略也。木，古文才字，非木。

濳寒暑　上漸閻反。廣雅：濳，没也，藏也。爾雅：沉也，深也。説文：涉水也。從水朁聲。朁音慘，七敢反。有從二天或從二夫，皆誤略也。下旱安反。蒼頡篇云：寒，冷也。説文：凍也。從宀從人從茻，下從仌。宀音綿，茻音莽，仌音冰。古莽字，上下二草也。

窺天　犬規反。考聲：窺，覰也。韻詮云：竊見也。説文：小視也。從穴規聲也。或作闚。覰音青預反。

鑑地　賈陷反。廣雅：鑑，照也，明也。玉篇：鏡也。説文：大盆也，取明水鑒諸月也。從金監聲也，或作鑒。

可徵　陟陵反。鄭玄注周禮云：徵，召也，明也。聲類：責也，求也。杜預注左傳云：驗也。説文：象也。案事有象可驗曰徵。從壬從微(微)[三]省聲也。手(壬)[四]音體郢反。

控寂　上苦貢反。考聲：控，持也。説文：引也，告也。從手空聲。下情亦反，俗字也。説文作宋，正體字也。

毫氂　上胡高反，下力馳反。案九章筭經云：凡度之法初起於忽，十忽爲絲，十絲爲毫，十毫爲氂。説文毫氂二字並從毛。毫從豪省，氂從斄省，皆形聲字也。今作豪斄，非本字，假借用也。

凝玄　魚兢反。孔安國注尚書云：凝，成也。鄭注禮云：堅也。廣雅：止也。韻英：不動也。説文作冰，水堅結也。從冫疑聲也。冫音冰。

蠢蠢　春尹反。毛詩傳曰：蠢蠢，蟲動也。郭璞注爾雅云：動摇皃也。從䖵春聲也。或作偆，或作蠢，作惷，皆古字。䖵音昆。

庸鄙　上勇從反。考聲：庸，愚也。鄭衆注大戴禮：孔子曰：所謂庸人者，口不道善言，又不能選賢人善士而託其身以爲已直，從物而流，不知所歸〔五〕。若此者可謂庸人也。楚辭亦云：斯賤之人也。説文：從庚用聲也。下悲美反。考聲：鄙，賤人也。惡鄙野不慧之稱名鄙夫。説文：五酇爲鄙。從邑啚聲。啚音鄙，酇音子短反。百户也，凡五百家爲鄙也。

東域　爲逼反。考聲：域，國也。劉熙注孟子云：居處也。説文：邦也。從土或聲也。

拯含　拯音無，疊韻取烝字上聲。杜預注左傳：拯，助也。韻詮：救也。方言：拔出溺也。古今正字：拯，抍也。從手承聲也。抍音升也。

紛糾　上拂文反。廣雅：紛紛，亂也。楚辭：盛也。説文：從糸分聲。下經酉反。杜注左傳：糾，舉也。説文從糸丩聲。隸書省作丩，音糾。糸音覓也。

沿時　上音緣。孔注尚書云：順流而下曰沿。杜注左傳：沿，緣也。説文云：緣水而下也。從水形(㕣)〔六〕聲也。

隆替　六冲反。郭注爾雅云：中央高起也。説文：豐大也。從皀形聲也。天計反。俗字也。爾雅：相待也。賈注國語云：豊(去)〔七〕也。説文作普，廢也。並兩立，一偏下曰替，會意字。今作替，俗字也。

玄奘　藏浪反。亦通上聲。方言：奘，大也，壯也。考聲：多力也，健也，疾也。説文：從大壯聲也。

詎能　渠禦反。韻英云：疑詞也。莊子：詎能者。不定之詞也。轉注字也。

迥出　螢潁反。上聲字。古文作冋，象國邑，從口。説文：邑外謂之郊，郊外謂之野，野外謂之林，林外謂之冋。冋音癸營反，象遠界也。從辵，今俗從向者，非也。

隻千古　征亦反。説文：一枚也。桂苑珠叢：單也。群書字要：隻字從隹。隹，鳥也。從又。又，手也。手持一鳥爲隻，象形字。經文或從叉，誤也。

栖慮　先奚反。俗字也，正作棲。爾雅：棲，息也。從木妻聲。下呂御反。考聲：疑而息(思)〔八〕之也。説文：從息(思)虍聲，音呼。

慨深　康愛反。顧野王云：忼慨不得志也，憤壯慨歎太息也。或作熂(愾)〔九〕。説文：深字從水，從罙(突)〔一〇〕省也。

訛謬　上五戈反。鄭箋毛詩云：訛，僞也。下眉救反。韻英云：謬，誤也。韻詮：詐妄也。説文：從言翏聲。此翏音六幼反。

條析　上亭姚反。廣雅：條，教也。毛詩：科也。説文：小枝也。從木攸聲也。下星亦反。廣雅：析，分也。説文：破木也。從木從片，或作析〔一一〕。斦，古字也。

翹心　祇姚反。廣雅：翹，舉也。杜注左傳：翹翹，遠皃也。説文：從羽堯聲也。

遠邁　埋拜反。廣雅云：邁，遠行也。從萬從辵，辵音丑略反。

撥煙霞　上補末反。廣雅：撥，除也。鄭注禮云：拂也。説文：治也。從手發聲。次宴賢反。説文：火氣也。從火垔聲。或作烟。考聲云：元氣也。垔音因。下夏加反。韻英云：日氣也。王逸注楚辭云：日始欲出赤黃氣也。考聲云：天際赤雲也。古今正字：從兩(雨)〔一二〕叚聲也。或作赮。

躡霜　女輒反。方言：躡，登也。廣雅：履也。説文：蹈也。從足聶聲也。聶音同上。

前蹤　上俗前字也。説文：先也。正體從止從舟作歬。説文：不行而進謂之前，止在舟上也。蔡邕加刂。刂，水也。廣二尋深二仞曰刂。刂音古外反。俗從刀者，非也。下足庸反。淮南子曰：行則有蹤。爾雅：迹也。説文：車迹也。從足從聲也。

詢求　笋遵反。左傳：諮親爲詢。韻詮云：詢事也。爾雅：信也。古今正字：從言從旬聲也。

滄風　倉單反。俗字也。説文：吞也，食也。正體從奴從食作餐，奴音殘。

鹿苑　上勒木反，下怨遠反。西域記云：婆羅痆斯國之苑名也。亦名鹿野苑，亦名施鹿林。舊譯云波羅柰國，即如來初轉法輪處也。

鷲峯　上音就。西國山。此山高峻，鷲鳥所居。或名靈鷲山，或云鷲嶺，皆一山而異名也。如來於此山中得轉法輪，甚多聖跡在中天界。

探賾　上他含反。變體俗字也。古文從罙作撢。罙音徒感反。孔注尚書云：探，取。又説文：遠取也。從手罙聲。下柴革反。韻詮云：幽深也。桂苑珠叢：玄微也。古今正字從臣。臣音夷。責字，正從朿朿音次作賚。

馳驟　上直離反。俗字也。本作駝，形聲字。它音夷。考聲云：馳，走也。廣雅：奔也。説文：大驅也，從馬也，它聲。下愁瘦反。賈注國語云：驟，疾也。廣雅亦奔也。説文：馬疾步也。從馬聚聲也。

三篋　謙頰反。禮記云：篋，盛物之械也。篋者，盛經書衣物器也。古今正字云：篋，笥也。從竹匧聲也。説文：匧字，從方(匚)[一三]夾聲也。

波濤　唐勞反。許叔重注淮南子云：潮水涌起，還(還)[一四]者爲濤。蒼頡篇云：大波也。古今正字：從水從壽省[一五]聲。

爰自　遠權反。考聲：爰，于也。爾雅：曰也。毛詩傳：爲也，于也。説文：引也。從𠬪于聲也。𠬪音披表反。

東陲　述危反。韻詮云：陲，危也。廣雅：邊也。弘福寺碑文中作垂，略也。從阜垂聲也。

缺而　犬悅反。蒼頡篇：虧也。説文：器破也。從缶從夬，或從缶作缺，亦同。

同臻　側巾反。古文作臸。字書：臻，到也。去(考)[一六]聲，聚也。説文云：從至秦聲。

業墜　上嚴劫反。爾雅：業，事也。國語：叙也，大也。説文：從丵從巾。今隸書從木，變體也。丵音鋤學反。下除類反。爾雅：墜，落也。廣雅：失也。説文作隊，從高墮也。從阜豙聲也，或從石作磙。

桂生　圭慧反。山海經云：招搖山多桂。郭璞曰：桂葉似枇杷，長尺餘，味辛，花白。本草云：桂有菌、牡二種。並出交廣州及桂林山。説文云：江南香木也，百藥之長。從木圭聲也。菌音郡，牡音母也。

泫其　玄絹反。韻詮云：草露水光也。考聲：囦，泫水皃也。説文：流也。從水玄聲。又音玄也。囦音淵也。

卉木　暉貴反。説文：草之總名也。從屮從草，今從三十作卉，訛也。屮音丑列反。

珪璋　上桂畦反。説文：瑞玉也。上圓下方，公、侯、伯所執。從重土。字統：士殷禮封諸侯有三等，公、侯、伯皆有重土，故執珪。子、男無重土，故無珪。珪，古字也。下止陽反。説文云：半圭爲璋，從玉章聲也。畦音慧圭反。

翰墨　寒岸反。尚書大傳云：翰者，鳥獸長毫毛也。取以爲筆，故謂能書爲筆翰。説文：天雞羽也。從羽倝聲。倝音干岸反。下母北反。考聲：墨，黑也。説文：書墨也。從土黑聲也。

摽瓦礫　上必遥反。考聲云：摽，舉人(也)〔一七〕。説文：擊也。從手票聲。或作毃也。下力的反。考聲：礫，大砂也。説文：從石也。從樂省〔一八〕聲也。

謬承　時仍反。説文：受也。從手承聲也。

褒讚　上補毛反。顧野王曰：褒猶揚美之也。説文：衣博裾也。從衣㚸聲。㚸音保。下臧散反。釋名云：稱人之美曰讚。古今正字云：讚頌所以解釋物理也。從言贊聲。

循躬　上隨匀反。爾雅：循，自也。考聲：述也，順也。説文：循，行也。從彳盾聲也。經作㣙〔一九〕，誤也。下姜隆反。説文：躬，身也。正從吕作躳，從身弓聲也。

高宗皇帝在春宫述三藏記　即大帝也

崇闡　上牀隆反。鄭箋毛詩云：崇，序也。賈注國語云：敬也。鄭注禮記云：尊也。説文：高也。從山宗聲也。或作㓻。下昌演反。韓康伯注繫辭云：闡，明也。廣雅：闢也。聲類：大開也。説文：從門單聲也。

軌躅　上居洧反。賈逵注國語：軌，法也。廣雅：跡也。説文：車轍也。從車從宄省聲也。宄音鬼。下重緑反。漢書音義云：躅，跡也。説文：蹢躅也。從足屬聲也。或作蠋，略也。

綜栝(括)〔二〇〕　宗宋反。桂苑珠叢云：機上織具也。綜理絲縷使不相亂者名綜。説文：機縷也。從糸宗聲。下官活反。韓康伯注易云：括，結也。韓詩：束也。考聲：撿也。説文：絜也。從手舌聲也。〔二一〕

宏遠　獲萌〔二二〕反。爾雅：宏，大也。鄭注禮記：寬也。説文：屋深響也。從宀厷聲。宀音綿，厷音國弘反。

祕扃　悲媚反。鄭箋毛詩云：祕，神也。廣雅：勞也。韻英：密也。説文：從示必聲也〔二三〕。示音祇。下癸營反。顧野王云：户扇上鐵鈕也，所用於外，以關閉門户也。説文：外閉之關也。從户同聲。經從向作扄，誤也。

遂古　隨類反。鄭箋詩曰：遂，久也。國語：信也，從也。廣雅：往也。説文：亡也。會意也。從辵㒸聲也。㒸音同。

排空　敗埋反。顧野王云：排，抵也。廣雅：推也。説文：擠也。從手非聲也。

黔黎　儉廉反。鄭注禮云：黔首，萬民也。史記云：始皇二十六年更名萬民爲黔首也。説文：從黑今聲。下禮提反。孔注尚書云：黎，衆也。

斂衽　上廉撿反。爾雅：斂，聚也。考聲：録也。説文：收也。從文僉聲也。下壬枕反。説文：衿也。從衣壬聲。

昆蟲　上古魂反。假借字也。正體作蚰。聲類作蜫。鄭注禮記云：昆，明也。明蟲者陽而生，陰而藏者也。夏小正：昆，衆也。小蟲也。説文：總名也。從二虫。下逐融反。爾雅云：有足曰蟲，無足曰豸。説文從三虫，俗作虫。豸音持里反。

阿耨達　奴禄反。正梵音云阿那婆達多。唐云無熱惱池。此池在五印度北，大雪山北，香山南。二山中間有此龍池。謹案起世因本經及立世阿毗曇論皆云大雪山北有此大池。

縱廣五十踰繕那，計面方一千五百里。於池四面出四大河，皆共旋流，遶池一匝，流入四海。東面出者名私多河，古譯名斯陀河。南面者名兢伽河，古名恒河。西面出者名信度河，古名辛頭河。北面出者名縛芻河，古名博叉河。此國黄河，即東面私多河之末也。此方言無熱惱者，龍王福德之稱也。一切諸龍皆受熱砂等苦，此池龍王獨無此苦，故以爲名也。

神甸　亭現反。鄭玄注周禮云：甸猶田也。天子服治之田也。孔注尚書云：規方千里之内謂之甸服，王城四面各五百里也。今謂之畿甸即是也。畿音祈。

耆闍崛山　上音祇，下達律反。正梵音云紇哩二合馱囉二合屈吒。唐云鷲峰山，即前文已説也。

嵩崋　上相融反，下獲罵反。即此方嵩高、太華二山也。崋字正體從山從華，假借用也。

懇誠　康佷反。廣雅：懇，信也，誠也。集訓：美也。從心貇聲也。貇音上同。

髫齔　上亭遥反。俗字也。正體從髟作髫。埤蒼：髫，髦也。考聲云：小兒剃髮留兩邊胎髮曰髫。從髟召聲。下初覲反。説文：毀齒也。男八月齒生，八歲而齔。女七月齒生，七歲而齔。從齒匕聲。經從乙，訛也。髦音毛，髟音必姚反，剃音天計反。

迦維　梵語古譯訛略也。正梵音劫毗羅筏窣覩城，佛下生之處也。

久植　時力反。杜注左傳：植，長也。蒼頡篇：息也。考聲：立也。從木直聲也。

足岳　上將裕反。俗字也。正從口從止作足。杜注左傳云：足，成也。韻英：增益。亦假借字也。下五角反。廣雅：嶽，确也。白虎通云：确同功德也。或作嶽。經作岳，古字也。确音苦角反。

大般若波羅蜜多經　第一卷　法師玄奘奉詔譯

初分緣起品之一　釋經題本梵語

般若波羅蜜多　般音鉢。本梵音云鉢囉二合。囉取羅字上聲，兼轉舌即是也。其二合者，兩字各取半音，合爲一聲。古云般者，訛略也。若而者反。正梵音枳孃二合。枳音雞以反，孃取上聲，二字合爲一聲。古云若者，略也。波正梵音應云播，波箇反，引聲。羅正梵音應云囉，准上取羅上聲，轉舌呼之。蜜多正云弭多，弭音迷以反。具足應言摩賀引鉢囉二合枳孃二合播引囉弭多。梵云摩賀，唐言大。鉢囉二合枳孃二合，唐言慧，亦云智慧。或云正了知，義净作此解。播引囉弭多，唐言彼岸到。今迴文云到彼岸。如上所説，雖是本正梵語，略音已行，難爲改正。般若波羅蜜多久傳於世，愚智共聞。今之所論爲造經音解其文字及釋梵語，不可不具説也，但欲廣其學者知見耳，實非改易經文。已下諸經中有正梵語及論文字是非，皆同此例，取捨今古，任隨本志。

薄伽梵　五印度梵語也。大智度云：如來尊號有無量名。略而言之有其六種。薄伽梵是總稱也，義曰衆德之美尊敬之極也。古譯爲世尊，世出世間，咸尊重故。佛地論頌曰：自在熾盛與端嚴，名稱吉祥及尊貴。如是六種義差別，應知總號薄伽梵。此爲文含多義，譯經者故存梵言。後有梵語及陀羅尼句，准此應知。

重擔　上柱勇反，上聲字。下耽濫反。廣雅：擔，負也。以木荷物也。説文：舉也。從手詹聲。經有從木作檐，誤也。

等為　説文等字從竹從寺。下榮僞反。為（爲）〔二四〕字上從爪。經作為，訛略也。

摧滅　上藏雷反。顧野王云：摧，折也。考聲：剉也。説文：擠也。擠音精禮反。從手崔聲也。下彌結反。王逸注楚辭云：滅，消也。玉篇：没也。説文：盡也。從水威聲也。威字從戌從火。

熙怡　上虚饑反。字統云：熙，和也。考聲：美也。從灬巸聲也。巸音同上。灬音必遥反。下以之反。考聲：怡，喜悦也。説文：和也。從心台聲。台，本古文以字也。

嚬嘁　上毗寅反，下酒育反。文字集略云：嚬者，嘁眉也。顧野王曰：嚬嘁者，憂愁思慮不樂之皃也。考聲云：嘁咨，忸怩也。説文：涉水則嚬嘁。古文作顰，亦作矉，今從省略。下嘁字或作蹙，亦同。古文作蹵。經文作蹙，非本字，訓爲窮也，迫也，罪也，急也。非經義也。

罣礙　上華寡反，下我蓋反。説文：網礙也。從网從圭省〔二五〕聲。礙，止也。從石疑聲也。

捨軛　於格反。俗字也。正作軶（軛）〔二六〕，從車從户從乙。鄭衆注考工記云：轅端壓牛領木軛也。

尼師壇　梵語略也。正梵音具足應云顊史娜曩，唐譯爲敷具，今之坐具也。顊音寧頂反。

兩趺　甫無反。俗用字也。正作跗。鄭注儀禮云：足上也。經文有作跡，未詳也。

兩跟　岡恩反。字統云：足後曰跟。説文：足踵也。從足從根省聲也。踵音腫也。

四踝　華瓦反。蒼頡篇云：在足側高處也。聲類云：足外附骨也。内外爲四踝。説文：足踝。從足從稞省聲。稞音同上。

兩脛　形定反。玉篇：脛，足腓腸前大骨也。説文：足胻也。胻音幸。從肉從巠省聲也。腓音肥。

兩腨　遄奐也（反）〔二七〕。文字集略云：脛之腹也。説文：足腓腸也。或作蹲、踹、膞，四形並同。今從肉，遄音船。

兩膝　胥逸反。玉篇：膝，脛上頭也。説文：脛頭骨節也。正體從卩作厀。卩音節，桼音七。經從肉作膝，時用字也。

兩髀　鼙米反。考聲：髀，股也。説文：正從骨作髀。髀，股外也。卑聲也。或作踔，古字也。今經從月作胜，非也，本無此字。

腰脅　香業反。或作脇，亦同。説文：肚兩傍也。從肉。劦音葉，從三力。經從三刀作脅，非也。

臍中　情奚反。字書云：當腹之中曰臍。説文：膍臍也。從肉齊聲也。或下從肉，亦同。膍音毗。

胷臆　上香邕反。説文：胷，膺也。案膺即臆也。或作匈，亦通。下應力反。説文：臆亦胷骨也。從肉從億省聲也。經從月，誤也。

兩腋　盈益反，又攴亦反〔二八〕，並通。埤蒼云：在肘後也。古今正字：腋，胳也。從肉從液省聲。胳音各。

兩髆　膀莫反。字林云：髆，胛也。説文：肩脾（胛）〔二九〕也。從骨從博省聲。經多從月作膊，非也。音普博反。郭璞云：披〔三〇〕割牛羊五藏謂之膊，非經義。脾（胛）音卑（甲）〔三一〕，専從甫從寸。

兩肘　張柳反。説文：臂節也。從肉從寸。或作杻、肚，皆古字也。

兩臂　卑寐反。説文：手上也。即掌後肘前謂之臂。從肉辟聲也。

兩腕　烏灌反。或作椀(捥)〔三二〕，皆俗用字也。鄭玄注儀禮云：掌後節也。揚雄曰：腕，握也。案寸口前掌後曰腕。

項咽　上瓨講反。説文云：前曰頸，後曰項。下宴堅反。聲類：咽，喉也。蒼頡篇：咽也。古今正字：從肉因聲。案咽即頸之異名也。或作胭、臙，皆古字也。經從口作咽，非也。頸音經郢反。咽音宴。瓨音項江反。

頤頷　上以伊反，下含感反。方言：頤頷，互名也。文字集略云：頦也。説文：輔車骨也。從頁。頁，頭也。㔭、含皆聲也。經從巨，非也。㔭音夷，頦音孩也。

頰頷　上兼葉反。廣雅：頰，輔也。玉篇云：目下耳前曰頰。或從肉作脥，亦通。下牙格反。方言：頟，顙也。説文：從頁從格省聲也。經從客作額，俗字也。

毫相　上胡高反。集訓云：長鋭秀毛。下息亮反。如來眉間長毛也。觀佛三昧經云：其毛白色，在佛眉間，引而申之，長一丈三尺五寸，縱之即右旋卷成螺文，三十二大相之中最上相也。

俱胝　音知。天竺國數法名也。案花嚴經阿僧祇品云：十萬爲一洛叉，此國以數一億一百洛叉爲一俱胝。俱胝，三等數法之中，此即中數之名也。

那庾多　庾音羊主反。亦數法名也。古云那由他。花嚴經云：俱胝爲阿庾多。又數中即是上等大數名也，皆窮至本，方變其名。

殑伽　西國河名也。上其疑反，下語佉反。爲就梵音作此翻。古名恒河，即前説四大河之一南面河也。

綺飾　上欺紀反。范子計然云：綺出齊郡。案用二色彩絲織成文花〔三三〕，次於錦，厚於綾。説文云：有文繒也。從糸奇聲也。下商織反。集訓云：服著華麗也。考聲云：裝也。修理清潔也。説文：刷也。從巾飤聲也。

細滑　上思計反。孔注尚書：細，小也。説文：微也。從糸囟聲也。糸音覓，囟音信。下患八反。廣雅：滑，嬍也。玉篇：不濇也。濇猶澀也。説文：利也。從水骨聲也。嬍音美，古美字也。濇音色。

輭耎　乳兖反。考聲云：耎，弱也。韻英云：柔也。説文：從而從大。又古作甍。説文：柔韋也。從北從古究〔三四〕。或作腝、渜。經文作軟，非也，並無此字也。

極爆　下包皃反。廣雅：爆，熱也。考聲云：燒柴火烈作聲也。韻英：火炟曰爆。説文：灼也。從火暴聲也。炟音摘嫁反。灼音章藥反。

盲者　陌彭反。説文云：目無眸子曰盲。從目亡聲。經作盲，或作肓〔三五〕，皆俗字也。

聾者　禄東反。左傳云：耳不聽五音之和謂之聾。杜預曰：聾，暗也。説文：［無聞］〔三六〕聲也。

瘂者　鴉賈反。考聲云：不能言也。案瘂人雖有聲而無詞。説文闕。古今正字：瘂，瘖也。從疒亞聲。經從口作啞，非也。音厄，笑聲也，非經義。鴉音烏加反。疒音女戹反。

醒悟　上星浄反，又音星。賈逵曰：酔除解爲醒。形聲字也。

疲頓　上音皮。玉篇：疲，倦也。釋名：勞也。轉注字。下敦遁反。考聲：困極也。説文：下首也。從頁屯聲也。

樂静　上五教反，下音靖。玉篇云：静，思也，息也，安也。謚法曰：遠離囂妄曰静。轉注字也。

捨諠　吁袁反。聲類：諠，譁也。鄭玄注禮記：囂也。或從藋作讙，形聲字也。藋音灌。有從口作喧，俗用非正。

欻爾　暉律反。蒼頡篇：欻，猝起也。猝音村訥反。薛綜曰：欻，忽也。説文云：有所吹起也。從欠炎聲。

撓亂　上拏絞反。廣雅：亂也。説文：擾也。從手堯聲也。

暎蔽　上英敬反。考聲：暉也。韻英云：傍照也。從日英聲。經從央作映，非也。音烏朗反，不明也，非經義也。下卑計反。廣雅云：隱也，掩也。史記：障也。説文：小草皃。從草敝聲。

蘇迷盧山　梵語寶山名。或云須彌山，或云彌樓山，皆是梵音聲轉不正也。正梵音云蘇迷嚧，嚧字轉舌。唐妙高山。俱舍論云：四寶所成，東面白銀，北面黄金，西面頗梨，南面青琉璃。大論云：四寶所成曰妙，出過衆山曰高。或名妙光山，以四色寶光明各異照世，故名妙光也。

伎樂　其綺反，下五角反。説文云：五聲八音總名也。象鼓鞞之形。木，其虡也。鍾磬之跗曰虡。從虍從異，虡音渠語反。

寶鐸　上寶字，説文：珤也。從宀珤貝，珤音同上。下唐洛反。鄭玄注周禮云：鐸，大鈴也。

南贍部洲　時染反，去聲。梵語此大地之總名也。古譯或名譫浮，或名琰浮，或名閻浮提，皆梵語訛轉也。正梵音云䠣謨。立世阿毗曇論云：有贍部樹生此洲北邊泥民陀羅河南岸，正當洲之中心，北臨水上。於樹下水底南岸下有贍部黄金。古名閻浮檀金樹，因金而得名。洲因樹而立號，故名贍部。［贍］〔三七〕音如譫［反］〔三八〕。［琰］音之葉反〔三九〕。䠣音蠶覽反，覽字取上聲呼之。

東勝身洲　古云弗于逮，或云弗婆提，或云毗提訶，皆梵語輕重不同也。正梵音云補囉嚩尾禰賀，義譯爲身勝。毗曇云：以彼洲人身形殊勝，體無諸疾，量長八肘，故以爲名也。

西牛貨洲　古云瞿伽尼，或云俱耶尼，或云瞿陀尼，皆梵音楚夏不同也。正梵云過嚩捉，此義翻爲牛貨。毗曇論説：以彼多牛，用牛貨易，故以爲名。瞿音具愚反，嚩音無可反，捉音尼整反。

北俱盧洲　古名鬱單越，或名鬱怛囉，或云鬱多羅拘樓，或名鬱多羅鳩留，皆梵語輕重不同也。正梵音云嗢怛羅矩嚕，此譯爲高勝。阿毗曇論云：地方高大，定壽千歲，無諸苦，常受樂，勝餘洲，故名高勝。嗢音烏骨反，嚕音魯字轉舌。

紹尊　時遶反。爾雅：紹，繼也。釋名：遠也。謚法曰：遠繼先位曰紹。從糸召聲也。糸音覓。

千莖　幸庚反。考聲：莖，本也。草本曰莖。從草巠聲。

聽往　體盈反。考聲云：以耳審聲也。許也，信也。説文：聆也。從悳從耳壬聲也。聆音靈，悳音德，壬音體郢反。

發引　上蕃八反。説文：䠶發也。從弓從殳癶，箭發聲也。蕃音發班反，䠶音虵蔗反。殳音殊，癶音普末反。下引，音寅印反。從弓從丨，或從人作㐇。説文：開弓也。

大般若波羅蜜多經　第二卷

大般若波羅蜜多經　第三卷

胮脹　上普邦反，下張亮反。埤蒼云：腹滿也。並從肉。或作胖痮，皆古字也。

膿爛　上奴紅反。古今正字云：癰疽。疽，潰血也。説文：腫血也。從肉農聲。下蘭袒反。方言：火熟也。説文：從火闌聲也。

青瘀　上戚盈反。俗字也。説文：正體從生從丹作靑。經文作青，隸書略也。下於據反。廣雅：瘀，病也。説文：積血也。從疒於聲也。疒音女厄反，據音居御反。經作淤，非也。水中淤泥，非經用也。

啄噉　上音卓。廣雅：啄，齧也。説文：鳥食也。從口豖聲也。豖音寵録反。經文從彖作喙，非也。喙音吁穢反。下唐濫反。廣雅：噉，食也。説文作啗，或作啖，並通。經文作淡，非也。淡，無味也，非經義也。

離散　桑賛反。廣雅：散，壞也。説文：分散也。從肉㪔聲也。㪔音同上。或從隹作𢿱。經從廿從月從殳作散(散)〔四〇〕，非也。

骸骨　遐皆反。玉篇云：身體諸骨總名爲骸。説文：從骨亥聲也。

厭食　上伊焰反。考聲：厭，飽也，倦也。説文：從肉從曰古甘字也。正從犬。犬甘肉也。或作猒，亦同也。

奢摩他　梵語，此譯爲止，心寂静也。

毗鉢舍那　亦梵語也，此譯爲觀。觀，法智也。

捷速　潛葉反。杜注左傳云：捷，疾也。韻英：健也，速也。説文：從手建聲。或作疌、𢌿，並通也。

懈廢　皆隘反。賈注國語云：懈，倦也。廣雅：懶也。説文：怠也。音作嫁者，非也。

牀榻　上狀莊反。博雅云：人之棲息自安之具也。説文：從木爿聲也。爿音牆。經文作床，非也。下貪荅反。桂苑珠叢云：長牀也。釋名云：牀陜而長曰榻。廣雅：榻，枰也。説文：從木㑥聲也。㑥音同上。枰音平也。

池沼　孔注尚書云：停水曰池。下之繞反。杜注左傳：沼亦池也。並形聲字。

陂湖　上音悲，下音胡。説文：大陂曰湖。

析一毛　星亦反。廣雅：析，分也。説文：破木也。從木從片，或從斤作析。

糠糩　上口郎反。郭璞云：米皮也。説文：穀皮也。從禾康聲。康字從米從庚。經文下從水作康，非也。下枯外反。蒼頡篇云：糩亦糠也。字統云：粗糠也。説文：從禾會聲。粗音麁。

羂取　決兖反。考聲云：以繩捕禽獸也。從网絹聲。或作羂、罥並同。

擾惱　上而沼反。孔注尚書云：擾，亂也。説文：煩也。從手憂聲。憂音奴高反。集訓云：心内煩結也，懊惱也。説文云：有所恨痛也。從心甾聲也。甾音同上。從囟，囟音信。巛象髪。經從山，非也。

大般若波羅蜜多經　第四卷

兇黨　上勗恭反。爾雅：兇，咎也。韻詮云：粗人也。説文：惡也，恐也。從古人在凶下，會意字也。今經從兀，誤也。下當朗反。正作攩，或從人作儻。孔注尚書云：相助匿非爲黨。説文：朋群也。從手黨聲。

魁膾　上苦壞反。孔注尚書云：魁，帥也。廣雅：主也。鄭玄注禮記云：首也。史記：壯大也。從斗從鬼。下瓌外反。廣雅：膾，割也。案魁膾者，屠煞兇惡之師也。從肉會聲也。

惌敵　上於袁反。孔注尚書云：惌，仇也。考聲：憎也。顧野王曰：恨望也。蒼頡篇：恨咎也。說文：恚也。從心宛聲，或作宛。下亭歷反。杜注左傳云：敵猶對也。說文：仇也。從文商聲也。商音滴也。

伺求　上司恣反。鄭注周禮云：伺，察也。顧野王云：候也。字書：覗，青預反。蒼頡篇作伺。廣雅作覗。三人相候也。說文：從二犬從臣作獄，訓亦同。

旃荼羅　梵語也。上之然反，次宅加反。正梵音云奴雅反。經文作荼，音不切也。古云旃陀羅，皆訛略也。西域記云：屠膾主煞守獄之人也。彼國常法制勒此類，行則鬭於路左，執持破竹，或復摇鈴打擊爲聲，標顯自身，恐誤觸突净行之人。若不如此，國有嚴刑，王則治罰此人，彰净穢有異。

竹葦　說文：竹字象形。下爲鬼反。說文：大葭也。從草韋聲。案即蘆之大者也。

鄔波尼殺曇分　梵語。筭法數之極也。古人譯爲因果不相似力勝也。大論釋爲微細，分析至極之言也。如析一毛以爲百分，又析彼一分爲百千萬分，又於所析微細分中如前析之，乃至隣虚至不可析處，名鄔波尼煞曇分。

頗能　坡可反。或作叵。考聲云：不可也。文字集略云：頗猶可也。皆語辭也。

螢火　穴營反。或作蛍。月令云：腐草化爲螢。

熾盛　上昌志反。毛詩傳曰：熾亦盛也。說文：從火職省聲也。下成正反。考聲云：强也，隆也。說文云：從皿成聲也。

大般若波羅蜜多經　第五卷　第六卷

第七卷　已上三卷並無訓釋。

大般若波羅蜜多經　第八卷

盲冥　下莫瓶反。考聲：暗也，夜也。說文：幽也。從日。日數十六，每月十六日，月始虧漸幽暗也。從冖亦聲也。一音覓。經中從宀從具作寘，非也。

踰繕那　上羊朱反。繕音善。古云由旬，或云由延，或云瑜闍那，皆梵語訛略也。正云踰繕那，上古聖王軍行一日程也。前後翻譯諸經論中互說不同，文句繁多，略而不述。今且案西域記云踰繕那者，自古聖王軍行程也。舊傳一踰繕那有四十里，印度國俗乃三十里，聖教所載唯十六里。如上經論所說，差別不同。考其異端各有所據。或取聖王，或取凡肘，或取古尺。取捨雖懷異見，終是王軍一日行程。適中取實，今依西域記三十里爲定。玄奘法師親考遠近，撰此行記，奉對太宗皇帝所問，其言真實，故以爲憑，餘皆不取。

薩迦邪見　迦音薑佉反。梵語也。此譯爲身見，外道不正見也。

掉舉　上亭吊反。賈注國語云：掉，摇也。韻英：動也。廣雅：振也。說文：從手從卓省(四一)聲也。下居圄反。字書云：起令高也。說文：對舉也。從手與聲。

來嬈　泥鳥反。說文：戲弄也。形聲字。經作嬲，俗字也。

揔攝　祖董反。考聲：都也，攝也。玉篇：將領也，皆也。說文作總(總)[四二]，聚束也。從糸悤聲也。經從手作捴，俗字也。下苦葉反。考聲：兼統也。説文：引持也。從手聶聲。聶，失葉反。

大般若波羅蜜多經　第九卷

山崖　雅皆反。韻英云：高岸也。集訓云：山際邊處也。説文：高邊也。從屵從圭省[四三]聲。屵音五割反也。

陵虛　力矜反。正體從力作劾。玉篇云：劾，侵侮也。説文作夌。夌，越也。經文從阜作陵也。借用，非本字也。

如燎　遼鳥、遼銚二反。考聲云：輕燒也。字書：庭燭曰燎。説文：火炬也。從火尞聲也。尞音遼。

抆摩　武粉反。廣雅：抆，拭也。説文：從手文聲也。

釁心　欣覲反。考聲云：釁，罪也。杜注左傳云：瑕隙也。賈注國語云：動也。説文：從酉從分從釁省。經文作舋，俗字，謬也。

劇苦　奇逆反。方言云：病少愈而必加劇也。顧野王云：劇，甚也。謂更甚於前也。古今正字：從刀豦聲也。經中作劇[四四]，俗字，訛也。

不齅　許救反。韻英云：以鼻取氣也。説文：從鼻臭聲也。

唯然　惟癸反。古人云唯，今云諾，一義也。鄭玄云：應辭也。唯恭於諾也。

大般若波羅蜜多經　第十卷

大飲光　即大迦葉波之美稱也。大毗婆沙論云：上古有仙人，身有光明，能攝諸光，皆令不現，故號飲光。摩訶迦葉波是此仙種也。身黄金色，世人號之曰大飲光。

嬴貝　盧和反。爾雅云：蚹嬴，蝸牛類也。經文作螺，俗字也。下貝字，説文：象形字也。

珊瑚　上桑安反，下户姑反。漢書云：罽賓國出珊瑚寶，其色紅赤而瑩徹，生於大海，或出名山，似樹有枝而無其葉[四五]，大者可高尺餘。

聽許　體盈反。已釋了。

大般若波羅蜜多經　第十一卷

頭頸　經井反。已見前釋，不重訓。

幻事　還慣反。顧野王曰：幻謂相欺眩以亂人目也。説文：相詐惑也。從幺於條反從丁字也。

夢境　蒙洞反。蒼頡篇：夢，想也。説文：寐覺也。正作㝱，今從省。下居影反。俗字也。考聲：界也。從土竟聲也。

尋香城　古譯名乾闥婆城，唐梵雖殊，其實一也。瑜伽論云：音樂在地屬東方，持國天王常與上界諸天奏樂，以業感力故，但諸天思憶樂時，此尋香神即感遥聞彼天香氣，尋香赴彼，奏諸音樂。或名食香神。案此天所住城郭，或居須彌層級，或在七金山上，或居空界，或處人間。其城郭多於平澤海濱，或於空曠砂漠絶人境處化現似城，遠望分明，近觀即滅，如波、浮云、陽氣之類。

經從第十二卷已下盡第三十五卷，計二十四卷，不要音訓，文易。

大般若波羅蜜多經　第三十六卷

四繫　下音計。四繫者，慾有無明見是爲四也。

奮迅　上分問反。廣雅：奮，振也。鄭玄注禮記：動也。說文：翬也。郭璞云：翬翬然飛皃也。從大隹從田。字書云：大鳥在田欲飛曰奮。經文從臼，非也。下荀俊反。廣雅：奮、迅，振羽也。爾雅：迅，疾也。說文：從辵卂聲。翬音暉，隹音雖，辵音丑略反，卂音信。

欠㰦　音去。桂苑珠叢云：引氣而張口曰欠㰦。釋文：張口氣悟也。象氣從人上出之形。從欠去聲也。㐖音悟。經文從口作呿。暆聲也。非此義也。

大般若波羅蜜多經　第三十七卷

等涌　上等字，說文從竹從寺。經從草，俗字也。下容腫反。顧野王云：水泉衝上涌騰也。說文：滕也。從水甬聲。或作湧。

纏擾　上徹連反。考聲：纏，束也。桂苑珠叢：纏，縛之也。說文：約也。從糸廛聲也。廛音同上。經作緾，略也。下而沼反。前第三卷已具釋。

大般若波羅蜜多經　第三十八卷

謟（諂）〔四六〕誑　上丑染反。何休注公羊傳云：謟，佞也。說文：從言臽聲也。臽音陷。經從舀，非也。舀音羊小反。下鬼況反。賈注國語云：誑，惑也。杜注左傳：欺也。說文：從言狂聲也。或作誆。

大般若波羅蜜多經　第三十九　第四十卷

無可音訓者。

大般若波羅蜜多經　第四十一卷

健行　渠彥反。考聲云：健，勇也。集訓云：勁健也。說文：伉（伉）〔四七〕也。從人建聲也。勁音逕，健音潛葉反，伉（伉）音口浪反。

不眴　玄絹反。玉篇：目動也。王逸注楚辭云：眴，視皃也。說文：從目旬聲也。旬字從目。經文從旬（旬）〔四八〕及音舜者，非也。旬音縣。

瑕隙　上胡加反。鄭注禮云：玉之病也。廣雅：裂也。玉篇：穢也。說文：從玉從叚省〔四九〕聲也。下鄉逆反。說文：壁際孔也。從阜從白上下從小。經從巢作隟，非也。

誼諍　上香袁反。前第一卷已訓。下責更反。廣雅：諍，諫也。蒼頡篇：訟也。說文：止也。從言爭聲也。

飄散　上匹遙反。毛詩傳：公〔五〇〕飄猶吹也。說文：回風也。從風票聲也。票音同上。下桑贊反。前第三卷已具訓釋訖。

翳闇　伊計反。韻英云：翳，蔽也。廣雅：障也。說文：從羽殹聲。殹音同上也。

炬熾　渠呂反。桂苑珠叢云：束竹爇火照明。下昌至反。說文：火盛也。並從火，皆形聲字也。

不憙　希記反。纂韻云：憙，好也。說文：意悦也。形聲字也。

巢穴　牀爻反。毛詩：惟鵲有巢。鄭玄箋云：鵲之作巢，冬至架，至春乃成。説文云：鳥在木上，象形字。經從果，非也。下玄決反。説文：土室也。從宀，音綿，入聲也。

幖幟　上必遥反。桂苑珠叢云：幡旗之類也。説文：幖即幟也。從巾票聲。票者，音匹遥反。經文從木從扌者，非此用也。下齒志反。廣雅：幟，幡也。説文：從巾戠省〔五一〕聲也。

數取趣　霜捉反。左傳云：數數，不踈也。

大般若波羅蜜多經　第四十二卷　無字可音者。

大般若波羅蜜多經　第四十三卷

咄男　都骨反。説文云：咄，相唱〔五二〕也。男字，説文從甲（田）〔五三〕從力。

毀呰　上暉鬼反。爾雅：毀，壞也。廣雅：虧也。説文：缺也。古者掘地爲臼，毀粟爲米。殳，擣土臼也。從土從毇省聲也。下兹此反。韻英：罵詈也。説文作呰。從口此聲也。或作訿，亦同。

軌範　上俱偉反。賈注國語云：軌，法也。説文：車轍也。從車從宄省聲也。下扶黯反。爾雅：範，法也，常也。玉篇云：鑄金器之模樣也。説文：從車從笵省聲也。宄音鬼。

大般若波羅蜜多經　第四十四卷　第四十五卷

上兩卷無可音訓者。

大般若波羅蜜多經　第四十六卷

離離間語　上離字音利，下離字音梨。間音去聲。

胮脹　上普江反，下張亮反。前卷音義已具釋。

青瘀　於據反。經作淤，非也。

啄噉　上音卓，下談濫反。

骸骨　户皆反。

矯害　上居夭反。考聲云：矯，妄也。鄭注周禮：詐也。説文：從手作撟。下孩蓋反。説文：傷也。從宀音綿從口丰聲也。丰音介。

嫉慳　上音疾。王逸注楚辭曰：害賢曰嫉。下坑閑反。韻英：惜也。集訓云：慳者謂悋也。字典〔五四〕云：貪也。從心堅聲也。

大般若波羅蜜多經　第四十七卷

擐鎧　上音患。桂苑珠叢云：以身貫穿衣甲曰擐，今相傳音慣。下開蓋反。説文：鎧，甲也。文字集略云：以金革蔽身曰鎧。今通俗以上聲音之爲苦改反。即甲胄也。

壙野　苦晃反。孔注尚書：壙，空也。考聲云：壙埌，原野遠皃也。廣雅曰：大也。説文：塹穴也。從土廣聲也。經從日作曠，非也。埌音浪，塹音妾焰反。下以者反。爾雅云：邑外爲郊，郊外爲牧，牧外爲野，古文作壄。牧音木。

自恃　時止反。考聲：恃，依也。説文：恃，賴也。從心寺聲。

憍舉　居妖反。蒼頡篇：憍，逸也。廣雅：自高也。顧野王云：

自矜伐縱恣媟慢也。説文：從心喬聲也。

自殖　時力反。纂韻云：殖，種也。方言：立也。説文從冈作擅(檀)〔五五〕。今隷書略去冈，或從木作植。

橋船　求驕反。蒼頡篇云：橋，木(水)〔五六〕梁也。説文：從木喬聲也。經文作橋(槗)〔五七〕，俗字也。

洲渚　上之由反，下之與反。爾雅云：凡水中可居曰洲。小洲曰渚。廣雅：洲，居也。渚，止也。或從阜作陼，亦同。

有減　耕斬反。韓詩：減，少也。説文：損也。從水咸聲。

劑限　情細反。考聲云：分㪥(段)〔五八〕也。韻詮云：分劑也。韻英亦作齊。經文作齊，古文作亝，皆一也。或音情奚反。

大般若波羅蜜多經　第四十八卷

所悋　隣鎮反。廣雅：悋，鄙也。韻英：惜也。考聲：貪也。正作恡。

充溢　昌隆反。説文：充，滿也。從人從育省。下寅一反。爾雅：盈也。賈注國語：餘也。説文：器滿也。從水益聲也。

拯濟　拯字取蒸字上聲，前第一卷已具釋。下賫計反。孔注尚書云：濟，渡也。杜注左傳云：益也。方言：恒憂也〔五九〕。賈注國語云：成也。説文：從水齊聲也。

大般若波羅蜜多經　第四十九卷

所遮　者蛇反。賈注國語：遮，候也。説文：遏也。從辵從庶省聲也。

揭路荼　梵語虜質不妙也。正梵音云蘗嚕拏，古云迦婁羅，即金翅鳥也。或名妙翅鳥。案起世因本經云：金翅鳥與龍各具四生，所謂卵胎濕化。然卵生者，力小，只食卵生龍。化生者，威力最大，能食四生。欲食龍之時，以兩翅扇海水開，銜得諸龍吞在嗉中，龍尚未死，亦名此鳥爲大嗉鳥也，飛至居吒奢摩梨樹上，然後吐出，啄而食之。被啄之時，出大怖畏之聲，極受苦楚。此鳥亦名龍怨，其背兩翼悉皆金色，故以爲名。

緊捺洛　梵語亦樂天名也。正梵音云緊娜囉，歌神也。其音清美，人身馬首。女則姝麗，天女相比，善能歌舞，多與乾闥婆天以爲妻室。

莫呼洛伽　梵語不妙。正梵音云摩護囉誐。人形蛇首，亦名大蟒神也。

奉覲　逢捧反。廣雅：奉，獻也。考聲：尊也。杜注左傳云：養也。説文：承也。從手從拱，上從丰，亦聲也。下勤靳反。鄭注周禮云：覲，見也。毛詩：見也。説文：從見堇聲也。捧音豐拱反。丰音豐，靳音斤近反。

禀正　彼品反。孔注尚書云：以穀賜人也。説文：從禾㐭聲也。㐭，力飲反。

鞭撻　上必綿反。顧野王曰：用革以朴罪人謂之鞭。字書云：撾馬杖也。説文：從革便聲也。下他遏反。考聲：撻亦鞭也。形聲字。

驅逼　上羌于反。蒼頡篇：隨後曰驅。説文：馬馳也。從馬區聲也。下悲力反。爾雅：逼，迫也。杜注左傳云：近也。説文：從辵畐聲也。畐音不逼反。

焦惱　上即姚反。説文：火所燒也。經作燋，非本字也。下奴老反。前第三卷已具釋。

吠瑠璃　上扶廢反，次力鳩反，下音離。梵語寶名也。或云毗瑠璃，或但云瑠璃，皆訛略聲轉也。須彌山南面是此寶也。其寶青色，瑩徹有光，凡物近之，皆同一色。帝釋髻珠云是此寶。天生神物，非是人間鍊石造作焰火所成瑠璃也。

華鬘　上音花，字無花音正應。下慢班反。假借字也。本音彌然反，今不取。案花鬘者，西國人嚴身之具也。梵語云麽羅。麽音莫可反。此譯爲花鬘。五天俗法，取草木時花暈澹成彩，以線貫穿，結爲花鬘，不問貴賤，莊嚴身首，以爲飾好，號曰麽羅。説文：從髟鼻聲也。髟音必姚反。鼻音綿。

醫藥　上於基反。説文：治病工也。從酉殹聲，音伊奚反。經文作毉，俗用亦通。

璧玉　卑亦反。爾雅云：内（肉）〔六〇〕倍好謂之璧。郭璞云：肉，邊也；好，［孔］〔六一〕也；倍，大也。案璧形圓有孔，有穀璧、蒲璧之别。説文：瑞玉也。從玉辟聲也。

俱胝　音知。梵語數法名也。以此國人間小數校之，數當一京。若以曆筭中數校之，數當一千萬也。

那庾多　亦西方梵語數法名也。依俱舍十十變名，以此人間小數校之，數當一溝。若以曆筭中數萬萬變名，那庾多當此國之千億也。

杖塊　長兩反，下魁潰反。古文作凷，象形。説文：土塇也。塇音普力反。從土從魁省聲也。

衢道　具于反。爾雅：一達謂之道路，四達謂之衢。郭璞曰：交道四出也。説文：從行瞿聲也。

暴（㬥）〔六二〕惡　上蒲冒反。廣雅：暴，猝也。考聲：猛也。韻英：侵也。説文：從日從出從拱從半從暴省聲也。半音滔。下烏各反。説文：不善也，過也。從亞從心，正也。經從襾作悪，俗字，誤也。

大般若波羅蜜多經　第五十卷

無縛無解　房博反。考聲：繫也。説文：束也。從糸從博省聲也。下皆買反。鄭注禮記云：解，釋也。説文：判也。從刀牛角也。今俗用音爲賈者，非也。

大般若波羅蜜多經　第五十一卷　無可訓。

一切經音義　卷第一

校勘記

〔一〕正　今傳本毛詩傳作「匹」。

〔二〕載　據文意當作「載」。

〔三〕微　大正作「微」。今傳本説文：「徵，召也。从壬从微省。」

〔四〕手　獅作「壬」。

〔五〕口不道善言……從物而流不知所歸　今傳本大戴禮爲：「口不能道善言而志不邑邑，不能選賢人善士而託其身焉以爲己憂，動行不知所務，止立不知所定，日選於物，不知所貴，從物而流，不知所歸。」

〔六〕形　頻作「㕣」。

〔七〕豊　頻作「去」。

〔八〕息　獅作「思」。下同。

〔九〕熫　獅作「㥶」。

〔一〇〕宲　獅作「突」。

〔一一〕或作析　今傳本説文：「析，破木也。一曰折也。从木从斤。」

〔一二〕兩　獅作「雨」。

〔一三〕方　據文意當作「匚」。

〔一四〕還　磧作「還」。

〔一五〕省　衍。

〔一六〕去　據文意似作「考」。

〔一七〕人　似誤，疑當作「也」。

〔一八〕省　衍。今傳本説文：「礫，小石也。从石，樂聲。」

〔一九〕循　據文意似作「循」。

〔二〇〕栝　獅作「括」。

〔二一〕絜　今傳本説文：「插，絜也。从手，舌聲。」

〔二二〕萠　獅作「萠」，同。

〔二三〕祕　今傳本説文：「祕，神也。从示，必聲。」

〔二四〕為　獅作「爲」。

〔二五〕省　衍。

〔二六〕軛　據文意當作「軶」。

〔二七〕也　磧作「反」。

〔二八〕又支亦反　磧爲「又尤亦反」。

〔二九〕脾　獅作「胛」。下同。

〔三〇〕披　據文意似當作「剫」。

〔三一〕卑　磧作「甲」。

〔三二〕椀　獅作「捥」。

〔三三〕花　獅作「華」。

〔三四〕又古作甓……從北從古究　今傳本説文：「𤿭，柔韋也。从北从皮省。夐省聲……古文甓。」

〔三五〕經作盲，或作盲　疑當爲「經作䀮，或作䀮」。

〔三六〕無聞　麗無，據磧補。

〔三七〕瞻　各本無，據文意補。

〔三八〕反　各本無，據文意補。

〔三九〕琰　各本無，據文意補。

〔四〇〕散　據文意似當作「散」。

〔四一〕省　衍。今傳本説文：「掉，摇也。从手卓聲。」

〔四二〕總　獅作「緫」。

〔四三〕省　衍。今傳本説文：「崖，高邊也。从岸圭聲。」

〔四四〕劇　據文意似當作「劇」。

〔四五〕其葉　磧爲「葉其」。

〔四六〕謟　據文意似當作「諂」。下同。

〔四七〕伉　獅作「伉」。下同。

〔四八〕旬　疑當作「旬」。

〔四九〕省　衍。今傳本説文：「瑕，玉小赤也。从玉叚聲。」

〔五〇〕公　疑衍。

〔五一〕省　衍。

〔五二〕唱　今傳本説文作「謂」。

〔五三〕甲　磧作「田」。

〔五四〕字典　據慧琳所引，字典可能是魏晋時的一部字書，撰者不詳，今已佚。

〔五五〕擢　據文意似當作「櫂」。

〔五六〕木　據文意似當作「水」。

〔五七〕橋　當作「橋」。

〔五八〕叚　大正作「段」。

〔五九〕恒憂也　今傳本方言爲「濟、恒，憂也」。

〔六〇〕内　獅作「肉」。

〔六一〕孔　疑脱，據文意補。

〔六二〕皋　據文意似作「皋」。下同。

一切經音義　卷第二

翻經沙門慧琳撰

音大般若經從五十二盡三百一卷

大般若波羅蜜多經　第五十二卷

能辨　蒲慢反。韻英：辨，具也。説文「從力辡」是也。辡音皮免反。

統攝　上通棟反。考聲云：統，領也。下商葉反。包咸注論語云：攝，兼也。鄭注禮記云：代也。説文：持也。從手聶聲也。聶音尼輒反也。

縱任　上將用反，下壬鴆反。從壬從亻也。

蠲除　决緣反。郭璞注方言云：蠲，除也。從益從蜀。

虧損　驅爲反。説文：氣損也。從亏虘聲也。或作虧，虘音呼。

無邊辯　皮免反。廣雅：辯，慧也。字書：捷也。説文：治也。從言辡聲也。

清泠　歷丁反。説文並從水。形聲字也。

遺燼　夕胤反。杜注左傳云：火之餘木也。説文：燭餘也。從火㶳聲也。㶳音同上。

大般若波羅蜜多經　第五十三卷

般僧伽胝　下音知。梵語大衣名也。或云僧伽梨，是佛所披袈裟也。下從九條上至二十五條中間數有等皆曰大衣。披服之時可宣揚法教，具足福田之相，三衣之中最爲上等也。

甞食　上音常。説文云：試味曰甞。從甘尚聲也。

歠飲　上釧拙反。説文：歠，飲也。從歓省叕聲也。經文作啜，或作㗖，皆俗字。下邑錦反。説文：從酉作㱃。酉者，古文酒字也。從酉飲也。今省去酉作飲。古文從水作㳑。

寤寢　上音悟。蒼頡篇云：寢覺而有言曰寤。覺音教。説文：從㝱省，吾聲也。下侵審反。廣雅：寢，幽也。説文：寢，卧也。篆文從帚從又，今順俗從省略，從宀侵聲也。㝱音夢也。

巧屠　唐胡反。考聲云：殘煞也。説文：刳也。從尸者省[一]聲也。

剖爲　上普口反。蒼頡篇：割析也。説文：剖，判也。從刀音聲也。音音土口反。

纏裹　上直連反，下古火反。玉篇：裹，苞也。説文：裹亦纏也。上下從衣，果聲。

髮毛　上方韈反。顧野王云：首上毛也。説文：從髟犮聲也。髟音必姚反，犮音蒲末反。

爪齒　上側狡反。説文：手足甲也，象形。下昌止反。説文：口齗骨也。象口齒形，止聲也。齗音銀。

筋脉　上謹欣反。周禮：醫師以辛養筋。説文云：肉之力也。從肉從竹。竹者物之多筋也。從力，力象筋也。經中從草作荕，誤也。下育〔二〕伯反，俗字也。周禮：以鹹養脉。説文云：血理之分行於體中謂之脉。從血從𠢀作衇，或作衂，並正體字也。

骨髓　綏觜反。字統云：骨中脂也。説文：從骨從隨省聲。上骨從肉。

心肝　白虎通云：心者，禮也。南方火之精也。象火色赤鋭而有辦（瓣）〔三〕，如未敷蓮花形。王叔和脉經云：心與小腸、大腸合爲府，其藏神，其候口，故心有病則失音不能言。説文云：象形字也。下古安反。白虎通云：肝者，仁也。東方木之精也。仁者好生，象木形而有葉，色青。王叔和云：肝與膽合爲府，其神魂，其候目，故肝實熱則目赤暗。説文：從肉干聲。鋭音聿惠反，辦音白慢反。

肺腎　上芳廢反。白虎通云：肺者，義也。西方金之精也，象金，色白。王叔和脉經云：肺與膀胱合爲府，其神魄，其候鼻，故肺有瘡則鼻不聞香臭。説文：從肉巿聲也。巿音肥味反。下臣忍反。白虎通云：腎者，智也。北方水之精也。色黑陰，其形偶。脉經云：腎與三焦合爲府，其神志，其［候］〔四〕耳，故腎虚則耳聾。説文：從肉臤聲。臤音啟絃反，偶音五苟反。

脾膽　上婢彌反。白虎通云：脾者，信也。中央土之精也，象土，色黄。脉經云：脾與胃合爲府，其神意，其候舌，故脾有熱則舌病唇不能收。説文：從肉卑聲也。下答敢反。白虎通云：膽者，肝之府也。主仁，是以仁者有勇。王叔和脉經云：膽之病則精神不守。説文：從肉詹聲也。詹音止兼反。

脬胃　上普包［反］〔五〕。考聲云：盛小便器尿脬也。王氏脉經云：脬囊受九升三合，脬轉即小便不通。説文：膀胱，水器也。從肉孚省〔六〕聲也。經文作胞，非也。下韋畏反。白虎通云：胃者，穀之委也。韻英：腸胃也。説文：穀府也。從肉，象形字之也〔七〕。

屎尿　上音始。字指云：糞，屎也。經從米，俗字也。説文：從尾矢聲也。下泥吊反。考聲云：腹中水也。説文：從尾從水。經從尸，訛略也。並形聲字。

涕唾　上梯禮反。考聲云：泣也。目出淚涕也。詩傳亦云：自目而出涕。下土課反。説文：口液也。從口從𢙔省聲，或作涶。

涎淚　上以仙反。説文：口液也。下律墜反。廣雅：涕，淚也。説文：淚，涕也。從水戾聲。戾音歷弟反。

垢汗　上古后反，下寒旦反。

痰膿　上噉甘反。考聲云：胸鬲中水病。經作淡，非也。下奴公反。潰血也。

肪䏰　上音方，下桑安反。韻英云：凝脂也。通俗文云：在腰曰肪，在胃曰䏰。並形聲字也。

腦膜　上乃倒反。説文作腦，頭中髓。從肉𡿺聲。有作䐍，或作腦，或作腦（腦）〔八〕，並非也。𡿺音與上同。下音莫。字統云：在皮内肉外曰膜。説文云：肉間胲膜也。胲音古哀反也。

眵聹 上侈支反。韻英云：目汁凝也。經文作䀝，非也。撿諸字書並無此䀝字。說文云：目傷眥。從目從侈省聲。眥音疵賜反。下寧挺反，上聲。文字集略云：耵聹，耳中垢也。古今正字云：從耳寧聲也。

㚖物 昌咒反。考聲云：敗惡氣也。說文云：禽走而知其跡者，犬也。自者，古鼻也。從自從犬，或從歹作殠。經文從死作臰，非也，並無此字。

寶玩 五灌反。孔注尚書云：玩，戲弄物也。說文：從王(玉)〔九〕從翫省聲也。

躭著 上答南反。韻英云：躭，好也。考聲：翫也。從身從躭省〔一〇〕聲也。躭〔一一〕音同上也。

憺怕 上談濫反，下普百反。淮南子云：憺，滿也；怕，靜也。經文從水作淡泊，並非也，訓義別。古今正字云：憺怕二字並從心，形聲字也。

皮穿 昌緣反。考聲云：穿，穴也。說文：通也。從牙在穴中也。

鵰鷲 上丁遥反。穆天子傳曰：春山爰有白鳥青鵰，執犬羊食象鹿。郭璞曰：今之鵰亦能食鹿也。說文云：鵰，鷻(鷻)〔一二〕也。從鳥彫(周)〔一三〕聲也。下音就。山海經云：景山多鷲鳥。字書：從鳥就聲也。鷻音徒官反也。

烏鵲 上隖姑反。說文云：孝鳥也。下七雀[反]〔一四〕。知太歲所在也。博物志曰：鵲巢開門常背太歲，此非才智，任運自然。說文二象形字也。

鴟梟 上齒之反。籀文鴟字也。說文：或從隹作鴟(雖)〔一五〕。鴟，雖也，亦鳶鳥也。禮記曰：前有塵埃則戴鳶，鳴則風起也。說文從屰作鳶，開元音義從千作鳶，並音緣。下咬姚反。鄭箋毛詩云：惡鳴鳥也。說文：梟，不孝鳥也。從鳥頭在木上，象形，俗名土梟鳥也。

虎豹 上呼古反。爾雅：虥，白虎；虪，黑虎。方言：陳宋之間謂之李父(父)〔一六〕，江南謂李耳。說文云：虎者，山獸之君也。足似人足，故下從人，象形，亦形聲字。虥音含，儵音叔，虍音呼。下包教反。說文云：貌似虎，圜文花黑而小於虎。從豸從包省聲也。豸音雉也。

狐狼 上何姑反。說文云：妖獸也。鬼所乘而有三德，其色中和，小前大後，死必首丘。從犬從孤省聲也。孤字從瓜。下朗當反。說文云：獸名。似犬，鋭頭白額，高前廣後。從犬良聲之者也。

或啄 音卓。說文：鳥食也。從口豕聲也。豕音丑録反。豕字，即豕字中加一畫之也。

或攫 歸籰反。又音歸碧反，亦通。淮南子曰：鳥窮則搏，獸窮則攫。蒼頡篇：攫，搏也。說文：扟也。從手瞿聲。經文作㩴，音同。字書並無㩴字，未詳所出也。矍(籰)〔一七〕音王钁反，搏音博，扟音所巾反，矍音凶籰反也。

摣掣 上但(側)〔一八〕加反。廣雅云：摣，取也。釋名云：摣，叉也。五指俱往叉取也。或作戱。說文：亦作担。從手虘聲。虘音昨何反。下昌制反。韻英云：掣，曳也。釋名云：掣，制也。制頓之使令順己也。從手制聲也。

潰爛 回外反。蒼頡篇：潰，旁決也。韻英：散也。說文：漏也。從水貴聲也。

蟲胆 逐融反。爾雅：有足曰蟲，無足曰豸。經文作虫，訛略也。下七余反。說文云：蠅乳肉中蟲也。從肉從沮省聲也。經中作蛆，俗字也。

腐肉　扶甫反。廣雅：腐，臭也。韻英：朽也，敗也。說文：腐，爛也。從肉府聲也。

骨瑣　蘇果反。廣雅云：瑣，連也。字書：連環也。案言骨瑣者，菩薩身骨也。佛本行集經云：凡夫骨節纔得相柱一夫之力也。菩薩節皆相鉤連，如馬銜連瑣相似，遂成就廣大那羅延力。說文云：瑣字，從玉肖聲也。肖音同上。從小從貝，經從巢，非也。

皓白　毫告反。韻英云：皓，素也。爾雅：白也。說文：皓字，從白從浩省聲也。經從日，俗字也。

珂貝　可何反。礦石類也，次於玉也。埤蒼云：珂，馬腦也。或云潔白如雪，所以用纓馬膺也。貝者，螺貝也。一名貝齒珠也。今取白色爲喻。

零落　歷丁反。下郎各反，本從草，經文從兩點下作落，非之也。

腨骨　時耎反。或作蹲，前第一卷已釋訖。

厀骨　胥逸反。經文作膝，俗字。正體從卪，卪音節也。

髀骨　毗米反。經作䏶，俗字，非也。

髖骨　苦官反。埤蒼：髖，尻也。說文云：髖，髀上也。從骨寬聲也。

脊骨　精亦反。考聲云：脊，理也。集訓：脊，膂也。字書云：背骨也。說文作𠦬，象形字也。

脇骨　香業反。或作脅。從三力從肉。俗從三刀，非之也。

髆骨　音博。

頷骨　胡感[反][一九]。頤也也[二〇]。

頰骨　兼業反。

骸骨　遐皆反。

霜封　風貢反。韻英：閉也，固執也，凍也。

鴿色　甘臘反。骨青碧色也。

碎末　上音蘇對反。考聲：散也。廣雅：壞也。韻英：細破也。字書作碎。說文：䃺也。從石從猝省。䃺音眉，猝音崔對反。

策[二一]勵　力制反。韻英云：勸勉也。古今正字：從力厲聲之也。

唯伺　司字反。候也。

次音梵文　此經有三十二梵字。有與梵音輕重訛舛不同者，蓋爲此國文字難爲敵對，自通達梵漢兩國文字兼善聲韻音方能審之耳。今以雙聲疊韻反之，即與梵音乖失不爲切音也。讀者悉之也。

哀　阿可反。

洛　此洛與梵音不相當。應書囉字上聲兼轉舌即是也。

跛　波可反。正是也。

者　天竺國梵言，中邊有異。中天音左，輕妙爲正。北天音者，魯質不正。今取中天，應書左字音則可反也。

娜　此字梵音有鼻聲。應書曩字，取上聲兼鼻音即是。已上五字，正是五髻文殊五字真言也。

砢　勒可反。

柂　此字與梵音踈。應書娜字，那可反。

婆　此字亦不切當。應書麼字，音莫可反。

荼　此字亦乖失。應書䋈字，音拏雅反。䋈則爲正也。

橋(撟)[二二]穢　此二字非是梵字。上居夭反。鄭注周禮云：撟，詐也。說文：妄也。經文從矢作矯，俗字也。

沙　取上聲即是也。

縛　無可反。或有加口作嚩爲正也。

頞　多可反。

也字　此也字正與梵字相當也。

瑟吒　二合。下吒以上聲呼。兩字合爲下聲，名二合。

迦　居佉反。

娑　桑可反。

磨　莫可反。兼有鼻音。

伽　强何反。取此音之去聲也。

他　他可反。

闍　是遮反。亦是北天邊方音旨，若取中天梵音可者爲慈砢反，正也。砢音勒可反。

濕嚩　上尸人反，下無可反。二字合爲一聲。

達　此字與梵音乖，合用馱字，音唐賀反。

捨　與梵音正相當。

佉　取上聲呼即是。

羼　策簡反。字是二合，亦可書乞産二合也。

薩頞　二合。下音多可反。二字合爲一聲。

若　而者反。梵字是二合，亦可書枳孃二合，孃取上聲。

辢他　上郎葛反，二合，梵音有轉舌，亦可書囉他二合者之也。

呵　呼阿反。准數處梵本並無此呵字。

薄　傍莫反。甚乖，梵字乃是婆字去聲，婆賀反。或書嗒字，亦通用也。

綽　昌約反。甚乖，梵音正與瑳字相當，錯可反，即是蹉字上聲是之也。

颾磨　上蘇合反。下磨字取上聲，兼有鼻音。梵音亦是二合也。

嗑嚩　上音合，下無可反。二合。

蹉　倉可反。取上聲。梵字本是二合，亦可書頞多可娑二合之也。

鍵　渠産反。或書健字，亦得。

槴　傳寫錯謬不成字。梵音正當佗字上聲，坼賈反。佗音敕伽反，坼音敕革反。

拏　儜牙反。不切，應取上聲。或書拏字兼鼻音是奴雅反。

頗　普我反。正相當。

塞迦　下迦音薑佉反。佉取上聲用。

逸娑(娑)[二三]　娑(娑)取上聲，二合，或書野娑(娑)字也。

酌　之藥反。與梵音極乖。其正梵音室者，二合字也。

吒　摘加反。今取上聲，亦可書縿字，音摘賈反爲正。

擇　音宅。此字亦與梵音乖。應書搽字取上聲宅賈反爲正。已下非梵字也。

所詮　取全反。考聲云：叙也，明也。杜注左傳云：次也。字書：平也，證也。説文：衡也。從言全聲也。

修治　下音里。孔注尚書云：治，理也。爾雅云：治，政也。説文：從水台聲也。又音持，亦通。

意樂　五教反。

厭足　伊閻[二四]反。

厭倦　伊爛反。

阿練若　梵語也。亦云阿蘭若。此譯爲寂静處也。

杜多　梵語也。古曰頭陀。十二種苦行具如本經所説也。

顧戀　力卷反，公悟反[二五]。

大般若波羅蜜多經　第五十四卷

慢傲　五告反。杜注左傳云：傲，不敬也。廣雅：蕩也。説文：

厭慽　倨，傲也。從人敖聲。倨音據，敖音五高反也。青亦反。何休注公羊云：痛也。鄭注論語云：憂懼也。説文：憂也。從心戚聲。戚音同上，從戊尗聲。戊音于月反，尗音叔。

藥叉　梵語地居天衆鬼神也。部屬北方毗沙門天王，護衆生界善神，或散諸山居止。

健達縛　梵語天名。此譯爲尋香，前卷音義已具釋。正梵音云巘達嚩。嚩音無可反，巘音魚蹇反之也。

阿素洛　此云非天。古譯云不飲酒神也。常與三十三天力争勝負，爲簡别故，故云非天。有大神通，幻力能現大身自在無礙也。

辯説　上皮免反。廣雅：辯，慧也。説文從言也。

辦　白慢反。鄭注禮云：辦，具也。説文：判也。從力辡聲也。辡音同上。

忘報　上罔方反，下保冒反。説文：報字從㞋(𠬝)[二四]，㞋(𠬝)字從尸從又。㞋(𠬝)音伏，尸音節。

不酬　時周反。俗字也。爾雅：酬，報也。説文作醻。從酉壽聲。

譏嫌　上居依反。廣雅：譏，諫也。考聲云：譴也，刺也。説文：誹也。從言幾聲也。下形兼反。考聲云：心惡也。説文：疑也，不平於心也。從女兼聲也。譴音企見反。

常預　羊據反。埤蒼云：預，安也，樂也。

大般若波羅蜜多經　第五十五　第五十六

已上兩卷無字可音。

大般若波羅蜜多經　第五十七卷

斷巳(已)[二五]　上音段，下音以。

紫縹　兹此反。説文：帛青赤色也。從糸此聲也。下漂眇反。説文云：帛青白色也。從糸票聲也。糸音覓，票音必遥反。

大般若波羅蜜多經　經從第五十八卷已下盡第七十四卷計一十七卷　經文易，不要音訓。

大般若波羅蜜多經　第七十五卷

問詰　企逸反。鄭注禮記云：問罪也。廣雅：責也。説文：問也。從言吉省[二六]聲也。

他惡　烏各反。孔注尚書云：惡，醜陋也。説文：惡，過也。從心從亞。經文從襾作恶者，誤。亞音烏嫁反也。

決擇　上癸(癸)[二七]悦反。考聲：立決斷也。説文：水行流也。從水夬聲。下持格反。説文：簡選也。從手。

大般若波羅蜜多經　第七十六卷

極踴　渠億反。鄭注禮記云：極，盡也，窮也。毛詩傳：至也，已也。郭注爾雅：遠也。廣雅：高也。説文：從水(木)[二八]亟聲。經從手，非也。亟音矜力反。下容腫反。杜注左傳：踴，跳躍也。何休注公羊：上也。説文作踊，字書作趣。從足勇聲也。

極擊　經歷反。桂苑珠叢云：擊，打也。考聲：攻也。説文：攴也。從手毄聲。毄音同也。上攴，又作文，音普卜反。

極㷧　苞皃反。爾雅：㬥，落也。説文：灼也。從火暴聲也。暴字從日從出從拱從半。半音滔。

大般若波羅蜜多經　第七十七卷

曦赫　喜猗反。韻詮云：赫曦，日光也。字書：光明盛也。説文：氣也。從日兮，義聲也。經從火，非也。或作晞，亦通也。

蔽諸　上卑袂反。廣雅：蔽，隱也。杜注左傳：蔽，障也。説文：從草敝聲。敝音毗袂反。

憍尸迦　上薑妖反，下薑佉反。梵語即天主帝釋之别號也。

限隔　耕額反。廣雅：限，界也。説文：障也。從阜鬲聲。

如癰　擁凶反。説文作㿈，腫也。從疒雝聲。[疒]〔二九〕，女厄反也。

如瘡　楚莊反。俗字也。玉篇從戈從倉作戧。説文作創，亦作刀(刅)〔三〇〕，或作刱，古文作刅。韻詮云：疽疥曰創。韻英：創，痍也。説文：傷也。從也〔三一〕從刀倉聲之也。

逼切　彼棘反。韻英：逼，迫也。説文：近也。從辵畐聲。或作偪。辵音丑略反，畐音披億反。下切從七。

衰朽　率追反。考聲：衰，弱也，羸也。韻英：耗也，微也。説文：草雨衣也。象形字。下休九反。孔注尚書云：朽，腐也，爛也。古今正字：從木丂聲。丂音考之也。

有撗(横)〔三二〕　獲孟反。考聲云：不順理也。字書云：非理而來曰撗(横)。説文：從木黄聲。

有疫　營壁反。説文云：民皆疾也。從疒從役省聲。

有癘　列滯、力大二反。鄭注周禮云：疫氣不和之疾也。説文云：惡省聲也。從厲省聲也〔三三〕。

大般若波羅蜜多經　第七十八卷

滋潤　上子思反。孔注尚書云：滋，長也。蒼頡篇云：液也。説文：益也。從水茲聲也。下如順反。廣雅：潤，濕也。玉篇：飾也。説文：水曰潤下。從水閏聲也。

充溢　餘一反。爾雅：溢，盈也。

安撫　孚武反。鄭注周禮：撫亦安也。杜注左傳云：存恤也。説文：案也。從手無聲也。

大般若波羅蜜多經　第七十九卷　第八十卷

並無可音訓。

大般若波羅蜜多經　第八十一卷

竊作　七結反。考聲云：私取也。説文云：盗自中出也。從穴從二十從米，禼聲也。今順俗從省去二十。二十音疾，禼音薛也。

解耶　上諧介反，下以遮反。

苾蒭　上毗逸反，下測虞[反]〔三四〕。梵語草名也。僧肇法師義苾蒭有四勝德，一名浄乞食，二名破煩惱，三名能持戒，四名能怖魔。梵文巧妙，一言具含四義，故存梵言也。

苾蒭尼　義説同上，出家女之總名。三例聲明此即女聲也。

鄔波索迦　上烏古反，下薑佉反。梵語也。唐云近事男。能發菩提心，受持在家五戒等，親近承事大比丘僧，因以爲名。

鄔波斯迦　發菩提心女弟子也，義解同前。三類聲中前曰男聲，此即女聲。

響聲　虚兩反。考聲云：響者，崖谷應聲也。或從音從口從向作嚮、嚮，並同也。

易解　上以智反。下諧介反，音下非也。

測度　上楚力反。周禮：上(土)〔三七〕圭測影以求地中。鄭玄曰：揆度也。下唐洛反。

大般若波羅蜜多經　第八十二卷

唯極　翼誰反。賈注國語云：唯，獨也。顧野王曰：唯，由也。語辭也。

植衆　承職反。方言：植，立也。孔注尚書云：置也。説文：户植也。從木直聲也。

大般若波羅蜜多經　第八十三卷　無可音訓。

大般若波羅蜜多經　第八十四卷

水陸　流竹反。韓詩云：高平無水謂之陸。爾雅説文亦云高平地也。從阜坴聲。坴音同上也。

大般若波羅蜜多經　從第八十五卷盡第九十八卷計一十四卷　文易，無字可音訓者。

大般若波羅蜜多經　第九十九卷

仙輩　博妹反。玉篇：輩也，部也。太玄經：輩，類也。説文：軍發車百乘爲一輩。正從非從車，俗從北作輩。

汝曹　漢書云：亦輩也。

虗空　許居反。説文：從虍從丘，或作虚(虛)〔三八〕。丠，古文丘字也。虍音呼。經作虗〔三九〕，不成字也。

掩泥　於撿反。鄭箋毛詩：掩，覆也。字書：閉也。方言：藏也。説文作揜。桂苑珠叢：斂也。從手奄聲也。

大般若波羅蜜多經　第一百卷

僚佐　力彫反。爾雅：僚，官也。孔注尚書：同官曰僚。左氏傳：［隸臣］〔四〇〕僚。玉篇云第九品人也。韻英云：僚，友也，助也。説文：從人尞聲也。或從宀作寮。

蘆葦　上魯都反，下萎。爾雅：葭，蘆也。郭景純曰：蘆即葦之瘦惡者。顧野王曰：葦，大葭也，蘆之類也。説文：從草從皿盧聲也。葦亦聲也。盧音魯都反，從虍從甴。甴音苦外反。

空隙　鄉逆反。廣雅：隟(隙)〔四一〕，裂也。賈注國語云：舋也。説文：壁際小孔也。從阜從白上下從小。經從巢作隟，非也。

大般若波羅蜜多經 第一百一卷

唯然 惟癸反。周禮云：唯者，應辭也。蒼頡篇云：唯恭於諾。案唯即今之諾也。

讎隙 受流反。聲類云：讎，仇也。杜注左傳云：對也。集訓云：怨之匹偶也。說文從言雔聲也。雔音上同。

殄滅 上亭典反。孔注尚書：殄，絕也。爾雅：盡也。說文從歺㐱聲也。經文從尒，誤也。滅字前卷已釋。歺音殘，㐱音之忍反也。

懈怠 上音戒，下音代。

擾亂 上如沼反。說文：從手從夒聲也。夒音奴高反。經從憂，非也。下欒段反。爾雅：亂，治也。考聲：煩也，錯也。說文：從乙𤔔聲也。𤔔音上同。從爪幺冂。又李斯從寸作𤔔。字林從攴作敽。俗作乱，古文作𤔲。幺音腰，冂音癸營反也。

詰責 上企吉反，下争革反。說文：責，求也，問罪也。從貝從朿省聲。經文作責，變體俗字也。

違拒 上音韋。字本單作韋。說文云：相背也。從舛口聲也。從辵加辵作違。舛音喘，口音韋，辵音丑略反。拒字從手也。

螫噉 上舒亦反，又呵各反，並通。說文：蟲行毒也。從虫赦聲也。赦音賒夜反之也。

對治 上都内反。廣雅：對，當也，向也。說文：漢文帝以言多非誠信，故去言去口從士(王)[四二]作對。經從至，非也。丵音牀學反。下直吏反，又直梨反，並通。

大般若波羅蜜多經 第一百二卷

便慧 上毗綿反。鄭注論語：辯也。聲類：習也。說文：安也。人有不便更之，從人更。經作便，俗字也。下熒桂反。韻英云：慧，悟也。方言云：明也。考聲：察也。國語：智也。從心彗聲也。彗音隨鋭反也。

喪命 桑葬反。鄭注禮記：喪，失也。說文：亡也。從哭亡聲也。俗作㐮，非也。

蠱道 姑五反。韻英云：蠱毒媚惑人也。韻詮云：蠱，蠱物病害人，亦蠱毒也。字書云：蠹，神也。說文云：腹中蟲也。從蟲從皿，或作蛄，或有音野道者，方言不同耳。蟲音逐融反，蠹音都固反，皿音明秉反。

鬼魅 上歸葦反。說文云：人所歸也，人死爲鬼。從田從人從厶。厶，姦也。春秋傳曰：凡鬼有所歸，乃不爲厲，和之至也。古文作䰟。鬼音弗，象鬼頭也。厶音私。下眉秘反。山海經云：魅之爲物，人身黑首縱目。考聲云：魅，鬼神怪也。說文云：老物精也。從鬼未聲也。或作鬼袜[四三]。聲類作魅，皆古字也。

厭禱 上伊琰反。楚辭王逸注云：厭，[著]也。賈注國語：合也。說文：厭，笮(窄)[四四]也。從厂猒聲也。正作㳚，今從省。下刀老反。包咸注論語云：禱，請也。廣雅：謝也。請福於鬼神曰禱。說文：告事求福曰禱。從示壽聲。笮音責，厂音罕也。

大般若波羅蜜多經 第一百三卷

制多 古譯或云制底，或云支提，皆梵語聲轉耳，其實一也。此譯爲廟，即寺宇、伽藍、塔廟等是也。

窣堵波　上蘇骨反，下都古反。亦梵語塔也。古云蘇偷婆，古譯不正也，即碎身舍利塼塔也。古譯或曰浮圖也。

寶函　遐緘反。俗字相傳誤用。函谷，秦時關名。説文：正從木作椷。椷，篋也。廣雅云：篋謂之椷。韻詮云：盛經書器物也。經以寶爲匣，盛佛舍利。

盛貯　上音成，下知吕反。説文：貯，積也。從貝宁直吕[反]〔四五〕聲也。

設利羅　梵語也，古譯訛略。或云舍利，即是如來碎身靈骨也。

大般若波羅蜜多經　第一百四卷　無可音者。

大般若波羅蜜多經　第一百五卷

兇悖　上勗恭反。爾雅：兇，咎也。字統：恐也。説文：惡也。從人在凶下，會意，亦是形聲字。下蒲没反。鄭注禮記：悖，逆也。説文：亂也。或作誖，從心孛聲也。

殀殁　上妖矯反。考聲：少死曰殀。杜注左傳云：短折曰殀。古今正字：從歺夭聲。下摸骨反。孔注尚書云：没，死也。鄭注禮云：殁，⿰歹冬也。毛詩傳：盡也。説文：從歺殳聲。殳音同上見。

譴罰　上企見反。廣雅云：譴，責也。蒼頡篇：呵也。桂苑珠叢：怒也。説文：謫問也。從言遣聲也。下煩韈反。考聲云：加罪於人曰罰。説文：小罪也。從刀從詈，詈字上從网。石經從寸。經或作罸，通用也。

聽聞　體徑反。下文同。

補羯娑　梵語，此云垢濁種，即邊鄙惡業不信因果之人，或云樂作惡也。

屠膾　上音徒。考聲云：殘殺也。説文云：屠，刳也。分割牲肉曰屠。從都省聲也。下古外[反]〔四六〕。廣雅：膾，割也。説文：細切肉也。從肉會聲。或作鱠，用同。刳音枯。

魰獵　上音魚。聲類云：捕魚也。正作𢿤，從攴魚聲。經文從水作漁，水名也，在漁陽，非魰獵字也。下廉葉反。考聲：犬逐獸也。爾雅：獵，虐也，取也。今通謂畋狩爲獵。説文：從犬巤聲也。巤音同上也。

戍達羅　梵語也。古云首陀羅，或云首陀，即是農夫耕墾之儔也。

摩揭陀　梵語中天竺國名也。或云摩竭提，皆聲轉也。此國中有金剛座菩提樹，今猶見在也。

大般若波羅蜜多經　從第一百六卷已下至一百二十六卷計二十一卷　文易無可音訓者。

大般若波羅蜜多經　第一百二十七卷

芬馥　芳文反。方言云：芬，和也。考聲云：香氣分布也。説文：從屮作芬。石經從草。下馮複反。韓詩云：馥亦芬也，香氣也。屮音耻列反也。

擾拭　上桑老反。廣雅：擾，除也。或從土作埽。下傷力反。郭璞注爾雅云：清潔也。説文：從手式聲也。或從巾作⿰巾式，訓用同也。

幰(𢥠)〔四七〕蓋　軒偃反。古今正字云：車幰(𢥠)所以禦熱也。

張幔網於車上爲幰(𢅏)。或作忓(軒)〔四八〕。蒼頡篇作軒。從巾憲聲。下哥艾反。俗字也。廣雅：葢，覆也。說文：苦也。從草從盇，盇音合。葢字從草從大從血作蓋(葢)〔四九〕。今經文從羊從皿作盖，俗字之也。

籧戾車　上泯彌反，次黎結反，下齒耶反。梵語訛也。正梵音畢嘌蹉，此譯爲下賤種，樂垢穢業，不知禮義，淫祀鬼神，互相殘害也。彌音邊蔑反，嗟音倉何反也。

大般若波羅蜜多經　第一百二十八卷

踰於　庾朱反。廣雅：踰，度也。說文：越也。從足俞聲。俞字從亼從舟從刂(巜)〔五〇〕。刂(巜)，水也。俞音同，亼音精入反，刂(巜)音古外反。下於字，說文作扵(於)〔五一〕，從古文烏(烏)〔五二〕字省。

虵蠍　上社遮反。經文作蛇，俗字也。說文：從虫，從它。它音徒何[反]〔五三〕。它，古者穴居野處相問曰無它。下香謁反。集訓云：螫人蟲也。說文作蠆，象形，毒蟲也。隸書作蠍。從虫歇聲。今經文作蝎音，乃是蝤蠐，非蠍也。蠆音丑介反，蝤音酋，蠐音齊也。

身嬰　益盈反。考聲：嬰，縶也。韻詮：遭也。說文：從女賏聲。賏從二貝。經從二目從安，非也。縶音知立反。賏音同上也。

癩疾　來大反。俗字也。廣雅：癩，傷也。蒼頡篇：痛也，病也。說文：正作癘，惡病也。從疒厲省聲也。說文：賴字從負賴(剌)〔五四〕聲。癘(癘)〔五五〕，來大反。賴音勒割反，疒音女戹反也。

腫皰　上之勇反。說文：腫，癰也。從肉。下疱皃反。說文：面生熱瘡也。說文：從皮作皰，亦作䶌，並同。俗從面作靤。

眩瞖　上玄絹反。賈注國語：眩，惑也。蒼頡篇云：視之不明。郭璞云：說文云：目無常主也。從目玄聲。下於計反。瞖，奄覆也。考聲云：目中瞖也。說文：從目殹聲也。殹音一奚反。

枯涸　上康胡反。考聲云：木乾死也。或從歹作殆，古字也。下何各反。賈注國語云：涸，竭也。廣雅：盡也。說文：渴也。從水固聲也。

大般若波羅蜜多經　第一百二十九卷

箱篋　上想羊反。字林：箱，竹器也。考聲：篋，械也。說文：笥也。從竹篋聲也。或從木作㮰類，音兼葉反。

枝條　上紙移反，下定彫反。並從木。

莖稈　上幸耕反。說文云：枝主也。從草巠聲也。下哥懶反。集訓云：禾稾也。廣雅：稻黍莖謂之稈。說文：禾莖也。從禾旱聲也。或作秆。經文作幹、榦，皆非本字。

大般若波羅蜜多經　從第一百三十卷已下至第一百六十七卷計三十八卷

經文重疊無可音訓者。

大般若波羅蜜多經　第一百六十八卷

假藉　情夜反。易曰：藉用白茅無咎。說文：祭藉，薦也。從草

[耤]〔五六〕聲，耤音情亦反。

勸勵　上匡願反。廣雅：勸，助也。考聲：教也，獎也。說文：勉也。從力雚聲也。雚音歡。下力滯反。桂苑珠叢云：勵，勉。杜注左傳云：相勸也。從力厲聲也。

顛倒　上丁堅反。孔注尚書云：顛，覆，言反倒也。廣雅：顛，倒也。馬融注論語：僵仆也。說文：從足作蹎，又從走作越，或作傎，並通。經文通作顛，俗用，非本字也。下當老反。考聲：倒，仆也。

宿殖　上相育反。考聲云：宿，久也。說文：止也。從宀音綿佰聲。佰音同。下時力反。孔注尚書：殖，生也。杜注左傳云：長也。蒼頡篇：息也。或作植，從木也。

恐懾　上曲拱反。爾雅：恐，懼也。說文：從心巩聲也。古文作忑。巩音拱，從工從丮從乁，乁音隱。經文因草書漸變爲恐，訛也。下之業反。爾雅：懼也。字書：怕也。說文：從心聶也。經文作慴，非本字。聶音女獵反。

戒蘊　皆隘反。鄭注儀禮云：戒，驚(警)〔五七〕也。考聲：備也。字書：謹慎也。說文：從拜(廾)〔五八〕持戈，戒不虞也。下威殞反。方言：蘊，積也。馬注論語：包藏也。說文：從草緼聲也。

大般若波羅蜜多經　第一百七十　第一百七十一

上二卷無可音訓者。

大般若波羅蜜多經　第一百七十二卷

齊何　上寂細反。字書：限也。考聲：分段也。假借用也。

不懱　眠結反。說文：輕傷也。從心蔑聲。經中單作蔑，誤也，非本字。蔑音同上。傷音易。

大般若波羅蜜多經　經從第一百七十三已下至第一百八十卷計八卷　並無可音訓者。

大般若波羅蜜多經　第一百八十一卷

不減　耕斬反。考聲云：損之令小曰減。說文：減，損也。從水咸聲也。從冫作減，非也。冫音氷也。

胞胎　上補交反。古文作包，象形字也。爲是胎衣，蔡邕石經加肉作胞。說文云：兒生衣也。孔注尚書云：裹也。莊子云：胞者，腹肉衣也。俗音普包反，非也。下他來反。廣雅：婦人孕二月爲胎。說文云：婦孕二月也。蒼頡篇云：女人懷妊未生曰胎。從肉台聲也。裹音果。

匱正法　上狂位反。匱，匣也。從匚貴聲，或作櫃。經云匱法，匱者慳法，法入身心，祕之不說，慳惜聖教，不肯流傳，藏而祕之，猶如匱匣，名爲匱法。佛說此人其罪甚重，寧造無間，不作匱法。

稍微　上霜教反。韻詮云：漸漸也，少也。廣雅云：稍稍，小也。侵削令小也。說文云：出物其漸也。從禾肖聲也。下尾非反。左氏傳：微，無也。字書：微，細也。說文云：隱行也。從彳散聲也。彳音丑尺反。散音同上。經從山從歹作微〔五九〕，俗字，訛也。

險惡　上香撿反。杜預注左傳：險亦惡也。賈注國語：危也。說文云：險，阻難也。從阜僉聲也。下烏各反。說文：不善也。從亞。從襾，非也。

三災　辛來反。説文云：天火曰災。古文作巛（𢦏）[六〇]，亦作秋，古字也。三灾有二種，大小各别，皆在減劫。小三灾者，飢饉、疫病、刀兵。大三灾者，火、風、水。灾並在劫末，亦名劫灾。

循環　隨倫反。三蒼云：循，遍也。爾雅：從也，善也。説文：行也。從彳盾聲也。盾音順。下音還。鄭注周禮云：環，旋也。何注公羊云：統[六一]也。説文：從玉睘聲也。

虛羸　力追反。説文：瘦也，弱也。從羊羸聲也。羸音同上也。

猥雜（襍）[六二]　上烏每反。廣雅：猥也。考聲云：不正而濫曰猥。字書云：猥，穢也。蒼頡篇云：猥，雜也。説文：衆犬吠也。從犬畏聲也。下才合反。字書：雜，和也。考聲：參也。説文：五采相合也。從衣集聲也。案雜字正體從衣從集。隸書取便，移木於衣下作雜。又因草書變衣爲立，遂相傳作雜，失之遠矣。

癰疽　上億恭反。莊子曰：瘭疽疥癰。司馬彪注云：浮熱爲瘭，不通爲癰。説文：腫也。從疒雍也。或作廱。下七余反。説文云：久癰爲疽。從疒且聲，且音子余反。且，説文：從月（几）[六三]二從一。經從且，訛略之也。

疥癰　上音介。考聲：疥，瘡。或作蚧。説文：疥，瘙也。廣雅：瘙，瘡也。

風狂　上音封。楊承慶字統序云：蟲因風生，故風字有虫。説文：風動蟲生，故蟲八日而化。從虫凡聲也。下衢王反。顧野王曰：狂者，愚騃驚悸也。孔注論語云：狂妄觝觸人也，失本心也。説文作狌。狌，狾也。狾，狂犬也。從犬㞷（𡉉）[六四]聲也。騃音崖解反，悸音葵季反，狌、㞷（𡉉）並音逵王反。狾音制也。

癲癇　上丁堅反。廣雅：癲，狂也。聲類：大風疾。説文又作瘨。下限姦反。聲類：小兒病也。説文云：癇，風病也。從疒閒聲也。姦音間也。

癃殘　上力中反。許叔重注淮南子云：癃，癘也。蒼頡篇云：固疾也。説文：病風結也[六五]。從隆省。下藏安反也。

背僂　力矩反。考聲云：傴僂，俯身也。廣雅：曲脊也。説文：尪也。從縷省聲也。尪音紆王反也。

矬陋　上坐和反。廣雅：矬，短也。下盧豆反。王逸注楚辭云：陋，小也。爾雅：鄙也。考聲云：陋，醜惡也。説文：陜也。從阜丙聲也。丙音同上也。

攣躄　上力傳反。考聲云：手足屈弱病也。下并亦反。顧野王曰：足枯不能行也。或作躃。説文：攣從手，躄從止，並形聲字，或從足之也。

枯顇　上苦吾反，下情遂反。字書云：枯顇，瘦惡皃。或作悴。

頑嚚　上五關反。廣雅云：頑，鈍也。説文：㨶（梱）[六六]頭也。從頁元聲也。下語斤反。左氏傳曰：心不則德義之經曰頑，口不道忠信之言曰嚚。蒼頡篇云：嚚，惡也。説文：從㗊臣聲也。梱音胡本反。㗊音滓立反也。

誹謗　上非味反，下補浪反。大戴禮云：立誹謗之木，設諫諍之鼓。應劭注漢書云：橋梁邊板，所以書政治之愆失也。杜注左傳云：謗，詛也，以言咒詛人也。説文二字互相訓。謗，毁也。言皆形聲字也。

自陷　咸監反。王逸注楚辭云：陷，没也。説文：隨也。從自臽聲也。臽，陷坑阱也，從人在臼中。經從爪，非也。自音負，臼音舊。象形字也。

沈溺　上池林反。顧野王曰：沈，没也。説文：從水冘聲也。冘音淫。下泥歷反。禮記：孔子曰：君子溺于口，小人溺于水。説文云：没水中。正從人作休。今通作溺。本弱，説文：水名也。書曰：道弱水西流至合黎。

蝸蠃　上寡華反。郭璞注爾雅云：蝸牛也。説文云：蠃也。桂苑珠叢云：水生殼蟲也。下魯和反。爾雅：蚹(蚹)〔六七〕蠃螔蝓，此類非一。蠃，即蝸牛之大者，出海中。説文：從虫，𣎆聲。經作螺，俗字，非正也。

爛糞　分問反。説文：棄除也。從華從廾，廾音拱，華音般，箕屬也，象形，似米而非米者，糞也。手推華除棄之，會意字也。或作坌，皆正也。經文從黑，或從異，並俗字，非正也。推音他雷反也。

形貌　茅豹反。古字也。説文作皃，象人酉(面)〔六八〕，或從頁作䫉，從貌省也。

摜習　古患反。説文或從辵作貫(遺)〔六九〕。並云習也。爾雅亦同。從手貫聲。或作串，古字也。經文從心作慣，非也。並無此字也。

大般若波羅蜜多經　從第一百八十二卷已下至第二百九十卷計一百九卷　文字並易，無可音訓者。

大般若波羅蜜多經　第二百九十一卷

甘蔗　之夜反。字書：蔗，藷也。

劬勞　具愚反。詩傳云：劬，勞病也。鄭注禮記：劬亦勞也。

大般若波羅蜜多經　從第二百九十二已下至第二百九十九　並無可音訓者八卷。

大般若波羅蜜多經　第三百卷

涉壙　上時葉反。韓詩：涉，渡也。漢書：歷也。説文云：徒行涉水。從步從𣻌，會意字，今省爲涉也。下苦謗反。毛詩傳曰：壙，空也。廣雅：大也。考聲：壙埌，原野遠皃也。或作曠，亦作懭，亦通。

放牧　莫卜反。顧野王云：牧者，畜養之總名也。説文：養牛馬人也。從牛攴聲也。

懷孕　上胡乖反。孔注論語：懷，安也。説文：念思也。從心褱聲也。或從女作孃。下翼證反。鄭注禮記云：妊子也。廣雅：懷，身也。説文：宷(裹)〔七〇〕子也。從子[乃]〔七一〕聲也。古文作䏆。

大般若波羅蜜多經　第三百一卷　無可音訓。

一切經音義　卷第二

校勘記

〔一〕省　衍。今傳本説文：「屠，刳也。從尸者聲。」
〔二〕育　據文意似當作「莫」。
〔三〕辦　大正作「辦」。
〔四〕候　據今傳本補。
〔五〕反　麗無，據文意補。
〔六〕省　衍。
〔七〕象形字之也　頻爲「象形之字也」。
〔八〕腦　疑爲「腦」之誤。
〔九〕王　獅作「玉」。
〔一〇〕省　衍。
〔一一〕躭　獅作「耽」。
〔一二〕斆　獅作「斆」，下同。
〔一三〕彫　頻作「周」。
〔一四〕反　麗無，據頻補。
〔一五〕鵰　據文意似作「雕」。
〔一六〕交　今傳本方言作「父」。
〔一七〕矍　據文意似作「矍」。
〔一八〕但　據文意似作「側」。
〔一九〕反　麗無，據頻補。
〔二〇〕也也　獅作「也」。
〔二一〕策　據文意似作「策」。
〔二二〕橋　獅作「撟」。
〔二三〕婆　據文意似爲 ysa 的對音「娑」。下同。
〔二四〕閻　獅作「燗」。
〔二五〕力卷反，公悟反　麗無，據文意當爲「公悟反，力卷反」。
〔二六〕反　獅作「反」，即「㞋」。下同。「尸」即「㔾」。
〔二七〕巳　據文意应作「已」。
〔二八〕省　衍。今傳本説文：「詰，問也。从言，吉聲。」
〔二九〕癸　大正作「祭」。
〔三〇〕水　頻作「木」。
〔三一〕疒　麗無，據文意補。
〔三二〕刀　據文意當作「刅」。
〔三三〕也　疑作「乀」。今傳本説文：「刅，傷也。从刃从一。創，刅或从倉。」
〔三四〕撗　據文意當作「横」。下同。
〔三五〕惡省聲也。從癘省聲也　頻爲「惡病也，從疒厲省聲也」。説文：「癘，惡疾也。从疒蠆省聲。」
〔三六〕反　麗無，據頻補。
〔三七〕上　獅作「土」。
〔三八〕虗　獅作「虚」。
〔三九〕虗　各本同，據慧琳所釋，此字似當爲「虗」的俗訛字「㙤」。
〔四〇〕隸臣　據今傳本左傳補。
〔四一〕隟　獅作「隙」。
〔四二〕士　獅作「王」。
〔四三〕袜　玉篇：「袜，即鬼魅也。」
〔四四〕著　據今傳本楚辭王逸注補。　苲　今傳本説文作「笮」。
〔四五〕反　麗無，據文意補。
〔四六〕反　各本皆脱，據文意補。
〔四七〕憾　頻作「憾」。下同。
〔四八〕忏　獅作「忓」。
〔四九〕盖　獅作「蓋」。
〔五〇〕刂　大正作「巛」。下同。
〔五一〕殄　今傳本説文作「於」。
〔五二〕烏　獅作「烏」。
〔五三〕反　各本皆脱，據文意補。
〔五四〕賴　頻作「剌」。
〔五五〕孈　頻作「癘」。
〔五六〕耤　各本皆脱，據文意補。
〔五七〕驚　據文意似當作「警」。
〔五八〕拜　據文意似當作「廾」。
〔五九〕微　獅作「微」，疑當作「徵」。
〔六〇〕巛　獅作「巛」。
〔六一〕統　疑當作「繞」。
〔六二〕雜　集韻：「雜，或从衣集。」即「襍」。
〔六三〕月　頻作「几」。今傳本説文：「且，薦也。從几，足有二横。一，其下地也。」
〔六四〕宔　獅作「宔」。下同。
〔六五〕病風結也　今傳本説文：「罷病也。」
〔六六〕擨　頻作「擨」。今傳本説文：「頑，棞頭也。」
〔六七〕忕　獅作「蚪」。
〔六八〕酉　獅作「面」，即「面」。
〔六九〕貫　據文意似當作「遺」。
〔七〇〕㝈　頻作「裹」。
〔七一〕乃　據説文補。

一切經音義　卷第三

翻經沙門慧琳撰

音大般若經從三百二卷盡三百四十九卷

大般若波羅蜜多經　第三百二卷

嬈惱　上泥鳥反。説文：嬈，苛也。一曰擾弄也。從女堯聲也。下奴老反。前第二卷中已釋訖。

能阻　莊所反。爾雅：阻，難也。左傳：疑也。説文：險也。從阜且聲也。且音子余也〔一〕。

大般若波羅蜜多經　第三百三卷

欠欬　音去。埤蒼云：欠欬，張口也。案欠欬，張口引氣也。或作呿。

攀枝　普班反。説文：引也。從手樊聲也。樊音煩。下止移反。集訓：枝，條也。從木。説文云：手持半竹曰攴。古文作攱。

揆摸　葵癸反。毛詩傳曰：揆，度也。桂苑云：商量測度於事曰揆。説文：從手癸聲也。下莫胡反。字林：摸，法也。説文：規也。從手莫聲也。

黠慧　上閑戛反。方言云：慧，黠也。説文：堅黑也。從黑吉聲也。下攜桂反。郭璞注方言云：慧者，意精明也。賈注國語云：明察也。説文：儇也。從心彗聲也。儇音血緣反。儇亦慧也。彗音隨惠反。

迦遮末尼　上薑伽反，次者虵反，末音莫鉢反。梵語珠寶名也，玉石也。琨瑤珉玉之類也。

報怨　上保冒反。鄭注禮云：報，荅也。廣雅：復也。顧野王云：酬也。説文：當罪人也。從㚔從𠬝。服罪也。下苑袁反。考聲云：怨，憎也，嫌也，仇也。説文：屈草自覆也。從宀怨聲也。宀音綿，𠬝音服。

杜多　上音度，梵語也。古譯云頭陀，或云斗藪，少欲知足，行十二種行：一常乞食，二次第乞，三一坐食，四節食，五中後不飲漿，六住阿蘭若，七常坐不卧，八隨得敷具，九空地坐，十樹下坐，十一唯畜三衣，十二著糞掃衣。

大般若波羅蜜多經　第三百四卷

惛沈　上呼昆反。孔注尚書：惛，亂也。廣雅：癡也。説文：從民。避廟諱，改民爲氏，或從心，惛下眠字准此。

睡眠　上垂僞反。集訓云：坐寐也。字書云：睡熟也。説文：從目垂聲也。下莫邊反。王逸注楚辭云：眠，卧也。說文作瞑，音眠也。從目冥聲也。古今正字作眠，目冥也。從目民聲也。

稽留　上經寬反。考聲云：稽，滯也。說文：留止也。從旨秌聲。秌音雞。古文作乩，或作卟。下力求反。訓與前同。考聲：久也。說文：田(止)〔二〕也。從田丣聲。今經文變體作留，或作畱，又作畄，展轉訛也。丣音酉，亦音柳。

謝法　上夕夜反。考聲云：拜恩也。說文：辭也。從言射聲也。下法字正體從廌作灋，今隷書省去廌作法。廌音宅賣反。古之神獸也。亦名解廌，觸不直臣而去之，平如水，故從水從廌從去，今相承從省作法。廣雅：法，令也。爾雅：常也。說文：刑也。顧野王云：法猶揩(楷)〔三〕拭(式)〔四〕也，軌也。

旡(无)〔五〕累　上無字。古文奇字中「無」字也。說文云：虚无也。下力僞反。左傳云：無累後人。韻詮云：罪相及也。字書云：家累也，連及也。古文作絫、厽，象形也。

繫縛　上音計。集訓云：連綴也，繼也。玉篇：拘束也。說文：從系毄聲也。下房博反。集訓云：縛，繫。說文：束也。從糸從博省聲也。

艱辛　草(革)〔六〕閑反。爾雅：艱，難也。說文：土難治也。從堇艮聲也。堇音謹。字從此，今俗用從莫，訛也。辛字上從二作辛(辛)〔七〕。

無暇　遐訝反。賈注國語：暇，安也。說文：從日叚聲也。

加祐　胡古反。鄭箋詩云：祜，福也。爾雅：福之厚也。說文：從示古聲也。經或作祐，音右。說文：助也。於義亦通。易上繫：孔子曰：天之所助者，順也。人所助者，信也。說文：從示右聲也。示音祇也。

蚊䖟　上勿汾反。經中作蚉，俗用非也。說文作䘅，齧人飛蟲子也。下莫耕反。聲類云：蚊蚋之屬，似蠅而大。說文云：山澤草花中化生也，亦生鹿身中。形大者曰䖟，形小者而斑文曰蟠，蟠音塹也。

無陿　胡甲反。說文：隘也。從𨸏匧聲也。經文從犬作狹，非也。匧音謙葉反。

大般若波羅蜜多經　經從三百五卷盡三百一十卷

並無可音訓者。

大般若波羅蜜多經　第三百一十一卷

聰叡　上音悤。韓詩：聰，明也。毛詩傳：聞也。說文：察也。從耳悤聲也。下音鋭。博雅：智也。尚書：聖也。集訓：通於微也。說文：深明也。從𣦼從目谷省也。𣦼音殘。

衆喻　上終中反。說文：衆，多也。從㐺，衆立也。從目，衆意也。㐺音吟。下翼注反。俗字也。正從言作諭。鄭注周禮云：告曉也。蒼頡篇：譬諫也。說文：從言俞聲。

不怯　欠劫反。顧野王云：畏少也。說文從犬作㹤。犬多畏，會意字也。

不憚　唐爛反。鄭箋詩云：憚，難也，畏也。集訓云：難也，驚也。說文：忌疾〔八〕也。從心單聲也。

懈倦　上音戒，下狂院反。或作惓。廣雅：倦，極也。韻英：疲也。或作勌。

猶豫　上翼州反，下餘據反。考聲云：猶豫，不定之辭。集訓云：心疑惑也。禮記曰：卜筮所以決嫌疑定猶豫也。方言曰：隴西謂犬曰猶，故猶字從犬酋聲。賈注國語云：豫，獸名也，形如象。説文：從象予聲也。

堵羅緜　上音覩，下彌然反。梵語細綿絮也。沙門道宣注四分戒經云：草木花絮也。蒲臺花、柳花、白楊、白疊花等絮是也。取細耎義。

飄颺　上匹遥反。毛詩曰：暴風也。下揚亮反。説文：風所飛揚也。平聲。

大般若波羅蜜多經　第三百一十二卷

泛大海　芳梵反。説文：泛，浮也。從水乏聲也。乏即反正字也。下訶改反。顧野王曰：大水也，受萬川之泄。老子曰：江海所以能爲百谷王者，以其善下之故也。説文：從水每聲也。

浮囊　上音符，又音符尤反。孔注尚書云：泛流曰浮。賈注國語：輕也。説文：泛也。從水孚聲。下諾唐反。集訓云：有底曰囊，無底曰橐。橐音託。今經浮囊者，氣囊也。欲渡大海憑此氣囊輕浮之力也。

板片　上班簡反。集訓云：以鋸析木爲板。説文：從片作板（版）〔九〕，判木也。經從木，俗字，亦通。下篇遍反。蒼頡篇云：片，判木也。説文：半木字也。

死屍　音尸。集訓云：人死曰屍。禮記云：死者在牀曰屍，在棺曰屍（柩）〔一〇〕。柩音舊，從匚從久也。

壙野　廓廣反。前已釋。

資糧　説文：資，貨也。從貝次聲。下力姜反。或作糧（粮）〔一一〕。集訓云：儲食也。説文：穀也。從米量聲也。六度萬行名曰資粮。

遭苦　祖勞反。説文：遇也。

坏瓶　上普盃反。説文云：瓦未燒曰坏。從土不聲也。下浦冥反。集訓云：汲水盛漿之器也。考聲云：似罌而口小曰瓶。罌音烏耕反。

堪盛　上康甘反。孔注尚書云：堪，能也。盛音成也。考聲：固也。説文：盛從皿從成聲也。

裝治　上音莊。考聲：飾也。下音持。字書云：治，理也。

推著　上他雷反。説文云：推，排也。排音敗埋反。下張略反。正從草從者，或從人作偖，或從手作擆。今經兩點下作著（着）〔一二〕，因草書謬也。

𠷎失　桑葬反。考聲云：𠷎，失也。説文：亡也。從哭，哭音苦穀反，亡聲也。經中作喪，或作𠷓，皆訛謬也。下失字。説文：失，縱也。從手從乙。隸書作失，訛也。

方牽　企堅反。廣雅：牽，連也，挽也。説文：引前也。從冖，象牛之縻也。從牛玄聲也。冖音癸營反。俗從手從去作搴，非也。古文從手作掔。

穿穴　上昌專反。韻英：穴也。説文：通也。從身〔一三〕在穴中。下玄決反。鄭箋毛詩云：鑿地曰穴。説文：土室也。從宀八聲。

老耄　上勒惱反。爾雅：老〔一四〕，壽也。考聲云：久也，舊也。曲禮云：七十曰耄〔一五〕。説文：耄，老也。從毛從人從匕。匕音比〔一六〕。言人鬚髮化白曰老。下毛暴反。禮云：八十九十曰耄。鄭玄云：惽忘也。説文作薹，年九十也。從老從蒿省聲也。

俱盧舍　梵語也。大婆沙論云：一俱盧舍即大牛鳴吼聲所極處之外，堪置阿蘭若，名爲寂靜處也。

大般若波羅蜜多經　第三百一十三卷

無可音訓。

大般若波羅蜜多經　第三百一十四卷

縠朋　上苦角反。集訓云：鳥卵空皮也。説文作㱿，青聲也。青音口江反。下洛管反。説文云：凡物無乳者卵生也。古文作卝，或作𠨧，象形字也。

翳目　於計反。韻略云：目障也。從目殹聲也。殹音於計反。經作曀，非也。目字，説文云人眼也。象形，從二重童子也。

大般若波羅蜜多經　第三百一十五卷

將帥　上旌樣反。字書云：軍主也。説文：率也。從寸從醬省聲也。下率類反。考聲云：統領也。集訓云：軍將也。或作衛，或音率，亦通也。

無可音訓。

大般若波羅蜜多經　第三百一十六卷

淳熟　上時倫反。俗字也，正從𦎧作滜。廣雅：淳，漬也。考聲：清也。説文：從水作滜，盝也。盝音渌。下常陸反。考聲：熟，成也。方言：熟，爛也。説文：食飪也。從丮𦎧聲也。飪音而枕反。丮音戟，𦎧音時倫反。今通作孰，或下從灬作熟，皆隷書從省變體也，並通。灬音標。

大般若波羅蜜多經　第三百一十七卷

無可音訓。

大般若波羅蜜多經　第三百一十八卷

多揭羅　梵語香名也。揭音羯。梵音訛也。正云多蘗囉，即零陵香也。囉字轉舌。

多摩羅　亦梵語香名也。唐云霍香，古云根香，誤也。

嗢鉢羅花　上温骨反。唐云青蓮花。其花青色，葉細陿長，香氣遠聞，人間難有，唯無熱惱大龍池中有，或名優鉢羅，聲傳（轉）〔一七〕皆一也。

鉢特摩花　古云鉢頭摩，或云鉢弩摩。正梵音云鉢納摩。此人間紅蓮花之上者，或云赤黄色花。

拘某陀花　古云拘勿頭。正梵音拘牟那，此即赤蓮花，深朱色，人間亦無，唯彼池有，甚香，亦大也。

奔荼利迦花　古云芬陀利。正梵音云本絮哩迦花。唐云白蓮花，其花如雪如銀，光奪人目，甚香，亦大，多出彼池，人間無有。絮音奴雅反。

比度　卑弭反。集訓云：比，類也。鄭注周禮：比猶挍也。下唐洛反。賈注國語云：度，揆也。假借字也。

大般若波羅蜜多經　第三百一十九卷
第三百二十卷　第三百二十一卷

上三卷並無音訓。

大般若波羅蜜多經　第三百二十二卷

東踊　容腫反。見前五十二卷已釋。

栴檀香　梵語白檀香名也。上之然反，下唐蘭反。此香出南海，有赤白二種，赤者爲上。此下經文有香花名，前袟已具釋。

大般若波羅蜜多經　第三百二十三卷

有翅　施至反。說文：鳥翼也。從羽支聲也。或作翄，同也。

偏黨　上音篇，下當朗反。何晏云：黨，族類也。孔安國云：相助匿非曰黨。六韜云：友謂之朋，朋謂之黨。周禮云：五百家也。

姊妹　上咨此反，下每背反。白虎通云：姊者恣也，妹者末也。義取先後尊卑次也。韓詩云：女兄曰姊，女弟曰妹。說文：從女市聲也。市音茲死反，妹字從未也。

軌範　上居洧反，下音犯。考聲云：軌，法也。或作軌，凡黯反。見前四十三卷已釋。

邪行　上夕嗟反，下音幸。大論云：違背正教，信諂僞言，五熱炙身，持鷄狗戒，無益勤苦，名爲邪行。又非其匹對，婬幸他人妻、自妻非時及以非道，皆曰邪行也。

離間　上力知反，下革限反。

大般若波羅蜜多經　第三百二十四卷

無可音訓。

大般若波羅蜜多經　第三百二十五卷

扇搋半擇迦　搋音敕加反。經作㩢，不成字。迦音薑佉反。梵語也。唐曰黃門，其類有五，如毗柰耶大律中廣說，今記略頌曰「天犍妒變半」是也。

瘖瘂　上飲今反。說文：不能言也。瘖猶無聲也。下烏賈反。前第一卷已釋。並從疒，女厄反。從口作啞，非也。

攣躄

癲癇

短陋

猶豫　前一百八十卷已釋。

大般若波羅蜜多經　第三百二十六卷

臭穢　上昌呪反。說文云：禽走臭而知其跡者犬也。從犬從自。自，古鼻字也，象形。今之俗從死作㚖，非也。下威衛反。玉篇：不清潔也。韻英：穢，惡也。或從食作䭍，飲臭也。說文：從禾歲聲也。

垢膩　上古口反。顧野王云：不清潔也。說文：濁也。下尼雉反。說文：膩，肥也。古今正字從肉貳聲也。

蟣虱　上機擬反。韻英云：虱卵也。音魯管反，象形字也。下所乙反。說文：虱字從卂從蚰。俗作虱，非。卂音信，蚰音昆。

磨瑩　縈逈反。韻英云：摩拭也。字書：細磨曰瑩。或作鎣。

不佝　句俊反。集訓云：以身從物曰佝。考聲：歸也。尚書：求也。漢書：從也。說文：疾也。從人句聲也。或作傷、佝也。

交徹　纏列反。毛詩傳：徹，通也。鄭注論語：通也。杜注左傳：達也。說文：從彳攴，育聲也。俗從去，非也。彳，丑尺反。攴，普卜反。

辛酸　上信津反。考聲：辛，辣味也。說文：從二從䇂。䇂，罪。䇂承庚象人服。下筭官反。說文：酸，酢也。從酉，夋聲。夋音逡也。或作酸〔一八〕，痛也。

折伏　上章熱反。孔注尚書云：折，斷也。謂斷獄也。廣雅：折，曲也。古今正字：從手斤聲也。下馮福反。考聲云：屈伏也，從也。說文云：伏，伺也。犬伺人便即伏，故從人從犬，會意字也。

引奪　以忍反。杜注左傳：導也。賈注國語：伸也。說文：開弓也。古文從人作㢮，或從手作扚，會意字也。下徒活反。考聲：奪，失也。字書：手持一鳥，失之曰奪。從大隹又。石經從寸作奪，古文作敚、挩。經從六作奪〔一九〕，非也。

大般若波羅蜜多經　第三百二十七卷

唐受　徒郎反。顧野王云：唐，虛也。說文：從庚，從口。下酬帚[反]〔二〇〕。方言：受，盛也，容也。說文：相付也。從𠬪從舟省。文字釋要云：上下相付冂者，所受之物也。或云從巾省。𠬪音披表反。

劇苦　渠逆反，下枯古反。前第九卷中已具釋。

撟詐　嬌夭反。顧野王曰：假稱謂之撟。字書：妄也。說文：從手喬聲也。經文從矢作矯，俗用，非正體也。

蹔捨　慙濫反。俗字也。正體從日作暫。廣雅：猝也。韻英云：少選間也。說文：不久也。從斬聲也。

技(技)〔二一〕藝　渠綺反。說文：巧也。從手，經從人，誤也。下霓計反。周禮：六藝，禮、樂、書、數、射、馭。顧野王曰：藝猶材也。杜預云：藝，法制也。字書云：藝，能也。從云埶聲也。埶音同上。

邪命　上夕嗟反。借用字。說文：正體作衺。從衣牙聲也。書曰：去衺勿疑。顧野王：衺猶女惡也。經云邪命者，事非正道，諂求名利，作四口業，以求自活，謂仰觀星象，耕田種植，四方使命，咒伏鬼神是四口業，名爲邪命也。

大般若波羅蜜多經　第三百二十八卷

無可音訓。

大般若波羅蜜多經　第三百二十九卷

耽慾　答甘反。前第五十三卷已具釋。

期契　上音其。字書云：有程限也。賈注國語云：會也。說文亦同也。從月其聲也。

繫念　俱詣反。前三百四卷已具釋也。

大般若波羅蜜多經　第三百三十卷

推徵　上音吹，下陟陵反。杜注左傳云：徵，驗也。說文云：凡士行於徵而聞於朝廷即徵。故從壬從微省聲也。壬音體郢反。

焦炷　朱喻反。古作澍，或作注。諸字書並無此炷字。譯經者改水從火作炷，形聲字也。

酘(酬)[二二]荅　下當納反。韻英：荅，對，至。說文：從草，合聲。古文從曰從合作㕣，今不行。因草書變上草作荅，落、莫、薄、若等皆是也。

敝壞　上毗袂反。杜注左傳云：敝，困也，劣也。蒼頡篇：極也。字書：敗也。說文作㡀，敗衣也。從巾，象敝破衣也。下懷聵反。考聲云：崩摧也。說文：敗也。從土褱聲。或作黖，古字也。聵音吾怪反。

顦顇　上情遥反，下墻遂反。韻英云：顦悴，瘦惡皃。或從心作憔悴。

乏尠　上凡法反。說文：左傳曰反正爲乏。下息淺反。或作尟。集訓云：寡也。說文從是作尟，少聲也。或作鮮，同也。

麁獷　上倉蘇反。鄭注禮記云：麁，踈也。廣雅：惡也。說文從三鹿。下虢猛反。集訓云：如犬獷惡不可近也。故從犬，正。經作礦，石璞，非也。

鄙郢　上悲美反。已見前序釋。下音里。蒼頡篇云：國之下邑也。說文：南陽亭名也。從邑里聲也。經作俚。說文：聊也。郭璞注方言云：苟且也。非此用也。

塊等　枯外反。土塊或作凷。

懈怠　上音戒。懈，倦也。下音待。怠，惰也。

嬾惰　上勤侃反。考聲：不勤也。說文：懈怠也。從女賴聲也。賴字從負剌聲也。經從心作懶，雖訛亦通。下徒卧反。廣雅：墮，嬾也。說文：不敬也。從心隋聲，古作憜。

垍阜　上都迴反。考聲云：土之高皃，土聚也。集訓云：丘阜高也。說文作𠂤。小阜也。說文：隗，京也[二三]。從阜隹聲也。或從土作堆，亦同。經文作塠，俗字也。隗音五猥反。下阜音負。爾雅云：高平曰陸，大陸曰阜。廣雅：大陵也。說文亦云大陸也。山無石也。象形作𨸏。釋名：土高厚也。

溝坑　上古侯反。周禮云：通水曰溝。桂苑珠叢云：邑中之瀆通水也。說文：水瀆廣深各四尺。從水冓聲也。冓音古侯反。下苦耕反。爾雅：坑，墟也。郭璞注云：塹池丘墟也。蒼頡篇：壑也，陷也。說文闕訓。古今正字：從土亢聲也。亢音罡。

株杌　上知榆反。考聲云：殺樹之餘也。說文：木根也。從木朱聲也。下五骨反。韻英云：樹無枝曰杌。字書：株也。或作兀也。

荆棘　上景迎反。廣雅：楚，荆也。有壯荆、蔓荆之異也。赤莖大實者，壯荆也。及有山荆。廣州記曰：梅納縣出金荆。說文云：楚木也。從草刑聲也。下兢力反。方言云：江淮之間，凡草木有刺傷人者皆謂之棘。說文：酸朿(棗)[二四]也，而藂生有刺木也。從二朿相並。經從二來，非也。

平坦　他但反。廣雅：坦，平也。王弼注周易云：坦，無險隘也。說文云：從土旦聲也。

戀著　力眷反。考聲：思也。史記：念也。說文闕。古今正字：係也。從心䜌聲也。䜌音力緣反。經從女作孌，亦通。

剎帝利　上剎字，相傳音爲察，韻中元無此剎，乃是聲訛書謬也。古人翻經用剎，剎音初櫛反，以音梵音，後譯經者將剎爲察，以剎察相近，遂乃變體書之，致有斯謬也。此句梵文無敵對語義，翻云歷代王種也。其中有福德智慧過於衆人者，即共立爲王，因以爲氏也。

婆羅門　梵語。即梵天名也。唐云净行，或云梵行。此類人自云，我本始祖，從梵天口生，便取梵名爲姓，世世相傳，學四圍陀經論，皆博識多才，明閑衆論，多爲王者師傅，高道不仕，或求仙養壽，時有證得五通神仙者也。

吠舍　古云毗舍，訛也。皆巨富多財，通於高貴。或商旅博貨，涉歷異邦，畜積資財，家藏珍寶。或稱長者，或封邑號者也。

戍達羅　古曰首陀，略不正也。此姓之徒，務於田業，耕墾播植，賦税王臣，多爲民庶，並是農夫，寡於學識，四姓之中，此居下等也。

大般若波羅蜜多經　第三百三十一卷

卵生　上欒管反。説文：凡物無乳而生者卵生也。象形。古文作兆，小篆作[illegible]，隷書作外。

不顧　音固。鄭箋詩云：顧，視也。廣雅：向也。字書：念也。説文：還視也。從頁雇聲也。頁音頡，雇音固也。

變易　兵汴反。賈注國語云：更也。唯識論云：時換形質曰變。説文同。國語：從攴䜌聲也。下音亦。孔注尚書云：改易也。賈注國語：變易也，異也。説文：蜥易也。在室曰守宮，在澤曰蜥易。象形字也。一云日月爲易。守(字)〔一五〕凡有九畫，會意字也。

短促　上都管反，下取欲反。廣雅：促，近也。鄭注周禮：速也。説文：迫也。

痰病　上唐男反。集訓云：胸鬲中水病也。經文作淡，非也。此乃去聲，無味也，書人之誤者也。

殑伽　梵語也。上凝等反，下魚佉反。西國河神名也。涅槃經云「恒河女神」是也。

偏覆　上音篇。下芳務反，蓋也。

一雙　從二隹從又，經從反，非也。

植衆　承職反。纂韻云：植，種也。方言：立也，樹也。説文：户植也。從木直聲。或作{木置}也。

紅碧　胡公反。説文：帛赤白色也。下兵戟反。説文云：石之美者。從王從石白聲也。廣雅：青白色也。

大般若波羅蜜多經　第三百三十二卷

技(技)〔一六〕術　純律反。韓詩：術，法也。鄭注禮云：藝也。説文云：術，道也。從行朮聲。朮音馳律反。

險難　香撿反。説文：阻難也。從阜僉聲也。經從山[作]〔一七〕嶮，非者也。

潛伏　潛字已見序中釋。下輔腹反。賈注國語：伏，隱也。廣雅：藏也。説文：伺也。犬伺人，則故從人從犬，會意字。

驚惶　景英反。爾雅：驚，懼也。廣雅：起也。説文：馬駭也。從馬敬聲也。下音黄。集訓：悚也。説文：恐也。從心皇聲者也。

寃家　菀袁反。考聲：憎也，慊也。字書：仇讎也。説文：從宀怨聲也。或作寃。經文作怨，非也。

堅翅　施至反。考聲：鳥翼也。亦作翨、翄。

翱翔　上俄高反，下象羊反。鄭箋詩云：翱猶逍遥也。韓詩云：遊也。爾雅：鳥高飛也。説文：迴飛也。並形聲字也。

拘礙　上音俱。韻英云：執持也。考聲：局也。説文：止也。從手句聲也。

射術　上時夜反。説文云：弓遠[二八]。從身從矢。小篆從寸作射。説文云：寸，法度也。寸亦手者也。

箭筈　煎線反。俗字也。正體作𠛬，從竹從止從舟。蔡邕加刂[二九]，音古外反。刂，水也，可以行舟。後因行草變止(爲)[三〇]止(亠)[三一]，變舟爲月，變刂爲刀，漸訛謬也。考聲云：箭者，本竹名也。案此竹，葉似葦，叢生，高五六尺，莖細勁而且實，可以爲矢笴。笴，千(干)[三二]旦反。因名矢爲箭，故説文云：箭，矢也。從竹前聲也。下康活反。考聲：箭口也。案箭筈者，受弦之口也。經文從木作栝，亦通。説文：從竹從栝省聲也。栝音同糠，括也。勁音逕。

仰躾　食亦反。字書云：發弆前躾。弆，俗作矢。

希有　虚依反。爾雅云：希，罕也。揚子法言：摩也。經文往往作㹫，古希字也。

四倒　音到。韻詮云：顛，倒也。四倒者，涅槃經云：無常計常，無樂計樂，無我計我，無净計净，名爲四倒者也。

狂賊　劬王反。玉篇云：狂，愚也。考聲云：猖狂，不倫理也。説文作狴，或從心作性，㹏也。從犬㞷聲也。下藏則反。韓詩：殘義曰賊。説文：敗也。從戈從刀從貝，今俗從戎，誤也，非正者也。

一巷　行降反。毛詩云：里間道也。史記云：永巷者，邑中及宫内小道。説文從二邑從共作𨞙(𨞙)[三三]，隸書從省。

餘殃　於薑反。鄭玄注禮記：殃，禍也。廣雅：咎也。説文：凶也。從歺央聲。歺音殘。

魅著　眉秘反。考聲云：神鬼爲怪也。説文：老物精也。或作彪。聲類作魃。古文作袜。下持略反。從草從者。

度量　唐洛反，下略薑反。考聲云：量亦度也。稱量也。古今正字從心作愎，從曰從童作量。經作量，俗字也。桂苑云：分多少度長短曰量也。

誑惑　上俱況反。見前三十九卷釋。

毁呰　上暉鬼反，下兹此反。見前四十二卷具釋。

輕懱　眠鱉反。已見前一百七十二中具釋。

遲鈍　長尼反。毛詩傳云：遲，緩也，長遠也。考聲云：久也，息也。説文：徐徐也。從辵犀聲也。辵音丑略反。犀音西，從尾從牛。經文從尸從羊，俗字也。籀文從辛作遅，或從(作)[三四]退，古字也。下豚頓反。蒼頡篇：鈍，頑也。韻英云：兵刃不利也。説文：從屯聲也。屯音徒論反也。

廉儉　上力兼反。廣雅：廉，清也。考聲：不貪也。集訓云：廉，隅也。隅爲方角也。從广，兼聲。下渠儼反。顧野王曰：儉，約也。廣雅：少也。從人僉聲也。

勀懱　上力矜反。經作陵，非本字，前第九已釋。下眠鱉反。經作蔑，誤略也。從心正也。

或撟　薑夭反。前二十六卷已説及。此卷初又説經從矢，非本字也。

師範　上史緇反。孔注尚書云：立師以教之也。鄭注周禮云：教人以道者之稱也。謚法曰：尊嚴能憚曰師，温故知新曰師。考聲：師，法也，以法訓人也。説文：從阜(𠂤)[三五]從帀，四帀爲衆師之意也。下凡黯反。前第四十三中已具説。

大般若波羅蜜多經　第三百三十三卷

傲慢　上吾告反。孔注尚書：慢也。廣雅：蕩也。説文：倨也。

從敫聲也。敫字，説文：從出從放。今俗從土作敖，訛也。下麻瓣反。廣雅：慢，緩也。聲類：慢，倨也。説文：惰也。從心曼聲也。曼字從又，俗從万，訛也。瓣音白慢反，曼音万。

諠雜　兄袁反，才合反。見前釋。

憒吏　上公外反。集訓云：心煩亂也。説文亦亂也。從心從潰省聲也。下鐃效反。集訓云：多人擾擾也。韻英云：擾，雜也。説文：從市從人，會意字也。或作閙，俗字也。經文作丙，謬也，不成字。鐃音拏交反也。

誹謗　上非味反，下牓浪反。已見前一百八十一中具説。

囉刹娑　梵語惡鬼神也。上邏字，轉舌呼引聲。次刹，音察。下蘇何反。此類諸鬼多居海島，或住砂磧，皆有俱生通力，飛行人間，能變美妙容儀，魅惑於人，詐相親輔，方便誑誘而啖食之。見孔雀王經佛本行集經等具説。

大般若波羅蜜多經　第三百三十四卷

無可音訓者。

大般若波羅蜜多經　第三百三十五卷

無懟　伊閻反。説文：犬甘肉心無足也。從甘從肉犬心，或作厭、猒，皆誤，從心者正。

欻爾　熏律反。集訓云：忽然也。薛琮云：欻，忽也。説文：有所吹起也。從欠炎聲。或從風從忽作颮。

慨歎　苦愛反。或作愾，歎息也。博雅：慼也。

惜哉　音昔。賈注國語云：惜，痛也。廣雅云：愛也。下子來反。考聲云：語之助聲。

大般若波羅蜜多經　第三百三十六卷

無可音訓。

大般若波羅蜜多經　第三百三十七卷

能紹　上乃登反。鄭注周禮云：多才藝也。廣雅：任也。禮記：善也。説文：獸也。熊屬也，足似鹿。從二匕。堅中故稱賢能，而强壯故稱能傑。從肉目聲也。今隸書作能，漸訛。言目，古文以字也。下韶遶反。説文：繼也。或作綤，已見前第一卷中具釋也。

拔有　白八反。玉篇：引而出之也。廣雅：出也。考聲：抽也。説文：擢也。從手犮聲也。犮音盤末反。

脇痛　虚業反。或作脅(脅)〔三六〕，從三力。已見前第一釋。

竊　千結反。具釋。

戰慄　之善反，下隣一反。集訓云：戰慄，危懼也。郭璞云：憂慼也。説文：從戈單聲也。或從心作㦤。古文作弆。慄亦從心栗聲也。

中毒　上張仲反。韻英云：中，當也。假借字也。下同篤反。説文：害人草往往而生。從中毒(毐)〔三七〕也。毒(毐)音哀(哀)〔三八〕改反。中音丑列反也。

恃已(己)〔三九〕　時止反。考聲：恃，依也。韻英：倚也。説文：賴也。從心從恃省聲也。下己音幾，上下不合。

擾亂　如沼反。説文：煩也。從手憂聲也。憂音奴高反。經文從憂，非也。下欒段反。説文：從乙𤔔聲。

慙媿　藏含反，下居位反。並形聲字。或從心作愧。

如僕　蒲沃反。左氏傳：僚臣，僕。毛詩傳曰：僕，附也。禮記：仕於公曰臣，於家曰僕。集訓云：掌輿馬之官名，賤役之官也。說文云：給事之者。從人菐聲。菐音卜也。

捶打　上隹蘂反。說文云：以杖擊也。從手垂聲也。或從竹作箠。箠，策也。或從木作棰。棰，棓也。下德梗反。廣雅：打，擊也。埤蒼：棓也。古今正字：從手丁聲也。江外音丁挺反。說文闕也。

履踐　上力几反。考聲云：履，履屬也。鄭注禮云：蹈也。說文：足所依也。從尸從彳從舟從夊。舟象履形，彳音丑尺反，夊音雖。經文從復，誤也。下錢演反。孔注論語云：踐，循也。毛詩傳云：行皃也。禮記：踐其位行其禮也。說文：履也。從足從戔亦聲也。或作衜、後，並同。戔音察限[反][四〇]也。

如癡　耻知反。蒼頡篇：癡，騃也。字書：頑也。說文：不慧也。從疒疑聲也。疒音女戹[反][四一]也。

如瘂　鴉賈反。經從口作啞，非也。

如聾　魯東反。說文：耳不通也。從耳龍也。經作聾[四二]，非也。

如盲　百(陌)[四三]彭反。已上三字前第一卷中具釋。

斷截　上團卵反。孔注書云：斷，絶也。說文：斷亦截也。從斤從𢇍。𢇍，古絶字也。今經文迴作斷，取便穩也。或作斷、㓕，古字也。有作断，俗字也。下賤節反。鄭箋詩云：齊也，整也。說文：互相訓也。從土作截，俗字也。

交涉　時葉反。晉灼曰：涉，入也。漢書：涉，賤也。說文：從二水作𣻟。古字隷書，今省去一水作涉。

大般若波羅蜜多經　第三百三十八卷
第三百三十九卷　第三百四十卷

已上三卷並無可音訓。

大般若波羅蜜多經　第三百四十一卷

蔑隷車　上眠鼈反，次音麗。或云蔑戾車，梵語也，皆訛略不正。[正][四四]云畢嚟二合蹉，此翻爲下賤種類，邊鄙不識禮義人也。

旃荼羅　上之然反。前第四已具釋。

補羯娑　梵語也。與上二種類同。

攣躄　上力緣反，下卑亦反。前一百八十一卷具釋也。

背僂　力禹反。俯身也。

癲癇　上丁堅反，下閑字。上二句前一百八十一卷中已具釋。

躭樂　答南反。爾雅：取樂過度。韻英：好也。說文從火[四五]。經從身，亦通。或作媅，亦作妉。下音洛也。

瓦礫　零的反。說文：碎石也，亦小石也。

殞歿　上雲敏反，下門骨反。考聲：殞，歿，皆死也。禮記：殁也。毛詩：盡也。古文作殀，又作從回[四六]，象形。古今正字殞、殁並從歹，殳、員皆聲也。

欲扣　苦厚反。孔子曰：以杖扣其脛也。孔注云：扣，擊也。廣雅云：舉也。說文作㩥，擊也。亦作扣。

法蠃　魯和反。說文：蝸牛類而形大。案蠃者，樂器也。吹作美聲以和衆樂，故引爲喻。經作螺，俗字者也。

析為　星亦反。廣雅：析，分也。說文：破木也。從木從斤，或從片作枏。經文從手，非也，音章列反，非此義。下為字從爪正也，音葦危反。王肅注論語：為，作也。

霑彼　輒廉反。韓詩：霑，濡[四七]也。考聲：小濕也。說文：從雨沾聲也。文字集略作沾，略也。

滴數　丁歷反。考聲云：水落也。說文云：水㵚注也。從水啻省聲也。啻字從帝從口，經文略去口作渧，俗字也，啻音翅。下霜句反。

魅著　眉秘反。山海經云：老物之精也。說文作鬽，從鬼，鬼生毛故從彡，象毛。下池略反。從草從者。經作着，非也。

不鼽　休右反。說文云：以鼻就臭曰鼽。從鼻臭聲也。

大般若波羅蜜多經　第三百四十二卷

愛憎　則登反。韓詩云：憎猶惡也。說文亦云惡也。從心從八從小(囟)[四八]從日者也。

機關　上記宜反。集訓云：凡物有關制動者皆曰機。說文云：主發謂之機，從木幾聲也。下古頑反。大戴禮云：君子情邇而暢於遠，察一而關乎多。說文云：以木橫持門户曰關。從門𢍰聲也。𢍰音同上。經作閞，非也。閞音弁，非經義也。

大般若波羅蜜多經　第三百四十三卷

第三百四十四卷　第三百四十五卷

已上三卷無可音訓。

大般若波羅蜜多經　第三百四十六卷

阻壞　上莊所反，下懷怪反。前第三百二已具釋阻字，三百三十已釋壞字也。

依怙　胡古反。前第一百七十二已釋。

投趣　上徒侯反。左傳：擿也，擲也。王注楚辭云：合也，掩也。說文作㪣，古投字也，遥擊也。從手從殳。

洲渚　上音州，下諸與反。前第四十七已具釋也。

闇冥　上音暗。前一百六已釋。下米瓶反。昧也。前第八卷已具釋。

盲瞽　上盲字。前第一卷已解。下音古。釋名：瞽者，眠也。眠眠然二目平合如鼓皮，因象為名。說文：目但有眹(眹)[四九]。從目從鼓，會意字也。

誹謗　上非味反，下補浪反。已見前第一百八十一中具說。

囑累　上之欲反。韻詮云：囑，付也，對也。杜注左傳云：託也。楚辭云：續也。玉篇：相寄託也，委也。說文：連也。從尾蜀聲也。尾音尾[五〇]。下力僞反。王注楚辭云：重也。左傳：相時而動，無累後人。劉兆注公羊云：累，次積也。廣雅：委，託，累也。說文：累，增也。拔土爲牆曰累。古文作垒、絫，皆象形字也。或從三田作壘，或作累、纍。

大般若波羅蜜多經　第三百四十七卷

紅縹　漂小反。已見前五十六中已釋。

食頃　傾穎反。考聲：少選也。食頃，可一食間也。說文從匕。穎音營頂反。

須臾　上相逾反，下喻朱反。西國時分名也。古譯訛略也。正梵音曰謨護栗(粟)[五一]多，即俱舍中須臾也。論云：臘縛者，此翻爲刻。二刻爲一須臾，三十須臾爲一晝夜，常分爲六十刻。冬夏二至極長短之時互侵八刻，即三十八刻、二十二刻也，亦如此國曆經晝夜百刻互侵，即六十、四十之例也。若以子丑等十二時約之，每辰五刻，二辰十刻，共五須臾者也。

俄爾　五哥反。俄爾者，少選、倏忽之類，促於須臾也。

瞚息　式閏反。韻英云：動目也。經作瞬，通用。開闔目數搖也。從目寅。案瞬目者，一斂目也。息，一息氣也。言極迅促也。吕氏春秋曰：萬世猶如一瞬目者也。

讚勵　臧岸反。韻英云：稱揚也，亦言解也。郭璞曰：讚頌所以解釋物理也。釋名云：稱人之美曰讚。下力制反。已見前第七十卷中具釋。

重擔　耽濫反。廣雅：擔，負也。考聲云：以木荷物曰擔。說文：擔，舉也。從手詹聲也。從木者，非也。詹音占。

逮得　上徒奈反。爾雅：逮，及也。方言云：自關東西謂及爲逮。經作逯，非也，音禄，走也，非此義。

或擲　呈戟反。韻英：弃也。說文：投也。從手鄭聲也。古文作擿。

大般若波羅蜜多經　第三百四十八卷

無可音訓。

大般若波羅蜜多經　第三百四十九卷

慳悋　上口閒反。廣雅：愛財也。下鄰信反。廣雅：悋，鄙也。字書：貪惜也。韻英云：慳悋，固惜也。或作賝、遴，古文作𢘉、吝。抙音慳瞎反也[五二]。

顧惜　上音固。鄭云：迴首曰顧。說文：還視也。從頁雇聲也。雇音同上。經作頋，俗字也。下星亦反。廣雅：惜，愛也。楚辭：貪也。考聲：悋也。從心昔聲也。古作㥶也。

顉乘　上相瑜反。須，俗字也，正體作顉，待也。說文同。字書：從立須聲也。經從水，俗用，非本字也。下承證反。考聲云：駟馬車也，亦車之通名也。說文：[椉][五三]，覆。古作椉，從入桀聲也。

競來　擎敬反。韻英云：諍彊也。考聲：競，逐遽也。或作竸，衛宏作或作誩，古字。經作竸[五四]，俗字也。

危脆　下詮歲反。廣雅：脆，弱[五五]也。玉篇：愞也。說文：肉耎易斷也。從肉從絶省聲也。或作膬。從危作脆，非也。

憐愍　上練年反。爾雅：愛也。考聲：哀也。經作怜，俗字也。下旻殞反。說文從心，敃音同上。何休注公羊傳云：愍，傷也。謚法曰：使人悲傷曰愍。

羸貝　盧和反。已見前第一百八十一卷具釋。

校勘記

〔一〕也　據文意似作「反」。
〔二〕田　獅作「止」。
〔三〕揩　「扌」旁與「木」旁易混，據文意當作「楷」。
〔四〕拭　獅作「式」。
〔五〕旡　獅作「无」。
〔六〕草　據反切當作「革」。
〔七〕辛　據文意當作「辛」。「辛」爲「辛」的訛俗字。
〔八〕疾　今傳本説文作「難」。
〔九〕板　據文意當作「版」。
〔一〇〕屍　獅作「柩」。
〔一一〕糧　據文意當作「粮」。
〔一二〕著　據文意當作「着」。
〔一三〕穿　獅作「穿」。　身　獅作「牙」。
〔一四〕老　阮元校刻十三經注疏爲「耇老」。
〔一五〕耄　獅作「老」。
〔一六〕比　大正作「化」。
〔一七〕傳　大正作「轉」。
〔一八〕酸　據文意似作「痠」。
〔一九〕奪　據文意似作「奪」。
〔二〇〕反　各本脱，據文意補。
〔二一〕技　據文意當作「技」。
〔二二〕酸　據文意當作「酬」。檢大般若波羅蜜多經：「善能酬答一切難問。」
〔二三〕隗，京也　今傳本説文：「隗隗，高也。」
〔二四〕朿　獅作「朿」。
〔二五〕守　獅作「字」。
〔二六〕技　據文意當作「技」。
〔二七〕作　各本無，據文意補。
〔二八〕弓遠　今傳本説文：「弓弩發於身而中於遠也。」
〔二九〕據下文反切及釋義，「刂」當爲「巜」字之誤，下同。
〔三〇〕止　頻作「爲」。
〔三一〕止　頻作「立」。
〔三二〕千　據反切，似爲「干」之誤。
〔三三〕䟝　獅頻作「䠊」。
〔三四〕從　獅作「作」。
〔三五〕阜　頻作「𠂤」。
〔三六〕脅　大正作「脅」。
〔三七〕毒　據文意當爲「毐」之誤。今傳本説文：「毒，厚也。害人之艸往往而生。从中，毐聲。」下同。
〔三八〕衰　大正作「哀」。
〔三九〕巳　大正作「己」。下同。
〔四〇〕反　各本無，據文意補。
〔四一〕反　各本無，據文意補。
〔四二〕聾　據文意當爲「聵」之誤。
〔四三〕百　據反切當作「陌」。
〔四四〕正　各本無，據文意補。
〔四五〕火　據文意當爲「耳」之誤。
〔四六〕回　獅作「叟」。
〔四七〕㴒　「溺」的俗寫字。
〔四八〕小　獅作「囟」。
〔四九〕映　頻作「眣」，當作「眣」。今傳本説文：「瞽，目但有眣也。」
〔五〇〕尾　據文意似作另一與「尾」形近音近之字。
〔五一〕票　頻作「栗」。須臾，梵語muhurta。
〔五二〕判音慳瞎反也　此句前似有脱文。
〔五三〕桀　各本無，據文意補。今傳本説文：「桀，覆也。從入桀。」
〔五四〕今傳本説文：「競，彊語也。从誩二人。一曰逐也。」競，楷化作「競」。
〔五五〕蒻　「弱」的俗寫字。

一切經音義　卷第四

翻經沙門慧琳撰

音大般若經從三百五十盡四百一十卷

大般若波羅蜜多經　第三百五十卷

聚沫　上情喻反。考聲：攢集也。韻英：會也。説文：集會也。從乑取聲。乑音吟也。下摩鉢反。玉篇云：水上浮沫也。莊子云：水上浮沸水也。從水末聲者也。

浮泡　上輔無反。廣雅：浮，漂也。鄭注禮記：在上曰浮。賈注國語：浮，輕也。説文：泛也。從水孚聲也。吴音薄謀反，今不取。下普包反。考聲云：水上浮漚也。説文：從水包聲者也。

芭蕉　上補加反，下子姚反。字指云：蕉生交阯，葉如席，煮可紡績爲布，汁可以漚麻也。葉廣二三尺，長七八尺。説文云：焦，菜也。並從草，巴、朩皆聲，失(朩)[一]，正圤字。今俗用相傳作蕉，本非字也。

迅速　上笋俊反。爾雅：迅，疾也。説文：從辵卂聲。卂音信。下素祿反。爾雅：疾也。考聲云：徵召也。説文云：從辵束聲。辵音丑略反。

牆壁　上浄陽反。或作廧。顧野王曰：牆，垣也。字書云：築土曰牆，編竹木塈塗之曰壁。説文：從嗇爿聲也。嗇音色，爿音匠羊反。經從土作墻，非也。下卑覓反。杜注左傳云：壁，壘也。字書云：外露曰牆，室内曰壁，亦牆也。説文作辟。從广辟聲也。广音儼。

如燎　上遼銚、遼鳥二反，並通。周禮曰：墳燭庭燎。鄭衆曰：以麻爲燭也。鄭玄云：墳猶大也。樹大燭於門外曰大燭，門内曰庭燎，皆所照衆爲明也。集訓云：燔柴祭天也。説文云：放火也。從火尞聲也。尞字從火從昚。昚音慎，古慎字。

銷雪　上音消。王注楚辭：銷，滅也。玉篇：散也。説文：鑠金也。從金肖聲也。或作焇也，同用。

捫摩　上音門。聲類：捫，摸也。集訓云：以手撫摩也。説文：撫持也。[從][二]手門聲也。

隱蔽　上於謹反。廣雅：隱，翳也。考聲：藏也，深遠也。論語：匿也。謚法曰：懷情不盡曰隱。説文：蔽也。從阜㥯(㥯)[三]聲。經從急作隱，訛謬也。下卑袂反。顧野王云：蔽，暗不明也。杜注左傳：障也。廣雅：隱也。考聲云：蔽也。説文：從草敝聲也。敝音毗袂反。

厭惡　上伊焰反，下烏固反。

欣樂　上香殷反，下五教反。

諷頌　上風夢反，下徐用反。周禮：教國子興道諷頌。鄭玄云：背文曰諷，以聲節之曰頌，或作誦。聲類云：誦者，歌盛德之詩，讚美其形容也。說文作訟也。

狀貌　上狀字從犬爿聲。韻英云：狀，形皃也。說文：從犬爿聲。下茅豹反。尚書：五事，一曰貌。孔注：容儀也。廣雅：皃也。說文從(作)[四]皃，象人面，下從人，象形字也。籀文從豸作貌，古字也。或作䫉，從頁從豹省。籀音宙，豸音雉也。

能刺　上奴登反。廣雅：能，任也。博雅：堪任其事也。說文：能，熊屬也，足似鹿，故從二匕從肉，㠯聲也。㠯，古以字也。今隷書因草省爲厶，不但訛略，非也。經作能，草書謬，亦非也。下青亦反。說文：直傷。從刀朿聲。經從夾作刾，俗字，訛也。熊音雄。

大般若波羅蜜多經[五]　第三百五十一卷

侵刼　上七林反。劉兆注公羊傳云：侵，害也。說文云：[侵][六]，漸進也。從人手持帚章柳反，若掃之進。隷書省爲侵，略也。下力兢反。蒼頡篇：侵，侮也。廣雅：犯也，暴也。說文作夌，夌(越)也[七]。

沮壞　上慈與反。毛詩傳云：沮，猶壞也。廣雅：溼也。說文：從水且聲也。且音子余反。下懷怪反。前三百三十卷已釋壞字也。

鎧甲　開蓋反。說文：甲也。前經第四十七中已具釋也。

醎味　上陷巖反。時用俗字也。廣雅：北方水味也。爾雅：醎，苦也。說文：正體從鹵作鹹(醎)[八]，形聲字也。

將寶　精揉反。考聲云：將，帥也。文字集略云：軍主也。說文：率也。從寸從醬省聲也。帥音衰類反。經言將寶轉輪聖王主兵神將也。

皆鈍　上皆字下從白，下鈍音徒混反。蒼頡篇：鈍，頑也。說文從金屯聲也。屯音度論反。

心髓　雖紫反。說文云：骨中脂也。從骨髓[九]隨省聲也。

杖塊　上長兩反。說文：手持木也。從木丈聲。丈字從十從又。下康外反。前經文第三十九中已釋。古文作凷，從土，象形字。

大般若波羅蜜多經　從第三百五十二卷已下至三百五十五卷　並無字可音訓。

大般若波羅蜜多經　第三百五十六卷

菴没羅果　半娜娑果　並梵語西國果名也，此國並無。其半娜娑果形如冬瓜，其味甚美，或名麼那娑。

種植　承力反。纂韻云：植，多也。考聲：長也，積也。說文：植，種也。從木直聲。或從歹作殖也。

溉灌　上居氣反。韻英：澆也。考聲：漬也。說文：灌也。從水既聲。下官換反。廣雅：灌，漬也，注也。韻英：沃也。說文：從水雚聲。雚音與上同。

不藉　情夜反。韻英云：以草覆地也。假借字也。

牙莖　上雅家反，下幸耕反。說文云：草本曰莖，從草巠聲也。

善射　時夜反。周禮：六藝，三曰五射。說文：從矢作䠶。釋云弓弩發於身而中於遠曰射。李斯小篆從寸作射。寸，法度也。寸亦手也。

怨敵　上苑袁反。前經第三百三卷中已釋怨字。下亭歷反。文字典説：敵，仇也。左傳：對也。穀梁傳云：倍則止[一〇]，敵則戰，少則守。從攴商聲。商音丁歷反也。

大般若波羅蜜多經　經從第三百五十七卷已下盡三百六十二計六卷　並無可音訓。

大般若波羅蜜多經　第三百六十三卷

茂盛　上莫候反。吴楚之音也。韻英音爲摸布反。草木茂盛也。爾雅：豐也。毛詩傳：美也。韻詮云：滋，茂也。説文：從草戊聲也。下常正反。廣雅：盛，多也。考聲：隆也，强也。説文：從皿成聲也。

無(无)[一一]暇　上音無，出古文奇字，古無字也。下遐駕反。賈注國語云：暇，安也。説文：閑也。從日從叚省[一二]聲。

大般若波羅蜜多經　第三百六十四卷

并三百六十五卷　已上二卷文易，無可音訓。

大般若波羅蜜多經　第三百六十六卷

枉生　威往反。方言云：齊魯之間謂光景爲枉矢。説文：從木王聲。古文從文作㞷[一三]。

忻求　迄殷反。考聲：悦也。説文云：善者，忻人之善。正體作欣，或作訢，並通也。

嘲誚　上豬交反。豬音謫狡反。爾雅：嘲，謔也，調也。或從言作謿。説文：從周作周(啁)[一四]。音竹包反。下樵曜反。蒼頡篇：誚，訶也。考聲：戲笑也。韻英：責也。説文：嬈也。或作譙，並形聲字也。謔音香約反。

無怯　欠業反。蒼頡篇云：怯，畏劣也。集訓云：懼也。韻詮：弱也。説文：從犬作㹤。以犬多畏，故從犬。去聲也，形聲字也。

三摩呬多　呬音馨以反。梵語也。此翻爲止，言心止息也。或名定。有多名，等持、等引之類，此即一也。

饕餮　上湯高反。杜注左傳云：貪財曰饕。或作叨，俗字也。下天結反。説文云：貪食曰餮。博雅作飻。上二字並下形上聲字。

諠雜　上兄圓反。前經第一卷已具釋。下才合反。前經第一百八十一卷已具釋。

紛擾　上拂文反。前經第一序中釋紛字。下而沼反。前經第三卷中釋擾字也。

不憚　彈旦反。鄭箋毛詩云：憚，難也。韓詩：畏也。集訓：辭也。蒼頡篇：驚也。説文：疾也[一五]。從心單聲也。

據慠　上居御反。毛詩傳曰：據，依也。考聲：憑也。杜注左傳：安也。説文：扶持也。從手豦聲也，或作倨。豦音渠。下吾告反。孔注尚書云：慠，慢也。廣雅：蕩也。説文：倨也。從心敖聲。或從人作傲字。説文：從出從放。今經文從土(人)[一六]作傲，漸訛略也。

於譏　上於字，説文從㫃，㫃音偃。經從手，非也。下居依反。廣雅：譏，諫也。説文：誹也。從言幾聲也。

大般若波羅蜜多經　經第三百六十七卷

第三百六十八　此二卷無字可音。

大般若波羅蜜多經　第三百六十九卷

谷響　香兩反。考聲云：響者，聲之應也。孔注尚書云：若響之應聲也。說文：從音鄉聲也。或作響，或從言作響。經從向作嚮，非。

大般若波羅蜜多經　經第三百七十卷已下

盡三百七十五　已上計六卷，並無音訓。

大般若波羅蜜多經　第三百七十六卷

車乘　上昌遮反。車字，說文象形作車。橫書車字即是古文車字也。下食證反。孔注尚書云：乘，勝也。毛詩傳曰：乘，升也。鄭衆注周禮云：四匹〔一七〕爲乘。說文：乘(椉)〔一八〕，覆也。從入桀，桀音竭。桀，黠也。軍法曰乘也。隸書作乘，變體字也。

髓𡿺　上綏觜反。說文云：骨中脂也。從骨從隨省聲也。下能老反。文字集略云：頭中實也。此字訛謬甚多。或從三止，或從月，或從口，或從忽，或從山，皆非也。說文：正體從匕從囟。囟音信。囟，頭也。從巛，巛象髮。匕者，相匕著也，𡿺聲也。𡿺音能老反，本古字也。

大般若波羅蜜多經　經從三百七十七已下

盡三百八十計四卷　并無難字不音訓。

大般若波羅蜜多經　第三百八十一卷

匳底　力拈反。蒼頡篇：器物名也。說文：鏡匳也。案匳者，即香奩碁奩等是也。似合，底平而上有稜角。經從大從品〔作〕〔一九〕奩，不成字。經言奩底者，取底平爲喻也。奩字從匚從僉。僉亦聲也。匚音方。

所蹈　徒到反。劉兆注穀梁傳：蹈，履也。廣雅：蹈，行也。說文：蹈，踐也。從足舀聲。舀音羊小反也。

坦然　他懶反。蒼頡篇云：坦，著也。廣雅：坦，平。說文：安也。從土旦聲也。旦字從日下一也。

輞轂　芒昉反。考聲云：車轅也。轅音渠。鄭注禮記云：車轅圍長二丈七尺，所謂今時輞也。其徑九尺，皆是古制也。今之車輞周圍一丈八尺，徑六尺，即車脚也。下公屋反。說文：輻之所湊也。老子曰：三十輻共一轂。從車從㲉省聲也。

覩羅緜　梵語也。西國細綿也。古譯云兜羅綿。前經第三百一十卷已具釋訖。

輓䋄　上莫盤反。鄭注周禮云：草路輓也。廣雅：補也。下武昉反。此言如來十指之間猶如羅䋄也。易曰：庖羲氏結繩爲䋄。說文作网，古字也。亦單作冈，象形字也。

綺畫　欺紀反。范子計然云：綺出齊郡，今出吳越。下華罵反。爾雅：畫，形象也。郭璞曰：圖畫者，所以作形象也。字書本無此字，假借畫字用也。

纖長　相鹽反。廣雅：纖，微也。方言：小也。說文：細也。從糸韱聲。又說韱字下從韭䇂聲也。䇂音棱閤反。二人從从音從戈。經從土從非作韱(𢧜)〔二〇〕，不成字也。下丈良反。鄭箋詩云：長，遠也。廣雅：常也。說文：久也。從兀。兀，高遠意也。從匕，音化，久則化變也。上從亡，亾聲也，倒書字亾也。篆書古體作𠑿，今隸書作長，上俗云字也，兀化在下，皆變體，不可辯(辨)〔二一〕也。

豎泥耶仙鹿王腨　上伊奚反。梵語也。此鹿王其身毛種種異色，光潤鮮明，腨膝傭纖端正，故引爲喻也。腨音遄耎反也。

傭圓　癡龍反。考聲：上下均也，大也。韻英：傭，直也。經文有從肉作膅，俗字也。說文：均直也。從人庸聲也。

紺青　上甘暗反，下戚盈反。說文云：帛染青而揚赤色。或作綷䌨，音與上同，此皆馬鄭所用古字也。下青(靑)〔二二〕字，說文從生從丹。今隸書訛略也。

潤滑　上如順反。尚書：水曰潤下。潤下作鹹。鹹音咸。廣雅：濕也。下還刮反。說文：滑，利也。考聲：乘利也。刮音開滑反。並從水，形聲字也。

晃燿　上黃廣反。廣雅：暉也。考聲云：日光也。亦作晄。說文：明也。從日光聲。下姚照反。廣雅：燿，照也。韻英曰：光明也。或作曜，亦通。說文：從火作燿，有從光作耀，俗字，非正也。

髆腋　上音博，下音亦。此二字並前經第一卷已具釋也。

諾瞿陀　那各反。梵語樹名也。或云尼俱陀。此樹端正傭直，團滿可愛。此國無有，云柳者非。

頷臆　上何感反，下於力反。並前經第一卷已釋訖。

逾珂雪　上庾俱反。韻詮云：逾，越也。或作踰也。下可何反。韻詮云：白玉珮也。色如白雪。

鋒利　芳空反。考聲云：刀末也。或作鏠。說文：兵刃端也。從金夆省聲也。

擁曲　邕拱反。鄭注儀禮云：擁，抱也。考聲：持也，護也。字書：遮也。說文：從手雍聲。正體本作⿱雝手，古字也。

婉約　上怨遠反。杜注左傳云：婉約言華麗也。韻詮：婉，媚也。說文：婉，順也。從女宛聲。並形聲字。

頻伽音　梵語也。西方鳥名也。具足應云迦陵頻伽，此鳥在孚鷇之中能作美聲，令人樂聞。

眼睛　積盈反。假借字也，本無此字。案睛者，珠子也。纂韻云：眼黑精也。古人呼爲眸子，俗謂之目瞳子，亦曰目瞳人也。論文謂之眼根，四大所造，净色爲體。

烏瑟膩沙　梵語也。如來頂相之號也。觀佛三昧海經云：如來頂上，肉髻團圓，當中涌起，高顯端嚴，猶如天蓋。一譯云無見頂相，各有深義也。

陿長　咸甲反。前經第三百四卷中已釋。從犬非也。

筋脈　上居銀反。從竹從肉從力。下麻佰反。從血從𠂢，或從肉。經文從月從永作脉，俗字也。前經第五十三卷中已具釋二字。

惇肅　上都昆反。賈注國語云：惇，撲(樸)〔二三〕也，大也。方言：信也。爾雅說文皆厚也。從心𦎫聲也。𦎫音純。𦎫字，說文從亯。亯音享。下從羊。今經文從攵作敦，猶迫也，非經義。從心作惇，正也。下嵩育反。孔注尚書云：肅，敬也，嚴也。爾雅：肅肅，恭也。謚法曰：强德剋義曰肅，執心決斷曰肅。説文：持事謹敬也。從聿聿音躡從𣶒音淵。聿在淵上，戰戰兢兢，肅然懼而嚴敬也。會意字也。後文第四百七十卷中亦同此釋也。

怯弱　上欺業反。韻英云：怯，懼也。考聲：怏弱也。顧野王云：畏劣也。説文：從犬作㹤，多畏也。以犬多怖，故從犬去聲也。或從心作怯，並通。下穰灼反。孔注尚書云：尩劣也。考聲：無力也。説文：弱，橈也。上象橈曲，弱即橈也。夫物弱則并力，故從二弓及彡，象毛氂細弱也。

稠密　長流反。蒼頡篇云：稠，衆也。廣雅：穊也。説文：多也。從禾周聲。下岷筆反。

離翳　上音利，下尹計反。韻英：翳，敝(蔽)〔一四〕也。廣雅：障也。説文：華蓋也。

不窊　烏爪反。韻詮云：下濕地也。或從洼作窪。説文：從穴瓜聲象形字也。

不垤　田涅反。韻詮云：高起也。説文：象形字也。或作垤，蟻封土也。

疥癬　上皆隘反。周禮：夏時有養(痒)〔一五〕疥之疾也。集訓云：瘡風也。文字集略：從虫作蚧。説文：搔也。從疒介聲。下先剪反。集訓云：徙也。侵漂移徙也。説文：乾瘍也。從疒鮮聲。搔音掃刀反，隘音櫻介反也。

黶點　上伊琰反。考聲云：黑子也。説文：肉中黑也。從黑厭聲也。下丁琰反。考聲云：滅也。王注楚辭云：污也。説文：小黑也。從黑占聲也。

疣贅　上有憂反。蒼頡篇云：疣，贅病也。或從肉作肬，古作疚(疚)〔一六〕。下隹芮反。博雅：贅亦疣也。字書云：風結病也。説文：從敖從貝也。

緻而　池利反。考聲云：繒帛密緻也。集訓云：縫納衣也。廣雅：補袟也，至也。從糸致聲也。

輪埵　下當果反。通俗文作垛，亦通也。

額廣　雅格反。從客作額，俗字也。方言：額，顙也。釋名云：幽州人謂額爲鄂，今江外吳音呼額爲訝，並邊方訛也。説文：從頁從格省聲也。

褫落　上池里反。考聲云：褫亦落也。敓音土捋反。説文：褫，奪衣也。經文作㔭，不成字也。

諸竅　輕叫反。鄭注周禮云：陽竅七，陰竅二。鄭注云：禮記：竅，孔也。説文：空也。從穴從噭省聲也。敫音叫。

猒足　伊閻反。説文：犬甘肉無猒足，故從甘從肉從犬。經中多從日月作猒，或從厂音罕作厭，皆非也。

逶迤　上畏韋反，下以伊反。蕭該漢書音義云：水曲流皃也。古今正字云：逶迤，邪行也。二並從辵，委、也皆聲也。

大般若波羅蜜多經　第三百八十二卷

第三百八十三卷　已上兩卷不音訓。

大般若波羅蜜多經　第三百八十四卷

析除　星亦反。韻英云：析，分也。説文：破木也。或從斥作析。石經從斤作析，形聲字。

逼迫　上兵棘反。爾雅：逼亦迫也。杜注左傳：逼，近也。下補格反。蒼頡篇：迫亦近也。廣雅：陿也，急也。

任持　入針反。鄭注禮記：任也。任音入甚反也，用也。考聲云：任，堪也。廣雅：任，使也。説文：保也。從人壬聲。

大般若波羅蜜多經　第三百八十五卷

無字可音訓。

大般若波羅蜜多經　第三百八十六卷

俳優　上敗埋反。説文：戲笑也。從人從排省聲也。下憶鳩反。蒼頡篇云：俳優，樂人也。顧野王曰：樂人所爲戲笑以自悦也。説文：俳，戲也。優，倡也。並從人，形聲字。經文從手或從彳作徘優，並非。

大般若波羅蜜多經　第三百八十七卷已下終三百九十一卷凡五卷　並無難字可音訓。

大般若波羅蜜多經　第三百九十二卷

吠瑠璃　上音流，下音离。梵[語][二七]青色寶名也。前音義第二經卷第三十九中已具釋。

頗胝迦　梵語寶名也。正梵音云颯破置迦，古譯云是水精。此説非也。雖類水精，乃有紫白紅碧四色差別。瑩净通明，寶中最上。紅碧最珍，紫白其次，如好光明砂净無瑕點。云是千年冰化作者，謬説也。

蠃貝　盧和反。爾雅云：海介蟲也。郭璞云：蝸牛類也，大而白。經文作螺，俗字也。前經第一百八十一卷中已具釋也。

醫藥　上於飢反。説文：治病工也。從酉殹聲於計反。經文或從巫作毉，俗字。前音義第二中已具釋。

㸦起　胡固反。字書云：㸦也。説文：從竹作𥫔，可以收繩者也。隷書省去竹作㸦。經文作㸦，俗字，誤也。與㸦[二八]字相參，非也。

匱乏　逵位反。字書：匱，竆也，乏也。説文：匱字從匚貴聲也。匚音方也。

憤恚　上紛吻反。考聲：憤，盈也，心氣發也。鄭玄云：怒氣充實也。蒼頡篇云：憤，懣也。説文：恨也。形聲字也。懣音没本反。

尋伺　上祥淫反。考聲云：尋，度也，逐也。説文作尋(㝷)[二九]。尋，繹也，理也。從口從彡從工。口工，亂也。上從又，下從寸。今隷書省去彡彡音衫作尋，會意字也。古文從肘作尋也。

攀緣　普班反。古今正字云：攀，引也。古文從反拱字爲𠬻，從手攀聲也。

大般若波羅蜜多經　第三百九十三卷

無可訓釋。

柔耎　上而周反。説文：木曲直曰柔。從木矛聲。下而兖反。説文：耎，弱也。從大而聲也。經作軟，非也。

大般若波羅蜜多經　第三百九十四卷

達絮　奴雅反。梵語也。下賤之類，鄙惡人，與下文箆戾車等同類也。

篋戾車　上音眠鼈反。古譯或云蜜列車，皆訛也。正梵音云畢嘌吟蹉，此云垢濁種也。樂作惡業，下賤種類，邊鄙不信正法垢穢人也。

無翅　詩異反。鳥之兩羽曰翅，或有作翄（翄）〔三〇〕、翍，皆古字也。

大般若波羅蜜多經　第三百九十五卷　第三百九十六卷　第三百九十七卷

已上三卷無可音訓。

大般若波羅蜜多經　第三百九十八卷

常嗁　弟泥反。考聲集訓並云：哭無常節曰嗁。說文：嗁，號也。從口虒聲。虒音同上。說文：虒字從虎厂聲。厂音曳。經從帝作啼，悲（非）〔三一〕也。

欻然　暉律反。集訓云：欻，忽也。說文云：吹起也。會意字也。

疲倦　上音皮。賈注國語：疲，勞也。廣雅：疲亦倦也，極也。下逵願反。廣雅：倦，極也。孔注尚書：倦，懈。玉篇：倦，止也。或從心也作倦（惓）〔三二〕，或從力作券（勬）〔三三〕也。

讚勵　上臧旦反。方言：讚，美也。郭璞曰：頌美其德也。釋名云：讚所以解釋物理也。下力滯反。桂苑珠叢云：勵，免（勉）〔三四〕也。左傳：勸也。蓋形聲字。

植衆　承力反。孔注尚書云：植，生也。杜注左傳：植，長也。或從歺作殖也。

槌胸　墜追反。俗字也。正作椎，從木。下勗恭反。字書：槌胸者，心懷悲恨自毀其身也。

黠慧　上閑戛反。方言：自關而東趙魏之間謂慧爲黠。下音惠。賈逵：察也。郭璞：意精也。前經音義第三卷第三百三卷已釋。

垣牆　上遠元反。毛詩傳曰：垣亦牆也。下匠羊反。聲類云：牆亦垣也。尚書曰「無敢逾垣牆」是也。說文：垣，牆敝（蔽）〔三五〕也。從嗇爿聲也。嗇字從來從靣。經中或作墻、廧、牆〔三六〕，並俗字也。

欄楯　上勒單反，下垂閏反。說文：欄也，檻也。王逸注楚辭云：縱曰欄，橫曰楯。楯間子謂之櫺子也。

寶塹　七豔反。說文：塹，坑也。從土斬聲也。考聲：長坑也。韻英：小坑也。玉篇云：城池爲塹，或作漸〔三七〕。

街巷　上音皆。考聲：都邑之中大道也。下學降反。毛詩傳：里間道也。韻英：小街也。或作衖，皆古字也。今省爲巷也。

市廛　長連反。鄭衆注周禮云：廛，居也。鄭注禮記：廛，市邸舍也。玉篇云：城市内畝半空地謂之廛。經作厘，俗字略。

亘以　可鐙反。韻英：亘，通也。考聲：遠過也。毛詩傳云：遍也。方言：竟也。或作亙，古字。

寶舫　福望反。爾雅：舫，舟也。郭璞云：併兩舟曰舫也。

却敵　提的反。考聲云：敵，對也。案敵亦怨也，讎也。却敵者，城上伏兵禦寇之所者也。

雉堞　上池履反。字書云：雉，陳也。公羊傳曰：五板爲堵，五堵爲雉，百雉爲城。何休曰：二萬尺也。考聲：城長三丈高一丈曰雉。禮記：天子城千雉，蓋受百雉之城千也。公侯城百雉，伯城七十雉，子男五十雉，但諸侯之城皆缺其南面者以授過也，但居而居不固守也。下徒頰反。杜注左傳云：堞者，城也。上安墻也。説文：女垣也。從土從葉省聲。

瑩以　縈併反。縈音恚并反。韻詮云：磨珠玉也。瑩鏡使明也。韻英：瑩猶磨。瑩(鎣)〔三八〕或作瑩也。

綴以　追衛反。賈逵注國語云：綴，連也。王逸注楚辭云：綴也〔三九〕。説文：綴，合著也。或作啜，皆古字也。

寶鐸　徒各反。鄭注周禮云：鐸，大鈴也。孔注論語云：木鐸，金鈴木舌，以宣文教也。經言寶鐸者，宣揚法音。前經第一卷已釋也。

冷煗　上魯梗反。廣蒼：冷，寒也。字書：小寒也。説文：從冫音氷令聲也。下奴管反。群書字要云：煗，温也。從火耎聲也。有作暖、㬉，皆俗用字。

泛漾　上芳梵反。字書：泛，浮也。經作汎，俗字。汎，普也。非經義。下陽亮反。或作瀁，皆義別。正體合作颺。案汎漾者，浮遊自在之義。漾者，水波也。義雖似同，乖經本意，宜改作颺也。

嗢鉢羅花　鉢特摩花　拘某陀花　奔荼利花　已上四色蓮華，前三百一十八卷中已具訓釋。

鮮郁　上相延反。廣雅：鮮，好也。聲類：新也。案鮮，鮮明也。下於六反。案鮮郁者，妙花鮮明香氣郁遏之盛也。論語云：郁郁乎文哉。

周寰　音還。穀梁傳云：寰内諸侯。劉兆曰：寰，圻也。桂苑珠叢云：圻者，天子千里封域也。

縱廣　足容反。字書云：竪爲縱，撗(横)〔四〇〕爲廣。又云「南北爲縱，東西爲撗(横)」是也。

俱盧舍　義譯云大牛鳴吼聲所極處也。依俱舍論指肘弓量計，一俱盧舍筭有二里。此據平地間也，若高逈處亦可五里之内皆得聞之。

暎蔽　上於敬反。考聲云：暉也，隱也。韻英：傍照也。或作暎(映)〔四一〕，古字亦通。下卑袂反。韻英：掩也。考聲：蔽，瘴(障)〔四二〕也。前經第一卷兩字俱釋也。

孔雀　即藥反。春秋元命包(苞)〔四三〕曰：火離爲孔雀。又云罽賓國多孔雀，不必匹合，正以音影相接，或聞雷聲便感有孕胎也。

鸚鵡　上烏耕反。下音武，或作鵡，二體同。山海經云：黃山有鳥，青羽，赤喙，人舌，能作人語，名曰鸚鵡。曲禮曰「鸚鵡能言，不離飛鳥」是也。

鳧鷖　上輔于反。爾雅：舒鳧，鶩。鶩音木。郭璞注云：鴨也。考聲：野鴨之小者也。字書：從鳥從几。几音殊(殊)〔四四〕。几者，鳥之短羽飛几几(几几)〔四五〕然也。上形下聲字也。下噎兮反。考聲云：鷖，鳳類也。青黑色水鳥也。毛詩云：鳧鷖，鳳類也。在經傳曰鷖，鳧屬也。説文同。從鳥殹聲也。下形上聲字也。

鴻鴈　上胡公反。韻英：水鳥也。考聲：鴻，代也。郭璞云：鴻鳥知運代也。或作雁、鳿，皆古字也。下顔諫反。或作鴈〔四六〕，同。毛詩傳云：大曰鴻，小曰鴈。案鴻鴈者，隨陽鳥也。禮記月令云：季秋之月，鴻鴈來賓。是鴈，每至秋初，引子南遊，將避霜雪。春初逐北，以避炎暑。説文：鴈，鵝屬也。亦名駉加。方言：自關而東謂鴈爲駉，南楚之外謂之倉駒。今江東人呼鴈爲駒鵝。或作歌，古字也。或作鴐。子虛賦曰「白鵠連鴐鵝」是也。

黄鵙 七餘反。或作雎，同。一名鵙鳩。毛詩云「關關鵙鳩」是也。一名王鵙。爾雅云：鵙鳩，王鵙也。關東呼爲鶚，好在洲渚上也。

鶬鶊 上音倉，下音庚。爾雅云：倉麋鴰。鴰音古活反。郭璞云：今呼爲此鳥鶬鴰[四七]。又云鶬鶊。張衡歸田賦曰「王鵙鼓翼，鶬鶊哀鳴，交頸頡頏音胡浪反，關關嚶嚶」是也。

白鶴 何各反。經文作鵠，誤也。鵠音胡木反。蒼黄色而觜短，所在皆有。說文：鴻鵠也。玉篇：黄鵠形如鶴，色蒼黄，故知非是鶴也。鶴色白而長喙，壽滿千歲者頂皆朱色。字書：鶴似鵠而觜長，神仙鳥也。見則爲祥瑞也。抱朴子曰：鶴鳴九皋，聲聞于天。淮南子曰「雞知將曉，鶴知夜半」是也。說文：從鳥隺何各反聲也。說文又解隺字，從冂癸營反從隹，隹，鳥也。鳥飛高至上欲出冂也。

春鶯 於耕反。毛詩云：交交桑扈音户，有鶯其羽。傳曰：鶯，有文鳥也。考聲：鶯鳥毛有斑文皃也。經作鸎，誤也。埤蒼云：鶈鸎也。鶈音妻，東夷鳥也。廣雅云：鸎，怪鳥屬也。非春鶯也。

鶖鷺 上音秋，下音路。或作鵚鶖，皆古字也。顧野王曰：大鳥也。其羽鮮白，可以爲毦。毛詩云：有鶖在梁。傳曰：禿鶖也。又云：振鷺于飛。爾雅：鷺，春鉏也。郭璞云：即白鷺也。頭羽背上皆有長翰毛。今江東人取爲睫攡，名曰白鷺縗。縗者音蘇限反。今禿鶖、白鷺各是一鳥也。

鴛鴦 上於袁反，下於薑反。毛詩曰：鴛鴦于飛。傳曰：鴛鴦，匹鳥也。言其止爲匹偶，飛則雙飛也。

鵁鶄 上音交，下音精。山海經云：蔓聯山有鳥名曰鵁鶄，似鴨而群飛也。

翡翠 上肥味反。南洲志曰：翡大於鷰，小於烏，赤色。洲民捕而食之，不知貴其毛羽也。考聲：羽赤雄曰翡。說文：赤羽雀也。從羽非聲也。下青遂反。南洲記曰：翠爲六翮，毛長寸餘，色青緑，出鬱林山，青色雌曰翠。說文：青雀也。從羽卒聲。

精衛 山海經云：炎帝之女名曰女娃於皆反。方言云：娃，美女也。女娃遊於東海，溺水而不返，化爲鳥，名曰精衛。帝取西山之木石以填東海，報其寃也。一云鳴即自呼云精衛也。

鵾鷄 上音昆。顧野王曰：鵾似鶴而大。字書或作鶤，同。楚辭云「鵾鷄啁哳而悲鳴」是也。下或作雞，亦通。

鸓瑀 上之欲反，下虐緑反。山海經云：大荒之中有鳥，黄頭赤足，六首，名曰鸓瑀。爾雅云：鸓，山烏。郭璞曰：似烏而小，赤觜六[四八]乳，出西方。郭璞曰：鸓瑀似鴨而大，長瑀(頸)[四九]赤目，觜皆紺色。

鶢鶋 上音袁，下音居。國語云：海鳥也。漢元帝時瑯琊有大鳥，如馬駒，時人謂之鶢鶋。爾雅云：鶢鶋，雜縣。莊子：鶢鶋，海鳥，止於魯郊。

鵾鳳 下房諷反。毛詩義疏云：雄曰鳳，雌曰凰。非梧桐不棲，非竹實不食。山海經曰：丹穴山有鳥，狀如鶴，五色而有文章，名曰鳳凰。廣雅云：鳳凰，鷄頭鷰鴿(鴿)[五〇]，蛇頸鴻身，魚尾骿翼。五處有文，首文曰德，翼文曰順，背文曰義，腹文曰信，膺文曰[仁]。雄鳴曰節節，雌鳴曰足足，昬鳴月(曰)[五一]固常，晨鳴曰發明，晝鳴曰保長，舉鳴曰上翔，集鳴曰歸昌。見則天下安寧也。説文：神鳥也。出東方君子之國，從鳥凡聲也。

妙翅　尸至反。即金翅鳥也。或名迦婁羅，或名揭路茶，皆梵語訛也。正梵音云蘗嚕拏。經云妙翅者，就狀皃而名之，非敵對翻也。

鵜鶘　上徒鷄反，下音胡。或作剃、剌。爾雅云：今剃胡好群飛入水食魚，故曰洿澤，俗亦呼之爲淘河鳥也。毛詩云：惟鵜在梁。穀梁傳曰：洿澤鳥也。

羯羅頻迦　梵語鳥名也。亦云迦陵頻伽，此譯爲美妙聲。出大雪山，卵㲉之巾即能鳴。其聲和雅，聽者樂聞。

命命鳥　梵音耆婆耆婆鳥。此云命命，據此即是從聲立名，鳴即自呼耆婆耆婆也。

羯鷄都寶　梵語寶名也。此即水精之異名，其寶色白，小如鵝卵許大也。

法涌　羊腫反。説文：涌，滕（滕）也。或作勇（湧）〔五二〕，同也。

其蹬　登鄧反。廣雅：蹬，履也。即履踐階級蹬道也。

鋪綺帊　鋪，普胡反。廣雅：陳也，布也。韻詮：設床褥也。考聲：遍也。綺綺〔五三〕音墟倚反。以二色綵絲織爲文花，出吴越，次於錦也。帊音普霸反。考聲：帊，大幞也。或從衣作杷也。

白氎　徒頰反。西國草名也。其草花絮堪以爲布。

丹枕　針荏反。天竺國風俗不用木石爲枕，皆赤皮或赤色布作囊，貯以覩羅綿及以毛絮之類爲枕，或用枕頭，或作倚枕，丹紅赤色者用也。

幃帶　宇威反。字書云：幃，幔類也。帳傍曰幃，或從巾作帷。説文：從巾韋聲也。

綩綖　上鴛遠反，下餘旃反。經言綩綖者，即珍妙綺錦筵、繡褥、舞筵，地衣之類也。

綺幔　上袪倚反，下謀伴反。考聲：幔，帷類也。正體從巾，下從又作幔。經從心作慢，俗字，非也。

中毒　張仲反。考聲：中，當也，著也。

奮迅　上府問反。鄭注禮記：奮，動也。韻英：振羽也。廣雅：振也。考聲：張也。下詢俊反。前經音義第二卷第三十六已具釋。

所稟　彼錦反。説文：從亩從禾聲也。經作禀者，誤也。

取量　力强反。平、去二聲並通也。

惆悵　上敕周反，下敕亮反。廣雅：惆，痛也。説文：悵，悵望也〔五四〕。楚辭：惆悵，悲愁也。蒼頡篇云：惆悵，失志也。郭璞云：惆悵，猶懊惱也。二字並從心之也。

廵環　上隨遵反。考聲：廵，歷也。左傳：遍也。鄭注周禮：所守也。李斯從車作輴。下音還。公羊傳曰：環，遶也。

不隻　時咒反。考聲：賣物了隻。古今正字：隻，行也。顧野王云：賣物得隻，人買持去曰隻。經文從厶作隻，非也。古今正字從隹從口。

佇立　除吕反。爾雅：佇，久立也。考聲云：佇，持也。從人宁。宁音同上。或作竚，並同也。

人髓　綏觜反。字統：骨中脂也。説文：髓字從骨從隨省聲也。形聲字。

右髀　步米反。説文：股外也。從骨卑省〔五五〕聲也。古作踔，或作髀，亦通。經作胜，俗字也。

欲剖　普口反。考聲：剖，破也。韻詮：剖，判也。從刀音聲。音，他口反也。

大般若波羅蜜多經　第三百九十九卷

之愆　揭焉反。考聲云：愆，失也。説文：過也。從心衍聲也。或作諐，皆同也。經多從二天作僁，俗字也。或作䙴(遈)〔五六〕、𧽊，皆古字也。

赧然　上拏簡反。方言：赧，愧也。小雅〔五七〕：面愧曰赧。考聲：羞慚面赤也。字書：赧字從赤從㞋，㞋亦聲也。㞋音尼展反。從皮作赧，俗字也。

有愧生慙　上軌位反，下徂含反。説文：愧亦慚也。禮記曰：君子不以其所能者而病於人，不以人之所不能者而愧於人。廣雅：慚，耻也。爾雅：愧亦慚也。説文作媿，或作謉、聭二體，皆古字也。

瘡痕　惻霜反。韻英：瘡，痍也。或作創，亦通，故作刅(刱)〔五八〕，亦同。下胡根反。字書：傷瘢曰痕。説文：痕，瘡腫瘢也。從疒艮聲也。疒音女厄反。

驚駭　上居英反。廣雅：驚，起也。説文：馬駭也。下諧駭反。蒼頡篇：驚也。廣雅：起也。説文：從馬亥聲。

一函　霞緘反。字書：盛書盛物也。今人函書、表函等是也。

荏苒　上而枕反。考聲云：草荏苒者，漸次相因。經歷時日謂之荏苒。經作苒(荋)〔五九〕，俗字也。

大般若波羅蜜多經〔六〇〕　第四百卷

箜篌　上音空，下音侯。樂器名也。釋名云：師延所作靡靡之樂也，後出於桑間濮上之空地。蓋空國之侯所存也，故名箜篌。師涓爲晉平公鼓焉，鄭衛分其地而有也，遂號鄭衛之音謂之淫樂也。

槽頸　上造勞反，下經井反。即是箜篌之槽頸及項是也。

繩柲(抋)　上常仍反。考聲：索類也。[世]〔六一〕本：倕作規矩準繩。宋忠曰：倕，舜臣也。繩所以取直也。廣雅：繩，直也。説文：繩，索也。從糸音覓從蠅省聲也。下駢結反。考聲：拗，音厄絞反。杜注左傳云：手柲(抋)物也。經作捬，亦通。鄭注尚書大傳云：捬，推也。推音他雷[反]〔六二〕。廣雅：捬，戾也，轉也。或從巾作帗(帗)〔六三〕，亦通。説文：從手祕(必)〔六四〕聲也。

奉屬(屬)〔六五〕　上馮勇反。説文：奉，承也。從廾廾音拱從丰，丰聲也。丰音峰。下鍾欲反。杜注左傳：屬(屬)，託也。鄭注禮記：屬(屬)，繫也。説文：連也。從尾蜀聲也。經作属，俗字，謬也。

隱蔽　上殷謹反。廣雅：隱，翳也。謚法曰：懷情不盡曰隱。包咸注論語云：匿也。考聲：藏也。説文：隱亦蔽也。從𨸏(阜)〔六六〕聲也。蔽，奄也。廣雅：蔽，隱也。爾雅：竄也。郭璞：蔽，謂逃藏也。説文：蔽，小草皃。從草敝(敝)〔六七〕聲也。敝，毗祑反。

羸劣　上力追反。考聲：羸，瘦極也。説文：瘦也。從羊羸聲也。羸，力卧反。下力輟反。劣，弱也。從少力，會意字也。前經音義第三卷第一百八十一已釋。

灑地　沙賈反。玉篇云：所買反。王逸注楚辭云：如水之灑地。説文音山綺反。灑，汛也。從水麗聲也。

坌我　盆悶反。韻英云：坌，塵污也。考聲：塵猥至也。説文：從土作坋，塵也。從土分聲也。下我字，説文：於身自謂也。從手從戈。經有從禾作我者，非。

淳浄　上常倫反。經作淳，俗字也。考聲：淳漬也。鄭注儀禮云：沃也。廣雅：漬也兹四反。説文：淥音淥，從水𦎫聲。𦎫音純也。

軏範　上龜葦反。考聲：車迹也。説文：車轍也。從車從宄省聲也。宄音鬼。下凡黯反。爾雅：範，法也，常也。考聲：模也，則也。説文：軷也盤末反。從車從笵省聲也。或作范，亦通。前經音義第四十六卷已釋也。

大般若波羅蜜多經　第四百一卷

鷲峰山　齊袖反。前聖教序已具釋也。

重擔　上直勇反，又音除用反。二音並通。下眈濫反。廣雅：擔，負也。考聲：以木荷物曰擔。説文：手舉物也。從才詹聲也。經有從木作檐，檐音閻，舍檐字也。

逮得　臺耐反。爾雅：逮，與也。韻英：及也。考聲作逮，亦得及前也。典説音義云：唐逮也。説文正作逮。逮，及也。文字集略音爲徒耐反。皆相及皃也。經有作逮（逯）〔六八〕，非也。逯音緑。下登勒反。考聲：得，獲也。亦作㝵。㝵，取也。説文云：行有所得。從彳㝵聲也。古文作𧴤、㝵、㝵三體，同。音得。今俗用皆從㝵作得，訛謬。

翹勤　上祇遥反。爾雅：翹，危也。考聲：舉也。説文：尾長毛也。從羽堯聲也。下近銀反。毛萇詩傳云：勤，勞也。考聲：不倦。説文：勞也。從力堇聲也。［堇］〔六九〕音謹。前聖教序已釋也。

稱機　上昌證反。鄭注禮記：稱，等也。韻英：稱，程也。賈逵注國語：程，限也。郭璞注爾雅：人意好也。文字集略云：稱者，知輕重也。説文：稱，詮也。從禾爯聲也。爯，昌蒸反。下居依反。易曰：樞機一發，榮辱之主。孔氏注尚書云：機，弩牙也。莊子「鑿木爲機，有機械者必有機心」是也。説文：主發謂之機，從木幾聲也。

捨軛　於革反。經作軶，俗字也。前經第一已釋也。

堪紹　怡悦等字　從捨軛已下及如來諸相好字等直至願頷頰頷，已見前經。三十餘字經初第一卷已具訓釋，恐繁不述也。

身分　下扶問反。玉篇：分，限界也。説文：分，别也。從八從刀，會意字也。

熙怡　上虚飢反，下以之反。前第一卷已釋也。

極爆　下補挍反。廣雅：熱也。爾雅：落也。考聲：燒柴火烈作聲也。韻英：火烢曰爆。烢音樀（摘）〔七〇〕稼反。説文：爆，灼也。從火暴聲。今又説暴音蒲冒反。前經第一卷已釋也。

細耎〔七一〕　上西祭反。孔注尚書：細小也。説文：微也。從糸囟聲也。糸音覓，囟音信。下而兖反。群書字要云：耎，柔弱也。從而從火作耎。經從車作軟，非也。前經第一卷中已具釋也。

盲者　莫庚反。鄭衆曰：無目曰瞍。瞽瞍亦盲也。瞍音蘇走［反］〔七二〕。瞍，説文云：目無眸子曰盲。從目亡聲也。又釋亡字，亾猶逃也。從人從乙音隱，隱由匿也，人隱曰亾。經作亡，非也。前經第一卷中已具釋。

聾者　禄東反。左傳：耳不聽五音之和謂之聾。杜預曰：聾，暗也。或作聾。蒼頡篇：耳不聞也。説文：無聞曰聾。從耳龍也。前經第一卷中已具釋。

能聽　上乃登反。廣雅：能，任也。鄭注周禮云：多才藝也。說文：能，獸也，熊屬也。左傳云黄能能音乃來反，即其獸也。獸之堅中多力，故人有材藝者稱賢能。說文：從肉從二匕台聲也。下體勁反。尚書：五事，四曰聽。孔氏云：察是非也。周禮：以五聲聽獄訟求民情也。即形色氣耳目，是爲五聽也。說文：聽，聆也。從悳音德從耳從壬，壬亦聲也。經作聽〔七三〕，俗字也。

瘂者　鵶賈反。考聲云：口不能言也。案瘂人雖有聲而無詞也。說文闕。古今正字云：瘂，瘖也。從疒疒音女戹反亞聲也。經從口作啞，非也。啞音戹。周易：笑言啞啞。非經義也。前經第一卷已具釋。

醒悟　星净反。國語曰「醉而怒，醒而喜」是也。賈逵曰：醉除爲醒。從酉星聲也。

好净　蒿報反。

欻爾　揮律反。蒼頡篇：欻，猝起也。薛琮曰：忽也。說文：有所吹起也。前經第一已具釋也。

擾惱　上而沼反。考聲：擾，攪也。孔氏注尚書：亂也。說文：煩也。從手從夒。夒，奴高反。經從憂作擾，非也。前經第二卷中已具釋也。

大般若波羅蜜多經　第四百二卷

膖脹　膿爛　青瘀　啄噉　骸骨　已上十字已見前經第三卷，音義第一卷中具釋，恐繁不再述也。

厭食　伊焰反。顧野王曰：厭，飽足也。說文：猒，飽也。禮記曰：獨樂其志不猒其道也。說文：從甘從肉從犬，會意字也。厂音罕。前經第三卷中已釋。

牀榻　上柴莊反。廣雅：棲息自安之具也。說文：身所安也。從木從爿音牆也。有作床，俗字也。下土答反。榻亦牀也。釋名：牀狹而長曰榻。前經第一卷中已具釋訖也。

欲紹　時遶反。爾雅：紹，繼也。謚法疏云：遠繼先位曰紹。前經第一卷中已具釋訖也。

摽擊　上匹遥反。毛詩傳曰：摽，落也。集訓云：摽，損也。或從攴作敽，弃也。攴，普卜反。說文：摽，擊也。從手票聲也。票，必消反。經作飃，非經義也。案郭璞云：旋風也。說文：迴風也。字書云：吹之也。

穅檜　上口郎反。郭璞：米皮也。聲類：從禾從米從康省聲也。下枯外反。蒼頡篇：檜，篇檜也〔七四〕。前經第三卷中已具訓釋也。

羂取　癸兖反。桂苑珠叢：以繩繞係取物謂之羂也。或作罥，同。前經第三卷中已具解釋其理。

懈怠　上革賣反，下徙(徒)〔七五〕奈反。廣雅：懈，嬾也。毛詩云「夙夜匪懈」是也。字書云：懈亦怠也。前經第三已釋懈字。

亟作　飢力反。

兇黨　許邕反。考聲：兇，惡也。說文：從人在凶下。當朗反。考聲：黨，類也。前經中第四卷兩字俱釋也。

魁膾　上苦灰反。孔氏曰：魁，師(帥)〔七六〕也。廣雅：主也。鄭注禮記：首也。王逸注楚辭：大也。下古外反。廣雅：膾，割也。案屠割牲肉之人名爲魁膾也。說文：從鬼斗聲也。前經第四卷已釋兩字也。

大般若波羅蜜多經　第四百三卷　别無字可音訓。

痊除　上七全反。考聲：病差曰痊。郭象注莊子云：病除謂之痊。

大般若波羅蜜多經　第四百四卷

無缺　犬悦反。蒼頡篇：缺，虧也。説文：器破也。從缶從决省聲者也。

周覽　來敢反。考聲：歷視周遍觀覽也。

盲冥　莫并反。考聲：幽暗也。説文：冥字從日從冖從六。一音覓。凡日數十月十六日〔七七〕月初虧，漸幽暗，故從月從六。郭景純曰：冥，昧也。經多從具從宀作寘，非也。前經卷第八已具釋寘字。

掉舉　上亭吊反。韻英：掉，動也。廣雅：振也。考聲：動也。或作杓。下薑語反。説文：從手與聲也。前經第八卷具釋。

山崖　牙皆反。説文「高山有崖」是也。前第九卷已釋也。

如燎　力吊反。禮記：庭燭曰燎也。

抆摩　舞粉反。廣雅：抆，拭也。楚辭曰「孤子吟而抆淚」是也。古今正字：抆字從手文聲也。或作揗，見考聲。

釁心　香靳反。左傳曰：觀釁而動。杜注云：釁，罪也。考聲：瑕隙也。或作衅，古字也。經作疊，俗字也。前經第九已釋也。

大般若波羅蜜多經　第四百五卷

心頃　窺穎反。考聲：頃者，少選間也。

不齅　許救反。説文：以鼻取氣曰齅。前經第九卷已釋。

大般若波羅蜜多經　第四百六卷

假名　耕雅反。字書云：不真也。考聲：僞也。

頭頸　經郢反。韻詮：頭莖也。蒼頡篇：前曰頸，後曰項。前經音義第二卷、第十一卷已具釋也。

大般若波羅蜜多經　第四百七卷　文無可訓。

大般若波羅蜜多經　第四百八卷

軛取　烏革反。字書：軛，礙也。軛，縛也。

寶篋　輕頰反。文字集略：箱類也。古今正字：篋，笥也。韻英：箱，篋也。本作匧，今加竹。周禮：盛物之摵（械）〔七八〕也。音咸。前經音義第三卷、第一百二十八已具釋篋字。

若減　耕斬反。韓詩：減，少也。杜注左傳：耗也。又音行監反，亦通用也。

詰言　企吉反。鄭注禮記：詰爲問其罪也。廣雅：責也，讓也。

大般若波羅蜜多經　第四百九卷

徵詰　上陟陵反，下企吉反。

行相　上下孟反，下息亮反。

健行　上渠建反。周易：剛健也。説文：健，伉〔七九〕也。從人建聲，伉音苦浪反。王弼曰：自强不息也。前經第四十一卷中已釋。

不眴　玄絹反。王逸注楚辭：眴，視也。考聲：目動也。説文：目搖也。從目旬聲也。經作旬，誤也。玉篇云：如今人動目密相成(戒)〔八〇〕語曰眴。本作旬(旬)〔八一〕。衛宏作訇、眴，並通。前經音義第二經第四十一卷已釋。

瑕隟　上胡加反。鄭注禮記：瑕，玉之病也。廣雅：瑕，裂也。玉篇：瑕，穢也。下鄉逆反。説文：壁際孔也。隟(隙)〔八二〕從阜，又從白上下小。阜音負。經從巢作者，非也。前經第四十卷中已釋也。

翳暗　翳計反。方言：翳，薆也。韻英：蔽也。廣雅：障也。説文：華蓋。

巢穴　上柴肴反。毛詩：惟鵲有巢。説文：鳥在木上也。鄭注禮記：巢，高也。象形字也。經從果作巢，誤也。下玄血反。説文：土室。易曰「上古穴居而野處」是也。前經音義第二經卷第四十一具釋也。

幖幟　上必遥反。玉篇：標，舉也。畫牌也，表識也。韻詮：立爲記也，處所也。考聲：頭上幟也。説文：木末也。從木票聲也。票，必消反。或從巾作幖，亦同。下齒至反。毛詩傳云：幟，盛也。正作幟，旌旗上表飾也。博雅云：幡也。説文：從巾戠聲也。

一切經音義　卷第四

校勘記

〔一〕失　頻作「朱」。
〔二〕從　各本無，據文意補。
〔三〕悬　獅作「悬」。
〔四〕從　據文意似當作「作」。
〔五〕大般若蜜波羅多經　獅無。
〔六〕傻　各本無，據文意補。
〔七〕麦也　今傳本説文：「麦，越也。」
〔八〕醎　獅作「鹹」。
〔九〕髓　衍。
〔一〇〕止　阮元校刻十三經注疏作「攻」。
〔一一〕無　獅作「无」。
〔一二〕省　衍。
〔一三〕㩼　據文意似作「㪅」。
〔一四〕周　當作「啁」。説文：「啁，嘐也。从口周聲。」段注：「啁，調也。謂相戲調也。今人啁作嘲。」
〔一五〕疾也　今傳本説文：「忌難也。」
〔一六〕土　據文意似當作「人」。
〔一七〕四　阮元校刻十三經注疏引鄭玄作「馬」。
〔一八〕桀　隸書變體作乗，楷化作「乘」。今傳本説文：「桀，覆也。从入桀。桀，黠也。軍法入桀曰桀。」
〔一九〕作　各本無，據文意補。
〔二〇〕鐵　據文意當作「戴」。
〔二一〕辯　頻作「辨」。
〔二二〕青　獅作「青」。
〔二三〕撲　據文意當作「樸」。
〔二四〕敝　據文意當作「蔽」。
〔二五〕養　頻作「痒」。
〔二六〕疚　頻作「疚」，據文意當作「疚」。
〔二七〕語　各本無，據文意補。
〔二八〕歹　據文意似作「互」。
〔二九〕尋　當作「㝷」。説文：「㝷，繹理也。从口工，从又寸。工口，亂也。又寸，分理之也。彡聲。」
〔三〇〕瓶　獅作「瓶」。龍龕手鏡羽部：「瓶，古。翅，正。」
〔三一〕悲　據文意當作「非」。

〔三二〕倦　據文意當作「惓」。

〔三三〕劵　據文意當作「勸」。

〔三四〕免　據文意當作「勉」。

〔三五〕敝　當作「蔽」。説文：「垣，牆也。」段注：「渾言之，牆下曰垣蔽也。析言之，垣蔽者，牆又爲垣之蔽也。」

〔三六〕牆　據文意似作「墻」。

〔三七〕漸　據文意當作「塹」。

〔三八〕瑩　據文意當作「鎣」。

〔三九〕綴也　今傳本王逸注爲「綴，係也」。

〔四〇〕擴　獅作「横」。下同。

〔四一〕暎　據文意當作「映」。

〔四二〕瘴　頻作「障」。

〔四三〕包　頻作「苞」。

〔四四〕珠　據文意當作「殊」。

〔四五〕九九　獅爲「几几」。

〔四六〕鴈　據文意似作「雁」。

〔四七〕今呼爲此鳥鶬鴰　據文意當爲「今呼此鳥爲鶬鴰」。

〔四八〕六　阮元校刻十三經注疏作「穴」。

〔四九〕瑒　據文意似作「頸」。

〔五〇〕鴿　大正作「鴿」。今傳本廣雅作「頜」。

〔五一〕仁　各本無，據文意補。　月　獅、今傳本廣雅作「曰」。

〔五二〕膝　獅作「膝」。　勇　頻作「湧」。

〔五三〕綺　衍。

〔五四〕悵，悵望也　今傳本説文：「悵，望恨也。」

〔五五〕省　衍。

〔五六〕䶵　據文意似當作「迦」。

〔五七〕小雅　似當爲小爾雅。

〔五八〕刅　大正作「刱」。

〔五九〕苒　據文意似作「荐」。

〔六〇〕大般若蜜波羅多經　獅無。

〔六一〕柲　據文意似作「祕」。下同。　世　各本無，據文意補。

〔六二〕反　各本無，據文意補。

〔六三〕撓　據文意當作「幰」。

〔六四〕祕　據文意當作「必」。

〔六五〕属　獅作「屬」。下同。

〔六六〕㥯卩　當爲「阜㥯」。今傳本説文：「隱，蔽也。从阜㥯聲。」

〔六七〕蔽　獅作「敝」。

〔六八〕逮　獅作「逯」。

〔六九〕堇　各本無，據文意補。

〔七〇〕樀　大正作「摘」。

〔七一〕耎　獅作「耎」。

〔七二〕反　各本無，補。

〔七三〕聽　據文意似作「聼」。

〔七四〕篇穭也　據前經第三卷似當爲「亦穭也」。

〔七五〕徙　大正作「從」，似爲「徒」之誤。

〔七六〕師　大正作「帥」。

〔七七〕凡日數十月十六日　據文意似爲「凡日數十六日」。

〔七八〕掝　據文意當作「棫」。

〔七九〕伉　今傳本説文作「伉」。

〔八〇〕成　今傳本玉篇作「戒」。

〔八一〕旬　頻作「旬」。

〔八二〕隟　據文意當作「隙」。

一切經音義　卷第五

翻經沙門慧琳撰

音大般若經從四百一十一卷盡四百六十卷凡五十一卷

大般若波羅蜜多經　第四百一十卷

忻樂　上許斤反。司馬法曰：善者善之，忻人之善。或作欣、訢(訢)〔一〕，三體並同。埤蒼：忻，察也。

大般若波羅蜜多經　第四百一十一卷

骸骨　上行皆反。公羊傳云：骸，骨也。身體骨總名。骸字前經第一卷已具釋訖。

功德鎧　下苦代反。説文云：鎧，甲也。從金從愷省聲也。愷音苦改反。

大般若波羅蜜多經　第四百一十二卷

拯濟　無反脚，取蒸字上聲。拯，救溺也。

大般若波羅蜜多經　第四百一十三卷

文易不訓。

大般若波羅蜜多經　第四百一十四卷

蠲除　上決緣反。考聲云：蠲，潔[也]〔二〕。方言云：南楚之人疾愈謂之蠲。郭璞曰：蠲，除也。

循身觀　上夕遵反。廣雅：循，從也。字書云：循，環也。考聲云：循，述也，善也，順也。經中有作徇身，誤也。下觀字去聲。

寤寐　上吾故反。考聲云：寐中有所見覺音教而信也。蒼頡篇亦云：寐覺而有言曰寤。説文從㝱省，從爿音牆吾聲也。下彌庇反。考聲云：寐，睡也，安也。顧野王：寐，眠熟也。説文云：臥也。從宀音綿從㝱省，未聲也。經中有從穴下作寤寐，或從小(忄)〔三〕音心作寤寐，或從丩音經由反作寤寐，並非正體字也。

剖爲　普口反。蒼頡篇云：剖，析也。析音昔。杜注左傳云：中分曰剖。説文：從刀音。音音土口反也。

纏(纏)〔四〕裹　上徹連反。考聲云：纏(纏)，繞也，束也。説文云：緾(纏)，約也。從糸壓聲。下光火反。考聲云：裹，包也。說文云：裹，緾(纏)也。從衣果聲，或作褁，俗字略也。

筋脉　上居銀反。周禮云：醫師以辛養筋。說文云：肉之力也。從肉從竹，竹者物之多筋者也。從力，力象筋也。有從草作莇，或從角作觔者，皆非也。禮記曰「老者不以筋力爲能」是也。下麻伯反。周禮：以鹹養脉。說文云：血理之分行於體中謂之脉。從血從𠂢普賣反作衇，或作衂，亦作脈，並正。今經文從月從永作脉者，皆非正體字也，蓋俗字耳。

心肝　心主南方，火赤色而有辦(瓣)[五]。白慢反。說文云：土藏也。主於舌。下古安反。桂苑珠叢云：肝主東方木，其形青色而有葉。說文云：金藏也。從肉干聲也。王叔和脉經云：肝主於目，故肝病而目不明也。

肺腎[六]　上芳吠反。金之精白色。說文云：火藏也。從肉市非未反聲。王叔和脉經云：肺主鼻，肺有瘡則鼻臭也。下辰忍反。水藏也，色黑陰，其形偶五苟反，故腎雙。說文云：從肉臤口千反省[七]聲也。王叔和脉經云：腎主耳，故腎虚則耳聾。以所主爲候。

脾膽　上音毗。土之精，色黃。說文云：木藏也。從肉卑聲。王氏脉經云：脾主脣也。下都敢反。白虎通云：膽者，肝之府也。肝主仁，是以仁者必有勇，故知肝之府也。脉決[八]云：膽之有病，精神不守。

脬胃　上普包反。說文云：脬，傍光水器也。考聲云：尿脬也。盛小便器也。王叔和脉經云：脬囊受五升三合，脬病則小便不通也。經文作胞，非也。胞者，孩子胎衣，非經意也。下韋畏反。韻英云：腸胃也。白虎通云：胃者，脾府也。說文云：穀府也。從肉胃，象形字也。

大腸　除良反。白虎通云：有大腸有小腸者，心之府也。大腸者，肺之府也。釋名云：腸者，腹內暢氣之府也。古今正字：腸從肉從昜聲。五藏六府各有所歸。

屎尿　上音始。字書云：糞，屎也。古今正字作屎。相傳作屎，俗字也。古作矢，正體從尾省，矢聲也。下泥吊反。說文正體從尾從水。又云人之小便也。考聲云：溺也。腹中水也。經文作尿，俗字省略也。通俗文云：出腸曰屎，出脬曰尿。

涕唾　上天麗反。說文云：鼻液也。液音亦。毛詩傳云：自鼻而出曰涕。或作洟、洟(漢)[九]、𪖐，四形皆同。下土課反。說文：口液也。從口從埵省聲也。或從水作涶，亦通。

涎涙　上似仙反。說文：亦口液也。下呂墜反。廣雅：涕、泣，涙也。說文云：涙，涕也。

痰膿　徒南反。字書云：痰，胸中病。經從水作淡，乃無味，復是去聲字也。下奴工反。說文云：癰疽潰血也。從肉農聲。經中作淡，非經義也。

肪冊　上音方，下桑安反。說文云：肪，肥也。韻英云：凝脂也。廣蒼云：脂冊肪也。字語[一〇]云：從肉從冊聲也。通俗文云「在腰曰肪，在胃曰冊」是也。

腦膜　上乃倒反。說文云：頭中髓也。古文作𡿺，或作匘，又作嫍、惱，謬也。說文：從肉𡿺聲。下忙博反。說文云：頭間膜也。字統云：皮內肉外爲之膜。從肉莫聲。

眵瞜　上尺支反。韻詮云：目汁凝也。經文作膸[一一]，撿一切字書並無此膸字，未詳所出，蓋是後人率意妄作耳。說文云：眵字從目從侈省聲。下寧頂反。韻英亦作顫。耵聹者，耳垢也。

憺怕　上徒濫反，下音魄。韻英云：憺怕，安静也。經文云憺怕路者，閑静處也。並從心。詹音占、自(白)[一二]皆聲也。

鵰鷲　上丁遥反，下音就。説文云：鵰，鶚也。音咢。廣雅：鷲，鵰也。山海經云：景山多鷲。埤蒼云：鷲似鵰，形小，食死屍肉也。怪鳥也。

鴟梟　上昌之反。鳶也音緣，鳥也。下擊姚反。鄭玄箋詩云：梟，惡鳥也。説文云：不孝鳥也。

虎豹　上呼古反。説文云：庴(虎)[一三]，山獸之君也。下補教反。豹，似虎而小，圓文斑黑也。

狐狼　上音胡。説文云：妖獸也。鬼所乘而有三德。下音郎。説文云：似犬，頭白。額色白者應祥瑞也。

或啄　丁角反。説文云：鳥食也。廣雅云：啄，嚙也。嚙，霓結反。

或爴　俱籰反。王(五)[一四]約反。字書云：攫，搏。音博也。文字音義云：鳥窮則啄，獸窮則攫俱籰反，爪持曰爴。又音居碧反，亦通。

摣掣　上側加反。廣雅：摣，取也。又云：摣，叉也。或作戲。下尺制反。韻英云：掣，曳也。

潰爛　上黄外反。説文云：潰，漏也。韻英云：散也。下勒旦反。方言云：火熟曰爛也。

蟲胆　上逐融反。爾雅云：有足曰蟲。今經文作虫，略也。下七余反。字書云：蠅以蒸反乳肉中蟲也。説文云：胆字從肉且聲也。

腐肉　扶甫反。考聲云：肉敗也。説文：從肉府聲。

骨瑣　蘇果反。廣雅云：瑣，連也。謂骨節相鈎連也。字林：瑣，聯也，環也。説文云：瑣，從王貟聲蘇果反。經中有從貟作鎖，或作瑣者，皆非也。

髖骨　音寬。埤蒼云：髖，尻苦高反也。説文士(云)[一五]：髖，髀上也。從骨寬聲也。

脇骨　上虚業反。或作脅，亦同。説文云：肚兩傍也。字從三力也。

髆骨　補各反。説文云：髆，肩甲也。從骨尃芳無反聲也。經中有從肉作膊，普各反者，非也。

頷骨　胡感反。方言云：頷，頤也。郭璞云：頷即頷(頜)[一六]，輔車骨也。

髑髏　上音獨，下音婁。説文云：髑髏，頂骨也。埤蒼云：頭骨也。字書云：腦蓋也。或作頸顱，或名頭顱，或名頟徒各反顱音盧，皆一義，亦由楚夏音殊輕重訛轉耳。

日暴　蒲冒(冒)[一七]反。韻英：曬也，晞也。説文：從日從出從大大音代從米，會意字也。經中從田從恭，非也。

大般若波羅蜜多經　第四百一十五卷

次下又音四十三梵字，前經第五十三卷雖已略云，不改經中字體，今改舊文，新翻取正經中本具在注中，智者審詳，後寫經者宜依新本經云。

入哀字　烏可反。

囉字　羅字上聲，兼彈舌呼即是也。經中書洛字，不相當，非也。

跛字　波可反。正相當。

左字　臧(臧)[一八]可反。經中書者字，邊方不正音旨也。

曩字　曩朗反。兼鼻聲呼。經中書娜字，不切當也。
砢字　勒可反。正是也。
娜字　那可反。經中書柁字，不切當，娜字爲正。
麽字　莫可反。經中書婆字，不切當，宜改之。
絮字　奴雅反。經書荼字，非也。
矯穢　此二非梵字。上居夭反。正作撟。鄭玄注周禮云：撟，詐也。字書：矯，要也。經文作矯，俗字也。下迃衛反。迃，於雨反。韻英云：穢，惡也。考聲云：芒(荒)[一九]蕪也。
沙字　取上聲呼，正是也。可書灑字亦得。
嚩字　無可反。後准此。
頞字　多可反。正著梵音。
野字　此野字正與梵音相當。
瑟縿字　二合。上所乙反，下摘賈反。二字合爲一聲呼，經中書瑟吒二合，舊用，亦通。
迦字　居佉反。上聲呼及諸字書並無此音字，以此番取即爲正也。
娑字　取上聲呼，正音桑可反。
麽字　莫可反。兼有鼻音，與前字稍別。
誐字　魚佉反。上聲呼及經中書加字甚重。
他字　取上聲呼，他可反。
惹字　慈砢、勒可反。經中書闍字，疏遠不著也。
嚹嚩二合字　上戶入反，下無可反。二字合爲一聲呼之。
馱字　徒賀反。經中書達字，疏也。
捨字　尸也反。正與梵字同。
佉字　取上聲呼即是也。

乞灑二合字　二字合作一聲。經中書羼字，聲轉耳。
薩頞二合字　下頞，多可反。二字合爲一聲呼。
吉孃二合字　二字合爲一聲。經中書若字，訛略不著也。
囉他二合字　二字合爲一聲。經中書若字，訛略不著也。
囉他二合字　上羅字。上聲兼轉舌，與他字合爲一聲，即是經文書辢，盧割反。辢他其聲大分同也。
賀字　胡箇反。經中書呵，太輕也。梵本無此字。
涾字　婆賀反。經中書薄字，甚不著也。
瑳字　蹉可反。即蹉字上聲。經中書綽，處藥反，不著也。
颭麽二合字　二字合爲一聲，兼有鼻音，經中書颭磨，傳寫誤也。
嗑嚩二合字　上音合，下無可反。二字合爲一聲。
頞娑二合字　上多可反，下娑可反。二字合爲一聲，經中書蹉字，聲不足也。
伽字　取去聲正相當。
侘字　取上聲，敕賈反。經中書摭，敕皆反，極乖，不切當也。
拏字　奴雅反。兼鼻音呼，與前絮字有異。經中書絮字，應取上聲。
頗字　普我反。正當本音。
塞迦二合字　下迦字，居佉取上聲反。二合爲一聲呼。
拽娑二合字　上延結反，下娑字取上聲，二字合爲一聲呼。
室者二合字　二字合作一聲。經中書酌字，失之甚矣。
縿字　竹賈反。經中書吒字，應取上聲。
搽字　取上聲，宅賈反。經中書擇字，疏不切當也。
如上諸字改書頗爲的當，惟覽者但審詳音注於四聲中，細取及看反脚呼之，即是本梵音也。後經第四百九十卷中又説四十三梵字與此不别。

不徇　旬俊反。考聲云：徇，求也。韻英云：以身從物曰徇。説文：從彳丑尺反從勻聿均反。經文從人從旬，非也。

阿練若　或云阿蘭若，或云阿蘭那，或但云蘭若，皆梵語訛轉耳。正梵語應云阿蘭轉舌上聲孃，此土義譯云寂静處，或云無諍地，所居不一，或住砂磧山林壙野，或塚間寒林棄死屍處，皆出聚落一俱盧舍之外，遠離諠譟牛畜鷄犬之聲，寂静安心修習禪定。

傲慢　上我告反。考聲云：憍倨也。杜預注左傳云：不敬也。又云不恭也。廣雅云：慢也，蕩也。或作敖。

愁慼　下青績反。正作慼[二〇]。論語云：小人長慼慼。鄭玄曰：慼慼，多憂懼也。何休注公羊云：慼，痛也。毛詩傳云：慼，憂也。説文云：慼從戉音越從心從尗省聲也。尗音寂。

矯誑　上居夭反。矯，詐也。正從夭作矯。經中從右作矯（矯）[二一]，俗字也。下俱況反。賈逵注國語云：誑猶惑也。杜預注左傳云：誑，欺也。聲類或作誆，古字也。

諠雜　虚袁反。聲類云：諠，譁也。諠，忘也。正作讙。經文中作喧，俗字也。

迫迮　上音伯，補格反。玉篇云：迫猶逼也。王逸注楚辭云：迫，附也。蒼頡篇云：迫，近。廣雅云：迫，陿也。迫，急也。或作敀，古字也，見聲類。下阻格反。聲類云：迮，迫。説文闕。或作窄，屋上板也。埤蒼：窄或作庴。庴，酒具。皆非此義。

纔一　在栽反。考聲云：纔，蹔也。或作栽。經中作纔（纔）[二二]，俗字也。説文作才字。

大般若波羅蜜多經　第四百一十六卷

杜多　梵語也。亦云頭陀，此云斗藪。修遠離行，有十二種，前音義第二卷經第五十三卷中已具釋。

鬚髮　上相瑜反。本作須，今俗從水作須（湏）[二三]，非也。鄭玄注周禮云：須者，頤下髭須也。説文云：面毛也。古今正字從髟作鬚，正體字也。下番韈反。字書云：髮，頂毛也。韻英云：髦音毛髮也。或作頞、𩬊，此皆古髮字也。説文云：髮，頭上毛也。從髟犮聲。

大般若波羅蜜多經　第四百一十七卷

無變無易　上音無，下音亦。下文有變有易，准此音也。

大般若波羅蜜多經　第四百一十八卷

碧緑　兵戟反。廣雅云：青白色也。説文云：石之美者也。故從玉從石白聲也。下力足反。説文云：帛青色。或作碌，石碌也。又作淥，古字也。

縹等　匹曉反。説文云：縹者，帛作青黄色也。唐韻亦云：縹，青黄色也。

大般若波羅蜜多經　第四百一十九卷已下至四百二十三卷計五卷　並無可音訓者。

大般若波羅蜜多經　第四百二十四卷

極爆　補教反。説文：爆，灼也。廣雅：爆，熱也。爾雅：爆，落也。考聲云：燒柴作聲，火烈也。韻英云：火烢也。[烢]〔二四〕，陟嫁反。韻詮云：火烈聲也。説文：從火暴聲也。

大般若波羅蜜多經　第四百二十五卷

如癰　擁恭反。莊子云：瘭疽疥癰。司馬彪曰：浮熱爲瘭，不通爲癰。説文：癰，腫也。從疒女厄反雍聲也。

竊作　千結反。鄭玄曰：竊猶盜也。考聲云：私取也，淺也，姿（盜）〔二五〕也。

大般若波羅蜜多經　第四百二十六卷

迦多衍那　梵語阿羅漢名也。舊名迦旃延是。

大般若波羅蜜多經　第四百二十七卷

掩泥　於撿反。或作揜。字書云：掩，藏也。説文云：掩，斂也。韻英云：掩，覆也。

顧命　光户反。毛詩云：顧瞻周道。鄭玄云：還視也。廣雅：顧，向也。又云：眷，顧也。蒼頡篇云：顧，旋也。案：旋身反顧也。尚書成王作「顧命」是也。亦作頋，俗字也。

兵戈　古和反。説文云：平頭戟也。韻英云：勾矛戟也。

僚佐　上力彫反。孔安國曰：僚，官也。爾雅亦同。左傳云：僕隸之臣也。又云：同官曰僚。或作寮。寮，寀也寀音采。下子箇反。周禮：以佐王均邦國。鄭玄曰：佐，助也。毛詩云「王子（于）〔二六〕出征，以佐天子」是也。

甘蔗　支夜反。後准此。

蘆葦　上音盧，下于鬼反。甘蔗、蘆葦、竹林、稻麻等皆以稠林衆多爲喻。

韋拒　上羽危反。經作違，俗字也。本作韋，後人加辵丑略反作違。上下相背，中間囗音韋聲也。下渠圄反，[圄]〔二七〕音語。説文云：拒，抗康浪反。廣雅：拒，捍何旦反。韻英：上拒格也。韻詮云：拒亦違也。

莫耆　梵語也。能除衆毒神藥名也。其藥功力，經中自説，如此國中嶺南陳家解毒白藥、黄藥、黑藥之類也。

毒蟲　逐融反。正體字也。經文作虫，俗字也，省略也。

螫噉　上舒亦反，又音訶各反〔二八〕。二音並通。

威肅　星育反。禮記云：肅，戒也。尚書孔安國注云：肅，敬也。韻英云：肅，恭也。考聲云：竦也。[竦]〔二九〕，息勇反。敬也。字書云：嚴整也。説文：從聿女輒反在𣶒上，戰戰兢兢也。𣶒音淵。

大般若波羅蜜多經　第四百二十八卷

蠱道　上音古，又音野。或云野道。前一百二卷中已具釋。

鬼魃　下眉秘反。前一百二卷已具釋説。

禰禱　上伊琰反，下當者（老）〔三〇〕反。前經一百二卷已釋。

香囊　上音香，正體字也。說文：從黍從甘。下諾當反。燒香器也。古今正字：有底袋也。從㲋省聲。

贍部洲　常焰反。梵語此大地之總名也。因金因樹而立此名。

窣堵波　梵語。上蘇骨反。下音覩。此云高顯，即浮圖塔等是也。

大般若波羅蜜多經　第四百二十九卷

漂溺　匹遥反。說文云：漂，浮也。廣雅云：漂，㵱也，篇蔑反。下泥的反。說文云：溺，沉也。或作休，古字也。

譴罰　上企見反。廣雅云：譴，責也。說文：譴，謫問也。蒼頡篇云：譴，呵。桂苑珠叢云：譴，怒也。下煩韈反。罰，責也。

屠膾　上唐胡反。說文云：屠，刳音枯也。刳，割也。考聲云：分割牲肉曰屠。下古外反。廣雅：膾，割也。字書云：切肉也。

補羯娑　上博母反，次居謁反，下桑何反。梵語。此譯爲邊地下類不信因果殺生劫盜愛樂邪見人也。

戍達羅　梵語也。或云首陀羅，或但云首陀，皆梵音訛略也。即是耕種田疇爲業，婆羅門四姓之中最居其下也。

貿易　經作貿(貿)〔三一〕，俗字也。摸候反。考聲云：易財曰貿。

伺求　上司恣反。鄭玄注周禮云：伺，察也。韻英云：伺，候也。謂察其得失也。

勃惡　蒲没反。禮記鄭玄注云：勃，逆也。說文云：勃，亂也。下阿各反。說文云：惡，過也。從心亞聲。經文多從西作恶者，俗字。

栗糵肶種　上鄰葉反，下婢夷反。舊名梨車毗童子，剎帝利王種之名也。眷屬豪族子弟衆也。

怯怖　上匡業反。或作㾀。說文云：多畏也。禮記云：勇者苦怯。玉篇云：怯，畏劣也。怯，去也。下普布反。或作悑(悑)〔三二〕。廣雅：怖，懼也。考聲云：怖，遽也。渠御反，懼也。正作遽。說文云：怖猶惶恐也。從心布聲也。

福祐　尤救反。周易云：自天祐之。孔子曰：祐，助也。考聲云：福，助也。或作佑，古作閐，並同。

大般若波羅蜜多經　第四百三十卷

芬馥　芳文反。鄭玄注毛詩云：芬，香也。方言云：芬，和也。郭璞云：香而和調曰芬。說文云：從屮分聲。下馮目反。韓詩云：馥，香氣皃也。

塗治　雉离反。治，理也。

幡鐸　唐洛反。似鐘而中有舌也。案大鈴曰鐸。

妓樂　渠綺反。或作技，工巧也。或作伎。伎，藝也。字書云：女樂也。從女作妓。經或從人，或從扌音手，皆非也。下五角反。

邊鄙　悲美反。史記云：鄙，陋也。杜預注左傳云：鄙，邊邑。謂邊邑郊野之外，去國都遼遠，名爲鄙陋。鄙人言不達詩、書、禮、樂，名爲鄙夫也。說文云：五酇爲鄙。從邑啚聲。酇音祖短反。

達絮　奴雅反。有〔三三〕經文有作絮，思預反。書寫人誤也，此即梵語也。亦是邊夷戎羯下賤惡種不知禮義，如禽獸之類也。

蔑戾車　上眠鼈反，次蓮結反，下齒遮反。此邊方梵語訛略不正也。正梵音應云畢嘌二合嗟，此譯爲貪樂垢穢之物，邊方下賤不信正法之人也。

或痰　徒含反。說文：從疒炎聲。疒音搦。

腫疱　上之勇反。鄭注周禮云：癰，長生瘡也。鄭注禮記云：腫，瘣音會。說文：腫，癰也於恭反。從肉、從疒，重、維聲。

目眩瞖　慧絹反。賈逵曰：眩，惑也。蒼頡云：視之不明了也。下嬰曳反。經文中作瞖，不成字也。

枯涸　康姑反。考聲云：木乾死也。或作殆，古字也。

箱篋　上息羊反。韻英云：箱者，或云書器也，衣箱也。考聲云：箱，篋也。輕頰反。說文云：篋，笥也。音四。字書云：篋，箱類也。

莖稈　上幸耕反。考聲：莖，本也。本草曰莖（三四）。集訓云：草木幹也。說文云：枝主也。從草巠聲也。下干懶反。左傳云：禾藁也。廣雅：稻莖曰稈。考聲云：禾黍莖也。說文亦禾莖也。從禾旱聲。或作秆，亦同。經文從榦作𠦝，雖通用，非本義也。

碎金　蘇對反。破也。考聲云：碎，散也，壞也。或作瓶，瓶由瓦瓶也，非此義。

大般若波羅蜜多經　第四百三十一卷　不音訓。

大般若波羅蜜多經　第四百三十二卷　不音訓。

大般若波羅蜜多經　第四百三十三卷

假藉　情夜反。下文准此。考聲云：藉，薦也。

大般若波羅蜜多經　第四百三十四卷

並無字音訓。

大般若波羅蜜多經　第四百三十五卷

猥雜　烏賄反，呼每反。廣雅云：猥，衆也。字書：猥亦雜也。猥，穢也。

黧黮　上力遲反。通俗文云：斑黑曰黧。考聲云：面顡青旬反黑也，老也，黑而黄也。開元文字音義云：力奚反。今不取。下他感反。楚辭云：彼日月之照明，尚黤黮而有瑕。王逸注云：謂不明净也。說文云：桑葚之黑色。考聲：類漆色也。

窮顇　牆醉反。第一百八十已釋訖。又云：顦浄遥反顇，瘦惡皃也。蒼頡篇云：顇，憂也。或作悴、瘁、醉三體，後二古字也。

頑嚚　上瓦關反，下語斤反。前一百八卷已釋訖。

輕誚　情笑反。考聲云：責讓笑也。蒼頡篇云：訶也。說文云：嬈也。或作譙，古文作䜈。

蝸蠃　上寡華反。爾雅：小蠃也。下盧和反。經中作螺，俗字也。

大般若波羅蜜多經　第四百三十六卷

無可音訓。

大般若波羅蜜多經　第四百三十七卷

擐鎧　上音患。桂苑珠叢云：以身貫穿甲謂之擐。下苦代反。

說文：鎧，甲也。文字集略云：以金革蔽身曰鎧。

劬勞　其驅反。毛詩傳云：劬勞，病也。

衰耄　上率追反。韻英云：衰，微也，耗也。下莫報反。韻英云：耄，老也。禮記云：八十、九十曰旄，音耄[三五]。鄭玄曰：耄，昏忘也。或作㲠、薹，皆古字也。

驅遣　去于反。說文：馬馳也。文字集略作駈，俗字也。又作毆，古字也。又有去聲。

大般若波羅蜜多經　第四百三十八卷

毀呰　下子爾反、子移反，又茲此反。三反皆通。或作訿、呰、呰、嚌四形，多是古字也。韻英云：呰，詈言也。鄭注禮記云：呰毀者，惡罵也。

覆蔽　芳務反，卑袂反。亦掩藏也。

慣習　開[三六]患反。考聲云：謂習也。左傳作貫，假借字也。說文作遺，通也。經中作串，古字亦通也。

牧人　蒙卜反。玉篇云：牧者，畜養之總名，非只唯在牧養牛馬者也。爾雅云「邑外爲郊，郊外爲牧」是也。

懷孕　胡乖反。孔注論語云：懷，安也。下餘證反。鄭玄云：妊子曰孕。說文曰：懷子也。廣雅曰：懷，傳也。傳音身。

大般若波羅蜜多經　第四百三十九卷

無字可音訓。

大般若波羅蜜多經　第四百四十卷

欠㰦　下音去。埤蒼云：欠㰦，張口也。經從口作呿。桂苑珠叢云：呿是卧聲也。韻詮云：呿，睡聲也。非此義，宜改從欠作㰦。案此二字皆是出氣，互用亦通。

躁擾　臧告反。考聲：躁，急性也，動也，疾走也。或作趮，亦通。下如沼反。說文：擾，煩也。孔云：擾，亂也。說文：擾字從手作㥠奴刀反，夒聲也。經文從忄音心作懮，非也。

欻然　輝筆[三七]反。薛綜曰：欻，忽也。蒼頡篇云：欻，猝起也。說文云：吹起也。

爲黠　遐軋反。方言：自關而東趙魏之間謂慧爲黠。考聲云：黠，利也，姦也。音奸。韻英云：姦，猾也。軋音烏八反。

揆模　上葵癸反。毛詩傳曰：揆，度也。度音徒各反。桂苑珠叢：商量測度於事曰揆。下莫胡反。字林云：模，法也。字從木莫聲。考聲云：摸（模）[三八]，形也，規模也。字書云：模，樣也。有從扌音手作摸。摸，取也。非此中義。或作爊（撫）、爊（撫）[三九]，皆古字也。

稊稗　上徒奚反。字林云：似稗。一名英。爾雅云同。考聲云：草名也。衛宏作𦬶，或作秩（稊）[四〇]、稺，古字也。下蒲賣反。杜預注左傳云：似穀而異者。說文云：禾之別種也。或作粺，細米也。

軌範　上俱葦反。韻英：車轍也。考聲云：車迹也。說文云：從車從宄音鬼省聲。下凡黯反。爾雅：範、法，常也。字書云：範，模也。說文云：從車從笵省聲也。

糞掃　分問反。韻英云：弃也。或作坌、坋、㙡，四形並同也。下蘇到反。韻英云：掃，除也。或作埽[四一]。案糞掃者，納衣之別名也。

慳悋　口閑反。韻詮云：慳，固也。桂苑珠叢云：愛財不捨曰慳。或作掔、𢮪，古字也。下隣信反。廣雅：悋，鄙也。韻英云：悋惜或作彭〔四二〕，古字也。

掉舉　上庭曜反。前經第八卷已釋。下居圄反。説文：從手與聲也。經文作舉，俗字也。

大般若波羅蜜多經　第四百四十一卷

慊恨　上刑兼反。韻英云：嫌疑也。王弼注周易云：心不平也。考聲云：心惡也。説文：從女從兼聲也。亦作慊，並同。

大般若波羅蜜多經　第四百四十二卷盡四百四十三卷　並無可音。

大般若波羅蜜多經　第四百四十四卷

浮囊　上附無反。孔注尚書云：泛流曰浮汎也。芳劒反。賈逵注國語云：浮，輕也。下奴郎反。説文：囊，橐也。音託。案盛氣皮袋也。憑浮囊而渡大水氣囊也。經取輕浮爲言喻也。

坏瓦　上普抔反。韻英云：瓦器未（未）〔四三〕燒曰坏。下吾寡反。燒土爲之以蓋屋，或爲瓶器。

爛壞　郎旦反。方言云：火熟曰爛。下胡怪反。壞，敗也。

衰秏〔四四〕　上霜歸反。韻英云：衰，微也。又衰亦秏也。下蒿奥反。蒼頡篇云：秏，消也。韻英云：秏，減也。

大般若波羅蜜多經　第四百四十五卷

將帥　上精漾反，羊匠反。考聲云：君也，帥也。下衰類反。字書云：統領。或作衛（衛）〔四五〕，音同。

大般若波羅蜜多經　第四百四十六卷

淳熟　垂倫反。韻英云：淳，沃也。考聲云：淳，清也。又淳，朴也。鄭注禮記曰：沃前調和曰淳。

何貌　茅豹反。韻英云：容儀也。或作皃字也。尚書洪範云：一曰貌。孔云：容儀也。或作貇，古字也。

大般若波羅蜜多經　第四百四十七卷

嗢鉢羅花　上烏骨反。梵語也。細葉青色蓮花也。古云漚鉢羅，或名優鉢羅，皆訛也。此花最香最大，人間絶無，雪山無熱惱池有。

鉢特摩花　亦梵語花名也。或云鉢頭摩，或名鉢弩摩，正云鉢納摩。即是紅色蓮花，一名黄蓮花。

拘某陀花　梵語赤蓮花名也。或云拘勿頭，正云拘牟那。即是深赤色蓮花也，人間亦少有，多出彼池。

奔荼利花　亦是梵語白蓮花名也。古云芬陀利，正云奔絮去聲，絮，奴雅反。嘿迦。此云白蓮花，人間絶無，亦出彼池。

大般若波羅蜜多經　第四百四十八卷

扇搋　敕加反。梵語也。此名黄門，其類有五，前音義第四卷已具釋。

盲聾瘖瘂等　並如前音第五卷中已釋。

無暇　行駕反。賈逵注國語云：暇，安也。韻英云：暇，閑也。孔安國云：暇，寬也。

踰於　庾朱反。廣雅：踰，遠也。又云：踰，渡也。説文云：踰，越也。從𧾷音足俞聲也。

大般若波羅蜜多經　第四百四十九卷

爲但　上葦危反，下文爲並同。下唐旦反。考聲云：但，語辭也。

厭背　上伊焰反。考聲云：飽足也。韻英云：厭，倦也。字書云：猒，苦也。説文云：從厂音罕從犬從甘從肉。或有作饜，亦通，古字也。

唐受　玉篇云：唐，徒也。字書云：唐，虚也。説文云：唐，大言也。

擐帶　上本音患。左傳云：擐，貫也。桂苑珠叢云：以身貫穿衣甲曰擐。考聲：亦云擐衣去聲甲也。下當蓋反。字書云：帶，繫也。案擐帶，莊嚴也。説文云：帶，紳也。男子服革，婦女服絲，象繫佩之形而有巾，故帶字從巾，今經文作戴非也。

甲冑　稠又反。考聲云：冑，鎧也。口代反。鎧，甲也。冑亦甲也。説文云：從冃莫保反作冑。經文從月非也。

缺減　上犬悦反。蒼頡篇云：缺，虧也。説文：器破也。從缶從決省聲也。下咸黯反、押咸反。字典曰：自耗欠下曰減。集訓云：減，耗也。從水咸聲也。

技藝　上渠綺反。説文云：技，巧也。顧野王曰：技猶藝也。經文從人作伎，非也。韻詮云：伎猶傷也，與也。全乖經意，改從才音手作技。

大般若波羅蜜多經　第四百五十卷

焦炷　上即姚反。鄭注禮記云：焦，臭也。廣雅云：焦，黑也。説文：從隹從火，經文中多作燋，音即藥反。案燋者，灼龜之木也，非經義。下炷音注。案炷者，燈焰下焦。炷字近代出，説文内無，亦是形聲字也。

大般若波羅蜜多經　第四百五十一卷

弊壞　上毗袂反。韻詮云：弊，惡也。杜注左傳云：弊，衰壞也。蒼頡篇云：弊，極也。考聲云：弊，劣也。古今正字：從廾廾音拱敝聲也。敝音婢世反。下胡怪反。韻詮云：自破曰壞。考聲云：崩，摧也，敗也。又作𣀔，古字也。

顧戀　光户反。鄭玄箋毛詩云：迴首曰顧。又云：顧，視也，念也。蒼頡篇云：顧，旋也。廣雅：顧，向也。或作頋，俗也。説文云：還視也。從頁，音頡。雇音故聲也。下力眷反。考聲云：戀，思也。史記云：戀，慕念也。從心䜌音攣聲也。經中亦有作變者，誤也。非經義也。

叓相　上古莖反。今通作更，俗用已久。下相羊反。

顦顇　上情遥反，下情燧反。韻英云：顦顇，瘦惡皃也。或作憔悴。考聲云：憂也，惕也。體亦反。班固漢書中作瘬瘁，病也。左傳作蕉萃，萎也。毛詩作譙。漢書武帝作嫶媎，皆大同小異，非正體也。

鄙穢　上悲美反。杜預注左傳云：鄙，邊邑也。史記謂邊鄙郊野之外名爲鄙陋，亦曰鄙夫。下於衛反。韻英云：穢，惡也。

字書云：不清絜(潔)〔四六〕也。形聲字也。

矛穳　上莫侯反。古今正字云：酋矛也。逮(建)〔四七〕於兵車，長二丈五尺也。象形字也。或作戟，古字也。或作鉾，亦通。下倉亂反。考聲云：遥投矛也。說文云：從矛贊聲也。

醜陋　上昌首反。毛詩傳云：醜，惡也。從鬼酉聲。下郎豆反。王逸注楚辭云：陋，小也。言其卑陋醜惡也。說文云：陃，陋也。從𨸏㔸勤豆反聲也。

統攝　上也(他)〔四八〕貢反，下商業反。

短促　青欲反。

大般若波羅蜜多經　第四百五十二卷

翱翔　上吾高反，下夕羊反。毛詩云：羔裘翱翔。箋云：翱翔，猶逍遥也。爾雅云：鳶烏醜，其飛曰翔。郭璞曰：布翅翱翔也。字統云：飛不動翅曰翔。說文云：翱翔，迴飛也。此二字皆從羽，皐音高字、羊字皆聲也，並右形左聲字。

拘礙　上音俱，下五蓋反。

引奪　徒活反。字書云：奪，失也。考聲云：毛詩一鳥失之曰奪。本作奪。石經作奪，或作敓(敚)〔四九〕、棁，皆古字也。有從六作奪者，非也，宜改之。

騰踴　上徒登反。莊子云：騰躍音藥而上。玉篇云：騰猶跳躍也。王逸注楚辭云：騰，馳也。廣雅：騰，奔也，上也，度也。說文云：騰，傳也。從舟從馬关音卷聲也。下羊種反。何休注公羊云：踴，上也。漢書云：「市物騰踴，米碩萬錢」是也。說文云：踴，跳也。從足勇聲也。或作踊，擗踊也。

傍生　蒲忙反。案傍生者，上從龍獸禽畜，下及水陸蚰音昆蟲逐融反，業淪惡趣，非人天之正道，皆曰傍生是也。

呰毀　上玆此反，吴音子爾反。鄭玄注禮記曰：口毀曰呰。說文云：呰，呵也。從口此聲也。經文有作訾，亦同。下暉鬼反。爾雅：毀，壞也。蒼頡篇云：毀，破也。顧野王曰：毀猶損也。內損曰毀，外損曰傷。說文云：毀，缺也。從土從毇省聲也。或從壬體郢反作毁，古字也。

大般若波羅蜜多經　第四百五十三卷

輕懱　眠鼈反。說文云：懱，輕傷也。宜從忄音心作懱。經中單作蔑，目勞無精光欲睡也，非經義也。傷音移智反。

咄哉　都骨反。蒼頡云：咄，叱也。字林字統並云：咄，叱也。說文：咄，相謂也。考聲及韻詮：咄，呵也，歎也。又音端捋反。今之呼僕隸聲也。捋音靈栝反。

稟性　彼錦反。孔注尚書云：稟，受也。說文：從禾㐭力錦反聲也。

塚間　上知勇反。俗字也，傳用已久，本單作冢。考聲云：墳墓也。說文云：高墳也。從勹(勹)〔五〇〕音包從豖丑録反，豖亦聲也。案塚間者，寒林處也。

糞掃衣　上分問反，下蘇到反。此卷音義前四百四十卷已釋。

名譽　余據反。韻英云：譽，美聲也。考聲云：稱美德也。說文：從言與聲也。

廉儉　上力監反。廣雅：廉，清也。王逸注楚辭云：不受曰廉。案廉猶清潔也。下其儼反。韻英云：儉，約也。廣雅：

儉，少也。案儉者，不奢之稱也。

爲嬈　茕僞反，下寧鳥反。字書云：互相戲弄也。或作嬲，古字[五一]也。

躭染　答南反。考聲云：躭，嗜也，玩也。説文：從身從躭省聲也。下而琰反。考聲云：染，污也，著也。説文：從水杂聲。

爲師爲導　葦危反。已上經文並同上。

洲渚　上章由反。水中可居曰洲。下章暑反。水涯曰渚。

大般若波羅蜜多經　第四百五十四卷

聰敏　上倉公反。韓詩云：聰，明也。考聲云：耳聽明審也。説文云：聰，察也。從耳悤聲。下眉殞反。考聲云：聰晤也。孔注尚書云：敏，明達於事也。杜注左傳云：敏，達也。又云：審也。聲類云：敏，敬也。説文云：敏，疾也。從攴並孚反從每母改反。每亦聲也。

大般若波羅蜜多經　第四百五十五卷

源底　愚袁反。廣雅：萬物之本曰源。玉篇云：放（物）[五二]之本也。禮記曰：達於禮樂之源。鄭注云：源，本也。説文作原（原）[五三]，形聲字也，從泉。或作厵，其義一也。

甲胄　持右反。前第四十九卷已釋訖。

捶打　章纍反。考聲云：捶，擊也。或作睡（棰）[五四]，古字也。或作箠，亦通。

挑眼　體遥反。考聲云：挑，抉縈悦反，淵字入聲。從扌音手兆聲也。有從木者，非也。

劓鼻　魚器反。孔氏曰：劓，割也。傷人者其刑劓。鄭注周禮曰：截其鼻也。説文云：劓，決鼻也。或作劓，亦通。

爓魔鬼界　上閻漸反。爓魔，梵語鬼趣名也。經文作剡魔，剡音楊染反，訛略不正也。梵音爓魔，義翻爲平等王。此司典生死罪福之業，主守地獄八熱、八寒及以眷屬諸小獄等，役使鬼卒於五趣之中追攝罪人，捶拷治罰，決斷善惡，更無休息。故三啓經云：將付琰魔王，隨業而受報，勝因生善道，惡業墮泥犂。即其事也。

大般若波羅蜜多經　第四百五十六卷

薩迦耶見　迦音薑佉反耶音以遮反，梵語也，此譯爲身見。迦耶，名身。薩曰移轉不實義也。此外道於身起不實之見，見不正，故名薩迦耶見也。

欲扣　音口。孔曰：扣，擊也。廣雅：扣，持也。考聲云：馬勒也，拘也。從扌。

析爲　星亦反。韻英云：析，分也。説文云：從扌音手從片。片，破木也。或從木從斤作析，亦通用也。

滴數　下（丁）[五五]歷反，下霜句反。説文云：水滴也。經文從帝作渧，音丁計反。渧，水流下也。非經義，書寫之人誤作之也。

不齅　休右反。韻英云：鼻取氣也。説文云：以鼻就殠曰齅也。殠，昌咒反。

大般若波羅蜜多經　第四百五十七卷

依怙　胡故反。考聲云：怙，恃也。

投趣　徒侯反。考聲云：投，擲也，赴也，合也。説文云：遥擊也。或作殳，古字也。

洲渚　水中可居曰洲。下之與反。水涯也。

殑伽　上漁景反，取疑（凝）〔五六〕字上聲。下魚迦反。梵語西國河名也。此河本出無熱惱池，以砂多細，故引爲喻。

抗對　上苦浪反。考聲云：抗，遮也。韻英云：抗，桿（捍）〔五七〕也，舉也。經文從人作伉。伉，儷也，匹偶也。非抗拒之抗也。

諒順　力仗反。毛詩傳曰：諒，信也。方言云：衆信曰諒。又曰：諒，知也。考聲云：以信自效曰諒。説文云：從言涼省聲也。

大般若波羅蜜多經　第四百五十八卷

能辦　白慢反。

阻壞　莊所反。考聲云：阻，難也，疑也。廣雅云：阻，險也。下壞怪反。韻詮云：自破曰壞。

殖多　時職反。孔注尚書云：殖，生也。杜注左傳云：殖，長也。蒼頡篇云：殖，息也，多也。考聲云：殖，種也。廣雅云：殖，種也。説文云：從歺音殘直聲也。

猒倦　伊焰也（反）〔五八〕。

勇勵　力滯反。杜注左傳云：相勸勵也。玉篇云：勵猶勉也。

須臾　梵語也。古譯訛略也。正梵音云謨護律多。俱舍論説「一日一夜有三十須臾，共分爲六十刻」是也。

俄爾　五哥反。少選間也。

瞬息　式閏反。説文云：開闔目數摇也。案瞬目者，一斂目也。息者，不息氣也。

重擔　當濫反。擔，負也。

煩寃〔五九〕　於袁反。或作怨，亦同。廣雅：寃，枉也。考聲云：寃，屈也，寃，苦也。經文作怨，非也。

荼毒　上杜胡反。毛詩云：寧爲荼毒之行惡。誰謂荼毒，其甘如薺。爾雅云：荼，苦菜也。古今正字云：從草余聲。

伺求　思恣反。韻英云：伺，候也。伺，察也。

大般若波羅蜜多經　第四百五十九卷

慳悋　上坑閑反，下隣信反。字義如前第四百四十卷中已釋。

劾辱　力矜反。宜從力作劾。經文從阝、阜作陵者，丘陵也。非劾辱字也。

遜謝　蘇頓反。韻英云：遜，恭也，遁也。考聲云：遜，順也，避也。或作遜（愻）〔六〇〕。

危脆　筌歲反。考聲云：脆，弱也，偄也，肉肥也。或從毳作膬，亦通也。毳，出税反。

沉溺　直林反，下泥歷反。

懈息　家隘反。懈，怠也。相傳音嫁者，非也。

塊等　苦悔反。字書音義云：土塊也。

打擲　住石反。説文云：投也。正體打擿。

分解　皆買反。讀爲賈者，非也。

劇苦　其逆反。蒼頡篇云：劇，篤也。考聲云：劇，甚也。古今正字云：凡病少愈而必加劇，謂甚於前也。

奮迅　分問反。考聲云：奮，進也，動也。鄭玄箋毛詩云：奮，振也，起也。司馬彪注莊子：奮，武皃也。案奮者，大鳥在田振羽欲飛也。

大般若波羅蜜多經　第四百六十卷

巳(已)[六一]事　音幾，後同。

易爲　上移智反，葦危反下。

鎧仗　口代反。説文：鎧，甲也。從金從愷枯改反省聲也。

惌敵　於袁反。經文作怨，非也，音於願反，書寫人誤也。正體合從宀音綿作惌，平聲。

皆鈍　徒嫩反。[嫩][六二]，奴巽反。韻英云：刃不利。

拔濟　彭黠反。考聲云：抽也。韻英：救也，出也。廣雅：輔也。韻詮：盡也。從才。從手犮聲也。

呵嘖　上呼阿反，下音責。

痛徹　馳刻反。考聲云：迹也。毛詩：徹，通也。説文云：徹，通也。或作撤，古作徹、徹(徹、徹)[六三]。

心髓　雖觜反。説文云：骨中脂也。

能辨　白慢反。

菴没羅果　梵語果名也。或云菴婆羅，此即菴羅果。

半娜娑果　亦梵語果名也。形如冬瓜，此國並無也。

溉灌　上基意反。韻英云：澆，灌也。玉篇：注也。説文：溉亦灌也。

不藉　情夜反。韻英云：以草藉地也。

牙莖　幸耕反。考聲云：草本曰莖。莖，榦也。

一切經音義　卷第五

校勘記

[一] 訴　據文意似當作「訢」。
[二] 也　麗無，據獅補。
[三] 小　據文意似當作「小」。
[四] 緾　獅作「纏」，下同。
[五] 辦　頻作「辦」。
[六] 腎　即「腎」。
[七] 省　衍。
[八] 脉决　據文意似當爲「脉訣」。
[九] 洟　獅作「洟」。
[一〇] 字語　似爲「字詁」。
[一一] 瞧　獅作「瞧」。下同。
[一二] 自　獅作「白」。
[一三] 底　據文意當作「虎」。今傳本説文：「虎，山獸之君。」
[一四] 王　獅作「五」。
[一五] 士　據文意似當作「云」。
[一六] 頜　疑爲「頷」之誤。今傳本方言：「頷、頤，頜也。」郭璞注：「謂頷車也。」
[一七] 胃　據文意似當作「冒」。
[一八] 慼　獅作「慼」。
[一九] 芒　頻作「荒」。
[二〇] 慼　據文意似當作「慽」。
[二一] 矯　獅作「矯」。
[二二] 纔　據文意似當作「纔」。
[二三] 須　據文意似當作「須」。
[二四] 炨　各本無，據文意補。
[二五] 姿　頻作「盜」。
[二六] 子　今傳本詩作「于」。
[二七] 圄　各本無，據文意補。
[二八] 訶各反　獅頻爲「訓各反」。
[二九] 涑　各本無，據文意補。
[三〇] 者　據文意似當作「老」。

〔三一〕貿　疑爲「貿」之誤。

〔三二〕浦　大正作「悑」。

〔三三〕有　衍。

〔三四〕本草　似當爲「草本」。　莖　獅作「莖幹」。

〔三五〕八十、九十曰旄，音耄　據文意當爲「八十、九十曰耄，音旄」。

〔三六〕開　據文意似作「闢」。

〔三七〕筆　據文意似作「聿」。

〔三八〕摸　獅作「模」。

〔三九〕𤍠、𤍠　據文意似爲「撫、𢫦」。

〔四〇〕秩　據文意似作「秩」。集韻：「稊，艸名。說文：稊，芙也。郭璞曰：稊似稗，布地生。或作稊、秩。」

〔四一〕掃　據文意似作「埽」。

〔四二〕彭　大正作「彡」。

〔四三〕来　獅作「未」。

〔四四〕秏　即「耗」字。下同。

〔四五〕衛　獅作「衛」。

〔四六〕絜　即「潔」。

〔四七〕逮　據文意似作「建」。

〔四八〕也　大正作「他」。

〔四九〕欲　據文意似作「敓」。

〔五〇〕勺　疑爲「勹」之誤。

〔五一〕從「第四百五十三卷」至「古字」　獅大正無。

〔五二〕放　大正作「物」。

〔五三〕原　獅作「原」。

〔五四〕睡　據文意似作「棰」。

〔五五〕下　獅作「丁」。

〔五六〕疑　據文意似作「凝」。

〔五七〕桿　大正作「捍」。

〔五八〕也　據文意似作「反」。

〔五九〕宛　即「冤」。

〔六〇〕遜　據文意似作「遜」。

〔六一〕巳　據文意似當作「己」。

〔六二〕嫩　各本無，據文意補。

〔六三〕徹、徹　疑爲「徹、徹」之誤。

一切經音義　卷第六

翻經沙門慧琳撰

音大般若經從四百六十一盡五百一十九凡七十卷

大般若波羅蜜多經　第四百六十一

凋落　上丁遥反。杜注左傳云：凋，傷也。賈注國語云：弊也。說文：半傷也。從冫從周聲也。冫音氷。經文作彫，錯用也。下郎各反。說文云：草木凋衰也。從艹 艹音草 洛聲也。經從兩點作落，草書訛略也。

虚僞　上虚字。說文：從虍虍音呼從丘。經從雨作虚，不成字。下危位反。廣雅：僞，欺也。鄭注禮記云：假也。說文：詐也。從人爲聲也。

誣罔　上武扶反。杜注左傳：誣，欺也。鄭注禮記：妄也。謚法曰：於事不信曰誣。考聲：枉也。說文：加也。從言巫聲也。下無昉反。象形字，俗作冈〔一〕。

不憚　唐爛反。鄭箋毛詩云：畏難也。韓詩：惡也。廣雅：驚也。古文作𢘍，義訓同。說文：憚，忘疾也〔二〕。從心單聲也。

鼻齅　休救反。韻英：鼻取氣也。說文：以鼻就臭曰齅。從鼻臭聲。古人只用臭作齅。

大般若波羅蜜多經　第四百六十二卷

第四百六十三卷　第四百六十四卷

第四百六十五卷　已上四卷文重不訓。

大般若波羅蜜多經　第四百六十六卷

四雙　朔牕反。顧野王曰：雙猶兩也。方言云：二飛鳥也。說文：二枚也。從二隹隹，鳥也。從又。又，手也。手持二鳥曰雙。經從夊作雙，非也。

八隻　征懌反。義解如雙字，手持二（一）〔三〕鳥曰隻。經從夊作隻，非也。

行漸次行　上行字幸耕反，下行字行孟反。次字，說文云：不前不精。從欠二聲也。次字從二也。

大般若波羅蜜多經　第四百六十七卷

第四百六十八卷　已上兩卷並無可音訓。

大般若波羅蜜多經　第四百六十九卷

此卷中經文多與前第三百八十一卷中文同，從奩底、所蹈、坦然、輞轂、覩羅緜等乃至盡四百七十卷逶迤已來，並如前釋，經文重，故不訓也。

交絡　郎各反。郭注山海經：絡，繞也。方言：韓魏之間謂繞爲絡。爾雅：絡，綸也。郭璞云：綸，繩也。或作絡，古字也。

綺畫　下獲罵反。説文云：畫，界也。象田四界聿所以畫之也。楚謂之聿，吴謂之律，燕趙謂之弗，秦謂之筆。從畫一聲，畫音躡也。

纖長　上相閻反。前已釋。下丈良反。説文：久遠也。從兀兀，高遠意也。從上（匕）[四]久則化變也，從倒亡字。已上並説篆文長字，會意字也。

與趺　上餘渚反。説文：從舁与聲也。或作与，古字也。下府無反。古今正字云：足上也。説文：正體從付作跗。經從夫作趺，俗字通用。或有從不作趺，非也。

眼睫　精葉反。説文：正體作䀹，目旁毛也。從目夾聲也。夾音甲。案眼睫，眼瞼毛也。釋名作毽，俗字也。解云：睫，插也，接也。插於目匡而䀹（相）[五]接也。通俗文：從妾作睫。解云：目毛曰睫。史記云：目見毫毛而不見䀹。插音楚洽反。

大般若波羅蜜多經　第四百七十卷

惇肅　下嵩育反。孔注尚書云：肅，敬也，嚴也。爾雅：肅肅，恭也。謚法曰：强德剋義曰肅，執心決斷曰肅。説文：持事謹敬也。從聿在𣶒上，戰戰兢兢，肅然懼而嚴敬也。會意字。聿音尼輒反，開（𣶒）[六]音恚緣反也。

那羅延　梵語欲界中天名也，一名毗紐天。欲求多力者，承事供養，若精誠祈禱，多獲神力也。

大般若波羅蜜多經　第四百七十二卷

四衢　具隅反。爾雅云：四達謂之衢。郭注云：交道四出也。説文：從行瞿聲。

變易　上兵眷反。白虎通云：變，改常也，化也。説文：從攴從䜌聲也。下盈益反。説文：象形字，如蜥易。一説云：上日下月共爲易，總九畫，陽之數也。會意字也。

將無　即羊反。毛詩傳：將，且也，助也。儀禮：語辭也。廣雅：欲也。説文：從肉從寸，寸，法度也。爿聲也爿音牆，非是牛。

數法界　上音怪。字從攵作數也。

大族　叢斛反。禮記：五家爲比。比，隣也。五比爲閭。閭，里也。四閭爲族，使之相助葬也。爾雅曰：父之從祖，昆弟爲族。鄭注云：族，聚也。集訓云：親也。本同姓也。説文：矢鋒也。本音子録反。假借字從㫃從矢。㫃音焉褰反。

駞驢　上唐那反。俗字也。正體作駝。玉篇云：背有肉鞍能負重，善行致遠，北方多饒此畜。郭注山海經云：日行三百里，負重千斤，能知水泉所在。古今正字：橐、駝二字並從馬，形聲字也。橐音託，它音陀。下驢音吕猪反。儀禮云：君射於郊用驢中射[七]。説文云：似馬而小，長耳牛尾。從馬盧聲也。

大般若波羅蜜多經　第四百七十三卷

第四百七十四卷　第四百七十五卷

第四百七十六卷　已上四卷無可音訓。

大般若波羅蜜多經　第四百七十七卷

達絮　奴雅反。梵語也，此無正翻。下賤屠釣除糞之人也。

無翅　施至反。考聲云：鳥翼也。説文：從羽支聲。或作翄、翍、䶑，並古字也。

大般若波羅蜜多經　第四百七十八卷

採菽氏　古譯梵語云大目乾連，訛略不正。正梵語云摩訶没特伽羅。唐云大採菽氏，俗云菉豆子，古仙人號也。目乾連是此仙種，亦名俱利迦，或名拘隸多，或云俱律陀，皆一人之號。

大般若波羅蜜多經　第四百七十九卷

殉命　巡俊反。左傳：晉文公〔八〕卒，厚葬，始用殉。杜預云：以人送死，生埋曰殉。古今正字云：亡身從物曰殉。説文：從歺旬聲。歺音五割反。下明柄反。考聲：凡有九訓所稟以生也，告也。説文：使也，道也，覩也，信也，避也，告也。説文：使也。從口令聲也。

撟誑　薑夭反。賈注國語云：非先王之法曰撟。集訓云：撟，詐也。説文：橋（撟），擅（擅）〔九〕也。考聲云：妄也。顧野王云：假稱謂之橋（撟）〔一〇〕。從手喬聲。經文從矢作矯，俗用，非本字也。

肅穆　上肅字，此卷前四百七十中已釋。下莫卜反。爾雅：穆，敬也。毛詩傳：美也。謚法曰：布德執義曰穆；中情見皃曰穆。説文：穆，和也。從禾㣎聲也。㣎音同上。㣎字，説文從白小，從彡。彡音衫也。

園林　説文：從草作薗，或從兩點作薗（蘭）〔一一〕，並俗字，非正也。説文：從囗袁聲。外形内聲字也。囗音韋也。

互无　上胡固反。説文：互，交也。經作乎，訛變俗也。下音無。古文奇字中無字也。古譯經多用此无字也。

烔然　動東反。埤蒼云：烔烔，熱皃也。韓詩：旱熱也。音動者非也。

摽擊　匹漂反。毛詩傳：摽，落也。説文：擊也。從手票聲音必遥反。或從支（攴）〔一二〕作𢾕字，訓用並同上。𢾕亦卉也。經文有從風作飄，錯用。飄，迴風也，旋風也，非經義。下經亦反。顧野王云：擊，捶打也。説文：攴也。從手毄聲。毄音同上。攴音普卜反。

諷誦　上風鳳反，下徐用反。鄭注周禮云：倍文曰諷，以聲節之曰誦。毛詩序：上以風化下，下以諷刺上。説文中二字互相訓，諷即誦也，誦亦諷也，並左形右聲。經文從公作頌，雖通俗用，然非本字，本音容，今故不取。

幽冥　幼摎反。鄭注禮記云：幽，暗也。説文：隱也。從山丝聲，丝音同上。冥字前已釋。摎音經由反。

大般若波羅蜜多經　第四百八十卷

兇黨　上勗恭反。爾雅：兇，咎也。前文第五十及第三百二十三卷中並已具釋。説文：從人在凶下，會意字。

魁膾　上苦瓌反，下瓌外反。前第一百五卷中已釋。

不相違　准經義合是違字也。經文從夌作逡，不成字，不堪用。

纔出　藏來反。考聲：纔，蹔也。顧野王云：纔猶僅也。鄭注禮記音爲裁字。漢書及東觀漢記諸史書及賈逵注國語並爲財字。説文音讒。今不取。從糸糸音覓，從㲋㲋音丑略反，㲋即狡兔。從兔兔音他固反。經從二兔者，非也。

擁衛　上邕拱反。蒼頡篇云：擁，持也。考聲：護也。字書：遮也。説文作擁。擁，抱也。從手雝聲。今俗作擁。下縈喙反。王弼注易：衛，護也。説文：宿衛也。從行行，列也。從韋從帀，守禦也。今隸書略云（去）[一三]帀作衛也。

痊除　七全反。莊子曰：予病少痊。司馬彪云：痊亦除也。集訓云：病瘳也。考聲：病差也。説文：從疒音女厄反全聲。

大般若波羅蜜多經　第四百八十一卷

數數　並霜捉反。

來嬈　寧鳥反。説文：擾，弄也。從女堯聲。

大般若波羅蜜多經　第四百八十二卷

山崖　牙皆反。桂苑珠叢云：山邊高險也。考聲云：山澗險岸也。説文：高邊處也。從屵音五割反從佳省聲也。

劾虛　力徵反。玉篇：劾，侵侮也。或單作夌。説文：夌，越也。從力夌聲也。經文多從阜作陵，是丘陵也。或從水或從冫，皆非本字也。

如燎　遼銚反。周禮：墳燭庭燎。鄭玄曰：墳，大也，地燭也。樹於門外曰墳燭，在於門內曰庭燎，皆所以照衆爲明也。説文：放火也。從火尞聲，尞音遼。此上三字前經第九卷音義第一卷末已釋也。

抆摩　文粉反。

釁心　昕靳反。左傳：釁，罪也，瑕隙（隟）[一四]也。説文：象祭竈。從酉酉，酒也。從爨省，分聲也。經從且作亹，俗用不成字。

谷響　香兩反。孔注尚書云：若響之應聲。説文：聲也。從音鄉聲。鄉字從㿝（郒）[一五]音巷從皀。皀音鄉，古鄉（香）[一六]字也。

若屬　殊欲反。説文：屬，連也。從尾[一七]蜀聲。經文作属，不成字。古文作〓（〓）[一八]，〓亦屬字也。

大般若波羅蜜多經　第四百八十三卷　無音。

大般若波羅蜜多經　第四百八十四卷

幢相　濁江反。廣雅：幢謂之翿。翿音徒到反。方言：幢，翳也。郭璞注云：儛者所以自蔽翳身也。南楚謂翳曰翿，翿即幢也。説文：從巾童聲。巾音斤也。

大般若波羅蜜多經　第四百八十五卷

開闡　康姟反。文字典説：開，通也。廣雅：明也。説文：張也。從門幵聲。下昌演反。韓康伯注繫辭云：闡，明也。蒼頡篇：闡亦開也。說文云：從門單聲也。

製造　征例反。考聲：掣斷也。韻英：裁作衣裳也。蒼頡篇：正也。說文作㡿，裁衣也。從衣制聲也。

推究　上出隹反。考聲：窮詰也。說文：推究也。從手隹聲。亦假偕(借)[一九]字也。下鳩宥反。毛詩傳云：究，深也。說文：窮也。從穴九聲，或作宄、㝌、𡧡(𡧢)[二〇]、竆，並是古字。

尋伺　上祥淫反。考聲云：尋，度也，逐也。說文：繹也，理也。從又又，手也。從彐(口)[二一]從工從寸。寸，分理之也。度人之兩臂曰尋。古文作㝷，會意字也。下司恣反。考聲：察也。說文：候也。從人司聲。經作思，借音。

大般若波羅蜜多經　第四百八十六卷　無字可音。

大般若波羅蜜多經　第四百八十七卷

充溢　引一反。爾雅：溢，盈也。廣雅：盛也。賈注國語：餘也。說文：器滿也。從水溢聲也。

濟恤　下笋律反。尚書云：惟刑之恤。范甯集解：恤，憂也。鄭注周禮：賑恤憂貧也。說文作卹。卹，憂也。從血卩聲。經從恤，亦通用也。

大般若波羅蜜多經　第四百八十八卷　無字可音。

大般若波羅蜜多經　第四百八十九卷

此卷中從循身、筋脉已下乃至眵聹等，前經五十三卷中已具釋，四百一十四卷又重譯。

大般若波羅蜜多經　第四百九十卷

猝(猝)[二二]暴　村訥反。周書云：卒暴，急也。考聲云：倉忙也。或作踤，或單作卒。韻英云：忽也。說文云：犬從草中暴出逐人曰卒。從犬卒聲也。暴字前已釋也。

不徇　旬俊反。尚書云：徇于貨色。孔安國曰：徇，求也。鵩鳥賦云「貪夫徇財，烈士徇名」是也。廣雅：述也。韻英云：自衒名行曰徇。說文：正體作㣙。從彳勻聲。或作侚，亦通。彳音丑尺反。勻音聿均反。

迫迮　魄格反。顧野王曰：迫猶逼也。蒼頡篇：近也，急也。從辵白聲。下阻格反。字書：迮亦迫也。

大般若波羅蜜多經　第四百九十一卷

所稟　彼錦反。孔注尚書云：稟，受也。桂苑珠叢云：以米穀賜人曰稟。說文：從禾㐭聲也。㐭音力枕反。從示作禀，非也。

譏嫌　幾衣反。廣雅：譏，諫也，問也。鄭注禮記：呵察也。考聲：怨刺也。說文：嫌也。從言幾聲也。下形兼反。古今正字云：嫌，疑也。考聲：心惡也。說文：不平於心也。從女兼聲也。或從心作嫌(慊)[二三]。

鬀除　梯帝反。考聲云：鬀，削髮也。說文：鬄髮也。從髟弟聲也。大人曰髡，小兒曰鬀。經從刀作剃，俗字也。梯音體奚反。鬄音剔，髡音亢，髟音必遥也[二四]。

齊此　上齊細反。或從刀作劑。考聲云：分段也。韻詮云：分劑也。或作齋[二五]，或作脅，古字也。劑音同上。

大般若波羅蜜多經　第四百九十二卷　無可音訓。

大般若波羅蜜多經　第四百九十三卷

無易　盈益反。賈注國語云：變易也，異也。孔注尚書云：改也。字書：移也。廣雅：轉也。古文作𠣿[二六]，象形，如蜥蜴蟲形也。説文：賈秘書説日月爲易字[二七]。一云從勿省。此皆情斷，非正也。

遷動　淺錢反。毛詩傳曰：遷，去也。又從也。賈注國語：易也。鄭注禮記云：變改也。説文：登也。從辵䙴聲。古文從手作㨄[二八]。經作遷[二九]，俗字也。䙴音千。下動字。李斯書嶧山碑：從童作動。古文從彳作連。説文又從走作𧼼，並同。

緑縹　力斸反。説文云：帛青黄色也。古文作𦂢。從糸录聲。下漂縹反。説文云：帛作青白色也。緑、縹二色同，次於大青，二並左形右聲字。斸音冢緑反。

大般若波羅蜜多經　第四百九十四卷

第四百九十五卷　第四百九十六卷

第四百九十七卷　已上四卷無字可訓。

大般若波羅蜜多經　第四百九十八卷

十二京　景迎反。説文：從口作京。今俗從曰作京，非也。十二京者，數法名也。謹案劉洪九京筭經：從一至載，數法之名有十五等，京當第八，千萬億兆京。

敗壞　排賣反。説文：敗，毀也。從攴貝聲。今從文，攴之略也。古文作敗。下懷怪反。説文：自破曰壞。從土褱聲。褱音懷，從罘從衣。罘音大合反。

大般若波羅蜜多經　第四百九十九卷

衰朽　率歸反。考聲：衰，弱也。韻英：微也，秏也。説文：草雨衣也。象形字也。下休柳反。孔注尚書云：朽，腐。説文：從歺作㱙，與朽同。經文從木，俗用，亦通也。

滋潤　子思反，如順反。前文第七十八卷中已具釋。

氤氲　上音因，下威雲反。易曰：天地絪緼，萬物化淳。廣雅：絪絪緼緼，元氣也。案氤氲，祥瑞氣也，似雲非雲而輕盈如青煙。從气音氣，因、𥁕皆聲也。或從糸作絪緼。𥁕音溫從曰(囚)[三〇]從皿(皿)[三一]，會意字也。

芬馥　上芳文反。考聲云：芬芬，香氣皃也。説文：土草初生，香氣分布也。本從屮音丑列反，今或從草分聲也。經文有從气作氛音墳，祥氣也，非經義。有從香作馚，不成字，非也。下馮福反。韓詩云：芬馥者，香氣皃也。從香复聲也。

推徵　上音吹。考聲云：窮詰也。集訓云：審也，問也。説文：排也。從手隹聲。一説云：從隼也。下徵，陟陵反。廣雅：徵，召也。考聲：責也。集訓：求也。説文：從微省聲從壬。文字典説云：喻有德者在微賤之間，朝庭徵召之，故從壬從微。

大般若波羅蜜多經　第五百卷

窣覩波　孫骨反。梵語也。唐云高顯處，亦曰方墳，即安如來碎身舍利處也。古譯或云蘇偷婆，或云塔婆，皆梵語訛轉也。

掩泥　淹撿反。正作揜。考聲云：掩，藏也。韻英云：襲也。說文：覆也。從手奄聲。奄、弇音並同上。

兵戈　秉明反。蒼頡篇云：兵，柄也。廣雅：防也。世本云：蚩尤作兵。宋忠注云：蚩尤，炎帝臣也。呂氏春秋云：蚩尤利其器械。案兵者，威也。威者，刃也。說文：兵，械也。從廾廾音拱持斤刃也。籀文從人從干從大（廾）作[倵]〔三二〕，古字也。下果禾反。鄭注周禮云：勾矛戟也。方言云：吳楊（揚）〔三三〕之間謂戟爲戈。說文：平頭戟也。從弋弋音翼，一橫之，象形也。

僚佐　上歷彫反，下臧箇反。前音義第三卷經第一百中已具釋。

甘蔗　下之夜反。

大般若波羅蜜多經　第五百一卷

㬥（暴）〔三四〕惡　上蒲冒反。鄭注周禮云：侵刻也。爾雅：强也。廣雅：猝也。考聲：犯也，速也。字書：猛也，害也，無善也。說文：疾有所趣也。從半從㬥省聲也。半音滔。下阿各反。考聲：不善也。集訓：陋也。說文：過也。從亞，亞，醜也。從心。經文從襾作悪，因草隸書訛謬也。

殄滅　上亭典反。孔注尚書云：殄，絶也。鄭注周禮：病也。爾雅說文皆云盡也。從歺㐱聲。歺音殘，㐱音軫。經從尒，非也。下綿結反。考聲：滅，亡也。韻詮：消也。說文：盡也。從水從戌從火。或作威。會意字也。

顯動　上香妖反。鄭注周禮云：顯，諠也。說文：顯動不安静也，器出頭也。從頁，頁，頭也。從器省聲也，故云器出頭也。頁音頡也。

纒繞　上徹連反，下如沼反。前經第三十七卷中已具釋。

善攉　逵袁反。賈注國語云：權，秉也。執勢謂之權。考聲：變也。何注公羊傳：稱也。所以別輕重也。爾雅：始也。古今正字云：稱錘也。從手雚聲音灌。錘音直追反，稱音昌證反。

違拒　上音韋，下音巨。前經第一百一卷已具釋。

莫耆　梵語藥名也。前第四百二十七卷已說。

威肅　相昱反。孔注尚書云：肅，悚敬也。又云：嚴整。鄭注禮記云：戒也。爾雅云：肅肅，恭也。謚法曰：强德克義曰肅，執心決斷曰肅。說文：持事謹敬也。從聿在淵上，戰戰兢兢也，肅然懼而嚴敬也。會意字也。下從淵，淵音𡧦緣反。

軍旅〔三五〕　力舉反。孔注尚書云：旅，衆也。周禮云：五人爲伍，五伍爲兩，四兩爲卒，五卒爲旅。說文云：軍之五百人也。從㫃從从。㫃音疾容反，古從字也。軍字從勹，音包。

蠱道　上姑午反。王弼注周易云：蠱，事也。字書云：蠱者，蠱神也。說文云：腹中蟲也。能病害人謂之蠱。或音野，亦名野道也。

魍魎　上音罔，下音兩。賈注國語云：水怪妖鬼也。淮南子云：

魍魎，狀如三歲小兒，赤黑色，赤目赤爪，長耳美髮。或從虫作蝄蜽，亦作魍魎。

災橫　上祖來反。集訓云：天反時曰災。字書云：天火也。俱舍論云：飢饉、疾疫、刀兵也。說文：從火巛聲。巛音同上。古今正字：有物擁流。會意字也。下懷孟反。韻詮云：非理而來曰橫，非禍至曰橫。說文：從木黄聲也。

香囊　乃當反。考聲云：香袋也。案香囊者，燒香圓器也。巧智機關，轉而不傾，令內常平。集訓云：有底袋也。說文：從襄，從㯻省。襄亦聲也。襄音儜，㯻音渾悶反。

朋黨　匐能反。考聲云：同師門也，同類也。太公六韜云：友之友謂之朋，朋之朋謂之黨。鄭注禮記云：黨，親也。孔注尚書云：助也。又曰：相助匿非曰黨。說文：從黑尚聲也。

奮威　上粉問反。廣雅：奮，振也。禮記：動也。韻英：振羽也。考聲云：鳥欲振進也。從大從隹從田，鳥張毛羽奮飛之象也。

勇鋭　上欲腫反。說文：勇，氣也。從力甬聲。甬音同上。本作勈，今相傳作勇。古文從心作恿，或從戈用作戜，皆會意字也。下悦惠反。博雅：鋭，銛也。銛音息閻反。小爾雅：鋭，利也。考聲：錐刀鋒也。說文：芒也。從金兑聲。

摩揭陀國　揭音居蘖反。梵語中天竺境，如來於此國中示現八相成道，有金剛座、菩提樹，遊化聖跡多於諸國。

憍薩羅國　中天竺境稍近南陲，此國有龍猛菩薩弘化聖跡，及引正王爲龍樹菩薩鑿黑蜂山以爲伽藍，諸精舍各鑄金像量等佛身，今猶見在。

劫比羅國　正梵音云劫比羅伐窣堵國。舊名迦比羅衛國，或曰迦羅，皆梵語訛略也。即是釋迦如來降生之地，净梵王所治之境。此國中有鷄足毗富羅山、卑鉢羅石窟、大迦葉波與千羅漢結集三藏聖教之處。

吠舍釐國　釐音离。古名毗舍離，亦名毗耶離，皆訛也。此國有維摩詰居士故宅及説法處、方丈室靈迹頗多及鹿女千子神迹、七百羅漢結集聖教處等。

栗呫毗王　上隣一反，下昌葉反。梵語彼國豪族之類。涅槃經及維摩等經舊名離車毗童子，是刹帝利種系也。

吉祥茅國　古名王舍城，即摩揭陀國之正中心。古先君王之所都處，多出勝上吉祥香茅，因以爲名。亦名上茅城。崇山四周以爲外郭，西通陜徑，卉木繁榮，羯尼迦樹盈滿其中，春陽花發，爛然金色。迦蘭陀竹園在山城門北俯臨其側，耆闍崛山在此山城之内王城外也。

大般若波羅蜜多經　第五百三卷

氛郁　芳文反。説文云：祥氣也，香氣也，瑞氣也。或作雰。下於六反。考聲云：郁郁亦香氣盛皃也。從邑有聲。

旛鐸　上嬔糒反。韻英云：旌旗總名也。字書：旛，旐也。今以五綵間錯，或畫花菓鳥獸懸之。説文：旛(三六)胡也。從㫃番聲也。嬔音旛萬反，糒音無煩反。下唐洛反。古者軍法，兩司馬執鐸，文事奮木鐸金鈴木舌也，武事奮金鐸金鈴鐵舌也。説文：大鈴也。從金睪聲也。

負債　上扶武反。鄭注禮記云：負，恃也。説文：從人守貝有所恃也。又云：受貸不賞(償)(三七)。故人下有貝，會意字也。俗從力，或從刀，並非字意。下側戒反。韻英云：負財也。

能煥　歡貫反。何注論語云：煥，明也。從火奐聲也。奐音同上。

腫皰　上鍾勇反，下炮皃反。考聲云：面上細瘡也。説文：面生氣。蒼頡：從皮包聲。經從疒作疱，或從面作靤，並俗字也。疒音女戹反。

眩瞖　枯涸　箱篋　莖榦　已上等字前音義第三卷經第一百二十八卷中已訓釋，請撿前文。

蔭影　上歆今反，下英景反。

一粒　臨邑反。凡粟數粒也。

大般若波羅蜜多經　第五百四卷

迷謬　糜救反。鄭注禮記云：謬，誤也。方言：詐也。廣雅：欺也。謚法曰：名與實乖曰謬。説文云：狂者之妄言也。從言從翏，翏亦聲也。翏音力幼反。經從尒，非也。

大般若波羅蜜多經　第五百五卷

珊覩史多　上桑安反。梵語也。上方欲界中天名也。古名兜率陀，或云兜術，皆訛略也。唐云知足，以下天多放逸，上天多闇鈍，受樂不進，故云知足。一生補處最後身菩薩多作此天王，當來彌勒見今在彼天爲王。

大般若波羅蜜多經　第五百六卷

地獄　虐録反。急就章云：臯陶始造獄。堯臣名也。玉篇云：囚繫之所，因名爲獄。杜預注周禮云：争財曰訟，争罪曰獄。風俗通云：三王爲獄。夏曰夏臺，殷曰美里，周曰囹圄，自秦漢已還通名爲獄。説文云：獄，确也。確音苦角反。獄字從㹜，魚斤反。二犬相嚙，中心言者訟也，會意字，二犬所以守也。經言地獄者，冥司幽繫之所也。在世界之下故云地獄。案俱舍論頌云：此下過二万，無間深廣周〔三八〕，上七捺奴割反洛迦，八增皆十六。謂塘音唐煨烏雷反屍糞，鋒刃烈河增。各住彼四方，餘八寒地獄。此皆大地獄名也。

作廣作陿　霞甲反。禮記云：廣則容姦，陿則思欲。考聲云：陿，隘也櫻介反。玉篇云：迫隘不廣大也。經文從犬作狹，誤也。乃是狹習字也。凡犬馬所以狹習之，故從犬。又輕傷也，甚乖經意。或有從阝音負作陜，亦非也。此字又音式染反。陜州字也。説文作陿。從阝音負從匚音方夾聲。

胞胎　上巴交反。古文本作包，象形字也。石經作胞，相傳音爲普包反，非也。説文云：婦女懷姙而甚反皃生衣也。從勹音包從巳音似，在勹中，象子未成形字也。孔注尚書云：包，裹也。下他來反。説文云：女人懷姙未生也。從肉台聲也。

匱法　遠（逵）〔三九〕位反。考聲云：匱，窮也。前經第三百九十一卷已釋。

恐迫　上曲拱反。爾雅：恐，懼也。經文作恐，俗字也。説文：正體從工從手從乙從心作恐，今隸書因草作恐，又誤作恐，漸訛失正體也。古文作忎。下班陌反。蒼頡篇云：迫，近也。廣雅：迫，陿也。考聲云：迫，逼也，隘也。

備遭　上平媚反。顧野王云：備，防也。鄭玄：備，救也。賈注國語云：備，具也。說文：備（備）〔四〇〕，慎也。從人從用從苟省聲也。或作備。經文作偹，俗字也。下祖勞反。考聲：遭，逢也，横及也。說文：遭，遇也。從辵曹聲也。或作僧，亦同也，亦作𧺆、䢕、𨙻也。

循環　上夕遵反。韻英云：按行也。考聲云：順也，從也。說文云：循，行也。從彳丑尺反從盾音順聲也。經文從人，又豎畫從千作偱，非也。下華關反。鄭衆注周禮云：環，旋也。鄭玄曰：環，圍也。何休注公羊傳云：環，遶也。說文云：從玉從睘聲也。

薄劣　上傍莫反。字書云：不厚也。說文：從草溥蒲莫反聲也。下力惙反。廣雅：劣，少也。說文云：劣，弱也。或從忄音心作㤡，古字也。

飢羸　上几宜反。考聲云：腹中空也。韻英云：乏食也。蒼頡篇云：飢，餧也。說文云：飢，餓也。從食几聲也。或作飥，古字也。下力追反。考聲云：羸者，瘦極也。說也（文）〔四一〕：從羊羸聲也。羸字從亡從口從肉從羊𠃌音隱作羸。羸，力追反〔四二〕。

工匠　情樣反。說文云：木工也。考聲云：巧人也。從斤斤，斧也。從匚音方。匚者，作器也。經文作匠，非。

猥雜　上烏賄、呼每反，下才合反。前經第四百三十五卷中已釋。

盲瞎　上莫耕反。說文云：目無眸子曰盲。下呼八反。字書云：目不見物也。又云：一眼無睛也。或作𥈭〔四三〕，古字也。

黧黮　上力遲反。通俗文云：班黑曰黧。考聲云：面顇七巡反黑也。又云：黑而復黃色也。前文第四百三十五卷已釋。下他感反。楚辭云：黮烏感反黕，不明淨也。說文云：桑葚之黑色也。聲類云：如漆色也。前四百三十五卷已釋。

窮顇　情遂反。前經第一百八十一卷已釋。

頑嚚　上瓦關反。廣雅：頑，鈍也。前經第一百八十一卷已釋訖。

輕誚　情曜反。考聲云：責讓也，笑也。蒼頡篇云：訶也。說文云：嬈也。或作譙，從言肖聲也。

險阻　上香掩反。玉篇云：險，難也。杜預注左傳云：險，惡也。賈逵注國語云：險，危也。方言云：險，高也。爾雅：險，邪也。說文：險從阜，僉七廉反聲也。下莊所反。王肅曰：阻，難也。韓詩云：阻，憂也。又云：阻，險也。杜預注左傳云：阻，疑〔四四〕也。說文云：從阜從且精余反省聲也。

拒逆　上渠圄反。韻英云：拒，格也。廣雅：拒，捍音旱也。說文云：拒，抗也苦浪反。韻詮：拒，違也。

蝸羸　上古華反。小螺也魯和反。下盧和反。經中作螺，俗字也，非正體。爾雅云：附羸音夷蝓〔四五〕也。郭璞云：即蝸牛也。說文亦云羸，蝸牛類而形大，出海中，種種形狀而不一也。

爛坌　上羅旦反。方言云：火熟曰爛。下夫問反。韻英云：糞，弃也。或作壤。經文作糞，俗字。

慣習　卦患反。前第四百三十八卷已釋。爾雅：慣，習也。言久習於事曰慣。說文作遺。從辵五略反貫聲也。經文有作串，俗字也，非正體也。

耽著　多甘反。前經第三百三十一卷已釋訖。

輕懱　眠鱉反。説文云：懱，輕傷也。從心蔑聲。經文單作蔑，略也，是目勞無精欲睡，非經義也。

大般若波羅蜜多經　第五百七卷

相著　持略反。

甘蔗　之夜反。文字釋訓云：甘蔗，美草名也。汁可煎爲砂糖。説文：藷也。從草從遮省聲也。

劬勞　强于反。考聲云：劬，勤也。劬亦勞也。下勒刀反。賈逵云：勞，疲也。爾雅云：勞，勤也。説文：勞，劇也。從力。案用力者勞也。

大般若波羅蜜多經　第五百八卷

涉壙　上時葉反。韻英云：涉，歷也。考聲云：涉，渡水也。古作㴭。説文云：徒行厲水也。從步從水。下苦晃反。毛詩傳云：壙，空也。廣雅：大也。考聲云：壙埌音浪，原野遠皃也。經文從日作曠，誤也。或從心作懭，或作廣，遠也。懭，意失也，似通。

險道　上香撿反。國語〔四六〕。前經第五百六卷已具釋訖。

放牧　下莫卜反。郭璞注方言云：牧謂養牛馬也。顧野王云：牧者，畜養總名。非只牧養牛馬也。説文云：養牛馬人也。從攴普卜反從牛，攴字今作文(攵)〔四七〕。

懷孕　上胡乖反，下羊證反。前經第四百二十八卷已釋。

嬈惱　寧鳥反。説文云：女惑於男也。古文作嬲也。

大般若波羅蜜多經　第五百九卷

能阻　莊所反。阻，難也。

讚勵　力制反。勵，勉也。

辯久　皮免反。辯猶慧也。

卒生　倉訥反。周禮云：暴急也。考聲云：倉忙也，遽音渠也。正體作猝，或作踤，並同。經文作卒，略而不備也。字與兵卒相參，故言之。

欠敁　墟據反。前四百四十已釋。埤蒼云：張口欠敁出氣也。經文從口作呿者，誤也。

躁擾　上災告反，下穰少反。前第四百四十已具釋訖。

憍逸　上居妖反。廣雅：憍，自高。玉篇：憍，慢。又經文從右作僑，俗字，非正也。

僕隸　上蒲木反。毛詩傳曰：僕，附也。考聲云：僕，使也。僕，僮也。顧野王云：御車者也。説文云：給事之者。從人從菐，菐亦聲。菐音卜。古文作蹼。下力計反。考聲：隸，賤屬也，僕也。案隸者，賤臣也。説文云：附著也。正體作隸，從隶音弟柰聲也。經文從入從米作隸，謬也，俗字。

黠不　上遐軋反。軋，烏八反。前經第四百四十卷中已具釋訖。

規摸(模)〔四八〕　上鷄維反。顧野王云：規圓而矩方也。孟子曰「不規矩不能方圓」是也。鄭玄云：規，正圓器也。考聲云：規，圓正也，度也。徒各反。説文：規，有[法度]〔四九〕也。從夫見聲。下其〔五〇〕胡反。前第四百三十卷已具釋訖。

迦遮末尼　梵語寶名也。此寶非殊勝，石玉之類。珠之異名耳。

深奧　上傷任反。考聲云：深不可測也。説文云：從水罙聲也。下烏告反。爾雅云：西南隅謂之奧。説文云：奧亦深也。從釆白慢反從大作奧也。

猷足　伊閻反。

但畜　許六反。

慳悋　上口閑反，下離鎮反。

無暇　胡嫁反。字書云：暇，閑也。

慊恨　上形兼反。韻英云：嫌，恨也。前經第四百四十一卷已具釋也。

大般若波羅蜜多經　第五百一十卷

醫療　上於基反，下力召反。變體時用字也。説文：正體從樂作藥，訓釋與下同。鄭玄注周禮云：止病曰療。杜注左傳云：療，治也。古今正字：治病也。從疒女厄反尞力召反聲也。

病愈　余恕反。韻英云：和悦也。考聲云：愈，安也。韻集云：天子疾曰不愈。尚書云：有疾不愈。孔曰：不悦豫也。説文云：愈，豫也。從心余聲也。經文或有病愈以主反，亦通。集訓云：愈，疾差也，益也。孔安國注論語云：愈，勝也。玉篇云：病差爲愈。説文：愈字從舟從巜古外反，會意字也。

蚊䖟　上勿芬反。説文作蟁。古文奇字從昏作蟁，避太宗廟諱改民從昏也。經中蚉，俗字也。説文云：齧霓結反人飛蟲子也。爾雅云：鷏音田，蟁母。郭璞云：似烏鷏音駮而大，黄白雜文，鳴如鴿。今江東呼爲蚊母。俗説此鳥常吐出蚊蟲，故名蚊母。異苑曰：水蟲化爲蚊子。下謀耕反。聲類云：蟲嚙人，似蠅以繒反而大。案䖟蟲其實似蜂，而大小似蠅也。説文云：嚙人飛蟲也。生山澤川谷草花中，化或於麞音章鹿腦中化生，從鹿鼻中噴出普悶反，形大者曰䖟，一名木䖟，一名蜚音非。䖟形小斑文者曰蟷，音暫，蟷似蠅也。

虵蠆　上時遮反。毛詩云：惟虺音毁惟虵。易曰：龍虵之蟄持立反。古文象形𠃓。小篆作它。説文作它，隷書作也，相因漸變也。蔡邕石經加虫作蛇。字書云：虵虺，毒蟲也。經文作虵，轉變俗字也。下敕芥反。考聲云：蠆，蝎也音歇。或作蠚。説文：蠆，毒虫也。從虫、苗是象形，篆書作𧒒，象蠍形。

非陿　胡甲反。前經已具釋。

大般若波羅蜜多經　第五百一十一卷

飄轉　上匹遥反。郭璞注爾雅云：飄，旋風也。毛詩傳曰：飄風，暴起之風也。

如氾(氾)〔五一〕　敷陷反。古今正字云：汎，浮也，普也。説文亦同。從水從范省聲也。或作泛，或作氾(氾)，大同而小異也，皆水流漂蕩皃。

浮囊　附無反。韻英云：浮，泛也。廣雅：浮，漂也。鄭玄注禮記云：在上曰浮。賈逵注國語云：浮，輕也。説文：浮，泛也。從水孚聲也。下諾郎反。韻英云：囊，槖也。音託。集訓云：有底曰囊，無底曰槖。又云：大曰囊，小曰槖，皆盛物具也。小篆從槖音混省。從𦥑女耕反從衣。案經言浮囊者，氣囊也，欲渡大海憑此氣囊輕浮之力也。

坏瓶　上普梅反。前四百四十四卷已釋。下蒲冥反。集訓云：汲水盛漿之器也。考聲云：似罃烏耕反而口小。

大般若波羅蜜多經　第五百一十二卷

將帥　上精相反。考聲云：將，君也。字書云：軍主也，兵帥也。六軍鏡曰：夫爲將者，必須六行、五才、四義、三操、一守，有此備行，名爲良將也。說文云：將，率也。從寸從醬省聲也[五二]。下衰類反。韻英云：將，率也。考聲云：統領也。集訓云：軍將也。或作衛。說文：又音山律反。衛亦將也。

夘縠　上落管反。說文云：凡物無乳者，卵生也。象形。古文作卝，小篆作卵，隸書作夘。下苦角反。集訓云：鳥卵皮曰縠。考聲云：卵，空也。從夘，㱿苦角反省[五三]聲也。

淳熟　上時倫反。前經第百四十六卷已具釋訖。下時陸反。考聲云：熟，成也，爛也。見方言。文字集略云：合食也。字樣作熟。說文：從灬音熛孰聲也。

爲貌　莫豹反。前經第四百四十六卷已具釋。

牽引　上啟賢反。考聲云：牽，連也。廣雅：牽，挽也。說文云：牽，引前也。從牛從冖音縣玄聲也。或作𢏚[五四]，或作掔，古字也。下余忍反。杜預注左傳云：引，導也。賈逵注國語云：引，伸也。爾雅：引，陳也。說文云：引，開弓也。從弓丨音曳聲也。古文從才音手從弓作扚。

大般若波羅蜜多經　第五百一十三卷

比度　上卑履反。集訓云：比，類也。考聲云：比，竝也。說文云：相與比敘也。從反从也。二人爲从，古從字，反从爲比，故云反从。下唐落反。考聲云：度，量也。集訓云：揆度也。或作慱，亦同。說文：法制也。從又從庶省聲也。

有翍　施至反。說文云：鳥翼也。或作𦐊、翄，皆古字也。今經中作翅，俗字亦通。

猶豫　上音由，下余度反。禮記云「卜筮所以决嫌疑定猶豫」是也。字書云：猶豫者，不定之辭也。解字如前第三百二十五卷中具釋。

大般若波羅蜜多經　第五百一十四卷

扇搋半擇迦　梵語也。此譯爲黃門。上搋音敕加反，次擇音宅，下迦音居佉反。黃門者爲男根不備，設有備者亦不能生子。其類有五，具如音義第三卷中已具列，不能繁敘。

癲癇　上丁堅反。廣雅：癲，狂也。毛詩箋曰：癲，病也。聲類云：癲，風病也。或作瘨，亦作顛。下音閑。集訓云：小兒瘨病也。說文云：風病也。從疒女厄反從間聲也。或作癇，亦通也。

蟣蝨　上居擬反。說文云：蝨子也。韻英云：蝨，卵也郎短反。下所乙反。字要云：衣中嚙人蟲也。說文：蝨字從卂音信從䖵音昆。今經文相傳從半風作虱者，非也。

不徇　巡閏反。集訓云：以身從物曰徇。考聲云：徇，遠也。[說][五五]文云：徇，疾也。從人旬聲也。或作𢓊，古字也。

恃怙　上時止反。考聲云：恃，依也。集訓云：恃，負也。乘負倚憑也。說文云：恃，賴也。從心寺聲也。下胡古反。說文：怙，恃也。從忄音心從祜胡古反省聲。

大般若波羅蜜多經　第五百一十五卷

呵諫　加鴈反。鄭玄注周禮云：諫，正也。以道正人也。尚書云：后從諫則聖。白虎通云：諫者，間也，更也。是非相間，革更其行。人懷五常，故諫有五。所謂諷諫、從諫、規諫、指諫、譎諫等是也。說文亦云：諫，正也。從言柬音間聲也。

被帶　下當奈反。前第四百四十九卷已具釋。

刹那　上音察。梵語時名也。俱舍論頌曰：百二十刹那爲怛刹那，量臘縛此六十。此三十須臾共成一晝夜。謹案此頌，一日一夜有三十須臾，每一須臾計有三十臘縛，又於一臘縛之中計有六十怛刹那，又於一怛刹那之中分爲一百二十刹那，時中迅促不過刹那。今依此國曆法，凡一日一夜有十二時，共分爲一百刻，每時分得八刻少强，約其大數均分，從寅至卯一時之中計有五十四萬刹那，餘時准此。計一日一夜總六百四十八萬刹那，若以每刻分之，即一刻之中約有七萬刹那時也。言極迅疾，促於瞬息也。

籌量　上長留反。鄭玄注儀禮云：籌，筭也。說文：籌，壺矢也。從竹，壽量(聲)[五六]。

大般若波羅蜜多經　第五百一十六卷

測度　上楚力反。鄭玄注周禮云：測猶度也。不知廣深曰測。說文：從水則聲也。下徒洛反。

焦炷　上即姚反，下音注。前經第四百五十卷已具釋訖。

顦顇　上情遥反，下情遂反。前經第四百五十一卷已具釋。

矛矟　上莫侯反，下倉亂反。前經第四百五十一卷已具釋訖。

懶惰　上勒坦反，下徒卧反。考聲：不勤也。說文云：不敬也。從心隋聲也。

撥無　上補末反。廣雅：撥，除也。鄭玄云：撥，拂也。說文：從扌音手發聲。

大般若波羅蜜多經　第五百一十七卷

堆阜　上都雷反。王逸注楚辭[五七]云：堆，高也。考聲云：土之高皃也。又云：堆，聚也。集訓云：丘阜高狀也。說文作隹。隹隗五罪反，京也。從阜隹省聲也[五八]。經文作塠，俗字也。下阜音負。爾雅云：高平曰陸，大陸曰阜。廣雅云：丘無石曰阜。說文云：山無石曰阜。古文作𠂤、𠂢[五九]，象形。

溝坑　上古侯反。周禮云：通水曰溝。桂苑珠叢云：邑中之瀆通水也。說文云：水瀆也。廣四尺深四尺。從水冓鉤后反聲也。下苦耕反。爾雅：坑，墟也。考聲云：坑，坎也。古今正字云：坑，壍青焰反。或作阬。從土亢聲。

株杌　上知揄反。考聲云：殺樹之餘曰株。說文云：木根也。

從木朱聲也。下五骨反。韻英云：樹無枝曰杌，或作兀。

平坦　他旦反。廣雅：坦，平也。又云：坦，明也。王弼注周易云：坦坦無險阸烏介反。蒼頡篇云：坦，著也。說文云：坦，安也。從土旦聲也。

池沼　直离反。孔安國注尚書云：停水曰池。說文：池，陂也。從水從馳省聲也。下之繞反。左傳云：沼亦池也。字書云：陂池曰沼。說文：沼，池也。從水召聲也。召字從刀從口，經中作㕣，訛也。

瓦礫　上五寡反。說文云：瓦，土器也，象形，用以蓋屋。牝毗胤反曰瓪音板；牡音母曰瓻音同。下力的反。說文云：礫，小石也。亦碎石也，粗砂也。今經云瓦礫者，喻破瓦碎石弃擲之者。

統攝　上他貢反。考聲云：統，領也，緒也。古今正字云：統，紀也。從糸音覓。糸者，細絲也。充聲也。下施葉反。考聲云：兼統也，斂也。說文云：引持也。從扌音手聶泥涉反聲也。

熱痰　上然折反。考聲云：熱，暑也。釋名云：爇，而悅反，如火燒爇也。說文云：熱，温也。從火埶音爇聲也。下唐藍反。考聲云：胸鬲中水病。集訓亦云：胸中水病也。古今正字云：從疒女厄反從談省聲也。

潛伏　上寂鹽反。爾雅：潛，沉〔六〇〕也。廣雅：潛，没也。說文：涉水也。從水朁七敢反聲也。經從二天作潜，非也。下馮福反。集訓云：伏，隱也。廣雅：伏，藏也。說文云：伏，伺也。伏，伺人也。故從人從犬，會意字也。

翺翔　上我高反，下徐羊反。鄭玄箋毛詩云：翺翔，猶逍遥也。韓詩云：翺翔，遊也。爾雅：翺翔，鳥飛也。集訓曰：翺翔，高飛也。考聲云：鳥飛往來緩緩皃也。古作翶。說文云：翺翔，迴飛也。並從羽，皐音高、羊皆聲也。

箭筈　上將線反。考聲云：竹名也。似篠音狄而小，大葉可以爲矢音始，因名矢爲箭。說文：箭，矢也。從竹前聲也。下枯活反。考聲云：箭口也。案箭筈者，受弦之口也。經文從木作栝，亦通。正體從竹從栝省聲也。栝音闊，糖栝也。

大般若波羅蜜多經　第五百一十八卷

一巷　學降反。毛詩云：里間道也。史記云：永巷者，宫内小道也。說文云：邑里中道也。言在邑中，故從二邑共作𨞬，會意字。篆文作巷，爾雅作衖，古文作䢽。

唐捐　上徒郎反。字書云：唐，虛。玉篇云：唐，徒也。考聲云：言而不當也。說文云：唐，大言也。從口庚古行反聲也。下悦淵反。

稟性　彼錦反。孔注尚書云：稟，受也。說文云：賜穀也。從禾㐭力錦反聲也。

昧鈍　上莫佩反。集訓云：昧，冥也。廣雅：昧，闇也。韓康伯云：日入爲昧。韻英云：昧，暗不明也。說文：從日從抹省聲也。下徒頓反。蒼頡篇云：鈍，頑也。案頑者，識暗濁也。韻英云：兵刃不利也。說文云：鈍，錭大牢反。錭，頑鈍也。從金屯音豚聲也。

塚間　知隴反。前經第四百五十三卷已釋。

廉儉　上力塩（鹽）〔六一〕反，下渠儼反。前經第四百五十三卷已具釋訖。

瑞相　時僞反。周禮：典瑞掌玉瑞。鄭玄云：瑞，符信也。案典瑞者，若今之符寶印也。蒼頡云：瑞，應也。顧野王曰：王者盛德感乎乾坤，故天地應之以信瑞也。德感乎山川丘陵，則芝草植也。制禮作樂，則祥風至。皆是祥瑞也。說文云：瑞，信玉也。從玉耑省〔六二〕聲也。

矯現　上居天反。前中第四百一十五卷已具釋。

羅刹娑　梵語鬼名，子（羅）〔六三〕字轉舌長聲呼，古譯但云羅刹。此類鬼神有業通力，飛行自在，食啖衆生血肉，最大兇惡。其羅刹女別有國土，居大海洲，以其神力能變姝麗之容，媚惑於人，善誘而食之，並如佛本行經中所說。

大般若波羅蜜多經　第五百一十九卷

能紹　市繞反。說文：緊糺也。前經第四百五十四卷已釋。

一切經音義　卷第六

校勘記

〔一〕 㘝　據文意似當作「㕛」。
〔二〕 說文：憚，忘疾也　今傳本說文：「憚，忌難也。」
〔三〕 二　獅作「一」。
〔四〕 上　大正作「匕」。
〔五〕 眏　獅作「相」。
〔六〕 開　據文意作「㢠」。
〔七〕 儀禮云：君射於郊用驢中射　儀禮義疏卷四十三：「案鄉射記，君射於郊則閭中，蓋大學在郊，諸侯若於大學中大射，則用閭中也。記注云：閭，獸名。如驢，一角。或曰如驢，歧蹄。」
〔八〕 晉文公　阮元校刻十三經注疏爲「宋文公」。
〔九〕 橋　大正作「撟」。　檀　大正作「擅」。
〔一〇〕 橋　大正作「撟」。
〔一一〕 菌　據文意當作「菌」。
〔一二〕 支　據文意似當作「攴」。
〔一三〕 云　據文意似當作「去」。
〔一四〕 擽　獅作「櫟」。
〔一五〕 垗　據文意似當作「邑」，即「郊」。
〔一六〕 鄉　大正作「香」。
〔一七〕 尼　獅作「尾」。
〔一八〕 甫　據文意似當作「房」。
〔一九〕 偕　獅作「借」。
〔二〇〕 殳　大正作「殳」。
〔二一〕 ヨ　頻作「口」。
〔二二〕 倅　獅作「猝」。
〔二三〕 嫌　獅作「慊」。
〔二四〕 彭音必遥也　據文意似當爲「彭音必遥反」。
〔二五〕 齎　中華大藏經本和獅作「齊」。
〔二六〕 昜　據文意似當作「昜」。
〔二七〕 賈秘書說日月爲易字　考後漢書賈逵傳稱賈逵兩校秘書。許慎曾從賈逵學習，尊敬他而不直稱其名，寫作「賈秘書」。今傳本說文爲：「秘書說曰日月爲易字。」段玉裁注：「秘書謂緯書。」
〔二八〕 擿　據文意似當作「擿」。
〔二九〕 遷　據文意似當作「遷」，或作「遷」，或作「遷」。
〔三〇〕 曰　頻作「囚」。
〔三一〕 血　大正作「皿」。「皿」俗寫作「血」。
〔三二〕 大　頻作「廾」。　倈　各本無，據文意補。
〔三三〕 楊　大正作「揚」。
〔三四〕 瀑　據文意似作「瀑」。
〔三五〕 旅　即「旅」。
〔三六〕 旛　獅作「幡」。
〔三七〕 黨　獅作「儻」。
〔三八〕 周　獅作「同」。
〔三九〕 遠　據文意當作「逺」。
〔四〇〕 備　據文意當作「備」。

〔四一〕也　據文意當作「文」。

〔四二〕乀　據文意似作「丮」。　羸，力追反　似爲衍文。

〔四三〕腒　頻作「暍」。據文意當作「暍」。集韻：「瞎，目盲也。或從㕯。」

〔四四〕疑　據文意似作「礙」。

〔四五〕附羸音夷蝓　頻爲「附羸蝓音夷」。今傳本爾雅爲「蚹羸螔蝓」，似當爲「蚹羸螔音夷蝓」。

〔四六〕國語　似爲衍文。

〔四七〕文　據文意似作「攵」。

〔四八〕摸　據文意似當作「模」。

〔四九〕法度　麗無，據頻補。

〔五〇〕其　據文意似當作「莫」。

〔五一〕氾　據文意當作「氾」。下同。

〔五二〕説文云……省聲也　今傳本説文：「將，帥也。从寸牆省聲。」

〔五三〕省　衍。

〔五四〕牽　據文意似作「牽」或「牵」。

〔五五〕説　各本皆脱，據文意補。今傳本説文：「侚，疾也。从人旬聲。」

〔五六〕量　大正作「聲」。

〔五七〕辭　獅作「詞」。

〔五八〕省　衍。今傳本説文：「陮，陮隗，高也。从𠂤隹聲。」

〔五九〕巨　據文意似當作「巨」。

〔六〇〕沉　阮元校刻十三經注疏作「深」。

〔六一〕揾　獅作「鹽」。塩，即「鹽」。

〔六二〕省　衍。今傳本説文：「瑞，以玉爲信也。从玉，耑聲。」

〔六三〕子　獅作「羅」。

一切經音義　卷第七

翻經沙門慧琳撰

音大般若經從五百二十盡五百六十五凡四十六卷

大般若波羅蜜多經　卷第五百二十卷

戰慄　上旃善反。顧野王云：戰，懼也。毛詩云：戰戰兢兢。案戰戰兢兢，恐懼皃也。爾雅云：戰，動也。郭璞云：恐動趍步也。或作㦧，古文作岕。下隣一反。集訓曰：戰慄，懼也。字書云：憂慼也。考聲云：謹敬也。從忄栗聲也。忄音心。

源底　上愚袁反。禮記云：達於禮樂之源。鄭玄曰：源，本也。廣雅：萬物之本曰源。説文作原，或作原，古字也。

伴侣　上傍漫反。王逸注楚辭云：伴，旅也。韻英云：伴，儔侣也。説文云：大皃。從人半聲也。半字，從八從牛作半也。俗作半，謬也。儔音長流反。下力舉反。廣雅：侣，伴也。或作旅。古今正字云：侣，儷也。從人吕聲也。吕字象脊骨之形也。儷音麗。

勃惡　上蒲没反。前經第四百二十九卷已具釋訖。

履踐　上梨旨反，下錢演反。前第四百五十五卷已釋。

挑目　體遥反。韻詮云：挑，撥也。考聲云：挑，抉縈悦反。字書云：從扌音手兆聲也。經中或有從木作桃徒刀反，非也。或從刀，亦作㓠，亦通用。

劓鼻　上魚器反。前經第四百五十五卷已釋訖也。

鋸解　上居御反。國語云：中刑用刀鋸。賈逵曰：以刀有所鋸斷，謂大辟、宫、劓音義、刖音月等刑是也。蒼頡篇云：截物鋸也。説文云：搶戚陽反搪也音唐。從金居聲也。考聲云：搶搪者，鋸也。方言云：鋸之異名也。下佳買反。考聲云：解，釋也，判也，分也。

交涉　常業反。蒼頡篇云：水中行爲涉歷也。説文：徒行厲水曰涉，從步㳅之蘂反聲也。古作𣶒也。

琰魔王　梵語冥司鬼王名也。舊云閻羅王。經文作剡尸染反魔，皆訛略不正也。正梵音云琰閻奄反摩，古人譯爲平等。

黧黑　上力知反。通俗文云：斑黑曰黧。考聲云：面皺七遵反黑也(色)〔一〕而黄色也。又音禮兮反。文字音義云：黧，老黑色也。從黑從初(黎)〔二〕省聲也。

謬誤　上眉救反。韻英云：謬，誤也。韻詮云：詐妄也。廣雅云：謬，欺也。謚法曰：名與實爽曰謬。説文云：狂者之妄言也。從言翏六幼反聲也。或作謬。下五故反。字書云：詿公賣反，誤也。漢書云「所爲詿誤皆赦除之」是也。左氏傳曰：爲人得罪曰誤也。説文：誤，謬也。從言吳聲。

欲扣　苦厚反。前經第四百五十六卷已具釋訖。

大般若波羅蜜多經　第五百二十一卷

析爲　星積反。前經第四百五十六卷已具釋訖。

霑彼　輒廉反。韓詩云：霑，溺也。考聲云：小濕也尸執反。禮記：孔子曰：雨霑服失容。顧野王云：霑，濡耳珠反也。文字集略作沾，略也。説文：霑，霥也音染。從雨沾聲也。

滴數　丁歷反。考聲云：水落也。或作適。説文云：水欒注也力桓反。欒，漏流也。字書云：水滴也。經文從水作渧，俗字也。下霜句反。

大般若波羅蜜多經　第五百二十二卷

無字可音訓。

不齅　休救反。前經第四百五十六卷已具釋訖。

大般若波羅蜜多經　第五百二十三卷

嫌害　上刑閻反。考聲云：心惡也。烏固反。説文云：不平於心也。又云：嫌，疑也。從女兼聲也。下何賴反。蒼頡篇云：害，賊也。廣雅：害，割也。考聲云：害，妨也。或作夆音害，相遮要平聲，夆亭名也〔三〕。説文云：害，傷也。從宀音綿從口從夆省聲也。

遜謝　孫寸反。韻英云：遜，恭也。考聲云：遜，避也。集訓云：避位而去也。説文云：遜，遁也。從辵丑略反孫聲也。或從心作愻(孫悉)〔四〕，亦同。下夕夜反。考聲云：拜恩也，裁也，告也。從言射聲也。

危脆　清歲反。廣雅：脆，弱也。顧野王云：脆，愞也奴乱反。或作膬。考聲云：肉肥也，耎也而兖反。説文云：肉耎易斷也。從肉從絶省聲也。經從危作脆，非也。

塊等　恢碓反。儀禮云「寢苫枕塊」是也。韻英云：土塊也。説文云：土樸也匹剝反。從土從鬼(愧)〔五〕省聲。愧，五猥反。或作凷，象形字也。一云土塩被逼反。塩，塊之異名也。

大般若波羅蜜多經　第五百二十四卷

沮壞　上牆呂反。廣雅：沮，塗〔六〕也。毛詩傳云：沮亦壞也。又云：沮，止也。從水且七胥反聲也。下懷䫶反。䫶，五壞反。集訓云：壞，敗也。韻詮云：自破曰壞。從土從褱省〔七〕聲。

菴没羅果　梵語果名也。亦名菴波羅，即菴羅果也。

半娜娑果　亦梵語果名也。此果形如冬苽，此國無。

漑灌　上基懿反於戲反。韻英云：澆，灌也。説文云：漑亦灌也。顧野王云：漑猶灌注也。從水既聲也。

大般若波羅蜜多經　第五百二十五卷
第五百二十六卷　第五百二十七卷
第五百二十八卷　已上四卷多與前文同，無可音訓。

大般若波羅蜜多經　第五百二十九卷

蘇扇多　梵語佛名也。唐名妙息災。

撞擊　上濁江反。顧野王云：撞猶擊也。廣雅：撞，刺妻亦反也。説文云：撞，擣也。從才音手童聲也。

訶責　虎珂反。考聲云：訶，諻(諻)也音毀，怒也。集訓云：訶，責也。韻英云：叱怒也。經作呵，亦通。下莊革反。説文：責，求也。從貝從朿音刺省〔八〕聲也。説文作賫，古字也。

大般若波羅蜜多經　第五百三十卷

慚愧　上藏含反，下歸畏反。二字互相訓也。

躭著　都甘反。韻英云：躭，好也。好，呼奥反。考聲云：躭，翫也，著也。從身從躭都甘反省聲也。

芭蕉　上補葩反，下即消反。宿根草樹名也，所在皆有，本出交阯。字指云：子可食，葉如席可以爲布也。

大般若波羅蜜多經　第五百三十一卷

第五百三十二卷　已上兩卷中又説三十二大人相，前經第一卷及第四百一卷并第四百七十九等已重音釋，更不繁述。

大般若波羅蜜多經　第五百三十三卷

第五百三十四卷　第五百三十五卷

已上三卷並無難字音訓者。

大般若波羅蜜多經　第五百三十六卷

獵者　力葉反。賈逵注國語云：獵，取也。爾雅：獵，虐也。郭璞曰：陵獵暴虐也。案：畋音田狩爲獵，從犬巤聲也。畋音田，巤音同上也。

劇苦　奇逆反。蒼頡篇云：劇，病篤也。集訓曰：病篤增甚之辭也。方言云：病之少愈謂之劇。古今正字云：從刀豦聲也。經文作劇，俗字也，非正體也。豦音渠也。

懶惰　上勒幹反。考聲云：不勤也。説文云：懈怠也。從心賴聲也。或從女作嬾。一云：卧食曰嬾。下徒卧反。廣雅云：惰，嬾也。説文云：惰，不敬也。從心隋聲也。韻英云：惰，懈也。或作墮，誤也。或作憜，古字也。

無翼　羊職反。孔注尚書云：翼，輔也。説文云：翼，翅也。從羽異聲也。

資糧　力强反。或作粮。集訓云：糧，儲食也。説文云：糧，穀也。從米量聲也。經文云：菩提資糧。菩提者，無上道。資糧者，六度万行也。

大般若波羅蜜多經　第五百三十七卷

贍部洲　常焰反。南洲也。舊名閻浮提，訛也。義如前第一卷中已具釋，下三洲准此。

勝身洲　東洲也。

牛貨洲　西洲也。

俱盧洲　北洲也。具如前説。

毗柰邪　梵語戒律藏也，亦名調伏藏。

諸響　虚兩反。空谷應聲也。

陽焰　熱時遥望，地上屋上陽氣也。似焰非焰，故名陽焰，如幻如化。

尋香城 舊云乾闥婆城，梵語也。音義第一卷中已具釋訖也。

憺怕 上唐濫反，下普百反。淮南子云：憺，滿也。怕，靜也。桂苑珠叢云：憺怕者，心志滿足也。字書云：無戲論也。韻英云：安靜也。經文作淡泊，或作澹泊，皆非也。古今正字云：憺字從忄詹聲也。怕字亦從心白聲也。

大般若波羅蜜多經　第五百三十八卷

無字可音訓。

大般若波羅蜜多經　第五百三十九卷

問詰 輕逸反。鄭玄注禮記云：詰爲問其罪也。廣雅云：詰，責也。說文云：詰，問也。從言吉聲也。

酬荅 上時流反。毛詩傳曰：酬，報也。鄭玄云：酬，厚也。說文：酬，勸也。從酉州聲也。下當納反。韻英云：荅，對也。考聲云：荅，然也。古今正字云：荅字從艹草合聲也。正體作畣，從合從曰于月反，古字也。今通作荅〔九〕，訛失本體也。

滯礙 上直例反。王逸注楚辭云：滯，留也。賈逵注國語云：滯，久也。說文云：滯，礙也。從水帶聲也。下我蓋反。廣雅：礙，距也。說文云：礙，止也。從石疑聲也。

四衢 具于反。爾雅云：一達謂之路，四達謂之衢。郭璞云：交道四出也。說文亦同。從行瞿其于反聲也。

掩泥 或作揜，同。淹撿反。集訓云：掩，藏也。韻英云：掩，覆也。說文云：掩，斂也。從扌音手奄聲也，亦作弇也。

窣堵波 梵語也。此即是佛碎身靈骨舍利塼塔也，舊曰浮圖。

殄滅 上田現反。孔安國注尚書云：殄，絶也。爾雅：殄，盡也。說文亦同。從歺㐱聲也。下綿結反。考聲云：滅，亡也。韻英云：滅，没也。集訓云：滅，絶也。韻詮云：滅，消也。說文：滅，盡也。從水從戌從火。戌是火墓，戌中有相，水滅火，故從水從戌。或作烕，亦通也。

莫耆 梵語解毒藥名也。此藥多出大雪山，能解一切諸毒，此國無也。

螫噉 上舒隻反，又訶各反。二音並通。說文：蟲行毒也。蠆也。從虫赦聲也。下澹敢反。考聲云：喫也。爾雅：噉，呑也。古今正字云：噉，食也。從口敢聲也。說文：噉，譙也。或作啖，或作啗，並同。

大般若波羅蜜多經　第五百四十卷

蠱道 上公五反。字書云：蠱蠹神也。音姑。春秋傳曰：皿蟲爲蠱，晦淫之所生。易曰：幹父之蠱。王弼注云：蠱猶事也。又音爲野，亦云野道也，皆厭禱之類也。

魍魎 上亡昉反，下力享反。考聲云：魍魎，水神也，亦是邪鬼也。淮南子云：魍魎，狀如三歲小兒，赤黑色，赤目赤爪，長耳美髮。國語云：水怪妖鬼也。或作蝄蜽，或作䰱魎，並皆通用。

香囊 乃唐反。考聲云：斜口香袋也。案香囊者，燒香器物也。以銅鐵金銀玲瓏圓作，內有香囊機關巧智，雖外縱撗（橫）〔一〇〕圓轉而內常平，能使不傾，妃后貴人之所用之也。

盛貯 上音成，平聲字也。下張呂反。考聲云：積財也。說文：貯，積也。從貝宁聲也。或作紵，盛米器也。

寶函　霞嚴反。古文作㮠，或作椷。考聲云：木匧也。説文作函。函，篋也。桂苑珠叢云：盛經書、盛珍寶器物也。經文作函，亦通用。

竭誠　渠徹反。集訓云：竭，水盡也。爾雅：竭，盡也。孔安國注論語云：盡忠節不愛其身也。説文：從立曷聲也。下音誠。爾雅：誠，信也。博雅：誠，敬也。案：誠猶實也。

殀殁　上妖嬌聲(反)。左傳[一一]云：少死曰殀。杜預注左傳云：短折曰殀。古今正字：從歹夭聲也。下摸骨反。孔安國注尚書云：殁，死也。鄭玄注禮記云：殁，殄也。毛詩傳曰：没，盡也。説文云：從歹殳聲。

譴罰　上企見反。廣雅：譴，責也。蒼頡篇云：譴，呵也。桂苑珠叢云：譴，謫竹革反問也。從言遣聲也。下煩韈反。尚書云：墨罰之屬千，剕罰之屬五百[一二]。考聲云：加罪於人曰罰。説文云：小罪也。從刀從詈音利。詈字從冈從言爲正。經從四，誤也。蔡邕石經從寸作罸，誤也。

勃悪　上蒲没反。廣雅：勃，盛也。玉篇：勃，暴盛也。韻英云：勃，起也。説文云：勃，排也。從力孛聲。

奮威　上分問反。廣雅：奮，起也，進也。從大從隹隹，鳥也從田。字書云：大鳥在田，張毛羽欲飛曰奮。

勇鋭　營慧反。博雅：鋭，銛利也。考聲云：錐音隹，刀鋒也。説文云：鋒芒也。從金兑省[一三]聲也。

大般若波羅蜜多經　第五百四十一卷

缺減　上犬悦反。聲類：從垂作缺。説文云：缶，瓦器也。小口罌[一四]。説文：缺字正從缶作缺。郭璞注爾雅云：缶，盆也。蒼頡篇云：缺，虧也。顧野王曰：缺猶玷也。説文：器破也。從缶從决省聲也。下減字有兩音，並是上聲。從水從咸，點畫一種，音訓所用意義即别。本音耕斬反。考聲云：損之令少曰減。説文：減，損也，今不取。又音咸黯反。字典曰：自耗欠下曰減。集訓亦云：減，耗也。字書云：欠，少也。今取此後音咸黯反，於文穩便也。

瘦極　色甃反。爾雅：瘦，瘠也音藉。文字集略云：肌肉減耗也。説文：瘦，臞也。正體作瘦，今通作瘦，俗字也。爾雅：臞，瘠也。説文云：瘠，少肉也[一五]。從疒叜聲也。

氛郁　上芳文反。説文云：祥氣也。或作零[一六]，零[一七]氣也。或作雰[一八]。下於六反。考聲云：香氣郁郁也。

鮮净　星㦾反。考聲云：鮮，好也。字書云：鮮，新也。説文：鮮，善也。又作鱻。説文：鱻，精也。

幰蓋　上鄉偃反。釋名云：車幰網也，所以禦熱也。聲類云：車上幰蓋也。玉篇云：布張車上爲幰。説文闕也。

幡[一九]鐸　上妨蕃反。説文云：旌旗總名也。今幢旛旌旗之類也，以五彩間錯懸於幢竿之上名曰旛旗。下唐落反。説文云：大鈴也。從金睪聲也。軍法五人爲伍，五伍爲兩，兩司馬執鐸金鈴也。

腫皰　上燭勇反。考聲云：腫，病也。説文云：腫，癰也。從肉重聲也。下白皃反。桂苑珠叢云：人面上熱氣所生瘡名皰。説文云：面上風氣瘡也。從疒包聲也。或從面作皰[二〇]，或作皰，並同。一云面上細瘡也。

枯涸　上康姑反。賈逵注國語云：枯，槁也。説文云：木槁。槁，木枯也。從木古聲也。下何鐸反。賈逵注國語云：涸，涸[二一]竭也。廣雅：涸，盡也。説文云：涸，竭也。

案：涸，水乾竭也。從水固聲也。

衣裹　戈火反。考聲云：裹，苞也。

箱篋　上息將反。字林云：箱，竹器也。韻英云：盛書盛衣器物名也。考聲云：篋屬也。案：淺曰箱，深曰篋。下謙頰反。考聲云：篋，椷也音咸。字書云：箱屬也。說文云：篋，笥也。從匧聲也。匧或從木作㮸[二二]㮸，皆通也。

拔濟　上辦八反。考聲云：拔，抽也，救也。桂苑珠叢云：引出也。說文云：拔，擢也。從扌犮聲也。下精曳反。孔注尚書云：濟，渡也。杜注左傳云：濟，益也。賈注國語云：濟，成也。古今正字云：從水齊聲也。

迷謬　糜右反。鄭玄云：謬，誤也。廣雅：謬，欺也。方言：謬，詐也。謚法：名與實乖曰謬。劉熙曰：謬，差也。說文云：謬，從言翏聲也。經文從尒作謬[二三]，俗字也，非正體也。

陿劣　上咸甲反。禮記曰：廣則容姦，陿則思欲。考聲云：陿，隘也。玉篇云：迫隘不廣大也。經文從犬作狹，或從阝從夾作陜，皆非也。說文正體從阝從匚夾聲也。隘，攖介也(反)[二四]。下力輟反。廣雅：劣，少力也。說文：劣，弱也。會意字也。或從忄作㤞，古字，時不用也。

大般若波羅蜜多經　第五百四十二卷

[無可音訓。][二五]

大般若波羅蜜多經　第五百四十三卷

秉法炬　上彼皿反。考聲云：手執禾也。集訓云：把禾束也。文字釋要云：手持一禾也。從又又，手也從禾。下渠語反。說文云：束竹筆以燒之曰炬。古作筥也。

法蠃　魯和反。爾雅云：蚹蠃，螔蝓也。郭璞注云：螔蝓，蝸牛也。案：蠃，色白。太常樂器也。吹作美音，聲聞數里。顏氏字樣正體作蠃。從𣎆聲也。經文多作螺，俗字也。此螺字有平、上、去三音，又非，今故不取也。

雙足　朔牕反。顧野王曰：雙，兩隻也。說文云：雙，二枚也。方言云：二飛鳥曰雙。群書字要云：雙字從隹隹，鳥也從又又，手也。手持二鳥曰雙。經文從反(攵)[二六]作雙者，非也，謬已久矣。

大般若波羅蜜多經　第五百四十四卷

地獄　愚鍋反。玉篇云：囚繫之所，總名爲獄。鄭注周禮云：爭財曰訟，爭罪曰獄。說文云：獄，确苦角反。從㹜音銀，㹜者二犬相嚙也從言。言，訟也。地獄者，冥司幽繫之所也。

昏翳　上呼昆反。孔安國注尚書云：昏，暗也。考聲云：昏，亂也。說文云：昏，且冥也。從日從氐丁禮反。字書云：日居氐下曰昏。下嬰計反。韻英云：翳，蔽也。廣雅：翳，障也。說文云：華蓋也。從羽殹也。殹，一計反。

涉暗　常葉反。韻英云：涉，歷也。考聲云：涉，渡水也。說文云：涂行水也[二七]。從水從步，會意字也。下烏紺反。賈逵注國語云：日無光曰暗。

薩婆若　梵語訛也。正梵音薩嚩吉孃二合。唐言一切智，智即般若波羅蜜之異名也。

輕誚　情曜反。考聲云：責讓也，笑也。蒼頡篇云：訶也。說文云：嬈也。或作譙，從言肖省〔二八〕聲也。

拒逆　上渠圄反。韻英云：拒，格也。廣雅：拒，捍音旱也。説文云：抗也口浪反。韻詮云：拒，違也。

他溺　寧的反。字書云：没水也。不浮曰溺。考聲云：沉也。或作愵。愵，憂也。説文作休。

形貌　麻皰反。籀文古字也。説文作皃。容儀也。從人白，象人面。字書云：皃，形也。或從頁作䫉。頁者，頭也。從豹省聲也。頁音頡。

枯顇　上苦胡反。賈逵注國語云：枯，槀也苦道反。考聲云：木乾死也。説文云：木槀也。正體作殆，骨肉乾也。下情燧反。説文云：顦顇也。韻英云：顦顇，瘦惡皃也。或作悴。古今正字云：從頁卒省〔二九〕聲也。

大般若波羅蜜多經　第五百四十五卷

暗鈍　徒混反。蒼頡篇云：鈍，頑也。案暗鈍者，識暗濁不明了也。説文云：鈍，錭大牢反也。錭，頑鈍也。從金屯聲。屯音豚。

怯畏　上羌刧反，或作抾。説文云：多畏也。禮記云：勇者苦怯，怯者畏劣也。下威謂反。考聲云：心所伏也。廣雅：畏，懼也。畏，敬也。論語曰：君子有三畏，畏天命、畏大人、畏聖人之言。鄭注禮記云：伏曰畏。字書云：畏，難也。説文云：畏，惡也。從爪而虎爪可畏也，從人從鬼省聲也。

懷孕　上㨪(横)〔三〇〕乖反。孔注論語云：懷，安也。又云：懷，歸也。鄭注周禮云：懷，來也。古文正體從女作㜳，㜳妊字也。下以證反。鄭玄禮記云：妊音壬。妊子曰孕。廣雅：孕，懷。㑗音身也。説文云：懷子也。從乃子聲也。㑗音身〔三一〕。

大般若波羅蜜多經　第五百四十六卷

欠㰦　丘據反。埤蒼云：張口欠㰦出氣也。經文從口作呿者，非也，乃是睡聲也。

嗤笑　赤之反。韓詩云：志意和悦皃也。考聲云：嗤，笑也。字書云：嗤，戲笑也。説文作欪。又云：欪欪，戲笑皃也。從欠㞢(㞢)〔三二〕聲也。㞢(㞢)音之也。

躁擾　上早到反。賈逵注國語云：躁亦擾也。鄭注禮記：不安静也。顧野王曰：躁，動也。字書云：急性也。説文：從足喿聲也。喿音桑到反。下而少反。考聲云：擾，亂也。説文云：擾，煩也。從扌音手夒奴刀反聲也。經中從憂作擾者，非也。

迦遮末尼　梵語寶名也。此寶石類，非殊勝之寶，此國無，亦如玉石之類也。

朋侣　蒲弘反。太公六韜云：犮(友)〔三三〕之朋謂之朋，朋之㒯〔三四〕謂之黨。考聲云：同師門也。字書云：朋，類也。古人數法名也。古者用貝貨易，五貝爲一朋。此亦假借古鳳字也。借鳳爲朋者，鳳飛則群鳥萬數從之，故借古鳳字爲朋黨字也。説文作倗。倗，輔也。從人朋聲也。下力舉反。蒼頡篇云：侣，儷也。廣雅、玉篇：侣，伴也。古今正字：從人吕聲也。儷音歷弟反。

深奥〔三五〕　下烏告反，又音於六反。訓義並同。廣雅：奥，藏也。

郭注方言：室中隱奧處也。說文云：究也。室之西南隅也。從穴𢍏聲[三六]。𢍏音弓六反。下從廾音拱，上從古六字也。宀音綿。從米作奥，非也。

大般若波羅蜜多經　第五百四十七卷

慊恨　叶甜反。韻英云：嫌疑也。王弼注易云：心不平也。考聲云：心惡也。說文：從心兼聲也。經或從女作嫌，亦同。惡音烏固反。

空缺　上苦貢反，下傾悅反。玉篇云：缺，玷也。毛詩云：鹿鳴廢則和樂缺也。說文云：器破也。蒼頡篇云：缺，虧也。從缶夬聲也。或從垂作缺，通用。玷音丁琰反，缶音方苟反，夬音決。

除愈　以主反。集訓云：愈，疾差也，益也，勝也。從心俞聲也。俞字從舟。

大般若波羅蜜多經　第五百四十八卷

端拱　上覩官反。考聲云：端，正也。周禮：齊服有玄端、素端。鄭衆曰：端，本也。方言云：端，緒也。說文云：端，直也。從立耑都官反聲也。下薹擁反。杜預注左傳云：合手曰拱。禮記曰「正立拱手」是也。尚書曰：垂拱仰成。毛詩傳曰：拱，法也。說文云：斂手也。從手共聲也。

善軛　於革反。考工記云作軶。人爲車軛，長六尺。鄭衆曰：謂轅端壓牛領車軛也。說文云：轅前也。從車戹也。戹音厄。經文作軛，略也，俗字也。

卵轂　上郎管反。說文云：凡物無乳者卵生，行者胎生。有問者曰：魚豈飛物，何得卵生？答曰：鳥浮於雲，魚浮於水，亦類也。古文作𠨯，篆書作卵，象形字。下苦角反。集訓云：鳥卵皮曰轂。考聲云：卵空皮也。從卵𣪊聲。𣪊，苦角反。

敵對　上徒歷反。杜預注左傳云：敵，對也。又云：敵，當也。爾雅：敵，匹也。說文云：敵，仇也。從攴普卜反從滴省聲也。下當内反。考聲云：對，荅也，匹也。說文云：辯對無方也。從丵(丵)[三七]鳰學反從口從寸作對(對)[三八]。經文從卝音草從至作對[三九]，誤也。

蹊徑　上形鷄反。杜預注左傳云：蹊，徑也。鄭玄注禮記云：蹊徑者，禽獸之道也。從足奚聲，亦作徯。下經定反。周易：艮爲徑路。顧野王曰：徑，小路。廣雅：徑，邪路也。從彳巠聲也。彳音丑尺反。巠音經。

大般若波羅蜜多經　第五百四十九卷

欻作　暉律反。薛琮注西京賦云：欻，忽也。蒼頡篇云：欻，猝音粗骨反起也。說文云：有所吹起也。從欠炎聲。

柔耎　而剸反。鄭衆注周禮云：耎，厚脂韋皮也。說文云：前稍韋(大)[四〇]也。耎，弱也。從大而聲也。或作偄，亦通也。

迷謬　縻右反。鄭玄注禮記云：謬，誤也。方言云：謬，詐也。廣雅：謬，欺也。謚法曰：名與實乖曰謬。劉熙曰：謬，差也。說文云：謬字從言翏聲也。經文從尒作謬[四一]，俗字也，非正體也。翏，六幼反。

猝暴　上村訥反。正從犬作猝。聲類云：倉猝暴疾也。考聲云：倉忙也，遽也。或作碎，亦同。經文作卒，略也。亦與兵卒相濫，宜改從犬，正也。下蒲冒反。考聲云：暴，猛也，速也，無善也。說文云：㬥字從日從出從廾從米，會意字也。廾音拱，米音滔。經本作暴，俗字也。

撟誑　上居夭反。集訓云：撟，詐也。字書云：撟，妄也。經文相傳從矢作矯，非此用也。下俱況反。賈逵注國語云：誑，惑也。杜預注春秋云：誑，欺也。考聲云：相欺以言也。說文：從言狂聲也。或作迋，又作誆（恇）[四二]，並是古字，今已廢也。

愆失　朅焉反。考聲云：愆，過也。字書云：愆字正從人從心幵聲也，幵音牽。經中多從人二天作㥶，俗字也。或作諐、㤅，皆古字也。朅音羌蘗反。

惶懼　上胡光反。集訓云：惶，悚也。考聲云：惶，恐也。博雅云：惶，遽也。字書：從忄皇聲也。遽音渠御反，忄音心也。下劬遇反。字書云：畏也。方言：懼，驚也。說文：懼，恐也。從心瞿聲也。瞿音具于反。古文作愳。

親昵　尼慄反。俗字也。正體作暱。毛詩傳曰：昵，近也。杜預云：昵，親也。說文：從日匿省[四三]聲也。

淳質　上垂倫反。俗字也，正合作湻。考聲云：湻，清也。說文云：湻，從水𦎫聲也。下真日反。鄭注儀禮云：質，正也。杜預注左傳云：質，信也。顧野王曰：質，醇撲（樸）[四四]也。廣雅曰：質，謹軀也。質，定也。謚法曰：名實不爽曰質，中正無喪（衺）[四五]曰質。說文云：以物相贅也。從貝從所。贅音之汭反，所音魚斤反。

技藝　上渠擬反。考聲云：工巧也。集訓云：技猶藝也。說文：技，巧也。從扌支聲也。扌音手。下霓計反。周禮：六藝，禮、樂、射、馭、書、數。顧野王云：藝猶材也。杜預曰：藝，法制也。賈注國語云：藝，極也。字書云：藝，能也。從云埶聲也。音同上。

羅刹娑　梵語也。古云羅刹，訛也。羅字上聲呼，兼彈舌引聲即正。此乃暴惡鬼名也。男即極醜，女即甚姝美，並皆食啖於人。別有羅刹女國，居海島之中，如佛本行經中具說也。

賓賈　上始章反，下姑苦反。周禮：九職，六曰賓賈。鄭玄云：行賣曰賓，坐販曰賈。考工記云：通四方之珍異以資之名爲賓旅。鄭玄曰：販賣之客也。說文云：行賣也。從貝從商省聲也。經中通作商，誤也，宜加貝爲正。鄭玄曰：通方物曰賓，居賣曰賈。杜預曰：賈，賣也。考聲云：坐販也。賈，價也。說文云：賈，市也。有音加雅反者，非也。

戲謔　上虛寄反，下香虐反。毛詩云：無敢戲豫。傳曰：戲豫，逸豫也。說文：三軍之偏也。從戈䖒（虘）[四六]聲也。經從虛作戲，非也。毛詩傳曰：謔[四七]謔，喜樂也。又云：「善戲謔兮」是也。說文云：謔亦戲也。從言虐聲。

舩撥（橃）　上述專反。世本：共鼓貨狄作舟舩。宋忠曰：黃帝二臣名也。方言曰：自關西謂舟爲舩。說文云：舩，舟也。從舟從公省聲也[四八]。下煩韈反。考聲云：縛竹木浮於水上謂之橃音伐。集訓云：木橃也。說文云：海中大舩也。從木發聲。或作筏，俗字也。廣雅作撥，亦同。經文作栰，謬作也。

薩栰若心　梵語訛略不正也。正梵音薩嚩吉孃二合，唐云一切智心，即般若之異名。

大般若波羅蜜多經　第五百五十卷

顧恡　上古庫反。鄭玄箋毛詩云：迴首曰顧。又云：顧猶視也。又云：顧，念也。從頁雇聲。頁音頡，雇音固。下力陣反。孔安國注尚書云：恡，惜也。方言曰：貪而不施爲之恡。說文正體作吝。吝，恨也。從口文聲也。或作悋，俗字也。或作彣、吝，並古字也。

繽紛　上匹賓反，下芳分反。考聲云：繽紛，亂也。字書云：繽紛，衆多皃也。集訓云：繽紛，盛皃。並從糸音覓，賓、分皆聲也。經中賓字從尸作賔者，非也。

勇捍　上庸腫反。顧野王曰：雄毅果決也。謚法曰：懸命爲仁曰勇，投身爲義曰勇，持義不掩曰勇，知死不避曰勇。說文[四九]作勈，與經中勇一也。說文云：勇，氣也。從力甬聲也。或作恿、戜，皆古勇字也。下寒岸反。俗字也，體作⿰旱殳。集訓云：抵，捍也。考聲作扞，蔽也，禦也，並同用也。

大般若波羅蜜多經　第五百五十一卷

惡蠍　香謁反。毒蟲也。說文云：蠆也。從虫歇聲也。經文作蝎，非也。蠆音丑介反。虫音毀。

一巷　學絳反。集訓云：街，巷也。廣雅作衖，音與上同。或作䣖，又作衖，皆古字也，里閒道也。

擾惱　而沼反。集訓云：擾，煩也，亂也。

唐捐　悅玄反。考聲云：捐，弃也。唐，徒也。

毀懱[五〇]　眠結反。韻詮云：輕易也。從忄蔑聲，經文篾，非也。

昧鈍　徒頓反。考聲云：性頑滯也。蒼頡篇云：鈍，頑也。韻英云：刃不利也。

樂耎　上五教反，下剸而反。剸音專巒也[五一]。

大般若波羅蜜多經　第五百五十二卷

善軛　烏革反，前五百四十八已釋。

戰慄　隣室反。集訓云：戰慄，懼也。戰戰慄慄，懼之甚也。從心栗聲也。

源底　上音原。鄭注禮記云：源，本也。廣雅：萬物之本曰源。說文作原，或作厵，古字也。

如僕　蒲斛反。毛詩傳：附也。考聲云：僕，使也，僮也。顧野王：御車者也。說文云：給事之者。從人菐聲也。古文作䑑。左傳：從王臣公侯已下至僕，乃第八等人也。菐音卜也。

捶打　上隹蘂反。說文云：捶，擊也。又云：捶，摘也。許叔重注淮南子云：捶，鍛也。從手垂聲也。字書或從竹作箠，又從木作棰[五二]，掊也。鍛音當灌反。下德冷反。廣雅：打，擊也。埤蒼云：打，掊也。從扌丁聲。扌音手。

勘耐　上康甘反。毛詩傳云：勘，任也。爾雅：勘，勝也。說文本字從力從匹甘聲也。經文從土作堪，非本字。說文：堪，地突也。非經義，相承共用爲堪任字久矣。從力作者乃去聲，用之不可改。下乃代反。集訓云：耐，忍也。左傳云：云[五三]而不相耐。耐猶能也。說文從彡作耏，形聲也。杜林曰：諸法度皆從古，故從寸作耐。

履踐　上梨徵反。世本云：於音烏則非(作)[五四]扉肥末反履。宋忠曰：黄帝臣也。草曰扉，麻曰屨。案今人若草若麻及絲，通名爲履。鄭注禮記云：履，蹈也。考聲：履，屨俱遇反屬也。說文云：足所依也。從尸從彳丑尺反從夂音所厄從舟。舟象履形也。或有從復作履者，誤也。下錢演反。孔注論語云：踐，循也。毛詩傳云：踐，行貌也。禮記云：踐其位行其禮也。說文云：踐，履也。從足戔聲也。或作衡，或作彶，並與踐同，皆古字也。戔音察限反。

挑目　上體彫反。韻詮云：挑，撥也。考聲云：挑，抉也。說文：從手兆聲。或從刀作刔，古字也。經中或有從木作桃，非也。抉音縈悅反。

劓鼻　魚忌反，又音魚罽反。孔安國云：劓，割也。古刑法傷人者，其刑劓。鄭注周禮云：劓，截其鼻也。說文云：劓，決鼻也。或作劓，亦通用也。

黧黑　上力池反。通俗文云：斑黑曰黧。考聲云：面顡黑而黄色也。又音禮兮反。文字音義云：黧，老也，黑色也。從黑從黎省聲也。顡音翠遵反。

痔漏　上持妓反。集訓云：下部病也。說文云：後病也。下婁豆反。顧野王曰：漏猶泄也。案痔漏者，泄痢病也。許叔重曰：漏，失也。說文：以銅器受水刻節，晝夜共爲百刻。從水屚聲。或作屚。泄音先節反。

大般若波羅蜜多經　第五百五十三卷

鹹鹵　上匣嚴反。尚書云：水曰潤下，潤下作鹹。爾雅：苦也。說文云：北方味也。下郎靓反。杜預注左傳云：淳鹵确薄之地也。說文云：西方鹹地也。從西(卣)[五五]省，象鹽形也。

欲扣　苦狗反。集訓云：擊也。

法贏　盧禾反。經文作蠡，非也。蠡音靈底反。蠡吾，縣名，在涿音卓郡。越有范蠡，人名也，錯之甚矣。經中又有作螺，桑蟲也，亦非經義。爾雅云：贏即大蝸牛也。言法贏者，喻菩薩演法之音如贏鼓聲也。

析爲　星亦反。韻英云：析，分也。說文云：破木也。從木從斤。斤，半木字也。或從木從斤作析，亦通。下葦危反，從爪作為(爲)[五六]，正也。

滴數　丁歷反。考聲云：水落也。或作滴。說文云：水欒力端反注也。欒，漏流也。字書：水滴也。經文從水從帝作渧，俗字也。下霜句反，從毌音官。

機關　上薑希反。集訓云：凡物有關制動者皆曰機。易曰：樞機之發，榮辱之主。莊子云：有機械者必有機心。說文云：主發謂之機。從木幾聲也。下古頑反。大戴禮云：君[五七]子情邇而暢於遠，察一而關于多。說文云：以木横持門，絆聲也。豯(絲)，呼關反，絆音同上。字書或作官。經中作關[五八]，非也，音皮免反。

大般若波羅蜜多經　第五百五十四卷　無可音者。

大般若波羅蜜多經　第五百五十五卷

宜澍　之樹反。淮南子云：春雨之灌萬物，無地而不澍，無物而不生。說文云：時雨所以澍生萬物也。從水從封省[五九]

聲。正體作澍，籀文作尌。

大般若波羅蜜多經　第五百五十六卷

無字可音訓。

大般若波羅蜜多經　第五百五十七卷

殄滅　田踐反。前五百三十九卷已具訓釋。

譴罰　上輕見反，下煩韈反。前第五百四十卷已具訓釋也。

疲極　上音皮。賈逵注國語云：勞也，病也。廣雅：疲，倦也。下其嶷反。考聲云：極，窮也，竟也。從木亟聲也。亟音居力反。

怯怖　欺業反。顧野王曰：怯，畏劣也。説文：從犬作㹤，從犬去聲也。

大般若波羅蜜多經　第五百五十八卷　無可音訓。

大般若波羅蜜多經　第五百五十九卷

稍㪔　上所狡反。玉篇云：稍稍，侵漸也。廣雅云：稍稍，小也。考聲云：稍，盡也。説文云：出物有漸也。下桑贊反。説文云：分離也。或從隹作㪔〔六〇〕。隹，鳥也。説文云：飛㪔也。廣雅：㪔，壞也。又云：㪔，布也。説文：㪔字從肉𣏟聲也。𣏟音亦㪔字也。

拒逆　上渠佇反。廣雅：拒，捍也。説文云：拒，抗也。韻英云：拒，違也。從手巨聲也。捍音旱，抗音口浪反。下魚戟反。爾雅：迎也。方言云：自關而東謂迎爲逆。蒼頡篇云：逆，不從也。孔安國曰：逆，咈戾也。左傳有六逆，賤妨貴、少勎長、遠間親、新間舊、小加大、婬破義，謂之六逆也。鄭注考工記云：逆猶却也。考聲云：逆者，反常道也，不順也。關東曰逆，關西曰迎。説文：逆迎並從辵屰聲也。經作逆〔六一〕，俗字也。咈音扶勿反，辵音丑略反，屰音逆也。

大般若波羅蜜多經　第五百六十卷

歐熱血　上謳口反。左傳曰「伏弢歐血」是也。弢，弓袋也。説文云：歐，吐也。從欠謳省聲也。下如設反。考聲云：熱，暑也。桂苑珠叢云：温暑曰熱。説文：熱，温也。從火埶（𤊶）〔六二〕聲也。謳音烏鉤反，弢音他勞反，埶（𤊶）音熱。

規摸（模）〔六三〕　癸惟反。顧野（王）〔六四〕云：規圓而矩方也。孟子曰「不規矩不能方圓」是也。鄭玄云：規，正圓器也。考聲云：規，圓也，正也，度也。説文：規，有[法度]〔六五〕也。從夫從見，有從矢或從失皆誤也。度音徒洛反。下母蒲反。鄭玄箋毛詩云：摸（模），法也。又云：摸（模），範也。考聲云：摸（模），形也。摸（模），樣也。古文作橅，音同上。

大般若波羅蜜多經　第五百六十一卷

稱量　上赤蒸反。韻英云：稱，程也。考聲云：定其輕重也，平也。廣雅：稱，度也。説文：稱，詮也。從禾爯聲也。爯同上也。下力薑反。考聲云：量，度也，稱也。從曰童聲。古文作量，經文作量，略也。

數量　上霜婁反，下力仗反。訓解同上。量字俗用作量，略也。

堵羅綿　梵語輕耎絮也。沙門道宣注戒云：柳花絮、蒲臺花綿、白楊花絮、白疊花絮等是也。取輕細柔耎爲喻也。

飄轉　上匹遥反。郭璞注爾雅云：飄者，迴風也。毛詩傳曰：暴起之風也。經典釋文陸德明音毗遥反。老子曰：飄風不終朝。或作嘌。字林作飆，古字也。

遊泛　芳陷反。賈注國語：泛，浮也。詩傳：泛，流皃也。

卒破　忽訥反。俗用字略也。玉篇云：此字與兵卒相亂而用別。説文正體從犬作猝。經文單用，從衣從一(十)〔六六〕，一(十)象表記。考聲云：猝，蒼忙也，遽也。遽音漂〔六七〕御反。

浮囊　附無反。玉篇：音扶尤反。陸法言音薄謀反。下二皆吴楚之音也，今並不取。廣雅：浮，漂也。鄭注禮記：在上曰浮。賈逵：浮，輕也。説文：浮，泛也。從水孚(孚)〔六八〕聲也。下乃郎反。集訓云：有底曰囊，無底曰橐，皆盛物器也。字書云：大曰囊，小曰橐，此説非也。小篆囊字從槖省。從襄從衣，罣亦聲也。今經言浮囊者氣囊也。欲渡大水假此氣囊輕浮之力，故説爲喻也。橐音託，槖音混，罣音女耕反。

善軶　櫻革反。前文第五百四十八卷已具訓釋。

牀座　狀莊反。廣雅云：人之棲息安身之具也。説文云：身所安也。從木爿聲也。經文作床，非也。撿字書並無此床字也。爿音情羊反。

一腋　羊益反，又章亦反，二音並通。埤蒼云：腋，胳也。在肘後肩下也。古今正字：從肉從液省聲也。胳音各，液音亦。

洲渚　上音州，下章與反。爾雅云：水中可居曰洲。毛詩傳曰：渚，小洲也。王逸注楚辭云：水涯曰渚。或從阜作陼。一説云：大曰洲，小曰渚也。

翅羽　施異反。正體作翄。韻英：鳥羽也。説文云：翄，翼也。從羽支(支)〔六九〕省〔七〇〕聲也。

欻作　暉律反。薛綜曰：欻，忽也。蒼頡篇云：欻，卒起也。説文：有所吹起也。從欠炎，炎亦聲也。

大般若波羅蜜多經　第五百六十二卷

侮傲　五告反。俗字也。尚書：傲，慢也。説文：傲，倨也。從人敖聲也。敖字正從出從方從攴。

親暱　尼慄反。經文從尼作昵，俗字也。

羅刹娑　梵語也。食噉衆生血肉，惡鬼神名也。古云羅刹，略也。

賫賈　上始羊反，下姑户反。已見前具釋訖也。

俳優　上蒲埋反，下億鳩反。蒼頡篇云：俳優，樂人也。前文已解訖。埋音麻懷反。

戲謔　上虚氣反，下香虐反。解釋已見前文。

邀契　上伊澆反。考聲云：邀，遮也。杜預注左傳云：邀，要也。字書：邀，循也，求也。或從彳作徼，訓釋亦同。下輕計反。韻英云：契，約也，要也。鄭衆曰：契，符書也。鄭玄曰：契即今之券，從力〔七一〕。考聲云：大曰券，小曰契。杜預曰：要契之辭也。古者合兩札刻其傍，各執爲信。從刧從廾，此會意字、轉注字也。券音匡願反，刧音口八反，廾音拱也。

大般若波羅蜜多經　第五百六十三卷

根栽　宰猜反。鄭注禮記云：栽，植也。案：栽，種也，種植草木曰栽。從木從𢦏省〔七二〕聲，𢦏音灾。

一切經音義　卷第七

大般若波羅蜜多經　第五百六十四卷　第五百六十五卷　已上兩卷並無字可訓。

校勘記

〔一〕也　頻作「色」。
〔二〕初　大正作「㓶」。
〔三〕相遮要平聲，夆亭名也　説文：「夆，相遮要害也。从夊丰聲。南陽新野有夆亭。」
〔四〕遜　據文意似當作「愻」。
〔五〕鬼　據文意似當作「愧」。
〔六〕塗　慧卷四釋此詞作「溼」。
〔七〕省　衍。
〔八〕諟　據文意作「諟」。　省　衍。
〔九〕荅　據文意似當作「答」。
〔一〇〕擴　據文意當作「横」。
〔一一〕聲　獅作「反」。　左傳　獅作「考聲」。
〔一二〕墨罰之屬千，剕罰之屬五百　阮元校刻十三經注疏爲「墨罰之屬千，劓罰之屬千，剕罰之屬五百」。
〔一三〕省　衍。
〔一四〕小口罌　説文：「𦉢，小口罌也。」
〔一五〕檢今傳本説文：「臞，少肉也。」「膌，瘦也。」
〔一六〕零　頻作「雰」。
〔一七〕零　頻作「氳」。
〔一八〕雰　獅作「零」。
〔一九〕幡　即「幡」。
〔二〇〕皰　即「皰」。
〔二一〕涸　疑衍。
〔二二〕柩　疑衍，或爲「柩」的訛略。
〔二三〕謬　據文意似當作「謬」。
〔二四〕也　頻作「反」。
〔二五〕無可音訓　麗無，據獅補。
〔二六〕反　獅作「夊」。
〔二七〕塗行水也　今傳本説文爲「徒行厲水也」。
〔二八〕省　衍。
〔二九〕省　衍。
〔三〇〕擴　據文意當作「横」。
〔三一〕㑗音身　衍。
〔三二〕㞢　似作「㞢」。下同。
〔三三〕犮　頻作「友」。
〔三四〕朋　頻作「朋」。
〔三五〕奥　據文意似當作「奥」。
〔三六〕説文云……龚聲　今傳本説文：「奥，宛也。室之西南隅。从宀龚聲。」
〔三七〕荎　據文意似當作「丵」。
〔三八〕對　據文意當作「對」。今傳本説文：「對，譍無方也。从丵口，从寸。」
〔三九〕對　據文意似當作「剢」。
〔四〇〕前稍章　頻作「稍前大」。今傳本説文：「奐，稍前大也。」
〔四一〕謬　據文意似當作「謬」。
〔四二〕睚　據文意作「㤞」。
〔四三〕省　衍。
〔四四〕撲　大正作「樸」。
〔四五〕喪　頻作「喪」。
〔四六〕虛　頻作「虛」。
〔四七〕謔　據文意似當作「戲」。
〔四八〕撥　據文意似當作「橃」。　省　衍。
〔四九〕此下「作動」至「大戴禮云：君」，獅無，大正亦闕。獅注云「此間原本脱四葉」。
〔五〇〕懺　據文意似當作「懺」。
〔五一〕也　據文意似當作「反」。
〔五二〕捶　據文意當作「棰」。
〔五三〕云　疑衍。今傳本左傳：「故與欒盈爲公族大夫而不相能。」

〔五四〕非　據文意當作「作」。

〔五五〕西　今傳本說文：「鹵，西方鹹地也。从㢴省，囗象鹽形。」

〔五六〕為　據文意當作「爲」。

〔五七〕此上「作勫」至「大戴禮云：君」，獅無。

〔五八〕豩　據文意當作「豨」。　闢　據文意似作「開」。

〔五九〕省　衍。

〔六〇〕皾　據文意似作「皷」。

〔六一〕逆　據文意似當作「逆」。

〔六二〕執　據文意似當作「埶」。下同。

〔六三〕摸　據文意當作「模」。下同。

〔六四〕王　麗無，據文意補。

〔六五〕法度　麗無，據大正補。

〔六六〕一　磧作「十」。下同。

〔六七〕漂　大正作「箕」，似作「渠」。

〔六八〕子　據文意當作「孚」。

〔六九〕攴　據文意當作「支」。今傳本說文：「翄，翼也。从羽支聲。」

〔七〇〕省　衍。

〔七一〕力　據文意當作「刀」。

〔七二〕省　衍。

一切經音義　卷第八

翻經沙門慧琳撰

音大般若經從五百六十六盡第六百凡三十五卷

大般若波羅蜜多經　卷第五百六十六

三藏法師玄奘譯[一]

阿難陀　唐云慶喜，舊曰阿難，梵語略也。

憍陳那　舊云憍陳如，佛初成道度五俱輪，此其一也。

笈防鉢底　舊云憍梵波提，略也。

褐麗筏多　舊云離婆多，略也。

大採菽氏　舊存梵語曰大目乾連，或云俱律陀，或曰拘隷多，或名俱利迦，皆訛略也。正梵音摩賀冒引螚蘖二合羅引上聲野，遠祖神仙採菉豆食，因以爲姓。螚音能得反。

畢藺音恡陀筏蹉倉柯反　舊曰畢陵伽婆蹉是也。

大迦薑佉反多衍延典反那　舊曰迦旃延，梵語略也。

鴟波離　舊云優波離，輕重異也。

羅怙羅　舊名羅睺羅也。

紹隆　上常遶反，下力冲反。訓釋已見前卷。

珊覩史多　上蘇安反。梵語欲界中六天之一名也。唐云知足天。一生補處菩薩見作此天王也。

礫石　力的反。

谿谷　上啟鷄反。爾雅：水注川也。說文：山竇無所通。亦從水作溪。從石作磎是磻磎，字見纂韻，非此義也。下公哭反。說文：泉出通流[二]爲谷。從水半見出於口。會意字也。

三愆　揭焉反。考聲：愆，過也。韻詮：㥶，罪也。說文：從人心幵聲也。幵音啟堅反。經從二天作𠎝，誤也。古文作辛，籀文作㥶，說文作𧙃，又作𡩟，皆古字也。

慙恥　上藏南反。尚書「唯慚德」是也。說文：慚，愧也。從心斬聲也。下癡里反。考聲：恥，辱也。字書：羞，恥也。衛宏從言作誀，古字也。癡音丑之反。

檛打　上茁瓜反。茁音竹刮反。聲類作築，捶也。考聲：檛，擊也，馬策也。從木過聲也。下德耿反。廣雅：打亦擊。埤蒼：棓也。棓音龐巷反。說文：從手丁聲也。陸法言云：都挺反，吴音，今不取也。

盲瞖　上莫彭反。玉篇云：盲，冥也。說文：目無眸子曰盲。考聲：目無見也。從目亡聲也。下於計反。考聲：目中瞖也。字書：目障瞙也。從目殹聲也。殹音同上。經從壹從目作曀，非也。

鎣飾　上縈敻反。考聲：發器物光也。從金從熒省聲也。經從玉作瑩，俗字，亦通。下昇力反。考聲：飾，彫也，修也。集訓：服著也，清潔也。說文：刷也。從食從人從巾。

如矟　山卓反。廣雅：矟，矛也。埤倉：長丈八矛也。從肖矛聲也。

如衝　昌恭反。廣雅：衝，當也。衝，揆也。周易：衝，行也。考聲：擊也。說文：交道四出也。從行童聲也。

徇名　旬俊反。

憤恚　扶吻反。考聲：盈也，心氣發也。鄭玄云：怒氣充實也。蒼頡篇：憤，懣也。音悶。說文：憤恚，恨也。或作憤，古字也。

嫌恨　叶鹽反。韻詮：嫌，恨也，疑也。考聲：心惡也烏固反。說文：心不平也。從女兼聲也。經從心作慊，亦通。下何艮反。蒼頡篇：恨，怨也。從心艮聲。

覆罩　上芳務反。訓釋已見上文。下卓狡反。毛詩傳云：罩，篧也。篧音廓。郭璞注爾雅：罩，捕魚籠也。說文：捕魚竹器也。從网卓聲也。或作罹、䍟、箪、箌，並皆古字也。

儵忽　識祝反。王逸注楚辭：儵忽(忽)[三]，急皃也。又云：儵忽(忽)如電光也。廣雅：儵忽(忽)，光[四]。從黑攸聲也。攸音由。或從火作倏，或從足作跾，皆古字也。

膖脹　上普江反，下張亮反。

大般若波羅蜜多經　第五百六十七卷

坑坎　上客耕反，下康敢反。

爩熱　上委律反，下然設反。

飄颺　上匹遥反，下羊亮反。

淤泥　上於據反。字書：水中青泥也。說文：淤，滓也。玉篇：水中泥草爲淤。淤，臭泥也。下奴雞反。玉篇：土得水而爛曰泥。

水滴　丁曆反。經作渧，俗字。

芬馥　上芳文反。考聲：香氣也。古文從屮作岁。屮音丑列反。說文：草初生香氣分布。從屮分聲也。今隸書從草作芬。芬，和也。經從香作馚，非也。下馮目反。韓詩：芬馥，香氣皃也。

嚬蹙　上毗寅反，下酒育反。

僞行　上危位反。韻英：詐妄也，不實也。考聲：矯詐也，欺也。或從言作譌。

詭言　居委反。字書：詭，詐也。廣雅：詭，隨惡也。說文：詭，責也。或從心作恑，怪異也。

懷憾　上户乖反。毛詩傳曰：懷，思也。孔氏曰：懷，安也。謚法曰：慈仁短折曰懷，執義揚善曰懷。說文：念思也。從心褱聲也。褱，户乖反。古文作瀤，或作褢。經有作褱，協藏也，非此義。下向噉反。孔氏注論語云：憾，恨也。從心感聲也。

䜴喝辯　上先賫反。考聲：語而聲悲也。說文：悲聲也。從言斯聲也。經從口作嘶，俗字也。埤蒼：嘶者，聲散也。下乁芥反。考聲云：聲噎也。廣雅：嘶喝，聲之幽細也。字書或作嗑，或作歡，皆古字也。

拙澀　上專熱反。考聲：不工巧也。下霜戢反。考聲：不滑也。經從三止，澁，俗字不成也。

降澍　上江巷反。爾雅：降，下也。集訓：落也。蒼頡篇作夅。說文訓與爾雅同。從𨸏夅聲也。下主戍反。淮南子曰：

水從尌聲也。春雨之灌澍，無地而不生。說文亦云：時雨澍生萬物。從水從尌聲也。

霑濡　上輒廉反。韓詩：霑，溺也。考聲：小濕也。禮記：孔子曰：雨霑服失容。說文：霑，霂〔五〕音染。字書云：霑霂，微濕也。從雨沾聲也。下而殊反。集訓：霑，漬也。字統：濡，小溼也。又云：濡亦霑也。從水需聲也。需音須。

赫奕　上亨格反。爾雅：赫赫，迅也。郭璞曰：盛疾皃也。方言：發也。廣雅：赫赫，明也。說文：大赤皃也。從二赤。下羊益反。或從火作奕。毛詩傳曰：奕奕，火皃也。說文亦同〔六〕。從火赤聲也。

大般若波羅蜜多經　第五百六十八卷

腥臊　上姓精反。或作胜。孔注尚書云：胜，臭也。杜子春云：豕膏臭也。說文：犬膏臭也。從肉星聲也。說文又作鮏(鮏)〔七〕，魚鮏也。禮記曰：肉胜細者爲鱠。下蘇遭反。周禮曰：夏宜膏臊。鄭衆曰：豕膏臭也。杜子春：犬膏臭也。說文亦云：豕膏臭也。從肉喿聲也。喿，桑到反。或作鱢。周禮：膳膏繪(鱢)〔八〕。經作膝，俗字也。

臭穢　上昌獸反。玉篇：臭者，凡物氣之總名。說文：禽走臭而知其跡者，犬也。從犬從自。自者，古文鼻字也。經從死作殠者，非也。下於喙反。顧野王曰：穢者，不清潔也。韻英：穢，惡也。考聲：荒蕪也，或作薉也。說文：從禾歲聲也。

盥洗　古短反。說文：澡手也。從臼從水皿。皿，器物也。臼音掬，皿音美秉反。春秋傳曰：奉匜沃盥。有作去聲，古翫反，亦通。下先禮反。說文：濯足也。

巖穴　上雅咸反。考聲：巖，岸也，山崖也。下玄決反。字書：穴，孔子，空也。

罕人　呵亶[反]〔九〕。毛詩傳曰：罕，希也。說文：罓也。從罓干聲也。

猒惡　上伊焰反，下烏固反。

無鈎　苟侯反。考聲：鈎，取也，引也。說文：曲鐵也。從金勾聲也。

轡勒　上悲媚反。說文：馬轡也。從叀叀音專，與連同音從絲。顧野王曰：轡所以制御車中馬也。下郎得反。說文：馬頭絡鑣銜也。從革力聲也。

嫉妒　上情逸反，下當故反。王逸注楚辭云：害賢曰嫉，害色曰妒。鄭注毛詩序云：以色曰妒，以行曰忌。說文：從女從户聲也。

誘化　餘手反。說文作羑。羑，導也，教也，引也，進也，相勸動也。從言從秀聲也。

鬀落　天帝反。考聲：削髮也。經作剃，俗字也。

鬚髮　上相逾反。說文作須，髭須也。下藩韈反。考聲：頂毛也。說文：髮根也。從髟犮聲也。髟音衫，犮音蒱末反。或作𡟵，皆古字也。

澡浴　子老反。廣雅：澡，治(浴)〔一〇〕也。蒼頡篇：澡，盥也。顧野王云：澡猶洗，令潔也。下音欲。說文云：浴，洗身也。從水從谷省〔一一〕聲〔一二〕。

大般若波羅蜜多經　第五百六十九卷

瑩治　縈敻反。韻英：摩拭也。或從金作鎣，同也。下除離反。

考聲：治，理也。修故也。從水台聲也。

皎潔　上經曉反。毛詩傳曰：皎，光也。方言：明也。說文：從白作皎。下堅嚙反。考聲：清也，靜也。從水絜聲也。

塊擲　上康膾反。字書：土塊。儀禮「寢苫枕塊」是也。說文：土墣也。墣音匹角反。從土從隗省聲也。隗音五罪反。或作凷，象形，古字也。下呈石反。廣雅：擲，振也。說文：投也。正體作擿也。經從鄭，俗字也。

磣毒　瘡瘮，霜稟二反。考聲：砂土汙也。從石參聲也。或從土作墋，亦同。下徒斛反。孔注尚書：毒，害也。考聲：惡也，痛也。案磣毒者，妒害也，忍人也。說文：害人之草也。從屮毒(毐)[一三]聲也。屮，丑列反，毒(毐)音愛。經作毒，隷書訛也。

不憚　唐旱反。鄭箋毛詩：憚，難也，又畏也。集訓：辭也，又驚也。說文：憚，疾也。從心單聲也。

劬勞　具於反。賈逵云：疲，勞也。爾雅：勤也。說文：劇也。從力。案：用力者則多勞。

親狎　霞甲反。論語：小人狎大人。孔氏曰：狎，近也。杜注左傳：狎，習也。或作狹，同。從犬從甲省[一四]聲也。

陮阜　上都回反，下扶務反。

大般若波羅蜜多經　第五百七十卷

根株　上罔恩反。王弼注老子曰：根，始也。考聲：根，本也。下陟殊反。考聲：煞樹之餘曰株。說文：木根。從木從朱聲也。

抑挫　上於力反。賈逵注國語：抑，止也。杜注左傳：抑，損也。如淳注史記：抑，屈也。楚辭曰「屈心而抑志」是也。說文作归，反印字也。归音一力反，印音一刃反。石經加手從印作抑，變體字也。下祖過反。賈逵注國語云：折鋒曰挫。說文：挫，摧也。從手從坐聲也。

先折　上星延反。說文：前進也。從古屮字從人。下章熱反。考聲：折，挫也，拗取也。說文：正體從重二屮丑列反從斤作斵。解云：二屮，草也。以斤斷草曰折。小篆因以二屮相連便誤爲古屮字，遂從手作折也。屮音手也。

稟性　彼錦反。孔注尚書云：稟，受也。說文：賜穀也。從禾㐭聲也。㐭音力錦反。經從示作禀，誤也。

芒衣　武房反。考聲：草末也。然別有草葉如劍刃，觸則傷人。離繫外道將以爲衣，傷其皮肉以爲苦行也。

茅衣　卯包反。周易：藉用白茅。說文：茅即菅草也。從草矛聲也。菅音古顏反。矛音莫侯反。

稗子[一五]　音敗。杜注左傳：草之似穀者。如淳曰：細米爲稗。或作粺，亦通。

或芋　于遇反。韻英：芋，蹲鴟草也。蘇敬本草云：芋，一名茨菰，約有六種差別，所謂青芋、紫芋、真芋、白芋、連禪芋、野芋，並皆有毒。其中唯野芋最甚，食之煞人，以灰水煮之乃可食也。史記云「岷山之下蹲鴟得之至老不飢」是也。說文：大葉實根驚人，故謂之芋。從草于聲也。

或藕　五苟反。考聲：蓮根也。爾雅：蓮荷芙蕖，其根曰藕。玉篇作蕅。本草一名水芝丹，一名蓮甘，可食。說文：從水作蕅，芙蕖根也。從草從水果(禺)[一六]聲也。

牧牛女　莫卜反。杜注左傳云：養牛曰牧。爾雅：郊外謂之牧。郭璞注方言：牧，察也。說文亦云：養牛馬也。從牛攴聲也。攴音普卜反。

搆百　苟寇反。俗用，假借字也。正體作穀。考聲：取牛羊乳也。從手㱿聲也。或從羊作㪄，同。經作搆，是搆架材木字，非經義也。

軍敵　上窘云反，下亭的反。

迦履迦　上薑佉反。假借。此音以響梵音。下文梵語中有迦字，悉同此音。

賫持　濟西反。俗字也。考聲：持財與人也。説文作齎，持遺也。從貝齊聲也。經作賫，因草誤。

暎蔽　上英敬反，下卑袂反。

庳鉢羅樹　上卑寐反。梵語樹名也。或名畢鉢羅，菩提樹之類也。一説即菩提樹。

重疊　長龍反，下亭葉反。蒼頡：疊，重也。廣雅：厚也。宋忠注太玄經：疊，積也。顧野王曰：疊，明也。説文：古理獄官決罪，三日得其宜乃行之，故從三日晶從宜作疊[一七]。王莽以三日太盛改爲三田作疊。經作疊，變體字也。

大般若波羅蜜多經　第五百七十一卷

護法陀羅尼　此中諸字但響取梵字音旨，非求字義也。怛你也二合。他去引。一句。阿上聲，下同此也。護囉羅字上聲轉舌呼，下同。二。矩俱宇反。囉准前也。嚩無割反。下同。底丁以反。三。護引。囉絮奴雅反。兼以鼻音呼。娑去聲呼引。嚕魯字轉舌，下同。絮准上。四。左則可反。下同。左左左左抳尼整反。下准此。五。阿上。麌愚宇反。絮奴雅反。鼻音。乞灑二合。師賈反。多乞灑二合。多。六。乞灑二合。演多乞灑二合。野娑嚩二合引。賀引。七。捨麽莽可反。鼻音。抳准上音。迦准前。囉轉舌。八。污引。嚕引轉舌。隖嚕嚩無可反。底丁以反。九。迦居佉反。下同。囉嚩底迦准上。十。阿上。陛捨底顊寧頂反。娑去引。囉抳尼整反。十一。惹慈攞反。野麽莫可反。鼻音。底丁以反。十二。嚩始顊准前。嚩始。十三。嚩無可反。下同。多嚩多努鼻音。娑去引。哩抳。十四。部引。多努鼻音。娑没嘌三合。兼轉舌。底丁以反。下同。十五。祢奴禮反。嚩多努鼻音。娑没嘌三合。底准上。娑嚩二合反[一八]。賀引。十六句。

銷滅　小姚反。亦作消。

量纔　藏灾反。考聲：纔，蹔也。集訓：僅能也。説文：淺也。從糸從毚音丑略反從免。經從二免作纔也。

瞻博迦花　梵語花樹名也。舊云瞻蔔，訛略也。此花芬馥，香聞數里，大如楸花，爛然金色也。亦是香名也。

門墣　甜叶反。左傳曰：環城附於墣。杜注云：城上女牆也。古今正字云：城上女垣也。從土葉聲也。今人通音爲除者，誤也。

鳧鴈　上輔無反。郭注爾雅：鳧，鴨也。考聲：野鴨之小者。字書：從鳥几聲也。几音殊。鳥之短羽飛几几然，形聲也。下顔莧反。或作鴈，同。毛詩：大曰鴻，小曰鳶，隨陽鳥也。説文：鴈，鵝屬。

白檀　唐蘭反。香木名也。白赤俱香，赤者爲上。梵云贊那曩，古譯云栴檀香是也。出外國海島中。

尸利沙　梵語也。此翻爲吉祥，即合昏樹也。俗名爲夜合樹也。

鸚鵡　上烏耕反，下無甫反。或作鵡。山海經云：黄山有鳥，青羽赤喙，人舌能言，名爲鸚鵡。曲禮曰「鸚鵡能言，不離飛鳥」是也。

優曇花　梵語古譯訛略也。梵語正云烏曇跋羅，此云祥瑞，云異天花也。世間無此花，若如來下生，金輪王出現世間，以大福德力，故感得此花出現。

栴檀　上章羶反，下唐寒反。即前赤白檀香是也。

頗胝迦　梵語寶名也。此無正翻，水精之類也。光明瑩澈，净無瑕穢，有微青白色或紅紫之别異也，亦神靈寶也。

大般若波羅蜜多經　第五百七十二卷

掩遏　上於撿反。考聲：藏也。下安葛反。考聲：遏，遮也。

辜負　上古枯反。周禮：辜戮之職，凡煞王之親者辜之。鄭曰：辜之言枯也。說文：辜，罪也。從辛古聲也。經從手作辜，謬也。下浮武反。顧野王云：背恩忘德曰負。說文：負，恃也。上從人，下從貝。人守寶貝，有所恃也。一曰受貸不償，故人下貝爲負。有從人作偩，俗字。

怯弱　上羌業反，下而斫反。

疲倦　上平眉反，下狂院反。

鑿井　上音昨。聲類：鑿，鏨也。鏨，紫陷反。說文：穿木也。從金毀（鑿）[一九]省聲也。毀音作。凡鑿、鑿、業等字並從丵，象竹木叢生也。丵音牀學反。下丼，精郢反。象形字也。中一點象水，今相傳去點作井也。

莖幹　上幸耕反。說文：枝主也。博雅：草本曰莖。下岡懶反。說文：樹枝也。從木倝，岡岸反聲也。

竹荻　徒歷反。許叔重注淮南子云：荻，藿也。

蘆葦　上郎都反，下於鬼反。爾雅：葭葦也。郭璞曰：即今蘆也。又曰：葭蘆即葦也。案此二草種類相似，大曰蘆，小曰葦。玉篇：葦，大葭。說文：蘆字從艹從皿虗聲也。虗，魯都反。或作蘆，同。經作蘆，俗也。

甘蔗　之夜反。美草也。

馱都　梵語也。此云法界，界即體也。

此下從匳底、所蹈已下直至逶迤、胷臆已前並說佛三十二相，音義第五卷、經即第三百八十一卷中已具釋訖，此但音字，不求其義。

匳底　力鹽反。經作匳[二〇]，非也。

所蹈　唐號反。踐也。

坦然　他嬾反。

輻輪　上音福。

輞轂　上音罔，下音穀。

柔耎　而兗反。經作軟，非也。

纖長　相閻反。

鞔綱　莫安反。

交絡　音洛。

綺畫　上墟紀反，下華卦反。

足跟　音根。

與趺　音夫。

雙腨　上所江反，下時耎反。

堅泥　縷奚反。

牖圓　敕龍反。

紺靑　上高暗反。下青字，從生從丹也。

潤滑　上而順反，下還八反。

晃曜　上胡廣反，下羊要反。

頸及　鷄郢反。

肩項　上音堅，下何講反。

髆腋　上補各反。下羊益反，之亦反。

諾瞿陀　上曩各反，次强於反。前譯云尼俱盧陀。

頷臆　上含感反，下於力反。

踰珂　上羊珠反，下枯何反。

鋒利　妨封反。

婉約　於遠反。

眼睫　精葉反。

白毫　胡高反。

烏瑟膩沙　梵語也。此云頂相，佛頂也。

筋脈　上居殷反，下莫伯反。

兩踝　胡瓦反。

膝輪　胥逸反。

惇肅　上都温反。

怯弱　上羌業反。

離翳　於計反。

臍深　上牆兮反。

不凹　烏瓜反。

不凸　田頡反。

皮膚　甫無反。

疥癬　上音戒，下先剪反。

黶點　上伊琰反，下丁琰反。

疣贅　上有求反，下專税反。

清澈　纏列反。

稠密　長流反。

綺靡　上音豈，下音美。

輪埵　都果反。

顏貌　貓皰反。

臭穢　上昌咒反，下央衛反。

達那　梵語。如來肉髻。

逶迤　上音萎，下音夷。

匈臆　上許恭反，下於力反。

踴躍　上羊腫反。杜預曰：跳躍也，上也。下弋灼反。廣雅：跳也，進也。互相訓也。

之儔　池流反。儔，匹也。

不愜　謙頰反。考聲云：當意也，可也。從忄匧聲也。

所縈　恚營反。考聲云：纏也，繞也。

荷儋　多甘反。負也，助也。亦作檐[二]也。

重擔　當柑反。考聲：以木荷物也。

持髻　音繼。梵天王名也。

大般若波羅蜜多經　第五百七十四卷　文殊分

善軶　於革反。桂苑珠叢：車轅端横木也。說文：車軶也。從車㡿聲也。㡿音厄。字書：㡿字從户從乙。經作軛，俗字也。不捨善軛，菩薩名也。善軛者，喻於大悲也。

迦多衍那　梵語大阿羅漢名也。舊曰迦旃延，訛也。迦音薑佉反，衍音演。

大般若波羅蜜多經　第五百七十五卷　文殊下

善躰　常夜反。説文云：弓弩發於身而中於遠。從身從矢，小篆從寸作射。説文：寸，法度也。又云：寸亦手也。二體並正也。

麁的　蒼姑反。鄭注禮記云：麁猶疏也。廣雅：麁，大也。正體作麤。説文：從三鹿，今省爲麁。顧野王云：麁，不善也。下丁歷反。毛詩傳曰：的，射質也。或從弓作弔。説文：從白作的。的，明也。從白勺聲也。

鍛金　都灌反。蒼頡篇云：鍛，椎也。直贏反。鄭注禮記云：鍛，搥打也。説文云：小冶也。

燒鍊　歷殿反。説文：冶金也。或作煉，亦通。經從糸作練，非也。

金璞　普剥反。王弼注老子：璞，真也。尹文子曰：鄭人呼玉之未治者謂之璞也。

稱量　處蒸反。考聲：定其輕重也。廣雅云：度也。字書云：量，平也。韻英：程也。説文云：銓也。從禾爯聲也。爯，齒蒸反。古文作爯。經作秤，俗字也。

胞初生　庖皃反。樹花胞胎也。切利天上波質多樹，花欲開時，先生胞。説文：婦人懷妊皃生衣也。字書：正體作包，或有作胞。𦙶音蒲皃反，其義亦通。

氛氲　上扶聞反，下迂云反。文字集略：氛氲，氣盛皃也。字統：氤氲，陰陽和氣也。上形下聲字也。

剏見　楚壯反。韻英：剏，初也。考聲：剏，始也。經作創，俗字也。

分齊　上防問反，下寂麗反。或作劑。

治寶　上除離反。考聲云：治，理也，修故也。

磨瑩　烏敻反。磨，拭也。或作鎣也。

映瞮　上英敬反，下持折反。通也。經作徹也。

卉木　暉貴反。説文：草之總名也。小篆作芔，從三屮，屮音丑列反。

叢林　殂紅反。草木聚生。從丵取聲也。丵音牀學反。經作藂，俗字也。

能逮　唐奈反。逮，及也。

如幻　還辨（辦）[二二]反。或[二三]也。古作幺，亦作予（幻）[二四]，皆古字也。

大般若波羅蜜多經　第五百七十六卷

罥綱　上决犬反。正體作羂，亦作罥。考聲云：以繩捕也。韻英：繫取也。案羂者，罥索也。下無倣反。顧野王曰：網者，羅罟之總名也。易曰：昔庖羲氏結繩爲網，以畋以漁，以養萬民。世本云：芒作羅罔。宋忠曰：伏羲氏也。或作羅罔，或作网，皆是古文，象形字也。

無尼延底　梵語也。唐云白浄識。

帝杙　餘息反。大橜也。橜意（音）[二五]狂月反。爾雅：樴謂之杙。郭景純曰：杙，橜也。又云：在地謂之臬。魚列反。

行有所得　行孟反。下文同。

寤時　吾庫反。考聲云：寐中有所見覺而信也。寐音彌庇反。覺音教。蒼頡篇亦云：寐覺而有言曰寤。説文同。從宀從爿從夢省，吾聲也。宀音綿，爿音牆，夢音夢。字書云：寤，睡覺也。

踴躍　上庸腫反。公羊傳曰：踊，上也。玉篇：踊，登也。杜預曰：跳躍也。從足甬聲也。下翼灼反。爾雅：躍，迅也。廣雅：躍，跳也，進也。從足翟聲。翟，徒歷反。

户牖　餘糺反。説文：穿壁以木爲交牕也。從片户甫聲也。廣雅：牖，道也。字書：明也。

傾摇　頃縈反。考聲：傾，側也。説文作頃。下羊翹反。集訓：摇，動也。從扌䍃聲也。

坌壤　分問反。考聲：坌，掃除也。掃音蘇早反。或作坋，亦同。經作糞，俗字也。説文：坌，掃除也。從土弁聲也。下而掌反。孔氏曰：無塊曰壤。鄭曰：壤，土也。變言之耳。廣雅：壤，塵也，肥柔也。説文：柔土也。從土從襄聲也。

淹久　於炎反。杜注左傳云：淹，久也。又云：淹，留也。郭璞注山海經云：淹，滯也，稽久也。説文：從水奄聲也。

大般若波羅蜜多經　第五百七十七卷　能斷金剛分

跏趺　上音加，下音夫。皆俗字也。正體作加跗。鄭注儀禮云：跗，足上也。顧野王云：足面上也。案金剛頂及毗盧遮那等經，坐法差別非一，今略舉二三，明四威儀皆有深意。結跏趺坐略有一(二)〔二六〕種，一曰吉祥，二曰降魔。凡坐皆先以右趾押左股，後以左趾押右股，此即右〔二七〕押右，手亦左居上，名曰降魔坐，諸禪宗多傳此坐。若依持明藏教瑜伽法門，即傳吉祥爲上，降魔坐有時而用。其吉祥坐先以左趾押右股，後以右趾押左股，令二足掌仰於二股之上，手亦右押左仰安跏趺之上，名爲吉祥坐。如來昔在菩提樹下成正覺時，身安吉祥之坐，手作降魔之印，是故如來常安此坐轉妙法輪。若依祕密瑜伽，身語、意業、舉動、威儀，無非密印，坐法差別並須師授。或曰半加，或名賢坐，或象輪王，或住調伏，與此法相應，即授此坐，皆佛密意有所示也。

摩納婆　梵語也。譯主大唐三藏云：此曰儒童。案善無畏三藏譯大毗盧遮那經並與沙門一行出義記云：摩納婆，正翻應云勝處我。彼宗外道自言有神我在身心中最爲勝妙，彼等常於自身心中觀我或長一寸許。大智度論亦云：計有神我，或如芥子，或如豆麥，必爲浄色。若譯爲儒童者，梵語應云摩弩婆。兩譯不同，未知孰是，請勘梵本。

橃諭　煩韈反。考聲：縛竹木浮於水上謂之撥(橃)〔二八〕也。説文：從木發聲也。廣雅：從舟作橃，皆正也。經作筏，或有作栰，並俗字，皆非也。下踰注反。廣雅：諭，諫也。鄭注周禮：告曉之也。蒼頡篇：諭，譬也。論語曰：君子諭於義，小人諭於利。説文：諭，告也。從言俞聲也。俞字從人精立反從巜巜音公外反。經從口作喻，俗字。

俛仰　明弁反。俗字也。杜注左傳云：俛，俯也。説文：低頭。正體從頁從兆作頫，頁音頡。下仰音魚繈反。易曰：仰以觀於天文也。説文：舉首也。從人從卬聲也。卬音魚兩反。

捫淚　上莫盆反。毛詩傳曰：捫，持也。韻詮：捫，搎。或摸搽也。

搎音孫，搸音索。説文：捫，摸也。從手門聲也。下良墜反。韻詮：涕泣，淚也。説文作涕泣也。從水戾聲也。

曾爲羯利王　藏能反，次榮僞反。羯利王，梵語也。此云鬪諍，亦云無道惡王也。古譯云哥利王，訛也。即古昔波羅奈國王也。

希冀　上香依反。韻詮：希，慕也。考聲：罕也。法言云：希，冀也。經作悕，俗字也。古文作希。下冀音寄。韻詮云：冀，望也。經作兾，俗字也。説文：北方州也。從北異聲也。

荷擔　上恒餓反。字書：荷，負也。下當貪反。或從人作儋，同。廣雅：擔，助也。考聲：儋，負也。字書：擔，荷也。從手詹聲也。經中有從木作檐，非也。詹音鹽，舍檐也，非此義也。

大般若波羅蜜多經　第五百七十八卷　理趣分

交暎　於敬反。韻英：暉也。考聲：傍照也。文字音義：隱也。從日從英聲也。

綺蓋　墟紀反。説文：有文繒也。案綺古出齊郡，今出江東，有以二色綵絲織成，次於錦也。

猗適　於機反。考聲：獨美也，加也。爾雅：歎美之詞。

大樂　郎各反。考聲：喜暢甚也。假借字也。本音岳也。

三界自在，常能堅固，饒益有情，爾時如來，即説神呪：
曩謨婆去誐魚伽反。又取上聲。嚩無可反。後文同。帶引。一。
鉢囉二合。轉舌。枳孃二合引。上經以反。孃取上聲。播引囉羅字上聲兼轉舌。弭多上聲引。曳以竪反，引。後亦同此。二。
溥訖底二合。嚩擦七葛反。邏勒賀反。引。曳推前音也。平聲。三。
阿上。跛哩轉舌。弭多麌語矩反。絮努雅反。鼻引。曳以荚反，引。四。
薩嚩怛他去引。蘗多。五。
布引尔薺以反。後文同。多上聲引。曳引上。六。
薩嚩怛他去引。誐准前音上聲。多上聲引。七。
弩鼻聲。枳孃二合。並上聲引，已下同。弩鼻聲。枳孃二合引。多上聲。八。
鬬枳孃二合引。多上聲引。曳引。九。
怛你也二合。他去聲引。十。
鉢囉二合轉舌。枳顊二合引。十一。
摩賀引。鉢囉二合。枳顊二合引。十二。
鉢囉二合。枳孃二合引。嚩婆去引。索迦蕫佉反。取上聲。嚇轉舌引。十三。
鉢囉二合。枳孃二合引。路引。迦迦嚇轉舌引。十四。
案上。馱迦引。囉轉舌。十五。
尾馱魔莫可反。鼻聲。寧十六。
悉第引。素悉第引。十七。
悉鉀靚聆牟敢反，引。十八。
娑去。誐嚩底丁以反。十九。
薩網誐遜娜嚇轉舌引。二十。
薄訖底二合，下丁以反。嚩無割反。擦倉葛反。黎引。二十一。
鉢囉二合。娑去引。哩轉舌。多曷娑帝二合引。二十二。
倈桑紺反。麽莫皷反。鼻聲引。溼嚩二合。上戸入反。引。索羯嚇轉舌。二十三。

没第引。没第引。二十四。
悉第引。悉第引。二十五。
劒跛劒跛二十六。
左羅左羅二十七。
馱唐餓反。引。下同。嚩無何反。馱引。嚩二十八。
阿去引。蘖蹉倉可反。阿去引。蘖蹉二十九。
婆去引。誐嚩底丁以反。三十句。
麽准前音引。尾攬洛敢反。麽鼻音引。曳婆嚩二合引。賀引。
三十一。
爾時如來復說神呪：
曩謨引。婆去引。誐嚩無鉢反。帶引。[一][二九]。
鉢囉二合。枳孃二合。播引。羅羅字上聲兼轉舌。弭多上聲。
引。曳准上引。二。
怛你也二合。他去引。三。
母鼻聲。頸寧頂反。達轉舌。謎彌閉反。引。四。
僧去聲。吃囉二合。上言訖反。轉舌。賀達轉舌。謎准上音上
並同。五。
阿上。弩鼻聲。仡囉二合。謎引。六。
尾穆訖底二合。達轉舌。謎引。七。
婆上聲。娜引。弩鼻聲。仡囉二合。賀達轉舌。謎引。八。
吠微閉反。引。室囉二合。麽鼻聲。絮奴雅反。鼻聲。達轉
舌。謎引。九。
倈蘇紺反。滿多弩鼻聲。跛哩轉舌。多上聲。曩達轉舌。謎
引。十。
麌虞矩反。絮鼻聲。僧去。仡囉二合。轉舌。賀達轉舌。謎
引。十一。
薩縛迦引。羅十二。

跛哩轉舌。播引。囉轉舌。曩達轉舌。謎引。婆嚩二合引。
賀引。十三。
爾時如來復說神呪：
曩謨引。婆去引。誐嚩無鉢反。帶引。一。
鉢囉二合。枳孃二合。播引。囉轉舌。弭多上聲引。曳
引。二。
怛你也二合。他去引。三。
室哩二合轉舌，下同。曳平。室哩二合。曳平聲。室哩二合。
曳平。四。
室哩二合。野納引。娑嚩二合。賀引。五。

植衆　上承力反。纂韻：植，種也。考聲：植，多也。方言：植，立也，樹也。字書：植，播也。說文：户植也。從木直聲也。或作殖。說文：脂膏久殖。非此義也。下終仲反。爾雅：衆，多也。國語云：獸三爲群，人三爲衆。說文亦云：衆，多也。從乑音吟，乑字三人也從橫目目，衆意也。

稽留　上逕溪反。考聲：稽，滯也。古文作乩，又作卟，本作禾，又作秖。說文：稽，留止也。從旨秖聲也。禾木初生頭曲未能上也。又音礙，義訓同。下留，力稠反。考聲：留，止也。說文：止田也。從田丣聲也。丣音柳。經作畱，或作留，又作畄，皆訛也。

大般若波羅蜜多經　第五百七十九卷　檀波羅分

鎔鍊　上勇慵反。考聲：鑄金法也。漢書：猶金之在鎔，冶之所鑄。說文：冶金器法也。從金容聲也。下力鈿反。古文

作柬，亦作煉。考聲：精擇也。韻集：鑠金也。說文：冶金也。從金柬聲也。柬，力賤反。經從東作鍊，非練字也。

磨瑩　上墨婆反。集訓：治石也。考聲：研，磨也。或作攠。說文作礳。下縈敻反。發器光也。或從金作鎣。韻英云：磨，拭也。從玉從𤇾省〔三〇〕聲也。

大般若波羅蜜多經　第五百八十卷

匪唯　上非尾反。鄭箋毛詩：匪，非也。亦作篚。古文作芾。說文：從匚非聲也。

多賫　精妻反。俗字也。正體作齎。考聲：持〔三一〕財與人也。廣雅：賫，送也。說文：持拖（物）〔三二〕於道行也。從貝齊聲也。

訪栝（括）〔三三〕　官豁反。考聲：栝（括），撿也。周易：栝（括）囊無咎。王弼曰：括，結也。郭璞注山海經云：猶結縛也。舌從口從古氏音厥字。說文：氏塞口為𠯑。

市壥　直連反。考聲：城市中空地也，又居也。或作墠，同也。

擒縶　及林反。考聲：擒，捉也。或作捦。說文作捦，急持也。從手金聲也。下張邑反。毛詩傳曰：縶，絆也。音半也。杜注左傳云：拘，縶也。從糸音覓執聲也。

思搆（構）〔三四〕　息資反。下鉤寇反。考聲：搆（構），成也。字書：結架也。文字音義：搆（構），合也。說文云：作冓。象對交之形。從木從冓聲也。下文同。

欣樂　五教反。

轂輞軸　上公酷反。玉篇云：輻之所湊曰轂。次音罔。說文云：車轅音渠。下沖六反。毛詩傳曰：軸，進也。

訛銳　上吾禾反。亦作譌。孔注尚書云：訛，化也。下營慧反。杜注左傳云：銳，細小也。廣雅：銳，利也。經言訛銳者，車涉遠路輞訛軸銳也。

大般若波羅蜜多經　第五百八十一卷

無字可音訓。

大般若波羅蜜多經　第五百八十二卷

劓鼻　魚忌反。占（古）〔三五〕之刑名也。鄭注周禮云：劓，截鼻也。孔注尚書云：劓，割也。說文：從刀鼻聲也。或從臬作劓，亦通也。

刖足　危厥反。亦古之刑名也。經史互說不同。或名剕刑，或名髕刑，皆一也。民有越關梁踰城郭為掠盜者，則刖其足。考聲：斷足也。或作跀。跀刑之屬五百也。

大般若波羅蜜多經　第五百八十三卷

羸劣　上力垂反。瘦極也。下力惙反。弱也。

拘縶　上矩于反，下碪立反。集訓：拘，縶也，馬絆也，囚繫人也。從糸音覓執聲也。

牽掣　上啟堅反。考聲：牽，連也。廣雅：牽，挽也。說文：引前也。從牛從冖音綿玄聲也。或作牽〔三六〕。下赤熱反。考聲：頓拽延結反，縮也。亦作摰、𢊍。

挫辱　上租臥反。鄭注考工記：挫，折也。賈逵：折鋒曰挫。考聲：挫，抑也。說文：挫，摧也。從手坐聲也。小篆坐字從土從畱省。古文從二人作坐。下而燭反。賈逵注國語：辱，恥也。考聲：辱，惡枉羞也。說文：從寸。寸在辰下。失耕之時，於封壃之上則戮之。辰者，農之時也，故房星爲辰爲田候也。

螺蝸　上盧和反。俗字也。正作蠃。爾雅曰：蚹蠃螔音夷蝓音榆。下寡花反。郭璞注曰：形大曰蠃，小者曰蝸牛。

出礦　瓜猛反。廣雅：鐵璞也。說文：銅鐵石璞[三七]。字書：未經火煉曰礦。或作鉚，或作磺，同也。

大般若波羅蜜多經　第五百八十四卷　净戒分

弓弩　上鞠穹反。周禮：司弓矢，掌六弓四弩八矢之法。世本云：揮作弓，牟夷作矢。宋忠云：皆黃帝臣也。說文：以近窮遠故謂之弓。下奴古反。郭璞注方言云：弩猶怒也。說文云：弓有臂曰弩[三八]。從弓奴聲也。

排(棑)[三九]𥎞　上蒲埋反。考聲云：兵器名，所謂盾也。說文：排(棑)字從木從非省[四〇]聲也。或作棹，同。下悤筭反。說文：廣雅：𥎞，鋋也。傷栴反。案：戈鋋，小矛也。考聲：遥投矛也。古今正字：𥎞，短矛也。從矛贊聲也。

刃矟　人慎反。考工記：爍金以爲刃，聖人之作也。國語：偃五刃。賈逵曰：刀劍矛戟矢是五也。集訓：刃，兵鋒芒也。說文：刃，堅也。象刀有刃之形也。下色卓反。廣雅：矟，矛也。埤蒼：丈八矛也。或作槊，同用。

跳躑　上庭寮反。韻英：跳，躍也。韻詮：跳，踉也。蒼頡：踊也。廣雅：上也。說文：蹶也。從足兆聲。又音天吊反。或作越。趒，越也，亦通。下呈劇反。顧野王曰：躑躅重局反，驟愁瘦反舉足而不進也。史記曰：騏驥之躑躅，不知[四一]駑馬之疾步。說文：躑躅，住足也。或作蹢。從足從鄭聲也。

瓦瓶　蒲冥反。說文：汲水器也。或從缶甫苟反作缾，小缶也。從瓦從並聲也。

津膩　女智反[四二]。王逸注楚辭云：膩，滑也。考聲：肥也，脂垢也。說文亦肥也。從肉貳聲也。經文從尼作肔，非也。

貯蘇　張呂反。杜注左傳云：貯，稸也敕六反。字書：蓄准上藏之。考聲：貯財也。說文：貯，積也。從貝宁除呂反聲。

數數　雙捉反。數數，頻繁也。

燒煉　歷殿反。韻英云：爍金也傷斫反。說文：從金作鍊，冶金也。從金柬聲也。古文作柬，柬字從八作柬，有作東者，非也。

匠瑩拭　上牆樣反。考工記：攻木之工匠人也。考聲曰：工巧人也。凡從事曰匠。說文：木工也。從匚音方從斤。匚者，所作器也。次縈敻反。廣雅：瑩，磨也。謂摩拭珠玉使發光明也。韻英：摩拭也。從玉從𤇾省[四三]聲也。下昇職反。郭璞注爾雅：拭拭所以爲清潔也。鄭注禮記：拭，净也。古今正字云：從手式聲也。或作試。敻音呼瑩反。

作模　莫蒲反。鄭箋毛詩：摸(模)[四四]，㨾(樣)[四五]也。或作摹。摹，規形也，掩取象也。說文：摸(模)，法也。從木莫省[四六]聲也。

填布　亭年反。廣雅：填，塞也。鄭注禮記云：滿也。說文：從土真聲也。

火燶　早勞反。蒼頡：火燒木也。廣雅：燶，炮也。燶音糟。說文云：燶，焦也。從火曹聲也。

銷礦　上星遥反。顧野王云：銷猶散也。說文：鑠傷弱反金也。從金肖聲也。或作消。蒼頡篇：滅也。考聲：消，釋也。或作焇。博雅：焇，乾也。下瓜猛反。廣雅：鐵璞也。說文：銅鐵石璞也。字書云：未經火煉曰礦。或作磺（磺）〔四七〕，或作鉚，並通。

大般若波羅蜜多經　第五百八十五卷　無可音訓。

大般若波羅蜜多經　第五百八十六卷

徵詰　上陟陵反。鄭注周禮：徵，召也。又云明也。杜注左傳：驗也。又云審也。謚法曰：威而不猛曰徵。考聲曰：責也，求也。說文：象也。案事有象可驗曰徵。從壬體盈反從微省聲也。古文作𢼸。下輕吉反。鄭注周禮：詰爲問其罪。廣雅：責也。說文：詰，問也。從言吉省〔四八〕聲也。

高梯　天提反。賈逵注國語云：梯，階也。考聲：梯，隥也登亘[反]〔四九〕，去聲，可以登陟也。說文：木階也。從木弟省〔五〇〕聲也。

儵忽　商肉反。楚辭曰：往來儵忽。王逸注：急速皃也。又云：儵忽如電。或作倏，或從文（犬）〔五一〕作倏（儵）〔五二〕，亦作倐，同。

中的　丁歷反。毛詩傳曰：的，射質也。考聲曰：明皃也，定也。說文：從夕作的（旳）〔五三〕。經從白作的，俗字，非也。

大般若波羅蜜多經　第五百八十七卷

難敵　徒的反。杜注左傳云：敵，對也。又云當也。爾雅：匹也。廣雅：輩也。敵，逑也。從攵從啇省〔五四〕聲也。

翹足　祇遥反。廣雅：翹，舉也。郭璞注爾雅云：翹翹，懸危也。毛詩同。說文：翹，長尾也，羽也。從羽堯聲也。古作嶢〔五五〕。

俯峻　上坊武反。鄭注禮記：俯，俛也。顧野王曰：俯謂下首也。易曰「俯以察於地理」是也。考聲：俯，小偃也央宴反。俛首也。下笋俊反。考聲：峻，高竪也。孔氏曰：峻，高大也。或墜，皆險峭也。又高危也。

峯巖　上捧封反。考聲：山高而鋭也。韻英：山頂也。或作峰，從山夆聲也。下吾咸反。杜注左傳云：巖，險也。毛詩傳曰：巖巖，積石也。說文：巖，岸也。或從石作礹，古字。

大般若波羅蜜多經　第五百八十八卷

莖榦　上幸耕反。廣雅：草本曰莖。說文：枝主也。從草巠音經聲也。下干罕反。說文：樹枝也。從木倝罡〔五六〕岸反。考聲：木楨也。又通去聲呼，非文意，不取。經中有從干作幹，或從草作𦶇，皆非。

採摘　上蒼宰反。考聲：收也。又云：捋欒闊反取也。說文：採，取也。從手采聲也。下張革反。考聲：拓取也。唐韻：手取也。說文：拓果樹實也。從手從啇省〔五七〕聲也。

大般若波羅蜜多經　第五百八十九卷　安忍分

鏵鐵　上畫瓜反。方言：宋魏之間臿謂之鏵。説文：兩刃臿音差甲反。從金華省[五八]聲也。或作鋘。下天涅反。山海經云：或作鐵。從金截聲也。今出太原山多鐵。

虚費　妃未反。韻英：耗財也。廣雅：費，損也。説文：費，散財也，用也。從貝弗聲也。

大般若波羅蜜多經　第五百九十卷　精進分

營搆(構)[五九]　古訴反。玉篇：合也，成也。考聲：結架也，合材也，蓋也。説文云：積財也。象對交之形也。從木冓聲也。或單作冓，亦通。

怯懼　上羌劫反。顧野王曰：怯，畏劣也。方言：怯，去也。説文作狜。杜林云：怯字從心作怯，亦作祛，同。下劬遇反。考聲：懼，憂也，畏也。説文：懼，恐也。從心瞿聲也。古文作愳也。

萎歇　上炎麾反。考聲：萎，怨也。字書：萎，黄病也，弱也。下軒謁反。考聲：喘息也。停止也。

大般若波羅蜜多經　第五百九十一卷

秔米　耿坑反。集訓：秈音仙稻也。稻音盜。聲類：不黏也。説文：稻屬。亦作稉，從禾亢音岡聲也。經作粳，俗字也。

躭染　當甘反。考聲：躭，嗜也。玩也。説文：從身從冘省[六〇]聲也。下而琰反。考聲：染，污也，著也。

大般若波羅蜜多經　第五百九十二卷

被帶　上皮媚反。廣雅：被，加也。漢書：具也。杜曰：袍也。説文：寢衣也。長一身有半，從衣皮聲也。下德奈反。考聲：帶，束也。字書：繫也。説文：紳也。男子服革，婦人絲。象繫佩之形而有巾，故帶字從巾。經作戴，非經義也。

齊何　情曳反。假借字也。字書：分齊之劑。或作劑，下准此。

慣習　關患反。爾雅：慣，習也。言久習於事曰慣。從心貫聲也。左傳作貫。説文：從辵作遺，同。經作串，俗字也。

荏苒　上而枕反。考聲：草弱皃也。下而琰反。群書字要云：草盛皃也。案荏苒者，漸次相因經歷時日謂之荏苒。經作冉，俗字。

大般若波羅蜜多經　第五百九十三卷

欻然　勳鬱反。蒼頡篇：欻，猝起也。薛琮曰：忽也。説文：有所吹起也。從欠炎聲也。

白鷺　音路。毛詩傳曰：白鳥也。爾雅：白鷺，舂鉏也。方言云：齊魯之間謂之舂鉏。吴地揚州謂之白鷺。陸機(璣)[六一]毛詩鳥獸蟲魚疏云：白鷺大如鷄，青脚，脚長尺七八，尾如鷹尾，喙長三寸餘。頂及背上有長翰毛，可長尺餘，參參然。郭璞曰：今江東人取以爲睫離，名之爲白鷺縗。拂(佛)[六二]於白鷺池側説經，池中多饒此鳥，故以爲名。此池在王舍城北羯蘭鐸迦竹林園内。

魔羂　决縣反。亦作冐，亦作羂。考聲：以繩捕禽獸也。韻英：繫取也。案羂者，羂索也。古今正字云：係取也。從冈肙音決縣反該聲也。

所縶　砧邑反。毛詩傳曰：縶，絆也。杜注左傳云：拘縶也。從糸音覓執聲。

綺謬　上欹倚反，下明救反。

激磨　經亦反。考聲：水奔射也。

折肉　臣熱反。左氏傳：折，損也。考聲：摧，折也。從手從斤聲也。下江岳反。獸角也，隅也。正體從刀肉。經作角，訛也。

大檐[六三]　躭紺反。

大般若波羅蜜多經　第五百九十四卷

猜疑　上采災反。杜注左傳云：猜，疑也。方言：猜，恨也。說文：猜，恨賊也。從犬青聲也。下魚期反。考聲：止也，貳也，未定也。古作肒，亦作𠤕，今從𠤕（乇）[六四]音踈矣聲也。

鹹鹵[六五]　上遐巖反。尚書洪範云：潤下作鹹。爾雅：鹹，苦也。說文：北方味也。從鹵音魯咸聲也。經從酉作醎，非也。鹹，䶣地也。下盧古反。杜注左傳云：淳鹵，确薄之地。說文：西方鹹地也。從鹵（𠧪）[六六]省聲也。鹵（𠧪），古西字也。

衒賣　上玄狷反。韻英：行賣也，自矜也。或作衙，或作眩，義同，自媒也。說文：行且賣也。從行玄聲也。下莫懈反。集訓：出物以交易也。正體從出作賣，今作賣，省也。

大般若波羅蜜多經　第五百九十五卷　無可音訓。

大般若波羅蜜多經　第五百九十六卷

虹蜺　胡同反。爾雅：螮蝀，虹也。月令：季春虹始見，孟冬虹始藏不見。漢書作蝱。又音絳。說文：似虫，故從虫音毀工聲也。古文作玒，籀文蚰從申。申，電也。下五嵇反。郭璞注爾雅云：雌蜺也。見離騷。或作霓。爾雅：螮蝀謂之雩音于。又云：蜺爲挈貳。郭璞云：挈貳，別名。見尸子。

護藏　昨郎反。

大般若波羅蜜多經　第五百九十七卷

梯隥　上天堤反。賈逵注國語：梯，階也。說文：木階也。從木弟聲也。下當鄧反。考聲：隥，履也。韻英：踐也。說文：從阜作隥。隥，印[六七]也。從足登聲也。

大般若波羅蜜多經　第五百九十八卷

撮磨　上窻捋反、郎栝反。考聲：手撮取也。假借字。下墨波反。考聲：磨礪也。研磨也。說文作䃺。

空拳　逵袁反。考聲云：手拳也。

大般若波羅蜜多經　第五百九十九卷

灰燼　上呼隈反。説文云：死火也。從火又聲〔六八〕也。下席胤反。俗字也。正體作婁。杜注左傳云：火之餘木也。説文：火餘。從火盡省〔六九〕聲也。

煙焰　宴賢反。廣雅：煙，臭也。考聲：火煙也。説文：火氣也。從火從亞(垔)〔七〇〕聲也。或作烟。古文作窒，籀文作𪏰。下翼念反。説文：火微行也。正體作爓，今從省。或作燄，火光也。漢書作炎，假借也。

索縷　桑洛反。考聲：索，繩也。從市從系(糸)〔七一〕音覓作索，非也。下良主反。南楚之人貧，衣破弊惡謂之襤縷。説文：縷，綫也。從糸從婁省〔七二〕聲也。

阿邏荼迦邏摩子　梵語外道仙人名也。此無正翻。

大般若波羅蜜多經　第六百卷

原隰　音習。爾雅：高平曰原，下濕曰隰。尚書大傳曰：隰之言濕也。或作隰。説文：阪下溼也。從阜㬎聲也。

兇勃　上許恭反。韻[詮]：〔七三〕粗人也。考聲：兇，惡也，恐也。又上聲。説文：擾恐也。從人(儿)在兇(凶)下〔七四〕。春秋傳云「曹(曹)〔七五〕人兇懼」是也。下蒲没反。禮記：悖，逆也。説文：悖，亂也。從心孛聲也。經從力作勃。勃，壯也，健也。亦通也。

喙長　吁衛反。説文：喙，口也。

偃蹇　上於蹇反，下建𪗪反。案偃者，憍慢也，倨傲也。

拘縶　上音俱，下知立反。囚繫人也。

壃界　居强反。毛詩傳曰：壃，界也。説文作畺。畺，界也。從二田，其間象三其界畫也。或作疆、壃，並通也。

愛羅筏拏龍王　梵語訛轉也。梵音正云愛羅轉舌上聲嚩無可反拏鼻聲，大龍王名也。此無正翻也。

一切經音義　卷第八

丁未歲高麗國大藏都監奉敕雕造

校勘記

〔一〕三藏法師玄奘譯　獅無。
〔二〕流　今傳本説文作「川」。
〔三〕忽　大正作「怱」。下同。
〔四〕光　據文意似當作「疾」。
〔五〕説文：需，霖　今傳本説文：「需，雨霖也。」
〔六〕説文亦同　今傳本説文：「奕，大也。」
〔七〕魹　大正作「魹」。
〔八〕繪　獺作「鰷」。
〔九〕反　麗無，據文意補。
〔一〇〕治　今傳本廣雅作「浴」。
〔一一〕省　衍。
〔一二〕説文云：浴，洗身也。從水從谷省聲　今傳本説文：「浴，洒身也。从水谷聲。」
〔一三〕毒　據文意似當作「毒」。下同。
〔一四〕省　衍。
〔一五〕稗子　此條原接在「茅衣」條中。
〔一六〕果　據文意當作「禹」。今傳本説文：「蒲，扶渠根。从草水禹聲。」
〔一七〕今傳本説文爲「从晶从宜」。
〔一八〕反　獅無。疑衍。

〔一九〕 斅　大正作「斆」。
〔二〇〕 匳　據文意似當作「奩」。
〔二一〕 檐　據文意似當作「擔」。
〔二二〕 辨　麗作「辦」。
〔二三〕 或　通「惑」。
〔二四〕 予　據文意似當作「𠄔」。
〔二五〕 意　獅作「音」。
〔二六〕 一　大正作「二」，獅作「二」。
〔二七〕 右　據文意當作「左」。
〔二八〕 撥　據文意當作「橃」。
〔二九〕 一　麗無。據獅補。
〔三〇〕 省　衍。
〔三一〕 持　臺灣大通書局影印本作「挂」。
〔三二〕 拖　獅作「物」。
〔三三〕 栝　頻作「括」。下同。
〔三四〕 搆　據文意當作「構」。下同。
〔三五〕 占　據文意當作「古」。
〔三六〕 牽　據文意似當作「𢍰」或「牟」。
〔三七〕 銅鐵石璞　獅作「銅鐵石璞也」。
〔三八〕 弩　今傳本説文：「弩，弓有臂者。」
〔三九〕 排　據文意似當作「棑」。下同。
〔四〇〕 省　衍。
〔四一〕 知　今傳本史記作「如」。
〔四二〕 女智反　獅爲「女知反」。
〔四三〕 省　衍。
〔四四〕 摸　據文意似作「模」。下同。
〔四五〕 搽　據文意似當作「樣」。
〔四六〕 省　衍。
〔四七〕 礦　據文意似當作「磺」。
〔四八〕 省　衍。
〔四九〕 反　麗無，據文意補。
〔五〇〕 省　衍。
〔五一〕 文　頻作「犬」。
〔五二〕 條　據文意似當作「倏」。
〔五三〕 從夕作的　今傳本説文：「的，明也。从日勺聲。」
〔五四〕 省　衍。
〔五五〕 嶢　據文意似當作「獟」。
〔五六〕 罡　獅作「岡」。
〔五七〕 省　衍。
〔五八〕 省　衍。
〔五九〕 搆　據文意似當作「構」。
〔六〇〕 省　衍。
〔六一〕 陸機　據文意爲「陸璣」。
〔六二〕 拂　據文意似當作「佛」。
〔六三〕 檐　據文意似當作「擔」。
〔六四〕 㚖　頻作「丞」。
〔六五〕 卤　即「鹵」。下同。
〔六六〕 卤　頻作「㔽」。「卤」似爲「㔽」之誤。下同。
〔六七〕 印　據文意似當作「卬」。
〔六八〕 聲　衍。
〔六九〕 省　衍。
〔七〇〕 亞　大正作「亜」。
〔七一〕 系　頻作「糸」。今傳本説文：「索，艸有莖葉可作繩索。从𣎳糸。」
〔七二〕 省　衍。
〔七三〕 詮　麗無。據卷一「兇黨」條所引補。
〔七四〕 從人在兇下　今傳本説文：「从儿在凶下。」
〔七五〕 胄　頻作「曹」。

一切經音義　卷第九

翻經沙門慧琳撰

音放光般若經三十卷
摩訶般若經四十卷
光讚般若經十五卷
般若鈔五卷
道行般若經十卷
小品般若經十卷

右六部經共一百一十卷同此卷音，並玄應撰。

放光般若經　第一卷　玄應撰

羅閱　以拙反。案阿闍世王經云羅閱祇，晉言王舍城，此應訛也。正言羅閱揭梨醯。羅閱義是斷[一]理，以王代之，謂能斷理人民也。揭梨醯，此云舍中。總名王舍城，在摩伽陀國中，城名。

那術　經又（文）[二]作述，同。食聿反。或言那由佗，正言那庾多，當中國十萬。光讚經云「億那術劫」是也。案佛本行經，一百千是名俱致，此當千萬。百俱致名阿由多，此當千億。百阿由多名那由他，此當萬億。此應上筭也。

叵我　普我反。謂傾側摇動不安也。經文作跙踧二形，或作岠峨二形，並未見字所出也。

澹然　徒濫反。廣雅：澹，安也。經文或作憺、淡二形，音訓並同也。

娑訶　又云娑訶樓陀，或云娑婆，皆訛也。正言索訶。此云能忍，或言堪忍，一言雜會世界也。

習緒　徐吕反。爾雅：緒，餘也，業也。大集經云「斷習氣緒」是也。

迦羅越　大品經中「居士」是也。

甫當　膚武反。甫，始也。當，終也。言初始發心，終竟一[切]〔三〕種智也。

我曹[四]　又作𣍘，同。自勞反。毛詩傳云：曹，群也。如淳注史記云：輩也。

阿須倫　又作阿須羅，或作阿脩羅，皆訛也，正言阿素洛。素洛云酒。此譯云阿者，無也，亦云非。亦云天名無酒神，亦名非天，經中亦名無善神。

阿惟三佛　此言訛也。正言阿毗三佛。阿毗，此云現。三，此云等。佛陀，此云覺。名現等覺。長安品經言成至佛，大品經云一切法一切種，同一義也。

六栽　作才反。經中亦名觸。案觸能長養心數法，栽能長養枝葉花條，其義相似，因以名焉。

七痛　又作痛(痒)[五]，痒音弋掌反。經中名受是也。謂能領納苦樂，[故][六]名受也。

倚法　於蟻反。住也。説文：倚猶依倚也。廣雅：倚，因也。經文從犬作猗，非體也。

薩云若　又言薩芸然，或言薩婆若，皆訛也。正言薩伐若，此譯云一切智也。

俞旬　庾朱反。又作由旬，或由延，又作踰闍那，皆一也，並訛也。正言踰繕那，此譯云合也，應也。計合應爾許度量，同此方驛邏也。案五百弓爲一拘盧舍，八拘盧舍爲一踰繕那，即此方三十里也。言古者聖王一日所行之里數。

珠璣　居衣反。説文：珠之不圓者也。字書：一曰小珠也。

窗向　許亮反。詩云：塞向墐户。傳曰：向，北出牖也。廣雅：牖，向也。蒼頡解詁云：窗，正牖也。牖，旁窗也。所以助明者。

放光般若經　第二卷　無字可音訓。

放光般若經　第三卷

不惋　烏喚反。字略云：惋，嘆。驚異也。

放光般若經　第四卷

羇他　居猗反。釋名：羇，撿也。所以撿[七]持制之也。

怛薩阿竭阿羅訶三耶三佛　大品經作多他阿伽度阿羅訶三藐三佛陀，同一名也。此即十号中三号也，但猶梵音輕重耳。多陀阿伽度，此云如來。阿羅訶，此云應供。三藐三佛陀，此云正遍知也。

薜荔　蒲計反，下力計反。或言卑帝梨，或云卑帝梨耶，或言閉梨多，或作俾禮多，皆訛也。正言彌荔多。此譯云祖父鬼也，舊譯云餓鬼，餓鬼中最劣者也。彌音補蔑反。孔雀王經作俾禮多，梁言餓鬼是也。俾音卑寐反。

邠耨文陀尼子　邠，筆貧反。又作分耨，或作邠耨文陀弗，應云富那曼陀弗多羅，此譯云滿嚴飾女子也。明度經云滿見子也。

僧那僧涅　應云摩訶僧那僧涅陀，舊譯云摩訶言大，僧那言鎧，僧涅言著，亦云莊飾，故名著大鎧。大品經云「大誓莊嚴」是也。一云僧那大誓，僧涅自誓，此皆訛也。正言腩那訶，此云甲；腩捺陀，或云被，或云衣；言被甲衣甲也。衣音於既反。

不批　側賣、子尔二反。謂取著也。通俗(文)[八]：掣挽曰批。説文：批，捽也。謂捽持也。大品經作「不取」是也。

放光般若經　第五卷

閱叉　以拙反。或云夜叉，皆訛也。正言藥叉。此譯云能噉人鬼，又云傷者，謂能傷害人也。

遮迦越羅　正言斫迦羅伐辢底遏邏闍，此譯云轉輪王也。

適莫　都狄反，下謨各反。謂無人無相也。適猶敵也，言敵匹也。莫猶慕也，言慕欲。

无態　他伏(代)[九][反][一〇]。三昧名。

窠窟　又作薖，同。苦和反。小爾雅：雞雉所乳謂之窠，兔之所息謂之窟，不穴居時有而息也。戰國策云：狡兔三窟。亦作堀，三昧名。

狖該　古來反。該，倫也。方言：該，咸也。郭璞曰：該、咸、備，皆也。亦三昧[名][一一]也。

種稷　古文稷，同。子力反。稷，粟也，五穀之長也。

澆濽　上又作澋，同。古堯反。說文：澆，灌漬也。下又作濺、㳙二形，同。子旦反。說文：濽，相汙灑也。史記「五步之內以血濺大王衣」作濺。楊泉物理論云：恐不知味而唾㳙。江南行此音。山東音湔，子見反。

放光般若經　第六卷

繁　薄何反。人姓也。

蹉者　粗何反。

峨者　五歌反。

吪者　土何反。

嵯者　作歌反。

虜扈　力古反，下胡古反。案虜扈，自大也，謂縱撗（横）[一二]行也。漢書音義曰：扈，跋扈也。謂自縱恣也。經文作怙，恃也。怙非此義。經中言憍慢，或作「貢高」是也。

揵陀羅　巨焉反。此譯云尋香神，即乾闥婆是也。

諧耦　胡皆反。廣雅：諧，和也。耦，合也。經文作偶、諷，非也。尚書：克諧以孝。注云：諧，和也。耦，合也。

無耦　吳口反。耦，對[也][一三]，匹也。大品作「等不等」是也。

放光般若經　第七卷

須炎　經文作諷，非也。或作須夜摩天，此云妙善天。又炎摩，此云時分。須炎摩，此言善時分，即天主也。

拘翼　此言訛略也。姓憍尸迦，即釋提桓同（因）[一四][及][一五]天帝釋，同一位名也。

道撿（檢）[一六]　居儼反。謂以道撿（檢）心，故言道撿（檢）。大品經云「若入聲聞正位」是也。蒼頡篇：撿（檢），法度，亦攝也。

四徼　古弔反。四門巷也。即曆中四徼[日][一七]是其事也。

遏絶　於曷反。爾雅：遏，止也。今以逆相止爲遏。蒼頡篇：遏，遮也。

放光般若經　第九卷

提和竭　或言提和竭羅，此云錠光，亦曰然燈佛是也。

尼摩羅天　或云須蜜陀天，此云化樂天，亦云樂變化天是也。

波羅尼蜜天　或云婆舍跋提天，此云他化自在天是也。

阿波會天　此云光音天，亦言極光净天，即第二禪第三天。經文有從言作譮，非也。音胡快[反][一八]。

首訶既那天　此云遍净天，是第三禪中第二（三）[一九]天也。以樂净周普，故名遍净也。

惟于頗羅天　此云廣果天，即第三天也[二〇]。凡夫果中此最殊勝，故名廣果。

項很　胡講反。謂很人强項難迴，因以名也。即郁伽羅越問經云「强項人」，無量清净平等覺經云「項很愚癡」是也。大品經中作增上慢。經文有從元作頑，音五鰥反。頑，鈍也。頑非本字也。

拔濯　幢卓反。蒼頡篇：濯、抽、拔，引也。濯，出也。

摩祇　長安品作摩蛇，小品經作摩醯，皆梵語訛也。明度經作神丹，此言也。

放光般若經　第十卷

矛箭　古文戎、鉾、舒三形，同。莫侯反。方言：楚謂戟爲矛。說文：矛長二丈，建於兵車。

八惟無　或作八惟務，即八背捨也。

洴沙　蒲經反。應訛也，正言頻婆娑羅王也。或云頻毗，此譯云形牢。一云頻毗，此云顏色。婆(娑)[一一]羅，此云端正，或云色像殊妙也。

隨耶利　或云隨舍利，或云隨舍種，或言栗唱，或言離昌，或作離車，或作狸車，或作梨昌，皆梵言訛轉也。正言栗呫婆，此云仙族王種。呫音昌業反。經論中或作離車，或作律車，同一也。

之兆　除矯反。兆猶機也。事先見也，亦形兆也。大品經作法沒[一二]者也。

揵沓和　又云揵陀羅，或作乾沓婆，或云揵達婆，或云乾闥婆，舊名也。今正言健[一三]達嚩，皆國音之不同也。此云齅香，亦云樂神，一云食香，舊云香神，迹近也。經中亦作香音神也，義譯云尋香神。此譯爲正也。

甄陀羅　之人反。又作真陀羅，或作緊那羅，皆訛也。正言緊捺洛，此譯云是人又非人也。

摩睺勒　又作摩休勒，或作摩睺羅伽，皆訛也。正言牟呼洛迦，此譯云大有行龍也。

真越　字或作震越。此應臥具也。

放光般若經　第十一卷　無字可音訓。

放光般若經　第十二卷

梵迦夷天　此言淨身天也。梵淨也。即初禪梵天也。

放光般若經　第十三卷　第十四卷　並無字可音。

放光般若經　第十五卷

梗澀　庚杏反。王逸注楚辭云：梗，强也，亦害也，病也。澀又作濇，同。所立反。謂不滑也。字[從][一四]四止，四止即不通，是字意也。

痱癗　又作疪，同。蒲罪反。下力罪反。痱癗，小腫也。今取其義。

已署　時去反。署，位署[一五]也。謂署置之處敬也。國語：夫位，政之建也。署，位也，表也。謂表識也。

放光般若經　第十六卷　無字可音訓。

放光般若經　第十七卷

牀者　又作牆，同。自羊反。字林：颿音帆柱也。江南行此音，關中多呼作竿。

牢瞉　盧刀反。堅牢也。下又作瞉、㲉二形，同。丈鞕、丈莖二反。三蒼：瞉，揰[二六]也。通俗文：揰出曰朾。今之以木若鐵撞出孔中物更補之謂之瞉。經文作裳，非瞉體也。

莊筭　徂陽反。聲類云：莊，嚴也。下古文祘，同。桑亂反。爾雅：筭，數也。長六寸，計數者也。字從竹從弄，言常弄不誤也。

放光般若經　第十八卷

狡戲　古巧反。方言：凡小兒多詐而獪謂之狡猾也。

放光般若經　第十九卷

放光般若經　第二十卷　無字可音訓。

和夷羅洹閱叉　即執金剛神也。謂手執金剛杵，因以爲名焉言（者）[二七]也。

放光般若經　第二十一卷

雜糅　古文粗、飷二形，同。女救反。說文：雜飯也。今謂異色物相集曰糅也。

旃陀羅　或云旃荼羅，此云嚴熾，謂屠煞者種類之名也，一云主煞人獄卒也。案西域記云：其人若行則搖鈴自摽（標）[二八]，或柱（拄）[二九]破頭之竹。若不然，王即與其罪也。

跛蹇　又作尵，同。補我反。下居免反。字林：跛蹇，行不正。

欲撞　濁江反。廣雅：揰[三〇]，刺也。揰猶擊也。

放光般若經　第二十二卷

阿惟顏　大品經作「一生補處」是也。十住經云「第十阿惟顏菩薩法住」是也。

盟誓　靡京反。禮記：諸侯莅牲曰盟。周禮：司盟戰之法[三一]。鄭玄曰：書其辭於册上，煞牲取血歃之，加書於牲上而埋之，著其信也。大事曰盟，小事曰誓也。

放光般若經　第二十三卷

輕易　字體作傷，或作敭，今作易。以豉反。蒼頡篇：傷，慢也。說文：傷亦輕也。經文作劦，胡頰反。說文：同力也，亦急也。劦非此義也。

野馬　猶陽炎也。案莊子所謂「塵埃也，生物之以息相吹者」。注云：鵬之而憑而飛者乃是遊氣耳。大論云「飢渴悶極見熱氣謂爲水」是也。

五兵　周禮：司兵掌五兵。鄭衆曰：五兵者，戈、殳、矛、戟、無夷也。步卒五兵則無無夷而有弓矢也。

放光般若經　第二十四卷　第二十五卷

並無字可音。

放光般若經　第二十六卷

須延頭佛　或言須扇多佛，晉言甚淨。

洞然 徒貢反。說文：洞，疾流也。亦深邃之皃也。經文作烔，徒東反。熱皃也，亦旱皃也。

放光般若經 第二十七卷 無字可訓。

放光般若經 第二十八卷

勸訹 私律反。說文：訹，誘也。廣雅：訹，謏也。謏音先九反。經文作恤，又作卹，同。思律反。恤，優(憂)〔三二〕也。恤非今用也。

放光般若經 第二十九卷

波崘 又作波倫。此云常[啼]〔三三〕。明度經云普慈，皆一義。

俾倪 又作轉堄二形。字林：普米反。下五禮反。廣雅：俾倪，堞，女牆也。釋名云：俾倪，城上小垣也。言於孔中俾倪非常事也。

波曇 又云波暮，或云波頭摩，或云鉢曇摩。正言鉢特摩。此譯云赤蓮華也。〔三四〕

句文羅 又作拘物陀，又作拘牟頭，或作拘物頭。此譯云拘者，地。物陀者，善〔三五〕喜。名[地]〔三六〕喜花之也〔三七〕。

優鉢剑 指遥反。又作漚鉢羅，此譯云黛花也。

鵁鶄 音交精，鳥名也。一名鵁鸕。此鳥出蔓聯山，群飛，如雌雞，似鳧，高足。江淮畜[之]〔三八〕可以厭火是也。

放光般若經 第三十卷

謙恪 古文愙，同。苦各反。字林：恪，恭也，亦敬也。謙虛敬讓也。

酷毒 又作嚳、俈二形，同。口斛反。說文：嚳，急也，甚也。亦暴虐也。

寶罌 於耕、於成二反。方言：瓿甊，瓶，罌也。自關而東趙魏之間或謂之罌，亦通語也。瓿音部，甊勒口反，瓶音剛也。

摩訶般若波羅蜜經 第一卷 玄應撰

婆伽婆 舊譯云有大功德至聖之名也。下(正)〔三九〕言薄伽梵。薄伽，此譯云德。梵，此言成就義。衆德成滿名薄伽梵。又此一名總攝衆德，餘即不爾，故諸經首皆置此名也。

那伽 此譯云龍，或云象，言其大力，故以喻焉也。

三昧 莫蓋反。或此言三摩提，或云三摩帝，皆訛也。正云三摩地，此譯云等持。等者，正也，正持心也。[持]〔四〇〕謂持諸功德也。或云正定，謂任緣一境離諸邪亂也。

希望 說文作睎(睎)〔四一〕，同。虛依反。睎(睎)，望也。海岱之間謂睎(睎)。廣雅：睎(睎)，視也。下無方反。說文：出望(亡)〔四二〕在外，望其還也。字從望(朢)〔四三〕省聲。若音無放反，說文月滿與日相望也，字從月，[從臣從壬]〔四四〕，但此[二]〔四五〕字音體人多不辯(辨)〔四六〕，故字從月不辯〔四七〕此兩釋也。

心行 下庚反。謂遊履也。放光經云：意所趣向。光讚經云：

所趣所行。大論云：問：云何悉知衆生心行？答：菩薩知衆生種種法中處處行。即維摩經云「善知衆生往來所趣及心所行」，其義一也。今人有讀爲下孟反，誤也。

罣礙　又作罫，同。胡卦反。字書：網礙也。礙，止也。限至曰礙也。

刺那　盧割反。光讃經作羅鄰那竭菩薩，此譯云寶積。維摩經：漢言寶事。放光經作寶來。案梵本云曷刺怛那揭婆，此云寶臺，或云寶藏，皆一義也。經文有作剌，居例反，非也。

滿予　餘、與二音。三蒼解詁云：此亦與字。梵言也。經中或作滿濡，或作文殊師利，或言曼殊尸利。譯云妙德，或言敬首。舊維摩經云：漢言濡首。放光經作哀雅威，皆訛也。正言曼殊室利，此云妙吉祥。經中有作溥首。案溥，此古文普字，疑爲誤也。應作孺〔四八〕，音而朱反。但字形相濫，人多惑耳也。

繫念　古文繫、繼二形，今作係，同。古帝反。説文：係，結束也。亦連綴不絶也。

兩腨　又作蹲，同。時兗反。説文：腓腨腸也〔四九〕。三蒼：腓，腸也。經文作踹，丁管反。蹀足也。踹非此用也。

兩髀　古文作碑，同。蒲米反。説文：股外也。北人行此音。又方尔反，江南行此音。經文從肉作胜，俗字。

肉髻　古帝反。梵言嗢瑟尼沙，此云髻，即無上依經云「鬱尼沙頂骨涌起自然成髻」是也。經文從糸作結，非也。嗢音烏没反也。

熙怡　虚之反，下與之反。説文：熙怡，和悦也。方言：怡，喜也。湘潭之間曰紛怡，或云熙怡。經文有作嬉，同。虚之反。説文：嬉，樂也。蒼頡篇：笑也。嬉非今戲〔五〇〕用之也。

得愈　古文瘉，同。揄乳反。方言：差、間，愈也。説文：愈，病瘳也。

恬然　徒兼反。方言：恬，静也，亦安也。大論作淡然，徒濫反。案淡亦安也〔五一〕。其訓義同。經文作怡，與之反，誤也。

不嬈　字林：乃了反。三蒼：嬈，弄也。説文：嬈，苛也。苛，煩也。謂煩擾戲弄也。嬈亦惱也。苛音何可反。

繽紛　匹仁反，下敷云反。廣雅：繽紛，盛皃也。

阿鞞　字書：陛奚反。此譯云不退住。十住經云：第七住也。

鳩摩　正言究磨羅浮多。究磨羅者，是彼八歲以上乃至未娶者之總名也，舊名童子。浮多者，舊譯云真，言同(童)〔五二〕真地也。或云寶(實)〔五三〕，亦是一義，今應爲相，言童相也。順俗名以童標八地以上菩薩也。或云法王子者，别號。

數知　山縷反。數，計也。閲其數曰數也。

燒時　尸昭反。案燒亦燒〔五四〕也。自然爲燒，以人爲燒〔五五〕也。

摩訶般若波羅蜜經　第二卷

稻茅　徒老反，下卯包反。稻謂有芒穀也。經文有作竿蔗，音古寒反，下諸夜反。通俗文：荆州出竿蔗。或作甘柘，一物也。

憎惡　烏故反。禮記：吾惡用吾悟〔五六〕情。惡猶憎也。詩云「惡無禮」皆是也。

摩訶般若波羅蜜經　第三卷

摩捫　莫奔反。聲類云：捫，摸也。字林：捫，撫持也。案捫持，謂手把執物也，故諸經中有作「摩提日月」是也。

摩訶般若波羅蜜經　第四卷　第五卷　第六卷

已上並無字音訓。

摩訶般若波羅蜜經　第七卷

蒙昧　字體作矇，同。莫公反。下莫對反。易云：蒙者，懞也。謂懞覆不明也。廣雅：昧者，闇也。謂蔽無知也。易云「蒙昧幼老，謂不我求」是也。

摩訶般若波羅蜜經　第八卷

循身　三蒼：古文作㣺，同。似遵反。爾雅：循，自也。郭璞曰：又爲循行也，亦遍也。巡歷。

視占　之鹽反。方言：占，視也。占亦候也。凡物相候謂之占，亦瞻也。

鏇師　似絹反。説文：鏇，圓鑪也。周成難字作繯，謂以繩轉軸裁木爲器者也。經文作旋，非體也。

胃脬　普交反。蒼頡解詁：脬，盛尿者也。説文：脬，旁光也。經文作胞，補交反。胞，裹也。胞非此用也。

涙涕　古文𣽷，同。敕計反。三蒼：鼻液也。周易：齎咨涕洟。自目曰涕，自鼻曰洟。經文從弟作涕，他禮反。涕，涙也。非今所取。

淡飲　徒甘反，下於禁反。謂匈上液也。經文有作啖之也。

肪䏰　府房反，下先安反。廣雅：肪、䏰，脂也。通俗文：在腰曰肪，在胃曰䏰也。

膖脹　普江反。埤蒼：胖脹，腹滿也。下或作痮，同。猪亮反。

青瘀　於豫反。説文：瘀，積血也。經文又作淤，水中埿，亦澱滓者之也。

豺狼　仕皆反。爾雅：豺，狗足也。蒼頡訓詁云：豺似狗，白色，爪牙迅快，善搏噬也。

[illegible]裂　字宜作攫，同。九縛、居碧二反。説文：攫，爪持也。攫，扟也。蒼頡篇：攫，搏也。淮南子曰「鳥窮則搏，獸窮則攫」是之也。

肋骨　郎得反。説文：脅骨也。字從肉。經文從革作勒，馬頭絡銜者也。

日暴　蒲帽反。小爾雅：暴，曬也。又暴，晞乾也。字從日從出從奴(収)[五七]米字意也。奴(収)作𢪃，音居竦反。兩手共持也。

如貝　補蓋反。説文：海介蟲也。謂螺貝是也。介，甲也。

邏字　力賀反。

呿字　丘庶反。

哆字　説文：殆可反。字林：丑加反、丑亞反。

醝字　才何反。

礙易　以豉反。易者，不難之稱也。

摩訶般若波羅蜜經　第十二卷

𦊆兜　先安反。即天主也。此云正喜，一云正知足。兜率，此云妙足也。

無央　於良反。梵言阿僧祇，此言無央數也。央，盡也。經文作鞅，於兩反。説文：頸靼也。鞅非此義，靼音之列反。

摩訶般若波羅蜜經　第十三卷

鞞侈遮羅那　蒲迷、昌是反。此之譯云明行足也。

迦憊　又作痡、備二形，同。蒲戒反。阿闍世王經云：此言世間解也。

適生　三蒼：古文適、這二形，同。施尺反。廣雅：祇，適也。謂適，近也，始也。

乞匃　古賴反。蒼頡篇：匃，乞行請求也。通俗文：求願曰匃。字體從人亾，言人有止失則行求匃也。

摩訶般若波羅蜜經　第十四卷

蠱道　公户反。聲類：翼者反。説文云：蠱，腹中蟲也。謂行蠱毒。

譴責　牽戰反。蒼頡篇：譴，呵也。廣雅：譴，怒也。經文有作詰責。廣雅：詰，問也。

盲瞽　公户反。無目謂之瞽。釋名云：瞽目，眠眠然目平合如鼓皮者也。

摩訶般若波羅蜜經　第十五卷

毒螫　式亦反。字林：蟲行毒也。關西行此音。又呼各反，山東行此音。蛆（蛆）〔五八〕，知列反，南北通語也。音蛆，誤也。

紅縹　匹繞反。謂天縹也，如帛也，青白色也。有碧縹，有天縹，有青縹，各以其色所象言之也。

摩訶般若波羅蜜經　第十六卷　第十七卷

第十八卷　已上三卷無字音訓。

摩訶般若波羅蜜經　第十九卷

不汙　烏故、烏莝二反。字林：汙，穢也。字書：汙，塗也。釋名云：汙，洿也。如洿泥也。

衰耄　字體作㾓，同。所龜反。説文：㾓，減也。禮記：年五十始衰。衰，懈也。下古文蒿、[耄]〔五九〕二形，今作秏，同。莫報反。禮記：八十曰耄。注云：耄，惛忘也，亦亂也。

摩訶般若波羅蜜經　第二十卷

放牧　莫禄反。三蒼：牧，養也。方言：牧，飤也。郭璞曰：謂牧養牛馬也。漢書：公孫弘牧豕。然則牧者，畜養之總名，非止牛馬也。

沮壞　才與反。三蒼：沮，漸也。敗，壞也。詩云：何日斯沮。傳曰：沮，壞也。經史文作俎，側吕反，非也，肉几也。亦貯醯器也，俎非[此]〔六〇〕義。

偃蹇　居免、紀偃、巨偃三反。左傳：偃蹇，驕傲也。廣雅：偃蹇，夭撟也。謂自高大皃也。釋名：偃息而卧不執事也。蹇，跛蹇也。病不能作事，今託似此也。撟音几小反。經文從人作僊，誤也。

傲慢　五到反。謂不敬也。廣雅：傲，傷也。謂輕傷也，慢也。字從人也。

滋味　古文孖、稵二形，同。子夷反。滋，益也，潤也。經文從口作嗞。説文：嗞，嗟也。

揆則　渠癸反。詩云：揆之以日。傳曰：揆，度也。謂度量軌法也。

摩訶般若波羅蜜經　第二十一卷

但三　徒亶反。聲類：但，徒也。徒，空也。

祐助　古文閖、佑二形，同。尤救反。周易曰：自天祐之。孔子曰：祐者，助也。天之所助者也。

摩訶般若波羅蜜經　第二十二卷　第二十三卷

並無字音訓。

摩訶般若波羅蜜經　第二十四卷

有翅　古文翨、𦐊二形，同。施豉反。説文：翅，翼。

被服　皮寄反。被謂被帶也。服謂施用也。

摩訶般若波羅蜜經　第二十五卷

唐受　徒郎反。唐，徒也。徒，空也。

淩傷　力繒反。三蒼：淩，侵淩也。字從冫。下或作敡，今作易，同。以豉反。説文：傷，輕也。蒼頡篇：傷，慢也。

摩訶般若波羅蜜經　第二十六卷

虜掠　古文作卤，同。盧古反。下力著反。虜，獲也，服也。戰而俘獲。漢書晉灼曰：生得曰虜，斬首曰獲。掠，略取也。謂强奪取也。俘音芳于反，軍所獲也。

勁夫　經盛反。説文：勁，强也。字體從力巠聲。巠音古形反也。

恐㦖　又作遽，同。渠庶反。遽，畏懼也。遽亦急也。

摩訶般若波羅蜜經　第二十七卷

級其　羈立反。禮記：級，階次也。左傳：加勞賜，賜一級。又云斬首二十三級。案師旅(旋)〔六一〕斬首一人賜爵一級，因名賊首爲級也。

覺已　居孝反。覺，寤也。謂眠後覺也。蒼頡篇：覺而有言曰寤。經文作寤(悟)〔六二〕、[悎]〔六三〕二形，近字俗作也。

恃是　時止反。韓詩：無母何恃。負也，恃亦賴也。

憒吏　公對反，下女孝反。説文：憒，亂也。韻集：吏，猥也。猥，衆也。字從市從人。經文從門作鬧，俗字也。

摩訶般若波羅蜜經　第二十八卷　無字可音訓。

摩訶般若波羅蜜經　第二十九卷

怨讎　視由反。讎，對也。爾雅：仇、讎，匹也。春秋「怨偶曰讎」、楚辭「父(交)[六四]怨曰讎」皆是也。

摩訶般若波羅蜜經　第三十卷

駕駟　相二反。說文：駟，一乘也。穆天子傳曰：獻良馬十駟。郭璞曰：四馬，駟。謂四十匚(匹)[六五]也。

摩訶般若波羅蜜經　第三十一卷　第三十二卷　第三十三卷　已上並無字音訓。

溉灌　歌賚反。說文：溉，灌也。謂灌注也。

摩訶般若波羅蜜經　第三十四卷

胞胎　補交反。說文：兒生裹衣者曰胞也。

摩訶般若波羅蜜經　第三十五卷

匳底　今作籢，同。力占反。蒼頡篇：盛鏡器曰匳。謂方底者也。

蚊蚋　而稅反。小蚊曰蚋。說文：秦人謂之蚋，楚人謂之蚊。通俗文：蜎化爲蚊。小蚊曰蚋。蜎音血緣反。

紺瑠　古闇反。青赤色也。釋名云：紺，含也。謂青而含赤色也。

輪埵　丁果反。小累也。今取其義。經文從耳從玉作腄、琗二形，非也。

堅著　馳略反。字書：堅謂堅牢。著，相附著也。

逶佗　又作逶迤，同。於危反。下徒何反。廣雅：逶佗，衺邪也。詩傳云：平易皃也。韓詩：逶佗，德之美皃也。衺音烏爪反。

摩訶般若波羅蜜經　第三十六卷

不撓　乃飽反。說文：橈(撓)[六六]，㩐(擾)[六七]也。廣雅：撓，亂也。字從木(扌)[六八]也。

豪氂　又作毫，同。胡高反。下古文氂、𣯦(緂)二形。今作𣬛，同。力之反。漢書：不失毫氂。孟康注：毫，兔毫也。十毫曰氂。今皆作氂[六九]，亦由古字通用也。然非通用也，然非字體也。

廬館　力居反。別舍也。釋名云：寄止曰廬。案黄帝爲廬，以避寒暑，春秋去之，冬夏居之，故云寄止也。下古翫反。客舍也。周禮：五十里有館，館有委積，以待朝聘之客。字體從食官聲。今俗亦作舘。經文作觀，城門雙闕也。觀非此義也。

以樂　力各反。謂歡悅也。下文樂佛及僧以樂衆人，音讀皆同此也。

摩訶般若波羅蜜經　第三十七卷　第三十八卷

並無字音訓。

摩訶般若波羅蜜經　第三十九卷

從廣　又作摐，同。足容反。小爾雅云：衺、從，長也。廣，撗(橫)〔七〇〕也。詩云：撗(橫)從其畝。韓詩傳曰「南北曰從，東西曰撗(橫)」是也。周禮：九州之地域，廣輪之數。鄭玄曰：輪，從也，廣之撗(橫)也。

街巷　古鞋反。說文：街，四通道也。下作衖，同。胡絳反。三蒼：街，交道也。衖，里中別道。

連緜　古文聯，同。力錢反。廣雅：連，續也，合也。緜亦連也。謂相續不斷也。字從耳，耳聯於頰也。從絲，絲連不絕也。

相和　胡卧反。相譍也。詩云「唱予和汝」、周易「鳴鶴在陰，其子和之」是也。

適無　都歷反。謂主過(適)〔七一〕也。

玫瑰　字林：莫迴反。下胡魁反。珠也，圓好者，次玉也。說文：火齊珠也。說文：石之美好曰玫，圓好曰瑰。經文作珂，非也。

綩綖　一遠反，下三蒼以旃反。相傳坐褥也。未詳何語也。

茵蓐　又作鞇，同。於人反。說文：茵，車中重席也。釋名：茵，車中所坐者也。用虎皮爲之，有文采，因以下與相連著也。下而欲反。三蒼：蓐，薦也。

幃帶　音韋。蒼頡篇：幃，㡘也，亦巾也。經文或作帷，于追反。字林：在旁曰帷。謂張帛障旁也。釋名：帷，圍也。謂自障圍也。

惆悵　敕周反，下敕亮反。說文：惆悵，失志也。亦悲愁也。

摩訶般若波羅蜜經　第四十卷

祠天　似茲反。祠，祭也。爾雅：春祭曰祠。孫炎曰：祠，食也。

百乘　古文椉、𠦬二形，同。承證反。廣雅：乘，駕也。三蒼：乘，載也。周禮：四馬爲乘。其形曰一車，其數曰之乘也。

橋津　子隣反。論語：子路問津。鄭玄曰：津謂濟渡之處。

金牒　徒頰反。簡牒也。說文：牒，札也。小品經作金鍱。鍱音以涉反。

娛樂　字詁古文虞，今作娛，同。牛俱反。下力各反。字林：娛亦樂也。白虎通曰：虞樂，言天下之民皆有樂也。釋名云：虞樂，言神還樂也。

有棍　孤本反。謂絃者也。又今亦名開(關)〔七二〕爲棍子者也。

稽留　古奚反。說文：稽，留止也。爾雅：留，久也。

來坌　蒲頓反。通俗文：埲土曰坌。說文：坌，塵也。

彌窒　丁結反。彌窒耶尼子，或作富樓那彌多羅尼子，正言富囉拏梅低梨夜富多羅。富囉拏，此云滿，是其名也。梅低梨夜，此云慈，是其母姓也。富多羅者，子也。兼從母姓爲名，故此云滿慈子，或譯云滿願子，皆一義也，與佛同日而生也。

光讚般若經　第一卷　玄應撰

度無極　或言到彼岸，皆一義也。梵言波羅蜜多是也。

不僥　又作儌(徼)〔七三〕，同。古堯反。漢書晋灼云：徼，遇也。

僥亦冀求也。
垓刼　古文姟、兖二形。今作姟，同。古才反。數名也。風俗通曰：十億曰兆，十兆曰經，十經曰姟。姟猶大數之也。
傅飾　方務反。傅猶塗附也。傅藥、傅粉皆是也。
扶蓉　又作芙，同。附俱反。下庾鍾反。說文：扶蕖，花未發者菡萏，花已發開者爲扶蓉，其實曰花(蓮)〔七四〕。菡音胡感反。萏，徒感反。
紕(紛)〔七五〕葩　普巴反。盛美皃。〔說〕〔七六〕文：葩，華也。
颸颺　餘尚反，又餘章反。謂風所飛揚也。
晃煜　又作焴，同。由掬反。說文：晃，明也。煜，燿也。埤蒼：晃，光耀熾盛皃也。
八由行　又作遊行，又作道行，或作直行，或言八直道，亦言八聖道，或言正道，其義一也。
漸漸　才冉反。漸漸，猶稍稍。經文作漸漸漬〔七七〕，誤也。
履襪　古文韈，或作帓(妹)〔七八〕、〔靺〕〔七九〕二形，同。無發反。足衣也。經文從巾作幭(幭)〔八〇〕，音亡別反。單被也，帊也。幭(幭)〔八一〕非字義也。
然藎　才刃反。字林：草名也。本草云：藎草可以染流黄作金色，生蜀中也。
之誼　字詁古文誼，今作義，同。宜寄反。禮記：誼者，宜也。制事宜也。誼亦善也，理也。

光讚般若經　第二卷

貧匱　渠愧反。鄭玄注禮云：匱亦乏也。毛詩傳：匱，竭也。
嵩高　又作崧，同。思隆反。爾雅：山大而高曰嵩。今中岳嵩高並依此名。
蚑行　渠支反。又音啓，謂蟲行皃也。周書「蚑行喘息」是也。
蜎蜚　一泉反。字林：蟲皃也，動也。或作蠉。古文翾，同。呼泉反。飛皃也。下古書飛皆作蜚，同。甫韋反。蜚謂蜚楊(揚)〔八二〕也。案漢書注云「正月爵大於鳩，五色，蜚過(鄭)〔八三〕。二月後蜚過池陽」是也。
慌惚　呼晃反。又作怳，虛往反。謂虛妄見也。惟怳惟惚似有無〔有〕〔八四〕也。漢書音義曰：慌惚，眼之(亂)〔八五〕見〔八六〕也〔八七〕。

光讚般若經　第三卷

兩臏　又作髕，同。頻忍反。說文：臏，膝骨也。蒼頡篇：膝蓋。
四殉　又作凶，同。許恭反。放光經作〔四結〕〔八八〕也。四結猶四縛也，謂貪欲、瞋恚、戒〔取〕〔八九〕、見取身縛。漢書王莽傳云「固古行其必殉」是之也。
惶慌　胡光反。謂虛妄見也，荒虛也。廣雅：惶，懼也。遽也。蒼頡篇：惶，恐也。亦憂悼在心皃也。

光讚般若經　第四卷

門閫　又作梱，同。苦本反。鄭玄注禮云：閫，門限也。說文：門橛也。
不瞚　列子作瞬。通俗文作眴，同。尸閏反。服虔云：動也。說文：瞚，目開閉數搖動也〔九〇〕。
惡師　於各反。惡，過也，所爲不善也。經文從草作蒠，又從人作偲，皆非也。

光讚般若經　第五卷

梨穢　力移反。方言：色似凍梨也。大品經云「青想壞想」是也。

恢大　又作㤥，同。苦迴反。蒼頡解詁云：恢亦大也。

三跋致　又作拔，同。蒲沫反。晉言「發趣」是。

光讚般若經　第七卷

頭顱　又作髗，同。力胡反。腦蓋也。經文作臚，吕居反。腹臚也，皮也。臚非此義。

吒之　竹家反。經中從足作跎也。

瘴之　丁佐反〔九一〕。

磋之　且何反。非〔九二〕。

燕坐　又作宴。石經爲古文兼（燕）〔九三〕，同。一見反。説文：宴，安也。謂安息皃也。

光讚般若經　第八卷　第九卷　先不音。

光讚般若經　第十卷

疇匹　除留反。楚辭：誰可與兮匹疇。王逸曰：二人爲匹，四人爲疇。疇亦類也，今或作儔也。

五旬　或言般遮旬，即五神通也。案阿闍世王女阿術達經云「悉得五旬」是也。五神大品等經云五神通，同一也。

縛祇　一種等首真人，餘經作家［家］〔九四〕須陀洹命終也。

長安品　第一卷

以索　所格反。蒼頡解詁云：索，盡也。經有作却，訛。

長安品　第二卷　第三卷　並無字可音訓。

長安品　第四卷

無蚤　音義同早晚之早也。古字通用耳。如禮記云「孔子蚤作」是也。

三摩越　第四禪定是也。

恒架　古訝反。或作恒伽提，梵語訛轉也。

長安品　第五卷

慊苦　苦簟反。慊，猒足也，快也。

不啻　施豉反。蒼頡篇：不啻，多也。

道行般若經　第一卷

吁與　許于反。説文：驚語也。廣雅：吁，應聲也。吁亦疑怪之辭也。經文有作説與也。

邠祁文陀弗　彼貧反，下巨梨反。或言富樓那彌多尼子是也。

邊幅　甫鞠反。幅猶邊際也，謂際畔也。

無底　都禮反。猶無邊也。無邊猶無限也。經文作氐，非也。

道行般若經　第二卷

因坧　直尸反。或言因提，或云因陀囉，正翻名天主，以帝代之，故經中亦稱天主，或稱天帝者，並位之與名者也。

波羅那提天　新道行經云自在天也，亦即梵天也。

伊沙天　此云衆生主。

那提乾天〔九五〕　此云天女等。

阿會亘修天　長安品作阿波亘差天，即光音也。經中會有從言作譮者，非也。

僻限　匹亦反。僻，邪僻也，亦避也。經中或作避。避，去也。下烏塊、烏迴二反。謂隱蔽之處也。經文作㥷，於豈反，哭餘聲也。㥷非此義也。

梵摩三鉢天　此應天主名也。新道行經云梵天王也。

薩和薩　此云有情，亦言衆生，猶是薩婆薩埵也。

般遮旬　般遮，此云五，猶五神通也。經中或作五旬，在(存)〔九六〕二者(音)〔九七〕也。

盧天　烏合反。晉言有光壽天，是第二禪中初天也，亦名少光天，以光少故也。盧波摩那，晉言無量光天，即二禪中第二天也。以前光明轉勝轉妙故也。諸經中有作阿波摩波摩那天是也，應言阿鉢羅摩那婆鉢利多婆也。

須甇天　三蒼音帝，郭訓古文奇字以爲古文逝字，漢書韋昭音徒計反。案中陰經作須滯天，或作須赜天，亦言善見天。定障漸漸微，見極明徹，故名善觀也。樓炭經作須啑天，皆一也。應言須達利舍那，此言善觀天。啑音丁計反。䐡音帝。依字，風俗通姓氏亦有此姓。經文從無從足作蹵，音讀作武，非也。

道行般若經　第三卷

枝掖　以石反。相似也。掖猶葉也。此應外國語訛耳，長安品作「技〔九八〕掖般若」是也。

道行般若經　第四卷　無字可訓。

狎習　古文庘，書或作狹，同。胡甲反。孔注尚書云：狎，近也。狎，傷也。謂輕傷也。經文從人作伻，非也。

道行般若經　第五卷

至奏　子陋反。奏，進也，爲也。明度經云三拔致，此言發趣也。經有作跋，同。蒲沫反也。

一劫　梵言劫簸，此譯云別時節。經文有作建，音子葉反。此語音訛也。

若檣　又作牆，同。才羊反。颿柱也。關中曰牆竿是也。

愍念　字詁古文愍，今作閔，同。眉殞反。

道行般若經　第六卷

裴服　蒲來反。此言訛也，猶是被服也。音皮寄反。被帶、袈裟也。經文從文作斐，音敷尾反也。

詭嬲　又作恑，同。居毀反。說文：恑，變詐也。謂變異也，詐妄也。經文從口作喨，非也。下又作嬲。三蒼音諾了反。嬲，弄也，惱之也。

道行般若經　第七卷

勇悍　何旦反。蒼頡篇：悍，禦也。說文：悍，勇也，有力也。字從心。

道行般若經　第八卷　先不音訓。

爲舍多羅　大品經作「爲父母」是也。

道行般若經　第九卷

乾陀呵晝菩薩　新道行作「香象菩薩」是也。

緹縵　陀禮反。說文謂帛赤黃色也，即縓色也。爾雅：再染謂之縓。縓音詮絹反。

自衒　古文眩、衒二形，同。胡麵反。說文：行且賣也。廣雅：衒，該(詅)[九九]也。

乾陀越國　字或作揵。應云乾陀婆那，此譯云香林。明度經香净國，阿闍世女經云香潔，一云香風，皆之一也。

道行般若經　第十卷

完健　胡官反。說文：完，全也。完猶保守也。

儲水　直於反。儲，貯也。說文：儲，待也。待亦備也。謂畜物以備曰儲。

曼殊顏華　又云曼殊沙，此譯云檻花。

鳩垣　諸經或作鳩洹，或作仇桓，皆梵言訛也。此譯云大身。

巫祝　武俱反，下之育反。無形也。謂事鬼神曰巫，祭主贊辭曰祝也。說文：在女曰巫，在男曰覡音形狄反。

反遺　餘季反。爾雅：貽，遺也。遺猶贈也。廣也(雅)[一〇〇]：遺，與也，亦加也。

有桴　案古文官書，枹、桴二字同體。扶鳩反。謂鼓椎也。說文：桴，擊鼓柄也。

拊撫　方主反，下敷禹反。案拊，猶拍也。撫，持也，案[一〇一]也，存恤也。釋名云：撫，敷也。敷手以拍之。

小品般若經　第三卷　玄應撰

糟粕　籀文作醩，同。子勞反。不䤖酒也。下普各反。淮南子云：古人糟粕。許叔重曰：糟有滓，酒滓也，漉糟曰粕也。䤖音子禮反。

垣林　宇煩反。垣，四周牆也。釋名：垣，援也。人所依阻以爲援衛也。

小品般若經　第一卷　第二卷　第四卷

第五卷　已上四卷並無字音訓。

小品般若經　第六卷　第七卷

監礙　古文作譼，同。公衫反。方言：監，察也。言婦人有三監五礙者。

躓頓　陟利反。謂挫辱也。廣雅：躓，蹋也。足蹋手頓者也。

相柱　張注反。謂支柱。

小品般若經　第八卷

加尸　又作迦尸，此譯云光，言有光澤。

瘡瘢　薄寒反。蒼頡篇：瘢，痕也。經文作槃，非體也。

金鍱　餘攝反。薄金也。大品經作「金鍱」是也。

小品般若經　第九卷　第十卷　並無字音訓。

一切經音義　卷第九

校勘記

〔一〕斷　玄卷三作「料」。下同。
〔二〕又　獅作「文」。
〔三〕切　據玄卷三補。
〔四〕曺　即「曹」。
〔五〕痛　獅作「痒」。
〔六〕故　獅、麗無，據大正補。
〔七〕撿　據文意似當作「檢」。
〔八〕文　麗無，據玄卷三釋此詞補。
〔九〕伏　獅作「代」。
〔一〇〕反　麗無，據獅補。
〔一一〕名　麗無，據獅補。
〔一二〕擴　據文意似當作「橫」。
〔一三〕也　麗無，據獅補。
〔一四〕同　獅作「因」。
〔一五〕及　麗無，據獅補。
〔一六〕撿　據文意似當作「檢」。下同。
〔一七〕日　麗無，據獅補。
〔一八〕反　麗無，據獅補。
〔一九〕二　獅作「三」。檢玄卷三釋此詞作「三」。
〔二〇〕即第三天也　獅爲「即第四禪中第三天也」。
〔二一〕婆　獅頻作「娑」。
〔二二〕没　玄卷三作「况」。
〔二三〕健　獅作「徤」。
〔二四〕從　麗無，據頻補。
〔二五〕署　玄卷三作「置」。
〔二六〕揰　頻大正作「撞」。下同。檢玄卷三釋此詞作「橦」。揰、撞義近。説文：「撞，卂擣也。」集韵：「揰，推擊也。」
〔二七〕言　頻作「者」。
〔二八〕摽　據文意似當作「標」。
〔二九〕柱　據文意似當作「拄」。
〔三〇〕揰　頻作「撞」。下同。
〔三一〕司盟戰之法　頻爲「司盟掌盟戰之法」。今傳本周禮：「司盟掌盟載之法」。
〔三二〕優　頻作「憂」。
〔三三〕啼　麗脱，據頻補。檢玄卷三釋此詞亦同。波倫是菩薩名，譯曰常啼。
〔三四〕此條後頻有「分陀利，又作芬，此譯云白蓮華也」。
〔三五〕善　頻無。
〔三六〕地　麗脱，據頻補。
〔三七〕此譯云拘者地，物陀者善喜，名喜花之也　檢玄卷三釋此詞爲「此云拘者，地。勿陀者，喜。名地喜花也」。
〔三八〕之　麗無，據頻補。
〔三九〕下　頻作「正」。
〔四〇〕持　麗無，據頻補。
〔四一〕晞　頻作「睎」。下同。
〔四二〕望　大正作「亡」。
〔四三〕望　大正作「朢」。
〔四四〕從臣從壬　麗無，據頻補。
〔四五〕二　麗無，據頻補。
〔四六〕辯　頻作「辨」。
〔四七〕字從月不辯　頻和玄卷三釋此詞無。
〔四八〕[illegible]　玄卷三釋此詞作「溤」。
〔四九〕脛腨腸也　頻爲「腨，腓腸也」。今傳本説文：「脛，胻也。从肉坙聲。胻，脛耑也。从肉行聲。腓，脛腨也。从肉非聲。腨，腓腸也。从肉耑聲。」
〔五〇〕戲　頻和玄卷三釋此詞無。
〔五一〕淡亦安也　頻爲「淡亦安静也」。
〔五二〕同　頻作「童」。
〔五三〕寶　大正作「實」。
〔五四〕燒　據文意似當作「燃」。
〔五五〕燒　據文意似當作「燃」。
〔五六〕悟　頻和玄卷三釋此詞無。
〔五七〕奴　據文意似當作「収」，即「廾」。下同。
〔五八〕蛆　頻作「蛆」。
〔五九〕毠　麗無，據玄卷三釋此词補。
〔六〇〕此　麗無，據頻補。
〔六一〕旅　玄卷三作「旋」。
〔六二〕瘖　玄卷三釋此詞作「悟」。
〔六三〕悎　麗脱，據玄卷三釋此詞補。
〔六四〕父　今傳本楚辭作「交」。
〔六五〕匚　獅作「匹」。
〔六六〕橈　據文意當作「撓」。
〔六七〕欔　據文意當作「擾」。
〔六八〕木　頻作「才」。
〔六九〕絑　玄卷三作「練」。　氅　玄卷三釋此詞作「氊」。
〔七〇〕撗　據文意似當作「横」。下同。
〔七一〕過　玄卷三作「適」。
〔七二〕開　頻作「闢」。
〔七三〕憿　頻作「徼」。
〔七四〕花　頻作「蓮」。檢玄卷三釋此詞作「蓮」。
〔七五〕紑　玄卷三釋此詞和頻作「紛」。
〔七六〕説　麗脱，據頻玄卷三釋此詞補。
〔七七〕經文作漸漸漬　玄卷三釋此詞爲「經文作漸漬」。
〔七八〕怺　頻作「怺」。檢玄卷三釋此詞作「怺」。
〔七九〕麸　麗脱，據玄卷三釋此詞補。
〔八〇〕懱　頻作「怺」。檢玄卷三釋此詞作「幭」。
〔八一〕懱　玄卷三釋此詞作「幭」。
〔八二〕楊　玄卷三釋此詞作「揚」。
〔八三〕過　頻作「鄭」。
〔八四〕有　麗無，據頻補。
〔八五〕之　頻作「亂」。
〔八六〕見　據文意似當作「皃」。
〔八七〕眼之見也　玄卷三釋此詞爲「眼亂也」。
〔八八〕四結　麗脱，據玄卷三釋此詞補。
〔八九〕取　麗無，據玄卷三釋此詞補。
〔九〇〕目開閉數摇動也　今傳本説文：「開闔目數摇也。」
〔九一〕此條原接在「吒之」條内。
〔九二〕非　頻無。此條原接排在「吒之」條内，此據獅。
〔九三〕兼　頻和玄卷三釋此詞作「燕」。
〔九四〕家　麗無，據玄卷三釋此詞補。
〔九五〕那提乾天　此條麗原接排在「伊沙天」内，此據獅。
〔九六〕在　頻作「存」。
〔九七〕者　頻作「音」。
〔九八〕技　玄卷三釋此詞作「枝」。
〔九九〕詨　今傳本廣雅作「諗」。
〔一〇〇〕也　玄作「雅」。
〔一〇一〕案　據説文：「撫，安也。」康熙字典作「按」也。禮曲禮：「客跪撫席而辭。」孔穎達疏：「以手按止之也。」

一切經音義　卷第十

翻經沙門慧琳撰

音勝天王般若經七卷　并後序〔一〕
濡首菩薩分衛經二卷
大明度無極經四卷〔二〕
文殊所説般若經二卷
文殊般若經一卷　第二譯
仁王般若經二卷
新譯仁王經二卷　大廣智
仁王護國結壇經一卷
金剛般若經一卷　羅什
金剛般若經一卷　流支
金剛般若經一卷　真諦
能斷金剛經一卷　玄奘
能斷金剛經一卷　義净
實相般若經一卷
理趣般若經一卷　金剛智譯
大樂理趣經一卷　大廣智譯
大明咒經一卷　前譯般若心
般若心經一卷　羅什〔三〕

般若心經一卷　罽賓新譯
右十九經三十二卷同此卷音

勝天王般若經　第一卷　玄應撰音

尼坵　又作泥、泜二形，同。直飢反。

治葺　侵立反。通俗文：覆蓋曰葺。葺亦補治也，累也，苦也，從草咠聲。

諠譊（撓）〔四〕　乃飽、乃教二反。説文：撓，擾也。廣雅：撓，亂也。

三愆　古文寋、過〔五〕二形，籀作諐〔六〕，今作愆，同。去連反。説文：諐，過也，失也。

如稍　山卓反。埤蒼：稍亦矛也。經文作槊，俗字也。

如穜　充容反。廣蒼：穜，短矛也。或作動（衝）〔七〕，刺也。

憤恚　扶忿反。説文：憤，懣也。懣，煩也。憤，怒氣盈盛也，情感動也。

覆罩　又作羄，同。陟教反。捕魚籠者曰罩，今取其義。

儵忽　又作倏、儵二形，同。書育反。倏忽，急疾皃也。

坑埳　又作坎，同。苦感反。埤蒼云：埳亦坑也。

敷啓　又作启。孔注尚書以爲古文啓，同。苦禮反。説文：启，開也。

懷憾　胡紺反。論語：共弊之而無憾。孔安國曰：憾，恨（也）〔八〕。

嘶喝　又作誓，同。先奚反。下又作嗌（嗌）〔九〕、嗑，同。乙介反。方言：廝、嗌（嗌），噎。楚曰廝，秦晉或曰嗌（嗌）。埤蒼：嘶，聲散也。説文：嘶，悲聲。廣雅：聲之幽。

欺侮　古文侮，同。亡甫反。侮猶輕慢也。

勝天王般若經　第二卷

沾濡　又作霑，同。致廉反。廣雅：沾，漬也。濡，濕也。

資財　子夷反。説文：資，貨。資（貨）〔一〇〕，財也。經文作貲，子斯反。説文：小罰以財自贖曰貲。通俗文：平財賄曰貲。案貲亦與資義同。

腥臊　又作胜，同。先丁反，下桑刀反。腥臊，臭也。通俗文：魚臭曰腥，猳臭曰臊。猳音加也。

酤酒　公胡反。説文：買酒也。經文作沽，水名也。

博弈　古文薄（簙）〔一一〕，同。補莫反。方言：博或謂之棊。下餘石反。齊魯謂圍棊爲弈也。

梨軶　又作扼，同。於革反。謂轅端壓牛領者。

盥洒　公緩反。説文：盥，澡手也。凡澡洒物皆曰盥。

罕　乎旱反。罕，希。又謂希疏也。字從冈干聲。

轡勒　碑愧反。字書：馬縻也。所制收車馬也。字以〔一二〕從絲從軎。聲類：勒馬頭鑣銜也。

勝天王般若經　第三卷

凷擲　文（又）〔一三〕作塊，同。口對反。即土塊也。

傺（慘）〔一四〕毒　又作憯，同。初錦反。説文：慄（慘）〔一五〕，毒也，痛也。爾雅：慄，憂也。

縱誕　徒亶反。誕，謾也，亦欺也，不實也。

不憚　徒旦反。憚，難也，亦畏也。廣雅：憚，驚也。

收穫　胡郭反。説文：刈禾也。草曰刈，穀曰穫。

勝天王般若經　第四卷

很戾　胡墾反，下力計反。很，違也。戾，曲也。字從犬從户。

抑挫　祖卧反。説文：挫，摧也，亦抑也。

莣衣　無方反。莣，草也。爾雅：莣，杜榮。注云：似茅，皮可以爲繩索、履屩等。

食芋　于附反。聲類：大葉著根之菜，見驚人，故曰芋。大者謂之蹲鴟，甚可蒸食。

炒穀　古文𤎅、煼二［形］〔一六〕，同。初狡反。方言：熬、煼，火乾也。説文：𤎅，熬也。

尼連禪河　應云尼連禪那，或云熙連禪。此譯云尼者，不也。連禪那者，樂著也。名不樂著河也。

迦梨迦龍　又云迦羅迦龍。此譯云黑龍也。

倒仆　古文踣，同。蒲北反。説文：仆，頓也。謂前覆者也。

勝天王般若經　第五卷

真胝　又作疷，同。竹尸反。頒(須)真[胝][一七]，此云善思惟，是天名也。

僕隷　古文蹼，同。蒲木反。廣雅：僮、僕、役，使也。僕，附也。

箮多　初救反。

羺莎　奴溝反。

褎多　蒲溝反。

須摩那　或云蘇磨那華。其色黄白，亦甚香，不作大樹，纔高三四尺，四垂似蓋者。

瞻蔔伽　或云旃簸迦樹，正言占博迦樹。形高大，華亦甚香，其氣逐風彌遠也。爾雅云：多也。

門堞　又作堞，同。徒頰反。廣雅：堞，女牆也。

猩猩　又作狌，同。所京反。知人名，如豕，人面，又似黄狗犬吠也。頭如雄雞，出交阯封溪，聲如小兒啼，知去不知來，犬吠知去也。

尸利沙　即是此間合昏樹也。其樹種類有二，若名尸利沙者，葉果則大；若名尸利駛者，葉果則小。此樹時生人間，關東下里家誤名婆[一八]羅樹是也。

勝天王般若經　第六卷　先不音。

勝天王般若經　第七卷

荻林　又作藡，同。徒歷反。荻草也，亦有荻竹。

阿薩闍病　謂不可治[病也][一九]。

迦樓那摩訶　[摩訶][二〇]，此云大。迦樓那，此云悲。言如來功德以那(般)[二一]若、大悲二法爲體也。

啞尼　又作咽，同。於堅、於見二反。此譯云鹿王也。

尼拘陀　應云尼拘盧陀。此譯云無節，亦云縱廣樹。

摩那陀果　此譯云醉果也。

頻婆果　此譯云相思也。

勝天王般若經後序

所縈　一瓊反。縈，旋也，纏也。通俗文：收績曰縈。

不愜　苦頰反。廣雅：愜，可之也。字林：愜，快也。

始洎　渠器反。漢書云：洎前七郡。晉灼曰：洎，至也。

寘懷　之是反。詩云：寘彼周行。傳曰：寘，置也。

祈請　巨衣反。詩云：以祈爾爵。傳曰：祈，求也。

甫爾　方武反。釋名：甫，始也。廣雅：甫，衆也。

輯睦　茨入反。爾雅：輯，和也。謂諧和也。下又作穆，同。莫斛反。睦，敬也，美矣也。

負笈　奇急反。風土記云：笈謂學士所以負書箱，如冠箱而卑者也。謝承後漢書云：負笈隨師也。

驅傳　知戀反。謂轉次行也。爾雅：馹、遽，傳也。郭璞曰：皆傳車驛馬之名。馹音而質反。

錫珪　思歷反，下古攜反。爾雅錫謂錫與也。書「禹錫玄珪」是[也][二二]。

分陜[二三]　或(式)[二四]冉反。公羊傳曰：自陜以東周公主之，自陝以西召公主之。説文：今弘農陝縣，古之虢國是也。

碩難　市亦反。詩云：碩人俣俣。傳曰：碩，大也。小爾雅云：碩，遠也。

智昕　虛殷反。小雅云：昕，明也。爾雅：昕，察也。

彭匯　胡罪反。尚書：東匯澤爲彭蠡。孔安國曰：匯，迴也。三蒼：水迴之皃也。

萬駰　於身反，於巾反。人名者也[二五]。

猜焉　古文倸、猜二形，今作倸，同。粗來反。案猜亦名疑也。廣雅：猜，懼也。

濡首菩薩無上清净分衛經　上卷　慧琳撰

底泓　一宏反。説文：下深大也。廣雅云：泓，深也。

吹噭　又作詉、嗸二形，同。古弔反。噭，唤也，呼也，亦鳴也。

螫蟲　書亦、呼各二反。説文：蟲行毒也。經文作蛴，非體。

躊步　腸於反。説文：躊躇，猶豫也。躑躅也。

錠燭　殿、定二音。聲類云：有足曰錠，無足曰鐙。

鹿隊　古文豝、[𦕈][二六]一(二)[二七]形，今作聚，同。才句反。廣雅：聚，居也。謂人所聚居村邑者。

枺鋤　又作薅、栫二形，籀文作薅[二八]，或作茠，同。呼豪反。説文：除田草曰茠。經文作莯茆，非也。

濡首菩薩無上清净分衛經　下卷

慷慨　正作忼愾，同。口莽反，下苦代反。忼慨，大息也，亦士不得志者也。

喟然　又作嘳，同。口愧反。三倉：喟，歎息也。説文：大息也。論語：喟然歎曰。何晏曰：喟，歎聲者也。

華孚　或作荂。説文作雩，同。芳俱、詡俱二反。方言：華、荂，盛也。齊楚之間或謂之華，或謂之荂。

玓瓅　丁歷反。下字書作皪(皪)[二九]，同。零玓反。説文：玓瓅，明珠色。經文的，非體。

杲然　又作杲，同。古倒反。埤蒼：白皃也。亦明也。灼然明白者也。經文作皛(皛)[三〇]，音古螢反，非也。

明度無極經　第一卷　玄應撰

歧(岐)[三一]嶷　巨宜反，下語棘反。詩傳云：岐，知意也。嶷，識别也。言能匍匐，則岐然音有所知也，其貌嶷有所别識也。亦言六七歲也。經文作竒，非體之也。

善業　梵言須菩提，或云藪浮帝，或言蘇部底。此譯云善實，或云善業，或云善吉，皆一義也，言空生者。晉沙門康法邃雜譬喻經云：舍衛國有長者名鳩留，産生一子，字須菩提，有自然福報，食器皆空，因以名焉。所欲即滿後，遂出家得阿羅漢道是。

秋露子　梵言舍利弗，舊言舍梨子，或言奢利富多囉。此譯云鶖鴿子，從母爲名。母眼似鶖鴿，或如秋露鳥眼，因以名焉。舊云身子者，謬也。身者，舍梨，與此奢利聲有長短，故有斯誤。或言優波提舍者，從父名之也。

不憚　都割反。通俗文：旁驚曰憚。經文作慘怛之怛，非也。

貲貨　子移反。蒼頡篇：貲，財也。廣雅：資，貨也。周禮：通貨賄也。鄭玄曰：金玉曰貨，布帛曰賄。亦與資同。經文作訾。訾，量。訾非此用也。

弘裕　古文衮，同。瑜句反。廣雅：裕，寬緩。

昆弟　又作翼，同。古魂反。爾雅：昆，後也。郭注云：謂兄〔三二〕後也。方俗異言耳。

溝港　古項反。字略云：港，水分流也。今梵言須陀洹是也。此言至流，或言入流。經中或作道跡，或言分布，今云溝港。溝非取其義也。經文作遘也。

開士　謂以法開道之士也。梵云扶薩，又作扶薩〔三三〕，或音薩是之事也。

頻來　言斯陀含也。此云一往來，字應誤也，字宜作頓也。

緣一覺　又云獨覺，又云緣覺，舊經云古佛，又言辟支佛，又〔三四〕皆梵言訛轉也。此言辟支迦，或云貝支迦，此云獨覺是也。

應儀道　又云應真，或言真人，舊云無著果，亦云阿羅訶，今言阿羅漢，皆是一人也。

滿祝子　脂育、脂救二反。即富樓那是也。

除饉　渠鎮反。舊經中或作除士、除女，或薰士、薰女，今言比丘、比丘尼是也。案分别功德論云：世人飢饉於色欲，比丘除此受饉之飢想，故名除饉。又案梵言比丘，此云乞士，即與除飢饉義同。又康僧會注法鏡經云：凡夫貪染六塵，猶餓夫夢飯不知猒足，聖人斷去貪染，除六情飢，故號出家者爲除饉。

明度無極經　第二卷

佞蘁　奴定反。謟媚也，僞善也。說文：口材也。〔三五〕亦德之稱也。字從女從仁。論語云：惡夫佞者。此即從女之義。下五竭反。說文：禽獸虫蝗之怪謂之蘁。經文作孽，鹿（庶）〔三六〕子也。又作孼，近出字也。

明度無極經　第三卷

妷夫　古文佚，今作劮，同。與一反。蒼頡篇：佚，蕩也。妷亦婬也。

將踧　子六反。踧踖，敬畏也，謂恭敬之皃也。

麁捔（觕）〔三七〕　漢書班固敘傳云：捔（觕）舉職僚。孟康注云：捔（觕），古文粗字，音才古反。韋昭曰：粗，略也。

明度無極經　第四卷

阿閦　案閦，文字所無，相承叉六反。餘經作無怒，亦云無動，或云無怒覺，皆義譯其名也。

僥倖　又作儌、徼二形，同。克堯反。下音幸。俗謂幸爲之僥倖，非其所當而得之。小爾雅：非分而謂之幸。冀望得也。徼遇也。遇幸得也。楚辭：願僥倖以待時。謂規求親求親〔三八〕遇也。禮記「孔子曰：小人行儉以僥倖」是。

哀慟　徒貢反。論語：顏回死，子哭之慟。馬融曰：慟，哀過。

帷幔　筠龜反，下莫旦反。字林：在旁曰帷，在上曰幕。說文云：幔，幕也。

炫煌　胡面反。下又作熿，同。胡光反。光明盛皃也。說文：炫，耀也。煌，光。

法來　梵云曇無竭，或譯云法上，亦云法鏡，皆一義也。

毾壁　他荅反。毛席也。施之於壁因以名焉。經文作闟，非體也。

文殊師利所説摩訶般若波羅蜜多經　沙門慧琳音

金磺　下古猛反。廣雅云：磺，强也。鐵璞謂之磺，鉛磺謂之鏈。鏈音連。説文：銅鐵等璞[三九]也。從石黄聲。或作礦，亦作釥，並俗字也。

椎打　上墜追反。韻英云：掊擊也。太公六韜云：方頭鐵椎重八斤，柄長五尺。顧野王云：所以擊物者也。説文：擊也。從木隹聲。經作鎚，所以擊物者也。鎚，俗字也。

皰初生　上龐皃反。此説忉利天波利質多羅樹花欲開時，於其葉間生諸花皰，諸天見之，衆皆歡喜也。

文殊師利所説般若波羅蜜經　第二譯

沙門慧琳撰

齎妙　上濟齊反。持財以與人也。或作賷，俗字也。

徹過　上纏列反。考聲云：徹，通也，迹也，道也，洩也。俗作撤，古作徹。有作澈，是水清澈，非此義也。

生疱時　上彭皃反。亦作皰，樹木初生花之皃也。

慣見　上關患反。爾雅：慣，習也。或作遺。左傳作貫，借用也。

仁王般若經　上卷　後秦鳩摩羅什譯

沙門慧琳撰

九級　金岌反。考聲：階等也。賈注國語云：等差也。鄭注禮記云：次也。説文：從糸及聲。糸音覓也。

僉然　妾廉反。小爾雅云：僉，同也。廣雅：多也。説文：皆也。從从[四〇]今(亼)[四一]音精入反吅音喧，並二人即古從字也，會意字。

波斯匿王　梵語也。唐云月光王，此王准經説已證無生法忍菩薩也。助佛弘化，請問護身護國菩薩行，乃至護佛果等甚深法要也。

摩訶衍　梵語也。唐云大乘也。爾雅云：已矣大[四二]。

洪音　户公反。孔注尚書：洪，大也。形聲字也。

城塹　僉焰反。顧謂城池爲塹。顧野王云：今城外壕坑也。字書云：城隍也。説文：坑也。從土斬聲。或從漸作壍，同。

牆壁　匠羊反。如後護國道場序中所釋。下并覓反。廣雅：壁，垣也。玉篇云：室中垣壁也。説文：從土辟聲。

矛盾　上莫侯反。鄭注禮記云：酋矛也。説文：長二丈，建於兵車。象形。字書並無。下述尹反。鄭注周禮云：五盾干櫓之屬。其名未盡聞。方言云：自關而東或謂之干，關西謂之盾。説文：瞂也。從厂從十從目，象形字也。瞂音伐。今經從木作楯，非也，乃是欄檻，非此鉾楯，兩字並錯用，皆非正字。

仁王般若經　下卷

什物　音十。舊音義釋云：什，衆也，雜也。會數之名也。資生之物謂之什物也。字鏡云：物即萬物也。牛爲大物，天地之起牽牛，故物字從牛勿聲也。

亾喪　上亡字。毛詩傳：亡，無也。顧野王云：失也，死也。說文：兆(逃)〔四三〕也。從人從乚。乚音隱。乚者，匿藏之義也。經作亡，俗字也。下桑浪反。尚書曰：百姓如喪考妣。禮記曰：玩人喪德，玩物喪志。鄭注云：亾，失位也。說文：亾也。從哭亾聲也。哭字從犬從吅。吅音喧，會意字也，亦轉注字也。今隸書錯變犬及亾爲衣，遂作喪，或作㖾者，思喪皆失之遠矣知之。

杻械枷鎻(鎖)〔四四〕瘡疣　已上六字並後新譯仁王經中具說。

乾坤　上强焉反，下苦昆反。所謂二儀也，天地也。

巨海　渠語反。方言：巨猶大也。

尚殞　字書：尚，猶也。下雲敏反。考聲：殞，死也。或作隕。孔注尚書云：墜也。爾雅：落也。說文：高下也。易曰：有隕自天也。從𨸏員聲也。員音云也。

蠢蠢　春尹反。毛詩傳曰：蠢蠢，蟲動也。郭注爾雅云：動摇皃也。從䖵春聲，䖵音昆。或從人(春)〔四五〕從心作惷、惷，同，俗字。

波差憂波差　梵語極廣質，不切當也。正梵音云鄔波索迦、鄔波斯迦。唐云近事男、近事女也。受持五戒、十戒，親近、善事師長及善知識。

淡泊　上唐濫反，下蒲莫反。案淡泊者，無味也，寂滅也，無爲也。

彗星　隨鋭反。案彗，妖星也。左傳曰：彗者，所以除舊布新之象也。乙巳占云：索索然狀如掃箒，孛孛然形如粉絮，皆逆亂凶索之氣也。考聲：箭草也。手持甡，甡音詵，或從竹作篲。其星象掃箒，故以名之，亦會意字也。

漂没　上匹遥反。考聲云：漂，浮也。没，沉也。說文：從水票聲也。經中加寸作㴾，愚夫妄加不成字也。一切字書並無從寸作者，宜除之。

亢〔四六〕陽　康浪反。考聲：亢，極也。陽，炎熱也。亢，旱也。說文亢字，人頸也。從大省，象頸字下脉形也。說文作亢，古也。

新譯仁王經序　慧琳撰音　唐代宗皇帝製

皇矣　毛詩傳曰：皇，大也，匡也，美也。爾雅：皇，君也，王也。從(說)〔四七〕文云：矣者，語也，詞也。矣字聲上從古以字，下矢也。

剪稠　上精演反。考聲：剪，截也。從刀前聲。下長留反。字書云：禾穊也，多也。從禾從周省〔四八〕聲。

綿絡　上彌編反，下音洛。網羅也。

羅罩　潮教反。說文：捕魚器也。從网卓聲。案羅罩二字並從网也。

攉(權)〔四九〕輿　上逵袁反。考聲云：常合道也。賈注國語云：攉(權)，秉也。從手萑聲也。下與諸反。中從車。爾雅曰：權輿，始也。萑音觀，知已矣。

泳沫　上音詠。爾雅：泳，遊也。郭璞云：潛遊水底也。下滿鉢反。考聲云：沫，止也。水上沫也，終也，抄也。形聲字。

逾遠　庾朱反。廣雅：逾亦遠也。孔注尚書云：越也。說文：進也。或作踰也。

夕惕　夕，夜也。下體亦反。孔注尚書云：惕，懼也。毛詩：心焉惕惕。傳曰：惕惕猶切切也。

徹枕　上纏列反。字書：徹，去也，除也。考聲：徹，抽也。說文：通也。從彳從攴育聲也。育音與六反。下之荏反。

韻詮云：枕所以承頭也。從木冘聲也。冘音淫，彳音丑尺反，攴音普卜反。

假寐　彌庇反。毛詩傳曰：寐，寢也。顧野王曰：假寐者，具衣冠坐而眠熟也。説文：寐從未從寢省。

遏寇　上安葛反。蒼頡篇云：遏，遮也。毛詩傳：止也。孔注尚書：遏，絶也。下口遘反。考聲：寇，賊也。韻詮：盛多也。説文：暴也。文字釋要云「寇從攴從完」是也。

著星辰　張慮反。易曰：玄象著明莫大乎日月。鄭注禮記云：著而不息者天也，著而不動者地也。又曰：著猶明白也，立也，成也。説文闕。古今正字從草者也。

嘗澡　遭老反。字指云：澡，盥也，洗也。説文：洒手也。從水喿聲也。喿音桑到反，盥音管，洒音洗也。

絅尋　綿典反。賈注國語云：絅，思也。説文：微絲也。從糸面聲。下見前尋字，從又從口從工從寸以説也。

懿夫　於記反。考聲云：懿，哀痛聲也。從壹從欠口作懿，今文中從次從心作懿，俗用誤也，訓義別，非本字。壹，竹句反之已矣。

竊景行　千結反。考聲云：私取也。鄭玄注禮記云：盗也。韓嬰説：小人，盗自中出。從穴從廿從米禼聲也[五〇]。今隸書略去廿。禼音先結反。廿音疾。

波斯匿　梵語即西國波斯匿王也。從佛請説護國法，請説經主也。唐云日月光也。

永祛　去魚反。考聲云：袖也。集訓云：舉也。韓詩：祛，去也。説文：從衣去聲也。

寔惟　時職反。毛詩傳曰：寔，是也。説文：止也。宀音綿，是字從曰從疋也。

迺津　上奴改反。亦古文乃字也，亦語詞也。下井寅反。鄭注周禮云：津，潤也。郭注爾雅云：津，梁也。廣雅同也。周之已矣也。

共臻　櫛詵反。爾雅：臻，至也。考聲云：聚也。集訓：到也。張揖字詁作臸。從二至，以爲古文臻字也，象形字也。

緹油　上弟奚反。鄭注周禮云：緑(縓)[五一]色也，又淺紅色也。説文：帛赤黄色也。下油者，絹油也。古人用以書記事。

參差　上磣參反，下厠師反。假借字也。韻詮云：參差者，不齊之皃。參字古文或作曑，經作叅，俗字也。

大輅　魯固反。白虎通云：天子大輅。字書云：古者大輅爲椎輪之質，今加於輞飾之華麗也。

三覆　豐目反。考聲：覆，審也。集訓：重察言語曰覆也。

慨然　康愛反。考聲：傷歎也。

憺慮　上唐濫反。許叔重注淮南子云：心志滿足也。顧野王云：恬静也。説文：安也。從心詹聲也。下吕佇反。爾雅：慮，思也。説文：謀思也。從思虍聲音呼。

搜綴　色鄒反。考聲：求索也。追衛反。賈注國語云：綴，連也，續也。從糸叕之聲，叕音陟劣反。

褰裳　羌言反。考聲云：摳衣也。從衣從騫省聲也。

沃朕　烏穀反。尚書曰：啓乃心，沃朕心。賈注國語云：沃，美也。廣雅：清也。説文：漑灌也。朕，我也。

襲予　尋立反。廣雅：襲，及也。司馬彪注莊子云：襲，入也。郭注爾雅云：重也。説文：從衣從龍。

遠賫　精奚反。玉篇：賫，持也。廣雅：送也。説文：持遺也。從貝齊聲。文中作賫，俗字也。

待扣　音口。廣雅：扣，打也。孔注論語云：扣，擊也。説文：從手口聲也。

佇延　除旅反。廣雅：佇，立也。毛詩傳云：門屏之間曰佇。郭注爾雅云：人君視所佇立處。從人宁聲。宁音張吕反。

之籟　郎大反。廣雅謂之簫也。大者二十四管，小者十六管，有二底。說文：三孔籥也。從竹賴聲。

欒棘　上盧桓反。禮記：天子墓，墓〔五二〕樹松〔五三〕；諸侯栢，大夫欒，士楊。說文：欒，木似欄。從木從䜌省聲也〔五四〕。下矜力反。毛詩傳曰：棘，酸棗也。郭注爾雅云：顛棘，葉細有刺，又有商棘、牛棘、馬棘。說文：似棗叢生。從二朿。廣雅：棘棘〔五五〕，箴也。

弼我　貧密反。孔注尚書：弼，輔也。爾雅：重也。尚書大傳曰：天子有四鄰，左輔、右弼、前疑、後承。廣雅：弼，備也。大戴禮云：絜廉而切直，匡過而諫邪謂之弼。說文：弼字從二弓從因。因音添念反，弜音巨丈反。古文或從支作弻，又作彌也。

爰令　上音員。毛詩傳曰：爰，爲也，于也。爾雅：爰，曰也。說文：引也。從𠬪于聲。𠬪音披表反。

常袞　公穩反。人名也。

握槧　才敢反。釋名云：槧板之長三尺。韻詮云：以板爲書記也。說文：牘樸也。從木斬聲。又音僉。集訓云：削版而記事者也。

邃賾　上雖醉反。王逸注楚辭云：邃，深也。下柴革反。劉獻(瓛)〔五六〕注周易云：賾者，幽深之稱也。說文：從臣責聲也。臣音夷。

刊定　口干反。鄭注禮記云：刊，削也。杜注左傳云：除也。廣雅：刊，定也。說文：剟也。竹劣反。剟亦削也，具足也。

較然　上音角。考聲：較，略也。廣雅：明也。爾雅：宜也。尚書大傳：較其志見其事。太玄經云：君子小人之道較然見矣。漢書亦云：較然易知也。或作挍，亦同。

鈞索　所革反。說文：入家搜也。從宀索聲也。考聲：求也。取宀從市從糸。俗用不從穴〔五七〕，非也。

迥出　熒潁反。爾雅：迥，遠也。從辵同聲。音與上同。經從向作逈，非也。辵音丑略反，潁音營炅反。

躡金　黏輒反。方言：躡，登也。廣雅：履也。說文同。蹈也，從足聶聲也。聶音[同]〔五八〕上。

惋撫　烏貫反。考聲：歎〔五九〕惋，恨也。桂苑珠叢云：驚歎而藏於心也。下芳武反。從手無聲也。

聊紀　了彫反。毛詩傳曰：聊，且也。說文：從耳丣聲。丣音酉。從夘者，誤也。

旃蒙歲　之然反。爾雅云：在乙曰旃蒙，在巳曰大荒落。時永泰元年乙巳歲夏初四月也。

木堇榮月　巾隱反。花樹名也。時斗建巳四月下旬也。

仁王護國般若波羅蜜多經　上卷

三藏大廣智不空奉詔譯

已辦　上音以，下白慢反。鄭注禮云：辦，具也。說文：判也。從力辡聲也。辡音皮免反也。

技藝　上奇蟻反。韻英云：技藝，能也。說文：巧也。從手支聲也。

一滴　丁歷反。考聲云：水落也。說文云：水欒〔六〇〕注也。從水從啇省聲也〔六一〕。

煗性　奴管反。賈逵注國語云：煗，温也。或作煖，俗用，非也。

仁王護國般若波羅蜜多經　下卷

杻械　上抽柳反。考聲云：杻，桎也。亦作杽枷。手曰杻，從木丑聲。下遐戒反。考聲：梏也。韻詮云：穿木枷足曰械。從木戒聲也。

枷鎖　上音加。考聲云：梏也。案枷者，穿木爲孔，枷於頸，囚縶罪人之具也。下桑果反。或作鎖(鏁)〔六二〕，俗字也。

摩訶迦羅　梵語也。唐云大黑天神也。有大神力，壽無量千歲，八臂，身青黑雲色，二手懷中橫把一三戟叉，右第二手捉一青羖羊，左第二手捉一餓鬼頭髻，右第三手把劍，左第三手執朅吒囷迦梵語也，是一髑髏幢也。後二手各於肩上，共張一白象皮，如披勢，以毒蛇貫穿髑髏，以爲瓔珞，虎牙上出，作大忿怒形，雷電煙火以爲威光，身形極大，足下有一地神女天以兩手承足者也。

瘡疣　惻莊反。韻英：瘡，痍也。或作創，古文作刅。下有憂反。蒼頡篇：疣，病也。或作肬，亦通。或作疣，古字。

業漂　上嚴刼反。賈注國語云：業，次也，取也。爾雅：事也。郭注云：業，次舍也。端緒也。説文：從丵從巾。下匹遥反。廣雅：漂，瀲也。顧野王云：流也。説文：浮也。從水票聲。票音同上，瀲音篇篋反。

彗星　隨鋭反。考聲云：妖星也。光芒如帚。帚，箭草形。占書云：關中呼爲伎女草。此妖星光如伎女草形。占書云：所指之分有災。或作篲，古作簪。

砂礫　零滴反。碎石也。粗砂也。從石從樂省〔六三〕聲。

泛漲　芳梵反。賈逵注國語云：泛，浮也。毛詩傳云：泛，流皃也。説文：從凡作汎。古今正(字)〔六四〕：從水乏聲。下張亮反。考聲云：水增大，砂岸崩摧延入水曰漲。從水張聲。俗以上聲呼，非。

亢陽　上康浪反。考聲：亢，極也。

竭涸　同(何)〔六五〕各反。賈注國語：涸，竭亦涸也。廣雅：涸，盡也。蒼頡篇作滷(𣹢)〔六六〕，古字也。

降澍　朱戍反。集訓云：時雨所灌澍潤生萬物也。經文從雨作霔，謬也，多是時俗凡情妄作不成字也。檢一切字書並無此字，非也。

椷盛　上霞巖反。考聲云：木匧也。韻詮云：盛書盛表木匧也。或作械，亦作椷，古字也。經作函，俗字也。本函谷關名也。匧音謙葉反，盛音成。鄭注周禮云：在器曰盛。説文云：黍稷在器也。從皿成聲也，皿音明秉反。

陀羅尼中字　但取其聲，不求字義。

略　轉舌呼。

娜　鼻中聲。

孽　言竭反。

捺囉　二合。二合者，上下兩字各取半聲合爲一字。上捺音奴紇反，下囉音先取羅字上聲，加轉舌即是。下文諸有二合皆同此例。囉字亦准此也。

枳孃　二合。上雞以反。孃取上聲。經從禾，誤也。後文准此。

婆　取去聲，并引也。

嚩　無可反。

惹　自攞反。

曬　所戒反。

儜　尼整反。亦作抳。

涅　寧逸反。轉舌也。

十六大國　佛在世時，各各强盛，名爲大國。自後隨其王福，互相吞并。今或爲小國，或復磨滅無其國號者也，王是之也。

毗舍離國　舊曰毗耶離，即維摩大士所居地也。七百羅漢在此國界結集聖教。

憍薩羅國　唐云無鬭戰，龍猛所化之處也。

室羅筏國　即是説此經處，佛在時波斯匿王所治之境也。

波羅痆拏黠反斯國　舊曰波羅奈，施鹿林在此國也。

迦毗羅衛國　即如來下生之地，净飯王所治之境界。

拘尸那國　佛入寂滅處，雙樹現在。

憍睒尸染反彌國　或云憍償彌，昔優田王所治境也。最初刻檀作佛形像見在此國，即護法菩薩伏外道之處，形彰之已矣。

波吒羅國　亦波吒釐，或名上茅城，或名王舍城，鷲峰山在此國。

仁王護國陀羅尼經　三藏大廣智不空奉詔譯

沙門慧琳音

纂曆〔六七〕　祖管反。考聲：纂，集。桂苑珠叢：聚也。説文：從糸算聲也。算音桑管反。下力的反。孔注尚書云：節氣之度也。大戴禮云：聖人慎守日月之數以察星辰之行，以序四時之從逆，故謂之曆治也。從日厤聲也。厤音同也。

法贏　盧禾反。爾雅：蚹蠃，螔蝓也。郭璞云：似蝸牛而大。案螺者，樂器也。吹作美聲以和衆樂。從虫贏（羸）〔六八〕聲也。經作蠡，俗用謬也，非本字。言法贏者，説法聲如贏鼓，因名法贏也。

刊梵言　口干反。杜注左傳云：刊，除也。鄭注杜記〔六九〕云：刊，削也。廣雅：刊，定也。説文：剟也。從刀干聲也。剟音竹劣反。剟亦刊。

偉矣　爲鬼反。考聲：偉，大也，重也。説文：偉，奇也。從人韋聲。

迺辟　上音乃。語詞也。下卑亦反。考聲：辟，占也。字書：問也。説文：法也。從尸從辛口，用法也。尸〔七〇〕音節。

牆堵　上匠羊反。説文：牆，垣蔽也。從嗇爿聲。嗇音色，爿音同成〔七一〕上。經從土從廧，非也。

稽緇衣　上計奚反。孔注尚書云：稽，考也。廣雅：稽，問也。説文：從旨𥝌聲。𥝌音雞，𥝌字從尤，禾聲。禾音鷄，木字曲頭也。下滓師反。毛詩傳曰：緇，黑色也。從糸甾聲也。甾音同上。甾字説文從巛音災從凷苦外反。俗用從田者，謬。

京者　景英反。爾雅：京，大也。考聲云：丘之絶高者也。説文云：人所爲絶高丘也。從高省，象高形也音公本反。經從日從小作京，俗字。

藪澤　上涑後反。考聲云：澤無水有草曰藪。爾雅：有十藪。説文：大澤也。從艹數聲。下音宅。孔注尚書：德澤，擇也。鄭注周禮云：水鍾曰澤。蒼頡篇：澤，恩也。説文：光潤。從水從擇省聲。

俾爾　卑避反。孔注尚書云：俾，使也。爾雅：從也。韻詮：與也。古今正字：俾，益也。從人卑聲。

貝多　西國樹名也。其葉可以裁爲梵夾，書寓墳籍。此葉粗厚，硬而難用，若書多以刀畫爲文，然後實墨，爲葉厚故也。不如多羅樹葉，薄㓝光滑白浄細好，全勝貝多。其多羅樹最高，出衆樹表，若斷其苗，决定不生，所以諸經多引爲喻。此等形狀叵似椶櫚，五天皆有，不及南印度者爲上。西域記中具説。其梵夾葉數種不同，隨方國土。或用赤樺木皮，或以紙作，或以獸皮，或以金銀銅葉，良爲諸土無紙故也。

懵焉　瞢崩反。韻英云：懵，悶也，慙也。從心瞢聲。

解曰　皆駭反。呼爲假者非也。駭音崖解反也。

摩醯　馨翳反。梵語上界天王名也。唐云大自在天也。

薜荔多　上音陛，下音麗。梵語。餓鬼衆也。

鬼魅　眉被反。或作鬽，老物精也。

漫荼羅　梵語也。義説（譯）〔七一〕云聖衆集會處也，即念誦壇場。

巖窟　上雅緘反。山崖也。下苦骨反。石穴也。從穴屈聲者也。

掘地　逵律反。穿斸也。

瓦礫　力的反。碎石之類也。

却窴　音田。説文：從穴真。經中從土作填，非也。前經已具解説。

賸最　承證反。考聲云：賸，餘也。説文：物相增加。從貝朕聲也。賸從舟，經從二貝作贎，誤書舟爲貝也。下祖悔反。韻詮：甚也。説文：從冃取聲。從四作者〔七二〕。

築平　音竹。以杵擣築。

畢哩　下哩字轉舌，二字合爲一聲。

體　梯以反。借音以響梵字也。

瞿摩夷　梵語也。牛糞也。

間斷　上間晏反，下音段。

擣以　當老反。考聲：手舂也。從壽省。經文從鳥作搗，俗字也，非正體。舂音束龍反。

三重　直龍反。言三重非是高下纍作三層，乃是從壇心向外周匝分爲三重聖位，其壇高四指量，上面平如方。案一切念誦壇場皆如此作。

皮膠　音交。煎皮消作水，凝冷而成膠。

糯米　奴過反。

三股　音古。

箜篌　應畫婆羅門箜篌，非是人間用者也。

插枝　楚洽反。

釘　去聲，丁逕反。

木橛　拳月反。一頭尖，釘入壇上，或名栰。

閼伽　梵語也。即是香水器也。或用金銀器也，或用螺盃盛香水也。

踐蹋　上前演反。鄭注禮記云：踐，履也。説文：從足戔聲。下蹋字從足𦐇聲。經作踏，俗字也。下徒合反。説文：蹋亦踐。

跏趺　上音加，下音夫。前大般若中已具釋。

輸　詩律反。借音用。

鐸　唐洛反。

軨　謨含反。

搯（掐）〔七四〕數　口甲反。以指爪搯（掐）也。

駛流　音使。峻流水也。從馬史聲。

頞　寧頂反。

十六輻　封目反。畫壇場中心安布陀羅尼文字作一輪，以金剛爲輻，輻間書梵字。

金剛般若波羅蜜經　後秦　羅什譯　慧琳音

金剛　金剛寶者最堅，人剛以智諭焉。金字，説文云：五色金也，黄爲之長。久埋不生[衣]〔七五〕，百鍊不輕，從革不違，西方之行。生於土，左右注二點，象金在土中之形也。從土今聲也。剛字，説文云：强也。從刀岡聲。岡音同上，從冈，下斷從山。下文羅字亦從冈也。

舍衛國　梵語訛也。案十二遊經義譯云無物不有國。或云舍婆提城，或言捨羅婆悉帝夜城，並訛也。正梵音云室羅伐悉底國，此譯云聞者城。法鏡經譯云聞物國，又善見律云：舍衛者，人名也。舍衛先居此地，時有國王見其地好，心生愛樂，舍衛遂請王住，王即許之，因以其名而爲國號。又國(或)〔七六〕云多有國，諸國珍奇多歸此國，故以爲名也。

祇樹　梵語也。或云祇陀，或云祇洹，或云祇園，皆一名也。正梵音云誓多，此譯爲勝，波斯匿王所治城也。太子亦名勝，給孤長者就勝太子抑買園地，爲佛建立精舍，太子自留其樹，供養佛僧，故略云祇樹也。

給孤獨　亦義譯也。梵云阿那陀，此云無親屬。巨富多財，誓救孤獨，時人以爲其號。古經云阿那邠邸，或曰阿藍，皆是一也。

唯然　維癸反。案唯者，謂膺尊者命亟敬之辭也。禮記：父召無諾，先生召無諾，唯而起。鄭玄曰：唯恭於諾。説文：唯即諾也。從口隹聲。

四維　翼隹反。廣雅：維，隅也。淮南子曰：天有四維也。

頗有　普我反。或作叵，語辭也，叵也。

筏諭　夫轅反。俗字也。正體從木從發作撥(橃)〔七七〕。集訓云：縛竹木浮於水上，或運載名之爲撥(橃)。南土吴人或謂之箄，即筏也。箄音排。經中從伐作栰，或從竹作筏，皆非也。諭字俗從口作喻也。

阿蘭那行　梵語也。正字言阿蹸(蘭)〔七八〕拏，蹸(蘭)音隣簡反。此譯云無諍，即無諍行，或云閑静，亦是無諍義也，或云阿蘭若也。

數如是沙等恒河及經末云數佛世界　此二數字並屬下句也。

經云尚多無數次文云爾所恒河沙數　此二數字音霜句反，並去聲字也，皆屬上句。數字，説文從攴從婁。攴音普卜反。

歌利王　亦梵語也。或言迦利王。論中作迦藍浮王，皆訛也。正云羯利王，此譯爲鬬諍王。西域記云：在烏仗那國瞢揭釐城東四五里是其處也。古譯爲惡世無道王，即波羅柰國王也。瞢音墨崩反，揭音羯，釐音離。

金剛般若波羅蜜經　後魏　菩提流支譯

慧琳撰

脩伽陀　或云脩伽度，皆梵語聲轉耳。正梵云素蘗多。此云善逝，即如來十號之一稱。

捫淚　莫奔反。聲類：捫，摸也。毛詩傳：捫，持也。經文或作抆，武粉反。字林通抆，拭也。考聲：涕泣也，義亦也〔七九〕。

荷擔　胡歌反。又音賀。廣雅：荷、擔，揭也。古文作柯，亦同。下當濫反。字書：擔，負也。說文：從手詹聲也。

摩那婆　梵語。或云摩納婆，或言摩納，皆梵語訛轉也。此譯爲年少净行也。

歌羅分　梵語數名也。下焚問反。後文准此音。論自解云：如析一毛以爲百分，一分名歌羅分。論以義翻，名爲力勝，言無漏無量善法，一歌羅分勝於有漏千分。

數分　霜句反。猶是數中轉微細者，乃至少許猶勝於彼，或云不相似勝也。

優波尼沙陀分　論中義釋名爲微細極至鄰虛，名優波尼沙陀分也。

毛道　此言譯者誤也。案梵云嚩囉，此云毛。婆羅，此云愚。以毛與愚，梵音相濫，故誤譯此爲毛，義翻爲毛道，或云毛頭，皆非也。此譯者之失矣。正梵音云婆羅必哩他仡那。婆羅，此云愚。必栗託，此云異。仡那，此云生。唐云愚生是也，言毛道凡夫者義不明也。

金剛般若波羅蜜經　陳朝真諦三藏譯　慧琳撰

偏袒　壇爛反。順時借用字也。說文云：衣縫解也。音爲丈莧反，今非此義。案經云：偏袒者以右髆去衣露肉也。彼方謂虔敬之儀極也。從衣旦聲。說文：從肉從亶作膻。詩曰：膻錫暴虎。從肉亶聲。

右肩　音堅。說文作肩(肩)〔八〇〕。肩，髆也。從肉象形字。

溼生　尸入反。考聲云：溼，濡也。說文：幽溼也。從水從一。一覆也，覆土而有水，故溼從丝從土。經文多作濕，非也。濕音他匝反。濕，水名也。在東郡、東武、陽陳、平原東北流至千乘入海也。丝音幽。

虛空可數量　上虛字從虍音呼從丘。丘字或作北。經文有作虗，非也。次數字上聲，下量字音力長反。說文云：平多少、稱輕重曰量〔八一〕。正從曰從童作量(量)〔八二〕，今隸書省也。

沙數　霜句反。

攴(攴)〔八三〕提　梵語也。或云脂帝浮都，或云浮圖，皆訛也。正梵音際多，或曰制多。此云聚相，謂纍寶及塼石等高以爲相也。

迦陵迦王　梵語古昔王名也。此云鬪諍，即前經中波羅柰國無道王也。

荷負　上音何，又音賀。字書：荷，擔負也。下負字，說文：上從人，下從貝。上古人字也，非是力，亦非刀，俗多從力或從刀，皆非也。

能斷金剛般若波羅蜜經　三藏玄奘譯　慧琳音

能斷〔八四〕　團卵反。上聲字，或去聲，亦通。易：斷木爲杵。孔注尚書云：斷，絶也。說文：截也。從斤從㡭(𢇍)〔八五〕音絶。古文绝字也。今經文作斷，皆隸書從省略也。或取便穩而作，非正體也。截，正體截字也。右此金剛一經即大波若中第五百七十七卷是能斷金剛分也。入藏目録云：爲與後經名目相濫，故重列之。其音義已具前大經本，故不重出，請檢前文也。

能斷金剛般若波羅蜜多經　大周義净三藏譯

慧琳音

難量　力長反。

知量　良丈反。俗作量。

弶伽　梵語。西國河名也。此借唐言以響梵字，猶未全切，若准梵音，上弶應音爲凝等反，亦凝之上聲也，下魚迦反爲正也。古經或云恒伽河，或云恒邊沙，或云兢伽，皆一也。不切當也。

心陀羅尼　梵語陀羅尼，此云總持，即心持法者也。

薄伽伴　梵語。或云薄伽梵，或云婆伽婆，或云薄伽跋帝，皆佛第十號也。

此金剛經更有一譯在金剛般若論中　無著菩薩造，隋朝岌多譯者，是經文具在論文中。

實相般若經　慧琳撰

交暎　英敬反。韻英云：旁照也。考聲云：暉也。説文：從日英聲。經文從央作映，非映音烏浪反經意也〔八六〕。

遊踐　錢剪反。孔注論語云：踐，循也。鄭注禮記云：履也。從足聲戔〔八七〕音殘。

唅　何甘反。短聲。自下單書一字者皆是真言，但取其聲以響梵字，不求字義也。

唵　烏固反。引聲便合口。

憾　含紺反。引聲。此上三字皆真言也。

淤泥　於據反。字書云：水底青泥也。韻英云：澱滓。從水於聲。

咭唎　二合。上賢結反，下唎字轉舌，二字合爲一聲。下二合字皆准此解也。

怛纜　二合。下纜〔八八〕字轉舌引聲，藍談反。

阿　上聲，又短聲。

阿　去聲引。

嚂　魯甘反。彈舌引聲即是。

底唎　二合。上丁以反，下唎字兼轉舌，二字合爲一聲也。

障累　上章讓反。考聲云：蔽也。説文：隔也。從阜章聲。下壘墜反。考聲：家累也。孔注尚書云：輕忽小罪而積害毀大也。劉兆注公羊傳云：連及也。作絫，會意字。

驃　梵語。本是二合字，應合書毗喻二字，合爲一聲仍引也。

偏饒　邊眄反。考聲云：書〔八九〕也，周也。亦作遍。下繞招反。考聲云：益也，飽也。形聲字也。

違暴　蒲冒反。鄭注周禮云：相侵也。案暴亦惡也。説文：疾有所趣也。從半音滔從㬥省聲也。今經文從田從恭，非也。正從日從出、從廾、從𠦃(半)〔九〇〕。廾音拱也。

莎訶　梵語具足云娑嚩二合賀。唐云滿足，義周遍，義寂滅。今言莎訶者，訛略也。

波旬　梵語。正云波俾掾。唐云惡魔。佛以慈心訶責，因以爲名，古人譯爲波卑，秦言好略，遂去卑字。旬字本從目音縣，誤書從日爲旬。今驗梵本無巡音，蓋書寫誤耳，傳誤已久。

擾亂　上饒沼反。從夒，夒音奴刀反，不是憂字。下音亂，前已具釋故。

理趣般若經　三藏金剛智譯　慧琳撰

綺盍　上欺幾反，下蓋字。從草從盍，盍音合。

金剛拳　逵圓反。考聲云：手拳也。說文：從手從卷省聲。

美適　上美字。說文：從羊從大。經從父作美(九一)，非也。經文有作猗適者，誤也。

吽　梵文真言句也。如牛吼聲，或如虎怒胸喉中聲也。

信解　諧戒反。音夏者非也。

超越　超越二字並從丕。丕字上從夭，下從止。經從土從之作走，訛也。超字從召。召字從刀從口。越字從戉，音與上同。戉字從戈從乚音厥。戈音古禾反。

戲論　希義反。爾雅：戲，謔也。考聲：弄也，施也。毛詩傳云：逸豫也。字書：三軍之備也。說文：從戈䖒聲。䖒音希，下從豆也。

淤泥　於據反。字書云：水下青泥。韻英云：澱滓也。從水於聲。

大樂金剛理趣經　大廣智不空三藏譯　慧琳撰

紇哩二合。真言句也。上紇字無反音，取痕字入聲，下哩字轉舌。怛嚂二合。轉舌引也。鶴何各反。亦真言句也。毗喻二合。引。娑鑁二合。下武敢反。惐含紺反。並真言句不考字義。

搖擊　上翼消反。考聲：搖，作也。說文：動也。從手䍃聲也。䍃音由。䍃字從肉從缶，經文從爪，非也。下經亦反。顧野王云：擊猶捶打也。說文：攴也。從手毄聲。毄音與上同。從叀從殳。叀音衛，殳音殊，攴音普卜[反](九二)。

欲箭　下煎線反。欲心與境相應如箭之中也。

滋澤　上子斯反。孔注尚書云：滋，長也。蒼頡篇：液也。說文：益也。從水兹聲。下音宅。毛詩傳曰：澤，潤也。說文：光潤也。從水睪聲。

曼荼羅　荼音宅加反。梵語。無正翻，義譯云聖衆集會處，即此經一十七會。曼荼羅各各差別，並是修行供養念誦者道場也。

熙怡　上音希，下音夷。前音義第一卷已釋。

抽擲　上田(丑)(九三)留反，下程劇反。

吽　如虎怒聲。

何　去聲，引。如長聲呼惡字是也。

嚬眉　毗寅反。戚眉而視忿怒之形也。

揮斫　上音暉，下章若反。運以猛利智劍，斷一切分別心，名爲揮斫一切有情。即未來佛也。

郝　呵各反。長引聲。

大明咒經　前譯般若心經　慧琳音

罣礙　胡瓦反，下立(九四)蓋反。說文：絓礙也。從罓。

竭帝　梵語真言句，質樸不妙。竭，正梵音云蘖也。

僧婆訶　亦質樸不妙也。正梵音云婆縛二合賀，與前經所說同也。

般若波羅[蜜]〔九五〕多心經　羅什譯〔九六〕　慧琳音

五蘊　威損反。蘊猶聚也。

揭帝　梵語真言句。上魚羯反，與蘖字相近也。

般囉　上奔没反，下囉字轉舌。梵字亦是二合，宜書鉢囉字爲正。

佛説般若波羅蜜多心經　罽賓僧般若於西明寺譯

苦軶　櫻革反。礙也，難也。或作戹，俗字也。

行者　行孟反。

蘖帝　魚羯反。真言句。梵語不求字義，但取聲。

一切經音義　卷第十

校勘記

〔一〕此後獅爲玄應音。

〔二〕此後獅爲玄應音。

〔三〕羅什　獅無。

〔四〕橈　大正作「撓」。

〔五〕遏　玄卷三釋此詞作「遏」。

〔六〕僫　玄卷三釋此詞作「僫」。下同。

〔七〕動　據文意似當作「動」。

〔八〕同　獅作「也」。

〔九〕嗟　據文意似作「嗌」。下同。

〔一〇〕資　據文意作「貨」。

〔一一〕薄　玄卷三作「箄」。

〔一二〕以　頻無。

〔一三〕文　頻作「又」。

〔一四〕傈　疑爲「慄」之誤。頻作「慘」。

〔一五〕懆　頻作「慘」。今傳本説文：「懆，愁不安也。从心喿聲。」「憯，痛也。从心朁聲。慘，毒也。从心參聲。」

〔一六〕形　麗無，據磧本玄卷三釋此詞補。

〔一七〕頒　頻作「須」。胝　麗無，據頻補。

〔一八〕婆　頻作「娑」。

〔一九〕病也　麗無，據頻補。

〔二〇〕摩訶　麗無，據頻補。

〔二一〕那　頻作「般」。

〔二二〕也　麗無，據玄卷三釋此詞補。

〔二三〕陜　據文意當作「陝」。下同。

〔二四〕或　玄卷三作「式」。

〔二五〕人名者也　頻爲「又人名也」。

〔二六〕聦　麗無，據玄卷五釋此詞補。

〔二七〕一　玄卷五釋此詞作「二」。

〔二八〕蕣　據文意似作「蕣」。

〔二九〕臊　玄卷五釋此詞作「臊」。

〔三〇〕咼　玄卷五釋此詞作「咼」。

〔三一〕歧　頻作「岐」。下同。

〔三二〕兄　阮元校刻十三經注疏作「先」。

〔三三〕又作扶薩　磧玄卷三作「又作扶薛」。或音薩是之事也　玄卷三釋此詞爲「或言菩薩是也」。

〔三四〕又　衍。

〔三五〕口材也　今傳本説文：「巧調高材也。」

〔三六〕鹿　玄卷三釋此詞作「鹿」。

〔三七〕捔　據文意當作「捔」。下同。

〔三八〕求親　衍。

〔三九〕璞　今傳本説文作「樸」。

〔四〇〕从　疑衍。

〔四一〕今　獅作「亼」。

〔四二〕大　似衍。

〔四三〕兆　獅作「逃」。

〔四四〕鎖　頻作「鎖」。

〔四五〕人　頻作「春」。

〔四六〕冗　即「亢」。

〔四七〕從　獅作「説」。

〔四八〕省　衍。

〔四九〕攉　獅作「權」，下同。

〔五〇〕説文：「竊，盜自中出曰竊。从穴米，廿禼皆聲也。」

〔五一〕緑　據文意當作「綠」。

〔五二〕 墓　疑衍。

〔五三〕 禮記：天子墓，墓樹松　今傳本説文釋「欒」引禮記爲「天子樹松。」

〔五四〕 從木從欒省聲也　今傳本説文爲「从木，䜌聲」。

〔五五〕 棘　疑衍。

〔五六〕 劉獻　當爲「劉瓛」。

〔五七〕 穴　據文意似作「宀」。

〔五八〕 同　麗無，據文意補。

〔五九〕 歎　獅無。

〔六〇〕 欒　獅作「孌」。

〔六一〕 水欒注也。從水從商省聲也　今傳本説文爲「水注也。从水，啻聲」。

〔六二〕 鎖　似爲「鏁」之誤。

〔六三〕 省　衍。

〔六四〕 字　麗無，據文意補。

〔六五〕 同　獅作「何」。

〔六六〕 滷　據文意似作「澥」。

〔六七〕 曆　即「曆」。下同。

〔六八〕 羸　頻作「羸」。

〔六九〕 杜記　當爲「禮記」之誤。

〔七〇〕 尸　大正作「卩」。

〔七一〕 成　衍。

〔七二〕 説　獅作「譯」。

〔七三〕 説文：從曰取聲，從四作者　今傳本説文：「最，犯而取也。从冃从取。」

〔七四〕 招　當作「掐」。下同。

〔七五〕 衣　麗無，據説文補。

〔七六〕 國　頻作「或」。

〔七七〕 撥　據文意當爲「橃」。下同。

〔七八〕 斕　據文意當爲「瀾」。下同。

〔七九〕 義亦也　據文意似有脱文。

〔八〇〕 肩　據文意當爲「肩」。今傳本説文：「肩，髆也。从肉，象形。肩，俗肩从户。」

〔八一〕 説文云：平多少稱輕重曰量　今傳本説文：「稱輕重曰量。」

〔八二〕 量　據文意當爲「量」。今傳本説文：「量，稱輕重也。从重省。」

〔八三〕 攴　大正作「支」。慧卷四四作「支」。

〔八四〕 斷　即「斷」。

〔八五〕 㡭　獅作「盭」。

〔八六〕 經文從央作映，非映音烏浪反經意也　據文意當爲「經文從央作映，映音烏浪反，非經意也」。

〔八七〕 聲戔　據文意當爲「戔聲」。

〔八八〕 繿　獅作「纜」。

〔八九〕 書　據文意當爲「盡」。

〔九〇〕 伞　獅作「半」。

〔九一〕 從父作美　大正爲「從火作美」。美，據文意似作「美」或「羙」。

〔九二〕 反　麗無，據頻補。

〔九三〕 田　獅作「丑」。

〔九四〕 立　據文意似當作「五」。

〔九五〕 蜜　麗無，據獅補。

〔九六〕 羅什譯　獅頻無。